सम्पूर्ण उपन्यास

सम्पूर्ण उपन्यास

मन्नू भंडारी

राधाकृष्ण प्रकाशन

ISBN : 978-81-8361-354-5

सम्पूर्ण उपन्यास

पहला संस्करण : 2009
दूसरा संस्करण : 2016
This book is printed on **Print on Demand** Technology : 2024

मूल्य : ₹1695

प्रकाशक
राधाकृष्ण प्रकाशन प्राइवेट लिमिटेड
जी-17, जगतपुरी, दिल्ली–110 051

शाखाएँ : अशोक राजपथ, साइंस कॉलेज के सामने, पटना–800 006
पहली मंजिल, दरबारी बिल्डिंग, महात्मा गांधी मार्ग, प्रयागराज–211 001
1, अनमोल सोराबजी संतुक लेन, धोबी तलाव, मरीन लाइंस, मुम्बई-400 002

वेबसाइट : www.radhakrishnaprakashan.com
ई-मेल : info@radhakrishnaprakashan.com

Printed at : Rajkamal Prakashan P.Ltd.

SAMPURNA UPANYAS
Novel by Mannu Bhandari

अवरोधों से गुजरते हुए

कोई तीन-चार महीने से श्री अशोक महेश्वरी बराबर मेरे सामने एक प्रस्ताव रख रहे हैं कि वे मेरे चारों उपन्यासों को एक ही जिल्द में प्रकाशित करना चाहते हैं। उनका आग्रह है कि जल्दी से जल्दी मैं अपनी स्वीकृति देकर इसके लिए एक छोटी-सी भूमिका भी लिख दूँ। मैं कुछ तो 'हाँ' 'ना' के द्वन्द्व में फँसी, कुछ शारीरिक-मानसिक कारणों से हमेशा की तरह इसे भी स्थगित किए जा रही थी। आखिर कुछ मित्रों से मिली बड़ी सकारात्मक और निश्चयात्मक सलाह के बाद मैंने भी निर्णय ले लिया और अशोकजी को अपनी स्वीकृति की सूचना देकर आज ही लिखने भी बैठ गई इसके लिए एक संक्षिप्त सी भूमिका। बरसों से लेखन में आए इस अन्तराल को आखिर कहीं तो समाप्त करना ही है। कौन जाने इस संक्षिप्त सी भूमिका से ही इस समाप्ति की शुरुआत हो जाए।

चार में से दो उपन्यास—'आपका बंटी' और 'महाभोज' तो मेरे अपने ही हैं, द्वन्द्व और दुविधा थी तो सबसे पहले लिखे गए अपने सहयोगी और प्रयोगात्मक उपन्यास 'एक इंच मुस्कान' और सबसे अन्त में लिखे गए 'स्वामी' उपन्यास को लेकर। 'एक इंच मुस्कान' तो है ही सहयोगी उपन्यास यानी कि राजेन्द्र यादव के सहयोग से लिखा हुआ और सहयोग भी प्रयोगात्मक, जिसके अनुसार एक अध्याय राजेन्द्र का तो एक मेरा। दुविधा थी तो केवल यह कि चौदह अध्याय के जिस उपन्यास में सात अध्याय राजेन्द्र के लिखे हुए हों, उसे मैं अपने उपन्यासों की सूची मैं कैसे डाल दूँ? पर मैं डाल रही हूँ और इसी सिलसिले में मुझे कुछ ऐसी बातें स्पष्ट करनी हैं जो एक आम पाठक तो शायद जानता ही नहीं होगा! सबसे पहली और महत्त्वपूर्ण बात तो यह है कि मूलतः यह पूरा उपन्यास ही मेरा लिखा हुआ था। आज अपने सन्दर्भ में जो बात अविश्वसनीय और अकल्पनीय लगती है, कभी मेरी ज़िन्दगी की हक़ीक़त थी, यानी कि एक-एक बैठक में

एक पूरी कहानी समाप्त कर देना—बिना किसी व्यवधान के दस-पन्द्रह पन्ने लिख डालना। तब तक मेरे दो कहानी-संग्रह केवल प्रकाशित ही नहीं, प्रशंसित भी हो चुके थे और मैं लिखने के जोश से भरी हुई थी। उसी समय राजेन्द्र भी विवाह के लिए कमिट करके आर्थिक आधार की तलाश में कलकत्ता से दिल्ली चले गए थे और उनके इस कमिटमेंट ने भी मेरे लिखने के जोश पर एक परत और चढ़ा दी थी! तब मैंने सोचा कि कहानियाँ तो काफ़ी लिख लीं, अब एक उपन्यास शुरू करना चाहिए। पिछले कुछ दिनों से मेरे दिमाग में एक थीम घुमड़ भी रही थी, सो उसे ही आधार बनाकर मैंने उपन्यास शुरू कर दिया। दैनन्दिन गतिविधियाँ जस की तस यानी कि सवेरे स्कूल जाती, शाम को सुशीला के यहाँ आए लोगों के बीच बैठकर गपशप में भी भाग लेती...घूमने जाना होता तो घूमने भी जाती। हाँ, इतना ज़रूर होता था कि ये गतिविधियाँ शरीर को चाहे व्यस्त रखती हों पर मन के किसी कोने में उस दौरान भी उपन्यास की घटनाएँ...संवाद ही तैरते रहते। और रात में सोने से पहले जब लिखने बैठती तो बिना किसी काट-छाँट, रुकावट के दस-बारह पृष्ठ लिखकर ही सोती। उस समय तो कलम से शब्द जैसे झरते चलते और कोई बीस दिन में उपन्यास पूरा। पढ़ा तो जहाँ-जहाँ भी थोड़ी कमी लगी निशान लगाती चली गई कि जब दुबारा लिखूँगी तो ठीक करूँगी। पर एक बार उसे मैंने इसी हालत में राजेन्द्र के पास भेज ही दिया। राजेन्द्र तो एकदम हत्प्रभ! मुझे कलकत्ता छोड़े अभी दिन ही कितने हुए और तुमने पूरा उपन्यास लिख डाला। राजेन्द्र के लिए ये मशक्कत कर-करके लिखने के दिन थे। एक कहानी भी लिखनी होती तो कॉफ़ी, सिगरेट और झपकियों के न जाने कितने दौर चलते और कहानी फिर अगले दिन के लिए स्थगित। सो उपन्यास पर चकित होना तो स्वाभाविक ही था। पर ख़ैर, पढ़ा उन्होंने इसे खूब ध्यान से और फिर अपनी विस्तृत प्रतिक्रिया भी भेजी। बोले, पहली और सबसे महत्त्वपूर्ण बात तो यह कि थीम तुमने बहुत अच्छी उठाई है पर उसके अनुरूप अमर के चरित्र का निर्वाह ठीक से नहीं कर सकीं। कुछ और सुझावों के साथ पांडुलिपि लौट आई, इस आदेश के साथ कि जब भी मैं इसका पुनर्लेखन करूँ, बड़े धैर्य के साथ करूँ और अमर के चरित्र में तो मुझे बहुत परिवर्तन करने होंगे।

पुनर्लेखन के लिए मुझे भी कुछ अन्तराल तो देना ही था पर दुर्भाग्यवश उसी अन्तराल में बहुत कुछ ऐसा घट गया कि इसका पुनर्लेखन स्थगित होता चला गया। हमारा विवाह...फिर कुछ समय

बाद ही राजेन्द्र-मीता के प्रेम-प्रसंग की जानकारी, जो मेरे लिए अकल्पनीय ही नहीं असह्य भी थी। मुझे तो लगा जैसे मेरे पाँव के नीचे की ज़मीन ही सरक गई। तब मैंने राजेन्द्र से कहा कि अब मेरा आपके साथ रहने का कोई औचित्य नहीं है, मैं फिर सुशीला के यहाँ लौट जाती हूँ। उस समय की राजेन्द्र की प्रतिक्रिया मुझे आज भी याद है। मेरा हाथ पकड़कर बोले—''तुम मुझे छोड़कर नहीं जाओगी मन्नू! यह मेरी ज़िन्दगी का सबसे बड़ा 'ब्लैक-स्पॉट' है.. .तुम्हीं मुझे इससे उबार सकती हो...बस, समझ लो कि तुम्हें ही मुझे इससे उबारना है।'' और बाक़ायदा रोने लगे। मेरे हाथ पर इनकी पकड़ और मजबूत होती गई। मैं मूरख की तरह इनकी इस बात पर विश्वास कर बैठी। सम्बन्ध तो मैं भी बिलकुल तोड़ना नहीं चाहती थी, सो उस समय तो मैं राजेन्द्र को उस ब्लैक-स्पॉट से उबारने को ही अपने जीवन का मिशन बनाकर चल पड़ी।

तभी एक दिन ज्ञानपीठ के श्री लक्ष्मीचन्दजी जैन और कुन्थाजी हमारे घर आए और बात चल पड़ी प्रयोगात्मक उपन्यासों की। दस अलग-अलग शहरों में रहनेवाले लेखकों द्वारा लिखे गए 'ग्यारह सपनों का देश' उपन्यास का प्रयोग बुरी तरह असफल होने से वे बहुत खिन्न थे और कोई नया प्रयोग करना चाहते थे। हो सकता है कि तभी उनकी नज़र हम पर पड़ी और वो इसी सिलसिले में आए भी हों। बड़े सहज भाव से उन्होंने कहा—देखिए, आप दोनों लेखक तो एक ही जगह रहते हैं, शुरू करने से पहले कोई एक थीम तय करके पूरी तरह डिस्कस कर लीजिए। उसके बाद बारी-बारी से एक-एक अध्याय लिखिए...फिर देखिए कितना सफल होता है यह प्रयोग (कोई पैंतालीस साल पहले छपे इस प्रयोगात्मक उपन्यास की आज भी जितनी बिक्री होती है, वह उनके अनुमान की पुष्टि ही करती है)। कल सोचकर आप जवाब दीजिए।

इस प्रस्ताव से ही राजेन्द्र तो एकदम उत्साह से भर उठे और मेरी थोड़ी-सी अनिच्छा या कहूँ कि दुविधा के बावजूद उन्होंने दूसरे ही दिन अपनी स्वीकृति भी दे दी! अब प्रश्न उठा थीम का! दो दिन तक कोई चार-पाँच थीम्स पर बात हुई, पर...'यह तुमसे निभेगी नहीं...यह दो लोगों में बँटने लायक ही नहीं है...यह तो बड़ी पिटी-पिटाई थीम है,' जैसे अनेक कारणों से रद्द होती रहीं। अन्त में उछलकर राजेन्द्र ऐसे बोले, जैसे अचानक ही उन्हें यह ख़याल आया हो—

''अरे मन्नू, तुम्हारे उस उपन्यास की थीम ले लेते हैं। इसे निभाने में तुम्हें भी कोई दिक्कत नहीं होगी और मैं तो ख़ैर निभा ही लूँगा!

थीम भी अच्छी है और दो लोगों में आसानी से बँटवारा भी हो जाएगा। पुरुष पात्र मेरे ज़िम्मे और स्त्री-पात्र तुम्हारे ज़िम्मे!" (आज मैं दावे के साथ कह सकती हूँ कि प्रस्ताव स्वीकार करते समय ही इन्होंने तय कर लिया था कि इस प्रयोग के लिए ये मेरे उपन्यास का ही उपयोग करेंगे और इसीलिए हर थीम रद्द करते जा रहे थे।)

इस प्रस्ताव पर ही मैं एकदम बिफर गई—"वाह! यह तो मेरा अपना लिखा हुआ उपन्यास है, इसे मैं क्यों दूँगी?"

"देखो, तुमसे तो इसका पुनर्लेखन होने से रहा...इस बहाने कम से कम एक अच्छी थीम का सदुपयोग तो हो जाएगा...फिर कितने दिनों से हमलोगों ने कुछ लिखा भी नहीं है...हो सकता है इस बहाने हमारा लिखना ही शुरू हो जाए। वरना बस, हाथ पर हाथ धरे इसी तरह फ्रस्ट्रेट होते रहेंगे।" ऐसे न जाने कितने तर्क ये रखते रहे। इस प्रयोग को लेकर उनका उत्साह, उनकी व्याकुलता देखकर उस समय एकाएक मुझे लगा कि बस, केवल लेखन ही है जो उन्हें उस ब्लैक-स्पॉट से उबार सकता है। सो मैं उपन्यास की थीम भी देने को राजी हो गई और इस तरह मेरी अकेली का लिखा हुआ उपन्यास एक सहयोगी उपन्यास में तब्दील हो गया। हाँ, उपन्यास के तीन प्रमुख पात्रों में से अपनी पूर्व-परिकल्पना के अनुरूप राजेन्द्र ने अमर का चरित्र ज़रूर काफ़ी कुछ बदल दिया क्योंकि वह पात्र उनके ज़िम्मे था। बचे हुए दो प्रमुख पात्र—अमला और रंजना मेरे जिम्मे थे सो परिवर्तन तो उनमें भी आया पर वह मेरी कल्पना के अनुरूप आया।

वैसे तो एक सहयोगी उपन्यास में दोनों लेखकों का योगदान भी बराबरी का होता है और अधिकार भी। पर इस उपन्यास में तो मेरा योगदान कहीं अधिक है। सबसे बड़ी और प्रमुख बात तो यह कि इसकी थीम ही मेरे अपने लिखे उपन्यास पर आधारित है। दूसरा—तीन प्रमुख पात्रों में से दो का निर्वाह करने का दायित्व मेरा...जिसमें से एक पात्र तो इतना महत्त्वपूर्ण कि उसकी चारित्रिक विशेषता पर ही उपन्यास का शीर्षक भी रखा गया। अब जब योगदान इतना ज्यादा हो तो उसी अनुपात में मेरा अधिकार भी उतना ही ज़्यादा हो जाता है। इसलिए इस उपन्यास को साधिकार अपने उपन्यासों में सम्मिलित करने में मुझे न तो कोई संकोच होना चाहिए, न दुविधा।

अब बात अपने अन्तिम उपन्यास 'स्वामी' की। बासु चटर्जी के कहने पर मैंने शरत्चन्द्र की 'स्वामी' कहानी का मात्र पुनर्लेखन ही नहीं किया बल्कि आद्यन्त परिवर्तन के साथ उसे एक बिलकुल ही नया रूप दे दिया। बासुदा से यह छूट मिलने पर कि मैं अपनी उपन्यासिका की

आवश्यकता के अनुरूप इसको जितना चाहूँ काटूँ-छाटूँ, बदलूँ, बढ़ाऊँ, मैंने जहाँ कुछ चरित्र काट दिए तो कुछ नए जोड़ दिए। कहानी के वर्तमान चरित्रों का स्वरूप भी बदला, विशेषकर कहानी की नायिका सौदामिनी का! शरत् की सौदामिनी जहाँ आरम्भ से अन्त तक अपने प्रति एक धिक्कार भाव से आक्रान्त रहती है, मेरी मिनी उससे बिलकुल मुक्त है, क्योंकि मेरे द्वारा उसका चरित्र ही बिलकुल दूसरे ढंग से निर्मित हुआ। इसी तरह प्रेम के त्रिकोण में एक पात्र के खत्म होने की अनिवार्यता से शरत् भी अपने को मुक्त नहीं रख सके...हो सकता है यह उस युग की मानसिकता हो और इसीलिए उन्होंने प्रेमी नरेन को खल-पात्र की तरह चित्रित किया है, पर मेरे नरेन के चरित्र में खल-तत्त्व है ही नहीं।

इस प्रकार दो भिन्न युगों की उपज, मेरी और शरत् की मानसिकता से 'स्वामी' कहानी की कथा मेरे उपन्यास में आकर बदल गई तो इसमें आश्चर्य कैसा? पात्रों के चरित्र का बदलाव भी क्या इसी मानसिकता की उपज नहीं, विशेषकर सौदामिनी का चरित्र? आश्चर्य तो मुझे इस बात का है कि आज यह मेरे ही नाम से बाजार में केवल बिक ही नहीं रहा, बल्कि कई जगह कोर्स में भी लगा हुआ है! हालाँकि मैंने बड़ी ईमानदारी के साथ यह सारी बात 'स्वामी' उपन्यासिका की भूमिका में लिख दी हैं और इस भूमिका के साथ ही बंगाल के श्रेष्ठ रचनाकार शरतचन्द्र के प्रति कृतज्ञता सहित मैं इसे अपने उपन्यासों में शामिल कर रही हूँ।

—मन्नू भंडारी

अनुक्रम

एक इंच मुस्कान 13

आपका बंटी 255

महाभोज 437

स्वामी 563

एक इंच मुस्कान

राजेन्द्र यादव और मन्नू भंडारी का सहयोगी रूप में लिखित उपन्यास जिसका पहला परिच्छेद राजेन्द्र यादव का है तो दूसरा मन्नू भंडारी का...और इसी प्रकार यह उपन्यास अपनी परिणति पर पहुँचता है। उपन्यास-विधा में एक सफल सशक्त प्रयोग। अन्त में दोनों के अपने-अपने वक्तव्य भी...

रचना को

सब कहीं अन्धकार और बीच में कटा आयताकार प्रकाश का चौखटा... लौटते हुए, दूर से होटल की खिड़की का उद्‌भासित चौखटा देखकर एक बड़ी अजीब-सी बात अमर के मन में आई थी—मानो यह आयताकार चौखटा एक ऐसा चोर-दरवाज़ा है जिसकी राह वह प्रकाश के लोक में उतर जाएगा...

और अब भीतर खुली कलम लेकर खिड़की से बाहर अँधेरे की ओर देखते हुए भी एक वैसी ही बड़ी विचित्र अनुभूति की सिहरन उसे छू गई—लगा, जैसे सागर अपने रेतीले तट, आड़ी लेटी सड़क और नहानेवाले टैंक के मकानों को डुबाता हुआ ठीक खिड़की के नीचे तक चला आया है और लगातार दीवार से पछाड़ें खा-खाकर उसे बुला रहा है...अगर वह चाहे तो चौखटा लाँघकर नीचे लहरों पर उतर जाए...और यह सागर पानी का नहीं तरल अन्धकार का है...और यह तरल अन्धकार बाहर नहीं, भीतर ही कहीं दूर-दूर के क्षितिज बहाता चला आया है।

तो यह है अपनी धरती का अन्त...अब इसके पार?

वह खड़ा-खड़ा मुग्ध विस्मय के भाव से देखता रहा था—दाईं ओर मटमैला-सा अरब का समुद्र है, बाईं ओर शस्य-श्यामला हरियालियों से रँगा बंगाल का सागर... और इन दोनों को स्वीकारता-सा विशाल हिन्द महासागर, हलका नीला और आसमानी। उसने फिर दुहराया...दोनों को स्वीकारती-समोती-सी विशाल तरल नीलिमा...दोनों को आत्मसात् करती-सी उद्वेलित व्यथाकुल नीलिमा...और लहरों से उठकर आता हुआ एक अनिवार्य, अप्रतिरोध्य आमन्त्रण...''तीर पर कैसे रुकूँ मैं, आज लहरों में निमन्त्रण...''

शायद ये पंक्तियाँ किसी ने उसे सुनाई थीं...

दोनों ओर के तट, और कन्याकुमारी के अन्तरीप का सिरा...खिंचे धनुष की तनी बाँहों के बीच चढ़े तीर की नोक पर खड़ा-खड़ा अछोर, अथाह नीलिमा को गुहारता-सा अमर...लहरों के निमन्त्रण को सारी चेतना से समर्पित होता-सा अमर...और दोनों किनारों से फिर-फिर उठती लहरें...

'जाने क्यों, मैं जब-जब सागर की लहरें देखता हूँ, मुझे लगता है कोई बाँहें हिला-हिलाकर बुला रहा हो...' उसने मन्त्रमुग्ध की तरह अपने-आपसे कहा था। जुहू की साँझ साँवली हो आई थी और सूरज रबर की लाल गेंद-सा लहरों की उँगलियों पर नाच रहा था।

''इनमें निमन्त्रण कहाँ है...?'' रंजना उसके सिगरेट के डिब्बे की चमकीली पन्नी

नाखून पर लपेटकर बोली थी, "ये तो...बड़ी सरल सौम्य-सी लहरें हैं...नैवेद्य की तरह सागर के तट पर आकर समर्पित हो जाती हैं और फिर आँचल सँभालकर लौट जाती हैं...संयत...शिष्ट। निमन्त्रण...एक अप्रतिरोध्य निमन्त्रण देखना हो तो पुरी जाइए। सुनते हैं... ।"

और पुरी की रेत में टखनों तक पाँव गड़ाए तनी, अमला का भरा-भरा शरीर फहराती साड़ी में यों खड़ा था जैसे आसमान से उतरकर गंगा की धारा आ खड़ी हुई हो। जैसे हमेशा से वह यहीं खड़ी है...ज्योति-स्तम्भ बनी...लाइट हाउस की तरह दिशा दाता... ।

पास बैठा अमर ठंडी-ठंडी रेत के गोले बनाते हुए बोला था, "ये लहरें...ये दुर्दान्त वेग से झपटती और किनारों पर टूट-टूटकर बिखर पड़ती लहरें, मुझे आतंकित भी करती हैं और मुग्ध भी...सुनते हैं, आतंक का भी अपना एक जादू होता है और आदमी उसके आगे बेबस हो जाता है।"

बात काटकर अमला ने पूछा था, "सिर्फ आतंक ही है अमर...?"

"नहीं, आतंक सही शब्द नहीं है। सशक्त सौन्दर्य की...गतिशील रौद्र सौन्दर्य की भी एक सम्मोहिनी होती है...तब बस, यही मन होता है कि किसी ऊँची चट्टान पर जाकर अपने को इन लहरों की गोद में डाल दें, और मन की सारी ऐंठन को इस दुर्द्धर्ष आलोड़न में एकाकार हो जाने दें..." आँखों पर फुहारों का कुहासा छा गया था।

छाती पर हाथ बाँधे अमला वैसी ही खड़ी रही, 'शायद यही सच्चे सौन्दर्य की सार्थकता है। सागर के सौन्दर्य की शक्ति और सम्मोहन तो यही है।" फिर मुँह बिचकाकर बोली थी, "वरना वह भी कोई सागर हुआ जैसा तुम्हारे जुहू में है... मरियल, निर्जीव...डरता-डरता धरती को छुएगा और रेतीले किनारे में खो जाएगा..."

तब उसे रंजना की बात याद हो आई थी...

और आज, नहानेवाले टैंक के पास काली-काली ऊँची चट्टानों पर खड़े हुए, तीनों सागरों को यों सामने देखते हुए, उसे दोनों की बातें याद हो आईं। न पुरी है न जुहू... । मन्दिर के बाहर 'मातृतीर्थ' की अन्तिम सीढ़ी पर खड़े-खड़े भी उसे पल-भर को लगा था कि उसी चिर-परिचित मुस्कान की रेखा इस किनारे से उस किनारे तक कौंधकर खो गई। लगा, सामने की दोनों चट्टानें, हाँ सागर के व्याकुल उद्वेग में भीगती दोनों जुड़वाँ चट्टानें, उसने पहले भी कभी देखी हैं...जैसे चट्टानें उसकी जाने कब की परिचिता हैं।

एकसाथ ही दो असम्भव खयाल उसके मन में उभरे। मानो रंजना आज भी उसके साथ है और उसे वह समझाता जा रहा है, 'देखो, यहाँ विवेकानन्द ने समाधि लगाई थी'; और दूसरा यह है कि मान लो, अचानक इस क्षण कहीं रंजना दीख जाए तो? वह देखे कि कैमरा लटकाए हुए एक व्यक्ति से सट-सटकर चलती हुई रंजना डगमगाती चाल से किनारे पर खड़ी हो गई। तब क्या वह उसे जाकर याद दिलाएगा, 'अमर, मैं तुमसे बोलूँ, चाहे न बोलूँ, लेकिन लगता है जैसे सोते-जागते हमेशा तुमसे

बातें करती रहती हूँ...'

और अचानक होटल के कमरे में लेटे-लेटे उसे किवाड़ों की हलकी खट्-खट् के साथ सुनाई दिया था, ''क्या है अमर, तुम यहाँ आकर भी यों लेटे हो भीतर? बाहर आओ न, देखो चाँदनी में सागर कैसा उमड़ आया है! कैसे लेखक हो तुम!'' तो वह चौंककर सहसा सचमुच ही उठ बैठा था। नहीं, गलत नहीं है, यह अमला की आवाज़ है। फिर ध्यान आया कि यह तो शायद कोई ऊपर किसी से कह रहा है। सामने की दीवार की फोटो की तीनों बिल्लियाँ व्यंग्य से मुस्करा पड़ीं। लेकिन वह बाहर निकल आया।

नहीं, यहाँ का सागर खींचता नहीं है...मुक्त भी नहीं करता...वह तो बस अभिभूत कर देता है और अनछुई गहराइयों में उछाल देता है, और निराकार वायु में घुला देता है और गन्ध की तरह वापस भेज देता है...भीतर की ओर लौटा देता है और तब अमर पाता है कि बीती हुई राहों और पगडंडियों के चक्रव्यूह फिर कहीं अँधेरे में आतिशबाजी की जलती चक्रकार रेखाओं से नाच उठते हैं।

तपस्या-लीन, अनन्त स्थिर-प्रतीक्षारता कन्याकुमारी...कुमारी आजीवन कन्या रही...शिव को वरण करने के लिए तपस्या करती रही—और उसे उसका सत्य नहीं मिला और तब से आज तक शायद हर जिज्ञासा कुमारी रही है—हर प्रतीक्षा अनब्याही रही है...अजन्मे वर का सत्य पाने के लिए...किसने पाया है सत्य? कौन दावा कर सकता है? विवेकानन्द ने? जो इन अनधुली चट्टानों पर दौड़कर चढ़ गए थे और समाधि में लीन हो गए थे? तब अनादि समाधिस्था कन्याकुमारी हँस पड़ी होगी...और तब एक बार उसने विवेकानन्द को भी अपनी तपस्या के आदि इतिहास की ओर लौटा दिया होगा।

तपस्या...साधना...सत्य-दर्शन...बहुत बड़े शब्द हैं। अमर को उनसे डर लगता है...लेकिन यहाँ खड़े होकर अपनी ओर खींचता हुआ सागर कहीं बहुत पीछे लौटता तो है ही...

केप होटल। अमर को आए दूसरा दिन हुआ है। बादल छाए हैं, इसलिए न सूर्यास्त दिखा है न सूर्योदय। शायद कल दीखेगा। अब तो घुमड़ते बादल हैं और चेतना के स्तर-स्तर पर एकरस ध्वनित-प्रतिध्वनित होती लहरों की गरज है। पहली रात को तो ऐसा लगा था जैसे अभी भी वह कोट्टालन फॉल्स के नीचेवाली धर्मशाला के कमरे में सो रहा है और दिग्दिगन्त को गुंजाता हुआ झरना, सैकड़ों फुट ऊँचे से लगातार गिरता चला जा रहा है या सुबह की तन्द्रिल खुमारी में कहीं से चक्की की 'घुर्र-घूँ' घूम-घूमकर लहरा रही है और वह उम्मीद कर रहा है कि रंजना चाय के लिए उठाएगी।

यह सही है; स्मृति के अगले सिरे पर इन दिनों रंजना ही रही है, लेकिन जब-जब मुड़कर देखा है या उस स्मृति को समेटा है तो रंजना कभी अकेली नहीं आई। हमेशा

पृष्ठभूमि में एक बड़ी-सी छायाकृति प्रक्षेपित रही—पर्दे के इस सिरे से उस सिरे तक छाई अमला की छाया...“इस सबमें अगर अमला नहीं होती तो शायद मैं बड़ी आसानी से इसे नाम दे देता। और नाम देकर, अर्थात् उसका एक रूप निश्चित करके निष्कर्ष रूप से लोभ या क्षमा में से एक को चुन लेता।” उसने एक बार डायरी में लिखा था, ‘लेकिन...अमला...’

फिर भी अकेला, रंजना का खयाल उसे कहाँ नहीं आया? मीनाक्षी की उन सजीव प्रतिमाओं के पास खड़े होकर...या चिदम्बरम् में नटराज की नृत्य-मुद्रा को देखते हुए उसे अचानक ही तो लगा था कि वह पास खड़ी रंजना के कन्धे पर हाथ रखकर कह उठे, “देखो रंजना, हमारी कल्पना में नटराज की कितनी विराट मूर्ति बसी है, जबकि असली मूर्ति तो छोटे बच्चे के...” लेकिन चौंककर उसका हाथ अपनी जगह आ रहता। कोई कहता था कि रंजना अब एक बच्चे की माँ...

पंख साधकर उतरती चिड़िया की तरह जब त्रिवेन्द्रम् से, डबल-डेकर बस ऊँची-नीची, सुन्दर सड़क के फीते को लीलती-निगलती दौड़ चली तो चेतना की एक आँख से वह देखता कि पल-पल पर पुल आते हैं और दोनों ओर सुपारी, केले, कटहल के बगीचोंवाले मकानों की कतार टूटने को ही नहीं आती, और जहाँ तक निगाह जाती है, झुकी-झुकी बदली के नीचे हरियाली का—धानों की हरियाली का खेतों के चारखानों में बँटा सागर लहरा रहा है। तब-तब चेतना का दूसरा टुकड़ा बोलता, “देखो रंजना, यह विस्तार, यह फैलाव...सँकरी नदियाँ ही सागर में आकर विराटता नहीं पातीं। संकीर्ण और घुटे-घुटे हृदय भी यहाँ आकर खुल जाते हैं, उदार और विराट हो जाते हैं...”

लेकिन रंजना नहीं थी। पास की सीट पर घुँघराले बालोंवाला साँवला-सा मलयाली नौजवान धूप के चश्मे को शीशे की तरह सामने पकड़े छोटे-से कंघे से बाल सँवार रहा था।

तब भीतर एक तटस्थ-सी तल्खी उभर आई थी, “झूठ है, प्यार एक सागर है और वह हृदय को उदार बनाता है, क्षमा देता है, प्यार खुली बाँहों का निःसंकोच विनीत विस्तार है...। नहीं, नहीं, नहीं। सब रोमांटिक और आदर्शवादियों की हवाई बकवास है। प्यार संकीर्ण, स्वार्थी और निर्दय बना देता है...प्यार की सपनीली और मखमली नरमाहट के पीछे ईर्ष्या के नुकीले नाखून होते हैं...कोई दूसरा उस तरफ बढ़ता है कि शेर की गुर्राहट सुनाई देती है...नहीं, उधर मत आना। यह मेरा शिकार है, और इसे मैं अकेला की खाऊँगा...सड़ जाने दूँगा, पर तुम्हें नहीं खाने दूँगा...”

मगर नहीं, अब कड़वाहट नहीं। क्षमा भी नहीं। अमर अब क्षमा और क्षोभ से तटस्थ हो गया है। ऊपर उठने का अभिमान नहीं है...बस, दूर आ गया है। उसने अपने को नौकरी में ही फँसा लिया है कि अब उस सबको याद करने का अवकाश ही नहीं मिलता। और अगर कभी भूले-भटके खयाल आया भी तो इस तरह, जैसे

वह सब उसका नहीं, किसी दूसरे का अतीत है। दूसरे का तो है ही। निश्चय ही वह भोगने और जीनेवाला अमर दूसरा था। उसने सो इस अमर नाम के व्यक्ति को निहायत ही 'कॉन्फिडेंस' में लेकर बड़े मित्र भाव से अपने कुछ (सारे नहीं) अनुभव, गहन, आत्मीय अनुभूतियों के क्षण ज्यों-के-त्यों सौंप दिए हैं। तभी तो वह बस में बैठे-बैठे समान निर्लिप्त भाव से उस चिट और मित्र के पत्र की पंक्तियों को दुहराकर भी उनके प्रभाव से अछूता रह सकता है। चिट थी, "तुम्हारी साधना और प्यार के हित में मैं जा रही हूँ। कुछ भी कटु कहा किया हो तो माफ करना। यही समझना कि हमने एक-दूसरे को गलत समझा"...और वह पत्रांश था, "हाँ, यहाँ बड़ी सनसनी है। अचानक ही तुम्हारी अमलाजी की मृत्यु हो गई...सुनते हैं, रात को अच्छी-भली थीं और कोई ऐसी बात नहीं थी। जिस ढंग से वह सब हुआ उससे लगता है कि मामला अतिरिक्त सावधानी से दबा दिया गया।"

हाँ, चिट और पत्रांश दोनों के जवाब में वह अक्सर अपने मन में दो ही बातें उठती हुई पाता है—"रंजना अपने इस नए साथ पर सुखी है न...," "कभी मिलेगी तो दोनों किस तरह मिलेंगे?" तथा "अमला की मृत्यु...हत्या...आत्महत्या...?" तभी आकाश से उतरी गंगा की तरह अमला की मूर्ति आ खड़ी होती है...वही अनेक रहस्य-गुँथी मुस्कान सहित...

निश्चेष्ट जड़ लेटा अमर...और उसकी छाती पर अधीर मुक्के मारती रंजना। तहों में लिपटी धधकती चिनगारी से उसके वे शब्द साकार हो आते हैं, "मैं पोटाशियम साइनाइड खा लूँगी और कह दूँगी कि तुमने मुझे मार डाला..." नहीं... नहीं...ये शब्द 'उस' रंजना के नहीं हो सकते। शायद इसलिए 'उस' अमर ने अपने को अपराधी महसूस नहीं किया था। अब 'इस अमर' को क्या अधिकार है कि वह अपराधी महसूस करे? अगर कोई अपराध है तो सिर्फ इतना ही कि यह उस सबका मात्र दर्शक है, श्रोता है। पर यों मात्र दर्शक और श्रोता रह पाना क्या इतना आसान है? अगर वहाँ कोई ऐसी विभीषिका नहीं है, तो क्यों उसे लगता रहा कि 'उस अमर का भूत' उसके पीछे-पीछे छाया की तरह लगा है...ज़रा मुड़ा कि वह सिर पर सवार हो जाएगा? लेकिन अब सामने कहाँ भागेगा? धरती के इस छोर पर आकर तो सामने एक निराधार नीलिमा ही रह जाती है...निराकार...नेति...

"अरे, कैसे लेखक हो? तुम भूत से डरते हो?" और चेहरे से कपड़ा हटाकर अमला उसी संयत मुस्कराहट में खड़ी थी और वही महीन कपड़ा उसने अमर के मुँह पर डाल दिया था। कपड़े के पार अँधेरे-उजाले की झिलमिली में उसे अमला आधी यथार्थ लगी थी और आधी स्वप्न।

"तुम्हारी आँखों पर मोहिनी का पर्दा पड़ा है।" यह वाक्य सचमुच ही रंजना ने कहा था?

आज दोपहर को सीपियों और शंखों की माला बेचनेवालियों से दो-एक बातें पूछ-ताछकर वह पश्चिम की ओर रेतीले टीलों की ओर चलता रहा और पीछे हवा उसके पैरों के निशानों पर धूल की तहें बिखेरती रही। सामने लाइट हाउस था, उसी तरह रेत में पाँव गड़ाए हुए। लौटकर होटल की बाउंड्री पार करते ही उसकी निगाहें ऊपर की तरफ उठ गईं तो अटकी ही रह गईं। देर तक खड़ा-खड़ा देखता रहा...फिर खुद ही सहसा चौंककर इस तरह सकपका उठा मानो किसी को उघड़ा देख रहा हो। ऊपर बरामदा था। सिर्फ भीगे-भीगे लम्बे केशों को पूरी लम्बाई में ताने एक गोरा-गोरा हाथ था और दूसरे हाथ का कंघा उन्हें इस सिरे से उस सिरे तक सुलझाता चला जाता था...साथ ही एक लम्बी सिसकारी तैरती चली जाती, पता नहीं कंघे का स्वर था या सुलझने की खिंचावट का दर्द। केश हाथ की लम्बाई पार करके हथेली पर कई पतली-पतली लटों में फैले नीचे झूल आए थे। हर बार कंघा उठता और साँय करता हुआ लटों के सिर पर उतर आता। शेष शरीर और चेहरा खम्भे की ओट में था। दृश्य में असाधारण कुछ भी नहीं था। लेकिन अमर ने पाया कि वह स्तब्ध रह गया है और बिजली की तरह पुरी के खुले सागर-तट पर अमला की फहराती केशराशि में उसकी उँगलियाँ कंघे की तरह तैरती चली गई हैं—"बिखरते अलक दल-बादल..."

तब इतनी देर से टुकड़ों-टुकड़ों में भटकती घुमड़न एक अर्थ पाने को मचलने लगी।

साँझ को देर तक सागर के किनारे-किनारे रेत में बैठा रहा, भटकता रहा...पाँच साल हो गए...अमला और रंजना एक झटके से निकल गई हैं। आज उन सबको याद करके वह अपना दुःख भुलाएगा?—नहीं। तब फिर क्या किसी सत्य की उपलब्धि करेगा? नहीं? तो क्या उस 'अमर के भूत' से पीछा छुड़ाने के लिए प्रायश्चित करेगा? नहीं...नहीं...नहीं। तो फिर क्यों उन सबको मुड़कर देखने को मन होता है? क्या केवल इसलिए कि वह 'उनसे' दूर आ गया है और अब निर्वैयक्तिक भाव से देख सकता है? उसे कोई उत्तर नहीं सूझा और वह यों ही लौट आया।

लौटा नहीं। कमरे में आया तो ऐसी बेचैनी होती रही जैसी किसी से कह आया हो, "ज़रा ठहरो, मैं कपड़े बदलकर अभी आता हूँ, और कपड़े बदलकर जब बदन तोड़ा तो फिर लगा कि कोई बाहर बुला रहा है, वहाँ जाना है। झुँझलाहट भी हुई—बाहर जाओ तो ऐसा लगता है जैसे कमरे में अकेला बैठा कोई उसकी राह देख रहा है, उसे जाना चाहिए; और यहाँ आओ तो ऐसा लगता है जैसे बाहर जाना है, बाहर जाना है। तस्वीर की तीनों बिल्लियाँ मुँह चिढ़ाकर हँस रही थीं और ऊपर खिलखिलाहटों के साथ कैरम का स्ट्राइकर गोटों को इधर-उधर भगा रहा था। शायद कुछ लोग वीक-एंड मनाने आए हैं...कौन है वह सुकेशिनी? मन हुआ, इस समय बैठकर पुरीवाली डायरी पढ़े। तभी कोई बोला—पढ़ी तो थी रंजना ने, आखिर उसमें ऐसा

क्या था? आज पाँच साल बाद उसे एक खत रंजना के नाम लिखना हो तो क्या लिखेगा? ''रंजना, शायद तुम इस पत्र को पाकर चौंकोगी।''

पुकार अनसुनी करते नहीं बनी, और पत्र की इस आधी लिखी लाइन को काटकर यों ही पेन खुला छोड़कर वह बाहर निकल आया। रोशनी जलती रही, खिड़की खुली रही।

सागर की गरज और साँय-साँय चलती हवा...सड़क पर हवा में नाचती धूल के साँप लोट रहे होंगे। चादरा कसकर लपेट लिया।

आकर फिर उसी चट्टान पर बैठ गया। बीच में जब लहरें टकरातीं तो सफेद-सफेद झाग चमक उठते। शायद ज्वार आ रहा था—बाग-टूटे घोड़ों की सेना की तरह पानी का रेला किनारे पर पछाड़ें खाता और इस सिरे से उस सिरे तक छपाक् का स्वर फैल जाता—उसने गिनने की भी कोशिश की कि एक बार में कितनी लहरें पानी के बीच में और किनारों से एकसाथ टकराती हैं। लेकिन जब कई ओर एकसाथ कई टकराहटें सुनाई दीं और फिर सब मिलकर बादलों में लुढ़कती चली जानेवाली गरज के रूप में हो गईं तो उसने यह प्रयत्न छोड़ दिया और चुपचाप बहुत दूर कहीं रह-रहकर हलकी-सी बत्ती को झिलमिलाते देखता रहा—मछुओं की कोई नाव है या जहाज़...भीतर से कोई गीत उसकी इस स्तब्ध मनःस्थिति को वाणी दे सकेगा! एकसाथ चेतनाहीन और सचेत, भरा-भरा और निहायत खाली, बहुत भारी-भारी और एकदम हलका—कुछ अजब-सी तन्द्रा में घुला वह बैठा रहा और फुहारे का खारापन होंठों को फड़फड़ाता रहा।

उड़ते हुए चादरे को सँभाले जब डगमगाता-सा लौटा तो सागर के उस सुनसान में ऐसा लगा जैसे इस तट पर जाने किन युगों से यों ही अकेला भटक रहा है। न वहाँ कोई होटल है और न लाल-सफेद धारियोंवाला मन्दिर है—बस एक सीमाहीन सागर और उसके रेतीले किनारे पर भुनगे-सा भटकता वह। और भटकनेवाला 'वह' मानो उसके साथ-साथ छाया की तरह होटल की सीढ़ियाँ चढ़कर आया। 'उसकी' उपस्थिति एकाध बार तो इतनी निश्चित लगी कि सहसा वह सीढ़ी पर ठिठक गया—हो सकता है होटल में ठहरा उसी जैसा कोई कविनुमा प्राणी हो और इस समय लौट रहा हो। लेकिन कोई न था। उसे किसकी उपस्थिति लगी थी अपने साथ? अमर की? रंजना की? या अमला की? या तीनों की एकसाथ?...तब मानो सहारे के लिए उसने सामने देखा। ऊपर बरामदे में एकदम अँधेरा था। बस, उसी के कमरे की खिड़की खुली थी और सारे अँधेरे वातावरण में उद्भासित चौखटा दीख रहा था। चौखटे के आसपास अँधेरा और भी गाढ़ा हो गया था।

अकारण ही एक झटके से उसे याद आया, अमला का पहला पत्र मिला था—''मेरे अनेक मित्र हैं अमरजी, किसी से ब्रिज के क्लब-स्पेड की बातें होती हैं, किसी से साड़ियों और सिनेमाओं की। आप आज्ञा दें तो आपसे समय-समय पर लिखने-पढ़ने की बातें कर लिया करूँ?...लेकिन शर्त रहेगी हमारी दोस्ती की। हममें से कोई

भी जब ऊब जाएगा तो चुपचाप परिधि से निकल जाएगा और दूसरा उसका कारण नहीं पूछेगा...रेल के मुसाफिरों जैसी नियति मानकर ही हम लोग निकट आएँगे''... आज कहाँ है अमला...कि वह पूछना चाहे तब भी पूछ ले? जवाब तो नहीं, लेकिन किसी ने ठीक इसकी उलटी बात कही थी, ''मैं बहुत-बहुत अकेली हूँ अमर, मेरा कोई नहीं है। जो भी समझो वह...तु...तुम ही हो...''

अच्छा मान लो, आज वह अमला, रंजना और 'उस अमर' को दूर खड़े व्यक्ति की तटस्थता से देखे तो?...उन 'तीनों में से एक' नहीं, केवल दूर खड़ा हुआ एक व्यक्ति। जिस सम्पूर्णता की अनुभूति वह तब नहीं कर पाया था, क्या उसकी झलक आज पा सकेगा? मान लो, आज वह फैसला देने के मोह को रोककर, समान निर्वैयक्तिक भाव से, समान निष्पक्षता से सिर्फ देखता रहे, और तीनों उसके सामने स्वयं अपना-अपना व्यक्तित्व उद्‌घाटित करें...? नहीं, नहीं, किसी और के लिए नहीं, केवल अपने लिए। 'आत्म-साक्षात्कार' भी नहीं, मात्र अपने सामने 'कन्फेशन...'

उसने कलम उठाकर निब जोर से कागज़ पर दबाया। स्याही सूख गई थी। नाखून पर चलाकर एकाध बार यों ही उलटी-सीधी लाइनें खींचीं, कहीं आगे से और कहीं पीछे से टूटी और छूटी हुई अनुभूतियों और मँडराती हुई पंक्तियों को पकड़ना चाहा। बीच-बीच में लहरें और चौखटे बनाए। ऐसा लगा जैसे इसी में उसने गहरी सार्थकता खोज ली है। लेकिन होश आया तो देखा कि कलम का स्याही से प्रवाह आ गया है और आँखों में झलमलाती छायाकृतियों के रूप खुद-ब-खुद अधिक उजले और साफ हो आए हैं...

ठीक यही क्षण था जब उसे लगा था कि सागर का शेषनाग अपनी झलमल-झलमल गुंजलक खोलकर एकदम उसकी खिड़की के नीचे तक सरक आया है और दीवारों पर लहरों के फन पटक रहा है...

दो

'इसी मुस्कान से वह अमर का स्वागत करेगी।' अमला ने सोचा। वह जितना ही इस बात को भूलना चाह रही है कि आज अमर आ रहा है, उतनी ही यह उसकी चेतना के रेशे-रेशे पर छाए चली जा रही है। एकाएक ही अमला ने शरीर पर पड़े रेशमी लिहाफ को झटककर यों अलग कर दिया मानो लिहाफ के साथ ही यह बात भी दूर जा पड़ेगी। पलंग के चारों ओर बँधी हुई मकड़ी के बड़े-बड़े जालोंवाले डिज़ाइन की मसहरी ने एक क्षण को जैसे उसकी नज़र को बाँध लिया। फिर धीरे- धीरे उन जालों

के पार बड़े-बड़े शीशोंवाला दरवाज़ा और शीशों के पार कुहरे और भोर के हलके प्रकाश की मिली-जुली धुन्ध में खड़े वृक्षों के अस्पष्ट-से चित्र काले-काले धब्बों की तरह उसकी आँखों के आगे उभरने लगे। बाहर का सभी कुछ बड़ा धुँधला-धुँधला, अस्पष्ट-सा था, फिर भी मसहरी के कटघरे में बन्द अमला को वहाँ की उन्मुक्तता ने जैसे खींचा। बड़ी लापरवाही से कन्धे पर पश्मीने का शॉल डाल, वह मसहरी से निकली, पर जैसे ही उसने दरवाज़ा खोला, सर्द हवा का एक झोंका उसे ऊपर से नीचे तक सिहरा गया। शॉल को उसने अच्छी तरह कन्धे पर लपेटा और बरामदा पार करके सीढ़ियाँ उतरती हुई वह लॉन पर आ खड़ी हुई। ओस में भीगी घास की ठंडक को उसने जैसे चप्पलों के पार भी महसूस किया। पर तन को सिहरानेवाली यह ठंडक मन को जाने किस पुलक में डुबो रही थी कि वह आगे बढ़ गई। दोनों ओर क्यारियों में खिले हुए डालिया के बड़े-बड़े फूल इठला रहे थे। उसने बाईं ओर देखा, उधर के ब्लॉक में सन्नाटा छाया हुआ था। तो भैया-भाभी अभी सो रहे हैं। वही कौन रोज इतनी जल्दी उठती है, पर आज तो जैसे उसे नींद ही नहीं आई। लॉन के दूसरे सिरे पर माली को फूल तोड़ते देख उसने अनुमान लगाया कि पिताजी पूजा में बैठने ही वाले होंगे...और फिर यों ही दाएँ-बाएँ देखती धीरे-धीरे वह सारा लॉन पार कर गई और फिर एक पेड़ के नीचे जाकर घूम पड़ी तो तीन टुकड़ों में बँटी हुई पूरी की पूरी कोठी उसके सामने थी।

''बड़े शहरों में स्थान का इतना अभाव रहता था कि लोग निकटतम मेहमानों को भी बोझ की तरह लेते हैं, फिर मैं तो एक से निकट होते हुए भी अपरिचित ही हूँ। यह भी नहीं जानता, तुम्हारे घर में कौन-कौन हैं, और वे मुझे किस रूप में लेंगे, इसलिए तुम्हारे साथ ठहरते हुए बड़ी हिचक लग रही है। जो भी हो, कम-से-कम तुम मुझे निःसंकोच भाव से बता देना या स्टेशन ही मत आना, मैं कहीं भी ठहरकर तुमसे मिलने आ जाऊँगा।''

'स्थान का अभाव' और एक ही बार में उस विराट कोठी को अपनी नज़रों में समेटते हुए अमला मुस्करा पड़ी। 'निकट होते हुए भी अपरिचित।' सच ही तो है, एक साल के इस पत्र-व्यवहार से हम निकट से निकटतम और घनिष्ठ से घनिष्ठतम हुए हैं, फिर भी एक-दूसरे के व्यक्तिगत जीवन के बारे में कुछ नहीं जानते, कुछ भी तो नहीं जानते। क्या सोचता होगा अमर मेरे बारे में...यही न कि एक मध्यम वर्ग की पढ़ी-लिखी लड़की है, जो साहित्य में रुचि रखती है और वह...वह क्या सोचती है? उसने तो कभी कुछ नहीं सोचा। वह जानती है कि हिन्दी का एक लेखक जिस तरह का होता है उससे भिन्न अमर में कुछ नहीं होगा। हाँ वह लिखता अच्छा है, उसमें प्रतिभा है, उसके विचारों में आग है, भावों में गहराई और अनुभूतिजन्य टीस है। और पत्र—पत्र तो वह सचमुच ऐसे लिखता है कि मन बँध जाए, डूब जाए।

अमर के साल-भर के पत्रों की अनेक पंक्तियाँ उसकी आँखों के सामने घूम गईं और वह उन्हीं में खोई-सी मुस्कराती खड़ी रही।

तभी एकाएक उसे खयाल आया—कैलाश को फोन करना है, नहीं तो वह घूमने निकल जाएगा। वह जानती है कि साथ न जाने की बात सुनकर ही कैलाश नाराज होगा...और कारण जानकर तो बस भभक ही उठेगा। साधारण लोगों से मिलना-जुलना, उनके साथ बराबरी का व्यवहार करना कैलाश को कतई पसन्द नहीं और अमला है कि लाख प्रयत्न करके भी कैलाश की उस बात के आगे अपने को नहीं झुका पाई।

फोन पर कैलाश नहीं मिला तो उसने सन्देशा छोड़ दिया कि दिल्ली से एक मित्र आ रहे हैं, इसलिए वह कैलाश के साथ नहीं जा सकेगी। 'अच्छा हुआ, कैलाश नहीं मिला, वरना अभी ज़रूर कुछ कहा-सुनी होती और बेकार ही सवेरे-सवेरे मूड खराब हो जाता...' अमला फिर बरामदे में निकल आई।

ठीक दस बजे नहा-धोकर उड़ते हुए रूखे केशों का ऊँचा-सा जूड़ा बनाकर अमला ने श्वेत परिधान में लिपटे अपने निराभरण शरीर की प्रतिच्छाया को आदमकद शीशे में देखा।

''साल-भर से पत्र-व्यवहार करते हम इतने निकट आ गए कि मैं तो भूल ही गया कि हमारा साक्षात्कार नहीं हुआ है। तुम कौन हो; कैसी हो, यह सब मैं कुछ नहीं जानता, फिर भी कल्पना में मैंने तुम्हें अनेक बार अनेक रूपों में देखा है। पत्रों के माध्यम से कई बार तुम्हें अपने बहुत-बहुत निकट पाया है, तुम्हारे मानस की परत-परत को पढ़ा है, पहचाना है और मैं जानता हूँ कि मेरी किस बात की प्रतिक्रिया तुम पर किस रूप से होगी। और मेरी कल्पना, मेरा अनुमान मुझे धोखा नहीं दे सकता, आखिर लेखक की कल्पना है! फिर भी देखना चाहता हूँ कि मेरी कल्पना की अमला से तुम कितनी भिन्न हो!''

'कल्पना की अमला' और अमला ने कुछ इस अन्दाज़ से अपने प्रतिबिम्ब को देखा मानो तौल रही है कि कहीं वह उस कल्पना की अमला से बहुत हलकी तो नहीं उतरेगी? पर सामने पड़ता प्रतिबिम्ब जैसे उसे यह बात मानने नहीं दे रहा था।

'लेखक की कल्पना! हुँ!' आज वह अमर के कितने भ्रमों को एकसाथ तोड़ देगी और कदम-कदम पर जब उसे शॉक लगेगा तो पूछेगी—'कहिए अमर जी, कैसी रही?' और उसके होंठ अनायास ही मुस्करा उठे। उसे याद आया, कैलाश ने एक बार कहा था, 'अमला, तुम्हारी इस मुस्कराहट में जाने ऐसा क्या जादू है कि बरबस ही मन बँध जाता है,' और तब से उसने सायास मुस्कराहट के इस ढंग को अपना लिया था। वह स्वयं जानती है कि बाईं ओर को अधिक और दाईं ओर को तनिक-से होंठ फैलाते ही उसके चेहरे का लावण्य, चेहरे की मोहकता बढ़ जाती है। इसी मुस्कराहट से तो आज उसे अमर का स्वागत करना है।

कन्धे पर श्वेत फर का चेस्टर झुलाकर वह अपनी डिसोटो में जा बैठी। उस समय उसका मन गाड़ी से भी अधिक वेगवान हो रहा था।

सबकी प्रतीक्षा पर विराम-चिह्न लगाती-सी गाड़ी प्लेटफार्म पर आकर खड़ी हो गई। संयोग की बात, अमला ने देखा कि ठीक उसके सामनेवाले कम्पार्टमेंट में ही दो

उत्सुक आँखें चारों ओर देख रही हैं, और हाथ के अपने उपन्यास को सामने कर-करके इस प्रकार हिलाया जा रहा है, कि कोई चाहे तब भी नज़र नहीं चूक सकती है। ऊपर से नीचे तक अच्छी तरह देखकर अमला आगे बढ़ी—तो यह है अमर! मन भाने लायक आकृति थी। एक बार सोचा, ठहर जाऊँ, देखूँ वह अपनी कल्पना की अमला के सहारे मुझे पहचानता है या नहीं, पर रुका नहीं गया। बिना किसी प्रकार का अभिवादन किए सामने जाकर अमला ने पूछा—"तो आ गए अमर साहब!" और मुस्कराती-सी उसकी ओर देखने लगी। "ओह अमला!" और अमला ने महसूस किया जैसे क्षण-भर में ही अमर की नज़रों ने उस समूची को तौल-परख लिया है। वह एक बार कुछ अस्त-व्यस्त-सी हो उठी, पर फिर बड़े ही स्वाभाविक ढंग से ड्राइवर को सामान रखवाने का आदेश देकर भीड़ से हटकर एक ओर जा खड़ी हुई। अमर जब सामान निकलवाकर उसके पास आया तो चलते-चलते पूछा—"रास्ते में किसी तरह की तकलीफ तो नहीं हुई?"

"और क्या तकलीफ होती, हाँ भीड़ काफी थी।" अमला ने महसूस किया कि वाक्य का अन्तिम हिस्सा आते-आते ही अमर के स्वर की सहजता जैसे जाती रही। शायद उस समय तक अमला का हाथ डिसोटो के फाटक तक पहुँच चुका था। "बैठो।" अमर बैठ गया। रास्ते में कोई खास बात नहीं हुई। अमला ही इधर-उधर की छोटी-मोटी बातें पूछती रही, अमर सामने शीशे के पार सड़क पर नज़र जमाए संक्षिप्त-से उत्तर देता रहा। पर जैसे ही गाड़ी कोठी के फाटक में घुसकर लाल बजरी की सड़क पर तैरती हुई पोर्टिको में जाकर खड़ी हुई, अमला ने अमर के चेहरे के परिवर्तन को देखा। उसने एक तृप्तियुक्त प्रसन्नता का अनुभव किया। ड्राइवर ने गाड़ी का फाटक खोला तो पहले अमला उतरी और उसके पीछे अमर।

"आओ,"—अमला के स्वर में अपनत्व में लिपटा आदेश था। अमर खोया-खोया दिग्भ्रान्त-सा उसके पीछे चला।

रईसाने ढंग से सजे हुए आलीशान मेहमानों के कमरे में लाकर उसने अमर से कहा—"बैठकर ज़रा आराम करो, जितने तुम्हारे नहाने-खाने की व्यवस्था होती है," और फिर नौकरों को आवश्यक आदेश दे वह सामने आ बैठी। अपने होंठों पर वही मुस्कान ला, उसने पहली बार भरपूर नज़रों से अमर की ओर देखा। एक विचित्र-सी आक्रोशयुक्त खिन्नता उसके चेहरे पर छाई हुई थी। अमला उसके आक्रोश को भी समझ रही थी और उसकी खिन्नता को भी। अपनी कल्पना पर इतना बड़ा आघात लगते देख अमर शायद भन्ना रहा था, और खिन्नता—शायद इस अमला में उसकी कल्पना की अमला कहीं खो गई।

पत्रों को पढ़कर कई बार अमला को इस बात का एहसास हुआ था कि बिना मिले ही अमर के मन में उसके प्रति एक कोमल भाव घर कर गया है...क्या वह उससे प्रेम करने लगा था? उसने क्या सोच लिया था कि अमला एक षोडशी कन्या होगी?

"एतराज न हो तो एक सिगरेट पी लूँ?" बाईं ओर को झुककर दाहिनी जेब से

सिगरेट निकालते हुए अमर ने पहली बार अपनी ओर से प्रश्न पूछा। पर नज़र इस समय भी उसकी अमला के चेहरे पर नहीं थी।

''शौक से पीजिए,'' स्वर को भरसक मृदुल बनाकर अमला ने कहा। वह चाह रही थी कि अमर उसकी ओर देखे तो सही। पर अमर ने जैसे जानबूझकर अपने चेहरे को सिगरेट के धुएँ में छिपा लिया तो अमला एकदम उठ खड़ी हुई।

''अच्छा, तो अब नहा-खाकर ही मुलाकात होगी,'' और बिना उत्तर की अपेक्षा किए ही घूम पड़ी। उसकी सफेद रेशमी साड़ी का लम्बा-सा पल्लू ज़मीन पर घिसट रहा था और कदम एक दृढ़ आत्मविश्वास-युक्त लापरवाही से पड़ रहे थे। उसे अनायास ही मेजर कपूर की बात याद हो आई। हँसते हुए उसने कहा था, ''अमला जी, अपनी इस चाल और जमीन पर घिसटते हुए आँचल की ताकत जानती हैं! आदमी बेचारा बेबस-सा पीछे-पीछे घिसटने लगता है।'' अमला अच्छी तरह जानती थी कि बात सिर्फ शिष्टता के नाते ही कही गई थी।—स्त्रियों की हर चीज की प्रशंसा करना तो आजकल शिष्टता की सबसे बड़ी निशानी है और फिर वह तो...फिर भी जाने क्यों उसे वह बात याद आ गई।

अपने कमरे में घुसते ही अमला को अन्ना ने सूचना दी, ''कैलाश बाबू का फोन आया था। जब तुम्हारी उनके साथ जाने की बात थी तो किसी और को भेज देतीं स्टेशन!''

''क्यों, कुछ कह रहे थे क्या?'' अमला के ललाट पर शिकन पड़ गए।

''कहेंगे क्या, पूछ रहे थे कि कौन आ रहा है? हमें तो खुद नहीं मालूम कि कौन आ रहे हैं, सो क्या बताते?''

''अच्छा ठीक है,'' और हाथ के चेस्टर को दूर काउच पर उछालकर धम्म से बैठ गई। ''अब टेलीफोन करके बात तो कर लो कैलाश बाबू से।'' अन्ना को अमला की ये हरकतें हमेशा ही क्रोध दिलाती हैं। किसी और ने यों आदेश दिया होता तो अमला ने डाँट दिया होता, पर अन्ना की किसी भी बात का वह बुरा नहीं मानती। माँ की मृत्यु के बाद अन्ना ने ही उसे माँ की तरह पाला-पोसा है। उठकर फोन किया तो मालूम हुआ कि कैलाश बाबू ऑफिस चले गए। एक बार सोचा वहाँ का नम्बर मिलाए, पर फिर रख दिया। ''शाम को जाकर स्वयं मिल लूँगी।'' इस समय तो अमर की उखड़ी-उखड़ी नज़रें जैसे उसे चुनौती दे रही थीं।

नौकर ने आकर सूचना दी कि अमर बाबू का खाना हो गया है तो अमला उसके कमरे की ओर चली।

''यदि सोने का इरादा न हो तो कुछ देर बैठकर बातें करूँ?'' इजाजत लेते हुए अमला ने पूछा, पर इजाजत मिले उससे पहले ही काउच में धँस गई।

अपने को ठीक से व्यवस्थित करते हुए अमर ने कहा—''मुझे दिन में सोने की आदत नहीं, आप शौक से बैठिए। और यों भी आखिर मैं यहाँ आपसे मिलने,

बातचीत करने ही तो आया हूँ—फिर शाम की गाड़ी से तो चला ही जाऊँगा।''

'आप' लहजे का परायापन, अमला सबकुछ समझ रही है।

''आज ही चले जाएँगे? क्यों? आपने तो लिखा था कि दो-तीन दिन ठहरने का प्रोग्राम है?'' अमर की खीज का एक विचित्र-सा आनन्द लेते हुए अमला ने पूछा।

''हाँ, लिखा तो था। पर अब सोचता हूँ कि आज ही चला जाऊँ।'' यों ही बाहर देखते-देखते अमर ने कहा।

''क्यों, यहाँ बहुत कष्ट है?'' स्वर को और अधिक कोमल, और अधिक मृदुल बनाकर अमला ने पूछा।

बिना अपने को तनिक भी हिलाए-डुलाए अमर ने कहा, ''ये अनावश्यक आराम की वस्तुएँ, यह वैभव ही यदि किसी के कष्ट का कारण हो तो आप क्या कहेंगी?'' स्वर को स्वाभाविक रखने का बेहद प्रयत्न करने के बावजूद उसमें तिक्तता छलकी पड़ रही थी, और कुछ ऐसा भी था मानो अमर स्पष्ट रूप से बना देना चाहता हो कि वैभव के रोब में आनेवाले व्यक्तियों में वह नहीं है, इस बात को अमला जान ले।

''तो कहूँ कि वह आदमी बुरी तरह हीनभाव से ग्रस्त है। आराम देनेवाली वस्तुएँ तो सभी को आराम देती हैं, कष्ट किसी को नहीं देतीं—यह तो उसका अपना ही हीनभाव है जो कष्ट दे रहा है, बेधे डाल रहा है।'' अमला का स्वर इस बार भी कोमल था, पर बड़ा सधा हुआ।

इस उत्तर से अमर शायद बुरी तरह कट गया, शायद स्वप्न में भी उसे ऐसे उत्तर की आशा नहीं थी। वह झटका खाकर घूम पड़ा। अमला ने अपने चेहरे पर जब अमर की तीक्ष्ण नज़रों को जमा हुआ पाया तो होंठों पर वही मुस्कान लपेट वह एकटक उसकी ओर देखती रही। वह उम्मीद कर रही थी कि शायद कोई और भी तीखी-सी कटु-सी बात अमर कहेगा, पर दो क्षण तक लगातार अमला को यों देखने के बाद जब अमर बोला तो उसका स्वर कोमल था और जैसे बड़ी ही विवशता से भरा हुआ था।

''तुमने यह सब क्यों किया अमला? क्यों मुझे इतने दिनों तक धोखे में रखा? क्यों नहीं मुझे अपना असली परिचय दिया?''

अमर के स्वर की आर्द्रता और अपनी विजय का आह्लाद अमला के तन-मन को सहला गया। आखिर उसकी मुस्कराहट ने अमर की कठोरता को गला ही दिया, सवेरे से आई हुई दोनों के बीच की दूरी और जड़ता को मिटा ही दिया। स्वर को और भी कोमल बनाकर सहास्य बोली, ''धोखा कैसा? मैंने तो कभी तुमसे कोई झूठ बात नहीं कही। तुमने मेरे विषय में कभी कुछ पूछा नहीं, और आगे होकर मैंने कभी कुछ बताया नहीं...पर इसमें धोखा कैसा?''

अमला के चेहरे पर वैसे ही नज़र गड़ाए-गड़ाए, पर खोए-खोए स्वर में अमर बोला, ''हाँ, मैंने कभी कुछ नहीं पूछा—कभी उसकी आवश्यकता ही नहीं समझी। मुझे हमेशा ही लगता रहा जैसे मैं तुम्हें जानता हूँ। तुमसे मिला हुआ हूँ।''

सारे वातावरण को अपने उन्मुक्त हास्य से मुखरित करते हुए अमला ने पूछा,

"तो क्या तुम्हारी कल्पना की अमला से मैं बहुत भिन्न हूँ? बहुत ही असुन्दर? देखो, तुम्हें पत्र लिखनेवाली अमला और तुम्हारे सामने बैठी अमला एक ही है, और जब पत्रवाली अमला से इतनी आत्मीयता रखते आए हो, तो इस बेचारी ने ही तुम्हारा ऐसा क्या बिगाड़ा है जो अकारण ही इस पर इतना झल्ला रहे हो!"

अमर एकटक उसको देखता रहा। अमला को लगा जैसे उसके सारे शरीर पर घूमती हुई अमर की नज़र उसमें से अपनी अमला को ढूँढ़ निकालने का प्रयत्न कर रही है और शायद उसे कुछ-कुछ साम्य नज़र आने लगा है। पर तभी एक बड़ा ही विचित्र और असंगत-सा प्रश्न अमर की ओर से आया :

"तुम इतनी सादगी से क्यों रहती हो अमला? ऊपर से नीचे तक के श्वेत वस्त्र, यह अनलंकृत रूप—जानती हो इस सारे वैभव के बीच बड़ा विचित्र-सा लगता है, कुछ अखरता भी है।"

अमला समझ नहीं पाई कि यह बात अमर ने सरलता से कही है या व्यंग्य में। फिर भी हँसते हुए उसने कहा, "तो तुम अभी तक यही देख रहे थे?" फिर एक क्षण चुप रहकर बोली, "तुम मेरे बारे में कुछ जानते नहीं हो, इसलिए यह सब पूछ रहे हो, वरना शायद नहीं पूछते!"

"तुम्हारे बारे में न जानने का इस प्रश्न से क्या सम्बन्ध है भला?" कुछ विस्मय से अमर ने पूछा।

"है अमर, है," और फिर मुस्कराते हुए बोली, "बात यह है कि मैं परित्यक्ता हूँ, पति द्वारा त्यागी हुई। विवाह के एक साल बाद ही मैं फिर यहाँ लौट आई। इतना तो शायद तुम भी जानते हो कि जिस स्त्री को पति ने छोड़ दिया हो, उसके लिए रंग-बिरंगे कपड़े पहनना, सजना-सँवरना एक तरह से निषिद्ध होता है, इसलिए नहीं पहनती। आरम्भ में तो एक प्रकार से यह मेरी मजबूरी थी, पर अब तो मेरी रुचि ही बन गई है।" अमला ने तो अपनी ओर से बात बड़े ही सहज और स्वाभाविक ढंग से कही थी, पर उसे लगा जैसे अपार विस्मय और आश्चर्य ने अमर के चेहरे की सारी स्वाभाविकता को ही हर लिया है। वह एक क्षण चुप बैठी रही, शायद अमर कुछ बोले, पर फिर उसकी विमूढ़ता देखकर हँस पड़ी—"तुम्हें इतना आश्चर्य क्यों हो रहा है! परित्यक्ता होना आखिर कोई ऐसी अनहोनी बात तो नहीं है। हमारे देश में तो जाने कितने लोग अपनी पत्नियों को छोड़ देते हैं।"

पता नहीं अमर ने यह बात सुनी भी या नहीं, क्योंकि उसके चेहरे पर किसी प्रकार का भाव-परिवर्तन नहीं हुआ। उसकी अवाक्-सी दृष्टि अमला के चेहरे पर इस प्रकार टिकी हुई थी, मानो पूछ रही हो—जो कुछ तुमने अभी कहा वह तुम्हारे अपने बारे में ही था? तुम परित्यक्ता हो? पति द्वारा तिरस्कृत, त्यागी हुई...पर विषाद की हलकी-सी छाया भी तुम पर नहीं!

अमर की इस स्थिति पर अमला खिलखिलाकर हँस पड़ी। उसकी हँसी ने अमर को बुरी तरह चौंका दिया। हँसते-हँसते ही अमला ने कहा, "शायद तुम सोच रहे हो

अमर, यह कैसी विचित्र नारी है जो अपने चरम दुर्भाग्य पर ही हँस रही है। पर तुम्हीं बताओ, आज से दस साल पहले जो घटना घट गई, उसे लेकर क्या उम्र-भर ही रोती रहूँ? कोई कुछ भी कहे, मुझसे तो नहीं रोया जाता,''—फिर कुछ रुककर बोली, ''अगर गलत धारणा न बनाओ तो एक बात बताऊँ? कभी-कभी तो सोचती हूँ कि जीवन का यह सबसे बड़ा दुर्भाग्य भी मेरे लिए सौभाग्य बनकर ही आया। जिस दिन वह घर छोड़कर हमेशा के लिए यहाँ आना पड़ा था, उस दिन सचमुच ही बहुत दुखी थी; पर आज जब पीछे मुड़कर देखती हूँ और इन दस वर्षों में जो कुछ पाया, उसका लेखा-जोखा करती हूँ तो लगता है मैंने खोया कम, पाया अधिक है; इसलिए कहती हूँ, किस बात का दुःख और कैसा दुर्भाग्य! लोग समझें दुर्भाग्य, मैं तो नहीं समझती!''

अमर के चेहरे का विस्मय और घना होता जा रहा था। वह जैसे किसी तरह भी नहीं समझ रहा था कि सामने बैठी इस नारी के प्रति क्या धारणा बनाए?

''ओ होऽ! तुम तो मुझे यूँ घूर-घूरकर देख रहो हो मानो मैं संसार का कोई महान आश्चर्य होऊँ। पति के अतिरिक्त भी संसार में बहुत कुछ ऐसा होता है जो नारी-जीवन को पूर्ण बना सकता है, यह बात क्या तुम जैसे प्रगतिशील लेखक के गले के भी नीचे नहीं उतर रही है?''

'नहीं, यह बात नहीं। मैं सोच रहा था...'' उससे कुछ बोला न गया।

''क्या सोच रहे थे?'' मुस्कराते हुए अमला ने पूछा।

''यही कि पत्रों में तुम जैसी लगती थीं, वास्तव में उससे कितनी भिन्न हो। सच, पत्रोंवाली अमला तो तुममें बिलकुल खो ही गई।''

''बहुत अफसोस हो रहा है उसके खोने का?'' हास्य में व्यंग्य का पुट देकर अमला ने पूछा।

''नहीं, अफसोस कैसा?''

एकाएक ही बात बदलते हुए अमला ने पूछा, ''खैर, छोड़ो भी यह सब! यह बताओ, शाम को तो तुम नहीं जा रहे हो न?''

''नहीं।'' और आने के बाद शायद अमला ने पहली बार अमर के चेहरे पर मुस्कराहट देखी, अपनत्व की मुस्कराहट।

''अच्छा, तो अब तुम भी आराम कर लो, सफर की थकान होगी, मैं भी ज़रा सो लूँ। मुझे तो दिन में सोने की आदत है। अब चाय पर बुलाऊँगी।'' और वह घूम पड़ी।

जब तक अमला अमर के कमरे के सामने रही, बराबर उसने महसूस किया कि उसकी पीठ पर अमर की नज़र रेंग रही है। विस्मित, चकित और पराजित-सी नज़र! उसे लगा, कैलाश और मेजर कपूर की बातें केवल शिष्टतावश ही नहीं की गई थीं, उनमें कुछ सच्चाई भी है। क्या उसने अपनी मुस्कराहट से, अपनी चाल से, अपने आँचल से अमर का मन नहीं बाँध लिया? फिर एकाएक ही खयाल आया, ''क्या होगा मन बाँधकर? वह क्या चाहती है आखिर?...''

चार बजे के करीब अमला ने अमर को चाय के लिए बुलवाया। नौकर के पीछे-पीछे अमर आया। अमला लॉन में रंगीन कलियों की छतरी के नीचे सिंगापुरी केन की कुर्सी पर बैठी थी और उसकी मेज पर चाय के साथ अनेक व्यंजन बिखरे पड़े थे। उसके लम्बे काले घने केश इस समय ढीली-सी चोटी के रूप में पीठ पर पड़े थे। अमर जब सामने आया तो बोली, "आखिर सो गए न?"

"जाने कैसे नींद आ गई! पर ज़्यादा तो नहीं सोया। तुम उधर आई थीं क्या?"

"नहीं, तुम्हें ही बुलवा भेजा था," फिर प्याले में चाय डालते हुए पूछा, "चाय तुम लाइट पसन्द करते हो या स्ट्रांग?"

"जैसी भी बना दो।"

"चीनी?"

"जितनी भी डाल दो।"

हाथ को जहाँ का तहाँ रोककर अमला ने एकटक उसकी ओर देखते हुए पूछा, "वाह रे! यह भी कोई बात हुई भला? जैसी भी बना दो, जितनी भी डाल दो? आखिर खाने के प्रति ऐसी विरक्ति क्यों?"

अमर मुस्कराया, "खाने के प्रति क्या, यहाँ तो सभी चीज़ों के प्रति ऐसी ही विरक्ति है। सन्त आदमी हैं।"

"अऽ...हाऽ..." खिलखिलाते हुए अमला बोली, "क्या कहने आपके संतपने के! वह तो आपकी रचनाएँ पढ़कर ही मालूम पड़ जाता है कि कैसे वीतराग हैं आप! सच, तुम लोगों से तो बचकर ही रहना चाहिए..." और प्याला अमर के सामने करके उसने अनजाने ही नीचे सरक आए अपने साड़ी के पल्ले को कसकर चारों ओर लपेट लिया। अमला ने देखा कि मन्द-मन्द मुस्कराकर अमर एकटक उसी की ओर देख रहा है तो वह और भी अधिक सतर्क हो उठी। उसका ध्यान अपनी ओर से हटाने के लिए बात बदलते हुए अमला ने पूछा, "अच्छा यह बताओ, ये जो इतनी प्रणय-कथाएँ लिखी हैं, उन सबका अनुभव कहाँ प्राप्त किया? उन सबकी प्रेरणा कौन है?"

"सब काल्पनिक है—अपनी प्रेरणा तो अपनी कल्पना ही है।" बड़ी लापरवाही से अमर ने जवाब दिया और आसपास की क्यारियों में खिले डालिया के फूलों को देखने लगा।

"अरेऽ जाओऽ...भी! किसी और को बनाना। यह सब कल्पना के आधार पर ही लिख लिया? हम तो जैसे बुद्धू हैं, जो तुम चाहोगे वही मान लेंगे। बता भी दो... आखिर हम भी तुम्हारे मित्र ही हैं।" मनुहार करते हुए अमला बोली। पर उसके कानों में अमर के शब्द गूँज रहे थे—'अपनी प्रेरणा तो अपनी कल्पना ही है' और फिर आँखों के आगे अस्पष्ट-से शब्द तैर गए—'कल्पना की अमला।'

पर अमर की दृष्टि फूलों में ही खोई रही और मुस्कान अधिक फैल गई। अमला को लगा जैसे अमर किसी की याद में खो गया...'शायद अपनी प्रेरणा की याद में।' सहसा उसका ध्यान खींचने के लिए बिना प्रसंग के ही अमला ने पूछा, "दिल्ली में

तुम अकेले ही रहते हो या घर के सब लोग रहते हैं?''

''अकेले ही रहता हूँ।''

''घर के और लोग कहाँ रहते हैं?''

''जयपुर में।'' चाय की एक लम्बी चुस्की लेकर प्याला खाली करते हुए अमर ने जवाब दिया।

प्याला अपनी ओर सरकाकर दूसरे प्याले के लिए पानी ढालते हुए अमला ने पूछा, ''कौन-कौन हैं घर में?'' अमला चाह रही थी कि अमर एकसाथ ही सारी बातें बता दे, पर अमर था कि जितना अमला पूछती, उतना ही जवाब देता।

''सभी कोई हैं। एक हिन्दुस्तानी परिवार में जितने लोग हो सकते हैं शायद सभी हैं।'' स्वर ऐसा था मानो न घर में कोई दिलचस्पी है, न घरवालों में।

एकाएक अमला का ध्यान गया कि अमर चाय ही पी रहा है, कुछ खा नहीं रहा है, तो मिठाई की प्लेट उधर सरकाती हुई बोली, ''लो, तुम तो कुछ खा ही नहीं रहे। अपने से खा लो भाई, मुझे मनुहार नहीं करनी आती।''

''मैं तो काफी कुछ खा रहा हूँ, पर देखता हूँ तुमने तो अभी तक कुछ भी नहीं खाया—सिर्फ खिलाना ही जानती हो, क्यों?''

''मैं चाय के साथ कुछ नहीं खाती।''

''क्यों?''

''आदत नहीं है, इसलिए, और क्यों?''

''आज हमारे कहने से ही सही, लो,'' और उसने दोनों हाथों से दो प्लेटें उधर कर दीं। स्वर के अपनत्व और मनुहार ने अमला को भिगो दिया।

''मैं लूँगी तो तबीयत खराब हो जाएगी।''

''ओफ्फो! अब ज़्यादा नखरे न करो।''

''क्यों न करें जब कोई उठानेवाला हो?'' और फिर एक अर्थभरी मुस्कराहट से उसने अमर की ओर देखा।

''कौन है उठानेवाला, ज़रा हम भी सुनें?'' अमर के चेहरे पर फैलता कौतूहल अमला से छिपा न रह सका।

''कोई एक हो तो बताऊँ। यहाँ तो अनेक हैं।'' फिर भी वह अकारण ही खिलखिला पड़ी। इतने में ही अन्ना शॉल लिए आई और अमला के कन्धे पर डालती हुई बोली, ''सर्दी का समय हो गया है, और बातें करनी हो तो अब अन्दर चलकर बैठो।'' बिना उसकी बात पर ध्यान दिए अमला बोली, ''एक तो यही है, जिसने लाड़ कर-करके हमें बिगाड़ रखा है। और यों तो समझ लो कि सारा घर ही नखरे उठाता है। विवाह के कुल एक वर्ष बाद सत्रह वर्ष की उम्र में बिना किसी दोष के ही पति द्वारा त्यागी जाकर मानो मैंने घरवालों पर ऐसा एहसान कर दिया कि अब वे ज़िन्दगी भर मेरे नाज़-नखरे ही उठाते रहेंगे।'' और अमला फिर हँस पड़ी, फिर इस बार अमर ने उसका साथ नहीं दिया। वह कुछ पैनी नज़रों से इस तरह अमला को देखने लगा

मानो उसकी बात पर, पल-पल में फूटती उसकी हँसी पर, किसी पर भी वह विश्वास न कर पा रहा हो। एक क्षण यों ही देखने के बाद अमर ने पूछा, "बुरा न मानो तो एक बात पूछूँ? है ज़रा व्यक्तिगत—ठीक समझो तो उत्तर देना, न समझो तो साफ मना कर देना, मैं ज़रा भी बुरा नहीं मानूँगा...बात यह..."

"अरे, अरे भूमिका तो काफी हुई, अब बात पूछो न!" अमर की अविश्वास-भरी नज़रें अमला को कहीं कचोट गई थीं और वह उसके अविश्वास को दूर कर देना चाहती थी।

झिझकते-झिझकते अमर ने फिर पूछा, "अच्छा अमला, यह बताओ, किस बात पर तुम अपने पति का घर छोड़कर यहाँ आ गई थीं?"

"बस, इतनी-सी बात के लिए दस गज की भूमिका बाँध रहे थे? कहा न, आई नहीं, भेज दी गई थी, निकाल दी गई थी।" पर स्वर में 'निकाल देने' के अपमान या तिरस्कार की लज्जा न थी, न कड़वाहट।

"यही समझ लिया, पर क्यों?" और अमर इस तरह देखने लगा मानो निकाल देने का कारण अमला के शरीर में ही कहीं छिपकर बैठा हो।

"यह मैं कैसे बता सकती हूँ, यह तो जिसने निकाला वह जाने?"

अमर समझ गया कि अमला बताना नहीं चाहती। कुछ ठहरकर बोला—"तुम्हारे जीवन में यह जो कुछ घट गया है, इसी को तुमने अपनी नियति मान लिया है या भविष्य के बारे में नए सिरे से भी कुछ सोचती हो?"

अमला फिर खिलखिलाई, पर इस बार उसने स्वयं महसूस किया कि जैसे उसकी यह हँसी बड़ी बेमौके की है। एकाएक ही गम्भीर होते हुए बोली, "देखो, मुझे बताने में कोई आपत्ति नहीं, पर तुम्हारी बात का कोई जवाब ही नहीं मेरे पास! भविष्य के बारे में कौन दावे के साथ कह सकता है भला? मन की बनाई योजनाएँ पूरी हों, न हों। इससे तो बेहतर है कुछ बनाओ ही नहीं। बस निरुद्देश्य जीते चलो और जो कुछ भी सामने आ जाए उसे स्वीकार करते चलो। ऐसा करने से मन के बहुत-से क्लेश, बहुत-सी निराशाओं और असफलताओं का बोझ तो यों ही हट जाता है।" अपनी लम्बी चोटी के निचले हिस्से को अमला यों ही उँगली पर खोल-लपेट रही थी। चेहरा इस समय उसका निर्विकार था। जैसे वह हर घड़ी सजग थी कि अमर की सतेज, जिज्ञासु और उसके मन की हरेक बात जान लेने को आतुर दो आँखें एकटक उसके चेहरे पर गड़ी हुई हैं।

"तो तुम्हारा मतलब है कि अपने को भाग्य के भरोसे छोड़ दो। एक ओर ऐसी बुद्धिमानी और दूसरी ओर ऐसी भाग्यवादिनी!!" कुछ आश्चर्य और अविश्वास से अमर ने पूछा।

कुर्सी की पीठ पर अपने शरीर को ढीला छोड़ते हुए अमला ने कहा, "जो अपने भाग्य को हाथ में ले लेते हैं वे ही क्या तीर मार लेते हैं? सच पूछो तो मैं इन चीजों में सिर नहीं खपाती। यों भी जीवन इतना व्यस्त हो चला है कि यह सब सोचने का

समय ही नहीं मिलता।" और फिर चेहरे पर वही मुस्कान लपेटे वह अमर की ओर देखने लगी।

अमर उसे यों देख रहा था मानो वह उसकी मुस्कराहट के, इस कथ्य और सहजता के आवरण को चीरकर उसके मन में झाँकने को अकुला रहा हो। पूछा, "एक बात और बताओ—सवेरे तुमने कहा था कि इन दस वर्षों में तुमने जो कुछ पाया है उसमें रहा-सहा विषाद भी धुल-पुँछ गया है। क्या मैं जान सकता हूँ कि पति को खोकर एक नारी आखिर ऐसा क्या पा सकती है जो अपने जीवन में पति के अभाव को पूरा कर दे?"

अमला अब तक काफी सँभल चुकी थी। बहुत ही सरल-स्वाभाविक स्वर में हँसते हुए बोली, "तो पति की कमी क्या दुनिया में कोई पूरी कर ही नहीं सकता? इस घटना के बाद ही मैंने पढ़ाई की, संगीत सीखा, चित्रकारी का भी थोड़ा शौक फरमाया, घूमना-फिरना सीखा, स्वतन्त्र रूप से कुछ सोचना सीखा, लोगों से मिलना-जुलना सीखा, यों समझ लो नई ज़िन्दगी पाई!"

अमला के अन्तिम वाक्य की कुछ ऐसी प्रतिक्रिया हुई कि अमर बिना सोचे ही पूछ बैठा, "विवाहित जीवन का तुम्हारा एक वर्ष बहुत ही कष्ट में बीता था? क्या तुम भी उस विवाह से सन्तुष्ट-सुखी नहीं थीं?" पूछकर ही अमर को लगा, कहीं कुछ अनुचित तो नहीं हो गया? पर अमला के उत्तर ने उसके मन की आशंका को दूर कर दिया।

"एक साल में कोई क्या समझेगा कि कोई सुखी था या नहीं—फिर न वह उम्र ही यह सब समझने लायक थी, न वैसी बुद्धि ही थी। याद तो पड़ता है कि उस समय शायद मैं सुखी ही थी। अब तो खुद मुझे भी विश्वास नहीं होता, पर सच मानना, उस समय बढ़िया कपड़े और हीरे-मोती का जेवर पहनकर पति के साथ सिनेमा देख आना ही मेरे लिए शायद चरम सुख था और मेरे पास कपड़ों और जेवर का अभाव नहीं था। वे मुझे कभी-कभी सिनेमा भी ले ही जाया करते थे...हाँ, ये सब सुख शायद मुझे प्राप्त ही थे..." रुक-रुककर, याद करते-करते अमला इस प्रकार बोल रही थी मानो अपनी बात नहीं, कभी की कोई पढ़ी हुई बात दुहरा रही हो, फिर बोली, "सुख की कैसी सीधी, सरल परिभाषा है, न?" और खोई-खोई-सी देखने लगी। पर सारी बात के प्रति उसकी यह उदासीनता, निर्लिप्तता अमर को कितना व्याकुल बना रही थी, और उसकी आँखों में कैसा अविश्वास झलक पड़ रहा था, यह अमला से भी छिपा नहीं था। इस दुराव-छिपाव में, वह एक प्रकार का आनन्द लेने लगी थी। अपने बारे में धीरे-धीरे एक-एक रहस्य का उद्घाटन करके अमर की उत्सुकता को पहले चरम तक ले जाना और फिर एक झटका देकर अलग कर देने का खेल शायद वह सवेरे से ही खेल रही थी। बहुत ही साधारण ढंग से अपने को हर बात में असाधारण बनाकर वह अमर के लिए इतने-से समय में ही आकर्षण का कितना बड़ा केन्द्र बन गई है, किस प्रकार उसकी चेतना पर निरन्तर छाए चली जा रही है, यह सब वह स्वयं

महसूस कर रही थी। उसे अमर के गम को मिटाना था—कल्पना की अमला के खो जाने के गम को। पर अमर को यों लगातार अपनी ओर घूरते देख वह कुछ क्षण को सारे प्रयत्न के बावजूद कुछ अस्त-व्यस्त-सी हो उठी। अपने को अपनी चोटी में अत्यधिक व्यस्त-सा बनाते हुए उसने पूछा, "तुम क्या विवाह को जीवन के लिए आवश्यक मानते हो?" इस समय उसने जैसे प्रश्न के हथियार को ही कवच बना लिया।

"हाँ, जीवन की स्वाभाविकता को बनाए रखने के लिए आवश्यक ही समझता हूँ। शुरू में चाहे न लगे, पर बाद में फिर बड़ी कुंठाएँ और विकृतियाँ आ जाती हैं। यों फिर अपवाद तो सभी नियमों के होते हैं।"

"यदि सचमुच ही तुम ऐसा मानते हो तो तुमने अब तक विवाह क्यों नहीं किया? विवाह की उम्र तो तुम भी शायद कभी की पार कर चुके हो!" अमला पूछने को पूछ तो गई, लेकिन खयाल आया कि अमर का ध्यान फिर कहीं जाकर न उलझ जाए। उसे अभी कुछ समय पहले पूछी गई 'प्रेरणा' वाली बात याद आ गई। वह बड़ी सावधानी से अमर के चेहरे के भाव-परिवर्तन को देखने लगी। पर अमर ने उसी प्रकार उत्तर दिया :

"मैंने विवाह किया नहीं, यह सच है, पर विवाह की बात तो सोचता भी नहीं, ऐसा नहीं कहता। हाँ, इतना अवश्य है कि साथी मन-लायक होना चाहिए। घरवालों की ओर से तय किए हुए विवाह में मेरा विश्वास नहीं।"

"मिलाऽऽ कोई मनलायक साथी?" 'मिला' पर कुछ विशेष जोर देते हुए अमला ने सहसा पूछा।

"अभी तक अविवाहित हूँ, इसका मतलब ही है कि नहीं मिला।"

"सच, सच कह रहे हो? कहीं कोई हो..." पूरी तरह आश्वस्त होने के लिए अमला ने पूछा—पर अमर ने कोई जवाब नहीं दिया, केवल मुस्कराता रहा।

"मन का पूरा-पूरा अता-पता दो तो मैं काफी मदद कर सकती हूँ। तुम्हारी दुआ से परिचितों का क्षेत्र काफी बड़ा है। बोलो, करूँ कोशिश?"

"धन्यवाद! तुम्हारी परिचित लड़कियाँ भी तुम्हारी जैसी ही होंगी...मुझे तो कोई बहुत ही साधारण-सी लड़की चाहिए।"

"क्यों, मैं क्या इतनी बुरी हूँ कि मुझ-जैसी लड़की से विवाह कर ही नहीं सकते?" उलाहने के स्वर में अमला ने ज़रा मचलते हुए पूछा। स्वर में विजय का आह्लाद स्पष्ट था। अमर ने इसे न समझा हो सो बात नहीं, पर अमला के कहने का ढंग कुछ ऐसा मोहक था कि उसे यों हारना भी अच्छा लगा।

तभी अन्ना ने आकर कहा, "कैलाश बाबू का फोन आया है।" अमला जल्दी से उठकर गई और थोड़ी देर में लौटी तो उम्मीद कर रही थी कि आते ही अमर कैलाश के बारे में पूछेगा, पर जब उसने कुछ नहीं पूछा तो स्वयं ही बोली, "एक ये हमारे मित्र साहब हैं, जो सवेरे से ही मुँह फुलाए फिर रहे हैं।" और उसने अपनी बात की प्रतिक्रिया देखने के लिए अमर की ओर देखा। पर अमर बैठकर चुपचाप एकटक

डालिया के फूलों को देख रहा था, सो देखता ही रहा, मानो उसने अमला की बात सुनी ही नहीं। अमला को आश्चर्य हो रहा था कि जो अमर अभी कुछ देर पहले अमला की हर बात जान जाने को इतना अकुला रहा था, मित्र की बात सुनकर भी एकाएक यों उपेक्षा भाव धारण करके कैसे बैठ गया? अमर के इस मौन से अमला के अभिमान को कहीं आघात लगा। तभी अमर ने कहा, "अमला, तुम्हारे ये डालिया बड़े सुन्दर हैं; इतने सुन्दर चटकीले और बड़े-बड़े डालिया शायद मैं जीवन में पहली बार देख रहा हूँ।"

"यह भी मेरी प्रिय हॉबी है। कल तुम्हें पीछे का बगीचा दिखाऊँगी, न मुग्ध कर दिया तो...!" बड़े ही गर्वीले स्वर में अमला बोली।

"हम तो तुम्हारी हर बात पर ही मुग्ध हैं।" अमर ने कहा और फिर जैसे झेंप मिटाने के लिए हँस पड़ा।

अमला ने उसका साथ देते हुए कहा, "अच्छाऽऽ!" और फिर बोली, "चलो, अब ज़रा घूम आएँ; तुम भी तैयार हो जाओ और मैं भी तैयार हो आती हूँ।"

कोट पहने और हाथ में सिगरेट का डिब्बा लिए अमर जब आया तो अमला अपने कमरे में ही थी। अमर को आया जान उसने उसे अन्दर बुला लिया, "यह हमारा निजी कमरा है।" फिर हँसते हुए बोली, "जानते हो, इस कमरे में घुसने का सौभाग्य बहुत कम लोग ही पाते हैं।" दो बड़े-बड़े बुकशेल्फ में बड़ी ही चुनी हुई पुस्तकें रखी हुई थीं। अमर ने बात का जवाब नहीं दिया, पुस्तकों को ही उलट-पुलटकर देखने लगा और फिर मुस्कराते हुए पूछा, "सब पढ़ रखी हैं या अमीरों की तरह केवल शान दिखाने और रौब जमाने के लिए सजा रखी हैं?"

"जी हाँ, सिर्फ शान दिखाने के लिए रख रखी हैं," अमला ने चिढ़ते हुए कहा, "जैसे पढ़ने-लिखने का ठेका तो आपके वर्ग ने ले रखा है!"

"चिढ़ती क्यों हो; मैं तो सच बात कह रहा हूँ।" अमर किताबें ही देख रहा था और अमला अपनी तैयारी पर आखिरी टचेज़ दे रही थी। वहीं से बोली, "इस विषय में फिर किसी समय बात करूँगी, इसे लेकर भी काफी भूसा साफ करना है तुम्हारे दिमाग का।"

"बहुत हिमायत ले रही हो अपने वर्ग की? पत्रों में तो बड़ी नफरत उगला करती थीं। और यही कारण था कि मैंने कभी कल्पना ही नहीं की थी कि आप स्वयं भी इसी वर्ग की हैं।" और हाथ की पुस्तक को जहाँ की तहाँ लगाकर अमर घूमा। उसके सामने अमला तैयार खड़ी थी। वही श्वेत वस्त्र और लम्बा पल्ला पर नए सिरे से तैयार होने से चेहरे पर ताजगी आ गई थी और लावण्य निखर उठा था। घड़ी के पट्टे का हुक लगाती हुई बोली, "मैं न किसी की हिमायती हूँ, न किसी से नफरत करती हूँ। सबके गुण-दोषों को उनके सही रूप में देखने का प्रयत्न करती हूँ। तुम्हारी तरह पूर्वाग्रह लेकर नहीं चलती।"

फिर ड्रेसिंग टेबिल के फूलदान में से एक बड़ा-सा सफेद गुलाब निकालकर जूड़े

में खोंस लिया। शीशे में उसने देखा, अमर एकटक उसके पलंग के चारों ओर मसहरी को ही देखे जा रहा है।

"तुम्हारी यह मसहरी बड़ी विचित्र है।" अमर ने कुछ आश्चर्य से पूछा।

शीशे में पड़ते प्रतिबिम्ब से ही नज़र मिलाकर हँसते हुए अमला ने कहा, "अब तुम्हें मसहरी में भी विचित्रता नज़र आने लगी है—कमाल है। इसमें क्या विचित्रता है भला?"

"ऐसा डिज़ाइन कभी देखा नहीं—ये मकड़ी के बड़े-बड़े जाले अजीब-से नहीं लगते कुछ?" वह उन जालों को ही देखे जा रहा था।

"हमारे साहब ने इसे पेरिस से मँगवाया था। साहब ने तो छोड़ दिया, पर यह मसहरी यहाँ रह गई; और देखो, ग्यारह साल से मैं इसे काम में ले रही हूँ, पर कुछ भी तो नहीं बिगड़ा इसका।" उसने चैस्टर कन्धे पर डाला और चलने को हुई।

"उनकी दी हुई किसी चीज का उपयोग करते हुए तुम्हारा मन विरोध नहीं करता?" अमर ने पूछा।

"तुमने भी मुसीबत कर दी! कैसा विरोध, किसका विरोध? सच पूछो तो मैं तो वह सब कभी का भूल भी गई। अच्छा लो, चलो अब।"

पर अमर वहीं खड़ा-खड़ा बोला, "मैं सोच रहा हूँ, इसमें सोती हुई कैसी लगती होगी तुम?"

"सोकर दिखाऊँ क्या?" और अमला खिलखिलाती कमरे से बाहर निकली तो अमर भी हँसता-हँसता उसके पीछे हो लिया।

पोर्टिको में गाड़ी तैयार खड़ी थी। आगे-आगे अमला थी और पीछे अमर। दो कदम चलकर ही अमर ने पूछा, "कहाँ चलेंगे?"

"कैलाश के यहाँ।"

"ये साहब कौन हैं?"

"लो चाय पीते समय अभी जिनका फोन आया था। सवेरे से ही हमसे नाराज़ हैं। बात यों हुई कि सवेरे इनके साथ कहीं जाने का प्रोग्राम था, सो कैन्सिल करके हम तुम्हें लेने स्टेशन आ गए। अब वे मुँह फुलाकर बैठे हैं। चलो, ज़रा मना आएँ।" और फिर उसने घूमकर अमर की ओर देखा। अमर समझ ही न पाया कि वह इस सारी बात को किस रूप में ले। उसने धीरे-से इतना ही कहा, "तो तुम अकेली ही हो आतीं—वहाँ मैं क्या करूँगा भला?" अमला को लगा जैसे स्वर में थोड़ी-सी खिन्नत आ ही गई थी।

"अरे वाह! वहाँ से घूमने चलेंगे, उन्हें भी साथ लेंगे। इंटरस्टिंग आदमी हैं।" और फिर अर्थपूर्ण नज़रों से अमर की ओर देखते हुए वह गाड़ी में घुस गई। अमर उसकी बात के जवाब में बिना कुछ कहे ही जब चुपचाप गाड़ी में बैठ गया तो उसकी उत्सुकता और अकुलाहट को जैसे चरम तक पहुँचाने के लिए आखिरी झटका देती हुई बोली, "यों समझ लो, केवल हमारे मित्र ही नहीं...मन-लायक मित्र हैं; तुम भी तो

मिल लो ज़रा।"

कार स्टार्ट हो गई और फाटक के बाहर की कच्ची सड़क पर आते ही धूल का अन्धड़ आगे-पीछे छा गया। अमला ने कनखियों से ऊपर की ओर देखा और उसे लगा, सड़क से भी अधिक वेगवान एक अन्धड़ इस समय अमर के दिमाग में भी उड़ रहा है—कौतूहल का अन्धड़, जिज्ञासा का अन्धड़, असंख्य प्रश्नों का अन्धड़...

तीन

बड़ी अजब है यह मुस्कराहट भी...

अभी-अभी अमला गई है; लेकिन लगता है जैसे अपनी इस अजब, सुगन्धित मुस्कराहट को यहीं छोड़ गई है—मँडराते हुए...भरमाते हुए। मन में इतना कुछ भर गया है कि चाहूँ तो आज की डायरी को पूरी पुस्तक बना डालूँ...जोश आ रहा है, किस इंटरव्यू के चक्कर में पड़ूँगा...घर जाऊँ और बैठकर, खूब लिखूँ—खूब लिखूँ। आज कितनी बातें कही हैं अमला से! लेकिन नहीं, न वे बातें सच थीं, न वह भावस्थिति। सच था सिर्फ वह स्वर...वह होंठों का मुस्कराहट के आकार में मुखर स्पंदन...वह जो कुछ उसने अपने अन्तर से सँजोकर मुझे सौंपा था...लगा था, हम तो केवल चुप हैं और स्तब्ध उस वार्तालाप को सुन रहे हैं...सच है सिर्फ यह तथ्य कि हर समझौता कला को पथभ्रष्ट कर देता है...

और अमला?...यह लम्बी-चौड़ी कोठी...यह नौकरों की फौज, यह शान-शौकत...ये बाग-बगीचे...ये आधा दर्जन गाड़ियाँ—और सबके ऊपर यह अमला...अमला का व्यवहार, यह मायाविनी मुस्कराहट...। इस सबकी कल्पना मैंने कहाँ की थी? सारे रास्ते जिस धड़कन ने सोने नहीं दिया था, वह क्या इसी अमला के लिए थी? मैं तो सोचता था, अमला होगी किसी की बहन...किसी की बेटी। ज़रा मुँह-लगी और स्वतन्त्र। कॉलेज में पढ़ने जाती होगी—मध्यवर्गीय परिवार की लड़की। ड्राइंगरूम में बैठाएगी। हारे-थके ऑफिस से लौटे प्रौढ़ से कहेगी : "पापा, ये हमारे दोस्त हैं अमर जी। यहाँ किसी काम से आए हैं।" एक ममी होगी...और अनेक जिज्ञासु आँखों के बीच हम लोग उखड़ी-उखड़ी, टूटी-टूटी बातें करेंगे...कौन जाने अलग से बैठकर बातें करने का अवसर आएगा भी या नहीं। वह अपने ब्रिज के दोस्तों से मिलाएगी। मैं बाहर निकलूँगा तो ममी उसे सुनाकर पापा को उलाहना देंगी, 'लो, ये एक और दोस्त बने अमला के...!' आखिर इतने आत्मीय पत्र लिखनेवाली कैसी होगी?

लेकिन यहाँ...स्टेशन से कार मैं बैठते ही मुझे लगा जैसे मैं निहायत गलत जगह आ गया हूँ...अमला मुझे पूछती आई—रास्ते में तकलीफ तो नहीं हुई। मैं जाने

क्या-क्या जवाब देता आया। पर मन में कहीं यह था—नहीं, यह वह अमला नहीं है जो मुझे पत्र लिखती रही है। शायद यही कारण था कि कोठी की लम्बी-चौड़ी बाउंड्री और भव्यता—किसी ने मुझे चकित नहीं किया और नई चीज को देखकर उस धारणा पर एक और पर्त चढ़ती गई कि यह गलत है!...लम्बे-चौड़े गेस्टहाउस में नौकरों को सौंपकर जब अमला चली गई तो मन में हुआ कि सामान बिना खोले ही चल दूँ। आसपास के खाली कमरे और एक में सिर्फ मैं...। साबुन-तौलिया निकालकर बैठे-बैठे राह देख रहे हैं कि नौकर आएगा तो पूछेंगे, बाथरूम किधर है?—फिर नहाकर कुर्ते के बटन लगाए ही थे, मेज पर खाना आ गया—दो नौकर, एक थाली। "आप खाना खाकर आराम कर लें...।" पूछा, "अमला जी नहीं आएँगी?"—"बीबीजी बड़े बाबू के साथ खा चुकीं।" भूख मर गई। खाने बैठा—लम्बी मेज और अकेली थाली—मन में आया, झटके से थाली एक तरफ सरका दूँ— नहीं, मुझे नहीं खाना। और सीधे जाकर किसी ढाबे में जा बैठूँ!—ये कटोरियों की कतार—ये सफेद नैपकिन और यह नौकर का खाना परोसना...

उस समय तो नहीं उठा, लेकिन तय कर लिया, यहाँ रहना नहीं है। मैं क्यों चला आया? सोचा, 'ठीक है; किसी ने बाँध तो रखा नहीं है, शाम को ही कहीं और चला जाऊँगा।' और अब? पास में बड़े भारी सूरजमुखी के फूल-जैसा रूम-हीटर जल रहा है, नौकर अभी पानी का फ्लास्क और गिलास रखकर गया है और मैं सोच रहा हूँ, 'कल रहूँगा...। आज अमला को देख ही कहाँ पाया—सारे समय अपने में ही खोया रहा...'

बात यों हुई कि जैसे ही कैलाश के यहाँ को निकले, मैं बेहद सुस्त हो गया; लगा मैं निहायत फालतू चीज की तरह अमला के साथ हूँ—उसे इस समय किसी की नहीं, सिर्फ एकान्त की आवश्यकता है।

गाड़ी पोर्टिको में खड़ी हुई तो अमला के दरबान ने पूछा, "मुन्ना बाबू हैं?" तब तक ड्राइवर ने घूमकर फाटक खोल दिया था।

बिना जवाब सुने अमला, "तुम एक मिनट ठहरो अमर..." कहकर सीढ़ियाँ चढ़ती ऊपर चली गई—उसके भारी जूड़े को पीठ पर उठते-गिरते देखकर मैं यही सोच रहा था कि 'मन लायक' मित्र के पास जाते समय किस तरह आदमी के पंख निकल आते हैं...मेरे यहाँ आते हुए शायद रंजना भी यों ही दौड़ते हुए सीढ़ियाँ चढ़ती होगी... अमला रंजना से कद-काठी में ही बड़ी नहीं...उम्र में भी बड़ी है।

मुझे अच्छी तरह याद है; अमला के उस मित्र से न मुझे रंचमात्र ईर्ष्या हुई, न उसे देखने की उत्सुकता। हाँ, बैठा-बैठा मैं मकान के सामनेवाले हिस्से और नौकरों के आने-जाने से 'कैलाश' की स्थिति का अन्दाजा लगाता रहा। सीढ़ी के नीचे पर्देदार खुले दरवाज़े के पास चौकोर शीशेवाला हैट-स्टैंड रखा था और उसकी खूँटियों पर परों की झाड़ू आड़ी टिकी थी। अमला अपने चैस्टर को सीट की पीठ पर यों ही पड़ा छोड़कर चली गई तो मुझे एक बात लगी—मेरी हैसियत अमला के साथ सिर्फ एक

दर्शक-जैसी है। मैं इस सबमें हिस्सा लेनेवाला नहीं—तटस्थ बैठा चुपचाप देखता दर्शक-भर हूँ।

सुबह से रंजना का खयाल कई बार आया था, लेकिन अब बहुत साफ-साफ आया। मैं अपने दिन-भर के 'देखे हुए' को बैठकर सन्ध्या को उसे लिखूँगा तो वह ज़रूर हँसेगी—'वहाँ पहुँचे क्यों थे?—लो, और जाओ।'

बड़ी देर कर दी—ध्यान आया तो ऊबकर फिर चारों ओर जैसे सहारे के लिए देखा—अमला के भूरे चैस्टर का गलेवाला हिस्सा सीट की पीठ के पीछे मेरी ओर झूल रहा था। सिगरेट जलाकर माचिस फेंकने के लिए राखदानी को खट् से बाहर खींच लिया, साथ ही कॉलर के नीचे लगी पट्टी पर ध्यान गया, उँगलियों से सीधा करके पढ़ा—''डब्ल्यू. ए. क्लिफ्टन, लन्दन, डब्ल्यू. सी. टू।'' पढ़ते ही ध्यान आया, ड्राइवर नहीं था; वह पोर्टिको से बाहर धूप में खड़ा-खड़ा दरबान से बातें कर रहा था।

अपने को इस प्रकार अकेले छोड़े जाने पर कुछ सोचूँ-सोचूँ कि सीढ़ी पर बातें करने की आवाज़ सुनाई दी—और ऊपरवाली सीढ़ी से सफेद साड़ी से ढकी काली पट्टियोंवाली चप्पल उतरी—साथ उतरा काला डर्बी और गहरे सलेटी पैंट का नीचे का हिस्सा—तो कैलाश साहब आ रहे हैं! पहले तो समझ में नहीं आया कि सिगरेट लिए रहूँ या फेंक दूँ—फिर सिगरेट लिए ही मैं ध्यानमग्न होकर दूसरी ओर देखने लगा। कैलाश और अमला को एकसाथ ही देखकर—उस दृश्य के अप्रत्याशित आश्चर्य को पाने की कोशिश करूँगा।

''अमर!'' अमला के स्वर से चौंककर घूरा। झुककर गाड़ी से बाहर निकलते हुए कैलाश पर निगाह पड़ी—सामने अमला थी, उसके पीछे बरामदे की सीढ़ी पर गहरे सलेटी सूट में निहायत पतला-लम्बा-सा युवक! अमला के सिर के ऊपर उसकी टाईदार गर्दन ही दीख रही थी। बाहर निकलकर सीधा हुआ तो देखा—खूब गोरा रंग, इतना गोरा कि कनपटियों के पास बालों की ताँबई झलक दीखती थी—तीखी नाक, बहुत पतले होंठ और लम्बा मुँह—सब मिलाकर प्रिय-दर्शन। लेकिन तभी आश्चर्य से मेरा मुँह खुलते-खुलते रह गया। कैलाश वास्तव में सीढ़ी पर नहीं, यों ही अमला के पीछे खड़ा था और अमला उसके कन्धे से भी नीचे तक आती थी। साढ़े छह फुट का तो होगा ही।

अपने चेहरे पर इस प्रकार के विस्मय का कोई भाव आने दिए बिना ही मैंने हाथ जोड़े, तब अमला बता रही थी।—''कैलाश, ये अमर हैं।''

कैलाश ने ज़रा आगे बढ़कर अतिरिक्त शिष्टता से झुककर हाथ बढ़ाया, ''कहिए, अच्छे तो हैं?''

''जी हाँ, धन्यवाद?'' मुँह से मैंने कहा, लेकिन मन-ही-मन मैं सुस्त हो रहा था। इस प्रकार के कैलाश की तस्वीर मेरे मन में नहीं थी। अमला ने जब से कैलाश के नाराज़ होने की बात की थी, तभी से जाने क्यों मुझे लग रहा था कि वह मुझे ऐसे आदमी से मिलाने जा रही है, जिसे शायद मैं पसन्द न कर पाऊँ...। अब लगा—इसमें तो

नापसन्द करने लायक कुछ भी नहीं है—बल्कि...। और नए सिरे से देखने लगा कि चेहरे-मुहरे से लेकर कपड़ों में, ऐसी क्या चीज है, जिसे मैं नापसन्द कर सकता हूँ।

"कलकत्ता कैसा लग रहा है?" सीधे खड़े होकर कैलाश ने कहा।

"अभी तो मैं केवल 'अमलायन' को ही देख पाया हूँ।" मैंने पास खड़ी सुस्त अमला को बात में खींचने के लिए मुस्कराकर कहा।

"घूमने आनेवालों के लिए शहर बुरा नहीं है, लेकिन कुछ गन्दा शायद ज़्यादा है।" कैलाश ने अपने हाथों के दोनों अँगूठे कोट की जेबों के सिरे पर ही अटका रखे थे। बात कहकर उसने धीरे से इस तरह अमला को देखा मानो इस गन्दगी और अमला का कोई सम्बन्ध या संकेत हो।

"लेकिन मैं तो घूमने नहीं आया। एक स्कॉलरशिप के लिए कोशिश कर रहा हूँ, उसका पहला इंटरव्यू यहाँ है..."

मेरी बात पर अमला चौंकी। शायद उसे मैंने अभी बताया नहीं था। उसने झटके से मेरी ओर देखा।

"पहला इंटरव्यू?" कैलाश ने विस्मित विनोद से कहा, "यानी कई इन्टरव्यू होंगे!"

"कम-से-कम तीन तो होंगे। एक बातचीत, बोलचाल का होता है। एक जनरल नॉलेज का लिखित होता है, फिर एक अपने विषय का...।" मुझे इतने लम्बे आदमी से सिर उठाकर बोलना कष्टकर लग रहा था; इसलिए जेब से फिर सिगरेट निकालने लगा। "यहाँ से सीधे बम्बई जाना है। आखिरी इंटरव्यू दिल्ली में होगा। फिर पासपोर्ट की भाग-दौड़ शुरू होगी।"

"ओह! कोई बाहर की स्कॉलरशिप होगी। वही तो मैंने कहा, कि यहाँ किस चीज के लिए तीन-तीन इंटरव्यू होते हैं।" कैलाश सन्तुष्ट हो गया।

अमला शायद अपने को उपेक्षित महसूस कर रही थी—वह झटके से घूमी और दरवाज़ा खोलकर पीछे बैठ गई। ड्राइवर स्टीयरिंग पर आ बैठा था।

कैलाश ने संकेत समझा। गाड़ी की ओर बढ़ते हुए बोला, "अच्छा अमरजी, बड़ी खुशी हुई आपसे मुलाकात करके। अमला जी की बदौलत थोड़ा साहित्य-संगीत समझ लेते हैं—वरना यहाँ तो।"—कैलाश ने दोनों हाथ फैला दिए। "ज़रूर चलता आपके साथ। कुछ लोगों को बुलाया है, वे आते ही होंगे। अभी तो रुकेंगे न? खुद हाजिर हूँगा।"

मैंने सिगरेट ऑफर की। कैलाश एक बार झिझका—फिर गाड़ी में बैठी अमला की ओर देखकर सिगरेट ले ली, "आप दे रहे हैं तो लाइए..."

मैंने कैलाश की सिगरेट जलाई तो उसे झुककर लगभग दुहरा हो जाना पड़ा। लोगों के बीच में फुट-भर ऊँचा सिर निकाले वह कैसे आश्चर्य का विषय रहता होगा—मैं इसी की कल्पना करके मुस्कराया। मन में कहा, 'लम्बू के सामने अमला बच्ची लगती है।' ध्यान आया—ये 'मुन्ना बाबू' हैं।

"अमर, चलो भाई..." हलकी झुँझलाई आत्मीयता से अमला भीतर से बोली,

तो सिगरेट मुँह में लगाकर मैंने हाथ बढ़ा दिया, "अच्छा कैलाश बाबू..."

कैलाश ने दोनों हाथों में मेरा हाथ लेकर बड़ी ऊष्मा से हिलाया और फिर पलट पड़ा। पहले अमला ड्राइवर के पास बैठी थी, वहीं उसका चैस्टर फैला हुआ था। अब खुद पीछे थी। मैं असमंजस में पड़ गया। इसलिए और भी कि आते समय मुझे पीछे बैठाकर अमला खुद ही आगे जा बैठी थी। उसने पिछले दरवाज़े को हाथ से ज़रा-सा खुला रखते हुए कहा, "आइए।"

बैठकर खिड़की का शीशा, कुहनी रखने लायक नीचा करते हुए मैंने कहा— इतनी लम्बाई के अनुपात में कैलाश का सिर काफी छोटा लगता था।

सड़क पर आते ही मैंने कहा, "तुम्हारे मुन्ना बाबू तो भले आदमी लगते हैं।"

"हाँ, पहली मुलाकात में तो भले ही लगते हैं।" बात अमला ने कुछ ऐसे ढंग से कही कि मैंने इस बार मुड़कर उधर देखा। अब ध्यान आया शायद अमला कैलाश से लड़कर आई है।

कैलाश के पास खड़ी हुई अमला को देखकर एक बात लगी थी : अपनी स्थिति के लिहाज से मुझे दूर से ही दिखता है, लेकिन साथ ही अमला और कैलाश में भी कहीं मूलभूत दूरी है। रंजना का खयाल आया और मन हुआ उससे कहूँ—अमला को लेकर तुम्हारे भ्रम कितने निराधार थे। अमला चुप थी। पीछे सिर टिकाकर आँखें मूँदे थी। मुझे लगा : उसकी यह चुप्पी सिर्फ एक विशेष मनःस्थिति की चुप्पी नहीं है— यह बड़ी अर्थवान चुप्पी है। यह दूरी है जिसे अमला बनाए रखना चाहती है। कौन जाने इस समय वह पछता ही रही हो कि क्यों व्यर्थ मुझ जैसे आदमी को बीच में लाकर कैलाश से लड़ पड़ी? कैलाश उसके 'वर्ग' का आदमी है—नगर का आदमी है।

जाने क्यों, मैंने अचानक पूछ डाला, "कैलाश जी क्या मेरे कारण नाराज़ हैं?"

अपने और अमला के बीच की खाली सीट की दूरी सायास कायम रखे हुए मैं गौर से अमला को देख रहा था। मेरी बात से उसकी आँखों के पास ऐसी सिकुड़नें उभरीं कि लगा, उसे इस समय बातें करने की कतई इच्छा नहीं है। कोई और होता तो डाँट देती। लेकिन अचानक ही वे सिकुड़नें उसी अजीब मुस्कराहट में बदल गईं। आँखें खोलकर सिर वहीं रखे हुए अमला ने धीरे-से कहा, "बड़े खूबसूरत मुगालते हैं...।"

मैं आश्वस्त हुआ। परिहास की दरगुजर करके कहा, "तब तबीयत खराब है, या नाराज़ हो?"

"नाराज़!" अमला सीधी हो गई। पर्स में कुछ खोजती हुई बोली, "मुझे क्यों नहीं बताया कि तुम इन्टरव्यू के लिए आए हो?"

"तुमने पूछा कहाँ?" अनचाहे ही मैं भीतर खिल उठा। लगा—यह सामने बैठी अमला नहीं, पत्रोंवाली अमला बोल रही है। सहज भाव से कहा, "दिल्ली से सिर्फ मिलने के लिए कलकत्ता आने लायक हैसियत..."

लेकिन एक छोटी-सी शीशी से दो सफेद गोलियाँ निकालकर मुँह में रखते हुए

अमला ने मेरी बात काट दी, "कैलाश बाबू नाराज़ हैं। तुम इसे कुछ कह लो अमर, लेकिन किसी का दम्भ मुझसे बर्दाश्त नहीं होता।"

मैं समझ गया, अमला ने बात बदल दी है। खयाल आया, शायद ड्राइवर के सामने वह नहीं चाहती कि मेरी 'हैसियत' प्रकट हो। उससे उम्मीद की जाती है कि उसके मित्रों को 'हैसियत' का रोना नहीं होगा।

इसके बाद लेक पर हम लोग थोड़ी देर रहे और लौट आए। आते समय मेरा मूड फिर बहुत खराब हो गया था।

दिन छिपने लगा था—लेकिन बत्तियाँ जलने में देर थी। मैंने देखा, मुश्किल से पाँच बजे होंगे। वातावरण में धुएँ और कुहरे का धुँधलका था। गाड़ी दोनों ओर लेक से सटा सड़क पर चलने लगी तो मैंने कहा था, "बड़ी सुन्दर जगह है...!"

"हाँ, यह यहाँ का ब्यूटी-स्पॉट माना जाता है।" अपनी ओरवाली खिड़की से अमला चुपचाप बाहर देख रही थी—शायद कुछ सोच रही थी। काफी देर से हम लोग चुपचाप बैठे थे और मन का वह बोझ गहरा होता चला जा रहा था कि इन लोगों की आपस की लड़ाई का कारण मैं हूँ...शायद मैं खुद भी नहीं—मेरी स्थिति है। हर पल लगता था कि अगर अभी कोई बातचीत नहीं शुरू हो गई तो मैं शायद चलती गाड़ी का दरवाज़ा खोलकर कूद पड़ूँगा। (नहीं, कूदूँगा नहीं, सिर्फ दरवाज़ा खोलूँगा और कूदने का भाव दिखाऊँगा।) कि तभी एक ज़रा खुली-सी जगह पर लोहे की इकहरी रेलिंग के सामने गाड़ी धीरे से रुक गई। जैसे पहले से सोच रखा हो, इस तरह गाड़ी के रुकते ही अमला ने कहा, "ड्राइवर, तुम जाकर चार-छह पान लगवा लाओ।" मैंने अपनी ओर का दरवाज़ा खोला, तो पूछा, "क्यों बाहर घूमोगे क्या?"

"इतनी सुन्दर जगह है—यहाँ आकर भी भीतर ही बैठी रहोगी?" बन्द होते दरवाज़े को हाथ बढ़ाकर बाहर ही रोके हुए मैंने कहा।

कुछ देर सोचा और 'अच्छा' कहकर बाहर निकल आई। जोर से दरवाज़ा बन्द होता छोड़ पूरी गाड़ी का चक्कर लगाकर मेरे सामनेवाली सीट से अपना चैस्टर खींचा और बिना बाँहों में हाथ डाले 'केप' की तरह कन्धों पर लेकर बोली, "भाई, बात यह है कि यहाँ हमारे मिलने-जुलनेवालों का बहुत चक्कर रहता है...रात को ही फोन आएगा, 'कहिए, अमला जी आजकल लेक को बड़ा आबाद किया जा रहा है'...बाकी लोगों के लिए इतना काफी है कि मैं लेक पर किसी के साथ देखी गई..."

"हाँ, यह बात तो है," कहकर मैं चुप हो गया। निर्विकार भाव से जोड़ा, "और वह भी ऐसे आदमी के साथ जो अपनी 'स्थिति' का नहीं है...।"

"नहीं, यह तो नहीं है।" अनमने भाव से कहकर वह कहीं खो गई।

फिर अमला देर तक अतिरिक्त उत्साह से मुझे लेक का रोमांटिक महत्त्व या यहाँ के किस्से सुनाती रही। हम लोग गए कहीं नहीं—बस ज़रा हटकर रेलिंग से टिककर खड़े हो गए। मुझे बात बुरी लगी है, यह शायद उसने जान लिया और वह उसी तनाव को दूर करना चाहती थी। ड्राइवर पान ले आया। पान अमला ने लिए और खुद ही

दो बीड़े मुँह में रखकर बाकी मेरी ओर बढ़ा दिए। मन में बात उभरी : इन लोगों में सामान्य शिष्टाचार भी नहीं होता! मुझे नहीं मालूम, पानों का स्वाद कैसा था।

जब ड्राइवर फिर जाकर गाड़ी में बैठ गया तो अचानक मैंने कहा, "अमला जी, आप हँसी में मत उड़ाइए। मुझे मुगालता नहीं है। लेकिन लगता है मैंने यहाँ आकर बहुत-सी अवांछनीय स्थितियाँ पैदा कर दी हैं। बात यह है कि कल मुझे इंटरव्यू के लिए भी जाना होगा। अभी तो उस जगह का भी पता लगाना है। क्या यह अच्छा नहीं होगा कि मैं आज शिफ्ट कर जाऊँ...?"

"तुम्हें बहुत तकलीफ हो रही है क्या अमर?" इस बार फिर अमला ने जिस कोमल स्वर में यह सवाल किया उसने मुझे चौंका दिया।

फिर भी दृढ़ता से मैंने कहा, "तकलीफ की बात नहीं है। मुझे लगता है मेरी उपस्थिति ने तुम्हारे लिए अनेक समस्याएँ पैदा कर दी हैं। किस-किससे लड़ोगी और किस-किसके सामने सफाई दोगी? पान देते हुए ड्राइवर का चेहरा देखतीं, तो शायद उससे भी लड़ना चाहतीं..."

इस बार अमला ने झुककर पान की सारी सुपारियाँ थूक दीं और चैस्टर की जेब से रूमाल निकालकर कसकर होंठ पोंछते हुए कहा, "देखिए अमर जी, मेरे ड्राइवर को मेरी इस तरह की सनक देखने और सहने की आदत है। उससे मुझे लड़ने की ज़रूरत भी नहीं होगी; ऐसी कोई बात आने पर वह अपना हिसाब लेकर जा सकेगा... हाँ, औरों की बात ज़रूर...।" अचानक उत्तेजना से अमला की आवाजें फँस गईं।

"औरों की बात क्या?" मैंने कुछ देर राह देखकर पूछा।

अमला ने कोई जवाब नहीं दिया और यों ही दोनों कुहनियाँ रेलिंग पर टेके सामने देखती रही। बत्तियाँ जल गई थीं और दूर मकानों की लाइन के सामने सड़क पर बसों-कारों की रोशनियाँ ही चलती दीखती थीं—आवाज़ यहाँ तक नहीं आती थी। कुछ देर मैं प्रतीक्षा करता रहा, फिर पानी में काँपती बत्तियों को देखता रहा। पीछे दरवाज़ों के बन्द होने से जाना कि कोई कार और आकर खड़ी हुई। न जाने क्यों लगा—अभी अपनी पूरी लम्बाई में तना कैलाश आकर अमला के पास खड़ा हो जाएगा।

"जानते हो, कैलाश ने क्या कहा?" अमला ने अचानक पूछा—फिर खुद ही बोली, "आप फरमाते हैं, 'कहिए, आपके लेखक साहब ने क्या फरमाइश रखी?' मैंने रुखाई से पूछा, 'कैसी फरमाइश?' तो मुँह टेढ़ा करके कहा, 'कोई फरमाइश नहीं रखी? कुछ पैसों की माँग...कोई मैगजीन निकालने या प्रकाशन-संस्था खोलने की स्कीम...कुछ भी नई माँग नहीं रखी...?' बात सुनकर मुझे झुँझलाहट हो आई—मैंने कहा—'होश में तो हो कैलाश?' तो घूमकर कहा, 'झूठ कहता हूँ? पहले कितनी बार नहीं हुआ? ये संस्कृति और अध्यात्म के सारे धर्मध्वजी यहाँ और आते किसलिए हैं?' तब मैंने कहा, 'अमर को यहाँ मैंने ही बुलाया है। उसे तो शायद यह पता भी नहीं था कि मैं कौन हूँ...' तो बोला, 'खैर, अब तो पता चल गया न...' और उसकी इस बात पर मैं भड़क उठी—'यह तुम नहीं तुम्हारी ईर्ष्या बोल रही है कैलाश...जिस

तरह मेजर कपूर से मैं तुम्हारे मैनर्स पर कोई रिमार्क नहीं सुन सकती, इसी तरह तुमसे भी उम्मीद करती हूँ कि तुम मेरे मित्रों का, कम-से-कम मेरी खातिर ही सम्मान करोगे'... ।''

और जितनी देर अमला यह सब बोलती रही, मेरे सिर में मक्खियों का छत्ता भिन्नाता रहा—और दोनों कान झनझना आए। मन-ही-मन गला फाड़कर चीखते हुए कहा, 'टु हैल विद् यू एंड योर सोसाइटी...योर क्लास एंड क्लान...मैं तुम्हारे इस स्वर्ग को आज ही छोड़ दूँगा—सँभालो।' लेकिन तीव्र उत्तेजना के उस विस्फोटक क्षण में भी यह बात मन में आए बिना न रही कि अमला मुझे भविष्य के लिए आगाह कर रही है।

''अच्छा क्यों अमर,'' अमला कह रही थी, ''चूँकि मैं एक पैसेवाले घर में पैदा हुई इसलिए जिससे चाहूँ उससे मिल भी नहीं सकती? आप होटलों में बैठे हुए बीस-बीस दोस्तों के साथ एक-एक रात में हजार-हजार की ह्विस्की पी सकते हैं—लापरवाही से सौ-सौ के नोट दिखाकर नंगी नाचती स्ट्रिप्ट्रीज (कैबरे-आर्टिस) को अपने पास बुलाकर उसे मजबूर करते हैं कि वह आपको जितनी बार 'किस' करे उतने नोट ले जाए...और मैं...!''

इस बार मैंने निहायत ही ठंडे और दृढ़ स्वर में बात काटकर कहा, ''अमला जी, ये आप सारी किताबी बातें बोल रही हैं। सच नहीं हैं—मैं नहीं कहता;—लेकिन इनका कोई अर्थ नहीं है। अच्छा हो हम लोग कोई और बातें करें...''

''जी नहीं, मुझे किताबी बातें बोलने का अभ्यास नहीं है।'' इस बार अँधेरे में भी मुझे लगा, उसका चेहरा तमतमा आया, ''मैं तो सिर्फ इतना कहती थी कि आपको अगर शौक रखने का अधिकार है तो दूसरे को भी है।''

उसके स्वर से ही मुझे लगा मानो उसे इस तरह का जवाब सुनने का अभ्यास नहीं है। उसी क्षण जब चारों ओर देखा तो खुद ही बोल पड़ा, ''कितना अच्छा वातावरण है, और हम लोग भी किन बातों पर लड़ रहे हैं।''

'अच्छा वातावरण' और 'हम लोगों' के द्वारा मैंने दोनों को एक ही मानसिक स्थिति का साझीदार बनाने का निमन्त्रण दिया और चाहा कि यह कटु प्रसंग समाप्त हो जाए। लेकिन कहने के साथ ही जैसे नए सिरे से वातावरण की सुन्दरता और अपने दोनों के निकट होने की बात को जाना। ग्लानि भी हुई : मैं अमला से मिलने आया हूँ...वह मेरी मित्र है—साल-भर से मित्र हैं, क्यों नहीं मैं 'मित्र' से मिलने के इन लक्षणों को मुक्त और निर्विकार भाव से ग्रहण कर पाता? क्यों इतनी कुंठाओं और कवचों में बन्द हूँ? सही है, मैंने कल्पना नहीं की थी कि अमला यह होगी, लेकिन मान लीजिए है ही, तो ऐसी क्या मुसीबत हो गई? कैलाश के साथ उसकी अपनी लड़ाई है और मैं उसमें कहीं नहीं आता...

इस बार मैंने अतिरिक्त आत्मीयता और खुलेपन से कहा, ''अच्छा, छोड़ो अमला, मैं तुम्हें और कैलाश को विश्वास दिलाता हूँ न किसी प्रकाशन की स्कीम रखूँगा, न

मैगज़ीन निकालूँगा। लौटने के लिए भी मेरे पास पैसे हैं, और स्कॉलरशिप विदेशी सरकार दे रही है। तुम्हारे ट्रस्ट से भी लेता तो तुम्हारे नाम का उपयोग न करता... ।''

अमला भी ढीली हो आई। साँस छोड़कर बोली, ''नहीं अमर, साफ कहूँ, पैसे का महत्त्व न मेरे लिए है, न कैलाश के लिए...मुझे जिस चीज से घृणा है वह है रवैया, ऐटीट्यूड... ।''

''ठीक है, अब छोड़ो न!'' अपने अनजाने ही मैंने बात ऐसे मधुर आग्रह और उलाहने से कही कि सारी दूरियाँ एक झटके से समाप्त हो गईं। कहीं मेरे स्वर को वह गलत न समझ ले—इसलिए एकदम ही पूछा—''और कहीं नया क्या पढ़ डाला...?''

गाड़ी की ओर लौटते हुए अमला ने कहा, ''तुम कहो। देखो न कितनी अजब बात है, जब से हम मिले हैं न पढ़ने की कोई बात की, न लिखने की...और जाने किन-किन बातों से माथा फोड़ रहे हैं।''

''तुमने मौका ही नहीं दिया। सच पूछो तो मैं लिखने-पढ़ने की ही बातें करने आया था—न मुझे तुम्हारे कैलाश जी से परिचय बढ़ाना था, न कोठी-बँगले से... ।''

और साथ-साथ कदम-ब-कदम चलते हुए जाने कैसी एक आत्मीयता की अनुभूति कुहरे की तरह मन पर छा गई। शायद रंजना होती तो उसके कन्धे पर हाथ रखकर चलता—अब बार-बार उँगलियों में फड़कन होने लगी थी कि उसका हाथ पकड़ लें। सामने ड्राइवर था—वह हम लोगों को यों साथ-साथ आते देखकर क्या सोच रहा होगा? तब मैंने यों ही मुड़कर देखा, अमला और मेरे कन्धों की ऊँचाई लगभग बराबर थी। अमला को आज इन 'बराबर के कन्धों' को देखकर कुछ नया नहीं लग रहा होगा? उसे तो सिर की ऊँचाई पर चलनेवाले कन्धों का अभ्यास होगा न... ।

ड्राइवर ने पीछेवाला दरवाज़ा खोल लिया। लेकिन अमला सीधी ड्राइवर के पासवाली सामने की सीट पर जा बैठी। मुझे बैठना पड़ा—ड्राइवर ने दरवाज़ा इतनी जोर से बन्द किया कि लगा उसे अपनी मेहनत व्यर्थ जाती लगी हो। भीतर अँधेरा हो गया।

''अच्छा बताओ, तुमने नया क्या लिखा?'' अमला ने सीट पर चिबुक टिकाकर पीछे देखते हुए पूछा।

''इस लिहाज से मुझसे तुम्हें नुकसान ही रहेगा अमला! किसी कवि से दोस्ती करतीं तो शायद इस तरह के सवालों के जवाब में वह तुरन्त नई रची कविता सुना देता। मैं तो ज़्यादा-से-ज़्यादा शीर्षक बता सकता हूँ—या थीम सुना सकता हूँ। सो इधर ऐसा कुछ खास लिखा भी नहीं कि बताऊँ।'' मैं दोनों ओर सरकते पानी में झलकती बत्तियों को देखता रहा।

''वही तो मैं पूछ रही हूँ, क्यों नहीं लिखा?'' बहुत अपनेपन और चिन्ता से अमला का सवाल आया।

''सच बताऊँ? अब तो मुझे लिखने की प्रेरणा ही नहीं होती।'' मैंने जवाब अमला की बात का शुरू किया था, लेकिन खुद ही मानो बोलते हुए सोचने लगा—

'पहले ऐसा नहीं होता था—लेकिन अब सोचता हूँ कि मैं आखिर लिखूँ क्यों? इतना लिखा गया है; रोज लिखा जा रहा है। उस सबमें एक आदमी अगर न भी लिखे तो क्या आता-जाता है? और आखिर लिखकर होगा भी क्या? लगता है जैसे कहीं कोई प्रेरणा ही नहीं मिलती...।'

"वही तो हम पूछते हैं लेखक साहब, आखिर आपकी प्रेरणा कहाँ खो गई है? लाइए हम मदद कर दें..." इस बार विनोद से अमला बोली।

"तुम मजाक कर रही हो...मैं दूसरी बात कर रहा हूँ..."

"देखो, मजाक नहीं अमर, मैं बहुत गम्भीर भाव से पूछ रही हूँ..." अत्यन्त अनुरोध और रहस्यमयी आत्मीयता के भाव से धीरे-धीरे उसने पूछा, "देखो, हम तुम्हारे मित्र हैं, हमें नहीं बताओगे? तुमने पहले भी टाल दिया था।"

"क्याऽऽऽ?" मैंने फिर टालना चाहा।

"कौन है तुम्हारी प्रेरणा! देखो, यों बहकाओ मत। हर कलाकार का एक मॉडल होता है। तुम्हारी कहानियों, उपन्यासों की सारी नायिकाएँ इतनी ज़्यादा एक-दूसरे से मिलती हैं कि लगता है, वे भीतर कहीं एक हैं..."

अँधेरे में, मैं अमला का चेहरा नहीं देख पाया; पर जैसे हथियार डालकर कहा, "अच्छा मिला देंगे। बस्स?" मेरे सामने रंजना का चेहरा आ गया था।

"जब मिलाओगे तब मिलाओगे। अब कुछ परिचय तो दो। जाने किसके सामने ले जा के खड़ा कर दो। उस समय मैं क्या कहूँगी?" सीट की ओट में अँगूठे से ड्राइवर की ओर इशारा कर रहा था। अमला ने हाथ बढ़ाकर अँगूठा एक ओर झपटते हुए कहा, "हाँ, हाँ बताओ!"

और उसकी इस उन्मुक्तता पर मेरा तन-मन सिहर उठा। काँपते गले से कहा, "तो सुनो, नाम है रंजना...दिल्ली रहती है। कॉलेज में पढ़ती है। इस समय लड़कियों को लेकर अजन्ता-एलोरा दिखाने गई है। शायद बम्बई भी जाए..." रटे हुए की तरह बोलकर मैं जानबूझकर चुप हो गया।

"और?"

"और क्या? सब तो बता दिया।"

"कब से जानते हो? कब शादी करोगे? देखने-सुनने में कैसी है? अब बताने बैठे हो, तो सब बताओ न!"

मैंने स्कूली बच्चे के ढंग से कहा—"जानता बहुत दिनों से हूँ। शायद इन्हीं गर्मियों में हम लोग शादी कर लें। लड़की देखने-सुनने में साधारण है लेकिन समझदार है, और सबसे बड़ी बात है—शी लव्स मी...और बोलो क्या पूछना है?"

अमला कुछ देर यों ही चुप रही। गाड़ी रोशनी के खम्भे के पास से गुजरी तो एक झलक में देखा मानो वही रहस्यमय मुस्कराहट अमला के होंठों पर पथरा गई है। कोठी के फाटक में मुड़ने के लिए गाड़ी ने हॉर्न दिया तो अमला सीधी होकर सामने देखती हुई बोली, "तो बाकायदा लव-अफेयर चल रहा है! तभी तो हम कहें,

ये सारे ऐसे-ऐसे रोमांटिक प्रसंग कहाँ से खोज निकालते हो...''

गाड़ी के कोठी में प्रवेश करते ही अमला ऐसा संयत और तटस्थ रूखापन दिखाती हुई चुप हो गई थी मानो मैं निहायत अपरिचित अनजान हूँ—वह मुझसे कभी किसी भी प्रकार घनिष्ठ नहीं रही—और तब मेरी समझ में अचानक आ गया कि लेक पर सामने की सीट पर बैठना अनजाने ही नहीं हुआ है। शायद वह अपने लोगों के सामने मेरे साथ एक सीट पर बैठे नहीं दीखना चाहती थी। और झटके से सारा जादू टूट गया। 'मूड' अचानक बहुत खराब हो गया।

हम लोग गेस्ट-हाउस के सामने खड़े थे और ड्राइवर गाड़ी ले जा चुका था। अमला बोली थी, ''अमर, बात यह है कि मुझे एक पार्टी में जाना है। शाम को मैं खाती तो कुछ नहीं हूँ, लेकिन वहाँ उपस्थिति ज़रूरी है। बस, शक्ल दिखाकर लौट आऊँगी। महाराज खाना खिला देगा। जल्दी तो नहीं सोते? घंटे भर में लौटूँगी—देर हो गई तो बुरा मत मानना, सुबह भेंट होगी।''

साथ ही बिना मेरे उत्तर की चिन्ता किए वह मुड़कर चली गई। अँधेरे में उसका पूरा चैस्टर और साड़ी की सफेदी धुँधली होकर खो गई। मैं सिगरेट पीता हुआ देर तक सीढ़ियों पर टहलता रहा। कोठी में ऐसा सन्नाटा था जैसे यहाँ कोई रहता ही न हो। बस दरवाज़ों और खिड़कियों के काँचों में रोशनी चमक रही थी। शायद बहुत भीतर कहीं सिनेमा की परिचित गीत-लहरी सुनाई दे रही थी।

अपने कमरे में लौटकर शीशे के सामने टाई खोलते हुए मैं सामनेवाले को सम्बोधित करके बोला, ''क्यों बेटा अमर, तुम्हें किस डॉक्टर ने बताया है कि यहाँ रहो और यह सब रईसी का बोझ भुगतो? अरे, कहाँ आ फँसे गर्दभराम जी, बिस्तर बाँधो और अपने घर जाओ। बस ज़रा प्यार से बोली तो सब उगल बैठे—नाम रंजना...पढ़ाती है...अजन्ता-एलोरा दिखाने ले गई है लड़कियों को। तुम्हारा सिर! तुममें कभी बैलेंस नाम की चीज आएगी या नहीं? एक वो हैं, उनके मन-लायक मित्र... ।''

तभी पीछे किसी के कदमों की आहट से होश हुआ कि मैं कितनी ज़ोर-ज़ोर से बोल रहा हूँ। क्या सोचेगा? जब कुछ और नहीं सूझा तो मैं अचानक वहीं खड़ा-खड़ा गाने लगा...'रोएँगे हम हज़ार बार, कोई हमें रुलाए क्यों'...सोचा, दूर से आनेवाले को बात तो क्या सुनाई देगी हाँ, स्वर सुनाई देगा सो पास आकर सुनेगा कि मैं शेर गुनगुना रहा हूँ...

लम्बे तार का छल्ला और बड़ा-सा रूम-हीटर लिए नौकर ने प्रवेश किया। मैं व्यस्तभाव से कपड़े बदलता रहा।

सारे समय एक बात मुझे तंग करती रही—अमला के यहाँ और कौन-कौन है? क्या वह मुझे अपने घर के शेष सदस्यों से मिलाएगी? आज सन्ध्या मेरे साथ घूमती रही—किसी ने कुछ पूछा नहीं? आखिर अमला है किस तरह की महिला?...देखो हम तुम्हारे मित्र हैं...बड़ी आई मित्र! क्या इसके यहाँ मेहमान के साथ खाना खाने

का कायदा नहीं है? हो सकता है घरवालों-नौकरों के सामने बहुत अधिक निकटता न जताना चाहती हो...

और करीब डेढ़ घंटे बाद फिर अमला मेरे सामने थी—धम् से कुर्सी पर बैठती बोली, "बड़ी मुश्किल से मैं जान छुड़ाकर आई हूँ। अरे वे लोग तो पीछा ही नहीं छोड़ रहे थे—'अमला जी, ये आपकी अँगूठी बड़ी खूबसूरत है...अमलाजी, बंगलौर से एक साड़ी हमारे लिए कढ़वाकर मँगा दीजिए...उस दिन जो पिंक पॉपी आपके पास देखा था, एक उनमें से दिलवाइए न...।' मार मुसीबत हो गई है..."

मैं सोफे पर आराम से लेटा-लेटा शायद ऊँघ आया था, अब धीरे-धीरे सचेत होने लगा था। कुहनियों से नीचे तक का सफेद कॉर्डीगन, कानों में पानी की बड़ी-बड़ी बूँदों जैसे दूधिया मोती और गले में सफेद मोटे दानों की इकहरी माला...। खुशबू से स्थान महक उठा था—कन्धे का शॉल सोफे के पीछे और दोनों बाँहों पर फैला हुआ नीचे झूल आया था—और अमला खुश थी।

"क्यों भाग आईं? बैठती न वहाँ!" मैंने शिष्टाचारवश कहा।...

"तुम वैसे ही हमसे नाराज़ हो? और नाराज़ हो जाओगे—इसी डर से भाग आई। जाकर रंजना जी से शिकायतें करोगे। कहीं किसी उपन्यास-कहानी में उलटा-सीधा खींच दिया तो और मुसीबत।"

"नाराज़ तो नहीं हूँ...।" और मुझे लगा यह अमला वह कतई नहीं है जो साँझ को मेरे साथ थी। सुबह मिली थी। यह कोई और अमला है जो उससे ज़्यादा बेतकल्लुफ है। यह तो एकदम बदल आई है और अब मानो खिली पड़ रही है।

"अरे अमर जी, लेखक न सही, देखते हम भी हैं लोगों को।" फिर पता नहीं दोनों हाथ उठाकर जूड़े में कुछ ठीक करती हुई बोली—"अच्छा छोड़िए, ये बताइए क्या-क्या सोच डाला? जिस उपन्यास का आपने वादा किया था, उसे कब दे रहे हैं?"

मैंने पलकें झपकीं, कहीं यह कुछ पी-पिला तो नहीं आई? फिर भी कहा, "दे देंगे, ज़रा इस स्कॉलरशिप के झंझट से मुक्त हों—फिर इस प्यार-प्रसंग को एक रूप दे लें, दिमाग में कुछ शान्ति आए।"

"बस? पत्रों में तो बड़ी-बड़ी बातें लिखते थे कि एक साल में एक उपन्यास लिखूँगा, यों करूँगा, वो करूँगा।" उसने हलकी गुलाबी झलकवाला एक बड़ा गुलाब जूड़े से निकालकर सामने गोद में रख लिया और लम्बे-से काँटे को वहीं खुँसाते हुए मानो चहककर कहा, "अरे हम कहते हैं अमर, तुम्हारी कलम में जादू है, तुम किस स्कॉलरशिप के चक्कर में पड़ोगे! ये दिन हैं, बैठकर लिखो। कहते हैं हर कलाकार के सृजन की भी कुछ निश्चित अवधि होती है—बाकी दिनों तो वह सिर्फ उसी अवधि को वसूलता है।"

इस अप्रत्याशित तारीफ पर मैं भीतर से अचानक उठा और पुलक से भर गया। फिर भी कहा, "यह तुम्हें अचानक हो क्या गया? कुछ पी लिया है क्या?"

"क्यों, पीना बुरी बात है क्या?" अमला ने नूरजहाँ के अन्दाज़ में गुलाब के

फूल पर नजरें गड़ाए, उसे उँगलियों में घुमाकर कहा, ''मेरी तरफ देखो, पिए हुए लग रही हूँ। मैं एक सच्ची बात कह रही थी—तुम्हें बुरी लग रही हो तो न कहूँ...'' वह गम्भीर हो गई।

अपने अनचाहे ही जाने कैसे मेरे मुँह से निकला, ''तुम चाहे पीकर आई हो या न आई हो—हाँ, अगर देर तक तुम्हें देखता रहा तो मुझे ज़रूर नशा चढ़ जाएगा... ।'' बात के साथ ही दिल धड़क उठा—कहीं अमला बुरा न मान जाए!

''बड़े तेज हो!'' अमला स्पष्ट ही सन्तोष से चमक उठी, ''बात बनाने की कला न होती तो लेखक कैसे होते?'' उसके होंठों पर वही संयत मुस्कराहट उभरी—''देखो भाई, हमको तुम्हारी तरह लाक्षणिक ढंग से बात कहनी नहीं आती। हम तो सीधे-सीधे जो महसूस करते हैं, कह देते हैं। नए लेखकों में तुम्हीं हमें सबसे ज़्यादा पसन्द हो, इसलिए हमने तुम्हें लिखा था। वरना शायद तुम्हें पता नहीं है, इस गेस्ट हाउस में हरेक यों नहीं बैठ सकता।...और कैलाश बाबू नाराज़ हों या कोई—तुम्हारा लिखना हमें पसन्द है, इसलिए तुम हमारे मित्र हो...'' और उसी प्रवाह में हाथ का गुलाब उसने मेरी ओर बढ़ा दिया।

गुलाब तो 'धन्यवाद' कहकर मैंने ले लिया लेकिन मैं वास्तव में एक अजब संभ्रम में डूबने-उतराने लगा था। कमरे की बत्तियाँ धुँधली होकर दो-दो तीन-तीन दिखाई देने लगी थीं। साथ ही भीतर से जैसे सहमकर सिहर उठा—सचमुच इसने कुछ पी रखा है? मैं फूल को इस तरह पकड़े रहा जैसे जलती हुई दियासलाई पकड़े हूँ। मन-ही-मन गर्व भी हुआ। यह लगा कि अभी कोई आएगा और सामान उठाकर बाहर फेंक देगा।

''जानते हो, मैं अभी आते हुए क्या सोच रही थी?'' अमला के सवाल से मैं चौंका। ''अच्छा, जो सोच रही थी वह पीछे बताऊँगी। पहले मेरे सवाल का जवाब दो! थोड़ा व्यक्तिगत-सा सवाल है। लेकिन मित्र के नाते मुझे अधिकार है कि पूछूँ। बोलो, साफ-साफ बताओगे न?'' अमला मेरी ओर सीधे देखती ज़रा-सी आगे झुक गई।

''पूछो।''

''लिखने से तुम्हारा काम चल जाता है...?''

''हाँऽऽऽ...।'' मैंने गहरी साँस के साथ कहा—''चल ही जाता है। जब नहीं चलता तो अनुवाद करने लगता हूँ। उससे पैसा एकसाथ मिलता है...''

वह बुजुर्गी से बोली, ''मेरा भी यह खयाल था। लेकिन मैं एक पाठक के नाते पूछती हूँ अमर, तुम यह क्यों करते हो? तुम्हें अपनी प्रतिभा के दुरुपयोग का क्या हक है? तुम्हारा लेखन साहित्य की एक उपलब्धि है। तुम्हारा तो एकमात्र उद्देश्य होना चाहिए—लिखो...लिखो...लिखो! अभी मैं वॉन गॉग की जीवनी पर लिखा उपन्यास पढ़ रही थी। कितनी-कितनी मुसीबतों में उसने कला की साधना जारी रखी! उसे पढ़कर मुझे लगा, कलाकार का जीवन उसके पास धरोहर की तरह होता है—और कला के मार्ग में वह न गरीबी की बाधा सहता है न अकेलेपन की...।

जानते हो, मैं यही सोच रही थी, कि अब तुम शादी कर लोगे...फिर तुम्हारा परिवार होगा...बच्चे होंगे...जिम्मेदारियाँ होंगी...सब होगा और कला से तुम दूर होते चले जाओगे, हटते जाओगे। शायद हर बाधा और मुसीबत के समय सोचोगे कि इसके समाप्त होते ही तुम अपनी कला-साधना में लगोगे...लेकिन जिम्मेदारियाँ और बाधाओं का जंजाल क्या इतनी आसानी से समाप्त होता है...नहीं अमर...नहीं, मुझे लगता है, कलाकार के लिए ये जिम्मेदारियाँ घातक हैं—वह मुक्त प्राणी है...।''

और अमला जाने क्या-क्या बोलती रही। मैं कुहासे और धुँधलके की जाने कितनी तहों में लिपटा हुआ मुग्ध उसके तेजोद्दीप्त चेहरे और सम्मोहिनी को देखता रहा...लगा...यह सोचने बैठी अमला नहीं बोल रही है...मेरी चेतना की सतह के भीतर से यह सब स्वर फूट रहे हैं...यह सब मैं सुन नहीं रहा, अपनी कला के उद्देश्य और भविष्य को लेकर चिन्तन कर रहा हूँ...मुखर चिन्तन। और उस क्षण मुझे लगा... अमला ठीक ही तो कहती है। इतनी स्पष्ट बात मेरी समझ में क्यों नहीं आई? यह कला ही तो है जिसके कारण आज मैं यहाँ बैठा यों एकान्त में उससे बातें कर रहा हूँ...धन, हैसियत और संस्कारों की जाने कितनी दीवारें तोड़कर इसी कला के कारण तो उसके बराबर बैठा हूँ और कह सकता हूँ, मुझे यहाँ अच्छा नहीं लगता...। मेरा धन न मेरी बैंक में है न मिलों में—वह मेरे मस्तिष्क में है, मेरी कलम में है...।

उसके बाद शायद अमला ने कहा था—''देखो, मैं व्यापारी की बेटी हूँ—एक सौदा करोगे? कला का संरक्षण...संस्कृति का अभिभावकत्व—से सारे शब्द झूठे हैं—इनमें मुझे विश्वास नहीं है, मैं तो सीधा सौदा करती हूँ...तुम्हें कितनी स्कॉलरशिप मिलेगी? चलो, मैं देती हूँ...लेकिन कम-से-कम दो साल में एक रचना देनी होगी...हाँ, हाँ, अपने मन से लिखना। कोई बन्धन नहीं रहेगा। जी नहीं, मैं क्रान्ति-युगीन फ्रांस कला-संरक्षिका की नहीं, अपनी भाषा बोल रही हूँ...'' फिर रुँधे गले से कहा था, ''अमर, मुझे सचमुच तुम्हारी प्रतिभा और लेखन पर बड़ी आस्था है...अगर तुम यों भटक गए तो मुझे कितना दुःख होगा...मैं ही जानती हूँ...''

नहीं कह सकता, यह सब अमला ने कहा भी था या नहीं। और कौन जाने यह उस मुग्ध-तन्द्रिल स्थिति में एक 'विशफुल थिंकिंग' के रूप में ही मैंने सब सोच डाला हो—और अमला ने कुछ कहा ही न हो—या हो सकता है अमला ने इस रूप में न कहो हो...

बहरहाल जब होश आया तो अमला चलने के लिए उठ खड़ी हुई थी और अपनी मुस्कराहट के साथ कह रही थी—''तो वचन दे रहे हो न, कि अपनी कला के साथ कभी समझौता नहीं करोगे?'' और उसने हाथ बढ़ा दिया था। मैंने हाथ मिलाया—थोड़ी देर हम दोनों ही खड़े रहे, मुझे लगा जैसे मैं उसे अपनी ओर खींच लूँगा, तभी खिंचाव उधर अधिक स्पष्ट हुआ और रात के सन्नाटे में गेस्ट-हाउस के पैसेज, फिर सीढ़ियों पर सैंडिलों की खट्खट गूँजती चली गई...

मेरी समझ में बहुत देर तक नहीं आया यह सब क्या हो गया? हाँ, इतना ज़रूर लगा कि साबुन के थक्के की तरह सुबह से कुछ तह दर तह जमता चला आ रहा था और अब बिजली जैसी तेज छुरी से किसी ने उसे आर-पार चीर दिया...

इतना ज़रूर पता है कि अमला की एक बात सही है। मुझे कला के साथ कोई समझौता नहीं करना...लिखना है...बस, सबकुछ भूलकर लिखना है...

बहुत देर तक मुझे लगता रहा जैसे मेरे साथ कुछ चमत्कारिक घटित होकर चुका है...कुछ ऐसा हुआ है जिसके अर्थ और गाम्भीर्य को मैं अभी तक आत्मसात् नहीं कर पा रहा हूँ...खुशबुओं का एक ज्वर था जो झपटता हुआ आया और मुझे बहा ले गया है...अप्रत्याशित रूप से लॉटरी खुल जानेवाले व्यक्ति को कैसा लगता है, मुझे नहीं मालूम...लेकिन मेरी समझ में नहीं आ रहा था कि जो कुछ आज मिला है उसको कहाँ सँभालूँ?

शायद सो चुकने के बाद कुछ नार्मल हो जाऊँ...अभी तो कानों में सैकड़ों शंख और करताल बजने-जैसी ध्वनियाँ गूँज रही हैं...

रंजना को पत्र तो अब सुबह ही लिखूँगा...।

चार

रंजना जब से जुहू पर आई है, बराबर महसूस कर रही है कि अमर कुछ उदास, कुछ खिन्न, कुछ उखड़ा-उखड़ा है। सामने क्षितिज तक फैले हुए विशाल समुद्र की नीलिमा है, आसपास में ढलते हुए सूरज की लालिमा है, पर इन सबको देखकर भी अमर शायद कुछ नहीं देख रहा। जुहू का सौन्दर्य, समुद्र की विशालता और सारे वातावरण की उन्मुक्तता, कोई भी तो उसके मन को बाँध नहीं पा रहा है। लगता है, उसका मन इन सबसे दूर कहीं और ही बँधा हुआ है, और उसके मन में एक बार फिर अमर के कल वाले पत्र की पंक्ति कौंध गई—"अमला को लेकर हमने जितनी भी धारणाएँ बनाई थीं, वे सब निराधार और भ्रमपूर्ण निकलीं। तुम सोच ही नहीं सकतीं यह कैसी है, कौन है। याद है, कितनी ही बार तुम इसको, इसके पत्रों को लेकर मुझसे लड़ी हो, रोई हो और इससे सम्बन्ध तोड़ लेने का तुमने कितना-कितना आग्रह किया है, पर हमारी कल्पना की अमला और यह, कहीं भी तो कोई साम्य नहीं! फिर भी इसका व्यक्तित्व!—आदमी एक बार देख ले, एक बार मिल ले तो ज़िन्दगी-भर भूल नहीं सकता। बड़ी ही विचित्र रही यह मुलाकात भी, मिलूँगा तभी बताऊँगा!"

पर मिलकर उसने जो कुछ बताया उसमें तो ऐसा कुछ भी नहीं था, जिससे उसकी उदासी का कारण जाना जा सके। क्या अमर को निराशा हो रही है कि उसने

जैसा सोचा था, अमला वैसी नहीं निकली?

"क्या बात है अमर, तुम आज कुछ बोल क्यों नहीं रहे? देख रही हूँ, आए हो तब से बस सुस्त-सुस्त से ही बैठे हो। सफर ने क्या बहुत थका दिया?" और अपनी जिज्ञासु आँखें उसने अमर के चेहरे पर टिका दीं।

अमर के होंठों पर एक फीकी-सी मुस्कराहट फैल गई। धीरे से बोला—"नहीं तो..." और फिर समुद्र की उठती-गिरती लहरों को देखते हुए यों कहने लगा मानो अपने से ही बोल रहा हो—"जाने क्यों, पहाड़ की चोटी पर खड़े होकर या समुद्र के किनारे बैठकर मुझे हमेशा अपनी तुच्छता का एहसास होता है। लगता है इस विराटता और विशालता के सामने, इस प्रचंड और अपराजेय शक्ति के सामने हम कितने क्षुद्र, तुच्छ और नगण्य हैं...और तब मन अनायास ही खिन्न हो जाता है!"

रंजना खिलखिलाकर हँस पड़ी, "लो, तुम तो यहाँ साहित्य रचने लगे।" अमर उसकी उन्मुक्त हँसी से चौंका और खिलखिलाती रंजना को एकटक देखने लगा।

"यों क्या देख रहे हो? देखो, यह सबकुछ यहाँ बैठकर मत सोचो। बैठकर अपनी डायरी में लिखना, वरना, हमारा तो जुहू आना ही बेकार हो जाएगा, यहाँ कल से इस चक्कर में नींद नहीं आ रही थी कि अमर आएगा, साथ जुहू का सूर्यास्त देखेंगे और आप साहब हैं कि दार्शनिक बनकर बैठ गए!" अमर के हाथ में सिगरेट थी और दूसरी हथेली उसने रेत पर टिका रखी थी। रंजना उस हथेली पर ही रेत जमाकर घरौंदा बनाती हुई बोली—"मैंने सोचा, तुम्हें अमला की याद आ रही है। कौन जाने बाबा, एक ओर उसका छा जानेवाला व्यक्तित्व और दूसरी ओर हर किसी लड़की को अपने पर छा जाने का निमन्त्रण देने को आतुर अमर का मन। क्यों?" और फिर वह हँसने लगी। अमर ने हाथ नहीं हटाया और रंजना उस पर रेत थोपती रही। फिर ज़रा तीक्ष्ण नज़रों से उसी ओर देखती हुई बोली, "अच्छा यह बताओ, तुमने मेरे बारे में भी उसे कुछ बताया या नहीं?" और फिर अपने-आप ही हँसते हुए गर्दन हिला-हिलाकर बालकों जैसी सरलता में बोली, "नहीं बताया न। अरे मैं तुम्हारी नस-नस पहचानती हूँ! मेरे बारे में बता देते तो वह उसी दिन गाड़ी में बिठाकर सीधे स्टेशन छोड़ आती! फिर कौन घूमता लेक पर और कौन देता गुलाब का फूल...!"

इस बार अमर हँसा ही नहीं, इतनी देर से जिस स्थिति में बैठा था उसे भी बदला—"तुम ही प्रश्न पूछ लो, तुम्हीं जवाब देकर आरोप भी लगा लो और दुनिया-भर की कल्पना करके कुढ़ लो।" और रेत के नीचे का दबा हुआ हाथ निकालकर उसने रंजना की पीठ पर हलके-से एक धप जमाते हुए कहा—"ईर्ष्यालु कहीं की!"

रंजना पुलक पड़ी—"अच्छा, बताया मेरे बारे में भी, बताया?"

"बताया क्या नहीं? सबकुछ बताया...कहा, मेरी एक मित्र है। यों है तो काफी अच्छी, पर ज़रा शंकालु और ईर्ष्यालु है और तुमसे बहुत कुढ़ती है..."

"झूठे कहीं के," और टूटे हुए घरौंदे की रेत अमर पर उछालती हुई बोली, "ऐसे

कहा मेरे बारे में?''

''कहूँगा नहीं? तुम नहीं ईर्ष्या करती हो उससे?'' धूल झाड़ते हुए विनोद-युक्त स्वर में अमर ने कहा।

और रंजना को वह दिन याद आया जब वह अचानक ही एक दिन अमर के कमरे में पहुँच गई थी और जबरदस्ती उसके हाथ से छीनकर अमला का पत्र पढ़ लिया था। पत्र के अन्त तक आते-आते वह रो पड़ी थी...अनजान, अपरिचित लड़की का ऐसा पत्र? ऐसी आत्मीयता, निकटता और अपनत्व? और अमर के समझने पर भी वह उससे बहुत लड़ी थी। तब अमर ने आँसू पोंछकर उसके गालों को सहलाते हुए कहा था—''रंजना, तुम तो बेहद शंकालु और ईर्ष्यालु हो। यह देखकर तो लगता है कि शादी के बाद तो तुम मुझे एक कमरे में ही बन्द करके रखोगी; शायद इधर-उधर देखने भी नहीं दोगी, क्यों?''

और शादी की बात सुनकर अमर के हाथों का स्नेहिल स्पर्श पाकर ही रंजना गुस्सा भूलकर कह बैठी थी—''कमरे में? इतना भरोसा तुम्हारा कहाँ है? तुम्हें तो मैं अपनी बाँहों में ही बाँधकर रखूँगी।'' और कहते ही लाज से इतनी लाल पड़ गई थी कि नज़र उठाकर अमर पर अपनी बात की प्रतिक्रिया देखने का साहस तक नहीं हुआ था। पर अमर जब यह सुनकर ठहाका लगाकर हँसा था तो वह भी हँसी थी और फिर तो दोनों खूब ही हँसे थे।

बाँधकर रख सकोगी इस अमर को? और वह अमर को यों देखने लगी मानो इस प्रश्न का जवाब अमर के चेहरे पर कहीं लिखा हो। पर उसने देखा, अमर की दृष्टि तो फिर समुद्र की लहरों में ही उलझ गई और वैसी ही खिन्नता और सूनापन उसमें छा गया है।

''जानते हो, शीला क्या कह रही थी? कहती थी, इन साहित्यकारों का कोई भरोसा नहीं। इन्हें एक पत्नी, एक प्रेयसी, एक प्रेरणा, न जाने कितनी-कितनी लड़कियाँ चाहिए। क्यों ठीक है न?''

अमर चुपचाप उधर ही देखता रहा, कुछ भी जवाब नहीं दिया। तभी एक छोटा-सा स्वस्थ-सुन्दर दौड़ता हुआ बालक ठीक रंजना के सामने गिर पड़ा। रंजना ने बड़ी तत्परता से उसे उठाया और गोदी में लेकर उसकी धूल झाड़ने लगी। नीचे का होंठ कुछ आगे को निकालकर बच्चा रोने ही वाला था कि रंजना ने चूमकर उसे प्यार कर लिया और बोली, ''देखो, कैसा प्यारा बच्चा है!'' पर तभी उस बच्चे की माँ आई और धन्यवाद देकर उसे ले गई। अमर ज्यों का त्यों समुद्र की ओर ही देखता रहा।

''क्या बात है अमर, तुम फिर सुस्त हो गए? इंटरव्यू का अफसोस हो रहा है?''

''नहीं तो।'' उसी प्रकार उखड़े-उखड़े-से स्वर में अमर ने जवाब दिया।

''अरे, क्या रखा है; मारो भी गोली। और यह भी तो हो सकता है कि किसी ने झूठ ही उड़ा दिया हो कि मिनिस्टर के भांजे को चुन लिया गया है। इन मिनिस्टरों के पीछे भी तो आजकल के लोग हाथ धोकर ही पड़े रहते हैं। और चुन भी लिया

हो तो हमारी बला से। मैं तो इसी में खुश हूँ कि इसी बहाने दो दिन बम्बई में साथ घूम-फिर लेंगे। जुहू का सूर्यास्त देख लेंगे।'' और फिर निस्तेज पड़ते हुए सूर्य की ओर देखते हुए बोली, ''याद है, इस सूर्यास्त पर एक कविता सुनकर जब मैं बहुत मुग्ध हो गई थी तो तुमने कहा था, 'रंजना, शादी के बाद मैं तुम्हें सीधे बम्बई ले चलूँगा। और अपने साथ, अपनी आँखों से जुहू का सूर्यास्त दिखाऊँगा। तब देखना कितना सुन्दर दृश्य होता है उस समय का। इस कविता में तो कुछ भी नहीं है।' और बोलते-बोलते रंजना ने स्वयं महसूस किया जैसे आसमान की लालिमा उसकी आँखों में भी उतर आई और सारा वातावरण एकाएक ही अबीर से रँग गया है। वैसे ही विभोर स्वर में भी धीरे-धीरे बोली, ''जानते हो, तब से ही तुम्हारे साथ जुहू आने का कितना मादक सपना मैंने पाल रखा था!'' और दृष्टि घुमाकर उसने अमर की ओर देखा—क्षितिज के पास कुछ देखने का प्रयत्न करती-सी उसकी दृष्टि और निर्विकार-सा उसका चेहरा। रंजना के सपनों की मादकता भी जब उसके चेहरे पर कोई परिवर्तन नहीं ला सकी तो रंजना का मन एक विचित्र-सी आशंका से भर गया। बड़े ही दुलार से उसके कन्धे पर हाथ रखकर मृदुल स्वर में बोली, ''अमर! बोलो तो क्या बात है? लगता है, कुछ है जो तुम्हें व्यथित किए हुए है। मुझे नहीं बताओगे, अपनी रंजना को नहीं बताओगे?''

रंजना के स्पर्श से, उसके स्वर की कोमलता से अमर की तटस्थता छिन्न हुई, उसने रंजना की ओर देखा। रंजना को उसकी आँखों में एक बेबसी, एक मजबूरी की झलक दिखाई दी। चेहरे की उदासी और खिन्नता साँझ के बढ़ते हुए धुँधलके में और गहरी लगने लगी थी। रंजना ने महसूस किया कि अमला और इंटरव्यू के परे कहीं कुछ है जो अमर को व्यथित किए हुए है, जिसे अमर शायद चाहकर भी कह नहीं पा रहा है। पर क्या हो सकता है...कौन-सा दुःख, कौन-सी व्यथा इसके मन में घुमड़ रही है?

सूर्य की बड़ी-सी सिन्दूरिया थाली समुद्र के जल को छूने लगी थी। ''देखो, सूर्यास्त हो रहा है!'' अमर ने धीरे से कहा।

अमर के सिगरेट के खाली डिब्बे की चमकीली पन्नी को उँगली पर लपेटती हुई रंजना उधर ही देखने लगी...सचमुच कितना मोहक दृश्य था! सूर्य पहले चौथाई, फिर आधा और देखते ही देखते पूरा जल में समा गया। रह गया स्वर्णिम आभा लिए सिन्दूरी आसमान। एकाएक ही चारों ओर की दिशाओं और आसपास के वातावरण का धुँधलका गहरा हो गया और एक अजीब-सा साँवलापन घिर आया। सन्ध्या की हवा में गति आ गई थी, जिसके परिणामस्वरूप लहरों का वेग भी बढ़ गया था। रंजना ने उधर ही देखते-देखते धीरे से पूछा, ''इन लहरों को देखकर तुम्हें कैसा लगता है अमर?''

अमर स्वयं लहरों का उठना, बढ़कर आगे आना और फिर तट पर बिखर जाना, यही सब देख रहा था।

"जाने क्यों, मैं जब-जब सागर की लहरें देखता हूँ, मुझे लगता है, कोई बाँहें हिला-हिलाकर बुला रहा है।"

"तुम्हें इनमें निमन्त्रण का आभास होता है? इनमें निमन्त्रण कहाँ है?" मन्त्र-मुग्ध की तरह रंजना बोल रही थी, "यह तो बड़ी सरल सौम्य-सी लहरें हैं। नैवेद्य की तरह सागर के तट पर आकर समर्पित हो जाती हैं। संयत...शिष्ट। सुनते हैं पुरी की लहरों में अवश्य वह वेग है जो निमन्त्रण, अप्रतिरोध्य निमन्त्रण का आभास दे। इन लहरों में तो केवल समर्पण ही है," और उसे लगा कि उसकी आँखों में बड़े मादक-से सपने तैर चले हैं और कान सुर्ख हो गए हैं। एकाएक ही उसका मन हुआ तट पर समर्पित होती लहरों में अपने को विसर्जित कर दे और एक नन्हीं-सी लहर बनकर किसी के आगे समर्पित हो जाए! अमर का हाथ पकड़कर खींचती हुई बोली, "आओ अमर, पानी में चलेंगे।"

"सर्दी लग जाएगी रंजना!" अपनी जगह पर बैठे-बैठे ही अमर बोला।

"लो, बम्बई में कहीं सर्दी भी है भला?" और उसने जबरदस्ती खींचकर अमर को खड़ा कर दिया। एक हाथ से साड़ी की पटली को घुटनों तक चढ़ाए और दूसरे से अमर का हाथ पकड़े वह रेत पार करके पानी में पहुँची और जैसे ही एक लहर ने उसके पैरों को भिगो दिया वह किलकारी मारकर पुलक पड़ी! रंजना को यह दृश्य, जल की शीतलता का स्पर्श और अमर का सामीप्य विभोर किए हुए था। वह थोड़ी देर के लिए भूल ही गई कि अमर खिन्न या उदास है। उसके मन में कुछ घुट रहा है, जिसे उसको जानना है, जिसे उसको हलका करना है। एक हाथ सामने की ओर फैलाकर उँगली से संकेत करते हुए पूछा, "सूरज वहीं तो डूबा था न? मन करता है अभी जाकर निकाल लाएँ। चलते हो?" बच्चों जैसी सरलता और निरीहता से पूछकर रंजना खींचकर अमर को थोड़ा और आगे ले गई।

"बस करो रंजना, अब लहरों का वेग बढ़ रहा है, सारी भीग जाओगी तो सर्दी लग जाएगी। तुम शॉल तक तो लाई नहीं हो।"

रंजना ने जैसे यह बात सुनी ही नहीं। खोई-खोई-सी बोली, "जानते हो मेरा मन क्या करता है? मन करता है, पानी में आगे बढ़ती ही जाऊँ, बढ़ती ही जाऊँ...और वहाँ पहुँच जाऊँ, जहाँ समुद्र आसमान को छूता है, अपनी लहरों को बाँहों में समेट लेता है...कैसा अद्भुत होता होगा उनका मिलना भी! क्यों, होता है न?" और फिर अमर को यों देखने लगी मानो उसने सचमुच ही उनका मिलन देखा हो। अन्धकार और गाढ़ा होता जा रहा था और चेहरों की आकृतियाँ भी कुछ धुँधली हो चली थीं। फिर भी रंजना ने देखा कि अमर के चेहरे पर एक फीकी व्यंग्यात्मक-सी मुस्कराहट उभर आई। उसने इतना ही कहा, "यह तुम्हारा भ्रम है रंजना, कि आसमान कभी समुद्र से मिलता है। समुद्र की ये तरंगाकुल बाँहें जीवन-भर यों ही ललकती रहती हैं, हुलस-हुलसकर मिलने का प्रयत्न करती रहती हैं...पर मिल नहीं पातीं, छू नहीं पातीं। शायद मिलन का सुख उनका प्रारब्ध नहीं है।"

स्वर के गीलेपन से रंजना सहम-सी गई। गौर से उसने अमर के चेहरे को देखने का प्रयत्न किया। स्वर तो अमर का भर्राया हुआ था ही, देखा तो चेहरे की उदासी भी और घनी हो आई थी। रंजना ने अपने हाथ की जकड़ को और अधिक कस दिया तो महसूस किया कि अमर का हाथ एकदम ठंडा और निर्जीव-सा है। उसे लगा जैसे अमर की सारे दिन की उदासी, खिन्नता, उखड़ापन और दार्शनिक-सी ये हताश-निराश बातें सब किसी एक ही केन्द्र के विभिन्न सूत्र हैं। दिल्ली से चलते समय उसने जब अमर के साथ बम्बई में मिलने का प्रोग्राम बनाया था और साथ-साथ जुहू आने की योजना बनी थी, तब अमर स्वयं कितना प्रफुल्लित था...और आज...क्या हो गया है उसे आज? और रंजना स्वयं बेहद खिन्न हो गई।

"आओ लौट चलें अमर!" और दोनों धीरे-धीरे वापस तट की ओर लौट आए। सन्ध्या की लालिमा रात्रि की कालिमा में घुल चली थी।

बैठकर रंजना ने साड़ी के निचले हिस्से को इकट्ठा करके निचोड़ा और फिर दोनों हाथों से उसे फैलाती हुई बोली—"देखो अमर, तुम चाहे बताओ न बताओ, पर यह निश्चित है कि तुम आज बहुत उदास हो। कहो न क्या बात है? कहने से ही तो आदमी का मन हलका होता है। यों मन-ही-मन में घुटते रहना अच्छा लगता है तुम्हें?" और बड़े दुलार से अमर का हाथ अपने हाथ में लेकर वह सहलाने लगी। अमर के चेहरे का भाव तो नहीं दिखाई दे रहा था, पर उसने अमर के हाथ में कंपन महसूस किया। उसे लगा उसकी बात ने, उसके दुलार ने अमर को स्पर्श तो किया। स्वर को अधिक मृदुल बनाकर बड़े ही मनुहार भरकर बोली, "बोलो न अमर, मुझसे भी छिपाओगे? जानते हो, मैं तो जब तक राई-रत्ती बात तुमसे नहीं कर लेती, मुझे चैन नहीं मिलता। क्या इंटरव्यू में न आने का अफसोस हो रहा है?" हालाँकि वह स्वयं अच्छी तरह जानती थी कि इंटरव्यू की बात उसे कभी इस तरह दुखी नहीं बना सकती।

"इंटरव्यू की बात से तो मैं प्रसन्न हूँ। लगता है व्यर्थ ही विदेश जाने की सनक सवार हो गई थी। क्या करता पत्रकारिता का कोर्स करके? यहाँ रहूँगा तो लिखूँगा-पढ़ूँगा। जानती हो, कितना समय बर्बाद कर डाला है इन सब चक्करों में? पिछले डेढ़ साल से तो एक तरह से कुछ भी नहीं लिखा...मजबूर होकर अनुवाद का काम करना पड़ रहा है। इस तरह से तो मैं खत्म हो जाऊँगा रंजना, बिलकुल खत्म हो जाऊँगा, और मैं खत्म होना नहीं चाहता।"

अमर के स्वर की बेबसी रंजना को बेध गई। उसे लगा जैसे अमर चाहता है कि रंजना उसे बचा ले। पर क्या सचमुच उसे रंजना की आवश्यकता है? वह अच्छी तरह जानती है कि जब-जब अमर लम्बे अर्से तक लिख नहीं पाता है तो उसका मन इसी तरह घुटता है और बढ़ते-बढ़ते यह घुटन एक दिन इस सीमा तक बढ़ जाती है कि वह सबकुछ छोड़-छाड़कर किसी अनजान जगह जाने का संकल्प करता है। तब उसे किसी की आवश्यकता महसूस नहीं होती, रंजना की भी नहीं। आज भी स्वर में क्या वैसा ही आभास नहीं है? शब्दों में चाहे अमर ने न लिखने की बात

कही हो, पर संकेत इसके दूर-दूर तक फैले हैं। लगा जैसे अमर कोई निर्णय लेना चाहता है—अपने भविष्य को लेकर, उनके आपसी सम्बन्धों को लेकर। और विचित्र- सी आशंकाओं से उसका मन काँप गया। स्वर को अत्यधिक कोमल बनाकर वह बोली, ‘‘लिख लेना अमर, लिख लेना। अब तो यह चक्कर समाप्त हो गया, सब ओर से मन हटाकर अब लिखने में ही जुट जाना। इतनी-सी बात को लेकर कहीं इस प्रकार मन खराब किया जाता है?’’

‘‘तुम्हारे लिए यह इतनी-सी बात हो सकती है, मेरे लिए तो जीवन-मरण का प्रश्न है। यही रवैया रहा तो आगे भी कैसे लिखूँगा...रंजना...!’’ और फिर बात जैसे अमर के गले में ही अटक गई। रंजना उसके हाथ को सहलाती रही।

‘‘मैं विवाह नहीं कर सकूँगा, रंजना...जीवन का वह सुख शायद मेरे लिए नहीं है।’’ आवेश में आकर एकसाथ अमर बोल गया और रंजना के हाथ से अपना हाथ खींचकर वह सामने देखने लगा।

रंजना ऊपर से नीचे तक सिहर उठी। उसके कानों में केवल शब्द-भर गूँजते रहे...उनका अर्थ लुप्त हो गया, वह समझ ही नहीं पाई—अमर क्या कह रहा है और उसे क्या कहना है...

‘‘जानती हो रंजना, हर प्रकार का समझौता कला को पथभ्रष्ट करता है।’’ रंजना को लगा जैसे अमर उससे बात नहीं कर रहा है, अपने से ही बोल रहा है—दृष्टि उसकी कहीं और थी और स्वर खोया-खोया था। ‘‘समझौता! पर मैं तो तुमसे किसी प्रकार का समझौता कराना नहीं चाहती अमर! मैं तो, मैं तो...’’ और रंजना का स्वर घुटकर रह गया।

‘‘विवाह अपने-आपमें एक समझौता है। सोचो, विवाह के लिए नौकरी करनी होगी, बँधी हुई निश्चित ज़िन्दगी बितानी होगी...और जैसे-जैसे उत्तरदायित्व बढ़ता जाएगा, सीमाएँ और संकीर्ण होती जाएँगी...इतनी संकीर्ण...इतनी संकीर्ण...नहीं, नहीं रंजना, यह सब करने का मतलब होगा अपनी हत्या करना, तुम्हारी हत्या करना—यह सब मैं नहीं कर सकूँगा!’’ अमर का स्वर बुरी तरह भर्रा गया।

कुछ देर दोनों मौन बैठे रहे और फिर रंजना बोली तो स्वर उसका रुँधा हुआ था, ‘‘अमर, तुम्हें एकाएक ही यह सब क्या हो गया? तुम तो जानते हो मैं स्वयं कमाती हूँ, समय आने पर और अधिक परिश्रम करने की क्षमता भी मुझमें है। मैं तुमसे कुछ नहीं चाहूँगी...मैं तो सिर्फ तुम्हें एक ऐसा घर, एक ऐसा वातावरण देना चाहती हूँ जहाँ तुम सब ओर से निश्चिन्त होकर लिख सको। तुम्हें यों कहीं खाते, कहीं सोते देखती हूँ तो यही मन करता है, तुम्हारी सारी चिन्ताएँ, सारा बिखराव अपने ऊपर ले लूँ... मुझे तो बदले में भी कुछ नहीं चाहिए, न धन न वैभव! तुम लिखोगे, चारों ओर तुम्हारा यश फैलेगा, तुम प्रसन्न होओगे और इस सबमें ही मैं अपने परिश्रम की सार्थकता खोज लूँगी!’’ आदि से अन्त तक रंजना ने जिस दृढ़ता से यह बात कही उससे शायद अमर भीतर तक हिल उठा। रंजना के हाथ को अपने हाथ में लेते

हुए स्निग्ध स्वर में बोला—"मैं जानता हूँ रंजना, मेरे लिए तुम अपना सर्वस्व भी दे सकती हो...पर कभी मेरी ओर से भी सोचा है सारी बात को? तुम कमाओगी, काम करोगी और मैं बैठा-बैठा खाऊँगा...इसे मेरा अहं कैसे स्वीकार करेगा? और जितने मधुर सपने तुम आज अपने घर के, अपने भविष्य के देख रही हो...यथार्थ की आँच से दो दिन में ही वे मुरझा जाएँगे और तुम्हारी यह उन्मुक्त हँसी, यह अल्हड़ता, यह मस्ती सबकुछ सदा-सदा के लिए समाप्त हो जाएगी। उस दिन भी तुम चाहे मुझे एक बार क्षमा कर दो, पर मैं अपने को कभी...कभी क्षमा नहीं कर सकूँगा।"

अमर के वाक्य के अन्तिम शब्द रंजना ने शायद सुने भी नहीं, उसका मन कहीं और ही चला गया था। रंजना याद कर रही थी कि पिछले दो वर्षों से दिल्ली आकर उसने जब-जब विवाह की बात उठाई, तब-तब अमर ने एक न एक समस्या सामने रखकर बात को टाल दिया था, पर इस बार तो उसने अपनी ओर से ही निश्चय किया था कि गर्मी में वे लोग विवाह कर ही डालेंगे। विवाह करके ही यदि स्कॉलरशिप मिल गई तो अमर विदेश चला जाएगा और जैसे भी होगा बाद में रंजना को भी बुला लेगा। स्कॉलरशिप नहीं मिली तो कहीं अच्छी-सी नौकरी ढूँढ़ लेगा, पर गर्मियों के बाद से वे सम्मिलित जीवन बिताएँगे और तब से रंजना ने सोते-जागते, उठते-बैठते इस सम्मिलित जीवन के सपने ही देखे हैं।

जिस दिन अमर के पास इंटरव्यू की सूचना आई थी, वह कितना प्रसन्न था! इस खुशी में दोनों ने साथ सिनेमा देखा था, साथ खाना खाया था, और जब रंजना ने बताया था कि उसी समय उसे भी कॉलेज की लड़कियों के साथ अजन्ता-एलोरा देखने जाना है तो हठी बच्ची की तरह पीछे पड़ गया था कि जैसे भी होगा वहाँ से वह बम्बई पहुँचेगी और दोनों साथ-साथ जाकर जुहू का सूर्यास्त देखेंगे।

ये सब पन्द्रह दिन पहले की ही तो बातें हैं...केवल पन्द्रह दिन पहले की! इन पन्द्रह दिनों में ही आखिर ऐसा क्या हो गया? और अनायास ही रंजना की आँखों के आगे एक बार फिर वही पंक्ति झलक आई—'फिर भी ऐसा है उसका व्यक्तित्व कि आदमी एक बार देख ले तो ज़िन्दगी-भर भूल नहीं सकता।'

रंजना के मन की सारी स्निग्धता और कोमलता एकाएक ही कड़वाहट में बदल गई। उसने अमर के हाथ से अपना हाथ छुड़ाते हुए पूछा—"जो कुछ तुम कह रहे हो उसका अर्थ जानते हो अमर? जानते हो यह सब तुम किससे कह रहे हो...?"

"मुझे गलत मत समझो रंजना! भावुकता को परे रखकर ठंडे दिमाग से सारी बात पर सोचने की कोशिश करो तब शायद तुम स्वयं यही कहोगी कि मेरा निर्णय ही ठीक है। मेरा भी एक घर हो, जहाँ प्यार हो, स्नेह हो, रंजना हो; कैसे अस्वीकार कर दूँ कि यह मेरा भी बहुत बड़ा सपना रहा है? पर मेरे जीवन का उद्‌देश्य, जीवन का यथार्थ, इससे बहुत भिन्न है और इसीलिए इतने अरमान और उमंगों से बनाए अपने भविष्य के नक्शे को निर्ममता से मैं अपने हाथों मिटा रहा हूँ।"

यह सब सुनकर भी रंजना के मन की कटुता कम नहीं हुई। अविश्वास-भरे स्वर

में बोली, "दिल्ली छोड़ने से पहले तो तुम्हारी किसी बात में दूर-दूर तक कहीं कोई ऐसा आभास नहीं मिला था। इन पन्द्रह दिनों में ही एकाएक ऐसा क्या हो गया?"

अमर ने रंजना की ओर देखा...उसके स्वर से अविश्वास को समझते हुए बोला— "तुम्हारा जिस ओर संकेत है वैसी कोई भी बात नहीं है रंजना! जानता हूँ, अमला को लेकर तुम शुरू से ही बहुत सशंकित रही हो, पर अब तो अमला के बारे में मैंने तुम्हें सभी कुछ बता दिया। तुम्हीं सोचो, मेरे इस निर्णय का अमला से क्या सम्बन्ध हो सकता है भला?" फिर कुछ रुककर बोला, "पता नहीं तुम्हें विश्वास होगा या नहीं पर सच कहता हूँ, विवाह का निर्णय लेते समय भी यह दुविधा थी...और उसके बाद हर दिन इस दुविधा ने मुझे मथा है, और मैं बराबर प्रयत्न करता रहा हूँ कि जैसे भी हो इस बार मैं अपने निर्णय पर अटल रह सकूँ...पर लगता है निर्णय लेने में ही मुझसे कहीं बहुत बड़ी भूल हो गई। मन की दुर्बलता से मैं गलत निर्णय ले बैठा...मुझे लौटना होगा..." अमर के स्वर की आर्द्रता ने रंजना को बुरी तरह मथ दिया। उसका मन हुआ अमर की गोदी में ही सिर रखकर फूट-फूटकर रो पड़े। पर वह निश्चल बैठी रही और उसकी आँखों की कोरों से आँसू टपक पड़े।

"यह क्या? तुम रो रही हो रंजना?" अपने हाथ पर टपकी हुई आँसू की बूँद से चौंककर व्यथित होकर अमर ने कहा, "रोओ मत रंजना, मैं यों ही बहुत दुखी हूँ। मेरे दुःख को और मत बढ़ाओ। जानती हो...इस बार सोचा है, अपने को पत्थर की तरह कड़ा बनाकर बस दिल्ली लौटते ही लिखने बैठ जाऊँगा...एक दिन भी बर्बाद नहीं करूँगा। पर तुम मेरी मदद नहीं करोगी तो यह सब कैसे कर पाऊँगा? जीवन चाहे तुम्हारे साथ रहकर बिताऊँ, चाहे अलग रहकर, पर तुम, तुम्हारी मित्रता, तुम्हारा स्नेह ही तो मेरे जीवन का सबसे बड़ा सम्बल है, मेरी प्रेरणा है। उसके बिना तो मैं अपने को नितान्त असहाय, एकाकी महसूस करता हूँ..."

घुटनों में सिर डालकर रंजना फूट पड़ी। आँसुओं के बीच डूबे हुए केवल इतने ही शब्द अमर को सुनाई दिए, "मैं यह सब नहीं सह सकूँगी अमर...यह सब मुझसे नहीं सहा जाएगा..."

बहुत ही प्यार से रंजना के सिर पर हाथ फेरते हुए अमर ने कहा, "सबकुछ सहा जाएगा रंजना, सबकुछ सहा जाएगा; ज़रा हिम्मत से काम लो!" फिर स्वर को और अधिक कोमल बनाकर बोला, "तुम किसी सुपात्र से विवाह कर लो...अब मैं कभी बीच में बाधा बनकर नहीं आऊँगा। नया घर, नया जीवन, धीरे-धीरे सबकुछ भुला देगा।"

रंजना रोती रही, अमर की स्नेहिल उँगलियाँ उसके सिर को सहलाती रहीं और चारों ओर अँधेरा घना होता रहा।

"अब उठो रंजना, घर पहुँचते-पहुँचते काफी देर हो जाएगी! और देखो, ज़्यादा दुखी मत होओ। आज तक हर जगह, हर समय जिस तरह मुझे सहारा देती आई हो इस बार भी दो, जिससे कि मैं इन दुर्बलताओं से ऊपर उठकर कुछ लिख सकूँ।"

रंजना कुछ नहीं बोली, पर अमर ने महसूस किया कि उसकी आँखों से अब भी आँसू बह रहे हैं। उसने उठने की कोई चेष्टा नहीं की तो जबरदस्ती उठाता हुआ बोला, "लो, अब उठो।" रंजना चुप खड़ी हो गई। उसने एक बार समुद्र की ओर देखा। अन्धकार में डूबी काली-काली लहरें उसे बड़ी भयंकर लगीं। इन्हीं लहरों ने सूर्य को निगल लिया था। जुहू का सूर्यास्त! क्यों व्यर्थ ही उसने इतने समय में इस दृश्य के साथ-साथ इतनी रोमानी कल्पनाएँ जोड़ ली थीं? किसी का अस्त भी कभी सुखकर हुआ?

"चलो, उधर चलकर पहले मुँह धो लो, कुछ खा लो। शीलाजी के यहाँ भी तो मना करके आई हो।" अमर का हाथ रंजना की पीठ पर था। रंजना कुछ नहीं बोली; बस, अमर के साथ-साथ चलती रही। अमर ने दुकान के पास ले जाकर मुँह धुलवाया। धो तो लिया, पर जब खाने के लिए कहा तो इनकार कर दिया।

"कुछ तो खा लो!"

"नहीं, इच्छा नहीं है!"

बाहर आकर अमर ने एक टैक्सी का फाटक खोला तो रंजना चुपचाप आकर बैठ गई। आरम्भ में अमर के व्यवहार की उदासीनता और इधर की अतिशय कोमलता दोनों ही रंजना को मथ रही थीं। जो कुछ उसने अभी सुन लिया था या अभी जो कुछ घट गया उसको वह किसी तरह ग्रहण नहीं कर पा रही थी, उसे जैसे किसी तरह भी इस सब पर विश्वास नहीं हो पा रहा था। लगता था जैसे अभी पीठ पर एक धौल जमाते हुए अमर कह उठेगा, 'अच्छा बाबा, यों रोओ मत, कर लेंगे शादी...तुम भी बस, मोम की बनी हो, कुछा कहा नहीं कि आँसू बहाने लगीं!' पर साथ ही उसे यह भी लग रहा था कि आज ऐसा कुछ भी नहीं होगा। अमर के स्वर की कोमलता में भी आज उसे एक विचित्र प्रकार की दृढ़ता का आभास मिला है। अमर का वाक्य, पूरे विश्वास और दृढ़ आस्था के साथ कहा गया एक ही वाक्य—उसके दिमाग में गूँजता रहा—'हर प्रकार का समझौता कला को पथभ्रष्ट कर देता है।' तो अमर अब कोई समझौता नहीं करेगा, कोई समर्पण स्वीकार नहीं करेगा? उसका हृदय फिर गहरी वेदना और तीखी कड़वाहट से भर गया।

'यह कलाकार है? अपने को संवेदनशील और भावुक समझनेवाला कलाकार। किसी की भावनाओं का, किसी के भविष्य का, किसी के जीवन का, कुछ भी मूल्य नहीं है इसकी दृष्टि में?'

और एकसाथ ही अपनी मित्रता के छह वर्ष रंजना की आँखों के आगे घूम गए। पागलों की तरह उसने अमर को प्यार किया है, अमर की छोटी-से-छोटी इच्छा को उसने आदेश के रूप में माना है। अमर ने जैसा चाहा, रंजना ने अपने को उसी के अनुरूप ढाला। सारे घरवालों के आक्रोश की पात्री बनकर भी वह केवल दिल्ली में नौकरी करने इसलिए तो आ पहुँची कि अमर ने लिखा था कि बिना रंजना के उसका मन नहीं लगता है और वह बहुत ही चाहता है कि रंजना भी दिल्ली आ जाए। जब

तक वह पढ़ती रही तब तक और यहाँ आकर नौकरी करने के बाद पिताजी ने विवाह के जितने प्रस्ताव भेजे उन पर बिना एक क्षण के लिए सोचे, उन्हें इसीलिए तो अस्वीकार करती रही कि उन दोनों में एक समझौता था। और जब पिताजी ने बहुत क्रुद्ध होकर स्पष्ट शब्दों में पूछा था कि आखिर वह चाहती क्या है, तो उसने भी उतने ही स्पष्ट शब्दों में लिख दिया था कि वह चाहती है कि उसके विवाह के मामले में घरवाले हस्तक्षेप करना छोड़ दें। वह विवाह अपनी इच्छा से करेगी और जब करेगी तो घरवालों को सूचना दे देगी। उसने चाहे लिखा नहीं, पर फिर भी सबकुछ समझ गए थे कि वह अमर से ही विवाह करेगी और घर में सभी इस बात से दुखी थे। पर रंजना ने अमर के सामने न कभी घरवालों की भावनाओं की चिन्ता की, न उनके दुःख की, न उनकी नाराजगी की! अब वही रंजना उन लोगों से जाकर कहे कि अमर ने तो विवाह करने से इनकार कर दिया, लो मेरा विवाह कर दो...क्या यह सब अमर नहीं जानता? फिर...यह सब कहते समय क्या उसे एक बार भी खयाल नहीं आया कि रंजना का क्या होगा? जो एक व्यक्ति के प्रति ईमानदार नहीं हो सका, वह कला के प्रति क्या ईमानदार होगा? दुनिया में साहित्यकार क्या विवाह करते ही नहीं...या करते हैं तो क्या उनकी कला पथभ्रष्ट ही हो जाती है? तब? उसका मन हुआ पास बैठे अमर के दोनों कन्धे झकझोर-झकझोरकर ये सारे प्रश्न पूछ डाले। चिल्ला-चिल्लाकर कहे कि तुम कौन होते हो यह निर्णय लेनेवाले...तुम्हारा यह निर्णय केवल तुमसे ही नहीं, मुझसे भी सम्बन्धित है, तब क्या अधिकार है तुम्हें अकेले निर्णय लेने का?

पर उसका आवेश आँसुओं में ही बहता रहा, शब्द तो उसके मुँह से एक भी न निकला।

निवास-स्थान करीब आया जानकर अमर ने कहा, ''कल शाम की गाड़ी से तो तुम चली ही जाओगी...दिन में मैं आऊँ? कोई प्रोग्राम तो नहीं है?''

''नहीं...पर अब क्या होगा आकर?'' बहुत ही उदासीन स्वर में रंजना ने कहा।

''रंजना!'' और अमर केवल उसकी पीठ सहलाता रहा। चाहकर भी रंजना उसका हाथ नहीं हटा सकी।

घर के सामने टैक्सी रोककर दोनों उतरे तो रंजना ने कहा, ''ऊपर तो मैं अकेले भी जा सकती हूँ।'' और वह घूम पड़ी। पर फिर भी अमर उसके साथ-साथ चला। जैसे ही लिफ्ट पास पहुँची पलटकर रंजना ने दोनों हाथ जोड़ दिए, ''अधिक कष्ट करने की आवश्यकता नहीं है अमर, मैं चली जाऊँगी।'' उसने देखा अमर संज्ञाशून्य-सा रंजना को देख रहा है...शायद वह इस प्रकार के व्यवहार की अपेक्षा नहीं कर रहा था। रंजना लिफ्ट में घुस गई तो अमर भी लौट चला। अमर लौट रहा था और रंजना ऊपर चढ़ रही थी...सच ही तो है, आज से उनकी राहें अनिश्चित भले ही न हों, पर अलग तो हैं ही। 'अमर को उसकी आवश्यकता नहीं तो उसे भी अनचाहे व्यक्ति की तरह किसी के जीवन में प्रवेश करने का शौक नहीं; मेरा भी अपना आत्मसम्मान है, अपना अहं है।'

घर में घुसते ही मालूम पड़ा, शीला और मनोज सिनेमा गए हैं...बड़ी राहत मिली। बिना कपड़े बदले ही जैसी की तैसी बिस्तर पर जा पड़ी। मुलायम तकिए का सहारा मिलते ही एक बार फिर आँसुओं का बाँध टूट गया और फूट-फूटकर रोने लगी। कॉलेज में बिताए दिन...लम्बी-लम्बी बहसें, साथ घूमना, हँसी-मजाक, फिर अमर का दिल्ली आना और पत्रों की प्रतीक्षा...दुर्दमनीय प्रतीक्षा...प्यार-दुलार, और फिर दिल्ली में बिताए दो वर्षों के अनेक-अनेक चित्र उभर-उभरकर उसके मन को सालते रहे और जब मन की व्यथा असह्य हो गई तो दोनों हाथों की उँगलियों को बिखरे बालों में बुरी तरह फँसाकर पागलों की तरह सिर को तकिए पर पटककर रंजना बोली, "नहीं-नहीं! मेरा कोई आत्मसम्मान नहीं, कोई अहं नहीं, मेरा तो अमर है...केवल अमर है...।"

पाँच

'खट्-खट्!'

झटके से अमर उठा; इस बार तो रंजना ही है। चटखनी खोलने से पहले फिर एक बार मेज तक लौटा; अमला का खत कागजों के नीचे सरकाया और तब जाकर धड़कते दिल से चटखनी खोली। सूखे चेहरे और बिखरे बालोंवाली रंजना की तस्वीर आँखों में कौंध गई। दरवाज़े का पल्ला ज़रा-सा अलग किया।

"अंकलजी, टिकट..." मकान-मालिक के दोनों बच्चे—जगत और रीना—सीधे स्कूल से लौटे थे और अपनी-अपनी अटैचियाँ लिए खड़े थे। उसे बोलने का अवसर दिए बिना ही रीना उससे लिपट गई, "नहीं अंकलजी, इसे नहीं। पहले आपने इसे दिए थे—आज हम लेंगे..."

दोनों अपना दरवाज़ा खटखटाने की बजाय, सीधे उसी के दरवाज़े पर आ गए थे। टिकट-संग्रह का दोनों को शौक है और जैसे ही अमर की डाक आती है—दोनों आपस में लड़ते हुए उससे लिपट जाते हैं। अभी तक तो ठीक था, लेकिन अमला के खूबसूरत रंग-बिरंगे लिफाफों से खिंचकर दोनों बच्चे जब-जब उसे देखते तभी टिकट माँगते हैं। एक-दूसरे को काटकर अलग से उससे खूबसूरत लिफाफा ले लेना चाहते हैं—और अमर चाहता है अमला का एक-एक खत लिफाफे सहित सुरक्षित रहे...। अजब पैंतरेबाजी चल रही है उसके और बच्चों के बीच।

बच्चों को देखकर वह झुँझलाहट से भर गया। मन हुआ झटके से किवाड़ बन्द कर ले। पर प्यार से उसने रीना की पीठ पर हाथ फेरकर कहा, "आज कोई डाक नहीं आई रीना...कल देंगे...।"

जगत संभ्रम में सामने खड़ा था—उसने आश्वस्त भाव से अपनी ओर के किवाड़

खटखटाकर अँगूठा हिलाते हुए चिढ़ाया, "ले, और ले...भागी-भागी आई...!"

रीना सचमुच खिसिया गई। बड़ी आशा से सिर उठाकर अमर के चेहरे की ओर निहारा कि शायद जगत की इस चुनौती से ही अभी किसी पुराने लिफाफे का टिकट लाकर दे दे। ऐसा कोई भाव उसने जब नहीं देखा तो उसकी बड़ी-बड़ी आँखों की दूधिया सफेदी पानी से बोझिल हो आई। "रोज-रोज बहका देते हैं—कल देंगे...कल देंगे...झूठे कहीं के...!" और अपने को छुड़ाकर वह चली गई। तब तक नौकर ने उनके किवाड़ खोल दिए थे।

इन्हीं लोगों का सामनेवाला कमरा अमर के पास है।

कोई कारण नहीं था—लेकिन रीना की आँखों की सफेदी का पानी से बोझिल हो आना और 'रोज-रोज बहका देते हैं कल देंगे...कल देंगे...' कहना, एक झटके से उसे संझाते जुहू के किनारे ले गया...। उसी दिन अँधेरे में उसे रंजना का चेहरा नहीं दीखा था—और दुकानों या मकान की रोशनी में उधर देखने को उसकी हिम्मत नहीं पड़ी थी—लेकिन इस पराजय-भरे अँसुआए उलाहने में कहीं कोई साम्य ज़रूर था...भक् से जल उठनेवाली रोशनी की तरह उसके मन में टकराया—'कल देंगे...' का बहकाना...?

आज भी अगर नहीं आई तो वह ज़रूर साँझ को उसकी तरफ जाएगा...

लिखने का सिलसिला टूट गया था। किवाड़ हलके से भिड़ाकर वह चुपचाप कुर्सी पर धम से आ बैठा, और कब सिगरेट जलाकर पीने लगा उसे खुद ध्यान नहीं।

आए हुए चौथा दिन है—स्टेशन से ही उसे लग रहा था कि कोई अप्रत्याशित अघटनीय उसकी प्रतीक्षा कर रहा है। जल्दी-से-जल्दी उसे जानकर तनाव समाप्त कर देने की बेचैनी में खुदबुदाता वह कमरे पर आया तो और चिट्ठियों के साथ अमला का पत्र था—वह अघटनीय-अप्रत्याशित नहीं था। तब उसने मन को समझा लिया कि शायद वह बेचैनी अमला के पत्र की प्रतीक्षा ही थी। तीन दिन अमला के पत्र के नशे में बेहोश रहते हुए भी उसे मानो दृढ़ विश्वास था कि रंजना आएगी। लेकिन सुबह से तो मानो यह बेचैनी कातर व्याकुलता में बदल गई...। क्या हो गया? वह आशंका से भीतर काँप-काँप उठा। लम्बी मेज के नीचे रखे अखबार को उसने फिर गौर से खोलकर देखा...तो भोपाल स्टेशन पर अखबार खोलना याद हो आया।

गाड़ी इटारसी से चली, कि फिर आउटर सिगनल के पास रुक गई। किसी ने जंजीर खींची थी। वह बगल की सीट पर बैठा था—लम्बी सीट पर फैले पंजाबी प्रौढ़ ने जोर से करवट बदलकर भारी-सी गाली दी, "ये गड्डी है? पिंजाब मेल दा नांव डुबाओंदे एँ...!" नीचे लोग उतर-उतरकर खड़े हो गए थे। चाय लेकर लपकते बैरे से उसने पूछा, "क्या हुआ?" "कोई जानवर कट गया है।" अपने डिब्बे की ओर लौटते हुए किसी ने कहा। तब सहसा पहली बार उसे लगा—कहीं...कहीं रंजना

ऐसा कुछ...। और इस विचार के साथ अखबार देखने की बेचैनी बुरी तरह मचलने लगी...ब्रुश मुँह में लिए-लिए ही वह सारे डिब्बे का चक्कर लगा आया। किसी के पास अखबार नहीं था। भोपाल तक राह देखनी होगी। सोचा, भोपाल तक तो ज़रूर अखबार बम्बई से ही आता होगा। अर्थात् बम्बई की स्थानीय खबरें मिल जाएँगी—अगर ऐसा कुछ हुआ तो...?

रेल में बैठने के क्षण से ही उसे जाने क्यों, लगने लगा था कि अब कभी रंजना से उसकी भेंट नहीं होगी...और यह उसी अनुभूति की दुहराती अनुगूँज थी जो उसने जुहू से लौटकर रंजना को शीला के यहाँ छोड़ते हुए अपने भीतर पाई थी। बिना अमर की चिन्ता किए जब रंजना ने लिफ्ट का दरवाज़ा बन्द कर लिया—और उसे लिये-लिये लिफ्ट ऊपर चली गई तो अमर को यह सब बड़ा प्रतीकात्मक लगा—यह लिफ्ट नहीं, लोहे की उँगलियोंवाला पंजा है और रंजना को मुट्ठी में बन्द करके इस पंजे ने उसके जीवन से खींच लिया है...। इस विचार को जबरदस्ती हटाकर वह स्तब्ध खड़ा-खड़ा मन को समझाने की कोशिश करता रहा कि रंजना ने उसका अपमान किया है...यों चले जाना कहाँ का शिष्टाचार रहा है? लेकिन जैसे ही लिफ्ट उठने लगी थी, अनजाने ही उसे विश्वास हो गया, कहीं कोई बहुत बड़ी गलती हो गई है...उसके भीतर कोई बार-बार ठोकर मारकर कह रहा था, 'रोको, इसे रोको...बहुत भयानक और गलत हो रहा है, इसे अब भी रोक लो...!' भीतर की आवाज़ सुनता हुआ वह केवल खड़ा रहा...धीरे-धीरे लिफ्ट का नीचे का तला भी ऊपर चला गया। सहसा जाने किस आवेश में वह दौड़कर सीढ़ियों पर भी चढ़ा। फिर मोड़ पर अचानक रुका। कुछ देर सोचता रहा और तब लौट आया। चलती हुई टैक्सी में उसे ऐसा महसूस होता रहा जैसे टैक्सी उसे कितनी दूर, बहुत दूर अनजान देश में लिए जा रही है...

दूसरे दिन शीला ने बताया कि रंजना लौट गई है; उसके भीतर मानो किसी ने सन्तोष की साँस ली—अगर इस समय रंजना मिल जाती तो कैसे उसे मुँह दिखा पाता...? "अच्छा! उसके लौटने की तो कोई बात नहीं थी..." औपचारिक रूप से उसने कहा। बैठने और चाय पीने के शीला के आग्रह को मना करके वह लौट आया। अकारण ही खयाल आया—हो सकता है रंजना दिल्ली न जाकर जयपुर चली गई हो। विक्टोरिया पर वह प्रतीक्षा करता रहा, मानो रंजना आएगी...आएगी। दादर पर भी वह खिड़की से बाहर इस तरह झाँक रहा था मानो उसने आने को कह दिया हो। सोच लिया, अगर वह दादर पर दीख गई तो कहेगा—'अरे रंजना, तुम तो ज़रा-सी बात का बुरा मान गईं—मैं तो मज़ाक कर रहा था...।'

सारे रास्ते वह इस तरह प्रतीक्षातुर प्रत्याशा महसूस करता रहा मानो रंजना अचानक किसी स्टेशन पर प्रकट होकर चौंका देगी; हो सकता है वह भी इसी गाड़ी से चल रही हो। इसी भ्रम के कारण उसने गाड़ी को शुरू से आखिर तक कई बार अच्छी तरह देखा था...

भोपाल पर अखबार लिया। बम्बई में किसी भी लड़की के आत्महत्या करने का समाचार नहीं था। जहाँ इससे सान्त्वना मिली, वहीं एक नई आशंका आ जुड़ी; मान लो, कहीं ऐसा हो गया तो? वह अपने को कैसे माफ करेगा...?

और अब रंजना से मिलने की व्याकुलता जितनी ही उसे मथ रही थी उतना ही उसे अपने ऊपर आश्चर्य हो रहा था; उसे आए हुए तीन दिन हो गए और वह अभी तक नहीं मिला?

'खट्! खट्!'

फिर दरवाज़ा खटका तो वह वहीं से बैठे-बैठे बोला, "कौन है भाई? खुला ही है।" ज़रूर फिर बच्चे आ गए होंगे।

लेकिन इस बार टंडन था। बड़े इत्मीनान से सीटी बजाते हुए भीतर आया, "कहिए लेखक साहब, उपन्यास पूरा हो गया?" फिर अखबार अमर के हाथ में देकर बोला, "सिनेमा चलना है?"

टंडन हमेशा इसी तरह का कोई-न-कोई प्रोग्राम लेकर आता है। "आओ, बस तुम्हारी ही कसर रह गई थी...।" अखबार एक तरफ समेटकर अमर तनकर बैठ गया। पासवाली कुर्सी को अपनी ओर सीधा करके बोला, "बैठो..."

टंडन कुर्सी पर बैठकर सिगरेट जलाता बोला, "यहाँ से चलना है पहले 'ऐल्प्स'; फिर देखेंगे कहाँ चल सकते हैं। पाँच बजे मन्दा को वहीं बुलाया है, नहीं पहुँचे तो गदर आ जाएगा...।"

टंडन उसके कमरे में आकर ऐसी लापरवाही और आत्म-व्यस्त होकर उठता-बैठता, व्यवहार करता है मानो अमर उपस्थित ही न हो। बातें उससे करेगा। लेकिन पंखे, बल्ब, खिड़की या मेज़ की बिखरी चीज़ों की पड़ताल करता रहेगा। तब अमर को ऐसी झुँझलाहट आती है कि उसे जोर से झँझोड़कर कहे कि तू मुझसे बात कर—ये चारों ओर देख पीछे लेना। उठा वह कपड़े बदलने के इरादे से लेकिन भीतर की मचलन को उसने उसके दोनों कन्धे झकझोरने में ही निकालते हुए कहा, "देख टंडन, तेरी तरह मेरी पंचकुइयाँ रोड पर फर्नीचर की दुकान नहीं है कि जब लिया और उठा चले आए..."

टंडन गोद में रखी पत्रिका में कुछ पढ़ रहा था। बिना ऊपर सिर उठाए अपने कन्धों से उसका हाथ हटाता बोला, "तुझे दुकान की ज़रूरत क्या है? तुझे तो अमला ने पेंशन बाँध दी है न...अच्छी-खासी स्कॉलरशिप मिल रही थी, फिर नहीं हम तो लेखक बनेंगे! बनो पुत्तर, लेखक ही बनो। फिर रोते क्यों हो?"

कपड़ों की अलमारी की ओर बढ़ता अमर लौट आया, "देख टंडन, इस बारे में तूने कुछ भी कहा तो लड़ाई हो जाएगी। ज़िन्दगी में कुछ चीज़ें तो होती हैं जिन्हें गम्भीरता से लेना चाहिए...।"

"ज़रूर लेना चाहिए।" उसी लापरवाही से टंडन ने पत्रिका मेज पर फेंकी और

झटके से उठ खड़ा हुआ, "और सबसे गम्भीरता से यह लेना चाहिए कि नीचे स्कूटरवाला खड़ा-खड़ा गालियाँ दे रहा होगा।"

अमर लौट गया। थोड़ी देर चुपचाप कपड़े पहनता रहा, फिर बोला, "किसी एक से पेंशन लेनी होती है तो अमला का ही एहसान लेता? वह संस्था ही क्या बुरी थी जिसका काम ही स्कॉलरशिप देना है...?"

वह खिड़की से बाहर गर्दन निकाल-निकालकर झाँकने लगा। "एहसान की इसमें क्या बात है? दोस्ती में मैं ज़रूरत पड़ने पर तुझसे नहीं लेता या तू नहीं लेता?"

"लेकिन वहाँ मैं यह भी नहीं रखना चाहता।"

टंडन आसमान को देखता रहा। फिर बोला, "यार, कहाँ आज मन्दा को बुला लिया। वहीं बैठकर बियर पीते।"

इस बात बदलने को अमर ने समझा। कहा, "आज नहीं; जिस दिन उपन्यास खत्म होगा, हमारी तरफ से बियर-पार्टी।"

दौड़ते स्कूटर की तेज हवा से उड़ते बालों पर हाथ रखे अचानक टंडन ने कहा, "यार बहुत नाराज़ है...।"

अमर अमला की बात को सोच रहा था। उपन्यास खत्म होने की शायद सबसे अधिक खुशी उसे ही होगी, बुरी तरह चौंक गया, "कौन?"

"मन्दा।"

"किस बात पर? बियर पीने पर?"

टंडन थोड़ी देर झिझका, "तुझ पर। कहती है, तूने उस बेचारी लड़की को धोखा दिया है...।"

"रंजना तेरे वहाँ आई थी?" अचानक उसने सवाल किया।

"नहीं। उससे ही बातें हुई थीं।" बालों के उड़ने की चिन्ता छोड़कर वह रूमाल से चश्मा पोंछने लगा।

अमर जानता है, टंडन जब आँखें मिलाना नहीं चाहता तो चश्मा उतारकर पोंछने लगता है। वह निश्चय ही झूठ बोल रहा है। उसने जोर से कहा, "सरदार जी, स्कूटर रोक दो।"

खट से चश्मा नाक पर जा चढ़ा। "क्यों?"

"मुझे नहीं जाना।" उठने-उठने को होकर अमर ने कहा। टंडन ने उसकी दोनों बाँहें पकड़ लीं, "यह क्या बचपना है? चलो सरदार जी, आप चलो न।"

"नहीं।" अमर दहाड़ उठा, "मैं कहता हूँ सरदार जी, रोकिए न।" फिर जबरदस्ती अपने को झटके से छुड़ाकर बोला, "तू, मुझे जबरदस्ती पकड़कर ले जाएगा?"

टंडन ने उसे छोड़ दिया और एकदम ठंडा पड़कर बोला, "मैंने उससे मना कर दिया है। वह तुझसे इस बारे में बातें नहीं करेगी—जब तक तेरा उपन्यास पूरा न..."

स्कूटर धीमा होकर खड़ा हो गया। अथाह भर्त्सना से भरकर सरदारजी ने दोनों को देखा—यह क्या खिलवाड़ है! बोले, "आप दूसरा स्कूटर ले लो जी..."

अमर ठंडा हो गया था। समझता हुआ लेकिन गुस्से को कायम रखे बोला, "मैंने बीस बार कहा, मुझे यों हमेशा कचहरी के कटघरे में खड़े होकर जवाब देने को मजबूर मत करो। जो लोग साथ पढ़े हैं, साथ खेले हैं—वो जब बात को नहीं समझ सकते, मुझे ही अपराधी मानते हैं, तो बेचारी मन्दाकिनी भाभी..."

टंडन नाराज़ हो गया था, कुछ नहीं बोला। खड़ा हुआ स्कूटर और सरदारजी तथा टंडन की चुप्पी मानो उसे धक्का देकर कह रही थी कि 'निकलो न।' —अगर टंडन उसका हाथ इस बार पकड़कर रोक ले, तो वह चुपचाप चले चलेगा—एक बड़ी अशोभन घटना होते-होते रुक जाएगी। न टंडन ने हाथ पकड़ा और न उससे कहना बना कि 'अच्छा चलाओ सरदारजी, स्कूटर चलाओ।' तब अपनी मान-रक्षा के लिए वह उतर आया। "चलो।" टंडन की भारी आवाज़ सुनाई दी और सरदारजी ने दो-तीन एड़ों में स्कूटर स्टार्ट कर लिया।

बिना रुके अमर ठीक पीछे की ओर चल दिया था। एक बार मुड़कर देखा, शायद टंडन पीछे मुड़कर देख रहा हो, बुला ही ले। लेकिन होंठ कसे वह सामने ही देख रहा था। पीछे पर्दा उड़ती 'खिड़की' से उसका सिर दीखता रहा।

स्कूटर रीडिंग रोड के मोड़ पर ओझल हो गया। अमर ने चाल धीमी कर दी। पीछे से घों-घों करती डी.टी.सी. की दो-तीन बसें एकसाथ गुजर गईं। उस क्षण अमर को लगा, जैसे सारी दुनिया ने उसका साथ छोड़ दिया है—वह अकेला और अनसमझा, असहाय और निरीह इस जनाकीर्ण रेगिस्तान में यों ही किसी दिन भूखा-प्यासा मर जाएगा—ये प्रिय, ये दोस्त कोई उसकी खबर तक लेने नहीं आएँगे। वह रुककर खड़ा हो गया—अब कमरे में जाकर क्या करेगा? पहले सवारी लेकर टंडन के साथ ही 'ऐल्प्स' जा पहुँचने की बात मन में आई; लेकिन सचमुच वह मन्दाकिनी भाभी के इन सवालों का जवाब नहीं दे पाएगा। वह पैदल-पैदल ही गोल मार्केट की ओर चल दिया।

जब सहसा फिर जुहू की वह साँझ, हवा में लटकी 'सिलुएट' तस्वीर की तरह उसके सामने साकार हो आई और देर तक लटकी रही—उसने अपने-आपको रंजना से बातें करते देखा...।

ज़रूर रंजना मन्दा भाभी के यहाँ गई है। रोई होगी...जब वह नहीं चाहता तो क्यों वह लड़की उसके पीछे पड़ी है? नहीं, उसने कोई धोखा-वोखा नहीं दिया। वह कतई अपराधी नहीं है...और अमर देर तक अपने को विश्वास दिलाता रहा कि अगर उसने रंजना को कष्ट दिया भी है तो क्या वह स्वयं कम कष्ट उठा रहा है? वह सड़कों पर पागलों की तरह दुखी और उदास नहीं भटक रहा? वह क्या उसी की खातिर अपने सबसे जिगरी दोस्त से नहीं लड़ पड़ा है—उसे क्या कम मानसिक द्वन्द्व है?

लेकिन मन की भीतरी सतहों पर उसे दो सन्तोष एकसाथ हुए। एक तो रंजना ठीक-ठाक है, तभी तो मन्दाकिनी भाभी से जाकर मिल सकी; दूसरे टंडन को तो वह जब चाहे जाकर मना लेगा। यह उपन्यास समाप्त हो जाए बस, फिर तो सभी कुछ

ठीक कर सकेगा। ये सारी 'बाधाएँ' उसके लेखन को रोक नहीं पाएँगी। वह अपने को समझाना चाहता था कि यह सब जो भी कुछ उसने किया है वह अपने लिए नहीं किया, कला के लिए किया है, लेखन के महान उद्‌देश्य के लिए किया है...

फिर भी उसे इतनी जल्दी गुस्सा क्यों आ गया? क्या वह भी उसे 'धोखा' ही समझता है और दूसरों से न उसे आरोप के रूप में सुन सकता है, न अपने सामने स्वीकार कर सकता है...?

स्टैंडर्ड के एक धुँधले-से कोने में कॉफी सामने रखे वह अकेला बैठा था—और ज्यू बॉक्स के बदलते इन्द्रधनुषी रंगों से गाना उभर रहा था :

उम्रे दराज माँग के, लाए थे चार दिन
दो आरजू में कट गए, दो इन्तज़ार में

सोज-भरे गले की पंक्तियाँ—"लगता नहीं है जी मेरा...उजड़े दियार में।" उसके भीतर और भीतर उतरती चली गई।

उसकी आँखों में आँसू आ गए—सचमुच, उसने बेचारी रंजना के साथ धोखा ही तो किया है "...कह दो इन हसरतों से कहीं और जा बसें—इतनी जगह कहाँ है दिले-दागदार में...!" उस बेचारी ने अमर के लिए क्या नहीं किया? उसी के लिए, उसी के कहने पर तो बेचारी दिल्ली आई थी। "है कितना बदनसीब जफर, दफ़्न के लिए...दो गज़ जमीं भी मिल न सकी कूए यार में..." असहाय... अकेला...अनसमझा।

टंडन नहीं आएगा, लेकिन किसी भी दिन मन्दाकिनी भाभी या रंजना आ सकती हैं—हो सकता है दोनों ही आ जाएँ—यह विश्वास ज़रूर था; विश्वास ही क्या, वह मानो हर क्षण प्रतीक्षा करता था और सीढ़ियों पर किसी के भी चढ़ने की आहट उसकी धड़कन तेज कर देती थी। फिर वहीं कचहरी लगेगी, वह अभियुक्त के कटघरे में खड़ा होगा और भाभी रंजना की वकालत करेंगी। वह किसी भी तरह अपने को गुस्सा दिलाए रखना चाहता था; माना कि उसने 'अपराध' कर ही डाला है...लेकिन ये सब लोग मिलकर निश्चय ही उसके साथ ज्यादती कर रहे हैं...क्या ये लोग समझ नहीं सकते कि वह निहायत ही महत्त्वपूर्ण काम कर रहा है?...उपन्यास लिख रहा है...?

खिड़की से बाहर सिगरेट फेंकने के लिए उठा तो नीचे पीली साड़ी का ज़रा-सा पल्ला झलका, कोई सीढ़ियों में आया है। ज़रूर मन्दा भाभी हैं। वह तो साड़ी का ज़रा-सा कोना देखकर बता सकता है—कौन है। आखिर लेखक की निगाहें हैं...! वह दो-दो सेकंड रुककर गिनने लगा—एक...दो...तीन...इस समय चौथी सीढ़ी चढ़ रही है। कुर्सी पर कमीज पड़ी थी और उसी पर वह बैठ गया था। जल्दी से उठकर गले में डाली। तभी दरवाज़े की काठ पर किसी ने ठक्-ठक् की। निहायत संजीदा मुँह बनाकर उसने दरवाज़ा खोला—मिसेज सेठी—मकान-मालकिन थी। प्लास्टिक की

जालीदार टोकरी में साबुन, नील, पेस्ट इत्यादि लिए बोली, "अमर, अमरजी, ये आपका पत्र..."

"धन्यवाद..." कहकर उसने आसमानी लिफाफा ले लिया। नीचे से कोई भी आता है तो उसकी डाक लेता आता है। सबकुछ भूलकर अचानक उसका हृदय एक दूसरी प्रकार की उत्तेजना से भर उठा—अमला का पत्र था। यों वह जानता था कि मिसेज सेठी का होंठ बन्द करने का ढंग ही ऐसा है कि लगता है कि वे मुस्करा रही हों...लेकिन उसे लगा, इस बार मुस्कराहट में कहीं व्यंग्य भी है। ये रंग-बिरंगे पत्र कहाँ से आने लगे? व्यस्त चेहरा बनाए वह लिफाफे पर निगाहें टिकाए लौट आया। दरवाज़ा भिड़ा दिया। आते-जाते मकान-मालिक के बच्चे या मन्दा भाभी की बात वह भूल गया।

उसने जवाब नहीं दिया और अमला का यह दूसरा पत्र है। पुलक-भरे वह लिफाफे को देखता रहा। लिफाफा कीमती था। जानबूझकर अपनी उत्सुकता और उत्तेजना को बढ़ाने के लिए पत्र खोलने में देर कर रहा था—क्या लिखा होगा अमला ने...

"तुमने मेरे पहले पत्र का जवाब नहीं दिया न," अमला ने लिखा था—"हाँ भाई...लेखक आदमी हो। व्यस्त होगे, हम जैसे फालतू लोगों के खतों के जवाब देने की फुरसत कहाँ है आपको?"

तब पहले पत्र की कुछ पंक्तियाँ उसे याद हो आईं, "सबसे पहले तो बधाई लो कि तुमने लिखने का निर्णय किया है और स्कॉलरशिप का मोह छोड़ दिया है...अब हमें उपन्यास जल्द ही मिलेगा न?...अमर, तुम्हें यहाँ की कुछ बातें शायद अच्छी नहीं लगी हैं...शायद, कुछ से तुम्हारे सिद्धान्तों को धक्का लगा होगा...कुछ से तुम्हारी भावनाओं को। सिद्धान्तों का सवाल जहाँ तक है, मैं छिपाऊँगी नहीं (अब अब छिपा भी नहीं है) कि मैं उस वर्ग की लड़की हूँ जिसे तुम घृणा से 'पूँजीपति' या 'शोषक' वर्ग कहते रहे हो। अपने इस वर्ग पर गर्व हो या न हो, मुझे अफसोस कतई नहीं है कि क्यों इसका अंग हूँ। लेकिन तुम तो जाति-पाँति नहीं मानते न, फिर मैं नहीं समझती कि यह 'जाति' हमारी दोस्ती के बीच आएगी। तुम्हारा पता नहीं, लेकिन अपनी ओर से आश्वासन देती हूँ। अच्छा एक कड़ी बात कहूँ तो माफ करोगे...? तुम्हारे वर्ग के लोग जिन हीनताओं और कुंठाओं के शिकार हैं—मुझे डर है कहीं वे हमारे बीच में न आ जाएँ। यों तुम पर मुझे बहुत-बहुत विश्वास है...। दूसरी बात भावनाओं को कष्ट पहुँचाने की है; सो इसके बारे में सिर्फ एक बात कहूँगी : मैंने भरसक कोशिश की है कि ऐसा कुछ न हो; मगर फिर भी कहीं हुआ है तो एक बार इतना सोचना कि मैं लड़की हूँ—एक विशेष 'तरह' की लड़की—और सभी कुछ अपने मन से नहीं करती...।...याद रखना, तुमने वायदा किया है, कि जाते ही लिखने में लगोगे..."

इस नए पत्र की पंक्तियाँ थीं, "लेकिन यह मुझे विश्वास है कि इन दिनों तुम ज़रूर लिख रहे होगे।...कब तक आ जाएगी किताब? खरीदनी होगी, या भेंट

करोगे?...चलो कम-से-कम कभी-कभी हम यही सन्तोष कर लिया करेंगे कि इस उपन्यास को लिखने की कीमत पर तुमने यह उपन्यास लिखा है...लेकिन सजा हमने कम भुगती है?...हमारे कैलाश बाबू आजकल कितने तने रहते हैं—कहते हैं मेरा दिमाग खराब हो गया है। मन-लायक मित्र के तने रहने का अर्थ क्या होता है, इसे बेचारी रंजना से पूछो।'' फिर अन्त में लिखा था, ''बम्बई से घसीटा गया तुम्हारा पत्र मिला था। कुछ उससे और कुछ तुमसे सुनकर रंजना और तुम्हारे परिचय की सारी कहानी जानी। रंजना की दृष्टि से सोचती हूँ तो तुम्हारा धोखा लगता है और तुम्हारे कोण से सोचती हूँ तो लगता है तुम कोई गलती नहीं कर रहे—रंजना और अमला ज़िन्दगी में बहुत आएँगी, लेकिन न अमर की प्रतिभा आएगी, न प्रतिभा के स्फुरण के क्षण आएँगे...! एक बात कहूँ, बुरा तो नहीं मानोगे! तुम्हारे विवरणों से लगता है, तुम्हारी ये रंजना जी बहुत 'पजेसिव' हैं...वे आखिर क्यों तुम्हें सन्दूक में बन्द करके रखना चाहती हैं...वे इस सीधी-सी बात को भूल जाती हैं कि कलाकार बँधकर नहीं रहता। वह तो एक उन्मुक्त धार है—जो खेतों, जंगलों और पहाड़ों में समान निष्ठा से बहती है—वहाँ की धरती को अपनाती है...एक 'धरती' उसे बाँध लेगी तो वह 'धार' कहाँ रह जाएगी? पोखर और तालाब हो जाएगी और पानी वहीं सड़ेगा...'' फिर 'पुनश्च' करके हाशिए पर लिखा था, ''अभी-अभी लिखते-लिखते एक खयाल आया—कहीं तुम्हारी रंजना जी को भी तो भ्रम नहीं हो गया मेरी-तुम्हारी मित्रता को लेकर? अगर ज़रा भी कहीं ऐसा हो तो लिखना। मैं तत्क्षण पर्दे से हट जाऊँगी... शायद इस प्रकार का कोई भी आरोप या भ्रम मुझे बर्दाश्त नहीं होगा...यह रंजना जी को बहुत स्पष्ट शब्दों में बता देना कि मैं अमर के लेखन की प्रशंसिका और मित्र हूँ—व्यक्तिगत अमर की नहीं...''

सारे पत्र की एक मधुर आत्मीयता के बाद नीचे की ये लाइनें अमर के मन में चुभीं। उसे लगा। अमला रंजना को नहीं, स्वयं उसे आगाह कर रही है। मन-ही-मन उसने कहा, 'बड़ा भ्रम है अपने को लेकर।' ध्यान आया अमला का वाक्य, ''बड़े खूबसूरत मुगालते हैं।'' और वह खुद-ब-खुद मुस्करा उठा। ''कम्बख्त बात करना जानती है...।'' प्रशंसा के भाव से उसने कहा। उसे अमला की जिस चीज ने सबसे अधिक प्रभावित किया था, वह था उसका सन्तुलन—बातचीत में, लिखने में और व्यवहार में कभी-कभी इस मशीनी सन्तुलन को देखकर उसे यह भी लगता कि अमला का सारा व्यवहार दिखावटी है और ये सारी बातें बिना किसी गहरे उद्देश्य या अर्थ के यों ही कह देती है...लेकिन कितनी चिन्ता है अमला को उसके लेखक को लेकर, उसकी प्रतिभा को लेकर। उसके एक हाथ में लिफाफा था, एक में पत्र। दोनों को अनजाने ही वह नाक के पास लाया—नहीं, पत्र में कोई खुशबू नहीं थी; मगर सारे पत्र में एक और तरह की खुशबू थी...आत्मीयता की खुशबू, मधुर निकटता की खुशबू...

इसी तरह तो एक दिन पत्र हाथ में लिए पढ़ रहा था। बिना दरवाज़ा खटखटाए,

कब रंजना आकर पीछे खड़ी हो गई...उसे पता ही नहीं चला। शायद देर तक खड़ी रही। आखिर दुष्टता से खाँसकर बोली, 'हाँ, अब अगला पन्ना पलटो...।' तब वह बुरी तरह सकपका उठा था। उसी पत्र को तो बाद में पढ़कर वह रो पड़ी थी और वह देर तक समझाता रहा था, "नहीं रंजना, ऐसी बात कोई नहीं है। यह तो केवल पत्र-मित्र है। मैंने इस बेचारी को अभी देखा भी नहीं है।" और रंजना कहती रही थी, "पत्र क्या और लड़कियाँ नहीं लिखतीं? खुद तुमने ही मुझे दिखाए हैं, लेकिन वे तो ये सारी बातें नहीं लिखतीं; और तो किसी को ऐसा नहीं लगता कि रचनाएँ और पत्र पढ़कर वह तुम्हें बहुत निकट से, युगों से जानती हो...। किसी और के अकेले मन में तो तुम्हारी बातें चन्दन की गन्ध बनकर नहीं तैरतीं...।' उसने तब कमर के गिर्द बाँहें लपेटकर पास खींच लिया था और देर तक दिलासा देता रहा था।

कितनी अच्छी तरह अमला ने उसके कलाकार की परिभाषा की है : कलाकार तो धारा है...सब कहीं बहता है, जब तक गति है तब तक कला है...फिर न गति रहेगी न कला...धारा तालाब हो जाएगी। प्यार के नाम पर रंजना उसे बाँध लेना चाहती है, क्षुद्र उद्‌देश्य के लिए, गृहस्थी के सुख के लिए, "...अमला और रंजना ज़िन्दगी में बहुत आएँगी। लेकिन न अमर की प्रतिभा आएगी; न प्रतिभा के स्फुरण के ये क्षण आएँगे..."

'खट्! खट्!'

"क्या है?" अमर ने चौंककर पाया कि वह जाने कब से यों ही बैठा है।

दोनों हाथों में खाने की थाली लिए लड़के ने कन्धे से किवाड़ों में धक्का दिया और तिरछा होकर भीतर आ गया। नीची आयताकार मेज पर खाना रखकर वह कोने में रखी सुराही से पानी का गिलास भरने चला। अमर ने गहरी साँस ली और झटके से उठ खड़ा हुआ। गरम खाने की खुशबू से उसकी भूख तेज हो आई थी। थाली देखकर बोला, "क्यों रे चन्दन के बच्चे, तुझसे कितनी बार कहा है, ये थाली खुली मत लाया कर? सारे खाने की नुमाइश लगाता चला आता है। चील-कौवा रोटियाँ ले जाएँ तो! कल से हम वहीं खाएँगे।"

थाली के पास गिलास रखकर कन्धे के मैले तौलिया को दोनों हाथों में फैलाकर चन्दन का बच्चा कुछ देखता रहा। फिर बोला, "बाबूजी, वो लालाजी ने पैसों के लिए पूछा है..."

हाथ उठाता हुआ ठिठका, फिर झट से कौर मुँह में रखकर बोला, "हाँ, हाँ यार, दे देंगे।" फिर खुद ही मुस्कराया, "यहाँ जीवन और जगत् की शाश्वत समस्याओं की बातें हो रही हैं, प्रतिभा और युग की बातें हो रही हैं, साहित्य और कला के विकास में प्यार की स्थिति खोजी जा रही है, और तुझे अपने पैसों की पड़ी है...।" फिर खाते-खाते ही हँस पड़ा, "बीस साल बाद तेरा लाला ही शेखी बघारा करेगा कि 'हाँ-हाँ, अमर जी यहाँ खाना खाया करते थे'...।" फिर लड़के के मैल से चीकट,

लेकिन सुन्दर, गोरे नाक-नक्श को देखकर सोचा, कौन जाने यह लड़का भी आगे जाकर कुछ बन जाए, तब कहा करेगा, 'मैं सरगोधा ईटिंग-हाउस में थालियाँ उठाया करता था।' और उस 'भावी बड़े आदमी' के कन्धे पर प्यार से हाथ रखकर बोला, ''अच्छा, तेरे लाला से मिलेंगे कल...। दरवाज़ा बन्द कर जाना...''

वह चला गया तो हलकी ग्लानि हुई, उसके मन में इस 'वर्तमान नौकर लड़के' के लिए सद्‌भावना नहीं, 'भावी बड़े आदमी' के लिए आदर है। समझाया : शायद दो सौ साल की गुलामी के संस्कार हैं, यही तो लोग कहते हैं।

उसने अमला को लिखा, ''शायद दो सौ साल की गुलामी के संस्कार ही हैं, कि हमारा समाज अनेक कुंठाओं और विकृतियों का शिकार है, वरना मैं तो इसमें कतई जाति-पाँति या ऊँच-नीच नहीं देखता। तुम्हारे पास पारखी की निगाह है और मेरे पास कलम; हमारे बीच कोई जाति नहीं आएगी...। जब मैं तुम्हें नहीं जानता था, और तुम्हारे पत्रों से तुम्हें किसी कॉलेज में पढ़नेवाली लड़की समझता था—तब भी शायद तुम्हारी बातों को इतनी ही गम्भीरता से लेता था। किसी को 'बड़ा आदमी' पाकर उसके प्रति 'विशेष' भाव रखना उसी गुलामी के लक्षण हैं। जब तुम 'सामान्य' लड़की थीं तब भी मेरे लिए उतनी ही विशेष थीं...।''

आगे लिखा, ''उपन्यास चल रहा है, लेकिन कल एक बड़ी अजीब-सी अनुभूति हुई और बस तभी से मूड खराब है। नायिका को छोड़कर नायक जा रहा है। नौकरी करके बुला लेगा। वह बहुत मना करता है; लेकिन लड़की सोने की चूड़ियाँ दे देती है। बाहर पता नहीं कैसा समय देखना हो, क्या करना हो! इस दृश्य की कुछ बातें लिखते हुए मेरी आँखें भर आईं—और इसके बाद से ही कुछ नहीं लिखा गया। बार-बार मन में धिक्कार उठता रहा, कागज़ पर चलनेवाले इन नकली नायक-नायिकाओं की झूठी परिस्थितियों के लिए मेरी आँखों में आँसू आ सकते हैं, मैं रो सकता हूँ, और उस लड़की के लिए मेरे मन में कोई भावना नहीं है जिसने अपनी सारी ज़िन्दगी मेरे लिए दाँव पर लगा दी...? उसे जिसे उसके नगर और घर से एक आश्वासन पर मैं निकाल लाया हूँ। और अब मँझधार में छोड़कर इन हवाई पात्रों की सृष्टि कर रहा हूँ। उस लड़की का, रंजना का, अपराध यह तो है कि उसने मुझे प्यार किया, उसने सम्पूर्ण व्यक्तित्व और अस्तित्व से प्यार किया है।—और उसी के लिए मैं उसे इतनी बड़ी सजा दे रहा हूँ...?

''तुमसे सच कहता हूँ अमला, इस उपन्यास में मेरा मन नहीं रम रहा। बार-बार मन में उठता है, रंजना को अनकिए अपराध की सजा देकर कैसे मैं यों बैठकर लिख पा रहा हूँ? क्या है, जो मुझे इन कागज़ों को फाड़कर नहीं फेंकने देता? यों उपन्यास चल रहा है और यह भी विश्वास है कि जब गति पकड़ लेगा तो शायद खाना-पीना, रात-दिन सबकुछ भूलकर मैं उसके पीछे लग जाऊँगा; लेकिन विश्वास मानो अमला, बहुत ही व्यर्थता का एहसास होता है। यह सब क्यों लिख रहा हूँ मैं! क्या है जो इसे न लिखने से अधूरा रह जाएगा? नायक बोला, और नायिका ने कहा, लिख-लिखकर

पन्ने भरते चले जाना आखिर किसलिए? ज़िन्दगी जैसी है उसे जीने की अपेक्षा, यों बैठकर लिखना किस तरह महान काम है? मैं यों अपने कमरे में गढ़े हुए पत्रों की परिस्थितियाँ बयान कर रहा हूँ, ठीक इसी क्षण संसार की हज़ारों भाषाओं में लाखों लेखक बैठे-बैठे इसी सब बकवास से टनों कागज़ बरबाद कर रहे होंगे! आखिर क्यों? इससे फायदा? यों हम कब तक अपने को धोखा देते रहेंगे कि यह शेखचिल्लीपना ही महान कला और संस्कृति है? मेरे उपन्यास को तुम पढ़कर 'अच्छा है' कह दोगी, बस इसी 'अच्छा है' के लिए मैं इतनी तकलीफ पाऊँ, भूखा- प्यासा बैठकर रात-रात भर आँखें फोड़ूँ? अपनी आत्मा तथा आत्मा के जो अंश हैं उन्हें धोखा देता रहूँ, और दोस्तों से लड़ता रहूँ? ज़िन्दगी के अच्छे-से-अच्छे अवसर छोड़ दूँ, झूठे भुलावे और छल की मरीचिका के पीछे एक के बाद दूसरा दिन गुजारता रहूँ? मुझे तो लगता है, किसी और उपयोगी काम के लायक (या काम का अवसर) मैं नहीं पाता, इसलिए लिखता हूँ। लिखना...या सारी कलाएँ—न प्रतिभा का परिणाम है, न गहरी संवेदना का; वह सिर्फ असामर्थ्य और मजबूरी की उपज है; और उन्हें हम लोग ही महान कह लेते हैं—या जो लोग हमसे ज़्यादा महत्त्वपूर्ण कामों में व्यस्त हैं, उनसे अपने निकम्मेपन को महान कहलाने की चिन्ता में व्यस्त रहते हैं...।

"बहुत बोर बातें हो गई हैं! माफ करना, अब नहीं लिखूँगा; इन सबको सिर्फ अपने तक रखूँगा। कहीं इस सबसे तुम यह तो नहीं समझ रहीं कि मैं लिखना-पढ़ना बन्द कर दूँगा...? नहीं ऐसा नहीं है। एक उपन्यास तो तुम्हें हर हालत में देना ही है। तुमसे वायदा किया है न? लेकिन अमला, लेखन के एकान्त, तन्मय और अपने को घोलकर कलम में डाल देने के तल्लीन क्षणों में अक्सर रंजना कभी पास आकर खड़ी हो जाती है, कभी कागज़ पर आ बैठती है; 'तुमने मेरे साथ धोखा किया...तुमने मुझे मार डाला'...। एक पैंडुलम है जो मेरे दिमाग की दीवारों से बस यही कहता टकराता रहता है। हमेशा दरवाज़े पर पड़ती दस्तक की तरह खट्-खट् करता रहता है..."

और फिर एक 'मोमेंटम' आ गया तो अमर के सामने बस एक ही चीज रह गई—अपना उपन्यास। वह एक भूत था, बुखार था जो उसे उतारना ही था और जिसे अन्त तक लाकर समाप्त ही करना था। उसे रात को नींद नहीं आती थी, वह चाहे लिखे कितनी ही देर—लेकिन खाते-सोते, बातें करते मन के भीतर पृष्ठ पर पृष्ठ लिखे जाते थे। उस तनाव-भरी स्थिति में न खाना अच्छा लगता था, न सोना। जिस दिन उसने अन्तिम पृष्ठ पर अन्तिम पंक्ति लिखी तो समझ में ही नहीं आया कि कलम चलाता जाए या रोक दे। उसे विश्वास ही नहीं हुआ कि उपन्यास के अन्तिम शब्द का अन्तिम सिरा है। उसने उपन्यास खत्म कर लिया...! उसे तो ऐसा लगता था, जैसे यह कभी भी खत्म नहीं होगा—और वह यों ही लिखता चला जाएगा। वह, जो ऐसा निर्णय-दुर्बल, पापी (?), अपराधी और धोखेबाज है, उपन्यास को अन्त तक ले आया? उँगलियों पर टिकी कलम की नोक, आधा खाली कागज़ और अन्तिम अक्षर

का सिरा...मन में आया, कलम को ज़ोर से मुट्ठी में पकड़े और निब को अक्षर के सिरे पर इतने ज़ोर से दबा दे कि पैड को भेदकर निब टूट जाए—सुनते हैं फाँसी का हुक्म लिखकर जज निब को वहीं तोड़ देता है। यह भी तो फाँसी का हुक्म ही है...उसकी समझ में ही नहीं आया कि अगले दिन से अब वह क्या करेगा...? एक बहुत ही गहरी और शान्ति की अनुभूति के साथ-साथ बेहद उदासी और खालीपन उसे बाहर-भीतर से भर गए—अभी तक जो कुछ केवल उसका अपना था, मन में खजाने की तरह छिपा था, बाहर आ गया—कागज़ पर, सबका हो गया है, वह 'दिवालिया' हो गया। कल के दिन उसके पास कुछ नहीं होगा—न बैठकर लिखने को, न मन में सोचने को। अब वह अपने नायक-नायिका का सलाहकार, निर्माता, नियामक कुछ भी नहीं रहेगा...अब फिर 'चन्दन का बच्चा' होगा, 'सरगोधा ईटिंग हाउस' का सोने के दाँतवाला लाला होगा, लापरवाही से चारों ओर देखता टंडन होगा और हमेशा उसे कटघरे में खड़ा करके गुनाहगार सिद्ध करती मन्दा भाभी की शुभ चिन्तना होगी...और सब मिलकर अर्थहीनता का आर-पार चिर जाता बोध होगा...

मेज़ पर सबकुछ यों ही बिखरा और पड़ा छोड़कर जब वह लेटा तो दिमाग में 'फुल स्पीड' पर चलते पंखे की तरह कुछ घूम रहा था। अपने लिखने के उस सारे समय को उसने मन-ही-मन दुहराने की कोशिश की और यह पाकर निहायत आश्चर्य हुआ कि जाने कब-कब की सुनी बातें...जाने कब-कब के देखे हुए चित्र, पूरे विवरणों और विस्तार के साथ उसके मन में कौंधते रहे हैं...अकारण और बिना किसी प्रसंग के ही कभी हक्सले की कोई लाइन याद हो आती और कभी जुहू के समुद्र का पानी, उसमें रंजना का हाथ खींचते हुए ले चलना, लहरों का पारदर्शी साँवला सुनहरापन, किनारे के ताड़-खजूरों की घनी कमानदार भौंहों जैसी कतारें...गीले तट पर पाँवों की छाप, फिर सूखी रेत के ज़र्रे—सब एक-एक करके स्पष्ट हो आते...

जागने और सोने के बीच की स्थिति में अचानक रेस्त्रां के केबिन का दृश्य सामने उभर आया...सफेद संगमरमर की मेज़ की तरह, दोनों ओर पड़े लम्बे-लम्बे सोफे, मगर वह और रंजना साथ ही बैठे थे। ऑरेंज का आधा गिलास और उसमें से निकली हुई तीली...रंजना बहुत सुस्त थी और सामने देखते हुए गले की ज़ंजीर को उँगलियों में लेकर कभी होंठों पर रख लेती, कभी छोड़ देती।

अपनी चाय का घूँट पीकर अमर ने पूछा, "फिर?"

"फिर क्या? लड़ाई हो गई। मैंने कह दिया, आप चिन्ता मत कीजिए, जब शादी करनी होगी—मैं खुद बता दूँगी। आपको तकलीफ नहीं दूँगी।" उस अपमान या लड़ाई की बात से फिर रंजना की आँखों में आँसू उभर आए।

अमर पंजे आपस में उलझाकर उँगलियाँ चटकाता रहा। "हुम्...।"

रंजना कहने लगी, "अम्मा गुसलखाने में कपड़े निचोड़ती सुन रही थीं, ताना मारकर वहीं से बोलीं, 'तुम्हें बताने की ज़रूरत नहीं पड़ेगी बिटिया, हमें खुद मालूम है...।' मैंने भी सुना दिया, 'मालूम है तो बहुत अच्छा है। फिर क्यों मेरी जान के

पीछे लगी हो'?"

"कह दिया तुमने?" अमर ने पूछा।

"क्या करती तुम्हीं बताओ?" याद आने पर रंजना फिर ऑरेंज सिप करने लगी।

दोनों चुपचाप बैठे रहे। आखिर रंजना ने ही मानो अपने-आपसे कहा, "एक बात तो मैं भी सोचती हूँ अमर, ये इतने प्रोफेसरों, डाक्टरों, या औरों के ऑफर मैं ठुकराती चली जा रही हूँ, वो किसलिए?...एक आश्वासन होता है...एक निश्चय होता है, और उसके आधार पर बड़े से बड़ा कदम उठाया जा सकता है... लेकिन तुम्हारा भी तो कुछ ठीक नहीं है..."

अमर ने रंजना के कन्धे पर हाथ रख दिया, "कैसी बातें करती हो रंजना?...वह आश्वासन और वह निश्चय क्या हर बार नए सिरे से दुहराना होगा?"...आहत भाव से बोला। कहा, "एक फॉर्मेलिटी या दिखावा ही तो बाकी है...वरना मैंने तुम्हें हमेशा अपने सुख-दुख की साथिन के रूप में पाया है—वह फार्मेलिटी यहाँ कर भी लें, तब भी हमें यहाँ नहीं रहना। न तुम्हारे लिए यहाँ कोई स्कोप है, न मेरे लिए। यहाँ से एक भारी जिम्मेदारी लेकर जाएँ और नए सिरे से कहीं जमने की कोशिश करें...इससे ज़्यादा अच्छा क्या यह नहीं होगा कि कहीं नौकरी मिलते ही तुम भी आ जाओ। कम-से-कम दोनों में से एक ही आय तो स्थायी हो। तब कभी भी, किसी भी दिन फॉर्मेलिटी को पूरा किया जा सकता है...।"

आँसू की बूँद कोरों से ढुलककर नथुनों पर आ गिरी, "तुम जैसा चाहो कर लो, लेकिन सच अमर, यहाँ रहना तो असम्भव होता चला जा रहा है। जानती हूँ अम्मा-बाबूजी दिल्ली नहीं जाने देंगे...कहीं भी बाहर नहीं जाने देंगे। लेकिन किसी-न-किसी रूप में, कभी-न-कभी तो यह होना ही है। यही ज़्यादा अच्छा तरीका है...।"

अमर ने ज़ोर से बाँह में भींच लिया, "अरे नहीं, ऐसी टूटी-टूटी बातें नहीं करते हैं यार..."

और तब वह छोटे-से रेस्त्राँ का पर्देदार केबिन नई दिल्ली के 'वोल्गा' की बालकनी बन गया...अमर कलकत्ते आ रहा था। दोनों ने खाना खाया था और अब उसी चिन्ता और संजीदगी से बैठे-बैठे बातें कर रहे थे कि अगर यह स्कॉलरशिप मिल गई तो क्या होगा? अब तो उन्हें अपनी मित्रता को एक रूप दे ही देना चाहिए...साथ ही रीना की टिकट माँगती आँखें उभर आईं, 'कल देंगे...कल देंगे... बहका देते हैं...।'

फिर सबकुछ घुलकर एक नीले-नीले गढ़े में खो गया...'खट्-खट्' जाने कब सुनकर उसने बन्द दरवाज़े की ओर देखा, बोला कुछ भी नहीं। किसी ने किवाड़ों के नीचे से अखबार भीतर सरका दिया...वह करवट बदलकर सो गया...खट्-खट्। शायद उसने कहा, खोल लो' और बेहोशी की-सी हालत में ऐसा लगता रहा जैसे सेठी साहब का नौकर आकर देर तक कमरे की झाड़ू-बुहारी करता रहा; शायद खुद ही

कुछ बोलता रहा, आज बाबूजी रात को बड़ी देर तक पढ़े...हम सुबह तीन बजे उठे, तब भी रोशनी जल रही थी...कल एक बीबीजी आई थीं और पता नहीं क्या-क्या कहता रहा। फिर बसों और मोटरसाइकिलों तथा स्कूटरों, रिक्शाओं, साइकिलों की घूँऽऽ-घूँऽऽ गूँजती रही...ममी टा-टा...डैडी टा-टा करके बाहर बच्चे स्कूल चले गए...फिर खट्-खट् हुई। कोई आकर दो-एक पत्र और पत्रिका रख गया...फिर शायद चन्दन खाना लाया, अमर ने कहा भी कि ढककर रख दे...खिड़की के काँचों पर धूप तिरछी होकर हट गई...

'खट्-खट्!' अमर इस बार ऐसे ज़ोर से चौंककर उठा, मानो यह खट्-खट् बहुत अप्रत्याशित है...यह उसके दिमाग के बहुत भीतर कहीं हो रही है। बड़ी कमज़ोर कराहती आवाज़ में उसने कहा भी, "खोलो।" रोशनी की फाँक चौड़ी हुई तो देर तक अमर की समझ में ही नहीं आया, वहाँ कौन खड़ा है—शायद एक महिला है या दो हैं...वह एक छाया या कई छायाएँ पास आईं, उसकी पलकें लाख कोशिशों के बावजूद नहीं खुल रही थीं। उसके माथे पर एक कोमल हाथ आया, "हाय, ये तो बुखार में तप रहे हैं...।"

तब अमर ने मन्दा भाभी का स्वर पहचाना।

छह

आँखें बन्द किए-किए ही जब अमला को लगा कि उसके मन की घुटन बाहरी वातावरण की घुटन से कहीं अधिक बढ़ गई है तो एक लम्बी निःश्वास छोड़कर उसने आँखें खोल दीं। एक क्षण को उसे अँधेरे के सिवाय कुछ भी दिखाई नहीं दिया, फिर धीरे-धीरे कमरे की प्रत्येक वस्तु की धुँधली-धुँधली आकृति उसके सामने उभरने लगी। खिड़कियों और दरवाज़ों पर लटके, मोटे वेलवेट के पर्दों के मैरून रंग को भी उसने पहचाना, जिसके कारण दिन में भी कमरे में रात-जैसा अँधेरा छाया हुआ था! अमला को अँधेरे में सोना बहुत पसन्द है, प्रकाश की एक किरण भी कहीं से आ जाए तो वह सो नहीं सकती। उसे याद आया, एक बार कैलाश ने उसके इस कमरे को देखकर कहा था, 'मन में ही तुम्हारे क्या कम अन्धकार है जो कमरे को ऐसा बनाकर रखती हो?'

'लो, तुम्हें मेरे मन का क्या अँधेरा ही दिखाई देता है? मैं तो सोचती हूँ कि मन में इतना अधिक प्रकाश भरा है कि उसे सन्तुलित करने के लिए ही कमरे में अँधेरा करके रखना पड़ता है; नहीं तो तुम जैसे लोगों की आँखें न चौंधिया जाएँ।'—और अमला हँस पड़ी थी।

परदों को सरका-सरकाकर खिड़कियाँ खोलते हुए कैलाश ने जो कहा था उसका

शब्द-शब्द आज भी अमला के कानों में ज्यों का त्यों गूँज उठा :

'सोचने को तुम कुछ भी सोचो अमला, पर सच तो जो मैंने कहा वही है। एक तो औरतों के मन की थाह पाना यों ही सरल नहीं, फिर तुमने तो अपने मन के खिड़की-दरवाज़ों पर ऐसे भारी-भारी पर्दे लगा रखे हैं कि कोई झाँक तो ले भला! पर याद रखना अमला, एक दिन मैं उसमें झाँककर ही रहूँगा। तुम्हारी इन बातों, इन आदतों और इस मुस्कान के आवरण में ढकी मन की अतल गहराइयों को टटोलकर ही छोड़ूँगा। शायद वह दिन अब बहुत दूर नहीं जब तुम्हारे इतने निकट आने का अवसर मिलेगा...या कौन जाने एक दिन ऐसा ही आए जब तुम स्वयं ये सब आवरण उतारकर मेरे पास आओ।'...और कैलाश ने अपनी दोनों आँखें अमला के चेहरे पर जमा दी थीं।—निरावरण रूप में निकट आने का आमन्त्रण देती दो आँखें...

उस दिन इन्हीं आँखों के जादू में बँधी-बँधी अमला कैलाश के साथ कितनी लम्बी ड्राइव पर गई थी! कैलाश कहता, 'अब गाड़ी मोड़ दूँ,' अमला नशीले स्वर में कहती, 'नहीं, और दूर...और दूर...' वह सब अमला की आँखों के सामने उभरा और चला, बस रह गईं दो आँखें! आमन्त्रण का वही भाव लिए दो आँखें! पर जहाँ उस दिन इन आँखों ने उसे पुलकित किया था, बाद में भी जब-तब उसके मन को सहलाया था, उन्हीं आँखों ने आज उसके हृदय को कचोटकर बुरी तरह मथ दिया?

उस दिन भी घर आकर सारी पुलक और मादकता के बीच अमला ने बहुत देर तक सोचा था, 'ऐसी कौन-सी बात है जो वह छिपाना चाहती है, ऐसा कौन-सा रहस्य है उसके मन में जिसे वह प्रकट नहीं होने देना चाहती, ऐसा कौन-सा पाप है जिस पर वह आवरण डालकर रखना चाहती है? कोई भी तो नहीं। तब? तब क्यों सब लोग उसके लिए ऐसी धारणा बनाते हैं? मेजर कपूर भी तो कहा करते थे—अमर भी क्या कुछ ऐसी ही धारणा बनाकर नहीं गया?'

और आज जो कुछ हो गया उसने क्या कैलाश की इस धारणा को और पुष्ट नहीं किया होगा? अब तो जैसे वह स्वयं महसूस करने लगी कि उसके मन में कुछ ऐसा है जिसे शायद वह स्वयं नहीं जानती...

उस दिन कैलाश ने कहा था, वह उसके मन में झाँककर ही रहेगा—उसके मन की अतल गहराइयों को टटोलकर ही रहेगा...अब? अब भी कभी वह झाँकने का प्रयत्न करेगा? अब तो शायद वह उसके पास भी नहीं आएगा...कभी नहीं आएगा, शायद कभी भी नहीं। और एकाएक ही उसे लगा जैसे किसी ने उसे गहरे पानी में डुबो दिया है और उसका दम घुट रहा है, बुरी तरह घुट रहा है। वह उठी और एक झटके में उसने खिड़की के भारी पर्दों को बीच में से चीरकर दोनों ओर सरका दिया। पीतल की कड़ियाँ किर्ऽऽ की आवाज़ के साथ एक ओर को सरक गईं और उनके साथ-साथ सारी खिड़की पर फैला पर्दा अनेक सलवटों में विभक्त होकर सिकुड़ गया। खिड़की खोलते ही दूर तक फैले आकाश की नीलिमा पर बुढ़िया के बाल जैसे रेशमी श्वेत बादलों के तैरते टुकड़ों ने उसकी नज़र को बाँध लिया...बालकों जैसी बड़ी

मासूम-सी इच्छा उसके मन में उठी—इन बादलों के घोड़ों पर सवार होकर वह भी कहीं चली जाए—एक ऐसी यात्रा पर जिसका न कोई आदि हो न अन्त! जहाँ न किसी प्रकार की सीमाएँ हों, न बन्धन! न किसी के आदेश हों न अनुचित आग्रह!

मन उसका फिर कड़वाहट से भरने लगा। वह धीरे-धीरे बाहर निकल आई। सूरज शायद अभी-अभी ही ढला था और सारे वातावरण में स्वर्णिम लालिमा-सी फैली थी। पर बाहर की उन्मुक्तता भी अमला के मन के तनाव को ढीला नहीं कर सकी! ''बिटिया, चाय बाहर ही ले आऊँ?'' अन्ना ने आकर स्नेह—सिक्त स्वर में पूछा तो अमला उसकी ओर यों देखती रही मानो उसकी बात ही नहीं समझी हो।

अन्ना ने उसके सिर पर हाथ फेरते हुए पूछा, ''क्या बात है बिटिया, तबीयत ठीक नहीं है क्या? आज तो सवेरे से कुछ खाया भी नहीं, दिन-भर कमरा बन्द करके पड़ी रही...'' फीकी मुस्कराहट चेहरे पर लाकर अमला ने कहा, ''कुछ नहीं, ठीक तो हूँ—तुझे तो मैं हमेशा बीमार ही दिखाई देती हूँ। तेरा बस चले तो शायद मुझे कभी अच्छा रहने ही न दे!''

अन्ना चाय लेने चली गई।

आज सभी कुछ कितने अप्रत्याशित रूप से घट गया! सवेरे से लेकर अब तक आँखें मूँदकर उस सबको दोहराते रहने पर भी तो वह नहीं समझ पाई कि आज जो कुछ हो गया वह अच्छा हुआ या बुरा। याद कर-करके क्रोध में वह जली भी है और दुःख से रोई भी है; पर यह न जान पाई कि हर बार की तरह यह झगड़ा भी मान-मनौवल के बाद समाप्त हो जाएगा या उसके जीवन का कोई निर्णायक झगड़ा सिद्ध होगा, जो उसे किसी नई दिशा की ओर मुड़ने को बाध्य करेगा।

नई दिशा! अब और कितनी नई दिशाएँ उसे छाननी हैं? कितनी अनजानी अनदेखी डगरों में उसे भटकना है...निरुद्देश्य, निर्लक्ष्य; पर यह दिशा ही क्या उसकी मनचाही दिशा थी...उसे उसके गन्तव्य तक ले जानेवाली थी? पर उसका गन्तव्य ही क्या है? फिर...फिर...?

कल जब एकाएक ही कैलाश का फोन आया कि वह ठीक आठ बजे तैयार रहे, कैलाश उसे लेने आएगा, क्योंकि उसे अमला से कुछ बातें करनी हैं, तो अमला बेहद प्रसन्न हुई थी। अमला खुद उससे बात करना चाहती थी—अमर के जाने के बाद से ही दोनों के सम्बन्धों में जो रुखाई और तनाव आ गया था उसने अमला के मन में खीझ भी उत्पन्न की और खिन्नता भी! और शायद इसीलिए वह इस आमन्त्रण पर बड़ी प्रसन्न हुई थी। उसने तरह-तरह से सोचा था कि वह इस तनाव को समाप्त कर देगी।

बड़ी तत्परता से वह तैयार हुई, और जब कैलाश ने मुँह में चुरुट दबाए उसके कमरे में प्रवेश किया तो होंठों पर मुस्कान लपेटकर उसने बड़े अपनत्व से उसका स्वागत किया। कैलाश के हाथ में 'फिल्म फेयर' देखकर कितने आत्मीय और

अधिकार-भरे स्वर में उसने कहा, "क्या कैलाश, तुम भी बस जब देखो 'स्क्रीन' और 'फिल्म फेयर' ही पढ़ते रहते हो!" पर जब वह उसके हाथ से 'फिल्म फेयर' छीनने लगी तो हाथ उठाते हुए कैलाश ने कहा, "क्या करें, एक तो हमारा टेस्ट ही नीचे स्तर का है, फिर दुर्भाग्य से कोई बौद्धिक किस्म का साहित्यिक मित्र भी तो नहीं मिला जो थोड़ा सुधार ही कर देता!" अमला का हाथ जहाँ का तहाँ रह गया। ताने ने बुरी तरह बेध दिया, मन का सारा रस और माधुर्य ही जाता रहा। गर्दन ज़रा-सी ऊपर करके उसने कैलाश के चेहरे की ओर देखा, वह दूसरी ओर देख रहा था। एक बार तो अमला की इच्छा हुई कि वह जाने से इनकार कर दे, पर किसी तरह उसने अपने को संयत किया और गाड़ी में जा बैठी।

गाड़ी सारी बस्ती को पार करके निर्जन सड़क पर गई, तब तक दोनों में से कोई कुछ नहीं बोला। अमला ने कल से लेकर आज तक न जाने कितनी-कितनी बातें सोची थीं कैलाश से करने के लिए, पर कैलाश के इस वाक्य ने उन सबको जाने कहाँ बहा दिया! उसका आहत अहं उसके गुस्से को बढ़ा रहा था। सामने शीशे के पार वह बल खाती सड़क को देख रही थी और उसके मन में भी वैसा ही कुछ बल खा रहा था!

गाड़ी की चाल धीमी करके कैलाश बोला, "देखो अमला, आज तुमसे कुछ बातें बहुत स्पष्ट रूप से करने के इरादे से आया हूँ।" अमला ने भरपूर नज़रों से कैलाश को देखा, मानो बिना कुछ बताए चेहरे से ही वह जान लेना चाहती हो कि कैलाश क्या कहने जा रहा है।

"तुम भी जानती हो, पिछले कई दिनों से हमारे आपसी सम्बन्धों में एक तनाव आ गया है और हर छोटी-बड़ी घटना और बात ने उस तनाव को और अधिक बढ़ाया ही है। क्या अच्छा न होगा कि आज हम सारी स्थिति पर बहुत ही स्पष्ट रूप से बात कर लें और रोज़-रोज़ के बढ़ते और परेशान करते इस मानसिक तनाव से मुक्ति पाएँ?"

अमला इस पर चुप रही। सम्भवतः वह होनेवाली बात के लिए अपने को साध रही थी। कैलाश भी थोड़ी देर चुप रहा। बस, गाड़ी चलती रही। वह शायद सोच रहा था, बात कहाँ से आरम्भ करे और कैसे आरम्भ करे! उसने गाड़ी की चाल को और धीमा कर दिया—फिर बहुत ही शान्त-संयत स्वर में बोला, "अमला, मैं किसी भी खास व्यक्ति को लेकर बात नहीं कर रहा हूँ, बात कर रहा हूँ विचारों की। तुम साहित्य में रुचि रखती हो, पढ़ती-लिखती हो, घूमती-फिरती हो—इसमें मुझे कोई आपत्ति नहीं; पर हर किसी के साथ आवश्यकता से अधिक घनिष्ठ हो जाओ, सबसे बराबरी का व्यवहार करो, साधारण-से आदमी को अपना आत्मीय बना लो, यह सब तुम्हें शोभा नहीं देता, और मैं देख रहा हूँ कि तुम्हारा रवैया दिनोंदिन बढ़ता ही जा रहा है। तुम्हें कम-से-कम अपनी पोजीशन, अपनी स्थिति का तो ज्ञान होना चाहिए!"

अमला ने शायद अपने को बेहद अपमानित महसूस किया। फिर भी मन के

भावों पर भरसक नियन्त्रण रखते हुए बोली, "तुम्हारा संकेत अमर की ओर ही है न?"

"मैं कह चुका हूँ कि मेरा संकेत किसी व्यक्ति-विशेष की ओर नहीं है, यों तुम चाहो तो उसे भी ले सकती हो।" उसकी बात को बीच में ही तोड़कर कैलाश बोला, "मैं सोचता था, पुस्तक पढ़कर तुमने पत्र लिखा होगा और यों ही औपचारिक पत्र-व्यवहार तुम लोगों का चलता होगा। पर उसे बुलाकर ठहराना, ऐसी आत्मीयता बरतना...यहाँ तक कि तुमने मेरे साथ जाने तक से इनकार कर दिया और मालूम पड़ा...। खैर, जो भी हो—पर तुम उसे लेकर मेरे यहाँ आईं, और मुझे मजबूर कर रही थीं कि मैं भी उसके साथ घूमने चलूँ, नहीं चला तो तुम्हें बुरा लगा...तुम्हारा यह सारा व्यवहार मुझे ज़रा भी अच्छा नहीं लगा। उसके बाद उसे लेकर तुम अकेली लेक्स गईं।...आज बताता हूँ, उस दिन मैं भी वहाँ आया था...और तुम्हारा वहाँ घुल-घुलकर बातें करना, पान खाना...सोचो शोभा देता है तुम्हें यह सब? क्या यह हम लोगों के बीच का है?"

अमला कुछ कहने जा रही थी कि कैलाश फिर बोल पड़ा। उसने शायद इस दौरान में एक बार भी अपनी बात की प्रतिक्रिया देखने के लिए अमला की ओर नहीं देखा था, देखता तो सम्भव था कि आगे की बात उसके गले में ही अटककर रह जाती!

"तुम इतनी पार्टियों में जाती हो, क्लबों में जाती हो, पुरुषों से मिलती-जुलती हो, मुझे कभी बुरा नहीं लगता, बल्कि मैं चाहता हूँ कि तुम और अधिक आओ-जाओ, बराबरी के लोगों से मिलो। बात करने का सलीका तुममें ऐसा है कि अच्छे-अच्छे तुम्हारा लोहा मानते हैं...ऐसी सोसाइटी में मूव करने के सारे ढंग तुम बखूबी जानती हो। पर उधर से तुम्हारी रुचि दिनोंदिन घटती जा रही है...वहाँ चलने के नाम से तुम बहाने बनाती हो, और ऐसे फटीचर लोगों के बीच तुम्हारा मन ज़्यादा रमता है...पर यह जान लो कि यह सब मुझे ज़रा-ज़रा भी पसन्द नहीं!"

बात कैलाश ने काफी शान्त स्वर में आरम्भ की थी, पर अन्त तक आते-आते उसका गुस्सा बढ़ गया था, जिसका कुछ अंश तो उसने 'ज़रा-ज़रा' को बेहद ज़ोर और दृढ़ता के साथ बोलकर ही निकाला। अमला, जो बात के आरम्भ में गुस्से से जल उठी थी, इस समय तक एकदम शान्त हो गई! वह अच्छी तरह जानती है कि शान्त और संयत स्वर में कही हुई उसकी बातें सामनेवाले व्यक्ति को तिलमिला देने की जितनी शक्ति रखती हैं, क्रोध या आवेश में कही हुई बातें नहीं रखतीं। इतना सब कह लेने के बाद कैलाश ने जब अमला की ओर पहली बार नजर डाली तो उसके जड़, निश्चल निर्विकार चेहरे को देखकर वह एक क्षण को तो समझ ही नहीं पाया कि अमला ने उसकी बातें सुनी भी या नहीं। पर इस बार अमला ने भी उसकी नज़रों में नजरें डालकर कहा, "मैं नहीं समझ पा रही हूँ कैलाश कि एकाएक ही तुमने यह धारणा कैसे बना ली कि तुम्हारी पसन्द-नापसन्द

के अनुसार चलने के लिए मैं बाध्य ही हूँ।''

कैलाश ने ज़रूरत से ज़्यादा जोर देकर ब्रेक दबाया तो गाड़ी बिना एक इंच भी आगे बढ़े चर्रऽऽ की आवाज़ के साथ उछलकर जहाँ की तहाँ खड़ी हो गई। अपने को तिरछा करके उसने ज़रा झुककर अमला के चेहरे की ओर देखा जिससे आँखें बिलकुल एक-दूसरे के आमने-सामने ही रहें। उसकी आँखों में ही नहीं, सारे चेहरे पर क्रोध और एक विचित्र प्रकार की तिक्तता उभर आई! ''धारणा!'' दाँतों को भींचता-सा वह बोला, ''इसका जवाब तुम मेरे बजाय अपने ही दिल से पूछो तो शायद ज़्यादा अच्छा होगा, समझीं! यह धारणा मैंने एकाएक ही तो नहीं बना ली। इसके पीछे हमारी वर्षों की मित्रता है, मित्रता भी शायद एक अंडरस्टैंडिंग के साथ!''

''अंडरस्टैंडिंग? यह अंडरस्टैंडिंग तो मैंने कभी नहीं दी कि मैं भी तुम्हारे बताए मार्ग पर चलूँगी...बोलो, कहा है कभी?'' न स्वर में किसी प्रकार का विकार था, न चेहरे पर।

कैलाश एक क्षण तो वैसी ही जलती हुई आँखों से अमला को देखता रहा, फिर उसने अपने बुझे हुए चुरुट को सुलगाया और नजर वहाँ से हटा ली—सुनसान रास्ते पर गाड़ी खड़ी थी और दोनों मौन बैठे थे। धीरे-धीरे अपने को किसी तरह शान्त करके कैलाश बोला, ''ठीक है, तो मैं भी आज साफ-साफ ही जान लूँ कि क्या भविष्य में इस मित्रता को स्थायी रूप देने की कोई बात तुम्हारे मन में नहीं है? और स्पष्ट में कहूँ कि क्या तुम मुझसे विवाह करने की बात नहीं सोचती हो?''

''मुझे तो तुम्हारे दोनों प्रश्नों में ही कोई संगति या सम्बन्ध नजर नहीं आता! मेरे उदाहरण को सामने देखकर भी यदि तुम सोचो कि विवाह से मित्रता स्थायी हो सकती है तो क्या कहूँ?'' अमला एक क्षण को रुकी, फिर बोली, ''देखते नहीं, विवाह करके भी पिछले दस वर्षों से मैंने उस व्यक्ति की सूरत तक नहीं देखी, और तुमसे बिना विवाह किए भी पिछले इतने वर्षों से घनिष्ठ मित्रता का सम्बन्ध निभाती आ रही हूँ—चाहो तो जीवन-भर भी निभा सकती हूँ। और कहो तो आज ही, इसी क्षण सबकुछ तोड़-ताड़कर अलग भी हट सकती हूँ। पर इस सबमें विवाह का प्रश्न आता ही कहाँ है? मित्रता के अस्थायित्व-स्थायित्व के लिए विवाह कितना कमज़ोर, निर्बल और निरर्थक आधार है, इस बात की सच्चाई को मुझसे अधिक और कौन जानता होगा भला?'' एकाएक ही अमला का स्वर कुछ शिथिल हो गया...कुछ आर्द्र भी।

कैलाश बड़ी सतर्कता से उसके चेहरे के चढ़ते-उतरते भावों को पढ़ने का प्रयत्न कर रहा था। वह चुप ही रहा।

अमला फिर बोली, ''मैं मानती हूँ कि एक अच्छे मित्र की तरह तुमने मुझे बहुत कुछ दिया, और केवल दिया ही क्यों, शायद मुझसे पाया भी है! मुझे तुम्हारा साथ, तुम्हारा साहचर्य, संगति सभी कुछ बहुत अच्छा लगता है; और इसमें सन्देह नहीं कि तुम्हारे साथ बिताए अनेक आत्मीय क्षणों की मधुर स्मृति भी मेरे पास है, जिसे मैं जीवन-भर एक अमूल्य निधि की तरह सँजोए रखूँगी; पर इस सबके बावजूद मैंने

कभी विवाह की बात नहीं सोची...इन बाहरी बातों के अतिरिक्त हम दोनों के बीच ऐसा कुछ भी तो नहीं है जो हम विवाह की बात सोचें। मैं नहीं जानती, यह भ्रम तुम्हें कैसे हो गया...जहाँ तक याद पड़ता है, मैंने कभी ऐसा अस्पष्ट या स्पष्ट संकेत तुम्हें दिया भी नहीं!'' और अमला इस प्रकार एकाएक चुप हो गई मानो यह सब कहने में उसे बेहद परिश्रम करना पड़ा हो और अब वह बुरी तरह थक गई हो। यह सब कहते समय शायद अमला स्वयं नहीं जान रही थी कि वह क्या कह रही है। ये शब्द न उसके दिल से निकल रहे थे, न दिमाग से...बस, केवल उसके मुख से निकल रहे थे, और इसीलिए वह शायद अपनी ही बात को न महसूस कर पा रही थी, न समझ ही पा रही थी। सिर्फ बोल-भर रही थी, और जाने क्यों, उसे स्वयं बराबर लग रहा था कि उसके चेहरे का रंग उड़ता जा रहा है, वह सफेद पड़ती जा रही है।

स्वर की आर्द्रता और कोमलता में छिपी हुई बात की कठोरता ने कैलाश के मन और अभिमान को जैसे बुरी तरह मसल दिया। वह विवाह का प्रस्ताव रख रहा है और सामने बैठी यह नारी यों स्पष्ट शब्दों में मना कर रही! वह अविवाहित है और यह परित्यक्ता; वह सुन्दर है और यह दीखने में अत्यन्त साधारण; फिर भी इतना गरूर! वह बुरी तरह भभक उठा, ''मुझे तो यह देखकर आश्चर्य हो रहा है कि किस प्रकार कोई अपने सारे व्यवहार को, सारी बातों को और सारे इरादे को, बिना चेहरे पर एक भी शिकन लाए यों आसानी से झुठला सकता है...और बार-बार कहने की बात क्यों उठाती हो? सबकुछ क्या कहा ही जाता है—व्यवहार से क्या कुछ भी नहीं समझा जा सकता?'' फिर एक क्षण रुककर बोला, ''यह सब तुम क्यों झुठला रही हो सो भी समझता हूँ, नजर आजकल कहीं और ही जमी हुई जो है।''

इतनी हलकी और इस ढंग से कही हुई बात ने उसे बुरी तरह तिलमिला दिया। उतने ही कटु स्वर में बोली, ''व्यवहार से ही आदमी को समझने की बुद्धि तुममें होती तो शायद इतने वर्षों में तुमने कभी का जान लिया होता कि वर्ग और पैसे की कसौटी पर कसकर मैंने आदमी की इज्जत करना नहीं सीखा है। मुझे तो इसी बात पर आश्चर्य होता है कि इतने साल विदेश में रहकर भी तुम आदमी की तरह आदमी की इज्जत करना नहीं सीखे, और फिर अपने इस दोष पर आवरण डालने के लिए दूसरे पर दोषारोपण करते तुम्हें संकोच तक नहीं होता...''

''अमला!'' स्वर को सप्तक पर चढ़ाकर कैलाश चिल्ला उठा।

''चिल्लाते क्यों हो? चिल्लाने-मात्र से ही तो तुम अपनी बात की सत्यता को सिद्ध नहीं कर सकोगे।''

''मैं जानता हूँ, बाबूजी के अतिरिक्त लाड़ और आज़ादी ने तुम्हें काफी ढीठ बना दिया है। अच्छा हुआ कि कोई कदम उठाने से पहले ही सारी बात साफ हो गई, नहीं तो तुम्हारी ये अशोभनीय हरकतें मुझे एक दिन क्या, एक क्षण भी बर्दाश्त नहीं होतीं।'' और कैलाश ने उसी आवेश में कार स्टार्ट कर दी।

अमला ने भी जैसे चुनौती देते हुए कहा, ''अपने व्यवहार और अपनी हरकतों

की आलोचना करने का अधिकार मैंने कभी किसी को नहीं दिया...तुम्हें भी नहीं; इसे मत भूलो!'' कैलाश ने जवाब नहीं दिया, बस, गाड़ी घुमा दी।

इसके बाद सारे रास्ते दोनों में से कोई कुछ नहीं बोला। गाड़ी हलकी-सी आवाज़ के साथ रास्ता पार करती रही। ऊपर से दोनों ही शान्त थे, पर मन में शायद दोनों के ही भूचाल आया हुआ था। कार से उतरकर अमला ने एक बार मुड़कर कैलाश की ओर देखा तक नहीं। सीधी धड़कती हुई पोर्टिको की सीढ़ियाँ चढ़ी और अपने कमरे में चली गई। न कपड़े बदले, न खाना खाया, बस कमरे के सारे खिड़की-दरवाज़े बन्द करके, पर्दे खींचकर वह निर्जीव-सी अपने पलंग पर जा पड़ी।

कितनी विचित्र रही आज की यह ड्राइव भी! जाने क्या सोचकर वह गई थी और यों सबकुछ समाप्त करके आ गई! घर से, बस्ती से, दूर चले गए, गाड़ी खड़ी करके झगड़ा किया और लौट आए। और इसके साथ ही उसे लगा जैसे शहर से दूर जाकर दोनों 'कुछ' दफना आए...और मौन भाव से शायद उसी का शोक मनाते लौट आए।

पड़े-पड़े अपने ही गत जीवन के अनेक-अनेक चित्र उसके सामने उभरते रहे...उलटी-सीधी आकृतियाँ दिखती रहीं। बन्द आँखों से जैसे वह अपनी ही फिल्म देखती रही—देखती रही और सन्ध्या हो गई।

पर...अब...अब...?

''अरे, यह क्या? चाय प्याले में ज्यों की त्यों रखी है?'' अन्ना चाय के बरतन उठाने आई तो भरा प्याला देखकर खीझ उठी, ''तुम्हें हो क्या गया है अमला बिटिया? कल बाबूजी आएँगे तो हम तो साफ-साफ कह देंगे कि अब हम तुम्हारा जिम्मा नहीं ले सकते। एक बात तुम हमारी सुनती नहीं हो। न खाती हो, न पीती हो, ऐसे भला कैसे शरीर चलेगा? न बाबा, अब हमसे नहीं होने का...'' और वह यों ही भुनभुनाती हुई चाय का नया पानी लेने चली गई।

'जिम्मा नहीं ले सकते! अमला चाहती ही कहाँ है कि कोई उसका जिम्मा ले। क्यों सब इतने आतुर-उत्सुक रहते हैं उसका जिम्मा लेने के लिए? वह तो यों ही अकेले चलना चाहती है, बिलकुल अकेले...'

''आपकी चिट्ठी है साहब!'' नौकर ने बड़े ही अदब से अमला के सामने एक लिफाफा पेश किया।

अमर का पत्र! वह लिफाफे को एकटक देखती रही, कितने दिनों बाद आया है इस बार अमर का पत्र! पहले पत्र का तो जवाब ही गोल कर गया था, हारकर उसने दूसरा पत्र लिखा था। शायद लिखने में व्यस्त हो गया था। उसने बड़े धीरज से पत्र खोला और पढ़ने बैठी।

''लो, अब यह चिट्ठी खोलकर बैठ गई...अब घंटे-भर यह चिट्ठा ही चलेगा। चाय फिर चाहे पानी हो जाए!'' अन्ना पत्र पर गुस्सा उतारती हुई बोली। अमला के चेहरे पर फीकी-सी-मुस्कराहट फैल गई। बिना पढ़े ही पत्र को वापस लिफाफे में रखती हुई बोली, ''ले बाबा, नहीं पढ़ती।'' और वह चाय पीने लगी। पत्र बड़ा

है, अमला ने देख लिया था। कई दिनों से तो वह अमर के पत्र की प्रतीक्षा भी कर रही थी...पर आज आया तो उसे पढ़ने का उत्साह तक मरा हुआ था! अन्ना ने सामने खड़े रहकर उसे चाय पिलाई, कुछ खिलाया और जब वह बरतन लेकर ओझल हो गई तो अमला ने फिर पत्र निकाला। साँझ का धुँधलका काफी गाढ़ा हो चला था और अमला को पढ़ने में जैसे कष्ट-सा हो रहा था। पर तभी दोनों ओर की बत्तियाँ जल उठीं और लॉन का वह हिस्सा आलोकित हो गया।

पत्र को देखकर यद्यपि विशेष उत्साह अमला के मन में नहीं जगा था, फिर भी जाने क्यों, उसे लगा था कि अवश्य ही उस पत्र में ऐसा कुछ होगा जो उसके आहत, संतृप्त मन को थोड़ी राहत देगा। इस पत्र को पढ़कर उसे लगा जैसे उसके मन की खिन्नता और भी बढ़ गई।

अमर ने रंजना से विवाह के लिए एक तरह से इनकार ही कर दिया, पर वह उसे भूल नहीं पा रहा है। वह उपन्यास लिख रहा है, पर उसका मन उसमें रम नहीं हो रहा है। रंजना...रंजना...जैसे वह अमर पर छाई हुई है।

उसने तो कैलाश से विवाह के लिए इनकार कर दिया...पर क्या वह भी अमर की तरह उसे भूल नहीं पाएगी...? क्या कैलाश भी उस पर सदा छाया रहेगा? 'नहीं' उसके मन ने जैसे विरोध किया।

आगे अमर ने लिखा था कि इस सबके बावजूद वह लिख रहा है...क्योंकि ऐसा अमला का आदेश है। अमला को उसे एक उपन्यास देना है, उसने वायदा किया है! पत्र समाप्त करके उसने लिफाफे में बन्द कर दिया। अनचाहे ही उसके मन में एक प्रश्न उठा...वह अमर से क्या चाहती है, अमर को लेकर ही तो क्या उसने कैलाश से झगड़ा नहीं कर लिया? क्या उसने ही अपरोक्ष रूप से अमर को रंजना से सम्बन्ध तोड़ लेने के लिए नहीं उकसाया? पर आखिर क्यों? अमर अच्छा लिखता है, और वह चाहती है कि अमर एक-से-एक सुन्दर कृतियों का सृजन करे; अमर बड़े आत्मीय और स्नेह-भरे पत्र लिखता है और वह चाहती है कि अमर उसे लम्बे-लम्बे पत्र लिखे... आत्मीयता के रंग में रँगे हुए पत्र! जब से अमर को देखा है, यह भी इच्छा होती है कि अमर के साथ कुछ समय काटे, उसके साथ घूमे-फिरे, घंटों बातें करे। उसके साथ बात करने से अमला की मानसिक भूख तृप्त होती है और अमर की आँखों में अपने प्रति प्रशंसा का भाव देखकर उसका अहं तुष्ट होता है। पर इन छोटी-मोटी बातों के लिए स्वयं इतना बड़ा कदम उठाकर और अमर से भी उठवाकर क्या उसने गलती नहीं की? अमर की मित्रता, अपनी सारी घनिष्ठता, आत्मीयता और एकनिष्ठता के बावजूद उसके जीवन में कितना महत्त्व रख सकती है भला? वह अच्छी तरह जानती है, अमर उसकी जीवन-यात्रा का सम्बल कदापि नहीं बन सकता है!

पर क्या कैलाश बन सकता था...? क्या वह उसके साथ सुखी जीवन बिता सकती थी? नहीं...नहीं...। उसे अपने जीवन के लिए किसी सम्बल की आवश्यकता नहीं है, कोई सहारा नहीं चाहिए...कोई नहीं...

उसने फिर एक बार पत्र पढ़ा...और इस बार समाप्त करने के साथ ही उसे लगा जैसे रंजना अमर के सामने खड़ी होकर पूछ रही है, 'बोलो, मैंने तुम्हारा क्या बिगाड़ा था...तुमने मेरी हत्या कर डाली, मुझे मार डाला...आखिर क्यों...क्यों?'

फाटक से कार घुसने का शब्द सुनाई दिया तो अमला की विचारधारा टूटी। उसने चौंककर उधर देखा। एक क्षण को विचार कौंधा, 'कहीं कैलाश तो नहीं आ गया?' पर तभी भाभी की कार दिखाई दी। अमला को बैठी देखकर भाभी ने कार रुकवाई और उतर पड़ी।

"अरे अमला बीबी, आपका चेहरा इतना उतरा हुआ क्यों है? तबीयत तो ठीक है न?"

"ठीक है।" उत्तर संक्षिप्त था और उपेक्षा से दिया गया था।

"आज तो शायद सवेरे कैलाश बाबू आए थे, आप शायद उनके साथ घूमने भी गई थीं?" कुछ जानने को आतुर-सी भाभी ने पूछा।

"हाँ।" उसे बिलकुल पसन्द नहीं कि भाभी उसकी व्यक्तिगत बातों में किसी प्रकार का हस्तक्षेप करें...हालाँकि वह भी अच्छी तरह जानती है कि भाभी को इन सब बातों से कितना रस मिलता है।

"वैसे उन्होंने आजकल आना-जाना एकदम ही कम कर दिया है...शायद काम ज़्यादा बढ़ गया है उनका!" एक बार जैसे उन्होंने फिर प्रयत्न किया।

"हो सकता है।" अमला भी यों हाथ आनेवाली नहीं थी।

"कल तो पिताजी आ रहे हैं! आप स्टेशन जाएँगी न? इस बार तो वे भी बड़े दिनों में लौट रहे हैं।"

"हाँ जाऊँगी।" इतनी बात करने पर भी जब अमला ने एक बार उन्हें बैठने तक के लिए नहीं कहा तो खिसियायी-सी वे चल दीं। अमला चुपचाप उनका जाना देखती रही। उसे भाभी कतई पसन्द नहीं...!

रात को सोने से पहले अमला ने अपनी डायरी लिखी। सारे दिन जो कुछ घट गया, उसे लिखने के बाद उसने लिखा :

नहीं जानती आज जो कुछ हुआ है उसे लेकर क्या लिखूँ, किन शब्दों में लिखूँ? यह भी नहीं जानती कि जो कुछ हुआ वह मेरे लिए अच्छा हुआ या बुरा। बस, इतना जानती हूँ कि आज का दिन साधारण दिनों से बहुत भिन्न गुज़रा और आज का झगड़ा साधारण झगड़ों की तरह समाप्त नहीं होगा। मन बार-बार कहता है कि आज से मेरी और कैलाश की मित्रता का अध्याय सदा के लिए समाप्त हो गया। मन लाख कहे, पर फिर भी एकाएक विश्वास नहीं होता कि इतने वर्षों की मैत्री, घनिष्ठ मैत्री यों आधे घंटे की बात में समाप्त हो जाएगी...सदा-सदा के लिए समाप्त हो जाएगी। पर क्या सचमुच ही यह जो अघट घट गया, यह केवल आधे घंटे की बात का परिणाम है? वह आधा घंटा, उस समय की बातें तो मात्र निमित्त-भर थीं, पृष्ठभूमि

तो कभी से तैयार हो रही थी!

मेरा मन मुझसे ही बार-बार पूछ रहा है कि क्या सचमुच ही मैंने अपनी बात, अपने व्यवहार को कैलाश के सामने झुठलाया? क्या कभी भी मेरे मन में उससे विवाह करने की बात नहीं उठी?

उठी! पर जब-जब उठी, शायद मैं कभी अपने को इस बात के लिए सहमत नहीं कर सकी कि कैलाश के साथ मैं सुखी रह सकूँगी या कैलाश ही मेरे साथ सुखी रह सकेगा।

हमारी रुचि, हमारा जीवन, हमारे विचारों में कहीं भी तो कोई साम्य नहीं; साम्य तो दूर, दिनोंदिन अन्तर बढ़ता ही जा रहा है, उस स्थिति में विवाह करके क्या हम सुखी रहते?

पैसे और वर्ग का अहं उसकी नस-नस में भरा है। मैं खुद मानती हूँ कि इन्हीं सुख-सुविधाओं के बीच रहना मेरी आदत ही नहीं मेरा संस्कार-सा बन गया है। फिर भी हम दोनों में अन्तर है।

सिनेमा, पार्टी, नाच, कैबरे, पीना-पिलाना उसके व्यक्तित्व का एक बहुत बड़ा भाग बन चुके हैं, और मुझे उन सबमें अरुचि होते-होते अब नफरत हो चली है। जब कैबरे आर्टिस्ट पुरुषों की हज़ारों लोलुप, भूखी, लपलपाती आँखों के बीच नग्नप्राय खड़ी होती है तो पता नहीं क्यों, मुझे लगता है जैसे किसी ने मुझे ही नंगा करके खड़ा कर दिया। पाप-पुण्य मैं नहीं मानती, मर्यादाओं और सीमाओं को भी मैंने कभी महत्त्व नहीं दिया। पर किसी की मजबूरी का यों फायदा उठाया जाए, यह मुझसे सहन नहीं होता। अपनी इच्छा से, आत्मा की प्रेरणा से कोई कैसी ही बेहयायी करे, मैं कभी निन्दा या आलोचना नहीं करूँगी...पर...

कैलाश कहता है कि मैं दकियानूस हूँ। मैं सोचती हूँ, कैलाश अपने मानसिक खोखलेपन और दिवालियेपन पर आवरण डालने के लिए इन सबमें रुचि लेता है। काम के बाद समय बिताने का कोई भी तो साधन उसके पास नहीं है, किसी में भी तो उसकी रुचि नहीं है।

अपनी बात भी छोड़ दूँ तो यही प्रश्न उठता है, कैलाश आखिर मुझसे क्यों विवाह करना चाहता है?

मैं परित्यक्ता हूँ और कौमार्य हर पुरुष की बहुत बड़ी कमज़ोरी होती है। कैलाश भी उसका अपवाद नहीं है।

मैं सुन्दर नहीं हूँ। कैलाश सुन्दर है और स्त्रियों की सुन्दरता हमेशा ही उसके लिए आकर्षण की वस्तु रही है। एक साल पहले ही जब डॉक्टर गुप्ता की साली बम्बई से आई थी तो कैलाश उचित-अनुचित का विवेक खोकर उसके पीछे घूमा था। मैंने स्वयं महसूस किया था, कि वही कैलाश के लिए उपयुक्त पत्नी बन सकती है—लम्बी, सुन्दर, सजी-धजी, पीने-पिलाने और नाचने में माहिर। बाद में मालूम भी हुआ था कि मिसेज गुप्ता ने इसी उद्देश्य से अपनी बहिन को यहाँ बुलाया भी

था, और कैलाश के साथ उसे पूरी छूट भी दी थी...पर कैलाश ने उससे शादी नहीं की।

इसमें सन्देह नहीं कि कैलाश की अस्वीकृति मन के किसी कोने को सन्तोष और तृप्ति से भर गई थी, पर साथ ही यह प्रश्न और अधिक स्पष्ट होकर, और अधिक उभरकर सामने आया था कि कैलाश आखिर मुझसे ही विवाह करना चाहता है?

क्या वह मुझसे प्रेम करता है?

शायद नहीं! तब?

पिताजी ने उसे एक साधारण स्थिति के आदमी से इस स्थिति तक ला पहुँचाया, क्या उस एहसान का बदला वह इस रूप में चुकाना चाहता है?

शायद यह भी नहीं!

क्या वह मेरी अपार सम्पत्ति को पाना चाहता है?

कौन जाने, कैसी विवशता है कि इस सन्देह से मैं अपने को किसी तरह भी मुक्त नहीं कर पाती हूँ। पैसे का महत्त्व उसकी आँखों में सबसे ज़्यादा है...हालाँकि उसकी किसी भी बात या व्यवहार से ऐसी कोई बात प्रकट नहीं हुई; प्रकट होना तो दूर, कभी संकेत तक नहीं मिला; फिर भी जैसे बार-बार लगता है यही है...यही है...और मेरा मन अपनी सारी शक्ति लगाकर विद्रोह कर उठता है...अमला वह साधन नहीं बनना चाहती है जिससे कोई अपना एहसान चुकाए...अमला वह साधन नहीं बनना चाहती है जिससे कोई अपने पैसे की लिप्सा तृप्त करे...अमला कोई भी साधन नहीं बनना चाहती है, वह साध्य बनना चाहती है। कोई मुझे प्यार करे...मेरे व्यक्तित्व को, मेरे अस्तित्व को, मेरी हर बुरी-अच्छी चीज को...

पर फिर भी आज की सारी घटना पर, कैलाश से मैत्री टूटने की बात पर मन भर-भर आता है। इन दो महीनों की सन्ध्याएँ कितनी नीरस और वीरान हो गई थीं! कैलाश के साथ घूमने को मन अकुलाया है और हमेशा जैसे मैं उस क्षण की प्रतीक्षा कर रही थी जब सारा खिंचाव और तनाव दूर करके हम फिर पहले की तरह मित्र हो जाएँगे। वह क्षण जब आया तो खिंचाव और तनाव की जगह, हम ही दूर हो गए।

सोचती हूँ, जब यह सब एक-न-एक दिन होना ही था तो अच्छा ही हुआ कि हो गया!

यह बात भी मैं अच्छी तरह जानती हूँ कि मेरे जीवन को कोई नई दिशा देने में कैलाश कहीं नहीं आता था। फिर भी जाने क्यों लगता है, जैसे जीवन पर एक बार फिर नए सिरे से विचार करना होगा।

विचार...विचार...विचार! आज तक मैंने अपने जीवन पर विचार और उसका विश्लेषण करने के अतिरिक्त किया ही क्या है? ये विचार ही मुझे भटकाते रहे हैं, जीवनपर्यन्त भटकाएँगे; भटकना मुझे स्वीकार है, पर किसी का बन्धन, किसी का दुराग्रह स्वीकार नहीं। अमला जीवन में सीमाओं, मर्यादाओं और बन्धनों को नहीं मानती, मानेगी भी नहीं...

कितने दिनों बाद आज अमर का पत्र भी आया। वह उपन्यास लिखने में लगा हुआ है, क्योंकि उसने मुझसे वायदा किया है...पर उसका मन रमता नहीं, रंजना के प्रति वह अपने को बराबर दोषी समझता है।

मैं क्या लिखूँ अमर को? पत्र के अन्त में कितने मनुहार-भरे स्वर में उसने लिखा है, "तुम्हीं बताओ अमला, मैं क्या करूँ? जाने क्यों, लगता है, तुम्हारे बताए मार्ग पर चलकर ही मैं इस मानसिक तनाव से मुक्ति पा सकूँगा। कभी-कभी लगता है, मैं भटक गया हूँ, तुम मुझे सही मार्ग पर चलने की प्रेरणा दो...मेरा पथ-प्रदर्शन करो।"

मुझे लेकर अमर क्या सोचता है? सन्ध्या से लेकर अभी तक अनेक बार उसका याचना-भरा चेहरा मेरी आँखों के आगे उभरा है, पर फिर भी नहीं समझ पाती कि उसे क्या लिखूँ! बहुत सोचकर उसे जवाब दूँगी।

कल पिताजी आ रहे हैं। पूरे एक महीने बाद! यह समय भी कैसा विचित्र बीता—

पिताजी बाहर!
कैलाश नाराज!
अमर मौन!

दूसरे दिन अमला पिता को लेकर गाड़ी में बैठी, तो बहुत ही स्नेह से पिताजी ने उसे उसका हाथ अपने हाथ में लेकर पूछा, "अच्छी तो रही बेटी? कहीं भी रहता हूँ, मुझे हमेशा ही तेरी चिन्ता सताया करती है। फिर इस बार तो दिन भी बहुत लग गए।"

अमला ने महसूस किया, पिताजी का स्वर कुछ भर्राया हुआ है, और उनके हाथ की पकड़ कसती जा रही है। स्नेह का आवेग जैसे कहीं से फटा पड़ रहा था। उनके मन को हलका करने के लिए अमला ने हँसते हुए कहा, "मैं क्या बच्ची हूँ जो आप मेरी चिन्ता करते हो? मैं तो अच्छी तरह रही; अन्ना ने खिलखिलाकर मोटा भी कर दिया।"

"बच्ची तो है ही, बच्ची ही तो है।" और पूर्ववत् उसका हाथ सहलाते रहे। पिता का ममत्व, वात्सल्य और स्नेह अमला की नस-नस में समाता चला जा रहा था। अमला ने ध्यान से पिताजी के चेहरे को देखा तो लगा जैसे इस बार वे कहीं से बहुत बदल गए हैं, बहुत बदल गए हैं...कुछ अजीब-से भाव उनके चेहरे पर आ-जा रहे थे।

कोठी पर पहुँचे तो भाभी बच्चों को लिए पिताजी वाले हिस्से के पोर्टिको में खड़ी थी। सबसे मिल-मिलाकर वे अमला के साथ ही अपने कमरे तक गए। अमला को बराबर लग रहा था जैसे पिताजी कुछ कहना चाह रहे हैं, वे शायद कुछ कहेंगे; पर जब उन्होंने केवल अपने नहाने-खाने की व्यवस्था करवाने की बात ही कही, तो उचित प्रबन्ध करके वह अपने कमरे में लौट आई।

पिताजी का यह आवेगपूर्ण मौन अवश्य ही किसी बात की भूमिका है, यह वह अच्छी तरह जान गई। क्या हो सकती है वह बात, इसका अनुमान अमला किसी तरह

भी नहीं लगा सकी। क्या कोई बड़ी आर्थिक हानि का सामना उन्हें करना पड़ा? पर पैसे को तो उन्होंने जीवन में कभी इतना अधिक महत्त्व नहीं दिया! तब क्या हो सकता है?

उसे एक पुरानी घटना याद आई। जाने कहाँ से सुन-सुनाकर उसे धुन यह सवार हुई कि वह हॉस्टल में रहकर पढ़ेगी। हालाँकि वह स्वयं पूरी तरह आश्वस्त नहीं थी कि हॉस्टल का जीवन बिता भी सकेगी या नहीं, पर फिर भी उसने अपनी इच्छा पिताजी तक पहुँचा ही दी। सन्ध्या को पिताजी ने उसे अपने पास बुलवाया था और ठीक इसी तरह उस दिन भी वे पहले बड़ी देर तक बैठे-बैठे उसका हाथ सहलाते रहे थे। उस दिन भी आज की तरह उनकी आँखों में नमी थी और चेहरे पर अजीब-अजीब भाव आ-जा रहे थे। फिर धीरे-धीरे बड़े आर्द्र स्वर में उन्होंने कहा था, "मैंने सुना है, तू हॉस्टल में जाकर रहना चाहती है; कॉलेज की पढ़ाई घर में रहकर नहीं, कॉलेज में जाकर करना चाहती है। आगे पढ़...खूब पढ़। पढ़ने को मैं मना नहीं करता; पर कॉलेज और खास करके हॉस्टल की बात मन से निकाल दे बेटी! मैं तेरी किसी भी इच्छा में बाधा बनकर नहीं आना चाहता। पर क्या करूँ, मेरी अपनी भी सीमाएँ हैं। तुझे लेकर मैं अपनी सीमाओं में लड़ा हूँ, मौका आएगा और तेरा हित देखूँगा तो और भी लड़ूँगा, पर वहाँ जाने से तेरा कौन-सा हित है, मैं नहीं समझ पाता! सच मान, वहाँ की तकलीफें तुमसे दो दिन भी नहीं सही जाएँगी।"

अमला समझ ही नहीं पाई थी कि क्या जवाब दे। हॉस्टल की बात को लेकर पिताजी इतने दुखी भी हो सकते हैं, यह बात जैसे उसकी समझ के बाहर की थी। उसे चुप देखकर पिताजी फिर बोले, "देख बेटी, इस बात को मन से निकाल दे। तकदीर ने यों ही तुझे बहुत बड़ा दंड दिया है, मैं उसे किसी भी हालत में बढ़ाना नहीं चाहता। फिर भी क्या करूँ, अपनी मर्यादाओं से बँधा हूँ।...बराबर कोशिश तो यही करता हूँ कि तुझे अपनी सीमाओं और मर्यादाओं से मुक्त ही रखूँ, पर फिर भी...फिर भी..." और जैसे दुःख और बेबसी में उनका गला भिंच गया और आँखों की कोरों से आँसू की बूँदें चू पड़ीं।

अमला उनकी हथेलियों को ही अपनी आँखों पर रखकर उस दिन बहुत-बहुत रोई थी।

इस बात को आज कई साल बीत गए। उसके बाद अमला ही जानती है कि किस प्रकार उसकी हर उचित-अनुचित इच्छा इस घर में पूरी हुई है। भाई-भाभी और परिचितों के कटु व्यंग्य-बाणों के बावजूद पिताजी ने उसे अपनी, परिवार की और समाज की सीमाओं से मुक्त ही रखा है। यहाँ तक कि उसे मानसिक क्लेश से दूर रखने के लिए कोठी के दाहिनी ओर एक अलग ब्लॉक भी बनवा दिया। जैसा जीवन वह पिछले सालों से बिता रही है, उसकी स्थिति की कितनी स्त्रियाँ इस तरह का जीवन बिताती हैं? पुरुषों के साथ घूमना-फिरना, सब मर्यादाओं को तोड़कर कैलाश के साथ मैत्री बढ़ाना...क्लब-पार्टियों में जाना, हर गर्मी पहाड़ पर जाकर बिताना...

किसे मिली हुई है इतनी आज़ादी! जो पिताजी उसे मात्र हॉस्टल भेजने की बात से दुखी थे, उन्होंने उसकी कौन-सी हरकत नहीं सही? अमला ने बराबर ही महसूस किया है कि त्यागा उसे पति ने है, पर जैसे पिताजी इस सबके लिए अपने को ही सबसे बड़ा गुनहगार मानते हैं और शायद इसीलिए वे चाहते हैं कि उन्हें चाहे कुछ भी सहना पड़े, बस, वह किसी तरह सुखी रहे।

पर आज क्या बात हो सकती है? कैलाश की बात तो वे जान ही कैसे सकते हैं?...तब? शायद सफर की थकान हो। पर अमला का मन किसी तरह भी नहीं मान रहा था कि वह मात्र सफर की थकान है।

रात्रि को अमला बैठी हुई पढ़ रही थी कि अन्ना ने आकर सूचना दी कि पिताजी बुला रहे हैं। उसका मन फिर विचित्र-विचित्र आशंकाओं से भरने लगा। यों ही विचारों में डूबती-उतराती वह लॉन पार करके पिताजी के पास पहुँची तो देखा, एक बड़े-से पलंग पर अधलेटी अवस्था में वे बैठे थे। अमला घुसी तो झुर्रियों के कटोरों में धँसी निस्तेज-सी आँखों से उन्होंने उसे देखा। सारे चेहरे की सलवटों में जाने कैसा विषाद सिमटा था! अमला पास पड़े कोच पर बैठने लगी तो धीरे से बोले, ''उधर नहीं, इधर आकर बैठ, मेरे पास।''

अमला उठकर उन्हीं के पास बैठ गई। उन्होंने फिर उसका हाथ अपने हाथ में ले लिया। देखते ही देखते उनकी आँखों में तराइयाँ आ गईं। इस बार अमला बेहद व्यस्त हो उठी, ''क्या बात है पिताजी? आप जब से आए हैं, बेहद चिन्तित और परेशान-से दिखाई दे रहे हैं। लग रहा है जैसे कुछ है...कुछ है जो...'' इसके बाद वह समझ ही नहीं पाई कि क्या कहे—बस, एकटक पिताजी को देखती-भर रही। पिताजी उसका हाथ सहलाते रहे।

''अमला!'' बेहद भर्राए और उखड़े-उखड़े स्वर में पिताजी ने बात आरम्भ की, ''इस बार जब बम्बई और मद्रास गया तो वहाँ की दोनों नई सेट की हुई मिलों के सारे के सारे शेयर्स तेरे नाम कर दिए! कुछ साल बाद ही ये मिलें सोना उगलेंगी। यों भी तेरे नाम जो कुछ है, उससे तू ऐसे-ऐसे पाँच जीवन बिता सकती है। पर सोचता हूँ, क्या मात्र पैसे का आसरा लेकर तू सारा जीवन काट सकेगी...? अपने को सुखी बना सकेगी? मैं हूँ तब तक की सोचता हूँ कोई आसरा तो है, हालाँकि जानता हूँ कि बाप कभी बेटी का सही आसरा नहीं बन सकता, पर मेरे बाद क्या होगा? भाई-भाभी का हाल तू मुझसे ज़्यादा अच्छी तरह जानती है। इसे भी दुर्भाग्य के सिवाय क्या कहूँ कि भाभी के स्नेह की जगह तुझे—खैर...खैर...।'' बड़े उखड़े-उखड़े स्वर में रुक- रुककर वे बोल रहे थे, ''जीवन में पैसे के अलावा भी बहुत कुछ चाहिए। चाहता हूँ, मेरे जीतेजी वह भी हो जाए तो शान्ति से आँख मूँद सकूँगा, मन पर किसी तरह का बोझ तो न रहेगा...'' और उनकी आँखों से टपाटप आँसू टपकने लगे।

अमला ने उनके आँसू पोंछते हुए कहा, ''आप ऐसी बातें क्यों सोचते हैं पिताजी? मैं तो बहुत ही सुखी हूँ, सच बहुत ही...''

पर शायद वे उसकी बात सुन भी नहीं रहे थे।

"अमला! तू तो बहुत समझदार है। पढ़-लिख भी तूने बहुत लिया है। पूछता हूँ, आदमी यदि एक बार भूल कर दे, तो क्या जीवन-भर उसे उसकी सजा ही भुगतनी चाहिए? क्या फिर उसे किसी प्रकार भी क्षमा नहीं किया जा सकता?"

पिताजी की बात से अधिक उनके स्वर की आर्द्रता ने अमला को बुरी तरह व्यथित कर दिया। वह आज तक कभी भी नहीं समझ पाई कि इस सारी बात में पिताजी व्यर्थ ही अपने को क्यों दोषी समझते हैं? न वह यही समझ पा रही थी कि जो घटना इस घर में भुलाई जा चुकी है, उसे इस समय दुहराने की आवश्यकता ही क्या है? उन्हें एक प्रकार से रोकती-सी वह बोली, "किसी ने कोई अपराध नहीं किया पिताजी! आप क्यों व्यर्थ की बातें सोच-सोचकर दुखी होते हैं? कम-से-कम मुझे लेकर आप चिन्ता करना छोड़ दीजिए। पैसे के अलावा भी आपने मुझे वह सभी कुछ दिया है, जिसे लेकर मैं अपना सारा जीवन इसी तरह हँसी-खुशी काट दूँगी।"

"तूने बात का जवाब नहीं दिया।...आदमी को एक बार की गलती के लिए क्षमा मिलनी चाहिए या नहीं? गलती चाहे कितनी ही बड़ी हो, कैसी ही हो, पर यदि वह स्वयं उसके लिए पश्चात्ताप कर रहा हो, तो वह क्षमा का अधिकारी है या नहीं?"

बिना कुछ सोचे-विचारे अमला बोली, "हाँ है, ज़रूर है। पर आप इन सब बातों को मन से निकाल दीजिए।"

"इस बार अचानक किशोरी बाबू से मुलाकात हो गई।" खोए-खोए-से स्वर में पिताजी बोले।

एक क्षण को तो पहले अमला समझी ही नहीं कि किस किशोरी बाबू की बात पिताजी कर रहे हैं...पर जैसे ही समझी, उसे लगा, एकसाथ ही कमरे की सारी चीज़ें जैसे घूमने लगी हैं...किशोरी बाबू, उसके पति...एक बार का अपराध...क्षमा...जीवन का सहारा...टुकड़ों-टुकड़ों में घूमते-टकराते ये शब्द और वाक्यांश एक तारतम्य में बँध गए और वह जड़-निश्चल, चेतनाशून्य-सी पिताजी की ओर देखने लगी। धीरे-धीरे बात का अर्थ और स्पष्ट हुआ तो उसका मन एक भयंकर नस-नस को फाड़ देनेवाली तीखी कड़वाहट से भर गया।

"मैंने तो मिलने से भी इनकार कर दिया था...साफ कह दिया, कि जिसने मेरी प्राणों से भी प्यारी बेटी के साथ ऐसा क्रूर खिलवाड़ किया, मैं इस ज़िन्दगी में उसकी सूरत तक नहीं देख सकता। पर फिर भी वे आए...।

"मिला तो पाया कि यह आदमी वह आदमी नहीं है जिससे झगड़ा करके दस साल पहले मैं तुम्हें लौटा लाया था। पश्चात्ताप और दुःख की अग्नि में जलकर उस आदमी ने अपने को कुन्दन बना लिया है।" वे फिर रुके...कमरे का क्षणिक सन्नाटा अमला को बड़ा ही भयंकर प्रतीत हुआ। पिताजी को आखिर हो क्या गया...मिल भी लिए तो उसे आखिर यह सब बताने की क्या ज़रूरत थी...वह कुछ नहीं जानती? कौन किशोरी है और कौन उसका पति है? जिन चीज़ों का अब उसके जीवन में कोई अस्तित्व

नहीं, कोई महत्त्व नहीं, होने की कोई सम्भावना नहीं, उन्हें उठाने से क्या फायदा?

''विश्वास कर, मैं फिर भी उस आदमी के साथ सद्भावना से नहीं मिल सका। पर उसने अपने व्यवहार से मुझे जीत ही लिया। बहुत-बहुत बातें हुईं...और तीसरे दिन तो उसने स्पष्ट शब्दों में ही कह दिया कि वह निश्चय कर चुका है कि जैसे भी होगा वह तुम्हें वापस ले जाएगा। जो भी सजा तुम उसे दोगी, उसे वह भोग लेगा, माफी माँग लेगा और वह मेरे सामने ही रो पड़ा। उसे अपने किए पर कितना पश्चात्ताप है, यह उससे मिलकर ही जाना जा सकता है। बिना आन्तरिक दुःख के पुरुष औरत के लिए आँसू बहाएगा, ऐसा सम्मान आज भी हमारे समाज में औरत को नहीं मिला है, यह तू भी जानती है...''

अमला का सारा चेहरा स्याह पड़ गया और फिर धीरे-धीरे कागज़ की तरह सफेद होकर निर्जीव-सा हो गया। पर पिताजी उधर देख ही नहीं रहे थे। शायद वे स्वयं डर रहे थे कि बात के बीच में ही अमला की ओर देखेंगे तो अपनी बात भी नहीं कर पाएँगे।

''क्या किसी तरह भी तू अपने जीवन के इन दस वर्षों की कटु स्मृतियों को नहीं भूल सकती? जो कुछ हो गया, उसे अनहुआ नहीं कर सकती...?''

अमला को लग रहा था जैसे दस वर्षों में जो छूट, जो आज़ादी और अधिकार पिताजी ने दिए, आज सबकुछ ब्याजसहित वसूलना चाहते हैं। ऐसा घृणित प्रस्ताव रखने की बात ही उनके मन में कैसे आई? एक बार तो उसकी इच्छा हुई कि बिना किसी प्रकार का जवाब दिए ही उठकर चली जाए...उसका जाना ही जवाब हो जाएगा...पर फिर, वह गई नहीं। बोली तो उसके स्वर में न आवेश था न क्रोध...पर स्वर बहुत ही निर्जीव और सर्द था :

''पिछले दस वर्ष ही शायद मेरे जीवन के सबसे महत्त्वपूर्ण वर्ष हैं...मेरे जीवन की सबसे अमूल्य निधि हैं पिताजी! इनको अनहुआ करना अपने को अनहुआ करना है और मैं जीवित रहना चाहती हूँ।''

पिताजी ने चौंककर अमला की ओर देखा तो उसके सफेद, जड़ चेहरे को देखकर हतप्रभ हो गए। वे सोच रहे थे कि एक बार आघात लगने पर भी शायद अमला पर इस सारी बात की अनुकूल प्रतिक्रिया ही होगी, या कम-से-कम वह शान्ति से इस सारी बात पर सोचना तो चाहेगी ही...पर उसका चेहरा देखा तो समझ ही नहीं पाए कि यह सब कहकर उन्होंने अच्छा किया या बुरा—

अमला की आँखों से टपटप् आँसू बहते देखकर तो वे बुरी तरह विचलित हो गए। पिताजी ने उसे दुःख सहते देखा था पर रोते बहुत ही कम देखा था। वे जानते थे कि अमला का अपनी भावनाओं पर कितना वश है! दुःख हो चाहे क्रोध, न वह आवेश में आती है, न रोती-गिड़गिड़ाती है। चेहरे पर उसके हमेशा ही शान्ति रहती और स्वर संयत। उसी शान्त, संयत अमला के निर्जीव चेहरे को देखकर, उसके आँसुओं को देखकर वे स्वयं समझ नहीं पाए कि क्या करें। अधलेटी स्थिति से बैठकर

उसका हाथ जोर से दबाकर बहुत ही कोमल और वात्सल्य-भरे स्वर में बोले, ''रो मत बेटी, रो मत! लगता है मुझसे कहीं कोई गलती हो गई है। शायद मैंने तेरे किसी सूखे घाव को निर्ममता से कुरेद दिया है। पर बेटी, तू ही बता, घाव को कुरेदे बिना इलाज भी तो नहीं होता। मैं तुझसे आज जवाब नहीं माँगता...तू सोच ले, खूब अच्छी तरह सोच ले। सोचने-समझने की बुद्धि तुझमें मुझसे भी ज़्यादा है। बात मैंने रख दी, निर्णय तो तू ही लेगी। तेरी इच्छा के विरुद्ध इस घर में एक तिनका भी नहीं हिलता, यह तो तू भी जानती है, फिर इतनी दुखी क्यों होती है? रो मत बेटी! तेरे आँसू मैं देख नहीं सकता।'' और वे पूर्ववत् उसका हाथ सहलाते रहे। रुँधे हुए गले से अमला ने कहा, ''जीवन में आपने मुझे बहुत कुछ दिया है। उस सबका बदला शायद मैं कभी नहीं चुका सकूँगी। यों भी आप मेरे पिता हैं और पिता के सारे अधिकार आपके पास हैं, फिर भी यह न भूलिए कि मैं भी वयस्क हूँ, और अपने को यों अपमानित करने का अधिकार शायद मैं आपको भी नहीं दे सकूँगी।'' यद्यपि स्वर भर्राया हुआ था, पर उसमें भी जाने कहाँ की दृढ़ता थी।

और फिर कमरे में देर तक सन्नाटा रहा। मौत का-सा भयंकर सन्नाटा! अमला समझ नहीं पा रही थी कि दो-तीन दिन की ये घटनाएँ उसके जीवन को कहाँ ले जाकर छोड़ेंगी! उसे लग रहा था जैसे कोई अप्रत्याशित, अदृश्य शक्ति है जो उसके जीवन को बरबस ही उसके हाथ से खींचे लिए जा रही है।

''तू शायद कैलाश से विवाह करना चाहती है?'' बिना किसी भूमिका के दूसरा प्रश्न हथौड़े की चोट की तरह घन्ना उठा, ''मुझे उसमें भी कोई आपत्ति नहीं होगी बेटी! तू किसी से विवाह कर...पर कर ले, और जल्दी ही कर ले!''

''नहीं!'' अमला ने दृढ़ स्वर में जवाब दिया, ''मैं किसी से विवाह करना नहीं चाहती, किसी से भी नहीं! मैं इतनी निर्बल और निरीह नहीं हूँ कि जीवन बिताने के लिए कोई सहारा चाहिए।''

और इस बार वह उठकर चल दी। न उसने किसी प्रकार के उत्तर की अपेक्षा की, न उत्तर देने का अवसर ही दिया। उसने इस बात की भी चिन्ता नहीं की कि उसकी इस बात की या इस प्रकार उठ आने की प्रतिक्रिया पिताजी पर क्या होगी या उन्हें कैसा आघात लगेगा!

लौटी तो उसके कदम लड़खड़ा रहे थे। किसी तरह वह अपने कमरे पर पहुँची। एक ही बात उसके मन को मथ रही थी—इतना अपमान-भरा प्रस्ताव! कैलाश की 'नज़र जमने' वाली बात से भी उसने शायद अपने को इतना अपमानित महसूस नहीं किया था। पर किशोरी के घर जाने की बात! क्रोध और घृणा से उसका रोम-रोम जलने लगा। पिताजी ने यह सब उससे क्यों कहा...? सुन भी आए थे तो उससे कहने की क्या आवश्यकता थी...? क्यों कहा उससे यह सब...? उन्हें क्या पता नहीं कि अमला दस वर्षों में कहाँ से कहाँ पहुँच गई है? न भी पहुँचती, उसी स्थिति में होती, तब भी जो कुछ हो गया उसके बाद वह किशोरी की सूरत तक न देखती!

पिता होकर भी क्या वे अमला को नहीं जान पाए?

बत्ती बुझाकर वह अपने पलंग पर जा पड़ी और आँखें मूँद लीं! पिछले तीन दिनों में क्या कुछ नहीं घट गया...अनहोना अप्रत्याशित...! पिछले दस वर्षों से स्वच्छन्द-निर्बन्ध गति से बहती उसकी जीवनधारा क्या अब सीमाओं में बँधेगी...बन्धनों में बँधेगी? नहीं-नहीं, उसका मन चीत्कार कर उठा। अनायास ही कुछ पंक्तियाँ उसे याद आईं...शायद उसने कहीं पढ़ी थीं, नहीं उसने लिखी थीं...याद आया, अमर को ही लिखी थीं!

क्या उस अपने ही जीवन का मनचाहा काल्पनिक चित्र अमर के सामने नहीं रख दिया था? अपने लिए भी तो उसने ऐसे ही जीवन की आकांक्षा की है कि उसका जीवन जल की एक उन्मुक्त धारा हो...खेतों, जंगलों और पहाड़ों पर समान निष्ठा से बहती जल की धारा चाहे कैलाश हो, चाहे अमर हो, चाहे कोई और हो—उसके लिए सब समान हैं...वह सबके लिए समान है। समान बनकर ही रहना चाहती है, किसी एक की होकर नहीं रहना चाहती, रह भी नहीं सकती। जिस दिन वह बँधी, उस दिन वह 'वह' नहीं रहेगी, उसका जीवन स्वच्छ जल की उन्मुक्त धारा नहीं रहेगा, किनारों में बँधा हुआ पोखर या तालाब हो जाएगा, जिसका पानी सड़ेगा, सड़ता ही रहेगा और एक दिन यूँ ही सूख जाएगा।

वह सड़ना नहीं चाहती, सूखना नहीं चाहती; बहना चाहती है, निरन्तर बहना चाहती है, अनजानी, अनदेखी दिशाओं में बहना चाहती है, दूर...दूर...निरुद्देश्य-सी, लक्ष्यहीन-सी...पर निर्बन्ध और उन्मुक्त...

पदचाप सुनकर उसने धीरे से आँखें खोलीं। देखा, शायद उसे सोया जानकर अन्ना धीरे से मसहरी लगाने लगी। वह न हिली-डुली, न बोली। देखते ही देखते उसके चारों ओर मसहरी तन गई और मकड़ी के बड़े-बड़े जालों का ताना-बाना सा बुन गया...

टंडन के लाख मना करने पर भी जब मन्दा नहीं मानी और जल्दी-जल्दी तैयार होने लगी तो टंडन को लगा कि किसी तरह वह भी मन्दा के साथ हो जाए, नहीं तो आज यह मन्दा अवश्य ही अमर से लड़-झगड़कर और उसका मूड खराब करके आएगी। वह मन्दा को भी अच्छी तरह जानता है और अमर को भी। दोनों में कितना स्नेह और कितनी घनिष्ठता है, यह भी उससे छिपा हुआ नहीं है, फिर भी अभी अमर अपने उपन्यास की समाप्ति पर है और इस समय उसे छेड़ना उसके साथ अन्याय करना है। होगा कुछ नहीं, उसकी इतने दिनों की मेहनत पर पानी फिर जाएगा। उसने एक बार फिर सामने खड़ी, खींच-खींचकर बाल झाड़ती मन्दा को मना किया तो मन्दा भभक पड़ी।

"मैं अभी जाऊँगी, इसी समय जाऊँगी। मुझसे जो ज़्यादा तीन-पाँच की अमर ने, तो उसके सामने ही उसके उपन्यास के सारे पन्ने फाड़ फेंकूँगी, चाहे वे फिर

ज़िन्दगी-भर ही मन्दा भाभी की सूरत न देखें। बड़े आए हैं लेखक कहीं के! जो आदमी किसी की भावनाओं का मूल्य नहीं आँक सकता, जो किसी की ज़िन्दगी के साथ खिलवाड़ कर सकता है, वह लेखक क्या लाट साहब भी हो तो मैं माफ नहीं कर सकती।'' जूड़े में जोर-जोर से बेरहमी के साथ काँटे खोंसती हुई मन्दा बोली।

अमर पर टंडन को खुद कम गुस्सा नहीं आ रहा था, पर मन्दा की यह बेमौके की जिद उसे सरासर ज्यादती लग रही थी। झल्लाकर बोला :

''ओहोऽ, अब जहाँ इतने दिन सब्र किया वहाँ चार दिन और रुक जाओगी तो क्या हो जाएगा? जानती हो खाना-पीना और सोना छोड़कर उसने यह उपन्यास लिखा है और तुम हो कि उसे मटियामेट करने पर तुली हो। याद रखो, तुम बात बनाने जा रही हो, पर सारी बात बिगड़ जाएगी और हमेशा के लिए बिगड़ जाएगी; और...''

बात काटकर मन्दा बोली, ''चार दिन! अब तो मैं चार घंटे भी नहीं रुक सकती। सच पूछो तो तुमने ही पक्ष खींच-खींचकर अमर को बिगाड़ा है, वरना मैंने तो...''

''भाभी! भैया ठीक ही कहते हैं।'' रंजना ने बीच में ही कमरे से निकलकर अनुरोध-भरे स्वर में कहा, ''इस समय तुम जाओगी तो सचमुच ही उनके इतने दिनों के परिश्रम पर पानी फिर जाएगा...'' मन्दा एक क्षण को रंजना का उतरा हुआ सफेद चेहरा और गीली पलकों के नीचे डबडबाई आँखों को देखती रही, फिर आवेशपूर्ण स्वर में बोली, ''तू चलकर अन्दर बैठ। तुझसे किसी ने राय माँगी है जो बीच में आ गई? बड़ी आई परिश्रमवाली!'' और पर्स को कलाई में डालकर मन्दा चल दी। जाते-जाते टंडन को कहती गई, ''दुकान जाओ तो जल्दी ही लौट आना, मुझे लौटने में शायद दो-एक घंटे लग ही जाएँगे।''

टंडन और रंजना उसे नहीं रोक सके!

स्कूटर पर बैठी तो गुस्से से उसका रोम-रोम जल रहा था। सबसे ज़्यादा गुस्सा तो उसे अपने ऊपर ही आ रहा था कि क्यों टंडन के कहने से वह इतने दिनों तक चुपचाप बैठी रही? क्यों नहीं उसने जिस दिन रंजना से सबकुछ सुना, उसी दिन अमर की खबर ले डाली? सारी बात का फैसला तभी कर आती। अमर ने क्या तमाशा ही समझ रखा है कि जब मरजी आई कह दिया शादी करेंगे और जब मरजी आई कह दिया नहीं करेंगे!

रंजना पर भी उसे कम क्रोध नहीं था। ऐसी एकनिष्ठता और भावुकता को वह निरा पागलपन ही समझती थी...पर पता नहीं क्या था कि बहुत ज़ोर से उसका विरोध भी नहीं कर पाती थी! उसे उस दिन की बात याद आई जब उसने बहुत गम्भीरतापूर्वक रंजना को समझाते हुए कहा था :

''देख रंजना तू भी अब पागलपन छोड़। बहुतों के जीवन में ऐसी घटनाएँ घट जाती हैं, क्या ज़िन्दगी-भर उसी दुःख में यों घुलती रहती हैं? मैं तेरा विवाह करवाती हूँ और इसी गर्मी में करवाती हूँ। अच्छे-से-अच्छे लड़का तुझे पत्नी के रूप में पाकर अपने को खुशकिस्मत ही समझेगा।''

पर यह सब सुनकर रंजना के निर्जीव-से चेहरे पर कुछ ऐसा भाव फैल गया मानो जो कुछ मन्दा ने कहा उसे वह समझ ही नहीं पाई या उसे जैसे विश्वास ही नहीं हो रहा हो कि मन्दा भी कभी ऐसी बातें कर सकती है। मन्दा ने फिर कहा, "धीरज धर रंजना! देख, मैं तुझे अमर के पीछे ही जानती हूँ, पर तू आज अमर से भी कहीं अधिक मेरे निकट आ गई है। तू जानती है कि अमर कितना हमारा अपना है, फिर भी कहूँगी कि अच्छा पति वह कदापि नहीं हो सकता! जिसके जीवन का हर पल अनिश्चित और अस्थिर हो, जो केवल मूड्स पर पले, जिसके जीवन और यथार्थ से कल्पना अधिक महत्त्वपूर्ण हो, उसके साथ जीवन बिताने की कल्पना भले मधुर हो सकती है, जीवन बिताना कदापि मधुर नहीं हो सकता!"

रंजना चुप!

"इतने दिन हो गए, तू रो-रोकर आधी रह गई। उस आदमी से इतना तक नहीं हुआ कि एक बार जाकर तेरी खबर तक ले ले। इतने आश्वासन देकर और वायदे करके तुझसे घर छुड़वाया और अब ऐसी नीचता पर उतर..."

"भाभी!" और अपना सिर रंजना ने दोनों हथेलियों में छिपा लिया। मन्दा धीरे-धीरे उसके सिर पर हाथ फेरती रही।

थोड़ी देर बाद सिर उठाकर डबडबाई आँखों से और भर्राए गले से रंजना ने जो कुछ कहा वह मन्दा को आज भी याद है :

"जब से अमर से मित्रता हुई है भाभी, मैंने अपने जीवन का हर पल अमर के साथ ही जिया है। यह सब कहकर तुम मुझे केवल आत्महत्या के लिए ही प्रेरित कर सकोगी और किसी के लिए नहीं।" और फिर मन्दा किसी तरह भी नहीं समझ पाई कि कलियुग की इस मीरा को क्या कहकर समझाए!

उसके बाद इस विषय पर जैसे सबने बात करना ही बन्द कर दिया था; सब प्रतीक्षा कर रहे थे कि अमर का उपन्यास पूरा हो तो नए सिरे से बात उठाई जाए! और आज!

लाल बत्ती जलते ही झटके से स्कूटर उछला और खड़ा हो गया। मन्दा ने साड़ी छोड़कर लोहे का सींखचा पकड़ा। यह सवारी उसे कतई पसन्द नहीं। एक तो शरीर की बोटी-बोटी झकझोर जाती है, दूसरे चलते समय आदमी कपड़ों को सँभाले या झटकों को—यही समस्या बनी रहती है।

यों वह आज अपने में ही इतनी व्यस्त है कि झटके इतना असर नहीं कर रहे... और फिर स्कूटर चल पड़ा।

क्या कहेगी वह अमर को, उसने फिर दोहराना शुरू कर दिया। ऐसी-ऐसी सुनाएगी कि अमर भी याद रखेगा...पर मान लो उस पर भी अमर नहीं माना तो? वह अच्छी तरह जानती है, अमर कभी सवाल-जवाब नहीं करता, बस चुप बैठा रहेगा और उसकी यह चुप्पी मन्दा के गुस्से को और बढ़ाती है। जहाँ सबका मौन स्वीकृति का सूचक होता है, वहाँ अमर का मौन उसकी अस्वीकृति का सूचक होता है।

सबकुछ कह-सुन लेने के बाद भी अमर यदि चुप रहा, तो क्या जवाब दिलवाएगी वह रंजना के पिताजी को? सच, कैसी स्थिति में डाल दिया है इस अमर ने रंजना को! अमर यदि नहीं माना तो वह रंजना को जैसे भी होगा बाध्य करेगी कि अमर की बात दिल से निकाल दे और इसी गर्मी में किसी से विवाह कर ले। वह करवा देगी उसका विवाह! पर पिताजी को क्या लिखना होगा? और उसके सामने रंजना के पिताजी के पत्र का शब्द-शब्द उभरने लगा...

"प्रिय बेटी रंजना,

एक लम्बे अर्से के बाद तुम्हें पत्र का उत्तर दे रहा हूँ। जानता हूँ, तुमने उम्मीद भी छोड़ दी होगी और सोच लिया होगा कि मैंने तुमसे सम्बन्ध तोड़ लिया है। सोचता हूँ, खून के इन सम्बन्धों को तोड़ना इतना आसान होता तो कितना अच्छा होता, पर क्या करूँ तोड़ा नहीं जाता...। लगता है, जैसे आदमी टूट जाता है, सम्बन्ध फिर भी बना ही रह जाता है...

अमर से विवाह करने की तुम्हारी जिद को क्या कहें! तुम्हारा पत्र आया है, उसके बाद सारा समय किस दुविधा और मानसिक संघर्ष में बीता है तुम कल्पना भी नहीं कर सकोगी। मेरे 'व्यक्ति' और 'पिता' में निरन्तर ही द्वन्द्व चलता रहा और अन्त में 'पिता' जीत गया रंजना! बच्ची की इच्छा के आगे 'व्यक्ति' को झुकना पड़ा...

लिखना, विवाह कब करने जा रही हो? पत्र से तो लगा कि शायद गर्मियों में ही तुम लोगों को इरादा है। पक्की सूचना देना, जिससे हमें भी तैयारी करने का समय मिले। जो भी हो, विवाह तो हम ही करेंगे और यहीं से करेंगे..."

आज मन्दा के हाथ में पत्र पकड़ाकर ही रंजना कितना रोई थी, "भाभी, अब मैं क्या जवाब दूँगी, क्या लिखूँगी?" एक बार मन्दा को भी रोना आ गया था, पर उसने तभी एकाएक निश्चय कर लिया कि वह बिना ज़रा भी देरी किए सीधी अमर के पास जाएगी...यह पत्र उसे पढ़ाएगी और जवाब-तलब करेगी। यही पूछेगी कि बोलो, दो महीने के बाद की तारीख दे दें? देखें तो अमर क्या कहता है?

रंजना को जिस निर्लज्जता और ढिठाई से मना कर दिया, मन्दा को कर सकेगा? किया तो वह भी खबर लेने में कसर नहीं रखेगी।

और यह रंजना! एकाएक मन्दा का गुस्सा अमर से रंजना पर उतर आया। जाने ऐसा क्या अनोखा चिपका हुआ है अमर में कि उसके पीछे प्राण देने पर उतारू हो रही है? एक-से-एक अच्छे लड़के हैं, पर नहीं, शादी करेंगे तो अमर से ही, वरना यों ही घुल-घुलकर मरेंगे। रंजना को उसने क्या कम समझा? चाहे यह शादी हो भी जाए, पर रंजना इस जीवन में कभी सुखी नहीं हो सकती है...अमर के इस बार के व्यवहार ने मन्दा के मन में यह धारणा और भी दृढ़ कर दी।

"अरे, अरे सरदारजी, रोकिए रोकिए...लीजिए आगे निकल गए।" अमर का कमरा निकल गया और मन्दा स्कूटर रुकवाना ही भूल गई। "तो आपको बोलना चाहिए न!" मोड़ते हुए सरदारजी बोले।

सरदारजी को पैसे देकर मन्दा एक क्षण को रुकी। यों ही ज़रा साड़ी ठीक की...जूड़ा ठीक किया, फिर धीरे-धीरे सीढ़ियाँ चढ़ने लगी। ''कमरे पर तो वह मिल ही जाएगा। लिख रहा होगा; घुसते ही क्या कहेगी?''

सीढ़ियाँ समाप्त करते ही अमर के कमरे का दरवाज़ा दिखाई दिया...'अन्दर से शायद बन्द था। है तो कमरे में ही।'

वह कुछ भी नहीं कहेगी, बस पिताजीवाला पत्र पटक देगी और जब वह पढ़ चुकेगा तो सीधे शब्दों में पूछेगी, ''मुझे इसका जवाब चाहिए!' देखें क्या जवाब देता है!

और यही सोचकर उसने हलके हाथ से दरवाज़ा खटखटाया। कोई उत्तर नहीं, अन्दर से कोई शब्द भी नहीं आ रहा था। उसने ज़रा दरवाज़ा धकेला तो दरवाज़ा खुल गया।

सामने जो देखा तो मन्दा के पैर एक क्षण को वहीं अटक गए! बढ़ी हुई दाढ़ी, बिखरे-रूखे केश और पीला जर्द चेहरा लिए अमर लेटा था और जैसे किसी तरह आँखें खोलकर उसे देखने का प्रयत्न कर रहा था। पर शायद वह देख भी नहीं पा रहा था। पास जाकर उसने उसके ललाट पर हाथ रखा तो एकदम ही चौंक गई, ''अरे, ये तो बुखार में जल रहे हैं!''

सरसरी-सी नज़र कमरे के चारों ओर डाली। मेज पर उपन्यास की पांडुलिपि सिली-सिलाई पड़ी थी...पानी का खाली गिलास मेज के पास जमीन पर लुढ़का पड़ा था और सुराही खुली पड़ी थी। 'पता नहीं कब से बुखार है!' मन्दा का सारा गुस्सा जाने कहाँ को हवा हो गया! रूखे-उलझे बालों में उँगलियाँ फँसाकर बहुत स्नेह-भरे स्वर में बोली, ''अमर, कब से बीमार हो? खबर तक न की?''

पर अमर ने जवाब नहीं दिया। चेहरे पर हलकी-सी हरकत अवश्य हुई, पर शायद वह बोल नहीं सका, न आँख ही खोल सका।

''दवाई तो क्या दी होगी, पता किसी ने पानी को भी पूछा या नहीं! यह तो आज वह आ गई, नहीं तो...'' और आगे की बात से ही सिहर उठी।

अब वह क्या करे? यह तो आधी बेहोशी की हालत में है, घर भी कैसे ले जाए? सच, किन पागलों के बीच में वह रहती है! एक पागल वह रंजना है जो रो-रोकर मर रही है...एक पागल यह हैं जो लिख-लिखकर मर रके हैं...। और उसे इन सबको सँभालना है। सब ही तो उस पर ऐसे निर्भर करते हैं जैसे उस पर सबका अधिकार हो, और वह भी तो सँभालती आ रही है...सँभालना तो अभी भी होगा ही।

''देखूँ, वे दुकान पहुँचे हों तो फोन करके उन्हें बुलाऊँ। किसी तरह घर तो ले जाना ही होगा,'' और मन्दा दरवाज़ा बन्द करके नीचे उतरी। फोन किया तो पता चला कि टंडन दुकान नहीं पहुँचा है। ''वे खिजलाए-खिजलाए अलग कहीं घूम रहे होंगे। इनके अमर को कुछ कह दो, या अमर को लेकर ही कुछ कह दो तो बस सारे दिन मूड बिगड़ा रहेगा...दोस्त न हुआ मुसीबत हो गई।''

अब अकेली कैसे ले जाए इस हालत में अमर को...छोड़ तो सकती नहीं। क्या-क्या सोचकर आई थी, क्या हो गया?

सामने से टैक्सी आते देख उसने हाथ का इशारा करके उसे रोका और सरदार जी को सारी स्थिति समझाकर अनुरोध किया कि ज़रा कष्ट करके वे ऊपर चले चलें। बूढ़े सरदारजी परोपकार और परसेवा का माहात्म्य बखानते हुए बड़ी प्रसन्नता से मन्दा के पीछे हो लिए।

दरवाज़ा खोला तो मन्दा ने देखा, बुखार से जलती हुई सुर्ख आँखें खोले अमर इधर ही देख रहा था। मन्दा को देखकर उसने पहचाना, होंठों पर थोड़ी-सी मुस्कराहट भी आई शायद।

"अमर, नीचे टैक्सी खड़ी है, उठ सकोगे?" और हाथ का सहारा देकर उसे उठाने लगी।

अमर कुछ कहता, उसके पहले ही सरदारजी ने कहा, "आप हटिए, माँजी, मैं अकेला ही उठाकर रख दूँगा।

"कहाँ ले जाओगी भाभी? मैं यहीं ठीक हूँ। बुखार..." टूटा-सा स्वर!

"हाँ, ये तुम्हारे उपन्यास के पात्र तुम्हारी सेवा कर देंगे न! पानी तक का तो पता नहीं है कमरे में, और यहीं ठीक है!" फिर एक ओर हटकर बोली, "उठाइए सरदारजी!" और स्वयं उसकी अलमारी में से कपड़े बटोरने लगी। सरदारजी का सहारा पाकर अमर जैसे-तैसे उठा, नीचे उतरा। टैक्सी में अपनी गोदी में सिर रखकर मन्दा ने उसे आराम से लिटा दिया, अच्छी तरह ढक भी दिया और सब शीशे चढ़ा दिए। बुखार शायद बहुत ही तेज था।

अमर का चेहरा देखकर पता नहीं क्या, बराबर वह यही महसूस करती रही कि इस अर्से में दुःख केवल रंजना ने ही नहीं अमर ने भी उठाया है, उतना ही दुःख उठाया है। लिखता वह पहले भी था, पर ऐसी हालत? यह लिखने का परिणाम नहीं... किसी घोर मानसिक यन्त्रणा का परिणाम है, जिसने इसे तिल-तिल करके जलाया है। मन्दा को जैसे सन्तोष हुआ।

घर पर टैक्सी रुकी तो धीरे से अमर का सिर नीचे टिकाकर वह घर के अन्दर दौड़ी—नौकर और रंजना को ही बुला लाए...पर घुसते ही देखा, टंडन को जैसा छोड़ गई थी वैसा ही बैठा है। दोनों हाथों में उसने सिर थाम रखा है। मन्दा को देखते ही हकबकाकर खड़ा हो गया—"क्या हुआ?"

"होगा क्या...बाहर चलो। अमर बुखार में बेहोश पड़ा था...जैसे-तैसे उठाकर लाई हूँ..." और फिर दोनों उसे सहारा देकर उठाकर लाए। अमर स्वयं चल रहा था, पर पैर उसके लड़खड़ा रहे थे। मन्दा की आवाज़ सुनकर रंजना भी बाहर निकली तो देखा, टंडन और मन्दा का सहारा लेकर अमर लड़खड़ाता आ रहा है। पीला जर्द चेहरा, बिखरे बाल, बढ़ी हुई दाढ़ी...वह जड़वत् जहाँ की तहाँ खड़ी रह गई।

"रंजना, ज़रा बिस्तर ठीक कर दो..." मन्दा की आवाज़ सुनकर यन्त्रवत् उसने

बिस्तरा ठीक कर दिया। पता नहीं अमर ने उसे देखा भी या नहीं।

अमर को लिटाकर टंडन को आदेश दिया, "तुम इसी टैक्सी से जाकर डॉक्टर को बुला लाओ, और रंजना, तू यहाँ बैठ, मैं ज़रा यू-डीकोलीन की पट्टी भिगोकर लाती हूँ।

अमर के सिरहाने बैठकर पहली बार रंजना को जैसे सारी स्थिति का ज्ञान हुआ। उसका काँपता-सा हाथ अमर के ललाट पर घूमकर बालों में जा उलझा। बुखार की तेज़ी से वह एक बार जैसे सिहर उठी। जाने किस आवेश में आकर उसने अपने खारे आँसुओं में भीगे अधर क्षणांश को अमर के तप्त ललाट पर टिका दिए। पता नहीं, अमर ने उस स्पर्श को महसूस भी किया या नहीं...उसके तप्त शरीर और तप्त मन को उससे कुछ राहत भी मिली या नहीं, पर उसने अपनी भावहीन आँखें रंजना के चेहरे पर टिका दीं। फिर भी उन आँखों में न जाने ऐसा क्या था कि रंजना का मन मसोसकर रह गया। मन-ही-मन उसने कहा—

'मन्दा भाभी कहती हैं, तू मूर्ख है जो अमर के पीछे पड़ी है। सारी दुनिया तेरे सामने पड़ी है, सारी दुनिया के एक-से-एक अच्छे लड़के तेरे सामने हैं और तू है कि अमर को लेकर बैठी है...'

कैसे वह मन्दा भाभी को समझाए कि उसे न सारी दुनिया चाहिए, न दुनिया के अच्छे-अच्छे लड़के...उसकी तो दुनिया अमर ही है। वह केवल अमर की है, अमर की ही रहेगी...अमर अपनाएगा तब भी...नहीं अपनाएगा तब भी...

रंजना के मन का यह स्नेह, यह एकनिष्ठ आत्मसमर्पण उसकी उँगलियों से होता हुआ अमर तक पहुँच भी रहा था या नहीं...कौन जाने?

सात

उपन्यास का समर्पण लिखते समय ही अमर को लगा था कि उसने एक बहुत बड़ा निर्णय ले लिया है...

सारी पांडुलिपि टाइप की हुई है तो रही आए, समर्पण हाथ से ही लिखना ठीक रहेगा...इसमें एक निकटता रहती है। परसों से मन-ही-मन जाने क्या-क्या लिखा था और काटा था। सफेद दूधिया कागज़ पर लिखने से पहले एक और कागज़ पर भी लिखकर देखा था...जो बात सोची है, वह कागज़ पर लिखे जाने में कैसा प्रभाव देती है?

"अमला को—जिसके परिचय ने यह उपन्यास लिखा लिया—।"

अमर ने पैकेट बाँधा; उस पर पता लिखा, फिर डाकखाने आकर लम्बी लाइन से आध घंटे होकर उसे रजिस्ट्री से भेजा—इस सारे समय टंडन ने कुछ नहीं कहा

और वह तटस्थ की तरह चुपचाप सिगरेटें पीता रहा। डाकखाने में भी उसने इस बीच सारे पोस्टर पढ़ डाले, बाहर जाकर पान ले आया और देर तक नोटिस-बोर्ड के निर्देश देखता रहा। जब रजिस्ट्री की सफेद रसीद हाथ में लिए अमर और सिगरेट मुँह में दबाए टंडन निकले तो ढाई का समय था। टंडन ने पूछा : "अब?"

"अब क्या? काम खत्म हो गया।" अमर ने उसकी झुँझलाहट पर ध्यान न देकर कहा।

"नहीं कुछ और बचा हो वो भी कर डालो...।"

"नहीं यार, यह काम बहुत ज़रूरी था, कल फिर शनिवार हो जाता। दो दिन की बात टल जाती—" अमर ने हाथ की रसीद को गौर से देखते हुए कहा। पेंसिल से घसीट में केवल 'अमला' और शिमला' लिखा था; मन में बोला : 'कैसी सटीक तुक मिली है! पार्सल पाकर अमला पर क्या प्रतिक्रिया होगी—अमर इसी की कल्पना करने लगा। उसके सामने अमला की मुस्कराहट कौंध उठी...पतले-पतले होंठों का इस विशेष ढंग से मुड़ना सायास होता है या यह अमला के मुस्कराने का स्वाभाविक ढंग ही है। क्यों जी, मुस्कराने का भी तरीका सीखा जाता है? 'मिलियन-डॉलर्स स्माइल' कैसी होती होगी...

"अच्छा, खैर, अब तो आपको कुछ नहीं करना न?" टंडन ने हाथ के रूमाल से कॉलर के नीचे कसकर गरदन पोंछी, "नहीं, मैंने सोचा कहीं आपको कुछ लिखने का मूड न आ रहा हो...? आपकी क्या है, कह दें कि मैं तो इस वक्त जाकर लिखूँगा। एक ही तो ट्रम्प चाल है आपके पास..."

अमर ने गौर से टंडन के चेहरे की ओर देखा, कोई बात होंठों तक आकर फड़की, फिर दब गई। गम्भीर बनकर कहा, "कहिए कहाँ चलना है?"

"हाँ, ये हुई अब कुछ बात!" टंडन सन्तोष से बोला और दोनों बस स्टैंड पर आकर खड़े हो गए, "तूने इतना थका दिया है कि अब कहीं ठंडी जगह चलकर कॉफी पीनी होगी...।" और फिर तटस्थ होकर कोई गीत गुनगुनाने लगा। छोटे-से ठेले में लेटे अपाहिज कोढ़ी को खींचती हुई एक औरत माँगती हुई सामने से गुज़री; पास खड़े सज्जन पाँव बदलकर ज्योतिषी के विज्ञापनवाले पर्चे को दुबारा पढ़ने लगे।

बस में, दो सीटों पर एक-एक व्यक्ति बैठा था, इसलिए इन दोनों को अगली-पिछली सीटों पर बैठना पड़ा। अमर जब सीट पर बैठा था तो टैरिलीन की बुश्शर्ट को सामने से खोले, अखबार से हवा करते युवक ने कितनी अनिच्छा और किंचित् झुँझलाहट से ज़रा-सा एक ओर सरककर उसे बैठने की जगह दी थी। इसे देखकर उसे भीतर-ही-भीतर एक क्रूर सन्तोष हुआ। दिल्ली के बस-यात्रियों की इस झुँझलाहट को अमर ने स्वयं भी अपने भीतर पाया है...आधी खाली सीट पर जब कभी कोई पुरुष आकर बैठ जाता है, तो ऐसा क्रोध आता है मानो किसी सुन्दर लड़की के बदले वह आ बैठा हो। बस में कोई लड़की चढ़ी और आधी सीट घेरे सज्जन निहायत आध्यात्मिक तटस्थता की मुद्रा में रोम-रोम से उसकी प्रतीक्षा कर रहे हैं। अधिक से

अधिक खिसककर उसके लिए जगह छोड़े हैं, लड़की दो सीट पीछे ही है कि खट् से एक खड़े हुए साहब खाली जगह आ विराजते हैं...मन होता है, धक्का देकर इन्हें नीचे सरका दें—बदतमीज़, लेडीज़ को बैठने दे या तू आ बैठा...अमर को उन प्रतीक्षा करते सज्जन की झुँझलाहट और 'सुच्याग्र' भूमि न छोड़ने की जिद तक खाली जगह पर अप्रत्याशित रूप में आ बैठनेवाले के मन में क्रूर आनन्द—दोनों का परिचय है और दिल्ली की बस-यात्रा के अनुभव पर एक बेलाग कहानी लिखने की बात वह जाने कब से सोचे है। पड़ोसी व्यक्ति की कुहनी और कन्धों की सख्ती से उसने समझ लिया कि वह रस-भंजक होकर आया है...वह खुलकर मुस्कराया।

टंडन सामने की सीट पर बैठा-बैठा पीछे घूम गया था और टेक पर ठोढ़ी टेके अमर के पास कुछ लोगों को देख रहा था, सीट की पीठ पर दिखता सिर ऐसा लगता था, जैसे किसी ने काटकर वहाँ लगा दिया हो। अमर इस बात पर भी मुस्कराया कि उसके मन में कैसी-कैसी बेतुकी बातें आती हैं...

''क्यों, इतनी हँसी किस बात पर आ रही है?'' टंडन ने पूछा।

''कुछ नहीं, यों ही।'' वह बोला, फिर खयाल आया, कुछ-न-कुछ कारण तो देना ही चाहिए। बिना सोचे कहा, हँस इसलिए रहा था कि शायद हम लोग ज़िन्दगी-भर इस बात पर लड़ेंगे...।''

''किस पर?'' अनजान बनकर टंडन ने पूछा।

''इसी पर कि मेरा काम भी कोई सीरियस काम है! तुझे मैं शायद कभी भी नहीं समझा पाऊँगा कि अगर मैं छह घंटे कुर्सी पर बैठूँ तो लिखना मुश्किल से एक घंटे हो पाता है, बाकी या तो उसके लिए तैयारी होती है या सोचना।'' बात अमर ने यों ही शुरू कर दी थी, लेकिन लगा कि सचमुच यह ज़रूरी बात है और टंडन से स्पष्ट कर लेनी चाहिए।

टंडन ने हस्बमामूल हाथ झटककर कहा, ''अरे तो हम कोई मना करते हैं कि आप छह घंटे मत लगाइए, लेकिन किसी की नौकरी तो नहीं है—तो छह घंटे सुबह न सही शाम को सही—रात को सही।''

''जी हाँ, रात को सही...!'' अब अमर को झल्लाहट होने लगी, ''हम तो मशीन हैं न, सो दिन में बैठ लें। रात में बैठ लें। यानी, जब दोस्तों का मनोरंजन हो चुके तो उन्हें ले जाकर उनकी बीवियों को सुरक्षित सौंप दें, और तब अपने छह घंटे का कार्यक्रम शुरू करें...।''

''तब फिर सीधा-सा रास्ता है कि दोस्तों को छोड़ दो।'' टंडन बुरा मान गया। उसका चेहरा गम्भीर हो आया।

''यानी दोस्तों का सम्बन्ध तोड़ लेना मंजूर है, लेकिन ज़रा-सा कन्सीडरेशन मंजूर नहीं है! और कुछ न सही, तो भाई यही समझ लो कि मेरी भी कुछ आधारभूत ज़रूरतें हैं, और उन्हें पूरा करने के लिए मैं कहीं नौकरी करता हूँ। चूँकि दस से पाँच तक किसी को दफ्तर जाना होता है, इसलिए उसके दोस्त दोस्ती ही तोड़ बैठें—

यह तो कोई तर्क नहीं हुआ...।''

टंडन ने ऊबकर जँभाई ली, ''तो बाबा, दस से पाँच तक अपना भी टाइम घोषित कर दे और हमारी जान छोड़।''

अमर ने ज़ोर देकर कहा, ''हर काम की अपनी नेचर होती है। जैसे तेरा काम है, कहीं का ऑर्डर है, कहीं टेंडर मंजूर कराना है, आप रात-दिन काम में लगे हैं। दूसरी तरह का काम, काम करनेवाले के मूड पर होता है...मन न हो तो सारे दिन न करें—हफ्तों न करें और मूड हो तो खाना-सोना भूलकर उसी में जुटे रहें...''

टंडन ने पूरा मुँह फाड़कर फिर जँभाई ली और खुले मुँह के सामने दो बार चुटकियाँ बजाकर कहा, ''तू जो चाहता है, सो साफ-साफ बता दे भाई...।''

अमर को इस बार-बार की जँभाई और बातचीत के इस लापरवाह लहज़े से फिर झुँझलाहट होने लगी। गुस्से से कहा, ''मैं कुछ नहीं चाहता, बस इतनी प्रार्थना करता हूँ कि अपने या किसी भी दूसरे के काम की तरह आप मेरे काम को भी गम्भीरता से लें और मौके-बेमौके इस बारे में मुझसे कोई मज़ाक न करें।'' और मुँह से कोई अनुचित बात न निकल जाए, इस विचार से वह सहसा चुप हो गया।

''जो आदेश...।'' टंडन मुड़कर सीधा हो गया और कंडक्टर को पैसे देने लगा। जैसे किसी से भी न बोल रहा हो इस तरह धीरे से कहा, ''काम-वाम करना तो यह सब हम जैसे मजदूरों का काम है, तुम्हें काम की क्या चिन्ता? हज़ार-दो हज़ार रुपए तो तुम्हारे लिए कोई चीज़ ही नहीं है...।''

अमर ने सुना और भीतर ही भीतर भुनभुना उठा। उसे अभी तक यही आश्चर्य हो रहा था कि अमला के हज़ार रुपए के चेकों पर टंडन ने कोई बात क्यों नहीं कही? अब सन्तोष भी हुआ और विरक्ति भी...। उसे टंडन परिवार से यही शिकायत थी... सारी आत्मीयता और सारे अपनेपन के बावजूद इस परिवार ने कभी उसकी मानसिक आवश्यकताओं को न समझा और न ही कभी महत्त्व दिया। उलटे हमेशा उसका मज़ाक बनाया। उसने अनेक बार निश्चय किया कि क्या यह ज़रूरी है कि वह इस परिवार के इतने निकट होकर ही रहे? वह बहुत औपचारिक सम्बन्ध भी तो रख सकता है। लेकिन दो-एक दिनों से ज़्यादा यह निश्चय टिक ही नहीं पाता। और कष्ट उसे सबसे अधिक उस समय होता है वह टैक्सी में व्यर्थ ही कनॉट प्लेस, इंडिया गेट के चक्कर लगवाकर टंडन लापरवाही से यह कहता हुआ आगे बढ़ जाता है, ''अमर मीटर देखकर पैसे दे देना ज़रा।'' या ''मैं साहब सिंह से कुछ दवाएँ ले लूँ—तू जब तक चारेक बोतल बियर बँधवा ले मैट्रो से। फिर सीधे घर चलते हैं। मन्दा खाना लिए बैठी होगी।'' शायद पैसे के प्रति अमर की लापरवाही का ही यह नतीजा है कि टंडन-परिवार का खयाल है, अमर की आमदनी के कुछ रहस्यमय तरीके हैं कि उसे वस्तुतः आर्थिक कष्ट जैसी कोई चीज़ नहीं है। चूँकि ऐसा कहते रहना एक फैशन है, इसलिए वह आर्थिक कष्ट जताता रहता है—वरना यों स्कॉलरशिप छोड़ना, हज़ार-हज़ार के चेक लौटा देना क्या आसान है?

बुखार टूट चुका था और रंजना एक दिन पहले हॉस्टल लौट गई थी। सिर्फ कमज़ोरी थी। दोपहर को दुकान का नौकर खाना लेने आया तो उसके कमरे से डाक भी लेता आया। सबसे पहले उसने अमला का खत खोला और ज़रा आराम से अधलेटा होकर पढ़ने लगा...अचानक वह शिमला जा पहुँची थी, "अधिक रुकना सम्भव नहीं था, दिल्ली से बाई कार आना था, समय भी नहीं था, फिर भी पालम से सीधे तुम्हारे कमरे पर गई थी...पता चला, आप बीमार हो गए हैं, और आपको कोई दोस्त उठा ले गए हैं। क्या करती, लौट आई...तुमने अपनी बीमारी की खबर देना भी ठीक नहीं समझा! पर एक बात है, तुम्हारी पड़ोसिन बेचारी बड़ी शिष्ट महिला हैं..."

"एँऽऽ, अमला उसके कमरे पर गई?" और वह एकदम उत्तेजना से उठ बैठा। पता नहीं सेठी-परिवार के लोगों ने उसके साथ किस तरह का व्यवहार किया हो... वैसे वे लोग हैं तो बड़े शिष्ट...और उसका मन हुआ, इसी क्षण कमरे पर दौड़ जाए, पूछे क्या अमला सचमुच आई थी? कैसे कपड़े पहने थी? कैसी साड़ी में आई थी? अकेली थी या...कैलाश भी?...

"अरे हीरा, ये मेज़ ज़रा इधर सरकाओ। तभी मन्दा भाभी का स्वर सुना तो वह सकपका उठा। मन्दा दोनों हाथों में सूप और दलिया-भरी प्लेटें लिए उसके पलंग के पास खड़ी थी। हीरा ने मेज़ अमर के पलंग के पास खिसका दी। उस पर प्लेटें रखने की व्यवस्था में दुष्ट मुस्कराहट से मन्दा ने कहा, "बड़े चेक आ गए हैं...।"

"चेक?" अमर चौंका। उसने फौरन खत उलटा तो दो हरे-हरे चेक पत्र के पीछे लगे थे।

"लगता है, प्रकाशक लोग रॉयल्टी का हिसाब भी सुन्दर लिफाफे में भेजते हैं...।" मन्दा ने हाथ के नैपकिन से चम्मचें पोंछते हुए कहा।

अमर सचमुच धक् रह गया था—एक इसी महीने का था और दूसरा दो महीने बाद का—एक-एक हज़ार के दो चेक! उसे विश्वास ही नहीं हो पा रहा था—सचमुच ये चेक ही हैं...चेकों पर बैंक का नाम, नम्बर सब सही था। अमला की लिखावट थी... नीचे दस्तखत थे।...जल्दी-जल्दी पत्र के तीनों पन्ने उलटे...इन चेकों की तो कहीं कोई बात ही नहीं लिखी। उसने तो इन्हें भी पत्र के पन्ने ही समझ रखा था। फिर देखा और एक रुद्ध आवेग भीतर से गले की ओर उमड़ने लगा...बहुत भीतर। वह निःशब्द बोला—अमला...अमला—इतना मत करो अमला! मैं बहुत कमज़ोर हूँ।

वह सुस्त होने का समय चाहता था, वह चाहता था मन्दा इस समय मज़ाक न करे। बहुत ही निरुद्विग्न भाव से धीरे से कहा, "अरे, ये तो चेक ही हैं, इन्हें तो मैंने देखा ही नहीं। यह क्या भेज दिया कम्बख्त ने...!"

"किस कम्बख्त ने भेजा है?" उत्सुकता मन्दा को भी थी। वह धीरे से पाटी पर बैठ गई। "अच्छा, ये खाते जाओ साथ-साथ।"

"उसी अमला ने...।" अमर सचमुच बहुत अव्यवस्थित हो उठा था। चिट्ठी को ज्यों का त्यों सिरहाने रखकर सीधा बैठ गया और नकली झुँझलाहट से बोला, "आज तो मुझे भले आदमियों का खाना दे देतीं! यह सूप और दलिया खाते-खाते तो मैं बोर हो गया।"

"खा लो चुपचाप...देखो अमर, यह सारा बचपना अब छोड़ दो। पछताओगे...।" मन्दा ने ज़ोर देकर कहा, "देखो मैं फिर कहती हूँ, तुम पछताओगे।"

"कौन-सा बचपना...?" अमर ने जान-बूझकर चम्मच से सूप हिलाना शुरू कर दिया।

"कौन है यह अमला?" जिरह के स्वर में मन्दा ने पूछा!

"दोस्त है...!" अमर ने सोचा, फिर वही कटघरा!

"दोस्त है...!" मुँह बिराकर मन्दा बोली, "मैं कहती हूँ, एक के प्रति ईमानदार रहना सीखो...मुझे रंजना ने सब बता दिया है...हमारा तो कोई दोस्त हमें हज़ार-हज़ार के चेक नहीं भेजता..."

अमर से मज़ाक दबाते न बना, "क्या कहने हैं भाभी! बड़ी लालसा है! एक दोस्त तो हम ही हैं।"

"शर्म नहीं आती..." मन्दा झेंप गई। यह उसका तकियाकलाम था। इस मज़ाक में बात की गम्भीरता न उड़ जाए, इसलिए जल्दी से बोली, "अरे लाख रुपए की लड़की है। अपनी शादी करो, घर बसाकर भले आदमियों की तरह रहो—सो तो होगा नहीं, और ये सब करेंगे...।"

"क्या सब करेंगे?" अमर को भी गुस्सा आ गया, "पता नहीं, उस बेचारी के बारे में तुम लोगों ने अपने मन में क्या-क्या फितूर बना रखा है! तुम समझती हो, मैं उसके ये रुपए रख लूँगा? या वह लड़की घर से फालतू पड़ी है...?"

"तो लौटा दोगे?" आश्चर्य से मन्दा ने पूछा।

"बिलकुल...कोई यों पैसे भेज दे और मैं रख लूँ! तब तो हो गया...।" अमर के माथे पर सलवटें उभर आईं।

"बड़ी अक्लमन्दी करोगे! किसी ने अपना समझकर भेजे हैं और आप लौटाएँगे तो बुरा नहीं लगेगा? यों तो दो-दो रुपए के लिए झगड़ोगे और अब ऐसे वो बन रहे हो..." फिर नीचे पड़े एक बेकार कागज़ को बाहर फेंकने के लिए उठाकर हाथों में मसलते हुए बोली, "उसके लिए इन रुपयों से क्या फर्क पड़ता है।"

इस बार सचमुच ईमानदारी से अपनी बात, एक बार और समझाने के लिए अमर ने सीधे मन्दा के चेहरे पर आँखें टिकाकर कहा, "भाभी, तुम लोग शायद कभी भी मुझे नहीं समझोगे। मैं दो-दो रुपए के लिए ज़रूर झगड़ता हूँ और जहाँ अपना अधिकार समझता हूँ वहाँ प्रकाशकों से, पत्रिकाओं से, पाँच-पाँच रुपयों के लिए अपने सम्बन्ध बिगाड़ लेता हूँ। अगर ज़्यादा व्यावहारिक बनूँ तो शायद इन पाँच के बदले सौ का काम निकाल सकता हूँ, लेकिन मैं चाहता हूँ, लेखन भी एक

सम्मानजनक पेशा हो, उसके परिश्रम के बदले भी उसी तरह कीमत मिले जैसी हाथी-दाँत पर नक्काशी करनेवाले को मिलती है—किसी भी कलाकृति के परिश्रम पर मिलती है; दान नहीं, पारिश्रमिक मिले। रुपए से मुझे कोई दुश्मनी नहीं है, लेकिन आज अमला दो हज़ार के चेक दान के रूप में भेज सकती है और उसी से अगर किसी परिश्रम के एवज में मैं पाँच रुपए माँगता तो शायद न निकलते। बस, इसी मनोवृत्ति से घृणा होती है। हमसे पहले वालों ने शायद इन्हें दान की महिमा कुछ इस ढंग से समझा दी है कि अब परिश्रम की महिमा बताते-बताते दो-एक पीढ़ी तो निश्चय ही लगेगी। हमसे पहले लोग दान लेकर सिद्ध और सन्त बन सकते हैं, लेकिन हम क्या करें कि जो न सिद्ध हैं न सन्त... केवल लेखक बनकर आत्मसम्मान की ज़िन्दगी जीना चाहते हैं...।''

शायद बात कहते-कहते अमर भूल गया कि वह मन्दा से यह सब कह रहा है। उसे लगा जैसे वह अमला को पत्र में लिख रहा...साथ ही मानो उसे यह भी खयाल है कि चेक लौटाते हुए ये सारी बातें ऐसे ढंग से कहनी हैं कि अमला को बुरा भी न लगे। शायद मन्दा ने उसकी आधी बातें समझीं भी नहीं। तभी टिफन को तौलिये से पोंछते-पोंछते हीरा ने आकर सारी बात समाप्त कर दी, ''बहनजी, कुछ और भेजना है दुकान?''

''कुछ नहीं, कहना जल्दी आएँगे।'' फिर उठते हुए बोली, ''बता देना, ये अमर बाबूजी अपने घर जाने की ज़िद कर रहे हैं।'' कहते हैं, यहाँ जंगल में कब तक पड़े रहेंगे?''

खाते-खाते अमर मुस्कराया।

दूसरे कमरे में मेज़ पर झुककर मशीन चलाती और डोरे को लम्बा खींचकर दाँतों से काटती मन्दा खुले किवाड़ों से देखती रही—अमर चारपाई पर ही औंधा बैठकर पत्र लिखता रहा, फिर सीधा लेटकर देर तक दोनों चेकों को घूरता रहा, फिर पत्र के साथ मोड़कर लिफाफे में रख दिया और जीभ पर गोंद गीला कर लिफाफा चिपकाने लगा।

रुपए लेने की तो बात ही अमर के मन में नहीं आई—हाँ, यह ज़रूर आया कि वह चेक रख ले, लेकिन उन्हें बैंक न भेजे...कभी दोस्तों में सप्रमाण गर्व से कहे कि जब मेरे पास 'सरगोधा ईटिंग हाउस' के लाला को देने के लिए पैसे नहीं थे, जब दो महीने का किराया चढ़ा था, तब भी मैं इन दो हज़ार रुपयों का मोह छोड़ सका था...

मन्दा ने दूसरे कमरे में बैठे-बैठे सोचा, 'ये ठीक कहते हैं, अमर का दिमाग खराब है...अब अमर मुझसे रुपए माँगे आकर; कह दूँगी, अब मुझसे क्यों माँगते हो? बोलो, घर आई लक्ष्मी लौटा दे रहे हैं। कैसे निभेगा बेचारी रंजना का इस आदमी के साथ...?'

अमर के कन्धे को किसी ने छुआ तो वह चौंक पड़ा। ''उतरो महाराज,'' कहता हुआ टंडन आगे बढ़ गया था। अमर ने झाँककर देखा, सिन्धिया हाउस आ गया था। नीचे उतरकर उसने पूछा, ''आखिर चलना कहाँ है?'' उसे फिर उस दिनवाली लड़ाई का ध्यान आ गया। कहीं फिर वैसी ही कोई बात न हो जाए, इसलिए वह चुपचाप पीछे-पीछे चलने लगा। कनॉट प्लेस की खुली और बन्द दुकानोंवाले, चौड़े-चौड़े बरामदों में घूमते हुए दोनों जब प्लाज़ा के सामने आए तो टंडन बोला, ''चल यार, इसे देख डालें...।''

''खेल क्या है?'' अमर ने पूछा।

''होगा कोई...'' कहकर वह सीधा काउंटर पर जा पहुँचा और अमर कुढ़ता हुआ काठ के तख्ते पर नारी आकार में काटे गए पोस्टर की इबारत पढ़ने लगा, अपने शरीर के उभारों को पागल उत्तेजना में मरोड़, बाल बिखेरे बी. बी. (ब्रिजिटी-बार्दोत्) के शरीर पर अंग्रेज़ी में लिखा था, 'ए पिक्चर ऑफ कर्व्स एंड नर्व्स...' सबकुछ भूलकर अमर इस भाषा पर मुग्ध होकर देर तक देखता रहा और सोचता रहा, 'हिन्दी में इस बात को इतने ही चुस्त और प्रभावशाली ढंग से कैसे कहेंगे?' तभी शीशे का दरवाज़ा खोलकर पीछे से प्रवेश करनेवाले किसी आगन्तुक ने पढ़ा, 'एंड गॉड क्रिएटेड वुमन... अब उसका ध्यान गया कि यह तो खासी सनसनीखेज़ तस्वीर है...और एक बार जब खुद नाम पढ़ा तो मज़ाक सूझा।

टिकट लेकर टंडन पास आ गया, ''चल भीतर ठंडक में बैठेंगे ज़रा देर...''

''पहले इस पिक्चर का नाम तो पढ़ ले...'' उसने टंडन के कन्धे पर आत्मीयता से हाथ रखकर कहा।

''बहुत मशहूर पिक्चर है...'' टंडन पढ़ने लगा, ''एंड गॉड क्रिएटेड वुमन...।''

''आगे...'' अमर बोला।

''नीचे ब्रैकेट में है, फॉर एडल्ट्स ऑनली...।'' पढ़ने के बाद जब बात समझ में आई तो टंडन केवल मुस्कराया, लेकिन अमर ठहाका लगाकर हँस पड़ा। सेंसर बोर्ड का सर्टिफिकेट नाम के साथ ऐसा चुस्त बैठा था कि पूरा वाक्य बन गया था...

अमर को उम्मीद थी, टंडन गला फाड़कर हँसेगा; जब नहीं हँसा तो उसने गौर से उसके चेहरे को देखा। भीतर टंडन चश्मा एक हाथ में लिए, दूसरे के अँगूठे और उँगलियों से जब पलकें दबाकर चुपचाप बैठ गया तो अमर को लगा कोई गम्भीर बात है।

''क्या बात है, कुछ लड़ाई-वड़ाई तो नहीं हो गई?'' अमर ने पूछा। यों आज वह बहुत खुश था भीतर से। पार्सल जब अमला के पास पहुँचेगा तो कैसी खिल उठेगी! चेकों का सारा गुस्सा धुल जाएगा। अच्छा, क्या लिखेगी अमला उसे अगले पत्र में?

अचानक उसे खयाल आया कि टंडन ने उसकी बात का जवाब नहीं दिया है... शायद अमला के खयाल से पता नहीं किस कारण एक अजीब-सी कोमलता उनके भीतर भर गई थी। यों उसने खुद ध्यान दिया था कि उसके स्वभाव में पहली जैसी

झुँझलाहट नहीं रह गई है। भीतर से जैसे कुछ भरा-भरा-सा महसूस करता है। उसके हाथ पर अपना हाथ रखकर प्यार से दबाया। बोला, "बता न यार, क्या हो गया...?

और उसे रंजना के साथ सिनेमा देखने के अनेक ऐसे अवसर याद हो आए, जब हाथ में हाथ लेकर बैठना ही एक मधुर रोमांच-क्षण होता था...शरीर का कोई भाग एक-दूसरे से छूता रहता था और ऐसा लगता था मानो बिजली की एक धार है जो दोनों शरीरों में चक्कर काटकर अपना सर्किट पूरा कर रही है।

"कुछ नहीं यार...।" टंडन ने हाथ खींच लिया।

आज ज़रूर कोई बात हुई है, वरना सच पूछो तो यह तो टंडन की दुकान का वक्त है...उसे इस समय घर होना चाहिए...वह यों अकेला घूमे?

बाहर निकलकर भी टंडन ने कुछ नहीं बताया। दोनों यों ही निठल्लों की तरह या तो सिनेमा पर बात करते, भटकते रहे या बैठे-बैठे कॉफी पीते, सिगरेटें फूँकते रहे...लेकिन अमर को जब कोई शक नहीं रह गया कि कोई बादल है जो टंडन के भीतर घुमड़ रहा है, और आज ही वह क्षण आएगा जब यह बादल बरसेगा...वस्तुतः यह समय बिताना नहीं था, बल्कि उस बरसने के क्षण को स्थापित किया जाना था... अमर प्रतीक्षा कर रहा था और टंडन टाल रहा था...

और तब वह क्षण आ गया।

तस्वीर से निकलकर दोनों इधर-उधर घूमते रहे...खड़े-खड़े एकाध परिचित से देर तक बहस की, कॉफी पी, और फिर टंडन ने सुझाया, "आ ज़रा खुले में बैठेंगे कहीं...।"

"क्यों, घर नहीं लौटना?" अमर को बड़ा आश्चर्य हो रहा था। टंडन साँझ से ही या तो घर जाने की जल्दी मचाने लगता था या मन्दा को वहीं बुला लेता था। आज दोपहर से ही भटक रहा है, घर या मन्दा की बात ही नहीं कर रहा!

"घर में है कौन?" आखिर झुँझलाकर टंडन बोला, "उनकी कोई बहनजी आ गई हैं, सो दोनों कहीं रिश्तेदारी में गई हैं। मैंने कह दिया, मुझे मत घसीटो, सो इसी बात पर मुँह फूल गया।"

रीगल के सामने, लॉन पर ज़रा धुँधली और एकान्त-सी जगह की ओर बढ़ते हुए टंडन कहता रहा, "कोई ज़रूरी है कि मैं आपके साथ दुनिया-भर की रिश्तेदारी निभाता फिरूँ? मेरा इरादा था कहीं तेरे साथ बैठकर सिनेमा देखते—मैंने भी कहा, तुम जाओ न जाओ, मैं सिनेमा ज़रूर देखूँगा।"

हरी घास पर रूमाल बिछाकर बैठते हुए बोला, "मैं तो प्यारे, एक ही नतीजे पर पहुँचा हूँ कि इन औरतों की जितनी-जितनी चिन्ता करो, उतना सिर चढ़ती हैं..."

"क्या बात है! आज तो एकदम ज्ञानी हो गया है।" अमर ने हँसकर पूछा।

"ज्ञानी की बात नहीं है; तुझे फैक्ट बता रहा हूँ।" टंडन आलथी-पालथी मारकर बैठा था और एक कंकड़ को हाथ से बार-बार उछालता-लपकता हुआ कह रहा था, "तुझे तो पता ही है, इन्हीं मेम साहिबा के लिए मैं भैया से लड़कर आया हूँ...। भाभी

से इनकी एक मिनट नहीं पटती...और अब हालत यह है कि इनके घर पर से कोई आ जाए, तो बस फिर कहाँ के टंडन साहब और कहाँ का कोई लाट साहब। तब उलटे हमको भी उपदेश मिलते हैं कि सभी से लड़ लोगे तो फिर काम कैसे चलेगा?''

''अबे, क्या बके जा रहा है? पागल तो नहीं हो गया?'' अमर को सचमुच भीतर बड़ी गुदगुदी महसूस हुई, टंडन कैसी गम्भीरता से ये सारी बातें कहता जा रहा है।

''ठीक है...।'' गहरी साँस लेकर बोला, ''हम तो पागल हैं...तू और रह गया था सो तू भी कह ले...।''

उसके स्वर से अमर चुप हो गया। उसे विश्वास ही नहीं हो सकता कि टंडन गम्भीरता से मन्दा से नाराज़ हो जाता है...दोनों के बीच में उसने जितना प्यार और जैसी घनिष्ठता पाई है, वह उसके लिए हमेशा से स्पृहा की चीज़ रही है...जब भी कभी उसने गृहस्थ-जीवन की कल्पना की, उसके सामने मन्दा और टंडन की तस्वीर आ गई है। दोनों को एक-दूसरे का जितना खयाल है, जितना दोनों एक-दूसरे के लिए करने को तत्पर रहते हैं, और साथ होने पर जिस पुलक से दोनों गद्गद हो आते हैं, वह सब कभी-कभी बहुत अस्वाभाविक भी लगता है। उसे लगता है यह सब भीतर की गहरी घुटन और व्यापक फ्रस्ट्रेशन है। जिस ढंग से टंडन साँझ को मन्दा के साथ के लिए बेचैन हो उठता और फिर दोनों जिस सन्तुष्ट-आत्ममुग्ध भाव से एक-दूसरे में लीन होकर बैठते या कॉफी पीते हैं, तब अनायास उसे कॉलेज का उद्धत टंडन याद हो आता है। कॉलेज यूनियन का प्रेज़ीडेंट...जिसने आज़ाद हिन्द फौज के अफसरों की रिहाई के समय नगर-आन्दोलन का नेतृत्व किया था और जो देश का बहुत बड़ा नेता होने की बात सोचा करता था—किसी पार्क में कोने में उस टंडन को मन्दा के साथ एकान्त में बैठकर बड़े भैया और भाभी की घरेलू राजनीति पर बहस करते देखकर कई बार अमर के मन में बात आई—यह प्यार नहीं, सिर्फ पलायन है। बहुत बड़े-बड़े सपने टंडन से सँजोए थे, बहुत तकलीफें घर-बाहर सही थीं—सबकुछ खत्म हो गया तो वह सोचता है, जो कुछ बचा है उसे ही सम्पूर्णता में ले ले—उसे क्यों छोड़े? एक बहुत बड़े जहाज़ के टूटने का दृश्य उसके सामने आता है—जिसके सारे यात्री डूब और बह गए हैं—डूबते हुए एक हताश व्यक्ति के हाथों आ लगता है एक तख्ते का टुकड़ा—और जी-जान से वह उस पर लिपट जाता है। कुछ ऐसा ही मन्दा के प्रति टंडन के प्यार को देखकर अमर को लगता है—तब वह अपने को सुधारता है, प्यार नहीं, 'आसक्ति'—दुर्घटना में पति खो देनेवाली निराधार बुढ़िया माँ जैसे अपने अभद्र-बिगड़े बच्चे से चिपकी रहती है...।

इस समय भी उसे लगा टंडन का आज का सारा दुःख इस बात पर है कि मन्दा ने उसकी उपेक्षा क्यों की। उसने कहा, ''एक दिन अगर भाभी किसी रिश्तेदार के साथ चली गईं, तो तुझे सारी ज़िन्दगी व्यर्थ दिखाई देने लगी?''

''मन को चाहे जितना समझा लूँ अमर...ज़िन्दगी तो अब फर्नीचर के टेंडर भरते

बीतनी है...।" फिर गहरी साँस।

"और रखा क्या है?" अमर ने समझाया, "चार-पाँच साल में घर का मकान होगा, बैंक में रुपया होगा, शानदार गाड़ी होगी...और क्या चाहिए? अपनी तरह तो नहीं कि जितनी ज़मींदारी पाँच साल पहले घर छोड़ते समय साथ थी, उतनी ही आज है, उतनी ही दस साल बाद होगी—वही एक बक्स कपड़े-बिस्तरच दो बक्स कागज़-किताब...।"

"कभी-कभी मेरा भी मन होता है यार—यों ही तेरी तरह निश्चिन्त ज़िन्दगी होती—जहाँ मन होता जाते। पर हो कहाँ पाती है...?" फिर धीरे से लेट गया।

अमर चुप हो गया। सबकुछ अचानक बड़ा उदास और सूना-सूना हो आया था। टंडन की बात को उसने कतई गम्भीरता से नहीं लिया। कभी-कभी आदमी का मन होता है कि वह घोर निराशा-भरी बातें करे...वैराग्य और खानाबदोशी की बातें करे, तब सभी कुछ बड़ी निराशा और उदासी से भरा-भरा लगने लगता है। लेकिन स्वयं उसको अपने भीतर यह उदासी और व्यर्थता एक स्थायी और चिरन्तन तत्त्व जैसी लगती है...यही हर समय बनी रहनेवाली मनःस्थिति है...बाकी जो कुछ आता है...वह तो केवल धुएँ के बादलों की तरह।

चारों ओर बत्तियाँ थीं...वह बिल्डिंगों से चिपके नियॉन-साइन थे और बसों, स्कूटरों, कारों की मिली-जुली गुर्राहट थी...जैसे ये लोग किसी द्वीप में बैठे हों और चारों तरफ सागर गरज रहा हो...लहरों की बाढ़ एक पर एक गुज़रती चली जाती हो। अमर ने पीछे हथेलियाँ टिकाकर पाँव फैला लिए। सामने ही बड़े-बड़े अक्षरों में रीगल, गेलॉर्ड और स्टैंडर्ड के नाम चमक रहे थे। रीगल की 'ई' आज नहीं जल रही थी।...अनेक बार वह रंजना के साथ यहाँ आकर बैठा है। इन विज्ञापनों को कभी सम्पूर्ण ही नहीं पाया...कुछ-न-कुछ टूटा ही रहता है। और कुछ नहीं तो 'खादी ग्रामोद्योग' का 'ग्रा' ही शीर्षासन करने लगता है। इस समय रंजना होती तब भी क्या ऐसे ही अवसाद की अनुभूति उसे होती रहती...? तब तो शायद यों दूर-दूर थोड़े ही बैठे होते, जैसे टंडन अलग लेटा है...? निश्चित रूप से दोनों सटकर एक धुँधलके के झागदार आवरणों में खोए रहते। वह शायद उसकी उँगलियों या वेणी से खेलता रहता...और बीच की पगडंडी से गुज़रनेवाले अँधेरे में नज़र गाड़-गाड़कर उन्हें देखते जा रहे होते—और उस सारे सम्मोहन और स्वप्न के वातावरण से सहसा टूटकर गहरी साँस लेकर रंजना कहती, "अच्छा, अब चलें, हमें देर हो जाएगी..."

वह बिना किसी प्रसंग के ही कह उठता, "जानती हो, मेरे मन में कैसे घर में रहने का स्वप्न जागता है?...समुद्र के किनारे काली-काली बड़ी-सी चट्टान हो, उस पर एक छोटा-सा घर हो और उसकी सारी खिड़कियाँ-दरवाज़े समुद्र की ओर खुलते हों...मेरा एक छोटा-सा कुत्ता हो और मैं रोज़ सुबह-शाम लहरों को छूता हुआ उसके साथ किनारे-किनारे दूर तक घूमने जाया करूँ...।" वह 'दूर' को खींचकर कहता।

शायद यह सब उसने कभी भी नहीं कहा, शायद उन दिनों तो यह कभी भी

सोचा नहीं। जुहू पर बैठकर साथ-साथ साँझ देखने की बात से ही यह सपना उभरा था। वह भी अब लगता है कि शायद तब ऐसा ही कुछ कहने को, ऐसा ही एक सपना पालने को मन होता था।

"चलो न।" रंजना उठकर कहती तो उसे खयाल आता कि यह सब तो वह सिर्फ सोच रहा है—ऊपर से चुपचाप बैठा हुआ।

"चलो...।" अमर कहता, "भाई, मेरा तो मन उठने को नहीं होता...कमरे पर जाकर भी क्या करूँगा!"

खड़े-खड़े साड़ी की सामनेवाली पटलियाँ ठीक करना छोड़कर व्यथित-सी रंजना उसे देखकर कहती, "ऐसा क्यों कहते हो अमर...?" उसमें कुछ ऐसा भाव छिपा रहता : तुम अभी कहो, और देखो, सबकुछ छोड़-छाड़कर तुम्हारे साथ न चल दूँ...

अमर उसके कन्धे पर हाथ रखकर हँस पड़ता, "ऐसी कोई बात नहीं रंजना... इस समय लिखने-पढ़ने की इच्छा तो होती नहीं...वहाँ अकेले कमरे में जाकर आखिर करना भी क्या है? तुम्हें बस में बिठाकर कहीं और भटकूँगा..."

सचमुच साँझ की इस चहल-पहल से थककर अकेले और सूने कमरे की ओर लौटना कैसे खालीपन से भर देता है—मानो हँसी-खुशी में जीता अपने भीतर कोई अमर था और उसे फूँककर श्मशान से घर लौट रहा हो।

और आज भी क्या उसने उस अमर और उस रंजना को नहीं फूँक दिया? वह तो कोई दूसरा ही अमर था—वह अमर और वह रंजना बस साथ-साथ जुहू गए थे—वहाँ से नहीं लौटे। 'कुछ मरण अपने पीछे लाश नहीं छोड़ते"—अमला को लिखेगा।

"अच्छा एक बात बताएगा, एकदम साफ-साफ।" इतनी देर की चुप्पी के बाद अचानक ही टंडन ने छाती पर रखे चश्मे को कानों पर चढ़ाकर कहा और अमर की ओर करवट ली।

"हूँ..." चौंका अमर—इस विचार से भी कि इतनी देर बैठे-बैठे सोचता रहा और अमला का खयाल एक बार भी नहीं आया?

"तेरी ज़िन्दगी की निश्चिन्ततावाली बात सोचते-सोचते एक बात मन में आई है...मजाक और नाराजी की बात नहीं, यों ही ईमानदारी से जानना चाहता हूँ..." टंडन हिचका—"अमला से तू क्या एक्सपेक्ट करता है?"

अमर कुछ देर चुप रहा, फिर जैसे बोल-बोलकर सोचने लगा, "देख टंडन, हमारी ज़िन्दगी में कुछ क्षण ऐसे भी आते हैं, जब हम सिर्फ अपने को खोलते हैं...कहूँ तो, दूसरे को सामने बैठाकर अपने अन्तर को नक्शे की तरह फैला लेते हैं और स्वयं उसमें अपनी स्थिति को समझते हैं...जैसे अँधेरे कमरे में फिल्म डेवलप करने के बाद रोशनी में देखी जाती है...शायद वैसा ही एक क्षण यह भी है...मैंने कई बार खुद सोचा है कि आखिर मैं उससे क्या एक्सपेक्ट करता हूँ? पैसा...? अनेक बार मैंने पूछा : आखिर मैंने उसके चेक क्यों लौटा दिए?—यों यह लेन-देन भले ही दो व्यक्तियों के बीच में रहे; लेकिन वस्तुतः मैं तो उसे लेकर बदले में समाज को ही कुछ देता।

कल वह जाकर उन रुपयों की एक अँगूठी उठा लाएगी और वह साधन, जिससे कोई बड़ा काम हो सकता था, उसकी उँगली की शोभा बनकर उसके अहं को सन्तुष्ट करता रहेगा...लेकिन यह सारी बात तर्क में ही ठीक लगती है, व्यावहारिक रूप में लगता है कि कहीं अमला यह न सोचे कि ये सारी भावनात्मकता...यह सारी आत्मीयता केवल इन चेकों तक पहुँचने का सेतु थीं...''

''वही तो मैं भी पूछता हूँ कि आखिर तुम उससे एक्सपेक्ट क्या करते हो?'' टंडन बात काटकर दुहराता।

''मुझे उससे प्यार हो गया—ऐसा भी मुझे कतई कहीं दूर-दूर तक भ्रम नहीं है...क्योंकि शायद हम दोनों ही अपने को, अपनी हैसियत को कभी एक क्षण को नहीं भूल पाते...मैं जानता हूँ तुम्हें विश्वास नहीं होगा, लेकिन मेरे लिए यह सिर्फ एक मैत्री है...एक मधुर मैत्री। यों हम दोनों शायद कहीं भी एक-दूसरे की ज़िन्दगी को काटते नहीं हैं...उसका अपना जीवन है...अपनी समस्याएँ, सम्पर्क और सम्बन्ध हैं...मेरी अपनी ज़िन्दगी की धार है, अपने दुःख-सुख हैं—आपस में हम दोनों कहीं एक-दूसरे का रास्ता नहीं काटते—सिर्फ समानान्तर चलती दो रेखाएँ हैं...मैं जानता हूँ, तुम्हें और रंजना को अमला के बारे में कुछ भ्रम है; लेकिन अगर मेरा विश्वास कर सको तो कहूँ, ऐसी कहीं कोई बात नहीं है...'' अमर के मन में कलकत्ता के वे दो दिन, अमला का व्यवहार और सारे पत्र टुकड़ों-टुकड़ों में आते रहे।

''तब फिर तुम्हारे और अमला के बीच कॉमन क्या है...सिर्फ यही कि वह तुम्हारी पाठिका है...?'' टंडन मुँह में सिगरेट लगाकर एक हाथ से ही माचिस जलाने की कोशिश करने लगा। उसने माचिस घास पर खड़ी कर दी और उस पर तीली इस तरह मारने लगा कि वह जल जाए।

''कॉमन...?'' अमर सोचने लगा। फिर मानो विचारों को समेटकर बोला, ''शायद इतनी ही बात कॉमन नहीं है टंडन—उसके सारे व्यक्तित्व में ज़रूर कुछ ऐसा प्रेरक है, जिसकी मेरे आन्तरिक व्यक्ति को इस समय खोज है...या शायद यह भी नहीं...'' वह फिर रुका—''हाँ, यही कॉमन हो सकता है कि हम दोनों अपनी-अपनी परम्पराओं और परिधियों से ऊपर उठने की बेचैनी को महसूस करते हैं—शायद यह बेचैनी ही कॉमन हो...''

''मैं तेरी बात समझ गया।'' टंडन ने कहा, ''अपने-अपने वर्ग और वातावरण से उठने या असन्तुष्ट होने की भावना ही तुम्हारी आन्तरिक समानता का सेतु बनती है...यही न?''

''हाँ...तुमने बात को अधिक स्पष्ट शब्द दे दिए...'' अमर बोला और सोचता रहा कि क्या वास्तव में कहीं अनजाने उनके बीच में यही बात तो कॉमन नहीं है। तभी टंडन का प्रश्न उसे बीच से काटता चला गया।

''यह बात तुम्हें रंजना में नहीं मिलती?''

शायद इस जगह रंजना के सन्दर्भ की न तो अमर को आशा थी, न वह इसके

लिए प्रस्तुत था। वह सहसा भीतर से अव्यवस्थित हो उठा...उसे लगा, टंडन की बात का कोई जवाब उसके पास नहीं है।

टंडन ने अपनी बात का प्रभाव तोला, ज़रा देर प्रतीक्षा की और फिर सधे लहजे में बोला, "रंजना भी तो अपने वातावरण और वर्ग से उठने को व्याकुल है...। उसने भी तो अपनी परम्पराओं और परिधियों को तोड़ा है। तुझे उसमें कुछ भी प्रेरक नहीं लगता...?"

धीरे से, ताकि वातावरण का जादू न टूटे, टंडन एक कुहनी के बल बैठ गया। अमर चुप था। उन दोनों के बीच इस समय क्षणों की धार कुछ इस तरह बहती चली जा रही थी जैसे सस्पेंस की तनाव-भरी खिंचावट में पर्दे पर प्रोजेक्टर के चलते रहने की खड़खड़ाहट सरकती रहती है।

"उसमें प्रेरक कभी रहा ही नहीं, ऐसा तो नहीं है...।" आखिर अपने से ऊपर आकर अमर बोला। मगर भीतर उसे लगता रहा, जैसे इस बात का कोई जवाब नहीं है—न वह 'हाँ' कह सकता है...न 'ना'। उसने धीरे से कहा, "इस बात का जवाब एकदम नहीं दिया जा सकता..."

"तेरी जब इच्छा हो तब जवाब देना, लेकिन अब बात आ ही गई तो एक बात कहूँगा।" फिर दो-तीन क्षण सोचा—शायद अमर के चेहरे को देखा कि वह बात सुनने को तैयार है या नहीं। सिगरेट का धुआँ लीलकर बोला, "तुझे अमला और उसके परिवेश ने छा लिया है। मुझे तो लगता है कि अभी तू जान ही नहीं सकता कि अमला और तेरे बीच कॉमन क्या है? तूने आज ही अपना उपन्यास उसे समर्पित करके पोस्ट किया है, इसलिए कुछ भी टिप्पणी नहीं करूँगा—लेकिन सचमुच इस नए प्रभाव में तू इतनी बड़ी बात क्यों नहीं देख पा रहा, यह मेरी समझ में नहीं आता..."

"क्या?" अमर ने डरते-डरते पूछा।

"कि यह लड़की तुझे कितनी गहराई से प्यार करती है, तेरे लिए क्या करने को तैयार है...वरना जो कुछ बम्बई में हुआ, उसके बाद कोई भी भली लड़की तेरी सूरत देखती? इन दो दिनों की बीमारी में उसने तेरी जैसे सेवा की है, जिस ढंग से तेरे दुःख-दर्द को अपने पर ले लिया है—उन सबने तो मुझे सचमुच हिला दिया..."

टंडन के चेहरे की व्यथा और लहरों की तरह आते-जाते भावों को देखकर अमर को लगा जैसे उसके भीतर कुछ पिघलने लगा है। फिर भी उसने तर्क रखा, "यह भी हो सकता है, मैं कहीं अपने भीतर, इस मध्यकालीन भारतीय नारी की पूजा से ही डरता होऊँ...हो सकता है, बाँध डालनेवाला यह प्यार मुझे अपने से भारी लगता हो..."

"अमर...!" इस बार टंडन ने दृढ़ स्वर में कहा, "तू मेरा मित्र है...सचमुच कहूँ? उस लड़की से मुझे तेरे माध्यम से ही स्नेह है। और मैं यह भी जानता हूँ, कल तू अगर रंजना को मारकर भी आएगा तो मैं तेरा ही साथ दूँगा...तू उससे शादी करे न

करे...मुझे कोई दुःख नहीं होगा। ठीक है, ज़िन्दगी में बहुत साथ होते हैं; बहुत लड़कियाँ आती हैं और किन्हीं कमज़ोर क्षणों में हम कुछ वायदे भी कर लेते हैं।... लेकिन ज़रूरी नहीं है कि हरेक से शादी ही की जाए...। मगर एक बात मैं कहूँगा अमर कि शादी करने की बात कहीं भी ज़रा मन में हो, तो यही लड़की है जिससे तुझे अपने हित में...अपने लेखन के हित में—शादी कर लेनी चाहिए—क्योंकि यही लड़की है जो तुझे सिर्फ तेरे बेटर-सेल्फ अर्थात् लेखन को नहीं बल्कि खुद तुझे सारी कमज़ोरियों और कमियों के साथ प्यार करती है...।'' टंडन यहाँ फिर ठहरा, शायद इतनी बात को अमर को आत्मसात् कर लेने देना चाहता था। जैसे सूखी मिट्टी पर पानी भरा लोटा डालकर राह देख रहा हो कि सूख जाए तो और डाल...। फिर धीरे से कहा, ''और तू उसे मारने पर तुला है...!''

अभी तक बहुत-से तर्क, बहुत-सी दलीलें, बहुत-से जवाब अमर के मन में आ रहे थे—लगा, सब एकदम जाने कहाँ चले गए हैं। उसके मन में कुछ नहीं है—वह सचमुच अपराधी है। बीमारी के दौरान में उसने चुपचाप रंजना की सेवाओं को ग्रहण किया है, न तब सोचा, न बाद में। जैसे वह उसकी बात सोचने से डरता था और बलपूर्वक उसे दिमाग से बाहर निकाले रखता था...अब उसे न सामने के नियॉन- साइन दिखाई दे रहे थे, न ट्रैफिक का शोर कानों में आता था। टंडन की बात भी वह नहीं सुन रहा था—उसे तो ऐसा लग रहा था जैसे यह सब टंडन नहीं, खुद उसके भीतर कोई बोल रहा है...। और जब सहसा टंडन चुप हो गया तो उसे ऐसा लगा जैसे यह चुप्पी एक गहरा गड्ढा है—जिसकी घुटन वह सह नहीं सकेगा...यह चुप्पी उसे तोड़ देगी...मानो टंडन का यह बोलना उसे अँधियारी ऊबड़-खाबड़ घाटियों के पार निकाले ला रहा था। उसे सब स्वीकार है उसे...सब मान्य है...लेकिन...उसने...व्यथित भाव से कहा, ''टंडन एक सुखी गृहस्थ जीवन के सुख का सपना मेरे मन में न कौंधता हो—यह मैं नहीं कहूँगा। आखिर मैं भी आदमी हूँ...। रंजना के प्यार और समर्पण को मैं नहीं जानता ऐसा भी नहीं है...मैं मुँह से बोलूँ या न बोलूँ, लेकिन उसे मुझसे ज़्यादा अच्छी तरह कौन जानता है...?'' फिर उसने उद्वेग लीला, ''मगर तू बता, आखिर कैसे यह जिम्मेदारी ले लूँ...? आज मन्दा भाभी नहीं हैं और तुझे घर जाना अच्छा नहीं लग रहा। मुझे इस तरह उस सुनसान कमरे में लौटना रोज़ अच्छा नहीं लगता—वहाँ कहीं तौलिया पड़ा होगा, कहीं पैंट; मेज पर पाज़ामा फैला हो तो कुर्सी पर गिलास...। यह सब मैं खुद सह सकता हूँ—लेकिन उस बेचारी लड़की को लाकर क्यों मारूँ? मेरे तो न खाने का ठीक है न रहने का। कभी दोनों वक्त का एक वक्त खा लिया, कभी चाय-नाश्ते पर ही काट दिया—यहाँ बैठे हों तो ग्यारह बजे तक यहीं बैठे हैं। आज बस को पैसे नहीं हैं, तो मन्दा भाभी से माँग लिए। इस सबमें उस बेचारी को क्यों घसीटूँ...?'' फिर उसका गला रुँध आया, ''रंजना को मैंने मारा हो या न मारा हो, लेकिन यह सब निश्चय लेते समय अपने को मैंने कितना मारा है मैं ही जानता हूँ...।'' उससे बात पूरी नहीं हो पाई।

टंडन की तनी पीठ ढीली हो गई; धीरे स्वर में पूछा, ''अच्छा, यह सब रंजना नहीं जानती? तेरी हालत, तेरा स्वभाव, तेरी आर्थिक स्थिति या अनिश्चित दिनचर्या की जानकारी रंजना को नहीं है?—यही मैं कहता हूँ अमर, तू नहीं जानता कितनी गलती कर रहा है। रंजना यहाँ नहीं सुन रही, इसलिए मैं कह भी रहा हूँ। तू मुझे बता, रंजना में क्या कमी है? पढ़ी-लिखी, सुन्दर, समझदार अपने पैरों पर खड़ी है। उसे एक-से-एक अच्छे लड़के मिल जाएँगे। दूसरी तरफ आप अपने को देखिए, बदले में उसे क्या देंगे? आप बहुत धनी हों...बहुत सुन्दर हों...सो भी नहीं—कल चाहे तीसमारखाँ बन जाएँ, आज एक साधारण से लेखक ही तो हैं! मैं भी तो सुनूँ, आपके घर आकर वह बेचारी कौन-से पालने झूलेगी? और इतने सब पर भी वह जिद कर रही है तो इसलिए न, कि कोई चीज़ है जो उससे भी बड़ी है...''

अमर ने घुटने कर कुहनी रखकर हथेली में माथा ले लिया...एक ज्वार था जो उसके ऊपर से गुजरता चला आ रहा था! कितना बड़ा सच था जो टंडन ने कह दिया था! आखिर उसे हो क्या गया है कि वह इस लड़की के गहन और एकनिष्ठ प्यार को नहीं पहचान पाता? सभी कुछ तो ताश के पत्तों की तरह साफ है—उसका अपना जीवन, उसकी अपनी परिस्थिति...रंजना का प्यार, रंजना का त्याग। उसकी आँखों पर कौन-से पर्दे पड़े हुए हैं जो इतना जलता सत्य उसे नहीं दिखाई देता? और उस पल उसे लगा, नहीं, उसे सब दिखाई देता है—वह सबकुछ समझता है, सबकुछ जानता है। सिर्फ अपने सामने उसे स्वीकारने से डरता रहा है...शायद कोई बद्धमूलहीनता-भाव है कि वह यों प्राप्य से आँखें मूँदकर अप्राप्य-अज्ञेय के पीछे भागता रहा है...

डूबे-डूबे उसने सुना, टंडन खुद ही बोले जा रहा था रुक-रुककर—''सच पूछो तो मैं इसमें तुझे दोष भी नहीं देता! कुछ मिथ्स—मिथ्या धारणाएँ—हमें परम्परा से मिलती हैं और हम उन्हें बिना जाँचे ज़िन्दगी भर पालते जाते हैं। उन्हीं में एक मिथ यह भी है कि कलाकार को घर नहीं बसाना चाहिए...ये ज़िम्मेदारी उसे खा जाती है—या यह कि उसे दुखी और निर्धन ही होना चाहिए...न उसे अच्छा खाने का हक है, न पहनने का...मैं कहता हूँ, यह सब बकवास है...'' और भी पता नहीं क्या-क्या बोलता रहा।

पता नहीं, कितना समय यों ही बीत गया। कम-से-कम अमर को लगा घंटों बीत गए। फिर उसने गहरी साँस ली और अपने भीतर की जाने किन तहों से टंडन के कन्धे पर हाथ रखकर काँपते स्वर में बोला, ''टंडन, तू मेरा दोस्त है...एक काम करेगा...?''

टंडन के कन्धे पर रखे अमर के हाथ ने महसूस किया कि टंडन के भीतर कुछ सिहर उठा। मुँह से कुछ नहीं कहा, बस प्रश्न-दृष्टि से देखा।

''देख टंडन, मेरी समझ में कुछ नहीं आता...'' अमर ने गीली आँखें उसके चश्मे पर टिका दीं, ''मेरा दिमाग खराब हो गया है। मुझे अपना भला-बुरा कुछ भी नहीं सूझता...तू विश्वास कर, इस क्षण जो भी निर्णय तू मेरे लिए देगा, मैं उसे ज्यों का

त्यों मान लूँगा, एक भी बार ना-नुच करूँ तो जो तेरा मन हो सो कर देना। तू बता मैं क्या करूँ...?''

''होश में बोल रहा है?'' टंडन ने पूछा।

''तू बोल तो सही...मैं एकदम होश में हूँ।''

टंडन ने गौर से अमर के चेहरे को देखा और तब उसे लगा जैसे सहसा उसका शरीर ढीला पड़ गया। धीरे-से उसने चश्मा उतारा और फिर अपने में डूबकर अपनी मोटी भौंहों और माथे की सलवटों को मसलने लगा...फिर्स उसकी उँगली की अँगूठी कभी-कभी बाहर की रोशनी में चमकती रही। अमर ने अपना हाथ हटा लिया...कुछ देर प्रतीक्षा की और फिर अचानक ही भूल गया कि टंडन के उत्तर की राह देख रहा है। उसे लगा, छाती पर रखा बोझ था जो उसने टंडन को सौंप दिया और स्वयं हलका हो गया—मन के बहुत ही भीतर आया : काश, यह निर्णय यह अमला से कराता...!

आखिर जैसे कुछ हुआ ही न हो, इस तरह चश्मा नाक पर रखकर सहसा टंडन उठ खड़ा हुआ, ''अच्छा, अब चलें बहुत देर हो गई...।''

अमर ने समझ लिया...वह सोचने को समय चाहता है। वह भी उठा, रूमाल उठाकर झाड़ा और चहलकदमी की तरह दोनों बाहर की दिशा में बढ़े। अमर ने देखा—होटलों को छोड़कर बाहर की दुकानें बन्द हो गई हैं। कलाई उठाई—ग्यारह को सात मिनट।

टंडन नीचे देखता एक-एक कदम चलने लगा। छोटी-सी हँसी हँसकर बोला, ''यार, तूने बड़ा मुश्किल काम दे दिया है...''

अमर कुछ नहीं बोला—सिर्फ निरुद्विग्न प्रतीक्षा करता रहा। छोटी-सी खुली जगह से जब दोनों एक-एक करके लॉन से निकलने लगे, तो टंडन सहसा ठिठका। फिर मानो साहस करके बोला, ''तो सुन, कर डाल....।''

''डन!'' अमर ने ऐसी तत्परता से कहा मानो वह इस उत्तर को तैयार रखे, जानता था टंडन यही निर्णय लेगा, झट वह यही जवाब देगा।

लेकिन टंडन को मानो झटका लगा। उसे विरोध की आशा थी। अपने ही निर्णय को काटना चाहता हो, इस तरह वह ठिठका—उसके होंठ फड़के। फिर कुछ सोचकर चुप हो गया।

दोनों ने सड़क पार की और एक मूक समझौते की तरह अपनी-अपनी सवारियों की खोज में निगाहें दौड़ाने लगे। बहुत स्वाभाविक लहजे में अमर ने कहा, ''लेकिन एक बात है टंडन, जो भी होगा—वह इसी हफ्ते में सात दिनों में हो जाएगा। मैं कमज़ोर आदमी हूँ यार, पता नहीं फिर दिमाग में क्या तूफान आ जाए...।''

टंडन वही पुराना आदमी हो गया था, कन्धे पर हाथ मारकर बोला, ''अबे शादी तेरी हो रही है या मेरी...? कहाँ तो साले ऐसे भड़क रहे थे कि नहीं, हम शादी करेंगे ही नहीं; और कहाँ अब यों उतावले हो उठे कि सात दिन में ही करा दो...''

जब अमर ने उसकी बात में कोई सहयोग नहीं किया, तो उसे खुद अपना मज़ाक निहायत बेमौजूँ लगा। अमर बहुत गम्भीर हो गया था। अपनी ओरवाले

मोटरसाइकिल-रिक्शे में बैठते समय उसने सुना—अपने मज़ाक पर क्षमा माँगने के लहजे में टंडन उससे अनुरोध कर रहा था, "चल, आज उधर ही चल न..."। फिर शायद उसे याद आ गया कि मन्दा पता नहीं, अभी तक आई होगी या नहीं।

"नहीं...मुझे भी तो सोचने दे।" फिर खुद ही मज़ाक सूझा, "कल भाभी से लड़ना है। आप चली जाती हैं तो इस नेता को दुनिया सुधारने की सूझती है।" फिर याद करके कहा, "अच्छा, अब तू भी चल, बहुत देर हो गई...और हाँ, अपने पास फूटी कौड़ी नहीं है। पैसे-वैसे का इन्तज़ाम कर लेना...।"

टंडन हीरो की अदा से बिना मुड़े सिर के ऊपर एक हाथ हिलाकर चला गया। अमर उसे देखता रहा—सचमुच, इस टंडन को लेकर वह ऐसी उलटी-सीधी बातें कैसे सोच पाता है? अगर कोई भावना इनके प्रति उसके मन में होनी चाहिए तो वह होनी चाहिए कृतज्ञता की। यह उसकी अपनी की कुंठा है कि वह मन्दा और टंडन के प्यार को सहज-स्वाभाविक ढंग से नहीं ले पाता। उसमें भी अपना लेखकीय मनोविज्ञान छौंकता है। सचमुच कभी-कभी वह उसके साथ बदतमीज़ हो आता है। तब उसका मन टंडन के प्रति एक उच्छ्वसित आभार से अभिभूत हो आया...।

सूनी सड़कों पर मोटर-रिक्शा भागा चला जा रहा था—न उसे अपना खयाल था, न अपने आसपास की सवारियों का। जेब की डायरी रिक्शे के झटकों में उछलकर गिर न जाए, इसलिए एक हाथ छाती पर रखे था...न उसे दुःख था, न सुख। मन में खालीपन भी नहीं था, बस एक निश्चित स्थिरता थी। गहरा और व्यापक सन्तोष था...! हलका विस्मय था...। कभी-कभी आदमी आत्मीयता और अनुभूति के किन अनजाने स्तरों पर उतरकर अपने को पाने लगता है? तब उसे लगा—भगवान को साक्षी बनाकर किया गया कन्फेशन; अपने विकार की स्वीकृति आदमी को ऐसे ही पावन हलकेपन से भर जाती होगी...यों ही आदमी अपने को धोकर निर्मल कर लेता होगा। टंडन को जब पादरी का चोगा पहनाकर उसने खड़ा किया, तो बरबस मुस्कराहट फूट पड़ी। तभी भीतर एक कटुता जागी—मेरे लिए वे क्षण चाहे जितने पवित्र, आत्मलीन तन्मयता के हों...और इस समय टंडन ने चाहे जितनी गम्भीरता से उन्हें लिया हो, कल ही मन्दा के सामने या कि किन्हीं भी जाने-अनजाने लोगों के सामने वह अमर से कही हुई बातों को निहायत हलके और फूहड़ मज़ाक में दुहराएगा..."सुना मन्दा, इन अमला जी का प्रभाव इन लेखक साहब पर बड़ा प्रेरक पड़ता है!" फिर आहत खड़े अमर की ओर देखकर कहेगा, "स्साले!" ऐसे क्षण में अमर को लगता है जैसे उसके भीतर के किसी नाजुक और कोमल की गर्दन मरोड़ दी गई हो। वह तब स्वयं अपने प्रति अपराधी महसूस करता है। गलती उसी की है; क्योंकि टंडन को तो शायद वह इस ज़िन्दगी में समझा ही नहीं पाएगा कि अनुभूतियों के कुछ धरातल ऐसे पावन होते हैं जब आत्मीयता के लीन क्षणों में मनुष्य उन्हें घोल ज़रूर देता है; लेकिन बाद में, कभी भी, किसी भी लहजे में उस सबका स्वयं अपने

द्वारा दुहराया जाना तक बर्दाश्त नहीं कर पाता...। तिलमिलाहट के उस ज्वार में निहायत अपरिचित की तरह देखता हुआ वह सोचता है कि क्या इस टंडन में कहीं भी मानवीय संवेदना नहीं बची है? इसके लिए अपना या दूसरों का कुछ भी प्रिय और पवित्र नहीं है?

आज उसने क्या-क्या कहा है जिसे टंडन बाद में इस तरह दुहरा सकता है...याद करने की कोशिश करते-करते सड़क के मुड़ते ही उसके अभ्यस्त ज्ञान ने बताया कि सामने दूर के मकान पर उसकी खिड़की दिखाई देने लगी है...क्षणांश को लगा, वहाँ रंजना खड़ी-खड़ी उसकी प्रतीक्षा कर रही है...कौन जाने रंजना के साथ ही वह अपने व्यक्तित्व का सर्वश्रेष्ठ दे। ज़िन्दगी के जो पक्ष आज उसके लिए केवल कल्पनीय हैं, वे ही उनके अनुभवों और बोध को धार दे दें...

सिर्फ सात दिन...फिर थके-थके हाथों से ताला टटोलकर नहीं खोलना होगा; प्रवेश करते ही पाँव तब सुराही से नहीं टकराएँगे...उसका कोट उतारने को आतुर (मानो बारहों महीने वह कोट ही तो पहनेगा!) दो हाथ़, पलकें बिछाए उसकी राह देख रहे होंगे...

और तब साश्चर्य उसने पाया कि इन सारे दिनों चाहे वह कुछ कहता रहा हो, कुछ करता रहा हो, ऊपर से सबकुछ असंगत और विशृंखल हो, लेकिन भीतर ही भीतर वह तो अवचेतना में रंजना के साथ गृहस्थ जीवन के चित्र ही बनाता-बिगाड़ता रहा है...

आठ

कन्धे पर शॉल डालकर अमला बाहर निकल आई और रेलिंग के सहारे खड़ी होकर शून्य नज़रों से आसमान की ओर देखने लगी। काले-कज़रारे बादल घिर-घिर आए थे और लगता था शायद इस बार वर्षा हो ही जाएगी!

हर साल इस दिन, इसी समय अमला तैयार होना शुरू करती थी। आज उसे न तैयार होना है, न कहीं जाना है।

बिन बरसे ही धीरे-धीरे बादल चले गए। अमला का मन अनायास ही बेहद खिन्न हो गया। यों तो इस बार वह जब से शिमला से आई है, एक दिन भी उसका मन प्रसन्न नहीं रहा—शिमला की शीतल हवा एक दिन के लिए भी उसके संतप्त मन को नहीं सहला सकी, पर आज उदासी बेहद घनी हो गई थी।

सुबह उठी तो उसे तनिक भी ध्यान न था कि आज उसका जन्मदिवस है। टेलीफोन की घंटी घनघनाई और पिताजी ने जब उसे आशीर्वाद दिया, तो उसे इस

बात का खयाल आया और तब से पिछले वर्षों की पार्टियों के चित्र टुकड़ों-टुकड़ों में उसकी आँखों के सामने तैर-तैर गए।

दोपहर में खाना खाने बैठी, तब तक उसे लगता रहा कि अभी-अभी कुछ अप्रत्याशित घटेगा—कुछ ऐसा होगा कि इतने दिनों की उसकी उदासी धुल-पुँछ जाएगी; मन पर लदा यह बोझ अपने-आप ही हट जाएगा और हलकी-फुलकी होकर वह आज ही शिमला से चल देगी। बार-बार उसने अपने मन से ही पूछा—आखिर ऐसा क्या हो सकता है? और मन की अतल गहराइयों से एक दबा-छिपा अस्पष्ट-सा उत्तर भी उसने सुना है—शायद कैलाश का पत्र ही आ जाए, कोई उपहार ही आ जाए और यह दिन उनकी टूटी मैत्री में सेतु बन जाए। पर सुनकर भी वह अनसुना करती रही, अनजान बनी रहने का प्रयत्न करती रही। मानो इस बात की स्पष्ट रूप से कल्पना करने से ही इसे नज़र लग जाएगी और जिसके होने की सम्भावना है वह अनहुआ ही रह जाएगा। धीरे-धीरे समय बीतता गया तो अमला को अपने-आप ही लगने लगा कि ऐसा कुछ भी नहीं होगा। हर दिन की तरह यह दिन भी बहुत उदास, बहुत ही मनहूस-सा बीत जाएगा। आसमान से श्वेत पक्षियों का एक झुंड उड़ता हुआ गुज़र गया।

कैलाश ने बड़े आग्रह और बड़ी उमंग से उसके जन्मदिवस पर एक पार्टी का आयोजन किया था। इसके पहले किसी ने कभी अमला का जन्मदिवस नहीं मनाया था। उसके जीवन का भी कोई दिन उतना महत्त्वपूर्ण हो सकता है कि उसे धूमधाम से मनाया जाए, यह बात परिवारवालों के साथ-साथ उसकी कल्पना से परे थी और कैलाश था कि ज़िद किए चला जा रहा था। यह सब उसे बड़ा अजीब-अजीब-सा लग रहा था। फिर भी वह प्रसन्न थी—बहुत प्रसन्न थी। सारी अलमारी में भूचाल-सा मचाकर उसने वस्त्र चुने थे। आज भी उसे माली की परेशानी की बात याद है। कैसी विचित्र सनक सवार हुई थी उसे उस दिन कि वह जूड़े के चारों गुलाब के फूल नहीं सफेद गुलाब की कलियाँ ही लगाएगी! आदमकद शीशे में पड़ता प्रतिबिम्ब एक बार ज्यों का त्यों उसकी आँखों के सामने उभर आया। यह कितने साल पहले की बात थी! एकाएक उसका मन हुआ, अभी जाकर वह शीशा देखे।

वह अच्छी तरह जानती है कि इन चन्द वर्षों में वह बहुत-बहुत बदल गई है। चन्द वर्षों में क्या—चन्द महीनों में जाने कैसा परिवर्तन आ गया है कि मन हमेशा एक अनजाने अवसाद से भरा रहता और सदा प्रसन्नता से चमकनेवाली आँखें जब-तब चुपचाप आँसू बहाया करती हैं।

साड़ी का पल्ला ज़मीन से घसीटते हुए और सफेद मोर के पंखों का बड़ा-सा पर्स हाथ में लिए सीढ़ियाँ उतरी, तो मासी ने ऐसी चुभती बात कह दी थी कि पार्टी में जाने का उसका सारा उत्साह ही जाता रहा। एक क्षण वह अवाक्-सी मासी का मुँह देखती रही थी, पर उससे जवाब देते न बना था। बाद में तो उसने ऐसी बातों

की न कभी परवाह की और न कहनेवालों को जवाब देने से ही चूकी। रुकी वह उस दिन भी नहीं थी, पर गाड़ी में बैठे-बैठे बराबर मासी के शब्दों को दोहराती रही और कुढ़ती रही थी।

पार्टी में पहुँची तो कैलाश के स्वागत और लोगों के अनेकानेक रिमार्क्स ने उसके मन के आक्रोश को धो दिया था।

"अमला जी, यों यह नाम भी आपकी वेशभूषा के साथ खूब फबता है, पर मन होता है कि आज आपका नए सिरे से नामकरण कर दूँ—श्वेताम्बरा।" मेजर कपूर ने कहा तो हर बात में अँगरेज़ियत बघारनेवाले मि. धवन झिड़कते हुए बोले—"डैम योर श्वेताम्बरा! नाम ही रखना है तो स्नोव्हाइट रखो।" और अनायास ही अमला की नज़रें कैलाश की ओर घूम गईं, शायद वह भी कुछ कहे, पर वह मन्द-मन्द मुस्कराता- सा एकटक अमला को निहारे जा रहा था।

वही तो दिन था जब पहली बार उसके मन की शंका निश्चय में बदल गई थी।

खेल चल रहा था। कैलाश अपनी चिट पढ़कर बड़े असमंजस में पड़ा हुआ था और चारों ओर से प्रश्नों की बौछार लगी हुई थी—क्या लिखा है—क्या लिखा है? एक क्षण रुककर कैलाश ने पढ़ा, "डांस विद द परसन, हूम यू लव। तालियों की गड़गड़ाहट के बीच में 'चलो करो—चलो करो' सुनाई दे रहा था और अमला ने कैलाश की नज़रों को अपने चेहरे पर गड़ा पाया था। उस दिन उन नज़रों ने उसे बेहद सकुचा दिया था और बार-बार मन धड़क उठता था—कहीं कैलाश उसके पास न आ धमके। तभी कैलाश ने हाथ की चिट को एक ओर फेंककर किस कुशलता से सारी बात को ढँक दिया था—'लेट माई लव-एफेयर बी एक सीक्रेट?' पर बात शायद ढँक नहीं पाई थी। अमला के साथ-साथ जैसे सभी ने इस बात को महसूस किया था कि अमला और कैलाश की मैत्री बहुत जल्दी ही किसी मधुर सम्बन्ध में परिवर्तित हो जाएगी।

तभी से तो मेजर कपूर का सारा व्यवहार ही बदल गया था और धीरे-धीरे उनकी प्रशंसा, उनका अपनत्व एक खीझ-भरी विरक्ति में बदल गया। हालाँकि बाद में उसे स्वयं यह सारा खेल, ये सारी बातें निहायत बचकानी और बहुत ही हलके स्तर की लगी थीं, पर उस दिन तो घर लौटकर वह बहुत देर तक कैलाश की उन नज़रों में ही खोई रही थी।

उसके बाद अमला के लाख मना करने पर कैलाश ने हर साल उसके जन्मदिवस पर पार्टी दी—उसे उपहार दिया। अमला केवल कैलाश का मन रखने के लिए पार्टी में चली जाती थी, पर उसे धीरे-धीरे यह बहुत ही निरर्थक लगने लगा था।

आज न कैलाश का आग्रह है और न किसी पार्टी का आयोजन। और अमला का मन है कि बार-बार कहीं जाने को ललक रहा है—सुन्दर वस्त्रों में सजने के लिए मचल रहा है।

आसमान के एक कोने से फिर काले-काले मेघ उमड़ आए। हर बार की तरह इस बार भी अमला को लगा कि बड़ी ज़ोर से वर्षा होगी और सारी पृथ्वी जल से भीग उठेगी। हर बार की तरह उसने फिर सोचा कि यदि वर्षा हुई तो वह उसमें नहाएगी। अपने मन की जलन को शीतल करेगी। पर इस सर्दी में ठंडे जल में नहाने की कल्पना ने उसे भीतर तक बुरी तरह कँपा दिया और उसने शॉल को कसकर चारों ओर लपेट लिया। वह जानती है, बारिश हो भी गई तो वह नहा नहीं सकेगी। नहाना तो दूर, शायद उससे बाहर भी नहीं खड़ा रहा जाएगा। वह कमरे में खिड़की-दरवाज़े बन्द करके बैठ जाएगी।

एकाएक उसे अमर के पत्र का खयाल आया। उसे जवाब देना है। पत्र के साथ भेजा हुआ अपना चेक देखकर अमला को दुःख के साथ-साथ अमर पर क्रोध भी आया था। उसे लगा था मानो अमर ने चेक को अस्वीकार करके उसके सम्बन्ध को ही अस्वीकार कर दिया है। पर दूसरे ही क्षण दुःख और क्रोध की यह भावना जाती रही थी और एक बहुत ही मधुर भावना ने जन्म लिया था। अमर का वह अहं उसे भीतर-ही-भीतर सहलाता रहा...अमर को उसके बहुत निकट खींच लाया। आज तक सब उसे पैसे की वजह से ही तो मान-सम्मान और प्यार देते रहे हैं—मेजर कपूर, कैलाश और किशोरी भी क्या उसे इसलिए अपनाना नहीं चाहता कि आज वह अनेक मिलों की डाइरेक्टर है? पर अमर उसके पैसे की परवाह नहीं करता।

तो क्या अमर उसे प्यार करता है?

और तभी अमला के सामने अमर की अन्तिम पंक्तियाँ उभर आईं, "उपन्यास समाप्त हो गया है और अब बहुत ही खाली-खाली महसूस कर रहा हूँ। बीमारी के दौरान रंजना दो दिन तक मेरे पास रही। उसके हाथ से रखी हुई यूडीकोलोन की पट्टियों ने मेरे शरीर से अधिक, मेरे मन को राहत पहुँचाई थी, और एक बात मैं अच्छी तरह समझ गया था—रंजना मेरे जीवन की पूरक है। उसके बिना मैं अधूरा हूँ, अपूर्ण हूँ। वह मेरी आत्मा का अंश है। और इस सत्य को मैं शायद अब अधिक दिन तक नहीं झुठला सकूँगा। कितनी विचित्र बात थी कि दो दिन साथ रहकर भी हम एक शब्द न बोले! पर मौन रहकर भी जिन भावों का आदान-प्रदान हो गया, उन्हें हज़ार-हज़ार शब्द भी अपने में नहीं समेट सकेंगे...उपन्यास लिखने के दौरान में हर क्षण मैंने एक अजीब-सी बेचैनी महसूस की, एक विचित्र-सा दर्द मुझे पल-पल टीसता रहा और मैं समझता रहा कि यह दर्द-बेचैनी, सृजन-प्रक्रिया का परिणाम है। किन्तु जब आधी बेहोशी की स्थिति में मन्दा भाभी मुझे अपने कमरे के पलंग पर लिटाकर चली गईं और क्षणांश के लिए मैंने अपने माथे पर रंजना के अधरों का स्पर्श महसूस किया, तो लगा जैसे उसने मेरी सारी बेचैनी, सारे दर्द को ही पी लिया। दो दिन रहकर वह चली गई, पर लगता है, बहुत जल्दी ही मुझे उसे फिर से लाना होगा—अपने जीवन में, अपने घर में। मुझे तुम्हारी बात याद है कि हर प्रकार का समझौता कला को पथभ्रष्ट कर देता है। विवाह, ज़िम्मेदारियाँ कलाकारों के लिए

घातक हैं; वे उसे मार देती हैं। मैं इस बात की सच्चाई को झुठला दूँ इतना साहस भी नहीं, फिर भी इतना तो तुम स्वीकारोगी ही कि कला के सृजन के लिए कलाकार का जीवित रहना आवश्यक है और मैं शायद रंजना के बिना जीवित ही नहीं रह सकूँगा। एक ओर यह सब महसूस करता हूँ और दूसरी ओर कहीं बहुत भीतर से मुझे कोई बराबर चेतावनी देता रहा है कि विवाह करके मैं अपने लेखन की हत्या कर दूँगा। सच मानना अमला, दुविधा और असमंजस की इस स्थिति में अब एक पल भी गुज़ारना भारी पड़ रहा है। एक ओर रंजना और अमर के व्यक्ति को जीवित रखने का प्रश्न है तो दूसरी ओर अमर के लेखक को। बड़ा ही निर्णय-दुर्बल व्यक्ति हूँ। पल-पल मन की स्थिति बदलती है और साथ निर्णय भी बदल जाते हैं। तुम बताओ और खूब सोचकर बताओ मैं क्या करूँ?''

बादल फिर धीरे-धीरे बिखर गए और पानी की बूँद भी न गिरी। वातावरण में साँझ का धुँधलका कुछ गहरा हो चला था। अमला की इच्छा हो रही थी वह एक बार जैसे भी हो कुछ देर के लिए बाहर घूम आए।

अमर के पत्र का जवाब तो अब कल देगी।

क्या लिखेगी अमर को? लिख दे कि रंजना से विवाह कर लो!

नहीं, जाने क्यों मन बार-बार कहता है, ऐसा मत लिखना—ऐसा मत लिखना। पर क्यों? क्या अमर से कुछ आशा रखती है? नहीं। फिर भी वह नहीं चाहती कि अमर रंजना का हो, किसी एक का हो। जैसे वह सबकी होकर किसी की भी नहीं है, वैसे ही अमर भी सबका रहे, केवल रंजना का ही न हो। उसे लगा, वह कहीं नहीं जाएगी, अभी बैठकर अमर को पत्र लिखेगी :

''हो सकता है रंजना तुम्हारे जीवन की पूरक हो, तुम्हें उससे प्यार हो, फिर भी मैं यही कहूँगी, उससे विवाह मत करना। विवाह को तुम-जैसा व्यक्ति भी आवश्यक समझे, इतना महत्त्व दे, यह बात गले नहीं उतरती। मैं सोचती हूँ, विवाह केवल एक बन्धन है, एक फन्दा है, जो प्यार का गला घोंट देता है। विवाह कर लोगे तो मर जाओगे, वह मर जाएगी, तुम लोगों का प्यार मर जाएगा। तुम्हारे जीवन में रह जाएगा एक मानसिक तनाव और उसके जीवन में रह जाएगी अविरल अश्रुधारा। तुम रंजना से पूछो, यह सब मंजूर है?

''बहुत सम्भव है अमर, इस सबसे सहमत न होओ। हो सकता है, तुम्हें कुछ दुःख भी हो, तुम मुझे कुछ गलत भी समझो; पर मैं जो महसूस करती हूँ, वही लिख रही हूँ। जाने क्यों, कभी इस बात से सहमत नहीं हो पाई कि व्यक्ति अपने में अपूर्ण होता है, उसे किसी पूरक की आवश्यकता होती है। फिर यदि तुम जैसे व्यक्ति को भी—जिसकी ऐसी सशक्त लेखनी है और प्रखर कल्पना—अपूर्णता महसूस हो, तो जान लो तुम्हारे जीवन की पूरक तुम्हारी कलाकृतियाँ ही होंगी, रंजना नहीं।''

और भी अनेक बातें, अनेक तर्क अमला के दिमाग में आए; पर बराबर उसे लगता रहा कि अमर इन सब बातों को स्वीकार भले ही कर ले, मान्यता नहीं देगा।

वह रंजना से विवाह कर लेगा।

सामने के दृश्य और अधिक धुँधले हो चले तो अमला एकाएक घूम पड़ी। नहीं, वह अमर को कुछ नहीं लिखेगी, कम-से-कम अभी तो नहीं ही लिखेगी, अपने जन्मदिवस की साँझ चाहे कितनी ही सूनी और वीरान क्यों न हो, उसे वह बाहर जाकर ही बिताएगी। रोज़ की तरह कहीं पहाड़ियों में भटक-भटकाकर आ जाएगी।

एकाएक खयाल आया, क्यों न नीचेवाले चावला साहब को साथ ले ले? दो बार पहले भी वे साथ-साथ घूम चुके हैं। चावला साहब बोलते बहुत हैं, पर बोर नहीं हैं, साथ रहने पर कुछ समय अच्छा ही कट जाता है। यह तो अमला ने ही अधिक बढ़ावा नहीं दिया, वरना वे तो रोज़ साथ चलने को भी तैयार थे। पर आज अमला खुद किसी का साथ चाहती है। जिस शान्ति और एकान्त के लिए शिमला चली आई थी, यह एकाएक ही असह्य हो उठा।

नीचे उतरी तो देखा, चावला साहब पहले ही कहीं जा चुके थे। वह अकेली ही चल पड़ी।

लौटी तो काफी अँधेरा हो चुका था। बँगले में घुसते ही चैस्टर पहने हुए चावला साहब दिखाई दिए। वे चुरुट पी रहे थे और शायद किसी विचार में डूबे हुए थे। अनायास ही अमला के पैर उधर ही बढ़ गए। कुर्सी से उठकर बड़े तपाक से चावला साहब ने उसका स्वागत किया, तो सारे दिन में पहली बार अमला के होंठों पर तनिक-सी मुस्कराहट खेल गई।

''आज किधर घूम आईं अमला जी?''

''यों ही भटकने निकल गई थी।''

''फिर भी आखिर किधर?''

अमला फिर मुस्कराई, ''मैं निश्चय करके कभी नहीं निकलती; मुझे तो बस अदेखे-अजाने रास्तों में भटकना अच्छा लगता है। सोचती हूँ, राह निश्चित हो, मंजिल मालूम हो तो चलने का आनन्द ही क्या भला?''

कमरे में बहुत हलके रंग की नीली रोशनी फैली हुई थी। चावला साहब को लगा मानो अमला उनसे नहीं अपने-आपसे बोल रही है। कुछ अजीब-सा खोया-खोयापन था उसके चेहरे पर।

''मैं कभी सूचना देकर किसी से नहीं मिलती। हाँ कभी-कभी मनचाहे व्यक्ति से न मिल पाने के कारण निराश अवश्य होना पड़ता है।''

और तभी अमला को खयाल आया अमर का। दिल्ली आते समय उसने अचानक प्रकट होकर अमर को चौंका देने की कितनी-कितनी कल्पनाएँ की थीं, उसके साथ पूरा दिन गुज़ारने के कितने प्रोग्राम बनाए थे, पर जब अमर के कमरे में पहुँचकर मालूम हुआ कि बीमार होकर वह अपने किसी मित्र के यहाँ चला गया है, तो उसे एक बार अपनी इस आदत पर बड़ी खीझ आई थी। पहले से ही सूचना

दे देती तो कम-से-कम अमर से मुलाकात हो ही जाती। कौन जाने, अमर उसके साथ शिमला आने को तैयार ही हो जाता और शिमला में बिताए ये दिन इतने नीरस और मनहूस न होते!

''अजानी-अदेखी राहों में भटकने का एक आकर्षण अवश्य होता है, पर आखिर कब तक? मनुष्य को लौटना तो अपनी मंजिल पर ही होता है, जो उसके लिए पहले से ही निश्चित है।''

चावला साहब की बात ने अमला को कुछ चौंका दिया। सचमुच, बात उसने चावला साहब से कही भी नहीं थी अपने से ही कही थी। और इसीलिए वह किसी उत्तर की अपेक्षा नहीं कर रही थी। चावला साहब ने उठकर कमरे की तीनों बत्तियाँ जला दीं और सारा कमरा आलोक से भर गया। कुर्सी पर बैठते हुए वे बोले, ''इस भटकन के चक्कर में ही मैंने सारा हिन्दुस्तान देख डाला है अमला जी! पत्नी की मृत्यु को बारह वर्ष हुए और तब से लेकर आज तक मैं इसी तरह भटक रहा हूँ। पर कहीं भी मन को शान्ति नहीं मिलती और लौट-लौटकर फिर उसी घर में जाना पड़ता है। सोचता हूँ, यह भटकन मन की बेचैनी को और अधिक बढ़ाती ही है।''

अमला को एकाएक सन्देह हुआ, क्या चावला साहब उसके बारे में सबकुछ जानते हैं? पर कैसे? उसने तो कभी कुछ बताया नहीं? अमला ने बात बदली, ''आज आप किधर घूमने गए थे चावला साहब? मैं तो यह सोचकर नीचे उतरी थी कि आज आपको अपने साथ ले चलूँगी। आज अकेले जाने की ज़रा भी इच्छा नहीं थी।''

''क्यों, आज खास बात है क्या?''

''हाँ, आज मेरा जन्मदिन है। घर से बहुत दूर यहाँ अकेली हूँ, इसलिए मन कर रहा था कि कोई तो मिले, जिसके साथ घंटे-दो-घंटे घूम ही लूँ।''

''आज आपका जन्मदिन है?'' चावला ने कुछ इस ढंग से बात कही मानो अमला के साथ न घूम सकने का उन्हें बड़ा दुःख हो। फिर एकाएक तपाक से उठते हुए बोले, ''इस समय और कुछ नहीं तो कम-से-कम एक-एक प्याला कॉफी तो साथ बैठकर पी ही जा सकती है।''

उन्होंने नौकर को आदेश दिया और फिर वहीं बैठ गए।

''आप सवेरे ही कहलवा देतीं तो कहीं बाहर ही खाना खाते, सैर करते और आपके जन्मदिन का जश्न मनाते।''

अमला कुछ नहीं बोली, केवल मुस्कराती रही। उसके रूखे केशों और अस्त-व्यस्त कपड़ों को लक्ष्य करते हुए चावला ने कहा, ''क्या बात है, आज आप कुछ अधिक उदास और सुस्त दिखाई दे रही हैं? आज के दिन तो आपको अधिक प्रसन्न होना चाहिए।''

अमला के होंठ कुछ और अधिक फैल गए। फिर भी उसने जवाब नहीं दिया।

नौकर कॉफी ले आया। अमला कॉफी बनाने को उठी तो चावला साहब ने ट्रे को अपनी ओर सरकाते हुए कहा, ''यों यह काम आप लोगों का ही है; लेकिन आज इसे मैं करूँगा।''

करीब घंटे-भर तक अमला चावला साहब के कमरे में बैठी रही और चावला साहब लगातार बातें करते रहे—पत्नी की मृत्यु के बाद जीवन कितना नीरस और बोझिल हो गया है—यह अनेक बातों से, अनेक तरह से उन्होंने बताया। आखिर अमला ऊबकर उठ गई। जब चलने लगी तो चावला साहब ने कार्निस पर रखे बड़े-से फूलदान में से गुलाब का एक फूल निकालकर अमला की ओर बढ़ाया और मुस्कराते हुए कहा, "इस समय तो मेरी ओर से इसे ही स्वीकार कीजिए।" अमला ने फूल ले लिया, पर चावला के चेहरे के भाव पढ़कर उसे लगा कि इतनी देर से जीवन की नीरसता और उदासीनता की जो बातें करते आ रहे थे—उन सबके पीछे मानो एक अर्थ था, एक संकेत था। इस उपहार से जैसे उन्होंने इस संकेत को और अधिक स्पष्ट करने का प्रयत्न ही किया है।

अमला ऊपर आई, साइड-टेबल पर रखे फूलदान के फूलों को फेंककर वह अकेला फूल वहाँ लगा दिया—और उसे ही देखती हुई वह पलंग पर लेट गई। ऐसा ही गुलाब का फूल उसे कैलाश ने भी दिया था—पर दिया कहाँ था? ज़िद करके अपने हाथ से उसके जूड़े में खोंस दिया था। उस दिन गुलाब की सुगन्ध के साये में ही उसने रात बिताई थी, आज भी गुलाब उसके सामने है, पर क्या आज की रात भी वैसी ही मादक हो सकेगी?

जब अमर उसके यहाँ आया था और वह पार्टी से लौटकर उसके कमरे में गई थी, तो उसने भी अपने जूड़े का गुलाब निकालकर उसकी गोद में उछाल दिया था। कहने को अमर ने एक छोटा-सा 'धन्यवाद' दिया था, पर वह अच्छी तरह जानती है कि उस दिन सारी खीझ और आक्रोश को दूर करके अमर उसके सामने परास्त हो गया था। चावला साहब के इस गुलाब को देखकर उसके मन में न मधुरता जाग रही है न मादकता, फिर भी वह है कि उसे देखे ही चली जा रही है और उसका मन चाह रहा है कि इसमें भी वह स्नेह की, आत्मीयता की खुशबू पा सके।

दो मिनट तक अमला पैकेट को उलट-पुलटकर देखती रही। वह जानती है कि इसमें अमर के उपन्यास की पांडुलिपि है, उस उपन्यास की जिसको पूरा करवाने के लिए अमला ने उसे अनेक उपदेश दिए थे, लम्बी-चौड़ी बातें समझाई थीं; फिर भी जाने क्यों उसे खोलकर पढ़ने का उत्साह वह अपने मन में नहीं पाती। पिछले कुछ दिनों से उसे बराबर ही महसूस हो रहा है कि अमर उसकी बातों का विरोध भले ही न करे, लेकिन मानेगा नहीं। अमला का अपना मन ही उससे पूछ बैठता है—आखिर अपनी बात मनवाने का इतना आग्रह क्यों? और न माने तो इतनी निराशा क्यों? क्या सचमुच उसके मन में केवल अमर के लेखक को, अमर की कला को ही जीवित रखने की लालसा है? और कुछ नहीं?

अमला ने कसकर आँखें मूँद लीं।

क्या होता जा रहा है उसे आजकल! वह अधिक नहीं सोचेगी। अपने मन की

अधिक छानबीन भी नहीं करेगी, नहीं तो वह सचमुच ही किसी दिन पागल हो जाएगी, जीवन ज्यों-ज्यों निष्क्रिय होता जा रहा है, मन और कल्पना उतने ही क्रियाशील होते जा रहे हैं। पर कितना घातक है यह सब—इस बात को वह दो-तीन महीने में ही समझ गई थी।

सोचना!...सोचना!...सोचना!...सचमुच वह बहुत ऊब गई है रात-दिन के इस सोचने से और चाहती थी कुछ ऐसा काम उस पर आ पड़े कि रात-दिन के लिए वह जुट जाए। शारीरिक परिश्रम उसने कभी किया नहीं था, और कर भी नहीं सकती थी; पढ़ने से उसे आजकल बेहद अरुचि हो गई थी, तब फिर वह क्या करे?

अमला ने बड़े ही निरुत्साहित हाथों से पैकेट खोला और जैसे ही पन्ना पलटा, देखा :

''अमला को—जिसके परिचय ने यह उपन्यास लिखा लिया।''

अमला अवाक्-सी इस समर्पण को देखती रही और एक विचित्र-सी पुलक उसके तन-मन को सिहरा गई। कैलाश के दिए हुए अनेकानेक उपहारों की चमक एकाएक ही धुँधली पड़ गई और आज तक के सारे आदान-प्रदान इस समर्पण के सामने बहुत ही तुच्छ लगने लगे। सच, उसने कभी भी कल्पना नहीं की थी कि अमर अपनी रचना को उसे ही समर्पित कर देगा। बार-बार वह उस समर्पण को ही पढ़ रही थी और लग रहा था, जैसे अमर ने अमला के आगे अपने को ही समर्पित कर दिया है। इस उपहार में न वैभव का प्रदर्शन था, न अमला को प्रसन्न करने का प्रयत्न; किन्तु इसमें अमर की आत्मा का निचोड़ था, जिसे उसने कलम के माध्यम से बूँद-बूँद करके उस नीरस, शुष्क कागज़ के पन्नों पर उँडेल दिया था। अमला की आँखें भीग आईं।

तभी कागज़ की एक छोटी-सी स्लिप सरककर नीचे गिर गई। अमला ने झुककर उठाया तो अमर का पत्र था :

''अमला, तुम्हारी प्रेरणा जिस रूप में साकार हुई है, उसके समर्पण की एकमात्र अधिकारिणी तुम ही हो। चाहता था, समर्पण की पंक्तियों में कुछ मन की बातें लिख सकूँ, पर भय है तुम्हारे आसपास के लोग, तुम्हारे वर्ग के लोग, तुम्हारे 'निकटतम मित्र' उसे सहज भाव से नहीं ले सकेंगे और तुम्हारे लिए अजीब-सी उलझन पैदा हो जाएगी, इसीलिए बहुत ही औपचारिक ढंग से एक पंक्ति लिख दी है।

''पढ़कर बताना कैसा लगा! कहाँ तक सफल हो सका हूँ! तुम्हारी राय ही मेरे लिए सबसे महत्त्वपूर्ण होगी, क्योंकि वह कम-से-कम व्यक्तिगत राग-द्वेषों से तो दूर होगी।

''एक बात और—एक उपन्यास की तुमने प्रेरणा दी, अब चाहता हूँ एक उपन्यास की सामग्री भी दो! पहले ही कह दूँ, इस मामले में भयंकर स्वार्थी आदमी हूँ, और क्रूर भी। तुम्हारे व्यक्तित्व ने, जीवन ने मुझे बहुत आकृष्ट किया है, पर उसके बारे में विशेष कुछ नहीं जानता! जान पाऊँ तो सोचता हूँ तुम्हारे जीवन और अपनी कल्पना के संयोग से एक ऐसे चरित्र का निर्माण कर सकूँगा कि अमर सचमुच ही अमर हो जाए!

"पर तुम्हारा सहयोग अपेक्षित है...बोलो मिलेगा?"

'मन की बात...उसका चरित्र-व्यक्तित्व, जीवन'...ये ही शब्द आड़े-तिरछे अमला की आँखों के आगे तैरने लगे।

क्या थी अमर के मन की बात...? कागज़ पर लिख भेजता, वह जान तो लेती! यों न जानने का भी एक आनन्द है...जो चाहे कल्पना करो...

उसने अभी तक अमर को पहलेवाले पत्र का उत्तर नहीं दिया! आज ही पांडुलिपि पढ़कर बड़ा-सा पत्र लिखेगी। अमर से उसे लिखवाना है—वह प्रेरणा देगी; सामग्री भी देगी, जो कुछ अमर चाहेगा, सबकुछ देगी, पर अमर को बाध्य करेगी कि वह सब प्रकार की चिन्ताओं से तटस्थ होकर, और सब प्रकार की जिम्मेदारियों से मुक्त होकर लिखे। दिल्ली रहकर यदि यह सब सम्भव नज़र न आता हो तो दिल्ली छोड़ दे।

वह अमर की प्रेरणा है, एक सशक्त लेखक की प्रेरणा है। वह उसे प्रेरित करेगी—चाहे अमर उसे गलत समझे या सही!

सोचा था, सन्ध्या को सबसे पहले उपन्यास ही समाप्त करेगी, पर जब खोलकर बैठी तो मन फिर समर्पण और पत्र की पंक्तियों में ही बँधकर रह गया। थोड़ी देर तक जाने किन विचारों में खोई रही और फिर बाहर निकल गई।

मान लो, उसे अपने बारे में ही लिखना पड़े तो वह क्या लिखे? वह अच्छी तरह जानती है कि मन की जिन अतल गहराइयों में झाँकना चाहकर भी कैलाश नहीं झाँक सका; जिसको उसने हमेशा बड़े यत्न से सबकी नज़रों से बचाकर, छिपाकर रखा था, वह सब जैसे आज उसकी अपनी पकड़ से भी बाहर हो गया है। आज तो जैसे उसमें भी इतना साहस नहीं है कि मन की परत-परत को उधेड़कर देखे। सच पूछा जाए तो इन दिनों में वह सबसे अधिक भय शायद अपने से ही खाती रही है।

पर नहीं, वह देखेगी...बहुत भीतर तक देखेगी और निःसंकोच भाव से, बहुत ही ईमानदारी से सबकुछ अमर के सामने उँडेल देगी। अमर उससे सृजन करेगा...

अमला के मन की अतृप्त नारी-सृजन-भावना इस कल्पना से ही पुलकित हो उठी।

याद आया, जन्मदिवस के दूसरे दिन ही तो उसने अपनी डायरी में लिखा था :

"कल मैंने जीवन के अट्ठाईस वर्ष पूरे किए...और अकेले घूमकर चुपचाप अपना जन्मदिवस मना लिया। न किसी का उपहार आया, न स्नेहसिक्त शुभकामनाएँ। मन बहुत-बहुत उदास हुआ था और चावला साहब का दिया हुआ गुलाब का फूल रात बड़ी देर तक मन टीसता रहा था। पहाड़ियों में अकेले भटकते हुए मैंने बार-बार अपने मन से प्रश्न किया था कि स्नेह और अपनत्व का दावा करनेवाले, उसकी हर बात की प्रशंसा करनेवाले सब-के-सब व्यक्ति क्यों एक-एक करके छूटते चले गए...? क्योंकि अपने को किसी एक में बाँध नहीं पाई। दोष उनका नहीं...शायद अपना ही है।

"पति के घर से आने के कुछ समय बाद से ही एक बात मेरे मन में धीरे-धीरे

घर करती गई थी कि मुझे सब प्रकार की सीमाओं को तोड़ना है; सब प्रकार के बन्धनों से मुक्त होना है। पति और परिवार ही नारी का सबसे सशक्त बन्धन होता है। जब वही टूट गया तो और किसी बन्धन में मैं अपने को क्यों बँधने दूँ? मुझे सामान्य से ऊपर उठकर विशिष्ट बनना है।

"और विशिष्ट मैं बन गई...साधारण लोगों के बीच अपने वर्ग के कारण और अपने वर्ग के लोगों के बीच अपनी बौद्धिकता और अपने साहस के कारण!

"पर विशिष्ट बनने की भावना से प्रेरित होकर जहाँ मैं अनेकानेक बन्धन तोड़ती चली गई, सीमाओं का अतिक्रमण करती चली गई, वहीं अनजाने ही उससे भी सशक्त बन्धन अपने चारों ओर लपेटती चली गई—मिथ्याभिमान और झूठे अहं की दीवारें अपने चारों ओर खड़ी करती चली गई।

"सोचती थी, इन दीवारों को पार करके, 'हर कोई' मेरे पास नहीं आ सकेगा। पर कितनी बड़ी ट्रेजेडी है यह मेरे जीवन की, कि आज चाहकर भी मैं 'किसी के' पास नहीं जा सकती! ये दीवारें मेरा मार्ग रोककर खड़ी हो जाती हैं।

"सारी शक्ति इन दीवारों को बनाने में ही खर्च कर दी, इन्हें तोड़ने की शक्ति अब कहाँ से लाऊँ?

"यह एकाकी जीवन बहुत बोझिल और निरर्थक-सा लग रहा है।"

नहीं उसका जीवन निरर्थक नहीं...आज भी उसमें ऐसा कुछ है जिससे लोग प्रेरणा प्राप्त कर सकें।

वह पत्नी भी बनी है, प्रेयसी भी और मित्र भी...पर न वही किसी के जीवन को सँवार सकी, न कोई उसके जीवन को सँवार सका...और सारे सम्बन्ध एक असफल प्रयोग की तरह मन पर एक असह्य बोझ-सा छोड़कर टूटते चले गए।

अब वह अमर की प्रेरणा बनेगी...इस प्रयोग में चाहे सम्बन्ध टूट जाएँ, चाहे वह स्वयं टूट जाए, पर यह टूटना सार्थक होगा क्योंकि यह सृजनात्मक होगा।

तेज़-तेज़ कदम रखती अमला लौट पड़ी...घूम-फिरकर वह घर की ओर जा रही थी।

अमर का उपन्यास आए चार दिन हो गए थे और अमला ने उसे अभी तक नहीं पढ़ा था। जाने क्या था कि पढ़ने से अधिक वह उसके पास कुछ भेजने के लिए उत्सुक थी...अपने बारे में सबकुछ लिखकर भेजने के लिए। वह दिन-भर घूमती थी...बाहर निकलकर अनेकानेक बातें उसके दिमाग में आती थीं...और रात में बैठकर वह उन सबको लिखती थी और फिर तृप्ति-युक्त शान्ति के साथ सो जाया करती थी।

वह बाहर निकल रही थी कि फाटक पर चावला साहब के नौकर ने एक लिफाफा पकड़ाते हुए कहा, "जी! आपका पत्र है।"

अमर का पत्र था—अमला ने वहीं खड़े-खड़े उसे फाड़ डाला। ज़रूर उलाहना होगा, वह उसे कुछ लिख ही नहीं रही है। पर ऐसा कुछ भी नहीं था, केवल लिखा था :

''जिस दिन तुम्हारे पास उपन्यास की पांडुलिपि भेजी थी उसी दिन रात को एकाएक निर्णय ले डाला कि रंजना से विवाह करना है, और साथ ही यह भी तय कर डाला कि एक ही सप्ताह में कर डालूँगा...तुम्हारे पत्र की, तुम्हारी राय की प्रतीक्षा थी...खैर, अब तो तीन दिन बाद विवाह ही है। निर्णय लेने के बाद से ही बहुत हलका महसूस कर रहा हूँ। लगता है, व्यर्थ ही इतने दिनों तक बोझ लादे रहा, निर्णय पहले ही ले लेना चाहिए था।

''विवाह की तरह विवाह नहीं हो रहा है, सो तुम्हें निमन्त्रण भी क्यों दूँ...? पर हाँ, अपनी शुभकामनाएँ अवश्य भेजना। उपन्यास पर राय कब मिल रही है? उत्सुक हूँ...''

अमला ने पत्र वापस लिफाफे के अन्दर रख दिया और फाटक पर खड़े-खड़े सामने की ओर देखकर सोचने लगी—आज वह किधर जाए?

रंजना स्वयं अपने में एक ऐसा मानसिक परिवर्तन महसूस कर रही है कि आसमान की ओर ताकती है तो सतरंग इन्द्रधनुष खिल उठते हैं और नीचे की ओर निहारती है तो क्यारियों में खिले रंग-बिरंगे फूल झूम-झूमकर मुस्करा उठते हैं। बहुत दिनों बाद फिर उसकी बाल-सुलभ चंचलता लौट आई है और मन है कि उड़ा-उड़ा फिरता है।

वह स्वयं जानती है कि यह सब अमर के साथ दो दिन रहने का परिणाम है... पर क्यों? अमर उससे एक शब्द भी नहीं बोला और न उसने नए सिरे से उसे कोई आश्वासन ही दिया है...तब?

मुख से चाहे अमर ने कुछ न कहा हो—पर आँखों से बहुत कुछ कहा है, कम-से-कम उसने तो बहुत कुछ समझा है। अमर की आँखों की भाषा से वह अपरिचित नहीं...और उन दिनों में चुपचाप उसकी ओर निहारती आँखों में उसने अमर के मन के पश्चात्ताप को, उसके दुःख को देखा है, समझा है।

कितनी बार मन में हुआ कि वह फिर अमर को देख आए...वहाँ से आए आज छह दिन हो गए; अमर की उसे कोई खबर नहीं मिली है। उसे यह भी नहीं मालूम कि वह मन्दा भाभी के यहाँ है या अपने कमरे को लौट गया—पर वह गई नहीं। फिर भी उसे न किसी प्रकार की चिन्ता थी, न उद्विग्नता। हाँ, हर साँझ को उसने मन्दा भाभी की प्रतीक्षा अवश्य की थी।

उस दिन वह कपड़े बदलकर बाहर निकलने को ही थी कि टंडन भाई ने मन्दा भाभी के साथ प्रवेश किया। हमेशा की तरह भाभी दरवाज़े से ही कुछ-न-कुछ बोलती हुई घुसीं।

''अरे रंजना, चल मिठाई खिला तो एक खुशखबरी सुनाऊँ।''

रंजना भाभी का मुँह देखते हुए सोच रही थी कि भाभी क्या अमर को अपने साथ लेकर आई हैं...? शायद बाहर खड़ा करके मिठाई माँग रही हैं...और तब

एकाएक उसे खयाल आया कि जिस अमर के साथ वह रोज़ घूमती थी, घंटों बातें किया करती थी, उसका आज उसके कमरे पर आना-मात्र इतनी बड़ी बात हो गई है कि उससे मिठाई माँगी जाए...? क्या सचमुच अमर इतने-से दिनों में उससे बहुत-बहुत दूर चला गया था?

"अरे गुमसुम-सी क्या देख रही है, मिठाई खिला न?" और फिर टंडन को देखती हुई बोली, "हमेशा मनहूस-सा चेहरा लिए रहनेवाली इसी रंजना को देखना अब कैसी चहकेगी!"

टंडन सोच रहा था कि वह बड़ी गम्भीरता से यह सारी बात करेगा...घरवालों को कैसे सूचित करना होगा, कैसे सारा प्रबन्ध करना होगा...यह सारा उत्तरदायित्व उसी पर तो है जिसे बड़ी बुज़ुर्गियत से उसे निभाना है...और यह मन्दा है कि इसे मज़ाक सूझ रहा है। अब वह क्या खाक बात करे!

"तुमसे तो मिठाई खिलाई नहीं जाएगी, चल उठ, मैं तुझे मिठाई खिलाती हूँ... चल जल्दी तैयार हो।"

और तब रंजना ने पहली बार पूछा, "आखिर किस बात की मिठाई माँग रही हो भाभी?"

मन्दा कुछ कहती उससे पहले ही टंडन ने गम्भीर स्वर में कहा, "रंजना, तुमसे कुछ ज़रूरी बातें करनी हैं...तुम ज़रा बाहर चलो।"

टंडन की गम्भीरता पर मन्दा खिलखिला पड़ी, "तुम तो ऐसे कह रहे हो जैसे उसे कहीं मातमपुरसी पर ले जाना चाहते हो।"

रंजना अवाक्-सी उन दोनों के मुख देख रही थी—मन्दा का खिला हुआ चेहरा और टंडन की गम्भीर मुख-मुद्रा...दोनों की मुद्राएँ किसी एक ही बात का परिणाम हो सकती हैं, यह उसे समझ ही नहीं आ रहा था। इतना वह जान गई थी कि अमर उन लोगों के साथ नहीं आया है।

"ऐ रंजना, तूने अमर की जो सेवा की न, उससे प्रसन्न होकर अमर साहब ने तुझे अभयदान दिया है, यही सन्देश..."

बात बीच में ही काटकर टंडन बोला, "रंजना! देखो, बात यह है कि अमर ने अन्तिम निर्णय ले लिया है कि तुमसे ही विवाह करेगा और बहुत जल्दी ही विवाह करेगा।" फिर एक क्षण रुककर बोला, "सोचता हूँ, नए सिरे से तुम्हारा मत जानने की तो कोई आवश्यकता नहीं है...अब तो सिर्फ साथ बैठकर यही सोचना है कि कैसे सारी व्यवस्था करनी होगी...इसी सप्ताह के अन्दर-अन्दर सबकुछ समाप्त कर डालना है! उसने तो सबकुछ मुझ पर ही छोड़ दिया है।"

"और ये हैं कि बेचारे बोझ से दबे जा रहे हैं...इनकी तो हँसी ही जाती रही!"

टंडन सोच रहा था कि उसकी बात की रंजना पर बड़ी ज़बर्दस्त प्रतिक्रिया होगी, पर रंजना के चेहरे का भाव ज्यों का त्यों ही बना हुआ था—उसे न आश्चर्य हो रहा था, न प्रसन्नता—मानो यह सब तो वह बहुत पहले से ही जानती थी...जानती क्या

थी, यह घटना घटेगी यह विश्वास मानो एक दिन के लिए भी उसने नहीं छोड़ा था। उसने स्वयं चाहे टूटा-टूटा महसूस किया हो...पर इस विश्वास को कितने यत्न से सहेजकर रखा था।

चारों बैठे थे। टंडन ने पिछली तारीख डलवाकर दोनों से फॉर्म भरवाए थे और यह तय हो चुका था कि रजिस्ट्रार घर पर ही आएगा—वे लोग कोर्ट नहीं जाएँगे! निकटतम मित्रों को टंडन ने स्वयं जाकर ही सूचना दे दी थी और जो कुछ करना है उसकी एक निश्चित रूपरेखा भी बना ही ली थी...और सबकुछ करके टंडन बड़ा हलका-हलका महसूस कर रहा था। अमर और रंजना को यों चुपचाप बैठा देखकर टंडन बोला, "ये दोनों तो यों शरमा रहे हैं जैसे सचमुच के ही दुल्हा-दुल्हन हों!"

"और क्या, ये तो ऐसे कर रहे हैं जैसे कभी एक-दूसरे को देखा ही नहीं हो—या जानते ही नहीं हों!" मन्दा ने अमर को परसों से इतना छेड़ा और बनाया है कि उसकी बोलती बन्द कर रखी है।

"जानते नहीं हैं!" सिगरेट को एक ओर फेंककर टंडन बोला, "बेटा! दुनिया-भर में तो मटरगश्ती करते-फिरते थे...अरे, इन लोगों का क्या ब्याह करवाना, बस कह दो—साथ रहना शुरू कर दें!" रंजना और अमर दोनों ही मुस्करा दिए।

"माफ करो! तुम्हारे इन अमर साहब का कोई भरोसा है? लेखक आदमी ठहरे... आज मूड बना तो शादी कर ली, कल मूड बने तो छोड़ दें और कह दें, मैंने तो शादी ही नहीं की...सो प्रमाण तो रहना चाहिए..."

"ऐ मन्दा! बन्द करो यह बकवास!" टंडन को बुरा लगा कि शादी के समय यह छोड़ने की बात क्यों कर रही है? टंडन शादी करवाने के साथ-साथ यह भी महसूस करने लगा कि इन दोनों के सुखी जीवन का उत्तरदायित्व भी जैसे उसी पर है। यह बन्धन अटूट हो...दोनों के व्यक्तित्व को निखारने-चमकनेवाला होना ही चाहिए, नहीं तो अमर चाहे उसे क्षमा कर दे, वह स्वयं अपने को कभी क्षमा नहीं कर सकेगा।

तारकशी के काम की लाल शिफॉन की साड़ी में लिपटी रंजना को अमर के पास छोड़कर जब मन्दा उठी, तो उसका मन बार-बार यही आशीर्वाद दे रहा था—यह बन्धन अटूट हो, यह जोड़ी अमर रहे!

कमरे से निकलकर बड़ी दुष्टता से मुस्कराकर उसने दरवाज़ा धीरे-से बन्द कर दिया।

पहली बार ट्यूब-लाइट के दूधिया आलोक में क्षण-भर को रंजना और अमर की आँखें मिलीं...और अमर ने विभोर भाव में कसकर उसे अपनी बाँहों में जकड़ लिया!

रंजना को लगा जैसे उसकी सारी भटकन ही समाप्त हो गई...उसने अपनी मनोवांछित मंज़िल पा ली...

नौ

अमर की डायरी

हनीमून

टंडन ने सुझाव दिया, ''तुम लोग कहीं घूम आओ, कुछ दिनों को 'हनीमून' मनाओ...''

रंजना ने मना कर दिया, ''अभी सम्भव नहीं है छुट्टी मिलना। बीमारी के लिए, बम्बईवाले ट्रिप के लिए, मैंने पहले ही बहुत ले रखी है।''

मैंने कहा, ''इन दिनों कुछ ऐसा जोश आ गया है कि एक छोटा-सा उपन्यास और पूरा कर डालूँ शादी के चक्कर में जो ऊपर से और कर्ज़ा कर लिया है, वह भी बराबर हो जाएगा।''

''हाँ, हाँ, और क्या!'' रंजना तपाक से बोली, ''बहुत ज़िन्दगी है अभी तो टंडन भाई साहब, जब इच्छा होगी तभी हनीमून मना लेंगे...।''

''मैंने तो इसलिए कहा कि कम-से-कम तुम यह तो महसूस करो कि शादी हो गई है...'' टंडन ने बात साफ की।

''अरे, यहाँ तो 'दिन को होली, रात दीवाली' रोज़ मनाती 'मधुशाला' है...'' मैं उत्साह से रंजना का कन्धा भींचकर बोला।

लेकिन सच बात है, लगता ही नहीं जैसे मेरा विवाह हो गया है। जैसा रंजना के साथ व्यवहार तय था, वैसा ही अब है। उसमें कहीं कोई ऐसा विशिष्ट नहीं हुआ है कि जिसकी ओर ध्यान आकर्षित हो।

कनॉट प्लेस के दो-तीन होटलों में दोस्तों के साथ हाहा-हूहू करने के बाद जब हस्बमामूल मद्रास होटल से आखिरी बस लेकर आया तो लगा, घर में बड़ा बोझ है। मेज़ पर खाना रखा था। मेरे आते ही नौकर औंधी प्लेटों को सीधा करने लगा। मैंने पूछा, ''रंजना सो गई क्या?''

'भैनजी बहुत नाराज़ हैं...उन्होंने खाना नहीं खाया।'' नौकर ने बताया।

''नाराज़? अरे लो...ये भी कोई बात हुई?'' मैं भीतरवाले कमरे में गया। वह पलंग पर करवट लेकर लेटी थी। जाकर ज़ोर से पीठ पर हाथ मारते हुए अतिरिक्त उत्साह में कहा, ''अरे उठो श्रीमती जी, यह पहले ही दिन नाराज़ी!'' बत्ती नहीं जली थी। कोई जवाब भी नहीं।

कन्धा अपनी ओर खींचकर सीधा किया तो गर्दन एक तरफ मोड़ ली...सूँ-सूँ के साथ सुबकियाँ तेज़ हो गईं। रंजना रो रही थी। सन्नाटे में आ गया।

''रंजना...रंजना। क्या बात है?''

''कुछ नहीं।''

''तो भी...''

''आप अपने घूमो-फिरो...भटको...आपको क्या है!'' और रंजना बच्चों की तरह

रोने लगी।

मैं हँस पड़ा। दोनों हाथ खींचकर उसे उठाने लगा।

''आपको हँसी आ रही है, यहाँ भूखे-प्यासे मर गए...।'' रंजना बोली।

''माफ करो यार, गलती हो गई...अब आगे से नहीं करेंगे।''

मैंने उसके हाथ छोड़कर अपने कान पकड़े, एक बार उठक-बैठक की तो रंजना हँस पड़ी, ''अरे...अरे...नौकर क्या कहेगा?...तब तो खयाल आया नहीं, अब ये सब कर रहे हैं।''

''मेरी समझ में नहीं आता कि आपको अकेले घूमना अच्छा कैसे लगता है? आपको ये नहीं लगता कि कोई और भी है?'' खाते समय उसने पूछा।

''भई, मैं तो चाहता हूँ कि तुम भी चलो!'' मैंने कहा।

''आपने तो कह दिया, चलो-घूमो! दिन-भर थककर चूर-चूर आओ तो घूमने की सूझती है या मन होता है कि आधा-पौन घंटे आदमी आराम करे...?'' रंजना ने कहा तो मुझे लगा कि वह आरोप कर रही है।

बात सच थी। मैं चुप हो गया। जब कोई बात ज़ोर देकर कहती है तो डिबेट के अन्दाज़ में एक हाथ को दूसरी हथेली पर रखकर झटकते हुए बोलती है।

खाने के बाद जब हम लोग पान खाने, घूमते हुए सिनेमा के पास गए तो गली में यहाँ-वहाँ चारपाइयाँ बिछाए लोग सो रहे थे। रंजना ने फिर कहा, ''इस गली में यहाँ से वहाँ तक आप देख लीजिए, सब लोग छह-सात बजे तक घर लौट आते हैं। खाया-पीया और घूमने निकल गए।''

लौटते हुए उसने मेरे हाथ पकड़ लिए और हाथ झुलाते हुए हम लोग चहलकदमी करते चलने लगे, ''मेरी समझ में नहीं आता, आपका मन कैसे लगता है? आपको घर आने की इच्छा नहीं होती...? मुझे तो कहीं अच्छा नहीं लगता। हमेशा मन करता रहता है, आपके साथ रहूँ...आपके पास रहूँ...हम लोग साथ घूमें, सिनेमा जाएँ...।''

रास्ते-भर मैंने लिखने की बात सोची थी, अब हुआ...फिर कभी लिखेंगे। ज़िन्दगी में ये बातें ज़्यादा ज़रूरी हैं। हम लोग बहुत धीरे-धीरे आ रहे थे। रंजना की बात समझकर मैंने सोचते हुए कहा, ''हम लोगों के साथ यह समस्या सचमुच बड़ी विकट है। मैं सारे दिन बन्द होकर लिखना-पढ़ना करता हूँ और तीन-चार बजे तक घूमने-भटकने निकल जाता हूँ—यह मेरी वर्षों की आदत है। खैर, आदत बदली भी जा सकती है। लेकिन मैं सचमुच सारे दिन इतना ऊब जाता हूँ कि घूमने-फिरने को मन तड़पने लगता है। तब तुम थकी-माँदी चूर-चूर आती हो। तुम्हें आराम चाहिए। यह न सम्भव है, न मुझसे इतना अत्याचार हो ही पाएगा कि दिन-भर खट-पिसकर तुम आओ, और तब मैं कहूँ कि तुम मुझे कनॉट प्लेस में कहीं मिलो...।''

"हाँ, उस वक्त क्या इतनी हिम्मत रह जाती है...?"

"तो फिर क्या हो? इस गली के सारे लोग दिन-भर नौकरी करने दस-दस मील दूर दफ्तरों में जाते हैं और उन्हें घर आने की जल्दी रहती है—मुझे सारे दिन घर में काम करना होता है और बाहर निकलने की तबीयत छटपटाती रहती है।"

रंजना भी सोच में पड़ गई और मैं गम्भीरता से विचार करने लगा कि सचमुच इस समस्या का हल क्या हो? यही हो सकता है कि रंजना से नौकरी छुड़ा दी जाए; लेकिन यह न वह स्वयं चाहेगी...न इतनी बड़ी ज़िम्मेदारियों के साथ सम्भव होगा...?

दोस्त

कल एक घटना हो गई।

रविवार था और दोपहर की गर्मियों से बचने के लिए हम लोगों ने सुबह से ही कमरा बन्द करके पानी भर रखा था। फिर भी नींद नहीं आ रही थी। देर तक हम लोग विचार करते रहे कि दिल्ली में आजकल जो बहुत सस्ते कूलरों का विज्ञापन हो रहा है, उसमें से एक लगाया जाए या नहीं। ऐसे में तो न लिखा-पढ़ा जा सकता है, न सोया। टप-टप पसीना गिरता है, सिर तपता रहता है। दस कमरों के भीतर भी पंखा लू ही फेंकता है।

तीन बजे होंगे कि दरवाज़े पर खट-खट हुई। झल्लाते हुए उठकर देखा तो नाथ और शंकर थे। नाथ मेरा पुराना मित्र है—हम दोनों एक समय एक ही साप्ताहिक में सहायक थे। शंकर नया-नया दिल्ली आया था और अक्सर अपने नगर को 'हिन्दी साहित्य का गुटका' कहता था। उसकी गर्वोक्ति थी कि उस नगर का हर साक्षर साहित्यकार होता है। इसी कारण उन्हें अपने से बाहर जाने की ज़रूरत नहीं पड़ती। वे लोग अपने-आप ही आन्दोलन चला लेते हैं, और अपने-आप ही एक दिन उसे 'आउट-डेटेड' घोषित कर देते हैं। एक-दूसरे के स्कैंडलों पर कहानी-उपन्यास लिखते हैं—फिर किसी चेले को आलोचक बनाकर उस लेखन के लिए मूल्य और मानों का निर्माण करवा डालते हैं...अब वे राजधानी विजय करने आए थे। नाथ उन्हें पकड़ लाया। हम लोग घंटों बैठे साहित्य और व्यक्तियों की निन्दा-प्रशंसा करते रहे।

लेकिन इस 'असमय' में उन्हें देखते ही रंजना का माथा ठनका। मैंने रंजना को बुलाया भी । चाय हम लोगों ने एक बार साथ पी, एक बार अलग से। उन लोगों ने बधाइयों के साथ औपचारिक रूप से मेरी रचनाओं, घर-पत्नी की प्रशंसा की—लेकिन रंजना शायद एकाध बार ही मुस्कराई और फिर भीतर जाकर अपनी कॉपियाँ जाँचने लगी। मैंने दो बार ऐश-ट्रे शंकर के हाथ के नीचे रखी, लेकिन वह बहस के दौरान में कभी सिगरेट इस हाथ में लेता था, कभी उसमें और चुटकी बजाकर राख झाड़ता था। बहरहाल, बातचीत बड़ी ज़ोरदार थी और योजनाएँ बड़ी दिलचस्प!

"कैसे हैं आपके मित्र!" उनके जाते ही रंजना ने अपने कमरे की 'हालत'

देखकर कहा, ''लगता है जैसे बनमानुस आ गए हों...सारे कमरे में दियासलाई, सिगरेट की राख भरी है—किताबें सब उलट-पुलट दी हैं, सोफे के कढ़े हुए कवर सरकाकर दरार में घुसा दिए हैं... ।''

''क्या करें, साहित्यिक ऐसे ही होते हैं।'' मैंने बात टाल दी—लेकिन मन में झुँझलाहट आई। रंजना को यह शिष्टाचार सिखाना होगा कि अपने जिस मित्र को मैं जैसा व्यवहार दूँ, वही वह दे।

लेकिन वह झल्लाहट ज़्यादा नहीं रही, और मैं सबकुछ भूलकर अपने उपन्यास की बात सोचने लगा। उसे अच्छी तरह सोचकर पूरा कर लूँ तो शोर हो जाए—अमला को कैसी खुशी हो! मैं बालकनी पर कुहनियाँ टेके खड़ा-खड़ा यही सोच रहा था कि पास में रंजना आकर खड़ी हो गई।

''आप मुझसे नाराज़ हैं...? जब से ठीक से बोल नहीं रहे... ।'' उसने रुँआसे स्वर में पूछा।

''नहीं रंजना!'' मैंने प्यार से उसके कन्धे पर हाथ रख दिया, ''उस वक्त ज़रा गुस्सा आया होगा, अब तो याद भी नहीं है...!''

''कम-से-कम रविवार के दिन तो हम लोग साथ रहें, उसमें भी अगर ये आ जमनेवाले आ जाएँगे तो...'' और रंजना देर तक ज़िद करती रही कि मैं नाराज़ हूँ और नाराज़ी को मन में रखकर घुटता हूँ, और कहकर बात नहीं साफ कर लेता। रात को देर तक रोती रही। मैंने एकाध बार समझाया भी कि मुझे इन बातों को लेकर सोचने की फुरसत ही नहीं मिलती—मेरे दिमाग में अपनी ही बातें रहती हैं, तो वह शिकायत करने लगी कि शादी के बाद इतने शीघ्र ही हम एक-दूसरे को अपरिचित, अनसमझे रह जाएँगे, इसकी उसने कल्पना भी नहीं की थी।

सुबह एक-दूसरे की आँखें मिलीं तो रात की बेवकूफी पर खुद ही हँस पड़े। मैं लिखने बैठा तो बोली, ''आज मैं देर रो जाऊँगी। लाओ, तुम्हारा कोई काम हो तो हमें बता दो। कर डालेंगे।'' उसने आग्रह किया मैं बोलूँ और वह लिखे। मैंने उसे एक कहानी फेयर करने को दे दी। और उसे हाथ में लिए वह देर तक अपने कॉलेज की बातें बताती रही कि कैसे सारी लेक्चरर्स में बड़ी उत्सुकता इस बात को लेकर है कि लेखक लोग कैसे रहते हैं, कैसे खाते हैं? क्या हमेशा साहित्य ही बोलते हैं?

तभी नौकर ने डाक लाकर दी। परिचित खतों में सादे-से सफेद लिफाफे में एक अपरिचित पत्र भी था। पत्र एक नर्स का था और उसमें लिखा था, ''रात को ड्यूटी के समय सफेद चादरें ताने मरीजों के बीच में स्टूल पर बैठना ऐसा लगता है—जैसे कब्रिस्तान में बैठी हूँ।...कल एक मरीज से आपका उपन्यास लेकर पढ़ा, तो लगा कि उसकी राका के रूप में आपने मेरा ही चित्रण कर डाला है...लेकिन आपने तो मुझे देखा भी नहीं...फिर सोचा, क्यों न आपको पत्र लिखकर यह बात पूछ लूँ...मेरा जीवन भी पूरा उपन्यास है...आज इस स्टूल पर एकान्त में बैठी-बैठी जब पिछले जीवन को देखती हूँ, तो लगता है, एक उपन्यास ही पढ़ रही हूँ...मन करता

है, इस पढ़े हुए को सुनाऊँ...आप उत्तर देंगे तो मैं ज़रूर अपनी बात आपको सुनाऊँगी...बहुत विकल्प के बाद यह पत्र लिख रही हूँ। अपने व्यस्त समय में उत्तर की दो पंक्तियाँ देंगे तो मुझे बहुत बल मिलेगा...'' इत्यादि...नीचे नाम था—इला, फिर—पता।

कुछ पंक्तियाँ शायद रंजना ने पढ़ ली थीं, ''किसका है, किसका है?'' कहकर मेरे पास आ खड़ी हुई। मैंने पत्र दे दिया। शायद दो बार पढ़ा, उलट-पलटकर देखा। परिहास से खँखारकर बोली, ''हुँह...तो ये ठाठ हैं लेखक साहब के...!'' मैंने पत्र मेज़ पर रख दिया, तो बोली, ''क्या उत्तर दोगे?''

''देखो, जो भी मन में आए...'' मैंने टाल दिया।

''मुझे दिखाना...।'' वह हँसती रही। फिर पूछा, ''इन लड़कियों को कोई और काम नहीं रहता?''

यह मुझे लग गया कि कहीं कुछ गलत हो गया है। कह दिया, ''यह तो तुम अच्छी तरह जानती होगी...।''

अचानक उसके लहजे में एक अजीब अप्रसन्नता का भाव मुखर हो गया, ''नर्सें चाहे जिसको चाहे जितने खत लिखें, कोई रोक-टोक नहीं है?''

मैंने बहुत शान्त भाव से कहा, ''देखो रंजना, शादी से पहले अमला के पत्र को लेकर भी इस तरह की बात हुई थी। इतने पुरुष मुझे मिलते हैं, तुम कभी कुछ नहीं कहतीं। और तुम्हें तो खुश होना चाहिए कि मुझे लोग इस तरह अपना मानते हैं, इस तरह विश्वास करते हैं...''

''तो मैं कुछ कह थोड़े ही रही हूँ! मुझे क्या पता नहीं है कि तुम प्रसिद्ध आदमी हो? सभी तरह के लोग तुम्हारे परिचित हैं...सभी तरह के लोग तुम्हें लिखते हैं...।'' और अन्त की ओर उसका स्वर रुँआसा हो आया। मेरी कहानी गोल-मोल मरोड़ती वह अपने कमरे में चली गई। मैं चुपचाप अपनी गलती जानने की कोशिश करता रहा। तय कर लिया कि यह रंजना की अनधिकार चेष्टा है और उसे आगे से कोई खत न सुनाना है, न दिखाना...अब क्या मुझसे आज कुछ लिखा जाएगा?

दूसरे कमरे में अचानक रंजना ने नौकर को डाँटना शुरू कर दिया, ''चारों तरफ रेत ही रेत फैली है! तुझे दिखाई नहीं देता? क्या सफाई करके गया है...? ला झाड़ू, मुझे दे, मैं सफाई करती हूँ।''

जाते हुए बोली, ''बाबूजी से कह देना, मैं देर से लौटूँगी।''

मुझे पता है वह कटरानील जाएगी मन्दा भाभी से मिलने। आजकल वे वहीं हैं। यह इसे क्या हो रहा है?...

तब क्या वह अमला के बारे में भी इसी तरह की कोई धारणा पाले है?

मेहमान

पार्टियों का दौर समाप्त हो गया है...।

बहुत दिनों बाद...शायद ज़िन्दगी में पहली बार—यह अनुभव हुआ कि मेरा भी अपना घर है...। रंजना इस फ्लैट के एक-एक हिस्से को इस गर्व से दिखा रही थी, जैसे ताजमहल दिखा रही हो, ''यह आपकी स्टडी रूम होगी...यहाँ बैठकर निश्चिन्त होकर लिखिए...'' ऐसी व्यवस्था और ऐसी सुरुचि...मुझे विश्वास ही नहीं होता कि यह सब मेरा है...सुबह उठता हूँ तो 'बेड-टी' आ जाती है, फिर ब्रेकफास्ट, फिर भोजन, फिर चाय, फिर खाना और रात में दूध! सारे दिन को घड़ी के हिसाब से नहीं, भोजन-नाश्ते के हिसाब से बाँट दिया गया है...मैं जो ऐसी व्यवस्था और नियमबद्धता का कभी अभ्यस्त नहीं रहा, बड़ा पराया-पराया-सा महसूस करता हूँ। यहाँ तो बेड-टी के साथ ही ब्रेक-फास्ट ले लेने की आदत है। वहीं होटल में बैठे-बैठे गप्पें लड़ाईं, अखबार पढ़ा तो लगा कि अब खाना खाने कौन दुबारा आएगा—ब्रेक-फास्ट ही इतना कर लो कि भोजन का काम दे दे। खाकर गए तो जाकर ब्रुश किया, नहाना-धोना हुआ और फिर लिखने-पढ़ने की बात सोची...यहाँ सभी कुछ इतना तय है कि कौन काम कब करना है...एक खाने से निश्चिन्त नहीं हो पाता हूँ कि दूसरे का समय आ जाता है...

''देखिए, टंडन वगैरा का घर कैसा साफ-सुथरा, सुरुचिपूर्ण रहता है! मैं चाहती हूँ, हमारा घर वैसा ही साफ-सुथरा रहे। चाहे कभी कोई आ जाए, उसे ऐसा न लगे जैसे उसके लिए सब ठीक-ठाक कर दिया गया हो...'' रंजना ने सोफे, कुर्सियों और मेरी राइटिंग-टेबल को मुग्ध भाव से देखते हुए कहा था। फिर अचानक होश में आकर बोली, ''पर मुझे आपसे यही डर है। कभी अपनी किसी साथ की लड़की को लेकर आऊँगी तो देखूँगी कि कहीं तौलिया पड़ा है, कहीं किताब रखी है...कहीं सोफे की गद्दियाँ लुढ़क रही हैं...''

और मुझे लगता है, मैं यहाँ मेहमान बनकर रह रहा हूँ...मैं तो केवल कुछ दिनों को यहाँ आया हूँ, मेरा वास्तविक घर तो वही कमरा है, जिसकी चारपाई के सिरहाने सारे धोबी के धुले कपड़े तकिये का काम देते हैं...दरवाज़ों के पर्दे और तौलिया में कोई भेद नहीं है। मन को समझाता हूँ कि आखिर वह ज़िन्दगी तो बहुत चलती नहीं—जब भी, जहाँ भी, इस तरह की ज़िन्दगी की शुरुआत होती हो। फिर आदमी को यह तो मानकर ही चलना चाहिए कि अकेले रहने और किसी के साथ रहने में कहीं तो अन्तर है ही...। कभी-कभी अपने पर ही दया आती है, देखो व्यवस्था और सुख मेरे लिए कितने पराए हो गए हैं कि उनके बीच में मैं मेहमान अनुभव करने लगता हूँ...!

फिर भी पुलक और परितृप्ति को ऐसी अजनबी आँखों से क्यों देखता हूँ, जो रंजना के अंग-अंग में छलकती है...? कैसे उत्साह और उल्लास से वह महीने का बजट बनाती रहती है....और तब बड़े संकोच से मैं कहता हूँ, ''रंजना वर्ष में एक या दो बार तुम जितना कहोगी, उतना पैसा मैं दे दूँगा...लेकिन नियमित रूप से महीने- महीने दे पाना बड़ा मुश्किल है।''

"अरे आप चिन्ता क्यों करते हैं?" वह मुझे समझाती है, "यह सब हम लोगों का ही है—मेरा-तुम्हारा क्या है? मेरे कॉलिज से जो मिलेगा, वह मेरा है और आपको जो मिलेगा वह आपका है—यह सोचना ही गलत है! अभी तक आप भी रहते ही थे, और मैं भी रहती ही थी।"

मुझे लगा, जो बात मुझे कहनी चाहिए थी, वह रंजना ने कह दी है। मैं अपने को तौलता रहा कि यह कितनी व्यावहारिक और समझदार है और ऐसी बातें मेरे दिमाग में क्यों नहीं आतीं? क्यों मुझे यह लगता रहता है कि...

और परसों जब रंजना ने महीने के सारे खर्चे चुकाए—मकान, दूध, लाला, नौकर, चूड़े (भंगी) के दिए, तो मेरे ऊपर अपने-आप ही एक अपराध का बोझ आ गया। 'अच्छा ही तो है, इन छोटे-छोटे सिरदर्दों से रंजना ने मुक्त कर दिया...अब मैं निश्चिन्त भाव से मन लगाकर लिखूँगा...।' लेकिन मन किसी तरह नहीं माना और मैं बाहर घूमने निकल गया।

अपराधी

कॉफी हाउस में रंजना से मिलना था। वहीं टंडन और मन्दा भाभी भी आने को थे। प्रोग्राम था कि कहीं बाहर ही खाना खाएँगे। छुट्टी थी, इसलिए रंजना आने को तैयार हो गई थी।

बार-बार गर्दन का पसीना पोंछता हुआ नौ नम्बर के स्टॉप पर खड़ा ही था कि देखा, गिलाफ में बन्द अपना लम्बा तानपूरा उठाए शकुन चली आ रही है...हाँ, शकुन ही थी। हमारे...नगर में ऊपरवाली मंज़िल के द्विवेदी जी की लड़की। जब देखो तब निहायत बेसुरी आवाज़ में 'सारे गामा पाधा' रेंकती रहती थी। मैंने इसके हारमोनियम का पर्दा चाकू से फाड़ दिया था। एक बार पता चला, इसे टी.बी. हो गई और यह भुवाली में है...। तब इसकी शादी हो चुकी थी। किसी ने बताया, पति ने मार-पीटकर निकाल दिया।

मैं देर तक देखता रहा। जब एकदम पास आ गई, तो मैंने धूप का चश्मा उतार दिया। और बोला, "शकुन, तू!"

"अमर!" शकुन भी चौंकी।

एक क्षण को दोनों सकपका उठे, शायद विह्वल हो उठे—क्या बोलें? शकुन मुझसे बड़ी थी, लेकिन लाख समझाने-पिटने पर भी मैंने उसे जीजी नहीं कहा।

"मैं तो आजकल यहीं हूँ।" मैंने बताया...वह सोने की मटरमाला पहने थी। मैंने पूछा, "तू तो...सुना था..."

शकुन अब व्यवस्थित हो चुकी थी। बस स्टॉप की दीवार पर तानपूरा टिकाकर गहरी साँस ली, "आजकल तो दिल्ली में ही हूँ...यहीं माथुर लेन में रहती हूँ...इधर पास ही स्कूल है अपना संगीत का।"

"अच्छा!" मैंने प्रसन्न भाव से कहा, "बड़े रोब हैं!"

"तूने भी तो खासा नाम कर लिया है...।"

मैंने बीच में बात काट दी, "ये सब उठाकर कहाँ जा रही है? इतना बड़ा जहाज़ लेकर बस में चढ़ेगी?"

"कुछी ले लूँगी...अभी आई हूँ।"

"अभी भी कुछी कहती है!" मैं हँस पड़ा।

वह भी मुस्कराई। वह हमेशा 'कुछ ही' को 'कुछी' और 'कुछ नहीं' को 'कुन्नई' बोलती थी और मैं हमेशा चिढ़ाता था। बोली, "अब कहाँ जा रहा है?"

"कॉफी हाउस में बीवी आएगी।" मैंने नकली गम्भीरता से कहा।

"हूँऽऽ! बीवी?" उसने आश्चर्य का भाव लाकर पूछा।

"चल, तू भी चल न...।" मैंने अनुरोध से कहा, "चल तुझे बीवी से मिला दूँ—मास्टरानी है, संगीत की नहीं, भाषा की।"

"खबर तक तो दी नहीं—अब ले चलेगा!" शकुन ने ताना दिया। फिर उच्चता से बोली, "मैं मास्टरनी नहीं, अपने स्कूल की प्रिंसिपल हूँ। और कौन-कौन आएगा?"

"एक दोस्त और उसकी वाइफ! चल न!"

"वैसे चाय पीने की इच्छा ज़रूर है, लेकिन वहाँ जाऊँगी तो देर हो जाएगी। फिर किसी दिन फुरसत से ले जाना। यहीं-कहीं आसपास एक कप चाय पिला दे। फिर रेडियो जाना है।"

और हम लोग गोलचा के ऊपर जाकर देर तक चाय के साथ गप्पें लड़ाते रहे। एक-एक बात की याद करके मुझे हँसी आती और हम उसे दोहराकर आनन्द लेते। हर बार बीच-बीच में कहते, "मुझे तो सपने में भी खयाल नहीं था कि यों अचानक मुलाकात हो जाएगी।" उसे रेडियो में रेकॉर्डिंग कराने जाना था। आजकल वह अकेली है, साथ में एक भतीजी और उसका पति है—लेकिन एक तरह से अलग ही है। मैंने कहा, "अभी तेरी उमर ही क्या है! अपने स्कूल में किसी संगीतज्ञ को बुला... और जाँच-परखकर उसके साथ सैटिल हो जा...।"

"तेरे साथ हो सकती थी, सो तू पहले से ही शादी किए-कराए बैठा है।" उसी उन्मुक्त दुष्ट हँसी से वह बोली।

मुझे अच्छा लगा कि ज़िन्दगी के इतने उतार-चढ़ाव देख लेने पर भी वह अपनी हँसी उसी तरह कायम रखे है, और शायद इसीलिए बची भी रही। मैं पहले तो झेंप गया, फिर बेशर्म बनकर बोला, "चल, अभी चली चल...। शरह से तो चार-चार रख सकता हूँ।"

उसने मुँह बिचका दिया, "ऊपर की मंज़िल पर रहते थे, तब तो आकर हारमोनियम के पर्दे को चीर गया था...साथ रही तो मेरा सितार, तानपूरा सब तोड़-फोड़ डालेगा; और उससे पहले बीवी ही झोंटा पकड़कर बाहर निकाल देगी...।" फिर अचानक बात छोड़कर वह चुप हो गई।

मुझे साफ लगा, झोंटा पकड़कर खींचने की बात से उसे शायद अपने पति का

मार-पीटकर निकालना याद आ गया। उधर से ध्यान हटाने के लिए जानबूझकर उसी लहजे में बोला, ''बेहया!'' और अकारण हँसता रहा, ''तू अभी तक वैसी ही बेशर्म है!''

लेकिन शकुन सुस्त हो गई। धीरे से बोली, ''वरना तू मुझे यों देखता...?''

एकदम दिमाग में कहीं कोई बटन दबा और लगा, इस पर तो एक अच्छी-खासी कहानी लिखी जा सकती है।

मुझे उसके शरीर, पहनने-ओढ़ने से कतई नहीं लगा कि इन दिनों उसे कोई दुःख है। बदन दुहरा हो गया है और ठोड़ी के नीचे एक सलवट आती है। गहरा हरा ब्लाउज और हैंडलूम की साड़ी। मैंने टालकर कहा, ''अरे तू मजे में है। पैसा है तेरे पास। अभी नीचे चलकर वज़न ले लेना। तुझे चिन्ता-फिकर किस बात की!''

''हूँ...ऐसा ही लगता है दूर से...। स्कूल चलाया है कभी?'' उसने अन्तिम वाक्य ज़रा तीखे स्वर में पूछा तो मुझे याद आ गया—उन दिनों यह कम्बख्त कभी-कभी हमें पकड़कर पीट देती थी...हम लोग पकड़ से दूर-दूर भागते, चिढ़ाते, ''शकुन की बच्ची, दाल-रोटी कच्ची, आटा तेरा पतला...''

उससे स्कूल का फोन और उसका पता लिया—अपना दिया। फिर हम लोग नीचे आए तो अँधेरा हो गया था। ''हाय राम! आज प्रोड्यूसर मेरी जान को रो रहा होगा...!''

''इस सूचना के लिए अभी से बधाई दे दूँ?'' मेरे मुँह पर आया।

''चल बत्तमीज...सड़क का तो खयाल कर!'' वह उसी वत्सल पुलक से बोली। मुझे स्कूटर में कॉफी हाउस के सामने छोड़कर रेडियो चली गई।

रास्ते-भर एक अनजान और अविश्लेष्य रोमांच तन-मन पर छाया रहा। बीमारी के बाद, कैसे उसने भतीजी की मदद से स्कूल चलाया। माँ-बाप ने परित्यक्ता बेटी का मुँह देखने से इनकार कर दिया। मेरे मन में अपने-आप ही एक तुलना चलती रही—एक अमला है, बैठी है और घुटती है। एक यह है, कैसे आत्मविश्वास और साहस से ज़िन्दगी का सामना करती चली जा रही है! अमला के पास पैसा है, उसका परिवार उदार है, उसे बाप का अजस्र प्यार है। इसके पास क्या है? निहायत ही पंडिताऊ किस्म का परिवार, गरीब घर का दुश्चरित्र पति।

बीच-बीच में कई बार खयाल आया, रंजना कॉफी हाउस में बैठी होगी। लेकिन फिर सोचा, टंडन और मन्दा भाभी तो होंगे ही। अब स्कूटर से उतरकर कॉरीडोर की ओर चलते हुए इन लोगों की नाराजी सामने आ गई।

लेकिन भीतर कोई नहीं था। सारे केबिन देखकर लौट ही रहा था कि सामने गोरे-चिट्टे भारी-भरकम लखनौवा पत्रकार चिन्तामणि ने रास्ता रोक लिया। आदाब-अर्जवाले हाथ को ऊपर-नीचे हिलाकर मेरा मुआयना करते हुए बोले, ''अमाँ, शादी क्या की...आप तो हुमा हो गए...!''

मैं उनके कन्धे पर हाथ रखकर बगल से निकलते हुए बोला, ''हाँ यार, ऐसा ही है ज़रा...।''

उन्होंने कमर में हाथ डालकर रोक लिया, ''चले कहाँ हुज़ूर? कम-से-कम शादी

की कॉफी तो पिला जाओ।''

मैंने प्रार्थना से कहा, ''कॉफी क्या, आप जो कहेंगे सो पिला दूँगा; लेकिन इस वक्त जाने दें...बेहद जल्दी में हूँ।'' फिर बीच की मेज पर बैठे कुछ लोगों की ओर इशारा करके कहा, ''दूसरे, आप साप्ताहिक, 'मातृभूमि' के प्रूफरीडरों के साथ हैं। मेरी समझ में नहीं आता, ऐसे बेईमान और झूठों के साथ आप कैसे...?''

''अच्छा! अच्छा!'' और बड़े सरपरस्त के अन्दाज में जल्दी-जल्दी बोलकर हँसते हुए उन्होंने मेरा कन्धा थपथपाया। लिहाज़ की खातिर कहा, ''अच्छा याद रखिए...।'' फिर अपने दल की ओर मुड़ गए।

''ज़रूर!'' जान छूटी के भाव से मैंने कहा और बाहर का काँच का दरवाज़ा पीछे छोड़ दिया। मुँह से निकला, ''चे...गैन...दाल कहीं के...।''

रंजना बहुत नाराज होगी, जानते हुए भी मैं बहुत खुश था। शकुन से मिलकर मन ताजा हो आया था। बहुत दिनों बाद ईमानदारी से अपनी घुटन और फिक्रों से हटकर दूसरे के दुःख में पैठने की कोशिश की थी। मन में उठता, 'बेचारी!' लेकिन दूसरे ही क्षण मैं समझता, बेकार ही मैं उसके लिए दुःख प्रकट किए जा रहा हूँ। हो सकता है वह परम सुखी हो और उसे कोई दुःख न हो! देखने से तो बहुत सन्तुष्ट और सुखी लगती है।

घर आया तो टंडन और मन्दा भाभी मेरे ही कमरे में बैठे थे। सीढ़ियाँ चढ़ते ही मुझे लगा कि एक बोझिल बादल की परतों में उतर आया हूँ। मुझे देखते ही टंडन ने कहा, ''हमें कॉफी हाउस में बैठाकर...।''

मैं खुशामद से बोला, ''मेरी बात तो सुन!''

''बात सुनें खाक...''

टंडन की बात काटकर धीरे से रंजना ने कहा, ''मैं वहाँ अकेली बैठी-बैठी बोर हो गई...।''

''ओरे भाई...!'' मैंने दोनों हाथ उठाकर समझाना चाहा।

इस बार मन्दा ने कृपापूर्वक कहा, ''अच्छा बताओ क्या हुआ? कौन मिल गई थी...?''

''शकुन...''

मन्दा और उत्साह में बोली, ''मैंने क्या कहा था?''

भर्त्सना से टंडन बोला, ''इसको तो बस कोई लड़की दीखनी चाहिए, फिर कहाँ का एपॉइंटमेंट, कहाँ के दोस्त...'' फिर सरकारी वकील के धमकी-भरे स्वर में पूछा, ''हाँ साहब, अब यह शकुन कौन? ये भी आपकी पाठिका है क्या?''

पाठिकावाली बात पर मैंने झटके से सिर मोड़कर रंजना की ओर देखा। यह तो परसों की ही बात है न! रंजना की निगाहों में भी आरोप था।

''मैं पूछती हूँ, तुमसे भले आदमी की तरह क्यों नहीं रहा जाता?'' मन्दा भाभी ने अपनी उसी जज की तेजी से पूछा, ''अब तुम्हारी शादी हो गई, घर हो गया...और

अब भी तुम यह सब नहीं छोड़ते...? बीवी बेचारी कॉफी हाउस में राह देख रही है, और आप शकुन जी से मिल रहे हैं...।''

रंजना की आँखों में आँसू आ गए।

अब मुझे स्वयं लगने लगा था कि शकुन से यों मिलना और उस मिलन की प्रतिक्रिया को सुख समझना, अपराध ही है...।

''सचमुच कभी-कभी लगता है मैंने तुम्हारे हित में अच्छा नहीं किया।'' रंजना ने रात को भावोच्छ्‌वसित स्वर में कहा था, ''तुम हमेशा उदास-उदास, खोए-खोए रहते हो, हँसते-बोलते नहीं हो, और अक्सर बैठे-बैठे सोचते रहते हो—तो मुझे लगता है, मैंने जैसे तुम्हारे साथ बहुत बड़ा अन्याय किया है। और तब, मन में अपराध की भावना आती है, शायद अपने सुख के लिए मैंने तुम्हें कैद कर डाला...।''

''तुम्हारा सुख मेरा सुख नहीं है रंजना?'' मैंने उसकी बात से पिघलकर पूछा था।

''पहले कभी लगता था—अब नहीं लगता...।'' रंजना रोने लगी तो मुझे खुद रोना आ गया—मेरे साथ अनेक कुंठाएँ हैं...अनेक अवरोध हैं...इस बेचारी निश्छल लड़की को क्यों मार रहा हूँ...?

चीरती हुई रेलगाड़ी

अमला का पत्र आया था, ''तुम मेरे खत की राह देख रहे होगे...मैं जानती हूँ और यह भी जानती हूँ कि तुम्हें पता था : मैं नहीं लिखूँगी। मैं दुखी हूँ, दिग्भ्रान्त हूँ और हताश हूँ; या सुखी उल्लास में डूबी और मदविभोर—यह तुम्हारी समस्या क्यों बने? क्या इतना काफी नहीं है कि मैं तुम्हारे लिए लेखन में यदि कहीं सहायक बन सकूँ तो बनूँ...और तुम मुझे अपनी नई-नई रचनाएँ दे सको, तो दो। वरना हम लोग, अपरिचय के उस पुराने लोक में लौट जाएँ...परिचय, मित्रता और जिम्मेदारी...अपने बाह्य व्यक्तित्व के निर्माण में सहायक हों न हों, लेकिन मनुष्य के आन्तरिक और उच्चतर व्यक्तित्व के निर्माण में ज़रूर उत्प्रेरक हों। तुम्हारा उच्चतर व्यक्तित्व, कला के प्रति तुम्हारा प्रतिश्रुत—कमिटेड—व्यक्तित्व है। मेरा अनुमान या कहूँ कामना है—विवाह का यह निर्णय तुम्हें अपने उच्चतर व्यक्तित्व के लिए उत्प्रेरक ही लगा होगा... बताओ, उस अधूरे उपन्यास का क्या हुआ? तुम्हें याद है, तुम्हारे एक पत्र ने मुझे तटस्थ भाव से सोचने की सामग्री दी थी...और तब मुझे सोचकर लगा था कि मेरे जीवन में बहुत कुछ ऐसा है जो शायद किसी अच्छे हाथों में पकड़कर एक सुन्दर कृति का रूप ले ले...हो सकता है, उसमें बहुत कुछ ऐसा भी हो जो ज़िन्दगी में नए सिरे से, नए कोण से सोचने की भी सामग्री दे। और जब लिखने बैठी, तो लगा, नहीं मेरी ज़िन्दगी में ऐसा कुछ भी नहीं है, जो दूसरे के लिए उपयोगी हो। तुम जानते हो, मैंने अपने सारे अतीत पर 'प्रवेश-निषेध' की तख्ती लगा दी है—और मैं स्वयं अपने को इतना पराया अनुभव करती हूँ कि भीतर नहीं आने देती...। अच्छा

सुनो, तुम क्यों नहीं कुछ दिनों रंजना के साथ यहाँ आ जाते? नीचे तो बड़ी गर्मी होगी न? शिमला बड़ी सुन्दर जगह है। शायद वातावरण का यह बदलाव तुम्हें प्रेरणाप्रद हो। जानते हो, जिस बँगले में ठहरी हूँ, उसका नाम क्या है? इसका नाम है 'त्रिस्त'। तुम्हारी हिन्दी में 'अभिसार-कुंज' ही तो होगा न? तुम और रंजना आ जाओगे तो शायद यह नाम कुछ सार्थक हो जाए। मैंने इसे पूरे सीज़न के लिए ले लिया है। हो सकता है, तुम दोनों को 'अभिसार-कुंज' में छोड़कर और आगे बढ़ जाऊँ। यहाँ तो तबीयत बहुत ऊब गई है...।''

अमला के पत्र में एक अजीब-सी वेदना है, जो उसकी अपनी वेदना है, लेकिन मुझे मथती है...और लगता है, मेरा भी एक अंश है जो पर्वत-पर्वत पर दिग्भ्रान्त, व्याकुल घूमता है...जो चिर यायावर है! शायद उसी का कोई भाई-बन्द हो जिसे अमला ने उच्चतर व्यक्तित्व कहा है...लेकिन यह सच है, मन-क्षितिज पर जब उसे वीरान और अनजान घाटियों में घूमते देखता हूँ तो बस मुग्ध होकर देखता-भर रहता हूँ—निस्संग और निर्विकार...और तब न साथियों की क्षुद्रता याद रहती है, न अभावों की खिचखिच...न अमला का शुभ्र-स्निग्ध व्यक्तित्व याद आता है...न यह अपने में डूबी रंजना...

रंजना से एक बार मैंने शायद इसका जिक्र किया था, तो उसने सीधे-सीधे मास्टरी लहजे में सहज भाव से कह दिया, ''यह सबकुछ नहीं, आपके भीतर छायावादी पलायनवृत्ति के ध्वंसावशेष बोलते हैं...।''

टंडन की तो पुरानी शिकायत है कि मैं प्राप्त से आँखें मूँदकर अप्राप्य-अज्ञेय के पीछे भागता रहा हूँ...।

अक्सर रंजना को जब परम तृप्ति के भाव से सोते देखता हूँ तो लगता है, रंजना आत्मनिर्भर है, उसके पास एक घर है, उस घर को अच्छा से अच्छा सजाने के सपने हैं, कि लोग देखें और कहें कि घर रखना आता है, कि उसने बहुत ही अच्छा किया जो अपने मन से निर्णय लिया। रंजना के पास एक पति है, जो किसी भी पति जैसा अनुरक्त, शिष्ट, शालीन और प्रियदर्शन है—इनके साथ ही रंजना को गर्व है कि उसके पास कुछ ऊँचा और विशिष्ट है जो औरों के पास नहीं है।

लेकिन मेरे पास क्या है?

और तभी पड़ोस की रेल सीटी देती हुई मुझे आर-पार चीरती चली जाती है...

कभी-कभी सोचता हूँ, मुझे रंजना के सुख से ईर्ष्या तो नहीं होती?

मैं अपने को समझाने की कोशिश करता हूँ—मुझे क्या कमी है? मेरे तो किसी भी सपने में न ऐसा सुव्यवस्थित घर था, न ऐसा नियमित जीवन; न ऐसा एकान्त प्यार था, न निश्चित वर्तमान—मैं क्यों नहीं रंजना की तरह अकुंठित और उन्मुक्त भाव से नए जीवन को ग्रहण कर पाता?

क्यों मुझे लगता है कि मेरी जगह कोई भी होता तो रंजना उतनी ही सुखी और प्रसन्न होती?

कहते हैं, शादी के पहले पुरुष अन्धा होता है; उसे सिवा प्रेयसी के दुनिया में कुछ नहीं दिखाई देता—और शादी के बाद औरत अन्धी हो जाती है...तब आदमी की आँखें खुलती हैं। मैं तो न पहले अन्धा था, न अब हूँ...

अक्सर रंजना को देखता हूँ तो सोचता हूँ कि सुख क्या है, यह शायद इसे देखकर ही समझा जा सकता है। जाने किस नशे में डूबी रहती है!

परसों शाम को, हम लोग अपने पुराने मकान-मालिक सेठी-परिवार के यहाँ गए थे। उन लोगों ने खाने पर बुलाया था। मिस्टर और मिसेज़ सेठी दोनों हँस रहे थे कि मेरी पत्रों की बेचैनी देखकर वे लोग आपस में क्या-क्या बातें किया करते थे। मिसेज़ ने तो बहुत पहले ही कह दिया था कि देख लेना, ये दोनों शादी कर लेंगे। और हम लोग सब मिलकर देर तक अपनी ही बातों पर हँसते रहे। वे अफसोस प्रकट कर रहे थे कि मैं वहाँ से चला आया।

"आप जैसे शान्त किराएदार को हम कभी जाने ही नहीं देते..." मिसेज़ सेठी ने खाने की मेज़ पर कहा था।

"भई, आखिर ये लोग कैसे एक ही कमरे में रहते? अमर जी अकेले थे, तब तो कोई बात नहीं थी। इन्हें नए घर की शुरुआत तो करनी ही थी...।" मिस्टर सेठी रिस्टवॉच के डायल पर सिगरेट ठोककर मुँह में लगाते हुए बोले।

"हाँ, सो तो है ही।" मिसेज़ सेठी सिर झुकाए पुलाव परोसती रही, "मैंने तो यों ही एक बात कही। कुछ दिन तो हम दोनों को बेहद ही सूना लगा। बच्चों का तो मन ही नहीं लगता था। सचमुच आपके रहते इन्हें बड़ी निश्चिन्तता थी—अक्सर ही दौरे पर जाना पड़ता है। घर में कोई तो रहता है..."

"लेकिन इनका रहना...?" सिर पर साड़ी का पल्ला लिए रंजना एकदम गुड़िया- सी बनी थी। "इनका तो रहना न रहना बराबर है!" उसने मुस्कराकर कहा, "सारे दिन बन्द होकर लिखते रहे, फिर बस, चलो टंडन के यहाँ, चलो घूमने...।"

"सो तो खैर, इनका यहाँ भी था।" मिसेज़ सेठी ने बताया, "बन्द करके कमरा बैठे हैं...सन्ध्या को निकल गए तो पता ही नहीं कब लौटेंगे। मेरा खयाल है शायद सबसे कम मुलाकात हम लोगों से होती होगी।"

और वे गद्‌गद होकर मेरी सारी बातें बताती रहीं। मैं भी इस तरह मज़ा लेता रहा, मानो किसी तीसरे आदमी के बारे में बातें हो रही हों...ऊपर से इतने तटस्थ रहनेवाले ये लोग मेरी सारी बातों पर कितनी निगाह रखते थे—अब मुझे आश्चर्य हो रहा था।

"अच्छा रंजना जी, खतों को छूने देते हैं या अब भी वही रवैया है?" मिस्टर सेठी ने पूछा, "एक बार टिकट लेने के चक्कर से जगत या रीना में से किसी ने एक लिफाफा खोल लिया, तो अमर साहब क्या नाराज़ हुए हैं...!"

मिसेज़ सेठी के चेहरे पर परिहास चमक उठा, बोलीं, "लेकिन पहले जिसके

खतों के लिए परेशान रहते थे, अब वो तो खुद ही...।''

मुझे डर लगा—कहीं वे अमला के लिए कुछ उलटी-सीधी बात न कह दें। कानों के ऊपर से तना पल्ला, रूमाल के साथ मुट्ठी से लिए रंजना सचमुच नवेली की तरह लजा रही थी। इस बार बोली, ''नहीं मिसेज सेठी, क्या मजाल जो कोई इनके खत छू ले...वहाँ तो इनकी जान रखी रहती है...। जाने कौन-कौन पाठिकाएँ, प्रशंसिकाएँ...।''

अमर ने घूमकर मिस्टर सेठी की ओर देखा और बात काटकर बोला, ''अब यह तो समझती नहीं है सेठी साहब, जिस तरह का हम लोगों का काम है, उसमें न ऑफिस है न फील्ड-वर्क...। पत्र-पत्रिकाएँ ही तो हैं, जिनसे बाहरी दुनिया से सम्पर्क बना रहता है...।''

और फिर मैंने सफाई दी, ''सेठी साहब, मैं छिपाता कुछ नहीं हूँ; लेकिन जिस चीज में न आपको कोई दिलचस्पी न आपका सम्बन्ध, उसे अगर मैं अपने तक ही रखूँ तो क्या बहुत बुरी बात है?'' फिर रंजना की ओर घूमकर बोला, ''सेठी साहब से पूछो, इनके ऑफिस में जो चिट्ठी-पत्री आती हैं, वे सारी मिसेज़ को दिखाते हैं...?''

''यह बिलकुल ही अलग बात है।'' रंजना बोली, ''आपकी और उनकी बात एक कैसे हो जाएगी? चलिए, इस बात को टंडन भाई साहब से तय कराएँगे।''

''टंडन भाई साहब खुदा हैं...!'' मैं चुप हो गया। इसी बात से मुझे गुस्सा आ जाता है...हर बात में टंडन भाई साहब! मानो टंडन भाई साहब न हो गए, ऐनसाइक्लोपीडिया हो गए—जहाँ हर आवश्यक सूचना संगृहीत है।

''खैर जी, चलो अच्छा हुआ...हमें तो इस बात की खुशी है कि आप लोग बँध गए...!'' मिस्टर सेठी ने खाने की मेज पर बैठने से पहले बाहर जाकर सिगरेट फेंकी।

''बँध तो गए, लेकिन घर की जिम्मेदारियाँ इनसे निभेंगी?'' मिसेज सेठी ने मुझे इस तरह देखा मानो मेरी रग-रग से परिचित हों...।

''वह सब आदमी धीरे-धीरे सीख जाता है...लैट ए चीको कम...सब हो जाएगा...।'' सेठी बाहर बरामदे के वाश-बेसिन में हाथ धोते रहे।

रंजना लाल हो गई, और व्यस्त बनकर मानो कमरे की एक-एक चीज देखने लगी।

मैं जानता हूँ, आजकल उसके दिमाग में इसके सिवा कुछ आता ही नहीं कि—किसके यहाँ कौन-सी चीज है जो हमारे यहाँ भी होना चाहिए...। घर के लिए फर्नीचर का पूरा सेट टंडन ने दिया था, पर्दे वह दुनिया-भर में घूमकर एक दिन मन्दा भाभी के साथ लाई थी। आजकल उसे धुन है कि 'ड्राइंगरूम' में एक कार्पेट और होना चाहिए, सो आजकल जिसके यहाँ जाती है उसी का कार्पेट देखती रहती है। किसी-न-किसी तरह कार्पेट की चर्चा लाती है और दाम, मिलने की जगह, किस्में पूछती है... उसके ऊपर घर सवार है। नौकर घर में कोयला कितना खर्च करता है, चीनी हफ्ते में कितनी आती है, फल-सब्जियाँ देखते-देखते कितने तेज हो गए हैं— जब वह और मिसेज सेठी इस बारे में एक-दूसरे का ज्ञान बढ़ा रही थीं—तब मैं मिस्टर से गजब

की गर्मियों की चर्चा कर रहा था; मकानों की तंगी बखान कर रहा था।

बात किसी तरह नौकरों के न मिलने पर, घरेलू नौकर-यूनियन के कारण बढ़ती शहजोरी पर आ गई, और फिर चीजों की महँगाई गिनाई जाने लगी। मिसेज सेठी ने कहा, "नौकरों पर अगर सख्त निगाह न रखी जाए, तो वे आधा तो बिगाड़ते ही हैं। उन्हें क्या दर्द?"

"लेकिन अकेला आदमी कहाँ तक सबकुछ करे?" रंजना बोली, "दोनों अपनी-अपनी जिम्मेदारी थोड़ा महसूस करें तो..."

"खैर, ये लेखक आदमी हैं...जिम्मेदारी-विम्मेदारी इनसे निभनी नहीं है।" सेठी साहब ने अधिकारी स्वर में कहा, "हाँ, ये बात तो है...हमारा नौकर अगर भूल जाता था या नहीं होता था तो तीन-तीन दिन तो अमर जी सुराही का पानी नहीं बदलते थे, और कमरा तो हफ्ते में एक बार झड़ता था...धोबी ही गन्दे कपड़े ले जाता था, वही रख जाता था।"

मैं बड़े झेंपे ढंग से हँसता रहा, "आप भी मिसेज सेठी, इसकी तरफदारी ले रही हैं..."

"तरफदारी नहीं, पहले और बाद में थोड़ा तो फर्क होता है..." और उसके बाद मुझे ऐसा लगता रहा जैसे मैं कटघरे में खड़ा हूँ...रंजना की यह आदत चकित कर रही थी कि वह हमेशा मेरे खिलाफ मोर्चा बना लेती है...

बाहर निकलते समय अपने पुराने कमरे के सामने से जाते हुए मन और भी उदास हो गया। इस कमरे के साथ मेरी कितनी स्मृतियाँ गुँथी हैं...कितनी चीजें मैंने इसमें बैठकर लिखीं, कैसे अच्छे-बुरे दिन देखे! यह कमरा अभी 'मेरा' था। आज इसके सामने से यों निकल रहा हूँ जैसे कभी इससे कोई सरोकार ही नहीं रहा। अब यह जगत और रीना का कमरा है। मन होता रहा, उधर की खिड़की खोलकर देखूँ—वह लड़की जिसे उसकी माँ भीतर कहीं से 'ऊषीऽऽ' कहकर आवाजें लगाया करती थी—अब भी मुझे देखकर जीभ बिराती है या नहीं...खिड़की में खड़ी-खड़ी अब भी उसी तरह दो-दो घंटे फाउंटेन पेन में स्याही भरती रहती है या नहीं...। अब वह खिड़की बन्द है और वहाँ रीना जगत की स्कूल की अटैचियाँ रखी हैं।

जाने क्यों, अचानक ऐसा लगा जैसे मैं कहीं रंजना के साथ नहीं रहता...बल्कि वही पहलेवाले दिन हैं और मैं सीढ़ियों तक या बहुत हुआ तो बस तक रंजना को विदा करने आया हूँ।

सेठी-परिवार को अपने यहाँ आने का निमन्त्रण देकर जब हम लोग नीचे उतरे तो मैं बहुत सुस्त था और रंजना शायद अपने में व्यस्त। साढ़े आठ बजे थे। मैंने कहा, "चलो, पैदल ही चले चलते हैं, रोहतक रोड है ही कितनी दूर? इस सत्ताइस नम्बर बस का कुछ ठीक है?"

"तो स्कूटर ले लें।" रंजना ने सुझाया।

"नहीं...ज़रा अपने 'सरगोधा ईटिंग हाउस' के दर्शन भी करते चलेंगे।" इधर

दो महीने बाद आया था और पता नहीं फिर कब आना हो। पूछा, "तुम्हारी तबीयत तो ठीक है?"

"हम तो थक गए!" बड़ी झिझक के साथ वह बोली।

"अरे चलो भी..." मैंने कहा, "तुम्हारी यह बात मेरी समझ में कभी नहीं आएगी। दोपहर-भर सोते रहे, शाम को उठे, बस में बैठकर यहाँ आ बैठे। थक किस चीज में गए?"

मैं उसे 'सरगोधा ईटिंग हाउस' में ले गया। लाला दोनों हाथ जोड़कर बड़े प्रेम से बोला, "कहिए मास्टर साहब, आपने तो बिलकुल ही भुला दिया।" यह पता नहीं क्यों शुरू से मुझे मास्टर साहब कहता है। "आइए, आज ऐसी फर्स्ट क्लास कोफ्ता-करी है कि...।" वह अर्थ-भरी निगाहों से रंजना को देख रहा था। 'चन्दन का बच्चा' भीतर से एक प्लेट में तन्दूरी रोटी झुलाता निकला तो मुझे देखते ही बत्तीसी झलकाकर खिल उठा। मालिक की आवाज़ आई, "मेज साफ करो, एकदम।"

पहले मेरा मन सिर्फ सामने से निकल जाने को था, लेकिन अब लगा, यहाँ न बैठना अन्याय होगा। बड़े हुलसकर चन्दन ने मेज साफ कर दी। मैंने पीछे छूटी रंजना को कन्धे पर हाथ रखकर आगे बढ़ाया, "लालाजी, ये मेरी वाइफ़ हैं; और रंजना, तुमसे पहले ये हमारे अन्नदाता थे...।"

लाला गद्गद हो गया। सोने का दाँत चमकाकर रंजना को हाथ जोड़े और मुझसे बोला, "मिठाई भी नहीं खिलाई मास्टर साहब! अब आज हमारी तरफ से भोजन सही!" रंजना ने ज़रा से हाथ उठाए।

गन्दी मेज-कुर्सी और धुएँ-भरा होटल देखकर रंजना का मूड खराब हो गया है, यह मैं जान गया। लेकिन उस समय अपने-आपसे और उस प्रेम से मजबूर हो गया था। बड़ी अनिच्छा से रंजना आकर बैठी। शिवजी की बड़ी-सी तस्वीर के नीचे, जहाँ मैं बैठा करता था, वहाँ खाकी कमीज पहने, तहमद बाँधे, एक ड्राइवर जैसा सिख बैठा था; और एक टाँग कुर्सी पर उठाए बड़े तन्मय भाव से चिकिन-रोस्ट के अंजर- पंजर खींचकर चिंचोड़ रहा था। फर्श पानी से चिपचिपा था।

"नहीं लालाजी, खाना खाकर आए हैं। खाएँगे कुछ नहीं...ऐसी क्या बात है, फिर आ जाएँगे...।" मैं रंजना के खयाल से उठ खड़ा हुआ।

"अजी, ऐसे कैसे हो सकता है मास्टर साहब! लस्सी तो पीकर ही जाइए...।" और बिना मेरी बात सुने उसने सामने रखे कूंडे से दही काटकर झर्र-झर्रर लस्सी बनाई, ऊपर से मलाई, खुशबू डाली और हमारे 'ना-ना' करने पर भी चन्दन को दे दी। पसीने से भीगा, बिना बटनों की कमीज में पेट तक छाती चमकाता चन्दन निहायत ही गद्गद आत्मीयता के भाव से बर्फ की भाप जमे दोनों गिलास सामने रख गया। इस बीच में, शायद हमारे आने की खुशी में, लाला ने घूमकर रिकॉर्ड पर सुई रख दी, तो बीच में डिब्बे जैसा लटका एम्प्लीफायर घिसिर-घिसिर के बाद "मैं तो कब ते खड़ा इस पार...अँखियाँ थक गईं पंथ निहार...' के गीत में चिंचिया उठा।

मैंने जैसे- तैसे लस्सी पी, लेकिन रंजना से तीसरी घूँट नहीं पी गई। लाला ने पैसे नहीं लिए, लेकिन मैं जबरदस्ती चन्दन को चार आने दे आया।

बाहर आते ही रंजना बोली, "कहीं से अच्छा-सा पान खिला दीजिए, नहीं तो अभी कै हो जाएगी..."

पान खाकर कुछ तबीयत ठीक हुई तो रंजना ने कहा, "भगवान के वास्ते मुझसे ऐसी जगहों पर चलने की जिद मत किया कीजिए।"

गलती मुझे खुद महसूस हो रही थी, लेकिन अब गुस्सा आ गया। पान चुपचाप खाया।

"लेकिन रंजना," आगे बहुत करुण स्वर में मैंने समझाने की कोशिश की, "इसी जगह मैंने दो साल खाना खाया है। अब तुम्हीं बताओ, इन लोगों के इस व्यवहार के सामने मैं क्या करता?"

"तो अकेले आया कीजिए न?" रंजना ने झटके से कहा, "कैसे खाते होंगे आप? वहीं गन्दी प्लेटों का ढेर है, तौलिया से पानी चू रहा है। उसी कपड़े से मेज पोंछ रहा है, उसी से प्लेट पोंछ दी। तन्दूरवालों के शरीर पर तो परनाले टपकते रहते हैं...।" घृणा से रंजना ने फुरहरी ली।

"आखिर हज़ारों लोग खाते ही हैं।" मैंने हारे हुए जुआरी की तरह कहा, "हर आदमी वोल्गा और ला-बोहीम में जाकर ही तो नहीं खाता।"

"खाते होंगे हज़ारों लोग..." रंजना भी नाराज हो गई, "उस सिख को नहीं देखा? सूरत से ही गुंडा लगता था।"

और रंजना की इसी बात से मुझे चिढ़ है—उसे लोग सूरत से ही गुंडे, घुटे हुए, चोर, जेबकट लग जाते हैं। मजा यह कि उसे सज्जन, भले आदमी सूरत से पता नहीं लगते। गुस्सा घूँटकर मैंने कहा, "देखो रंजना, बंगालियों ने एक बहुत बड़ा काम किया है, उन्होंने कपड़ों की इज्जत से हटकर आदमी की इज्जत करने की कोशिश की है...बड़े से बड़ा जज, डायरेक्टर सफेद कुर्ता और धोती पहने ऊँचे से ऊँचे उत्सव में बिना किसी संकोच के जाता है। सूट के कपड़े और टाई की कीमत से आदमी का मूल्यांकन गलत है, इस दृष्टि का विकास सबसे अधिक बंगाल और दक्षिण भारत में हुआ है। उसी तरह पंजाबियों ने खाने के बारे में दुनिया-भर की मिथ्या धारणाओं को तोड़ा है। भूख हो तो ऊँचे से ऊँचे ओहदेवाला पंजाबी निस्संकोच भाव से किसी भी ढाबे में घुसकर प्रेम से भोजन करेगा और अपने काम में लग जाएगा। खाना उसके लिए ज़िन्दगी और मौत का सवाल नहीं है कि जिसके लिए दुनिया-भर के शीर्षासन किए जाएँ। जिस हैसियत का आदमी दूसरी जगह दुकान पर खड़े होकर सिगरेट लेना अपना अपमान समझता है, उसी हैसियत का पंजाबी निर्द्वन्द्व भाव से हाथ में छोले-कुलचा लेकर खाता है..."

"अब ये भी कोई जबरदस्ती है?" रंजना ने हठपूर्वक कहा, "अपना-अपना मन है। इसी पर लेक्चर दिए जा रहे हैं...सीधी-सादी बात यह क्यों नहीं कहते कि पंजाबी

खाऊ होते हैं, इसलिए जहाँ मिलता है, वहीं खाने लगते हैं...।''

और रंजना की यही बात मुझे पसन्द नहीं है; हर बात में उसका रवैया कुछ ऐसा निर्णयात्मक होता है कि मानो दूसरा आदमी बेवकूफ है...खुद चाहे अपनी लड़कियों और टीचरों के साथ खड़े-खड़े दहीभल्ले के दोने चाटती रहें...।

मैं चुप हो गया। वह चप्पल घिसटा-घिसटाकर चल रही थी। अपने-आप ही बोली, ''इस कम्बख्त दिल्ली में आने-जाने का ही बड़ा रोना है!''

कभी-कभी ऐसा होता है कि गुस्सा आपको एक बात पर आ रहा होता है और झुँझलाहट पता नहीं किन-किन बातों पर होती है। हल्ली—हमारा नौकर—लिबर्टी सिनेमा के पास घूम रहा था। उसने हमें देख लिया तो दौड़ा-दौड़ा आया। शायद खाने के बाद पान-बीड़ी लेने या यों ही मन बहलाने भाग आया था, और उसने पाजामे के पाँयचों को घुटनों के पास से उठाकर ऊपर उँडस लिया था। हल्ली हमेशा ही इस तरह उँडस लेता है और रंजना को यह पसन्द नहीं है। वह हमेशा मुझसे कहती है कि, ''इसे डाँटिए, मुझे पाजामा पहनने का यह ढंग पसन्द नहीं है।'' मैं नहीं डाँटता तो मुझ पर बिगड़ती है। मैं बनियान पहनकर कुछ लिख-पढ़ रहा होता हूँ तो नाराज होकर कहती है, ''जब घर के लोग ही इस तरह करेंगे तो नौकर को तो और भी शह मिलेगी...।''

''मुझे बहुत गर्मी लगती है रंजना...'' मैं कहता हूँ; तो पूछती है, ''गर्मी हम लोगों को नहीं लगती?'' क्या बोलूँ?

पर्स से चाबी निकाली और तेवर चढ़ाकर बोली, ''जाओ, एकदम बिस्तरे बालकनी में बिछा दो। बालकनी में पानी डाल दिया न!''

सिर हिलाकर हल्ली चला गया। रंजना हमेशा हल्ली से इस तरह बोलती है, जैसे वह कोई नुकसान करके आया हो।

''क्यों रे हल्ली, मेरा यह नाम कैसे पड़ा?'' मैंने एक दिन पानी पीते-पीते पूछा।

हल्ली गद्गद हो गया। वह मथुरा की तरफ का है, सो ऐसे अवसरों पर ब्रजभाषा बोलता है। ''बाऊजी, जब हौं छोटौ रहो, तो खूब हल्लो कत्तो, जाई सुन्दै माँ-बापन ने हल्ली नाँव धद्दौ...।''

मैं खिलखिलाकर हँस पड़ा। हँसी रोकते हुए तभी सख्त आवाज़ में रंजना ने कहा, ''जाओ गिलास ले जाओ, देखो, चौके में बैठकर बीड़ियाँ मत पिया करो।''

घुटनों-घुटनों फेंटदार धोती, मारकीन की कमीज, सींक निकालकर मशीन फिरे बाल, खूब मरोड़कर बंटी हुई चोटी और पाँव में चमरौधा...इस वेश में हल्ली जब आया तो, हस्बमामूल रंजना को यह सूरत से ही 'उचक्का' लगा। फिर एक बार जब रंजना ने पानी माँगा और यह गुसलखाने से बाल्टी उठा लाया तो 'पक्का गधा' हो गया। मैं मानता हूँ कि यह कुछ ज़्यादा ही बेवकूफ है, लेकिन धीरे-धीरे सिखाया नहीं जा सकता क्या? और धैर्य रंजना में किसी बात का नहीं है।

हम लोग घर आए तो रोज की तरह नीचेवालों की चारपाइयाँ आड़ी-टेढ़ी बाहर निकली थीं। कुछ अभी अन्दर से या बाहर से आए नहीं थे, कुछ सो रहे थे। भीतर

जाने के लिए छोड़ी सँकरी जगह से निकलते हुए रंजना भुनभुनाई, ''एक इन लोगों को सोने का कभी ढंग नहीं आएगा...। कोई आए, कोई जाए, पड़े रहते हैं, उलटे-सीधे, आड़े-तिरछे...।''

मैंने एक बार मज़ाक में कहा था, ''तुम अपने को क्वीन एलिज़ाबेथ समझती हो कि सब लोग उठ-उठकर खड़े हो जाया करें...?'' तो नाराज़ हो गई, ''आपसे इतना भी तो नहीं होता कि जाकर भल्ला साहब से कहें—सीढ़ियों पर कोयले तो न रखवाएँ कम-से-कम...।''

और रंजना की इस तर्क-प्रणाली पर मैं दंग रह गया। ऊपर अपने कमरे में टाई उतारते हुए मैंने हल्ली से पूछा, ''हल्ली कोई चिट्ठी?''

''नहीं आई बाऊजी!'' बाहर बालकनी में चादर की सिलवटें निकालता हुआ वह बोला।

''कोई आया था मिलने?''

''नहीं जी।''

तब तक दूसरे कमरे से साड़ी बदलकर रंजना आ गई। बालकनी की तरफ बढ़ती हुई परिहास से मुस्कराकर बोली, ''अच्छी तरह याद कर ले...।''

उसका संकेत मैं जानता हूँ। चुप रह गया। वह बालकनी में जाकर इस तरह लेट गई जैसे मीलों का सफर करके आई हो। मैंने कपड़े हैंगरों पर लटकाए, तहमद लपेटा और पढ़ने की मेज़ पर टेबल-लैम्प जलाकर बैठ गया। मानसिक तनाव के क्षणों में जाने क्यों, लिखने और पढ़ने के लिए बड़ा मन तड़पता रहता है। कुछ और छोटे-मोटे काम करके, बाहर दूध के गिलास रखकर हल्ली ने धीरे से कहा, ''बाऊजी, मैं ऊपर जाता हूँ।'' मन में देर तक बोझ लगता रहा कि दरवाज़ा बन्द करना है, दरवाज़ा बन्द करना है! साथ ही डर लग रहा था कि उधरवाले कमरे में जाऊँगा तो पलंग पर मुझे रंजना के साड़ी-ब्लाउज उलटे-सीधे पड़े दिखेंगे और तब मैं झुंझलाऊँगा कि ऐसी भी क्या थकान...!

दरवाज़ा बन्द करके लौटा तो बाहर से रंजना ने पुकारा, ''सुनिए...!''

''क्या?'' मैं बीच कमरे में रुक गया।

''पढ़ रहे हैं क्या?'' उसने यों ही लेटे-लेटे पूछा।

''क्यों, काम क्या है?'' मेरे स्वर में ज़रा रुखाई थी।

''सुबह पढ़ लीजिए न, हमारा मन नहीं लग रहा...।'' उसने निहायत ही मुलायम क्षमा-याचना के लहजे में कहा।

मैं कुछ देर टेबल-लैंप के पास खड़ा रहा, फिर खट से बन्द करके चुपचाप बाहर आ लेटा। पास के सड़कवाले मूनलाइट बल्ब की रोशनी जालियों से छनकर हमारे ऊपर आती थी। सन्नाटे में स्कूटर, बस, ताँगे या साइकिल की आवाज़ों के साथ सिनेमा के वार्तालाप भी सुनाई देते थे, या हो सकता है कहीं कोई भाषण दे रहा हो। सरायरुहेला की रेल जब खटर-खटर गुजरती है तो मकान थर-थर काँपते हैं।...ऊपर

छत का निकला हुआ हिस्सा था।

"सुनिए...।" खुशामद के स्वर में रंजना ने कहा और मेरी पीठ का सहारा लेकर ठोड़ी मेरी बाँह पर रखी दी, "आप यों मत नाराज हुआ कीजिए...मुझे डाँट दिया कीजिए।"

"लेकिन मैं नाराज हूँ कहाँ...?" मैंने कहा और मुझे लगा, सचमुच मैं नाराज़ नहीं हूँ।

फिर अफसोस-भरे स्वर में बोली, "मैं क्या करूँ, मुझे बाहर कहीं अच्छा ही नहीं लगता...कहीं भी जाती हूँ तो लगता है घर जाऊँ...घर चलूँ। मुझे तो मेरा घर ही स्वर्ग है। मिसेज सेठी ऐसे प्रेम से अपने बच्चे की बातें बता रही थीं और मुझे लग रहा था कि जब हम लोग कार्पेट बिछा लेंगे तो कमरा कैसा खिल जाएगा...!"

उसकी इस स्वप्नोच्छ्वसित स्वगतोक्तियों से मेरे मन का सारा धुआँ छँट गया। करवट बदलकर कहा, "तुम कभी-कभी ऐसी बातें करती हो कि मुझे गुस्सा आ जाता है।"

"तो तुम गुस्सा क्यों नहीं होते?" लाड़ में आकर रंजना बोली। फिर बच्चों की तरह मचलकर कहा, "अच्छा, अपनी अमला जी को लिख दो, हम दोनों शिमला आएँगे...।"

"लेकिन अमला तो वहाँ से कश्मीर चली गई।" मैंने बताया।

"कब? पत्र आया था क्या?"

"हुँमू...।"

"तुमने बताया क्यों नहीं?"

"खयाल नहीं रहा...।"

"झुट्ठे!" और मेरी बाँहों में रंजना का शरीर एक क्षण को निर्जीव हो आया।

दूसरा कोण

सारी रात रंजना मुझसे सवाल-जवाब करती रही...

मैंने एक कहानी लिखी और उसमें वर्किंग-गर्ल्ज़ की समस्या को लिया कि इस नई परिस्थिति ने कैसे हमारे मानसिक ढाँचे को डगमगा दिया है, लेकिन हम लोगों का दृष्टिकोण नहीं बदला है। उसे लगा जैसे यह कहानी मैंने उस पर ही लिखी है और उसे ही गलत ढंग से प्रस्तुत करने की कोशिश की है। मैं उसे समझाता रहा कि, "हो सकता है, कहानी की लड़की में कहीं तुम्हारी छाया हो; लेकिन वह न तुम हो, न तुम्हारी समस्याएँ। रहा छाया का सवाल, तो जैसे चित्रकार मॉडल लेता है, उसी तरह कहानीकार को भी कहीं-न-कहीं से कोई आधार लेना होता है...और अच्छी या बुरी आखिर किन्हीं लोगों की तो समस्याएँ हैं ही।"

"नहीं, मैं इस कहानी की नहीं, एक जनरल बात कहती हूँ।" वह अपने उसी डिबेट के ढंग पर बोली, "आप दोष हम लोगों पर लगाते हैं, यह है कि आपके भीतर वही पुराना सामन्तवादी पति जिन्दा है...आप चाहते हैं कि पत्नी नौकरी तो करे ही,

साथ-ही-साथ घर की देखभाल करे, नौकर से सिर मारे, कपड़े सँभाले, बटन लगाए, बच्चे खिलाए...फिर पति की पूरी-पूरी सेवा भी करे—उसका चौका-चूल्हा करे, हाथ-पाँव दबाए—फिर भी पति को यही शिकायत कि न वह पति को देखती है न घर को। अच्छा इतना ही नहीं, पति को सारी छूटें हैं—वह दुनिया-भर की खुराफातें करे, मटरगस्ती करे, दोस्तों में घूमे और अपने पर चाहे जितना खर्च करे...।''

मुझे लगा, जैसे वह बहस नहीं कर रही, मुझे सुना रही है। इसी सिलसिले में उसने अपनी सहेली रतन चड्ढा का एक किस्सा सुनाया। पढ़ाती है। पतिदेव कहीं नौकर थे, चारेक सौ मिलते होंगे। उन्होंने विज्ञापन दिया और रतन को छाँटकर शादी कर ली। रतन नौकरी तो यों ही कर रही थी, उसकी इच्छा थी कि अब नौकरी छोड़कर अपना घर सँभाले, पति के साथ रहे। लेकिन पति उसे यह कह-कहकर रोकते रहे कि उनका ट्रांसफर होनेवाला है, जब तय हो जाए तभी वह कोई निर्णय ले। बीच-बीच में मिस्टर चड्ढा आ जाते थे दो-एक दिनों को और चले जाते। शुरू-शुरू का मामला था—एक बार चड्ढा ने आकर बताया कि साथ रहने के लिहाज से वे लम्बी छुट्टी लेकर आ गए हैं। शायद ट्रांसफर भी यहीं हो जाए। बाद में पता चला कि नौकरी टेम्परेरी थी और अब खत्म हो गई है। सो पिछले दो साल से चड्ढा साहब तो टाई-सूट डाँटे ठाठ से कनॉट प्लेस के कॉरीडोर्स में नौकरी तलाश करते हैं और रतन बेचारी रात-दिन कॉलेज और ट्यूशन में पिसी जाती है। कहानी सुनाकर रंजना ने पूछा, ''वर्किंग गर्ल की इस समस्या को आप क्या कहेंगे?''

मेरा चेहरा तमतमा आया। मुझे लगा, जैसे यह कहानी एक खास उद्देश्य से मुझे सुनाई गई है। बहुत ही निरुद्विग्न भाव से मैंने कहानी के कागज़ बीच से फाड़ डाले, ''तब तो सचमुच मुझे इस समस्या को दूसरे कोण से भी देखना होगा...।'' और चुप हो गया। रात-भर दिमाग पर बोझ रहा और नींद नहीं आई।

अगले दिन भी मन बोझिल रहा और न लिखना हो पाया, न पढ़ना। रंजना पढ़ाने चली गई तो मुझे लगा जैसे मैं घर की रखवाली करने को पीछे छूट गया हूँ... समस्या को इस दृष्टि से तो मैंने कभी भी नहीं देखा था। मेरा काम घर पर बैठकर करने का है और रंजना का स्कूल में जाकर पढ़ाने का—बात इतनी ही नहीं है। इसकी जड़ें या परिणतियाँ और भी गहराई में हैं...मेरी हैसियत पति की है और कार्य पत्नी का...

मैंने तय किया : लिखना-लिखाना बाद में होगा, मुझे सबसे पहले या तो कोई नौकरी करनी चाहिए या कुछ दिनों को कहीं बाहर जाकर रहना चाहिए। घर की हर चीज़ से मुझे विकट अरुचि और ऊब हो गई। मैं मेज पर सिर टिकाकर यों ही निष्क्रिय बैठ गया। अचानक लगा, जैसे पीठ पर किसी ने हाथ रखा। चौंककर मुड़ा तो उछलकर खड़ा हो गया, ''...एँऽ...ऽअमला!''

दस

रंजना ने सिर-दर्द का बहाना बनाकर कॉलेज से छुट्टी ली और बाहर निकल आई। पर बाहर आकर उसे लगने लगा जैसे सचमुच ही उसके सिर में दर्द हो रहा है। सूरज सिर पर सीधा चमक रहा था और गर्मी के मारे उसका सारा शरीर बुरी तरह जल रहा था। उसने पर्स से धूप का चश्मा निकालकर आँखों पर चढ़ाया और चेहरे पर किताबों की ओट करती हुई आगे बढ़ गई—कोई स्कूटर मिल जाए तो उसी पर जाएगी। वह जल्दी से जल्दी अमर के पास पहुँचना चाहती है। कितना कुछ कहना है उसे अमर से! सच, आज एक मिनट के लिए भी कॉलेज में उसका मन नहीं लगा।

रात की सारी बातचीत, अमर का तमतमाया हुआ चेहरा और फिर कहानी को फाड़ फेंकना—सबकुछ उसके मन में रह-रहकर घुमड़ता रहा। रात-भर वह सोई नहीं। अमर के दर्द ने उसे सोने नहीं दिया। वह अच्छी तरह जानती है कि अपने लिखे एक-एक शब्द के प्रति अमर के मन में कितना मोह है! अपने हाथ का एक-एक पृष्ठ उसके लिए एक-एक अशर्फी के समान बहुमूल्य है? पर उसने कल रंजना की बात पर अपनी लिखी कहानी फाड़ फेंकी। शायद रंजना की बात ने कहीं बहुत भीतर तक चोट पहुँचा दी थी। कहते समय रंजना को एक क्षण के लिए भी खयाल नहीं आया था कि उसकी बात की ऐसी प्रतिक्रिया और ऐसा परिणाम हो सकता है। उसने तो बहुत ही सरल भाव से रतन का उदाहरण देकर वर्किंग गर्ल्स की समस्या का दूसरा पहलू दिखाना चाहा था...पर जब अमर ने सारी बात को व्यक्तिगत स्तर पर लेकर कहानी ही फाड़ फेंकी, तब रंजना ने महसूस किया कि उसने क्या कह दिया।

'नहीं, जैसे भी होगा मैं अमर के मन का सारा मैल धो दूँगी। क्यों आजकल वह हर एक बात को व्यक्तिगत स्तर पर लेकर पुटता और दुखी होता है?'

किताबोंवाले हाथ से ही उसने सामने से आते खाली स्कूटर को रोका और बैठ गई।

कैसे बात शुरू करोगी? रात-भर भी तो पड़े-पड़े उसने यही सोचा था कि सवेरा होते ही चाय की मेज पर वह अमर को मना लेगी। पर जब चाय की मेज पर आते ही अमर ने रंजना के अस्तित्व, उसकी उपस्थिति को एकदम भूलकर अपना चेहरा अखबार में गड़ा लिया, तो रंजना ने बड़ा अपमानित-सा महसूस किया और रात-भर का सब सोचा-सोचाया आहत अहं की अग्नि में ही झुलस गया। कहीं इस बार भी अमर ऐसा ही उपेक्षा-भाव धारण किए रहा, तब क्या वह कुछ बोल पाएगी? अमर को लेकर जाने कैसी दुर्बलता उसके मन में है कि न उसकी उपेक्षा ही बर्दाश्त होती है, और न उसका दुःख ही।

लेकिन नहीं, इस बार वह किसी बात की परवाह नहीं करेगी। वह सीधी अमर के पास जाएगी और हाथ की किताबें मेज पर पटककर साफ कह देगी, 'देखो अमर, तुम इस तरह रहोगे तो मैं कुछ नहीं कर सकूँगी। मुझसे तुम्हारी नाराजगी, तुम्हारा

दुःख, तुम्हारी उपेक्षा कुछ भी तो नहीं सहा जाता! तुम कहो न, तुम मुझसे क्या चाहते हो? तुम जैसा कहोगे मैं वैसा ही करूँगी, वैसे ही रहूँगी, पर तुम यों बात-बात पर दुखी मत हुआ करो।' और एकाएक ही आवेग के कारण रंजना की आँखें छलछला आईं। मन के आवेग और आँख के आँसुओं का कारण उसकी अपनी सोची हुई बात नहीं थी, यह कटु सत्य था—कि अमर विवाह के बाद सुखी नहीं है। और लाख प्रयत्न करके भी वह नहीं जान पाई थी कि ऐसा क्यों है, और उसे सुखी करने के लिए वह क्या करे?

दबे पैरों रंजना ऊपर चढ़ी। वे इस समय अवश्य ही लिख या पढ़ रहे होंगे। देखा, सीढ़ी का दरवाज़ा बाहर से बन्द था, शायद हल्ली कुछ लेने के लिए बाहर गया हो। उसने धीरे-से दरवाज़ा खोला और अन्दर घुसी।

रंजना जड़, अवाक्! जो कुछ उसने देखा उससे!!

एक बार उसका मन हुआ कि उलटे पैरों वापस लौट जाए, पर तभी श्वेत वस्त्रों में लिपटी एक नारी की हथेलियों में छिपा हुआ अमर का मुँह ऊपर उठा और सामने रंजना को देखकर विस्मय से भरा एक निर्जीव-सा स्वर उसके मुँह से निकला, "अरे रंजना, तुम!"

इस वाक्य के साथ ही उस नारी ने घूमकर पीछे की ओर देखा और रंजना ने अनिच्छापूर्वक अपने पैरों को भीतर की ओर धकेल दिया। रंजना उस नारी के विषय में कुछ अनुमान लगाने का प्रयत्न कर रही थी कि तभी उसने मुस्कराते हुए कहा, "ओह रंजना! मैं अमला हूँ, रंजना! नाम से तो जानती ही होओगी, क्यों?"

अमला को ऊपर से नीचे तक देखते हुए रंजना ने बहुत धीमे से कहा, "बहुत अच्छी तरह जानती हूँ।" स्वर धीमा होते हुए भी व्यंग्य और तिक्तता से पूर्ण था, जिसे स्वयं रंजना ने भी महसूस किया और उसे अमर की बात याद हो आई, 'तुम मेरे मित्रों को अपना मित्र समझा करो और उनसे अधिक अच्छी तरह पेश आया करो।' रंजना ने अमर की ओर देखा तो पहली बार उसका ध्यान गया कि उसका चेहरा बेहद बुझा हुआ था और पलकों में हलकी-सी नमी थी।

"तुम्हारे जाने के कुछ देर बाद ही अचानक अमला आ गई।" अपनी ओर देखती रंजना की दृष्टि से बचने के लिए जैसे अमर ने कहा।

"आप तो कश्मीर गई थीं न? इतनी जल्दी लौट आईं? फिर खबर-सूचना कुछ भी नहीं?" रंजना ने कुछ इस ढंग से पूछा मानो अमर के 'अचानक' शब्द की सत्यता को अच्छी तरह जान लेना चाहती हो।

"मेरे प्रोग्राम तो मेरी सनक पर निर्भर करते हैं, और सनक हर क्षण बदलती रहती है।" फिर सोफे पर बैठती बोली, "खबर-सूचना तो मैं कभी देती नहीं—अचानक मिलकर सामनेवाले को स्तम्भित कर देने का भी एक आनन्द होता है, रंजना!" और अमला मुस्करा दी।

इस बार रंजना ने भरपूर नज़रों से अमला की ओर देखा मानो वह इस नारी के

भीतर तक पैठकर जान लेना चाहती हो कि आखिर वह है क्या? पर उसकी नजर ही नहीं, उसका सारा ध्यान भी अमला के अधरों पर फैली विचित्र-सी मुस्कान में ही उलझकर रह गया और उसे लगा, कि सामने बैठी यह नारी कुछ रहस्यमयी है, कि लाख प्रयत्न करने पर भी वह उसके बारे में कुछ नहीं जान पाएगी; और तभी उसे अमर का लिखा एक वाक्य याद आया—'ऐसा है उसका व्यक्तित्व कि आदमी एक बार मिल ले तो ज़िन्दगी-भर भूल नहीं सकता।'

"रंजना, ज़रा कॉफी तो बनाओ।" अमर के इस वाक्य में भी कुछ ऐसी ध्वनि थी मानो वह स्थिति से उबरना चाहता हो। तीनों ही कुछ-न-कुछ बोले अवश्य थे, पर फिर भी कमरे में एक असह्य-से तनाव की स्थिति का बोध सबको हो रहा था।

"तो क्या आपने अभी तक कॉफी भी नहीं पिलाई?" और रंजना के इस प्रश्न का उत्तर दिया अमला ने। हँसते हुए बोली, "तुम क्या समझती हो कि अमर को तुमने इतना सद्गृहस्थ बना दिया जो वह आए-गए की खातिर-तवाजह कर ले?"

"मैं! मैं क्या बनाऊँगी, मैं तो कुछ भी नहीं बना सकती।" रंजना का स्वर बहुत निर्जीव-सा था और पिछले शब्द तो जैसे भीग आए थे। वह उठी और भीतर जाकर उसने आँखों की कोरों में आ गए आँसुओं को पोंछ डाला। आँसू फिर भर आए और आँसुओं की पारदर्शक परत पर एक चित्र उभर आया—कुर्सी की पीठ पर हाथ टिकाए अमला और उसकी दोनों हथेलियों में गड़ा हुआ अमर का सिर। उसकी छाती में आवेग का गोला-सा उठने लगा और उसका मन हुआ कि दीवार से अपना सिर फोड़ ले। पर अपने आवेग को भरसक दबाए हुए वह फिर बाहर जाकर बैठ गई। फिर वही तनाव की स्थिति। तीनों एक-दूसरे को यों देख रहे थे...नहीं, देख नहीं रहे थे, एक- दूसरे से नजरें बचा रहे थे, मानो एक-दूसरे के प्रति अपराधी हों और अपराध किए हुए पकड़ लिए गए हों। फिर शायद तीनों को ही लगा, यों चुप रहना अपने अपराध को स्वीकार करना है।

हथेली से ही पंखा झलते हुए सबसे पहले अमला बोली, "यहाँ तो अभी भी भयंकर गर्मी है!" और उसने छत पर लगे छत्तीस इंच पंखे की ओर देखा जो हवा कम देता था और आवाज़ ज़्यादा करता था। कोई और समय होता तो रंजना अवश्य सेकंड-हैंड पंखा खरीदने की जिद पर अमर को आड़े हाथों लेती पर इस समय इस बात पर उसका ध्यान भी नहीं था। नीचे देखती हुई यों ही बोल दी, "आज तो सिर में ऐसा दर्द हुआ कि पढ़ाना ही असम्भव हो गया, मैं छुट्टी लेकर आ गई!" और उसे खयाल आया कि कॉलेज से निकली है, तब से बराबर उसका सिर दर्द कर ही रहा है।

"कॉफी के साथ कुछ खाने को भी दोगी न?" अमर ने बिना रंजना की ओर देखे ही उससे पूछा।

तीन टूटे-बिखरे वाक्य, जिनका न आपस में ही कोई सम्बन्ध था, न वे एक-दूसरे

की बात का उत्तर ही थे! रंजना फिर उठकर फिर भीतर चली गई। उसका मन बिलकुल नहीं हो रहा था कि वह उन दोनों के बीच आकर बैठे। वह क्या जानती नहीं कि उसके आने से ही बाहर का वातावरण अस्वाभाविक और तनाव-भरा हो गया है। उसकी अनुपस्थिति में अवश्य ही दोनों ने घुल-मिलकर बातें की होंगी और... इसके बाद उससे कुछ सोचा नहीं गया। पर एक बात उसके दिमाग में धीरे-धीरे स्पष्ट होने लगी। विवाह के बाद से एक प्रश्न बराबर उसे मथता रहा था—अमर क्यों इतना खिन्न, उदास और टूटा-सा रहता है? क्यों एक अनबूझ-सी खिलखिलाहट उसे हर समय बेधती रहती है? आज अचानक ही जैसे उसने अपने इन सब प्रश्नों का उत्तर पा लिया। और इस उत्तर के साथ ही उसे लगा, अमर के जीवन में वह कितनी व्यर्थ और बेमानी है। वह अमर को अपना 'सबकुछ' देकर प्रसन्न और सुखी करना चाहती है, पर अमर को उसका 'कुछ भी' नहीं चाहिए। उसे तो...

अमर की आवाज़ पर आँसू पोंछकर रंजना फिर बाहर आई।

''हल्ली लौट आया?''

''नहीं!'' और तभी रंजना के मन में एक नई बात आई—अवश्य ही अमर ने जानबूझकर हल्ली को बाहर भेजा होगा। वह अमला के साथ एकान्त चाहता होगा। उसे याद आया, कभी उसके यहाँ जाने पर भी अमर इसी तरह सेठी साहब के नौकर को बाहर भेज दिया करता था। पर क्या किया होगा एकान्त में...? और फिर वही चित्र उसकी आँखों के आगे तैर गया; मन को टीसती हुई एक ऐसी हूक उठी कि अपने को संयत रखना असम्भव हो गया।

तभी हल्ली सिगरेट का पैकेट लेकर आया और रंजना कॉफी तैयार करने के बहाने उसके पीछे-पीछे ही चल दी।

कॉफी का अन्तिम घूँट समाप्त करके अमला ने कहा, ''रंजना, तुम दिखती तो बड़ी सीधी और स्वीट-सी हो, पर लगता है, इस बेचारे को बहुत डाँट-डपटकर रखती हो। मैं आई तो रो रहा था बैठा हुआ। इस पर तो कम-से-कम अपनी मास्टरी मत झाड़ा करो!'' और फिर वह जोर से हँस पड़ी। अमर भी हलके-से हँसा, पर रंजना से मुस्कराया तक न गया। अमला की बात, उसका हँसना, रंजना को भीतर तक बेधता चला गया। मन हुआ कह दे, 'अच्छा हुआ जो आप आ गईं आँसू पोंछने के लिए, वरना न जाने कब तक रोते रहते!' पर वह चुप ही रही।

चलते हुए अमला ने रंजना की पीठ पर बड़े दुलार से हाथ फेरते हुए कहा, ''शाम को तुम दोनों मेरे साथ ही चाय पीओगे। ठीक पाँच बजे मैं 'गेलार्ड' में मिलूँगी।''

''चार बजे हमारी स्टाफ-मीटिंग है। मैं नहीं आ सकूँगी अमला जी! ये आ जाएँगे।'' और उसने अपना नीचेवाला होंठ काटकर मन के उमड़ते आवेग को जैसे बाँध लिया।

''नहीं, मैं कोई बहाना नहीं सुनूँगी। आना तुम दोनों को ही है।'' और अमला

धड़ाधड़ सीढ़ियाँ उतरने लगी तो रंजना की नजरें एक क्षण को उसकी साड़ी के लम्बे घिसटते हुए पल्ले से ही उलझकर रह गईं। अमर उसके पीछे-पीछे उतर रहा था, और तब उसे खयाल आया कि नीचे तक तो उसे भी जाना ही चाहिए।

अमला की कार गई तो रह गए अमर और रंजना! दोनों साथ-साथ ऊपर चढ़ रहे थे, पर रंजना को लग रहा था जैसे अमर उससे बहुत दूर चला गया है।

वह कॉलेज से अमर को मनाने आई थी, और अब पड़कर रोते-रोते प्रतीक्षा कर रही थी...शायद अमर आए...उसे समझाने...मनाने...पर अमर नहीं आया।

शाम हो जाने से पहले एक बार उसने बहुत ही औपचारिक ढंग से पूछा, ''तुम 'गेलार्ड' चलोगी?''

''नहीं।''

''अमला बहुत बुरा मानेगी। तुम सोचती हो कि उसे तुम्हारी मीटिंग की बात पर विश्वास हो गया होगा?''

''न हो, मेरा इससे क्या जाता है?''

इसके बाद अमर ने कुछ नहीं कहा और चला गया। रंजना तड़पकर रह गई।

अमर की छाती पर सिर पटक-पटककर रंजना कह रही थी, ''मुझे मार डालो अमर, मुझे मार डालो! नहीं तो मैं खुद मर जाऊँगी। पोटेशियम साइनाइड खाकर मर जाऊँगी...इस तरह मुझसे नहीं जिया जाता।'' अमर का चेहरा निर्विकार था और उसकी निर्जीव-सी उँगलियाँ रंजना के बालों की बिखरी हुई लटों से उलझी हुई थीं। वह एकटक रंजना की लाल सूजी हुई आँखों की ओर देख रहा था, जिनसे लगातार आँसू बहते जा रहे थे, पर उसके मुँह से प्यार या सान्त्वना का एक शब्द भी नहीं निकल रहा था।

''तुम साफ-साफ क्यों नहीं कह देते कि तुम अमला से प्यार करने लगे हो? इसीलिए अब मैं तुम्हें अच्छी नहीं लगती...यह घर अच्छा नहीं लगता, कुछ भी अच्छा नहीं लगता।'' उन्मादिनी की तरह रंजना बोले चली जा रही थी।

तभी अमर झटके से उठा और रंजना के दोनों कन्धों को पकड़कर उसने उसे सीधा बिठा दिया, फिर उसकी आँखों में आँखें डालकर बोला, ''पागल मत बनो रंजना, मैं तुम्हें सबकुछ साफ-साफ बता सकता हूँ, पर जानता हूँ, तुम्हें मेरी किसी बात पर विश्वास नहीं होगा। अमला को लेकर बहुत पहले से ही न जाने कितनी गलत धारणाएँ, शंकाएँ पाले हुए हो तुम...एक बार भी अपने पूर्वाग्रहों से मुक्त होकर तुमने जानने की कोशिश नहीं की कि वह कौन है, किन परिस्थितियों और मजबूरियों में रह रही है। जानती तो शायद हमारे सम्बन्धों को लेकर यों त्रस्त न होतीं। पर तुम्हारा प्यार इतना संकीर्ण है रंजना कि किसी और के दुःख-दर्द को देखना ही नहीं चाहता... तुम...'' और अमर बीच में ही चुप हो गया, मानो अपनी बात पूरी करने के लिए उसे शब्द नहीं मिल रहे थे।

रंजना आँसू-भरी आँखों से एकटक अमर की ओर देख रही थी। उसके कहे एक-एक शब्द को इतने ध्यान से सुन रही थी कि कहीं कोई बात, कोई शब्द अनसमझा न रह जाए। और जैसे ही अमर चुप हुआ, उसने अमर की छाती में मुँह छिपाकर सिसकते हुए कहा, "मुझे बताओ अमर, कुछ ऐसा बताओ कि मेरे मन से संशय का दंश निकल जाए। पर देखो, मुझे छलना मत, मुझसे झूठ मत बोलना। मैं तुम्हारी हर बात पर विश्वास कर लूँगी, पर किसी दिन भी जाना कि तुम मुझसे झूठ बोले हो, तो उसी दिन चली जाऊँगी, सचमुच चली जाऊँगी!"

अमर ने बहुत धीरे से रंजना का सिर उठाया और पहली बार प्यार से उसका माथा चूम लिया। फिर बहुत ही कोमल स्वर में बोला, "रंजना, अमला से तुम्हें ईर्ष्या नहीं, सहानुभूति होनी चाहिए। इतने ऐश्वर्य और वैभव के बीच भी कितनी निर्धन है वह, कितनी रिक्त है! उसका दर्द मुझे छूता है। वह ऊपर से हँसती है, मस्त रहती है, पर मन के घाव—जो सच्चे स्नेह के अभाव में नासूर बन गए हैं—रात-दिन रिसते रहते हैं; और उस सारी पीड़ा को अपने में ही समेट वह जीती है। उसके पास तो तुम्हारी तरह एक अमर भी नहीं है जिसकी छाती पर सिर पटक-पटककर अपना दुःख, अपना दर्द ही उँडेल सके!" और अमर के हाथ की जकड़ ढीली हो गई और स्वर भीग आया। रंजना इस तरह उसे देख रही थी मानो कुछ समझ ही नहीं रही हो। फिर धीरे से पूछा, "क्यों, तुम तो कहते थे कि वह किसी से विवाह करने जा रही है? क्या नाम था...शायद कैलाश!"

"हाँ, मैं भी यही सोचता था, पर वह भी उसके जीवन से निकल गया। दोष भी किसी को नहीं दिया जा सकता। किस्मत को मैं मानता नहीं वरना उसे ही दोष देता। अब तो यही कह सकता हूँ कि यह उसके जीवन की विवशता है, ट्रेजेडी है कि जो कुछ उसे प्राप्त है उसे वह भोग नहीं पाती, अस्वीकार कर देती है, और एक ऐसे अनदेखे, अनजाने सुख के पीछे भागती है जो शायद उसे कभी प्राप्त नहीं होगा।" और तभी अमर को लगा, कुछ ऐसी ही-सी बात टंडन ने एक बार उसके लिए कही थी। हाँ, सच ही तो है, यही बात यों उस पर भी लागू होती है। जाने क्या है कि रंजना के इस उन्मुक्त समर्पण को, एकान्तिक प्यार को वह भोग नहीं पाता।

इतना सब सुनने के बाद भी रंजना को लग रहा था कि उसका प्रश्न तो जहाँ का तहाँ ही है। क्या अमला उससे प्यार करती है? क्या अमर भी उससे प्यार करता है?

"तो वह तुझसे क्या चाहती है? क्योंकि तुम्हारे..." और रंजना फिर फफककर रो पड़ी।

"मुझसे क्या चाहेगी? सहानुभूति और अपनत्व के दो शब्दों के अतिरिक्त मेरे पास है ही क्या जो उसे दे सकूँ? पर तुमसे तो वह भी बर्दाश्त नहीं होता।" रंजना के रोने से अमर को फिर क्रोध आने लगा, "किसी संतप्त को सान्त्वना देना ऐसा कौन-सा पाप है जो तुमने सवेरे से रो-रोकर तूफान मचा रखा है?"

"वह तो तुमसे सहानुभूति चाहती है...पर तुम उससे क्या चाहते हो? अपने कौन-से दुःख को उसकी हथेलियों में सिर गाड़कर तुम हलका कर रहे थे? मैं क्या समझती नहीं अमर...तुम दोनों का दुःख एक ही है और वह शायद मैं हूँ...दोनों के बीच की दीवार...बाधा। मुझे तोड़ क्यों नहीं फेंकते अमर?..." और रंजना ने अपना मुँह तकिए में छिपा लिया। उमड़ता हुआ आवेग सिसकियों में फूटा पड़ रहा था और रह-रहकर के उसका सारा शरीर काँप रहा था।

रात के सन्नाटे को चीरते हुए दूर कहीं घड़ी में टन-टन दो घंटे बजे। अमर कुछ देर तक शून्य-सी नज़रों से रंजना को देखता रहा...इसके उठते-गिरते शरीर को देखता रहा, फिर धीरे से चित लेट गया और छत देखने लगा...घूमते हुए पंखे को देखने लगा। पर शायद वह किसी को भी नहीं देख रहा था।

पास पड़ी रंजना रो रही थी—उसने अभी न जाने क्या-क्या कहा था। पर किसी ने अमर को स्पर्श नहीं किया—न उसके रोने ने, न उसके कहने ने। यों कहने को उसने रंजना से न जाने क्या-क्या कहा था, पर वे बातें भी उसके मन की गहराइयों से नहीं निकली थीं। अमर को स्वयं लग रहा था, जैसे किसी ने उसकी चेतना, उसकी संवेदनशीलता को हर लिया है। इस समय तो रंजना उसके सामने यदि पोटेशियम साइनाइड भी खा ले, तब भी शायद उसे कुछ नहीं होगा।

तभी रंजना ने तकिये से अपना सिर उठाया, पर वह बैठी नहीं। औंधे लेटे-लेटे ही उसने पूछा, "एक बात पूछूँ अमर? तुम्हारी पत्नी बनकर ही आखिर मैंने ऐसा कौन-सा अपराध कर दिया कि मेरे प्रति तुम्हारा सारा प्यार ही सूख गया? मानती हूँ, साथ रहने की कठिनाइयाँ और समस्याएँ तो हैं ही, पर मैं तो सोचती थी कि ये कठिनाइयाँ हमें और पास लाएँगी और निकट लाएँगी; हमें एक बना देंगी। यों अलगाव तो तुमसे मैंने कभी भी महसूस नहीं किया। विवाह के लिए इनकार करके एक महीने तक तुमने मेरी सूरत तक न देखी थी, तब भी मन में एक अटूट विश्वास था कि अमर मेरा है, आज नहीं तो कल वह अवश्य मुझे मिलेगा। पर जब अमर मुझे मिल गया तो लगा कि वह पहले जैसा अमर नहीं है...कोई और चीज हमारे बीच आ गई है, और हम दिनों-दिन दूर होते जा रहे हैं।" यह सारी बात उसने बहुत ही संयत स्वर में कही थी, पर बात के अन्त पर आते-आते जैसे फिर वह बेहद अधीर हो उठी। अमर के दोनों गालों को अपनी हथेलियों में पकड़कर रंजना ने झकझोरते हुए पूछा, "देखते हो अमर, मैं तो वही रंजना हूँ जिससे मिलने को तुम व्याकुल रहते थे...जिसे उसकी अच्छाइयों और बुराइयों के साथ तुम प्यार करते थे...और प्यार करके फिर उतने ही अतृप्त हो जाया करते थे—मैं तो वही हूँ, पर अब तुम्हें क्या हो गया है अमर...?

"याद है, तुमने लिखा था कि रंजना तुम दिल्ली आ जाओ, मेरा मन नहीं लगता; और मैं माँ-बाप, घर-बार छोड़कर चली आई! तुम्हारी हर इच्छा को मैंने आदेश माना। आज भी मानती हूँ। आज भी तुम्हारा सुख मेरे जीवन की चरम कामना है; इसलिए

कहती हूँ, जो कुछ भी हो, तुम मुझसे कहो। यदि अमला को लेकर तुम सुखी होना चाहते हो, तो मैं स्वयं तुम्हारे जीवन से हट जाऊँगी। तुम एक बार पहले मुँह से कह भर दो कि तुम क्या चाहते हो!''

बिना ज़रा भी हिले-डुले बहुत ही सधे हुए स्वर में अमर ने कहा, ''मैं तुमसे कुछ नहीं चाहता रंजना। सबकुछ तो तुमसे ले लिया, अब और क्या चाहूँगा? बस इतना ही चाहता हूँ कि तुम मुझे इतना प्यार मत करो। जिस प्यार का मैं प्रतिदान नहीं दे सकता, वह मेरे लिए बोझ बन जाता है...एक असह्य बोझ। इसी बोझ के नीचे मैं रात-दिन घुट रहा हूँ। तुम चाहे कुछ न कहो, पर मैं जानता हूँ कि तुम्हें कुछ नहीं दे पाया...न घर, न धन, न सुख, न प्यार। तुम्हारे सामने जब अपने को देखता हूँ तो पाता हूँ कि मैं बहुत छोटा हूँ, बहुत नीच हूँ, बहुत स्वार्थी हूँ...और यही भावना मुझे पल-पल सालती रहती है। तिल-तिल समर्पित होता तुम्हारा यह व्यक्तित्व, तुम्हारा एक एकान्तिक प्यार...मुझे मत दो रंजना...बस और मैं कुछ नहीं चाहता!''

रंजना अवाक्-सी उसकी ओर देख रही थी। और उसे लगा, आँखें मूँदकर, बिना रुके जो कुछ अमर कहे चला जा रहा है वह रंजना से नहीं कह रहा है—जैसे वह अपने किसी पात्र का डायलॉग बोल रहा है। क्योंकि बात में न कहीं विवशता थी, न अनुभूति, न वेदना। जैसा निर्विकार उसका चेहरा था, वैसा ही निर्विकार था स्वर!

रंजना कुछ नहीं बोली। अमर आँखें खोलता तो वह उनमें झाँककर ही उसकी बात की सच्चाई को जान लेती। पर अमर ने आँखें खोलीं ही नहीं। और रंजना सोच रही थी—कैसा है यह पति, जो अपनी पत्नी से कह रहा है, मुझे प्यार मत करो, ऐकान्तिक प्यार न करो! विवाह से पहले तो इसने कभी ऐसा नहीं कहा...तब?

''रंजना, तुम जानना चाहती हो न कि मैं अमला से क्या चाहता हूँ! हमारा सम्बन्ध क्या है? तो सुनो।'' और रंजना अमर के बदले हुए स्वर और लहजे से चौंक गई।

''तुम्हें छूकर कह रहा हूँ, इसलिए सबकुछ सच-सच ही कहूँगा।'' और उसने पास लेटी रंजना को एक हाथ से खींचकर अपने से सटा लिया।

''हम दोनों मित्र हैं, मात्र मित्र। बहुत खींचो तो हमारी मैत्री को मधुर मैत्री का नाम दे सकती हो, बस। उसका दर्द मुझे छूता है, छूता ही नहीं, व्यथित भी करता है और उसका व्यक्तित्व मुझे बाँधता है। जिस तरह एक लोभी आदमी सोने-चाँदी को देखकर विवेक खो बैठता है, उसी तरह मैं भी उसके सामने विवेक खो बैठता हूँ। पर उसके नारीत्व के सामने नहीं, उसके शरीर के सामने नहीं, उसके जीवन के सामने। जैसे-जैसे उसके जीवन के पृष्ठ मेरे सामने खुलते जा रहे हैं, वैसे-वैसे उसका सबकुछ जान लेने की ललक मन में बढ़ती जा रही है, और यही ललक मेरे विवेक, मेरे सन्तुलन को, मेरे कर्तव्य-बोध को निगल जाती है। अक्सर लगता है, मेरी जो कृति सचमुच मुझे अमर बना देगी वह अमला को लेकर ही होगी—चाहे उसके जीवन को लेकर, चाहे उसकी प्रेरणा को लेकर। पर कभी-कभी मुझे स्वयं भी लगा

कि इन सब बातों से कहीं मैं अपने को छल तो नहीं रहा—अपने को धोखा तो नहीं दे रहा? लेकिन नहीं रंजना, सच कहता हूँ, वास्तविकता यही है। तुम खुद ही सोचो, इसके अतिरिक्त हमारे सम्बन्ध हो ही क्या सकते हैं?...मैं उससे क्या चाह सकता हूँ...?'' अमर रंजना की पीठ सहलाता जा रहा था और बुझे-बुझे स्वर में इस तरह बोले चला जा रहा था मानो 'कन्फेस' कर रहा हो।

रंजना सुन रही थी। इन सारी बातों की पृष्ठभूमि में सवेरेवाले दृश्य को समझने का प्रयत्न कर रही थी...पर इन दोनों में उसे कोई मेल ही नजर नहीं आ रहा था। अनेक प्रश्न, अनेक जिज्ञासाएँ अभी भी उसके मन में घुमड़ रही थीं। पर उसे लगा, अब कुछ भी पूछना व्यर्थ है। रंजना के सारे प्रश्न और अमर के सारे उत्तर जो सत्य हैं उसे नहीं बदल सकते। तब पूछने से क्या लाभ!

तभी अमर ने खींचकर रंजना के सिर को अपने सीने पर टिका लिया और उसके बालों में उँगलियाँ घुमाते हुए बोला, ''पर नहीं रंजना, अब मैंने सोच लिया है कि तुम्हें सुखी करना ही मैं अपने जीवन का चरम लक्ष्य बना लूँगा। मैं सबकुछ छोड़ दूँगा—घूमना-फिरना, मित्रों का साथ, अमला से सम्बन्ध, यहाँ तक कि लिखना-पढ़ना भी। कहीं नौकरी करूँगा और एक सद्‌गृहस्थ और अच्छा पति बनकर रहूँगा। अब से मैं अमर होकर ही जिऊँगा, रंजना का पति होकर जिऊँगा, केवल रंजना का पति। तुमने मेरे लिए घर-बार, परिवार छोड़ा, मैं भी तुम्हारे लिए सबकुछ छोड़ दूँगा...फिर तो तुम खुश रहोगी न?'' और अमर की आँखों से अनायास आँसू ढुलक पड़े और स्वर बहुत करुण और तरल हो गया।

''यह सबकुछ कहने से पहले तुम मुझे मार ही क्यों नहीं डालते, अमर? तुम सोचते हो, तुम्हें मारने के लिए मैंने विवाह किया है? मैं क्या तुम्हारी शत्रु हूँ? तुम इतने क्रूर और निर्दयी भी हो सकते हो, यह तो मैंने कभी सोचा तक नहीं था।'' और फिर बहुत ही रुँधे हुए गले से बोली, ''मैंने तो हमेशा यही चाहा है, मेरा हर प्रयत्न इसी ओर रहा है कि तुम खूब लिखो, चारों ओर तुम्हारा यश फैले। तुम्हारे बनाने में मैं मिटती चली जाऊँ, मिटती चली जाऊँ...लेकिन...लेकिन'' और शब्द फिर सिसकियों में डूब गए।

''रंजना, तुमने मुझसे पूछा था न कि मैं तुमसे क्या चाहता हूँ? यही प्रश्न मैं उलटकर तुमसे पूछना चाहता हूँ कि तुम मुझसे क्या चाहती हो? अपनी इन शहीदाना बातों से क्यों बार-बार मुझे जलील कर रही हो? यह करूँ तब भी नहीं, वह करूँ तब भी नहीं। आखिर तुम्हीं बताओ मैं क्या करूँ?''

और दो क्षण को दोनों ही चुप हो गए। फिर रंजना ने धीरे से अमर की छाती पर से सिर उठाया और एकटक अमर के चेहरे को देखने लगी। ज़ीरो पावर के हलके-से प्रकाश में उसने अमर के चेहरे पर जो भाव देखा उससे वह भीतर तक भयभीत हो उठी। विवशता-भरे बड़े ही कातर स्वर में वह बोली, ''मैं तुमसे कुछ नहीं चाहती अमर, सचमुच कुछ नहीं चाहती। मैं तो केवल तुम्हारे भीतर के उस अमर को पाना

चाहती हूँ जो मुझे प्यार करता था, जिसे मैं प्यार करती थी, जिसके सामने उसका लेखन और रंजना दो विरोधी चीजें नहीं थीं, दोनों एक-दूसरे की पूरक थीं, एक-दूसरे की सहायक थीं। तुमसे भीख माँगती हूँ अमर, मेरे उस अमर को लौटा दो...'' रंजना के स्वर की कातरता, उसकी व्यथा अमर को भीतर तक चीरती चली गई, पर उससे कुछ नहीं बोला गया। दो क्षण चुप रहकर बहुत ही टूटे-से स्वर में फिर रंजना ही बोली, ''पर जाने क्यों लगता है, अब वह अमर मुझे कभी नहीं मिलेगा। जुहू की वह भयावनी साँझ मुझे आज भी याद है। उस दिन समुद्र की उन लपलपाती विकराल लहरों ने केवल सूर्य को ही नहीं निगला था...तभी तो उसके बाद से मैंने अपने अमर को कभी नहीं पाया। शायद अब कभी पा भी नहीं सकूँगी...''

मुर्गे ने भोर का एहसास कराया तो अमर ने धीरे से रंजना का सिर अपनी छाती पर से सरकाकर अपनी बाहु पर टिकाते हुए कहा, ''अब सो जाओ रंजना, सारी रात यों ही बीत गई।'' और एक आज्ञाकारी बच्चे की तरह रंजना ने अपनी आँखें मूँद लीं।

अन्धकार को चीरकर कुहरा-भरा प्रकाश वातावरण में छाने लगा। सारी दुनिया की खोई चेतना धीरे-धीरे लौट रही थी और रंजना और अमर की चेतना खो रही थी—निबिड़ अभेद्य अन्धकार में।

अमर के हाथ का सहारा लेकर हाँफती-हाँफती अमला जब ऊपर पहुँची, तो उसे लग रहा था मानो उसकी साँस ही छूट जाएगी। धौंकनी-जैसी उसकी साँस चल रही थी और चेहरा पसीने के मोतियों से जड़ गया था। अमर उसे देख रहा था, वह शायद अपने प्रश्न के उत्तर की अपेक्षा कर रहा था। पसीने की बूँदें धीरे-धीरे एक-दूसरे से मिलकर धारा के रूप में कनपटियों से बह निकलीं। तभी एक पंजाबी दम्पति आया। पति बड़े चाव से पत्नी को गाइड की तरह कुतुब का इतिहास बता रहा था—किसने बनवाई, कब बनवाई, किस प्रकार लोगों ने कूद-कूदकर आत्महत्याएँ कीं...

अमला एकटक नीचे की ओर देख रही थी और एक ही बात उसके मन में रह-रहकर घुमड़ रही थी—क्या सचमुच ही वह अमर और रंजना के बीच की बाधा है? रंजना के मन की ईर्ष्या का बोध तो उसे कल मिलकर ही हो गया था...और सच पूछो तो उस समय इस ईर्ष्या पर भी उसे आनन्द का अनुभव हुआ था...विजय का आनन्द। पर अमर के मुँह से सारी बात सुनकर वह आनन्द जाता रहा। कहने को उसने कह दिया था, ''मैं नहीं जानती थी अमर कि पढ़ी-लिखी होकर भी रंजना इतनी संकीर्ण है, और हमारे सम्बन्धों को लेकर उसके मन में इतनी शंकाएँ हैं; नहीं तो तुम्हारे घर नहीं आती...'' पर अमर को विदा करते समय अपनी ही कही हुई बात की उपेक्षा करके उसने कहा, ''कल पाँच बजे तुमको आना ही है; अभी तो मुझे बहुत-सी बातें करनी हैं। तुम मुझे लेकर उपन्यास लिखनेवाले हो न...सो मेरे बारे में जान तो लो!''

और आज कुतुब की सीढ़ियों पर चढ़ते हुए अमर ने तीसरी बार अपना प्रश्न

दोहराया, "बताओ अमला, कैलाश को छोड़कर क्या तुम बहुत दुखी हो?" तो तीनों ही बार वह बात टाल गई। उसे अपने बारे में कुछ नहीं बताना है अमर को। तब उसने बुलाया क्यों? और वह स्वयं नहीं जान पाई कि क्या उत्तर दे अपने मन को? अमला को यों चुपचाप एकटक नीचे की ओर देखते हुए देखकर अमर को बड़ी खीझ आ रही थी, "व्यर्थ ही तुमने यहाँ आने की ज़िद की। यहाँ दो मिनट तक को तो बात नहीं कर सकते।" आने-जानेवालों का ताँता-सा लगा हुआ था, उसी को लक्ष्य करके अमर ने कहा।

"बड़ा मन कर रहा था अमर कि इतने ऊपर से देखूँ कि कैसा लगता है।" यों ही एकटक नीचे की ओर देखते हुए अमला ने कहा।

उसकी बात को अनसुना-सा करते हुए अमर बोला, "तुमने मेरी बात का जवाब नहीं दिया अमला? बोलो—कैलाश को छोड़कर तुम क्या सचमुच बहुत दुखी नहीं हो?"

"नहीं, दुखी नहीं हूँ।" नज़र इस समय भी उसकी नीची ही थी।

"मेरे जीवन में किशोरी आया, मेजर कपूर आया, कैलाश आया, और चन्द दिनों के परिचय के आधार पर ही प्रेमपत्र लिखकर विवाह का प्रस्ताव करनेवाला चावला भी आया। जब ये आए थे तब मैं सुखी नहीं हुई थी—चले गए तो दुखी नहीं हूँ।"

अमर एकटक अमला को देख रहा था, पर अमला ने एक बार भी उसकी ओर नज़र नहीं घुमाई। दो क्षण ठहरकर बोली, "सोचती हूँ, थोड़ा-सा कष्ट उठाकर आदमी यदि अपने को ऊँचा उठा ले तो फिर संसार के सारे प्राणी, सारे व्यापार-सम्बन्धों का बनना-बिगड़ना क्या मात्र खिलौने जैसा नहीं लगने लगता? फिर इन सब चीजों में सुख-दुःख के लिए कोई स्थान ही नहीं रह जाता।" फिर उँगली से नीचे की ओर संकेत करती हुई बोली, "देखते हो, सड़क पर आदमी आ-जा रहे हैं। यहाँ से कोई कह सकता है कि ये आदमी हैं, इनके हृदय हैं, इनकी भावनाएँ हैं, इनके साथ सुख-दुःख हैं? लगता है, जैसे ये आदमी नहीं हैं...केवल चाबी-भरे खिलौने हैं...और इनके सारे कार्य-व्यापार एक खेल..."

"बड़ा दर्शन फूट रहा है! पर जानती हो अमला, तुम्हारे मुँह से दर्शन की ये बातें शोभा नहीं देतीं। तुम इन सब व्यर्थ की बातों से एक बार मुझे झुठला सकती हो, पर अपने को नहीं झुठला सकोगी। मैं पूछता हूँ, आखिर कब तक अपने को यों धोखा देती रहोगी?..."

बात की सच्चाई ने अमला को चाहे भीतर-ही-भीतर कहीं बुरी तरह कचोट दिया, पर फिर भी अमर की खीझ, उसके विषय में सबकुछ जान लेने की उसकी आतुरता, उसे बड़ी भली लग रही थी। मन की व्यथा मन में ही दबाए वह मुस्कराती-सी बोली, "धरती से इतने ऊपर उठकर तो दर्शन ही फूटेगा अमर, इसके सिवाय और फूट ही क्या सकता है भला?"

"तो आओ, फिर नीचे ही चलें!" और अमर उतरने के लिए मुड़ पड़ा।

“पर तुम्हें दर्शन से इतनी चिढ़ क्यों है आखिर?” पहली सीढ़ी उतरते हुए अमला ने पूछा।

“क्योंकि तुम्हारा दर्शन तुम्हारे जीवन का सबसे बड़ा झूठ है, सबसे बड़ा भ्रम है।”

अमला फिर मुस्कराई, “कैसा अन्याय है तुम लोगों का कि जीवन में सुख देखना नहीं चाहते, और कोई दुःख में भी सुख का भ्रम बनाकर जीना चाहे तो उस भ्रम को तोड़े बिना भी चैन नहीं मिलता? मैं पूछती हूँ, यदि मैं तुम्हारे सामने स्वीकार कर लूँ कि मैं बहुत दुखी हूँ, बहुत पीड़ित हूँ, तो क्या उससे तुम्हें बहुत बड़ा सुख मिल जाएगा?” अभी तक अमला के स्वर में एक प्रकार की विरक्ति थी, अब धीरे-धीरे विवशता-भरा आक्रोश आने लगा।

वे आधे से अधिक नीचे उतर आए थे।

“नहीं, मुझे तो सुख नहीं मिलेगा, पर तुम अवश्य कुछ देर को सुख का अनुभव करोगी। अपना मन हलका करके भी आदमी को सुख होता है अमला! अपने इन मिथ्यावरणों के नीचे तुम कितनी दुखी होओगी, मैं अच्छी तरह कल्पना कर सकता हूँ। इसीलिए कहता हूँ कि कम-से-कम कुछ समय के लिए तो अपने को इन सबसे मुक्त कर लो।”

“नहीं जानती अमर, सचमुच मुझे सुखी करने के उद्देश्य से ही तुम यह आग्रह कर रहे हो या मेरा दुःख जानकर सान्त्वना और सहानुभूति के दो शब्द कहकर अपने अहं को सन्तुष्ट करने के उद्देश्य से, पर एक बात मैं तुम्हारी ज़रूर मानूँगी कि इन आवरणों के नीचे और भ्रम के बीच में रहकर सचमुच ही कभी-कभी मेरा भी दम घुटने लगता है। पर लगता है, जैसे दुःख मेरे जीवन का छोटा सत्य है और यह आवरण जीवन का बड़ा सत्य है। उतारे ये उतरते नहीं...और जब-जब मैंने इन्हें उतारने का प्रयत्न किया है, एक अजीब-सा भय मेरे मन में छा गया है...शायद नीचे जो कुछ है वह बड़ा भयावना है।”

और अमला ने अन्तिम सीढ़ी समाप्त करके धरती पर पैर रखा। अमर ने धीरे से कहा, “देखता हूँ, धरती पर आते ही तुम सच बोलने लगीं।”

“शायद! क्योंकि यह धरती ही हमारे जीवन का यथार्थ है, हमारे जीवन का सत्य है...वह चाहे काँटों-भरी हो या फूलों-भरी, हरी-भरी हो या पथरीली। कुछ देर के लिए भले ही उसे छोड़कर ऊपर चढ़ जाओ, पर अन्त में आना तो वहीं पड़ता है।”

चारों ओर नज़र दौड़ाते हुए अमर ने पूछा, “बोलो, अब कहाँ चलने का इरादा है?” कुतुब के पीछे के खँडहरों का सन्नाटा अमला को आकर्षक लगा तो बोली, “आओ, उधर चलकर बैठेंगे।” बिना इस बात की परवाह किए कि अमर की क्या राय है, वह उधर बढ़ गई। अमर भी उसके पीछे हो लिया। टूटी दीवार के एक पत्थर को अपने रूमाल से साफ करते हुए अमर ने कहा, “बैठ सकोगी इन पत्थरों पर? हमेशा मुलायम गद्देदार कोचों पर बैठने की आदत है तुम्हें तो!”

इस व्यंग्य-भरे परिहास का अमला ने वैसा ही उत्तर दिया, "हाँ, है तो! पर क्या करें, तुम्हारे साथ तो वह सब नसीब नहीं होगा, सो पत्थरों पर ही बैठना पड़ेगा।" धुँधलका छाने लगा था। अमला ने अमर की ओर देखते हुए पूछा, "शाम को कब तक के लिए छुट्टी मिलती है तुम्हें? अभी तो कल का गुस्सा ही बाकी होगा...आज भी देर कर दी तो बस!"

"अमला, कल जब तक हम साथ रहे, मैं अपने बारे में ही बताता रहा, आज भी मैं अपनी ही बात करता रहा...पर अब एक बात भी मैं अपने विषय में नहीं करूँगा... अब तुम बोलो, तुम अपने बारे में बताओ। सच, मैं जानना चाहता हूँ। तुम कहती बार-बार हो...पर बताती कभी नहीं।"

अमला हँस पड़ी, "क्या है जो बताऊँ? तुमने विवाह किया, नई गृहस्थी बसाई, मैंने तो ऐसा नहीं किया। जैसी थी, वैसी ही हूँ। बताने लायक कुछ भी तो नहीं है मेरे पास।" और अमला एकाएक ही गम्भीर हो गई...चेहरे पर बड़ी विवशता-भरी उदासी-सी छा गई।

अमर ने अमला का हाथ अपने हाथ में लिया; अमला शायद इसके लिए तैयार नहीं थी, फिर भी उसने आपत्ति नहीं की। बहुत ही कोमल स्वर में उसने पूछा, "अमला, सच-सच तो बताओ, क्या तुम अपने वर्तमान जीवन से सन्तुष्ट हो? तुम्हारे पास धन, बुद्धि, आज़ादी, अधिकार सबकुछ है, फिर भी क्या तुम जीवन में कोई अभाव महसूस नहीं करतीं?"

अपने को भरसक संयत रखने का प्रयत्न करने के बावजूद अमर के हाथ में दबा हुआ अमला का हाथ बुरी तरह काँप गया। वह समझ नहीं पाई कि क्या कहे।

"जानती हो अमला, जो बहुत खिलखिलाकर हँसते हैं, समझ लो, भीतर-ही-भीतर वे कहीं बहुत दुखी होते हैं। तुम्हारी यह मुस्कराहट...बात-बात पर फूटती हँसी, मेरे सामने तुम्हारे भरे-पूरे जीवन का चित्र नहीं उभारती, तुम्हारे जीवन की शून्यता और दर्द को ही उभारती है।"

"ठीक कहते हो अमर...तुम शायद ठीक ही कहते हो!" बहुत ही व्यथित स्वर में अमला बोली, "सच मानना, इन मिथ्यावरणों को ओढ़कर बहुत दिनों तक मैं समझ नहीं पाई थी कि आख़िर मेरा दुःख क्या है...हाँ 'कुछ है' इस बात का एहसास मुझे हर समय हुआ है। पर इस बार शिमला में बिलकुल अकेले रहकर मैंने अपने दुःख को पहचाना। लेकिन अपना दुःख भी मुझे इतना वीभत्स और कुरूप लगा कि मैं स्वयं ही भीतर तक सिहर उठी।" अमला ने धीरे से अपना हाथ खींच लिया और दोनों हाथों से पर्स का बटन खोलने-बन्द करने लगी। फिर सामने की ओर देखते हुए बोली, "मुझे न अपने परित्यक्ता होने का दुःख है, न कपूर और कैलाश के चले जाने का। शायद मेरा दुःख किसी व्यक्ति-विशेष के साथ बँधा हुआ नहीं है...कोई भी एक विशेष व्यक्ति मेरे दुःख का कारण नहीं है—पर आजकल अपने जीवन में पुरुष का अभाव मैं महसूस करती हूँ...एक ऐसे पुरुष का जो वहशियों की तरह मुझे

प्यार करे...सब चीज़ों से अलग करके मुझे प्यार करे...केवल मुझे, मेरे इस शरीर को, मन को, आत्मा को।'' और अमला के मन का संयम बिखरने लगा। स्वर में आवेश आ गया और वाणी में एक विचित्र-सी कटुता। ''जानते हो, आजकल क्या मन करता है? मन करता है, कोई बाँहों में कस ले, इतना कस ले कि मेरी सारी नसें झनझनाकर टूट जाएँ और बिखरकर चूर-चूर हो जाऊँ। किसी सोते पुरुष के होंठों को इतना चूमूँ, इतना चूमूँ कि वह चौंककर जाग जाए और मैं लाज में दुहरी होकर उसकी छाती में ही अपना सिर गाड़ दूँ।'' अमला को स्वयं लगने लगा कि जैसे उसे बहुत कुछ कहना है और यदि वह सबकुछ नहीं कह डालेगी तो उसके दिमाग की नसें चटखकर टूट जाएँगी। उसी प्रवाह में बोली, ''जानते हो, इन श्वेत वस्त्रों से मुझे नफरत हो गई है। मन करता है, खूब सजूँ, सँवरूँ और शील की सीमाओं को पार करके व्यवहार करूँ। सोलह साल की उम्र का जो नशा और उन्माद होता है, वही मुझ पर छाया रहता है।'' फिर उसने अपनी नज़रें अमर के चेहरे पर गड़ा दीं। वह स्वयं अवाक्-सा उसकी ओर देख रहा था।

''तुम मेरे पास बैठे हो, मुझे बहुत अच्छा लग रहा है। जानते हो, इस समय मेरा मन क्या कर रहा है? मन करता है...मन करता है...'' और उसने कसकर दाँत भींच लिए। मन जो कर रहा था, वह कहा नहीं गया। फिर उसने एक गहरा निःश्वास छोड़कर कहा, ''खैर, छोड़ो यह सब। डरना भी मत। तुम्हारे साथ मैं कुछ नहीं करूँगी। आवेग और उन्माद के क्षणों में भी अमला संयम और विवेक नहीं खोती। तुम सत्य जानना चाह रहे थे न, सो कह दिया सत्य।''

''तुम विवाह कर लो अमला! तुमने स्वयं अभी स्वीकार किया कि तुम्हारे दुःख का सबसे बड़ा कारण है—पुरुष का अभाव। तब तो इसका एकमात्र निवारण है विवाह। क्यों व्यर्थ ही इसे टालती आ रही हो? कटु चाहे कितना ही हो, पर यह सत्य ही है कि सबकुछ पाकर भी पुरुष के अभाव में नारी अपूर्ण ही है।''

''तुम्हारा सत्य चाहे जो हो, पर मैं विवाह नहीं करूँगी!'' इस समय स्वर में न पहलेवाला आक्रोश, न उन्माद, बस एक ठंडी दृढ़ता थी।

''कोई भी पुरुष मेरे जीवन का पूरक हो, यह मेरे अहं को सह्य नहीं, और समझ लो, यह अहं अमला का पर्याय है। मैं विवाह करना नहीं चाहती, उस ऊँचाई को पाना चाहती हूँ, जहाँ जाकर यह सबकुछ निरर्थक-सा लगने लगे।''

''फिर तुम बहुत बड़ी भूल कर रही हो अमला! आज चाहे एक बार तुम हिम्मत करके अपने मन में ऊँचाई का भ्रम पैदा कर लो और सारे संसार को खिलौना समझकर उसके कार्य-व्यापारों को तुच्छ और निरर्थक समझकर अपने अहं को सन्तुष्ट कर लो, पर एक दिन ऐसा आएगा जब पाओगी कि सारे संसार ने तुम्हें ही खिलौना समझकर छोड़ दिया है। सारा संसार उस दिन भी अपनी हँसी-खुशी में आगे बढ़ता रहेगा, और तुम एक चाबी टूटे खिलौने की तरह जहाँ की तहाँ पड़ी सिर धुनती रहोगी। उस समय पाओगी कि किसी के पास इतना अवकाश तक नहीं है कि घूमकर

एक बार तुम्हारी ओर देख तक ले।''

अमला का मन हुआ, अमर की गोद में सिर डालकर ही फूट-फूटकर रो ले और चीख-चीखकर कहे कि यह सब मत कहो अमर, यह सब मत कहो, तुम्हारी बात की सच्चाई मैं क्या जानती नहीं? क्यों कुरेद-कुरेदकर मुझे व्यथित कर रहे हो? पर मन के सारे आवेग को जहाँ का तहाँ दबाकर अमला ने अपने को बचाने के लिए प्रश्न का हथियार अपने हाथ में ले लिया।

''एक बात पूछूँ अमर? तुम विवाह करके बहुत सुखी हो! नारी के अभाव ने ही तुम्हें विवाह करने के लिए विवश किया, भाग्यवान थे कि तुम्हारा परिचय एक ऐसी नारी से था जो तुम्हें प्यार करती थी, तुम्हारी सारी अच्छाइयों और बुराइयों को प्यार करती थी, एकान्तिक और एकनिष्ठ प्यार। फिर भी पूछती हूँ, क्या तुम सुखी हो? जो किसी भी व्यक्ति के लिए जीवन का चरम सुख हो सकता है वही तुम्हें कष्ट दे रहा है...और यहीं आकर लगता है कि हम दोनों के जीवन में कहीं साम्य है और तभी तुम मुझे बहुत अपने-अपने-से लगते हो। शायद अपने-अपने व्यक्तित्व के एक सिरे पर हम दोनों ही बहुत ही साधारण हैं, बहुत ही साधारण...वही हविसें, वही इच्छाएँ, वही कमजोरियाँ, पर व्यक्तित्व के दूसरे सिरे पर कुछ ऐसे विशिष्ट हैं कि साधारण बातों की प्रतिक्रिया और परिणति भिन्न ही होती है।'' और तब अमला को जैसे खयाल आया कि बहुत देर से वह कुछ-न-कुछ बोले ही चली जा रही है, तो एकदम चुप हो गई।

अमर मन्त्रमुग्ध-सा उसकी बातों को सुन रहा था। टंडन के एक प्रश्न का शायद उसे खयाल आया तो बोला, ''अमला एक बार मेरे एक मित्र ने मुझसे पूछा था कि तेरे और अमला के बीच मैत्री का आधार क्या है...तुम दोनों के बीच क्या कॉमन है... और मैं कुछ नहीं बता पाया था। तुमने सुन्दर ढंग से सारी बात रख दी। मुझे आश्चर्य होता है कि कैसे इतनी तटस्थ होकर तुम अपना विश्लेषण स्वयं कर लेती हो? मन के सारे आवेग को संयम के अंकुश से नियन्त्रित रखती हो? अभी दो मिनट पहले मुझे लग रहा था जैसे तुम रो दोगी...और अभी ऐसे बात कर रही हो मानो किसी और के बारे में बता रही हो। एक मैं हूँ, ज़रा-सी बात हुई कि दो-दो दिन तक मूड खराब रहता है। न लिख पाता हूँ, न पढ़ पाता हूँ...बात-बात में बस झल्लाहट छूटती रहती है।''

अमला खिलखिलाकर हँस पड़ी। ''गुरु-मन्त्र लोगे मुझसे? पर गुरु की हर आज्ञा माननी पड़ेगी, बोलो हो तैयार?''

''अमला, क्या तुम्हारा कल जाना बहुत ज़रूरी है? चाहता हूँ, एक-दो दिन और तुम्हारे साथ काटूँ।''

''कब तक रंजना से झूठ बोल-बोलकर आते रहोगे? उसे मालूम पड़ गया तो वह जान ले लेगी या दे देगी। हत्या तो मेरे सिर पड़ेगी न?'' अमला फिर हँसी; और अमर आश्चर्यचकित-सा उसे देख रहा था, शायद सोच रहा था, 'अभी भी यह उन्मुक्त भाव

से हँस लेती है!'

"आओ अब चलेंगे।" और अमला एकदम उठ पड़ी। सामनेवाले व्यक्ति की इच्छा-अनिच्छा का उसे कभी खयाल ही नहीं रहता; बस, वह आदेश-भर देना जानती है। अमर उस बात को जान गया था, सो इच्छा न रहते हुए भी उठ पड़ा। चलते-चलते अमला ने कहा, "जानते हो, इस बार क्या निश्चय करके लौटी हूँ? या तो इस ऊँचाई पर पहुँचकर सबका आदर और श्रद्धा ही प्राप्त करूँगी, या अपने मन की सारी कमजोरियों का नंगा प्रदर्शन करके सबकी घृणा और भर्त्सना की पात्र बन जाऊँगी। बीच की यह स्थिति अब मेरे लिए असह्य हो उठी है।" फिर ठिठककर अपनी नज़रें अमर के चेहरे पर गड़ाते हुए बोली, "अब तो शायद तुमसे मिलना नहीं होगा, सो एक आश्वासन देते जाओ।" और अमर का हाथ अपने हाथ में लेकर धीरे से बोली, "तुम मुझसे कभी नफरत मत करना। मेरे बारे में कुछ भी सुनो या मुझे किसी भी रूप में देखो, मुझसे घृणा नहीं करोगे, यही विश्वास तुमसे चाहती हूँ।"

स्वर का दर्द और भीगापन अमर पर छू गया। उसने अपना दूसरा हाथ अमला के हाथ के ऊपर रख दिया।

"आओ अब चलें।" अपना हाथ खींचते हुए अमला घूम पड़ी।

दोनों की दूर होती आकृतियाँ धीरे-धीरे अन्धकार में विलीन हो गईं। जब रेल सारी रौनक, बस्ती और चहल-पहल को छोड़कर दूर-दूर तक फैले ऊबड़-खाबड़ मैदानों में से गुज़रने लगी, तो पहली बार रंजना को इस बात का एहसास हुआ कि वह क्या कर बैठी है...और वह भीतर तक काँप उठी। उसकी खोई चेतना धीरे-धीरे लौट रही थी और उसके साथ ही कल सन्ध्या से लेकर अब तक के चित्र, अनेक बातें उसके मानस-पटल पर उभरने लगीं।

"सुनो, मन्दा भाभी का टेलीफोन आया था, उन्होंने आज हम दोनों को बुलाया है।" कॉलेज से लौटते ही उसने कहा था।

"आज? आज तो मैं नहीं जा सकूँगा।"

"क्यों, आज भी अमला के साथ कोई प्रोग्राम है क्या?" और पूछकर ही उसे लगा कि नाहक में ही उसने अमला का जिक्र किया; केवल 'क्यों' पूछकर ही छोड़ देती। कल की बात को वह एकदम समाप्त कर देना चाहती थी।

"नहीं! अमला तो आज सवेरे चली भी गई होगी। मुझे कुलश्रेष्ठ के यहाँ जाना है अपने उपन्यास के सिलसिले में।

"अरे, यह क्या, तू अकेली? अमर कहाँ रह गए?" मन्दा भाभी ने पूछा था। और जवाब सुनकर भन्नाती हुई बोली थी, "ऐसी की तैसी कुलश्रेष्ठ की! उन्हीं के लिए तो खासतौर से मैंने आलू की कचौरियाँ और खीर बनाई हैं।"

"अब?"

"एक काम करो, सारा खाना बाँध लो। अमर को कुलश्रेष्ठ के यहाँ से पकड़कर ले लेंगे और कहीं बाहर बैठकर खाएँगे।" टंडन का सुझाव था।

नौकर पर खाना, प्लेटें, गिलासें, पानी आदि लादते हुए मन्दा भाभी ने कहा था, "देखते ही अमर फिर चिढ़ाएँगे, भाभी तो ऐसी तैयारी करके निकलती हैं मानो लाम पर जा रही हों।" और हँसने लगी थीं।

पर जब कुलश्रेष्ठ के यहाँ से दूसरी बार भी जवाब सुनकर निकले कि अमर जी आए ही नहीं, तो मन्दा भाभी बुरी तरह से भन्ना रही थीं, "ये तुम्हीं हो जो मरते हो अमर के पीछे, उसे तुम्हारी कौड़ी-भर परवाह नहीं। यहाँ बेवकूफ की तरह खाना लादे फिर रहे हैं और लाट साहब का पता नहीं।"

तीनों रीगल के सामने खड़े यह तय कर रहे थे कि कहाँ बैठकर खाया जाए, पर मूड तीनों के ही खराब हो गए थे। तभी टंडन बोला, "अरे अमर!" और दोनों ने घूमकर देखा, कुछ दूर पर टैक्सी में अमर बैठा था, साथ ही थी एक महिला। ट्रैफिक की लाइट से टैक्सी कई कारों के पीछे खड़ी थी। रंजना ने झपटकर आगे बढ़ते हुए टंडन को रोक दिया, "उन्हें मत बुलाइए भाई साहब!" और टंडन ने जैसे समझते हुए पूछा, "कौन है यह?"

"अमला।"

"तो तुमने पहले ही क्यों नहीं बता दिया?"

"मुझे खुद नहीं मालूम था," और हरी लाइट होने पर टैक्सी सामने से निकल गई तो तीनों ने देखा कि अमर ही था और उस महिला के साथ बैठा था। उसने किसी को भी नहीं देखा था।

उसके बाद क्या हुआ, कुछ याद नहीं। खाना शायद उन लोगों ने नहीं खाया था...न चाहकर भी रोते-रोते रंजना ने सारी बात बता दी थी...मन्दा गुस्से में न जाने क्या-क्या बकी थी, और टंडन मुट्ठियाँ भींच-भींचकर दाँत किटकिटा रहा था, "मैं देख लूँगा साले को!...तमाशा समझ रखा है कम्बख्त ने! मक्कार...झूठा..."

अर्धचेतन स्थिति में ही घर आकर उसने अमर के नाम पत्र लिखा था और उसकी मेज पर रख आई थी। अब तो याद भी...क्या लिखा था।

अमर लौटकर सीधा उसके पास आया था, "अरे, यह क्या, सो गई रंजना? क्यों बुलाया था मन्दा भाभी ने?"

आँखें बन्द किए-किए ही रंजना ने कह दिया, "यों ही!"

अमर अपने कमरे में चला गया, डाक देखने। और उसके बाद बड़ी देर तक रंजना उसकी प्रतीक्षा करती रही—धड़कते दिल से। पत्र पढ़कर वह क्या कहेगा... क्या कहेगा! पर अमर आया ही नहीं। रात दो बजे के करीब एक बार उसने दबे पैरों जाकर देखा था—टेबल लैम्प जलाए, अपनी कुर्सी पर बैठा अमर कुछ लिख रहा है—एकदम डूबा हुआ, शायद डायरी!

सवेरे नौ बजे भी जब अमर नहीं उठा तो उसने जाकर उसे बाँह से हिलाकर

उठाया, "चलकर चाय पी लीजिए।" चाय की मेज पर दोनों ऐसे शान्त बैठे थे, मानो कुछ हुआ ही नहीं हो। अमर ने उसका बँधा हुआ सामान देखकर भी कुछ नहीं पूछा था, न उसने ही कुछ बताया। सवेरे से वह एक बार भी नहीं रोई थी...वह रोती क्या, उसकी चेतना ही लुप्त हो गई थी। मशीन की तरह उसने सारा सामान ठीक किया था, पर मन में न कोई आवेश था, न उद्वेलन।

हल्ली ने टैक्सी आने की सूचना दी तो वह एक क्षण समझ ही नहीं पाई कि बाहर बैठे अमर से कुछ कहकर जाए या यों ही चली जाए; पर तभी देखा, कन्धे पर कोट डाले अमर खड़ा है, "तुम्हें स्टेशन तक छोड़ आता हूँ।" दोनों चुपचाप उतर गए। और जब हल्ली ने हाथ जोड़कर कहा, "फिरकर जल्दी ही लौटिए,"...तो रंजना की सारी जड़ता एकाएक ही जलकर आँसुओं के रूप में बह निकली। उसने पर्स में से निकालकर एक रुपया उसके हाथ में रख दिया; पर उससे कुछ बोला नहीं गया।

टैक्सी स्टार्ट हुई तो आँसू-भरी आँखों से ही उसने पीछे छूटते अपने घर की ओर देखा—उस घर की ओर जिसे उसने बड़ी उमंग से सजाया था, जिसके फर्श की एक-एक टाइल को विम से रगड़-रगड़कर उसे अपने हाथों से चमकाया था, जिसके ड्राइंगरूम में सुन्दर-सा कार्पेट बिछाने के लिए वह रुपए जमा कर रही थी...

और प्लेटफार्म पर खड़े-खड़े ट्रेन चलने तक का समय दोनों के लिए बेहद बोझिल हो आया था; लग रहा था जैसे हर क्षण खिंचकर इतना लम्बा होता चला जा रहा है कि काटे नहीं कटता। फिर एकाएक ही हलचल का बढ़ जाना—सीटी, हरी झंडी, लोगों की भाग-दौड़...और फिर एक ज़ोर का धक्का! रंजना को लगा, वह धक्का रेल को नहीं लगा, उसके दिमाग पर लगा है; और अनायास ही उसने प्लेटफार्म पर निश्चेष्ट, जड़ से खड़े अमर के सामने अपने दोनों हाथ जोड़ दिए। कहा उससे कुछ नहीं गया। तभी अमर ने एक हाथ से उसके दोनों जुड़े हुए हाथ पकड़ लिए और दूसरे हाथ से अपनी नम पलकों को पोंछ डाला।

गाड़ी सरक गई तो हाथ अपने-आप छूट गए और दूरी बढ़ती ही गई...बढ़ती ही गई। रंजना के मन में अजीब-सा कुहरा छाया हुआ था...वह स्वयं नहीं जान रही थी कि क्या हो गया...क्या हो रहा है? प्लेटफार्म के बाहर आते ही सारा कम्पार्टमेंट धूप से भर गया और अनेक चित्र बनने-बिगड़ने लगे।

ट्रेन ने गति पकड़ ली थी। रंजना घुटनों में सिर छिपाए बैठी थी। उसकी चेतना के एक सिरे पर ये सब चित्र उभर रहे थे, दूसरे सिरे पर एक और ही चित्र उभर रहा था।

उसे वह दिन याद आ रहा था जब वह माँ-बाप से लड़-झगड़कर दिल्ली के लिए रवाना हुई थी। अमर की तरह पिताजी भी उसे छोड़ने के लिए स्टेशन आए अवश्य थे पर एक शब्द तक नहीं बोले थे। ट्रेन चलते समय उनकी आँखों की कोरें भी नम हो गई थीं...

पर कितना अन्तर था उस दिन और आज के दिन में! उस दिन उसकी आँखें

चाहे रो रही थीं, पर मन प्रसन्न था...आज आँखें सूखी हैं, पर मन रो रहा है। उस दिन 'कुछ' बनने का उत्साह था, आज सबकुछ टूट जाने की पीड़ा...

ग्यारह

अब?—सवाल मन की बहुत ऊपरी सतह से उभरा। प्लेटफार्म से झुककर उसने एक बार और सूनी पटरियों को देखा...शायद ट्रेन लौट आए या कोई ज़ंजीर खींचकर रोक दे। लेकिन सड़क के पुल और उस प्लेटफार्म के बीच बूँदा-बाँदी में भीगती पटरियाँ थीं, बोरा ओढ़े कोयले बीनती दो-एक औरतें थीं और सिर पर रेलों का समय और प्लेटफार्म नम्बर बताती हिन्दी-अंग्रेज़ी में एनाउंसर की आवाज़ थी।

'सारा मौसम कैसा अजब हो गया है?'—उसने पुल की सीढ़ियाँ चढ़ते हुए सोचा। फिर पुल के बीच में, रेलिंग पर कुहनियाँ टेके, देर तक चुटकी से निचला होंठ नोचता रहा। बारिश का पानी नीचे पटरियों पर धारों में टपक रहा था। पीछे कुलियों के साथ भाग-भागकर चलनेवालों का प्रवाह था, बच्चों को घसीटती औरतें और एयरबैग लटकाए बेफिक्र नौजवान...। वह जब भी आया, पुल पर ऐसी ही अन्धाधुन्ध भागती भीड़ मिली...लेकिन वह उस शोर और भीड़ के किनारे खड़ा-खड़ा सिर्फ सूनी आँखों से देखता रहा...वह न किसी चेहरे को पहचानता था, न आवाज़...सब दूर थे, सब पराए थे। फिर भी एक अजिज्ञासु उत्सुकता के बाहर उलझा था, ताकि भीतर झाँकने का अवकाश न मिले...साथ ही उसे अपना यों पुल पर खड़े होना बड़ा प्रतीकात्मक भी लगा...जैसे भीतर और बाहर के कोलाहल के बीच किसी बहुत ही पतले पुल के किनारे पर वह खड़ा है और पुल के किनारे एकरस घिरी वर्षा से भीग गए हैं।

अभ्यासवश स्टाल पर पत्रिकाएँ टटोलते हुए जब निगाह 'रूपाकार' के नए अंक में छपी 'घटोत्कच' की कविता पर पड़ी तो सारी मनःस्थिति के बावजूद होंठ हलके से मुस्कराए। कविता क्या थी, अच्छी-खासी उलटबाँसी थी। इन्दुकान्त को चौंकानेवाली बातें कहने-लिखने का शौक है। उसे लोगों ने, और खुद उसने, अपने-आपको विश्वास दिला दिया है कि वह 'जीनियस' है और असामान्य व्यवहार ही जीनियस के लक्षण हैं। तब से वह बेचारा हठयोगी 'जीनियस' हो गया है। उलटबाँसी लिखता है, और उलटबाँसी बोलता है—नाम भी उसने 'घटोत्कच' रख लिया है। एक बार उसने घड़ी लगाकर चौबीस घंटे एक सिगरेट से दूसरी सुलगाई थी और पूरे एक साल तक स्नान न करने का रिकॉर्ड कायम किया था। साहित्यकारों को लड़कियों के नाम से चिट्ठियाँ लिखना उसकी हॉबी है। जब कोई उसे 'सिनिक' कहता है, तो आत्म-सन्तोष से उसका चेहरा खिल उठता है। एक बार उसने निहायत ही बेतकल्लुफी से अमर के मुँह में लगी सिगरेट खींचकर खुद गहरा कश लगाया और कै करने की तरह धुआँ

निकालकर बोला, "प्यार...? प्यार इज़ ए मिसअंडरस्टैंडिंग बिटवीन टू फूल्स...।[1] फिर उसकी बाईं छाती पर धीरे से थपककर बड़े रहस्यमय अन्दाज़ से कहा, "इट्ज ए चाइल्ड ऑफ इल्यूज़न एंड पेरेंट ऑफ डिसइल्यूजन" तब अमर ने सिर्फ इतना कहा था, "बड़ा अच्छा वाक्य है; किसका है?"

"आई. के. घैटोत्काच...।" जाते हुए अमेरिकन उच्चारण में जवाब मिला।

"भ्रान्ति का पुत्र और स्वप्न-भंग का पिता...।" घटोत्कच के नाम के साथ ही उसे यह वाक्य भी याद हो आया—तो होंठों की मुस्कराहट विषाद में घुल गई।... उसके और रंजना के बीच यही तो हुआ जिसे दोनों प्यार का नाम देते रहे।...मगर नहीं, इस समय रंजना की कोई बात नहीं सोचनी...सहसा उसे लगा—प्लेटफार्म का कोलाहल बहुत ज़ोर से उभर आया है...या उसने अपने-आपसे अपने को छुड़ाकर झटके के साथ कोलाहल में फेंक दिया है। नौ नम्बर प्लेटफार्म के शुरूवाले स्टाल पर एस्प्रैसो कॉफी पीने के साथ-साथ वह नई रुचि से हर चीज़ को देखने लगा। अरे, उसने पहले ध्यान ही नहीं दिया था कि यहाँ लगी लिफ्ट काम भी करती है! जानबूझकर इस 'जानकारी' से अपने को चकित करने की कोशिश के साथ सोचा।

जाने क्यों, बाहर जाने को मन नहीं कर रहा था...कितना बड़ा स्टेशन है, हज़ारों लोगों की चहल-पहल है, कैसे कौशल से ट्रेन प्लेटफार्म को छूती हुई चली आती है, ज़रा भी चूक नहीं होती...कई बार निकलनेवाले गेट के पास से टहलकर लौट आया। इच्छा होती थी, एक बार वह सारे स्टेशन में भीतर-ही-भीतर घूम आए। सभी लोग व्यस्त हैं, और जल्दी में हैं। शायद उसकी ओर किसी का ध्यान भी नहीं है...हालाँकि हर क्षण आशंका है कि अभी कोई परिचित दीख जाएगा। टंडन सर्वव्यापी है...कहीं भी प्रकट हो सकता है। हो सकता है, किसी गाड़ी से जाती अमला ही दीख जाए। और एक क्षण को अपना यह विचार उसे ऐसा सत्य लगा कि वह भीड़ और आते-जाते लोगों में सचमुच ही अमला को खोजने लगा, जैसे वह कल गई नहीं, आज जानेवाली है।

पालम हवाई अड्डे पर वह कल अमला को छोड़कर ही तो आया था। रिफ्रेशमेंट-रूम में अमला ने एकसाथ दो तीलियों से पाइनएपिल-जूस लेते हुए पूछा था, "अच्छा अमर, एक बात बताओगे?"

"हूँ..." मानो कहना चाहता हो कि इतना विश्वास अर्जित करने के बाद भी क्या ऐसे सवाल की ज़रूरत है?

"बिलकुल सच?" इस बार उसकी हँसती-सी आँखों से लगा, मानो कोई मज़ाक कर रही हो।

"लगता है, अविश्वास तुम्हारी प्रकृति बन गई है।" कहकर अमर ने तुरन्त बात का प्रभाव धोया, "तुम्हें मालूम है, मैं तुमसे झूठ नहीं बोल सकता। कुछ जगहें होती

---

1. दो बेवकूफों के बीच की गलतफहमी का नाम प्यार है...।

हैं, जो पवित्र होती हैं, और बड़े से बड़ा नास्तिक भी वहाँ झूठ बोलते हिचकता है...।''

और कोई समय होता तो छूटते ही अमला कहती, 'मक्खन कम हो तो और मँगा दें?' लेकिन इस बात पर सिर्फ अविश्वास से मुस्करा दी...वही बँधी-बँधी बिखरती-सी मुस्कराहट...। फिर संजीदगी से पूछा, ''जीवन के इस नए रूप से तुम बहुत सन्तुष्ट हो?''

''नहीं।'' अमर कुछ देर उसकी ओर सीधे देखकर बोला।

''मैं भी कुछ-कुछ यही सोचती थी...'' अमला तीलियों को यों ही गिलास के किनारों से टकराती रही, ''जब से मैं तुम्हारे यहाँ गई हूँ, रंजना से मिली हूँ, एक ही बात मेरे मन में लगातार आ रही है...''

''क्या?''

अमला हिचकी—कहे या न कहे। ''शायद हम लोग...हम जैसे लोग विवाह की जिम्मेदारियों के लायक नहीं हैं...जाने किस झोंक में आज मैंने तुमसे बहुत कहा था; लेकिन अब सोचती हूँ कि वह सब क्षणिक उफान ही था। तुम्हीं बताओ, इस समय मैं तुमसे बातें कर रही हूँ...सारे दिन तुम्हारे साथ घूमी...दूसरी स्थिति में यह सम्भव था? मैं तुमसे यहाँ बैठकर बातें करती और मन में कोई चीज़ खटकती रहती—इस दोस्ती की सफाई पतिदेव से क्या कहकर देनी है? कोई जान-पहचान का देख ले तो बात को कैसे पहुँचाए...? अब निश्चिन्त हैं। सुबह कलकत्ता पहुँच जाएँगे, और वहाँ फिर इतना सबकुछ है कि अपने बारे में सोचने की फुरसत ही नहीं मिलती।''

अमर चुपचाप सुनता रहा...तो अमला जी उस कमजोरी को पोंछ रही हैं। लेकिन बातें सही हैं; मैं यहाँ बैठा हूँ और रंजना वहाँ कुढ़ रही होगी। पिछले दो-तीन दिनों से कैसा तनाव हर क्षण नसों में रेंग रहा है! मन फिर नए सिरे से उदास हो आया।

''लेकिन मेरा दुःख समझ में आता है।'' अमला कह रही थी, ''मेरे ऊपर ये जिम्मेदारी माँ-बाप ने, दूसरों ने डाली थी, और मैं उसे नहीं निभा पाई...तुम्हारे साथ ऐसा नहीं था...तुम तो रंजना को बहुत वर्षों से जानते थे, अच्छी तरह जानते थे।...''

''शायद इसीलिए किसी से कुछ भी नहीं कह सकता।'' अमर जेबों से सिगरेट तलाश करता रहा, ''परेशानी यही है कि दोषी इसमें मैं रंजना को भी नहीं मानता। मेरे प्रति उसकी भावनाओं में कहीं कोई कमी नहीं है। हाँ, संस्कार उसे चैन नहीं लेने देते। उसने शुरू से ही अपने आसपास, इधर-उधर देखा है कि पति नौकरी करता है, सुबह दफ्तर जाता है, शाम को घर लौट आता है। इसके बाद दोनों या तो कहीं घूमने, सिनेमा चले जाते हैं, या किसी को बुला लेते हैं। अविवाहित जीवन के यही चित्र उनके संस्कार हैं। यह उसे पता ज़रूर था कि मैं नौकरी नहीं करता, लेकिन मेरी सारी दिनचर्या और जीवन के व्यावहारिक रूप से तो उसका परिचय नहीं था...कुछ हवाई-सा अन्दाज़ा हो तो हो। अब उसे न मेरे मित्र पसन्द हैं, न मेरे व्यवहार; न मेरी दिनचर्या उसे अपने अनुरूप लगती है; न मनोरंजन। मेरे पुरुष-मित्र उसे पसन्द नहीं हैं, और महिला-मित्रों से वह ईर्ष्या करने को विवश है—क्योंकि आसपास किसी की ऐसी मित्र नहीं है। दूसरे

पति के महिला मित्रों से ईर्ष्या करने की परम्परा है। वह तो साफ कहती है कि यह मित्र, क्या चीज़ है? या तो पत्नी होती हैं या बहन-भाभी।''

''अमर, एक बात शायद मैंने कही भी थी, और फिर साफ बताना चाहूँगी।'' जाने क्या सोचती-सोचती अमला बात काटकर बोली, ''कहीं मुझे लेकर तो तुम दोनों के बीच कुछ...''

''बात तुम्हारी नहीं, एक सिद्धान्त की है...'' अमर ने दृढ़ता से कहा, ''तुम न रहोगी तो कोई दूसरा होगा। प्रश्न व्यक्ति विशेष का नहीं, एक पूरे रवैये का है। मुझे तुम्हीं एक बात बताओ। ऐक्टर हुए, नेता हुए, संगीतज्ञ या लेखक हुए—यहाँ तक कि प्रोफेसर भी—इन सबके व्यक्तित्व का सामाजिक पक्ष ही तो इन्हें विशिष्ट बनाता है न? अब यह नियम कैसे बनाया जा सकता है कि इनके प्रशंसकों, विद्यार्थियों या अनुगामियों में केवल पुरुष ही होंगे—महिलाएँ होंगी ही नहीं? या अगर महिलाएँ हुईं भी तो उनसे सिर्फ अछूतों जैसा व्यवहार करने की आज्ञा रहेगी—कहीं वे पास न आ जाएँ? परेशानी यही तो है कि उसके अनुसार आदर्श पति दफ्तर में काम करता है, और दफ्तर में लड़कियाँ होती नहीं—शाम को जितने फार्मल विज़िट्स का सम्बन्ध है, वहाँ बहन-भाभी के रूप में होती हैं—मगर आजकल तो दफ्तर में भी...''

अचानक अमला खिलखिलाकर हँस पड़ी, और देर तक हँसती रही। अमर पूरी गम्भीरता से अपनी बात कह रहा था। सहसा हतप्रभ हो उठा। वह इतनी महत्त्वपूर्ण बात बता रहा है, और अमला है कि हँस रही है। उसकी भवें तनकर सिकुड़ आईं।

''मैं तुम्हारी बात पर ही हँस रही हूँ।'' अमला ने पास की कुर्सी पर रखा पर्स उठाकर गोद में रख लिया, ''तुम चाहे जितने बड़े हो जाओ, औरतों का मनोविज्ञान तुम्हारे बूते की चीज़ नहीं है। कागज़ की हीरोइन और सचमुच की हीरोइन में यही फर्क है...''

''क्यों?'' अभी तक वह अपने को सँभाल नहीं पाया था।

''जनाब, प्रेमिका से पत्नी बननेवाली औरत इसलिए ईर्ष्यालु नहीं होती। वह दूसरे कारणों से ईर्ष्यालु—या ज़्यादा सही—शंकालु होती है। उसे हमेशा डर रहता है कि जिस तरह आप उसे दिल दे बैठे थे, उसी तरह दूसरों को न दे बैठें। वह यह मानकर चलती है कि दिल दे बैठना आपकी कमजोरी है, तभी तो आपने खुद उसे दिल दिया था...'' और जैसे अन्तिम निर्णय करके वह झटके से खड़ी हो गई थी। इस बीच बैरा बिल ले गया था।

इस 'दिल देने' के मुहावरे पर अमर को बात में चाहे जितना सस्तापन लगा हो, लेकिन अमला ने एकदम सही जगह नब्ज पकड़ी है, यह उसने महसूस किया। बराबर आते हुए बोला, ''अच्छा तुम्हारी बात ही सही; लेकिन यह हमेशा डर, शंका और ईर्ष्या का वातावरण बड़ा सुखद है...?''

''तब तो तुम्हें ही शौक लग गया था...।'' अमला का सहज विनोद जाग आया।

तभी एनाउंसर की आवाज़ गूँजी, "पैसेंजर्स, लीविंग फॉर कैलकटा आर रिक्वेस्टेड टू प्रोसीड..."

भर-भर आती आँखों से लोग विदा ले रहे थे। अमला अपने छोटे-से रूमाल से यों ही हथेलियाँ और उँगलियाँ पोंछ रही थी, "अच्छा अमर, अब जो भी है, सो निभाओ। रंजना भोली लड़की है..."

अचानक अमर को लगा, जैसे वह अपने किसी बहुत-बहुत निकट-आत्मीय से हमेशा के लिए बिछुड़ रहा है। मान लो जहाज़ में कुछ दुर्घटना ही हो जाए, तो कल सिर्फ यही कहने को रह जाएगा कि अन्तिम विदाई उसने ही दी थी। उसका गला भर आया। गोला सटककर संयत होने की कोशिश के साथ कहा, "कुछ अगर...मेरी किसी बात का बुरा लगा हो तो...बुरा मत मानना...।"

अमला ने एक क्षण उसकी ओर सीधे देखा। अमर प्रत्याशित हो आया कि शायद अमला का हाथ उसके कन्धे पर आ जाएगा, लेकिन उसने जल्दी से सिर्फ इतना ही कहा, "अरे नहीं अमर...अच्छा जब जाओ, हमारा ड्राइवर तुम्हें छोड़ देगा; और हाँ देखो, अब बहुत अधिक वक्त बरबाद मत करो, लिखो...।" और जाते-जाते अमला फिर लौट आई। जल्दी से बोली, "याद है, कलकत्ता में तुमने मुझे क्या-क्या लिखा था। जवाब तब नहीं दे पाई थी, बाद में सोचती रही। तुमने शायद कहा था, जो मूलतः मीडियॉकर होते हैं, वही कला और साहित्य में आते हैं, क्योंकि कोई और अच्छा काम वे कर नहीं सकते। लिखा था न?" वह जाते हुए लोगों को जगह देने के लिए एक ओर सरक गई, "मुझे बताओ, तुम्हारे पास क्या नहीं है? अच्छी-से-अच्छी डिग्री है; स्वस्थ और प्रतिभाशाली आदमी हो; जो तुम्हें मीडियॉकर कहते हैं, उनसे अच्छे रूप में तुम ज़िन्दगी बिता सकते हो। अपनी इच्छा से ही तो तुमने वह सब छोड़ा है। और इसीलिए छोड़ा है कि कुछ तुम्हें इस सबसे बड़ा और महान लगा है...तुम इन सब बेवकूफियों में क्यों अपना समय बरबाद करते हो...? उसे क्यों नहीं पहचानते?" और जल्दी मचाकर चलती अमला बोली, "अच्छा...अब चलूँ...।"

"लिखना...।" अमर के मुँह से निकला। फिर सुधारा, "अच्छा मैं ही लिखूँगा...।" व्यर्थ ही अमला का पत्र रंजना के लिए एक बहाना हो जाएगा।

अमला के चेहरे पर वही मुस्कान आ गई, और जैसे वह सारे वातावरण से टूटकर जल्दी से भाग गई थी...तब अमर उच्छ्वसित हो आया था। एक अमला है... जो उसकी सारी थकान को कैसे दुलार से सहला देती है।

लौटते हुए गाड़ी में बैठे-बैठे एक वाक्य मच्छर की तरह भनभनाता रहा—हम लोग ज़िम्मेदारियों के लिए नहीं बने...हम जैसे लोग...हम लोग...हम लोग...। यह मानना पड़ेगा कि अमला सोचती बहुत साफ है। तब सहसा झटके से एक चीज़ उसके सामने उद्भासित हो उठी। रंजना चाहे प्रसन्न रही हो या नाराज़...जब वह घर में चहकती रही है तब भी, और घर में जब एक तनाव रहा है तब भी—दोनों का परिणाम एक ही रहा है...न उस समय उसने लिखा है, न पढ़ा...'तुम इन सब

बेवकूफियों में क्यों अपना समय बरबाद करते हो!' उसे लगा जैसे अमला ने जो कुछ कहा, उसे वह कहीं सुन चुका है...

कितना उत्साहित और उत्प्रेरित होकर वह लौटा था...और उसी सब नशे में उसने आकर रंजना का पत्र पढ़ा और एक ओर रख दिया। अच्छा है, रंजना भी कुछ दिनों को बाहर रह ले। अजीब बात है, उसके मन में न कोई कटुता थी, न खलिश। वह अपने से हटकर मानो सौ साल बाद अपने जीवन को देख रहा था....तब न कोई यह जानेगा कि रंजना से उसके सम्बन्ध कैसे थे, न यह सोचने की तकलीफ किसी को गवारा होगी कि अमला कौन थी...शायद इस बात की तो कोई कल्पना ही नहीं कर सकेगा कि उसका टंडन नाम का भी एक मित्र था जो हर रूढ़िवादी नैतिकता की रक्षा के लिए उसका कोर्ट-मार्शल कर देता था। रह जाएँगी सिर्फ उसकी कृतियाँ...'विरोधी परिस्थितियों में आप लगातार साधना करते रहे...' लोग लिखेंगे। और उस क्षण एक अजब तटस्थ उदारता से उसका मन भर आया। उसे लगा, अपने-अपने हिसाब से सभी बेचारे ठीक ही तो कह रहे हैं...जो बात आज अमला ने उसके बारे में कही थी...ठीक वैसी ही कुछ बात रंजना के बारे में रीगल के सामने टंडन ने कही थी और अपने मन में वह खूब जानता है कि टंडन को वह दोष दे ही नहीं सकता...केवल सद्भावना और सिंसियरिटी ही तो उससे यह सब करा रही है। लेकिन वह क्यों इस सबको इतना महत्त्व दे...? जहाँ तक वह इतने 'व्यक्तित्व के सर्वश्रेष्ठ' के प्रति 'निष्ठावान' है, ये सारी बातें बहुत ही महत्त्वहीन हैं। ज़्यादा-से-ज़्यादा लोग यही याद किया करेंगे...इनका पारिवारिक जीवन सुखी नहीं था। जो आज गालिब के बारे में कहते हैं...चेखव के बारे में कहते हैं...गेटे और सुकरात के बारे में कहते हैं...टॉल्सटाय के बारे में कहते हैं।

और आज प्लेटफार्म पर निर्लक्ष्य भटकते हुए उसके मन में आया, कल अमला ने ही अपने जीवन को कुतुबमीनार की ऊँचाई से नहीं देखा था—उसने भी सौ साल की मीनार से झाँककर पाया था कि आज जो कुछ उसके साथ हो रहा है या वह कर रहा है, बहुत ही तुच्छ, महत्त्वहीन और छोटा है...चाबी-भरे खिलौनों-जैसा...''गति के पागलपन से प्रेरित चलती रहती संसृति महान...।'' भगवतीचरण वर्मा की लाइन उसने गुनगुनाई। और अब एक तटस्थ संवेगहीन करुणा से उसका दिल पिघल आया। बेचारी रंजना का भी क्या दोष है? उसकी दृष्टि से देखें तो वह भी गलत नहीं है...दोनों ही सही हैं।

अमर के मन में उभर आई यह करुणा ठीक वैसी ही थी जैसी उपन्यास पढ़ते हुए किसी नायिका के प्रति वह करुण हो आया हो...उतनी ही निर्वैयक्तिक...उतनी निस्संग। और इस स्थिति के बाद मानो उपन्यास की नायिका पर अपनी राय दी...दो सही व्यक्ति एक गलत जगह आकर मिल गए हैं...। फिर देर तक अपने वाक्य की

सुन्दरता पर मुग्ध होता रहा।...जाने कैसे उसके मन में हुआ कि विदा लेते समय, दोनों हाथों से उसके हाथ पकड़कर यह सुन्दर वाक्य अमला ने कहा था...हालाँकि वह जानता था, अमला सिर्फ सिर के ऊपर उँगलियाँ हिलाती टा-टा करके चली गई थी।

कल भी उसने विदा दी थी, आज भी दी है...लेकिन जाने क्यों उसे रह-रहकर लगता रहा, जैसे किसी डिब्बे के सामने सहसा अमला दीख जाएगी। साथ ही मन में कोई दुहराता रहा...'प्यार भ्रान्ति का पुत्र और स्वप्न-भंग का पिता है...' वह घर जाएगा तो रंजना उसे घर ही मिलेगी। उसकी राह देखती...वह रंजना के साथ अपना सारा व्यवहार बदल देगा और अधिक उदार हो जाएगा...उसे समझने-समझाने की कोशिश करेगा।

पब्लिक लाइब्रेरी के सामने फुटपाथ पर खड़े होकर ताँगों, मोटरसाइकिलों से उछलती कीचड़ बचाते हुए उसने फिर सोचा—'अब?' और खुद ही सहसा चौंककर ठिठक गया। इधर-उधर देखा। हाँ, उसका भ्रम ही था। उसे लगा जैसे यह 'अब?' उसने नहीं सोचा, उसके पास खड़े किसी व्यक्ति ने उसे सम्बोधित करके कहा। फिर भी उसने अपने आसपास देखा। यहीं कहीं किसी के मुँह से उसने यह 'अब?' शब्द सुना था,...और जब उसने सुना था, तब उसमें एक निश्चित अर्थ था, भविष्य था...। आज जैसी निर्लक्ष्य दिशाहीनता नहीं थी। हाँ, याद आया। यहाँ नहीं, स्टेशन-गेट के उस तरफवाले फुटपाथ पर स्वर में प्रश्न भरकर कहा था किसी ने—'अब?'

कितने दिन हो गए होंगे? रंजना को कहाँ टिकाया जाए, वह यही सोचता खड़ा था मानो उसकी उलझन को वाणी देती, वह पास खड़ी-खड़ी बोली थी—'अब?'

वह 'अब?' पूरे एक इतिहास का अन्त था, एक नए इतिहास का प्रारम्भ...आज की तरह अर्थहीन, भटका हुआ प्रश्नवाचक चिह्न-मात्र नहीं था।

अमर उन दिनों एक 'प्राइवेट टीचिंग शॉप' (मित्रों के बीच उसने उस कॉलेज का यही नाम दिया था) में रत्नभूषण-प्रभाकर की क्लासें पढ़ाने लगा था। बहुत बार उसने रंजना को समझाया, 'देखो रंजना, अगर हमें साथ रहना है, तो इस शहर में वह सब होगा नहीं। यहाँ न मेरे लिए कुछ है, न तुम्हारे लिए। यह शहर तो हर हालत में छोड़ना ही है। क्यों नहीं एक काम करतीं? मैं भी इसमें मदद कर सकता हूँ। दिल्ली में आकर पढ़ाने लगे, वहीं फिर हम लोग सैटिल हो जाएँ। इसमें बहुत-से बेकार के झंझटों से जान छूट जाएगी। कुछ दिन लोग नाराज रहेंगे, फिर खुद-ब-खुद खुश हो जाएँगे।' और ऐसे ही एक इंटरव्यू के लिए रंजना यह सोचकर चली आई थी कि अब वापस नहीं लौटेगी। यह उसने अमर को लिख दिया था। रेल से उतरने के बाद से वह सविस्तार बता रही थी कि कितनी मुश्किल से वह आ पाई है। बाहर जाकर अकेली जवान लड़की नौकरी करे...इसके पक्ष में न घरवाले थे, न बाहरवाले...कैसी रोया-पीटी, कितनी बक-झक तीन दिनों से घर में हुई है कि दिमाग खराब हो गया। उसने लाख समझाया कि इंटरव्यू में बुलाने का मतलब नौकरी दे देना ही तो नहीं

है। हो सकता है, न ही ली जाए...फिर नौकरी अगर ठीक न लगे तो छोड़ देने से कौन रोक सकता है? उसे छोड़ने बाबूजी आए थे, मुँह से कुछ नहीं बोले थे...दृढ़ता से बन्द किए उनके होंठों, मगर कनपटियों के भीतर उठती-गिरती लहरों को देखकर वह कैसी विचलित हो उठी थी—मन हुआ कि अभी लौट जाए...या कम-से- कम उन्हें बता दे कि असली बात क्या है। मुँह तक आती बात बताने की हिम्मत ही नहीं पड़ी। सोचा, पत्र में लिख देगी।

'अब?' रंजना ने पूछा था। अर्थ था, 'तुमने कहा तो मैंने घर छोड़ दिया। अब और बोलो, क्या करना है?'

अमर के मन में खुद-ब-खुद कलवाले पत्र की पंक्तियाँ उभर आईं—''मैं लौट रही हूँ, जिस घर से आई थी वहीं...मन्दा भाभी ने जाने कितने सपने सँजोकर मुझे तुम्हारे हाथों सौंपा था...मेरा भाग्य, मेरा सुख, मेरा भविष्य...। तब क्या कभी सोचा था कि सुख का यह महल कितनी खोखली नींव पर खड़ा है?...आज तुमने मुझे बता दिया कि तुम्हारे जीवन में मैं कहाँ हूँ, क्या हूँ!...जानती हूँ, वह सब जान लेने के बाद मेरे सामने दो ही रास्ते हैं...या तो चुपचाप सब सहती चली जाऊँ...और एक दिन यों ही मर जाऊँ, या उसी घर में लौटकर पिता से कहूँ—बाबूजी, मुझे माफ कर दो। मैंने सचमुच बहुत बड़ी गलती की...अपनी इच्छा से विवाह करके मैंने बहुत सुख भोगा...अब मुझे माफ कर दो। इतने बड़े घर में मुझे कहीं भी शरण ले लेने दो...मैं चुपचाप पड़ी रहूँगी।' तुम्हारे थके-हारे जीवन को थोड़ी-बहुत विश्रान्ति देने के लिए बड़ी साध से इस घर को सजाया था, उसे छोड़ते हुए मन बहुत-बहुत टूट रहा है...एक बार पूछने को मन होता है, मैंने तो जाने-अनजाने कभी तुम्हारा अहित या अशुभ नहीं चाहा, कोई ऐसा बड़ा अपराध भी नहीं किया...फिर मुझे यह कठोर सजा किस अपराध के लिए दे रहे हो...? सोच रही हूँ, कि अन्तिम वेला में तुम्हारे लिए भी तो कुछ लिखूँ...पर क्या? इस रीते मन में कुछ भी तो नहीं है तुम्हारे लिए...न प्यार...न घृणा...। झूठ न बोलूँ तो रोम-रोम से दुराशीष ही निकल रही है। ईश्वर करे, तुम भी ज़िन्दगी-भर यों ही जलो...। जलो और जानो कि असफल प्यार का दर्द भी क्या होता है...किसी की आत्मा की कचोट कैसी होती है...इस दुर्भावना के लिए मुझे माफ कर देना...तुम्हारे सामने उज्ज्वल भविष्य पड़ा है; यश, धन और प्यार सभी कुछ तो तुम्हारे मार्ग में बिखरे हैं...समझ लेना एक बाधा थी जो आज हट गई...''

सौ साल की ऊँचाई से कल अमर को सारा पत्र बड़ा किताबी लगा था, आज उसकी याद आती पंक्तियाँ, उस उन्मुक्त समर्पण के भाव से पूछने की निश्छलता, सभी कुछ मन में गाढ़ा-गाढ़ा धुआँ भरता रहा।

सारे दिन घर जाने को मन नहीं हुआ और वह यहाँ से वहाँ भटकता रहा। जानबूझकर घर जाने को टालता रहा और परिचितों से कतराता रहा। बहुत बार मन में जोर से झुँझलाहट आई कि उसकी भी आखिर क्या ज़िन्दगी रह गई है! हमेशा घुटना, हमेशा भटकना, हमेशा मानसिक तनावों में जीना...क्यों नहीं वह एक झटके

के साथ इन सारे झंझटों को उतार फेंकता? क्यों नहीं कुछ दिनों को कहीं बाहर चला जाता?—बम्बई ही चला जाए...किसी बहुत छोटी अनजानी जगह में चला जाए!

उनींदी आँखों को मुट्ठी से मलते हुए हल्ली ने दरवाज़ा खोलकर बताया, ‘‘टंडन बाबूजी और बीबीजी आए थे...।’’

‘‘अब कहाँ हैं?’’ उसने धीरे से पूछा।

‘‘कल आपको ज़रूर-ज़रूर बुलाया है।’’

‘‘हुम्...’’ वह भीतर आ गया, ‘‘हम खाना नहीं खाएँगे...।’’

मेज के सारे कागज़-पत्र तितर-बितर थे। सबसे पहली आशंका मन में यही आई—टंडन ने कहीं रंजना का पत्र तो नहीं पढ़ लिया? पत्र जिस तरह से अधखुला रखा था, उससे लगता था कि ज़रूर पढ़ा गया है। पहली बात मन में आई, अभी बिस्तर बाँधे और रात की गाड़ी से कहीं भाग जाए। कल फिर वही कचहरी होगी... वह मुजरिम बना खड़ा होगा और सरकारी वकील के जोश से मन्दा भाभी उससे बहस कर रही होगी। भीतर कहीं हलकी-सी दृढ़ता जागी, उसे इस चुनौती को भी देखना है...भागेगा नहीं, कल बात साफ ही कर लेगा।

लेटा, तो पहली बार एहसास हुआ कि बिस्तर कितना चौड़ा है। वह तो एक सिरे पर ही रह जाता है, बाकी बिछौना खाली पड़ा रहता है। शादी से पहले उसे खयाल भी नहीं है—कभी ऐसी बात उसके मन में आई हो। शायद सोते हुए एकाध बार ऐसा भी लगा, जैसे कहीं कोई धीरे-धीरे सिसक-सिसककर रो रहा है। चौंककर देखा, कोई भी नहीं था, फिर सोने की कोशिश की। आखिर उठा और अलमारी से एक पतली-सी किताब निकाल लाया। हाउसमैन की कविताओं का संग्रह था—‘ए श्रॉपशायर लैड।’ लेटे-लेटे एक छोटी-सी कविता को दो बार पढ़ा :

इफ इट चांस, योर आई ऑफेंड यू
प्लक इट आउट, लैड, एंड बी साउंड
ट्विल हर्ट, बट आर सॉल्व्स टु फ्रेंड यू
एंड मैनी ए बॉल्सम ग्रोज़ ऑन ग्राउंड

फिर अगला स्टेंजा कई बार पढ़ा :

एंड इफ योर हैंड ऑर फुल ऑफेंड यू
कट इट ऑफ लैड, एंड बी होल।
बट प्ले द मैन, स्टैंड एंड, एंड यू—
ह्वेन योर सिक्नेस इज़ योर सोल!...

मन में सवाल उठा, क्या इसी स्थिति को ‘सिक्नेस इज़ सोल’ कहेंगे? क्या सचमुच मोपासाँ और ज़्विग, येसिनिन और मायकोव्स्की, स्कॉट फिट्-जेराल्ड और ओसामु देज़ाई—सभी ने महसूस किया था कि उसका अस्तित्व और आत्मा, ऊब और अवसाद के सिवा कुछ भी नहीं हैं? और क्या सचमुच बहादुर आदमियों की तरह निर्णय ले डाला, कि नहीं, ‘‘दिस वर्ल्ड इज़ नॉट वर्थ लिविंग...’’ इसमें आना चाहे

हमारे वश में हो या न हो, छोड़ देना तो हमारे हाथ में है...और जो निर्णय ले सकता है वही तो बहादुर है। "और मैं निर्णय लेता हूँ कि...कि...।" अँधेरे में टटोलते आदमी की तरह वह 'कि—कि' करता हुआ उठ बैठा; फिर झटके से, ज़ोर से किताब एक तरफ फेंककर बड़बड़ाया, "कि इस समय इस किताब को नहीं पढ़ूँगा...।"

प्रकाशक ने उसे बड़ा-सा रजिस्टर खोलकर दिखा दिया था—"देखिए, पहले ही आपके नाम इतने रुपए निकलते हैं। आठ महीने पहले आपने जिस किताब के लिए एडवांस लिया था, वह किताब अभी तक...हम भी तो कोई आखिर करोड़पति...और मान लीजिए करोड़पति हों भी, तो भी आप किसी चीज़ के बदले ही तो लेंगे...?"

बहुत हिम्मत के बाद बड़े हिचकते हुए उसने कहा था। सुनकर लापरवाही से बोला, "खैर छोड़िए...।" लेकिन मन में फिर वही चिरंतन 'अब?' उठ खड़ा हुआ था। प्रकाशक ने भी उठकर मेज के पास उसके दोनों हाथ अपने हाथों में लेकर अतिरिक्त मुलायम लहजे में कहा, "तो फिर कब पूरी कर रहे हैं आप किताब...? देखिए, हमारा सारा प्रोग्राम गड़बड़ा जाता है..."

"जल्दी ही करूँगा...मुझे खुद भी तो..." और वह बाहर आ गया। यहाँ तक आने-जाने का किराया भी बेकार गया। इस चालीस पैसे की तो वह चाय भी पी सकता था। लोग सच ही कहते हैं, हम लोगों में सन्तुलन नाम की चीज़ नहीं होती। जेब में पैसे हुए तो मन होता है, दुनिया-भर को बता दें, हर चीज़ खरीद डालें, सारे दोस्तों को कॉफी पिला दें। नहीं है, सबसे ज़्यादा दुखी हैं। हमारे लिए तो बस तब भी है। इसी दिल्ली में हज़ारों ऐसे होंगे जो सारे दिन में एक बार भी बस पर चढ़ न पाते होंगे। अच्छा मान लो, वही यहाँ से पैदल कनॉट प्लेस जाए तो घंटा-भर लगेगा...यहीं रहता होता तो दिन में दो घंटे लगते। महीने में साठ घंटे...साल में करीब सात सौ पच्चीस घंटे...यानी तीस दिन पाँच घंटे...घंटे एक महीना पूरा आने-जाने में लगता...। हम लोग कितना समय बेकार बरबाद करते हैं! अच्छा मान लो, इस चालीस पैसों से यहाँ आकर वह चाय पीता, और तभी कोई दोस्त आ जाता तो उसे चाय ऑफर करनी ही पड़ती। यह चालीस वहाँ बेकार चले जाते न...अच्छा ही हुआ। वो वैसे टिकने तो थे नहीं। क्यों जी, ये विदेशों में सारे लेखक ऐश कैसे करते हैं? सुनते हैं हेमिंग्वे के पास अपना हवाई जहाज़ है, मॉम का 'विला' राजा-महाराजाओं के महलों से ज़्यादा शानदार है...फ्रेन्क्वा सागाँ तीन-तीन कार रखती है, उसे अच्छी-से-अच्छी गाड़ी पर चढ़ने का शौक है...अकेली किताब ने नाबोकोव को करोड़पति बना दिया... शॉ ने कितने लाख डॉलर छोड़े थे...टंडन होता तो कहता...

सचमुच क्या बुरी आदत है मेरी भी! हिसाब करने बैठे तो दुनिया की हर चीज़ का हिसाब ही करते चले जा रहे हैं। अमला को लिखे, कुछ पैसे भेज दो, लौटा दूँगा! टंडन साला देगा नहीं...कहेगा, अपनी भाभी से माँग ले। हालाँकि एक पैसे का हिसाब नहीं निकलता, लेकिन दोनों मियाँ-बीवी ने कुछ ऐसा रवैया बना रखा है जैसे

उसके अभिभावक हों...अपनी ज़िन्दगी के निर्णय लेने का अधिकार उसे खुद नहीं—उन्हें हो। और जो उसको निर्णय पसन्द नहीं आता, वह उन्हें अपना अपमान लगता है। फिर भी टंडन अधिक समझदार है। वह चीज़ को उसकी दृष्टि से भी देखने की कोशिश करता है। मगर मन्दा भाभी...तोब्बाः! यह दुनिया दुखी लोगों के कारण इतनी दुखी नहीं है जितना इन सुखी लोगों ने उसे दुखी कर रखा है।

उस दिन तो नहीं, बल्कि तीसरे दिन सुबह झटके-से उसका कम्बल किसी ने खींचकर उलट दिया तो वह हड़बड़ाकर उठ बैठा। टंडन साहब पाटी पर निश्चिन्त आराम से बैठे सिगरेट धौंक रहे थे—मानो कम्बल किसी और ने उतारा हो। जागृति की स्थिति में आते हुए उसके दिमाग में आया, 'ला-मिज़राब'[1] में ज्याँ-वल्-ज्याँ के पीछे इंस्पेक्टर जैवर्त लगा, और हर मौके-बेमौके प्रकट हो जाता था—जैसे ज़िन्दगी में उसका काम सिर्फ ज्याँ-वल्-ज्याँ का पीछा करना है। और उसने ज़रूरत से ज़्यादा आलसियों की तरह बनावटी अँगड़ाई लेकर कहा, ''कहिए इंस्पेक्टर जैवर्त साहब...सुबह-सुबह...!'' उसने मुँह पर मुस्कराहट लाने की कोशिश की—हालाँकि आँखें मिलाने की हिम्मत नहीं पड़ी।

और सिगरेट का कश खींचते हुए टंडन ने उसे जिन ठंडी निगाहों से देखा, उन्होंने उसके अणु-अणु को रोमांचित कर डाला...उस क्षण उसे लगा जैवर्त सामन्ती समाज की जड़ न्यायदृष्टि का प्रतीक है, जो हर कहीं है, और जहाँ ज्याँ-वल्-ज्याँ को देखता है, वहीं 'अपराधी! अपराधी!' चिल्ला उठता है...टंडन उस नैतिक दृष्टि का साकार रूप है जो हर समय एक 'पापबोध' बनकर उसकी आत्मा को कुतरती है... आज उसे जवाब देना ही होगा।

''रंजना चली गई।'' आखिर बेचैन होकर वह खुद ही बोला, ''तुझे पता है...?''

''हूँ...।'' बहुत धीरे से कहकर टंडन उसी तरह सिगरेट पीता रहा। अखबार शायद वह सीढ़ी से उठाता लाया था। उसे गोद में फैलाकर देखता रहा। फिर उसी संजीदगी से कहा, ''जाओ, हल्ली से कहो, चाय बनाएगा...।''

अमर को कुछ देर उस सारी मुद्रा से बचने का बहाना मिला। वह झटके से उठा। लेकिन बचकर फायदा क्या? बोला, ''वह खुद ही बनाएगा। दूध लेकर आता ही होगा।''

फिर सहसा टंडन ने कपड़े की तरह मोड़कर अखबार एक ओर रख दिया, ''कहिए, बिना बीवी के कैसा लग रहा है लेखक साहब...?''

फिर चारों ओर देखकर बोला, ''दो दिन में ही अच्छा-खासा जंगल बना दिया है।''

''जंगल...'' अमर ने बनावटी गहरी साँस लेकर कहा, ''कोई वीरानी-सी वीरानी है...दस्त[2] को देखके घर याद आया...।''

''आहा...!'' टंडन ने आँखें बन्द कर लीं और नीचे लटकते हुए पाँव झुलाता हुआ ऐसा विभोर मुँह बनाए रहा, जैसे डूब गया हो, होंठों के पास आकर सिगरेट

1. विक्टर ह्यूगो का उपन्यास।
2. जंगल।

की उँगलियाँ ठिठकी रहीं...और धुआँ वहीं मँडराता रहा। सिर हिलाकर बोला, "गालिब तो साहब गालिब हैं! एक-एक शब्द में कम्बख्त ने क्या भरा है...'फिर मुझे दीदए तर याद आया'...।"

अमर ने देखा तो एक भय उसे ऊपर से नीचे तक सिहरा गया—निश्चय ही टंडन सुबह ही सुबह गालिब की शायरी में डूबने नहीं आया। वह उठकर यों ही मेज के पास गया, कुछ उलटा-पलटा, फिर कुर्सी खींच और उस पर आलथी-पालथी मारकर सामने बैठ गया। टंडन ने अपनी आदत के मुताबिक चश्मा उतारकर दूसरे हाथ में ले लिया था और माथे की मोटी-मोटी सलवटें मसल रहा था। सिगरेट जलाते हुए फिर अमर ने गौर से देखा। एक सन्तोष तो था कि मन्दा भाभी नहीं आई है।—"तेरे पास कोई खत आया है क्या?"

"किसका?" निहायत कोई भोलेपन से टंडन ने सवाल किया।

पहले मन हुआ, जवाब ही न दे। कैसा बन रहा है? फिर शब्द धकेलकर बोला, "रंजना का...!"

"हाँ, शायद मन्दा के पास आया है...।"

"क्या?" अमर अचानक बेहद उत्सुक हो आया, "क्या लिखा है रंजना ने, कहाँ है? कैसी है? कब...कब आएगी...?"

"कुछ नहीं, यही राजी-खुशी लिखी होगी...।"

एक झुँझलाहट का ज्वर अमर को अपने भीतर उमड़ता हुआ महसूस हुआ : कम्बख्त खिलवाड़ कर रहा है।

"है कहाँ...? अपने फादर के..." उसकी इच्छा हुई टंडन के हाथ का चश्मा छीनकर ज़ोर से जमीन पर दे मारे—अब बोल।

"नहीं, शायद अपनी किसी सहेली के यहाँ है...।" फिर झटके से चश्मा नाक पर रखकर उठ खड़ा हुआ और बाहर बालकनी घूम आया, "तेरा हल्ली कहाँ दूध लेने जाता है?"

"तू मेरी बात का जवाब दे...।" अमर ने खड़े हुए टंडन का हाथ पकड़कर खींचते हुए पूछा, "किस सहेली के यहाँ है, कहाँ है?...अजब सनकी लड़की है! अच्छा तू ही बता, इसमें मेरा क्या कसूर है?"

"कसूर? कुछ भी नहीं है!" लापरवाही से टंडन ने दोनों हाथ झटकार दिए, "बेवकूफ है! इंटरव्यू के लिए बुलाकर जब तुमने उसे मेरे यहाँ टिकाया था, तभी मैं जान गया था कि लड़की बेवकूफ है। बोलो, उसे इतनी समझ नहीं कि तुम महान लेखक हो...! यू क्लेम टु लिव इन हिस्ट्री...तुम इतिहास की शोभा हो...। रंजना जैसी बीस तुम्हारी ज़िन्दगी में आएँगी...और उन एक-एक के लिए यों रुक-रुककर अपने रास्ते बदलते गए तो फिर हो गया...! क्या है? अपने पागलपन में लड़की की ज़िन्दगी बिगड़ भी गई तो ऐसी कौन-सी दुनिया रुक जाएगी? अरबों लोगों की भीड़ में वह एक बूँद भी तो नहीं है..."

"तुझे उसने क्या लिखा है?..." जब असहनीय हो गया तो बात काटकर अमर ने पूछा। उसे एक बार का लिखा अमला का पत्र याद आ गया।

बहुत ही शान्त भाव से टंडन बोलता रहा, "मैंने बताया न, मुझे कुछ भी नहीं लिखा। मन्दा को ही लिखा है, और वह बहुत नाराज है। लेकिन तू मज़ाक बिलकुल न समझ, मैं सचमुच ईमानदारी से कह रहा हूँ। मैं तो कल ही आता, लेकिन सुबह ही सुबह यही कहने आया हूँ। उस दिन वाकई मैं बहुत बौखला रहा था, लेकिन अब ऐसी कोई बात नहीं है। तू हम लोगों की कतई चिन्ता मत कर...गलती मुझसे यही हो गई कि सद्भावना के आवेश में तुम लोगों को बाँध दिया गया। वरना...उस वक्त भी रंजना ने मुझसे कहा था कि जब अमर ने स्पष्ट रूप से 'ना' कर दिया, तो मैं अब कभी स्वीकार नहीं करूँगी...तब भी मैंने यही समझाया था कि अमर की ज़िन्दगी और ज़िन्दगी की तुलना करके देखो—क्या है तुम्हारे पास...? किस चीज़ पर इतना अभिमान है? जैसी दस हज़ार लड़कियाँ और हैं वैसी ही तुम हो...अमर का नाम है, प्रतिभा है, उसके आगे भविष्य है—तुम जैसी लड़की को तो कृतार्थ होना चाहिए... ।"

टंडन की बात बीच में ही टूट गई थी...कुर्सी की पीठ पर माथा रखकर अमर फूट-फूटकर रो पड़ा था।

टंडन स्तब्ध खड़ा रहा, फिर धीरे से उसकी पीठ पर हाथ रखकर बोला, "देख अमर, मैं असफल आदमी हूँ; और असफल आदमी जब सफल आदमी के बारे में कुछ कहता है, तो उसकी ईर्ष्या बोलती है। लेकिन इतना ज़रूर कहूँगा कि तेरी सबसे बड़ी ट्रेजेडी यही है—तू अपने लिए नहीं, इतिहास के लिए जीता है...तेरी ज़िन्दगी अपनी नहीं है। वह अपने अनुसार नहीं, दूसरों के बनाए हुए पैटर्न्स पर चलती है...तेरे निर्णय तेरे अपने नहीं हैं...वे निर्णय किसी देशी-विदेशी लेखक ने पहले से लेकर रखे हुए हैं और उन्हें अपनी ज़िन्दगी में घटाकर—लागू करके—तू उन लोगों की महानता प्राप्त करने का सन्तोष पाता है... । किसी घटना की वास्तविक प्रतिक्रिया की बजाय—किसी लेखक की ज़िन्दगी, किसी उपन्यास-कहानी के पात्र की प्रतिक्रिया से अपनी तुलना तेरे मन में पहले आती है...काश, तू अपने निर्णय कामू और सार्त्र की किताबों से न लेकर, खुद ले सकता होता..."

अमर सिर्फ यही कहकर बार-बार माथा ठोकता रहा, "मैं कुछ भी नहीं कर सकता...मैं कुछ नहीं कर सकता...मेरा दिमाग खराब हो गया है... ।"

प्रकाशक के यहाँ से बाहर निकलकर फिर विदेशी लेखकों से अपनी तुलना करते हुए उसे टंडन की बात याद हो आई। तब सचमुच वह कितना मजबूर हो गया था। यही सब बातें तो उसने खुद कही थीं और अपने को माफ कर लिया था और यही बातें तो कहकर टंडन ने उसके मानसिक सन्तुलन को गड़बड़ कर डाला—

लेकिन इस समय कहाँ जाए...

अब?...

बारह

रंजना का पत्र अमर के नाम

26 अगस्त, '58

अमर,

नाम के आगे 'मेरे' लिखने का साहस भी नहीं हो रहा है, क्योंकि जानती हूँ कि अब तुम मेरे नहीं रहे। सच मानो तो मुझे यह विश्वास भी नहीं हो रहा है कि आँसुओं के पार जिस लिफाफे की धुँधली-सी आकृति दिखाई दे रही है, वह तुम्हारी है...तुमने मुझे पत्र लिखा है! मन को आश्वस्त करने के लिए अनेक बार मैंने इस पत्र को पढ़ा है और पढ़कर हर बार मुझे लगा है जैसे मेरी जड़ता, मेरी दृढ़ता गल रही है, पिघल रही है। पूछती हूँ तुमने मुझे क्यों लिखा? जिस असह्य बन्धन को तोड़ फेंकने के लिए तुम्हारा मन-शरीर सबकुछ बुरी तरह कसमसा रहे थे, जब वह टूट ही गया तो फिर से जोड़ने का प्रयत्न क्यों कर रहे हो? सच मानना, तुम्हारा पत्र देखकर मैंने तुम्हें कोसा है...पढ़कर और कोसा है...बहुत-बहुत कोसा है; पर यह भी उतना ही सच है कि मन का एक अनजाना अतृप्त कोना जाने कैसे सुखद सन्तोष से भर उठा—लगा जैसे मेरी लाज रह गई। क्योंकि न चाहकर भी हर दिन, हर दिन क्यों, हर क्षण मैंने तुम्हारे पत्र की प्रतीक्षा की है। हर दिन की निराशा ने मुझे तोड़ा नहीं, दूसरे दिन की आशा के साथ गूँथ दिया और इसी प्रकार मैं दस दिन बिता गई। अपनी इस पागल स्वप्नाकांक्षा को क्या कहूँ जो रात-दिन तुम्हारे पत्र के स्वप्न देखते-देखते इतनी बढ़ जाया करती थी कि तुम्हें ही देखने लगती थी और कल्पना के किसी छोर पर 'हाथ में अटैची लिए' अमर का एक चित्र उभर-उभर जाया करता था। पर फिर भी कहती हूँ कि तुमने मुझे क्यों लिखा? यह सब मेरी कमज़ोरी की बातें हैं, तुम्हें केवल इसलिए लिख रही हूँ कि तुम्हें सबकुछ बता देने की आदत बहुत पुरानी है, छूटते-छूटते समय तो लगेगा न? पर तुम इसका यह निष्कर्ष मत निकालना कि मैं फिर लौट आऊँगी। नहीं अमर, वह सब अब मेरे लिए सम्भव नहीं होगा, क्योंकि वह श्रेयष्कर भी नहीं है।

यह है, एक बार पहले भी इसी प्रकार तुमने सम्बन्ध तोड़कर अपनी ही इच्छा से फिर मुझे अपनाया था। पर आज जब पीछे मुड़कर देखती हूँ तो लगता है, उसके बाद का जीवन, जीवन नहीं कटु स्मृतियों की एक कहानी-मात्र है, जिसमें तुम्हारी आहत आत्मा और मेरी अतृप्त आकांक्षाएँ सिसक रही हैं। तभी तो एक दिन मैं अपना सारा साहस बटोरकर सबकुछ छोड़ आई। एक बार भी प्रतिवाद किए बिना जिस प्रकार तुम मुझे स्टेशन छोड़ आए, उससे यह भी स्पष्ट हो गया कि यह सब तुम्हारा मनचाहा ही हो रहा है। इसीलिए पूछती हूँ—अब यह पत्र क्यों? भूल क्यों नहीं जाते कि रंजना कोई थी, या कोई है। समझ लो, रंजना मर गई...कम-से-कम तुम्हारे लिए तो मर ही गई। मरे हुए का मोह मनुष्य को क्लेश देता है अमर! फिर

मैंने तो जीवित रहकर भी तुम्हें क्लेश दिया है। अब इस मोह-बन्धन से मुक्त हुए हो तो क्यों नहीं अपनी सारी शक्ति, अपने बिखरे, अस्त-व्यस्त व्यक्तित्व को सँभालने-सँवारने में लगाते? बस...

रंजना

रंजना का पत्र अमर के नाम

1 सितम्बर, '58

अमर,

फिर तुमने पत्र क्यों लिखा? तुम्हारे पहले पत्र का उत्तर मैंने इसलिए तो नहीं दिया था कि तुम फिर पत्र लिखो। मैं तो सिर्फ तुम्हें अपना निर्णय बता देना चाहती थी। मैं नहीं चाहती कि यह टूटा सम्बन्ध पत्र-व्यवहार को सेतु बनाकर फिर जुड़े, और...फिर भी मैं तुम्हें पत्र लिख रही हूँ। मन में एक दुर्दमनीय चाह है जो लिखने को मजबूर कर रही है। विवाह के बाद तुमने मुझे, मेरे व्यवहार को लेकर डायरी के न जाने कितने पन्ने रँग डाले। मैं तो डायरी लिखती नहीं, सो सबकुछ मन में ही उमड़ता-घुमड़ता रहता था, मन को ही सालता-कचोटता रहता था, और जब कसक बहुत बढ़ जाया करती थी तो सारा दर्द आँखों की राह बह जाया करता था। पर आज मन कर रहा है, तुम्हें लिखूँ। तुम भी जान लो कि तुम्हारे हर व्यवहार की प्रतिक्रिया—तुम्हारी उपेक्षा, अवहेलना, तुम्हारे झूठ, छल और विश्वासघात की प्रतिक्रिया मेरे मन पर ही हुई है और बहुत गहरी हुई है। जब-जब तुमने मेरी भावनाओं पर प्रहार किया है, हर बार मेरा मन बुरी तरह घुटा है, तड़पा है, सिसका है। लगता है कि इस अध्याय को सदा के लिए समाप्त करने से पहले यदि मन की यह सारी घुटन तुम पर ही उँडेलकर मुक्त नहीं हुई, तो मुझसे जिया भी नहीं जाएगा। पर जैसे भीतर कोई बराबर कहे जा रहा है—यह सब व्यर्थ है तुम्हारा दर्द अमर को कहीं भी नहीं छुएगा। बहुत अधिक हुआ तो वह इस पत्र की कुछ पंक्तियों का उपयोग अपनी किसी रचना में कर लेगा। आँसुओं में डूबे हुए ये शब्द उसके लिए रॉ-मैटेरियल से अधिक कुछ महत्त्व नहीं रखेंगे...और तब मन होता है, कुछ न कहूँ, कुछ न लिखूँ। जैसे आज तक अपना दर्द आप ही पीती आई हूँ, आगे भी पी जाऊँ पर वह भी सम्भव नज़र नहीं आता। आज तो जो भी हो मैं लिखूँगी ही। अपना सबकुछ देकर भी तुम्हें कुछ नहीं दे पाई...यदि उन पंक्तियों का उपयोग अपनी किसी रचना में करोगे, तो इसे ही अपनी देन समझकर सन्तोष कर लूँगी।

सबसे पहले तुम्हारी बात का ही उत्तर दूँ—मैं मीरा के पास क्यों ठहरी? तुम्हीं बताओ, क्या मुँह लेकर माँ के घर जाती? बिना खबर-सूचना के यों अचानक पहुँच जाने की क्या सफाई पिताजी को देती? मेरे विवाह और भविष्य को लेकर उनके कितने अरमान थे!...मैं उन्हें कुचलती चली गई। अच्छे-अच्छे प्रस्ताव वे लाए, मैं अस्वीकार करती चली गई और मेरी हर इच्छा के आगे उन्हें झुकना पड़ा। वे झुके

भी। शायद मेरे सुख की बात सोचकर उनके सारे विरोध अपने-आप ही बह गए... शायद मेरे सन्तोष में उन्होंने अपना सन्तोष ढूँढ़ लिया और अब मैं उन्हीं के पास जाऊँ और यह कहूँ कि गलती की! सद्कामनाओं से लिपटे तुम्हारे आदेशों की उपेक्षा करने का दंड मुझे मिल गया। नहीं अमर, यह साहस कम-से-कम आज मुझमें नहीं है। जानते हो, इस सारी ट्रेजेडी की एक और कचोट है, जो मुझे अपने दुःख से भी ज़्यादा सालती है। इस प्रकार स्वेच्छा से विवाह करके मैं अपने परिवार और परिचितों के बीच एक आदर्श उपस्थित करना चाहती थी। अब तो लगता है, लोगों का इस पर से विश्वास ही उठ जाएगा। एक अच्छी चीज़ को हमने गलत सिद्ध कर दिया।

शायद तुम सोचो कि मैं भी क्या पागलों जैसा प्रलाप कर रही हूँ, क्योंकि तुम्हारे दोनों पत्रों से ही ऐसा आभास मिलता है कि यह सबकुछ होकर भी हमारे सम्बन्ध वही हैं। हो सकता है तुम्हें मेरा इस प्रकार आना बहुत छोटी बात लगी हो...तुम सोचते होओ कि कुछ दिन रहकर मैं नॉर्मल हो जाऊँगी और लौट आऊँगी, और इसलिए शायद तुम्हें आश्चर्य हुआ, बुरा भी लगा कि वहाँ पहुँचकर भी मैं माँ के घर न जाकर मीरा के घर क्यों आई? पर बहुत-बहुत सोचकर मैं इस निर्णय पर पहुँची हूँ कि तुमसे अलग हो जाऊँगी, तभी तुम सुखी हो सकोगे। तुम मुँह से चाहे कुछ न कहो, पर बहुत ईमानदारी से एक बार अपना मन टटोलकर तो देखो, क्या यही बात तुम्हारे मन में नहीं है, तब?

यहाँ आकर न जाने कितनी बार स्मृति-पटल पर वह रात उभरी है, जब लाल साड़ी में लपेटकर मन्दा भाभी ने मुझे तुम्हारे हाथों में सौंप दरवाज़ा बन्द कर दिया था, और तुम्हारी बाँहों में कसे-कसे मुझे लगा था जैसे मेरी उलझी राहें एकाएक ही सुलझ गई हैं। एकाकी जीवन की नीरसता सरसता में बदल गई थी और लम्बे अर्से से अपना बोझ ढोते-ढोते क्लान्त हो आए इस शरीर की सारी क्लान्ति मिट गई थी। कमरे में फैले धीमे कोमल आलोक से भी अधिक धीमे कोमल शब्दों में तुमने कहा था—'पिछले दिनों में जो कुछ भी हो गया उसे भूल जाना रंजना और पहले की तरह मुझे प्यार करना, हमेशा-हमेशा!' मेरा कंठ अवरुद्ध हो गया था और आँखों में आँसू छलछला आए थे। मन हुआ था, अपना सारा प्यार, स्नेह, कोमलता, स्निग्धता तुम पर बरसा दूँ। फिर एक दिन ऐसा भी आया जब तुमने स्वयं कहा—'मुझे इतना प्यार मत करो रंजना, बस मैं और कुछ नहीं चाहता।' और फिर मेरी आँखों में आँसू छलछला आए। मन हुआ, अपना सारा प्यार अपने में ही समेटकर मैं कहीं चली जाऊँ—तुमसे बहुत- बहुत दूर, जहाँ से मेरी छाया भी तुम पर न पड़े। दूर तो आ गई हूँ पर चाहती हूँ कि यह दूरी केवल शरीरों की ही नहीं रहे, मन की भी हो जाए।

विवाह के बाद के तुम्हारे व्यवहार को देखकर एक प्रश्न हमेशा ही मन में घुमड़ता रहता था कि आखिर तुम्हारी इस परिवर्तित मनोदशा का कारण क्या है? मैं तो पहले जैसी ही थी। बदले तुम्हीं थे...और शादी के बाद नहीं बदले, बदल तुम उसी दिन गए थे जब अमला ने अपनी मुस्कान के जादू से बाँधकर तुम्हें कलकत्ता से

बम्बई भेजा था। तभी तो अपने कमिटमेंट से बिना मेरी भावनाओं और भविष्य की चिन्ता किए जिस निर्ममता से तुमने सारी बात को अस्वीकार कर दिया था और यह तक जानने की चिन्ता नहीं की कि रंजना जीती है या मर गई। मुझे तभी सारी स्थिति को समझ लेना चाहिए था। पर जाने किस मोह का पर्दा आँखों के सामने पड़ा हुआ था कि समझकर भी नासमझ ही बनी रही।

मन्दा भाभी विवाह की बात सुनाने आई तो मैं सबकुछ भूल गई। भूल गई कि जो व्यक्ति मैत्री को झुठला सकता है वह विवाह को भी झुठला सकता है। मुझे अपना चिर आकांक्षित मिल रहा था। उस दिन यह सब समझ ही कैसे सकती थी कि यह विवाह तुम अपनी इच्छा से नहीं, टंडन भाई और मन्दा भाभी के आग्रह से कर रहे हो? पर सत्य कब तक छिपता? विवाह के बाद ही उभर-उभरकर आने लगा। मेरी आदतें, मेरा हर व्यवहार, यहाँ तक कि मेरी उपस्थिति भी तुम्हें कष्टकर लगने लगी। शायद तुम्हारा वही समय सबसे अच्छा कटता था, जब मैं कॉलेज रहा करती थी। मेरे आने से पहले ही तुम बाहर निकल जाया करते थे...रात में देर से लौटकर सीधे पढ़ने या लिखने बैठ जाते। बड़ी देर तक मैं प्रतीक्षा में करवटें बदलती रहती...शायद तुम आ जाओ, तुम आ जाओ, पर नहीं आते तो सो जाया करती। कभी-कभी ज़िद करके बुला लेती तो आते ज़रूर, पर तुम्हारा व्यवहार सर्द और रूखा रहता और हमेशा इस बात का बोध कराया करता मानो यों बुलाकर मैंने कोई अपराध कर दिया।

और मैं सोचा करती, कैसा हुआ है यह विवाह? आरम्भ के दिनों में ही ऐसी उदासीनता! कोई उमंग नहीं, कोई उत्साह नहीं! अधिक-से-अधिक समय साथ बीते ऐसी कोई इच्छा नहीं। इससे तो पहले ही अच्छा था। याद है, कभी समय देकर देर कर दिया करती थी तो तुम कितना बिगड़ते थे, सब काम छोड़कर किस अधीरता से प्रतीक्षा किया करते थे! इधर भी कई बार मैं जानबूझकर देर से घर पहुँची, पर तुमने एक बार भी नहीं कहा कि मैं क्यों देर कर देती हूँ? तुम डाँटते-फटकारते, नाराज़ होते या एक बार भी कहते—'रंजना, तुम ठीक समय पर आया करो, मुझसे तुम्हारी राह नहीं देखी जाती...' तो कितनी प्रसन्न होती मैं! पर तुमने कभी कुछ नहीं कहा। शाम को जब तुम घूमने जाते, तो मेरा कितना मन होता कि तुम आग्रह करो, जिद करो कि मुझे भी साथ चलना ही होगा। थकने की बात तुम नहीं मानोगे, तुम कुछ नहीं सुनोगे। सच कहती हूँ, तुम्हारी इस स्नेह-भरी मनुहार से ही मेरी सारी थकान दूर हो जाती। अपना समझकर अधिकारपूर्ण स्वर में तुम कहते तो मैं मना कर सकती थी भला? फिर ऐसा कौन-सा पहाड़ खोदकर आया करती थी जो इतना थक जाऊँ कि घूम भी न सकूँ? पर शायद तुम चाहते ही नहीं थे कि मैं साथ चलूँ।

अपनी बात क्या कहूँ? जितनी तुम उपेक्षा करते...मुझसे कतरा-कतराकर रहते, तुम्हारे साथ रहने की मेरी लालसा उतनी ही अधिक बढ़ती जाती। कई बार तो मन करता, कॉलेज भी न जाऊँ, कुछ दिन ऐसे बिताऊँ, जिसका हर क्षण तुम्हारे साथ बीते। जब से तुम्हें जानती हूँ, देखा है कि तीन-चार महीने से अधिक तुम एक जगह

नहीं रहते। कहीं-न-कहीं एक चक्कर लगा ही आते थे। याद है, तुम कहा भी करते थे कि शादी के बाद तुम मुझे खूब घुमाओगे, सारे पहाड़ी स्थान दिखाओगे, दक्षिण भारत की सैर कराओगे। तुम इस बात पर हँसा भी करते थे कि मैंने तीन-चार शहरों के अतिरिक्त कुछ देखा ही नहीं है और फिर तुम बातों-ही-बातों में मुझे शिमला, मसूरी, दार्जिलिंग, काश्मीर की सैर करवाया करते थे। काश्मीर में सेबों का वह बगीचा आज भी मेरी कल्पना में धुँधला नहीं हो पाया है, जहाँ कोहरे-भरी चाँदनी में तुम मन्त्र-मुग्ध से सारी-सारी रात काट दिया करते थे। रात-दिन सोते-जागते, उठते-बैठते, यहाँ तक कि कभी-कभी तो पढ़ाते समय भी एक विचित्र-सा मादक चित्र मन में उभर-उभर जाया करता था।

कोहरे से भरी चाँदनी और चीड़ के ऊँच-ऊँचे वृक्षों से भरा अर्धवीरान-सा बगीचा, सेबों के पेड़ से छनकर आती हुई चाँदनी की कारचोबी और किसी वृक्ष के नीचे प्रतीक्षातुर दो आँखें...उससे भी आतुर दो बाँहें...उससे भी आतुर दो अधर...

पर कभी तुमने मुझसे नहीं कहा कि चलो, हम लोग कहीं घूम आएँ। गर्मी में शादी की, और सारी गर्मी दिल्ली में ही काट दी। बाहर जाने की बात क्या कहूँ अमर, दिल्ली में ही तुम कभी यह इच्छा प्रकट करते कि आओ रंजना, आज हम अकेले किसी निर्जन स्थान में चलकर बैठें, तो सच, मैं निहाल हो जाती। पर तुमने हमेशा मेरी उपेक्षा की। ले जाते थे तो मित्रों के यहाँ या कॉफी हाउस। और मैं तुम्हारे साथ अकेली घूमना चाहती थी। छह दिन तुम अपने मित्रों के साथ घूमते और मैं रविवार की प्रतीक्षा करती। अनजाने ही मेरे मन में यह भ्रम पल गया था कि रविवार के दिन पर तो मेरा अधिकार है, और मैं चाहती थी कि उस दिन को ही मैं इतनी पूर्णता से भोगूँ कि मन आकंठ तृप्त हो जाए; और तीन दिन बिताए रविवार की मादकता में कट जाएँ, तो तीन दिन आगामी रविवार की प्रतीक्षा में। पर उस दिन भी तुम अनेक मित्रों को बुलाकर बैठा लेते और फिर तुम्हारी लम्बी-लम्बी बहसें चलतीं...और वे इतनी देर तक चलती थीं कि मेरा घूमने का सारा उत्साह ही ठंडा पड़ जाया करता था। एक दिन गुस्से में आकर मैं अन्दर ही बैठी रही और चाय-पानी का सारा काम हल्ली ही करता रहा, तो तुम आकर बिगड़े थे कि मुझे तुम्हारे मित्र बेकार के लोग लगते हैं और मैं उनकी पूरी आवभगत नहीं करती। इस आक्षेप पर मुझे रोना आ गया था। सोच रही थी, मित्रों के प्रति जो कर्त्तव्य है, उसका पूरा-पूरा बोध तुम्हें है, तो मैंने ही ऐसा क्या अपराध किया है? मुझे मेरा प्राप्य मिलता रहे फिर तुम जो कहो मैं कर सकती हूँ, अन्यथा मुझे कोई अच्छा नहीं लगता। रात में मैंने तुमसे कहा भी तो तुमने साफ कह दिया, रंजना, रविवार को ही तो सब लोगों को फुर्सत मिलती है, उस दिन लोगों से न मिलें-जुलें तो कब मिलें? उस दिन मैंने कसम खा ली थी कि कभी अपनी कोई इच्छा तुम्हारे सामने व्यक्त न करूँगी। पर धीरे-धीरे अवसाद और उकताहट की एक धुन्ध मेरे मन में छाने लगी। बहुत ईमानदारी से कहती हूँ कि, शादी के बाद दो क्षण भी ऐसे याद नहीं आते जिन्हें मधुर कहकर अपने स्मृति-कोष में सहेजकर रख

लेती। निकटतम-से-निकटतम क्षणों में भी मैंने तुम्हारे शरीर का दबाव ही महसूस किया है, उस गर्मी का कभी एहसास ही नहीं हुआ जो प्यार से उत्पन्न होती है और जिसमें मन की जड़ता गल जाती है और अलगाव की सीमाएँ डूब जाती हैं।

और एक प्रश्न तो रात-दिन, उठते-बैठते निरन्तर मेरे दिमाग पर हथौड़े की चोट की तरह घनघनाता रहता—यह सब क्या है...यह सब क्यों है, क्यों है? और इस प्रश्न ने मुझे मजबूर कर दिया कि मैं छिपकर तुम्हारी डायरी पढ़ूँ और वह सब जान लूँ जो तुम मुझसे छिपाते हो, जो शायद इस सबका कारण है। आज तुम जान लो कि मैंने तुम्हारी सारी डायरी पढ़ी है, अमला के पत्र पढ़े हैं, और मैं सबकुछ जाने बैठी हूँ, जिसे तुम छिपाते आए थे।

तुम शायद कल्पना भी नहीं कर सकोगे मेरे उस दिन के दुःख की, मेरी मानसिक व्यथा की, जिस दिन मैंने तुम्हारी डायरी में पढ़ा था—"मैं जानता हूँ कि अमला को लेकर कुछ भी सोचना मेरे लिए न तो उचित है न श्रेयस्कर, फिर भी जाने क्यों, एक विचित्र-सी कमज़ोरी मन में घर करती जा रही है। जितना उसे भूलने की कोशिश करता हूँ, उतनी ही वह मन पर छाई रहती है। मैं उससे दूर रहता हूँ पर मन जैसे हमेशा उसी के साथ रहता है—लगता है, वह मेरे व्यक्तित्व का, मेरी आत्मा का अभिन्न अंश है। हालाँकि मैं इस भावना से मुक्ति पाना चाहता हूँ, पर मन यही करता है, कि कुछ दिनों तक उसके पास जाकर रहूँ। शिमला में वह अकेली थी और उसने बुलाया भी था; मैं जानता हूँ, मैंने कैसे अपने पर नियन्त्रण किया।"

इसका एक-एक शब्द मानो किसी ने लोहे की गर्म सलाख से मेरे हृदय पर दाग दिया। मन हुआ, चुपचाप घर से निकल जाऊँ, पर निकली नहीं। रात तुम लौटकर आए तो इच्छा हुई कि तुम्हारी छाती पर सिर पटक-पटककर पूछूँ कि यह विश्वासघात मेरे साथ क्यों कर रहे हो? प्यार उससे करोगे, पर क्योंकि उसे पा नहीं सकते, इसलिए रहोगे मेरे साथ? पर पूछ भी नहीं सकी, क्योंकि जानती थी कि तुम अपने इस गुरुतर अपराध की बात को भूलकर इसी पर नाराज़ होओगे कि मैंने तुम्हारी डायरी क्यों पढ़ी? पर मन की घुटन बढ़ती गई, बढ़ती गई। फिर भी मन में जाने क्या था कि लगता रहता था कि एक दिन ऐसा आएगा कि यह सब ठीक हो जाएगा और मैं अपने अमर को पा लूँगी। अपने सुखी भविष्य के प्रति बड़ी आस्था थी मन में, और उससे भी अधिक आस्था तुम्हारे प्रति थी, क्योंकि दुखी मैं चाहे कितनी भी हुई पर अपने मैत्री के मधुर दिनों की याद ने फिर भी मुझे टूटने नहीं दिया, पर जब भविष्य में दुःख ही लिखा हो तो आस्था को अपने-आप टूटना पड़ता है और मेरे विश्वास और मेरी आस्था को बिखराकर चूर-चूर कर देनेवाली वह शाम आ पहुँची जब तुम मुझसे झूठ बोलकर अमला के पास गए और मैंने तुम्हें देख लिया। उस दिन लगा, जिस धरातल को अपना समझकर मैं खड़ी हूँ, वह खोखला है।

तुम्हारा यह कहना ठीक है कि मैंने बहुत भावुकता और आवेश में ही वह पत्र लिखा था और घर छोड़ने का निर्णय लिया था; पर उस समय शायद मैं स्वयं नहीं

जानती थी कि पत्र की लिखी हर बात मुझे यों सत्य करके ही दिखानी होगी। शायद मन में यही था कि तुम उस पत्र को पढ़ोगे, आओगे और फिर मेरे रोने और तुम्हारे मनाने-समझाने में ही सारी बात एक बार तो समाप्त हो ही जाएगी। पर पत्र पढ़कर तुम भीतर आए ही नहीं और तब धीरे-धीरे मुझे लगा कि अब इस घर में रहने से बढ़कर अपमान की बात मेरे लिए हो ही नहीं सकती। बराबर यही लगता रहा, जैसे तुम्हारे मन की बात ही मैंने लिख दी, और यह भावना निश्चय में बदल गई जब तुम सवेरे उठे और आगे होकर मुझे स्टेशन छोड़ आए। अपमान का यह दंश मुझे जीवन-भर सालता रहेगा। इतना मान तो हम शत्रु का भी रख लेते हैं, फिर आखिर मैं तो तुम्हारी 'कुछ' थी ही।

बस अमर, तुम जो चाहते थे वह हो गया। अब क्यों व्यर्थ मुझे समझा-बुझा रहे हो? तुम कहते हो मैंने गलती की, तो मान लेती हूँ। पर गलत कहो, सही कहो, जो होना था सो हो गया और मैं जानती हूँ कि मैंने ठीक ही किया।

लिखने को तो न जाने कितनी-कितनी बातें और मन में घुमड़ रही हैं, पर अधिक कुछ नहीं लिखूँगी। यह सब लिख पाई, इसी पर आश्चर्य हो रहा है।

रंजना

रंजना का पत्र मन्दा के नाम

3 सितम्बर, '58

प्रिय मन्दा भाभी,

उपदेशों और प्यार-भरी झिड़कियों से भरा आपका पत्र मिला, जिसके अन्त में आपने आज्ञा दी है कि पत्र के पढ़ते ही मैं दिल्ली पहुँच जाऊँ। अमर के पास न जाना चाहूँ तो आपके पास पहुँच जाऊँ। भाभी, आपका प्यार, उपदेश और आज्ञा सब सिर-आँखों पर, लेकिन मैं आ नहीं सकूँगी।

बस इतना जान लीजिए कि यह निर्णय मैंने केवल एक ही दिन की घटना पर नहीं लिया है। यह मैं भी जानती हूँ कि ऐसी बात पर इतना बड़ा निर्णय नहीं लिया जाता; पर भाभी, बात केवल उस दिन की ही नहीं, बहुत-बहुत दिनों की है। मैंने कभी आपसे कुछ कहा नहीं, किसी से भी कुछ नहीं कहा। अपना दुःख आप ही पिया और प्रयत्न करती रही कि सबकुछ ठीक हो जाए। पर बात मेरे प्रयत्न और वश के बाहर की थी, सो ठीक नहीं हुई। किसी की भावनाओं को तो अपने अनुरूप नहीं बनाया जा सकता न? मैं लड़-झगड़कर, रो-धोकर बाहरी व्यवहार को भले ही थोड़ा- बहुत बदल पाई होऊँ, पर मन का अंकुश मैं कैसे बनती भला! और बनूँ भी क्यों? प्यार की मैं भीख माँगूँ, इतना मुझसे नहीं गिरा जाता। उनके मन में मेरे प्रति जो प्यार था, यदि वह मर गया तो ज़िन्दगी भर अपने प्यार की लाश पर बैठकर आँसू भले ही बहा लूँ, उनके आगे अब हाथ नहीं पसारूँगी।

दस दिनों के बाद अमर का भी पत्र आया। लगता है आप लोगों ने उन्हें बहुत-

कुछ कहा-सुना है। पर इस सबसे लाभ? एक बार पहले भी तो आप लोगों ने बड़ी सद्भावनाओं और शुभेच्छाओं से प्रेरित हो आग्रह करके अमर को विवाह के लिए तैयार किया था। इसे अपने दुर्भाग्य के अतिरिक्त क्या कहूँ कि उस जीवन का सुख मैं एक दिन भी नहीं भोग पाई, और अब तो सुख भोगने की इच्छा भी नहीं रही, इसलिए चली आई। यों अचानक चले आने के लिए आपसे क्षमा माँगती हूँ। कभी मन का ज्वार शान्त हुआ तो शायद बैठकर सारी बात बता सकूँ...तब तक के लिए दोषी समझकर मुझे दुराशीष मत देना। परिचय के पहले दिन से ही आप लोगों का स्नेह मिलता रहा है, आगे भी उससे वंचित मत करना भाभी, अभी तो शायद वही मेरे जीवन का सबसे बड़ा सम्बल है।

यों अमर को मैंने एक पत्र लिखा है। हो सके तो आप भी उसे पढ़ लें, तब शायद आपको मेरा अपराध उतना बड़ा न लगेगा। उसके बाद भी आप समझें कि मैंने गलती की है, तो लिखिए। तब आपके आदेश को शायद मैं नहीं टाल सकूँगी—पर मैं जानती हूँ उसके बाद आदेश देने के लिए आपके पास कुछ रह ही नहीं जाएगा।

अन्त में एक बात अमर के लिए भी लिखना चाहती हूँ। आपने अमला को नहीं देखा, मैंने देखा है, उसके कुछ पत्र भी पढ़े हैं और अमर की डायरी भी। मैं बहुत अनुभवी नहीं हूँ, किसी का मन समझने की बुद्धि भी मुझमें नहीं है, फिर भी अमला को देखकर लगा कि यह निश्चय ही एक दिन अमर का सर्वनाश करेगी। इसमें सन्देह नहीं कि इसका व्यक्तित्व, बात करने का लहजा, चाल-ढाल सभी कुछ बड़ा आकर्षक है, बड़ा मोहक है और बड़ी ही विचित्र है इसकी मुस्कान जो इसके अधरों पर फैली इसके लावण्य को इतना अधिक बढ़ा देती है कि मन अनायास ही बँध जाए। साथ ही शायद वह यह भी जानती है कि किसी आदमी को कहाँ से मारना चाहिए। आप तो जानती ही हैं कि लेखन अमर की सबसे बड़ी कमजोरी है। इसने अमर को वहीं से पकड़ा है। न जाने कितने व्यक्तियों के जीवन से यह खेल चुकी है। अब अमर पर इसकी कृपा-दृष्टि है। पति ने इसे त्यागा और यह पुरुषों के साथ खिलवाड़ करके मानो इसका प्रतिकार ले रही है। अपनी इस मुस्कान के जादू से यह न जाने कितनों को बरबाद करेगी। सबकुछ बहुत स्वाभाविक भी है। जब मनुष्य स्वयं बरबाद होता है तो चाहता है कि सारी दुनिया को बरबाद कर डाले—फिर स्त्रियों में तो यह भावना और भी प्रबल होती है। सच पूछें तो मैं ही इसका अपवाद नहीं हूँ। मन तो यही करता है, इस अमला के हाथों अमर की बरबादी हो...किसी निर्दोष का जीवन मिट्टी में मिलाने का पूरा-पूरा फल इन्हें मिले। भाभी, इस दुर्भावना के लिए क्षमा करना। पर क्या करूँ, मैं कोई देवी नहीं, मानवी हूँ।

हो सकता है, अमला के लिए जो कुछ मैंने लिखा है उनमें मेरी ईर्ष्या ही प्रमुख हो, फिर भी यह सच है कि इसके हाथों अमर का बहुत कुछ अनिष्ट होनेवाला है। हमारे आपसी सम्बन्धों में इसी ने ज़हर घोला है; बार-बार अमर की कला और उसके कलाकार की दुहाई देकर इसी ने उकसाया है कि विवाह ऐसा बन्धन है जिसमें

तुम्हारी कला का दम घुट जाएगा...खैर छोड़िए, अमला के विषय में मुझे कुछ नहीं लिखना। मैं तो अमर के लिए लिखना चाह रही थी। मन की सारी दुर्भावनाओं के बावजूद अनुरोध यही है कि आप जैसे भी हो, अमर को उसके प्रभाव से बचाइए। उसकी साधना और उसके सुख के लिए मैं छोड़ आई, पर अब चाहती हूँ वह कुछ बने, कुछ लिखे। नहीं तो मेरे प्यार की तरह मेरा यह त्याग भी निरर्थक हो जाएगा।

आपने पूछा कि जिस घर को मैंने इतने उत्साह से, इतने उमंग से बसाया-सजाया था, उसे छोड़ कैसे आई? जिसके लिए वह सजाया था, जब उसी को छोड़ दिया तो घर का क्या मोह करती! अब तो किसी का मोह मन को नहीं बाँधता।

टंडन भैया को प्रणाम कहिए। पत्र दीजिए।

आपकी
रंजना

मीरा का पत्र अमर के नाम

6 सितम्बर, '58

प्रिय अमर जी,

परिचय तो हम लोगों का बहुत पुराना है, पर पत्र शायद पहली बार लिख रही हूँ, और सो भी ऐसी विकट स्थिति में कि मेरी तो बुद्धि ही काम नहीं करती कि क्या लिखूँ। आपकी तरह लेखक मैं हूँ नहीं, सो पता नहीं, जो लिखना चाहती हूँ वह लिख भी पाऊँगी या नहीं, फिर भी मेरी बात आप समझ लेंगे, ऐसा विश्वास है।

रंजना को सामान के साथ अपने घर में खड़ी देखा तो आश्चर्य की सीमा नहीं रही, और जब सबकुछ जाना तो दुःख की सीमा नहीं रही। मैं तो विश्वास ही नहीं कर सकी कि आप लोगों के बीच भी कभी यह सब हो सकता है। आप लोगों की मैत्री, आप लोगों का प्यार हमारे मन में एक प्रकार की स्पृहा उत्पन्न करता था। आप दिल्ली गए तो किस प्रकार रंजना के लिए सारा जयपुर सूना हो गया था और आपने उसे बुलाया तो किस प्रकार सारे घरवालों को रोता-कलपता छोड़कर बिना आगा-पीछा सोचे वह दिल्ली चली गई थी...यह सब मुझसे ज़्यादा अच्छी तरह शायद ही कोई जानता हो। जब आप लोगों के विवाह की खबर सुनी तो कितने प्रसन्न हुए थे हम दोनों। और विवाह के चार महीने बाद ही देखती हूँ कि रंजना सामान लिए खड़ी है कि 'मैं घर छोड़ आई हूँ, अब लौटकर कभी नहीं जाऊँगी। जब तक कोई और प्रबन्ध नहीं हो तब तक तेरे घर में रहूँगी।' कैसे विश्वास हो कि जो कुछ वह कह रही है, वह सच है! मुझे तो आज भी किसी तरह यह विश्वास नहीं हो रहा है कि आप लोगों के बीच यह ट्रेजेडी घटी है। आप लोगों का प्यार यौवन के आवेग का परिणाम नहीं था, उसके पीछे लम्बे परिचय और मैत्री का सबल आधार था। रंजना तो शायद उसी समय से आपको प्यार करती आई है जब वह इस शब्द का पूरा-पूरा अर्थ भी नहीं समझती थी। तभी तो मुझे रंजना की बात पर विश्वास नहीं हो रहा

था, पर आने के बाद दस दिन तक रंजना की जो हालत देखी तो लगा कि उसकी बात ही सच है और दुनिया में सबकुछ सम्भव है। तभी आपका पत्र आया, मैंने भी उसे पढ़ा और लगा कि आपने तो इस सारी बात को कोई महत्त्व ही नहीं दिया है। मानो रंजना का यों चले आना कोई बहुत ही साधारण-सी बात हो। तब मन में एक प्रश्न उठा कि वास्तव में बात बिलकुल साधारण है और रंजना उसे बढ़ाकर देख रही है, या कि बात सचमुच में बहुत बड़ी है और आप उसे बहुत साधारण समझ रहे हैं। सबकुछ जानकर भी मैं निर्णय नहीं ले पा रही हूँ—बस, मैं तो इसी में प्रसन्न हूँ कि सम्बन्ध तोड़ने का यह निर्णय आप लोगों का आपसी समझौता नहीं है, सिर्फ एकतरफा है और आप रंजना को वापस बुला रहे हैं। यह जानकर ही आपको पत्र लिखने का साहस भी हुआ।

आपके दोनों पत्र ही मैंने पढ़े हैं, रंजना के उत्तर मैंने नहीं पढ़े। मुझे नहीं मालूम उसने क्या लिखा है...पर मेरा आपसे एक अनुरोध है कि ऐसी बातें पत्रों से नहीं सुलझा करतीं, सम्भव है और उलझ जाएँ; इसीलिए आप मेरा यह पत्र पाते ही फौरन चले आइए और रंजना को ले जाइए। उसे आपके साथ भेजने का ज़िम्मा मैं लेती हूँ। वह कितनी दुःखी है और इन थोड़े-से दिनों में ही उसने अपनी क्या हालत बना ली है, आप शायद कल्पना नहीं कर सकेंगे। रात-दिन रोती रहती है, और पता नहीं क्या-क्या लिखती और फाड़ती रहती है। तबीयत उसकी बेहद खराब रहती है। सारे दिन चक्कर आते हैं, कै करती है और सिर दर्द के मारे फटा पड़ता है। पहले मैंने सोचा था कि शायद भूखे रहने के कारण ही यह सब हो रहा है। पर जैसे सारे लक्षण दिखाई दे रहे हैं उससे तो कुछ और ही सन्देह हो रहा है। मैं चाहती थी वह डॉक्टर को दिखा दे; पर न वह घर से बाहर ही निकलने को तैयार है, न डॉक्टर को दिखाने को। सम्भव है, यह मेरा सन्देह-मात्र ही हो। पर यदि सच हो तब तो उस हालत में यह और भी आवश्यक हो जाता है कि आप शीघ्रातिशीघ्र उसे ले जाएँ, और केवल ले ही नहीं जाएँ, उसे अधिक-से-अधिक प्रसन्न और सन्तुष्ट रखने का प्रयत्न करें।

बड़ी उत्सुकता से मैं आपके पत्र की नहीं, आपकी प्रतीक्षा कर रही हूँ...।

शुभेच्छु
मीरा

अमला का पत्र अमर के नाम

2 सितम्बर, '58

प्रिय अमर,

जब हमारा प्लेन कलकत्ता से ऊपर मँडरा रहा था, तो पूरब में पौ फट रही थी। इतने दिनों तक बाहर रहकर लौटना बड़ा अच्छा लग रहा था, और कुछ समय के लिए मन बेहद हलका और प्रसन्न हो आया था। हवाई अड्डे पर देखा भाभी स्वागत के लिए खड़ी थीं। आश्चर्य हुआ, और कहूँ कि मन की सारी खुशी एक अनसमझ

खीझ में बदल गई, तो गलत न होगा। सच पूछो तो उनका आना न समझ आया, न भाया। गाड़ी में बैठते ही सबसे पहली बात उन्होंने कही, 'कैलाश जी ने डॉ. गुप्ता की साली से शादी कर ली है, वे कल ही बम्बई से लौट रहे हैं।' और फिर मेरा मुँह यों देखने लगीं, मानो बड़ा भारी शॉक मुझे इस बात से लगेगा। इस बात का शॉक तो नहीं लगा, पर यह बात ज़रूर मन को बेध गई कि ये भाभी हैं जो सिर्फ यह सुनाने के लिए दमदम तक चली आईं।

अपने जिस घर में लौट आने पर मैं प्रसन्नता का अनुभव कर रही थी, वहाँ पहुँची तो देखा कि इन चन्द महीनों में घर में बहुत कुछ बदल गया है। पिताजी वाली कोठी में दफ्तर खुल गया है और मेरी कोठी का आधा भाग पिताजी को दे दिया गया है। हम लोग अकेले-अकेले प्राणी हैं। पूरी कोठी हमारे लिए अनावश्यक समझी गई। चाहती तो लड़ सकती थी और अपना अधिकार वापस ले सकती थी, पर वैसा कुछ करने की न मेरी इच्छा हुई, न पिताजी की राय।

पिताजी को देखा तो दूसरा सदमा लगा। कुछ महीनों ने ही मानो उनकी उम्र के दस साल बढ़ा दिए। सारे समय वे पूजा-पाठ में लगे रहते हैं या थोड़ा-बहुत पढ़कर काट देते हैं। सारे कारोबार से उन्होंने हाथ खींच लिया है। लगता है, उन्हें मजबूरन अपने को अकर्मण्य बनाना पड़ा है, विरोध करनेवाली मैं तो थी ही नहीं, सो शायद सबकुछ बड़ी आसानी से हो गया। मुझे न कोठी का मोह है न पैसे का, पर कोई यों मुझे मेरे अधिकार से वंचित करे, चाल चले, यह भी सह्य नहीं। फिर भी अभी तक इस ओर मैंने कुछ नहीं किया है। मेरे मौन को सब लोग मेरी स्वीकृति का सूचक समझ रहे हैं। पर अन्याय और अनीति के प्रति मौन रहना अमला ने सीखा नहीं। बस ज़रा मन से स्वस्थ हो लूँ।

मेरे आने के दूसरे दिन कैलाश विवाह करके आ गया। भाभी ने जब यह सूचना दी थी, तब सचमुच मुझे कुछ भी नहीं लगा था, मानो इस बात का मुझसे कोई सम्बन्ध नहीं हो; पर जब कैलाश ने स्वयं टेलीफोन पर रिसेप्शन में आने का निमन्त्रण दिया तो एकाएक ही हथेलियों में ठंडा पसीना आ गया और भरसक प्रयास करने के बावजूद काँपते गले से 'ज़रूर आऊँगी' के अतिरिक्त मैं कुछ नहीं कह पाई। बाद में बड़ी देर तक अपने पर झल्लाती रही कि मैं उसे बधाई क्यों नहीं दे सकी।

यों पार्टी में जाने का ज़रा भी मन नहीं था, पर लगा कि न जाना अपनी पराजय की स्वीकृति है, इसलिए गई। केवल गई ही नहीं, बहुत सज-सँवरकर और बढ़िया-सा उपहार लेकर गई, यह दिखाने के लिए कि मैं उसके विवाह से बहुत प्रसन्न हूँ। उसने और उसकी पत्नी ने बहुत ही अपनत्व और स्नेह से स्वागत भी किया। सब हँस रहे थे, मैं भी हँस रही थी; पर एक विस्मृत-सी स्मृति थी, एक चित्र था जो अर्धचेतन मस्तिष्क में रह-रहकर कसमसा रहा था...श्वेत वस्त्रों में लिपटी अमला...बर्थ-डे केक काटती हुई अमला...चिट उठानेवाला खेल...कैलाश का असमंजस...लेट माई लव-अफेयर बी ए सीक्रेट...और भीतर तक पुलकित करनेवाली नज़रों का एहसास...

तभी बत्तियाँ मन्द हो गईं और ऑरकेस्ट्रा बज उठा। जाज़ मिश्रित किसी अत्यन्त तेज़ गतिवाला संगीत, नृत्य के लिए आमन्त्रित करने लगा और देखते-ही-देखते अनेक जोड़े फ्लोर पर उतर आए। बत्तियाँ और मन्द हो गईं, संगीत ने और गति पकड़ ली, ऑरकेस्ट्रावाले झूमने लगे, और नृत्य अपने जोश पर आ गया; यहाँ तक कि आकृतियाँ पहचानना कठिन हो गया और फिरकनी की तरह फिरते हुए युगल एक प्रतीत होने लगे जिनकी गति, जिनके कदम संगीत से बँधे हुए थे और लग रहा था कि सामने नाचते ये जोड़े चाबी-भरे खिलौने हैं, जो नाचे चले जा रहे हैं...और मुझे तुम्हारे से वे शब्द याद आ गए...सारी दुनिया उस दिन भी हँसती-गाती चली जाएगी और तुम एक चाबी-टूटे खिलौने की भाँति पड़ी सिर धुनती रहोगी...किसी के पास इतना अवकाश भी नहीं होगा कि घूमकर एक बार तुम्हारी ओर देख-भर ले। मुझे लगा फ्लोर घूम रहा है...छत पर लटकते असंख्य बल्ब घूम रहे हैं, सारा हॉल घूम रहा है...मेज-कुर्सी, सबकुछ जैसे घूम रहा है...मैंने आँखें मूँद लीं।

पर मन बेहद बोझिल हो आया। अमर, तुमने उस दिन मुझसे यह सब क्यों कहा था? ऐसी क्रूरता करके तुम्हें कौन-सा सन्तोष मिल गया?

लगता है, अब बहुत दिन यहाँ नहीं रहा जाएगा। घर में सारी स्थिति इस तेजी से बदल रही है कि कुछ समझ नहीं आता क्या करूँ। रोज़ ही पिताजी से न जाने कैसे-कैसे कागज़ों पर दस्तखत करवाए जाते हैं और वे हैं कि बिना किसी विरोध के चुपचाप करते जाते हैं। मैं चाहती हूँ कि विरोध करूँ, पर जाने कैसी जड़ता व्याप गई है कि कुछ किया नहीं जाता। न यह सब सहा जाता है, न कुछ किया जाता है; इसीलिए सोचती हूँ, यहाँ से लौट जाऊँ। यों यहाँ का मौसम सुहावना होने ही वाला है...मेरे बाग में तो अभी से फूल खिलने लगे हैं; पर पता ही नहीं चलता है कि कब फूल खिलते हैं और कब झर जाते हैं। उनकी गन्ध, उनके रंग, कोई भी तो मेरे मन को नहीं बाँध पाते। जिस ऊँचाई पर पहुँचने की बात तुमसे कहकर आई थी, लगता है वह तो बात-भर ही रह गई।

सम्भव है, बहुत जल्दी कहीं पहुँच जाऊँ। फिलहाल पत्र यहीं देना। रंजना को मेरा प्यार, चाहो तो तुम भी ले लेना। अब तो वह खुश है न?

सस्नेह
अमला

रंजना का पत्र मीरा के नाम

25 सितम्बर, '58

प्रिय मीरा,

तेरे पहले पत्र का उत्तर देने को सोच ही रही थी कि कल तेरा दूसरा पत्र आ गया।

हाँ मीरा, बीमारी की वजह से ही तुझे पत्र नहीं लिख सकी। कमज़ोर अभी भी

काफी हूँ, फिर भी आज लिखूँगी।

तेरा सन्देह सच ही था। जिस समय डॉक्टर के घर से निकली, मन बड़ा बोझिल हो आया था। अपना ही अभी कुछ ठौर-ठिकाना नहीं और यह नई ज़िम्मेदारी। अभी इस सबके लिए मैं कतई तैयार नहीं थी। अमर की प्रतिक्रिया जानना चाह रही थी, पर उन्होंने ऐसा मौन धारण कर लिया था मानो मैं साथ ही नहीं होऊँ। लगा, अमर बहुत खिन्न और चिन्तित हो आए हैं। मुझे बुरा लगा। सच कहती हूँ—मैं खुद इस बात से प्रसन्न नहीं थी, पर अमर अप्रसन्न हों यह बात मन को बेध गई। इसमें तो मेरा कोई दोष नहीं। दोनों चुपचाप घर आ गए। मैं उम्मीद कर रही थी कि अमर कुछ तो कहेंगे, पर बिना कुछ कहे ये प्रेस चले गए। मैं लेटी-लेटी इस स्थिति को सहज भाव से ग्रहण करने का प्रयत्न करने लगी। इनके एक मित्र की बात याद आई...'लेट एक चीको कम, एंड एवरीथिंग विल बी ऑलराइट', और पहली बार मन में एक हलकी-सी पुलक जागी। उस पुलक को, या मन में जागे उस भाव को देने के लिए मेरे पास कोई नाम नहीं है। बड़ी विचित्र-सी अनुभूति थी बस; और मन एक नई ही कल्पना करने लगा। क्या सचमुच ही यह घटना हमारे टूटे सम्बन्धों को जोड़ सकती है, फटे मनों को मिला सकती है? अनेक कहानियाँ, अनेक घटनाएँ आँखों के आगे से गुज़र गईं, जहाँ बच्चा पति-पत्नी के बिगड़े सम्बन्धों में सेतु बन गया! और तुझसे सच कहती हूँ, कुछ देर पहले जो बोझ लग रहा था उसके प्रति एक अनजान-सा मोह हो आया।

रात में अमर आए। खाना खाकर वे मेरे पास बैठ गए। आजकल वे केवल काम से ही बाहर जाते हैं अन्यथा सारे समय मेरे ही पास बैठे रहते हैं। मैं जानती थी अब कुछ कहेंगे, कहा भी—

"रंजना, अब क्या होगा?" उन्होंने मेरा हाथ अपने हाथ में ले लिया। मैं चुप रही।

"अभी तो किसी भी तरह इस सबके लिए अपने को तैयार नहीं पा रहा हूँ—न मानसिक रूप से, न आर्थिक रूप से। तुम क्या सोचती हो?" उनकी जिज्ञासु आँखें मुझ पर टिकी हुई थीं। लगा, वे मुझसे भी ऐसे ही कोई बात सुनने की आशा कर रहे थे।

"मैं क्या सोचूँ? मेरी तो कुछ भी समझ में नहीं आ रहा है।"

"नौकरी मैं अभी से ढूँढ़ना शुरू कर दूँगा, फिर भी लगता है, बहुत जल्दी यह सब हो गया।" उनका स्वर बेहद व्यथित था।

"हाँ," मैं समझ ही नहीं पाई, मैं क्या कहूँ। वे भी चुप हो गए, पर लगा जैसे वे कुछ कहना चाह रहे हैं, पर कह नहीं पा रहे हैं।

"मैं सोचता हूँ, डॉक्टर से ही कह दिया जाए कि अभी हम इस सबके लिए तैयार नहीं हैं, वह अपने आप कोई रास्ता सुझा देंगी। बस, कुछ खर्च की व्यवस्था करनी होगी, सो मैं कर लूँगा।" दूसरी ओर देखते-देखते ही वे सारी बात कह गए और जब

मैं उनकी बात का अर्थ समझी तो सन्न रह आई। दो क्षण तो मुँह से कोई बात ही नहीं निकली, इतना ही कहा :

"यह सब पहले ही सोचना था; अब यह सब करना क्या उचित है?"

"अनुचित ही क्या है? यह ठीक है कि सोचना पहले ही था, पर अब इस बात पर अफसोस करने से लाभ? अब तो आगे का रास्ता निकालना है। मैं तुम्हारी राय जानना चाहता हूँ।" न चाहते हुए भी मैंने कह दिया, "मैं क्या राय दूँ, जो तुम ठीक समझो वही करो।" अपनी स्वीकृति देकर मैं रात में कई बार रोई।

उन्होंने जो ठीक समझा वही किया और इसके तीसरे दिन मैं नर्सिंग होम पहुँच गई। डॉक्टर का अपना छोटा-सा नर्सिंग होम था और वह इस सबके लिए काफी मुश्किल से ही राजी हुई थी। उसकी नर्स हँस रही थी—'कोई आता है बच्चा नहीं होता, ऑपरेशन करिए; कोई आता है बच्चा नहीं माँगता, ऑपरेशन करिए।' मेरी आँखों से चुपचाप दो बूँद आँसू ढुलक गए...उन आँसुओं के पास बोलने की शक्ति होती तो वे यही कहते, 'कौन कहता है मैं बच्चा नहीं माँगती, मैं बच्चा नहीं चाहती? मैं चाहती हूँ, चाहती हूँ, पर मैं मजबूर हूँ, बहुत-बहुत मजबूर!'

यों इंजेक्शन के नाम से ही मेरी जान निकलती है, पर उस दिन मन इतना भरा हुआ था कि सूई क्या, इस शरीर पर कोई तीर-तलवार चलता तो शायद कुछ नहीं होता। मैं संज्ञाहीन-सी पड़ी थी, किसी भी चीज़ का कोई बोध नहीं था। पर एकाएक ही सारी जड़ता को चीरकर एक अजीब-सी भावना मन में उठी, मानो कोई भीतर-ही-भीतर रो-रोकर चिल्ला रहा है—'मुझे मत मारो, मुझे मत मारो!' लगा, यह स्वर मुझे आरे की तरह ऊपर से नीचे तक चीर गया। मीरा, कल्पना कर सकोगी इस दर्द की? और दर्द तो इसके सामने लगा ही नहीं।

दूसरे दिन ही नर्सिंग होम से छुट्टी मिल गई और कम-से-कम पन्द्रह दिनों तक बिस्तर पर रहने का आदेश देकर डॉक्टर ने विदा कर दिया। इस पन्द्रह दिनों में अमर करीब-करीब बराबर ही मेरे पास रहे हैं। मेरी दवाई और खाना अपने हाथ से देते हैं, पढ़कर कुछ सुनाते हैं। पर मेरा मन किसी में नहीं रमता। लगता है, मन के भीतर कहीं कुछ बहुत ही कोमल था जिसे मैंने बड़ी निर्ममता से कुचल दिया है और कुचलन की पीड़ा मन को निरन्तर ही टीसती रहती है। कल तेरा पत्र आया। लिखा था कि 'यदि मेरा सन्देह सच हो तो अपनी हिफाज़त रखना—बहुत-बहुत प्रसन्न रहना और... हिदायतों की और खाने-पीने की चीज़ों की एक लम्बी सूची थी। टपाटप मेरी आँखों से आँसू टपक पड़े। मीरा, तेरी किसी भी हिदायत को मानने के लिए मैं बाध्य नहीं। मुझे अब कुछ नहीं खाना होगा, कोई हिफाज़त नहीं रखनी होगी।

नर्सिंग होम छोड़ा तब से बस एक ही भावना है, जो हर क्षण मन पर छाई रहती है। वही दृश्य वही भावना...नर्सिंग होम की बेहद चौड़ी सीढ़ियाँ—एक किनारे से नर्स का सहारा लिए मैं उतर रही थी, दूसरे किनारे से अमर उतर रहे थे और मुझे लग रहा था, हम दो ऐसे किनारे हैं, जिन्हें अब कोई सेतु नहीं बाँध सकेगा; हम कभी

एक नहीं हो सकेंगे। साथ रहकर भी दूर...एक होकर भी अलग। सबकुछ ठीक कर देनेवाला कोई 'चीको' नहीं होगा और हमारी ज़िन्दगी यों ही बीत जाएगी—नीरस, शुष्क, अवसादपूर्ण...

नहीं मीरा, अब और कुछ नहीं लिखूँगी। जिन भावनाओं को इतने दिनों तक संयम से बाँधे बैठी थी, वे फूट पड़ना चाह रही हैं। वे फूटीं तो मैं बह जाऊँगी; और अभी मुझमें बहने की सामर्थ्य भी नहीं है। मैं बहुत कमज़ोर हूँ, मुझे अभी पूरा आराम करना है, टॉनिक खाना है, इंजेक्शन लेने हैं...

सबकुछ करूँगी...पर जो सेतु टूट गया वह तो टूटा ही रहेगा हमेशा-हमेशा...

तेरी ही

रंजना

तेरह

"क्यों? ये अचानक क्या हो गया?" फोन पर टंडन ने ज़रा नाराज़ लहजे में पूछा।

"कुछ नहीं। उसकी कुछ 'कुलीग्ज' आ गई हैं..." बहुत ठंडे स्वर में अमर ने बताया, "फिर किसी दिन रख लेंगे यार...।"

"और हुजूर कहाँ हैं इस वक्त...?"

"जंगपुरा...।"

"जंगपुरा!" टंडन ने दुहराया और भड़क उठा, "वहाँ क्या करने गए हो? जब पहले से प्रोग्राम था तो ये सब...तुम लोगों के साथ तो कुछ भी प्रोग्राम रखना गुनाह है।"

"लेकिन उसमें फर्क क्या पड़ता है? तुम लोग जाओ न?"

"हम जाएँ या न जाएँ—यह हमारे ऊपर छोड़ो। अच्छा, रंजना अब घर ही होगी न?"

"नहीं। वे सबकी सब कहीं बाहर गई हैं। यह भी पता नहीं, कब तक लौटेंगी।"

"और तुम?"

"मैं एक दोस्त के घर बैठा हूँ...।"

"जाओ भाड़ में...।" और जोर से टेलीफोन पटके जाने की आवाज़ के साथ लाइन कट गई।

अमर जेब से पैसे निकालकर देने लगा। तभी देर से खड़े बैरे ने कहा, "सा'ब वो ऊपर आपको बुलाया है...।" उसने बालकनी की ओर इशारा किया।

"कौन?" चौंककर अमर ने देखा। इतना बड़ा धुँधला हॉल पार करके ऊपर बालकनी में दीखता कुछ भी नहीं था। "अच्छा, अभी चलता हूँ...।"

कॉफी हाउस का एकरस कोलाहल गूँज रहा था और उसमें गुज़रते हुए अमर को हलका-सा सन्तोष हुआ। अचानक उसे जंगपुरा का नाम अच्छा सूझ गया, वरना हुक्म होता सीधे चले आओ...या अगर गुस्सा कम होता तो यह भी हो सकता था, टंडन उसे रास्ते से ही ले लेता...ऐसे मूड में वह कहाँ जाएगा? उन लोगों के प्रोग्राम को क्यों बिगाड़े व्यर्थ ही...?

ऊपर गया तो अनायास ही खिल उठा। मुँह से निकला, "अरे कौन, शकुन?"

उसे देखकर शकुन, बैठने के लिए जगह छोड़ती एक तरफ सरक गई। बोली, "मैंने सोचा, इतने जोर-जोर से हॉल में कौन बोल रहा है नीचे? झाँका तो आप फोन से भिड़े थे...।"

अमर झेंप गया। सचमुच फोन से बातें करते हुए उसे खयाल ही नहीं रहता कि उसका स्वर कितना ऊँचा है। "इतना जोर से बोल रहा था क्या? हट, झूठी!" अपने कन्धे से अमर के कन्धे को हलके से धकेलकर शकुन बोली, "अरे तू तो सचमुच उदास हो गया। अच्छा बाबा, तू जोर-जोर से बोल नहीं रहा था। मैंने यहीं से देख लिया था। पहले हम लोग सिरेवाली कुर्सियों पर बैठे थे, सो नीचे का सारा हॉल दीखता था। इधर खाली हुआ तो इधर आए थे।" लम्बे सोफे पर शकुन खिड़की की तरफ हटी। अमर बैठा तो खयाल आया कि इस समय उसकी इच्छा एकदम अकेले रहने की थी। कॉफी हाउस के सामने से निकलते हुए अचानक टंडन को फोन करने की बात उसे सूझ गई थी, इसलिए इधर आ गया। हर क्षण आशंका थी कि कोई-न-कोई मिल जाएगा और उसे जबर्दस्ती बैठना होगा। अकेले बैठने की इच्छा से आप कॉफी हाउस जाइए तो हमेशा यही होता है—कोई-न-कोई आकर्षण-मुस्कान आपकी ओर बढ़ी चली आती है तो कई बार अमर का मन हुआ, कह दे, कॉफी मेरी ही तरफ से रहेगी, लेकिन आप कृपया उस मेज़ पर बैठकर पी लीजिए—मैं इस समय शान्ति चाहता हूँ...।

"इनसे मिलें, आप हैं मौनी'दा...यानी श्री चिन्तामणि घोष—आकाशवाणी के संगीत-विभाग में..." अचानक शकुन की आवाज़ से अमर का ध्यान टूटा। अभ्यासवश उसने हाथ जोड़े...सामनेवाले सोफे पर साँवले दुबले-पतले-से सज्जन बैठे थे...अद्धी का झक-झक करता चुनी बाँहोंवाला कुर्ता, सोने के बटन...चाँदी की अँगूठी में जड़ा नए पैसे के बराबर अंडाकार मूँगा, दूसरे हाथ की अँगुली में अँगूठी की तरह पहनी हुई मिज़राब। दोनों हाथों से ठंडी कॉफी का गिलास पकड़े बड़े तन्मय भाव से तीला चूस रहे थे।

"और ये अमर द ग्रेट...यानी महान कहानीकार, उपन्यासकार और बीवी के फरमाबरदार..." और अचानक उसे याद आ गया तो बात बीच में काटकर बोली, "अरे हाँ अमर, ये टंडन-टंडन कौन है?"

"तु...तु...तुम कैसे जानती हो?" नए आदमी के सामने उसे तू कहे या तुम, इसी उलझन में उसने पूछा।

"अरे यों ही! हमारे यहाँ एक टीचर है अरोरा, उसके बच्चे की बर्थ-डे पार्टी में मुलाकात हो गई। परिचय में जब संगीत-स्कूल की बात आई तो पूछा, 'एक बार अमर शायद किन्हीं शकुन जी का...' मैंने कहा, 'हाँ-हाँ...' बस, फिर तो तुझे लेकर इतनी बातें हुईं, इतनी बातें हुईं..."

बातचीत में मौनी'दा अकेले न रह जाएँ, इसलिए अमर से उनकी ओर देखकर कहा, "तुम लोगों ने कोई अच्छी बात मेरे बारे में की नहीं होगी...।"

"यही तो मैं अभी मौनी'दा को बता रही थी कि इस क्षण-भंगुर संसार में परनिन्दा से बढ़कर दूसरा कोई टॉनिक ही नहीं है।" शकुन अपने स्वाभाविक लहजे में आ गई, "उन्हीं से पता चला कि आपने लव-मैरिज की है, लड़की कहीं जयपुर की है..."

"यह सब तो उस दिन मैंने बता ही दिया था—गोलचा के ऊपर।" अमर ने सिगरेट निकाल ली।

"कहाँ? तूने यह सब कहाँ बताया था? झूठा!" शकुन की ठोड़ी के नीचे की सलवट कुछ इस तरह हिली कि अमर का मन हुआ उसे छूकर देखे। "तूने तो सिर्फ इतना बताया था कि शादी कर ली है...लव-मैरिज है और वर्षों का परिचय था—यह सब तूने कहाँ बताया था?" शकुन ने बैरे को देखकर पूछा, "अच्छा, क्या लेगा?"

"कुछ ले लूँगा...।" जान-बूझकर बोला और मुस्कराहट छिपाने के लिए झट सिगरेट होंठों में लगा ली—"कोल्ड क्रीम।"

"दुष्ट!" शकुन ने प्यार से उसके कन्धे पर मुक्का जमा दिया और फिर उसे खयाल आ गया; मौनी'दा की ओर देखकर बोली, "मौनी'दा, ये हमारे बहुत पुराने बन्धु हैं...हम लोग एकसाथ बाड़ी में रहते थे, तब यह हमको बहुत मारता था...।"

"तो उसका बदला ले रही है?" कहकर अमर अचानक फिर सुस्त हो आया...! शकुन बेचारी क्या बदला लेगी...बदला तो ले रही है, रंजना...! उसकी हर खुशी, हर उत्साह के ऊपर एक पीला, उदास, मुरझाया चेहरा उभर आता है। वह बात करता होता है और अचानक बात टूट जाती है, वह हँस रहा होता है और फिल्म की रील टूट जाने की तरह हँसी रुक जाती है, और वातावरण में कार्बोलिक की गन्ध, सफेद ऐप्रन, गीले फाहे-भरे बेसिन कौंध जाते हैं...आजकल रंजना बोलती नहीं है। बहुत ही आवश्यक बात 'हाँ' और 'ना' में कहती है...बस, एक मनहूस चेहरा है जो यहाँ से वहाँ घूमता है। अजब बात है, अमर को रंजना का शेष शरीर नहीं, सिर्फ चेहरा दीखता है—मानो रंजना सिर्फ एक जर्द चेहरा हो, और अमर उस चेहरे से डरता है, घर जाते कतराता है।

"बदला तो लेना है मुझे..." शकुन को कहते सुना, "अच्छा, क्यों रे, तू मुझे अपनी बीवी से नहीं मिलाएगा...?"

"चल, चाहे जब चल। लेकिन आज तो उसकी कुछ कुलीग्ज़ आ गई थीं, सो उनके साथ कहीं चली गई है।" अमर को अभी-अभी टंडन की बात याद हो आई।

मन हुआ शकुन से कह दे—नहीं, वे कहीं नहीं गई हैं...आसनपाटी लिए औंधे मुँह कमरा बन्द किए पड़ी हैं। खबरदार! तू कभी मेरे यहाँ मत आना, नहीं तो मेरे साथ इस उन्मुक्त व्यवहार को देखकर वह आत्महत्या कर लेगी।

"नहीं, आज नहीं, फिर किसी दिन बुला। आज तो शरद-पूर्णिमा है न, सो मौनी'दा के साथ गोल मार्केट की तरफ जाना है। क्लाइव स्क्वायर में आज इन लोगों ने कोई प्रोग्राम रख लिया है...चल, तू हमारे साथ...!"

"हाँ, हाँ, आप भी चलिए..." इतनी देर बाद मौनी'दा बोले।

"नहीं...मुझे कुछ ज़रूरी काम है, नहीं तो मैं ज़रूर चलता।" मन में बोला—नहीं मिस्टर अमर, तुम्हें कोई ज़रूरी काम नहीं है—यहाँ से उठकर तुम इधर से उधर भटकोगे...उस मनहूस चेहरे को सामने देखकर मन-ही-मन पागलों की तरह सवाल-जवाब करोगे...और फिर चुपचाप चोर की तरह रात को ग्यारह बजे घर जाकर सो जाओगे। सफाई देते हुए शकुन की ओर मुड़कर कहा, "उसी वजह से आज ऐसा अच्छा प्रोग्राम कैन्सिल कर डाला है कि अभी तक अफसोस है। टंडन साहब ने किसी की गाड़ी माँग ली है। सोचा था, पाँच-छह बजे यहाँ से निकलें...और दस-ग्यारह तक आगरा-ताज पहुँच जाएँ। शरद-पूर्णिमा की रात ताज पर ही कटे, फिर दो-तीन बजे चलकर सुबह तक घर वापस... ।" बात बीच में फिर टूट गई। प्रोग्राम तय करके जब रंजना को बताया था तो उसने निहायत ही उत्साहहीन दृढ़ स्वर में कहा, "मैं नहीं जा पाऊँगी।"

"क्यों? मैंने उन लोगों से तय कर लिया है।" बहुत मुलायम स्वर में अमर ने कहा। उस 'घटना' के बाद अपने आप ही मुलायम स्वर में बातें करने लगा था।

"आप चले जाइए। मेरी तबीयत अच्छी नहीं है।"

"चलो, किसी डॉक्टर-वाक्टर को दिखाए देते हैं। उन लोगों ने ऐसे उत्साह से प्रोग्राम बनाया है... ।"

"इसीलिए तो मैं कहती हूँ...मुझमें किसी चीज़ के लिए उत्साह नहीं है। मैं चाहती भी नहीं हूँ कि अपनी मनहूसी से आप लोगों की खुशी... ।" बात आधी रह गई थी और वह होंठ चबाती पलंग पर जा पड़ी। अमर थोड़ी देर खड़ा रहा, खड़ा रहा...फिर कन्धे झटककर बाहर सीढ़ियाँ उतर आया... । पीछे हल्ली ट्रे में चाय सजाए सीढ़ियों तक आकर बोला, "बाबूजी, चाय तो पी लेते..." उसने जवाब नहीं दिया।

"आज तो वहाँ बेहद भीड़ होगी।" मौनी'दा कह रहे थे, "जाना हो तो एक दिन पहले या एकाध दिन बाद जाइए।"

अमर चौंका—मौनी'दा शुद्ध उच्चारण में हिन्दी बोलते थे—कहीं-कहीं लग जाता कि बंगाली हैं। उनकी ओर सिगरेट बढ़ाकर उसने पूछा, "आप क्या इधर के ही हैं?"

"बनारस, लखनऊ—शुरू से ही यहाँ था।" उन्होंने अमर का पैकेट लेकर सिगरेट निकाली और मेज़ पर ठोकते हुए कहा, "यों बंगाल में एक रोमांटिक

एसोसिएशन ज़रूरी है। उसी चक्कर में एक बार कलकत्ता जा पहुँचा...वहाँ जाकर एक भी दिन मेरा मन नहीं लगा...एकदम अजनबी...मुझे लगा जैसे ऑस्ट्रेलिया आ गया हूँ...।''

इस बार अमर ने उनका चेहरा देखा—लहरदार खिचड़ी बाल, मोटे कत्थई फ्रेम का चश्मा, तीखी नाक और पतले-पतले साँवले होंठ—लम्बा चेहरा। उसे आश्चर्य हुआ, अभी तक वह इनके चेहरे की ओर क्यों नहीं देख पाया था? मन को समझाया—शायद उस उदास और अपराध आरोपते चेहरे से वह इतना डर गया है कि हर चेहरे से कतराता है। पूछा, ''आपकी फैमिली...?''

''मौनी'दा अकेले ही हैं...।'' धीरे से शकुन बोली।

''ओः!'' और अचानक शकुन का यों मौनी'दा के साथ ऊपर अकेले में बैठना, यों खिल-खिल पड़ना उसकी समझ में आ गया। बात जान लेने का सन्तोष हुआ। एक बार फिर कॉफ़ी का गिलास होंठों तक लाने के बहाने देखा—आदमी तो बुरा नहीं है...उम्र होगी चालीस-पैंतालीस। गम्भीर लगता है। सहसा उसके मन में आया, शकुन को समझाए—किस झमेले में पड़ी है; रेडियो में दुनिया-भर की लड़कियाँ होती हैं। अब बेचारा शान्ति से कुछ काम कर रहा है; फिर तू एक-एक बात पर उसकी ज़िन्दगी हराम करेगी—कि उससे मत मिलो, उससे क्यों हँस रहे थे? दुनिया-भर की पुरानी बातें खोदेगी और लड़ेगी। उसके सामने पाइन एपिल पीती अमला का चेहरा और बातें उभर आईं।

''क्या बात है, आज बहुत सुस्त है...?'' शकुन ने सहसा पूछा, और हँसकर बोली, ''चाँदनी रात में ताजमहल न देखने का बहुत गम है क्या? अरे, देख लेना फिर कभी—बहुत ज़िन्दगी पड़ी है। फिर अभी तो तुम लोगों के वो दिन होंगे कि जहाँ बैठ गए वहीं शरद-पूर्णिमा हो गई।''

''हाँ...हैं तो।'' अमर बुज़ुर्गी से मुस्कराया। स्वप्नभंग का पिता! जर्द चेहरा... क्लिनिक की गन्ध और लहर-भीगा सूरज।

''अच्छा अमर,'' शकुन ने दोनों कुहनियाँ मेज़ पर टिकाईं और एक पर अमर की ओर झुककर पूछा, ''हमारे यहाँ कई दिनों से एक बहस हो रही है; मौनी'दा की अपनी राय है, लेकिन तू बता—क्या कलाकार को विवाह की जिम्मेदारी में पड़ना चाहिए?'' अचानक अमर के सामने से शकुन गायब हो गई...धुन्ध से उभरती हुई, बड़ी आत्मीयता से कही गई बात रह गई, ''देखो अमर, हम लोग इस सब ज़िम्मेदारी के लिए...''

पहले मौनी'दा शकुन की गम्भीरता से कुछ सामने आ गए थे—अब हलके मुस्कराते हुए शरीर ढीला छोड़कर पीछे टिक गए, ''वही शाश्वत समस्या...।''

''भई, मैं अभी कुछ भी कह सकने की स्थिति में नहीं हूँ।'' अमर ने गम्भीरता से कहा, फिर सिगरेट का कश खींचा। मन में उभरा—नहीं, उसे कतई—भूलकर भी शादी नहीं करनी चाहिए। कहा, ''लेकिन व्यक्तिगत नहीं, तेरी बात को अगर

सैद्धान्तिक स्तर पर ही लें तो सवाल उठता है किससे?''

''किससे क्या मतलब?'' शकुन जब भौंहें तान लेती थी तो उसके माथे पर चाँद के शक्ल की सलवट उभर आती थी। अमर ने देखा तो ताज्जुब हुआ...यह इतनी खास बात उसे पहले क्यों नहीं याद आई? शकुन बोली, ''किसी से भी।''

''आई थिंक ही शुडंट!'' मौनी'दा जैसे नींद से जागकर एक झटके से सीधे हो गए।

अमर ने शकुन की बात का जवाब दिया, ''मेरा मतलब था कि हमपेशा से या किसी से...?'' उस दिन का अमला का वार्तालाप दिमाग में घुमड़ता चला आ रहा था और वह बलपूर्वक रोके था।

''नो, किसी से नहीं।'' मौनी'दा ने बात काटकर कहा, ''हमपेशा से और भी नहीं। यह एक छलावा है कि विवाह में बँधे दो कलाकार एक-दूसरे के प्रेरक और पूरक होते हैं। रेडियो में आए दिन ये घटनाएँ होती हैं—किसी ड्रामे में, किसी दो-गाने में, दो आर्टिस्ट साथ आते हैं, मिलते हैं, धीरे-धीरे घनिष्ठ होते हैं और इस छलना के शिकार होते हैं। एक बहुत बुजुर्ग आर्टिस्ट ने आपबीती बताकर कहा कि हमपेशा आर्टिस्ट कभी सफल गृहस्थ हो ही नहीं सकते। दोनों चूँकि कला-सृजन की जैसी रचना-प्रक्रिया से परिचित होते हैं, इसलिए उनमें, एक को दूसरे के प्रति न तो आस्था होती है, न श्रद्धा। रादर (उलटे), कला-सृजन की इनर-स्ट्रगल (अन्तर्संघर्ष) के प्रति दोनों ही इनकंसीडरेट आर इंडिफरेंट (लापरवाह और बेलिहाज) हो जाते हैं। एक को दूसरे की रचना-प्रक्रिया में न तो कुछ रहस्यमय लगता है न श्रमसाध्य...। कृति के प्रति सम्मान की भावना रखते हुए भी यह आधारभूत उदासीनता दोनों के बीच की खाई को...''

''प्लीज मौनी'दा...'' शकुन उनकी बात पर उँगलियाँ चटखा रही थी—लगा, पहले भी ये तर्क सुन चुकी और अब बहुत बोर होती जा रही है। आखिर बात काटकर बोली, ''आप टू-मच एकेडेमिक बातें करने लगे हैं। सुनी-सुनाई बातों पर कोई सिद्धान्त कैसे बनाया जा सकता है? आपके अनुभव सेकंड हैंड...।''

मजबूरी के भाव से कन्धे झटककर मौनी'दा सहसा चुप हो गए और माचिस से सींक निकालकर खिसियाए भाव से दाँत कुरेदने लगे। वे शायद बहुत पान खाते थे।

लेकिन अमर भीतर चौंका। मौनी'दा पढ़े-लिखे आदमी हैं—केवल संगीतज्ञ ही नहीं हैं। उसे जाने कैसे विश्वास हो गया था कि बड़ी उम्र का पढ़ा-लिखा अविवाहित बंगाली युवाकाल में ज़रूर कहीं-न-कहीं क्रान्तिकारियों से सम्बन्धित रहा होता है। उसके मन में मौनी'दा के प्रति हलका सम्मान जागा। इस बार कुछ सावधानी से शब्दों का चयन करके बोला, ''हमपेशा का मेरा कोई अनुभव नहीं है, इसलिए मैं माफी चाहूँगा। लेकिन दूसरा पक्ष भी अगर कला को न समझता हो, तो एक कठिनाई कुछ-कुछ ज़रूर आती है। दोनों के जीवन-मूल्य दो तरह के हो जाते हैं। दूसरे पक्ष की रचना, रचना-प्रक्रिया और रचनाकार तीनों ही किसी अजीब नक्षत्र के वासी लगने

लगते हैं। खासतौर से औरतों में यह आत्मविश्वास कुछ ज़्यादा ही होता है। वे इसे सिर्फ सनक समझती हैं और सोचती हैं, ये सिरफिरे साहब उसके गले बाँध दिए गए हैं। खैर, कोई बात नहीं—थोड़े दिन उछले-कूदेंगे...इसके बाद ढर्रे पर लगा लूँगी। सारी चौकड़ी भूल जाएँगे। धीरे-धीरे जब यह आत्मविश्वास झूठा पड़ने लगता है तो अपनी असफलता की कटुता का ज़हर...''

शकुन को दुष्टता से मुस्कराते देखकर अमर बीच में ही चुप हो गया। पहले उसने ज़रूर सावधानी बरती थी, मगर फिर तो जैसे वह स्वयं अपना ही विश्लेषण करने लगा।

अमर की झेंप को जान-बूझकर दरगुज़र करते हुए शकुन ने पूछा, ''तो इसके पीछे तुम प्यार और अंडरस्टैंडिंग की कमी मानते हो? इसे यों क्यों नहीं कहते कि औरत ज़्यादा प्रैक्टिकल होती है और उसके इस सारे अनुशासन के पीछे गृहस्थी के सुख की ही मंशा होती है—व्यापक अर्थों में प्यार ही होता है!''

''लेकिन प्यार का वह कैसा आवेश है जिसमें दूसरे की साँस ही घुट जाए?'' अमर को लगा, सहसा उसका स्वर कुछ कठोर हो गया है। उसने आवाज़ गिराकर कहा, ''मैंने प्यार और अंडरस्टैंडिंग पर कुछ नहीं कहा—हो सकता है, मंशा भी बहुत शुभ ही हो। मैंने तो सिर्फ इतना ही कहा था कि दूसरा साथी अगर आपके मिशन को नहीं समझता, तो दो जीवन-मूल्य इतने दूर पड़ जाते हैं कि परस्पर-विरोधी हो उठते हैं!'' अमर के सामने वही उदास चेहरा उभर आया। उभर आया रीगल के सामने का मैदान, गोधूलि का समय...उसने कहा था, ''हो सकता है, बाँध डालनेवाला यह प्यार मुझे अपने से भारी लगता हो...।'' वह सहसा चुप हो गया।

''भई, आफ्टर ऑल, परम्परागत विवाह के मुकाबले लव-मैरिज को इसीलिए तो तरजीह दी जाती है कि दोनों पक्ष एक-दूसरे की दृष्टियों और जीवन-मूल्यों को समझें...'' शकुन डिबेटर के अन्दाज़ में बोली, ''वरना फिर तो...''

''इतना सब सोच-समझकर लव-मैरिज कौन करता?'' मौनी'दा ने एक हाथ की आड़ करके दूसरे की चुटकी से बारी-बारी से नथुनों में सुँघनी भरी और रूमाल से नाक-होंठ पोंछकर कहा, ''यहाँ तो पड़ोस में पहले दादा-दीदी हुआ, फिर सिनेमावाला जन्म-जन्मान्तर का प्रेम हुआ। दोनों भागकर बम्बई पहुँच गए—अब लवर साहब बिलवेड के गहने बेच रहे हैं और नौकरी खोज रहे हैं—इज़ इट लव?''

''मौनी'दा...'' लाड़ से ठुनककर शकुन कहने लगी, ''आप क्या किसी चीज़ का उजाला पक्ष देख ही नहीं पाते? अच्छा, आप गहना बेचने की ही बात लीजिए—मेरा हसबैंड मुझे हफ्तों खाना नहीं देता था, कमरे में बन्द करके टॉर्चर करता था कि मैं घर से रुपया क्यों नहीं माँगती। वह तो लव-मैरिज नहीं थी?''

बहुत चिन्तायुक्त स्वर में मौनी'दा बोले, ''नहीं मिस्टर अमर, मैं मज़ाक नहीं कर रहा। आप मेरी बात पर गौर करके देखिए। इधर प्रेम-विवाह जिस तेजी से असफल होते जा रहे हैं, उससे लोगों के मन में डर पैदा होने लगा है। इन विवाहों

में से अधिकांश की उम्र दो साल भी नहीं होती। दो-तीन साल जैसे-तैसे खिच-खिच, किच- किच में बिताए, फिर वही तलाक, लीगल सैपरेशन, कानूनी खींचतान...मैं पूछता हूँ, आखिर परम्परागत विवाह ही क्या बुरे थे? हमारे आसपास जाने कितने उदाहरण हैं जहाँ माँ-बापों की की हुई शादियाँ हैं और मियाँ-बीवी दसियों वर्षों से सुख से रह रहे हैं। शकुन जैसा एकाध अपवाद छोड़ दो...। अभी उसी दिन एक दोस्त का अमेरिका से लौटा हुआ लड़का कहता था कि अंकल, कोई भी छठे-सातवें तक पढ़ी सीधी-सादी लड़की, पापा से कहिए, तलाश कर दें...मुझे ये सब स्ट्रीम-लाइंड, पढ़ी-लिखी नहीं चाहिए...मैं तो दंग रह गया।'' फिर शकुन की ओर मुड़े, ''सचमुच शकुन, मैं तो दंग रह गया।''

अमर को टंडन और मन्दा भाभी का खयाल हो आया। दोनों कितने सुखी हैं। उसे लगा मौनी'दा ने एकदम सही बात कही है—रंजना अगर छठी-सातवीं तक ही पढ़ी होती, शायद अपने दृष्टिकोण को अधिक आसानी से समझा लेता। लेकिन उसके सारे शिक्षा-संस्कार विरोध कर उठे। वह बोला, ''लेकिन मौनी'दा ये तो इतिहास के चक्र को पीछे लौटा ले जाने जैसी बात है...''

''अब नाम इसे आप जो भी दें; जो स्थिति है, वह मैंने बता दी।'' लगा जैसे सुँघनी से उनकी सोई तर्कशक्ति सहसा जाग गई है, और परम्परागत विवाहों के सफल होने का कारण भी साफ ही है। उनमें शिक्षा और उम्र दोनों ही कम होती हैं, तो दोनों लड़-भिड़कर आपस में एडजस्ट कर लेते हैं, एक-दूसरे के रंग में रँग जाते हैं। लव-मैरिज में एक तो उम्र बड़ी हो जाती है, सो उस समय तक हर चीज़ के प्रति दृष्टिकोण और आदतें दोनों ही पक्के हो चुकते हैं...तब एडजस्टमेंट उतना नहीं होता, जितना क्लेश होता है...।''

शकुन बार-बार आसन बदलकर कुछ कहना चाह रही थी। इस बात पर हलके से ताली पीटकर हँस पड़ी, ''हियर! हियर! वाह मौनी'दा, यानी बाल-विवाह और अशिक्षा, आदर्श सुखी गृहस्थ-जीवन की असली कुंजियाँ हैं...?''

''हाँ मौनी'दा, यह तो आप दोनों पक्षों की विकासहीनता की मजबूरी को गृहस्थ-सुख का नाम दे रहे हैं।'' अमर ने नरमी से विरोध किया। उसे लगा, यह आदमी तो एकदम भीतर से रूढ़िवादी है—कहीं शकुन दुबारा गलती करने तो नहीं जा रही? बात कहीं सख्त तो नहीं हो जाएगी—सोचकर उसने दृढ़ता से कहा, ''इस तरह के जिन सुखी गृहस्थों को आप आदर्श कहकर पेश करते हैं—मैं पूछता हूँ, क्या वे सब-के-सब मीडियॉकर लोग नहीं हैं? बीवी-बच्चे, मकान, जमीन-जायदाद इन सबको छोड़कर ज़िन्दगी में उनकी उपलब्धियाँ क्या हैं? बँधी-बँधाई लीक पीटने के सिवा उन्होंने क्या किया है? जो उन लीकों से हटे, उन्हें गालियाँ ज़रूर उन्होंने जोर-जोर से गला फाड़कर दीं, मगर सभ्यता, संस्कृति, कला, विज्ञान को उन्होंने कुछ दिया?''' अमर को लगा, जैसे वह अमला की बात को अपने शब्द दे रहा है।

शायद मौनी'दा स्वयं अपने निकाले नतीजे पर सकपका गए थे। बात सँभालकर

बोले, ''हाँ, अब आए आप मूल विषय पर। कलाकार को गृहस्थी की जिम्मेदारी उठानी चाहिए या नहीं—विषय यह था। आप लोग उसे परम्परागत विवाह और प्रेम-विवाह की तुलना पर ले आए—वहाँ मैं समझता हूँ मेरी बात बहुत गलत नहीं थी।''

''नहीं, वहाँ भी मैं समझता हूँ सारे नज़रिए में कोई आधारभूत गलती है।'' अमर ने महसूस किया कि इतनी देर से वह सिर्फ चेतना की बड़ी ऊपरी सतह से बातें कर रहा था, उसका अधिकांश ध्यान तो रंजना के व्यवहार, अपने अवसाद और शकुन मौनी'दा को पढ़ने में ही लगा था, लेकिन अब सहसा मौनी'दा की इस बात ने उसके भीतर की किसी सोई हुई चीज़ को चुनौती दे दी है, एक ऐसी समस्या लाकर रख दी है जिसका सैद्धान्तिक पक्ष उसे अपने सामने साफ करना ही होगा, उसके अपने जीवनानुभव उसके पक्ष में हों या विपक्ष में, अपने लिए नहीं, बल्कि अपने से बादवालों के लिए। और यह तो होता ही है, एक पीढ़ी किसी समस्या का वैचारिक और सैद्धान्तिक समाधान करती है, लेकिन व्यवहार में रूढ़ियों से ही चिपकी रहती है, तब सिद्धान्त और व्यवहार के इस अन्तर से झुँझलाकर प्रायः दूसरी पीढ़ी उसे व्यवहार में ले आती है। व्यवहार की अपनी मजबूरियाँ, कमजोरियाँ और लिहाज हैं। लेकिन बात दिमाग में साफ कर लेने में क्या बुराई है! इसलिए एक तरह वह मुखर-चिन्तन करता-सा बोला, ''मौनी'दा, पहले दोनों प्रकार के विवाहों का मूलभूत अन्तर समझ लें। मुझे लगता है, परम्परागत विवाह दो अलग परिवेशों का गठबन्धन है—माइनस वास्तविक उम्मीदवारों के। उधर 'प्रेम-विवाह' दो व्यक्तियों का सम्बन्ध है—माइनस परिवेशों के...। यानी परम्परागत विवाह में दोनों पक्ष एक-दूसरे के कुल, गोत्र, जाति, परिवार, स्तर, नगर, सभी कुछ जान लेते हैं, नहीं जानते तो लड़के और लड़की को व्यक्तिगत रूप से—गृहकार्यकुशल कन्या और कमाऊ पति, उम्मीदवारों के व्यक्तिगत गुण कम, स्थिति अधिक होते हैं। जबकि प्रेम-विवाह में दोनों एक-दूसरे को ही जानते हैं और परिवेश को भुला देते हैं—दोनों किसी भी परिवार और परिवेश के हों। वैज्ञानिक शब्द लूँ तो कहूँ कि उस जमाने में लोगों का विश्वास यह था कि व्यक्ति और व्यक्तित्व सिर्फ वातावरण की उपज होते हैं और कुछ नहीं; इसलिए वातावरण की संगति बैठा लो—सब ठीक हो जाएगा। जबकि बाद के लोगों का विश्वास यह हुआ कि नहीं, व्यक्ति वातावरण से विद्रोह करके भी अपना व्यक्तित्व बना सकता है। वह उस वातावरण को अपने अनुसार तत्काल ही न ढाल सके, तो उसे छोड़कर कम-से-कम दूसरा वातावरण अपना तो सकता है। इस प्रकार मैं समझता हूँ, यह ज़्यादा वैज्ञानिक तरीका है कि जिसका सम्बन्ध हो, वे व्यक्ति एक- दूसरे को जानें...''

अचानक अमर को लगा कि उसकी बात श्रोताओं को उबाने लगी है। मेज की काली सतह पर कुहनी टेक शकुन एक हाथ से अपनी मटर-माला को ठोड़ी पर अटकाती है और फिर गिर जाने देती है; शंका से कभी-कभी मौनी'दा को देख लेती है कि इस प्राइमरी स्कूलवाले भाषण से कितने ऊब रहे हैं। लेकिन शायद मौनी'दा ध्यान से सुन रहे थे। उसके रुकते ही बोले, ''फिर? इससे क्या सिद्ध हुआ? इसके

विरोध में तो जाने कब से तर्क दिया जाता रहा है कि इस प्रकार परिवेशहीन विपरीत जाति (सेक्स) के लोग आपस में मिलते हैं तो अपना अच्छे से अच्छा रूप ही सामने रखते हैं—असलियत तो बाद में खुलती है...।'' फिर उन्होंने दोनों जेबों में कुछ टटोला, घड़ी देखी और कहा, ''इसलिए अधिकांश प्रेम-विवाह असफल हो जाते हैं।'' फिर उठते हुए बड़ी नम्रता से बोले, ''सात से ऊपर हो गया है अमर जी, अब हम चलेंगे। इस बहस को फिर किसी दिन के लिए रख लें...आप भी चलें...।''

''नहीं, मुझे सचमुच काम है, वरना चला चलता।'' अमर बहुत कुछ कहना चाहता था; सहसा भूल गया। उस क्षण उसे यह भी याद नहीं आया कि बहस शुरू किस बात पर हुई थी, लेकिन सारी माथापच्ची का निष्कर्ष इस तोड़ पर हो, इससे बड़ी बेचैनी हो रही थी। इस सारे समय उसका मन होता रहा कि इस बहस में अमला भी रहती।

सीढ़ियों पर बैरा मिल गया तो जिद करके मौनी'दा ने ही बिल दिया। वह आगे-आगे बाहर निकलकर कॉरीडोर में पान लगवाने लगा। सिगरेट मुँह में लगाकर वह माचिस जलाने ही को था कि स्प्रिंगवाला दरवाज़ा खोलकर मौनी'दा और शकुन साथ बाहर आए; मौनी'दा शकुन के लिए दरवाज़ा रोके रहे। उसका हाथ वहीं ठिठक गया। एक क्षण को उसे लगा, जैसे ये दोनों यहाँ रोज़ आते हैं, और नियमपूर्वक तीनों यहाँ बैठते हैं, फिर इसी तरह पान खाते निकलते हैं। उसे जाने क्यों यह जोड़ा बड़ा मन जुड़ानेवाला लगा। तभी खयाल आया; शायद वह टंडन-दम्पति से, शकुन-मौनी'दा को कन्फ्यूज कर रहा है। हल्की-सी मुस्कराहट आ गई।

''किस बात पर हँसी आ रही है?' बहुत पास आकर धीरे से शकुन ने पूछा। शायद वह उसके मन की बात ताड़ गई थी।

पानवाले के बढ़े हुए हाथ से पान लेकर उसने मुस्कराहट और भी मुखर करके कहा, ''मैं मौनी'दा की बात पर हँस रहा हूँ। अभी वातावरण और परिवेश में से मौनी'दा वातावरण का पक्ष ले रहे थे—और यह भूल गए कि अभी बता चुके हैं कि बंगाल उन्हें ऑस्ट्रेलिया जैसा लगा और कुछ दिनों में ही भाग खड़े हुए। वहाँ भी उन्हें व्यक्ति को बचाने की ही चिन्ता ज़्यादा पड़ी...''

''गुड!'' चूना चाटते हुए मौनी'दा मुस्कराए। उनके चश्मे की दोनों काँचों में रोशनी का चौंधा झलक रहा था। चूनेवाले हाथ को ऊपर-नीचे करके बोले, ''वो सब संगीत का टान-पलटा था...। हाँ, लॉव-मरिज में एक बाट अच्छी है कि शाड़ी ज़िम्मेडाड़ी...।''

उनकी अगली बात टूट गई। नीचे खुले में, पॉलिशवालों के बाद, एक कार से टिके लोग कुछ इतने ज़ोर-ज़ोर से हँसने लगे थे कि सबका ध्यान उधर खिंच गया था। दो युवतियाँ और दो नवयुवक पहले पास-पास खड़े बातें कर रहे थे, फिर खिलखिलाकर हँसते हुए दो-दो कदम पीछे हट आए। शायद सरदार लड़के ने कोई चुटकुला सुनाया था। अमर को उन लोगों का यों दिनदहाड़े दिल खोलकर हँसना एक

ऐसी अजब बात लगी कि मन हुआ, जाकर उन्हें टोक दे...ध्यान आया, उसे इस तरह हँसे हुए जाने कितने युग हो गए हैं। वरना उसके ठहाके दोस्तों में मशहूर थे और कॉफी हाउस में ही दोस्तों के बीच उसके यों हँसने पर बैरा बड़े क्षमा माँगने के लहजे में एक बार बोला था, "सा'ब, मैनेजर साहब ने इतने ज़ोर से हँसने..." "यानी इतने ही ज़ोर से रोएँ तो मैनेजर साहब को कोई शिकायत न होगी...?" किसी ने जवाब में कहा और हँसी के कहकहे दुगुने ज़ोर से गूँज उठे...कलकत्ता में अमला के यहाँ जाने किस बात पर एक बार हँस पड़ा था, तो अमला बोली थी, "इतने ज़ोर से नहीं हँसते हैं अमर...।" शायद उसे डर था कि उसके परिवार के लोग तथा नौकर-चाकर कहेंगे कि कैसा असभ्य मित्र है अमला का...! इन चारों को हँसते देखकर पहली बार उसके मन में आई, इन लड़कियों को आपस में ईर्ष्या नहीं हो रही? इन दिनों किसी को हँसते- मुस्कराते देखकर उसे बड़ा आश्चर्य होता था। पहला सवाल उठता—क्या इसके घर में ऐसी शान्ति है कि यों उन्मुक्त भाव से हँस लें? लिपस्टिक लगाए, पॉलिश्ड दाँतों की मुस्कराहट बिखेरती औरतों को वह गौर से देखता रह जाता कि घर की दहलीज़ पार करते ही यह खिला हुआ चेहरा किस तरह बदल जाता होगा। वह अपने पर अथाह आश्चर्य करता; देखो, कितनी गहरी बात पहले उसकी जानकारी से बाहर थी कि हर बात पर हँस-हँसकर दुहरा हो जानेवाला प्रत्येक जोड़ा, रात को बिस्तर के दो सिरों पर, एक-दूसरे की ओर से करवटें बदलकर सोता है। बड़े दुःख से अक्सर स्वयं से प्रश्न करता, क्या दुनिया का हर आदमी एक्टर है और उसे हर पल दो ज़िन्दगियाँ जीनी पड़ती हैं—एक वह अकेले में अपनी पत्नी के साथ जीता है, दूसरी समाज में आकर? बाहर से आकर आदमी कोट-पैंट ही उतारकर वार्डरोब में नहीं रहता, एक चेहरा भी उतारकर हैंगर पर लटका देता है—बाहर निकलेगा तो फिर पहन लेगा...दुनिया के किसी आदमी की तस्वीर, किसी का भी चेहरा देखकर पहला प्रश्न मन में यही उठता—इसका 'वह' चेहरा कैसा होगा? और अपनी इस मनोवृत्ति से वह इतना कतराता था कि उसने लोगों के चेहरे देखना छोड़ दिया। अब असली कारण समझ में आया कि क्यों उसने मौनी'दा का चेहरा नहीं देखा था...

"अच्छा अमर, अब चलें।" शकुन की बात उसे फिर ऊपर खींच लाई। कुछ औपचारिक बातें हुईं और फिर दोनों को कॉरीडोर में जाते हुए देर तक अमर देखता रहा। शकुन ने आसामी लोक-कलावाला काला शॉल कन्धों पर डाल रखा था—कमर तक पीठ पर कसा शॉल, और वहीं साड़ी के पल्ले का सिरा, साथ में मौनी'दा की ढीली-ढीली बंगाली धोती का चुनकर कुर्ते की जेब में अटका हुआ अभिजात फूल... अचानक एक प्रश्न मन में उभरा—क्या यही वह शकुन है जिसके साथ दिन छिपे चुपचाप खड़े होकर 'जय जगदीश हरे' की आरती गाया करते थे? बीच में आँखें खोलकर सबको हाथ जोड़े आँखें बन्द किए देख लेते, और आरती समाप्त होते ही प्रसाद के लिए छीना-झपटी हो जाती? सातवीं या आठवीं में अंग्रेज़ी सवाल गलत कर आया था, तो घर जाने के बजाय सारे दिन शकुन के यहाँ छिपा रहा। उसके स्कूल

से आते ही उसकी गोदी में मुँह छिपाकर रोने लगा।

जाने क्यों मन में आया, शकुन को वापस बुला ले और उसके कन्धे पर माथा टेककर रोने लगे...शकुन, शकुन, मैं बहुत दुखी हूँ शकुन! फिर से एक पेपर गलत कर आया हूँ। लेकिन इस बार घरवालों से भागकर नहीं, अपने से भागकर किसी गोद में रो लेना चाहता हूँ...चाहता हूँ कोई मेरी आँखों, माथे पर बिखरे बालों को समेटकर फिर पूछे, 'क्या बात हुई अमर...? अमर...अच्छा देखो अमर, तुम हमें नहीं बताओगे?' और मैं सिसकते-सिसकते बता दूँ...फिर कोई प्यार से झिड़ककर सारा बोझ अपने पर ले ले, बस? अरे लड़का होकर यों रोता है? इम्तहानों में तो अच्छे-बुरे पेपर होते ही हैं। चल, मैं कहती हूँ तेरे बाबूजी से....

शायद मौनी'दा यही तो कह रहे थे कि इस प्रकार के विवाहों में सबसे बड़ी बात यही है कि सारी ज़िम्मेदारी खुद अपने ऊपर होती है...जो कुछ है खुद भोगना पड़ता है...और यही बात उसने कही थी पालम पर अमला से—'मैं किसी से कुछ भी नहीं कह सकता।' आगे इस क्षण जोड़ा—शायद यही मेरी नियति रहेगी कि यों ही एक पाप—नहीं, शायद अपराध का बोझ लिए घुटता रहूँ। अपने-आपसे लड़ता और स्तर-स्तर करके बाढ़ के कगारे की तरह धसकता रहूँ। और धुँधली रोशनी में डूबा एक कमरा उसकी स्मृति में कहीं उभरता रहा...वह अमला के यहाँ गया था, उसके हाथों में गुलाब का फूल था और अमला कह रही थी...कुछ कह रही थी जो आज जैसा ही था...क्या दिन थे वे भी...मानो किसी बहुत पिछले जन्म की बातें उसे याद आ रही हों...

जनपथ के फुटपाथ पर चलते हुए अमर ने हलके से सन्तोष की साँस ली—चलो, कॉफी हाउस के आसपास भी किसी साहित्यिक जीव से मुठभेड़ नहीं हुई। नहीं तो छूटते ही पूछता—'कहिए, क्या लिख रहे हैं आजकल?' और अन्दर की कचोट को बाहरी हँसी में बदलकर उसे कहना पड़ता, 'कुछ नहीं यार, अपना कुछ लिखने-लिखाने का प्रोग्राम नहीं है। तुम अपनी बात बताओ। क्या तीर मार रहे हो?'...सच ही लगता है, वर्षों हो गए—न कुछ लिखा है और न लिखने का मन में इरादा है... बिलकुल लगता है, जैसे कोई बात ही इस लायक नहीं है कि उस पर लिखा जाए। और जो लगती भी है, वह दूसरे क्षण याद भी नहीं रहती। अजब याददाश्त हो गई है—हर चीज़ या तो दिमाग से फिसलती लगती है या उसके फिसल जाने का डर बना रहता है...जैसे हर चीज़ से धीरे-धीरे उसका सम्बन्ध टूटता चला जा रहा है और ज़िन्दगी पकड़ से सरकती जा रही है। चीज़ें एक-दूसरे में गड्डमड्ड हो गई हैं...

इस बात पर उसे ध्यान आया कि चीज़ों के गड्डमड्ड होने का एक उदाहरण यह भी है कि जो बात वह शकुन के लिए सोच रहा था, वह वास्तव में अमला के लिए उसके मन में आई थी, वरना विवाह और प्रेम पर सोलहवीं सदी के उस वार्तालाप को मुग्ध भाव से सुननेवाली शकुन के लिए इसके मन में ऐसे भाव कैसे आ सकते थे? उसे अब अफसोस होने लगा कि मौनी'दा की उस दकियानूसी बात का उसने

खुलकर विरोध क्यों नहीं किया, और क्यों उसे वे सारी बातें सच लगीं? ज़िन्दगी की पकड़ से सरकने का एक उदाहरण यह भी है कि वह जब जो कुछ सुनता है, वही सच लगने लगता है। उसकी अपनी कोई दृष्टि ही नहीं रह गई है। उसने अपने को विश्वास दिलाना चाहा कि हज़ारों बार उसके मन में यह बात आई कि मानो वह कहीं किसी दिशाहीन जंगल में भटक गया हो; लेकिन जिसे सचमुच भटकना कहते हैं, वह यही स्थिति है। जिधर ज़रा भी रोशनी, जिधर ज़रा भी स्वर मिलता है, वह उसे ही मुक्ति- द्वार समझकर दौड़ पड़ता है...कभी रंजना...कभी अमला...कभी शकुन...! लेकिन वस्तुतः सबकी ज़िन्दगी अपने-अपने सौर-चक्र में कुछ इस तरह बँधी घूम रही है कि किसी को किसी भी बाहरी नक्षत्र को अपने पथ में ले लेने का हक नहीं है...गहराई से देखा जाए तो किसे फुरसत है अपनी ज़िन्दगी में उसे गम्भीरतापूर्वक लेने की—अमला को? नहीं, यह भ्रम उसने कभी अपने भीतर नहीं आने दिया। शकुन को? रंजना को?...हाँ, रंजना को भी नहीं...

अपने फालतू होने की ऐसी तीव्र अनुभूति तो उसे कभी नहीं हुई, जैसी इन दिनों हमेशा होती रहती है—हल्ली जिस समय उसे सुबह चाय का प्याला देता है तो सुबह का अखबार और खाली प्याला मेज़ पर पहले ही रखा होता है, और रंजना गुसलखाने में होती है (एक बार उसने देखा कि अखबार में वांटेडवाले पृष्ठ पर 'लेडी लेक्चरार' की खाली जगह, पेन्सिल से छोटा-सा टिकमार्क लगा है...। जगह कहीं गोहाटी में थी।) फिर वह साड़ी लपेटे बड़ी व्यस्त-सी आती है और कपड़े बदलते या बाल सँवारते हुए आवाज़ लगाती है, "हल्ली, जो कुछ बना हो जल्दी दे दो। हमें देर हो रही है।"... फिर एक-दो ग्रास खाकर पूछती है, "आप अभी खाइएगा?"—अमर का मन होता है, इस सबको चुपचाप घुटते हुए देखने की अपेक्षा वह सुबह-सुबह कहीं घूमने चला जाया करे। एकाध बार उसने सोचा भी कि सुबह पाँच बजे उठकर घूमने जाया करेगा—सारे दिन ताजगी रहेगी। लेकिन आदत कुछ ऐसी बिगड़ी है कि आठ से पहले आँख ही नहीं खुलती। और फिर जब तक रंजना रहती है, एक तनाव-सा बना रहता है; कहीं कोने में अधलेटा वह किसी किताब-अखबार के पीछे मुँह छिपाए प्रतीक्षा करता रहता है...वह कहीं भी बैठा रहे; लेकिन उसकी एक चेतना है जो हमेशा रंजना के साथ-साथ घूमती और आ-आकर अमर को सूचना देती रही है कि अब वह कलम में स्याही भर रही है, अब सैंडिल के फीते बाँध रही है—अब छाते के भीतर अधबने चिड़िया के घोंसले को बालकनी में भुनभुनाती झाड़ रही है...अब सीढ़ियाँ उतर गई है। और जैसे ही वह चेतना उसे सूचना देती है कि रंजना चली गई है कि मुक्ति की साँस लेता है और सायास लादे उत्साह से हल्ली को पुकारता है, "हल्ली यार, एकदम गरम चाय तो दो..." और रंजना के आने से पहले ही वह निकल जाता है; लौटता है तो उसका खाना मेज़ पर रखा होता है...रंजना चुपचाप बालकनी में खड़ी होती है या बिस्तर पर लेटी रहती है, मगर उसकी 'चेतना' उसे बता देती है कि सोई नहीं है... जब यह बालकनी में होती है, या कुछ पढ़ रही होती है तो

अमर को बेहद बेचैनी महसूस होती रहती है। उसका मन होता है, मेज़ पर रखे सारे बर्तनों को पागलों की तरह इधर-उधर फेंक दे और खूब चीख-चीखकर कहे, 'मुझे यह खाना नहीं खाना...।' लेकिन चुपचाप खा लेता है। जैसे उसकी हिम्मत नहीं पड़ती कि पूछ ले—कोई आया था? इस घर की व्यवस्था का सूर्य रंजना है, वह तो उस सौरमंडल के गति-प्रवाह में घूमता हुआ 'डमी' नक्षत्र है...अपनी धुरी से टूटकर भटकता हुआ फालतू नक्षत्र...बुझने और गिरने की प्रक्रिया के आगे माथे टेके—निष्क्रिय...।

उसे हमेशा महसूस होता रहता है कि कुछ है, जो हो चुका है...कोई महत्त्वपूर्ण घटना अभी-अभी घट चुकी; और कुछ है जो होनेवाला है...और इस 'घटित' और 'घटनीय' के बीच की तनाव-भरी स्थिति में वह सिर झुकाए फालतू की तरह खड़ा है...दिन-पर-दिन गुजरते जाते हैं और 'घटित' की बोझिल छाया (अपराध?) और 'घटनीय' की आशंका-भरी प्रतीक्षा उसके मन के एक-एक पंख को नोचती जाती है... इस बिन्दु पर खड़े होकर कुछ भी लिखने की बात उसने सोचना ही बन्द कर दिया है—यानी घर से निकलने से पहले ही, दोनों तरफ का बस का किराया, कॉफी और दो-चार आने सिगरेट का हिसाब लगाना पड़ता है...। कहीं कोई आ न जाए, कहीं कोई मिल न जाए का डर उसे निरन्तर किसी वीरान दुनिया में बहाए लिए चला जा रहा है...क्या इसी स्थिति के लिए उसने विवाहित जीवन की कामना की थी...?

एकाध बार ऐसा भी हुआ है कि वह आया तो देखा, रंजना टेबल-लैंप से कुछ पढ़ रही है। उसे देखकर रोशनी के घेरे से मुँह निकालकर पूछती है, "आप पढ़ेंगे क्या?" इच्छा रहते हुए भी अमर कह देता—"नहीं, तुम पढ़ो, मैं लेटूँगा...।" और लेटकर वह चुपचाप देखता है—रोशनी के दायरे में एक पथराया हुआ चेहरा गुमसुम स्थिर है...सीधी नाक, कसे होंठ, पलकें और निगाह पृष्ठ की पंक्तियों पर न हिलें तो लगे, जैसे मूर्ति हो...दूर से अमर को लगता है कि नाक के पास और आँख के नीचे कालिमा की पट्टी इतनी फैली है, दिन में उसने देखा ही नहीं—देखते-देखते चेहरे की मांसपेशियाँ ढीली होकर झुर्रियों के रूप में बदल जाती हैं—और ईमानदारी से उसकी समझ में नहीं आता कि क्या यही सौन्दर्य है? नारी में सुन्दर आखिर है क्या? क्या रंजना में भी कभी उसे कुछ सुन्दर लगता था?

फिर देखते-देखते उसकी पुतलियाँ भीग उठती हैं—मैं इस लड़की को आखिर क्यों मार रहा हूँ? मैंने जुहू पर ही इसे मना किया था, पर उस समय तो इसे एक और नशा सवार था। प्यार नहीं, प्यार की ज़िद थी। यही लड़की थी जो मेरे बेटर-सेल्फ के लिए, बल्कि मुझे सारी कमज़ोरियों, कमियों के साथ प्यार करती थी...? वह हलके से कहता, "सो जाओ न, सारे दिन बाहर रहती हो...।" रंजना सोचती-सी निगाहें उठाती, अँधेरे की ओर मुँह करती और क्षणांश के लिए एक हलकी-सी मुस्कराहट कहीं उसके होंठों पर तैर जाती—अमर को लगता, मानो कह रही हो—बड़ा खयाल है...। और अमर का मन होता, दोनों मुक्कों से तकियों को कूट डाले...वह हलके-से करवट बदलकर आसमान के छोटे-से टुकड़े को देखने लगता...टंडन के यहाँ उसने

रंजना का खत पढ़ा था, मन्दा के नाम। उसमें कहीं लिखा था अमला के लिए, ''बड़ी ही विचित्र है इसकी मुस्कान, जो इसके अधरों पर फैलकर इसके लावण्य को इतना अधिक बढ़ा देती है कि मन अनायास ही बँध जाए... ।'' और वह शायद डायरी में लिखे, ''रंजना बोलती कुछ नहीं है, लेकिन ज़हर-बुझी मुस्कान किसे कहते हैं, यह देखना हो तो रंजना को मुस्कराते देखना होगा...'' नहीं, नहीं डायरी में कुछ नहीं लिखना...डायरी और पत्र तो रंजना की निगाह से बच नहीं सकते...दस तालों में वह डायरी और पत्र पढ़ती है...अमर के प्रति उसकी कोई ज़िम्मेदारी है या नहीं, वह क्या पढ़ता है, क्या लिखता है? खाता-पीता है या नहीं—उसके कपड़े धुले हैं या बटन टूटे हैं, उसकी मानसिक स्थितियों का लेखन पर कोई प्रभाव पड़ता है या नहीं—उसकी आर्थिक व्यवस्था क्या है, उनकी चिन्ता-परेशानियाँ क्या हैं—यह सब जानने की उसे कतई कोई उत्सुकता नहीं है;, हाँ, उसका 'व्यक्तिगत' क्या है—इसे जानने को वह बेहद व्याकुल है...

''अरे!'' अमर अचानक चौंककर झटके से खड़ा हो गया, ''शायद आज आया अमला का खत मेज़ पर ही छूट गया!'' उसे याद आया तो उसने झटपट सारी जेबें तले तक खखोलीं। हाँ, नहीं है! उफ! आज खैर नहीं है। यह क्या गजब हो गया? पत्र पढ़ते हुए खुद उसे यह आशंका हुई थी कि कहीं ये हिस्से रंजना न पढ़ ले, और अब? पागलों की तरह उसने हथेली से कई बार माथा ठोका, ''अब क्या हो?'' उसने जैसे मदद के लिए चारों ओर देखा। वह इस समय सेन्ट्रल-विस्टा एरिया में खड़ा था। सामने चौड़ी-सी नहर थी और अनेक नावें दूर-पास तैर रही थीं। अगर स्कूटर भी ले और जल्दी-से पहुँच भी जाए तो कोई फायदा नहीं—रंजना अब तक पढ़ चुकी होगी। अब तो देर से जाने में ही खैर है—

''तुम्हें पता है, दो दिन बाद शरद पूर्णिमा है...'' अमला ने लिखा था, ''ताज पर तो प्रोग्राम कई बार बना है, इस बार एक अजब सनक सवार हुई है। सुनते हैं, जबलपुर के पास कोई भेड़ाघाट या धुआँधार नाम की जगह है...संगमरमर की चट्टानों के ऊपर नदी का पानी प्रपात से पहले एक प्राकृतिक झील के रूप में रुक गया है—इस बार मन होता है, शरद पूर्णिमा की रात वहीं अकेले एक छोटी-सी डोंगी में गुजार दी जाए...तुम भी होते तो सच, कैसा आनन्द रहता! फिर उस वर्णन को तुम्हारी किसी कहानी या उपन्यास में पढ़कर मैं कैसा महसूस करती...''

एक जगह बड़े चिन्तापूर्ण ढंग से लिखा था, ''अमर यहाँ मेरा मन कतई नहीं लगता। बड़ा उखड़ा और पराया महसूस करती हूँ। किसी से बातें करते भी डर लगता है कि कहीं कुछ ऐसा न कह दूँ जिसे बाद में मेरे ही खिलाफ इस्तेमाल किया जा सके। सबकुछ मन में ही घुटता है और ऊपर से मुस्कराहट ओढ़ लेते हैं। सच कहूँ, इन अपनों से बड़ा डर लगने लगा है—शायद इस डर का सामना न करने के लिए ही हमेशा भागती रहती हूँ। इधर कुछ बातें ऐसी हुई हैं कि बड़ी आशंका...अच्छा खैर,

इस समय तुम्हें यह सब बताकर परेशान नहीं करेंगे। हाँ, एक बात मैं बहुत गम्भीरता से सोचने लगी हूँ। तुम भी सलाह दो। यहाँ तो कोई भी इसके पक्ष में नहीं है। दिल्ली में ही एक छोटा-सा मकान लेकर एकदम अकेली रहना चाहती हूँ...देसाई आई थीं—उन्होंने बहुत आश्वासन दिया है, बहुत आग्रह कर गई हैं कि सोशल वेलफेयर का कुछ काम करूँ। गोल्फलिंक रोड या निजामुद्दीन में कोई छोटा-मोटा मकान मिलना बहुत मुश्किल तो नहीं होना चाहिए। भई, किसी के ज़िम्मे जाकर पड़ना अपने को गँवारा नहीं—रहेंगे तो अपना इन्तज़ाम करेंगे। हमें कहीं जाना है, तैयार होकर खड़े हैं और सारी गाड़ियाँ साहब की सेवा को गई हैं, यह सब अब बहुत हो चुका...। चलो, दिल्ली आ जाएँगे तो तुमसे भी गप-शप खूब रहा करेगी। तुम्हारी बीवीजान तो नहीं रोकेंगी न? हम तो कुछ-कुछ डरने लगे हैं, उनसे। बड़ा तेज स्वभाव लगता है। कुछ लिख-पढ़ पाते हो या...? बहुत दिनों से कहीं कुछ भी नहीं देखा। अब तो शायद लम्बी-लम्बी चीज़ भी नहीं है हाथ में? तब बड़े लम्बे-लम्बे वायदे किए थे। क्या कर रहे हो आजकल? गृहस्थी चलाने में कुछ मदद करते हो या एकदम ही छोड़ दिया—?" इस हिस्से पर अमर तिलमिला उठा था। आगे लिखा था, "अच्छा छोड़ो यह सब। इस समय तो हमारे दिमाग में धुआँधार की संगमरमर की चट्टानें, उनके बीच छोटी-सी झील और अकेली डोंगी—शरद पूर्णिमा की रात की उँगलियों में थिरकता, सुनहरी शराब-भरा बिल्लौरी पैमाना! फिराक का वो शेर सुना है :

दिल के आइने में इस तरह उतरती है निगाह
जैसे पानी में लचक जाए किरन; क्या कहना।

और जहाँ लचकती किरनों का जमघट हो, वहाँ के अलिफ-लैलाई वातावरण को क्या कहोगे...?"

पत्र पढ़कर अमर सोचता रहा, इसमें कौन-सी बात सच है? अलिफ-लैला का जुदाई वातावरण या दिल्ली आने की परेशानी...? या दोनों झूठ हैं?

ज़रा एकान्त-सी जगह में रूमाल बिछाकर वह चुपचाप बैठ गया—आज उसकी परछाईं घास पर कितनी साफ थी? कहीं रिकॉर्ड बज रहा था। कई परिवार इधर-उधर बिखरे थे। चाँदनी तापहीन ठंडी-ठंडी धूप-जैसी बिखरी थी। शकुन के साथ छत पर जाकर इस चाँदनी में सूई पिरोने की प्रतियोगिता की हलकी-सी याद आई, चाँदी के कटोरे में केसरिया खीर सारी रात छत पर रखकर सुबह खाने और आँखों की रोशनी बढ़ाने का विश्वास याद आया—हलका-सा खयाल यह भी उभरा कि इस समय कहीं मथुरा के आसपास जा रहे होते...और इन सब खयालों के साथ-साथ उसकी चेतना उसे उड़-उड़कर बताती रही कि किस पंक्ति और किस शब्द का रंजना पर क्या प्रभाव पड़ रहा है...रंजना आखिर क्या चाहती है? उसे किस अपराध की सज़ा दे रही है?—असम्भव! उसने झुँझलाकर कहा, "अब उसके साथ रहना असम्भव है।" और सहसा अपने स्वर से चौंककर उसने इधर-उधर देखा। कहीं उसे यों बोलते किसी ने सुन

तो नहीं लिया? फिर ओस भीगी घास की एक पत्ती तोड़कर दाँत में कुतरता रहा। काश, वह आज घर जाए ही नहीं, और यों ही अलिफ-लैला के सिन्दबाद की तरह देश-देश भटकते हुए अपनी ज़िन्दगी काट दे...किसी खलिहान के किनारे दो रोटियाँ खा लिया करे और किसी अलाव के चारों ओर बैठे लोगों को भूतों और जिनों की कहानियाँ सुन-सुनाकर रात बिता दिया करे...कभी बरसते पानी में किसी अनजान द्वार को खटखटाकर शरण माँगे, और कभी किसी अजनबी का सामान लेकर उसके साथ-साथ चले...कभी किसी अपाहिज को उसके घर तक छोड़ दे, जहाँ उसकी बेटी उसकी राह देख रही हो...

और जैसे एक बिजली के झटके से अमर का सारा शरीर रोमांचित हो आया—उसके भीतर कोई चीज़ कौंधी और जुहू के किनारे से आज तक का सारा जीवन जैसे एकबारगी सर्चलाइट की रोशनी में उद्भासित हो उठा। एक सिहरन उसकी रीढ़ की हड्डी में तैरती चली गई...उसने जोर से कन्धे से झटककर इस झनझनाहट को दूर करना चाहा—उसका सारा अस्तित्व मानो मुँह पर हाथ रखकर बोलने लगा, 'यह मत कहो...ऐसा मत बोलो...' उसने अपनी गर्दन की पीठ पर चींटी जैसी किसी चीज़ को झाड़ा।

पहले तो उसकी समझ में नहीं आया कि ऐसा क्या हुआ; लेकिन कुछ मिनट बाद जब वह अपने भीतर आया तो लगा, मानो वह अमला को बैठा पत्र लिख रहा है, "तुम्हें धुआँधार प्रवाह का अलिफ-लैलाई वातावरण याद आ रहा है...यहाँ मैं किस अलिफ-लैला में रह रहा हूँ, सुनोगी? (कलाई की घड़ी देखकर) रात को साढ़े नौ बजे यहाँ अनाथ निर्वासित बेघर बैठा हूँ और सोच रहा हूँ कि सिन्दबाद की तरह किसी अनजान कठिन सफर पर निकल पड़ूँ...और फिर कभी...कभी भी इस नगर में न आऊँ...बहुत दिनों तुमसे छिपाया, अब साफ ही कहूँगा—ज़िन्दगी को रंजना की नाराज़ी से, दुःख और खुशी से सफल मानने की चाह भोगते-भोगते आजिज आ गया हूँ...

"अलिफ-लैला का ही एक किस्सा है। स्टीफेन ज्विंग ने इसे एक और सन्दर्भ में इस्तेमाल किया है। लेकिन इससे क्या? किस्सा अलिफ-लैला का है; वही एक दूसरे अर्थ में मुझे याद आ रहा है। सिन्दबाद के सातों सफरों में से किसी एक की बात है। तूफान आया और उसका जहाज़ टूट गया। एक तख्ते के सहारे वह एक द्वीप में आ पहुँचा, जहाँ कोई आदमी न आदमज़ाद...। भटकते-भटकते उसने एक चश्मे के किनारे एक बहुत ही बूढ़े अपाहिज को पड़े देखा। सिन्दबाद को देखकर वह बूढ़ा बहुत खुशामद और प्रार्थना के स्वर में अनुनय करने लगा कि 'मुझे झरने के पार पहुँचा दो।' उसकी दयनीय हालत पर सिन्दबाद को तरस आ गया...उसने बूढ़े को कन्धे पर उठा लिया और झरने के पार ले आया, लेकिन जैसे ही उतारने लगा कि बूढ़े ने अपनी दोनों टाँगों से कसकर उसका गला भींच लिया, और पेड़ की टहनी से इसकी धुनाई करते हुए कड़ककर बोला, 'उतरना कहाँ है...? चल मुझे

घुमा... ।' और सिन्दबाद का कहना है कि वह बूढ़ा, उसे हफ्तों कुत्ते की तरह दौड़ाता रहा; जहाँ यह ज़रा भी ढीला हो कि वह गर्दन की जकड़ कस दे और टहनियों के हंटर से मार-मारकर इसकी खाल उधेड़ ले—इसे न तो आराम करने की फ़ुरसत है, न इधर-उधर देखने की। और टाँगों के शिकंजे में गर्दन फँसाए मार खाता हुआ सिन्दबाद सोचे कि इस मरियल सूखे बूढ़े में आखिर इतनी जान कहाँ से आ गई...? और क्या यही वह निर्बल, निरीह बूढ़ा है जो अब ऐसा निर्दय और कटु हो गया है...फिर उसने किस तरह उससे जान छुड़ाई, यह एक लम्बा किस्सा है...

''आज चाँदनी रात के एकान्त में बैठे-बैठे यह किस्सा मुझे क्यों याद आया, मैं नहीं जानता। तुम इसका जो भी अर्थ करो, लेकिन इतना मैं ज़रूर कहूँगा कि रंजना को मैं सचमुच प्यार करता था (अब तो शायद ही कोई विश्वास करे) और वही सद्भावना थी कि एक बार मना करने के बाद फिर से तुम्हारे संकेतों के बावजूद मैंने उससे विवाह किया...लेकिन आज मैं अपने-आपको सिन्दबाद की तरह हाँफते और भागते पाता हूँ...वह जर्द चेहरा हमेशा मेरी नसों पर तैरता है और हर बार मैं उसे उतारकर लाता हूँ, लेकिन हर बार जिद्दी बैताल की तरह एक नए सवाल का बहाना लेकर पीपल पर जा लटकता है...और मुझे अब तो ऐसा लगता है जैसे मेरी सारी ज़िन्दगी इस बूढ़े बैताल की बातों का जवाब देने, इसकी इच्छाएँ तृप्त करने में बीत जाएगी—वरना यह मेरी गर्दन जकड़ेगा और हंटर मारेगा...और मैं यों ही जंगल-जंगल भागता रहूँगा। वह मेरा सम्पूर्ण चाहता है, उसे कतई सह्य नहीं है कि अपना कोई अंश बचाकर किसी और के लिए भी रख लूँ...

''और अपने आसपास देखकर सोचता हूँ कि औरों की तरह शायद मैं अपना सम्पूर्ण दे भी देता...लेकिन उससे बड़ा एक भूत और भी तो मेरे सिर सवार है न और वही तो है जिसके लिए मैंने हर सुविधा, हर सुख, हर सुअवसर से समझौता करने से इनकार कर दिया है। सिन्दबाद की ही शब्दावली लूँ तो बड़े-बड़े सागर लाँघने का भूत, इस छोटे से 'पीरतस्मा-पा' (चमड़े के पट्टे जैसे पैरोंवाले) बूढ़े से ज़्यादा बड़ा है—इसकी टाँगों के शिकंजे में गर्दन फँसा देने के लिए यह सारी 'वांडर-लस्ट' (भटकने का नशा) नहीं थी।

''रंजना ईर्ष्यालु पत्नी हो सकती है लेकिन कला सबसे ज़्यादा ईर्ष्यालु पत्नी है और जो एक बार इस पत्नी से गठबन्धन कर लेता है, उसके सामने सिर्फ एक ही विकल्प होता है—या तो इस पत्नी के साथ रहे या एकदम उसे छोड़ दे। यह आंशिक अधिकार किसी कीमत पर नहीं बरदाश्त करती...बल्कि जीवन का एक-एक अनुभव और एक-एक साँस माँगती है—प्रयत्न करूँ तो शायद रंजना को सुखी कर सकता हूँ, एक सुखी गृहस्थी का आदर्श उपस्थित कर सकता हूँ; लेकिन क्या करूँ, 'सुखी गृहस्थ' होने के यश की बात मन में ही नहीं आती...क्योंकि यह विश्वास आज भी नहीं छूटता कि शायद कुछ बड़ा कर सकूँगा...

''रंजना या अपने वर्तमान जीवन के प्रति कुछ भी कहने का मेरा मुँह नहीं है;

यह बात पालम पर तुमने भी कही थी और आज एक नवपरिचित मौनी'दा ने भी दूसरे ढंग से यही कहा था। सच पूछो तो मैं मानसिक रूप से तभी से बड़ा अव्यवस्थित हो उठा हूँ। प्रेम-विवाह और परम्परागत विवाह की तुलना में एक मुख्य अन्तर यही आया था कि यहाँ नारी और पुरुष दोनों को जाँच-परखकर एकसाथ आते हैं...इसलिए अन्तिम जवाबदेही भी उन्हीं की है...

"लेकिन मौनी'दा को जवाब नहीं दे पाया था। तब सूझा ही नहीं। मुझमें यही कमज़ोरी है; जवाब मुझे हमेशा बाद में सूझता है। डैडीकेटेड (समर्पित) व्यक्ति के लिए विवाह साधन बनकर आता है, साध्य बनकर नहीं। यह अपने मन का साथी इसीलिए तो चाहता है कि अपनी साधना को दुगुनी शक्ति और निष्ठा से चलाए रख सके...। उन्हें साथ लानेवाला तत्त्व, प्यार, परिचय, कमिटमेंट जैसी रोमांटिक बातें नहीं—साधना है। मैंने रंजना को इसीलिए तो चाहा था कि अपने लेखन को निखार सकूँगा...और आज पाता हूँ कि वह लेखन ही सबसे नगण्य हो उठा है, बस रह गई है एक अदृश्य और उद्धत रस्साकशी कि कौन किसे अपनी ओर खींच ले...कौन किसे झुका दे...

"और आज मैं अपने को इस भावना से भी मुक्त नहीं कर पाता कि मैं फालतू हूँ, मैं असफल हूँ और मेरे कन्धों पर एक पीली मनहूस गर्दन कटी रखी है...और उसे काटने की ज़िम्मेदारी मेरी है..."

यह सब सोचते-सोचते अमर भूल गया कि वह अमला के पत्र में ही यह सब लिखना चाहता था—उसे तो ऐसा लगा कि छोटी-सी नाव है और उसके सामने सिर्फ एक अशरीरी-निराकार-संयत मुस्कान है और उसे ही सम्बोधित करके वह यह बोल रहा है, और पानी के नीचे तथा चारों ओर संगमरमर की पारदर्शी चट्टानें बिल्लौर के फानूसों की तरह झलमला उठी हैं...

वह झटके से उठ खड़ा हुआ। दोनों हाथ एक-सी स्थिति में रहने से सो गए थे; सो हवाई जहाज़ के प्रौप्रेलर की तरह उन्हें एकसाथ ज़ोर से घुमाया; लगा, जैसे सारी जड़ता छिटककर दूर जा पड़ी है...

चौदह

ढलती रात, आसमान पर छिटके तारे और सामने गरजता-फुफकारता अनन्त समुद्र! आज समुद्र और दिनों की अपेक्षा अधिक अशान्त, अधिक उद्वेलित था। आसमान को छूने का दुस्साहस करनेवाली बड़ी-बड़ी लहरें जब दूर क्षितिज पर उठतीं और दूसरी को ठेलती हुई बड़े वेग से आगे बढ़तीं, तो लगता कोई शक्ति इनके वेग को रोक नहीं सकेगी, आज ये सबकुछ अपने भीतर समो लेंगी; पर किनारे पर आते ही जाने

क्या होता कि बड़े ही विवश-भाव से चीत्कार करती हुई वे बिखरकर चूर-चूर हो जातीं। दूर-दूर तक फैले रेतीले तट पर न कोई सीमा रेखा है, न कोई व्यवधान; पर शायद मन के बन्धन ही उनके पागल आवेश पर अंकुश लगा देते और वे आगे नहीं बढ़ पातीं—किनारे टकरा-टकराकर सिर धुनतीं और मन के उन्माद को मन में ही समेटे, फेन के आँसू बहाती मजबूर-सी चुपचाप लौट जातीं।

अमला यह सब देख रही थी। बहुत प्रयत्न करने पर भी जब उसे नींद नहीं आई तो वह बाहर आकर खड़ी हो गई। होटल के सारे कमरे बन्द थे—शायद सब सो रहे थे, बस वह अकेली खड़ी सूनी निगाहों, समुद्र पर भटक रही थी। एकाएक उसे खयाल आया—यदि चुपचाप कोई आकर उसे दबोच ले, तो? अपरिचित होटल और न जाने कहाँ-कहाँ से आए हुए लोग! एक अजीब-से भय से अमला सिहर उठी। एक बार तो उसे किसी के पदचाप भी सुनाई दिए। भय के मारे उससे पीछे मुड़कर देखा तक न गया। पर दो क्षण बाद ही अपनी इस भावना पर विजय पाती हुई वह हँसी। क्या बच्चों की तरह वह डर रही है! उसने बड़ी निडरता से चारों ओर देखा; कहीं कोई नहीं था।

एक बड़ी-सी लहर बहुत आगे तक बढ़ आई और फेन उछालती हुई लौट गई; बस उसकी आवाज़ अमला के कानों में गूँजती रही।

अमर नहीं आया। तार के जवाब में उसने अपनी असमर्थता प्रकट करते हुए इनकार लिख दिया और तभी से अमला को लग रहा है कि असमर्थता अमर की नहीं, उसकी है। आज वह इतनी असमर्थ हो गई है कि आदेश देकर अमर को बुला तक नहीं सकती। रंजना आज उसकी अपेक्षा अधिक समर्थ है। वह अमर की पत्नी है। उसे रोक दिया होगा—अमर नहीं आया! सचमुच वह है ही कौन?

तभी दूसरे विंग की बालकनी में दो छायाकृतियाँ दिखाई दीं। दूसरे क्षण ही अमला पहचान गई—आज शाम को ही ये लोग होटल में आए हैं। जब ये रिक्शा से उतरे थे, तभी अमला को यह स्त्री बड़ी परिचित-सी लगी थी, पर लाख कोशिश करके भी वह याद नहीं कर पाई। दोनों रेलिंग से सटकर खड़े हो गए...स्त्री के बाल खुले हुए थे। अमला कुछ पीछे हट आई। खुले अस्त-व्यस्त केशों को समेटता हुआ पुरुष का हाथ उसकी पीठ पर से होता हुआ कन्धे पर आकर टिक गया। धीरे-धीरे दोनों के बीच की दूरी कम होती गई—स्त्री झुकती चली गई और फिर प्रगाढ़ आलिंगन में बँध गए।

अमला चुपचाप अपने कमरे में लौट आई।

'पुरी होटल' का कमरा, अँधेरी रात, अकेली अमला, गरजता-फुफकारता समुद्र और नशे में डूबी, आलिंगन में बँधी दो छायाकृतियाँ...

अमला ने करवट बदली। वह चाहने लगी, जल्दी ही सुबह हो जाए। चारों ओर लोगों का शोरशराबा फैल जाए। कोनेवाले दो कमरों में ठहरे हुए बंगालियों का दल रवीन्द्र-संगीत से सारे होटल को गुँजा दे; पुराने यात्रियों के जाने और नयों के आने

का क्रम जारी हो जाए, और वह सबको पीछे छोड़कर किनारे-किनारे चलती हुई बहुत-बहुत दूर चली जाए और डुबकियाँ लगाती रहे, तब तक नहाती रहे जब तक कि आज के इस रतजगे की सारी थकान दूर न हो जाए! और फिर लहरों के थपेड़ों से चूर-चूर देह को लेकर गहरी नींद सो जाए।

अचानक कमरे की बत्ती जल उठी। अमला ने बिना करवट बदले ही पूछा, ''कौन, अन्ना?''

''तुम सोई नहीं अमला बीबी!'' बाथरूम की ओर जाती अन्ना लौटकर अमला के पलंग के पास आ गई और मसहरी हटाकर गौर से अमला का चेहरा देखने लगी। अँधेरे में कुछ दिखाई नहीं दिया, धीरे से अमला के माथे पर हाथ रखकर बोली, ''क्या बात है बिटिया, तबीयत खराब है?''

''नहीं तो।'' पर स्नेह के इस स्पर्श से अमला का गला भर आया। अन्ना ने पूरी मसहरी हटा दी। अमला के निकट ही फर्श पर बैठते हुए पूछा, ''अमर बाबू नहीं आ रहे हैं बिटिया?''

''नहीं, उन्हें कुछ ज़रूरी काम है, वे नहीं आ सकेंगे।'' यों ही छत की ओर नज़र गड़ाए अमला बोली।

''आ जाते तो अच्छा था, कुछ दिन तुम्हारा मन बहल जाता, वरना सारे दिन अकेले जाने क्या-क्या सोचती रहती हो और घुलती रही हो!'' अन्ना ने धीरे-धीरे अमला का सिर सहलाना शुरू कर दिया। अमला ने अपने आर्द्र नेत्र मूँद लिए।

इस बार अमला जितने दिन भी कलकत्ता रही, बेहद परेशान रही। कैलाश का अपनी सजी-धजी पत्नी के साथ आना, भैया-भाभी का रवैया, पिताजी की दिनोंदिन गिरती स्थिति, प्रत्यक्ष-परोक्ष सुनाए गए ताने—उन सबसे वह बुरी तरह ऊब गई थी और किसी शान्त-एकान्त स्थान में आकर रहना चाहती थी। वह अच्छी तरह जानती थी कि उसकी अनुपस्थिति में उसके बचे-खुचे अधिकार भी छिन जाएँगे, पर यह सब जानकर भी वहाँ रहना उसके लिए असम्भव हो उठा था। पहले उस घर में उसका कितना सम्मान था—और आज? भाभी पहले भी उसके आचरण की टीका-टिप्पणी किया करती थीं, पर कितने-कितने दबे ढंग से! लेकिन इस बार चावला के दो-तीन पत्रों को फाड़ करके उन्होंने उसके शिमला-प्रवास की जो गाथा गढ़ी थी, उसने उसे क्रुद्ध कम और दुखी अधिक किया था।

चावला! चलो, उसे भी उसके नाम के साथ जुड़ना था!

और एक दिन बस सबसे ऊबकर वह पुरी आ गई। पर यहाँ की शान्ति ने दो दिन में ही उसे अशान्त बना दिया। जब वह कलकत्ता थी, उसे लगता था, उसे शान्ति चाहिए! एकान्त चाहिए! और यहाँ एकान्त में आई तो लगा जैसे इस शान्ति के बीच वह और अधिक दुखी हो उठी! वह स्वयं नहीं जानती—उसे क्या चाहिए? पर यह अकेलापन अब उससे सहा नहीं जाता। कोई हो जो उसके साथ घूमे, रेत पर बैठकर घरौंदे बनाए, हाथ पकड़कर समुद्र में नहाए, घंटों बातें करे, और...और...

पासवाले विंग की बालकनी में अँधेरे में आलिंगनबद्ध जोड़ा उसके सामने उभर आया।

किसी बड़ी-सी लहर के किनारे से टकराकर चूर-चूर होने की गर्जना चारों ओर फैल गई।

"कॉफी बना लाऊँ?" अन्ना ने पूछा।

"बना ला।" आँखें बन्द किए-किए ही अमला ने कहा।

घड़ी ने पाँच बजा दिए। अमला ने अनुमान लगाया—ज़रूर समुद्र पर लोग आ गए होंगे। इस भावना ने ही उसे बड़ी राहत दी, मानो समुद्र में नहानेवाले वे लोग उसके उस अकेलेपन को तोड़ देंगे जिसमें उसका दम घुट रहा है।

घुटनों-घुटनों तक पानी में खड़ी अमला समुद्र की ओर देख रही थी। लहरें आतीं और उसे कमर या कभी-कभी कमर से भी ऊपर तक भिगो जातीं। सारी भीड़ और कोलाहल को पीछे छोड़कर वह बहुत-बहुत दूर निकल आई थी। अन्ना दूर बैठी उसके सूखे वस्त्रों की रखवाली कर रही थी। समुद्र की छाती पर डूबती-उतराती छोटी डोंगियों को देखकर उसका बड़ा मन होता कि वह भी एक डोंगी पर बैठकर अपने को लहरों के हवाले कर दे और जहाँ ले जाए, चली जाए! अपने आपको किसी के हाथों सौंप देने की ललक जब-तब अमला को बेचैन बना देती है, पर इन डोंगियों को देखकर एकाएक यह भावना बहुत ही प्रबल हो उठी। बहुत दिनों तक अपने को सँभाल-सँभालकर रख लिया! अब मन करता है, आँख मींचकर अपने को लहरों के ही हवाले कर दे।

"थैंक्यू!"

अमला एकदम चौंक पड़ी। घूमी तो गले में कैमरा लटकाए एक लम्बे-चौड़े आदमी को मुस्कराते हुए अपनी ओर आते देखा। अमला अवाक्। किसी ने उसकी तस्वीर खींच ली और उसे पता भी नहीं चला।

"आशा है आप मेरी गुस्ताखी माफ करेंगी और मेरी इस हरकत का बुरा नहीं मानेंगी। बात यह थी कि इस एंगिल में आपका पोज़ इतना सुन्दर लग रहा था कि मैं अपने को रोक नहीं सका।"

शरीर से चिपके गीले वस्त्र, अस्त-व्यस्त बिखरे बाल! अमला बेहद संकुचित हो उठी थी। उसने देखा, अन्ना काफी दूर बैठी है, यों भी इस अपरिचित के सामने वह कपड़े बदलेगी कैसे?

"बुरा न मानें और अनुमति दें तो कुछ स्नेप्स और भी ले लूँ। बड़ा फोटोजेनिक फेस है आपका?" और अमला कुछ कहे उसके पहले ही वह कैमरा भी ठीक करने लगा; फिर जाने क्या सोचकर लैन्स से आँखें हटाकर उसने भरपूर नज़रों से अमला को देखा जो संकुचित अवाक्-सी ज्यों की त्यों खड़ी थी। अमला का संकोच देखकर उसे कुछ खयाल आया और वह मुस्कराता हुआ बोला, "सोचता हूँ, पहले आपको अपना परिचय दे दूँ वरना आप भी क्या सोचेंगी!" और वह हो-हो करके हँस पड़ा।

अमला असमंजस में ज्यों की त्यों खड़ी थी, पर उस व्यक्ति का ध्यान अमला के चेहरे के भाव की ओर कम और बनावट की ओर ज़्यादा था।

"मुझे मेहरा कहते हैं। यहाँ 'पुरी होटल' में ठहरा हूँ। आया कल शाम को ही हूँ। फोटोग्राफी कभी मेरी हॉबी थी, अब तो जीवन का यही एकमात्र आधार रह गया है। घूमता-फिरता हूँ और चाहता हूँ कि जहाँ—जो कुछ सुन्दर हो, आकर्षक हो उसे उतारकर अपने पास रख लूँ। मेरा कलेक्शन देखेंगी तो दंग रह जाएँगी—खाली समय में मैं उसे ही देखा करता हूँ। कल्पना कर सकती हैं आप उस आनन्द की जो एक ही जगह बैठे-बैठे अनेकानेक सुन्दर वस्तुओं को देखने से होता है—इट इज़ रियली सुपर्ब!"

छोटी-छोटी लहरें दोनों को भिगो-भिगोकर लौट जाती थीं। अमला चुपचाप सुन रही थी—वह समझ ही नहीं पा रही थी कि बिना किसी परिचय के इस निर्जन में एक अपरिचित महिला से यों लगातार बात करनेवाले व्यक्ति से वह किस तरह का व्यवहार करे?

दूर पड़े एक लकड़ी के लट्ठे की ओर इशारा करके मेहरा ने कहा, "चलिए, उस पर चलकर बैठ जाइए, आइए?"

पर अमला जहाँ की तहाँ जड़वत् खड़ी रही।

"आप व्यर्थ का संकोच कर रही हैं—मेरी तो यह हॉबी है—सिर्फ हॉबी।"

पता नहीं उसकी बात का क्या प्रभाव पड़ा कि अमला उसके साथ उधर ही चल दी। दो काले-कलूटे मछवाहे उन दोनों को देखते हुए गुज़र गए। उनके हाथ में जाल था और सिर पर लम्बी टोपी तथा कमर पर एक-एक कपड़ा बँधा हुआ था।

"हाँ, तो अब आप उस लट्ठे पर बैठ जाइए।"

"जी...मैं?" और अमला ने अपने गीले कपड़ों की ओर देखा।

हो-हो करके मेहरा हँस पड़ा—"नहीं, नहीं, वह सब नहीं, मैं तो ऐसे ही चाहता हूँ—नेचुरल, एकदम नेचुरल!" और उसने खट-से बटन दबा दिया; "लवली एक्सप्रेशन!—इस तस्वीर में आप अपने चेहरे का एक्सप्रेशन देखिएगा।" फिर लट्ठे पर खड़े होकर मेहरा ने इधर देखा, उधर घूमा और दो तस्वीरें खींचीं। इसके बाद उतरकर उसने अमला की और दो-तीन तस्वीरें खींचीं। अमला कठपुतली की तरह उसके कहे अनुसार किए चली जा रही थी। अपनी अन्तिम तस्वीर खींचकर मेहरा ने रील निकालते हुए अमला से पूछा, "आप अपनी तस्वीरें देखना तो पसन्द करेंगी शायद? बोलिए, इन्हें दिखाने के लिए कहाँ आऊँ?...या आप पुरी होटल आइए।" और वह अमला की बगल में बैठ गया। अमला ज़रा-सा सरक गई।

"जी, मैं भी पुरी होटल में ठहरी हूँ।" धीरे से अमला ने कहा।

"क्या? आप पुरी होटल में ठहरी हैं? ओ, यह भी क्या कोइन्सिडेंस है! पर मैंने आपको देखा नहीं! रूम-नम्बर?"

''तेरह।''

''जी।''

''शायद फर्स्ट फ्लोर पर है?''

''जी।''

''आपके साथ...?''

''जी, मैं अकेली हूँ।'' बहुत ही दबे-से स्वर में अमला ने कहा। दो क्षण दोनों चुप रहे। अमला चाह रही थी कि उठकर चल दे, पर उससे उठा नहीं जा रहा था। उसने एक उड़ती-सी नज़र मेहरा के चेहरे पर डाली। उसके अकेले आने की बात सुनकर मेहरा के चेहरे पर कुछ अनबूझ-सा कौतूहल उभर आया था।

इधर-उधर देखकर मेहरा बोला, ''धूप बढ़ रही है। सोचता हूँ, लौट चला जाए।'' और बढ़ती धूप का एहसास होते ही उसने जेब से रंगीन चश्मा निकालकर चढ़ा लिया।

होटल पहुँचकर जब अमला ऊपर चढ़ने लगी, तो मेहरा ने कहा, ''आपको धन्यवाद तो दे ही दूँ। तैयार होते ही आपको तस्वीरें दिखाने आऊँगा।''

पहली बार अमला हलके-से मुस्कराई। एक बार उसका मन हुआ कि मेहरा को चाय के लिए निमन्त्रण दे दे, पर कहा नहीं गया और वह ऊपर चढ़ आई।

अमला सामने फैली तस्वीरों को मुग्ध-भाव से देख रही थी। खुले-गीले केश, टखनों तक पानी, चिपके वस्त्र, चेहरे पर पानी की बूँदें मोती की तरह चमक रही थीं। मेहरा साहब फोटोग्राफी की दृष्टि से तस्वीर की खूबियाँ समझा रहे थे, पर अमला सोच रही थी...इतनी घुटन और सहने के बाद भी उसमें इतना लावण्य शेष रह गया था! और तभी उसे अपनी उस मुस्कराहट का खयाल आया। उसने सरसरी नज़र से पाँचों तस्वीरों को देखा, एक में भी वह मुस्कराहट नहीं थी। उसे खुद बड़ा आश्चर्य हुआ कि एक बार भी वह मुस्कराई क्यों नहीं? उसे लगा, जैसे वह उस तरह मुस्कराना ही भूल गई है। एकाएक उसका मन हुआ कि ड्रेसिंग-टेबल के सामने जाकर एक बार वह उसी तरह मुस्कराकर देखे।

नीचे दो-तीन रिक्शे आकर खड़े हो गए। अमला ने ज़रा-सा झुककर नीचे की ओर झाँका। यह रेल का समय है। इस समय सदा ही रिक्शे आते हैं, यात्री आते हैं। यों नए आदमियों को देखने का उसे विशेष कौतूहल रहता था, पर आज वह अपनी तस्वीरों में ही उलझी रही, ''कल सवेरे चाय आप मेरे साथ ही पीजिए, तब मैं आपको अपनी कुछ एलबम्स दिखाऊँगा।'' मेहरा ने कहा। जवाब देने के लिए अमला ने तस्वीर पर से मुँह उठाकर जैसे ही ऊपर देखा—एक उड़िया कुली पर सामान रखे अमर को खड़े पाया। अपार विस्मय से अमला उसका मुँह देखती रह गई। मेहरा अमला के विस्मय का कारण जानना ही चाह रहे थे कि अमला बोली, ''अरे अमर, तुम कैसे?'' और वह कुर्सी से उठकर आगे बढ़ गई।

"तुमने ही तो बुलाया था।" मुस्कराते हुए अमर ने कहा।

"आप एक मिनट ठहरिए मेहरा साहब, मैं इनका सामान रखवा आऊँ।" अन्ना से चाबी लेकर अमला ने खुद अपने कमरे के बगलवाला कमरा खोला। उसने आने के पहले ही अपने लिए दो कमरे रिजर्व करवाए थे। अमर की इनकारी का तार पाकर भी उसने कमरा लौटाया नहीं, वह ज्यों का त्यों बन्द पड़ा था। खोलते समय उसे खयाल आया कि इनकारी का तार पाकर भी क्या उसे विश्वास नहीं था कि अमर आएगा?

"एकाएक तार देकर क्यों बुलाया तुमने मुझे?" कुली को पैसे देकर विदा करते हुए अमर ने पूछा।

"पर तुमने इनकार ही लिख दिया था!" प्रसन्नता में कुछ रोष का पुट देते हुए अमला ने कहा। उसकी इन्कारी ने उसे जितना क्रुद्ध किया था, उसके आगमन ने उतना ही प्रसन्न कर दिया। उसका मन रह गया। आज भी अमर में इतनी सामर्थ्य नहीं कि उसकी बात टाल दे।...आज भी वह 'कुछ' है! पर जब अमर ने बेहद खिजलाए-से स्वर में कहा, "मना नहीं करता तो क्या करता? मेरा अपना भी तो कोई ज़रूरी काम हो सकता है!" तो अमला भीतर-ही-भीतर कहीं आहत हो गई।

"अच्छा तो अमलाजी, इस समय आप आज्ञा दें, आपके फ्रेंड आए हैं।" हाथ में तस्वीरों का बड़ा-सा लिफाफा दबाए हुए मेहरा साहब ने बिना किसी संकोच के कमरे में घुसते हुए कहा।

"नहीं, नहीं, मेहरा साहब, जाएँगे क्यों?" और फिर उसने दोनों का परिचय करवाया...पर अमर के लिए केवल इतना कहकर छोड़ दिया, कि एक अच्छे साहित्यकार हैं। जानबूझकर उसने 'मित्र' शब्द का प्रयोग नहीं किया।

बाहर निकलकर अमला ने अन्ना को एक कुर्सी और लाने का आदेश दिया। अमर के चेहरे से वह अच्छी तरह समझ गई कि मेहरा का यों आग्रह करके रोका जाना उसे अच्छा नहीं लगा। अमला को सन्तोष हुआ।

"देखो अमर, मेहरा साहब ने हमारी तस्वीरें खींची हैं।...दिखाइए तो मेहरा साहब!" फिर मुस्कराते हुए बोली, "बहुत फोटोग्राफर देखे, पर मेहरा साहब को तो कमाल हासिल है इस कला में?" तब तक मेहरा साहब ने एक तस्वीर अमर के हाथ में थमा दी और सधे-सधाए ढंग से उसकी खूबियाँ समझाने लगे।

अमला को लगा जैसे कुछ देर पहले तस्वीर खिंचवाते समय उसे यही खयाल आया था। खयाल ही नहीं आया था, उसके मन में इच्छा जागी थी कि अमर भी इन तस्वीरों को देखता, देखकर प्रसन्न होता, प्रसन्न होकर सराहता। उसने सोचा भी था कि यदि न आने की असमर्थता पर क्षमा-याचना करता हुआ और खेद प्रकट करता हुआ पत्र आएगा तो वह ये तस्वीरें ही अमर के पास भेजेगी। उत्तर में अमर क्या-क्या लिखेगा, यह भी उसने सोचा था। सराहना मेहरा साहब ने भी बहुत की, पर उसमें उनकी अपनी प्रशंसा थी और अमला चाहती थी कि उसकी सराहना की जाए—

उसके लावण्य की, उसके भोलेपन की...पर अमर ने बेहद उदासीनता से, एक के बाद एक, सारी तस्वीरें देख लीं और फिर एक तरफ सरकाते हुए कहा, ''बहुत अच्छी हैं।''

मेहरा साहब को कुछ निराशा हुई और अमला खिन्न हो गई।

''तुम पहले चाय-कॉफी लोगे या नहाओगे?'' अमला ने पूछा, पर उसे खुद लगा कि उसका स्वर कुछ अधिक ही रूखा हो गया है।

''मैं नहा लेता हूँ।'' और बिना किसी की अपेक्षा किए वह उठा। एक क्षण उसने सामने फैले अनन्त समुद्र को देखा, फिर मुड़कर कमरे की ओर चला गया। उसके उठते ही मेहरा भी उठ गए। अमला ने अच्छी तरह भाँप लिया—न मेहरा साहब को अमर का आना अच्छा लगा है, न अमर को मेहरा साहब की उपस्थिति, और, उसे दोनों के बीच ही रहना है।

अमला उठी और रेलिंग के सहारे खड़ी होकर समुद्र को देखने लगी।

अमर आ गया, फिर भी वह खुश नहीं हो पा रही है। अमर के खिजलाए-से दो वाक्यों ने अमला की सारी खुशी हर ली। आते ही अमर ने जता दिया कि आकर उसने अमला पर बड़ा एहसान किया है; और एहसान वह किसी का बर्दाश्त नहीं कर सकती।

सीढ़ियों पर ज़ोर-ज़ोर से गाते हुए दो बंगाली लड़के चढ़े। बाकी लोग शायद समुद्र पर ही रह गए। अमला के आने से दूसरे दिन ही यह दल आया था और अमला के बाईं तरफ के दोनों कमरों में अड्डा जमा रखा था। इनके ठहाके और इनके गीत सारे होटल में गूँजते थे। कई बार अमला का मन होता था कि इनमें शामिल होकर वह भी उन्मुक्त भाव से गाए—पर गाना तो दूर, उनके परिचय तक नहीं पा सकी थी।

एकाएक उसे याद आया कि अमर ने आते ही पूछा कि मुझे तार देकर क्यों बुलाया? वह फिर पूछेगा तो क्या जवाब देगी? कह सकेगी कि पुरी में अकेले उसे बड़ा सूना-सूना-सा लगता था...उसे एकसाथी चाहिए था, जो उसके साथ घूमता, बातें करता? हाथी-दाँती मीनारों में वह बहुत दिनों तक रह ली, पर पाया कि वहाँ घुटन और तड़पन के सिवाय कुछ नहीं है। उसने बहुत सहा, सहते-सहते वह टूट गई है, बिखर गई है...अब कुछ समय के लिए वह बनना चाहती है। उन मीनारों से मुक्त होकर धरती पर आकर जीना चाहती है। जीवन को जीवन की तरह जीना चाहती है—और इसलिए उसे अमर की आवश्यकता थी—पर कह सकेगी वह यह सब अमर से?

एक बड़ी-सी लहर किनारे से टकराई...लगा जैसे कोई सिर धुन-धुनकर रो पड़ा हो और चारों ओर एक गूँज छा गई हो!

तभी कफ के बटन लगाते हुए अमर आया। उसके गीले केश अस्त-व्यस्त हो रहे थे; फिर भी वह थोड़ी देर पहले की अपेक्षा अधिक प्रसन्न लग रहा था। उसने उस

विंग की पूरी बालकनी पर नज़र दौड़ाई—सारी बालकनी में केवल अमला ही रेलिंग के सहारे खड़ी थी और लोग शायद समुद्र पर ही चले गए थे।

"आह, अब जाकर जान में जान आई। थर्ड क्लास में सफर करो तो तबीयत झक हो जाए, और आप हैं कि फरमान भेज दिया—पहली गाड़ी से चले आओ!" और अमर अमला की बगल में आकर खड़ा हो गया। अमला को लगा जैसे अभी अमर का हाथ उसके कन्धे पर आ टिकेगा, इसीलिए वह घूमी नहीं, बस एकटक समुद्र की ओर ही देखती रही!

सामने की भीड़ को लक्ष्य करके अमर ने कहा, "खासी चहल-पहल रहती है वहाँ तो।" अमला चुपचाप समुद्र की ओर निहार रही थी।

"हाँ, तो अब पिलाओ, क्या पिलाती हो; कॉफी या चाय?"

"ऐं?" अमला जैसे चौंकी। फिर पूछा, "बोलो क्या मँगवाऊँ?"

"कॉफी।"

अमला ने एक बार सामने की ओर देखा। वातावरण की कालिमा पानी में भी घुलने लगी थी और किनारे की चहल-पहल के बावजूद एक अजीब-सी उदासी चारों ओर के वातावरण में छाने लगी थी। अमला को लगा, यह सर्द और उदास वातावरण प्रेरक नहीं है; शायद अमर पहले से बहुत अधिक बदल गया है, अधिक जड़ हो गया है, शायद वह कुछ अधिक की अपेक्षा कर रहा है।

कॉफी की अन्तिम घूँट पीते हुए अमर ने पूछा, "अच्छा तो अब जान सकता हूँ कि आपने क्यों बुलाया?"

"बता दूँगी—पर पहले यह बताओ कि रंजना ने तुम्हें आने दिया? तार देखकर उसने रोना-धोना नहीं मचाया?"

"तार उसने देखा नहीं और मैंने बताया नहीं।" फिर कुछ उदास और विरक्त-से स्वर में बोला, "जान भी लेती तो कुछ नहीं करती। अब सारी बात कहने-सुनने से परे चली गई है।" और वह समुद्र के पार कुछ देखने की कोशिश करने लगा। अमर के मन की गहराइयों में कहीं कोई चुभन है, टीस है, इसका अनुमान अमला को हो गया।

"क्या बात है अमर? अभी भी तुम्हारे और रंजना के बीच कोई अंडरस्टैंडिंग नहीं हो पाई? तुम उससे यों छिपकर आ गए? अब, जब उसे मालूम पड़ेगा, तो तुम्हारे सम्बन्ध और बिगड़ेंगे या नहीं?"

एक क्षण को अमर ने बड़ी ही कातर नज़रों से अमला को देखा, फिर धीरे से बोला, "बेहतर होगा अमला, यदि तुम इस प्रसंग को यहीं समाप्त कर दो।" कहने के साथ ही उसकी आँखों की पुतलियों में तरलता उतर आई। वह कुर्सी से उठा और रेलिंग के सहारे जाकर खड़ा हो गया।

अमला ने एक बार पूरी बालकनी में नज़र डाली, फिर उठकर अमर की बगल में खड़ी हो गई। रेलिंग पर टिकी अमर की हथेली को अपने हाथ में लेकर बहुत ही

स्नेहिल स्वर में बोली, ''इसीलिए तो मैंने तुम्हें बुलाया था अमर!'' और उसे खुद लगा जैसे उसका स्वर सध गया है और उसमें सहज स्वाभाविकता आ गई है, ''बहुत दिन हो गए तुम्हारी कोई अच्छी चीज़ पढ़ने को नहीं मिली। बताया तो तुमने कुछ नहीं, पर मैंने अनुमान लगा लिया था कि उस वातावरण में तुम ज़रूर घुट रहे होगे, वहाँ तुमसे कुछ नहीं लिखा जाएगा।''

अपनी बात की प्रतिक्रिया जानने के लिए उसने अमर की ओर देखा। उसे लगा, अमर कुछ कह रहा है, पर समुद्र के गर्जन में वह उसका बुदबुदाना नहीं सुन पाई, शायद वह उससे कह भी नहीं रहा था, अपने से ही कह रहा था।

''मैंने एक अलग कमरा तुम्हारे लिए ले लिया था। चाहती हूँ, कुछ समय यहाँ रहो और एक अच्छी चीज़ समाप्त करके जाओ।''

अमला की मुट्ठी में भिंचा अमर का हाथ सिहरकर ठंडा हो गया, पर न वह कुछ बोला, न उसने अपनी दृष्टि ही घुमाई।

बंगाली लड़कों का पूरा दल दरी और तकिये लिए हुए बालकनी में आ गया तो अमला अमर को लेकर अपने कमरे में लौट आई। कमरे की रोशनी में पहली बार अमर के चेहरे को भरपूर नज़रों से देखा तो उसका रोम-रोम चीख उठा—पीला निस्तेज चेहरा और भावशून्य तरल आँखें। अमर के इस अव्यक्त, मौन संताप से अमला की कुछ देर पहले की खीझ और खिन्नता अपने-आप ही दूर हो गई। उसके बालों में अँगुलियाँ उलझाते हुए बोली, ''मुझसे वायदा करो अमर कि मेरे इस बुलाने को सार्थक करके ही लौटोगे!''

अपनी हथेलियों में मुँह को छिपाकर अमर फूट पड़ा, ''मुझसे कुछ लिखवा लो अमला! यदि कुछ दिन और नहीं लिख पाया तो मैं मर जाऊँगा! सचमुच ही मर जाऊँगा! लिखने के लिए बहुत कुछ मेरे दिमाग में घूमता रहता है, पर मैं लिख नहीं पाता। अजीब-अजीब से चेहरे, बड़े मनहूस-से चेहरे मेरी आँखों के सामने घूमते रहते हैं, और मैं कुछ नहीं लिख पाता। अब तो लगता है, जैसे मैं कभी भी नहीं लिख सकूँगा। दूसरों को मारकर जो पनपना चाहता है उसे पहले खुद मरना पड़ता है। और कोई मेरी बात पर विश्वास नहीं करेगा, पर तुम कर लो अमला, मैंने कभी किसी को मारना नहीं चाहा, किसी को मारा भी नहीं; फिर भी हत्या का अपराध मेरे सिर पर असह्य बोझ की तरह लदा रहता है और मैं खुद मृतक के समान किसी की लाश को लिए फिरता रहता हूँ। मैं...''

अमला टोकती नहीं तो अमर शायद बोले ही चला जाता।

''मैं सब समझती हूँ अमर, सब समझती हूँ। पर अब तुम लिखोगे! पीड़ा जब अपने चरम पर पहुँच जाती है, तभी सृजन होता है।''

अमर अमला के कमरे में बैठा हुआ मेहरा की खींची हुई तस्वीरें देख रहा था और पास बैठी अमला यों ही एक पत्रिका के पन्ने पलट रही थी, पर उसका सारा ध्यान अमर के चेहरे पर होनेवाली प्रतिक्रियाओं पर था। एक तस्वीर को अमर कभी

पास लाकर देखता, कभी दूर ले जाकर—फिर अमला के सामने रखता हुआ बोला, ''इसमें तुम 'लाइट-हाउस' जैसी नज़र आ रही हो...दूसरों का पथ-प्रदर्शन करनेवाला दीप-स्तम्भ!''

अमला मुस्कराई, ''जानते हो, दूसरों का पथ-प्रदर्शित करनेवाले दीप-स्तम्भ को स्वयं तिल-तिल करके जलना पड़ता है, वह स्वयं तो शायद जीवन-भर अँधेरे में ही रहता है।''

अमर केवल अमला के चेहरे को देखता रहा...उसकी कही बात का अर्थ समझने का प्रयत्न करता रहा, फिर धीरे से बोला, ''बुरा न मानो तो एक बात कहूँ?''

अमला ने जिज्ञासु नेत्रों से अमर को देखा, जिनमें अनुमति के साथ जानने की आतुरता थी।

''आजकल तुमने अपना कवच उतार दिया?''

''कवच? मैं समझी नहीं!'' सचमुच ही अमर की बात का तात्पर्य वह नहीं समझी थी?

पाँचों तस्वीरों को ताश के पत्ते की तरह मेज़ पर फैलाकर अमर ने कहा, ''एक भी तस्वीर में तुम्हारी वह चिर-परिचित मुस्कान नहीं है? क्या बात है, आजकल उस तरह से मुस्कराना छोड़ दिया?''

बात ने अमला के मर्म पर चोट की। उसे याद आया—'तस्वीरें देखते समय उसे भी यह बात याद आई थी, पर इस रूप में नहीं। 'कवच'...मुस्कराना छोड़ दिया?'—ये बातें उसे बेध गईं। फिर भी अपने पर संयम रखकर बोली, ''अपने पर कवच डालकर कौन नहीं रहता अमर?'' अमला के स्वर में ही उसका रोष प्रकट हो रहा था। अमर बीच में ही बोल उठा, ''लगता है, तुम मेरी बात का बुरा मान गईं। मेरा मतलब तो सिर्फ...''

''बुरा मैंने कतई नहीं माना। जितनी सच्चाई से तुमने कहा है, उतनी ही सच्चाई से मैं कह रही हूँ। एक आदमी भी तुम बता सकते हो, जो अपने असली रूप में सबके सामने आने का साहस रखता हो? तुम जैसे बाहर से दिखाई देते हो, क्या भीतर से भी वैसे ही हो? ऐसा होता नहीं अमर! आदमी चाहे एक बार साहस कर ले पर आसपासवाले उसके उस रूप को कभी बर्दाश्त नहीं कर सकेंगे!''

अमर चुप रह गया। उसकी आँखों में आँखें डालकर अमला ने पूछा, ''मैं जैसी हूँ, जो कुछ सोचती हूँ, जो कुछ चाहती हूँ, वह सब प्रकट कर दूँ तो शायद तुम मुझसे नफरत करने लगो! कवच डालकर जीना कितना कष्टकर होता है, जानते हो? जो जितने बड़े कवच डालकर रहता है, समझ लो कि वह उतना ही दुखी है, रात-दिन वह घुटता है, मुक्ति के लिए छटपटाता है। दुनिया को भरमाने के लिए जो कवच ओढ़े जाते हैं, उसमें आदमी पहले स्वयं को भरमाता है और जब...''

''अमला!'' अमला का प्रवाह टूट गया, पर मन की घुटन, मन का दर्द चेहरे पर साकार हो गया।

''आओ, कुछ देर समुद्र पर टहल आएँ।''

पुरी होटल से बहुत दूर निर्जन स्थान में रेत पर अमला और अमर दोनों बैठे हैं। सबकुछ बता देने के बाद मन हलका हो जाता है, पर अमला को लग रहा था जैसे सबकुछ कह देने के बाद उसके मन का बोझ और बढ़ गया है। वे सारी बातें, जिन्हें भूलने के लिए वह पुरी आई थी, एकाएक ही ताज़ा होकर उसके मन को मथने लगीं। वह शून्य नज़रों से समुद्र को देखती रही। अमर की निगाहें बराबर उसी की ओर थीं। अमला जानती है—अमर लगातार उसे ही देखे जा रहा है...एक अजीब-सा उन्माद उस पर छाने लगा! यों ही लहरों की ओर निहारते हुए वह बोली, ''देखते हो अमर! दूर क्षितिज में कैसी बड़ी-बड़ी लहरें उठती हैं! कैसी उच्छृंखलता रहती है उनके उठने में, और कैसा उन्माद रहता है उनकी गति में! लगता है जैसे किसी से मिलने की दुर्दमनीय चाह लिए, बड़ी उमंग से हुलसती हुई, आगे की लहरों को धकेलती हुई चली आती हैं। अपनी सामर्थ्य का विश्वास उनकी गति को वेग देता है, तो मन की चाह गति को मस्ती। लगता है, कोई बाधा-बन्धन वे नहीं मानेंगी, दुनिया की कोई शक्ति उन्हें अपना मनोवांछित पाने के लिए रोक नहीं सकेगी। पर फिर जाने क्या होता है कि बस एक सीमा से आगे वे बढ़ ही नहीं पातीं। वह आत्मविश्वास, वह दुर्दमनीय चाह—सब उस सीमा पर सिर पटक-पटककर रो पड़ते हैं। सीमा से आगे न बढ़ पा सकने की विवशता पर वे चीत्कार कर उठती हैं, सिर धुन-धुनकर रोती हैं, और उसी मजबूरी में बिखरकर चूर-चूर हो जाती हैं। उनकी सारी उमंगों पर, आकांक्षाओं पर झाग का सफेद, सर्द कफन पड़ जाता है। उनके दर्द को, उनकी विवशता को कोई समझ ही नहीं पाता! लोग तो इसमें भी आनन्द उठाते हैं, इसमें भी सौन्दर्य देखते हैं!'' फिर एकाएक अमर की ओर घूमकर पूछा, ''तुम्हीं बताओ अमर, ऐसा क्यों होता है? क्या ऐसा होना चाहिए? किनारे पर पहुँची पछाड़ खाती लहरों को देखकर क्या तुम्हें भी ऐसा ही नहीं लगता? इस अपार शक्ति के साथ ऐसी मजबूरी क्यों बाँध दी गई है?...बताओ अमर! एकान्त में बैठकर जब इन लहरों को देखती हूँ तो यही सब सोचती रहती हूँ...पर मुझे कोई उत्तर नहीं सूझता।''

अमर का सहारा लेकर अर्धचेतन-सी स्थिति में जब अमला अपने कमरे पर पहुँची तो ग्यारह बज चुके थे। बिना कपड़ा बदले वह ज्यों की त्यों पलंग पर जा पड़ी और अपने हाथ से ही पलंग के चारों ओर मसहरी खींच ली। नीले रेशमी धागों से बने असंख्य मकड़ी के जाले चारों ओर फैल गए। लहरें आतीं और हाहाकार करती हुई किनारे से टकराकर चूर-चूर हो जातीं और उनकी प्रतिध्वनि से सारा होटल गूँज उठता।

आज मेहरा चले गए और अमला फिर अकेली रह गई। पिछले आठ दिनों से उसने अपना सारा समय मेहरा के साथ ही काटा था—लड़की की बीमारी का तार पाकर मेहरा अत्यन्त चिन्तित हो उठा था और अमला समझ गई थी कि वह ठहरने का

आग्रह भी करेगी तो मेहरा ठहरेगा नहीं और इसीलिए वह चुप रह गई। वह कोई बात कहे और सामनेवाला उसे अस्वीकार कर दे, यह आज भी अमला के अहं को बर्दाश्त नहीं होता। उसे अमर की बात याद हो आई।

सूर्यास्त होने में कुछ देर बाकी थी—अमला अमर के कमरे के बन्द दरवाज़े को ठेलकर अन्दर से घुस गई, "आओ अमर, समुद्र पर चलकर सूर्यास्त देखेंगे।" अमर मेज़ पर झुककर लिखने में डूबा हुआ था। उसका हाथ जहाँ का तहाँ रुक गया। उसने कुछ ऐसे भाव से अमला की ओर देखा मानो वह अमला की बात समझ ही नहीं पाया हो!

"कोई इस तरह भूत बनकर लिखता है? चलो, उठो।" और उसने सामने पड़ी कापी बन्द करके एक ओर सरका दी।

"सूर्यास्त देखने मैं नहीं आऊँगा! तुम चली जाओ।"

"क्यों?"

"अस्त किसी का भी शुभ नहीं होता और जो अशुभ है उसे हम क्यों देखें? डूबते हुए लाल सूरज को देखकर मुझे लगता है जैसे कोई सूर्य की लहूलुहान लाश को समुद्र में फेंक रहा है। यह सब मुझसे नहीं देखा जाता। किसी के अस्त और अवसान में भी सौन्दर्य..." फिर बड़े ही व्यथित स्वर में बोला, "यों भी बड़ी कटु स्मृतियाँ जुड़ी हुई हैं सूर्यास्त के साथ, मैं जा नहीं सकूँगा!"

"देखती हूँ, उपन्यास लिखने के दौरान में आदमी एकदम ही नॉर्मल नहीं रह जाता है।" मुस्कराते हुए अमला ने कहा। फिर कुछ हठ करने के लहजे में बोली, "आज तो चाहे कुछ भी हो जाए, तुम्हें चलना ही होगा! हमारे अस्त में दूसरे लोग आनन्द उठाते हैं, तो हम भी दूसरों के अस्त में आनन्द क्यों न लें!" वह सोच रही थी कि अमर अभी उठकर उसके साथ चल देगा; पर अमर अप्रत्याशित रूप से झल्ला उठा और खीझकर बोला, "तुमने कहा था न कि तुमने मुझे कुछ लिखने के लिए बुलाया है, तो फिर लिखने क्यों नहीं देतीं?—क्यों सवेरे से मेरी जान को लगी हो? सच तो यह है कि तुमने मुझे अपने लिए बुलाया है। तुम चाहती हो कि मैं रात-दिन तुम्हारे पीछे घूमता रहूँ। तुम्हारी हर छोटी-बड़ी इच्छा पूरी करूँ... मैं..."

क्रोध से काँपते हुए अमला केवल इतना ही कह सकी, "जब होश में आ जाओ, तभी मुझसे बात करना!" और कमरे से निकलकर उसने ज़ोर से दरवाज़ा बन्द कर दिया। उस दिन वह अकेली ही समुद्र पर निकल पड़ी, पर अचानक ही जब उसे वहाँ कन्धे में कैमरा झुकाए मेहरा मिल गया, तो वह उसी के साथ हो ली। दोनों ने साथ पुरी का मन्दिर देखा था, मेहरा ने उसकी तस्वीरें खींची थीं और जब रात साढ़े दस बजे दोनों होटल लौटे थे, तो अमर को रेलिंग के सहारे खड़े सिगरेट पीते देख अमला को बड़ा सन्तोष मिला था।

"कल सवेरे की चाय आप मेरे ही साथ पी रहे हैं मेहरा साहब!" उसने अमर को सुनाते हुए ज़ोर से कहा था।

और फिर तो चाय, खाना, घूमना—सब इस तरह साथ-साथ होने लगा जैसे दोनों साथ ही आए हों, साथ ही ठहरे हों।

मेहरा अमला के लिए उड़ीसा हैंडलूम की नीले रंग की एक सुन्दर साड़ी लाया तो उसने उसी शाम को उसे पहना, लम्बे अर्से के बाद माथे पर बिन्दी लगाई। वह बालकनी में खड़ी मेहरा का ही इन्तज़ार कर रही थी कि कमरा खोलकर अमर निकला। अमला के वेश पर वह चौंका था, और उस चौंकने के जवाब में वह मुस्कराई थी...

मेहरा के साथ रिक्शा में बैठकर वह सारा शहर घूमने निकली। बड़ी लापरवाहयुक्त सतर्कता से मेहरा का हाथ उसकी पीठ से लिपटा पड़ा था। ऊँचे-नीचे रास्तों पर झटके लगते और मेहरा के हाथ का दबाव बढ़ जाता...वह स्पर्श, वह दबाव...अमला सब समझती थी, फिर भी वह हँसती रहती, खिलखिलाती रहती...

मेहरा तस्वीरें खींचता तो कभी उसका पल्ला ठीक करने के बहाने उसके सारे बदन में सिहरन की लहरें दौड़ा देता, कभी दोनों हथेलियों में उसका चेहरा भींच उसके गाल सुर्ख कर देता।

उस दिन समुद्र में दोनों साथ नहाए, हाथ पकड़कर दोनों दूर तक आगे बढ़ गए। लहर आती तो दोनों सिर झुकाकर नीचे हो जाते। लहरों के वेगमय प्रवाह में अमला बड़ी असमर्थ-सी मेहरा की बाँहों में अपने को समर्पित कर देती और फिर जल के तरल आवरण के नीचे क्षणांश के लिए दो शरीर एक हो जाते।

उस रात वह सोई तो बार-बार उसे लगता जैसे समुद्र की विकराल लहरों में वह डूबी चली जा रही है...जैसे किसी बड़ी-सी लहर को देखकर उसने सिर नीचा कर लिया है, पर वह लहर है कि लौटती ही नहीं और उसका दम घुट रहा है। एकाएक उसकी आँखें खुल गई थीं; पर दम घुटने की भावना तब भी बनी हुई थी। उसने मसहरी हटा दी, सारी खिड़कियाँ खोल दीं। बालकनीवाली खिड़की खोलते ही हलकी चाँदनी में फैला समुद्र दिखाई दिया। उसका मन हुआ, फिर से जल का तरल आवरण उस पर पड़ जाए...फिर से...बाकी रात अजीब कम्पन और पुलकन के बीच ही बीत गई।

आज सवेरे लड़की की बीमारी का तार पाकर एकाएक ही मेहरा चला गया और अमला फिर अकेली रह गई। सारा दिन कमरे में अकेले लेटे-लेटे अमला ने बिता दिया, पर साँझ होते ही समुद्र की लहरों का आमन्त्रण उससे अनसुना न किया गया।

निकली तो देखा, अमर के कमरे का दरवाज़ा बन्द था। एक बार मन हुआ, दरवाज़ा खटखटाए...पर नहीं, आगे होकर वह उसके पास नहीं जाएगी। अकेले चलते हुए उसे बार-बार लगता जैसे अभी किसी बात पर 'हो-हो' करके हँसता हुआ मेहरा उसके साथ हो जाएगा। चलते-चलते वह थक गई तो रेत में बैठ गई; और जब बैठा रहना भी भारी लगने लगा तो लेट गई। वह भूल गई कि यों इस निर्जन तट पर अकेले

लेटना उसके लिए अशोभनीय है। बन्द आँखों के सामने भी कितने स्पष्ट चित्र बन-बिगड़ रहे थे...स्मृतियों की लहरें एक के बाद एक आकर टकरा रही थीं...

''अमला!''

अमला ने चौंककर आँखों पर से बाँहें हटाईं। देखा, सामने अमर खड़ा था। वह उठ बैठी।

''होटल से इतनी दूर आकर तुम यहाँ अकेले में यों पड़ी हो? कुछ समय का भी ज्ञान है तुम्हें?'' अमला कुछ बोली नहीं, बस जड़वत् ज्यों-की-त्यों बैठी अमर को देखती रही। अमर धीरे से उसके पास बैठ गया।

''अमला! चलो उठो, लौट चलो।'' स्नेह से उसके कन्धे पर हाथ रखकर अमर ने कहा।

''सामने इस समुद्र को देख रहे हो अमर? खुले आसमान के नीचे बिखरी इस जल-राशि को छोड़कर तुम्हें होटल का कमरा अधिक प्रिय है? कैसे लेखक हो तुम! मेरा तो मन करता है—जीवन-भर यहीं पड़ी रहूँ, बस ऐसे ही समुद्र का मंथन देखती रहूँ...'' और अमला ने अपने कन्धे पर रखे अमर के हाथ को खींचकर उसे अपने पास बिठा लिया, ''ये लहरें मुझे हाथ उठा-उठाकर बुला रही हैं। मैं आज जाऊँगी, ज़रूर जाऊँगी! अब और अधिक अपने पर नियन्त्रण नहीं रख सकूँगी।''

मन्त्रमुग्ध-सी देखती हुई अमला के होंठ अनायास गुनगुना उठे, ''तीर पर कैसे रुकूँ मैं, आज लहरों में निमन्त्रण...आज लहरों में निमन्त्रण...आज लहरों में निमन्त्रण...'' एक ही पंक्ति को उसने कई बार दुहराया।

फिर उठती हुई बोली, ''चलो अमर, तुम भी चलो! उठो न! तुम्हें बहुत तकलीफ है न, मन में बड़ी तपन और अशान्ति है न, तो आओ चलो...''

''अमला!'' भर्राए-से स्वर में अमर बोला। अमला के इस उन्माद से वह कुछ भयभीत-सा हो उठा।

''तुम डरते हो? डरो नहीं, मैं तुम्हारे पास हूँ...''

''अमला, बहुत बड़ी-बड़ी लहरें आ रही हैं, पीछे हटकर बैठो!...कोई लहर बहाकर साथ ले गई तो...''

हा-हा, करके अमला हँस पड़ी, ''कोई लहर मुझे बहाकर नहीं ले जाएगी अमर, बस केवल भिगोकर लौट जाएगी। जानते हो जब भी कोई लहर भिगोकर लौट जाती है तो खारे पानी के कारण बदन चिटचिटाता है, फिर भी मन करता है—और लहरें आएँ, मुझे भिगोएँ...मैं बस भीगती ही रहूँ।''

अमर ने अपनी पूरी ताकत से खींचकर अमला को पीछे घसीट लिया। अमला पेट के बल उलटी लेट गई—ऊपर से नीचे तक गीले वस्त्र, खुले गीले केश, दोनों कुहनियों को रेत में गड़ाकर हथेलियों में टिकी अमला की ठोड़ी, और पास अमर बैठा...

''कैसा भयंकर रूप है आज समुद्र का! मुझे तो समुद्र का यही रूप अच्छा लगता है—अशान्त, उद्वेलित, आलोड़ित, भीषण गर्जन करता हुआ!'' अमला का स्वर

काँपने लगा, लगता है आज लहरें किनारे के इस व्यवधान को नहीं मानेंगी...आज ये अपनी सीमा-मर्यादा को तोड़कर सबकुछ तहस-नहस कर देंगी—यदि ऐसा होगा तो कितना अच्छा होगा! फिर तुम मुझे कहीं भी घसीटोगे पर बचा नहीं पाओगे! किसी तरह नहीं बचा पाओगे!''

मोहग्रस्त-सी अमला कुछ-न-कुछ बोले चली जा रही थी। उसके कुछ शब्द अमर के कानों में पड़ते तो कुछ समुद्र की गर्जन में ही खो जाते। पर अमर के लिए अमला का यह रूप नया ही था—एकदम नया।

एकाएक चित लेटकर अमला ने अमर का हाथ अपने हाथ में लिया और बोली, ''समुद्र की इस चंचलता और अधीरता के बीच भी तुम शान्त कैसे रह सकते हो अमर? निरुद्विग्न-निर्विकार!'' और उसने खींचकर अमर का हाथ अपने वक्षस्थल पर दबा लिया। अमला अमर के हाथ को दबाती रही और फिर उसने महसूस किया कि अमर की जड़-निस्पन्द उँगलियों में जैसे चेतना आ गई है और वे स्वेच्छा से थिरकने लगी हैं। अमला ने आवेश में आकर अपनी दोनों बाँहें अमर के गले में डाल दीं और अमर को अपने पर झुका लिया, फिर ज़रा-सा सिर उठाकर अमर के अधरों पर अपने अधर टिका दिए। अमर का सिर अमला की छाती पर टिक गया।

पागल बना देनेवाली एक चाह अमला के मन में उठी—कोई लहर उन दोनों को ऐसे ही बहा ले जाए, उनको ढक दे, उन पर इस तरह छा जाए कि वे दोनों एक हो जाएँ...एक, बिलकुल एक!

अमर ऊबा-सा, जड़-सा अमला की छाती पर लेटा था...जो कुछ आज हुआ, शायद वह उस सबके लिए तैयार नहीं था...वह इस सबकी कभी कल्पना भी नहीं कर सकता था।

दो क्षण भी न बीते होंगे कि अमला ने एक झटके से अमर को अपने से दूर कर दिया, ''डरो नहीं अमर, मैं कुछ नहीं करूँगी। कहा था न कि जिस दिन आवरण उतारकर तुम्हारे सामने आऊँगी, उस दिन तुम भी मुझे सहन नहीं कर सकोगे...'' और वह बदन से चिपके, गीले, अस्त-व्यस्त कपड़े, मिट्टी सने, गीले-छितराए केश सँवारती हुई होटल की ओर चल पड़ी, उद्भ्रान्त-सी लड़खड़ाती हुई। विमूढ़-सा अमर उसके पीछे चला। एक बड़ी-सी लहर भीषण गर्जन करती हुई अमला के पैरों के पास ही बिखरकर चूर-चूर हो गई। एक क्षण को अमला ठिठकी, चारों ओर फैले हुए फेन को देखा और फिर चल दी। अमर ने बीच में उसे सहारा देना चाहा तो झिड़क दिया, ''तुम्हारे सहारे की ज़रूरत नहीं है अमर! अशक्त होकर भी आज अमला इतनी निर्बल नहीं कि उसे तुम्हारे सहारे की ज़रूरत हो।''

कभी सूखे में आकर पैरों से रेत उछालती और कभी नीचे आकर लहरों में पैर धोती वह आगे बढ़ती गई—बढ़ती गई। उसने एक बार मुड़कर देखा तक नहीं कि अमर पीछे-पीछे आ रहा है या जहाँ का तहाँ खड़ा रह गया है।

खट...खट! अमर ने सुना, पर उसे लगा, वह उठ नहीं पाएगा। मोहग्रस्त, तन्द्रिल-सी अवस्था में लेटा अमर...दूर-दूर तक फैला, अन्धकार में डूबा समुद्र, गीली-गीली ठंडी रेत और पास में लेटी, उन्मादी आँखों से निहारती अमला? लहरें आतीं और भिगो जातीं।

खट...खट...!

आवाज़ है कि बढ़ती ही जा रही है। पर अमर उठ नहीं पाता। उसे लग रहा है जैसे आवाज़ कहीं दूर से आ रही है, जैसे पड़ोस का बंगाली-दल तबला ठोंक रहा है और अभी रवीन्द्र-संगीत की कड़ियाँ लहरों पर तैरती हुई सारे होटल में गूँज जाएँगी। पर उसके कानों में रवीन्द्र-संगीत की जगह कभी बच्चन के गीत की कुछ कड़ियाँ गूँज उठतीं, तो कभी किसी शेर की कोई पंक्ति—बहुत धीमे, बहुत अस्पष्ट।

भड़-भड़-भड़! ज़ोर-ज़ोर से कोई दरवाज़ा पीट रहा है।

हड़बड़ाकर अमर उठता है—दरवाज़ा खोलता है। सामने बैरा खड़ा है, होटल का मैनेजर खड़ा है।

"क्या बात है अमर साहब! सवेरे से आपका दरवाज़ा बन्द है? कितनी बार खटखटाया गया, कोई खोलता ही नहीं! हम तो बहुत डर गए साहब...होटल में कभी-कभी ऐसी वारदातें..." घबड़ाया हुआ मैनेजर अंग्रेज़ी में बोले चला जा रहा है और अमर है कि बड़ी अपरिचित और हैरत-भरी निगाहों से देख रहा है—बैरे को, मैनेजर को, अपने चारों ओर। जैसे कुछ उस पर छाया हुआ है और जिसे चीरकर वह देखना चाहता है, पहचानना चाहता है। यह पुरी का होटल नहीं, कन्याकुमारी का होटल है। सामने टेबल पर कापी खुली रखी है। सवेरे तीन बजे तक उसने लिखा है... केवल लिखा नहीं, उन क्षणों को फिर से जिया है, उन्हीं अनुभूतियों से गुज़रा है...

उद्‌भ्रान्त-सी लड़खड़ाती अमला को उसने जाते हुए देखा। उसका मन हुआ था, दौड़कर वह अमला को सहारा दे दे, पर चाहकर भी उससे उठा नहीं गया था। नीली मसहरी में लेटी अमला और रोती अन्ना, "अमला बिटिया का क्या होगा अमर बाबू? वे पागल हो गई हैं!..."

"आप नहा लीजिए साहब तो खाना ले आऊँ। दो बज गया है!" झुँझलाता हुआ बैरा बोला।

"दो बज गया?" अमर ने दोहराया।

बैरा चला गया तो अमर को लगा जैसे एकाएक ही वह अकेला हो आया है, बहुत अकेला। पिछले बीस दिनों से वह रंजना, अमला, मन्दा और टंडन के साथ था। उसने एक बार फिर से अपनी छाती पर रंजना के आक्रोश-भरे मुक्के सहे हैं... नर्सिंग-होम से उतरते हुए उसके मायूस चेहरे को देखा है—देखा ही नहीं, उसी मायूसी में घिरे रहकर दो दिन बड़े ही मनहूस-से बिताए हैं। हर बात पर फटकार देनेवाली मन्दा और हर बात पर उपदेश झाड़नेवाले टंडन को सफाई दी है; हाथी-दाँती मीनारों में बैठी, होंठों पर मुस्कान लपेट, भीतर-ही-भीतर कहीं सिसकती, बिसूरती अमला को देखा है...पर अब, इस समय?...

कमरे का सूनापन और अधिक घना हो आया है, मन की उदासी और गहरी और बोझ और अधिक भारी और अधिक असह्य हो उठा।

सिगरेट सुलगाकर अमर खिड़की पर आ खड़ा हुआ।

दूर तक फैला हुआ समुद्र—धूप में झिलमिलाता जल और दूर से आ-आकर किनारे से टकराती लहरें!

दूर से आती एक लहर पर उसने अमला को देखा—हाथ में तार और आँखों में आँसू लिए अमला, ''अमर पिताजी नहीं रहे! यों तो वे बूढ़े हो गए थे पर फिर भी मुझे लगता है, वे अपनी मौत नहीं मरे। उन्हें मारा गया है, किसी ने उन्हें मार दिया!''...सिसकियाँ, हिचकियाँ...

फर्स्ट क्लास के कम्पार्टमेंट में खड़ी अमला, ''इस बार तुम्हें बहुत तकलीफ दी अमर, अब कभी नहीं दूँगी। कौन जाने हमारी यह मुलाकात ही आखिरी मुलाकात हो, और यह विदा ही आखिरी विदा। मैं मर जाऊँ तो मेरी कहानी लिखना...''

वह लहर किनारे पर आकर टकराई और बिखरकर चूर-चूर हो गई। जल के फेनीले उफान में अमला डूब गई।

''मेरी गोदी में सिर रखकर कितना-कितना रोई है, अमर! पत्थर होता तो भी पिघल जाता। जानते हो, पिछले कई दिनों से वह रोना भूल ही गई थी, पर उस दिन...'' और मन्दा ने आँखें पोंछ लीं।

''नहीं, यह तुम दोनों के पक्ष में अच्छा ही हुआ। साथ रहकर यों तिल-तिल घुलने का अर्थ ही क्या हुआ? नौकरी भी उसे यहाँ से अच्छी मिली है। अब तुम लिखो, खूब लिखो!...'' टंडन के लहजे में सहानुभूति थी या व्यंग्य, अमर नहीं समझ पाया था। टंडन के यहाँ से लौटकर रात में जब वह सोया तो बगल की खाली जगह उसके मन में, उसके जीवन में एक खालीपन का, खोखलेपन का बोध कर रही थी। तकिये में मुँह गड़ाकर अमर फूट पड़ा—'मैं निरपराध हूँ रंजना, बिलकुल निरपराध! पुरी में उस रात अमला के मनुहार-भरे, उन्माद-भरे आमन्त्रण पर भी मैं जड़, निश्चेष्ट बैठा रहा, क्योंकि मुझे तुम्हारा ही खयाल था। वह सब करना, तुम्हारे साथ धोखा करना था, अन्याय करना था और मैं तुम्हें धोखा नहीं दे सकता था, तुम्हारे साथ अन्याय नहीं कर सकता था, क्योंकि मैंने तुम्हें प्यार किया था, आज भी करता हूँ।''

और फिर अमर सारी रात ही तो रोया था...सुबक-सुबककर, फूट-फूटकर!

उन आँसुओं में अमर के सारे सपने बह गए थे, भविष्य की सारी योजनाएँ बह गई थीं, उसकी सारी दुनिया और जीवन का रस बह गया था...

ट्रे में सजा हुआ खाना लेकर बैरा घुसा, ''अरे आप नहाए नहीं, सा'ब! मैं खाना...''

''खाना ले जाओ और थोड़ी देर बाद कॉफी लेकर आना,'' बिना पीछे मुड़कर देखे ही अमर ने आदेश दिया।

सिगरेट का आखिरी कश खींचकर उसने सिगरेट के टुकड़े को खिड़की पर

रगड़ा, फिर उस बुझे हुए सिरे को देखता रहा...

पिछले पाँच वर्षों से वह भी इस सिगरेट की तरह ही जला है—इस अवधि में बूँद-बूँद करके उसका व्यक्तित्व रिसा है और वह बुझता चला गया है। अनचाही नौकरी ने उसे पिया और धुआँ उड़ाकर छोड़ दिया है...और वह है कि आज भी उसी धुएँ के बादलों में धुँधली आकृतियाँ देख रहा है...बनते-बिगड़ते चित्र। वह चाहता है कि उन्हें फिर से पकड़ ले...उन्हीं में घुल-मिल जाए, पर वे हैं कि फिसल जाते हैं।

पैरों में चप्पल डालकर उसने दरवाज़ा बन्द किया और समुद्र के किनारे चलते-चलते दूर निकल गया। चारों ओर बिखरी धूप, झिलमिलाता पानी और सूना निर्जन समुद्रतट!

सिगरेट जलाकर उसने होंठों से लगाई और दोनों बाँहों को अपने सीने पर लपेट लिया। हवा में उसके बाल, उसका कुर्ता उड़ रहे थे।

भूले-बिसरे गीत की बिखरी-बिखरी कड़ियाँ उसके कानों में टकराईं—"तीर पर कैसे रुकूँ मैं आज लहरों में निमन्त्रण...!" और अनायास ही उसके होंठ गुनगुना उठे :

"वक्ष पर युग बाहु बाँधे,
मैं खड़ा सागर किनारे।
वेग से बहता प्रभंजन,
केश-पट मेरे उड़ाता..."

पहली बार अमर को एहसास हुआ—गलत अर्थों में अमला ने इन पंक्तियों का प्रयोग किया था, फिर भी कितना सार्थक कर दिया था!

हवा आई और अमर को रेत में नहलाती हुई निकल गई। उसने दोनों आँखों को मला। आँखें खोलीं तो जैसे समुद्र के इस छोर से उस छोर तक कुछ कौंध गया। लगा, जैसे अमला कहीं मुस्कराई है।

वेग से आती एक बड़ी-सी लहर चीत्कार करती हुई बिखर गई और चारों ओर फेन का पारदर्शी आवरण बिछ गया।

अमर को लगा, जैसे उसे कोई झकझोर-झकझोरकर बड़े ही कातर स्वर में पूछ रहा है, 'तुम्हीं बताओ अमर! ऐसा क्यों होता है? इस अपार शक्ति के साथ ऐसी मजबूरी क्यों? लहरों के उन्माद और उमंगों की परिणति इन विवश, करुण चीत्कारों में...क्यों...क्यों...क्यों?'

एक और लहर आई और बिखरकर चूर-चूर हो गई। अमर को उस फेनीले पारदर्शी कफन के नीचे होंठों पर निष्प्राण-सी मुस्कान लपेटे कभी अमला दिखाई देती तो कभी सिसकती मायूस रंजना।

उसका मन हुआ, वह भी उन्हीं लोगों के बीच जाकर लेट जाए और उस पर भी फेन का झीना तरल कफन पड़ जाए।

अपना अपना वक्तव्य

राजेन्द्र यादव का वक्तव्य

"अरे!" मन्नू एकदम बोलती है, "वो पठान!"

"कहाँ?" मैं अचानक बौखला उठता हूँ—इधर-उधर देखने लगता हूँ।

"वो क्या है सामने, किताबों की दुकान पर?"

अब तक मैंने भी भीड़ के पार देख लिया है—दुकान में लगी किताबों पर निगाहें टिकी हैं और उन्हें देखते-देखते ही सिर इस प्रकार क्रमशः ऊँचा उठता चला जा रहा है जैसे छत पर जाने के लिए सीढ़ियाँ गिन रहे हों। मैं एकदम रुक जाता हूँ। अब क्या हो? सहायता के लिए इधर-उधर देखता हूँ, "आओ इस 'बाटा' की दुकान में घुस जाएँ। अगर लौटेंगे तो दीख जाएँगे।"

"लेकिन ऐसी क्या मुसीबत है? क्यों नहीं अपना चैप्टर लिखकर भेज देते?" मन्नू को बहस करते देखकर मैं परेशानी से उसका हाथ खींचकर कहता हूँ, "ओ हो, ये बहस का मौका नहीं है।"

"लेकिन मेरा नम्बर थोड़े ही है इस बार, जो मैं जाऊँ? आपका है, आप जाओ।" मन्नू को हमेशा खतरनाक अवसरों पर सत्य-कथन का महत्त्व पता चलता है। इतने में पठान की निगाह हमारी ओर उठ जाती है। वहीं से दोनों हाथ बढ़ाकर बोलता आता है, "आहा, मैं तो सोच ही रहा था कि कल ऑफिस जाते हुए...। इस बार अंक जल्दी निकाल देना है...।" और पकड़े जाने पर मैं 'हें-हें' करके अपनी मजबूरी की सफाई देता हूँ।

शरद देवड़ा का नाम हम लोगों ने रख लिया है 'पठान'। मान लीजिए, मन्नू को चैप्टर लिखना है। समय बहुत निकल गया है। सुबह हर पल धड़का है कि किसी भी क्षण, पठान-इन-चीफ या उनके किसी सिपहसालार के दर्शन होंगे। दरवाज़े पर खट-खट होती है। मैं खोलने उठूँ कि मन्नू दौड़कर आती है—"देवड़ा जी होंगे। मैं गुसलखाने में जाती हूँ, आप कह देना कि कॉलेज चली गई।" "मैं सुन रहा हूँ।" बाहर से दुष्ट आवाज़ आती है, और हम सब लोग हँस पड़ते हैं। मन्नू पठान को कॉफी पिलाती है, नाश्ता कराती है...लेकिन पठान है कि हर तीसरी साँस में..."हाँ, तो वो चैप्टर...?"

लेकिन देवड़ा पठान ही नहीं, सम्पादक भी हैं। एक बड़ी महीन चाल चलते हैं, "भई, कुछ कहो, हमें तो मन्नू जी के चैप्टर ज़्यादा पसन्द आते हैं। हमारे सारे पाठकों

को भी उन्हीं के अध्याय ज़्यादा पसन्द हैं। तुम्हारे कुछ गरिष्ठ हैं... ।'' इतना ही नहीं, वे जानबूझकर उन्हीं पत्रों को छापते और रिडायरेक्ट करते हैं, जिनमें मन्नू के अध्यायों की प्रशंसा हो। मैं हँसकर टाल देता हूँ, ''यार, ये तो तुम्हारी बहुत पुरानी कमज़ोरी है। तुम्हें मेरे सिवाय संसार का हर लेखक महान और प्रशंसनीय लगता है। मैं भी कहीं कलकत्ता से बाहर रहता होता और कुछ दिनों को यहाँ आता, तो...'' देवड़ा के जाते ही मन्नू खुश होकर कहती है ''देखा, मेरे चैप्टर अच्छे जा रहे हैं...''

''यह तो इसकी चाल है।'' मैं समझाता हूँ, ''मेरे भीतर हीन भाव पैदा कर दो और तुम्हारी प्रशंसा करते रहो...उपन्यासांश समय पर मिलते रहेंगे... ।''

''कुढ़ो, कुढ़ो!'' मन्नू चिढ़ाती है। फिर सहसा सुप्त होकर कहती है, ''लेकिन इस बार क्या होगा? नौकर का अभी तक इन्तज़ाम नहीं हुआ है, आपसे इतना भी नहीं होता कि नौकर की तलाश कर दो। लीला बेचारी क्या-क्या करे...? वो घर का काम करे तो 'बेबी'? नया-नया कॉलेज है। इन सबके बीच चैप्टर की बात उठती ही नहीं। मैं साफ कहती हूँ, जब तक रसोई में 'सिंक' नहीं लगेगा मैं कुछ भी नहीं लिखूँगी।''

और मन्नू का उपदेशात्मक धाराप्रवाह भाषण शुरू हो जाता है, जिसका विषय होता है कि उसके भाइयों, जीजाओं की तुलना में मैं कितना 'अहदी' जीव हूँ... उनमें से कोई होता तो क्या एक दिन भी बिना नौकर यों उसे परेशानी उठानी पड़ती? रसोई में तीन-तीन सिंक लग जाते (उसके सबसे फुर्तीले भाई साहब पिछले बारह साल से एक ऐसे मकान में हैं जिसे बदलने की बात दिन में कम-से-कम दो बार सोच लेते हैं) तथा अन्य पतियों के मुकाबले मैं एकदम हीन और असफल हूँ। फिर पठान का खयाल आता है तो बात बीच में तोड़कर कहती है, ''देवड़ा जी से कह दीजिए मेरे दिमाग में कुछ भी नहीं है लिखने को।'' मैं पूछता हूँ, ''इस बार क्या सूचना जाएगी?—कि लेखिका के घर नौकर नहीं था। रसोई में सिंक नहीं लगा था और कलकत्ता में मच्छर बहुत थे...''

कुछ इस तरह की आँखमिचौली के बीच 'एक इंच मुस्कान' का एक-एक अध्याय लिखा गया है। आज सोचता हूँ कि अमला-रंजना-अमर की खींचतान ने यह उपन्यास नहीं लिखाया, लिखाया है पाठकों और मित्रों के आत्मीय दबाव ने...पठान के डर और सम्पादकीय चालाकी ने। मन्नू कहती, ''इस बार आपके अमर की ऐसी रेड़ करूँगी कि सब लोग थू-थू करें... ।'' मैं जवाब देता, ''ज्यादा, तीन-पाँच करोगी तो तुम्हारी रंजना को ले जाकर ओखला में डुबा दूँगा...!'' मन्नू अपनी ट्रम्प-चाल चलती, ''आप चाहे जितने शीर्षासन कर लो...आपके चैप्टर निहायत-निहायत बोर हैं...!''

''तुम्हारे पाठकों को कुशवाहाकान्त पढ़ने की आदत है'' और मैं सुस्त हो जाता। यह सम्पादकीय चालाकी काम कर गई थी और मुझे हमेशा मन में एक बोझ-सा महसूस होता रहता था कि मेरे चैप्टर उतने सरस नहीं जा रहे हैं जितने मन्नू के। मन्नू के लिखने में प्रवाह और निर्व्याज आत्मीयता है, और मेरी शैली बहुत सायास

और बोझिल है...यह बात कुछ ऐसे कौशल से फ़िज़ा में भर दी गई कि जहाँ कोई कहता...आप लोगों का उपन्यास ज्ञानोदय में...कि मैं बीच में ही काटकर बोल पड़ता, "जी हाँ और उसमें मन्नू जी के चैप्टर बड़े रोचक जा रहे हैं...!" धीरे-धीरे मैंने पाया कि उपन्यास को मेरे लिए चैलेंज-चुनौती का रूप दे दिया गया है। और कठिनाई यह थी कि यहाँ मेरी लेखकीय शक्ति दो भागों में बँट गई; इस चैलेंज को स्वीकार करूँ या उस उपन्यास को सिर्फ एक कथा-प्रयोग—कौतुक—होने से बचाऊँ। हस्बमामूल मन्नू मेरी खिलाफ पार्टी में थी। सहयोगी-लेखिका, प्रतियोगी-लेखिका हो गई थी।

इन सारी आन्तरिक कठिनाइयों के साथ यह सहयोगी-उपन्यास समय और शक्ति का इतना बड़ा बलिदान माँगेगा—अगर इस बात का कुछ भी अन्दाज़ हमें होता तो शायद इसे प्रारम्भ करने की हिम्मत भी हम लोगों की न पड़ती; फिर चाहे भाई लक्ष्मीचन्द्र जी कितनी ही सान पर क्यों न धरते! निन्दक नियरे रखने की बात तो तुलसी या रहीम ने ज़रूर कही थी, लेकिन घर में प्रतियोगी और बाहर निन्दक खड़े करने का नुस्खा मुझे तो किसी वैद्य ने नहीं तजवीज़ा था, और न ही मानसिक स्वास्थ्य के लिए डेढ़ साल इस 'औपन्यासिक तनाव' में जीने की बात कहीं पढ़ी थी। श्री लक्ष्मीचन्द्र जैन निहायत सज्जन, शिष्ट और स्नेही व्यक्ति हैं और मेरे आदरणीय भाई का पद सँभाले हैं; लेकिन उन्होंने मुझे इस प्रकार की कठिनाइयों में डाल दिया, इसका ज्ञान मुझे हुआ उपन्यास प्रारम्भ करने के सवा-साल बाद श्री जैनेन्द्र जी से बातचीत करते हुए। अपनी स्वाभाविक मुद्रा में आँखें बन्द करके एक बात के उत्तर में जैनेन्द्र जी ने एक सुन्दर-सी सूक्ति दी, 'गुड इज़ दि एनिमी ऑफ ग्रेट'। मेरे मन में अचानक कौंधा...गुड अर्थात् श्री लक्ष्मीचन्द्र जैन...

बात सन् 60 दिसम्बर के प्रारम्भ की है। श्री लक्ष्मीचन्द्र जी और श्रीमती कुन्था जी हमारे यहाँ चाय पीने आए थे। चर्चा 'ग्यारह सपनों का देश' के कथा प्रयोग पर होने लगी। 'प्रतीक' का 'बारह खम्बा' पाँच-छह खम्बों से आगे बढ़ा था और 'ग्यारह सपनों का देश' जैसे-तैसे पूरा हो गया था...यह खुशी की बात ज़रूर थी, लेकिन प्रयोग बहुत सन्तोषजनक था, ऐसा कहना गलत होगा। कुछ लेखक कथा से आगे थे, कुछ चरित्रों से...और उपन्यास क्या था लावारिस भेड़ थी...जिसका जिधर मन हुआ हाँक ले गया। उपन्यास के अध्यायों से ज़्यादा रोचक, उपन्यास के लेख थे—जिसमें अपने-अपने ढंग से हरेक ने दूसरों को गालियाँ दी थीं—(सिर्फ एक लेखक ने 'अपने' पात्र की मृत्यु पर बाकायदा पंजाबी शैली में सियापा किया था और अभिशाप दिए थे।) तो इस पर हम सभी सहमत थे कि 'सब मिलाकर प्रयोग बेहद रोचक रहा और पाठकों-लेखकों को समान-रूप से आनन्द आया। लेकिन है बड़ा सिरदर्द!' लक्ष्मीचन्द्र जी बोले, "एक-एक चैप्टर जुटाने में निहायत परेशानी उठानी पड़ती है। ग्यारह सपनों के हर चैप्टर के लिए कितनी-कितनी मुसीबतों का सामना करना पड़ा है—यह हम ही जानते हैं। इसलिए इस प्रकार की कोई और चीज़ हाथ

में लेते बड़ा डर लगता...।''

''वैसे क्या कोई ऐसी चीज़ शुरू करने का इरादा है?'' प्रश्न के साथ ही अचानक एक सुझाव दिमाग में आया, लेकिन कोई चीज़ इसी तरह की शुरू करें तो इस बार अच्छा हो कि ''लेकिन अपनी थीम डिस्कस कर लें...।''

''परेशानी तो वही है। सबकुछ हो जाता लेकिन समय पर चैप्टर नहीं मिलता। हिम्मत नहीं पड़ती इसलिए।''

''मन्नू जी आप क्या लिख रही हैं?'' इस बीच में कुन्था जी ने मन्नू से सवाल कर दिया था। उन दिनों मन्नू की कहानी 'यही सच है' की बड़ी चर्चा थी। कुन्था जी उसकी तारीफ करने लगीं, तो मन्नू ने बताया कि वस्तुतः वह एक उपन्यास है—अब सुविधा होते ही उसे लिख डालना है। और जैसी कि मन्नू की आदत है, वह अपनी किसी रचना का प्लॉट बताने लगी। बोली, ''इस बार मेरी इच्छा है कि एक ऐसी चीज़ लिखी जाए जिसमें एक ही समय, एक ही स्थिति और एक ही परिस्थिति को विभिन्न पात्रों के एंगिल से लिया जाए। इन्होंने एक उपन्यास बताया था...''

मन्नू को अपनी ओर देखते हुए प्रकार मैंने बताया, ''श्री अमृतलाल नागर ने मुझे विकी-बॉम का एक उपन्यास पढ़ने को दिया था—'मैन नेवर नो।' उसका शिल्प यही है। पहला परिच्छेद है—'हवाई जहाज़ छूटने से पाँच मिनट पहले—'ही' (पुरुष)—यानी सारी कहानी पुरुष के कोण से। दूसरा परिच्छेद—हवाई जहाज़ छूटने से पाँच मिनट पहले—'शी' (नारी)—यानी वही लोग, वही परिस्थिति और वही समय, नारी के कोण से। तीसरा परिच्छेद—'हसबैंड' (पति) हवाई जहाज़ छूटने से पाँच मिनट पहले।' सारी कहानी पति के कोण से। इस प्रकार एक ही समय-स्थिति को तीन उपस्थित पात्रों की ओर से कहा गया है और कहानी हर बार नई हो जाती है। बंगला में भी एक ऐसा ही प्रयोग हुआ है कि...''

ध्यान से सुनकर लक्ष्मीचन्द्र जी बोले, ''तब फिर एक काम क्यों न करें। अनेक कोणों से मन्नू जी ही सारा उपन्यास लिखें, उसकी बजाय नारी और पुरुष के कोण आप लोग, दोनों अलग से सँभालें। बड़ा सुन्दर प्रयोग रहेगा।''

सुझाव सचमुच नया था। हम लोगों ने एक-दूसरे की ओर देखा। मैंने ज़रा-सा संशोधन किया—''तब फिर स्थिति और समय की न लेकर एक कथानक को लिया जाए...!''

''इसे जनवरी से शुरू कर दें!'' इतनी देर बाद शायद लक्ष्मीचन्द्र जी ने अपने मन की बात कही, ''इसमें हमें भी यह सुविधा रहेगी कि आप दोनों यहीं के हैं, अध्याय लेने में परेशानी नहीं होगी।''

''इतनी जल्दी?'' मैं बोला, और जल्दी-जल्दी दिमाग के खानों में टटोलने लगा कि कौन-सा कथानक ऐसा हो सकता है जो...

''अभी तो पन्द्रह-बीस दिन हैं। तब तक आप सोच ही डालेंगे।'' लक्ष्मीचन्द्र जी ने अन्तिम निर्णय दे डाला।

वे लोग चले गए, लेकिन मेरे दिमाग में आतिशबाजी की चर्खियाँ घूमने लगीं। एक प्लॉट सोचता, फिर उसमें कोई असंगति दीखती तो दूसरा उठाता। एकाध कथानक आया भी, लेकिन उसे मैं स्वयं लिखना चाहता था। लेखकीय हिसाबीपने ने राय दी कि ऐसे अच्छे कथानकों को 'प्रयोग' के चक्कर में खराब मत करो। अचानक एक कथानक ऐसा दिमाग में आ गया कि मुझे लगा, सारा काम बन गया लेकिन कथानक मेरा नहीं, मन्नू का था। अगर कहीं मन्नू राजी हो जाए तो पन्द्रह दिन में शायद हम लोग सारा उपन्यास ही लिख डालेंगे। हाँ, यह सुझाव बातचीत में वहीं उभरा था या लक्ष्मीचन्द्र जी पहले से तय करके आए—यह मैं आज भी नहीं कह सकता।

विवाह से पहले की बात है। मैं कलकत्ता छोड़कर दिल्ली चला गया था, और मन्नू एक-एक पत्र में तीन-तीन कहानियों के प्लॉट बताया करती थी। जब तक दूसरा पत्र आता, तब तक वे लिखी जा चुकी होती थीं। एक बार पत्र आया कि 'मैं उपन्यास लिख रही हूँ।' दस दिनों बाद : 'अलग डाक से उपन्यास भेज रही हूँ। अपनी राय दीजिए—विस्तार से।' मैं दंग! इतने समय में तो एक उपन्यास तक पढ़ नहीं पाता। खैर, उपन्यास पढ़कर मैंने अपनी राय ही (मन्नू को सिर्फ मेरी राय पर विश्वास नहीं था, इसलिए कई लोगों से और भी राय ली) लिखा : 'इसे खूब धैर्यपूर्वक दुबारा लिखो। अपने वर्तमान रूप में तो यह एक अच्छे उपन्यास का विस्तृत कथानक भर है।' उसकी सारी कथा और हर पात्र पर मैंने विस्तार से लिखते हुए शायद ऐसा भी कुछ लिखा कि, 'इसका नायक तुमसे सँभला नहीं है। अगर नायकवाले हिस्से, उसकी मानसिक स्थितियों का वर्णन मैं अपने कोण से करूँ तो शायद तुम्हें बता सकूँगा कि कैसा होना चाहिए था—पत्र में एक-एक बात कैसे लिखूँगा...।' खैर दुबारा लिखने की ताकीद करके उपन्यास का नाम मैंने भेज दिया—'एक इंच मुस्कान।' मगर किसी चीज़ को दुहराने, संशोधन-परिवर्तन करने का धैर्य चूँकि मन्नू में नहीं है—इसलिए डेढ़ेक साल से उसकी पांडुलिपि पड़ी थी। मुझे उसी का खयाल आया इस क्षण।

मन्नू को कैसे मैंने उस उपन्यास के लिए तैयार किया—यह एक अलग कहानी है—उसे स्वयं उसी के मुँह से सुनिए। लेकिन यहाँ परेशानी यह आई कि मैंने सुझाव दिया था, उसमें उपन्यास के लगभग पचास पन्ने ही मैं लिखता—और अब यहाँ आधा उपन्यास ही मुझे लिखना था—साथ ही उस हिस्से को मैं अपने ढंग से लिखना चाहता था, और यह भी जानता था कि यह उपन्यास मन्नू के लिए उस 'रफ' कथानक से एकदम भिन्न होगा और अन्त में हुआ भी। बहरहाल हमने पात्रों और परिच्छेदों का बँटवारा कर डाला और लक्ष्मीचन्द्र को सूचना दे दी। मैं अपनी कमजोरी जानता था इसलिए अतिरिक्त उत्साह से मन्नू से बोला, ''मैं तो अब इसी में जुट पड़ता हूँ। तुम भी मदद दे दो—बस दो महीने में सारा उपन्यास लिख डालते हैं। इसके बाद ये लोग साल-भर पत्रिका में निकालते रहेंगे—हम अपने और कामों में

लग जाएँगे। इसके बाद चिन्ता नहीं रहेगी!''

लेकिन चिन्ता थी कि पूरे डेढ़ साल एक-एक दिन सिर पर सवार रही। लिखना मेरे लिए शारीरिक और मानसिक यातना है। मैं हमेशा मन में यह विश्वास रखकर अपने से कहता हूँ कि, 'उहूँ जब चाहूँगा एक दिन सुबह जमकर बैठूँगा और शाम तक चैप्टर खत्म कर डालूँगा!' लेकिन आज तक वह दिन कभी नहीं आया। सुबह सोचता, रात को बैठूँगा और रात को आलस्य में, ब्राह्ममुहूर्त में ताज़ा दिमाग से काम करने की ठानता। मूड बनाता और पात्रों की परिस्थितियों...वार्तालापों को सोचता—कहाँ से चैप्टर प्रारम्भ होगा...कहाँ समाप्त होगा, उसमें क्या-क्या आएगा, यह सब मन में दोहराता और प्रायः ही सो जाता। महीने की पन्द्रह तारीख को हर हालत में चैप्टर दे ही देना है, यह तय था। दस-बारह दिन जब यों ही अपने से उठापटक करते बीत जाते तो जबरदस्ती मेज़ पर बैठने की आदत डालता—सिगरेटें और कॉफी पीता जाता और मूड बनाने के नाम पर दूसरों की किताबें पढ़ता रहता। पहले दो-तीन पन्ने के बाद लिखना प्रायः आसान हो जाता, लेकिन सारे दिन की मानसिक तैयारी और चार-पाँच घंटों के परिश्रम के बाद चार पृष्ठ से ज़्यादा कभी नहीं लिख पाता। उसमें भी बीच-बीच में कभी बालकनी में झाँकता, कभी पत्रिकाएँ टटोलता, चिट्ठियाँ लिखता। ये पन्द्रह दिन मेरे किस यातना में कटते मैं ही जानता हूँ—और जब सोलह-सत्रह तक जैसे-तैसे चैप्टर पूरा हो जाता है तो उन पात्रों, परिस्थितियों के साथ इतना जी चुका होता कि मन होता, इसी प्रवाह में अगला अध्याय भी लिख डालूँ। मन्नू मुझे यों कसरत करते देखकर खुश होती और मज़ा लेती, ''इतना हठ योग साधना करके लिखो, और वह भी बोर!''

इसके बाद मैं मन्नू को तंग करना शुरू करता कि उसे तो लिखने में कठिनाई नहीं होती, जल्दी से लिख दे तो मैं अपने उसी मूड में अगला अध्याय भी लिख डालूँ। लेकिन कुछ-न-कुछ अड़चन ऐसी आती रहती कि मेरे और देवड़ा के लगातार शोर मचाने के बावजूद वही पन्द्रह-सोलह तारीख हो जाती—और रो-धोकर चैप्टर पूरा होता। इस बीच मेरा मूड चला गया होता और अगले हिस्से के लिए मैं नए सिरे से शीर्षासन प्रारम्भ कर देता। इस प्रकार मैं देखता हूँ कि यह सारा समय मानसिक रूप से मुझे कुछ यों बाँधे रहा कि आधा समय मन्नू के चैप्टर की प्रतीक्षा और आधा अपने लिखने की तैयारी। हम लोग लाख सिर पटकते, लेकिन अध्याय पूरा होते-न- होते दूसरे अध्याय का समय सिर पर सवार हो ही जाता। नतीजे में, न मैं अपना कुछ और काम कर पाता था न मन्नू—सारा ध्यान बस इसी में लग गया था। झुँझलाहट भी होती कि डेढ़ साल में क्या ये सात-आठ चैप्टर ही अपना सारा लेखन होगा? गुस्सा आता है कि बैठे-बिठाए हम लोगों को भी आखिर यह क्या सूझा? लोग इस प्रयोग की तारीफ करते; एक-एक चैप्टर पर अलग-अलग राय मिलती—प्रोत्साहन और विचार-सामग्री मिलती—पाठकों के पत्र—कुछ सीधे, कुछ ज्ञानोदय के द्वारा—मिलते—और मन में, बस एक ही बात आती—इन लोगों को क्या पता कि यह

प्रयोग हमारे लिए कितना महँगा पड़ा है। एक साहब ने लिखा : "साहित्य के इतिहास में दो व्यक्तियों ने मिलकर उपन्यास लिखे हैं, एक के अधूरे उपन्यास को दूसरे ने—कभी महिला ने—पूरा किया है; पति और पत्नी कथा-लेखक हुए हैं—मगर एक ही उपन्यास के नारी पात्रों को नारी ने, पुरुष-पात्रों को पुरुष लेखक ने समानान्तर चलाया हो—ऐसा प्रयोग आज तक, शायद किसी भी साहित्य में नहीं हुआ... ।" बहुत बड़े यश का प्रलोभन था, मगर एक लेखनजीवी व्यक्ति डेढ़ वर्ष में केवल सात चैप्टर लिखे, यह स्थिति किसी भी तरह गले नहीं उतर पाती थी। केवल यश के सन्तोष से तो ज़िन्दगी नहीं चलती...

हाँ, पाठकों को शायद एक सन्तोष ज़रूर हो कि यहाँ हम दोनों के लेखन के डेढ़ वर्ष का क्रमबद्ध विकास एकसाथ देखने को मिल जाएगा। पता नहीं इस अवधि में हम लोगों ने कुछ सीखा भी या जहाँ से शुरू किया था अन्त तक वहीं रहे।

खैर, इन बाहरी और भीतरी संघर्षों के बीच उपन्यास हर मास बढ़ता रहा—बहुत अधिक पाठक मन्नू को, और काफी कम मुझे बढ़ावा देते रहे। पाठकों को चाहे जितना सफल और रोचक लगा हो—लेकिन रचना की आन्तरिक अन्विति में गहरी कमज़ोरी आ गई है—यह एहसास मुझे लगातार कचोटता रहा। शायद इस प्रकार के प्रयोग की कमज़ोरी थी और इसका कोई इलाज नहीं था। डेढ़ साल की अवधि में जाने कितने तरह के आन्तरिक और बाह्य प्रभावों ने उपन्यास में मोड़ और जोड़ दिए थे, फिर प्रत्येक स्वतन्त्र अध्याय को पाठकों की प्रत्यक्ष और परोक्ष प्रत्याशा ने मर्यादित कर दिया था। अनजाने और अवचेतन मन में उपन्यास के पात्र और कथ्य की स्वाभाविक माँग नहीं—बल्कि पाठकों की सम्मतियाँ और प्रतिक्रियाएँ हर चैप्टर के शैली-शिल्प की निर्धारक हो जाती थीं। उसमें भी हर अध्याय टूट-टूटकर चलता। मेरे और मन्नू के हर दो अध्यायों के बीच जाने कितनी रायें आ चुकी होतीं, दूसरे का बिलकुल अलग कोण-शैली में लिखा एक अध्याय आ चुका होता—व्यक्तिगत आत्मीयता और खींचतान के अनेक अवान्तर क्षणों से हम लोग गुज़र चुके होते और लगभग दो महीने का समय बीत चुका होता। फिर मासिक पत्र की, पाठकों की अपनी सीमाएँ थीं—उन्हें हर बार एक चीज़ ऐसी देनी थी, जिसका एक प्रारम्भ हो, एक अन्त हो और जिसमें एक क्लाइमैक्स आए। अगर एकसाथ ही उपन्यास लिखकर दे दिया होता तो शायद ऐसी मानसिक मजबूरी न आती। अब तो शायद एकसाथ पढ़नेवाले को यह दो साइज़ के कैमरों से खींचे गए चित्रों का अलबम अधिक, एक सूत्रबद्ध फिल्म कम लगे। दूसरे या तीसरे अध्याय पर ही मुझे एक और स्तर पर लगने लगा कि उपन्यास हम लोग नहीं लिख रहे—हमसे लिखाया जा रहा है, पाठकों की अप्रत्यक्ष प्रत्याशा हमसे लिखा रही है। आँखों और कानों से एक-एक शब्द, मुद्रा को पीनेवाले श्रोताओं और दर्शकों की विपुल उपस्थिति जिस प्रकार वक्ता और अभिनेता को अनजाने ही अपने साथ बहा ले जाती है—वही कुछ स्थिति हमारी थी। यहाँ भी बहकने और भटकने के अवसर मन्नू को ही ज़्यादा थे, क्योंकि वह

निस्सन्देह मुझसे अधिक सरस और रोचक लिख रही थी। अन्त के दो-तीन अध्यायों में तो सचमुच मुझे ऐसा महसूस हुआ कि मन्नू के हर अध्याय के बाद की तालियों की गड़गड़ाहट मेरा दिल धसका देती है।

उपन्यास को भावनात्मक और वैचारिक अन्विति की दृष्टि से देखता हूँ तो मुझे लगता है कि इन तालियों की गड़गड़ाहट ने मन्नू को भटका भी दिया। वक्ता अपने भाषणों में किसी चुटकुले या मज़ाक पर पुरजोश तालियाँ पाता है तो खुद-ब-खुद (कभी-कभी विषय से हटकर भी) दूसरा चुटकुला सुनाने का प्रलोभन मन में आ जाता है। यह प्रलोभन बड़ा सूक्ष्म, लेकिन अचूक होता है। मेरे पास सिर्फ अमर था—जबकि मन्नू के पास रंजना और अमला दोनों थीं—और संयोग से दोनों दो विरोधी स्वभाव और परिवेश की थीं, अतः हर अध्याय में मन्नू एक सुखद विविधता और रोचक घटनाएँ दे सकती थी। फिर उसकी आत्मीय शैली और निर्भीक अन्दाज़। दूसरी सुविधा मन्नू को अनायास ही यह मिल गई कि अमला और रंजना परिस्थितियों में अधिक और मनःस्थितियों में कम जीवित रहती थीं। तीसरी बात यह कि दोनों ही प्रताड़ित नारियाँ थीं—अमला को उच्च वर्ग की विडम्बना ने मारा था और रंजना को एक 'सनकी' और प्रवंचना ने—अर्थात् पाठक दोनों को सहानुभूति दे रहा था। और अन्तिम बात यह कि तालियों के शोर में बहकर मन्नू ने एक 'डेफिनिट स्टैंड' ले लिया था और वह लेखक की तटस्थता से नहीं, बल्कि वकील की पक्षधरता से 'अपनी रंजना' की पैरवी करने लगी थी—डिफेंडर हो गई थी।

मेरे और मन्नू के लेखन में यही मौलिक अन्तर भी है। वह कथा के पात्रों के साथ इतनी अधिक एकाकार हो जाती है कि उनका 'दुर्भाग्य' उसे अपना दुर्भाग्य लगता है। उपन्यास का अमर, रंजना का शत्रु नहीं, मन्नू का शत्रु हो गया था और वह कथा की समस्याओं और सम्भावनाओं के प्रति ईमानदार न रहकर 'अमर' की खबर लेने पर अधिक उतारू हो गई थी। जबकि मुझे अपने किसी भी पात्र से ऐसा कोई लगाव नहीं था। इसलिए मन्नू के अध्याय पढ़कर जब लोग कहते कि अब तो मन्नू जी ने ऐसी जगह चैप्टर छोड़ा है कि अमर को बचाना आपके लिए बहुत कठिन हो जाएगा। तब मैं उन सज्जन को यही समझाने की कोशिश करता कि 'मैं आखिर अमर को बचाऊँ क्यों?'—उसे मैं खलनायक नहीं बनाना चाहता, लेकिन यह उम्मीद भी पाठक से क्यों करूँ कि वह अपनी सहानुभूति देगा ही। अगर यह सचमुच आज के संक्रान्तिकालीन बुद्धिजीवी की ट्रेजेडी और व्यक्तित्व का स्खलन है तो क्यों न उसकी सम्पूर्णता में चित्रित हो...? अगर रंजना का केस—कथानक की तर्कपूर्ण संगति से नहीं, उसकी शहादत और पाठकों की सहानुभूति से ही मजबूत होता है, तो हो—मुझे जो बात कहनी है उसे मैं अपने पात्र के व्यक्तित्व के अनेक स्तरों और धरातलों पर तटस्थ होकर पाने की कोशिश करूँगा...ताकि अमर की पराजय एक व्यक्ति की नहीं...एक पीढ़ी की पराजय होकर आए—चाहे फिर वह राह खो जाने की व्याकुलता

में भटक गई पीढ़ी के नाम से ही क्यों न जानी जाए...।'

और यहीं उपन्यास का वह कोण या धरातल था जहाँ मन्नू मुझे अपनी जानकारी में असहयोग और अनजाने ही सहयोग दे रही थी। मेरे लिए उपन्यास एक प्रबुद्ध व्यक्ति के 'आत्मान्वेषण' की सफल या असफल प्रक्रिया थी, और मैं उसे हर बार परम्परागत 'त्रिकोणवादी' (जैसाकि एक पाठिका ने भर्त्सना की थी) उपन्यासों से अलग हटाने की कोशिश करता था। शायद भीतर कहीं यही आशंका थी कि प्रारम्भकर्ता का सुअवसर पाते ही मैंने उसे सिंहावलोकन का रूप दे दिया था, और कोशिश की थी कि इस अतीत-यात्रा में अमर अपने-आपको, और अपने व्यक्तित्व के निर्माण-तत्त्वों को तटस्थ सन्दर्भ और निष्पक्ष परिवेश में ही देखे—एक अलग व्यक्ति की निगाह से अमर-रंजना-अमला के सम्बन्धों और उनकी स्थिति के अर्थ को पाए...शायद यही कारण है कि मेरा हर अध्याय किसी-न-किसी रूप में अन्तरावलोकन का गवाक्ष या दो घटनाओं के बीच का अन्तराल बनकर आया है। अर्थात् क्रियाओं का नहीं प्रतिक्रियाओं का समाहार अधिक है। यहाँ क्रियाओं का भार स्वयं लेकर ही मन्नू ने मेरा काम बहुत सरल कर दिया।

वस्तुतः रंजना और अमला, अमर के निकट दो सम्पर्क नहीं, दो स्वतन्त्र मूल्य हैं और इन मूल्यों की संगति का निरूपण ही अमर का आभ्यान्तरिक (स्पिरिचुअल) द्वन्द्व है। उपलब्धि की 'महानता' और 'क्षुद्रता' से कलाकार की कला-यात्रा को न जाँचकर, प्रयत्न की निष्ठा और अभिव्यक्ति की आकुलता को कसौटी बनाया जाए तो इन दोनों मूल्यों को शायद कुछ समझा जा सकेगा। निश्चय ही अमर खंडित- व्यक्तित्व प्राणी है और उसका आन्तरिक व्यक्तित्व दो भागों में बँटा है...प्रेम, विवाह, सुख-सुविधा के परम्परागत संस्कार—कभी-कभी उन्हें प्राप्त करने की चाह, अर्थात्—एक ओर मानवीय नैतिकता-बोध, दूसरी ओर स्रष्टा व्यक्तित्व की उच्चतर मुक्ति कामना। एक के प्रति वह उपेक्षा नहीं धारण कर सकता, तो दूसरे की पुकार को भुलाना उसके वश के बाहर है। रंजना के साथ सबकुछ है—सहानुभूति, संस्कार, समाज और स्वयं अमर की नैतिक चेतना। अमला के पास कुछ भी नहीं है—सिवा एक प्रवंचक मुस्कान के। यही मुस्कान—मर्यादाबद्ध अभिव्यक्ति—ही अमला है, और मालूम नहीं यह मुस्कान है भी या नहीं। अमर के मन का भ्रम ही है। लेकिन जब होती है तो चेतना के अनजान आसमानी द्वार-सन्धि से झाँकती ज्योतिरेखा बन उठती है और अमर के मन का सौन्दर्यानुसंधानी आदि यायावर जाग उठता है...जो न जाने कितनी बार चाँद को छू आने के प्रयत्न में नीचे आ गिरा है और एवरेस्ट पर पहुँचने से पहले न जाने किन-किन देशों में बर्फ की शिलाओं में दब मरा है। और न कहीं पहुँच सके वह, लेकिन इस संक्रान्ति की घुटन को अभिव्यक्ति देकर 'मुक्त' तो हो ही ले...

उपन्यास समाप्त हो गया और निश्चय ही अमर कहीं नहीं पहुँचा...अगर पहुँचा तो उस मंजिल तक जिसके आगे राह नहीं...कम-से-कम धरती नहीं है...है तो सागर

है, और वहाँ मेरी गति नहीं है।

अमर को कुछ नहीं मिला...शायद यह यात्रा 'पाने' की यात्रा थी भी नहीं, 'खोने' की भी नहीं थी...केवल देखने, जीने और अपने को जानते चलने की दिशा में सिर्फ एक पड़ाव था...सिर्फ एक अभिव्यक्ति का सन्तोष और मुक्ति का सुख था।

अमर अगर असफल है तो रहा आए...मैं उसकी वकालत नहीं करूँगा। असफलता लौकिक अर्थों में शक्तिहीनता का या संकल्पहीनता का प्रमाण है और जो व्यक्ति क्रूरतापूर्वक निर्णय न लेकर वेदना-संवेदना के लिहाज में भटक जाता है, वह निश्चय ही संकल्पहीन है...उसे गोलियाँ खाने का पूरा अधिकार है कि क्यों नहीं वह अपनी सिद्धि और साधनों का क्रमबद्ध स्पष्ट ब्यौरा दे सकता। हीरो तो वही है न, जिसके सामने उसका 'प्राप्य' स्पष्ट हो, और वहाँ तक पहुँचने की सीढ़ियों की पूरी गिनती उसे ज़बानी याद हो। उस व्यक्ति को तो हीरो होने का हक ही नहीं है, जिसे न तो अपनी सिद्धि का ज्ञान हो न साधनों का...बस कहीं पहुँच जाने की, किसी बोझ से मुक्त हो जाने की अनाम तड़प ही जिसका बल-सम्बल हो!

मन्नू भंडारी का वक्तव्य

और आखिरकार 'एक इंच मुस्कान' समाप्त हो गया। यों डेढ़ साल...अनेकानेक परेशानियों से भरे डेढ़ साल का अन्तराल कम नहीं होता, फिर भी आज लग रहा है जैसे कल की ही तो बात है—जैन साहब और कुन्था जी के साथ बातचीत हो रही है—बात कुशल-क्षेम, हँसी-मजाक से गुजरकर उपन्यास-कहानियों के कथानक—प्रयोगों पर आती है—'बारह खम्बा', 'ग्यारह सपनों का देश' और जैन साहब की ओर से प्रस्ताव आता है कि क्यों न हम दोनों मिलकर एक ऐसा सहयोगी-उपन्यास लिखें जिसके पात्रों की घटनाओं को अपने-अपने दृष्टिकोण से चित्रित करें; स्त्री-पात्रों को मैं सँभालूँ और पुरुष-पात्रों को राजेन्द्र। मैं यों ही हँस दी। उस हँसी में न स्वीकृति थी न इनकारी। शायद मैंने उस बात को गम्भीरता से लिया ही नहीं। पर राजेन्द्र के दिमाग में चक्कर चल पड़ा। जैन साहब के जाते ही बोले, "मन्नू यह हो जाए! बस हो ही जाए।"

"हो जाए!" मैंने उतनी ही लापरवाही से कह दिया। इस होने के साथ सोचने के लिए कितना कुछ जुड़ा था, इस बात पर मेरा ध्यान ही नहीं गया। खाने पर बैठे तो फिर वही बात, "सोच रहा हूँ कथानक कौन-सा लिया जाए?"

"हाँ, कहानी पहले से ही तय होनी चाहिए। सारे उपन्यास की प्लॉनिंग होनी चाहिए। यह नहीं कि कुछ तो अभी शुरू कर दिया और फिर कथानक के साथ मनमानी कर रहे हैं—जब जहाँ मर्ज़ी आया मोड़ दिया, घसीट दिया।"

अपने एक अधूरे उपन्यास का प्लॉट सुनाया पर साथ आशंका रख दी, "यह तुमसे चलेगा नहीं; फिर इसमें बँटवारे के लिए गुंजाइश भी नहीं है। तब?" उस समय मुझे स्वप्न में भी खयाल नहीं था कि राजेन्द्र की आँखें मेरे उपन्यास पर गड़ी हुई हैं।

और इधर-उधर की कथाएँ आईं पर हर एक के साथ कुछ-न-कुछ अगर-मगर जुड़ा हुआ था—और तब अचानक ही राजेन्द्र ऐसे चहककर बोले, जैसे एकाएक ही उन्हें कोई अनोखा हल सूझ गया हो। पर इनका लेख पढ़कर तो लगा कि वह सब इनकी एक्टिंग थी।

"तुम्हारा 'एक इंच मुस्कान' ले लिया जाए! बस मज़ा आ जाएगा...उसमें, इस प्रयोग की पूरी-पूरी सम्भावनाएँ हैं और इस बहाने वह पूरा भी हो जाएगा, वरना..."

''वाह रे वाह! मैं अपना उपन्यास क्यों दूँगी? वह मेरी अकेली की मेहनत है, उसे मैं अकेली ही पूरा करूँगी?''

दूसरे दिन राजेन्द्र ने पूछा, ''आज शाम को तुम्हारा क्या प्रोग्राम है?'' मुझे शाम को एक मीटिंग में जाना था तो बोले, ''सात बजे मुझे लेक्स पर मिलो।''

''आज? सारे दिन के बाद तो थक जाते हैं।''

''तुम तो यार, बहुत ही बोर हो। मुझे तो याद ही नहीं आता कि शादी के बाद कभी हम दोनों लेक्स पर जाकर बैठे हों। आज तुम्हें आना ही होगा।''

कलकत्ता का दिसम्बर बड़ा सुहावना होता है। लेक्स पर पहुँची तो रात हो चुकी थी—क्लब की बत्तियाँ पानी में झिलमिला रही थीं और फिज़ा कुछ अतिरिक्त रूप से ही मादक हो चुकी थी।

''थकान लग रही हो तो कुछ पी लो।'' राजेन्द्र के स्वर में लाड़ उभरता जा रहा था।

''नहीं तो! ऐसा भी क्या है!''—और हम किनारे-किनारे चल पड़े।

''हाँ तो! मन्नू, उस उपन्यास की बात तय कर लें, तो जैन साहब को उत्तर देकर निश्चिन्त हों।''

रात का समय, लेक का किनारा और राजेन्द्र का साथ...मैं सचमुच उपन्यास की बात करने के ज़रा भी मूड में नहीं थी। पर लेखकों की बीवियों का शायद यह दुर्भाग्य ही है कि मादक-से-मादक समय में भी उन्हें कहानी, उपन्यास, पात्र और घटनाओं की ही बातें कहनी-सुननी पड़ती हैं। और मुझे जल्दी ही मालूम हो गया कि यों आग्रह-भरी मनुहार करके लेक्स पर बुलाना, यह लाड़-दुलार, सब स्वीकृति लेने का बहाना-मात्र है।

''मैंने कई दृष्टियों से सोचा,'' पूरी गम्भीरता और बुज़ुर्गीयती अन्दाज़ से राजेन्द्र बोले, ''एक इंच मुस्कानवाला प्लॉट ही एक ऐसा प्लॉट है जिसे हम दोनों लिख सकते हैं...बहुत ही अच्छी तरह से लिख सकते हैं।''

''हूँ।''

''यों भी तुम उसमें अमर के चरित्र को बिलकुल नहीं सँभाल सकी हो। मैंने तो तुम्हें पहले भी लिखा था कि अमर का चरित्र निभा नहीं है।''

''रिवाइज़ करेंगे तब सँभाल लेंगे।'' मुझे सचमुच ही खीझ छूट रही थी।

''रिवाइज़ तुमसे हो लिया! डेढ़ साल तो हो गया...और दस वर्ष तक कुछ नहीं होने का।''

''कोई बात नहीं, ग्यारहवें साल ही सही।''

''तुमसे नहीं होगा, तुममें न उतना धैर्य है न उतनी लगन।''

मैं चुप।

''ज़रा सोचो, मेरी पन्द्रह साल की ख्याति और तुम्हारी चार साल की! मेरे साथ लिखोगी तो हल्ले हो जाएँगे, दिग्-दिगन्तरों में धूम मच जाएगी।''

पर जब दिग्-दिगन्तरों के ये हल्ले भी कुछ प्रभाव डालते नज़र नहीं आए, तो राजेन्द्र का धैर्य भी जैसे जवाब देने लगा। बात सुझाव के तौर पर आई थी, फिर आग्रह में बदली और अब आक्रोश-भरी ज़िद का रूप धारण कर चुकी थी।

"तुम साफ-साफ बताओ, अपना कथानक दोगी या नहीं?"

"नहीं।" उतनी ही ढिठाई से मैंने भी जवाब दिया।

कुछ देर दोनों चुप चलते रहे। हवा की ठंडक बढ़ने लगी थी। एकाएक बिना किसी प्रसंग-भूमिका के राजेन्द्र बुरी तरह झल्लाकर बोले, "तुम इतनी बेकार की बीवी हो कि क्या बताऊँ? आधी सर्दी बीत गई, तुमसे इतना नहीं होता कि एक स्वेटर ही बुन देतीं।"

इस बार मैं खिलखिलाकर हँस पड़ी।

"और भी कुछ दोष ढूँढ़ने हों ढूँढ़ लो...अभी मौका है।" आज भी राजेन्द्र की उस दिनवाली खीझ और बौखलाहट की बात याद करती हूँ तो हँसी छूटती है। सीधे ही पूछा, "अभी उपन्यास के लिए अपना प्लॉट दे दूँ तो एकदम ही अच्छी बीवी बन जाऊँगी न?"

"खाक बन जाओगी तुम अच्छी! तुम किसी चीज़ को गम्भीरता से लेना जानती ही नहीं हो। बड़ी सरलता से ख्याति मिल गई है, इसलिए दिमाग आसमान पर चढ़े हुए हैं। पर इस मुगालते में रहीं तो साल के साल में ही चुक जाओगी।"

कोई और मौका होता तो मैं भभक पड़ती। पढ़ाती हूँ इसलिए सिर्फ उपदेश देने की आदत है—सुनने की कतई नहीं। पर उस दिन मुझे उनकी खीझ में भी आनन्द आ रहा था—मैं चाह रही थी वे और कुढ़ें—और सचमुच उस दिन कुढ़ते-भुनभुनाते ही घर आए।

दूसरे दिन मैंने अपने-आप ही कह दिया, "चलो, ले लो मेरा कथानक—बस!" वे प्रसन्न भी हुए, आश्वस्त भी। तुरन्त ही जैन साहब से टेलीफोन पर बात हुई और तय हो गया कि जनवरी से ज्ञानोदय में हमारा सहयोगी उपन्यास जाएगा।

पांडुलिपि निकली—कथा का ताना-बाना नए सिरे से बुना गया, लम्बी-चौड़ी बहसें हुईं और राजेन्द्र अपना पहला अध्याय लिखने में जुट गए।

पहला अध्याय प्रकाशित होकर आया और देखा तो माथा ठनका। प्रकाशित होने से पहले ये अपनी लिखी चीज़ किसी को नहीं दिखाते—मुझे भी नहीं। आरम्भ उन्होंने किया था; और क्योंकि ये अमर का भार लिए हुए थे, सो इन्होंने कथा का सूत्रपात ही कुछ ऐसे रूप में किया कि वह अमर की कहानी बन गई। मेरी कहानी मूलतः अमला की कहानी थी और उसमें न रंजना अमर को छोड़कर जाती है, न अमला मरती है। आठों पहर सबको भरमानेवाली मुस्कान होंठों पर लपेटे रहनेवाली अमला वास्तव में कितनी खोखली, रिक्त और शून्य थी, यही उस कहानी की आधारशिला थी...पर अब तो कहानी का सारा एंगिल बदल गया था। पहले अध्याय में ही राजेन्द्र ने जिस कुशलता से सारे उपन्यास के संकेत और सूत्र बिखेर दिए थे,

उसमें यह स्पष्ट हो गया था कि यह कथा अमर के जीवन की ट्रेजेडी की कथा होगी, और कुछ नहीं। मेरे लिए यह सचमुच ही नया सिरदर्द था। सारी चीज़ को फिर से सोचो, घटनाओं, चरित्रों और स्थितियों की कल्पना नए सिरे से करो...और मैं सोच रही थी—इतनी ही मेहनत करनी थी तो अपने उपन्यास पर करती। धैर्य के अभाव और परिश्रम से बचने के लिए ही तो अपने लिखे-लिखाए उपन्यास को प्रयोग की खरल में डाल दिया था। और यह तो आज भी महसूस करती हूँ कि जितना परिश्रम इस पर किया—चाहे मजबूरी में ही किया हो—उतने ही परिश्रम में तो अपना निजी उपन्यास भी पूरा कर लेती और इसमें भी सन्देह नहीं कि वह इस प्रयोगवादी उपन्यास से अधिक अच्छा होता और उसके सारे श्रेय की एकमात्र अधिकारिणी मैं होती... अकेली मैं! (राजेन्द्र की तरह अब मैं भी काफी स्वार्थी हो गई हूँ।) खैर!

हाँ, तो उपन्यास शुरू हुआ। इसमें सन्देह नहीं कि पहला अध्याय मुझे स्वयं बहुत-बहुत पसन्द आया और अनजाने की एक चाह उठी कि दूसरा अध्याय कुछ ऐसा लिखूँ कि इनके अध्याय से इक्कीस ही हो, उन्नीस नहीं। प्रतिद्वन्द्विता की जो भावना उस दिन जागी, सो निरन्तर बढ़ती ही गई और पाठकों और मित्रों ने इस भावना पर और सान चढ़ाई और सचमुच ही इसमें सहयोगी कम और प्रतिद्वन्द्वी अधिक हो गए। सोचती हूँ, आज तो यह स्वीकार करने में भी मुझे संकोच नहीं करना चाहिए कि जहाँ इस भावना ने मुझे प्रेरित और प्रोत्साहित किया, वहीं कभी-कभी अनजाने ही कथा के साथ अन्याय भी करवाया।

दूसरा अध्याय (मेरा पहला) अच्छा ही नहीं, आशा से अधिक अच्छा लिखा गया। अमला जिस रूप में उतरी उसने मुझे सन्तोष और प्रसन्नता से ही नहीं, अतिरिक्त उत्साह और प्रेरणा से भी भर दिया। तीसरा अध्याय राजेन्द्र का, दो अध्यायों की अपेक्षा कुछ कमज़ोर उतरा—और उसने जहाँ एक ओर मुझे विजय की भावना से उल्लसित कर दिया, वहीं दूसरी ओर चौथे अध्याय के प्रति कुछ शिथिल भी बना दिया। आज सोचती हूँ तो लगता है कि सम्भवतः राजेन्द्र से होड़ लेने की भावना ही लिखने के दौरान में मेरी सबसे बड़ी प्रेरक-शक्ति रही है जिसे पत्रों, सम्मतियों और मित्रों की प्रशंसा ने और अधिक बढ़ावा दिया। कुन्था जी जब-जब मिलतीं कुछ ऐसे गद्‌गद भाव से प्रशंसा करतीं कि कुछ अनोखा लिख डालने का दुगुना उत्साह लेकर मैं घर लौटती।

पर आज जब उपन्यास पूरा हो गया—प्रशंसा का यह दौर समाप्त हो गया या कहूँ कि उसकी प्रभावोत्पादकता समाप्त हो गई तो एक चीज़ अवश्य महसूस होती है कि यदि अपनी योजना के अनुसार हमने इसे दो महीनों में ही समाप्त करके 'ज्ञानोदय' के हवाले कर दिया होता, तो इसका रूप कुछ भिन्न ज़रूर होता।

आधी मंजिल पर पहुँचकर जीवन में—विशेषकर मेरे जीवन में तो एक ऐसा व्यवधान आया कि इस दिशा में सोचने-समझने की सारी शक्ति ही जैसे लुप्त हो गई। बच्ची का आगमन...बहुत सोचा था और चाहा था कि यह सब घटने के पहले ही जैसे

भी होगा, सारा उपन्यास पूरा कर ही लेंगे, पर वह सब सम्भव नहीं हो सका। नर्सिंग होम से लौटकर कलकत्ता से कुछ दूर अपने भाई के यहाँ रहकर मैं अपनी अमला और रंजना को बिलकुल भूल ही गई। आधी पिछली रात को कभी याद भी आती तो किसी भूली-बिसरी पुरानी स्मृति के रूप में। मुझे याद ही नहीं रहा कि कैलाश से सम्बन्ध-विच्छेद करके अमला कलकत्ता की किसी आलीशान विशाल अट्टालिका में बैठी बिसूर रही है, तो रंजना अमर को अपना बनाने की ज़िद पकड़े कहीं सिसक रही है। मिलने-जुलनेवालों का क्रम...बातचीत और सोच-विचार के सारे विषय ही कुछ इस प्रकार बदल गए थे कि इस अधूरी शृंखला में नई कड़ी जोड़ना कुछ असम्भव-सा प्रतीत होने लगा था। मजबूरी में एक बार 'ज्ञानोदय' वालों ने बड़े ही सुन्दर ढंग से बधाई के साथ बच्ची के आगमन की सूचना छाप दी। सोचती हूँ, इस अवसर पर बधाई का धन्यवाद भी दे ही दूँ। पर इससे कुछ समय के लिए राहत अवश्य मिल गई,...देवड़ा जी के तकाजे और मेरी बदली मनःस्थिति लाख कोशिश करती पर टूटे सूत्र कुछ ऐसे बिखरे-बिखरे लगते कि पकड़ाई में नहीं आते। एक बार आखिर हिम्मत करके बैठ ही गई पर आँखों ने जवाब दे दिया। लम्बे अर्से के बाद पहली बार कलम उठाई थी। लिखने बैठी तो अक्षर काँप-काँप जाते—यह नई समस्या थी। आभारी हूँ अपनी छात्रा कुमारी वीणा सगल की जिसने अपने दो दिन बिगाड़कर मेरा डिक्टेशन किया और अध्याय पूरा किया। आगे चलकर भी उसने एक बार और ऐसी मदद की थी।

टूटा सिलसिला तो जुड़ गया, लेकिन इसमें सन्देह नहीं कि नौकर, परिवार और बच्ची की परेशानियों के बीच, बचे हुए अध्याय लिखे नहीं, एक तरह से घसीटे गए हैं। घर-गृहस्थी का बोझ सँभालकर लिखना कितना कष्टसाध्य होता है, इसकी वास्तविक अनुभूति मुझे इस बार ही हुई। मन और ध्यान को बँटानेवाले कितने छोटे-बड़े प्रसंग रहते थे...फिर राजेन्द्र जैसा पति, जो पारिवारिक ज़िम्मेदारियों के सामने 'बाबा मौज करेगा' का नारा लगाकर हाथ झटकता हुआ चल दे।

यह बिगड़ा मूड फिर से तब बना, जबकि पत्रोंवाला अध्याय सृजन के सन्तोष से भर गया।

अभी तक केवल कहानियाँ ही लिखी थीं...और वह भी एक या अधिक-से-अधिक दो बैठक में ही समाप्त कर देती थी, सो अपने पात्रों का साहचर्य अल्पावधि का ही हुआ करता था। इस बार एक नई ही अनुभूति हुई और बड़ी तीव्रता से हुई। परेशानियाँ और अवान्तर प्रसंग चाहे जितने रहे हों, उस सबके बावजूद यह सच है कि लिखने के दौरान मैं हमेशा अमला और रंजना के बीच ही रही हूँ। यदि कहूँ कि वे मुझ पर हावी रही हैं तो भी गलत नहीं होगा। मेरी सहानुभूति, स्नेह और ममता के इतने बड़े भाग पर उन दोनों ने अधिकार कर लिया कि रंजना के प्रति अमर का व्यवहार मुझे बेहद कष्ट देता और उसके लिए मैं अकारण ही राजेन्द्र से लड़ पड़ती। अपना अध्याय समाप्त करके प्रेस में भेजने से पहले मैं राजेन्द्र को सुना रही थी...

सुनाते-सुनाते ही मुझे रोना आ गया और फिर दो दिन तक मैंने राजेन्द्र से ठीक तरह बात भी नहीं की—मन होता, रंजना का सारा बदला मैं किसी तरह निकाल दूँ। रंजना ने दो अध्यायों में मुझे सचमुच बहुत रुलाया, अमला जब-जब आती, मन एक गहरे अवसाद, एक अजीब-सी खिन्नता, उदासी और विरक्ति से भर उठता। यह मैं आज भी नहीं जानती कि पात्रों के साथ अपने को यों एकाकार कर देने की वृत्ति लेखन में साधक है या बाधक—वह बनाती है या बिगाड़ती है; पर इस एकात्मता को इस बार मैंने अनुभव किया और बड़ी गहराई से किया।

यहाँ एक बात और साफ कर दूँ...नहीं जानती क्यों, पर कइयों के मन में यह भ्रम उत्पन्न हो गया है कि यह कथा हमारी अपनी कथा है—लोग मुझे रंजना समझते थे और राजेन्द्र को अमर। आश्चर्य तो तब होता था कि कलकत्ते में रहकर और हम लोगों को जानकर भी वे इस तरह का सन्देह करते थे। राजेन्द्र भी लेखक हैं और अमर भी...रंजना भी पढ़ाती है और मैं भी, बस इसके अतिरिक्त मैं नहीं सोचती कि कोई भी साम्य हम लोगों में है। राजेन्द्र अमर जैसे प्रवंचक, स्खलित और निष्ठाशून्य नहीं, और मैं रंजना जैसी सीधी और समर्पिता नहीं। अमला की तलाश में तो अभी भी तीरंदाजियाँ हो रही हैं।

एक और भी अनुभव हुआ और वह उतना ही नया था। पात्र जब अपना रूप और व्यक्तित्व पा लेते हैं तो किस प्रकार स्वतन्त्र हो जाते हैं—लेखक की पहुँच और नियन्त्रण के परे, और इस बात का एहसास अमला ने अधिक करवाया। सच पूछें तो उपन्यास में जो अमला आई, वह मेरी कल्पना की अमला से न चाहते हुए भी भिन्न हो उठी है। विशिष्ट वर्ग में पली, बुद्धिवादिनी, अहंवादिनी अमला जब सबको ही झुठलाती, अस्वीकारती और ठुकराती चली गई तो भला मेरे बस में क्यों आती? आश्चर्य मुझे स्वयं होता और मेरा अपना अहं मानने को तैयार नहीं था कि मैं जैसा चाहूँगी या कल्पना करूँगी, उससे भिन्न अमला कुछ बनेगी—पर जब अध्याय समाप्त होता, मैं पढ़ती तो अपने आप ही पराजय का एहसास होता...लगता, अमला को मेरी लेखनी ने नहीं चलाया है, वरन् मेरी लेखनी को अमला ने चलाया है। राजेन्द्र का कहना था, यही तो सफल लेखन है, पर सफलता का यह सन्तोष मेरे पराजित मन को सहला न पाता।

और सन्तोष-असन्तोष की राहों में गुज़रते-गुज़रते मंजिल की आखिरी सीढ़ी भी आ गई। आरम्भ से ही मैंने यह सोच लिया था कि अपने अन्तिम चैप्टर पर इतनी मेहनत करूँगी, कुछ ऐसे सधाव के साथ लिखूँगी, कि बीच की बहुत-सी त्रुटियाँ ढँक जाएँ...सारा उपन्यास अन्त में जाकर एकसार्थक प्रयोग सिद्ध हो। पर तभी पिताजी के कैन्सर होने की सूचना आई और मानसिक कसावट में शिथिलता आ गई। रोज ही तार और ट्रंक के बीच प्रोग्राम बनते, कब जाना, कहाँ जाना, ऑपरेशन होगा या नहीं सारा ध्यान इन्हीं बातों पर केन्द्रित हो गया। बम्बई से सूचना आई कि ऑपरेशन स्थगित हो गया और तय हुआ कि ससुराल की एक शादी से छुट्टी पाकर जल्दी-से-

जल्दी इन्दौर, पिताजी के पास पहुँचना है। कोशिश बहुत की कि कलकत्ता छोड़ने से पहले ही अध्याय पूरा कर दूँ, पर हुआ वही जैसा कि हर बार होता था।

और अन्तिम अध्याय की शुरुआत शादी की धूमधाम और ढोलक के गीतों के बीच हुई। जिस वातावरण में मैं रह रही थी और जैसा वातावरण प्रस्तुत करना था... उसमें इतना वैषम्य था कि यही नहीं समझ पा रही थी कि तारतम्य कैसे बिठाऊँ। फिर भी लिख रही थी—पर शादी की धूम जब अपने चरम पर पहुँच गई तो लिखना सम्भव नहीं रहा, अधूरा अध्याय इन्दौर आया। शादी के घर से बीमारी का घर...बीमारी भी असाध्य। सारे दिन आने-जानेवालों का ताँता, और पिताजी को देखने के लिए आए हुए पारिवारिक सदस्यों से भरा-पूरा घर। इसी के बीच अन्तिम चैप्टर समाप्त हुआ, क्योंकि तकाजे आने लगे थे। लिखकर पढ़ा तो आरम्भिक हिस्सा मुझे इतना फ्लैट लगा कि रोना आ गया। बहुत सोचा कि जैसे भी हो, एक बार हिम्मत करके फिर से लिख डालूँ, पर वही धैर्य की कमी परिश्रम से घबराने की वृत्ति—प्रतिकूल परिस्थिति—हारकर वैसे ही भेज दिया। यों सोचती अभी भी हूँ कि पुस्तक रूप में जब छपने दूँगी तब अन्तिम अध्याय में अवश्य ही कुछ संशोधन करूँगी...पर जानती हूँ, होगा कुछ नहीं।[1]

उस रात सोई तो सचमुच ही बड़ा हलका-हलका-सा लग रहा था। एक बोझ जो उतर गया था, एक उत्तरदायित्व था जो पूरा हो गया था। पर दूसरे दिन से ही हलकेपन की यह भावना एकाकीपन की भावना में बदलने लगी। लगा जैसे इतने दिनों तक अमला और रंजना मेरे साथ थीं जो एकाएक ही मुझे छोड़कर चली गई हैं और मैं बहुत-बहुत अकेली हो गई हूँ। सबके बीच रहकर भी बड़ा सूना-सूना लगता, अकेलेपन का बोध सालता। धीरे-धीरे यह भावना भी जाती रही।

अब उपन्यास सामने है और बहुत ही तटस्थ भाव से अपनी ही रचना पर विवेचन-विश्लेषण करने की स्थिति में हूँ। सोचा भी था इस लेख में अपने पात्रों की परिकल्पना, उसके विकास और स्थितियों के निर्वाह का लेखा-जोखा ही दूँगी, दूसरे शब्दों में आदि से अन्त तक अपने लिखे को जस्टिफाई करूँगी; पर लगा, यह काम मेरा नहीं है। मुझे जो कहना था उपन्यास में कह दिया...अब तो पाठकों और आलोचकों के कहने-सुनने की बारी है।

कोई और उँगली उठाए, उससे पहले मैं स्वयं ही स्वीकार कर लूँ, यह शीर्षक मुझे इस उपन्यास के लिए सार्थक नहीं लगता। राजेन्द्र अभी भी इसे शीर्षक मानते हैं, मैंने भी अन्त में जाते-जाते इस ओर कुछ प्रयत्न किया अवश्य है, फिर ईमानदारी की बात कहूँ तो मन सन्तुष्ट नहीं।

जहाँ तक सारे कथानक की अन्विति, गठन और प्रवाह का प्रश्न है, वहाँ भी शिथिलता का दोष स्वीकार करने में मुझे संकोच नहीं। हाँ, इतना अवश्य कहूँगी इसमें दोष हमारा नहीं—ऐसे प्रयोग में इससे अधिक की आशा रखना ही व्यर्थ है। हर अध्याय एक उपन्यास की क्रमबद्ध कड़ी कम, और स्वतन्त्र कहानी का आरम्भ

अधिक लगता है...कारण है, हम लोगों की नितान्त भिन्न शैली और भिन्न दृष्टिकोण। और इसीलिए राजेन्द्र ने लिखा है : ''अब तो शायद एकसाथ पढ़नेवाले को यह दो साइज़ के कैमरों से खींचे गए चित्रों का एलबम अधिक, एक सूत्रबद्ध फिल्म कम लगे।''

आपका बंटी

राजेंद्र के लिए

जन्मपत्री : बंटी की

मन्नू भंडारी का वक्तव्य

वह बांकुरा की एक साँझ थी!

अचानक ही पी. का फ़ोन आया—"तुमसे कुछ बहुत ज़रूरी बात करनी है, जैसे भी हो आज शाम को ही मिलो, बांकुरा में।" मैं उस ज़रूरी बात से कुछ परिचित भी थी और चिंतित भी। रेस्त्राँ की भीनी रोशनी में मेज़ पर आमने-सामने बैठकर, परेशान और बदहवास पी. ने कहा—"समस्या बंटी की है। तुम्हें शायद मालूम हो कि बंटी की माँ (पी. की पहली पत्नी) ने शादी कर ली। मैं बिलकुल नहीं चाहता कि अब वह वहाँ एक अवांछनीय तत्त्व बनकर रहे, इसलिए तय किया है कि बंटी को मैं अपने पास ले आऊँगा। अब से वह यहीं रहेगा।" और फिर वे देर तक यह बताते रहे कि बंटी से उन्हें कितना लगाव है, और इस नई व्यवस्था में वहाँ रहने से उसकी स्थिति क्या हो जाएगी। मैंने उनकी भावना, चिंता उद्विग्नता को समझते हुए अपनी पहली प्रतिक्रिया व्यक्त की—"आप ऐसा नहीं सोचते कि यह ग़लत होगा? मुझे लगता है कि उसे अपनी माँ के पास ही रहना चाहिए क्योंकि साल में दो-एक बार मिलने के अलावा उसके साथ आपके आसंग नहीं हैं। जबकि माँ के साथ वह शुरू से रह रहा है, एकछत्र होकर रहा है। इस नाज़ुक उम्र में वहाँ से वह उखड़ जाएगा और संभवतः यहाँ जम नहीं पाएगा।" लंबी बातचीत के बाद तय हुआ कि बंटी अभी कुछ दिनों के लिए वहीं रहे। लेकिन उस दिन लौटते हुए सचमुच बंटी कहीं मेरे साथ चला आया। आकर डायरी में मैंने बंटी की पहली जन्मपत्री बनाई। उस रात बंटी की विभिन्न स्थितियों के न जाने कितने कल्पना-चित्र बनते-बिगड़ते रहे। मुझे लगा, बंटी अपनी नई माँ के घर आ गया है।

नई माँ और पिता के बीच एक बालिका। लगभग छः महीने बाद की घटना है। ड्राइंग रूम में अनेक बच्चे धमा-चौकड़ी मचाए हैं—उन्मुक्त और निश्चिंत। बारी-बारी से सब सोफ़े पर चढ़कर नीचे छलाँग लगा रहे हैं। उस बच्ची का नंबर आता है। सोफ़े पर चढ़ने से पहले वह अपनी नई माँ की ओर देखती है। माँ शायद उसकी ओर देख भी नहीं रही थी, पर उन अनदेखी नज़रों में भी जाने ऐसा क्या था कि सोफ़े पर चढ़ने के लिए बच्ची का ऊपर उठा हुआ पैर वापस नीचे आ जाता है। बच्ची सहमकर पीछे हट जाती है। अनायास ही मेरे भीतर छः महीने पहले का

बंटी उस वातावरण में व्याप्त एक सहमेपन के रूप में जाग उठता है। खेल उसी तरह चल निकला है, लेकिन अगर कोई इस सारे प्रवाह से अलग हटकर सहमा हुआ कोने में खड़ा है, तो वह है बंटी। रात में सोई तो लगा छः महीने पहले जिस बंटी को अपने साथ लाई थी, वह सिर्फ़ एक दयनीय मुरझायापन बनकर रह गया है।

एक और चित्र—सिर्फ पुरानी माँ और बंटी।

मैं कमरे में प्रवेश करती हूँ तो चौंकानेवाला दृश्य सामने आता है। टूटी हुई प्लेटें, बिस्कुट और टोस्ट बिखरे पड़े हैं और बंटी माँ के शरीर पर लगातार मुक्के मार रहा है, "...तुम कहाँ गई थीं...किसके साथ गई थीं...क्यों गई थीं...?" मेरी उपस्थिति के बावजूद यह दृश्य थोड़ी देर तक चलता रहा। माँ तिलमिलाहट, गुस्से और दुख को दबाकर मेरे सामने सहज होने की बहुत कोशिश करती है, लेकिन उस वातावरण के दमघोटू तनाव में वहाँ फिर कुछ भी सहज नहीं हो पाता।

घर लौटकर मैंने पाया कि बंटी एक आकार ग्रहण करने लगा है।

मुझे लगा कि बंटी किन्हीं दो-एक घरों में नहीं, आज के अनेक परिवारों में साँस ले रहा है—अलग-अलग संदर्भों में, अलग-अलग स्थितियों में। लेकिन एक बात मुझे इन बच्चों में समान लगी और वह यह कि ये सभी फ़ालतू, ग़ैर-ज़रूरी और अपनी जड़ों से कटे हुए हैं। किसी एक व्यक्ति के साथ घटी घटना दया, करुणा और भावुकता पैदा कर सकती है, लेकिन जब अनेक ज़िंदगियाँ एक जैसे साँचे में ही सामने आने लगती हैं तो दया और भावुकता के स्थान पर मन में धीरे-धीरे एक आतंक उभरने लगता है। मेरे साथ भी यही हुआ। बंटी के इन अलग-अलग टुकड़ों ने उस समय मुझे करुणा-विगलित और उच्छ्वसित ही किया था, लेकिन जब सब मिलाकर बंटी मेरे सामने खड़ा हुआ तो मैंने अपने-आपको आतंकित ही अधिक पाया, समाज की दिनों-दिन बढ़ती हुई एक ऐसी समस्या के रूप से, जिसका कहीं कोई हल नहीं दिखाई देता। यही कारण है कि बंटी मुझे तूफ़ानी समुद्र-यात्रा में किसी द्वीप पर छूटे हुए अकेले और असहाय बच्चे की तरह नहीं वरन् अपनी यात्रा के कारणों के साथ और समानांतर जीते हुए दिखाई दिया। इसके बाद ही स्थितियों को देखने का सारा धरातल बदल गया। भावना के स्तर पर उद्वेलित और विगलित करनेवाला बंटी जब मेरे सामने एक भयावह सामाजिक समस्या के रूप में आया तो मेरी दृष्टि अनायास ही उसे जन्म देने, बनाने या बिगाड़नेवाले सारे सूत्रों, स्रोतों और संदर्भों की खोज और विश्लेषण की ओर दौड़ पड़ी। संदर्भों से काटकर किया हुआ बंटी का अध्ययन शरत्चंद्रीय भावुकता भले ही जगा दे, उसे एक वैचारिक धरातल नहीं दे सकता।

बंटी के तत्काल संदर्भ अजय और शकुन हैं। दूसरे शब्दों में वे संदर्भ अजय और शकुन के वैवाहिक संबंधों का अध्ययन और उसकी परिणति के रूप में ही मेरे सामने आए। यहाँ मुझे भारतजी की बात सही लगी कि जैनेंद्रजी ने स्त्री-पुरुष के संबंधों को जिस एकांतिक दृष्टि से देखा है, उसका एक अनिवार्य आयाम बंटी भी है क्योंकि शकुन-अजय के संबंधों की टकराहट में सबसे अधिक पिसता बंटी ही है। शकुन

और अजय तो आपसी तनाव की असहनीयता से मुक्त होने के लिए एक-दूसरे से मुक्त हो जाते हैं, लेकिन बंटी क्या करे? वह तो समान रूप से दोनों से जुड़ा है, यानी खंडित-निष्ठा उसकी नियति है। चूँकि वह शकुन के साथ रहता है इसलिए बंटी को उसकी समूची स्थिति के साथ समझने के लिए माँ-बेटे के आपसी संबंधों के विश्लेषण के साथ ही कुछ गरिमामयी मिथ्या धारणाएँ और सदियों पुरानी 'मिथ' टूटने लगीं। शकुन चक्की पीस-पीसकर बेटे का जीवन बनाने में अपने-आपको स्वाहा कर देनेवाली माँ नहीं थी; बल्कि स्वतंत्र व्यक्तित्व, आकांक्षाएँ और आजीविका के साधनों से दृप्त माँ थी। इस नारी और माँ के आपसी द्वंद्व का अध्ययन ही शकुन को उसका वर्तमान रूप देता है। आज तो लगता है कि कहानी में बिखरी लोक-कथाएँ अनायास ही नहीं आ गई हैं, वे शकुन के जीवन की दो नितांत विरोधी स्थितियों, मिथ और वास्तविकता के अंतर्विरोध को उजागर करती हैं। अगर माँ की ममता के मारे उस राजकुमार की कहानी है, जो सात-समुद्र पार करके अपनी निष्ठा प्रमाणित करता है तो सोनल रानी की भी कहानी है, जो भूख लगने पर रूप बदलकर अपने ही बेटे को खा जाती है। शकुन बंटी को माध्यम बनाकर अजय से प्रतिशोध लेती हो या बंटी में तन्मय होकर अपनी सार्थकता तलाश करती हो, उसे कभी हथियार के रूप में इस्तेमाल करती हो या कभी अपने एकाकी जीवन के आधार के रूप में...मुझे तो सभी कुछ को निहायत तटस्थ होकर एक मानवीय धरातल पर देखना-समझना था। ज़िंदगी को चलाने और निर्धारित करनेवाली कोई भी स्थिति कभी इकहरी नहीं होती, उसके पीछे एक साथ अनेक और कभी-कभी बड़ी विरोधी प्रेरणाएँ निरंतर सक्रिय रहती हैं। शकुन और बंटी—दोनों के चरित्रों की वास्तविकता इन्हीं अंतर्विरोधों में जीने की वास्तविकता है। परोक्ष रूप में अजय के जीवन की वास्तविकता भी यही है।

शायद यही कारण है कि मैं इस त्रिकोण की किसी एक भुजा को न अस्वीकार कर सकी, न ही ग़लत सिद्ध कर सकी। पात्र अपनी-अपनी दृष्टि, संवेदना की सीमाओं में एक-दूसरे को ग़लत-सही कहते रह सकते हैं, लेकिन देखना यह ज़रूरी होता है कि लेखकीय समझ किसी के प्रति पक्षपात तो नहीं कर रही? ग़लत और सही अगर कोई हो सकते हैं तो वे अजय, शकुन और बंटी के आपसी संबंध। इस पूरी स्थिति की सबसे बड़ी विडंबना ही यह है कि इन संबंधों के लिए सबसे कम ज़िम्मेदार और सब ओर से बेगुनाह बंटी ही इस ट्रैजडी के त्रास को सबसे अधिक भोगता है। शकुन-अजय के संबंधों का तनाव और चटख बंटी की नस-नस में ही प्रतिध्वनित होती है। स्थिति की इस विडंबना ने ही मेरे मन में एक आतंक जगाया था। शकुन- अजय के आपसी संबंधों में बंटी चाहे कितना ही फ़ालतू और अवांछनीय हो गया हो, परंतु मेरी दृष्टि को सबसे अधिक उसी ने आकर्षित किया। वस्तुतः उपन्यासकार के लिए अप्रतिरोध चुनौती, सहानुभूति और मानवीय करुणा के केंद्र सिर्फ़ वे ही लोग हो पाते हैं, जो कहीं न कहीं फ़ालतू हो गए हैं।

बहरहाल, बंटी की यह यात्रा चाहे परिवार की संश्लिष्ट इकाई से टूटकर क्रमशः अकेले, जड़हीन, फ़ालतू और अनचाहे होते जाने की रही हो; लेकिन मेरे लिए यह यात्रा भावुकता, करुणा से गुज़रकर मानसिक यंत्रणा और सामाजिक प्रश्नाकुलता की रही है। जीते-जागते बंटी का तिल-तिल करके समाज की एक बेनाम इकाई-भर बनते चले जाना यदि पाठक को सिर्फ़ अश्रुविगलित ही करता है तो मैं समझूँगी कि यह पत्र सही पतों पर नहीं पहुँचा है।

—मन्नू भंडारी

मम्मी ड्रेसिंग टेबुल के सामने बैठी तैयार हो रही हैं। बंटी पीछे खड़ा चुपचाप देख रहा है। ममी जब भी कॉलेज जाने के लिए तैयार होती हैं, बंटी बड़े कौतूहल से देखता है। जान तो वह आज तक नहीं पाया, पर उसे हमेशा लगता है कि ड्रेसिंग टेबुल की इन रंग-बिरंगी शीशियों में, छोटी-बड़ी डिबियों में ज़रूर कोई जादू है कि ममी इन सबको लगाने के बाद एकदम बदल जाती हैं। कम से कम बंटी को ऐसा ही लगता है कि उसकी ममी अब उसकी नहीं रहीं, कोई और ही हो गईं।

पूरी तरह तैयार होकर, हाथ में पर्स लेकर ममी ने कहा "देखो बेटे, धूप में बाहर नहीं निकलना, हाँऽ।" फिर फूफी को आदेश दिया। "बंटी जो खाए वही बनाना, एकदम बंटी की मर्ज़ी का खाना, समझीं।"

चलने से पहले ममी ने उसका गाल थपथपाया। बालों में उँगलियाँ फँसाकर बड़े प्यार से बाल झिंझोड़ दिए। पर बंटी जैसे बुत बना खड़ा रहा। बाँह पकड़कर झूला नहीं, किसी चीज़ की फरमाइश नहीं की। ममी ने खींचकर उसे अपने पास सटा लिया। पर एकदम चिपककर भी बंटी को लगा जैसे ममी उससे बहुत दूर हैं। और फिर वे सचमुच ही दूर हो गईं। उनकी चप्पल की खटखट जब बरामदे की सीढ़ियों पर पहुँची तो बंटी कमरे के दरवाज़े पर आकर खड़ा हो गया। और ममी जब फाटक खोलकर, सड़क पार करके, घर के ठीक सामने बने कॉलेज में घुसीं तो बंटी दौड़कर अपने घर के फाटक पर खड़ा हो गया। सिर्फ़ दूर जाती हुई ममी को देखने के लिए। वह जानता है, ममी अब पीछे मुड़कर नहीं देखेंगी। नपे-तुले क़दम रखती हुई सीधी चलती चली जाएँगी। जैसे ही अपने कमरे के सामने पहुँचेंगी चपरासी सलाम ठोंकता हुआ दौड़ेगा और चिक उठाएगा। ममी अंदर घुसेंगी और एक बड़ी-सी मेज़ के पीछे रखी कुर्सी पर बैठ जाएँगी। मेज़ पर ढेर सारी चिट्ठियाँ होंगी। फाइलें होंगी। उस समय तक ममी एकदम बदल चुकी होंगी। कम से कम बंटी को उस कुर्सी पर बैठी ममी कभी अच्छी नहीं लगीं।

पहले जब कभी उसकी छुट्टी होती और ममी की नहीं होती, ममी उसे भी अपने साथ कॉलेज ले जाया करती थीं। चपरासी उसे देखते ही गोद में उठाने लगता तो वह हाथ झटक देता। ममी के कमरे के एक कोने में ही उसके लिए एक छोटी-सी मेज़-कुर्सी लगवा दी जाती, जिस पर बैठकर वह ड्राइंग बनाया करता। कमरे में कोई

भी घुसता तो एक बार हँसी लपेटकर, आँखों ही आँखों में ज़रूर उसे दुलरा देता। तब वह ममी की ओर देखता। पर उस कुर्सी पर बैठकर ममी का चेहरा अजीब तरह से सख़्त हो जाया करता है। लगता है, मानो अपने असली चेहरे पर कोई दूसरा चेहरा लगा लिया हो। ममी के पास ज़रूर एक और चेहरा है। चेहरा ही नहीं, आवाज़ भी कैसी सख़्त हो जाती है! बोलती हैं तो लगता है जैसे डाँट रही हों। बंटी को ममी बहुत ही कम डाँटती हैं। बस, प्यार करती हैं इसीलिए यों सख़्त चेहरा लिए डाँटती। प्रिंसिपल की कुर्सी पर बैठी ममी उसे कभी अच्छी नहीं लगतीं।

वहाँ उसके और ममी के बीच में बहुत सारी चीज़ें आ जाती हैं। ममी का नक़ली चेहरा, कॉलेज, कॉलेज की बड़ी-सी बिल्डिंग, कॉलेज की ढेर सारी लड़कियाँ, कॉलेज के ढेर सारे काम! थोड़ी-थोड़ी देर में बजनेवाले घंटे, घंटा बजने पर होनेवाली हलचल...इन सबके एक सिरे पर वह रहता है चुपचाप, सहमा-सा और दूसरे पर ममी रहती हैं—किसी को आदेश देती हुईं, किसी के साथ सलाह-मशवरा करती हुईं, किसी को डाँटती हुईं। और इसीलिए उसने कॉलेज जाना छोड़ दिया। घर में चाहे वह अकेला रह ले, पर वहाँ नहीं जाता। वहाँ किसके पास जाए? ममी तो वहाँ रहती नहीं। रहती हैं बस एक प्रिंसिपल, जिनके चारों ओर बहुत सारे काम, बहुत सारे लोग रहते हैं। नहीं रहता है तो केवल बंटी।

थोड़ी देर तक बंटी गेट पर खड़े-खड़े आने-जानेवालों को यों ही देखता रहा। फिर लोहे के फाटक पर झूलने लगा। सामने से दो लड़के साइकिल पर बातें करते हुए गुज़र गए तो उसने सोचा, थोड़ा और बड़ा हो जाएगा तो वह भी दो पहिए की साइकिल खरीदेगा। वह जानता है, ममी उसे कभी बाहर निकलकर साइकिल नहीं चलाने देंगी। जाने क्यों, उन्हें हमेशा यही डर लगा रहता है कि वह बाहर निकला और एक्सीडेंट हुआ। हुँह! वह ज़रूर बाहर चलाएगा। पुलिया पर जब बिना पैडिल मारे ही फर्राटे से साइकिल उतरती है तो कैसा मज़ा आता होगा?

उसके बाद आँखों के सामने वे बड़े-बड़े मैदान तैर गए जो स्कूल जाते समय बस में से दूर-दूर दिखाई देते हैं। मैदान के दूसरे सिरे पर बनी हुईं पहाड़ियाँ, जिनके पीछे से सूरज निकल-डूबकर दिन और रात करता है। कौन जाने उन पहाड़ियों की तलहटी में कोई साधू बैठा हो, जिसके पास जादू की खड़ाऊँ हों, जादू का कमंडल हो। एक बार जाकर ज़रूर देखना चाहिए, पर जाए कैसे? साइकिल मिलने से जाया जा सकता है। बस, किसी को बताए नहीं और चलता जाए, चलता चला जाए तो पहुँच ही सकता है। पर ममी को मालूम पड़ जाए तो...बाप रे...

ममी उसे बहुत ज़्यादा घर से बाहर नहीं जाने देती हैं। पर ममी को पता ही नहीं चल पाता है कि पलंग पर उनकी बगल में लेटे-लेटे वह उन साधुओं की तलाश में कहाँ-कहाँ घूमता है? अनदेखे-अनजाने पहाड़ों में, जंगलों में...घाटियों में...

अब छुट्टी के दिन समझ ही नहीं आता, वह क्या करे? एक बार यों ही बगीचे का चक्कर लगाया। मोगरे खूब महके हुए थे। एक-एक पौधे को उसने खूब प्यार से

छुआ। फिर गिनकर देखा, कितनी नई कलियाँ खिली हैं। हर एक पौधे की फूल-पत्तियों का हिसाब-किताब उसके पास है। एक-दो पौधे की पत्तियाँ गंदी लगीं तो जल्दी से पाइप लेकर उनको धोया। कुछ इस ढंग से जैसे ममी सवेरे-सवेरे उसका मुँह धुलाती हैं।

"बस, हो गए साफ़। चलो, अब हवा में झूलो।"

भीतर आया तो कमरे में घुसते ही नज़र ड्रेसिंग-टेबुल पर गई। वही रंग-बिरंगी शीशियाँ! और ममी का वही सख़्त चेहरा याद आ गया...रूखा-रूखा और एकदम बदला हुआ। कैसे बदल जाता है चेहरा? और तब न जाने कितनी बातें एक साथ दिमाग़ में घुमड़ने लगीं।

"तुम यहाँ खड़े-खड़े क्या कर रहे हो बंटी भय्या? चलकर नहा काहे नहीं लेते?" हाथ में झाड़ू लिए-लिए फूफी घुसी तो बंटी ने झाड़ू छीन लिया और उसके हाथ पर झूलता हुआ बोला, "फूफी, वह कहानी सुनाओ तो सोनल रानी की, जो सचमुच में डायन थी और रानी बनकर रहती थी।"

"एल्लो, और सुनो! यह कहानी कहने-सुनने का बखत है! काम सारा पड़ा है, और तुम्हें कहानी सूझ रही है। कहानी रात में सुनी जाती है, दिन में नहीं।"

"नहीं मैं अभी सुनूँगा। कोई काम-वाम नहीं।" फिर आँखों में जाने कितना कौतूहल भरकर पूछा, "अच्छा फूफी, वह डायन से रानी कैसे बन जाती थी? उसके पास जादू था?"

"और क्या तो? डायन थी, सारे जादू बस में कर रखे थे। बस, जो चाहती बन जाती। मन होता वैसा भेस धर लेती।"

"क्यों फूफी, आदमी भी चाहे तो ऐसा कर सकता है?"

"कइसे कर लेगा आदमी? आदमी के बस में क्या जादू होता है?"

"तुमने डायन देखी है फूफी? कैसी होती होगी? जब आदमी के भेष गें होती होगी तब तो कोई पहचान भी नहीं सकता होगा।" बंटी की आँखों में जाने कैसे-कैसे चित्र तैरने लगे।

"अरे, हमने नहीं देखी कोई डायन-वायन, तुम चलकर नहा लो।"

"नहीं, अभी नहीं नहाता।" और बंटी पीछे के आँगन में आया तो झम-झम करती सोनल रानी भी साथ आ गई। सतमंज़िले महल में रहनेवाली, सात सौ दास-दासियों से घिरी सोनल रानी। ऐसा रूप कि न लोगों ने देखा, न सुना। राजा तो जैसे प्राण देते। कोई भला देखता भी कैसे? वह रूप क्या कोई आदमी का था? वह तो डायन का जादू था।

फिर धीरे-धीरे कहानी की एक पूरी की पूरी दुनिया खुलती चली जाती। भेड़ बनाकर रखे हुए राजकुमार...मैना बनाकर रखी हुई राजकुमारी...ऐसा कुछ होता ज़रूर है, जिससे आदमी भेष बदल लेता है।

बंटी फिर भीतर गया। चुपचाप ड्रेसिंग टेबुल के पास जाकर शीशियों को

उठा-उठाकर देखने लगा। एक बार मन हुआ अपने मुँह पर भी लगा देखे। क्या उसका चेहरा भी ममी की तरह बदल जाएगा?

"यह क्या? फिर तुम ड्रेसिंग-टेबुल पर पहुँच गए?" फूफी खड़ी हँस रही थी। बंटी एकदम सकपका गया।

"हम कहते हैं, यही सौख रहे तुम्हारे तो बड़े होकर तुम ज़रूर लड़की बन जाओगे।"

"मारूँगा मैं, फिर वही गंदी बात कही तो!" बंटी हाथ उठाकर अपनी झेंप गुस्से में छिपाने लगा।

फूफी भी अजब है! ममी कभी प्यार करते हुए उसे गोद में बिठा लेंगी या अपने साथ लिटाकर कहानी सुनाएँगी...तो हमेशा उसे ऐसे ही चिढ़ाएँगी...

"तुम अभी तक माँ की गोद में चिपककर बैठते हो? छिः-छिः, तुम तो एकदम लड़की हो बंटी भय्या!"

"देख लो ममी, यह फूफी..."

पर ममी है कि फूफी को कुछ नहीं कहतीं। बस, हँसती रहती हैं, क्योंकि उस समय घर में जो रहती हैं ममी! वह भी एकदम ममी बनी हुई। कॉलेज में हो तो पता लगे इस फूफी को। ऐसी घुड़की मिले कि सारा चिढ़ाना भूल जाए।

"मेरा तो बेटा भी यही है और बेटी भी यही है।" हँसती हुई ममी उसे अपने से और ज़्यादा सटा लेती हैं।

उस समय फूफी के सामने माँ की बाँहों से छूटकर भागने के लिए वह ज़रूर कसमसाता रहता है, पर यों उसे ममी की गोद में बैठना, उनके साथ सटकर सोना अच्छा लगता है। सोने से पहले ममी उसे रोज़ कहानी सुनाती हैं...राजा-रानी की, परियों की। ऐसे-ऐसे राजकुमारों की, जो अपनी माँ को बहुत प्यार करते थे और अपनी माँ के लिए बड़े-बड़े समुद्र तैर गए थे, ऊँचे-ऊँचे पहाड़ पार कर गए थे।

फिर ममी उसके गाल सहलाते हुए पूछतीं, "अच्छा, बता तू मेरे लिए इतना सब करेगा बड़ा होकर या कि निकाल बाहर करेगा...हटाओ बुढ़िया को, बोर करती है।"

"धत्, ममी को कभी नहीं छोड़ँगा।"

तब ममी निहाल होकर उसे बाँहों में भर लेतीं और उसके गालों पर ढेर सारे किस्सू देतीं। फिर पता नहीं छत में क्या देखने लगतीं। बस, फिर देखती ही रह जातीं और उसे लगता जैसे उसके और ममी के बीच में फिर कहीं कोई आ गया है। पर कौन? यह वह न समझ पाता। ममी के चेहरे पर गहराती हुई उदासी की परतें उसे कहीं हलके-से बेचैन कर देतीं। उसका मन करता कि ममी को पक्की तरह समझा दे कि वह उन्हें कब्भी-कब्भी नहीं छोड़ेगा। पर कैसे? और जब कुछ भी समझ में नहीं आता तो वह ममी के गले में हाथ डालकर लिपट जाता।

तभी फूफी की बात याद आ जाती है। हुँह! फूफी बकवास करती है। कहीं ममी

को प्यार करने से या कि ममी के साथ सोने से कोई लड़का लड़की बन जाता होगा भला!

"तुम नहा लो बंटी भय्या! कहो तो हम नहला दें?"

"नहीं, अपने-आप नहाऊँगा। बड़ी आई नहलानेवाली!'

"तो जाओ अपने आप नहाओ। हम कपड़ा-वपड़ा निकालकर रख देते हैं।'

"अभी नहीं नहाता, जब मर्ज़ी आएगी नहाऊँगा।" फूफी को लेकर अभी भी गुस्सा भरा हुआ है।

बंटी ने अपनी अलमारी खोली। ममी के खरीदे हुए और पापा के भेजे हुए खिलौनों से अलमारी भरी हुई है। उसने नई वाली बंदूक निकाली, खूब बड़ी-सी। और एकदम आँगन में झाड़ू लगाती हुई फूफी की पीठ में नली लगा दी। बोला, "अब कहेगी कभी लड़की, कर दूँ शूट? गोली से उड़ा दूँगा, हाँ, याद रखना!"

बंटी जब बहुत लाड़ में होता है या बहुत नाराज़ तो फूफी को तू ही कहता है।

"और क्या, अब तुम बंदूक ही तो मारोगे...इसी दिन के लिए तो पाल-पोसकर बड़ा किया है।"

तब पता नहीं क्यों ममी की कोई बात याद आ गई और बंटी का हाथ अपने-आप हट गया।

ख़याल आया, उसने अपनी बंदूक टीटू को तो दिखाई ही नहीं। उसके मुकाबले में टीटू के पास बहुत कम खिलौने हैं, फिर भी ऐसी शान लगाता है जैसे लाट साहब हो। उस दिन कैरम-बोर्ड दिखा-दिखाकर कितना इतरा रहा था। वह ममी से कहकर अपने लिए भी कैरम-बोर्ड खरीदेगा। और नहीं तो इस बार पापा आएँगे तो उनसे लेगा।

पिछली बार पापा जिस दिन आए थे, उसी दिन उसका रिज़ल्ट निकला था। कितने खुश हुए थे पापा उसका रिज़ल्ट देखकर! खूब प्यार किया था, शाबाशी दी थी और ढेर सारी चीज़ें दिलवाई थीं।

इस बार कब आएँगे पापा?

"यह किधर चले?" उसे पिछले दरवाज़े से बाहर जाते देख फूफी चिल्लाई।

"मैं टीटू के यहाँ जा रहा हूँ, अभी आ जाऊँगा।"

"वहीं मत खेलने बैठ जाना, ममी गुस्सा होंगी नहीं तो। नहाया-धोया कुछ नहीं है।"

बंटी दूर निकल आया। फूफी की तो आदत है, कुछ न कुछ बकते रहने की।

टीटू के घर के दरवाज़े पर आकर एक मिनट को झिझका। कहीं सबसे पहले टीटू की अम्मा ही न मिल जाए। कैसे बोलती हैं वे भी। एक दिन इसी तरह छुट्टी के दिन सवेरे-सवेरे आ गया था तो बोलीं, "आ गए बंटी। छुट्टी के दिन तो तुम्हारा सूरज भी इसी घर में उगता है और इसी घर में डूबता है।" तो मन हुआ था कि उलटे पैरों लौट जाए।

ममी तो टीटू को कभी ऐसे नहीं कहतीं, चाहे वह सारे दिन रह ले। उसका बस चले तो वह कभी टीटू के घर नहीं जाए। वैसे भी उसे अपने ही घर में खेलना अच्छा लगता है। फूफी कहती है—घर में काहे नहीं अच्छा लगेगा? ऐसी लाट साहबी करने को और कहाँ मिलती है बच्चों को!

टीटू से कितना कहा कि तू ही आ जाया कर छुट्टी के दिन, पर शाम के पहले वह कभी आता ही नहीं। घर में ही खेलता रहता है...बिन्दा है, शन्नो है...हुँह। कहने दो कहती हैं तो। बंदूक दिखाकर अभी लौट भी जाऊँगा। मैं वहाँ रुकूँगा ही नहीं। और सूरज तो अब कभी का उग गया।

बरामदे में ही टीटू की अम्मा बैठी तरकारी काट रही हैं। क्षणभर को पाँव ठिठक गए। न भीतर को जाते बना, न लौटते।

''कौन, बंटी! आओ। अरे बड़ी ज़ोरदार बंदूक ले रखी है। इत्ती बड़ी किसने दिलवाई?''

''पापा ने।''

''ऐं! आए थे क्या पापा?''

''नहीं, किसी के साथ भिजवाई थी।'' एकाएक स्वर की खुशी जैसे बुझ गई। मन हुआ अम्मा के सीने में ही दाग दे बंदूक। जब देखो तब वही बात।

बंटी भीतर दौड़ गया।

टीटू शन्नो के साथ बैठा-बैठा कैरम खेल रहा था। बंटी ने चुपचाप उसकी पीठ पर बंदूक की नली लगाई और ज़ोर से चिल्लाया, ''हैंड्स अप!'' टीटू एकदम डर गया तो बंटी खिलखिला पड़ा...''कैसा डराया!''

''अरे, इतनी बड़ी बंदूक, देखूँ ज़रा।'' टीटू इतनी बड़ी बंदूक देखकर एकाएक उत्साह में आ गया।

''चल, बाहर चलकर निशाना लगाएँगे।'' आज वह भी आसानी से बंदूक नहीं देगा। उस दिन कैरम को लेकर कैसा इतरा रहा था...हटो, हटो, तुम्हें खेलना नहीं आता।

''ऐ टीटू! पहले खेल पूरा करके जाओ। हार रहा है तो कैसा भागने लगा।'' जीतती हुई शन्नो ने कुरता पकड़कर उसे खींचा।

''ले खेल, और खेल।'' टीटू ने दोनों हथेलियों से सारी गोटों को इधर-उधर छितरा दिया और बंटी को लेकर बाहर भाग गया।

''हारू-हारू...'' खिसियाई-सी शन्नो चीखती रही।

मुग्ध भाव से बंदूक पर हाथ फेरते हुए टीटू ने कहा, ''दिखा तो यार, ज़रा!''

''खाली देखने से काम नहीं चलेगा। समझना पड़ता है। यह कोई आठ आनेवाला तमंचा नहीं है, जो हर कोई चला लें।'' बंटी अपने को महत्त्वपूर्ण महसूस करने लगा।

''अभी ख़रीदी है?'' बड़ी ललचाई-सी नज़रों से देखते हुए टीटू ने पूछा।

''नहीं, पापा ने भिजवाई है।'' बड़े रौब से बंटी ने जवाब दिया और उसी रौब के साथ वह उसमें कारतूस भरने लगा।

''चल, तेरे पापा साथ नहीं रहते तब भी तेरे लिए चीज़ें तो खूब भेजते रहते हैं।''

''और क्या? इस बार आएँगे तो मेरे लिए बड़ावाला मैकेनो लाएँगे। मैं तो ममी से जो माँगता हूँ, ममी भी झट दिलवा देती हैं।''

बंदूक हाथ में मिल जाती तब तो टीटू फिर भी बंटी के इस रौब को जैसे-तैसे झेल जाता। पर खाली बातों का रौब...

''क्यों रे बंटी, तेरा मन नहीं होता कि पापा तेरे साथ रहें?'' बंटी का कमज़ोर हिस्सा वह जानता है।

बंटी चुप। बस, बंदूक के घोड़े को ऊपर-नीचे करता रहा।

''जब यहाँ आते हैं तो तू कहता क्यों नहीं?...पर अब शायद रह नहीं सकते!''

बंटी ने बड़े प्रश्नवाचक भाव से टीटू की ओर देखा।

''तेरे ममी-पापा में तलाक जो हो गया है।''

न चाहते हुए भी बंटी पूछ बैठा, ''तलाक? तलाक क्या होता है?''

''तू नहीं जानता? बुद्धू कहीं का। ममी-पापा की जो लड़ाई होती है न, उसे तलाक कहते हैं।''

''तुझे कैसे मालूम?''

''मेरी अम्मा बता रही थीं, पापा बता रहे थे।''

बंटी तब भीतर ही भीतर कहीं अपमानित हो आया।

ठाँय! ठाँय! वह हवा में बंदूक दागने लगा। और टीटू को अपनी बंदूक से पूरी तरह चकित करके, बिना एक बार भी उसे चलाने का अवसर दिए वापस लौट आया।

मन में जाने कैसा गुस्सा उफन रहा था। उसके ममी-पापा की बात उसे नहीं मालूम और टीटू को मालूम! पापा साथ नहीं रहते तो क्या हुआ, वे तो शुरू से ही साथ नहीं रहते। वह तो हमेशा से ही ममी के पास रहता है। उसकी ममी कोई ऐसी-वैसी हैं? कॉलेज की प्रिंसिपल हैं, आते-जाते लोग कैसे सलाम ठोंकते हैं। करेगा कोई ऐसे सलाम इनकी अम्मा को?

और पापा पास नहीं रहते तो क्या हुआ? उसे प्यार तो ख़ूब करते हैं। टीटू के पापा तो जब देखो तब डाँटते ही रहते हैं। उस दिन उसके सामने ही कैसा कान उमेठा था कि पें बोल गई। सारा चेहरा सुर्ख़ हो आया। अच्छा है, पापा के साथ रहो, डाँट खाओ, पिटो और कान खिंचवाओ।

पर ममी को तो ऐसा नहीं करना चाहिए न? ममी उसे पापा की बात बताती क्यों नहीं हैं? कितनी ही बार उसने ममी से यह बात करनी चाही, पर जब भी वह ऐसी बात करता है, ममी का चेहरा जाने कैसा-कैसा हो जाता है। उसे डर-सा लगने लगता है। फिर उससे कुछ भी नहीं पूछा जाता।

इस बार पापा आएँगे तो वह पापा से पूछेगा कि वे दोनों दोस्ती क्यों नहीं कर लेते? पापा तो उसकी बात बहुत मानते हैं; जहाँ कहता है, वहीं घुमाने ले जाते हैं। जो माँगता है, वही दिला देते हैं। यह बात नहीं मानेंगे! अब तो वह बड़ा हो गया है, पापा को समझा सकता है।

पर ममी-पापा की लड़ाई क्यों हुई? ममी कभी पापा की बात नहीं करतीं। पापा आते हैं तो सरकिट हाउस में ठहरते हैं। ममी को बुलाते भी नहीं, ममी की बात भी नहीं करते। क्या इतने बड़े-बड़े लोग भी लड़ते हैं? ऐसी लड़ाई, जिसमें कभी दोस्ती ही न हो। क्या ममी को पापा की याद नहीं आती होगी?

शाम को ममी लॉन में पलंग डालकर लेटी हैं। मौसम में हलकी-सी ठंडक है, पर फिर भी बाहर खूब अच्छा लग रहा है। ममी की छाती पर एक खुली हुई किताब उलटी रखी है। आसमान में जाने क्या देख रही हैं ममी! बंटी दौड़-दौड़कर क्यारियों में पानी डाल रहा है! टीटू पाइप लेकर पौधे धो रहा है। धुलकर पत्तियाँ कैसी चटकीली हो उठती हैं। रातरानी की महक धीरे-धीरे चारों ओर फैलने लगी है। हर पौधे, हर फूल और हर गंध के साथ बंटी का जैसे बड़ा गहरा संबंध है।

पानी दे चुकने के बाद बंटी ने एक बड़ा-सा मोगरे का फूल तोड़ा। इस बगीचे में से फूल तोड़ने का अधिकार केवल बंटी का है क्योंकि यह बगीचा केवल उसी का है। बिना उससे पूछे तो ममी भी नहीं तोड़ सकतीं।

फूल लेकर वह चुपचाप गया और लेटी हुई ममी के बालों में खोंस दिया। ममी बड़ा मीठा-सा मुसकराईं और पकड़कर उसे अपने पास खींच लिया।

''लाड़ कर रहा है ममी का?'' और बैठकर फूल को ठीक से पीछे की ओर लगा लिया।

इस समय ममी कितनी अच्छी लग रही हैं। वैसे तो शाम के समय ममी बिलकुल उसकी अपनी हो जाती हैं। बालों की खूब ढीली-ढाली चोटी और चेहरा भी एकदम मुलायम-सा। कोई तनाव नहीं, कोई सख़्ती नहीं। हमेशा ही इस समय बंटी को ममी बहुत अच्छी लगती हैं। बहुत सुंदर भी। कभी-कभी वह ममी की नज़र बचाकर एकटक ममी को देखता रहता है। ममी की ठोड़ी का तिल उसे बहुत अच्छा लगता है। रात में पास लेटता है तो अकसर उस पर धीरे-धीरे उँगली फिराता रहता है।

उसे आज भी याद है। पहली बार जब उसने ऐसा किया था तो ममी जैसे चौंक गई थीं। एकदम उसका हाथ हटा दिया था और बड़ी देर तक उसके चेहरे पर जाने क्या देखती रही थीं। अजीब-अजीब नज़रों से। फिर एक गहरी साँस छोड़कर वे छत की ओर देखने लगी थीं। उनका चेहरा न जाने क्यों बड़ा उदास और बेजान हो आया था। वह जैसे भीतर ही भीतर सहम गया था। उसकी समझ में ही नहीं आया कि आख़िर उसने ऐसा क्या कर दिया, जो ममी इतनी उदास हो गईं और उसने तय कर लिया कि अब वह कभी तिल पर हाथ नहीं रखेगा।

पर तीन-चार दिन बाद ममी ने ख़ुद ही उसकी उँगली लेकर तिल पर रख दी, "फिरा, मुझे अच्छा लगता है।" और हँसने लगीं।

ममी भी सचमुच अजीब हैं, इन्हें कभी-कभी कुछ हो जाता है।

आज रात में तिल पर उँगली फेर-फेरकर ही बात करेगा, पापावाली बात। अब वह सब समझता है। हिस्ट्री में रामायण-महाभारत की लड़ाई की बात समझ ली, ममी-पापा की लड़ाई की बात नहीं समझ सकता? ममी बताएँ तो! टीटू के अम्मा-पापा उसे सब बता सकते हैं और ममी उसे नहीं बता सकतीं?

सवेरे की कचोट जैसे फिर ताज़ी हो गई। टीटू को दिखाते हुए बंटी ममी के गले से झूम गया। लो, देख लो, ममी कैसा दुलार करती हैं मेरा। तुम झूमो तो ज़रा अपनी अम्मा के गले में। न झटककर अलग कर दें तो। न रहें पापा उसके पास, उससे क्या? ममी अकेली जितना प्यार करती हैं उसे, तुम्हारे अम्मा-पापा मिलकर भी उतना प्यार नहीं कर सकते।

और उसकी आँखों के सामने खटिया पर नंगे-बदन बैठे, कभी खाँसते तो कभी पेट पर हाथ फेरते टीटू के पापा और हल्दी के दागों से भरी साड़ी पहने अम्मा घूम गईं।

तब मन एक गर्वयुक्त तृप्ति से भर गया। हुलसकर उसने कहा, "ममी, आज बहुत-बहुत लंबीवाली कहानी सुनाओ।"

कहानी चल रही है, सात भाई चम्पा की। सौतेली माँ ने कैसे सातों लड़कों को मरवाकर गड़वा दिया। जहाँ-जहाँ बच्चे गाड़े गए वहाँ-वहाँ चम्पा का एक-एक पेड़ उग आया।

"सौतेली माँ बहुत बुरी होती है ममी?"

"हाँ और नहीं तो क्या? मारकर गड़वा देती है।"

"बच्चों के पापा ने क्यों नहीं कुछ कहा?"

"सौतेली माँ ने उन्हें पता ही नहीं लगने दिया।"

"हुँह! ऐसा भी कभी हो सकता है? झूठ! सात बच्चे गायब हो जाएँ और पापा को पता ही नहीं लगे!"

"हाँ होता है ऐसा। पापा कोई ऐसा-वैसा आदमी था? राजा था। उसके पास राज्य के बहुत सारे काम थे...बच्चों का ख़याल ही नहीं रहा। पापा लोग ऐसे ही होते हैं। उन्हें बच्चों का ख़याल कभी रहता ही नहीं। यह तो माँ ही होती है, जो..."

और ममी एकाएक चुप हो गईं। उसने ममी की ओर देखा। ममी वैसे ही आसमान की ओर देख रही हैं। क्या देखती रहती हैं ममी आँखें गड़ाकर—कभी आसमान में, कभी छत में? उसे तो वहाँ कभी कुछ नहीं दिखाई देता। एकाएक ख़याल आया, पापा की बात पूछ ले।

"ममी!"

"हूँ!"

बंटी पसोपेश में। कैसे पूछे? ममी ने कहीं डाँट दिया या कि ममी बहुत उदास हो गईं तो? शाम और रात में ही तो वह ममी के बहुत-बहुत पास हो जाता है। सवेरे तो इन्हीं ममी में से एक और ममी निकल आती हैं।

उसने एक बार फिर ममी की ओर देखा। आँखें आसमान पर टिकी हुईं। लटें चेहरे पर बिखरी हुईं। सचमुच ममी सुंदर हैं। वह बेकार ही क्यों डरने लगता है ममी से! उसने हिम्मत जुटाकर कहा, "ममी, ममी!"

इस बार ममी ऐसे चौंककर बोलीं जैसे कहीं और चली गईं थीं, "चल, तू बहुत बहस करता है, मैं नहीं सुनाती तुझे कहानी।"

"ममी, पापा हम लोगों के साथ क्यों नहीं रहते?"

ममी चुप!

"आज टीटू कह रहा था..."

"क्या कह रहा था टीटू?" ममी एकदम बंटी पर झुक आईं। आवाज़ की सख़्ती से बंटी जैसे एक क्षण को सहम गया।

"बता क्या कह रहा था टीटू?..."

"टीटू कह रहा था कि तेरे ममी-पापा का तलाक हो गया है। अब पापा कभी हमारे साथ नहीं रह सकते।" बंटी ने जैसे-तैसे कह दिया।

"क्यों रे, तू और टीटू ये ही सब बातें करते रहते हो?" ममी की आवाज़ में गुस्सा था या दुख, पता नहीं चला।

"मैं नहीं करता ममी, टीटू ही कह रहा था। मुझे तो तलाक का मतलब भी नहीं मालूम। उसी ने बताया कि ममी-पापा की लड़ाई को तलाक कहते हैं। जब देखो, उनके घरवाले पापा की बात ज़रूर करते हैं।"

बंटी रुआँसा हो आया।

ममी एकाएक ढीली हो आईं। ठंडी साँस खींचकर बोलीं, "करने दो। इन लोगों के पास ये बातें न हों तो ये जिएँ कैसे बेचारे?" फिर बंटी को अपने पास खींचती हुईं बोलीं, "पापा नहीं रहते तो क्या, मैं तो हूँ तेरे पास।"

और उसके बाद बंटी से कुछ भी नहीं पूछा गया, कुछ भी नहीं कहा गया। ममी उसे कितना ही प्यार करें फिर भी वह ममी से कहीं डरता ज़रूर है। कितनी बातें सोची थीं उसने आज कहने के लिए। दिन में कई बार दोहरा-दोहराकर भी देख लिया था। पर हमेशा की तरह बात बीच में ही टूट गई।

ममी चुप-चुप उसके बालों और गालों पर उँगलियाँ फिराने लगीं। दोनों चुप हो गए तो दूर लेटी फूफी की आवाज़ ही हवा में थिरकती रही। उखड़ा-बिखरा स्वर, "मेरे तो गिरधर गोपाल, दूसरा न कोई..."

"हवा में ठंडक बढ़ गई, चल, भीतर चल!" और बंटी ममी के पीछे-पीछे अंदर चला गया।

बाहर था तो जैसे मन के सारे प्रश्न चारों ओर फैले हुए थे। कमरे में आते ही सब सिमटकर मन में समा गए और बंटी को एक अजीब-सी बेचैनी होने लगी।

कैसे पूछे वह? क्यों नहीं बतातीं ममी उसे कुछ?

अच्छा, ममी को क्या कभी भी पापा की याद नहीं आती? वह तो टीटू या कुन्नी से अगर लड़ाई कर लेता है तो दो-तीन दिन तो बिना बोले रह लेता है। अकेला-अकेला खेलता रहता है, पर उसके बाद तो ऐसा जी घबराने लगता है कि बोले बिना रहा ही नहीं जाता। कुछ न कुछ बहाना निकालकर फिर दोस्ती कर लेता है। अकेला-अकेला खेले भी कितने दिन तक आख़िर?

पर ममी तो हमेशा से ही अकेली रह रही हैं। तलाक में फिर क्या दोस्ती हो ही नहीं सकती? किससे पूछे?

कल टीटू से ही पूछेगा। टीटू अगर तलाक की बात जानता है तो तलाक की दोस्ती की बात भी ज़रूर जानता होगा।

दो

शनिवार को ममी लंच के बाद कॉलेज नहीं जातीं।

खाना खाकर ममी उठीं और सोने के कमरे के सारे परदे खींच दिए। कमरे में हलका-सा अँधेरा हो गया। अभी तो उतनी गरमी नहीं है, वरना ममी रोशनदानों में भी काले या भूरे काग़ज़ चिपकवा देती हैं। गरमी में उन्हें रोशनी बिलकुल अच्छी नहीं लगती। और बंटी है कि उसका अँधेरे में जैसे जी घबराता है।

अँधेरा यानी कि सोओ। रात-भर अँधेरा रहता है और रात-भर वह सोता भी है। अब दिन में भी अँधेरा कर दोगे तो कोई रात थोड़े ही हो जाएगी। और रात नहीं तो सोए कैसे? पर ममी सुनती हैं कोई बात?

"बंटी, चलो सोओ!" और पकड़कर पलंग पर डाल देती हैं।

बंटी जानता है कि कुछ भी कहना-सुनना बेकार है, इसलिए जैसे ही ममी ने परदे खींचे, चुपचाप आकर पलंग पर लेट गया। जब तक आँखें खुली हैं, नज़र कमरे की दीवारों में कैद है, पर आँख बंद करते ही जैसे सारी सीमाएँ टूट जाती हैं और न जाने कहाँ-कहाँ के जंगल, पहाड़ और समुद्र तैर आते हैं आँखों के सामने। परीलोक की परियाँ और पाताललोक की नाग-कन्याएँ तैरती हुईं उसके सामने से निकल जाती हैं।

अच्छा, अगर कोई उसे जादू के पंख या उड़नेवाला घोड़ा दे दे तो वह क्या करे? एकदम पापा के पास चला जाए और उन्हें चौंका दे। अचानक उसे आया देख पापा

कितने खुश हो जाएँगे। इधर ममी ढूँढ़-ढूँढ़कर परेशान। बाहर देखेंगी, टीटू के घर में जाएँगी, कुन्नी के घर जाएँगी, फूफी सारे में दौड़ती फिरेगी और वह जादू की टोपी पहने सबकुछ देखता रहेगा...परेशान होती ममी को, इधर-उधर दौड़ती हुई बौखलाई-सी फूफी को। और जब ममी रो पड़ेंगी तो झट से टोपी उतारकर उनके गले में लिपट जाएगा।

पर ये सब चीज़ें मिलती कहाँ हैं? सारी कहानियों में इनकी बातें हैं, पर किसी ने भी यह नहीं लिखा कि ये मिलती कहाँ हैं। कोई साधू मिल जाए तो बता सकता है या उसके पास भी ऐसी चीज़ें हो सकती हैं।

ममी सो गईं। एक क्षण बंटी ममी को देखता रहा...कहीं पलकें हिल तो नहीं रहीं। तभी ख़याल आया, सोती हुई ममी कितनी अच्छी लगती हैं। अच्छा, ममी तरह-तरह की कैसे हो जाया करती हैं? टीटू की अम्मा को तो कभी भी जाकर देख लो, हमेशा एक-सी रहती हैं, फूफी भी।

बंटी दबे पाँव पलंग से उतरा। धीरे से कमरे के बाहर निकला और दौड़कर करोंदे की झाड़ियों के पास पहुँच गया। कुन्नी ने कहा था कि बंटी अगर उसे खूब सारे करोंदे तोड़कर देगा तो वह बंटी को करोंदे की माला बनाकर देगी, खूब सुंदर-सी।

टीटू भी आ जाता तो दोनों मिलकर तोड़ते, पर वह बुलाने तो नहीं ही जाएगा। वहाँ उसकी अम्मा मिल गईं तो बस, कबाड़ा। कोई बात नहीं, वह अकेला ही तोड़ेगा।

अचानक लोहे का फाटक बजा तो बंटी घूम पड़ा, "अरे, वकील चाचा!" पसीने में सराबोर वकील चाचा एक तरह से हाँफते हुए अपनी पतली-सी छड़ी हिलाते हुए चले आ रहे थे।

चिपचिपाते हाथों को कमीज़ से ही पोंछता हुआ बंटी दौड़ा और वकील चाचा की बाँह से झूल गया।

"आप कब आए चाचा?"

"क्यों रे, तू ऐसी भरी धूप में यहाँ करोंदे तोड़ रहा है?"

"धूप! कहाँ, मुझे तो नहीं लग रही।" बंटी दुष्टता से हँस रहा है।

"हाँ, धूप कहाँ, यह तो चाँदनी है न? शैतान कहीं का! शकुन घर में है या कॉलेज?"

"शनिवार को तो एक बजे ही छुट्टी हो जाती है कॉलेज की। भीतर सो रही हैं।" और फिर 'ममी—ओ ममी, वकील चाचा आए हैं' के बिगुल नाद के साथ ही बंटी चाचा को लेकर भीतर घुसा।

भरी नींद में से ममी उठीं और वकील चाचा को सामने देखकर जैसे एकदम सिटपिटा गईं। साड़ी ठीक करके उठती हुई बोलीं, "अरे आप कब आए?"

"यह बंटी वहाँ करोंदे तोड़ रहा था ऐसी धूप में।"

"ममी पूछ रही हैं, आप कब आए? पहले उनकी बात का तो जवाब दीजिए।"

"तू बड़ा तेज़ हो गया है।" वकील चाचा ने अपनी टोपी उतारकर मेज़ पर रखी और ठीक पंखे के नीचे बैठे गए। अभी तो ज़रा भी गरमी नहीं है और चाचा के इतना पसीना! "तुम्हारे यहाँ आज आया हूँ तो समझ लो शहर में आज ही आया हूँ।"

"क्यों रे, तू उठकर फिर करोंदे तोड़ने चला गया। तुझे नींद नहीं आती तो फिर पढ़ता क्यों नहीं? इम्तिहान नहीं पास आ रहे! आँख लगी नहीं कि गायब!"

ममी सचमुच ही गुस्सा होने लगीं। पर बंटी है कि अभी भी हँस रहा है। चाचा इस समय कवच की तरह उसके सामने बैठे हैं। ममी का गुस्सा बेकार।

"चाचा, आपको जितनी गरमी लग रही है, उससे तो लगता है कि आप ठंडा ही पिएँगे, बोलिए क्या लाऊँ?"

चाचा की आँखों में एकाएक लाड़ उमड़ आया, "बड़ी ख़ातिर करना सीख गया। तू तो एकदम ही बड़ा और समझदार हो गया लगता है।"

"मैं अभी आई।" कहकर ममी अंदर चली गईं। शायद मुँह धोने या चाचा के लिए कुछ लाने!

बंटी धीरे-से सरककर चाचा के पास आया और उनकी कुर्सी के हत्थे पर बैठता हुआ बोला, "चाचा, पापा कब आएँगे इस बार?"

इस प्रश्न में पापा के बारे में जानने की इच्छा भी थी, साथ ही यह उत्सुकता भी कि पापा ने कुछ भेजा हो चाचा के साथ तो चाचा निकालें।

पता नहीं क्यों चाचा एकटक उसका चेहरा ही देखने लगे। घनी भौंहों के नीचे, कुछ अंदर को धँसी आँखें जाने कैसी गीली-गीली हो गईं। बड़े दुलार से, पीठ पर हाथ फेरते हुए बोले, "पापा की याद आती है बेटे?"

झेंपते हुए बंटी ने गरदन हिला दी।

बंटी को लगा जैसे चाचा कहीं उदास हो गए हैं। पीठ सहलाता हुआ उनका हाथ उसे काँपता-सा लगा। पापा की बात कहकर उसने कहीं ग़लती तो नहीं कर दी? पता नहीं, जब भी वह पापा की बात करता है, सब कुछ गड़बड़ा जाता है। किससे करे वह पापा की बात? किससे पूछे उनके बारे में?

"पापा भी आएँगे बेटा, मैं जाकर उन्हें भेजूँगा।" चाचा का स्वर इतना बुझा-बुझा क्यों है? वे तो हमेशा इतने ज़ोर-ज़ोर से बोलते हैं जैसे क्लास में पढ़ा रहे हों।

"मैं तो इस बार मिलकर भी नहीं आ सका, वरना ज़रूर तेरे लिए कुछ भेजते।"

और चाचा बड़े प्यार से उसकी पीठ सहलाने लगे। मानो कुछ न लाने की कमी वे प्यार से ही पूरी कर देंगे।

चाचा कुछ लाए भी नहीं, इस सूचना ने बंटी को और भी खिन्न कर दिया, वरना जब भी चाचा आते हैं, पापा उसके लिए ज़रूर कुछ न कुछ भेजते हैं और शायद यही कारण है कि उसे चाचा अच्छे लगते हैं, चाचा का आना अच्छा लगता है।

''जो बंदूक तुम्हारे लिए भेजी थी, वह तुम्हें पसंद आई?''

''बहुत अच्छी, बहुत ही अच्छी। आपने देखी थी?'' बंदूक के नाम से ही जैसे मरा हुआ उत्साह एक क्षण को जाग उठा।

''हमने साथ ही जाकर तो ख़रीदी थी।''

फिर चाचा यों ही कमरे में इधर-उधर देखने लगे।

''ये चित्र तुमने बनाए हैं?''

दीवारों पर ममी ने उसकी पेंटिंग्स गत्ते पर चिपका-चिपकाकर लटका रखी हैं। तीन शीशे के फ्रेम में मढ़वा रखी हैं।

''हाँ।'' बड़े गर्व से बंटी ने कहा, ''स्कूल में मेरी और भी अच्छी-अच्छी रखी हैं। आर्ट-क्लब का चीफ़ हूँ...''

''अच्छा!'' चाचा ने शाबाशी देते हुए उसकी पीठ थपथपाई और फिर जैसे कहीं से उदास हो गए। पर यह भी कोई उदास होने की बात हुई भला!

इतने में ममी घुसीं। हाथ में ट्रे लिए हुए। लगा, वह मुँह भी धोकर आई हैं। यों भी सोकर उठती हैं तो ममी का चेहरा बहुत ताज़ा-ताज़ा लगता है। चाचा को गिलास पकड़ाकर ममी सामनेवाली कुर्सी पर बैठ गईं।

''तुम्हारा बेटा तो बड़ा गुनी है शकुन। कलाकार बनेगा। देखो न, इस उम्र में ही बड़ी अच्छी पेंटिंग्स बना रखी हैं।''

ममी ने उसे देखा क्या, जैसे लाड़ में नहला दिया। बंटी सोच रहा था, ममी उसकी तारीफ़ में कुछ और कहेंगी, पर फिर सब चुप हो गए।

हमेशा बोलते रहनेवाले चाचा भी चुप और चाचा के सामने चुप रहनेवाली ममी भी चुप। अँधेरा-अँधेरा कमरा और भीतर बैठे लोग चुप। जैसे एक अजीब-सी उदासी वहाँ उतर आई हो। चाचा कभी एक घूँट पीते हैं, कभी उसकी ओर देखते हैं तो कभी खिड़की की ओर। पर खिड़की तो बंद है, उस पर परदा पड़ा है। वहाँ तो देखने को कुछ है ही नहीं। ममी एकटक ज़मीन ही देखे जा रही हैं और वह है कि कभी ममी को देखता है तो कभी चाचा को।

''चाचीजी अच्छी हैं, बच्चे?'' आख़िर ममी ने पूछा।

''हूँ, ठीक हैं सब।'' कुछ इस भाव से कहा मानो उन्हें इन सबमें कोई दिलचस्पी ही न हो।

''तुम गर्मियों की छुट्टियों में कहीं बाहर नहीं जा रहीं इस बार?''

''नही, एक तो पहले से ही कहीं जगह का इंतज़ाम नहीं किया, यों भी इस बार यहीं रहने का इरादा है।''

ममी पापा की बात क्यों नहीं पूछ रहीं? लड़ाई में क्या बात भी नहीं पूछते हैं?

''कलकत्ते में तो अभी से गरमी शुरू हो गई होगी? यहाँ शाम को तो अभी भी बहुत अच्छा रहता है और रात को ठंड रहती है।''

बातें कर रहे हैं, पर बंटी तक को लग रहा है कि जैसे कमरे का मौन नहीं टूट

रहा है। उदासी नहीं छँट रही है। यह चाचा को क्या हो गया है? वैसे तो चाचा जब भी आते हैं, उन्हें ममी से बहुत-बहुत बातें करनी रहती हैं। शाम को या दोपहर को आएँगे तो रात के पहले कभी नहीं जाएँगे और जब तक बैठेंगे लगातार कुछ न कुछ बोलते ही जाएँगे। अगर ममी थोड़ी देर को उठकर चली भी जाएँ तो चाचा उससे बातें करने लगेंगे। और कुछ नहीं तो उसका टेस्ट ही ले डालेंगे। टेबल पूछेंगे, स्पेलिंग पूछेंगे। चुप तो चाचा रह ही नहीं सकते। उन्हें इस तरह लगातार बोलते देखकर बंटी को ख़याल आता, अगर इन्हें कभी क्लास में बैठना पड़े तो? बाप-रे-बाप! सारा दिन सज़ा खाते ही बीते। मुँह पर उँगली रखे खड़े हैं या कि मुँह पर डस्टर बाँधे बैठे हैं।

उसने पिछली बार यह बात ममी को बताई तो हँसते हुए उसका कान खींचकर कहा था, ''यही सब सोचता रहता है बड़ों के बारे में?...और फिर देर तक हँसती रही थीं। मुँह पर डस्टर बँधे चाचा की कल्पना में वह ख़ुद हँस-हँसकर दोहरा होता रहा था।

वही चाचा आज चुप हैं। चुप ही नहीं, उदास भी हैं।

''आप कितने दिन हैं यहाँ पर?''

''परसों की तारीख़ है। बस उसी दिन शाम को चला जाऊँगा।'' फिर एक क्षण ठहरकर बोले, ''तुमसे कुछ बातें करनी थीं, तो सोचा कि एक दिन हाथ में होगा तो ठीक रहेगा।''

ममी की आँखें चाचा के चेहरे पर टिक गईं। हज़ारों सवाल उन आँखों में झलक आए। चेहरे पर एक अजीब-सा तनाव आने लगा। बंटी के मन में जाने कैसा-कैसा डर-सा समाने लगा।

पहले वह कुछ भी जानता-समझता नहीं था। जानने-समझने की कोई इच्छा भी नहीं थी। पर अब जानने लगा है। और जितना जानता है, उससे बहुत ज़्यादा जानने की इच्छा है, बल्कि सब कुछ जान लेने की इच्छा है। उसे मालूम है कि चाचा पापा के पास से आते हैं, और आने पर पापा की ही बातें करते हैं। क्या बातें करते रहे हैं, उसे नहीं मालूम। उसने कभी सुनने की कोशिश ही नहीं की। पर इस बार ज़रूर सुनेगा।

हाँ, इतना उसे ज़रूर मालूम है कि चाचा एक-दो दिन के लिए आकर ममी को दस-बारह दिनों के लिए बदल जाते हैं। कभी-कभी तो ममी इतनी उदास हो जाया करती थीं कि उनसे बात करना भी बंद कर देती थीं। साथ सुलाकर भी न उसे प्यार से सहलातीं, न कहानी सुनातीं।

पर पिछली बार ममी बहुत खुश हुई थीं, इतनी खुश कि बिना बात ही उसे बाँहों में भर-भरकर प्यार करती रही थीं।

तब बंटी को शक हुआ था कि चाचा की छड़ी में तो कोई जादू नहीं है! ममी पर फेरकर चले गए और ममी बदल गईं। तब उसने चुपचाप छड़ी को अपने ऊपर फिराकर देखा था, फूफी पर भी फिराकर देखा था, पर उनको तो कुछ नहीं हुआ।

नहीं, छड़ी में नहीं, चाचा की बात में ही कुछ होता है।

आज पता नहीं कैसी बात करेंगे? उसके बाद ममी खुश होंगी या उदास? इस बार वह सारी बात ध्यान से सुनेगा।

उसने एक उड़ती-सी नज़र ममी पर डाली। ममी की आँखें वैसे ही चाचा पर टिकी हुई हैं। आँखों में वैसे ही सवाल झूल रहे हैं। पर चाचा हैं कि चुप। बोलते क्यों नहीं? बात करनी है तो करें बात। वहाँ खिड़की में क्या देखे जा रहे हैं? बात वहाँ तो लिखी हुई नहीं है।

"शकुन!" चाचा बोले नहीं, जैसे शब्दों को किसी तरह ठेला। कैसी मरी-मरी आवाज़ निकल रही है आज उनकी।

टकटकी लगाए-लगाए ममी की आँखें जैसे पथरा गई हैं। बस मूर्ति की तरह वे बैठी हैं, मानो साँस भी नहीं ले रही हों।

"वह चाहता है कि अब इस सारी बात की कानूनी कार्यवाही भी कर ही डाली जाए।" चाचा का स्वर कैसा बिखर-बिखर रहा है।

यही बात कहनी थी चाचा को? पर इसका मतलब? 'वह' तो पापा हैं, बात भी पापा की ही है, पर क्या है, कुछ भी समझ में नहीं आया।

"तो क्या इसीलिए आपको यहाँ भेजा है?" ममी का चेहरा ही नहीं, उनकी आवाज़ भी सख़्त हो गई है, वही प्रिंसिपलवाला चेहरा।

"नहीं-नहीं, मैं तो अपने काम से आया था। पर जब आने लगा तो उसने मुझे तुमसे इस विषय में बात करने को कहा था। मैं नहीं आता तो वह ख़ुद शायद तुम्हें लिखता।

इसका मतलब चाचा मिलकर आए हैं पापा से और अभी-अभी उससे कहा था कि आने से पहले मिला नहीं। चाचा इतने बड़े होकर भी झूठ बोलते हैं। उसे बड़ों की बात के बीच में नहीं बोलना चाहिए, वरना वह अभी पूछता।

चाचा ने शरीर ढीला छोड़कर पीठ कुर्सी पर टिका दी और आँखें मूँद लीं, जैसे बहुत-बहुत थक गए हों।

बस, हो गई बात, इतनी-सी बात करने आए थे? हुँह! यह भी कोई बात हुई भला!

"आप कुछ देर आराम कर लीजिए। रात के सफ़र की थकान भी होगी। बाकी बातें शाम को हो जाएँगी। ऐसी कौन-सी नई बात करनी है।" वाक्य का अंतिम हिस्सा ममी ने जैसे अपने-आपसे कहा और बिना चाचा का उत्तर पाए ही अलमारी खोलकर एक चादर निकाली और ड्राइंग-रूम के दीवान पर बिछा दी।

"चलिए, जाकर लेट जाइए।" ममी ने ऐसे कहा जैसे बंटी को कह रही हों। और चाचा भी बिलकुल चुपचाप उठकर चले गए। पता नहीं वे सचमुच ही थके हुए थे या पता नहीं वे जैसे बात टालना चाह रहे थे।

"और तू सोता क्यों नहीं है? यहाँ बैठकर गुटर-गुटर बातें सुन रहा है। भरी

दोपहर में भी तुझे नींद नहीं आती।''

बंटी उछलकर पलंग में दुबक गया। पर नींद का कोई प्रश्न ही नहीं। ममी की ओर देखकर पूछा, ''चाचा क्या कहते थे ममी?''

ममी ने ऐसी चुभती नज़रों से उसे देखा कि वह भीतर तक सहम गया और खट से उसने आँखें बंद कर लीं। पर बंद आँखों से भी वह उस चुभन को महसूस करता रहा। फिर बंद आँखों से ही उसने जाना कि ममी भी उसकी बग़ल में आकर लेट गई हैं। अब सबको सुलाकर ममी जागती रहेंगी।

चाचा की कही हुई बात क्या बहुत बुरी थी? अनायास ही ममी की उँगलियाँ उसके बालों को सहलाने लगीं, काँपती-थिरकती उँगलियाँ। उन उँगलियों के पोरों में से झर-झरकर जाने कैसा स्नेह बंटी की नसों में दौड़ने लगा कि मन में थोड़ी देर पहले जो भय समाया था, वह अपने-आप ही धीरे-धीरे बह गया। स्पर्श से ही वह जान गया कि अब तक ममी के चेहरे की वह सख़्ती भी ज़रूर पिघल गई होगी।

उसने धीरे-से आँखें खोलीं। ममी हमेशा की तरह छत की ओर देख रही थीं। आँख से शायद अभी-अभी झरा आँसू कनपटी को भिगोता हुआ बालों की लट में लटका था। ममी का आँसू। ममी को उसने उदास होते देखा है, गुस्सा होते और डाँटते हुए भी देखा है, पर रोते हुए कभी नहीं देखा।

चाचा ने शायद कोई बहुत ही खराब बात कह दी है। चाचा को लेकर उसके मन में एक अजीब तरह का आक्रोश घुलने लगा। एक तो कुछ लाए नहीं, फिर झूठ बोला और अब कोई गंदी-सी बात कहकर ममी को...

ममी शायद बहुत दुखी हैं। जैसे भी होगा वह ममी के दुख को दूर करेगा। ये लोग सारी बात बताएँगे तो ठीक है, नहीं तो ख़ुद पता लगाएगा। माँ का दुख दूर करनेवाले राजकुमार तो कैसे कठिन-कठिन काम करते थे।

वह सरककर ममी से और सट गया। फिर अपनी छोटी-सी बाँह ममी के गले में डालकर बोला, बहुत आग्रह के साथ, बहुत मनुहार के साथ, ''मुझे बताओ न ममी, चाचा ने क्या कहा?''

''तू सोएगा नहीं बंटी!'' उदासी में भी ममी ने ऐसे कड़ककर कहा कि बंटी ने चुपचाप आँखें मूँद लीं।

ढेर-ढेर प्रश्नों का, ढेर-ढेर कौतूहल का सागर उसके चारों ओर उमड़ने लगा, जिसमें वह डूबता ही चला गया, गहरे और गहरे। और फिर पता नहीं उसे कब नींद आ गई।

धूप ढल गई तो ममी और चाचा लॉन में आ बैठे। वह जब से जगा है इन लोगों के आसपास ही मंडरा रहा है। आज जैसे भी हो उसे सारी बात जाननी है, पर चाचा उस तरह की कोई बात ही नहीं कर रहे। उसकी पढ़ाई की बात, ममी के कॉलेज की बात और दुनिया-भर की बातें कर रहे हैं, पर जो बात करने आए हैं, बस वही नहीं कर

रहे। शायद वह बैठा है, इसलिए, पर वह जाएगा भी नहीं, बैठे रहें रात तक। रात को वह आँख मूँदकर सोने का बहाना करके पड़ा रहेगा और सारी बातें सुन लेगा।

"बंटी बेटे, तुम शाम को खेलते-वेलते नहीं हो? अच्छा ज़रा बताओ तो, कौन-कौन से खेल आते हैं तुम्हें?"

खेल-वेल! सीधे से क्यों नहीं कहते कि यहाँ से चलते बनो। ठीक है, मैं चला ही जाता हूँ। मेरा क्या है, मत बताओ मुझे। ममी भी ऐसे देख रही हैं, मानो मेरे जाने का इंतज़ार कर रही हों।

बंटी बिना एक शब्द भी बोले भीतर आ गया। पर मन उसका जैसे वहीं अटका रह गया। नहीं, वह ज़रूर सुनेगा।

मेहंदी की मेड़ के किनारे-किनारे घुटनों के बल चलकर वह फिर वहीं आ गया। चाचा की कुर्सी के पीछे मोरपंखी का जो पौधा है, उसके पीछे दुबककर बैठ जाए तो कम से कम चाचा की बात तो सुन ही सकेगा। बात तो उन्हें ही करनी है। कहीं ममी या चाचा ने देख लिया तो? बाप रे! इस बात से ही मन भीतर तक काँप गया। तभी भीतर से मन ने धिक्कारा—बस, इसी बूते पर कुछ करना चाहते हो। राजकुमार तो राक्षसों के महलों तक में घुस गए, बड़ी-बड़ी मुसीबतें उठा लीं और तुम कुर्सी के पीछे तक नहीं जा सकते। आख़िर हिम्मत करके, बिना ज़रा भी आवाज़ किए, पहले मोरपंखी के घने-घने पौधों के पीछे आया और फिर सरककर चाचा की कुर्सी के पीछे। कुछ बड़ा काम कर डालने का संतोष भी मन में था और कुछ बुरा काम करने का डर भी पर नहीं, ममी का दुख दूर करने के लिए शायद सभी को सभी तरह के काम करने पड़ते हैं। यह ममी का काम है, अच्छा काम!

ममी कुछ बोल रही हैं शायद! कितना धीरे बोलती हैं ममी! कुछ भी तो सुनाई नहीं दे रहा। नहीं, शायद कोई कुछ बोल ही नहीं रहा। अजीब बात है!

'शकुन!' ठीक है, खूब साफ़ सुनाई दे रहा है। पर चाचा रुक क्यों गए? फिर सब चुप!

"शकुन ज़िंदगी चाहने का नाम नहीं..." लो अब आवाज़ इतनी धीरे कर दी कि ठीक से कुछ सुनाई नहीं दे रहा। बार-बार ज़िंदगी-ज़िंदगी कर रहे हैं, पापा की बात ही नहीं कर रहे।

बंटी थोड़ा और पास सरका। अब शायद ममी बोल रही हैं। खूब धीरे बोल रही है फिर भी सुनाई दे रहा है। अपनी ममी की तो धीरे से धीरे कही हुई बात भी वह सुन सकता है, समझ सकता है। "उम्मीद का तो प्रश्न ही नहीं उठता वकील चाचा। उम्मीद तो न पहले थी, न अब है।"

"नहीं! ऐसी बात नहीं है। शुरू के तीन-चार साल तक तो मुझे बहुत उम्मीद थी, ख़ासकर बंटी के प्रति उसका रुख़ देखकर। बच्चे..."

पता नहीं बीच-बीच में क्या बोलते जा रहे हैं। मेरे बारे में बोलते-बोलते सीमेंट की बात करने लगे। एकाएक ख़याल आया टीटू को ले आता, वह शायद सारी बात

समझ लेता। पर नहीं, अपने घर की बात सबको नहीं बतानी चाहिए।

"मीरा के साथ तो उसका खूब अच्छा है। यू नो शी इज़..."

अब बीच में पता नहीं यह किसकी बात घुसा दी। चाचा को कभी इम्तिहान देना हो तो एकदम अंडा। लिखना है कुछ और आप इधर-उधर का लिख रहे हैं।

ममी तो शायद कुछ बोल ही नहीं रहीं। ये बोलने ही नहीं देंगे। दोपहर में तो गरमी और थकान के मारे शायद बोलती बंद हो रही थी...अब तो फिर पहले की तरह चालू हो गए। भले ही बोलें, पर ऐसी बात तो बोलें, जो समझ में आए।

तभी ममी की आवाज़ सुनाई दी। बात तो कुछ समझ में नहीं आ रही, बस, यह पता लग रहा है कि आवाज़ खूब सख़्त है! चेहरा भी ज़रूर सख़्त हो गया होगा। मन हुआ एक बार देख ही ले। पीछे बैठते समय जो डर लग रहा था वह धीरे-धीरे दूर हो गया था और अब जैसे हौंसला बढ़ रहा था। वह कुर्सी से एकदम सट गया।

"मैं क्या जानता नहीं, इसीलिए तो कह भी दिया। कोई और होता तो कभी बीच में नहीं पड़ता। अजय ने दस्तख़त करके फार्म दे दिया है। कल तुम भी उस पर दस्तख़त कर देना। मैं कचहरी में जमा करके जल्दी ही कोई तारीख़ देने के..."

धत्तेरे की! ये वकील चाचा भी एक ही घनचक्कर हैं। पापा-ममी की बात के बीच में भी अपनी कचहरी-तारीख़ ज़रूर लगाएँगे। वकील की दुम!

लो, अब कोई कुछ बोल ही नहीं रहा। दोनों गुमसुम होकर बैठ गए। बंटी का मन हुआ, वहाँ से सरक ले। ऐसे तो कुछ भी समझ में नहीं आएगा, जो कुछ पूछना है ममी से पूछेगा।

"क्या बताएँ कुछ भी समझ में नहीं आता। लगता है, जब एक बार धुरी गड़बड़ा जाती है तो फिर ज़िंदगी लड़खड़ा ही जाती है...फिर कुछ नहीं होता...कुछ भी नहीं..." और जाने कैसे अचानक चाचा का लंबा-सा हाथ पीछे को लटका और बंटी के सिर से टकरा गया। बंटी एकदम सकपका गया। ये चाचा भी अजीब हैं। बात करनी है, सीधी तरह से करो। इतना हाथ-पैर नचाने की क्या ज़रूरत है?

"अरे यह क्या, बंटी! तुम यहाँ क्या कर रहे थे?"

बंटी के काटो तो खून नहीं।

"छिपकर बातें सुन रहे थे?" चाचा ममी की ओर इस तरह देख रहे हैं जैसे बंटी नहीं, ममी चोरी करते हुए पकड़ ली गई हों।

बंटी ने नज़रें झुका लीं। ज़रूर ममी भी वैसी सख़्त नज़रों से उसे देख रही होंगी। उसकी हिम्मत नहीं हो रही है कि आँख उठाकर एक बार देख भी ले। उसकी आँखें ही नहीं, उसका सारा शरीर भी जैसे जहाँ का तहाँ जम गया। भीतर से बस एक धिक्कार उठ रही है, पता नहीं अपने लिए, पता नहीं चाचा के लिए।

"अच्छा है चाचा, मैं तो ख़ुद चाहती हूँ कि यह अब सब कुछ जान ले। आख़िर कब तक इससे छिपाकर रखा जा सकता है! अब इसके मन में यह बात बहुत घुमड़ने

लगी है आजकल!"

बंटी जैसे उबर आया। मन हुआ दौड़कर ममी के गले से लिपट जाए, कह दे चाचा को कि ममी तो उसे सब कुछ बताएँगी, क्या कर लेंगे आप।

"हाँ-हाँ, बताने-जानने को कौन मना करता है, पर ठीक से जाने। मेरा मतलब था, यह छिपकर सुनने की आदत ठीक नहीं है।" फिर आवाज़ को बहुत मुलायम बनाकर बोले, "बंटी बेटे, जाओ खेलो, अच्छे बच्चे हर समय बड़ों के बीच में नहीं बैठते और बंटी तो बहुत अच्छा...क्लास में इतने अच्छे नंबरों से पास होता है, इतनी बढ़िया ड्राइंग करता है!"

बंटी ने फिर ममी की ओर देखा। शायद वे उसे अपने पास बैठने को ही कह दें।

"टीटू के साथ खेलने नहीं जाएगा बंटी?" ममी ने बहुत धीमे से पूछा। ममी का चेहरा ही नहीं, ममी की आवाज़ भी बहुत उदास हो गई लगती है।

"मैं तो अपने पौधों का पानी दे रहा था, ममी!" रुआँसी-सी आवाज़ में बंटी ने एक बार जैसे अपने यहाँ रहने की सफ़ाई दी।

"अच्छा, पानी देते हो अपने पौधों को? बहुत अच्छे बच्चे हो, शाबाश! अब खेलने जाओ, अपने टीटी-वीटी के साथ खेलो।"

बंटी ने मन ही मन जीभ चिढ़ाया चाचा को। हुँह! नाम तक तो लेना आता नहीं। टीटी हो गया।

और फिर वहाँ से तीर की तरह भाग गया, कुछ इस भाव और फुर्ती के साथ मानो उसे वहाँ बैठने की या कि उन दोनों के बीच की बातचीत सुनने-जानने की कोई इच्छा नहीं है, वह तो बस यों ही बैठ गया था। रखें, अपनी बात अपने पास।

दौड़ते हुए ही चाचा के अंतिम वाक्य को याद किया, "जब धुरी गड़बड़ा जाती है तो ज़िंदगी लड़खड़ा जाती है।" ज़रूर इस धुरी में ही कोई बात है, तभी तो उसे भगा दिया। धुरी का मतलब क्या होता है? किससे पूछे? टीटू से ही पूछेगा। टीटू सचमुच बहुत सारी ऐसी बातें जानता है, जो वह नहीं जानता। उसके अम्मा-पापा उसके सामने ही तो सारी ऐसी बातें करते हैं, इसलिए सब जानता भी है। धुरी भी ज़रूर जानता होगा।

टीटू गुलेल में कंकड़ लगाकर पेड़ पर बने घोंसले का निशाना साध रहा था।

"क्या कर रहा है?"

"पापा ने कहा है, मुझे भी तेरे जैसी बंदूक दिलवा देंगे। बस, पहले मैं निशाना लगाना सीख जाऊँ। निशाना तो गुलेल से भी सीखा जा सकता है।"

"मैं तुझे अपनी बंदूक ही दे दूँगा, सीख लेना।" इस समय कुछ अतिरिक्त रूप से उदार हो रहा है, बंटी का मन।

"दे देगा? चल तो ले आएँ।" टीटू ने गुलेल में फँसे कंकड़ को लापरवाही के साथ तड़ाक से ज़मीन पर ही उछाल दिया।

"अभी नहीं। वकील चाचा आए हैं। ममी और उनमें कोई बात हो रही है, ज़रूरीवाली। अभी बच्चों को उधर नहीं जाना चाहिए।" बड़े बुजुर्गी अंदाज़ में बंटी ने कहा।

"ऐ टीटू, एक बात बताएगा?"

"क्या?"

"धुरी का क्या मतलब होता है रे? तू जानता है?"

"धुरी?" टीटू सोचने लगा। फिर पूछा, "पर क्यों?"

"एक बात है। पर तू पहले मतलब बता। कोई बहुत गड़बड़ मतलब होना चाहिए।" और बंटी की आँखों के सामने ममी का उदास चेहरा घूम गया। लगा जैसे जो कुछ गड़बड़ है, वह यहीं है और जैसे भी हो इसका मतलब जानना ही है।

"शब्द-अर्थ की कापी लाऊँ, शायद उसमें कहीं लिखा हो।" फिर एकाएक बोला, "बताऊँ, याद आ गया।" बंटी की आँखें ख़ुशी से चमक उठीं।

"वह एक लाइन है न यार—सब धन धूरि समान।"

"कौन-सी लाइन, मुझे तो नहीं मालूम!"

"तुझे कैसे मालूम होगा। तू जब चौथी में आएगा, तब तो पढ़ेगा!"

"तो मतलब क्या हुआ?" बंटी जैसे कहीं से खिन्न हो आया।

"धूरि यानी धूल—मिट्टी समझा। एक बार पढ़ी हुई बात मैं कभी नहीं भूलता हूँ।"

पर टीटू के इस आत्मसंतोष से बंटी का मन हलका नहीं हुआ। मन ही मन दुहराया, जब एक बार धूल गड़बड़ा जाती है तो...धत्! यह नहीं, कुछ और होना चाहिए।

"बात क्या है, तू बता न?"

बंटी ने एक बार इधर-उधर देखा। फिर ज़रा पास सरककर बोला, "जब एक बार धुरी गड़बड़ा जाती है तो ज़िंदगी ही लड़खड़ा जाती है।" और फिर कुछ इस भाव से देखने लगा मानो कह रहा हो समझ लो, इतनी बड़ी बात है। बता सकते हो इसका अर्थ?

"यह क्या हुआ! धत् पागल है तू तो।"

"नहीं, पागल नहीं हूँ। बहुत बड़ी बात होती है यह। इतनी बड़ी कि मैं और तू तो समझ ही नहीं सकते। ममी-पापा लोगों की बात होती है। शायद उनकी लड़ाई की बात।"

और रात में जब सोया तो बार-बार मन हो रहा था कि ममी से इस बात का अर्थ पूछे। चाचा क्या बात कर गए हैं, सब पूछे। ममी ने तो ख़ुद बताने को कहा था। पर कुर्सी के पीछे छिप करके बैठने की हरकत से वह कहीं भीतर ही भीतर इतना सहमा हुआ था कि पूछने का साहस ही नहीं हुआ। सब कुछ जानने का यह कौतूहल उसके अपराध को और पुख़्ता ही करेगा। नहीं, उसे कुछ भी नहीं जानना।

पर बिना कुछ पूछे और जाने भी उसे बराबर लग रहा है कि कोई एक बहुत बड़ी गड़बड़ी है, जो उसके चारों ओर है, जो ममी के चारों ओर है, उस गड़बड़ी की बात बताने के लिए ही चाचा कलकत्ते से यहाँ आए हैं, ममी इतनी उदास हैं, पर अब किससे पूछे!

उसके पास भी जादू का लैंप होता तो घिसकर जिन्न को बुलाता और सब पूछ लेता। कैसे मिल सकता है जादू का लैंप!

और फिर धीरे-धीरे कहानियों का जादुई माहौल उसकी पलकों पर उतरने लगा और वह सो गया।

तीन

शकुन के लिए समय जैसे एक लंबे अरसे से ठहर गया था। यों घड़ी की सुई तो बराबर ही चलती थी। रोज़ सवेरे पीछे से आँगन से घुसकर धूप सारे घर को चमकाती-दमकाती दोपहर को लॉन में फैल-पसरकर बैठ जाती और शाम को बड़ी अलसायी-सी धीरे-धीरे सरकती हुई पीछे की पहाड़ियों में छिप जाती। एक-दूसरे को ठेलते हुए मौसम भी आते ही रहे। फिर भी शकुन को लगता था कि समय जैसे ठहरकर जम गया है और जमे हुए समय की यह चट्टान न कहीं से पिघलती थी, न टूटती थी। बस, टूटती रही है तो शकुन—धीरे-धीरे, तिल-तिल। यों तो पिछले दो-तीन सालों से ही ठहराव का यह एहसास बराबर ही होता रहा है, पर इधर एक साल से तो यह एहसास तीखा होते-होते जैसे असह्य-सा हो गया था।

सामने खड़ी लंबी छुट्टियाँ और गरमी के बेहद लंबे अलस और उदास दिन! कॉलेज क्या बंद हो जाएँगे जैसे समय गुज़ारने का एक अच्छा-ख़ासा बहाना ख़तम हो जाएगा। वरना उसके नितांत घटनाहीन जीवन में मात्र कॉलेज जाना भी एक घटना की ही अहमियत रखता है। कॉलेज, और कॉलेज के साथ जुड़ी अनेक समस्याओं की आड़ में वह कम से कम किसी में व्यस्त रहने का संतोष तो पा लेती है। वरना उसकी अपनी ज़िंदगी में कुछ भी तो ऐसा नहीं है, जो क्षण-भर को भी उत्तेजना पैदा कर सके। बंटी यदि सिर के बल खड़ा हो गया, तो उसी को लेकर वह उत्तेजित-सा महसूस करती रहती है। यदि उसने ठीक से खाना नहीं खाया या कि वह किसी बात पर ज़िद करके रो दिया या कि उसने कोई ऐसी बात पूछ ली, जो इस उम्र के बच्चे को नहीं पूछनी चाहिए तो वह उत्तेजित होने की स्थिति तक परेशान हो जाया करती है। हालाँकि भीतर ही भीतर वह भी कहीं जानती है कि इनमें से कोई भी बात उसे सही अर्थों में उत्तेजित करके नहीं थकाती, वरन् सही अर्थों में उत्तेजित होने के प्रयत्न में ही वह थक जाती है। केवल थक ही नहीं जाती, एक प्रकार से टूट जाती है।

पर कल कील चाचा ने उसके सामने जो प्रस्ताव रखा और आज जिसके लिए वे फिर आनेवाले हैं, उसने उसे भीतर से जैसे पूरी तरह झकझोर दिया। हालाँकि वह समझ नहीं पा रही है कि आख़िर कल की बात में ऐसा नया क्या था, जिसे लेकर वह इतनी परेशान या विचलित हो रही है। एक बहुत-बहुत पुरानी, समाप्तप्राय-सी कहानी की पुनरावृत्ति ही तो है! फिर? फिर भी कुछ है कि सारी बात को वह बहुत सहज ढंग से नहीं ले पा रही है। लग रहा है जैसे उसे पूरी तरह मथ दिया गया है।

वकील चाचा जब भी आते हैं, एक बार वह पूरी तरह मथ जाती है। बाहर से तो तब भी कुछ घटित नहीं होता, एक पत्ता तक नहीं हिलता, पर मन के भीतर ही भीतर उसे जाने कितने आँधी-तूफ़ानों को झेलना पड़ता है। उसने झेले हैं।

अजय के किसी के साथ संबंध बढ़ने की सूचना और फिर उसके साथ सैटल हो जाने की सूचना ने उसे कितना तिलमिला दिया था। अकेले रहने के बावजूद तब एक बार फिर नए सिरे से अकेलेपन का भाव जागा था, बहुत तीखा और कटु होकर। अपमान की भावना ने उस दंश को बहुत ज़्यादा बढ़ा दिया था।

और कोई एक साल से ऊपर हुआ, चाचा ने ही आकर कहा था, "क्या बताएँ, कुछ समझ में नहीं आता। बंटी को लेकर उसके मन में एक कचोट है और यही कचोट कभी-कभी..." तो वह ऊपर से नीचे तक क्रूर संतोष से भर गई थी। न चाहते हुए भी आशा की एक हलकी-सी किरण मन में कौंधी थी। कौन जाने बंटी ही...

चाचा ने बंटी के लिए खिलौने दिए तो जाने क्यों लगा था कि ये मात्र बंटी के लिए ही नहीं हैं। बंटी को माध्यम बनाकर उस तक भी कुछ भेजा गया है। उसके बाद अजय स्वयं आया था। हमेशा की तरह अलग ही ठहरा, अलग ही रहा और केवल बंटी को बुलवाया। उससे तो मुलाकात तक नहीं की, फिर भी शकुन को लगता रहा था कि न मिलकर भी अजय जैसे कहीं फिर से उससे जुड़ गया है। उस दिन अजय के पास से लौटने पर वह बड़ी देर तक बंटी को दुलारती-पुचकारती रही थी, मानो बंटी वहाँ से अकेला नहीं लौटा हो, अपने साथ अजय को भी ले आया हो।

पर धीरे-धीरे वह कचोट भी शायद समाप्त हो गई, कम से कम यह तो स्पष्ट हो गया कि उसे लेकर कुछ भी आशा करना एकदम व्यर्थ है। और उसके बाद से बराबर यह लगता रहा है कि अब सबकुछ समाप्त हो गया है, अंतिम और निर्णयात्मक रूप से। और तब से समय उसके लिए जम गया था, शिला की तरह।

चाचा ने कल बात शुरू करने से पहले कहा था, "अब तो कोई उम्मीद नहीं है।" तो उसे यही लगा था कि उम्मीद तो उसे न अब है, न पहले कभी थी। फिर किस बात की उम्मीद? फिर से साथ रहने की कोई चाहना उसके मन में नहीं थी। उसने कई बार अपने और अजय के संबंधों के रेशे-रेशे उधेड़े हैं—सारी स्थिति में बहुत लिप्त होकर भी और सारी स्थिति से बहुत तटस्थ होकर भी, पर निष्कर्ष हमेशा एक ही निकला है कि दोनों ने एक-दूसरे को कभी प्यार किया ही नहीं।

शुरू के दिनों में ही एक ग़लत निर्णय ले डालने का एहसास दोनों के मन में

बहुत साफ़ होकर उभर आया था, जिस पर हर दिन और हर घटना ने केवल सान ही चढ़ाई थी। समझौते का प्रयत्न भी दोनों में एक अंडरस्टैंडिंग पैदा करने की इच्छा से नहीं होता था, वरन् एक-दूसरे को पराजित करके अपने अनुकूल बना लेने की आकांक्षा से। तर्कों और बहसों में दिन बीतते थे और ठंडी लाशों की तरह लेटे-लेटे दूसरे को दुखी, बेचैन और छटपटाते हुए देखने की आकांक्षा में रातें। भीतर ही भीतर चलनेवाली एक अजीब ही लड़ाई थी वह भी, जिसमें दम साधकर दोनों ने हर दिन प्रतीक्षा की थी कि कब सामनेवाले की साँस उखड़ जाती है और वह घुटने टेक देता है, जिससे कि फिर वह बड़ी उदारता और क्षमाशीलता के साथ उसके सारे गुनाह माफ करके उसे स्वीकार कर ले, उसके संपूर्ण व्यक्तित्व को निरे एक शून्य में बदलकर। और इस स्थिति को लाने के लिए सभी तरह के दाँव-पेंच खेले गए थे—कभी कोमलता के, कभी कठोरता के। कभी सबकुछ लुटा देनेवाली उदारता के, तो कभी सबकुछ समेट लेनेवाली कृपणता के। प्रेम के नाटक भी हुए थे और तन-मन को डुबो देनेवाले विभोर क्षणों के अभिनय भी। पता नहीं, उन क्षणों में कभी भावुकता, आवेश या उत्तेजना रही भी हो, पर शायद उन दोनों के ही दयालु मनों ने कभी उन्हें उस रूप में ग्रहण ही नहीं किया। दोनों ही एक-दूसरे की हर बात, हर व्यवहार और हर अदा को एक नया दाँव समझने को मजबूर थे और इस मजबूरी ने दोनों के बीच की दूरी को इतना बढ़ाया, इतना बढ़ाया कि फिर बंटी भी उस खाई को पाटने के लिए सेतु नहीं बन सका, नहीं बना।

साथ रहने की यंत्रणा भी बड़ी विकट थी और अलगाव का त्रास भी। अलग रहकर भी वह ठंडा युद्ध कुछ समय तक जारी ही नहीं रहा, बल्कि अनजाने ही अपनी जीत का संभावनाओं को एक नया संबल मिल गया था कि अलग रहकर ही शायद सही तरीके से महसूस होगा कि सामनेवाले को खोकर क्या कुछ अमूल्य खो दिया है। और वकील चाचा की हर ख़बर, हर बात इन संभावनाओं को बनाती-बिगाड़ती रही थी।

सामनेवाले को पराजित करने के लिए जैसा सायास और सन्नद्ध जीवन उसे जीना पड़ा उसने उसे खुद ही पराजित कर दिया। सामनेवाला व्यक्ति तो पता नहीं कब परिदृश्य से हट भी गया और वह आज तक उसी मुद्रा में, उसी स्थिति में खड़ी है—साँस रोके, दम साधे, घुटी-घुटी और कृत्रिम!

सात वर्षों में विभागाध्यक्ष से प्रिंसिपल हो जाने के पीछे भी कहीं अपने को बढ़ाने से ज़्यादा अजय को गिराने की आकांक्षा ही थी। वह स्वयं कभी अपना लक्ष्य रही ही नहीं। एक अदृश्य अनजान-सी चुनौती थी, जिसे उसने हर समय अपने सामने हवा में लटकता हुआ महसूस किया था और जैसे उसका मुकाबला करते-करते, उससे जूझते-जूझते ही वह आगे बढ़ती चली गई थी।

पर इतने पर भी जब सामनेवाला नहीं टूटा तो उसकी सारी प्रगति उसके अपने लिए ही जैसे निरर्थक हो उठी थी।

कल पहली बार मन में आया कि यदि वह अपनी दृष्टि अजय की जगह अपने ही ऊपर रखती तो शायद इतनी मानसिक यातना तो नहीं भोगती। तब उसका हर बढ़ता हुआ कदम, उसकी हर उपलब्धि उसे कुछ पाने का एहसास तो कराती। पर अब नहीं अब और नहीं।

बीच में मेज़ पर दस्तख़त किए हुए काग़ज़ एक गिलास के नीचे दबे हुए फड़फड़ा रहे हैं। मेज़ के इस ओर शकुन बैठी है और दूसरी ओर वकील चाचा।

कितने दिनों के बाद उसने अजय के हस्ताक्षर देखे थे और देखकर एक अजीब-सी अनुभूति हुई थी, पर चाहकर भी वह उसे नाम नहीं दे पाई।

एक अध्याय था, जिसे समाप्त होना था और वह हो गया। दस वर्ष का यह विवाहित जीवन—एक अँधेरी सुरंग में चलते चले जाने की अनुभूति से भिन्न न था। आज जैसे एकाएक वह उसके अंतिम छोर पर आ गई है। पर आ पहुँचने का संतोष भी तो नहीं है, ढकेल दिए जाने की विवश कचोट-भर है। पर कैसा है यह छोर? न प्रकाश, न वह खुलापन। न मुक्ति का एहसास। लगता है जैसे इस सुरंग ने उसे एक दूसरी सुरंग के मुहाने पर छोड़ दिया है—फिर एक और यात्रा—वैसा ही अंधकार, वैसा ही अकेलापन।

उसके अपने ही मन में जाने कितने-कितने प्रश्न तैर रहे हैं। क्या ख़ुद उसे अजय का संबंध भारी नहीं पड़ने लगा था? क्या वह ख़ुद भी उससे मुक्त होना नहीं चाहती थी? तो फिर? कैसा है यह दंश? क्या वह आज तक अजय से कुछ अपेक्षा रखती आई है?

नहीं, अजय से कुछ न पा सकने का दंश यह नहीं है, बल्कि दंश शायद इस बात का है कि किसी और ने अजय से वह सब कुछ क्यों पाया, जो उसका प्राप्य था। या कि इस बात का था कि वह सब कुछ तोड़-ताड़कर निकलती और अजय उसके लिए दुखी होता, छटपटाता। साथ नहीं रह सकते थे, इसलिए साथ नहीं रह रहे हैं, स्थिति तब भी वैसी ही रहती, पर फिर भी कितना कुछ बदल गया होता! यदि अजय के साथ मीरा न होती बल्कि उसके अपने साथ कोई होता...सच पूछा जाए तो अजय के साथ न रह पाने का दंश नहीं है यह, वरन् अजय को हरा न पाने की चुभन है यह, जो उसे उठते-बैठते सालती रहती है।

इन फरफराते पन्नों ने उसके और वकील चाचा के बीच अनजाने ही शायद बहुत बड़ी खाई खोद दी है, तभी तो चाचा अस्वाभाविक रूप से चुप हो आए हैं। वरना इतनी देर तक चुप रहना चाचा के लिए संभव नहीं।

दोनों के बीच जबरदस्ती घिर आए इस मौन ने सारी स्थिति को जैसे कहीं और अधिक जटिल बना दिया। शकुन ने काग़ज़ों को उठाया और तह करके चाचा की ओर बढ़ाते हुए बोली, "इन्हें रख लीजिए। आप इतने चुपचाप क्यों हो गए?"

अपने स्वर की सहजता से वह स्वयं चौंकी। कहीं यह भाव भी जागा कि ऐसी स्थिति में भी बहुत सहज-स्वाभाविक बने रहने की क्षमता उसमें है?

चाचा ने इतनी गहरी साँस ली मानो बहुत देर से वे साँस रोके हुए ही बैठे थे।

''आख़िर यह काम भी मेरे ही हाथों होना था। लोग जोड़ते हैं, मैं तोड़नेवाला बना। पता नहीं। तुम भी क्या सोच रही होगी।''

स्वर की व्यथा शकुन को ऊपर से नीचे तक सहला गई। कोई बहुत ही मीठी-सी बात कहकर चाचा को आश्वस्त करने का मन हुआ।

''आया तो था कि आज तुमसे बहुत बातें करूँगा, तुम्हें समझाऊँगा, पर क्या बताऊँ शकुन, कुछ कहते ही नहीं बन रहा है।'' उनका स्वर एकदम भर्राया हुआ था।

सीधे-सच्चे मन से निकली हुई चाचा की इन बातों में उसे कहीं भी बनावटीपन या कृत्रिमता की बू नहीं आ रही।

''आप क्यों इतना गिल्टी फ़ील कर रहे हैं...? इसमें नया तो कुछ नहीं हुआ? जो था उसे ही तो कानूनी रूप दिया जा रहा है।'' और कहने के साथ ही उसे लगा, काश! वह अपने मन को भी ऐसे ही समझा पाती।

दोनों के बीच फिर मौन घिर आया। वे दोनों और आस-पास का सारा माहौल कुछ अजीब तरह से स्तब्ध था। केवल पास में पलंग पर सोया बंटी रह-रहकर हाथ-पैर चलाता या करवट ले लेता।

और फिर एकाएक चाचा ने बात शुरू कर दी, बिना किसी भूमिका के। शायद शकुन की बात ने, उसके स्वर ने उन्हें आश्वस्त कर दिया था या कि उस संकोच को तोड़ दिया जिसके नीचे दबे-दबे वे कुछ बोल नहीं पा रहे थे।

''हो सकता है तुम्हें मेरी कल की बात का बुरा लगा हो। रात में भी मैं इसी बात पर सोचता रहा था। पर बंटी को तुम्हें होस्टल भेज ही देना चाहिए।''

चाचा फिर अपने फ़ॉर्म में आ गए थे, पर शकुन का मन सशंकित हो आया। शकुन जानती है कि होस्टल का आग्रह चाचा के अपने मन की उपज नहीं, वे उसे कलकत्ते से ढोकर लाए हैं। यह एक आदेश है जो सुझाव के खोल में लपेटकर उसके पास भेजा गया और इसीलिए वह बहुत कटु हो आई।

''सात साल से मैं अकेली ही तो बंटी को पाल रही हूँ। उसका हित-अहित मैं दूसरों से ज़्यादा जानती हूँ।''

''तुम मुझे दूसरों में गिनने लगी हो? कब से? यह सही है कि मैं अजय का मित्र हूँ, कलकत्ते रहता हूँ, पर तुम्हारे लिए भी मेरे मन में कम स्नेह नहीं। पक्षपात की शिकायत भी करना चाहोगी तो एक बात तक तुम्हें ढूँढ़े नहीं मिलेगी।''

शकुन एक क्षण को भीतर ही भीतर कहीं लज्जित हो आई।

''नहीं, मेरा यह मतलब नहीं, आप ग़लत समझ गए। मैं तो...''

''ख़ैर छोड़ो!'' शकुन को अब सुनना है, बोलने वे नहीं देंगे।

''तुम यह मत सोचो कि केवल अजय ही ऐसा चाहता है, मुझे ख़ुद ऐसा लगता है कि बंटी को तुम्हें एकदम होस्टल भेज देना चाहिए। इट इज़ ए मस्ट!'' शकुन चुप।

"तुम भी जानती हो, मैं बहुत साफ़ और दो टूक बात कहनेवाला आदमी हूँ। ज़रा सोचो, स्कूल के अलावा बंटी सारे दिन तुम्हारे साथ रहता है या तुम्हारी उस फूफी के साथ। तुम्हारे यहाँ अधिकतर महिलाएँ ही आती होंगी। यानी इसकी क्या कंपनी है? बहुत हुआ पड़ोस के एक-दो बच्चों के साथ खेल लिया। पर एक आठ-नौ साल के ग्रोइंग बच्चे के लिए यह तो कोई बात नहीं हुई न। ही शुड ग्रो लाइक ए बॉय, लाइक ए मैन।"

शकुन चुपचाप चाचा का मुँह ताकती रही और जानने की कोशिश करती रही कि इसमें से कितनी बातें चाचा की अपनी हैं और कितनी को वे केवल उस तक पहुँचा रहे हैं।

पर एकाएक अजय बंटी को होस्टल भेजने को इतने उत्सुक क्यों हो गए? उसे सारी बात में एक अजीब-सी गंध आने लगी। पहले अजय ने अपने को काटा, अब क्या बंटी को भी शकुन से काटना चाहते हैं। जाने कैसी कड़वाहट-सी उसके तन-बदन में घुलने लगी।

"बोलो, मैं ग़लत कह रहा हूँ? कल मैं देख रहा था कि किस कदर वह अभी भी तुमसे चिपका-चिपका रहता है। यह सब बहुत नार्मल नहीं है। अपनी उम्र के बच्चों का साथ उसके लिए बहुत ज़रूरी है। और वह तो उसे इस घर में मिल नहीं सकता।"

थोड़ी देर पहले चाचा के चेहरे पर जो उदासी थी, गिल्ट का जो बोझ था, वह सब पता नहीं कब बह गया। पर शकुन के मन की टूटन...रोम-रोम को सालता वह दंश तो अभी भी जैसे का तैसा बना हुआ है। ऊपर से वे सारी बातें? वकील चाचा को क्या एक बार भी इस बात का ख़याल नहीं आ रहा कि कितना सह सकती है आख़िर शकुन?

"अच्छा बताओ, बंटी जिरा तरह पल रहा है तुग उससे संतुष्ट हो?" और जैसे पहली बार उसका उत्तर सुनने के लिए वे चुप हुए।

"मैं जितना भी संभव हो सकता है, उसके लिए करती हूँ। कॉलेज के बाद का सारा समय एक तरह से उसी पर देती हूँ, और कर ही क्या सकती हूँ?"

"ओफ्फोह! बात तुम्हारे करने की तो नहीं है। इससे किसको इंकार है कि तुम बहुत करती हो, बल्कि जितना नहीं करना चाहिए उतना करती हो। पर उसे तुम हमउम्र बच्चों की कंपनी तो नहीं दे सकती हो न?"

और उन्होंने नज़रें शकुन के चेहरे पर गड़ा दीं। एक बार शकुन का मन हुआ कि वह एक शब्द भी नहीं बोले, ढीठ बनकर सब सुनती चली जाए—देखें, कहाँ तक बोलते हैं? क्यों सुने वह अब इन लोगों की बातें? क्यों माने इन लोगों के सुझाव? अपने और बंटी के बारे में वह पूरी तरह स्वतंत्र है, कुछ भी सोचने के लिए, कुछ भी करने के लिए।

"बोलो!"

''बंटी को होस्टल भेजने की बात तो आपने कह दी, पर कभी यह भी सोचा है कि उसे होस्टल भेजकर मैं कितनी अकेली हो जाऊँगी।'' और उसका स्वर जैसे एकाएक ही बिखर गया। वह कहीं से भी अपनी दुर्बलता नहीं दिखाना चाहती थी, पर जाने कैसे गला भिंच-सा गया।

चाचा की नज़रों की चुभन और भी तीखी हो गई। शकुन को लगा जैसे बात कहने के पहले या तो वे अपनी बात का वज़न तौल रहे हैं या शकून के सहने का सामर्थ्य। वह भीतर ही भीतर कहीं से बेचैन होने लगी। साथ ही मन में एक आक्रोश भी घुलने लगा। बंटी उसके अधिकार की सीमा है, जिसमें वह किसी को नहीं आने देगी। अपने चेहरे पर नज़रें टिकाए चाचा उसे बड़े घाघ लगे। एक क्षण को इच्छा हुई, ऊपर से ओढ़ी हुई इस सद्भावना के रेशे-रेशे बिखेर दे और वात्सल्य में छिपी उस मक्कारी को उघाड़कर रख दे। कौन-सा दाँव अब चलेंगे...वह अपने को पूरी तरह तैयार करने लगी।

''मुझे डर है शकुन, कहीं तुम अपना अकेलापन ख़तम करने के चक्कर में बंटी का भविष्य ही न ख़तम कर दो! तुम्हारा यह अतिरिक्त स्नेह उसे बौना ही न छोड़ दे।''

शकुन ऊपर से नीचे तक तिलमिला गई। पर फिर भी उससे एक शब्द तक नहीं कहा गया।

चाचा धीरे-धीरे और सँभल-सँभलकर बोल रहे थे। शायद शकुन के चेहरे की प्रतिक्रिया भी उन्होंने समझ ली थी और स्थिति की नाजुकता भी।

''चीज़ों का सही तरीके से लेना सीखो, शकुन! मैं जानता हूँ कि तुम्हें इस बात में तरह-तरह की गंध आ रही होगी। जिस स्थिति में तुम हो, उसमें यह बहुत स्वाभाविक भी है। जब आदमी एक जगह धोखा खाता है तो उसे लगता है, सब जगह धोखा ही धोखा है। पर ऐसा होता नहीं है।''

शकुन चुपचाप पैर के नाखून से धरती कुरेदती रही। उसे कुछ नहीं कहना, बस वह करेगी वही, जो उसे ठीक लगेगा।

बात बंटी के हित की है और सच पूछो तो बंटी से भी ज़्यादा तुम्हारे हित की है। तुम मानोगी नहीं और कहना भी बड़ा अजीब लगता है, पर मेरे सामने इस समय तुम्हारी बात ही सबसे प्रमुख है।''

शकुन चौंकी। अब यह कोई नया दाँव है क्या? अँधेरे में चाचा का चेहरा बहुत साफ़ नहीं दिखाई दे रहा, पर स्वर में कहीं भी किसी तरह के दाँव-पेंच की गंध नहीं थी। क्या भरोसा, वकील आदमी ठहरे!

''ज़रा आज से आठ-नौ साल बाद की बात सोचो जब बंटी की अपनी ज़िंदगी होगी, अपने स्वतंत्र संबंध होंगे, अपनी इच्छाएँ और अपनी महत्त्वाकांक्षाएँ होंगी, तब तुम्हारा कितना अस्तित्व होगा उसकी ज़िंदगी में?''

चाचा एक क्षण को रुके। मानो बात को धीरे-धीरे कहकर उसके एक-एक पहलू के महत्त्व को समझा देना चाहते हों।

''और इस स्थिति की दो ही परिणतियाँ हो सकती हैं...होंगी। या तो तुम उसके स्वतंत्र अस्तित्व को समाप्त करके उस पर हावी होने की कोशिश करोगी और या फिर अपने को बहुत ही उपेक्षित और अपमानित महसूस करोगी। उस समय तुम्हें यही लगेगा कि जिसके पीछे तुमने अपनी सारी ज़िंदगी बरबाद की, वह अब तुम्हें ही भूलकर अपनी ज़िंदगी जीने की बात सोच रहा है। उस समय तुम्हें बुरा लगेगा। आज अजय को लेकर तुम्हारे मन में जो कटुता है, हो सकता है कि वही फिर बंटी को लेकर हो...और आज से दस गुना ज़्यादा हो...''

शकुन को लगा जैसे कोई पूरे होश-हवास में उसे आरी से चीरे जा रहा है। एक बहुत ही कटु और वीभत्स सच्चाई है, जिसे उसके पूरे नंगेपन में चाचा उसके सामने रखना चाहते हैं। पर क्यों...क्या वह यह सब नहीं जानती? या कि उसने इस सब पर नहीं सोचा है? दिनों, हफ्तों, महीनों सोचा है। रात-रात-भर जागकर सोचा है, पर यह सोचना उसे कहीं उबारता नहीं, केवल डुबोता है, गहरे में, और गहरे में।

एक क्षण को कहीं बहुत गहरे में डूबी-डूबी-सी शकुन को चाचा की आवाज़ बड़ी अस्वाभाविक-सी लगी। वह एकटक चाचा के चेहरे को देखकर भी जैसे कुछ नहीं देख रही थी।

''जो होना था सो तो हो ही गया, और चलो अच्छा ही हुआ। सारी ज़िंदगी उस तनाव में काटने की अपेक्षा तो उससे मुक्त होना लाख गुना अच्छा था। यह क़ानूनी कार्यवाही हो जाएगी सो भी अच्छा ही रहेगा। यह संबंध ही ऐसा है कि लाख लड़ भिड़ लो, अलग रहने लगे, पर कहीं न कहीं आशा का एक तंतु जुड़ा ही रह जाता है। वह आशा चाहे ज़िंदगी-भर पूरी न हो...होती भी नहीं है...फिर भी मन है कि इधर-उधर नहीं जाता, बस उसी में अटका रह जाता है।''

शकुन का मन हुआ कि साफ़ कह दे कि उसके मन में आशा का कोई भी तंतु-वंतु नहीं है, पर इतना बड़ा झूठ उससे नहीं बोला गया, सो भी वकील चाचा के सामने। उम्र और अनुभवों ने सान चढ़ाकर जिनकी नज़रों को बहुत पैना बना दिया है। ''पर मैं चाहता हूँ कि अब तुम अपने बारे में सोचना शुरू करो, बिलकुल नए ढंग से, एकदम व्यावहारिक स्तर पर।''

शकुन की आँखों में एक बड़ा असहाय-सा भाव उतर आया। क्या रखा है सोचने के लिए अब उसके पास?

''तुम सोच रही होगी कि पहले इन कागज़ों पर दस्तख़त करवाए, फिर बंटी को अलग करने की बात शुरू कर दी, कितना क्रुएल हूँ मैं, क्यों? यही सोच रही थी न?''

''नहीं तो...मैंने तो ऐसा कुछ नहीं सोचा।'' झूठ बोलते समय उनका अपना स्वर शायद बहुत काँप-सा रहा था, कम से कम उसे ऐसा ही लगा।

''सोचा भी हो तो मैं बुरा नहीं मानूँगा। पर मैं तुम्हें तकलीफ़ देने के लिए बंटी को अलग नहीं करना चाहता, बिना बंटी को अलग किए भी तुम सोच सको तो अच्छा है। पर इतना ज़रूर कहूँगा कि तुम केवल बंटी की माँ ही नहीं हो, इसलिए

केवल बंटी की माँ की तरह ही मत जियो, शकुन की तरह भी जियो।"

चाचा का अभिप्राय वह समझ भी रही थी और नहीं भी समझ रही थी।

"ठीक है, जो कुछ भी हुआ, वह बहुत सुखद नहीं है, पर वह अंतिम भी नहीं है। कम से कम तुम जैसी औरत के लिए वह अंतिम नहीं हो सकता, नहीं होना चाहिए।"

और एकाएक ही शकुन को वह रात याद आ गई, जब इसी तरह आमने-सामने बैठकर चाचा उसे समझा रहे थे—दो जने साथ रहते हैं तो ऐडजस्ट तो करना ही पड़ता है शकुन, अपने को कुछ तो मारना ही पड़ता है। और जब उनके सारे हथियार चुक गए थे तो बड़े हताश स्वर में बोले थे, "यदि ऐसा ही है तो फिर अच्छा है कि तुम लोग अलग हो जाओ। संबंध को निभाने की ख़ातिर अपने को ख़तम कर देने से अच्छा कि संबंध को ख़तम कर दो।"

विवाह के बाद से ही उसके जीवन के हर महत्त्वपूर्ण मोड़ के साथ चाचा किसी न किसी रूप से जुड़े ही हुए हैं। अब फिर किस महत्त्वपूर्ण दिशा की ओर संकेत कर रहे हैं ये?

"अगर अजय अपनी ज़िंदगी की नई शुरुआत कर सकता है तो तुम क्यों नहीं कर सकती? क्यों अपने को इतना बाँध-बाँधकर रखती हो? आख़िर प्रिंसिपल होने के नाते यहाँ के भद्र समाज में तुम्हारा उठना-बैठना होगा ही, इस दृष्टि से कभी..." इस बार शकुन एकाएक जैसे चौंकी। क्या चाचा डॉक्टर जोशी की ओर संकेत कर रहे हैं? पर नहीं, जिस बात को पूरी तरह उभरने के पहले ख़ुद उसने मन ही मन में दबा दिया, उसे चाचा जान ही कैसे सकते हैं? फिर भी वह हलके से सावधान हो आई।

"तुममें क्या नहीं है? बुद्धिमान हो, पढ़ी-लिखी हो, प्रिंसिपल हो, सारे शहर में तुम्हारा मान-सम्मान है।" फिर एक क्षण को ठहरकर हलके से विनोद के साथ बोले, "परिस्थितियों ने चाहे तुम्हें जितना तोड़ा हो समय को तुमने अपने ऊपर हाथ नहीं रखने दिया। रियली यू सीम टू बी एज-प्रूफ।"

और इस वाक्य के साथ ही वातावरण जैसे हलका हो आया। सारी बात को और अधिक सहज बनाने के लिए उन्होंने फिर कहा, "जो कुछ हो गया उसे भूल जाओ। बीती बातों को कातते रहना बूढ़ों का स्वभाव होता है। पर तुम तो..."

पास सोये बंटी ने करवट ली और एकदम पलंग की पाटी पर आ गया। शकुन झटके से उठी और उसे गिरने से बचाया।

"इतना लोटता है कि अगल-बगल में रुकावट न हो तो रात में पाँच-दस बार तो नीचे ही गिरे।" फिर धीरे से बीच में करके उसे बड़े स्नेह से थपकने लगी।

चाचा ने मेज़ पर से टोपी उठाकर सिर पर रखी और उठने की मुद्रा में बोले, "अरे, अब छोड़ो ये रुकावटें लगाना। गिरता है तो गिरने दो। कुछ नहीं होता इस तरह गिरने से। गिर-गिरकर ही बच्चे बड़े होते हैं, बनते हैं।" और वे उठ खड़े हुए।

"इस सिलसिले में मुझे एक अमरीकन की बात याद आती है। वह कुछ महीनों

यहाँ रहा था और देखने-सुनने के बाद बोला था कि हिंदुस्तानी लोग बच्चों से प्रेम नहीं करते, उन्हें बच्चों से मोह होता है, अंधा मोह। सच कहता हूँ तब मुझे बड़ा ताव आ गया था उस पर, पर बाद में सोचा, वह ठीक ही कहता था। एक आम हिंदुस्तानी बच्चे की सही ढंग से परवरिश करना जानता ही नहीं। प्यार और देखभाल के नाम पर माँ-बाप ही अपने को इतना थोपे रहते हैं बच्चे पर कि कभी वह पूरी तरह पनप ही नहीं पाता।''

और अपनी छड़ी उठाकर वे एकदम खड़े हो गए। उनसे दुगुनी उनकी छाया लॉन में लेट गई।

''यह क्या आप एकदम ही चल दिए?''

''और नहीं तो क्या? साढ़े दस तो बज गए। वैसे भी आज सवेरे का निकला हुआ हूँ।''

''कल तो चले जाएँगे न?''

''बस, कल कूच!''

''अगला चक्कर कब लगेगा अब आपका?'' साथ-साथ चलते हुए ही शकुन ने पूछा।

''अपना आना अपने मुवक्किलों के हाथ है, जब भी किसी की तारीख़ पड़ जाए।''

आगे बढ़कर शकुन ने फाटक खोला। चाचा घूमकर खड़े हो गए। ''देखो शकुन, मेरी बातों पर ज़रा गंभीरता से सोचना, जो कुछ मैंने कहा, वह महज तसल्ली देने के लिए नहीं, बल्कि आई मीन इट!'' और उन्होंने बड़े स्नेह से शकुन का कंधा थपथपाया तो शकुन भीतर तक भीग आई। फिर एक क्षण रुककर बोले, ''देखो, अब जब भी तारीख़ पड़ेगी अजय आ जाएगा, बस एक दस मिनट के लिए कोर्ट जाना होगा। इस किस्से को भी ख़तम ही करो। अच्छा!''

और वे घूम पड़े। अँधेरे में तेज़-तेज़ कदमों से चलता हुआ उनका आकार छोटे-से-छोटा होता चला गया और फिर मोड़ पर जाकर अदृश्य हो गया। पर शकुन जहाँ की तहाँ खड़ी रही।

चाचा की उपस्थिति के, स्वर की आत्मीयता के और लाजवाब तर्कों के जादू ने उसके मन की सारी शंकाओं और संदेह को दूर कर दिया था। मंत्रविद्ध- सी उसने चाचा की एक-एक बात पर विश्वास कर लिया था और उसे चाचा की सारी बातों में अपना हित ही नज़र आया था, पर चाचा के अंतिम वाक्य ने जैसे एक झटके-से सारा जादू तोड़ दिया।

कुछ नहीं, वे केवल उससे हस्ताक्षर करवाने आए थे...कहीं वह अड़ ही जाती तो अजय के लिए एक संकट पैदा हो सकता था। 'मीरा इज़ एक्सपेक्टिंग' चाचा के शब्द उभरे। तो इसीलिए यह सारा जाल रचा गया था। यह बात तो अजय भी लिख

सकता था, पर शायद इसीलिए चाचा को भेजा गया कि कोई रास्ता बाकी न रह जाए शकुन के बच निकलने के लिए। तारीख़ भी जल्दी ही डलवानी है, बच्चा होने से पहले सारा रास्ता साफ़ कर ही लेना है।

वह फिर छली गई, वह फिर बेवकूफ बनाई गई। उसका रोम-रोम जैसे सुलगने लगा।

वे बंटी को होस्टल भेजना चाहते हैं, शायद उसे भी धीरे-धीरे कब्जे में कर लेना चाहते हैं। पर वह बंटी को कभी भी होस्टल नहीं भेजेगी। वह जानती है, अजय बंटी को बहुत प्यार करता है, पर अब से वह बंटी को मिलने भी नहीं देगी। बंटी से न मिल पाने की वजह से अजय को जो यातना होगी उसकी कल्पना मात्र से उसे एक क्रूर-सा संतोष मिलने लगा।

मरे-मरे हाथों से शकुन ने गेट बंद किया और किसी तरह अपने को घसीटती हुई पलंग तक लाई। बंटी सोया था, बेख़बर और निश्चिंत। ज़रूर किसी राजा-रानी और परियों के सपनों में खोया होगा। रोज़ कहानी सुनता है, पढ़ता है और फिर ऐसे ही सपने देखता है।

उसने झुककर उसे एक बार प्यार किया। उसके माथे पर बालों की जो लटें छितरा आई थीं, उन्हें समेटकर पीछे किया। लगा, बंटी का शरीर एकदम ठंडा हो आया है। बाहर ठंडक बहुत ज़्यादा बढ़ चुकी थी, अपने में ही डूबे-डूबे उसे पता ही नहीं लगा। उसने जल्दी में बंटी को गोद में उठाकर साड़ी का पल्ला उसके चारों ओर लपेट दिया और उसे भीतर ले आई।

बहुत ही धीरे-से सँभालकर उसने उसे पलंग पर सुला दिया...जैसे कुछ बहुत ही अमूल्य, बहुत ही क़ीमती हो।

और तब एक अजीब-सी भावना मन में आई—बंटी केवल उसका बेटा ही नहीं है, वह हथियार भी है, जिससे वह अजय को टारचर कर सकती है, करेगी।

और जब वह ख़ुद पलंग पर लेटी तो सबसे पहला चेहरा डॉक्टर जोशी का ही उभरा—वह चेहरा, जो एक समय बार-बार उभरने लगा था अपनी अनेक-अनेक मुद्राओं के साथ। पर जिसको उसने बरबस ही अपने से परे हटा दिया था। इधर चार-पाँच महीनों से कोई पता ही नहीं।

एक तो शहर का सबसे बड़ा डॉक्टर, फिर शकुन का निहायत ही सर्द और जड़ व्यवहार। आज अचानक फिर से सब कुछ याद हो आया। पिछली सर्दियों में बंटी बीमार हो गया था तो कितनी आत्मीयता और एहतियात से सँभाला था उसे। केवल बंटी को ही नहीं, बुखार के बढ़ते रहे पाइंट के साथ हौंसला खोती और घबराती शकुन को भी सँभाला था।

बीमारी के कारण ही दोनों का परिचय हुआ था। धीरे-धीरे कारण हट गया, बस परिणाम बाकी रह गया। वह पति से अलग होकर रहती है, यह शायद सारा शहर

जानता है, इसलिए एक बार भी बंटी के पापा के बारे में नहीं पूछा था। हाँ, अपनी पत्नी की मृत्यु का समाचार ज़रूर दे दिया था और फिर बिना कुछ कहे ही बहुत-कुछ कह दिया था।

शायद ऐसी बातें कभी शब्दों की मुहताज नहीं रहतीं।

जब-तब बंटी के समाचार जानने या कि 'ऐसे ही इधर से जा रहा था' का सहारा लेकर आते रहे थे। चाय-पानी होता था, बातचीत होती थी, पर शकुन उन सारे संकेतों के प्रति उसी उत्साह या ललक के साथ रिएक्ट नहीं पर पाती थी।

और फिर शकुन की उदासी के कारण ही सब कुछ समाप्त हो गया। शायद शुरू होने से पहले ही। किशोर उम्रवाली भावुकता तो थी नहीं कि आदमी खाना-सोना तक भूल जाए।

बड़े नामालूम-से ढंग से सब शुरू हुआ था और वैसे ही ख़तम भी हो गया। बस एक हलका-सा अक्स उसके मन पर कहीं रह गया था, आज अनजाने ही वकील चाचा उस पर से समय की धूल पोंछ गए।

चेहरा उभरने के साथ ही पहली बात मन में आई—अजय के मुकाबले में जोशी कैसे हैं? और दूसरी बात आई—मीरा के मुकाबले में कैसे हैं? मीरा को उसने नहीं देखा। बस सुना है उसके बारे में। अनेक काल्पनिक चेहरे भी उभरे हैं मन में। पहले वह उन काल्पनिक चेहरों की तुलना अपने से किया करती थी। वह तुलना बहुत स्वाभाविक भी थी। पर जोशी और मीरा के मुकाबले की क्या तुक भला? फिर भी मन है कि बार-बार कुछ तौल-परख रहा है। उसे याद है, पहले भी जब-जब उसने जोशी के बारे में कुछ सोचा था, अनजाने और अनचाहे ही हमेशा अजय आकर उपस्थित हो गया था...केवल अजय ही नहीं, कहीं मीरा भी आकर उपस्थित हो जाती थी। उसे साफ़ लगता था कि जोशी या किसी का भी चुनाव उसे करना है तो जैसे अपने लिए नहीं करना है, अजय को दिखाने के लिए करना है...मीरा की तुलना में करना है। पर जब-जब यह भावना उठी उसने स्वयं अपने को बहुत धिक्कारा, अपनी भर्त्सना की। क्यों नहीं वह अपने लिए जीती है, अपने को लक्ष्य बनाकर जी पाती।

पर आज फिर अजय आकर खड़ा हो गया, अनदेखी मीरा आकर खड़ी हो गई। उसने अभी-अभी हस्ताक्षर करके दिए हैं, कम से कम अब तो वह इन सबसे मुक्त हो जाए। उसे मुक्त होना ही है, एक नई ज़िंदगी की शुरुआत करनी ही है।

पर फिर मन में कहीं तैर ही गया। अजय को उसे दिखा ही देना है कि वह अगर एक नई ज़िंदगी की शुरुआत कर सकता है तो वह भी कर सकती है। नहीं, उसे किसी को कुछ नहीं दिखाना है। जो कुछ भी करना है, अपने लिए करना है। और तब उसने बरबस ही सब चेहरों को परे धकेल दिया...

केवल जोशी का चेहरा बड़ी देर तक आँखों के सामने टँगा रहा।

चार

आज पापा आनेवाले हैं।

दस बजे बंटी को सरकिट हाउस पहुँच जाने को लिखा है। ममी हैं कि पता नहीं कैसा मुँह लिए घूम रही हैं। न हँसती हैं, न बोलती हैं। बस गुमसुम। इस बार वकील चाचा के जाने के बाद से ही ममी ऐसी हो गई हैं। वकील चाचा भी एक ही हैं बस। ख़ुद तो बोल-बोलकर ढेर कर देंगे और ममी बेचारी की बोलती बंद कर जाएँगे। पता नहीं क्या हो गया है ममी को? उसे देखना शुरू करेंगी तो देखती ही रहेंगी, ऐसे मानो उसके भीतर कुछ ढूँढ़ रही हों। रात को कहानी भी नहीं सुनातीं। ज़्यादा कहो तो कह देती हैं, 'सो जा, कल सुनाऊँगी।' वह तो सो ही जाता है, पर ममी को ऐसा करना चाहिए?

उस दिन रात में पता नहीं कब बंटी की नींद खुल गई। देखा, दूर पेड़ के नीचे कोई खड़ा है। डर के मारे उससे तो चीख़ा तक नहीं गया था, बस साँस जैसे घुटकर रह गई थी। और वे ममी निकलीं। उसके बाद कितनी देर तक ममी उसे थपकती रहीं, दिलासा देती रहीं, पर भीतर दहशत जैसे जमकर बैठ गई थी। आधी रात को ऐसे कहीं घूमा जाता होगा? चाचा जो कह गए थे गड़बड़ होने की बात। वह बिलकुल ठीक है। ज़रूर कुछ गड़बड़ हुआ है। ममी पहले तो ऐसी नहीं थीं। पर वह क्या करे? ममी जब चुप-चुप हो जाती हैं तो उसका मन बिलकुल नहीं लगता।

परसों ही तो पापा की चिट्ठी आई थी। लिफ़ाफ़े पर ममी का नाम लिखा था। पिछली बार तो लिफ़ाफे पर भी उसका नाम था। अंदर भी दो काग़ज़ निकले, एक ममी ख़ुद पढ़ने लगीं, दूसरा उसे पकड़ा दिया। तो क्या ममी के पास भी पापा की चिट्ठी आई है? ममी-पापा क्या दोस्ती करनेवाले हैं? उसने अपनी चिट्ठी पढ़ ली और फिर ममी की ओर ध्यान से देखने लगा। ममी क्या ख़ुश नज़र आ रही हैं? कहीं कुछ नहीं, बस वैसे ही चुप बैठी हैं, मानो पापा की कोई चिट्ठी ही नहीं आई हो। एक बार उसकी चिट्ठी पढ़ने तक के लिए नहीं माँगी। पिछली बार तो केवल उसी के पास चिट्ठी आई थी और उसे पढ़कर ही ममी कितनी प्रसन्न हुई थीं। पापा के पास भेजने से पहले उसे अपनी बाँहों में भरकर इतना प्यार किया था, इतना प्यार किया था, मानो वह कहीं भागा जा रहा हो। और जब वह लौटकर आया था तो ममी उससे सवाल पर सवाल पूछे जा रही थीं...'और क्या कहा और क्या कहा'...के मारे परेशान कर दिया था।

ममी से छिपकर उसने ममीवाला पत्र उठाकर देखा, घसीटी हुई अंग्रेज़ी की चार-छह लाइनें थीं, वह कुछ भी समझ नहीं सका। उसका पत्र हिंदी में था और बड़े-बड़े साफ़ अक्षरों में।

परसों रात को जब वह सोया तो बराबर उम्मीद कर रहा था कि ममी ज़रूर पहले की तरह प्यार करेंगी, कुछ कहेंगी। पर उन्होंने कुछ नहीं कहा, सिर्फ़ पूछा, 'तू जाएगा

पापा के पास?' यह भी कोई पूछने की बात थी भला! पापा आ रहे हैं और वह जाएगा नहीं? उसके बाद ममी बोली नहीं।

इस समय ममी उदास बिलकुल नहीं हैं। ममी की उदासी वह खूब पहचानता है। बिना आँसू के भी आँखें कैसी भीगी-भीगी हो जाती हैं।

अच्छा है, बैठी रहें ऐसी ही। वह तब पापा के पास जाकर खूब घूमेगा, चीज़ें ख़रीदेगा, हाँ, नहीं तो।

वह जल्दी-जल्दी तैयार हो रहा है और मन ही मन कहीं उन चीज़ों की लिस्ट तैर रही है जो उसे माँगनी है। कैरम-बोर्ड ज़रूर लेगा, एक व्यू मास्टर भी।

"दूध-दलिया खा लो।" फूफी अलग ही अपना मुँह फुलाए घूम रही है। पिछली बार भी पापा आए थे तो यह ऐसे ही भन्ना रही थी, जैसे इसकी भी पापा से लड़ाई हो।

"मैं नहीं खाता दूध-दलिया। बस रोज़ सड़ा-सा दूध-दलिया बनाकर रख देती है।"

"बंटी, क्या बात है?" कैसी सख़्त आवाज़ में बोल रही हैं ममी। बंटी भीतर ही भीतर सहम गया। धीरे-से बोला, "हमें अच्छा नहीं लगता दूध-दलिया।"

"क्यों, दूध-दलिया तो तुझे खूब पसंद है। एक दिन भी न बने तो शोर मचा देता है। आज ही क्या बात हो गई?"

"पसंद है तो रोज़-रोज़ वही खाओ, एक ही चीज़ बस। मैं नहीं खाता।"

"देख रही हूँ जैसे-जैसे तू बड़ा होता जा रहा है, वैसे ही वैसे ज़िद्दी और ढीठ होता जा रहा है। अच्छा है, भद्द उड़वा सबके बीच मेरी।"

कैसे बोल रही हैं ममी! इसमें भद्द उड़वाने की क्या बात हो गई! वह नहीं खाएगा दूध-दलिया, बिना नाश्ता किए ही चला जाएगा।

वह मेज़ से उठ गया तो ममी ने एक बार भी नहीं कहा कि कुछ और बना दो! न कहें, उसका क्या जाता है?

हीरालाल को कल ही कह दिया था कि ठीक नौ बजे आ जाना। साढ़े नौ बज रहे हैं, पर उसका पता नहीं। बंटी बेचैनी से इधर-उधर घूम रहा है। थोड़ी-थोड़ी देर में घड़ी देख लेता है। ममी किताब लेकर ऐसे बैठ गई हैं, जैसे समय का उन्हें कुछ होश ही नहीं हो। वह बताए कि साढ़े नौ बज गए। पर क्या फ़ायदा, कह देंगी अभी आता होगा।

वह सब समझता है। अब उतना बुद्धू नहीं है। ममी को शायद अच्छा नहीं लग रहा है कि बंटी पापा को पास जा रहा है। पर क्यों नहीं लग रहा है? उसकी तो पापा से लड़ाई नहीं है। पर ऐसा होता है शायद!

एक बार क्लास में विभू से उसकी लड़ाई हो गई थी तो उसने अपने सब दोस्तों की विभू से कुट्टी नहीं करवा दी थी? शायद ममी भी चाहती हैं कि वह भी पापा

से कुट्टी कर ले। तो ममी उसे कहतीं। अच्छा मान लो ममी उससे कहतीं तो वह कुट्टी कर लेता? और उसके मन में न जाने कितनी चीज़ें तैर गईं—कैरम-बोर्ड, व्यू-मास्टर...मैकेनो...ग्लोब...

तभी हीरालाल की छोटी लड़की आई, ''बापू को ताप चढ़ा है, वे नहीं आ सकेंगे।''

''क्या हो गया?'' ममी की आवाज़ में ज़रा भी परेशानी नहीं है। हाँ, उनका क्या बिगड़ता है। वे तो चाहती ही हैं कि मैं नहीं जाऊँ। मैं ज़रूर जाऊँगा, चाहे कुछ भी हो जाए।

''भोत ज़ोर का ताप चढ़ा है, सीत देकर। वे तो गुदड़े ओढ़कर पड़े हैं, मुझे इतिल्ला देने को भेजा है।'' और वह चली गई।

''अब?'' बंटी रोने-रोने को हो आया।

ममी एक क्षण चुप रहीं। फिर फूफी को बुलाकर कहा तो फूफी अलग मिज़ाज दिखाने लगी, ''बहूजी, मैं नहीं जाऊँगी वहाँ।''

''क्यों? बस तुम ही मुझे छोड़कर आओगी।'' बंटी फूफी का हाथ पकड़कर झूल आया, ''जल्दी चलो, अभी चलो।''

''छोड़ आओ फूफी, वरना कौन ले जाएगा?'' कैसी ठंडी-ठंडी आवाज़ में बोल रही हैं। जैसे, कहना है, इसलिए कह रही हैं बस। ले जाए, न ले जाए, कोई फ़रक नहीं पड़ेगा।

फूफी एकदम बिफर पड़ी, ''कोई नहीं है ले जानेवाला तो नहीं जाएगा। मिलने की ऐसी ही बेकली है तो ख़ुद आकर ले जाएँगे। इस घर में आ जाने से तो कोई धरम नहीं बिगड़ जाएगा। आप जो चाहे सज़ा दे लो बहूजी, मैं वहाँ नहीं जाऊँगी। मुझसे तो, आप जानो...''

और बड़बड़ाती हुई फूफी चली गई। ममी ने कुछ भी नहीं कहा। ममी का अपना काम होता तो कैसे बिगड़तीं। अब फूफी को कहो न कि बिगड़ती जा रही है, ढीठ होती जा रही है। बस डाँटने के लिए मैं ही हूँ। ठीक है कोई मत ले जाओ मुझे। और बंटी एकदम वहीं पसरकर रोने लगा।

''रो क्यों रहा है? यह भी कोई रोने की बात है भला? ठहर जा, कॉलेज के माली को बुलवाती हूँ।''

ममी माली को समझा रही हैं, ''देखो, कह देना कि आठ बजे तुम लेने आओगे इसलिए जहाँ कहीं भी हों, आठ बजे तक सरकिट हाउस पहुँच जाएँ। तू भी कह देना रे। आठ से देर नहीं करें, समझे!'' कैसी सख़्त-सख़्त आवाज़ में बोल रही हैं, एकदम प्रिंसिपल की तरह।

रास्ते भी बंटी सोचता गया कि बहुत सारी बातें हैं जो वह पापा से पूछेगा। ममी से पूछी नहीं जातीं। कभी शुरू भी करता है तो या तो ममी उदास हो जाती हैं या

सख़्त। उदास ममी बंटी को दुखी करती हैं और सख़्त ममी उसे डराती हैं। और इधर तो ममी को पता नहीं क्या कुछ होता जा रहा है। पास लेटी ममी भी उसे बहुत दूर लगती हैं। उसके और ममी के बीच में ज़रूर कोई रहता है। शायद वकील चाचा की कही हुई कोई बात, शायद कोई गड़बड़ी। उसे कोई कुछ नहीं बताता, वह अपने-आप समझे भी क्या? ममी की बात तो पापा से भी नहीं पूछी जा सकती है।

पर एक बात वह ज़रूर पूछेगा कि क्या तलाकवाली कुट्टी में कभी अब्बा नहीं तो सकती? अगर पापा भी साथ रहने लगें तो कितना मज़ा आए! पर ऐसी बात पूछने पर पापा ने डाँट दिया तो?

पापा बाहर ही मिल गए। बंटी देखते ही दौड़ गया और पापा ने उठाकर छाती से लगा लिया, ''बंटी बे!'' और दोनों गालों पर ढेर सारे किस्सू दे दिए।

''इतनी देर क्यों कर दी, हम तो कब से राह देख रहे हैं तुम्हारी।''

''हीरालाल बीमार पड़ गया, कोई लानेवाला ही नहीं था।''

माली ने आठ बजेवाली बात कही तो पापा बड़ी लापरवाही से बोले, ''हाँ-हाँ, ठीक है, आ जाना आठ बजे!'' और बंटी को लेकर भीतर आ गए।

कुछ किताबें, एक मैकेनो और टाफ़ी का एक डिब्बा बंटी के सामने फैले पड़े हैं।

''पसंद हैं सब?''

''मुझे कैरम-बोर्ड और व्यू-मास्टर चाहिए।'' बड़े शरमाते हुए बंटी ने कहा।

''अरे, तो तुम हमको लिख भेजते। तुम तो हमें कभी चिट्ठी ही नहीं लिखते। अच्छा कोई बात नहीं, अगली बार दिलवाएँगे।''

बंटी का मन हुआ कि यहीं से दिलवाने को कह दें। पर कहा नहीं गया। ममी होतीं तो ज़िद करके ले लेता।

''तुम तो इस बार बहुत बड़े हो गए।'' पापा उसे एकटक देख रहे हैं। वह झेंप गया। पापा हैं कि एक के बाद एक प्रश्न पूछे जा रहे हैं।

''पढ़ाई कैसी चल रही है? अच्छे नंबर लाते हो न?''

''कल हमारे यहाँ इन्स्पेक्शन था। मैंने खूब अच्छे जवाब दिए तो इन्स्पेक्टर साहब ने मुझे शाबाशी दी और सर ने भी।''

''शाबाश! लो हमने भी शाबाशी दे दी!'' और पापा ने उसकी पीठ थपथपा दी।

''और खेल कौन-कौन से खेलते हो?''

''ताश, लूडो, कैरम...''

''क्या कहा, ताश लूडो, कैरम—धत्तेरे का! यह भी कोई खेल हुए, लड़कियों के। क्रिकेट खेलो, हॉकी खेलो, कबड्डी खेलो, लड़कोंवाले खेल खेलो। घर से बाहर निकलकर भागने-दौड़नेवाले...

''अच्छा, पेड़ पर चढ़ सकते हो?''

''नहीं, ममी डाँटती हैं, कहती हैं, गिर जाएगा!''

''तैरना सीखा? तैरने की कोई जगह है?''

''पता नहीं।''

''साइकिल चलाना आता है छोटी, दो पहिएवाली?''

''ममी कहती हैं, जब दस साल का हो जाऊँगा तब दिलवाएँगी।''

''दोस्त कितने हैं?''

''टीटू!''

''कौन है टीटू?''

''घर के पास रहता है। हमारे स्कूल में पढ़ता है, पर मुझसे एक क्लास आगे है। और कुन्नी है।''

''कुन्नी कौन?''

''शर्मा साहब की लड़की है, मेरी दोस्त। उनका घर भी उधर ही है। हमारे घर के पीछे चलिए, फिर इधर को मुड़िए, फिर थोड़ा-सा चलिए, बस उनका घर आ जाता है।''

इतनी अच्छी तरह समझाया फिर भी पापा हँस रहे हैं।

''और कौन दोस्त है?''

''कोई नहीं।''

''बस, कुल दो दोस्त!''

''नहीं, स्कूल में तो बहुत सारे हैं। पर उनके घर तो दूर-दूर हैं।''

''तुम्हारा मन कैसे लगता है सारे दिन? बच्चों को तो खूब दोस्तों के साथ रहना चाहिए, खूब खेलना चाहिए।''

''लग जाता है। ममी खूब कहानियाँ सुनाती हैं, खूब! ताश भी खेलती हैं। फिर मैं किताबें पढ़ता हूँ। ड्राइंग बनाता हूँ। खूब सारी पेंटिंग बना रखी हैं मैंने। अच्छी-अच्छी तो ममी ने कमरे में लगा दीं।''

''अच्छा, इस बार हमारे लिए भी एक बनाना। हम भी अपने कमरे में लगाएँगे।''

तो एक क्षण को बंटी पापा का चेहरा देखता रहा। कह दे कि पापा हमारे साथ क्यों नहीं रहते? इस घर में तो मेरी पेंटिंग लगी ही हुई हैं। पापा इसी घर को अपना घर क्यों नहीं बना लेते? अलग घर में क्यों रहते हैं? इस घर में मेरा बगीचा भी तो है—खूब सुंदर-सा।

''इस बार छुट्टियों में कलकत्ता चलोगे हमारे साथ?''

बंटी ने बड़ी सशंकित-सी नज़र से पापा की ओर देखा। उसे साथ चलने को क्यों कह रहे हैं, पहले तो कभी नहीं कहा?

''बहुत मज़ा आएगा, खूब घूमेंगे। बोलो?''

''ममी चलेंगी तो चलूँगा।''

''छी-छी, इतने बड़े होकर भी ममी के बिना नहीं रह सकते। यह गंदी बात है बेटे! अब तुम्हें ममी के बिना रहने की आदत डालनी चाहिए। तुम क्या लड़की हो

जो ममी से चिपटे-चिपटे फिरते हो?''

बंटी बहुत संकुचित हो आया। भीतर ही भीतर कहीं ग़ुस्सा भी आने लगा। फूफी ऐसा कहती तो मज़ा चखा देता। पापा से क्या कहे? पर पापा ऐसी बात कहते ही क्यों हैं? ख़ुद तो ममी के साथ नहीं रहते, चाहते हैं वह भी नहीं रहे। बहुत चालाक हैं। एकाएक उसके मन में सामने बैठे पापा के लिए ग़ुस्सा उफनने लगा। बहुत मन हुआ पूछे, आप ममी को भी साथ लेकर क्यों नहीं चलते? उसने एक उड़ती-सी नज़र डाली। पता नहीं पापा उसकी बात से कहीं नाराज़ हो जाएँ तो? वह पापा को जानता ही कितना है? ममी की तो हर बात का उसे पता है, पर पापा...

''बोलो, इस बार छुट्टियों में तुम्हें वहाँ बुलवाने का इंतज़ाम करें? छुट्टियाँ ख़तम हो जाएँगी तो वापस भिजवा देंगे। नई-नई चीज़ें देखोगे—विक्टोरिया मेमोरियल, बोटेनिकल गार्डेंस, लेक्स, ज़ू...।''

और पापा एक-एक चीज़ के बारे में विस्तार से बताने लगे। बड़ा शहर, बड़े शहर की बड़ी-बड़ी इमारतें, बड़ी-बड़ी बातें। और थोड़ी देर पहले समाया हुआ बंटी के मन का संकोच और भय इन बातों के बीच घुलने लगा। एक-एक जगह कई-कई चित्र उसकी आँखों के सामने बनने-बिगड़ने लगे।

मन में एक साथ ही जाने कितना उत्साह और कौतूहल जाग उठा।

'वहाँ सब बँगला में बोलेंगे तो मैं क्या करूँगा?'

'वहाँ सब मछली-भात खाते हैं? तब तो सारे शहर में मछली की बदबू ही आती रहती होगी!'

'तेरह-चौदह तल्ले का मकान कितना ऊँचा होगा?' और वह नज़र ऊँची करके अंदाज़ लगाने लगा।

'हुगली में जहाज भी तो चलते हैं? हम देख सकते हैं भीतर तक जाकर?'

''पी.सी. सरकार भी तो वहीं रहता है? आपने जादू देखे हैं उनके? कमाल? सात बौनोंवाली कहानी के जादूगर जैसा है पी.सी. सरकार। अच्छा पापा, बंगाल की जादूगरनियाँ देखी हैं आपने, जो आदमी को भेड़ बनाकर रख लेती हैं? जादू के ज़ोर से आदमी वेश बदल सकता है?''

और हर उत्तर के साथ उसके सामने कौतूहल-भरी एक नई दुनिया खुलती जा रही है। वह मुग्ध-सा सुन रहा है और कल्पना की आँखों से बहुत कुछ देख भी रहा है।

पर 'बोलो आओगे छुट्टियों में?' के साथ ही सारा जादू एक झटके के साथ टूट गया। नहीं बिना ममी के वह नहीं जाएगा, जा ही नहीं सकता।

खाना खाकर पापा ने कहा, ''चलो, थोड़ी देर सो लेते हैं। शाम को फिर घूमने चलेंगे। दोपहर में तो सोते हो न?''

उसने यों ही सिर हिला दिया। पापा ने उसे पलंग पर लिटा दिया और खुद नीचे लेट गए। ममी होतीं तो साथ ही सुला लेतीं। लेटते ही पापा को नींद आ गई। बंटी

क्या करे, उसे नींद ही नहीं आती। यहाँ से तो निकलकर भी नहीं जा सकता। थोड़ी देर तो वह चुपचाप लेटा-लेटा कलकत्ता ही देखता रहा, फिर एकाएक उसे घर की याद आने लगी। ममी की याद आने लगी। वह शाम को आता तो तभी ठीक था।

लो, पापा की तो नाक भी बजने लगी—घुर्रऽऽऽ खूँ, घुर्रऽऽऽ खूँ।

बंटी को हँसी आने लगी। वह एकटक पापा के चेहरे की ओर देखने लगा। बिना चश्मे के कैसा लग रहा है पापा का चेहरा? उसे ख़याल आया उसने इतने ग़ौर से तो पापा का चेहरा कभी देखा ही नहीं।

ममी के चेहरे की तो एक-एक लाइन उसकी जानी-पहचानी है। पापा के हाथों में बाल कितने बड़े-बड़े हैं। और तभी आँखों के सामने ममी की चूड़ीवाली कलाई उभर आई। बंटी बहुत ऊबने लगा तो पापा की लाई हुई किताबों में से एक किताब शुरू कर दी।

शाम को ताँगे में बिठाकर पापा ने उसे घुमाया। आइसक्रीम खिलाई, चाट खिलाई। गन्ने का रस पिलाया। बंटी सोच रहा था कि पापा शायद कुछ चीज़ें और दिलवाएँगे। लेकिन उन्होंने कुछ नहीं दिलवाया तो बंटी को थोड़ी-सी निराशा हुई। पर फिर भी उससे माँगा नहीं गया। खा-पीकर, घूम-फिरकर शाम को वे लोग वापस आ गए। ताँगे से उतरकर बंटी भीतर जाने लगा कि एकदम पापा की चिल्लाहट सुनाई दी। मुड़कर देखा। पापा ताँगेवाले को डाँट रहे थे। पता नहीं ताँगेवाले ने क्या कहा कि पापा और ज़ोर से चिल्लाए, "झूठ बोलते हो? घड़ी देखकर ताँगा किया था। मैं एक पैसा भी ज़्यादा नहीं दूँगा।"

बंटी सहमकर जहाँ का तहाँ खड़ा हो गया।

ताँगेवाले ने कुछ कहा और कूदकर ताँगे से नीचे उतर आया। पापा एकदम चीख पड़े, "यू शट अप! ज़बान सँभालकर बात करो। जितना रहम खाओ उतना ही सिर पर चढ़े जा रहे हैं, जूते की नोक पर ही ठीक रहते हैं ये लोग..." पापा का चेहरा एकदम सुर्ख़ हो रहा था और आँखों से जैसे आग बरस रही थी। बंटी की साँस जहाँ की तहाँ रुक गई। चपरासी और दरबान ने बीच-बचाव करके ताँगे को रवाना किया।

पापा अभी भी जैसे हाँफ रहे थे और बंटी सहमा हुआ था। उसने पापा को कभी गुस्सा होते हुए तो देखा ही नहीं। एकाएक ख़याल आया, कभी इस तरह उस पर गुस्सा हों तो? वह भीतर तक काँप गया। एकाएक उसे बड़ी ज़ोर से ममी की याद आने लगी। अब वह एकदम ममी के पास जाएगा। माली आया या नहीं?

तभी चपरासी ने कहा, "बाबा को लेने के लिए आदमी आया था। आधा घंटे तक बैठा भी रहा, अभी-अभी गया है, बस आपके आने के पाँच मिनट पहले ही।"

बंटी की आँखों में आँसू आ गए। किसी तरह उन्हें आँखों में ही पीता हुआ वह बड़ी असहाय-सी नज़रों से पापा की ओर देखने लगा। मन में समाया हुआ एक अनजान डर जैसे फैलता ही जा रहा था।

पापा ने एक बार घड़ी की तरफ़ नज़र डाली, "चपरासी चला गया तो? यह भी अच्छा तमाशा है, घड़ी देखकर घर में घुसो। जो समय उधर से दिया गया है उसी में घूमो-फिरो और लौट आओ। नॉनसेंस!"

एकाएक ही बंटी की छलछलाई आँखें बह गईं। पता नहीं माली के लौट जाने की बात सुनकर या पापा का ग़ुस्सा देखकर या कि इस भय से कि पापा कहीं रात में यहीं रहने को न कह दें। दो दिन से पापा को लेकर जो उत्साह मन में समाया हुआ था, वह एकदम बुझ गया और सामने खड़े पापा उसे निहायत अजनबी और अपरिचित-से लगने लगे।

"अरे तुम रो क्यों रहे हो? रोने की बात क्या हो गई?"

"माली चला गया, अब मैं घर कैसे जाऊँगा?" सिसकते हुए बंटी ने कहा।

"पागल कहीं का! यहाँ क्या जंगल में बैठा है? मैं नहीं हूँ तेरे पास?"

"ममी के पास जाऊँगा।" रोते-रोते ही बंटी ने कहा।

"हाँ-हाँ, तो मैंने कब कहा कि ममी के पास नहीं जाओगे।"

"पर माली तो चला गया?"

"चला गया तो क्या? मैं तुम्हें छोड़कर आऊँगा, बस।"

बंटी ने ऐसे देखा जैसे विश्वास नहीं कर रहा हो। कहीं उसे बहका तो नहीं रहे। अभी चुप करने के लिए कह दें और फिर कहने लगें कि सो जाओ।

पापा ने पास आकर उसका माथा सहलाया, गाल सहलाए तो टूटा विश्वास जैसे फिर जुड़ने लगा। पापा फिर अपने लगने लगे।

"पागल कहीं का! इतना बड़ा होकर रोता है ममी के लिए।" तो अँसुवाई आँखों से ही बंटी हँस दिया। भीतर ही भीतर बड़ी शरम महसूस हुई अपने ऊपर। सचमुच उसे इतनी जल्दी रोना नहीं चाहिए। बच्चे रोया करते हैं बात-बात पर तो, वह तो अब बड़ा हो गया है। अब कभी नहीं रोएगा इस तरह।

बंटी पापा के साथ ताँगे में बैठा तो मन एकदम हलका होकर दूसरी ओर को दौड़ गया। पापा को देखकर ममी को कैसा लगेगा? एकदम ख़ुश हो जाएँगी। वह खींचकर पापा को अंदर ले जाएगा और ममी का हाथ, पापा को हाथ मिला देगा—चलो कुट्टी ख़तम। फिर ममी और वह मिलकर पापा को जाने ही नहीं देंगे। सोते, घूमते-फिरते कितनी बार मन हुआ था कि ममी की बात करे। पापा से वह सब पूछे, जो ममी से नहीं पूछ पाता है। पर पापा का चेहरा देखता और बात भीतर ही घुमड़कर रह जाती। पर पापा को साथ लाकर और दोस्ती की बात सोच-सोचकर उसका मन थिरकने लगा।

जाने कैसे-कैसे चित्र आँखों के सामने उभरने लगे। पापा, ममी और वह घूमने जा रहे हैं। वह पापा के साथ मिलकर ममी को चिढ़ा रहा है या कभी ममी के साथ मिलकर पापा को।

अजीब-सा उत्साह है, जो मन में नहीं समा रहा है। कहानियों के न जाने कितने

राजकुमार मन में तैर गए, जो अपनी-अपनी माँ के लिए समुद्र तैर गए थे या पहाड़ लाँघ गए थे। वह भी किसी से कम नहीं है। माँ के लिए पापा को ले आया। अब दोस्ती भी करवा देगा। वरना कोई ला सकता था पापा को? अब चिढ़ाए फूफी कि बंटी लड़की है। अब ममी कभी उदास नहीं होंगी। लेटे-लेटे छत या आसमान नहीं देखेंगी। टीटू की अम्मा यह नहीं पूछेंगी, ''आते हैं तुम्हारे पापा यहाँ?''

उसने बड़े थिरकते मन से पापा की ओर देखा। पापा एकदम चुप क्यों हैं? अँधेरे में चेहरा ठीक से नहीं दिखाई दे रहा है। वह चाहता है, पापा कुछ बोलते चलें, कलकत्ता चलने की बात ही कहें या कि उसे लड़केवाले खेल खेलने की बात ही कहें, पर कुछ तो कहें। बोलते हुए पापा उसे अपने बहुत पास लगने लगते हैं। चुप हो जाते हैं तो लगता है जैसे पापा कहीं दूर चले गए। जैसे उसके और पापा के बीच में कोई और आ गया।

उसी निकटता को महसूस करने के लिए उसने अनायास ही पापा का हाथ पकड़ लिया।

पर पापा हैं कि बिलकुल चुप! पापा की चुप्पी से बंटी के मन में अजीब तरह की बेचैनी घुलने लगी। कहीं दोस्ती की बात करते ही पापा चिल्लाने लगें आँखें लाल-लाल करके तो? पापा का वही चेहरा उभर आया। ऐसे चिल्लाते होंगे तभी शायद ममी ने कुट्टी कर ली होगी। बंटी ने फिर एक बार पापा की ओर देखा। अँधेरे में पापा का चेहरा दिखाई नहीं दे रहा।

''बस, बस यहीं घर है, बाईं तरफ़वाला।'' कॉलेज के पास आते ही ताँगा थम गया था। बंटी ने कहा तो ताँगेवाले ने बाईं तरफ़ को लगा दिया।

बंटी ने हाथ और कसकर पकड़ लिया। हाथ पकड़े-पकड़े ही वह ताँगे से नीचे उतरा और एक तरह से पापा को खींचता हुआ गेट की तरफ़ चला। उसे लग रहा था कि यदि उसकी पकड़ ज़रा भी ढीली हुई तो पापा छूटकर चल देंगे।

सड़क पर से वह चिल्लाया, ''ममी, पापा आए हैं।''

लॉन में से एक छायाकृति तेज़-तेज़ क़दमों से फाटक की ओर आई। फाटक खुला और ममी सामने आ खड़ी हुईं। ममी को देखते ही बंटी का हौंसला बढ़ गया। लगा, जैसे वह अपनी सुरक्षित सीमा में आ गया है। पापा के हाथ को पूरी तरह खींचता हुआ बोला, ''भीतर चलिए न पापा? मैं अपना बगीचा दिखाऊँगा। मोगरा खूब फूला है।''

पर ममी और पापा जहाँ के तहाँ खड़े हुए हैं, चुप और जड़ बने हुए।

''मैंने आदमी भेजा था। आपको शायद लौटने में देर हो गई। सो वह राह देखकर चला आया। आपको तकलीफ़ करनी पड़ी।''

''कोई बात नहीं।'' बंटी ने चौंककर पापा की ओर देखा। वह पापा बोले थे?

एकदम बदला हुआ स्वर। न प्यारवाला, न गुस्सेवाला। पता नहीं उस स्वर में ऐसा क्या था कि बंटी की पकड़ ढीली हो गई। फिर भी उसने कहा, ''पापा, एक बार

भीतर चलिए न! ममी, तुम कहो न!" बंटी रुआँसा हो आया।

"कुछ देर बैठ लीजिए। बच्चे का मन रह जाएगा।" ममी कैसे बोल रही हैं? किसी को ऐसे कहा जाता होगा ठहरने के लिए?

"रात हो गई है, फिर लौटने में बहुत देर हो जाएगी।"

"इसी ताँगे को रोक लीजिए, अभी कहाँ देर हुई है, चलिए न!" हाथ पर झूलते हुए बंटी ने पापा को भीतर खींच ही लिया।

पापा भीतर आए। लॉन में ही ममी-पापा आमने-सामने कुर्सी पर बैठ गए। बंटी पुलकित। उसे समझ नहीं रही कि क्या करे और कैसे करे।

"कल दस बजे ही पहुँच जाना। दूसरा ही नंबर है, पंद्रह-बीस मिनट में नंबर आ ही जाएगा। अपने-आप आ सकोगी न?"

"हाँ, पहुँच जाऊँगी।"

अँधेरे में दोनों के चेहरे नहीं दिखाई दे रहे, पर आवाज़ें कैसी बदली हुई हैं। पापा ने कहाँ आने को कहा है? मन हुआ पूछे, पर हिम्मत नहीं हुई। ममी-पापा की कोई बात है, उसे बीच में नहीं बोलना चाहिए।

तभी एकदम दौड़कर गया। रात में पौधे सोते हैं, उन्हें छूने से भी पाप लगता है और अगर फूल-पत्ता तोड़ो तब तो बहुत बड़ा, कालावाला पाप लगता है, यह बात अच्छी तरह जानते हुए भी बंटी अपने को रोक नहीं सका। चार-पाँच पत्तियों के बीच में तीन बड़े-बड़े मोगरे सवेरे ही खिले थे, उन्हें ही लंबी डंडी के साथ तोड़ लिया।

"कहाँ लगाऊँ, बुश्शर्ट में कहीं फूल लगेगा?" उसकी समझ में नहीं आ रहा था, कैसे ख़ातिर करे वह पापा की!

"लाओ, हाथ में दे दो।" पापा उठ खड़े हुए।

"यह मेरा बोया हुआ मोगरा है, मैं ही इन्हें सींचता हूँ रोज़। दिन में आकर देखिए।"

बंटी ने फिर हाथ पकड़ लिया। वह जैसे पापा को जाने नहीं देना चाहता है।

ममी भी साथ-साथ चलीं। फाटक पर आकर पापा ने एक बार उसके गाल थपथपाए, पीठ पर हाथ फेरा और फिर धीरे-से हाथ छुड़ाकर ताँगे में जा बैठे। ताँगा चल दिया।

बंटी सन्न-सा रह गया। ममी का चेहरा नहीं दिख रहा, पर उसकी अपनी आँखों में आँसू आ गए और आँसुओं के साथ-साथ थोड़ी देर पहले ममी-पापा के साथ रहने के जो चित्र मन में बने थे, सब बह गए। वह और ममी—पहले की तरह, बिलकुल अकेले-अकेले।

उसने बड़ी ही निरीह-बेबस नज़रों से ममी को देखा। ममी शायद उधर देख रही थीं, जिधर ताँगा गया था। फिर धीरे-से घूम गईं।

"चल, भीतर चलकर कपड़े बदल।" मरी-मरी-सी आवाज़ में ममी ने कहा और उसकी पीठ पर हाथ रखकर उसे सहारा देती-सी भीतर ले चलीं। ममी का हाथ उसकी

पीठ पर रखा था, फिर भी किसी स्पर्श का एहसास उसे नहीं हो रहा था, कम से कम ममी के स्पर्श का नहीं।

तो क्या ममी उससे नाराज़ हैं? सवेरे की अनमनी ममी उसकी आँखों के सामने एक बार फिर घूम गईं।

उसने कुर्सी पर रखे डिब्बे और किताबें उठाईं और ममी के साथ-साथ भीतर आया। कमरे में पहुँचकर जैसे ही बत्ती जलाई, बंटी ने देखा ममी की आँखें लाल हैं। तो ममी रोई हैं, शायद, बहुत ज़्यादा रोई हैं। जाने क्यों उसका अपना मन रोने-रोने को हो आया। एक अजीब-सी अपराध भावना मन में घुलने लगी। जैसे वह कोई बहुत ही ग़लत काम करके आ रहा हो। वह ममी को छोड़कर क्यों गया? सचमुच अब ममी की तरफ़ देखने की हिम्मत भी नहीं हो रही।

ममी कुछ बोल भी तो नहीं रहीं। बस, चुपचाप कपड़े निकालकर दे दिए और ऐसे ही बाहर देखने लगीं। शायद नहीं चाहतीं कि बंटी उनकी ओर देखे। एक बार उसका मैकेनो तो देखतीं। कित्ता बड़ा है!

''बदल लिए कपड़े? बस्ता भी अभी से जमाकर रख ले, सवेरे फिर जल्दी नहीं उठा गया तो?''

''कल छुट्टी नहीं है, इन्स्पेक्शन की!''

''ओह! मैं भूल गई थी।''

ममी ने जल्दी से बत्ती बुझा दी और उसे लेकर बाहर आ गईं। बंटी और ममी के पलंग पास-पास बिछे हुए हैं। पर बंटी हमेशा पहले ममी के पलंग पर ही सोता है। ममी कहानी सुनाती हैं। फिर दोनों दुनिया-भर की बातें करते हैं, उसके बाद बंटी अपने पलंग पर जाता है। कभी-कभी तो वह कहानी सुनते-सुनते ममी के पलंग पर ही सो जाता है, ममी बाद में उसे उसके पलंग पर लिटा देती हैं।

पता नहीं क्यों उसे लग रहा है कि आज वह जैसे ही ममी के पलंग पर सोएगा ममी मना कर देंगी। कहेंगी, अपने ही पलंग पर सोओ, इतने बड़े हो गए, अभी तक ममी के साथ सोते हो, या ऐसे ही कुछ भी। एक क्षण वह दुविधा में खड़ा रहा, फिर धीरे से अपने ही पलंग पर लेट गया, इस आशा के साथ कि ममी उसे अपने पास बुलाएँगी। उससे कुछ तो बात करेंगी। आज सारे दिन उसने क्या-क्या किया, कहाँ घूमा, क्या खाया!

पर ममी चुप!

ममी शायद मुझसे नाराज़ हैं तो डाँट क्यों नहीं लेतीं? मैं क्या मना करता हूँ? पर कुछ तो बोलें।

वह तो पापा और ममी की दोस्ती कराने की बात सोच रहा था, अब तो ममी ने भी उससे कुट्टी कर ली। उसकी आँखों में आँसू आ गए। पर ममी उससे नाराज़ हैं? क्यों? और उस 'क्यों' का बोझ लिए-लिए ही सारे दिन के थके-माँदे बंटी की आँखें झपकने लगीं—और वह सो गया। गाल पर बह आए आँसू भी धीरे-धीरे सूख गए।

पाँच

सवेरे चिड़ियों की चहचहाहट से ही बंटी की नींद उचटी। आँखें बंद किए-किए ही उसने करवट बदली। बिस्तर के अनछुए हिस्से की नमी भरी ठंडक, सारे शरीर में एक फरहरी-सी दौड़ाती हुई, उसे ऊपर से नीचे तक ताज़गी से भर गई। नींद की दुनिया से वह असली दुनिया में आया तो कल का सारा दिन एक क्षण को खुमारी- भरी आँखों के सामने कौंध गया—पापा के साथ बिताया हुआ दिन। और साथ ही ख़याल आया ममी का! ममी की उदास, सूजी-सूजी-सी आँखें। बिना एक शब्द भी बोले उसे चुपचाप सुला देना। न एक बार भी अपने पलंग पर आने का कहा, न प्यार किया, न सारे दिन के बारे में कुछ पूछा, पर क्यों?

और कल की बात के साथ ही कल का 'क्यों' भी उसके सामने आकर खड़ा हो गया। उसने करवट बदली। अँधमुंदी आँखों से ही ममी के पलंग की ओर देखा। पलंग खाली था। तो ममी उठकर चली गईं। एक बोझ जैसे उस पर से उतर गया। वरना ममी के सामने वह कैसे आँखें खोलता? कल वापस लौटने के बाद से बराबर ही लग रहा था, जैसे उससे कुछ गुनाह हो गया, कुछ ग़लत हो गया। नहीं भेजना था तो ममी मना कर देतीं। इतना नाराज़ होने और रोने की क्या ज़रूरत थी?

अब वह भीतर जाएगा तो अभी भी ममी उससे नहीं बोलेंगी? ममी नहीं बोलेंगी तो कैसे रहेगा? वह इम्तिहान भी तो शुरू होनेवाले हैं, कौन पढ़ाएगा उसे? एकाएक बंटी का मन रोने को हो आया। वह उठा। देखता हूँ, कैसे नहीं बोलेंगी। मैं क्या कर सकता था, पापा ने जो बुलाया था।

कमरे में घुसते ही नज़र पापा की दी हुई चीज़ों पर पड़ी। एक बार इच्छा हुई मैकेनों को खोलकर देखे। पर नहीं, अभी नहीं, वह दबे पैरों गया और सब चीज़ें उठाकर सोफ़े के पीछे रख दीं। ममी कॉलेज चली जाएँगी तब खोलेगा, उसकी तो आज छुट्टी है।

फिर दौड़कर वह पीछेवाले आँगन में आया, जैसे सीधा बाहर से ही आ रहा हो। ममी अख़बार पढ़ रही हैं। दरवाज़े की ओर पीठ है, इसलिए चेहरा नहीं दिखाई दे रहा। अच्छा ही है। हमेशा की तरह बंटी गया और पीठ पर लदकर गले में झूल गया।

"उठ गए?" ममी ने उसको अलग करते हुए पूछा।

पर बंटी पीठ पर लदा रहा। अपनी तरफ से वह पूरी तरह सुलह कर लेना चाहता है। अब ममी को एक मिनट के लिए भी नाराज़ नहीं रहने देगा, दुखी भी नहीं रहने देगा। ममी नहीं चाहेंगी तो वह कहीं नहीं जाएगा, कुछ भी नहीं करेगा।

"जा, ब्रश करके आ बेटा! फूफी दूध गरम कर रही है।" लगा स्वर हमेशा की तरह मुलायम ही था। बंटी हलके से आश्वस्त हुआ और दौड़ता हुआ बाथरूम की ओर चला गया।

लौटा तो मेज़ पर ममी की चाय और उसका दूध रखा हुआ था। ममी अख़बार

पढ़ने के साथ-साथ चाय पी रही थीं। वह आया तो उसका दूध उसके सामने रख दिया, उसके टोस्ट पर मक्खन लगा दिया।

''ममी!'' जैसे भीतर से हिम्मत जुटाकर बंटी बोला।

''हूँ?''...अख़बार पर नज़र गड़ाए-गड़ाए ही ममी ने पूछा। बंटी को लगा जैसे ममी उससे नज़र नहीं मिला रहीं। आँखें शायद अभी सूजी हुई हैं। ममी क्या बहुत तकलीफ़ में हैं? बंटी भीतर ही भीतर ममी के दुख से कातर होने लगा।

''ममी, तुम मुझसे गुस्सा हो?'' उसकी आवाज़ रुआँसी-सी हो गई।

ममी ने अख़बार हटाकर भरपूर नज़रों से उसकी ओर देखा और देखती ही रहीं। बंटी को लगा—ममी की आँखें, ममी का चेहरा जैसे पिघलकर एकदम नरम-नरम हो गया।

''पागल कहीं का! किसने कहा मैं तुझसे नाराज़ हूँ?'' और आँखों में वही प्यार उमड़ आया—माँवाला प्यार।

बंटी का मन हुआ दूध-टोस्ट रखकर ममी के गले से लिपट जाए, पर वह हिला नहीं। बस, ममी की आँखों के उस लाड़ को रोम-रोम में महसूस करता बैठा रहा। लगा मन पर एक बहुत बड़ा बोझ था, वह उतर गया।

ममी फिर अख़बार पढ़ने लगीं। धीरे-धीरे उनके चेहरे पर फिर वही उदासी फैल गई।

ममी उदास होती हैं तो सारा घर कैसा उदास हो जाता है? कमरे, कमरे की हर चीज़। हमेशा बकर-बकर करनेवाली फूफी भी जाने कैसे-कैसे हो जाती है।

बंटी बोले तो किससे बोले, करे तो क्या करे? तभी आँखों के सामने मैकेनो का वह डिब्बा घूम गया। नहीं, अभी बिलकुल नहीं।

ममी ने हीरालाल को बुलाकर कहा, ''हीरालाल, आज हम कॉलेज नहीं आ पाएँगे। मिसेज़ कौशिक से कहना ज़रा देख लेंगी।''

''जी, बहुत अच्छा सरकार।'' हीरालाल ने सलाम ठोंका और चला गया।

ममी को तैयार होता देख बंटी ने पूछा, ''ममी, तुम कहाँ जा रही हो?'' एक क्षण को बिंदी लगाता हुआ ममी का हाथ जहाँ का तहाँ रुक गया। माथे पर बल पड़े, चेहरे पर एक अजीब-सी उलझन आई। फिर धीरे-से बोलीं, ''ज़रा काम से बाहर जाना है।''

पापा ने दस बजे ममी को पहुँचने के लिए कहा था। पर कहाँ? ममी पापा के पास जा रही हैं तो उसे क्यों नहीं ले जा रहीं? पूछ ले।

''तुम पापा के पास जा रही हो, ममी?''

ममी फिर एक क्षण को रुकीं। फिर थोड़ी सख़्त आवाज़ में कहा, ''कहा न, काम से जा रही हूँ।''

हूँऽ! न ले जाना चाहती हैं तो न ले जाएँ, झूठ क्यों बोलती हैं? कल उसके

सामने ही तो पापा ने कहा था कि दस बजे पहुँच जाना। मत बताओ, मेरा क्या जाता है।

सवेरे मन में जो एक अपराध-बोध था, भय था, वह धीरे-धीरे गुस्से में बदलने लगा। अच्छा है, कोई कुछ मत बताओ। मेरा क्या जाता है। मैं भी अपनी कोई बात नहीं बताऊँगा। इम्तिहान होगा तो यह भी नहीं बताऊँगा कि कैसा करके आया हूँ। तब पता लगेगा।

फूफी से बात करके ममी चली गईं। बंटी ने मुड़कर देखा भी नहीं। ममी के पास भी नहीं गया। हालाँकि मन में बराबर उम्मीद थी कि जाते-जाते एक बार ममी ज़रूर बुलाएँगी...कुछ कहेंगी पर ममी चली गईं। दूर होती घोड़े के घुँघरुओं की आवाज़ से ही बंटी ने जाना कि ममी का ताँगा चला गया।

फनफनाता हुआ वह फूफी के पास गया, "फूफी बताओ तो ममी कहाँ गई हैं?"

"गई हैं भाड़ झोंकने!" बंटी अवाक्-सा उसका मुँह देखता रह गया।

"क्या बक रही है?"

"हम कहते हैं, तुम यहाँ से चले जाओ बंटी भय्या। हमारे तन-बदन में आग लगी हुई है इस बख़्त। बहू को ले जाकर थाना-कचहरी में खड़ा करेंगे। मर्दानगी दिखाएँगे। अरे हाथ पकड़कर निभाने की मर्दानगी जिनमें नहीं होती, वह ऐसे ही मर्दानगी दिखाते हैं। अनबन किसमें नहीं होती, तो क्या ब्याही औरत को यों छोड़ दिया जाता है?"

"तब से तुम बकर-बकर किए जा रही हो। बताती क्यों नहीं कि ममी कहाँ गई हैं?"

"हमें नहीं मालूम कहाँ गई हैं? पूछ लिया होता न अभी! तुम हमारे सामने से चले क्यों नहीं जाते हो? नहीं, हम चार बात अभी तुम्हें भी सुना देंगे, समझे!"

"हैंऽ सुना देंगे! बड़ी आई है सुनानेवाली! कोई मत बताओ मुझे कि क्या बात है।" गुस्से से भन्नाता हुआ बंटी कमरे में आया।

ब्याही औरत छोड़ने की बात का अर्थ तो फिर भी उसकी समझ में आ गया था, पर थाना-कचहरी की क्या बात है? एकाएक चाचा की कुछ बातें मन में उभरीं। यह सब चाचा का ही चलाया हुआ चक्कर है। वकील हैं तो यही सब करेंगे। थाना-कचहरी में ममी को पुलिस ने ही रख लिया तो? एक अजीब-सी दहशत उसके मन में भरने लगी।

सब-कुछ जान लेने की आतुरता और कुछ भी न जान पा सकने की विवशता से बंटी को रोना आ गया।

मैं भी पापा के खिलौने से खेलूँगा, ज़रूर खेलूँगा। जिसको गुस्सा होना हो, होए गुस्सा। बंटी ने सोफ़े के पीछे से सब चीज़ें निकालीं और मैकेनो का डिब्बा खोलकर बैठ गया। अच्छा है ममी आकर देखें।

"चलकर नाश्ता कर लो।"

लो, अब ये फूफी भी रोकर आई है। अच्छा है, सब रोओ, खूब रोओ। पर उसे कुछ मत बताना। वह होता ही कौन है किसी का?

मेज पर दूध-दलिया और एक सेब कटा हुआ रखा था। देखते ही बंटी फिर भभक उठा—"फिर वही दूध-दलिया। मैं नहीं खाता रोज़-रोज़ सड़ा दलिया।" और गुस्से में आकर बंटी ने दूध-दलिये की कटोरी उछाल दी। झन्नऽऽ की आवाज़ कमरे में गूँजती हुई सारे घर में फैल गई। अजीबोगरीब क़िस्म के नक्शे बनाता हुआ दलिया सारे कमरे में यहाँ से वहाँ तक बिखर गया।

पूरी तरह तैयार होने के बावजूद, एक क्षण को बंटी जैसे अपने किए पर सहम गया।

"फेंको, खूब फेंको, सारी चीज़ें उठाकर फेंक दो। आख़िर तुम किसी से कम हो? यह तो एक बहूजी हैं जो तुम्हारे पीछे जान हलकान किए रहती हैं। नहीं तो..."

"चोऽप कर!" बंटी पूरी ताकत लगाकर चीखा।

"चुप करे वह जिसके जीभ नहीं है। आने दो ममी को, यों का यों पड़ा रहने दूँगी यह सारा दलिया। देखें तो तुम्हारे कारनामे। अभी से तुम्हारा यह हाल है तो बड़े होकर पता नहीं क्या सुख दोगे अपनी महतारी को!"

बंटी ने अपनी बंदूक उठाई और फूफी को यों ही बकता छोड़कर बगीचे में आकर दनादन दागने लगा...ठाँऽय, ठाँऽय...

पेड़ों पर बैठे कोवे और चिड़िया उड़ गए और चारों ओर कुछ भी समझ में न आनेवाली आवाज़ों का शोर फैल गया।

कमरे के एक कोने में ममी खड़ी हैं, दूसरी ओर फूफी और बंटी। बीच में दलिया फैला पड़ा है। एक ओर को कटोरी लुढ़की पड़ी है।

"बंटी!"

बंटी चुप। जमीन में आँखें गड़ाए, पत्थर की तरह खड़ा है।

"बंटी!" आवाज़ में न सख़्ती है न नरमी। जैसे कोई बटन दबा दिया हो और आवाज़ निकल गई।

बंटी टस से मस नहीं हुआ। जहाँ का तहाँ पत्थर का बना खड़ा रहा। उसने एक बार आँख तक उठाकर नहीं देखा। ज़मीन पर नज़रें टिकाए-टिकाए ही उसने जान लिया कि ममी चलकर उसके पास आ रही हैं। षणांश को वह सकपका गया। कहीं आते ही एक चांटा नहीं जड़ दें। ठीक है, खा लेगा वह चांटा भी, मारें तो सही। अब यहाँ कुछ भी हो सकता है। हमेशा ममी के गुस्से से या डाँट से बचानेवाली फूफी अगर बकर-बकर करके शिकायत कर सकती है तो ममी भी मार सकती हैं।

"बंटी!"

बंटी फिर भी चुप।

"तू सुन नहीं रहा बेटा, मैं क्या कह रही हूँ?" और ममी का हाथ बंटी की पीठ

सहलाने लगा। इस अप्रत्याशित स्नेह के लिए तो बंटी बिलकुल तैयार नहीं था। पर मिला तो जैसे वह एकाएक पिघल गया। इतनी देर का गुस्सा, खीझ, दुख और भी जाने क्या-क्या जमा हुआ था मन में, सब आँखों के रास्ते बह निकलने को अकुलाने लगा।

"रोज़-रोज़ दलिया बनाकर रख देती है, हमसे नहीं खाया जाता। सवेरे-से गंदी-गंदी बातें बक रही है। तुम इसे कुछ नहीं कहतीं। पूछो तो इससे क्या-क्या कह रही थी..." और बंटी का गला भिंच गया।

ममी ने जैसे ही बड़े प्यार से उसे अपने से सटाया कि बंटी एकदम फूट पड़ा। बस फिर रोता ही रहा। रोते-रोते जैसे हिचकियाँ बँध गईं।

"जब कल इसने कह दिया था कि दलिया अब इसे अच्छा नहीं लगता। तुमने आज फिर क्यों दलिया बनाया फूफी? तुम इसका इतना भी ख़याल नहीं रख सकतीं?"

"मत इतना सिर चढ़ाओ बहूजी, हम अभी से कहे देते हैं, नहीं फिर आप ही दुखी होंगी।"

"तुम गई हो तब से ऐसी ही गंदी-गंदी बातें कर रही है। और भी बहुत गंदी-गंदी बातें।"

ममी ने उसके आँसू पोंछे तो आने के बाद पहली बार उसने भरपूर नज़र से ममी को देखा। और उसकी रोई-रोई आँखें ममी के चेहरे पर कैसे चिपक गईं? तभी ख़याल आया ममी थाना-कचहरी से लौटी हैं। वहाँ ममी के साथ क्या हुआ? और खराब काम करने पर भी प्यार करनेवाली ममी के लिए उसके अपने मन में ढेर सारा प्यार भर गया।

लगता है, ममी बहुत परेशान हैं, शायद दुखी भी।

ममी बाथरूम में गईं तो वह कमरे में आ गया। पलंग पर फैला हुआ मैकेनो उसने जल्दी से समेटा और सोफ़े के पीछे छिपा दिया। अब वह ममी को बिलकुल भी दुखी नहीं करेगा।

ममी शायद सिर में भी पानी डालकर आई हैं। उन्होंने जूड़ा खोला और गीले बालों की एक ढीली-सी चोटी बना ली। बंटी छिपी-छिपी नज़रों से देख रहा है, उनका चेहरा, उनके हाव-भाव, उनका हर काम, और अपने हिसाब से सब कुछ समझने की कोशिश कर रहा है।

"बाहर गरमी बहुत तेज़ थी, माथे में जैसे गरमी चढ़ गई।" ममी ने कहा और पलंग पर सीधे लेटकर बाँह आँखों पर रख ली। ममी का आधे से ज़्यादा चेहरा ढक गया।

ममी शायद नहीं चाहतीं कि बंटी उनका चेहरा देखे। कल से ही तो कितनी उदास हैं ममी! और ममी की उदासी से बंटी ख़ुद भीतर ही भीतर कहीं बड़ा उदास और दुखी हो आया है। क्या करे ममी के लिए वह? सारे घर में एक चक्कर लगा

आया। पर कुछ भी तो समझ में नहीं आया। लौटकर फिर कमरे में आया। ममी वैसे ही लेटी हैं। दबे पाँव उसने सोफ़े के पीछे से पापा का दिया सामान निकाला और धीरे-से अलमारी खोलकर उसमें बंद कर दिया।

अब?

एकाएक ख़याल आया ममी के लिए शिकंजी बनाकर ले आए। वह दौड़ा-दौड़ा गया। नहीं, फूफी से वह बिलकुल बात नहीं करेगा। उस पर सवेरे से भूत चढ़ा हुआ है। अपने हाथ से शिकंजी बना लेगा। जाने कैसी फुर्ती आ गई है उसके हाथों में। स्टूल पर चढ़कर चीनी उतारी, नींबू काटा, थर्मस में से बरफ़ निकाली। फूफी कैसे देख रही है उसकी तरफ़! बोले तो सही अब कुछ।

"ममी!" सारी मिठास घोलकर उसने धीरे-से पुकारा।

ममी चुप। क्या सो गई? नहीं शायद रो रही हैं। वह ग़ौर से देखने लगा कहीं से बदन थिरक रहा है। पर नहीं, ममी एकदम निस्पंद लेटी थीं।

"ममी, यह शिकंजी लो। मैं बनाकर लाया हूँ।" और उसने एक हाथ से खींचकर उनका हाथ हटा दिया।

बंद आँखें और ऐसा कातर चेहरा कि बंटी भीतर तक पिघल गया। क्या हो गया ममी को।

"ममी, शिकंजी पिओ न!" बड़े अनुरोध-भरे स्वर में उसने कहा, पर अंत तक आते-आते उसका अपना स्वर जैसे बिखर गया।

ममी उठीं उसके हाथ से गिलास लेकर बोलीं, "तू बनाकर लाया है शिकंजी, ममी के लिए? मेरा राजा बेटा!" और बंटी को इस तरह एकटक देखने लगीं कि उनकी आँखों में पानी छलछला आया।

उन्होंने एक घूँट में गिलास खाली करके नीचे सरका दिया और बंटी को अपने पास खींचकर दोनों गालों पर एक-एक किस्सू दिया। बंटी जैस निहाल हो गया। मन हुआ वह भी ममी के गले में बाँहें डालकर खूब प्यार करे।

अब ममी ज़रूर उसे अपने पास लिटाएँगी और सारी बातें बताएँगी। जो बच्चा माथे में गरमी चढ़ जाने पर अपने हाथ से शिकंजी बनाकर ला सकता है वह ममी की और बात नहीं समझ सकता?

पर ममी ने इतना ही कहा, "जो भी तुझे पसंद हो, फूफी से कहकर बनवा ले और खा ले बेटा, मैं थोड़ा सोऊँगी।"

ममी लेट गईं और बंटी वहीं खड़ा रह गया—अपमानित-सा, उपेक्षित-सा। ममी उसे बताती क्यों नहीं कि क्या हुआ है?

दोपहर में बारिश हुई थी और नहाया-धोया लॉन बड़ा ताज़ा-ताज़ा लग रहा था। आज क्यारियों को सींचने की ज़रूरत नहीं है। बंटी माली के साथ-साथ पौधों के पास उग आई घास को उखाड़-उखाड़कर फेंक रहा है। लॉन के एक सिरे पर बैठी ममी को

रह-रहकर देख लेता है। जब से ममी जागी हैं, वह उन्हीं के इर्द-गिर्द घूम रहा है। इस उम्मीद में कि शायद ममी कभी उसे बुला ही लें। या कि शायद उन्हें कभी उसकी ज़रूरत ही पड़ जाए। वह आज टीटू के यहाँ भी नहीं गया, न टीटू को ही यहाँ बुलाया। होगा टीटू समझदार, पर क्या वह यह समझ सकता है कि आज का दिन हल्ला-गुल्ला करनेवाला नहीं है। यह तो केवल बंटी ही समझता है कि उसके घर में कुछ बड़ी बात है। ममी बहुत उदास हैं, इसलिए उसे भी उदास रहना चाहिए। आज क्या खेल-कूद हो सकता है यहाँ?''

घास उखाड़ते-उखाड़ते वे दोनों ममी के पास आ पहुँचे। उसी कोने में बंटी ने कुछ दिनों पहले आम की गुठलियाँ बोई थीं, जो अब एक-दो बारिश के बाद छोटे से पौधे के रूप में फूट आई थीं। बंटी रोज़ उन्हें देखता और प्रसन्न होता। आज उनमें और दो-चार नई पत्तियाँ फूटी हुई थीं। बंटी ने बड़े दुलार से तांबई रंग की उन कोंपलों का छुआ—नरम-नरम, मुलायम-मुलायम। फिर सारी पत्तियों को गिना।

''माली दादा, अच्छा बताओ तो कितने दिनों में वह पौधा बन जाएगा बड़ा पेड़ जिसमें आम लगने लगें?''

माली ने अपना झुर्रियोंवाला चेहरा ऊपर को उठाया, फिर अपनी गिजगिजी-सी आँखों को मिचमिचाते हुए बोला, ''हमारे बंटी भैया बच्चे तो उनका पौधा भी बच्चा। बंटी भैया जब जवान होंगे तो पौधा पेड़ हो जाएगा। फिर बंटी भैया का ब्याह होगा, बहुरिया आएगी, बाल-बच्चे होंगे तो पेड़ में भी बौर फूटेगा, कोयल कूकेगी, आम लटकेंगे। बंटी भैया के ब्याह में इसी आम की बंदनवार बाँधूगा। समझे!'' फिर ममी की ओर देखकर बोला, ''सुन रही हैं बहूजी, बहुत बड़ी बख्शीश लूँगा बंटी भैया के ब्याह में। आशीर्वाद दीजिए कि आपको यह बूढ़ा माली ज़िंदा रह जाए तब तक।''

''धत्, बेकार की बातें करते हो।'' बंटी झेंप गया, फिर उसने छिपी नज़रों से ममी की ओर देखा। एक बड़ी फीकी पर मोहम-सी मुसकान ममी के चेहरे पर लिपटी हुई थी। तो क्या माली की बात से ममी खुश हुई?

''बताओ न, कब होगा यह पेड़?''

''बताया तो, अब तुम नहीं मानते तो बहूजी से पूछ लो।''

आख़िर क्यारी साफ़ करके माली हाथ झाड़कर खड़ा हो गया, ''आप ही बताओ बहूजी, आम का पौधा बंटी भैया के साथ ही जवान नहीं होगा? मैं क्या झूठ कहता हूँ?''

''तुम बताओ ममी!'' और वह ममी की कुर्सी के हत्थे पर जा बैठा। यह बात ही शायद ममी और उसके बीच सेतु बन जाए। वह ममी से बोलना चाहता है, कुछ भी, किसी भी विषय पर, ममी जो भी कहें, वह सुनेगा, पर ममी कहें तो।

''आम के पेड़ को बहुत साल लगते हैं बेटे, शायद दस साल।''

''बाऽप रे, दस साल!'' बहुत ही जल्दी दूसरी बात नहीं पूछेगा तो ममी चुप हो जाएँगी और उसे जैसे कोई बात ही समझ में नहीं आ रही है। बिना ज़रूरत के तो

सैंकड़ों बात दिमाग़ में आएँगी और इस समय...

''अच्छा ममी, कुछ-कुछ कहानियों में ऐसे पेड़ होते हैं न, जिनमें चाँदी की पत्तियाँ होती हैं, सोने के फल और फलों के अंदर मोतियों के दाने निकलते हैं। ऐसे पेड़ हम नहीं उगा सकते?''

''नहीं रे, वे सब तो कहानियों की बातें होती हैं।''

''पर अगर ऐसा होता नहीं है तो कहानी में कैसे आ जाता है? कहानी तो आदमी ही बनाता है, जिस चीज़ को आदमी ने कभी देखा ही नहीं, वह बात उसके दिमाग़ में आती ही कैसे है फिर? ज़रूर कभी ऐसा रहा होगा...''

पता नहीं बंटी ने ऐसा क्या कह दिया कि ममी एकटक उसका चेहरा देखने लगीं और छलछलाई आँखों ने उनके चेहरे की उदासी को और गहरा दिया।

''ऐसा नहीं होता, मैंने कुछ ग़लत कहा है ममी?'' बंटी ने इस तरह कहा जैसे कोई अपराध हो गया हो उससे।

''होता होगा, मुझे नहीं मालूम।'' और बात का सूत्र फिर टूट गया। बात को जोड़ने के प्रयत्न में बंटी का अपना मन जैसे कहीं से बिखरता जा रहा है।

रात को हाथ-मुँह धोकर, नाइट-सूट पहनकर, बिना एक बार भी 'नहीं' किए दुध पीकर एकदम राजा बेटा बना हुआ वह ममी के पास आया। लेकिन ममी ने फिर भी उसे अपने पास सोने के लिए नहीं कहा। थोड़ी देर वह इस प्रतीक्षा में खड़ा रहा, फिर बिना कहे ही वह ममी के पलंग पर बगल में लेट गया। मन हुआ ममी के तिल पर धीरे-धीरे उँगली फेरे, उनके गले में बाँहें डाल दे, पर आज जैसे उससे कुछ भी करते नहीं बन रहा था। बस, सवेरे से वह टुकुर-टुकुर ममी को देखता रहा है और प्रतीक्षा करता रहा है कि अब कुछ हो, अब कुछ हो। होना क्या था, यह शायद उसे भी नहीं मालूम था। पर फिर भी जैसे 'कुछ होने' की उसने हर क्षण प्रतीक्षा ज़रूर की है।

''—बंटी!'' एकाएक ममी ने उसकी ओर करवट करके बहुत धीमी आवाज़ में कहा और अनायास ही उनकी उँगलियाँ उसके बालों को सहलाने लगीं।

''हाँ, माँ!'' बहुत लाड़ में आकर वह ममी को माँ ही कहता है, एक बार ममी ने कहा भी था, तेरा 'माँ' कहना मुझे बहुत प्यारा लगता है।

''कल पापा के साथ क्या-क्या किया बेटा?''

एक क्षण को बंटी समझ नहीं पाया कि कल की बात में से कौन-सी बात बतानी चाहिए और कौन-सी नहीं।

''कुछ नहीं, पहले पापा बातें करते रहे, फिर घुमाने ले गए, खिलाया-पिलाया, चीज़ें दिलवाईं और बस।'' बात से भी ज़्यादा स्वर और लहजे को सहज बनाकर बंटी ममी को यह विश्वास दिला देना चाहता है कि कल कुछ ऐसा नहीं हुआ जिससे ममी नाराज़ हों या दुखी।

''जब बाहर से लौटकर वापस आए और देखा कि चपरासी वापस चला गया है तो मैंने पापा से कह दिया कि मैं यहाँ बिलकुल नहीं रहूँगा, घर ही जाऊँगा, ममी के

पास। रात में मैं ममी के बिना रह नहीं सकता।'' और इतना कहकर बंटी ने बाँह ममी के गले में डाल दी।

''क्या-क्या बातें करते रहे तुमसे?''

''बहुत सारी। पढ़ाई की, खेल-कूद की, दोस्तों की, कलकत्ता की।'' फिर एकाएक जैसे कुछ याद आ गया हो, इस तरह बोला, ''पता है ममी, पापा क्या कह रहे थे?'' और वह एकदम कोहनियों के बल उठ आया।

''क्या?''

''कह रहे थे तुम इस बार छुट्टियों में कलकत्ता आना। खूब घुमाएँगे-फिराएँगे, छुट्टियाँ ख़तम होने पर फिर वापस छोड़ जाएँगे।''

इस वाक्य से ही ममी की जड़ता एकाएक जैसे टूट गई। अपने चेहरे पर गड़ी हुई नज़रों के तीखेपन को बंटी ने भीतर तक महसूस किया। अब इस बात से वह सचमुच ममी को जीत लेगा, उनकी सारी नाराज़गी दूर कर देगा, ममी पहले ही पूछतीं तो वह सब बता देता। बिना कुछ जाने-पूछे बेकार ही सवेरे से नाराज़-नाराज़ घूम रही हैं। अब जानें सारी बात और देखें उसकी समझदारी।

''फिर तूने क्या कहा?''

''मैं क्या कहता, मना कर दिया। कह दिया कि मैं तो ममी के बिना कहीं जाता ही नहीं।'' बंटी एकाएक उत्साह में आ गया। अब तो ममी जान लें कि पापा के बुलाने से उनके पास हो आया तो क्या, वह बेटा तो ममी का ही है।

''अच्छा किया।'' ममी का स्वर भीगा हुआ और आवाज़ रूँधी हुई-सी थी।

''मैं क्यों जाऊँगा, अकेला तो मैं कब्भी जा ही नहीं सकता।''

''बंटी बेटा, तू मेरे ही पास रहना।'' और उसके बाल सहलाती हुई ममी फिर जैसे अपने में ही खो गईं।

तो ममी को यह डर है कि पापा उसे अपने साथ ले जाएँगे। इसीलिए शायद सवेरे से ही नाराज़ थीं। पर पापा उसे क्यों ले जाएँगे भला? वह तो शुरू से ही ममी के पास रहा है। कैसी लड़ाई है यह, ममी-पापा की?

तभी मन में एक बात टकराई। याद आया एक बार उसकी और टीटू की लड़ाई हो गई थी, धुआँधार, घूँसे, मुक्के, मार-पीट, सभी कुछ हुआ था। फूफी ने बीच-बचाव करके टीटू को उसके घर भेज दिया था। वह रोता हुआ चला गया था और थोड़ी देर बाद ही शन्नो आई थी—'बंटी, टीटू की सारी चीज़ें दे दो, वह अब तुमसे कभी नहीं बोलेगा। पक्की कुट्टी कर ली है उसने।' कर ली है तो कर ले। हमारी भी पक्की कुट्टी है। उससे कहा, पहले हमारी चीज़ें दे जाएगा, फिर अपनी ले जाएगा। हमें नहीं चाहिए, सड़ी-सड़ी चीज़ें। हुँऽ—घमंडी, कटखना कहीं का...

और फिर दोनों ने अपनी-अपनी चीज़ें वापस ले ली थीं और दूसरे की लौटा दी थीं। घंटे-भर के भीतर-भीतर सारे हिसाब-किताब साफ़ कर लिए थे। लड़ाई में शायद ऐसा ही होता है।

पर वह भी किसी की चीज़ है क्या? है तो किसकी? ममी की या पापा की? नहीं, वह ममी का है, ममी के ही तो पास रहता है। पापा उसे प्यार करते हैं, वह भी पापा को प्यार करता है, पापा उसे अच्छे भी लगते हैं, पर पापा उसे लेना क्यों चाहते हैं? लेकिन पापा लड़े तो नहीं, उसने मना किया कि मैं वहाँ नहीं रहूँगा, घर जाऊँगा तो चुपचाप यहाँ छोड़ गए। यहाँ तो दोनों बिलकुल नहीं लड़े।

ममी-पापा की लड़ाई शायद ऐसी ही होती होगी, चुपचापवाली। कहीं ऐसा तो नहीं है कि सवेरे पापा ने ममी को बुलाकर कुछ कहा हो, और इसीलिए ममी इतनी उदास हों। उसने एक बार ममी को देखा। फिर हिम्मत करके पूछा, "ममी, आज सवेरे तुम पापा के पास गई थीं। वहाँ क्या हुआ?"

"अब होने को बाकी ही क्या रह गया था? बस, अब से तू मेरा बेटा है, केवल मेरा। भूल जा कि तेरे पापा..." और ममी का स्वर भिंच गया। उनसे फिर कुछ भी बोला नहीं गया।

ममी के रुँधे हुए स्वर और अँसुवाई आँखों ने बंटी को भीतर तक दहला दिया। पर ममी के प्रति सारे लाड़-प्यार और उनके दुख में दुखी होने के बावजूद एक क्षण को मन में यह बात ज़रूर आई—पापा को वह कैसे भूलेगा? पापा तो उसे बहुत अच्छे लगते हैं।

कि एकाएक ममी फूट-फूटकर रो पड़ीं। तकिए में मुँह गड़ा लिया। सवेरे से जिस आवेग को रोके बैठी थीं, अचानक ही वह जैसे सारे बाँध तोड़कर बह निकला। बंटी बुरी तरह सकपका गया। ममी को उसने रोते देखा है, पर उसके सामने कभी रोती नहीं, इस तरह तो कभी रोती ही नहीं।

बंटी को कुछ भी समझ में नहीं आया कि वह क्या करे, कैसे ममी को चुप कराए। और जब कुछ भी समझ में नहीं आया तो ममी के गले से लिपटकर ख़ुद भी फफक-फफककर रो पड़ा। "मत रोओ ममी—रोओ मत—"

छः

ममी का रोना बंटी को एकाएक बड़ा बना गया। बड़ा और समझदार। ममी की पापा से लड़ाई हो गई है, पक्कीवाली! दोस्ती तो अब हो ही नहीं सकती। ममी ने ख़ुद उसे बताया। बिलकुल ऐसे, जैसे बड़ों को बताया जाता है। साथ ही यह भी कि अब ममी के लिए जो भी है, बंटी ही है।

और ममी के एकमात्र सहारे बंटी के ऊपर जैसे हज़ार-हज़ार ज़िम्मेदारियाँ आ गई हैं ममी को प्रसन्न रखने की। हर काम में ममी की मदद करने की। कोई भी ऐसा काम न करने की, जिससे ममी दुखी और परेशान हों। वह सब करेगा, करता भी है।

पर बस, न चाहते हुए भी पापा की याद उसे आ जाती है। लेकिन नहीं, अब वह उनके दिए हुए खिलौनों से नहीं खेलता। कभी उनकी बात भी नहीं करता। ममी को शायद अच्छा न लगे। रैक पर रखी हुई पापा की एकमात्र तसवीर को भी उसने एक दिन चुपचाप उठाकर खिलौनों की अलमारी में बंद कर दिया—ममी से लड़ाई कर ली तो अब बैठो यहाँ, और क्या? सारे दिन ममी को उदास रखनेवाले, रुलानेवाले पापा की यही सज़ा है, बस! और उसे लगा जैसे ममी की ओर से उसने पापा के ख़िलाफ़ एक बहुत बड़ा क़दम उठाया है।

ममी ने खाली रैक देखा और बंटी को देखने लगीं। एकटक। वह नीचे नज़रें झुकाए खड़ा रहा। पता नहीं कहीं नाराज़ ही न हो जाएँ। पर ममी ने उसे पकड़कर अपने पास खींच लिया। फिर प्यार किया। बहुत हलके मुसकराईं भी, शायद उसकी समझदारी पर। पर न जाने क्यों उनकी आँखें नहीं मुसकरा पाईं, बल्कि उदास हो गईं। बिना आँसू के भी जैसे रोई-रोई हो जाया करती हैं, वैसी ही। तब वह एक क्षण को समझ ही नहीं पाया कि उसने ठीक किया है या ग़लत। तसवीर हटने से ममी ख़ुश हैं या उदास। क्योंकि ममी के होंठ तो मुसकराए पर आँखें उदास हो गईं।

कोई बात नहीं, धीरे-धीरे वह इन बातों को भी समझ लेगा। जितनी समझ आ गई है, वही क्या कम है?

बाहर निकलकर आम के पौधों को देखता—बस कुल दो नई पत्तियाँ, कुल चार पत्तियाँ, और लगता, वह तो उसके मुकाबले में बहुत-बहुत बड़ा हो गया है।

माली दादा कहते थे तुम्हारे साथ-साथ बड़ा होगा। कैसे होगा मेरे साथ-साथ बड़ा? कोई आसान है इतनी जल्दी-जल्दी बड़ा होना, कोई हो सकता है?

पापा ने इस बार उसे चिट्ठी लिखने को कहा था। पर उसने नहीं लिखी। लिखना तो ख़ूब अच्छी तरह जानता है, लिख भी सकता है। पापा से कहा भी था कि अब वह ज़रूर बराबर चिट्ठियाँ लिखा करेगा। पर तब वह सारी बात समझता कहाँ था? तब तो उसे यह भी नहीं मालूम था कि ममी-पापा की पक्कीवाली कुट्टी हो गई है। पर अब कैसे लिख सकता है भला! वह पूरी तरह ममी की तरफ़ है और ममी से उनकी कुट्टी है तो फिर बंटी से भी है। ऐसा ही तो होता है।

फिर भी जब ममी इधर-उधर होती हैं तो वह चुपचाप अलमारी खोलकर उस किताब को निकालकर देखता है, जिसके पीछे के कवर पर पापा अपना पता लिख गए थे। अब तो उसे मुँहज़बानी याद भी हो गया है—8ए, एलगिन रोड। पता पढ़ने के साथ ही उसके मन में पापा के घर के नक़्शे उभरने लगते हैं, ख़ूब-ख़ूब ऊँचा मकान। एलगिन रोड के नक़्शे उभरते हैं, कलकत्ते के नक़्शे उभरते हैं—हावड़ा ब्रिज, ज़ू, लेक्स, बोटेनिकल गार्डेंस, बिना तने का खूब बड़ा-सा बड़ का पेड़। पी.सी. सरकार का जादू—और फिर इन सबको दबोचती हुई, कुचलती हुई समझदारी उभरती है कि नहीं, उसे इन सबके बारे में सोचना भी नहीं है। पर इन सबको कुचलने के साथ उसके भीतर जाने क्या कुछ कुचलता रहता है। तब वह

अपने-आपसे प्रॉमिस करता कि कभी भी पापा की बात नहीं सोचेगा। मन ही मन किए हुए प्रॉमिस पर जब पूरी तरह भरोसा नहीं हो पाता तब ज़ोर-ज़ोर से बोलकर प्रॉमिस करता है। अपनी ही आवाज़ सुनकर उसके भीतर एक नया आत्मविश्वास जागता।

ममी आजकल पहले की तरह सारे दिन उदास नहीं रहतीं। वह बहुत अच्छा बन गया है शायद इसीलिए। वह बड़ा होकर और भी अच्छा बन जाएगा तो फिर बहुत ख़ुश रहने लगेंगी। आजकल शाम को कभी-कभी बाहर भी जाती हैं। वह कभी मना नहीं करता। पूरी तरह आश्वस्त कर देता है, "ममी जाओ, मैं पीछे पढ़ूँगा। फूफी से खाना लेकर खा लूँगा। बिलकुल भी तंग नहीं करूँगा।" फिर ममी उससे पूछतीं, "अच्छा बता तो बंटी, कौन-सी साड़ी पहनूँ?" तब बिलकुल बड़ों की तरह वह सलाह देता। बिना सोचे-समझे नहीं, सारी साड़ियाँ देखकर, ख़ूब सोच-समझकर।

और ममी जब वही साड़ी पहन लेतीं तो फिर अपनी ही नज़रों में वह बहुत महत्त्वपूर्ण हो उठता। मन में कहीं ममी की मदद करने का संतोष भर जाता।

फिर जब ममी उसकी ओर देखती हैं तो उनकी आँखों से कैसा प्यार झरता रहता है।

वह ममी को जाने के लिए कह तो देता है पर ममी जब चली जाती हैं तो घर जैसे और भी ज़्यादा खाली-खाली हो जाता है। सारे दिन बोर होते बंटी की बोरियत और ज़्यादा बढ़ जाती है। स्कूल खुला होता तो समझदार बनकर रहना कितना सरल हो जाता। आधा दिन स्कूल में कट जाता, आधा दिन समझदार होकर रह लिए। अब छुट्टियों में सारे दिन क्या करे वह? आख़िर पढ़े भी कब तक? कभी फूफी से बतियाता रहता, कभी टीटू के घर चला जाता। या फिर घर के लोहे के फाटक पर झूलता या खड़ा-खड़ा सड़क ही देखता रहता। पर सड़क भी तो ऐसी है कि बहुत कम लोग इधर आते-जाते हैं। शहर से कटी-छँटी, बिलकुल एक तरफ़ को है वह जगह। थोड़ी दूर और आगे तो बस्ती बिलकुल ही ख़त्म हो जाती है। बस, सड़क बनी हुई है और दोनों ओर के दूर-दूर तक फैले ऊबड़-खाबड़ मैदान। और फिर उन मैदानों की सरहदें बनाती हुई पहाड़ियाँ। खड़ा वह फाटक पर रहता है पर मन उसका दूर-दूर दौड़ता रहता है। इन पहाड़ियों के पार क्या होगा, फिर उसके आगे क्या होगा, फिर उसके भी आगे? मन में तरह-तरह के चित्र उभरते हैं, डरावने भी और रंगीन भी। राक्षसों की डरावनी गुफाएँ, परियों के सोने-चाँदी के महल।

और फिर इन सबके बीच में से उभर आता है—कलकत्ता किस तरफ़ होगा? कितनी दूर होगा यहाँ से?

तब खट से उँगलियों का क्रास बन जाता। प्रॉमिस टूटने का पाप न लगे!

ममी की बगल में लेटा बंटी आसमान देख रहा है। झिलमिल-झिलमिल करते तारे

छिटके हैं आसमान में। सप्तऋषि मंडल है, वह आकाश-गंगा है, वह तेज़-तेज़ चमकनेवाला ध्रुवतारा है। इस तारे को दिखा-दिखाकर ही तो ममी ने उसे बालक ध्रुव की कहानी सुनाई थी।

पाँच साल के बच्चे ने तपस्या की थी। इतनी सारी तपस्या कि भगवान भी ख़ुश हो गए।

कैसे करते होंगे तपस्या? उसने ममी के पास सरककर पूछा, ''ममी, तपस्या कैसे करते हैं?''

''तपस्या? क्यों?''

''बताओ न ममी, मैं जो पूछ रहा हूँ।''

''अपने मन को मार लो, बस यही सबसे बड़ी तपस्या है।'' ममी ने जैसे टालने के लिए कह दिया।

''बालक ध्रुव ने तो जंगल में जाकर तपस्या की थी, न?''

''की होगी रे!'' और ममी ने तकिए में इस तरह मुँह गड़ा लिया जैसे वे अब और बात नहीं करना चाहती हों।

मन को मारना भी तपस्या करना हो सकता है क्या? मन तो आजकल वह भी कितना मारता है अपना, तो क्या वह भी तपस्या कर रहा है? एक अजीब-सी पुलक उसके मन में जागी। एक अजीब-सा आत्मविश्वास। कौन ख़ुश होगा उसकी तपस्या से? भगवान...पापा...

खट से उँगलियों का क्रास बन गया। पर नहीं, वह पापा को याद थोड़े ही कर रहा है। वह तो केवल सोच रहा है कि ख़ुश होकर पापा फिर से उनके साथ रहने लग जाएँ तो? यह तो ममी की बात हुई, ममी की ख़ुशी की। इससे प्रॉमिस थोड़े ही टूटेगा। मन को तसल्ली हुई।

ममी से पूछे? पर नहीं, ऐसी बात भी ममी से नहीं पूछनी चाहिए।

हूँऽ। न हों पापा ख़ुश। वह ममी को ही ख़ुश करेगा। ख़ुश नहीं, सुखी करेगा। उसके सिवाए ममी का है ही कौन? उसने ममी की ओर देखा। ममी ने तकिए में मुँह गड़ा रखा है। सचमुच उसकी ममी दुखी हैं।

जब भी वह ममी को लेकर आगे की बात सोचता, उसे हमेशा लगता जैसे ममी पर दुख ही दुख टूटे पड़ रहे हैं और वह अपने नन्हे-नन्हे हाथों से उन्हें दूर किए जा रहा है। कैसे दुख हैं सो नहीं जानता। उन्हें कैसे दूर कर रहा है यह भी नहीं जानता। बस, ममी दुखी हैं वह ममी का अकेला बेटा उन्हें दूर कर रहा है।

कई बार मन होता ममी को यह बात बताए। पर कैसे? अच्छा, क्या तपस्या से पक्की कुट्टी को ख़त्म नहीं किया जा सकता?

''ममी?'' उसने धीरे से पूछा।

''हूँ।''

''ममी, तपस्या करके ममी-पापा की कुट्टी नहीं ख़त्म की जा सकती?''

ममी ने सिर उठाया और एक क्षण उसका चेहरा देखती रहीं। फिर बाँह में भरकर उसे अपने में भींच लिया।

पापा की बात करके ग़लती तो नहीं कर दी उसने?

''तू पापा के साथ रहना चाहता है?''

''नहीं ममी, मैं पापा के साथ नहीं रहना चाहता। मैं तो..''

बंटी ने इस तरह कहा जैसे ममी कहीं उसे ग़लत न समझ लें।

''क्यों बेटा, तुझे पापा चाहिए? मन करता है कि पापा हों।''

बंटी एक क्षण असमंजस में रहा। हाँ कहने से कहीं ममी नाराज़ न हो जाएँ। पर झूठ बोलने से तपस्या जो बिगड़ जाएगी। उसने धीरे से 'हाँ' कह दिया।

ममी उसके बाल सहलाती रहीं। पता नहीं उसमें 'पापा मिल जाएँगे' का आश्वासन था या 'पापा तो नहीं मिल सकते' की मजबूरी।

आज ममी का कॉलेज खुल गया। ममी ख़ुश-ख़ुश कॉलेज चली गईं। उनकी तो बोरियत जैसे ख़त्म हुई। गरमी की छुट्टियों के ये लंबे-लंबे दिन दोनों ने एक-दूसरे को सहारा दे-देकर ही काटे हैं। सारे दिन ममी के साथ ही रहता था।

हाँ, कभी-कभी जब शाम को ममी बाहर जातीं तो वह ज़रूर थोड़ी देर अकेला हो जाया करता था। पर आज तो जैसे दिन भी उसे अकेले ही काटना है। उसका स्कूल खुलने में तो अभी चार दिन बाकी हैं।

चलने से पहले ममी ने फूफी को समझाया, ''चार बजे के करीब सब लोग चाय पीने यहीं आएँगी। दही-पकौड़ी और आलू की टिकिया तुम घर में बना लेना। चिवड़ा और मिठाई मैं चपरासी के हाथ भिजवा दूँगी। मदद की ज़रूरत हो तो उसे रोक भी लेना। चार बजे तक सब कुछ तैयार रहे हाँऽ!''

''मैं सब देख लूँगा ममी, तुम जाओ। चपरासी क्या करेगा, मैं मदद करवा दूँगा फूफी की।''

''मेरा राजा बेटा!'' ममी ने प्यार से गाल थपथपाया और चली गईं।

''बताओ फूफी, क्या करना है?''

''एल्ले, अभी से क्या करना है? कुछ नहीं, जाओ खेलो! घर तो साफ़ कर लूँ पहले।''

ममी की टीचर्स की पार्टी है। 'आज तो उसे बहुत काम करना है' के भाव से बंटी सफ़ाई में जुट गया। कपड़ा लेकर टेबुल-कुर्सी पोंछ डाली। अपनी बुद्धि के हिसाब से जितनी साज-सज्जा कर सकता था, वह भी कर दी।

''अरे, तुम इतने समझदार कइसे हो गए, बंटी भय्या! आजकल न ज़िद करते, न झगड़ा करते, न रोते। कहाँ से आ गई इतनी अक्किल तुम में?''

''आएगी क्यों नहीं? अब क्या मैं बच्चा हूँ?'' अपनी समझदारी का ठप्पा पड़ते देख बंटी कहीं भीतर ही भीतर पुलकित हो आया। मन हुआ फूफी को तपस्यावाली

बात भी बता दे। यों भी फूफी उसके अकेलेपन की साथी है। वह उससे लड़ता भी है, उसे तंग भी करता है, उस पर रौब भी जमाता है। ज़मीन में चॉक या कोयले से शतरंज बनाकर चंगा-अंटा-पौ भी खेलता है। तो कभी उसकी गोद में सिर रखकर कहानियाँ सुनता है। फिर एक कहानी के साथ हज़ार प्रश्न।

तब फूफी बिगड़ पड़ती, ''तुम इतनी बहस काहे करते हो? कहानी है सो है। बिना बोले सुनोगे तो सुनाएँगे, हाँऽ! खाली हुँकारा दो, बस!''

''अच्छा फूफी, बालक ध्रुव ने जो तपस्या की थी...''

''ल्लो, फिर तुम्हारा कहानी-किस्सा शुरू हुआ। हम एक बात भी नहीं करेंगे इस बख़त।''

फूफी चली गई। बुद्धू कहीं की। सोच रही है, मैं ध्रुव की कहानी सुनूँगा, जैसे मुझे आती ही नहीं है।

बंटी अपनी छोटी-छोटी हथेलियों में उबले हुए आलू की गोल-गोल टिकिया बनाता जा रहा है। जैसी फूफी ने बताई ठीक वैसी ही। और कहानी चल रही है। वही सोनल रानी वाली।

रानी हँसे तो फूल झरे और रोए तो मोती झरे। राजा रानी के पीछे प्राण दे। रानी अपने हाथ से सोने के बरक में लपेटकर राजा को छप्पन मसालोंवाला, सुगंध से भरपूर पान खिलाती और मंद-मंद मुसकाती। मुसकान ऐसी कि राजा पागल। राजा के बीस रानियाँ और थीं। बीस रानियों के सौ बच्चे। सोनल बच्चों के पीछे प्राण देती। बच्चे खाएँ तो रानी खाए। बच्चे सोएँ तो रानी सोए। बच्चों का सिर दुखे तो रानी पीर से छटपटाए। बच्चों के चोट लगे तो रानी के फूल जैसे शरीर से खून झरे। कोई नहीं पतियाये तो आकर देख ले। माएँ लोगों ने बहुत देखीं पर ऐसी माँ तो देखी न सुनी। अपने और सौतेले बच्चों में कोई भेद ही नहीं। देखते-सुनते भी कैसे? कोई सचमुच की औरत तो थी नहीं। डायन थी, सारे जादू बस में कर रखे थे। जैसा चाहती वैसा स्वाँग धर लेती।

''और जब अमावस्या के दिन रात अँधेरी घुप्प हो जाती तो वह अपने असली रूप में आती। काली भूत। अँधेरे में ऐसी घुल-मिल जाती कि पता ही नहीं लगता। फिर सबको जादू के बस में किया और एक बच्चा हड़प।''

बंटी की साँस जहाँ की तहाँ रुक जाती।

सवेरे मरे बच्चे की हड्डियों से चिपट-चिपटकर ऐसा रोती, ऐसा रोती कि चेत ही नहीं रहता। नौकर-चाकर दौड़ पड़ते। कोई गुलाब-जल छिड़कता, कोई केवड़ा-जल। राजा ख़ुद फूलों के पंखे से हौले-हौले बयार करते, बेटे का ग़म भूल, रानी की चिंता में परेशान हो जाते। रानी होश में आती तो चीख़ती, 'मेरे बच्चे को लाओ... नहीं मैं प्राण दे दूँगी।' इतना बड़ा राज्य, इतना बड़ा राजा फिर भी कोई पता ही नहीं...

''वह अपने बच्चों को भी खा जाती थी फूफी?'' उस डायन के आतंक से पूरी

तरह आतंकित बंटी बड़ी-बड़ी आँखें करके पूछता।

"और क्या! डायन बनने के बाद क्या उसे होश रहता कि किसका बच्चा है? बस भूख लगी, खाओ!"

"भूख लगे तो बच्चे को ही खा जाओ!"...उस मरे बच्चे के प्रति मन कैसा भीग-भीग आता बंटी का।

"भूख में आदमी तक को होश नहीं रहता—बस खाने को चाहिए, जो भी हो, जैसे भी हो, फिर वह तो डायन थी! अपनी भूख की चिंता करती या बच्चों की?"

"तो वह और किसी को खा लेती, नौकर-चाकरों या जानवरों को खा लेती।"

"काहे खा लेती? बच्चों के कोमल मांस जैसा और कहाँ मिलता!"

"तो कभी दूसरे बच्चों को क्यों नहीं खाती, केवल राजकुमारों को ही क्यों खाती?"

"खाएगी क्यों नहीं? छप्पन भोग खाए राजकुमारों की देही में जैसा मांस, वैसा और कहाँ मिलता!"

"तो धीरे-धीरे राजा के सब बच्चे खा गई?"

"और क्या, खा गई। सुंदर कोमल बच्चे हड्डी की ठठरियाँ बन गए। बस उन ठठरियों को देख-देखकर रोने का नाटक करती रहती..."

घिन और डर के मिले-जुले भाव से बंटी की आँखों में आँसू आ जाते। फूफी ने देखा तो प्यार से झिड़कते हुए बोली, "ऐल्लो, तुम आँसू टपकाने लगे। अरे ये तो क़िस्सा-कहानी है। कहीं सच में ऐसा थोड़े ही होता है। सब झूठ, मनगढ़ंत! इन बातों से कहीं रोया जाता है, सुनो और भूल जाओ। नहीं हम आगे से कभी नहीं सुनाएँगे। हाँ।"

और उसने झट दूसरी कहानी शुरू कर दी—चार मूर्खों की। तो थोड़ी देर में ही बंटी खिलखिलाने लगा।

दौड़-दौड़कर बंटी ने मेज़ लगा दी और खड़ा होकर ममी की राह देखने लगा। अपनी सारी टीचर्स को लिए ममी आ रही हैं, हँसती हुईं, बतियाती हुईं। दीपा आंटी तो सबके बीच जैसे छिप ही गईं।

"कहो बंटी, कैसे हो?"

"हैलो बंटी, कैसे हो?" कइयों ने एक साथ पूछा।

"पहले से लंबा हो गया।" तो बंटी ने जैसे मन ही मन उसे सुधारा, "लंबा नहीं, बड़ा हो गया हूँ।"

"थोड़े मोटे भी होओ, वरना सींकिया पहलवान लगोगे।"

"बंटी ने मौका ताका और दीपा आंटी की बाँह से झूल गया। ममी की सारी टीचर्स में एक यही तो पसंद है, बाकी तो सब बेकार।

आप छुट्टियों में एक बार भी घर क्यों नहीं आईं आंटी?

"छुट्टियों में हम यहाँ थे ही नहीं, बताओ कैसे आते? हर साल बंटी बाहर जाता

था, इस बार हम बाहर चले गए।''

घसीटता हुआ वह दीपा आंटी को लॉन की तरफ़ ले गया अपने पौधे दिखाने के लिए।

''कहाँ गई थीं आप?''

''कलकत्ता।''

कलकत्ता? बंटी जैसे एक क्षण को पुलक आया। एक उड़ती-सी नज़र ममी की ओर डाली। वे सबको लिए बरामदे की सीढ़ियाँ चढ़ रही थीं।

''आपने क्या-क्या देखा वहाँ? कैसा है कलकत्ता, आंटी?''

''बहुत बड़ा और बहुत गंदा।''

''एलगिन रोड देखी आपने?''

''नहीं तो!''

''लीजिए, एलगिन रोड भी नहीं देखी?''

''मैं क्या वहाँ सड़कें देखने गई थी? क्या है एलगिन रोड में?''

''कुछ नहीं, वैसे ही पूछ लिया था।'' बंटी पापा की बात नहीं बताएगा। किसी को बताना भी नहीं चाहिए उसे। अब तो वह सब समझता है।

दीपा आंटी अंदर जाने लगीं तो उसने जल्दी-से मोगरे के दो-तीन फूल तोड़े और बोला, ''नीचे झुकिए, मैं आपके जूड़े में लगाऊँगा।''

हँसती हुई दीपा आंटी झुक गईं, ''लगाना आता भी है?''

''और नहीं तो क्या, ममी के बालों में रोज़ मैं ही तो फूल लगाता हूँ। यह सब पौधे भी तो मैंने ही लगाए हैं।'' अपने पौधों की बात करते समय बंटी के मन में उत्साह और गर्व जैसे छलका पड़ता है।

बंटी ला-लाकर सबको खिला रहा है। मना करने पर मनुहार भी करता है... ''एक तो लीजिए...ज़रा-सी और...यह गरमवाली टिकिया...'' सब लोग खाने और बतियाने में समान रूप से जुटी हुई हैं।

कितना बोलती हैं ये सब लोग? जब से आई हैं लगातार चकर-चकर किए जा रही हैं। लड़कियों को कैसे चुप रखती होंगी? अच्छा, उनके स्कूल के सर लोग भी जब आपस में मिलकर बैठते होंगे तो इस तरह बातें करते होंगे? बच्चों को तो सब लोग कैसा डाँटते हैं—चुप रहो—शोर मत करो। क्या क्लास को भाजी-मार्केट बना रखा है?

उसने कभी भाजी-मार्केट देखा नहीं...शायद बहुत शोर की जगह होती होगी! जितना शोर यहाँ हो रहा है, उससे भी ज़्यादा?

''भई बंटी तो बहुत समझदार हो गया है।''

''एकदम राजा बेटा की तरह काम कर रहा है।''

''हमारी पिंकी तो लड़की है। पर एक भी काम तो करवा लो ज़रा। एक बात कहो कि दस जवाब हाज़िर हैं।''

''अरे मिसेज़ बत्रा का बेटा है आख़िर। होशियार नहीं होगा।'' मोटी मिसेज़ सक्सेना बोलीं।

हूँ, मक्खनबाज़ कहीं की। वह जानता है, कोई उसकी तारीफ़ नहीं कर रहीं, सब ममी को मक्खन लगा रही हैं। एक बार कॉलेज गया था तो यही मोटी बड़े गाल सहला-सहलाकर कहती रहीं—''हाऊ स्वीट, जानती हो कितना इंटेलिजेंट है यह?'' और जैसे ही वह पीछे मुड़ा धीरे से बोलीं—अरे मिसेज़ बत्रा ने बिगाड़कर धूल कर रखा है, इतना ज़िद्दी और सिर-चढ़ा लड़का है कि बस। प्रिंसिपल का लड़का है सो कोई कुछ कहता नहीं—मोटी चापलूस कहीं की। माथे पर बिंदी इतनी बड़ी लगाएँगी जैसे पैसा ही चिपका लिया हो। बस, एक दीपा आंटी अच्छी हैं, जो न कभी इस तरह की तारीफ़ करती हैं न बुराई। मौक़ा मिले तो उसके साथ खेलती भी हैं।

चाय समाप्त हुई तो सब लोग बाहर के कमरे में आ गईं। वह दीपा आंटी की कुर्सी पर ही बैठ गया। उनसे सटकर, एक तरह से उन पर लदकर। ममी ने पास के रैक पर से फ़ाइल उठाई, बीच की मेज़ अपनी तरफ खींचीं और ढेर सारे काग़ज़ फैला लिए।

''दीपा आंटी, आप गाना नहीं सुनाएँगी?''

''देखो बच्चा, ममी अब मीटिंग कर रही हैं, समझे?'' लाड़ में वे उसे हमेशा बच्चा ही कहती हैं।

''ममी, हम दीपा आंटी का गाना सुनेंगे, आंटी को गाना सुनाना ही होगा।'' और वह पूरी तरह दीपा आंटी की गोद में ही लद गया, कुछ इस विश्वास के साथ कि ममी उसकी बात टाल ही नहीं सकती हैं। इतना काम उसने आज किया है, अब तो वैसे भी उसका अधिकार हो गया है।

''बंटी बेटा, अब हम लोग ज़रा काम की बात करेंगे, कॉलेज की; तुम बाहर जाकर खेलो तो!''

ममी की बात बंटी को जैसे कहीं से चीर गई। एक क्षण वह ममी को इस तरह देखता रहा जैसे विश्वास नहीं कर पा रहा हो कि ममी ने उसे ही बाहर जाने को कहा है।

फिर धीरे से उठा और बाहर आ गया, अपमानित-सा, आहत-सा। तो उसकी इच्छा से भी ज़्यादा ज़रूरी काम ममी के पास है। कॉलेज की बात कॉलेज में कर लेतीं, घर में तो कम से कम उसकी बात ही माननी चाहिए। वह तो कब से सोच रहा था कि शाम को दीपा आंटी का गाना सुनेगा फिर अपनी कविताएँ सुनाएगा, चुटकले सुनाएगा, पहेली पूछेगा। ऐसी-ऐसी पहेलियाँ उसे आती हैं कि कोई बता ही नहीं सकता। लड़कियों को पढ़ाना आसान है, पहेली क्या हर कोई बता सकता है? पर अब कुछ नहीं...ममी को ऐसे तो नहीं करना चाहिए था न? और न चाहते हुए भी ममी को लेकर जाने कितना-कितना गुस्सा मन में उफनने लगा।

पर तभी सारे गुस्से और दुख को ठेलती हुई समझदारी आई—ममी प्रिंसिपल

हैं, कितने ज़रूरी-ज़रूरी काम उनको रहते हैं, उसे इस तरह गुस्सा नहीं होना चाहिए। कुछ नहीं, दो महीने से ममी सारे दिन घर जो रहती थीं, सो वह कॉलेज की, कॉलेज के काम की बात भूल ही गया था इसीलिए तो गुस्सा भी आ गया वरना तो इसमें गुस्से की कोई बात ही नहीं है। कॉलेज खुल गया है तो कॉलेज का काम भी होगा ही। टीटू के पापा नहीं ऑफ़िस की फ़ाइलें लेकर घर में बैठे रहते हैं। फिर उस कमरे में कोई घुस तो जाएँ देखें? ऐसा फटकारते हैं कि बस! ममी ने तो कितने प्यार से कहा। उसके पापा भी फ़ाइलें लेकर आते होंगे?

खट् से उँगलियों का क्रास बन गया। फिर भी कहीं एक धुँधली-सी तसवीर उभर ही आई...फ़ाइलों में डूबे हुए पापा।

''नहीं-नहीं...'' उसने अपने मन को समझाया।

सब लोगों को विदा करके ममी जल्दी से तौलिया लेकर बाथरूम में घुस गईं।

अब वह ममी के साथ खेलेगा। फिर रात में कहानी सुनेगा, ख़ूब लंबीवाली। आज कितना काम किया है उसने। ममी जब कॉलेज का काम करने लगीं तो बाहर भी आ गया। अब न कॉलेज है न कॉलेज का काम। अब ममी फिर उसकी हो गई हैं, बिलकुल उसकी। पता नहीं क्यों ममी और उसके बीच में कोई भी आता है तो उसे अच्छा नहीं लगता।

कॉलेज के दिनों में तो वैसे भी शाम को ही ममी उसकी हुआ करती हैं। बालों की ढीली-ढीली चोटी और मुलायमवाला चेहरा।

ममी मुँह पोछती हुई कमरे में आईं।

''लो, बातों ही बातों में टाइम का कुछ अंदाज़ ही नहीं रहा। सात बजे पहुँचना था और पौने सात तो यहीं बज गए।''

''तुम कहीं जा रही हो ममी?'' अपने को रोकते-रोकते भी बंटी रुआँसा हो आया।

''बेटे, एक बहुत ज़रूरी काम से जाना है, बहुत ही ज़रूरी।'' ममी के सधे हुए हाथ खटाखट जूड़े में पिनें खोंसते जा रहे हैं।

''वाह! मैं अभी भी अकेला रहूँ। आज तो सारे दिन बिलकुल अकेला रहा हूँ ममी।'' गुस्से में भरा बंटी का स्वर भर्रा गया।

एक क्षण को ममी का हाथ जहाँ का तहाँ रुक गया। बंटी की ओर देखा, बहुत प्यार से। फिर अपने पास खींचकर दुलारती हुई बोलीं, ''मेरा राजा बेटा, अकेला क्यों रहेगा? टीटू को बुला लेना या उसके यहाँ चले जाना। बस थोड़ी देर में तो आ ही जाऊँगी।''

''टीटू बुलाने से भी आता है इस समय कभी? इस समय वहाँ जाओ तो उसकी अम्मा...''

''न हो तो साथ ले जाओ न बहूजी।'' दरवाज़े पर बैठी सुपारी काटती हुई फूफी

ने कहा। "सवेरे से तो अकेला डाँव-डाँव डोल रहा है। आपके साथ थोड़ा टहल आएगा तो मन बहल जाएगा बच्चे का।"

बंटी ने बड़ी आशा-भरी नज़र से देखा। शायद फूफी की सिफारिश ही काम आ जाए।

"कहा न, मैं काम से जा रही हूँ फूफी। वहाँ कहाँ ले जाऊँगी?" जल्दी-जल्दी साड़ी पहनते हुए ममी ने कहा।

"काम से जा रही हो तो क्या हुआ? बच्चा होगा तो क्या फेंक जाएँगे? दो मिनट में तैयार किए देती हूँ।"

"नहीं, बंटी मेरा ख़ूब समझदार है। मेरे काम के बीच में वह क्यों जाएगा? एक साल से तो कभी कॉलेज भी नहीं जाता। वह क्या समझता नहीं कि बड़ों के बीच में नहीं जाना चाहिए।"

फिर गाल पर एक ज़ोर का किस्सू देकर पूछा, "है न बेटा समझदार!" ममी चली गईं। लोहे के फाटक पर खड़ा-खड़ा बंटी जाती हुई ममी को देखता रहा, आँखों में भर आए आँसुओं को भीतर ही भीतर पीता रहा।

और तब पहली बार बंटी ने महसूस किया कि समझदार बनना कितना मुश्किल है। ममी की नज़रों में समझदार होकर रहने का मतलब है, कुछ भी मत कहो, कुछ भी मत करो। दूध उसे पसंद नहीं, फिर भी बिना चूँ किए पी लेता है। जो खाने को दो, खा लेता है। जो कुछ करने को कहा जाता है, कर लेता है।

पर ममी भी तो बड़ी हैं, समझदार हैं। उन्हें भी तो वही सब करना चाहिए तो बंटी चाहता है। नहीं क्या?

अनमना-सा बंटी भीतर आया। बरामदे में ही फूफी ज़मीन पर पसरी पड़ी है।

"ऐसे क्यों लेटी हो फूफी, क्या हो गया।"

"अरे, हम थक गए भय्या, ज़रा कमर सीधी कर लें तो बरतन धोकर चौका साफ़ करें।"

बंटी को लगा जैसे ममी फूफी को थकाकर ख़ुद चली गईं। फूफी, फूफी की थकान उसे कहीं अपने बहुत करीब लगी।

"मैं पैर से कमर दबा दूँ? अभी ठीक हो जाएगी।"

फूफी उठकर बैठ गई। एकदम बंटी को देखते हुए बोली, "अरे, तुम्हें हो क्या गया है बंटी भय्या? और सुनो, तुम चले काहे नहीं गए ममी के साथ? पहले तो कभी अइसे छोड़कर जाने की बात करतीं तो जाने देते तुम? सारे आँगन में लोट-लोटकर अपना और ममी का जी हलकान कर देते। यह उमिर से पहले बूढ़ा होना हमें अच्छा नहीं लगता तुम्हारा, समझे? जाओ, खेलो-कूदो। सेवा-चाकरी करने को तुम्हीं रह गए हो हमारी?"

तो एकाएक बड़ी ज़ोर से मन हुआ बंटी का कि सारे आँगन में लोट-लोटकर रोए—ख़ूब रोए बिलकुल पहले की तरह और जब तक ममी न आ जाएँ रोता ही रहे। ममी चुप करा-कराकर थक जाएँ, तब भी चुप न हो।

रात में जब ममी डॉक्टर जोशी की कार से उतरीं तो बंटी लोहे के फाटक पर खड़ा मन ही मन कहीं रो ही रहा था।

"कैसे हो बंटी?" कार में बैठे-बैठे ही डॉक्टर साहब ने पूछा।

"मैं बिलकुल ठीक हूँ। मुझे तो कुछ भी नहीं हुआ।" उसने कुछ इस भाव से कहा मानो पूछ रहा हो, "आप यहाँ क्यों आए?" डॉक्टर साहब की लगाई हुई सुइयों का दर्द और डर मन में फिर ताज़ा होकर उभर आया।

अँधेरे में ही ममी को देखा। वे भी बिलकुल ठीक लगीं। तब? और रात में जब वह ममी की बगल में लेटा तो बराबर प्रतीक्षा करता रहा कि ममी कुछ कहेंगी। उसने आज जितना काम किया उसके बारे में ही। पर ममी तो इतनी चुप हैं मानो उन्हें पता ही न हो कि बंटी भी उनके पास लेटा है।

ममी उसके पास लेटी बाल सहला रही हैं। पर उसे लग रहा है कि ममी उसके बाल नहीं सहला रहीं। ममी उसे देख रही हैं, पर नहीं, ममी उसे देख भी नहीं रहीं।

"ममी!"

"हूँ!"

"तुम तो बहुत ही ज़रूरी काम से गई थीं, फिर..."

"था रे, एक काम।"

ममी तो शायद उससे बोल भी नहीं रहीं। और तब बंटी का मन हुआ कि फूट-फूटकर रो पड़े।

सात

बंटी का स्कूल क्या खुला, उसका बचपन लौट आया।

लंबी छुट्टियों के बाद पहले दिन स्कूल जाना कभी अच्छा नहीं लगता। पर आज लग रहा है। अच्छा ही नहीं, ख़ूब अच्छा लग रहा है। सवेरे उठा तो केवल हवा में ही ताज़गी नहीं थी, उसका अपना मन जाने कैसी ताज़गी से भरा-भरा थिरक रहा था।

'ममी, मेरे मोज़े कहाँ हैं...लो दूध लाकर रख दिया। पहले कपड़े तो पहन लूँ, देर नहीं हो जाएगी...बैग तो ले जाना ही है, किताबें जो मिलेंगी' के शोर से तीनों कमरे गूँज रहे हैं।

बहुत दिनों से जो बच्चा घर से गायब था जैसे आज अचानक लौट आया हो।

जल्दी-जल्दी तैयार होकर उसने बस्ता उठाया। बस्ता भी क्या, एक कापी-पेंसिल डाल ली। कौन आज पढ़ाई होनी है! बस के लिए सड़क पार करके वह कॉलेज के फाटक पर खड़ा हो गया। ममी उसे घर के फाटक तक छोड़कर वापस लौट रही हैं।

बरामदे की सीढ़ियाँ चढ़कर ममी अंदर गुम हो गईं तो सामने केवल घर रह गया। छोटा-सा बँगलानुमा घर जो उसका अपना घर है, जो उसे बहुत अच्छा लगता है।

और एकाएक ही ख़याल आया, इसी घर में पता नहीं क्या कुछ घट गया है इन छुट्टियों में। उसने जल्दी से नज़रें हटा लीं। तभी दूर से धूल उड़ाती हुई बस आती दिखाई दी। बंटी ने खट से बस्ता उठाया और बस के रुकते ही लपककर उसमें चढ़ गया। दौड़ता हुआ टीटू चला आ रहा है, लेट-लतीफ।

''बंटी, इधर आ जा, यहाँ जगह है।'' जगह बहुत सारी थी, पर कैलाश ने एक ओर सरककर उसके लिए ख़ास जगह बनाई।

''बंटी यार, इधर! इधर आकर बैठ।'' विभू उसे अपनी ओर खींच रहा है। बंटी अपने को बड़ा महत्त्वपूर्ण महसूस करने लगा। और बैठते ही उसका अपना चेहरा बच्चों के परिचित, उत्फुल्ल चेहरों के बीच मिल गया।

बस चली तो सबके बीच हँसते-बतियाते उसे ऐसा लगा जैसे सारे दिन ख़ूब सारी पढ़ाई करके घर की ओर लौट रहा है। तभी ख़याल आया—धत्, वह तो स्कूल जा रहा है।

बस, जैसे भाजी-मार्केट। बातें...बातें। कौन कहाँ-कहाँ गया? किसने क्या-क्या देखा? छुट्टियों में कैसे-कैसे मौज उड़ाई। अनंत विषय थे और सबके पास कहने के लिए कुछ न कुछ था।

बंटी क्या कहे? वह खिड़की से बाहर देखने लगा। शायद कोई उससे भी पूछ रहा है। हुँह! कुछ नहीं कहना उसे।

''मेरे मामा आए थे एक साइकिल दिला गए दो पहिएवाली!''

''हम तो दिल्ली में कुतुबमीनार देखकर आए...''

तब न चाहते हुए भी मन में कहीं पापा, पापा का मैकेनो, कलकत्ता, कलकत्ते का काल्पनिक चित्र उभर ही आए।

''क्यों रे बंटी, तू कहीं नहीं गया इस बार? पिछली बार तो मसूरी घूमकर आया था।''

''नहीं।'' बंटी ने धीरे-से कहा।

''सारी छुट्टियाँ यहीं रहा?''

''हाँ। ममी ने खस के पर्दे लगा-लगाकर सारा घर ख़ूब ठंडा कर दिया था। मसूरी से भी ज़्यादा। बस फिर क्या था।''

और खस के उन पर्दों की ठंडक, जिसने शरीर से ज़्यादा मन को ठंडा कर रखा था, फिर मन में उतर आई।

बंटी फिर बाहर देखने लगा। पर बाहर सड़कें, सड़कों पर चलते हुए लोगों के बीच कभी वकील चाचा दिखाई देते तो कभी ममी का उदास चेहरा। कभी पापा दिखाई देते तो कभी भन्नाती हुई फूफी।

कितनी बातें हैं उसके पास भी कहने के लिए, पर क्या वह सब कही जा सकती

हैं? मान लो वह किसी को बता भी दे तो कोई समझ सकता है? एकदम बड़ी बातें। यह तो वह है जो एकाएक समझदार बन गया। ये विभू, कैलाश, दीपक, टामी... कोई समझ तो ले देखें।

पर अपनी इस समझदारी पर उसका अपना ही मन जाने कैसा भारी-भारी हो रहा है।

बस जब स्कूल के फाटक पर आकर रुकी तो एक-दूसरे को ठेलते-ढकेलते बच्चे नीचे उतरने लगे। नीचे खड़े सर बोले—"धीरे बच्चो, धीरे! तुम तो बिलकुल पिंजरे में से छूटे जानवरों की तरह..."

तो बंटी को लगा जैसे वह सचमुच ही किसी पिंजरे में से निकलकर आया है। बहुत दिनों बाद! सामने स्कूल का लंबा-चौड़ा मैदान दिखाई दिया तो हिरन की तरह चौकड़ी भरता हुआ दौड़ गया। गरमियों का सूखा-रेतीला मैदान इस समय हरी-हरी घास के कारण बड़ा नरम और मुलायम हो रहा है, जैसे एकदम नया हो गया हो।

नई क्लास, नई किताबें, नई कापियाँ, नए-नए सर...इतने सारे नयों के बीच बंटी जैसे कहीं से नया हो आया। नया और प्रसन्न। हर किसी के पास दोस्तों को दिखाने के लिए नई-नई चीज़ें हैं। जैसे ही घंटा बजता और नए सर आते, उसके बीच में खटाखट चीज़ें निकल आतीं। प्लास्टिक के पजल्स, तसवीरोंवाली डायरी, तीन रंगों की डाट-पेंसिल...और 'ज़रा दिखा तो यार'—'बस, एक मिनट के लिए' का शोर यहाँ से वहाँ तक तैर जाता।

"मेरे पास बहुत बड़ावाला मैकेनो है। इतना बड़ा कि स्कूल तो आ ही नहीं सकता। कलकत्ते से आया है। कोई भी घर आए तो वह दिखा सकता है।"

एक क्षण को उँगलियाँ एक-दूसरी पर चढ़ीं और फिर झट से हट भी गईं। हुँह, कुछ नहीं होता। कोई पाप-वाप नहीं लगता। कोई उसके घर आएगा तो वह ज़रूर बताएगा मैकेनो। सब लोग अपनी चीज़ों को दिखा-दिखाकर कैसा इतरा रहे हैं, शान लगा रहे हैं और वह बात भी नहीं करे।

"विभू, तू शाम को आ जा अपने भैया के साथ। बहुत चीज़ें बनती हैं उसकी—पुल, सिगनल, पनचक्की, क्रेन..."

ख़याल आया, उसने भी तो अभी तक सब कुछ बनाकर नहीं देखा। विभू आ जाए तो फिर दोनों मिलकर बनाएँगे। और विभू नहीं भी आया तो वह ख़ुद बनाएगा। यह भी कोई बात हुई भला!

स्कूल की बातों से भरा-भरा बंटी घर लौटा। खाली बस्ता भी नई-नई किताबों से भर गया था।

ममी अभी कॉलेज में हैं। उसके आने के एक घंटे बाद घर आती हैं। बंटी दौड़कर फूफी को ही पकड़ लाया।

"अच्छा, एक बार इस बस्ते को तो उठाकर देखो।"

"क्या है बस्ते में?"

"उठाकर तो देखो।" एकदम ललकारते हुए बंटी ने कहा।

फूफी ने बस्ता उठाया, "एल्लो, इतना भारी बस्ता! ये अब तुम इत्ता बोझा ढो-ढोकर ले जाया करोगे? तुमसे ज़्यादा वज़न तो तुम्हारे बस्ते में ही है।"

बंटी के चेहरे पर संतोष और गर्व-भरी मुसकान फैल गई। "चलो हटो।" और फिर खट से बस्ता उठाकर, सैनिक की मुद्रा में चार-छह कदम चला और फिर बोला, "रोज़ ले जाना पड़ेगा। अभी तो ये बाहर और पड़ी हैं। चौथी क्लास की पढ़ाई क्या यों ही हो जाती है? बहुत किताब पढ़नी पड़ती हैं।" फिर एक-एक किताब निकालकर दिखाने लगा।

"यह हिस्ट्री की है। कब कौन-सा राजा हुआ, किसने कितनी लड़ाइयाँ लड़ीं, सब पढ़ना पड़ेगा। समझी! और हिस्ट्री के राजा कहानियों के राजा नहीं होते हैं, झूठ-मूठवाले। एकदम सच्ची-मुच्ची के, राजा भी सच, लड़ाइयाँ भी सच... और यह ज्योग्रफ़ी है...यह जनरल साइंस...यह एटलस है। हिंदुस्तान का नक़्शा पहचान सकती हो? लो, अपने देश को भी नहीं पहचानती! देखो, यह सारी दुनिया का नक़्शा है...इसमें जो यह ज़रा-सा दिख रहा है न, यही हिंदुस्तान है। इसी हिंदुस्तान में अपना शहर है और फिर उस शहर में अपना घर है और फिर उस घर में अपनी रसोई है और फिर उस रसोई में एक फूफी है...हा-हा..." बंटी ज़ोर-ज़ोर से हँसने लगा।

बंटी को यों हँसते देख, फूफी एकटक उसका चेहरा देखने लगी, कुछ इस भाव से जैसे बहुत दिनों बाद बंटी को देख रही हो। फिर गद्‌गद स्वर में बोली, "हाँ भय्या, मेरी तो रसोई ही मेरा देश है। और देश-दूष मैं नहीं जानती। हुए होंगे राजा-महाराजा, मेरा तो बंटी भय्या ही राजा है।"

"बुद्धू कहीं की! देख, यह डिक्शनरी है। शब्द-अर्थ समझती है? किसी शब्द का अर्थ नहीं आए तो इसमें देख लो। चौथी क्लास में एटलस और डिक्शनरी भी रखनी पड़ती है।"

"अब इस बूढ़े तोते के दिमाग़ में कुछ नहीं घुसता भय्या, तुम काहे मगज़ मार रहे हो। चलो हाथ-मुँह धोकर कुछ खा-पी लो। मुँह तो देखो, भूख और गरमी के मारे चिड़िया जैसा निकल आया है।"

बंटी खाता जा रहा है और उसका उपदेश चालू है। "तुम कहती थीं न फूफी कि रात-दिन भगवान करते हैं। पानी भगवान बरसाता है। सब झूठ। जनरल साइंस की किताब में सारी सही बात लिखी हुई है। अभी पढ़ी नहीं है। जब पढ़ लूँगा तो सब तुम्हें बताऊँगा।"

"तो हम कौन इसकूल में पढ़े बंटी भय्या! बस, अब तुमसे पढ़ेंगे। इंगरेज़ी भी पढ़ाओगे हमें..."

बंटी फिर खीं...खीं...करके हँस पड़ा। फूफी और अंग्रेज़ी। और फिर फूफी जितना भी बातें करती रही, बंटी हँसता रहा...खिल-खिलाकर। फूफी उसे देखती रही गद्गद होकर।

जब ममी आईं तो बंटी ने वे ही सारी बातें दोहराईं। उतने ही उत्साह और जोश के साथ। स्कूल में क्या-क्या हुआ? नए सर कैसे-कैसे हैं? ''जो सर क्लास टीचर बने हैं न ममी, उनकी मूँछें ऐसी अकड़कर खड़ी रहती हैं जैसे उनमें कलफ लगा दिया हो। मैंने उनकी शक्ल बनाई और लंच में दिखाई तो सब ख़ूब हँसे, बड़ा मज़ा आया। तुम्हें बताऊँ ममी?''

विभू ने दिल्ली में जाकर क्या-क्या देखा? ममी उसे कब ले जाकर दिखाएगी और फिर उसी झोंक में कह गया, ''मैंने सबको अपने मैकेनो के बारे में बता दिया। यदि शाम को विभू आया तो उसे दिखाऊँगा भी...'' फिर एक क्षण को ममी की ओर देखा, ममी वैसे ही मंद-मंद मुसकरा रही हैं। कुछ भी नहीं, वह बेकार डरता रहा इतने दिनों। खेलने से क्या होता है भला!

''ममी, अब अपना काम सुन लो।'' आवाज़ में आदेश भरा हुआ है। ''आज ही सारी किताबों और कापियों पर कवर चढ़ जाना चाहिए, ब्राउनवाला। नहीं तो कल सज़ा मिलेगी, हाँ। तुम सब काम छोड़कर पहले मेरे कवर चढ़ा देना। फिर सफ़ेद लेवल काटकर चिपकाने होंगे। उन पर नाम और क्लास लिखना होगा। ख़ूब सुंदरवाली राइटिंग में जमा-जमाकर लिखना, समझीं।''

और फिर उसी उत्साह और जोश में भरा-भरा वह टीटू के यहाँ दौड़ गया। आज जाने कितनी बातें हैं उसके पास करने के लिए। टीटू को कौन-कौन से सर पढ़ाएँगे... उसे कौन-कौन-सी किताबें मिली हैं।

बंटी टीटू के यहाँ से लौटा तो अँधेरा हो चुका था। हाथ में पेड़ की एक टूटी हुई टहनी है, जिससे वह हवा में तलवार चला रहा है। फूफी आँगन में लेटी-लेटी पंखा झल रही है, ''यह बरसात की गरमी तो मार के रख देती है आदमी को। हवा का नाम नहीं है कहीं—एक बार ज़ोर से बरसे तो...''

''बरसो राम धड़ाके से, फूफी मर गई फाके से...''

''हाँ, अब तुम हमें मारोगे ही तो।''

''ममी!'' बिना कुछ भी सुने-बोले बंटी अपनी ही धुन में भीतर आया तो देखा मेज़ पर सारी किताबें-कापियाँ ज्यों की त्यों पड़ी हैं, बिना कवर के। खाली बस्ता मेज़ के नीचे पड़ा है।

''ममी!'' बंटी लॉन की ओर दौड़ पड़ा। लॉन में ममी डॉक्टर साहब के साथ बैठी हैं। बीच की मेज़ पर चाय के खाली बरतन रखे हैं। दनदनाता हुआ बंटी आया। ''मेरे कवर नहीं चढ़ाए ममी?''

''बंटी, नमस्ते करो डॉक्टर साहब को।'' ममी ने उसकी बात का जवाब न देकर

अपनी बात कही तो बंटी भन्ना गया। दोनों हाथ कुछ इस तरह जोड़े मानो कह रहा हो—जान बख़्शो।

''तुमने मेरे कवर क्यों नहीं चढ़ाए, कल सज़ा नहीं मिलेगी मुझे?''

''अरे बंटी, बड़े नाराज़ हो रहे हो बेटे! क्या बात है?''

'हाँ, हो रहे हैं नाराज़, आपका क्या जाता है? जब देखो तब आकर बैठ जाएँगे या ममी को ले जाएँगे। बड़ी अपनी मोटर की शान लगाते हैं। अब आकर बैठ गए तो ममी कवर नहीं चढ़ा सकीं न? और ममी कह नहीं सकती थीं कि उन्हें बंटी का काम करना है। अब उन दोनों का क्या जाएगा, सज़ा तो उसे मिलेगी' वह मन ही मन भनभनाने लगा।

बिना एक शब्द भी बोले बंटी ने हाथ पकड़कर ममी को खींचा, ''तुम चलकर पहले कवर चढ़ाओ। एकदम उठो।'' डॉक्टर साहब की तरफ उसने देखा भी नहीं।

''बंटी, क्या कर रहे हो बेटा? इतने बड़े होकर इस तरह करते हैं! तू तो बहुत समझदार है...''

पर बंटी हाथ खींचता ही रहा। कोई समझदार-वमझदार नहीं है। पहले तो कोई उसका काम मत करो और फिर कह दो समझदार हैं...

''चलो न! इतनी देर तो हो गई। फिर कब चढ़ाओगी?'' बंटी रोने-रोने को हो आया।

''मैंने कहा न मैं चढ़ा दूँगी।'' ममी जैसे झुँझला आई थीं। उन्होंने अपना हाथ खींच लिया।

एकाएक डॉक्टर साहब उठ खड़े हुए, ''चलो, तुम बंटी का काम करो। मैं तो वैसे भी चलने ही वाला था। साढ़े आठ बजे, एक जगह पहुँचना भी है।''

सब लोग ममी को आप-आप कहकर बोलते हैं और ये कैसे तुम कह रहे हैं। इतना भी नहीं मालूम कि ममी प्रिंसिपल हैं। प्रिंसिपल को आप कहा जाता है कि नहीं।

ममी ने एक-दो बार ठहरने का आग्रह किया। पर वे चल पड़े। ममी उन्हें छोड़ने के लिए मोटर तक गईं।

बंटी जानता है कि ममी आते ही उसे डाँटेंगी—ऐसे बोलते हो, ऐसे करते हो...तमीज़ कब आएगी—वह आजकल कुछ कहता नहीं तो ममी ने उसकी बात सुनना ही छोड़ दिया। न कभी साथ लेकर जाती हैं, न कहानी सुनाती हैं—पहले की तरह उसके साथ खेलती भी नहीं। पर ये सारे के सारे तर्क मिलकर भी, उसके अपने ही मन में अभी की हुई बदतमीज़ी को कम नहीं कर पा रहे थे।

जैसे ही ममी लौटकर आई, बंटी ने रोना शुरू कर दिया। ज़ोर-ज़ोर से—''इतनी देर तो हो गई, अब कब चढ़ेंगे कवर?'' दोषी ममी को ही बनाकर रखना है।

''चल, कवर चढ़ाती हूँ।'' इसके अलावा ममी ने एक शब्द भी नहीं कहा तो बंटी को ख़ुद एक अजीब तरह की बेचैनी होने लगी। डाँट खानेवाले काम पर भी ममी का

यों चुप रह जाना उसे डाँट से भी ज़्यादा कष्ट देने लगा। डाँट देतीं तो उनकी डाँट से उसकी सारी बदतमीज़ी कट जाती, हिसाब बराबर पर अब तो सारा दोष जैसे उसी के सिर।

कुछ ग़लत कर डालने के बोझ से दबा-दबा, सहमा-सा वह भीतर आया। ममी ने सारी कापियाँ-किताबें नीचे उतारीं और बोलीं, "ला ब्राउन पेपर कहाँ है?"

"मेरे पास कहाँ है ब्राउन पेपर?"

"तब कैसे चढ़ाऊँगी कवर?" और ममी हाथ पर हाथ धरकर बैठ गईं।

"मैं क्या जानूँ? तुम्हें मँगवाकर नहीं रखना चाहिए था, मैंने तो आते ही कह दिया था बस!"

बंटी को जैसे अपने व्यवहार के लिए फिर एक सहारा मिल गया और मन में फिर ढेर-ढेर सारा गुस्सा उफनने लगा।

ममी चुप।

"तुम्हें मेरी बिलकुल परवाह नहीं रह गई है। मत करो मेरा कोई भी काम। बस, डॉक्टर साहब के पास बैठकर चाय पियो। तुम्हारा क्या है, सज़ा तो मुझे मिलेगी। मैं अब स्कूल ही नहीं जाऊँगा, कभी नहीं जाऊँगा, कभी भी..." और बंटी फूट-फूटकर रोने लगा।

ममी ने पकड़कर उसे अपनी ओर खींचा, "पागल हो गया है। एक दिन कवर नहीं चढ़ेंगे तो क्या हो गया? कोई सज़ा नहीं मिलेगी, मैं चिट्ठी लिख दूँगी सर के नाम, चुप हो जा..."

"नहीं, मैं कोई चिट्ठी-विट्ठी नहीं ले जाऊँगा। मैं स्कूल भी नहीं जाऊँगा...गंदी कहीं की..." और कहने के साथ ही बंटी ने ममी की ओर देखा—लो, अब डाँटों, मुद्रा में।

पर फिर भी ममी ने नहीं डाँटा। बस, ममी समझाती रहीं और बंटी उफन-उफनकर रोता रहा। उसे ख़ुद लग रहा है कि यह रोना केवल कवर न चढ़ने का रोना नहीं है। पता नहीं क्या है कि उसे फूट-फूटकर रोना आ रहा है। बहुत दिनों से जैसे मन में कुछ जमा हुआ था, जो एक हलके से झटके से बह आया।

बेबस और अपराधी-सी ममी हाथ पर हाथ धरे बैठी हैं और ज़मीन में पसरकर, पैर फैला-फैलाकर बंटी रो रहा है—मत करो मेरा काम...घूमने जाओ...बातें करो...मैं भी सारे दिन टीटू के यहाँ रहूँगा...पेड़ पर चढ़ूँगा..बिलकुल नहीं पढ़ूँगा...

आँसुओं से सारा चेहरा भीग गया था पर वेग था कि थामे नहीं थम रहा था।

फूफी आई और हाथ पकड़कर उठाने लगी तो बंटी ने हाथ झटक दिया, "मत उठाओ मुझे, रोने दो बस..."

"कइसा ख़ुश-ख़ुश आया था बच्चा स्कूल से। बहुत दिनों बाद तो चेहरे पर ऐसी हँसी देखी थी...आने के बाद दस बार तो कहा था कि कागद चढ़ा देना, पर आपको तो आजकल..." ममी की तरफ़ नज़र पड़ते ही फूफी का उलाहना अधूरा रह गया

और बात जहाँ की तहाँ टूट गई।

बंटी रोता रहा, फूफी समझाती रही, और ममी चुप-चुप बैठी दोनों को देखती रहीं। ममी समझा भी सकती थीं, पर समझाया नहीं। डाँट भी सकती थीं, पर डाँटा भी नहीं। और ममी का यों चुप-चुप बैठना ही बंटी को और रुला रहा था।

एकाएक जैसे कुछ ख़याल आया हो। ममी उठीं। दराज़ में से चाबियों का गुच्छा निकाला और फूफी को देते हुए बोलीं, ''फूफी, कॉलेज के चपरासी से कहना, स्टील की अलमारी में कुछ भूरे काग़ज़ होंगे, निकालकर दे दे।''

और जब काग़ज़ आ गए और ममी उसी तरह चुपचाप चढ़ाने लगीं तो ममी का सारा दोष जैसे बंटी के अपने सिर पर आ चढ़ा। कम से कम बंटी को ऐसा महसूस हुआ। ममी से नज़रें बचाए-बचाए वह ख़ुद भी चढ़ाने में मदद करने लगा। बीच-बीच में छिपकर ममी की ओर देख भी लेता। ममी नाराज़ हैं? पर कुछ भी तो पता नहीं लगता। आजकल ममी की कोई भी बात तो समझ में नहीं आती। पहले ममी का चेहरा, ममी की आँखें देखकर ही ममी के मन की बात जान लेता था, ममी की ख़ुशी, ममी की उदासी, ममी की नाराज़गी सब उसे पता था। पर अब?

''तू जाकर खाना खा ले और सो जा। फिर सवेरे उठा नहीं जाएगा।''

''तुम भी तो चलकर खाना खाओ।'' स्वर में कहीं क्षमा माँगने का-सा भाव उभर आया।

ममी ने एक क्षण को उसकी ओर देखा, फिर धीरे-से बोलीं, ''नहीं, मैं बाद में खा लूँगी।''

एक क्षण को बंटी दुविधा में रहा, उठे या नहीं। फिर धीरे-से उठ गया। कम से कम इस समय वह ममी की किसी भी बात का विरोध नहीं करेगा।

जाते-जाते बोला, ''सफ़ेद लेबिल चिपकाकर नाम भी लिखने हैं।''

''हाँ-हाँ, मैं सब कर दूँगी। तू जाकर सो जा।''

खाना खाकर बंटी बाहर आया तो लगा जैसे भीतर बैठा था तो एक बोझ-सा उस पर लदा था। पता नहीं वह बोझ कवर न चढ़ने का था कि ममी के नाराज़ होने का था या कि अपने ही व्यवहार का था। जो भी हो, बाहर आते ही वह बहुत हलका हो आया और बिस्तर पर लेटते ही सो गया।

सवेरे उठकर बंटी भीतर आया तो देखा सारी किताबें-कापियाँ जमी हुई रखी हैं। कवर चढ़ी हुईं, लेबिल लगी हुईं। सब पर सुंदर अक्षरों में उसका नाम और क्लास लिखा हुआ है...उसने सबको छूकर देखा, हाथ फेरकर। और मन पुलक आया। पर साथ ही एक क्षण को मन में कल का सब कुछ तैर गया। जैसे भी होगा ममी को ख़ुश करेगा। वह दौड़कर आँगन में आया। ममी बैठी अख़बार पढ़ रही हैं। गले में हाथ डालकर वह झूल गया। ममी मेरी...उसकी समझ में नहीं आ रहा था कैसे अपनी ख़ुशी ज़ाहिर करे, कैसे ममी का गुस्सा दूर करे। और जब कुछ भी समझ में नहीं आया

तो ममी के गाल पर एक किस्सू दे दिया।

ममी ने खींचकर उसे अपने सामने किया। उसके दोनों कंधों पर हाथ रखे उसे देखती रहीं। बस, देखती रहीं। न कुछ कहा, न प्यार दिया। क्या था उन नज़रों में? गुस्सा, फटकार, प्यार, ख़ुशी—बंटी कुछ भी तो नहीं समझ पाया।

''जा, जल्दी से जाकर तैयार हो जा। देर नहीं हो जाएगी स्कूल में?'' ममी ने बिना एक बार भी प्यार किए उसे भगा दिया।

तैयार होते-होते बंटी के दिमाग़ में यही एक बात घूमती रही। ममी ने उसे एक बार भी प्यार नहीं किया। पहले कभी वह ममी के गाल पर किस्सू देता तो फिर ममी बदले में ढेर सारे किस्सू देतीं...बाँहों में भरकर ख़ूब-ख़ूब प्यार करतीं। ममी क्या उससे नाराज़ हैं?

नहीं, नाराज़ भी तो नहीं लगतीं। पता नहीं ममी बदल ही गई हैं। पहले की तरह तो बिलकुल ही नहीं रहीं।

और थोड़ी देर पहले की अपराध भावना और पश्चाताप फिर गुस्से में घुलने लगा। पर इस बार का गुस्सा ममी की जगह डॉक्टर जोशी के लिए था। क्यों आते हैं यहाँ इतना?

बंटी बड़ी ख़ुशी-ख़ुशी तैयार हो रहा है। आज कितने दिनों बाद ममी ने उसे बाहर ले जाने के लिए कहा है। कॉलेज से आते ही बोलीं, ''बंटी, तैयार हो जाना, आज घूमने चलेंगे।'' तो एक क्षण को तो वह ममी को ऐसे देखता रहा, मानो विश्वास ही नहीं हो रहा हो। इधर तो ममी ने एक तरह से उसे घुमाना ही छोड़ दिया। कभी-कभी जाती हैं तो अकेले। उससे पूछतीं तक नहीं। बस कह देती हैं, मैं जा रही हूँ। ऐसा करना चाहिए ममी को? उसका क्या है, मत पूछो! वह भी टीटू के यहाँ खेलने चला जाता है, फूफी को लेकर कुन्नी के यहाँ चला जाता है। अपने खिलौने निकाल लेता है, पापावाले।

''ऐसे क्या देख रहा है? बता तो कहाँ चलेगा आज?''

''कंपनी बाग?''

''क्या पहनेगा? अच्छे-से कपड़े निकाल ले।'' ममी बहुत ख़ुश लग रही हैं आज। आजकल पहले की तरह उदास तो नहीं ही रहतीं।

वह ख़ुद तैयार हो गया, अब ममी का तैयार होना देख रहा है। एक-एक शीशी खुलती है और चेहरे पर चढ़ती हर परत के साथ ममी का चेहरा जैसे नया होता जा रहा है। पाउडर की सफ़ेदी और होंठों की लाली के बीच में ठुड्डी का तिल कैसा चमक रहा है। एकाएक मन हो आया, ममी का तिल छू ले। कितने दिनों से उसने ममी का तिल ही नहीं छुआ। सजती हुई ममी उसे सुंदर लग रही हैं, पर हिम्मत नहीं हो रही कि पास जाए, पता नहीं, आजकल उसके और ममी के बीच कुछ हो गया है।

आज वह ममी के साथ ख़ूब घूमेगा, ख़ूब खेलेगा। ममी को ख़ूब हँसाएगा भी।

फिर रात में बिना कहे ही ममी के पलंग में घुस जाएगा और उनके तिल पर हाथ फेरकर कहानी सुनेगा। बस, एक भी बहाना नहीं सुनेगा।

ममी ने अलमारी खोलकर एक डिब्बा निकाला और उसमें से बैंगनी रंग की साड़ी निकालकर पहनने लगीं। सुंदर और एकदम नई।

''यह कौन-सी साड़ी है ममी?'' ममी की एक-एक चीज़ से वह बहुत परिचित है।

''है एक, नई है।''

''कब लाईं, मुझे नहीं बताई?'' शिकायत के स्वर में बंटी ने कहा।

ममी का साड़ी बाँधता हाथ रुक गया। कुछ क्षण को उनकी नज़रें बंटी के चेहरे पर टिक गईं। ममी कभी-कभी उसकी तरफ़ इस तरह देखती हैं कि लगता है मानो उसको नहीं देख रहीं, उसके चेहरे में कुछ और देख रही हों। फिर हँसकर बोलीं, ''मैं जो कुछ करूँ, तुझे बताना ज़रूरी है? तू तो अभी से अपने...'' और वे फिर साड़ी बाँधने लगीं।

मत बताओ, मेरा क्या है? मैं भी कोई चीज़ लाऊँगा तो नहीं बताऊँगा—कुछ भी करूँगा तो नहीं बताऊँगा। नहीं बताना कोई अच्छी बात है?

तभी बाहर गाड़ी का हार्न भी सुनाई दिया। लो, ये डॉक्टर साहब आ गए तो अब ममी जाएँगी भी नहीं। मना तो करें अब, वह भी...

''चल, तू जाकर बैठ, मैं अभी आई।''

''हम क्या डॉक्टर साहब के साथ जाएँगे?'' बंटी का सारा उत्साह ही जैसे मर गया।

''और क्या, उनकी गाड़ी में ही तो चलना है।'' ममी ने जल्दी-जल्दी दराज़ें और अलमारी बंद कीं। एक क्षण को बंटी का मन हुआ कि मना कर दे। पर गाड़ी में घूमने का लालच भी कम नहीं था।

डॉक्टर साहब ने अपनी बगलवाली सीट का फाटक खोला तो ममी ने भीतर बैठते हुए कहा, ''तू पीछे बैठ जा।''

''इसे भी आगे ही ले लो। दोनों बैठ सकोगे।''

पर ममी ने पीछे का फाटक खोलकर कहा, ''नहीं, यह पीछे बैठ जाएगा आराम से, आगे मेरी साड़ी मुड़ जाएगी।''

बिना एक भी शब्द बोले अपमानित-सा बंटी चुपचाप पीछे बैठ गया। उसका क्या है, आगे बिठाओ, पीछे बिठाओ या घर ही छोड़ जाओ। नई साड़ी पहनकर कैसा इतरा रही हैं ममी। अब तो दोनों बैठ गए, ये डॉक्टर साहब गाड़ी क्यों नहीं स्टार्ट कर रहे हैं? एकटक ममी को ही देख रहे हैं, जैसे कभी देखा ही न हो।

''चलिए न!'' बंटी से और ज़्यादा देर तक चुप नहीं रहा गया।

''अच्छा बंटी बेटे, आज का प्रोग्राम सिर्फ़ तुम्हारे लिए है। बोलो तो कहाँ चलना पसंद करोगे?''

डॉक्टर साहब का यों पूछना बंटी को अच्छा लगा।

"कंपनी बाग की फरमाइश की है बंटी ने। पहले बच्चों को ले लीजिए, फिर वहीं चलते हैं।" ममी के कहते ही डॉक्टर साहब ने 'ओ. के.' कहा और कार चला दी।

बंटी मन ही मन जैसे भुन गया। धत्तेरे की। यह भी कोई घूमना हुआ। ममी ख़ुद तो अकेले-अकेले घूमती हैं डॉक्टर साहब के साथ, पर आज उसे घुमाने की बात कही तो सबको बटोर लो। फिर क्यों झूठ-मूठ कहती हैं कि चल तुझे घुमा लाते हैं। यों कहो न सबको घुमाना है। कौन-से बच्चे हैं?

और मन में पापा के साथ घूमनेवाला दिन तैर गया। बिलकुल अकेले। "बंटी बेटा, आज तुम्हें अपने बच्चों से मिलाएँगे। हमारे यहाँ एक दीदी है, जोत दीदी—एक छोटा भय्या है अमि। दीदी बहुत सीधी और समझदार हैं और अमित बहुत शैतान। एकदम पाजी! शैतानी करे तो तुम कान खींच देना उसके..."

ममी हँस क्यों रही हैं? यह भी कोई हँसने की बात है। कोई चुटकुला सुनाया है डॉक्टर साहब ने?

गाड़ी जब कोठी के सामने रुकी तो बंटी ने उड़ती-सी नज़र डाली। ख़ूब बड़ी है कोठी, पर बगीचा नदारद। बस सामने अहाता-सा है। न घास, न पौधे।

डॉक्टर साहब उतरकर भीतर चले गए तो ममी ने बताया, "यही है डॉक्टर साहब की कोठी।" और फिर उसका चेहरा देखने लगीं।

दरवाज़े में घुसते ही बाईं ओर एक छोटा-सा मकान जैसा बना है, जिस पर बड़ा-सा बोर्ड लगा है, हर जगह दिखाई देनेवाला बोर्ड, 'लाल तिकोन। दो या तीन बच्चे बस।'

"यह क्या है ममी?"

"डॉक्टर साहब की डिस्पेंसरी। सवेरे डॉक्टर साहब यहाँ बीमारों को देखते हैं।"

"आंटी," हलका नीला फ्रॉक पहने एक लड़की दौड़ती चली आ रही है और पीछे-पीछे एक लड़का। दोनों के चेहरों पर ख़ुशी जैसे छलकी पड़ रही है।

तो ममी इन बच्चों को भी जानती हैं, बस वही नहीं जानता।

"देखो जोत, यह है बंटी! आज तुम लोगों की दोस्ती करवा देते हैं। फिर कभी तुम इसके पास आ जाना, कभी यह तुम्हारे पास आ जाएगा।"

जोत उसे देख रही है, पर वह जैसे अपने में ही सिमटता जा रहा है। "मैं खिड़की के पास बैठूँगा।" अमि ने आते ही घोषणा कर दी और पीछे का फाटक खोलकर वह बड़े अधिकार भाव से भीतर बैठ गया। बंटी को लगा अपनी चीज़ होने पर ही ऐसा अधिकार भाव आ सकता है। वह चुपचाप एक ओर को सरक गया। दूसरे फाटक से जोत घुसी तो वह बीच में सरक गया।

बीच में बैठना भी कोई बैठना होता है? अब कुछ देख सकता है वह? दूसरों की गाड़ी में वह कहे भी क्या? पर ममी तो कह सकती थीं कि दोनों में से कोई एक बीच में बैठ जाए और बंटी को खिड़की पर बैठने दे। वे तो बंटी को घुमाने लाई थीं। झूऽठ! उसे नहीं करनी दोस्ती किसी से। आगे से वह कभी आएगा भी नहीं इनके

साथ। डॉक्टर साहब, ममी आगे की खिड़कियों पर बैठे हैं और जोत और अमित पीछे की खिड़कियों पर। बस वही फालतू-सा बीच में बैठा है।

घास पर ममी और डॉक्टर साहब अपने-अपने रूमाल बिछाकर बैठ गए, "जाओ, खेलो अब तुम लोग। रेस लगाओ या कुछ और।" अमि तो बिना किसी की राह देखे ही दौड़ भी गया। जोत इधर-उधर देख रही है। वह नहीं खेलेगा। बस यहीं बैठा रहेगा।

ये ममी इतना सटकर क्यों बैठी हैं डॉक्टर साहब से। ऐसे तो कभी ममी किसी के साथ नहीं बैठतीं। बंटी को बहुत अजीब लग रहा है। अजीब और बहुत खराब भी। वह दोनों के बीच घुसता हुआ बोला, "मैं नहीं खेलूँगा ममी, मन नहीं हो रहा है।"

"ले, यहाँ खेलने आया है कि बैठने। पागल कहीं का, चल दौड़ लगा। जोत, इसे ले जाओ तो अपने साथ।" ममी ने एक तरह से उसे ठेल दिया। जोत उसका हाथ पकड़कर खींचने लगी तो मजबूरन उसे उठना पड़ा।

पर बंटी न खेला, न दौड़ा। बस ममी के इर्द-गिर्द ही चक्कर काटता रहा।

ज़रा-सी दूर जाता भी तो मुड़-मुड़कर ममी की ओर देखता रहता। ममी को इस तरह देखकर अजीब-सी बेचैनी हो रही थी उसे। थोड़ी देर में वह फिर ममी के पास आकर ही बैठ गया।

"इट सीम्स, ही हसबैंड्स यू टू मच!" डॉक्टर ने कहा तो ममी हँसने लगीं।

हाँ, हसबैंड की बात कर रहे हैं और ममी हँस रही हैं। पहले पापा की बात करने से कैसी उदास हो जाया करती थीं। और ऐसे सबसे करनी चाहिए पापा की बात? ऐसे हँसना चाहिए? वह तो अपने दोस्तों के सामने भी कभी नहीं करता।

जाने क्यों बंटी का मन गुस्से में सुलगने लगा।

उसके बाद आइसक्रीम खाई, चाट खाई। ममी और डॉक्टर साहब हँस-हँसकर बातें करते रहे। अमि शोर मचाता रहा, अधिकारपूर्ण स्वर में फरमाइशें करता रहा—पापा ये लेंगे, वो लेंगे? जोत कभी ममी से बात करती, कभी डॉक्टर साहब से। बस केवल बंटी था जो चुप था, सबसे अलग और सबसे अकेला। एक ममी ही तो उसकी थीं, पर वे भी उन्हीं लोगों में जाकर मिल गईं।

आठ

आज रविवार का दिन है।

गीले बालों को कुर्सी की पीठ पर फैलाए ममी स्वेटर बुन रही हैं। बंटी ढेर सारे रंग और ब्रश लेकर एक चित्र बना रहा है। सवेरे के समय अब धूप में बैठना अच्छा

लगने लगा है। फूफी ने सारे आँगन में चटाइयाँ डालकर दालें और गेहूँ फैला रखे हैं। फूफी को इसका ही बड़ा शौक़ है। जब देखो कोई न कोई चीज़ धूप में फैलाए रखेगी। कभी गेहूँ-दालें तो कभी गद्दे-रजाइयाँ। फूफी का बस चले तो बंटी को भी ले जाकर खड़ा कर दे...''अरे जरा घंटे-भर धूप में उलट-पलट दें, नहीं तो फफूँद आ जाएगी।''

दो-चार ब्रश मारकर बंटी एक बार ज़रूर ममी को देख लेता है। यों उसकी तरफ ममी की पीठ है, पर जब वह देखता है तो उसके सामने ममी का चेहरा ही उभरता है। मानो चेहरा पीठ पर उठ आया हो। एकदम बदला हुआ चेहरा। वह क्या जानता नहीं कि ममी कितनी बदल गई हैं इन दिनों। पर अच्छी हो गई हैं या बुरी, यह तय नहीं कर पाया। कभी-कभी देखता है तो अच्छी लगती हैं, पर फिर जाने क्या हो जाता है कि एकदम बुरी लगने लगती हैं। बुरी तो आजकल हो ही गई हैं ममी। उसे तो बहुत पहले से मालूम था कि ममी के पास अपने को बदलने का जादू है। पर कैसा है और कहाँ है, यह आज तक नहीं जान पाया। ममी के पीछे इधर-उधर काफ़ी ताक-झाँक और छान-बीन भी की। पर कुछ पता नहीं लगा। पहलेवाली ममी होतीं तो सीधे ममी से ही पूछ लेता, पर अब? इनवाली ममी से कुछ पूछा जा सकता है भला? अभी भी ममी सवेरे सामने बैठकर दूध पिलाती हैं, शाम को पढ़ाती हैं, बातें करती हैं, पर क्या वह जानता नहीं कि ममी न उसे दूध पिलाती हैं, न पढ़ाती हैं, न उससे बातें करती हैं।

वह जो स्वेटर बुन रही हैं वह भी उसके लिए नहीं बुन रहीं। डॉक्टर जोशी के लिए बुन रही हैं। जब तक डॉक्टर जोशी इस घर में नहीं आए थे ममी का हर काम, इस घर का हर काम बंटी के लिए ही होता था। अब सब कुछ डॉक्टर जोशी के लिए होने लगा है। वह सब समझता है। हो, उसका क्या जाता है।

वह तो आज अपनी ड्राइंग पूरी करेगा, ख़ूब अच्छी बनाएगा। जब पूरी हो जाएगी तो पापा को भेजेगा। पापा को चिट्ठी भी लिखेगा। लिखेगा कि गत्ता चिपकाकर या शीशे में मढ़वाकर अपने कमरे में लगा लीजिए।

''फूफी, अब तुम बंटी को नहला दो और फिर खाना शुरू करो। बारह बजे तक खाना बन जाना चाहिए।''

फूफी कुछ जवाब ही नहीं देती। फूफी भी आजकल नाराज़ हैं ममी से। इसीलिए उसे और ज़्यादा अच्छी लगने लगी है फूफी। अच्छा है, धीरे-धीरे सब नाराज़ हो जाएँगे। पर ममी को आजकल परवाह भी रह गई है किसी की। किसी दिन डॉक्टर जोशी भी नाराज़ हो जाएँगे न, तब पता लगेगा।

''बंटी, जाओ बेटे, फूफी से नहा लो!''

''नहीं, मैं अपने-आप नहाऊँगा।'' काग़ज़ पर रबड़ घिसते हुए बंटी ने कहा।

''बेटा, इतवार के दिन फूफी से नहा लो। अपने-आप ठीक से साफ़ नहीं हुआ जाता तुमसे।''

"क्यों नहीं हुआ जाता? ख़ूब हुआ जाता है। मैं अपने-आप ही नहाऊँगा," ममी चाहती हैं कि बंटी नहा-धोकर तैयार हो जाए अभी से। आज डॉक्टर साहब जो आनेवाले हैं बच्चों को लेकर। वह नहीं जाता वहाँ तो ममी ने उन लोगों को यहाँ बुला लिया। बुलाएँ उसका क्या जाता है? जोत से वह बात कर लेगा। जोत उसे अच्छी लगती है, पर वह बंदर कैसी शान लगाता है—मेरे खिलौने हैं, मेरी गाड़ी है।

"बंटी," ममी की आवाज़ की सख़्ती से बंटी को भीतर ही भीतर जैसे संतोष हुआ। उसने कोई जवाब नहीं दिया। बस, चुपचाप रबड़ घिसता रहा।

"बंटी, मैं बुला रही हूँ न बेटे!"

"क्या है? मैं ड्राइंग जो बना रहा हूँ।" बंटी टस से मस नहीं हुआ। होगा भी नहीं! अब ममी गुस्सा होंगी। वह चाहता है कि ममी गुस्सा हों, ख़ूब गुस्सा हों।

पर उसके बाद ममी कुछ नहीं बोलीं। मज़े से बैठी बुन रही हैं जैसे कुछ हुआ ही नहीं हो। जैसे बंटी बिना कुछ कहे नहाने चला गया हो। गुस्सा होनेवाले कामों पर भी ममी जब गुस्सा नहीं होतीं तो फिर बंटी को गुस्सा आने लगता है। मन होता है कुछ करे। ममी को झकझोर कर रख दे।

"ड्राइंग पीछे कर लेना, पहले नहा लो। नौ बज रहे हैं।" उसे पता ही नहीं चला और ममी बगल में आकर खड़ी हो गईं। अब ज़रूर हाथ पकड़कर उठाएँगी।

इतने में बाहर के दरवाज़े पर खटखट हुई तो ममी बाहर चली गईं। छुट्टी हुई।

बाहर कौन आया है? ममी की बात करने की आवाज़ आ रही है। बंटी भी काग़ज़-पेंसिल छोड़कर बाहर आ गया।

पता नहीं कौन है? वह नहीं जानता। पर इस घर में कोई भी आए, कुछ भी हो, बंटी की जानने की इच्छा ज़रूर रहती है। बंटी वापस लौटा नहीं, वहीं अपनी मेज़ पर जाकर कुछ उलट-पुलट करने लगा।

बीच की मेज़ पर दो-तीन मोटी-मोटी किताबें रखी हैं और एक किताब ममी पलट रही हैं। दूर से ही बंटी को रंग-बिरंगी तसवीरें दिखाई दीं तो वह भी चुपचाप ममी के पीछे जा खड़ा हुआ। सुंदर-सुंदर घर, घर नहीं कमरे। पलंग, सोफ़ा-सेट, ड्रेसिंग-टेबुल...रंग-बिरंगे पर्दे, कुशंस...टेबुल-लैंप...

ऐसा कमरा हो तो?

"इस तरह की चीज़ें आप बना भी सकेंगे?"

"देखिए, आज तक तो किसी को शिकायत नहीं हुई। मैं ख़ुद क्या...काम देखकर आप ही कुछ कहिएगा..."

तो ममी ऐसी चीज़ें बनवा रही हैं। एक क्षण को बंटी का मन पुलक उठा। पीछे से ममी की कुर्सी के हत्थे पर आ बैठा।

"बोल तुझे कैसा सोफ़ा पसंद है, कैसे पलंग पसंद हैं?" ममी ने मुसकराते हुए उससे पूछा तो बंटी जैसे उत्साह से भर उठा।

"ठहरो ममी, मैं सब देखकर बताता हूँ।" और वह पन्ने पलट-पलटकर हर चीज़

को बड़े ध्यान से देखने लगा।

"ऐसी सब चीजें हों तो घर अच्छा लगेगा न?" ममी की इस बात से एक उल्लास-भरी मुसकान उसके चेहरे पर फैल गई। आजकल ममी ख़ुद भी तो अच्छे-अच्छे कपड़े पहनती हैं, अब घर के लिए भी अच्छा-अच्छा सामान बनवाएँगी।

कौन-सी चीज़ पसंद करे? जो पन्ना पलटता है वही बड़ा सुंदर लगने लगता है।

"डॉक्टर साहब ने भी कुछ पसंद किया है?"

"जी नहीं, कहा है आप ही पसंद करेंगी।"

और बंटी का सारा उत्साह जैसे ठंडा पड़ गया। यहाँ भी डॉक्टर साहब! नहीं करता वह पसंद। डॉक्टर साहब के लिए वह कुछ भी नहीं करेगा। अब ममी ही बैठकर करें। वरना सारी किताबों में से सबसे अच्छा छाँटता।

ममी दूसरी किताब देख रही हैं। बंटी ने गुस्से में आकर किताब बंद कर दी और भीतर आ गया। मन में कहीं उम्मीद है कि आवाज़ देकर ममी बुलाएँगी, फिर से पसंद करने को कहेंगी या कि जो पसंद किया है, उसके बारे में राय लेंगी। आज तक बिना उसकी राय के कोई चीज़ ख़रीदी भी है ममी ने। पर ममी ने नहीं बुलाया तो बंटी जैसे भीतर ही भीतर सुलगने लगा। बुलातीं भी तो वह कौन जाता। वह कौन नौकर है, डॉक्टर साहब का, जो उनके घर के लिए सामान पसंद करेगा। करें ममी अपने-आप बैठकर।

बंटी ने तौलिया उठाया और नहाने घुस गया। आकर देखेंगी कि बंटी तो नहा भी लिया। अपने-आप, बिना फूफी की मदद के।

डॉक्टर साहब की गाड़ी फाटक पर आई तो ममी तेज़-तेज़ चलकर फाटक पर पहुँच गईं। वह नहीं जाएगा। ममी ने आज ख़ुद रसोई में काम किया, पर वह एक बार भी नहीं गया। वरना वह क्या मदद नहीं करवा सकता? फूफी की मदद तो कई बार की है।

सारा काम करने के बाद ममी ने मुँह धोया और फिर गुलाबी रंग की साड़ी पहनी। ड्रेसिंग-टेबुल के सामने बड़ी देर तक बैठकर जूड़ा बनाती रहीं। डॉक्टर साहब आते हैं तो ममी ख़ूब सज-धजकर रहती हैं। पर ममी को पता ही नहीं कि ममी ढीली-ढीली चोटी में ही बहुत सुंदर लगती हैं। जूड़े में तो एकदम अच्छी नहीं लगतीं। बिलकुल प्रिंसिपलवाला चेहरा हो जाता है। पर वह क्यों बताए? जूड़े में अगर बंटी गुलाब का फूल लगा दे तो फिर भी अच्छी लगने लगें। गुलाबी साड़ी के साथ गहरे रंगवाला गुलाब का फूल तो बहुत ही सुंदर लगेगा। पर वह नहीं लगाएगा। ममी अपने-आप लगाना चाहेंगी तो तोड़ने भी नहीं देगा। बगीचा उसका है। सारे पौधे, सारे फूल उसके हैं।

"हल्लो बंटी! देखो तुम हमारे यहाँ नहीं आते तो हम सब यहाँ आ गए।" बंटी

ने मशीनवत् हाथ जोड़ दिए। पर चेहरे पर कोई भाव ही नहीं, न ख़ुशी का न दुख का। जोत की तरफ़ देखा तो वह उसी की ओर देखकर मुसकरा रही थी। हलका नीला फ्रॉक और नीले रिबन का बड़ा-सा फूल। जोत उसे हमेशा ही अच्छी लगती है। अनायास ही उसके चेहरे पर मुसकराहट आ गई।

"जोत, बाहर जो बगीचा देखा न, वह सब बंटी का लगाया हुआ है। बड़ा होशियार है बंटी। तुम लोगों ने तो अपने घर के लॉन का बिलकुल कबाड़ा कर रखा है।"

बंटी ने एक बार उड़ती-सी नज़रों से डॉक्टर साहब की ओर देखा। क्या सचमुच ही वह उसकी तारीफ़ कर रहे हैं? मन में कहीं हलकी-सी ख़ुशी भी जागी पर ममी को देखो, ऐसे ख़ुश हो रही हैं, जैसे उन्हीं की तारीफ़ हुई हो।

"मैंने गिलास में ब्लाटिंग पेपर डालकर गेहूँ बोए थे।" सबके बीच बंटी को इतना महत्त्वपूर्ण होते देख जैसे अमि यह कहने को विवश हो गया।

सब हँस पड़े। ममी ने खींचकर अमि को अपने पास ले लिया। बहुत प्यार से बोलीं, "मैं सिखाऊँगी तुझे फूल बोना। सीखेगा?"

'हुँह! बड़ा सिखाएँगी। ख़ुद को भी आता है। जैसे हर कोई कर सकता है न यह काम। यह अमि कैसे लाल कपड़े पहनकर आ गया है—हनुमान कहीं का।' और बंटी की आँखों में अमि की एक दुम और तैर गई तो उसे मन ही मन हँसी आने लगी।

ममी अमि और डॉक्टर साहब को लिए-लिए ही भीतर चली गईं। जोत बंटी के पास आ गई और उसका हाथ पकड़कर बोली, "चलो बंटी, हमको अपना बगीचा दिखाओ।"

"तुम्हें सब फूलों के नाम आते हैं?"

"और नहीं तो क्या?"

"सिर्फ़ नाम ही नहीं, सब कुछ जानना पड़ता है। बहुत सारी बातें।" बंटी के स्वर में बड़प्पन जैसे छलका पड़ रहा है।

"क्यों बंटी, तितलियाँ आती हैं इस बगीचे में?"

"आती हैं, पर पकड़ना मत। बहुत बड़ा पाप लगता है, कालावाला।"

ज़मीन पर बैठकर पेंजी की क्यारी की ओर इशारा करके जोत ने पूछा, "इस फूल का क्या नाम है बंटी?"

"हें-हें—पौधों को उँगली नहीं दिखाते कभी। उँगली दिखाने से मर जाते हैं।" फिर उसने उँगली मोड़कर पौधों की ओर इशारा करने का ढंग बताया। भीतर ही भीतर संतोष-भरा एक गर्व जागा—"बगीचे की कितनी तो बातें होती हैं, हर कोई जान सकता है भला!"

फिर आम का पौधा बताया। अलग-अलग फूलों के नाम बताए। पर जोत जैसे बहुत ज़्यादा दिलचस्पी नहीं ले रही। समझ जो नहीं रही होगी।

"चल अब भीतर चलते हैं। धूप तेज़ नहीं लग रही है?" जोत उसका हाथ पकड़कर खींचने लगी।

बंटी को अपने बगीचे में धूप कभी तेज़ नहीं लगती। गरमी के दिनों में भी नहीं लगती। सर्दी के दिनों में शाम को सर्दी नहीं लगती। ममी चिल्लाती रहती हैं और वह शाम को पानी देता रहता है। पर जोत की बात टालने की उसकी इच्छा नहीं हुई।

भीतर चलने लगे तो बंटी ने एक सफ़ेद गुलाब तोड़कर कहा, ''ला, तेरे बालों में लगा दूँ।'' जोत पुलक आई। उसे नीचे बिठाकर बंटी बड़े यत्न से फूल लगाने लगा।

''तू लगा सकेगा? नहीं तो आंटी जी से लगवा लूँगी।''

''ममी के भी तो मैं ही लगाया करता हूँ।'' और कहने के साथ ही ख़याल आया, बहुत दिनों से उसने ममी के सिर में फूल नहीं लगाया। पर वह क्या करे? ममी को आजकल...और एक अनमना-सा भाव उसे छूकर निकल गया।

दोनों भीतर पहुँचे। डॉक्टर साहब सोफ़े पर ममी की बगल में बैठे हैं एकदम सट कर। उनका एक हाथ ममी की पीठ पर से होता हुआ ममी के कंधे पर रखा है। दूसरे हाथ में वे ममी को एक सुंदर-सी शीशी सुँघा रहे हैं।

बंटी एक क्षण जहाँ का तहाँ खड़ा देखता रहा। क्या कर रहे हैं डॉक्टर साहब उसकी ममी के साथ? उसे अजीब-सी बेचैनी होने लगी। वह एकदम ममी के पास चला गया। पर दोनों को जैसे कुछ पता नहीं।

''आह, बहुत अच्छी ख़ुशबू है।'' ममी का चेहरा साड़ी के रंग जैसा ही हो गया है।

''इम्पोर्टेड है। ख़ास तुम्हारे लिए मँगवाया है।'' और डॉक्टर साहब ने शीशी अपनी उँगलियों पर उलटी और ममी की साड़ी के पल्ले पर मलने लगे।

बंटी का मन हुआ खींचकर डॉक्टर साहब को अलग कर दे। उसके भीतर कुछ खौलने लगा। तभी उसकी नज़र अमि पर पड़ी। बड़े मज़े से उसके सारे खिलौने लेकर बैठा खेल रहा है। वह दौड़कर झपटा। ''किसने दिए मेरे खिलौने?'' और दोनों हाथों से ताबड़तोड़ अपने खिलौने समेटने लगा। अमि ने भी जो हाथ लगा, समेटकर अपनी गोद में दुबका लिया।

''दे मेरे खिलौने।'' बंटी छीनने लगा।

ममी झपटकर आईं, ''क्या कर रहा है बंटी? खेलने दे न! तेरा छोटा भाई ही तो है।''

''नहीं, मैं नहीं खेलने देता। कोई नहीं है मेरा छोटा-वोटा भाई।'' अमि से जूझते-जूझते ही उसने जवाब दिया।

ममी ने दोनों हाथों से पकड़कर बंटी को अलग किया, ''बंटी, फिर वही गंदी बात! तेरे हैं तो क्या हुआ? थोड़ी देर में खेलकर दे देगा।''

बंटी पूरी ताकत लगाकर अपने को ममी के हाथ से मुक्त करने की कोशिश कर रहा है। बँधे हाथ-पैरों की ताकत जैसे जीभ में आ गई। ''मेरे खिलौने हैं। पापा ने मेरे लिए भेजे हैं, मैं किसी को नहीं दूँगा।'' और एक झटके में ममी के हाथ से

छूटकर बंटी अमि पर पिल पड़ा। पता नहीं बंटी ने मारा या केवल अपने बचाव के लिए अमि पहले चीख़ा और फिर रो पड़ा।

''तड़ाक।'' बंटी के गाल पर एक चाँटा पड़ा तो सारा कमरा जैसे घूम गया। बंटी ऊपर से नीचे तक काँप गया। चोट ज़्यादा नहीं थी, पर ममी के हाथ का चाँटा और वह भी सबके बीच में...जोत और अमि के सामने! वह रोया नहीं, पर उसकी आँखों से जैसे चिनगारियाँ निकलने लगीं।

''शकुन!'' डॉक्टर साहब की सख़्त-सी आवाज़ सारे कमरे में फैल गई। ''तुमने बंटी को मारा क्यों? बच्चों की लड़ाई में मारने की क्या बात हो गई?'' और डॉक्टर साहब पास आकर बंटी को गोद में उठाने लगे। पर बंटी छिटककर दूर जा खड़ा हुआ।

एक क्षण को सारे कमरे में सन्नाटा छा गया। जो जहाँ था वह जैसे वहीं जम गया। और फिर बंटी ने उठाकर खिलौने फेंकने शुरू किए...धड़ाधड़ एक-एक खिलौना कमरे में छितरा गया। किसी ने उसे रोका नहीं, किसी ने उसे कुछ कहा नहीं।

फिर उसने अपनी बंदूक उठाई और उसी गुस्से में दौड़ता हुआ बाहर आ गया। कुछ नहीं, पेड़ पर ख़ूब-ख़ूब ऊँचे चढ़कर बंदूक चलाएगा। आकर मना तो करें ममी। मारनेवाली ममी की बात सुनेगा अब वह? कभी नहीं सुनेगा। ठाँय-ठाँय बंदूक की आवाज़ गूँजती रही, गूँजती रही। पर भीतर से कोई नहीं आया।

और जब भीतर से कोई नहीं आया तो बंटी को रोना आ गया। मन हुआ पेड़ पर से कूद पड़े। अपने हाथ-पाँव तोड़ ले। तब ममी को पता लगेगा कि बंटी को चाँटा मारने का क्या मतलब होता है। और उसकी अपनी ही आँखों के सामने अपना पट्टियों से बँधा शरीर घूमने लगा। वह पलंग पर कराह रहा है, सब लोग चारों ओर खड़े हैं। ममी रो रही हैं...

पर कूदा नहीं गया। तभी फूफी आई। ज़रूर ममी ने ही भेजा होगा। ख़ुद तो हिम्मत नहीं हो रही है आने की।

''बंटी भय्या, चलकर खाना खा लो।''

बंटी और ज़ोर-ज़ोर से बंदूक दागने लगा। जैसे उसने न फूफी को देखा न फूफी की बात सुनी।

''अरे काहे को तुम हमारा खून जलाते हो बंटी भय्या! कहते हैं न उतरकर खाना खा लो! फिर मर्ज़ी आए बंदूक चलाना, चाहे तोप।''

''भाग जा यहाँ से, मैं नहीं खाता खाना।'' ठाँय-ठाँय...

''जिस घर के लोग लीक छोड़कर चलेंगे, उसमें यही सब होगा। अभी क्या हुआ है, अभी तो बहुत कुछ होगा।'' बड़बड़ाती हुई फूफी लौट गई।

अब?

और एकाएक ही बंटी फूट-फूटकर रोने लगा। कोई मत आओ उसे बुलाने। उसे

भूख थोड़े ही लगती है। मरे वह भूखा? ममी का क्या जाता है? ममी तो डॉक्टर साहब को खाना खिलाएँगी। अमि को तो ज़रूर अपनी बगल में बिठा रखा होगा। और उस काल्पनिक दृश्य से मन और ज़्यादा-ज़्यादा उफनने लगा।

पेड़ पर बैठा-बैठा बंटी रोता रहा और जब मन का सारा गुस्सा, सारा आवेग आँसुओं के रूप में बह गया तो धीरे-धीरे मन में एक अजीब-सा डर समाने लगा। ममी के गुस्से का डर। इस तरह तो उसने आज तक कभी नहीं किया। ममी ज़रूर गुस्सा होंगी। होंगी नहीं, हैं। तभी तो एक बार भी नहीं आईं, किसी और को भी नहीं आने दिया।

गुस्सा, दुख, अपमान, भूख और डर ने मिलकर बंटी को भीतर से बिलकुल थका दिया। थक ही नहीं गया जैसे भीतर से कहीं बिलकुल सुन्न हो गया। अब तो न गुस्सा आ रहा है न रोना। बस, बार-बार दरवाज़े की ओर देख लेता है...शायद कोई आ जाए, अब भी कोई आ जाए। अगर जोत भी आकर उससे चलने को कहेगी तो वह चला जाएगा।

पर कोई नहीं आया। लगता है, सब लोगों ने खाना खा लिया है। उसका किसी को ख़याल भी नहीं आया? ममी को भी नहीं? एक बार आँखें फिर छलछला आईं।

धीरे-धीरे वह नीचे उतरा। एक बार फाटक पर गया। सड़क पर दोपहर का सन्नाटा था। मन हुआ फाटक खोलकर निकल जाए और दौड़ता चला जाए, दौड़ता चला जाए...पर कहाँ? इन सड़कों का कहीं अंत भी है? ये उसे कहाँ ले जाएँगी?

और इस 'कहाँ' से हारकर वह चुपचाप लौट आया और जब कुछ भी समझ में नहीं आया तो आकर घास पर लेट गया। जब तक कोई बुलाएगा नहीं, भीतर तो वह जाएगा ही नहीं।

पता नहीं कब तक वह आधी सोती आधी जागती स्थिति में पड़ा रहा कि अचानक ही भीतर से सब लोग एक साथ ही आते दिखाई दिए। उसने झट-से आँखें मूँद लीं। धीरे-धीरे पैरों की आवाज़ें पास आ रही हैं। पर शायद कोई कुछ बोल नहीं रहा। हो सकता है, उसे इस तरह यहाँ पड़ा देखकर उसके पास आएँ, उसे उठाएँ। वह तो चुपचाप आँखें बंद किए पड़ा रहेगा, बस जैसे सो गया हो।

कई जोड़ी पैरों की मिली-जुली आहट सरकते-सरकते पास आई, पर बिना एक क्षण भी कहीं रुके बराबर दूर होती चली गई। शायद सब लोग फाटक पर पहुँच गए। फटाक-फटाक गाड़ी के दरवाज़े बंद हुए और घर्र करती गाड़ी चली गई। अजीब बात है, चलते समय कोई किसी से बात नहीं कर रहा। डॉक्टर साहब भी नहीं बोले? हर आहट को वह केवल सुन ही नहीं रहा, देख भी रहा है।

चर्र-मर्र...फिर एक आहट, बड़ी परिचित आहट उसके पास चली आ रही है। बंटी को अपनी साँस जैसे रुकती हुई महसूस हुई। लगा आहट पास आएगी तब

तक उसकी साँस पूरी रुक जाएगी...आहट बिना उसके पास आए ही भीतर चली गई, तब भी उसकी साँस रुक जाएगी।

किसी ने झुककर उसे धीरे-से झकझोरा—"बंटी...बंटी?" बंटी चुप।

तब दो बाँहों ने उसे अपने में समेटा। बिना ज़रा भी विरोध किए वह इस प्रकार से सिमट गया मानो बड़ी देर से इसी की प्रतीक्षा कर रहा हो। एक बार मन हुआ कि गले में बाँहें डालकर चिपट जाए, पर हिलना तो दूर साँस लेने की हिम्मत नहीं है इस समय उसमें।

फिर गद्दे की नरमाई और कंबल की गरमाई में उसका भूखा-थका शरीर डूबता चला गया, डूबता चला गया और उसे ख़ुद पता नहीं चला कि वह कब पूरी तरह डूब गया।

मेज़ के एक ओर ममी बैठी हैं और सामने की कुर्सी पर बंटी। बीच में प्लास्टिक के सुंदर डिब्बे में वह शीशी रखी है, जो डॉक्टर साहब लाए थे। जादुई शीशी। डॉक्टर साहब का ममी को सुँघाना...साड़ी पर मलना...और फिर तड़ाक...याद नहीं, इसके पहले ममी ने कब मारा था, कभी मारा भी था या नहीं—एक अजीब-सा डर है जो उसके शरीर और मन को जकड़ता जा रहा है।

"बंटी, अब तुम यही सब करोगे?" ममी की आवाज़ पता नहीं कहाँ से आ रही है।

"आज जो कुछ तुमने किया, वह बहुत अच्छा था न? कोई घर में आए तो यही सब करना चाहिए?"

बंटी चुप है। लगा शीशी जैसे मेज़ पर हिलने लगी है।

"इतने साल में मैंने तुझे यही सिखाया है? यही अक्ल और यही तमीज़! जोत को देखा? कैसा सलीका और तमीज़ है। जबकि उनको देखने-भालनेवाली माँ नहीं है। मैंने तो नौ साल तक तेरे साथ झक मारी है। घूमना-फिरना, मिलना- जुलना, सब कुछ छोड़ दिया था, सिर्फ़ इसलिए कि तू कुछ बन जाए..." आवेश के मारे ममी का स्वर ही नहीं, सारा शरीर भी जैसे थरथरा रहा है।

"पर आज चार लोगों के सामने मेरे मुँह पर जूता मारकर तूने बता दिया कि तू क्या बना है और मैं तुझे क्या बना सकी हूँ।" और ममी का स्वर बिखर गया।

बंटी का अपना मन कहीं गहरे में डूबता जा रहा है।

"तू यह सब क्यों करता है बंटी? मत कर, ऐसे मत कर बेटे..." और ममी फूट-फूटकर रो पड़ीं। जैसे उस दिन रोई थीं...ठीक उसी तरह।

बंटी का मन हो रहा है कि वह दौड़कर ममी से लिपट जाए। रोए, चीख़े। पर एकाएक शीशी ने जैसे उसे बुरी तरह दबोच लिया और चीख़ जैसे भीतर ही भीतर घुटकर रह गई।

नौ

बहुत देर तक बंटी बुत बना बैठा रहा और शकुन ने उसे बिस्तर पर लिटा दिया तो धीरे-धीरे सुबककर सो गया।

पर शकुन फिर नहीं सो सकी। आज का सारा दिन, दिन में घटी एक-एक घटना उसे नए सिरे से मथने लगी। बंटी तो रो-पीटकर, सारे खिलौने छितराकर भूकंप मचाता हुआ-सा बाहर चला गया, पर वह जैसे अभी तक उसके कंपन को महसूस कर रही है।

अमि-जोत के सहमे हुए चेहरे और क्षण-भर को डॉक्टर के माथे पर खिंच आए बल...लगा जैसे शकुन से ही कोई भारी अपराध हो गया हो। ज़रूर ही उस समय उसके चेहरे पर बड़ी कातर-सी बेबसी उभर आई होगी, तभी तो डॉक्टर ने पीठ सहलाकर उसे दिलासा दी, ''बच्चों की बात को लेकर तुम इतनी परेशान क्यों हो रही हो? टेक इट ईज़ी...'' पर ख़ुद वह शायद ईज़ी नहीं हो पाए थे।

उस समय शकुन के मन में इस तरह गुस्सा उफ़न रहा था कि मन हो रहा था बाहर जाए और बंटी की धुनाई कर दे। पर अच्छा ही हुआ कि गई नहीं। वरना इस समय वह बैठी अपने को ही कोस रही होती।

एयर-गन की ठाँय-ठाँय भीतर तक सुनाई देती रही थी और शकुन को लग रहा था जैसे यह शब्द उसके और डॉक्टर के बीच फैलता चला जा रहा है, फैलता चला जा रहा है।

इस समय शकुन के मन में कोई गुस्सा नहीं है। बस, उसे लग रहा है जैसे बंटी उसे हर जगह ही ग़लत सिद्ध कर देता है।

वकील चाचा ने कहा था, ''तुम बंटी पर इतना निर्भर करती हो, उसे अपनी ज़िंदगी का केंद्र बनाकर जीना चाहती हो, यही ग़लत है। केवल तुम्हारे लिए ही नहीं, बंटी के लिए भी...लेट हिम ग्रो लाइक ए बॉय, लाइक ए मैन! सारे समय अपने में दुबकाए रखोगी तो क्या बनेगा उसका?''

तब ऊपर से चाहे उसने न माना हो, पर भीतर ही भीतर ज़रूर महसूस किया था कि बंटी के प्रति उसका रवैया ग़लत ही रहा है।

और आज डॉक्टर को लेकर वह जहाँ पहुँच गई है, उसके मूल में उस समय कहीं बंटी को अपने से मुक्त करने की इच्छा ही नहीं थी? यों शायद और भी बहुत कुछ था, पर बंटी भी कहीं था तो सही ही।

अपने को परिचित कराने के बाद डॉक्टर शकुन को अपने घर और बच्चों से परिचित करा रहे थे—जोत बहुत सीधी है और अमि बहुत शैतान। लड़कियाँ ज़िद्दी भले ही हों, पर स्वभाव से शांत और सीधी होती हैं और लड़के जन्म से ही गुस्सैल और ऊधमी।

''लेकिन बंटी उस तरह से ऊधम बिलकुल नहीं करता, ज़िद्दी ज़रूर है फिर

भी अपनी उम्र से कहीं ज़्यादा समझदार।'' और यह कहते हुए अपने बंटी के प्रति उसके मन में कैसा गर्व जागा था।

''तुम उस पर शायद इतना ज़्यादा हावी रही हो कि वह पूरी तरह लड़का बन ही नहीं पाया। तुमने उसे ऊधम करने ही नहीं दिया—हाँ, औरतोंवाली ज़िद और रोना ज़रूर सिखा दिया।'' डॉक्टर सहज भाव से हँस पड़े थे, पर तब भी शकुन ने अपने को अपमानित महसूस किया था।

डॉक्टर शायद भाँप गए थे, ''मैं तुम्हें दोष नहीं दे रहा, इस तरह की स्थिति में ऐसा हो जाया करता है। मैं तो स्थिति बता रहा था।''

पर इस संशोधन से स्थिति सँभली नहीं थी। अपने ही मन में एक कचोट थी जो हर बार किसी न किसी बात से गहरी हो जाती थी। ज़िंदगी में हर ओर से कटकर वह पूरी तरह बंटी से जा चिपकी थी। सोचा था, अपना सारा समय और सारा ध्यान वह उसी पर केंद्रित कर देगी...अपने सारे अभावों की पूर्ति उसी से करेगी। लेकिन नहीं, उसने रास्ता ही ग़लत चुना था, अतः उसका हर क़दम भी ग़लत होता चला गया।

और तब उसने एक नई ज़िंदगी शुरू करने का निर्णय ले डाला था। बंटी को अपने से काटकर नहीं, अपने से जोड़कर ही लिया था यह निर्णय।

गर्मियों की छुट्टियों के दो महीने...दो महीने की खिन्नता और ऊब के साथ-साथ बंटी का उन दिनों का व्यवहार। उम्र से पहले ही ओढ़ी हुई उसकी समझदारी को कितनी तकलीफ़ के साथ झेल पाती थी वह। शकुन के हर दुख को अपना दुख और उसकी हर कही-अनकही इच्छा को एक आदेश-सा बना लेने की बंटी की मजबूरी ने शकुन को अपनी ही नज़रों में अपराधी बनाकर छोड़ दिया था। दिन में दो-चार बार पापा की बात करनेवाले बच्चे ने कैसे इस शब्द को काटकर फेंक दिया था...शब्द को ही नहीं, अजय के भेजे खिलौने, उसकी तसवीर तक को अलमारी में बंद कर दिया था। बिना शकुन के चाहे या कहे भी वह उसे प्रसन्न करने का भरसक प्रयत्न करता रहा था और कैसे शकुन का कष्ट बढ़ते- बढ़ते असह्य-सा हो गया था...

नहीं-नहीं। यह सब अब और नहीं चलेगा, चल नहीं सकता। वे दोनों ही अब अपनी-अपनी ज़िंदगी जिएँगे। शकुन शकुन की और बंटी बंटी की।

और तभी से उसने अपने को धीरे-धीरे काटकर बंटी को और अधिक आत्मनिर्भर बनाने की कोशिश की है।

वकील चाचा ने केवल संकेत किया था और डॉक्टर ने बहुत ब्लंटली कहा, ''यह तुम माँ-बेटों का चूमने-चाटने और गले में बाँहें डाल-डालकर लिपटनेवाला जो रवैया है वह अब बंद होना चाहिए। लगता है, तुम अपनी इस अर्ज को भी बंटी के साथ ही पूरा करती हो। पर अब तो सही जगह और सही ढंग...''

यों शायद बात भीतर तक बेध जाती, पर बात के अंत में जो आमंत्रण-भरा संकेत था वह शकुन को ऊपर से नीचे तक गुदगुदा गया।

तब से उसने बंटी को अपने से अलग सुलाना शुरू किया था। धीरे-धीरे वह आश्वस्त होने लगी थी कि उसने केवल अपने लिए ही नहीं, बंटी के लिए भी एक सही ज़िंदगी की शुरुआत कर दी है। अब बंटी को हर जगह और हर बात में पापा की कमी नहीं अखरेगी...व्यक्ति चाहे बदल जाए पर उस स्थान की पूर्ति तो हो ही जाएगी। अब वह उतना अकेला नहीं रहेगा। दो बच्चों का साथ उसे और अधिक नॉर्मल बनाएगा। ही विल ग्रो लाइक ए बॉय, लाइक ए मैन।

पर उस दिन कंपनी बाग से लौटने पर अकारण ही बंटी का रोना...उसके बाद बंटी का एक अजीब ही उखड़ा-उखड़ा और कटा-कटा-सा रवैया और आज का तूफ़ान...

क्या शकुन से फिर कहीं कोई ग़लती हो गई? वह इतनी देर से बैठी किस बात का लेखा-जोखा कर रही है और क्यों? किसलिए वह इतने तर्क पेश कर रही है?

याद नहीं, पर किसी संदर्भ में एक बार डॉक्टर ने ही कहा था कि मनुष्य जब अपने भीतर ही भीतर बहुत गिल्टी महसूस करता है तो तर्क से वह अपने को जस्टिफ़ाई करता रहता है...अपने हर ग़लत काम को जस्टिफ़ाई करता रहता है। न करे तो इतना अपराध-बोध ढोकर वह जी नहीं सकता। जहाँ जस्टिफ़िकेशन है, वहाँ गिल्ट है।

तो क्या उसके अपने मन में भी कोई गिल्ट है? इतनी देर से तर्क दे-देकर वह अपने अपराधी मन को ही समझाती रही है? बार-बार बंटी के हित की दुहाई देकर कहीं वह अपने किसी ग़लत काम को ही तो सही सिद्ध नहीं कर रही?

मन न इस बात को मानता है, न उस बात को। सही-ग़लत की बात भी वह नहीं जानती, जानना भी नहीं चाहती। इस समय इतना ही काफ़ी है कि जीवन में जितना भरा-पूरा वह इन दिनों महसूस कर रही है, उसने कभी नहीं किया। बल्कि आज अगर उसे किसी बात का अफ़सोस है तो केवल इसी बात का कि यह निर्णय उसने बहुत पहले क्यों नहीं ले लिया? क्यों नहीं वह बहुत पहले ही इस दिशा की ओर मुड़ गई? किस उम्मीद के सहारे वह सात साल तक यों घिसटती रही? सात साल का वह जीवन मात्र घिसटना ही तो था; घिसटना और तिल-तिल करके टूटना। एक पुरुष का साथ ज़िंदगी को यों भरा-पूरा बना जाता है, यह तो उसने कभी सोचा ही नहीं था...अजय के साथ रहकर भी नहीं।

आज लगता है, साथ रहना भी कितनी तरह का हो सकता है। सारी ज़िंदगी साथ रहकर भी आदमी कितना अकेला रह सकता है और किसी का हलका-सा स्पर्श भी कैसे ज़िंदगी को किसी के साथ होने के एहसास और आश्वासन से भर सकता है।

बाहर से तो कम से कम अभी तक कुछ भी नहीं बदला है। वही कॉलेज, वही

घर। बंटी और फूफी भी वही है। पर भीतर से मन का कोना-कोना जैसे भर-सा गया लगता है। उस दिन डॉक्टर की दिलवाई हुई साड़ी पहनकर जब वह गाड़ी में बैठी तो डॉक्टर कुछ देर उसे देखते ही रह गए। वह देखना, केवल देखना-भर नहीं था, कुछ था जिसमें रोम-रोम जैसे भीगता-डूबता चला जा रहा था। केवल उसी समय नहीं, बहुत देर बाद तक भी।

शकुन को ख़ुद कभी-कभी आश्चर्य होता है कि उम्र के छत्तीस वर्ष पार करने पर भी उसके मन में इन सब बातों के लिए किशोर उम्रवाला उल्लास भी है और यौवनवाली उमंग भी। डॉक्टर का साथ होते ही कैसे एकांत की इच्छा हो उठती है और एकांत होते ही...

लगता है, उम्र बीत जाने से कैशोर्य और यौवन नहीं बीत जाता। ये भावनाएँ तो केवल तृप्त होकर ही मरती हैं, वरना और अधिक बलवती होकर आदमी को मारती रहती हैं।

उसकी अपेक्षा डॉक्टर के व्यवहार में एक थिरता है, एक ठहराव। और अकसर उसे लगता है, जैसे डॉक्टर ने अपनी ज़िंदगी से बहुत कुछ पाया है।

डॉक्टर से हुई एक बात आज भी जब-तब उसे याद आ जाती है और केवल याद ही नहीं आती, मन को कहीं हलके-से कचोट भी देती है।

बहुत दिनों से मन में घुमड़ती हुई बात आख़िर उसने पूछ ही ली थी। पूछी चाहे बहुत घुमा-फिराकर थी।

"अच्छा क्या प्रेम सचमुच ही मात्र एक शारीरिक आवश्यकता और एक सुविधाजनक एडजस्टमेंट का ही दूसरा नाम है? बताओ, तुम्हें क्या कभी अपनी पत्नी की याद नहीं आती और आती है तो क्यों? उसे तुम क्या कहोगे?"

तब सचमुच उसने कहीं चाहा था कि डॉक्टर कह दे कि उसे पत्नी की याद बिलकुल नहीं आती...पत्नी के साथ ही वह सबकुछ भूल भी गया। बात चाहे झूठ ही हो, पर डॉक्टर एक झूठ ही बोल दे। हालाँकि यह सुनने की अपनी इस इच्छा पर भीतर ही भीतर कहीं ग्लानि भी हुई थी। फिर भी...

"अच्छा तो यही होता शकुन, तुम उसका ज़िक्र कभी करती ही नहीं।" डॉक्टर के स्वर की अप्रत्याशित गंभीरता से शकुन के मन में अपनी बात के लिए कहीं पछतावा-सा हुआ।

"प्रमीला के साथ का जीवन—वह जैसा भी था, अच्छा या बुरा...मेरा इतना निजी है कि मैं उसे किसी के साथ शेयर नहीं कर सकता। तुम ग़लत मत समझना और बुरा भी मत मानना। वह एक अध्याय था, जो उसी के साथ समाप्त हो गया और अब मैं उसे किसी के साथ खोलना नहीं चाहता। चाहूँ तो भी खोल नहीं सकता। शायद अब तो अपने सामने भी नहीं।"

फिर थोड़ा-सा मुसकराकर बोले थे, "और अब ज़रूरत भी क्या है?" बेहद आहत होकर और भीतर तक तिलमिलाकर भी वह ऐसा अभिनय करने का असफल-सा

प्रयास करती रही कि उसे डॉक्टर की बात का बिलकुल भी बुरा नहीं लगा।

साथ ही एक अजीब-सी चाह भी उठी—काश, उसके पास भी ऐसा कुछ होता जो निहायत उसका निजी होता। जिसे वह किसी के भी साथ शेयर करना पसंद न करती। जिसे अपने भीतर ही समेटे रहती...कभी-कभी झाँक-भर लेने के लिए...पर कहीं भी तो कुछ नहीं...

इस न होने से ही वह कभी-कभी डॉक्टर के सामने अकारण ही अपने को बड़ा छोटा महसूस करने लगती है। लगता है, जैसे डॉक्टर ने स्वीकार करके उस पर बड़ी कृपा की है। छोटा बनकर जीना उसके अहं को बर्दाश्त नहीं और बड़ा होकर जीने लायक उसके पास कोई पूँजी नहीं। तब एक अजीब-सी मानसिक यातना में वह अपने को पाती है।

और फिर डॉक्टर ही उसे इस मानसिक यातना से उबारते हैं।

अब तो हर बात के लिए वह डॉक्टर पर इस कदर निर्भर करने लगी है कि लगता है, एक कदम भी डॉक्टर के बिना चल नहीं सकेगी। औरत कहीं की कहीं पहुँच जाए, फिर भी पुरुष का साथ उसके लिए कितना ज़रूरी है...पर वह साथ हो, सही अर्थों में।

नहीं, वह इस साथ के बीच में अब कोई बाधा बर्दाश्त नहीं करेगी। बंटी की भी नहीं।

कल वह डॉक्टर से ही बात करेगी। डॉक्टर की बातों में, उसके सारे व्यक्तित्व में कुछ ऐसा है जो शकुन को आश्वस्त करता है। डॉक्टर की सुलझी दृष्टि उसे बहुत-सी उलझनों से उबार लेती है।

उसके और डॉक्टर के संबंध की बात शहर के एक ख़ास तबके में फैल ही गई थी और एक दिन कॉलेज के मैनेज़र ने जिस तरह आकर पूछा था तो वह समझ नहीं पाई थी कि बात केवल जानने मात्र के लिए ही पूछी जा रही है या कि जानी हुई बात को एक हलकी-सी भर्त्सना और हिकारत के साथ उस तक वापस पहुँचाया जा रहा है।

मैनेज़र को तो उसने जैसे-तैसे जवाब दे दिया था, पर अपने ही मन को जैसे वह शाम तक जवाब नहीं दे पाई थी।

शाम को जब सारी बात डॉक्टर को बताई तो जाने किस आवेश में कह गई, ''ये लोग ज़्यादा चूँ-चपड़ करेंगे तो मैं नौकरी ही छोड़ दूँगी। सँभालें अपनी नौकरी!''

तब उसकी बात पर डॉक्टर
केवल हँसा था। कुछ ऐसे हलके-फुलके ढंग से, मानो कुछ हुआ ही न हो...''तुम नौकरी करो या छोड़ो, यह बिलकुल तुम्हारी अपनी इच्छा पर है। पर छोड़ो तो कारण यह नहीं होना चाहिए।''

डॉक्टर एक क्षण को रुका था और शकुन के मन में एक हलका-सा संदेह कौंधा था...क्या डॉक्टर नहीं चाहते कि वह नौकरी छोड़े? उसका पैसा चाहे न हो, पर क्या उसका पद डॉक्टर के लिए...

''आज मैनेज़र को आपत्ति हुई तो तुमने नौकरी छोड़ दी। कल शहर को आपत्ति होगी तो तुम शहर छोड़ने को कहोगी। और ज़रूर होगी। छोटी जगह है...ऐसी बातें लोग आसानी से पचा नहीं पाते हैं। पर इस तरह कमज़ोर होने से कहीं काम चलता है, चल सकता है? और सच पूछो तो आपत्ति बाहर नहीं होती है, कहीं मन के भीतर ही होती है। तभी तो हमें ये छोटी-छोटी बातें परेशान कर देती हैं। वरना इन आपत्तियों पर एक मिनट भी जाया करना मैं उचित नहीं समझता। इन लोगों को क्या हक है तुम्हारे व्यक्तिगत जीवन में हस्तक्षेप करने का?''

पर बंटी? बंटी की बात तो बिलकुल दूसरी है। और उसका हक भी बिलकुल दूसरा है।

एकाएक शकुन को लगा जैसे प्यास के मारे उसका गला सूख रहा है। सर्दी में कभी रात में प्यास नहीं लगती...पर आज तो प्यास के मारे गला जैसे चिपक-सा गया है। और इतनी देर से उसे पता ही नहीं चला।

शकुन उठी। उसने बत्ती जलाई और पानी पिया। लौटकर उसने देखा बंटी सोया हुआ है। गरदन तक रजाई ओढ़े। एकाएक उसे लगा, जैसे बंटी नहीं अजय सो रहा है। कितना मिलता है उसका चेहरा...

केवल चेहरा ही!

''बहूजी, मत चढ़ाओ इतना सिर! आख़िर औलाद तो उसी बाप की है! वे खड़े-खड़े थालियाँ फेंकते थे और ये कटोरी...''

कभी-कभी आश्चर्य होता है कि कैसे आदमी एक छोटे-से अणु में अपना चेहरा, मोहरा, आदत, स्वभाव, संस्कार—सबकुछ अपने बच्चे में सरका देता है। बंटी को देखकर ही एक बार वकील चाचा ने कहा था।

और एक अजीब-सी बेचैनी शकुन के मन में घुलने लगी। केवल बेचैनी ही नहीं, एक खीज, एक हलका-सा आक्रोश। सारी ज़िंदगी अजय शकुन को, शकुन के हर काम और बात को, उसके सोचने और उसके हर रवैये को ग़लत ही तो सिद्ध करता रहा है। शकुन बहुत स्वतंत्र है। शकुन बहुत डॉमिनेटिंग है, शकुन यह है, शकुन वह है...पता नहीं ग़लत कौन था? वह या अजय...जो भी हो, पर सात साल तक ग़लत होने के अपराध-बोध को उसने किसी न किसी स्तर पर हर दिन ही झेला है।

और अब यह बंटी...ठीक उसी तरह उसे ग़लत और अपराधी सिद्ध करने पर तुला हुआ है। और शायद सारी ज़िंदगी उसे ग़लत ही सिद्ध करता रहेगा। ठीक उसी तरह, जैसे...

पर नहीं, अब वह सबकुछ पहले की तरह अपने ऊपर ओढ़ती नहीं चली जाएगी।

बंटी उसके और अजय के बीच सेतु नहीं बन सका तो वह उसे अपने और डॉक्टर के बीच में बाधा भी नहीं बनने देगी। लेकिन तब?

और शकुन ने खट से बत्ती बुझा दी। मन के सारे संशय, सारी दुविधाएँ चारों ओर फैले हुए अँधेरे में ही डूब जाएँ...बस!

बंटी सवेरे सोकर उठा तो जाने कैसी निरीहता उसके चेहरे पर छाई हुई थी। एक अजीब-सा सहमापन, एक अजीब-सी बेबसी।

कहाँ, यह तो बिलकुल बंटी है। इसमें अजय कहाँ है? हर बात के लिए उस पर निर्भर करनेवाला बंटी, उसी का पाला-पोसा और बड़ा किया हुआ बंटी! अजय तो शकुन के सामने कभी इतना निरीह, कभी इतना बेबस हुआ नहीं। और रात में हलके-से आक्रोश की जो परतें मन पर जमी थीं, बंटी की उस निरीहता के सामने सब एक-एक करके बह गईं।

पर अब बंटी में अजय को देखकर एकाएक कुछ निर्णय ले डालने का जो एक रास्ता शकुन को दिखाई दिया था, वह फिर जैसे कहीं गुम हो गया। और शकुन जहाँ थी, वहीं लौट आई। उतनी ही परेशान, उतनी ही दुविधाग्रस्त।

अपनी परेशानी के क्षणों में आजकल उसे बस डॉक्टर ही याद आते हैं। किस सहजता और आसानी से वह उसकी हर समस्या और परेशानी को अपने ऊपर ओढ़ लेते हैं और उसे मुक्त और निर्द्वंद्व कर देते हैं, पर बंटी को लेकर...

कल चाहे शकुन को परेशान देखकर डॉक्टर ने कुछ न कहा हो, लेकिन उन्हें क्या बुरा नहीं लगेगा? उन लोगों ने शादी की तारीख़ तय की थी और उस ख़ुशी में ही शकुन ने सबको अपने घर बुलाया था, पर बंटी ने...और तब से ही मन जाने कैसी-कैसी शंकाओं से भरा हुआ है! बंटी की बात तो डॉक्टर से भी नहीं कर सकती, जिस तरह बहुत चाहने पर भी वह कभी अजय की कोई बात नहीं कर पाई।

कंपनी बाग़ से लौटने के बाद उस दिन बंटी जिस तरह रोया था और उसके बाद से जिस तरह वह कटा-कटा रहता था...डॉक्टर को लेकर जिस तरह का एक मासूम- सा विरोध उसके मन में उफनता रहता है, शकुन सब समझती है। पर जाने कैसा एक आश्वस्त भाव उसके मन में समाया रहता था इन दिनों कि उसने सोच लिया था कि सब ठीक हो जाएगा। बस, जहाँ तक संभव होता वह बंटी को डॉक्टर से बचाकर रखती...पर कल जैसे उसके उस आश्वस्त भाव में एक दरार-सी पड़ गई। केवल आश्वस्त भाव में ही नहीं, जैसे उसके और डॉक्टर के बीच में भी कहीं कोई अनदेखी-अनजानी-सी दरार पड़ गई, जिसे वह महसूस कर रही है, जो उसे भीतर ही भीतर कचोटे डाल रही है।

सचमुच यदि ऐसा हुआ तो? डॉक्टर का अध्याय तो समाप्त हुआ और ऐसी पूर्णता के साथ समाप्त हुआ कि उसे अब वह अपने सामने भी नहीं खोलते। चाहें तो

भी नहीं खोल सकते। पर उसका अध्याय? कहीं कुछ समाप्त नहीं हुआ, अपनी अगली कड़ी के साथ ज्यों का त्यों उसके साथ चिपका हुआ है। वह कभी समाप्त भी नहीं होगा।

अजय ने तो अपनी स्लेट पर से उसका नाम, उसका अस्तित्व धो-पोंछकर एक नई ज़िंदगी शुरू कर दी है...शायद बहुत सुखी, बहुत भरी-पूरी! पर उसकी स्लेट को तो...

और फिर अजय को लेकर मन में ढेर-ढेर कटुता उभर आई। साथ ही ख़याल आया कि बंटी यदि सहज ढंग से अपने को उसके और डॉक्टर के बीच में से समेट नहीं लेता तो वह उसे अजय के पास भेज देगी।

अजय उसे ले जाना भी तो चाहते थे। अब क्या हुआ? इधर तो न कोई खबर, न सूचना। लेकिन वह भेज देगी।

बंटी को दरार ही बनना है तो मीरा और अजय के बीच में बने। अजय भी तो जाने कि बच्चे को लेकर किस तरह की यातना से गुज़रना होता है...कि पुरानी स्लेट इतनी जल्दी और इतनी आसानी से साफ़ नहीं होती...

पर तभी बंटी का वही निरीह, सहमा और बेबस-सा चेहरा उभर आया। 'ममी, मैंने तो पापा से कह दिया कि ममी के बिना मैं कहीं जा ही नहीं सकता...ममी मैं तुम्हें कब्भी-कब्भी नहीं छोड़ूँगा...मत रोओ ममी...मत...रोओ...' और शकुन रो पड़ी। फूट-फूटकर रोती रही। इस यातना से डॉक्टर भी उसे कैसे उबारेंगे? उसके पास ऐसा कोई सुख नहीं, पर ऐसी यातना ज़रूर है जिसे वह किसी के साथ शेयर नहीं कर सकती।

इस समय डॉक्टर की बगल में बैठकर भी शकुन का मन कहीं से हलका नहीं हो पा रहा है। बार-बार बात शुरू होती और जैसे बीच में ही टूट जाती है। पता नहीं डॉक्टर क्या सोच रहे हैं, पर शकुन को लग रहा है कि जैसे उन दोनों के बीच कहीं कोई है...शायद बंटी...बंटी के बहाने शायद अजय।

"क्या बात है? तुम कुछ परेशान नज़र आ रही हो शकुन!" कह दे शकुन? पर क्या कहे कि बंटी डॉक्टर और उसके संबंध को बर्दाश्त नहीं कर पा रहा है...कि उसे बहुत दिनों से इस बात का आभास था पर...

"बंटी को लेकर परेशान हो?..."

इतनी देर से जिस प्रसंग को वह बचा रही थी, आख़िर वह आ ही गया। शकुन के चेहरे पर एक अजीब-सी बेबसी उभर आई, जैसे वह कोई अपराध करते हुए पकड़ ली गई हो।

"देखो शकुन बंटी थोड़ा प्रॉब्लम बच्चा है, तो उसकी प्रॉब्लम को तो झेलना ही होगा।"

शकुन को लगा, जैसे डॉक्टर कह रहे हों—इन्फ्लुएंज़ा है तो बदन में तो दर्द

होगा ही। इन बातों पर कहीं इस तरह बात की जाती है? और क्या प्रॉब्लम बच्चा है? पागल है, उसका दिमाग़ खराब है या कि...

पर नहीं, डॉक्टर से वह अपेक्षा ही क्यों करती है कि उसी की तरह सदय होकर, उसकी तरह माँ बनकर बंटी के बारे में सोचें! डॉक्टर तो शायद बाप बनकर भी नहीं सोच सकते!

"पर इसमें इतना परेशान होने की क्या बात है? यह तो बहुत स्वाभाविक है।"

"क्या?" एकाएक शकुन चौंकी। डॉक्टर कहीं अजय की ओर तो संकेत नहीं कर रहे? पर उसने तो आज तक डॉक्टर से कभी अजय की कोई बात नहीं की...वह कर ही नहीं पाई।

"यह बंटी का रवैया! तुम्हारे साथ अकेले रहते-रहते वह बहुत पज़ेसिव हो गया है। वह किसी और को तुम्हारे साथ देख नहीं सकता...तुम किसी और को..."

और शकुन के मन में कहीं बहुत पहले कहा हुआ वकील चाचा का एक वाक्य तैर गया—'तुम जानती हो, अजय बहुत इगोइस्ट भी है और बहुत पज़ेसिव भी। अपने-आपको पूरी तरह समाप्त करके ही तुम उसे पा सको तो पा सको, अपने को बचाए रखकर तो उसे खोना ही पड़ेगा...

वह अपने को समाप्त नहीं कर सकी थी, इसलिए उसे अजय को खोना पड़ा। समाप्त तो वह अभी भी अपने को नहीं कर सकेगी। अब अपने को समाप्त करने का मतलब है, अपने और डॉक्टर के बीच का सबकुछ समाप्त कर देना। पर यह तो... शकुन का मन कहीं बहुत गहरे में डूबने लगा।

"तुम्हें बहुत ही धीरज से काम लेना चाहिए। जानती हो, इस तरह बच्चों के साथ सख़्ती करने से वे एकदम चुप्पे हो जाएँगे, बहुत ही सबमिसिव और सहमे हुए और नरमाई से पेश आने से वे उद्दंड हो जाएँगे।"

डॉक्टर जैसे किसी रोगी को उपचार बता रहे हों। केवल उपचार ही था या कुछ और भी।

"बंटी में संतुलन लाने के लिए पहले तुम्हें अपने में संतुलन लाना होगा। पर तुम ख़ुद बहुत समझदार हो शकुन!"

शकुन ने कुछ ऐसी नज़रों से डॉक्टर की ओर देखा मानो इन शब्दों के भीतर की बात को जान ले, असली बात को जान ले।

पर डॉक्टर के चेहरे पर कहीं भी तो कुछ नहीं था। कोई शिकन नहीं, कोई छाया नहीं...या कि शकुन की अपनी दृष्टि ही धुँधला गई है, कुछ भी देखने की सामर्थ्य उसमें नहीं रही है।

वह क्या करे? छलनी हुआ मन सहज भाव से कुछ भी तो ग्रहण नहीं कर पाता। उसकी आँखें छलछला आईं।

डॉक्टर ने बहुत स्नेह से शकुन की पीठ सहलाई, तो एक बार मन हुआ, वह अपने को डॉक्टर की बाँहों में छोड़ दे।

तो क्या सचमुच ही डॉक्टर के मन में बंटी को लेकर कोई नाराज़गी नहीं, कोई दुर्भावना नहीं? डॉक्टर के उस स्पर्श ने अनायास ही उसके भीतर की गाँठ को धीरे-से खोल दिया।

"लेकिन..." शकुन है कि चाहकर भी जैसे कुछ नहीं कह पा रही है।

"लेकिन क्या?"

'तुम नहीं समझोगे डॉक्टर...बंटी, बंटी ने अजय को ज्यों का त्यों इनहेरिट किया, वह कभी मेरे साथ तुम्हें बर्दाश्त नहीं कर सकेगा। मैं जानती हूँ...' शकुन को लगा, अब वह सारी दुविधा खोलकर रख देगी।

"तो क्या हुआ?"

पर शकुन से कुछ भी नहीं कहा गया। जाने कैसी लक्ष्मण रेखा है यह अपने अहं या स्वाभिमान की या कि अपने कंगलेपन और अपमान की कि इसके पार वह किसी को नहीं आने देना चाहती। क्या बताए कि आगे क्या हो सकता है या कि पहले क्या हुआ था।

"देखो शकुन, तुम अपने पति की रोशनी में बंटी को देखोगी तो शायद कुछ ग़लत कर बैठो। मैं जानता नहीं, पर सोच सकता हूँ कि उनके लिए शायद तुम्हारे मन में कटुता होगी...अनजाने ही तुम उसी कटुता को...पर यह ठीक नहीं होगा।"

और फिर सारी बात को जैसे समाप्त करते हुए बोले, "अच्छा, तुम बंटी की बात मुझ पर छोड़ दो। इस बात को लेकर अब तुम्हें ज़्यादा परेशान होने की ज़रूरत नहीं है।"

बंटी की बात कैसे छोड़ी जाए, यह शकुन नहीं जानती। यह भी नहीं जानती कि सारे समय अपने काम में व्यस्त रहने पर उसके लिए समय कहाँ है। पर इस समय जैसे उसे किसी ऐसे ही आश्वासन की ज़रूरत थी, किसी ऐसे ही सहारे की, जो उसके थके-हारे मन को सँभाल ले...जिस पर वह अपना सबकुछ छोड़कर निश्चिंत हो जाए।

बड़ी देर से भीतर ही भीतर एक आवेग था जो घुमड़ रहा था—अपने को डॉक्टर की बाँहों में छोड़ते ही जैसे वह फूट पड़ा।

डॉक्टर उसकी पीठ, उसके कंधे सहलाते रहे...उसे सांत्वना देते रहे। क्या था उन सांत्वना-भरे शब्दों में—उस स्नेह-भरे स्पर्श में कि शकुन को लगा, जैसे उसके भीतर से सारे तनाव अपने-आप ढीले होते चले जा रहे हैं...सारे द्वंद्व अपने-आप गलते जा रहे हैं। कहीं भी तो कुछ नहीं...सभी कुछ तो सहज और सुगम हो उठा।

सारा रास्ता अकेले-अकेले चलकर, सारी परेशानियों से अकेले-अकेले लड़कर भी ऐसा आत्मविश्वास और ऐसी शक्ति तो उसने अपने भीतर कभी महसूस ही नहीं की जो आज अपने को पूरी तरह डॉक्टर के हवाले करके वह महसूस कर रही है।

अपने को पूरी तरह देकर, निर्द्वंद्व भाव से समर्पित करके आदमी कितना कुछ पा लेता है।

दस

ममी की शादी हो गई।

यों शादी जैसा कुछ भी नहीं हुआ था। न बाजा-गाजा, न हाथी-घोड़ा, न आतिशबाज़ी। पर जो कुछ भी हुआ, बंटी ने अपनी आँखों से देखा है। शादी के बीच में रहकर देखा है। फिर भी जाने क्यों उस दिन कुछ भी महसूस नहीं हुआ था।

लेकिन आज, सर्दी की साँझ के इस धुँधलके में, खुली छत पर अकेले लेटे जैसे फिर ममी की शादी हो रही है। बाहर नहीं, बंटी के अपने भीतर हो रही है...मन की परतों पर। और इस बार बंटी केवल देख ही नहीं रहा, महसूस भी कर रहा है।

हलकी-सी सजावट ओढ़े क्लब का लॉन। परिचित-अपरिचित चेहरों की भीड़। हँसी-मज़ाक, खाना-पीना। बधाई हो...मुबारक हो...अरे बंटी, मिठाई खाओ बेटे, अपनी ममी की शादी की मिठाई खाओ...कितने बच्चे...जाने कितनी आवाज़ें थीं, कितनी बातें थीं। आज तो सब मिल-जुलकर केवल एक शोर-भर रह गई हैं। उस दिन सारे लॉन के पेड़-पौधों पर लाल-पीली बिजली के फूल खिले थे। न जाने कितने फूल, जिनसे रंगीन रोशनी झर रही थी। इस समय भी वह आँखें बंद करे या खोले, चारों ओर फैले हुए वे फूल झिलमिलाते नज़र आ रहे हैं।

और फूल ही क्यों, या कि शादी की वह साँझ ही क्यों? शादी के पहले की भी तो बहुत-सी ऐसी बातें हैं, जो पहले केवल बाहर ही हुई थीं, पर इस समय एक साथ मन में डूबती-उतराती आ रही हैं। और कितना साफ़ है वह सब, जैसे अभी-अभी हो रहा है। लगता ही नहीं कि वह सब तो हो चुका। लग रहा है, जैसे तब हुआ ही नहीं था, बस अभी हो रहा है, बिलकुल अभी।

बंटी अपनी टेबुल पर बैठा होमवर्क कर रहा है और ममी कॉलेज की फ़ाइलें देख रही हैं। तभी गोद में गुड़िया को लटकाए पीछेवाले दरवाज़े से टीटू की अम्मा घुसीं।

ममी थोड़ा चौंकी, "अरे आप! कहिए कैसे आना हुआ? बैठिए!"

"क्या बताऊँ भैनजी, पड़ोस में रहकर भी कभी आना नहीं होता। दोपहर को घंटा-आध-घंटा निकल भी जाए, पर सवेरे-शाम को तो पलक झपकने तक को फ़ुरसत नहीं मिलती।"

फिर उसकी ओर देखकर बोली, "अब आपके बंटी को देखो! कैसा चुपचाप पढ़ रहा है। एक हमारे बच्चे हैं, चौबीस घंटे घर में महाभारत मचाकर रखते हैं।"

"टीटू नहीं आया, अम्मा?" इस घर में आकर अम्मा कैसा मीठा-मीठा बोल रही हैं। तभी तो पूछने की हिम्मत हुई।

"टीटू कहाँ आएगा, वहाँ कैरम जो जमी हुई है।"

"बंटी, जाओ तो बेटे, फूफी से कहो कि चाय बनाए।"

"नहीं भैनजी! मैं तो पीकर आई हूँ। और यों सच पूछो तो आज तो मिठाई खाने आई हूँ। मुझे तो कल रात को ही इन्होंने आकर ख़ुशख़बरी सुनाई। बोले, तुम जाकर

बधाई तो दे आओ। यों आना-जाना चाहे बच्चों तक ही है फिर भी पड़ोसी तो हैं ही!" और अम्मा के चेहरे पर एक अजीब-सी मुसकान फैल गई।

ममी का चेहरा इतना लाल क्यों हो गया?

"पहले जब, डॉक्टर साहब को एक-दो बार देखा तो सोचा कोई बीमार होगा! पर जब बंटी ने बताया कि कोई बीमार नहीं है तो सोचा भई आते होंगे!"

ममी चुप! बस, केवल उनकी एक उड़ती-सी नज़र बंटी ने अपने चेहरे पर महसूस की।

"मेरी तो भैनजी, आप जानो दूसरों के घरों में ताक-झाँक करने की आदत ही नहीं है। अब पड़ोस में रहते हैं तो दीखता तो सभी कुछ है, पर इधर-उधर कुछ पूछताछ करूँ, कुछ कहूँ-सुनूँ ऐसा मेरा स्वभाव ही नहीं। फिर आप पढ़ी-लिखी ठहरीं, प्रिंसिपल ठहरीं, सो तरह-तरह के लोग आएँगे ही आपके पास।" ममी तो जैसे बुत बन गई हैं।

"बंटी तो बहुत ख़ुश होगा! बिचारा अकेला डाँव-डाँव डोला करे था। मुझे तो सच बड़ा तरस आता था। अब पापा भी मिल जाएँगे और भाई-बहन भी..."

अनायास ही उसकी नज़रें ममी से जा टकराई थीं। पता नहीं क्या था उन नज़रों में कि वहाँ और बैठा नहीं रह सका।

रात में ममी उसे समझा रहीं थीं, "तुझे अच्छा लगेगा बंटी, वहाँ बहुत अच्छा लगेगा बेटे..."

ममी ने जितनी बातें कहीं, बंटी सब सुनता गया। बिना एक भी प्रश्न किए, बिना ज़रा भी विरोध किए।

बस पापा का चेहरा बराबर आँखों के सामने कौंधता रहा था।

बंटी अपने पलंग पर पड़ा है, गरदन तक रजाई ओढ़े। कमरे में अँधेरा है। सिर्फ़ ममी टेबुल-लैंप जलाकर अपनी मेज़ पर कुछ लिख रही हैं। ममी हमेशा किसी न किसी काम में लगी ही रहती हैं आजकल। बंटी को खाने के लिए कहती हैं तो खा लेता है। दूध पीने के लिए कहती हैं तो दूध पी लेता है। जब पढ़ने के लिए कहती हैं तो पढ़ने बैठ जाता है।

आधे अँधेरे आधे उजाले में बैठी कैसी लग रही हैं ममी? एकाएक मन में कौंधा—बंगाल की जादूगरनी! फूफी ने ही सुनाई थी कहानी या शायद पढ़ी थी। उसके आधे शरीर से अँधेरा फूटता था और आधे शरीर से उजाला।

जाने कैसा भय मन में समाने लगा। जिस दिन से डॉक्टर साहब वह जादूवाली शीशी इस घर में रख गए हैं, बंटी के मन में एक अजीब-सा डर कुलबुलाता रहता है। एक बार तो हिम्मत करके उसने उस शीशी को ढूँढ़ा भी था,

सारी दराज़ें, सारी अलमारी, पर नहीं मिली। जादू की चीज़ें जादू के ढंग से ही छिपाई जाती हैं शायद।

एकाएक ममी ने टेबुल पर झुकी हुई गर्दन ऊपर उठाई और घूमकर बोलीं, ''बंटी!''

बंटी ने खट से आँखें बंद कर लीं। वही परिचित स्वर, अपनी ममी का स्वर। तो मन का डर धीरे-धीरे बहने लगा।

''सो गया बेटा?'' ममी पास आईं और एक बार रजाई को ठीक से उसके चारों ओर लपेट दिया। फिर उसी के पलंग पर बैठकर धीरे-धीरे उसका माथा, उसके गाल सहलाती रहीं।

बंटी को लगा, जैसे बिना बोले ही ममी फिर आश्वस्त कर रही हैं—तुझे अच्छा लगेगा बंटी...वहाँ तुझे अच्छा ही लगेगा।

ममी के इस स्पर्श से ही बंटी के मन के भीतर ही भीतर तेज़ी से कुछ पिघलने लगा। एक बार मन हुआ, रजाई उतारकर फेंक दे और ममी से लिपट जाए। पता नहीं ममी को आश्वस्त करने के लिए या ख़ुद आश्वस्त होने के लिए।

पर उमड़ते आवेग को उसने होंठ भींचकर रोक लिया।

''बहूजी!''

फूफी की आवाज़ कैसी बदली हुई है! एक बार मन हुआ कि आँख खोलकर देखे कि यह फूफी ही बोल रही है।

''क्या बात हो गई फूफी?'' ममी कितना मीठा बोल रही हैं। बहुत दिनों से उसने ममी की ऐसी मीठी आवाज़ ही नहीं सुनी।

''इतने साल आपकी नौकरी कर ली बहूजी, अब भगवान की नौकरी करेंगे, और क्या?''

''कुछ बात भी बताओगी?''

फूफी चुप! रो तो नहीं रही? पर किसी तरह की भी तो कोई आवाज़ नहीं आ रही।

''तुम भी मुझसे नाराज़ हो फूफी?'' ममी की आवाज़ जैसे पिघलकर थरथरा रही है।

''अरे हम नौकर आदमी, हम कइसे नाराज़ होंगे। पर भगवान ने जीभ दी है तो बोलेंगे ज़रूर। आप सौ जूता मारेंगी तो हम तनिकों चिंता नहीं करेंगे, पर बोले बिना हमसे रहा नहीं जाएगा।''

बंटी का मन फिर जाने कैसा-कैसा होने लगा।

''अब आप जो कर रही हैं बालक-बच्चा को लेकर, सो आपको शोभा देता है? बड़े आदमियों की बड़ी बात, मुँह पर कौन बोलेगा, और काहे बोलेगा?'' पर फूफी तो मुँह पर ही बोलेगी?''

अब फूफी भी शादीवाली बात ही कहेगी। ममी का शादी करना बुरी बात है?

"आप तो जानती हैं, साहब को लेकर हमारे मन में आज भी कइसा गुस्सा है। अब आप भी वही सब करेंगी...हम से नहीं देखा जाएगा यह सब।"

ममी ज़रूर बैठी-बैठी होंठ काट रही होंगी। ममी से जब जवाब देते नहीं बनता है तो बस यों ही होंठ काटती हैं।

"जवानी यों ही अंधी होती है बहूजी, फिर बुढ़ापे में उठी हुई जवानी। महासत्यानाशी! साहब ने जो किया तो आपकी मट्टी-पलीद हुई और अब आप जो कर रही हैं, इस बच्चे की मट्टी-पलीद होगी। चेहरा देखा है बच्चे का? कैसा निकल आया है, जैसे रात-दिन घुलता रहता हो भीतर ही भीतर।"

"फूफी!" एक सख़्त-सी आवाज़ कमरे को चीरती हुई इस कोने से उस कोने तक गूँज गई। एक क्षण को बंटी भीतर ही भीतर सहम गया।

"देखो फूफी, मैं तुम्हारी बहुत इज्ज़त करती हूँ। अपनी माँ से भी ज़्यादा...पर माँ को भी मैंने कभी अपनी बातों के बीच में नहीं बोलने दिया...मुझे याद नहीं वे कभी बोली हों।" एक क्षण को ममी रुकीं। "यह अधिकार तो मैं किसी को दे ही नहीं सकती।"

"हमने कहा न बहूजी, आप हमें हरिद्वार भिजवा दो...बस!"

"तुम जिस दिन चाहो, मैं इंतज़ाम करवा दूँगी। तुम यहाँ से जो कुछ भी चाहो, ले जा सकती हो, इस घर पर तुम्हारा भी उतना ही अधिकार है जितना मेरा। और तो क्या कहूँ!" ममी के स्वर में अजीब-सी नरमाई आ गई। नरमाई नहीं, जैसे ममी थक गई हों।

तो क्या फूफी चली जाएगी? बिना फूफी के कैसे रहेगा वह? रह सकता है कभी! ममी ने उसे क्यों नहीं समझाया कि 'फूफी, तुम्हें वहाँ भी अच्छा लगेगा, वहाँ भी बहुत अच्छा लगेगा।"

कल वह समझाएगा फूफी को। फूफी ममी की बात चाहे न माने, उसकी बात नहीं टाल सकती। फूफी भी तो उसके बिना कैसे रहेगी? और अगर फूफी न रुकी तो?

खट! ममी ने शायद उठकर टेबुल-लैंप बंद कर दिया। बंद आँखों ने भी महसूस किया कि कमरे का अँधेरा ख़ूब गाढ़ा हो गया है।

बंटी ने आँखें खोलीं। घुप्प अँधेरे में डुबी हुई ममी की आकृति बहुत धुँधली-सी दिखाई दी। धीरे-से वह भी बगलवाले पलंग की रजाई में दुबक गई!

फूफी के जाने के बाद बंटी के मन में बहुत कुछ उखड़-बिखर गया। और ममी की शादी के बाद इस घर में बहुत कुछ उखड़-बिखर गया।

एक दिन में ही इस घर का बहुत-सा सामान उस घर में समा गया। सोमवार को इस घर की ममी भी उस घर में जाकर समा जाएँगी। किसी ने कह दिया कि सोमवार शुभ दिन है सो ममी रुक गईं। फूफी नहीं समा सकी तो हरिद्वार चली गई।

बंटी है कि नहीं जानता वहाँ समा पाएगा या नहीं? पहले ममी ने समझाया था तो बंटी समझ गया था, पर फूफी ने जाकर सब कुछ गड़बड़ा दिया।

फूफी के बिना तो उसे कहीं भी अच्छा नहीं लगेगा, यहाँ भी नहीं और वहाँ तो बिलकुल नहीं।

जब से फूफी गई है, तब से फूफी का जाना आँखों के सामने तैरता ही रहता है। जाते-जाते भी कैसे फूफी रसोई के बरतन धो-धोकर जमाती रही थी।

बंटी कभी मज़ाक करता था—''फूफी, बुलाकी राक्षस की जान तोते की टाँग में बसती थी, तेरी जान इस रसोई में बसती है। तुझे किसी दिन मारना होगा न तो...''

''अरे नहीं बसेगी जान रसोई में तो रोटी नहीं मिलेगी खाने को, समझा...''

जाने क्यों लगता है जैसे फूफी अभी भी अपनी जान यहीं छोड़ गई और चौके की जान ले गई। चौके की ही क्यों, बिना फूफी के सारा घर ही तो कैसा हो गया? जब रात-दिन फूफी घर में रहती थी, तो फूफी का होना पता ही नहीं लगता था। बस फूफी है तो है! पर अब फूफी नहीं है, तो सारे समय पता लगता है—फूफी नहीं है, फूफी नहीं है।

प्लेटफ़ार्म पर खड़ी है फूफी! एक छोटी-सी टीन की संदूकची और उस पर रखी एक गठरी। ममी ने बहुत-कुछ देना चाहा, पर फूफी ने कुछ नहीं लिया। बस, बंटी को अपने से चिपका रखा है। आँख के आँसू हैं कि थम ही नहीं रहे हैं।

बंटी फूफी से चिपककर खड़ा है। आँख में एक भी आँसू नहीं। जो कुछ वह देख रहा है, बस, देख ही रहा है। पर विश्वास नहीं हो रहा कि फूफी सचमुच जा रही है या कि फूफी उसे छोड़कर जा भी सकती है। उसकी छोटी-सी हथेली में फूफी का हाथ है जिसे उसने कसकर पकड़ रखा है। और इसीलिए फूफी उसके पास है, उसकी पकड़ में है।

ममी ने पर्स खोलकर सौ रुपए का नोट देते हुए कहा, ''फूफी, तुम्हें बंटी की कसम है, इसे रख लो। यों भी...'' पता नहीं ममी आगे क्या कहना चाहती थीं।

''नहीं, हमें पाप में मत डालो बहूजी कसम दिलाकर! हम कुछ नहीं लेंगे। भगवान के दरबार में जा रहे हैं, रुपया-पइसा का होगा क्या? देना ही है तो एक वचन दे दो कि हमारे बंटी भय्या को जैसा आपने बिसरा दिया है आजकल, वैसा और मत करना। बाप के रहते यह बिना बाप का हो रहा, अब माँ के रहते यह बिना माँ का न हो जाए...'' और फूफी ने साड़ी में मुँह छिपा लिया।

ममी की आँखें छलछला आईं।

''कैसी बातें करती हो फूफी...'' इससे आगे ममी से कुछ नहीं कहा गया।

चपरासी ने भीड़ में फूफी को भीतर ढकेल दिया। सीटी...झंडी...फिर सीटी... भीड़, शोर...बदबू। और सबके बीच एक काँपता-पसीजता हाथ बंटी की छोटी-सी हथेली के बीच में से फिसलता चला गया। बंटी और उसे पकड़कर नहीं रख सका।

और उसके बाद से जैसे एक-एक चीज़ बंटी के हाथ से निकलती ही जा रही है। अब तो शायद वह किसी को पकड़कर नहीं रख सकेगा।

लौटते समय बंटी सुन्न-सा ममी की बगल में बैठा है। ''बंटी!'' ममी ने प्यार से उसे अपनी बाँह में समेटा कि बंटी एकाएक फूटकर रो पड़ा, ''फूफी को ले आओ ममी...फूफी को ले आओ...''

''रोते नहीं बेटे, थोड़े दिनों में अपने-आप आ जाएगी। तेरे बिना वह रह सकेगी कहीं भी?''

थोड़ी देर पहले प्लेटफ़ार्म, सामान और रेल के बीच में ही बंटी को लग रहा था कि फूफी कहीं नहीं जाएगी, वह जा नहीं सकती। अब ममी के कहने पर भी लग रहा है, वह नहीं आएगी, वह कभी आ नहीं सकती।

दूसरे दिन स्कूल से लौटकर जब माली की बहू ने खाना दिया तो फूफी का जाना जैसे मन को भीतर तक मथ गया। उसे याद नहीं कि स्कूल से लौटने पर किसी और ने भी उसे कभी खाना खिलाया हो। और क्या फूफी केवल खाना खिलाती थी? खाने के साथ डाँट, डाँट के साथ लाड़ और भी जाने क्या-क्या तो रहता था।

पर इस घर से जा सकती है फूफी? उसका तुलसी का चबूतरा, तार के एक कोने पर सूखती मटमैली-सी धोती और चोगे जैसा ब्लाउज। आँगन की दीवार में बनी ताक पर रखे, सिंदूर से रँगे-पुते उसके हनुमान जी...उसके सरोते की खट-खट, उसके पसीने की गंध...उसके बेसुरे गले से निकली गीत की कड़ियाँ...उसकी कहानियों के राजा-रानी, भूत-प्रेत, जादूगर-राक्षस सबकुछ, इस तरह समाया हुआ है इस घर में कि यहाँ से वह जा ही नहीं सकती।

पर परसों तो यह घर भी छूट जाएगा। तब फूफी भी पूरी तरह छूट जाएगी। ''तू ऐसे क्यों रहता है बंटी, मैं सच कहती हूँ तुझे वहाँ अच्छा लगेगा, बहुत अच्छा लगेगा मेरे बच्चे! डॉक्टर साहब तुझे कितना प्यार करते हैं...'' और भी जाने कितनी-कितनी बातें, कितने आश्वासन, कितने...

''अरे कौन बंटी? आओ, आओ बेटे, और चार दिन का साथ है, खेल लो! फिर तो बंटी कोठी में चला जाएगा तो पूछेगा भी नहीं कि टीटू किधर बसता है। मोटर में बैठकर आ जाया करना कभी-कभी...अब तो ख़ूब ठाठ होंगे बंटी...''

और अम्मा के चेहरे पर वही मुसकराहट। होंठ फैलाकर भी अम्मा मुसकराती नहीं है, लगता है, जैसे कुछ कह रही हों। बंटी जानता नहीं, पर कुछ है जो बंटी को अच्छा नहीं लगता।

उस दिन के बाद पाँच-छः दिन हो गए यहाँ रहकर भी बंटी टीटू के घर नहीं गया।

आज नए घर में जाना है। शाम को चार के बाद से ही शुभ समय है। डॉक्टर साहब ने कल आकर बहुत कहा कि आज ही चलो। रविवार का दिन है सबकी छुट्टी है। शुभ-अशुभ कुछ नहीं होता।

“क्यों बंटी, आज ही चलें न उस घर में? जोत तुम्हारी राह देख रही है।” बंटी कुछ नहीं बोला। केवल डॉक्टर साहब का चेहरा देखता रहा। वह सचमुच उसी से पूछ रहे हैं? आँखों में कहीं जोत का चेहरा उभर आया। शादीवाले दिन के बाद से उसे देखा ही नहीं। न ममी उस घर गईं न वहाँ से बच्चों को आने दिया। शायद शुभ समय नहीं था!

“लो, जब इतने दिन रुक गईं तो अब एक दिन की बात है। तुम मानो न मानो, मैं तो अशुभ वेला में कोई भी काम नहीं करूँगी।”

शुभ-अशुभ क्या होता है, कैसे होता है बंटी नहीं जानता। बस इतना जानता है कि ममी ने मना कर दिया है। तो वे अब नहीं जाएँगी। कल जाओ, आज जाओ, क्या फ़रक पड़ता है! बस जाना है तो जाना है। पर ममी का कोई शुभ-अशुभ है जो नहीं जाने दे रहा है।

पर आज तो अब जाना ही है।

बंटी स्कूल से लौट आया। ममी ने बचा-खुचा सामान भी उस घर में भिजवा दिया। बिना बरतनों की रसोई, बिना कपड़ों की अलमारियाँ, बिना किताबों और मेज़पोश की मेज़ें, बिना दरी-कारपेट के फ़र्श...

खिलौनों की खाली अलमारी देखकर एक क्षण को सारे खिलौने आँखों के सामने घूम गए...पापा के भेजे हुए खिलौने।

एकाएक ख़याल आया—पापा तो इस घर का ही पता जानते हैं। अब वे आएँगे तो ख़बर कहाँ भेजेंगे? उन्हें पता कैसे लगेगा? कितने दिनों से पापा ने न कोई चीज़ भेजी न ख़बर। पापा को पता है कि ममी ने शादी कर ली है। हम लोग अब नए घर में रहेंगे। इस बार पापा को गए कितने दिन हो गए...एक...दो...तीन...छः...सात...आठ महीने हो गए।

तभी डॉक्टर साहब की कार आकर खड़ी हो गई। डांक्टर साहब नहीं आए। ममी भी आती ही होंगी।

बंटी बरामदे की सीढ़ियों पर ही बैठ गया। ढलती धूप में उसका छोटा-सा बगीचा ख़ूब लहलहा रहा है। पानी देनेवाला मोटा-सा पाइप बल खाया हुआ घास में पड़ा है। इधर तो उसने अपने बगीचे में पानी भी नहीं दिया।

“वहाँ का बगीचा तुझे ही ठीक करना है बेटे,” ममी रोज़ याद दिला देती थीं और बंटी सुन लेता था बस!

कोने में आम का पौधा हरी-चिकनी पत्तियाँ लिए झूम रहा है।

‘तुम जब जवान होओगे बंटी भैया तो यह पौधा भी पेड़ हो जाएगा...ब्याह, बच्चे...बौर, आम...तुम्हें बड़े होकर क्या माली बनना है बंटी भैया, जो इतनी खोजबीन कर रहे हो? थोड़ा-बहुत काम कर लिया और छुट्टी करो!’

खट-खट करती ममी आईं। उनकी शॉल का एक छोर ज़मीन में घिसट रहा है। साथ में हीरालाल और माली भी हैं।

पहले ममी कॉलेज से आती थीं तो चेहरा कैसा थका-थका लगता था। आज लग रहा है, जैसे कॉलेज से आई नहीं, कॉलेज जाने के लिए तैयार होकर निकली हैं। ममी कैसी ख़ुश-ख़ुश रहती हैं आजकल। माँग का सिंदूर चमकता रहता है। पहले दिन ममी की लाल-लाल माँग उसे बड़ी अजीब लगी थी। अब अजीब नहीं लगती, फिर भी नज़र वहीं जाकर अटक जाती है।

"तू आ गया बेटे? कुछ खाया तो नहीं होगा? चलो, अभी चलते हैं।" हीरालाल एक-एक करके सारे कमरे बंद करने लगा। ममी बंटी के कंधे पर हाथ रखे माली को आदेश दे रही हैं—

"देखो माली, बंटी भैया के सारे पौधे उखाड़कर उधर ले आना। मोगरा, गुलाब, मोरपंखी—और कौन-कौन से पौधे आ सकते हैं बेटे?" एकाएक उनकी नज़र उस आम के पौधे पर गई।

"यह आम का पौधा आ सकता है वहाँ? आ सके तो ज़रूर-ज़रूर ले आना।" ममी को और भी कुछ याद आया।

गाड़ी में बैठकर बंटी ने एक उड़ती-सी नज़र अपने घर की ओर डाली और फिर खिड़की पर ठोड़ी टिका ली। अब यह सब पीछे छूट जाएगा। दो-चार दिनों से तो वह ख़ुद मनाने लगा है कि इस सबको यहीं छोड़कर वह चला जाए।

कार चल दी। पर यह क्या? यह घर, यह बगीचा, हाथ जोड़कर खड़े हुए हीरालाल और माली, सब-के-सब जैसे कार के साथ-साथ दौड़े चले आ रहे हैं—धुँधलाए हुए, थरथराते हुए। कुछ भी तो पीछे नहीं छूटा।

"बंटी!" और ममी ने उसे अपने पास खींच लिया तो अवश-सा वह ममी पर ही जा लदा। पर बंटी रोया नहीं।

"यह तो कॉलेज का घर था बेटा, अपना घर तो था नहीं! अब वहाँ अपना घर होगा, अपने लोग होंगे।"

एकाएक ही ममी का स्वर भर्रा गया। पता नहीं ख़ुशी से या दुख से। बंटी के अपने मन में तो न ख़ुशी है न दुख। कुछ भी तो नहीं है सिवाए इस एहसास के कि वह जा रहा है।

ग्यारह

कोठी इस तरह चमचमा रही है जैसे कल ही बनी हो।

बंटी के मन में हलकी-सी तसवीर है इस कोठी की, जब उसने पहली बार इसे देखा था—धूल-भरी, मटमैली-सी। अब तो जैसे यह पहचानने में भी नहीं आती। कैसे बदल जाती हैं चीज़ें इस तरह?

एकाएक ही आँखों के सामने अभी-अभी छोड़ा हुआ अपना घर घूम गया। जो कार चलने के साथ-साथ उसके साथ-साथ दौड़ पड़ा था....पर जैसे यहाँ तक दौड़ नहीं सका। घर, बगीचा, हाथ जोड़े हुए हीरालाल और माली...हाँफते-काँपते सब बीच में ही छूट गए।

वह ममी के साथ अकेला ही आया है इस घर में...पहली बार। ममी ने कई बार कहा था—कहा ही नहीं, आग्रह किया था कि चल बेटा, तुझे जोत ने बुलाया है या कि डॉक्टर साहब ने ख़ासकर तुझे आने के लिए कहा है। पर वह कभी नहीं आया। कभी-कभी ज़िद ही करने लगतीं तो फूफी आ जाती बचाव के लिए, ''अरे आप काहे ज़ोर-ज़बरदस्ती करती हैं, बच्चे का मन नहीं है तो कइसे जाएगा?''

आज उसे किसी ने नहीं बुलाया है शायद...ममी ने भी आग्रह नहीं किया फिर भी वह आया है। जब तक उसका अपना घर था, फूफी और सामान के साथ तब तक वह विरोध कर सकता था। पर उन खाली दीवारों के बीच...इस बार तो उसे आना ही था।

पोर्टिको में ही सब लोग खड़े हैं...डॉक्टर साहब, जोत और अमि। नए-नए कपड़ों में लिपटे, हँसते-खिलखिलाते चेहरे लिए।

''हल्लोऽऽ...बंटी!'' एकदम उमगकर डॉक्टर साहब ने बंटी को गोद में उठा लिया और दोनों गालों पर किस्सू दिए। बंटी ने विरोध नहीं किया और फिर धीरे से नीचे उतर गया।

''तुम लेने नहीं आए, खाली गाड़ी भेज दी?'' ममी ने कुछ इस ढंग से कहा जैसे वह कभी-कभी ममी से कहता था और ममी कहती थीं—क्या ठुनकता रहता है सारे दिन? इत्ती बड़ी होकर भी ममी ठुनकती हैं!

''मैं आ जाता तो फिर यहाँ स्वागत कौन करता तुम्हारा?'' और डॉक्टर साहब ने ममी को बाँह में भरकर भीतर ठेलते हुए कहा, ''आज तुम पूरे दस दिन बाद आई हो इस घर में और इन दस दिनों में मैंने चेहरा बदल दिया है इस घर का।''

डॉक्टर साहब का ममी के कंधे पर हाथ रखना या ममी को बाँह में समेट लेना कई बार देख चुका है बंटी, फिर भी जाने क्या है कि जब भी देखता है, नए सिरे से एक क्षण को मन में कुछ हो जाता है। वह ममी पर से नज़र हटा लेना चाहता है और बाँहों में सिमटी ममी को लगातार देखते रहना भी चाहता है।

ममी इस तरह चल रही हैं इस घर में, जैसे यहाँ सबकुछ बहुत जाना-चीन्हा हो। उसे तो यहाँ का कुछ भी नहीं मालूम। जिधर जोत ले जाएगी उधर ही जाता है, उसके साथ-साथ—बल्कि उसके पीछे-पीछे।

यह तो कॉलेज का घर था बेटा, वहाँ अपना घर होगा, अपने लोग होंगे, और अपने लोगों के बीच भी सहमी-सहमी और अपरिचित-सी नज़रों से देख रहा है बंटी अपने घर को, उससे परिचित होने के लिए, उसे अपना बनाने के लिए!

रंग-रोगन की गंध घर के इस छोर से उस छोर तक फैली हुई है। साथ ही एक

और भी गंध है जिसे वह केवल सूँघ रहा है, पर समझ नहीं पा रहा है।

बड़ा-सा बेडरूम! हलकी नीली दीवारों पर गहरे नीले परदे और सलेटी रंग का कार्पेट। ख़ूब गुदगुदा-सा। दो नई-नई चमकती हुई अलमारियाँ। बंटी ने एक बार आँख खोलकर उन पर हाथ फेरा—एकदम चिकनी! उँगली रखते ही जैसे फिसल गई और एक हलका-सा निशान बन गया। बंटी ने देखा, कोई देख तो नहीं रहा। कमरे के बीच में दीवार के सहारे दो पलंग। दोनों के सहारे, पलंग के साथ ही लैंप लगा हुआ। बंटी का मन हुआ, जलाकर देखे रोशनी कहाँ आकर गिरती है। उसने मन ही मन सोचा, वह इधर की तरफ सोएगा और ममी उधर। जब तक नींद न आ जाए पढ़ते रहे और फिर लेटे-लेटे ही खट से बत्ती बुझाओ और सो जाओ।

दूसरी ओर ड्रेसिंग-टेबुल रखी थी और ममी की ड्रेसिंग-टेबुल से चौगुनी शीशियाँ। यह सब किसने जमाया होगा? एकाएक बंटी की नज़र ममी की उसी जादुई शीशी को ढूँढ़ने लगी। नहीं, वह वहाँ नहीं थी। उसे जैसे हलकी-सी राहत मिली।

कमरे के एक सिरे पर आकर बंटी ने एक साथ पूरा कमरा देखा तो आँखों के सामने रंगीन तसवीरवाली उन मोटी-मोटी किताबोंवाला कमरा उभर आया। डॉक्टर साहब ने सचमुच उनके लिए बिलकुल वैसा ही कमरा बनवा दिया। एक क्षण को जैसे अपना घर छोड़ने का अवसाद धुँधला हो गया।

कभी अपने दोस्तों को लाकर दिखलाएगा। टीटू की अम्मा आकर देखें! कैसे हँसती थीं—अब हँसें आकर। कभी देखा भी नहीं होगा ऐसा कमरा।

"बंटी, तुम्हें कैसा लगा कमरा बताओ तो? पसंद आया?" डॉक्टर साहब ने उसकी पीठ पर हाथ रखकर पूछा तो बंटी जैसे पुलककर मुसकरा दिया, "अच्छा लगा।" बंटी को डॉक्टर साहब भी अच्छे लगे।

जोत और अमि दौड़े-दौड़े आए, "पापा चलिए, नाश्ता तैयार है।"

बड़ी-सी मेज़ पर ढेर सारी खाने की चीज़ें फैली पड़ी हैं। बंटी को शादीवाले दिन शादी जैसा कुछ नहीं लगा था, पर आज ज़रूर शादी जैसा लग रहा है। एकाएक जोत और अमि के नए-नए कपड़ों के मुकाबले में उसे अपनी हलकी-सी मैली हो आई स्कूल की यूनीफ़ार्म बड़ी फीकी-फीकी और बेतुकी-सी लगी। लगा जैसे वह इन सबके बीच का नहीं, इन सबसे अलग है।

फूफी तो स्कूल से आते ही सबसे पहले कपड़े बदलवाया करती थी। ममी को ख़याल भी आया कि यहाँ आने से पहले कम से कम उसके कपड़े तो बदलवा दें!

"नहीं...नहीं शकुन! उस कुर्सी पर नहीं, वह अमि की कुर्सी है। इन दोनों की अपनी-अपनी कुर्सियाँ तय हैं। कोई और बैठ जाए तो तूफ़ान मच जाता है।"

"अच्छा! तो लो, हम अपनी कुर्सी तय कर लेते हैं।" और हँसते हुए ममी ने डॉक्टर साहब के सामनेवाली कुर्सी खींच ली। बंटी अभी भी खड़ा है।

"तुम भी अपनी कुर्सी तय कर लो बेटे! बोलो, इधर बैठोगे या उधर?" सभी

की अपनी जगह तय है, अपनी कुर्सियाँ तय हैं, बस उसी का कुछ तय नहीं है, जो बचा है, उसमें से ही उसे कुछ चुन लेना है। वह चुपचाप जोत के पासवाली कुर्सी पर बैठ गया। मन को कहीं एक अनमना-सा भाव छूकर निकल गया।

अमि और जोत की 'यह लाओ, वह लाओ...ऐ बंसीलाल, इसमें हरी मिर्च क्यों डाली...आज अंगूर क्यों नहीं है...मेरे नमकीन बिस्कुट...' के बीच बंटी अपनी नज़रों में जैसे कहीं से बड़ा बेचारा हो आया। बेचारा और उपेक्षित।

डॉक्टर साहब बाहरवालों की तरह उसकी मनुहार कर रहे हैं, "यह लो बंटी बेटे...वह लो, तुम्हें अच्छा लगेगा।" वह बाहर का ही तो है।

"शरमा नहीं बंटी, तुझे जो पसंद है ले ले। अपने घर में शरमाते नहीं।" ममी ऐसे बोल रही हैं, जैसे ख़ुद भी डॉक्टर साहब के ही घर की हों। अब हैं भी शायद। शादी के बाद हो जाते हैं। पर वह कैसे, उसने थोड़े ही शादी की है?

और आँखों के सामने फिर अपने घर की तसवीर उभर आई। मेज़ पर कभी अकेला और कभी ममी के साथ बैठा हुआ बंटी और डाँट-डाँटकर खिलानेवाली फूफी—"एल्लो, हो गया तुम्हारा खाना? और यह कौन खाएगा?...तुम कइसे नहीं खाओगे बंटी भय्या, हम बाँस लेकर ठूँसेंगे तुम्हारे गले में, समझे। ममी के आगे दिखाया करो ये नखरे, बहुत सिर पर चढ़ा रखा है तुम्हें!" और ममी मुसकराती रहतीं।

एकाएक ही नज़र ममी की ओर उठ गई। इस समय भी तो ममी मुसकरा रही हैं, एक ही आदमी इतनी अलग-अलग तरह से भी मुसकरा सकता है?

"हल्लोऽऽ डॉक्टर...गृहप्रवेश की दावत हो रही है?"

बंटी एकाएक जैसे चौंक गया। सारे घर को गुँजाता हुआ एक लंबा-सा आदमी घुसा। एक अकेला आदमी भी इतना शोर मचा सकता है? लंबा कितना है! गरदन पूरी तरह ऊँची करके देखने पर ही चेहरा दिखाई दे।

"आओ...आओ वर्मा! बड़े अच्छे समय आए।"

"नमस्कार वर्मा साहब!"

"नमस्ते अंकल!"

सब लोग तो जानते हैं इस लंबे आदमी को, बस वही नहीं जानता।

"आज यह खाने की मेज़ सचमुच खाने की मेज़ लग रही है।" लंबा आदमी ममी को कैसे घूर-घूरकर देख रहा है।

डॉक्टर साहब खी-खी करके हँस पड़े और ममी गद्गद होकर एकदम सुर्ख़ हो गईं। आजकल ममी के गाल बात-बात पर ऐसे सुर्ख़ हो जाते हैं मानो गुलाब जूड़े में न लगाकर गालों पर लगा लिए हों।

ममी ने एक प्लेट लगाकर सामने की तो फिर दहाड़ा—

"नो-नो, आइ एम फुल मिसेज़ जोशी!"

मिसेज़ जोशी! एकाएक बंटी की नज़र ममी की ओर उठ गई। ममी ने कुछ भी नहीं कहा। अभी तक ममी को सब मिसेज़ बत्रा कहते थे और अब...

''ऐ बंटी, अब तू जोशी हो गया यार! बंटी जोशी, नहीं अरूप जोशी।''

''धत्, मैं क्यों हो गया जोशी? मैं अरूप बत्रा हूँ, बंटी बत्रा!''

''चल-चल! डॉक्टर जोशी तेरे पापा नहीं हो गए अब?''

''बिलकुल नहीं, एकदम नहीं, मेरे पापा अजय बत्रा हैं। कलकत्ते में रहते हैं।''

''अब नहीं रहे वो पापा मिस्टर!''

''मार दूँगा, ज़्यादा बकवास की तो!'' मन हो रहा था धज्जियाँ बिखेर दे, इस कैलाश के बच्चे की।

फिर सारे दिन वह काग़ज़ पर अरूप बत्रा...अरूप बत्रा, बंटी बत्रा लिखता रहा था। लंच टाइम में मैदान में बैठा तो उँगली से ज़मीन पर लिखता रहा—बत्रा...बत्रा...

''अंकल, आप टामी को नहीं लाए?''

''हम घर से नहीं आए बेटे, सीधे ऑफ़िस से चले आ रहे हैं। सोचा, ज़रा तुम लोगों के घर की रौनक देख लें। क्यों मिसेज़ जोशी, बेडरूम पसंद आ गया? आपने अप्रूव किया या नहीं?''

ममी के गाल फिर सुर्ख़ हो गए। क्या हो जाता है ममी को बार-बार! ऐसा तो पहले कभी नहीं होता था।

''वाह, मिसेज़ वर्मा ने सब अरेंज किया और मुझे पसंद न आए? हम तो सोच रहे थे धन्यवाद देने रात में ख़ुद ही उधर आएँगे।''

''ओह, नो-नो—यह सब तकल्लुफबाज़ी छोड़िए। आज की रात नहीं।'' फिर एकाएक उनकी नज़र बंटी पर जम गई।

''यह बच्चा...ओह, अच्छा...अच्छा, क्या नाम है बेटे तुम्हारा?''

प्यार से बोला तब भी लगता है जैसे डाँट रहा हो। इसके बच्चों को डर नहीं लगता होगा इससे?

बंटी ने सीधी नज़रों से उसे देखा और बिना झिझक के जवाब दिया, ''अरूप बत्रा!'' बत्रा पर इतना ज़ोर डाला कि उसके सामने अरूप तो जैसे दब ही गया।

''वाह, बड़ा अच्छा नाम है यह तो! अरूप और अमित, जोड़ी भी ख़ूब रहेगी।'' फिर ममी की ओर देखकर बोला, ''सीम्स टु बी ए बोल्ड चैप।''

ममी कैसे घूर-घूरकर देख रही हैं, देखें, वह क्या डरता है? बत्रा है तो बत्रा ही रहेगा और बत्रा ही कहेगा। ममी की तरह नहीं कि झट से जोशी बन गए।

खाना-पीना ख़त्म हुआ तो डॉक्टर साहब ने कहा, ''जोत, बंटी बेटे को घुमाकर सब दिखाओ तो। अपनी किताबें, अपने खिलौने...पीछे का सी-सॉ और स्लिप, घुमाओ ज़रा।''

ममी मज़े से बैठी हैं। उन्हें अभी भी ख़याल नहीं आ रहा है कि बंटी के कपड़े बदलवाने हैं। यहाँ कौन फूफी है जो बदलवा देगी कपड़े या उसे मालूम है कि कपड़े कहाँ रखे हैं जो अपने-आप ही जाकर बदल लेगा! बस, अपने ही गाल लाल करके

मुसकरा रही हैं जब से।

जाने क्या है कि डॉक्टर साहब से या किसी भी अनजान आदमी से कहने में जितना संकोच होता है, ममी से कहते हुए भी इस समय उतना ही संकोच हो रहा है। वही कहे कपड़े की बात, ममी को अपने-आप नहीं सूझती? ये दोनों नए-नए कपड़े पहने बैठे हैं, फिर भी ममी को ख़याल नहीं आ रहा? उस लंबे आदमी ने क्या सोचा होगा कि ऐसे गंदे कपड़े पहनकर ही रहता है यह बच्चा!

"जाओ बेटे, जोत बुला रही है।"

"मुझे कपड़े दो, कपड़े नहीं बदलूँगा मैं?" भरसक रोकने पर भी बंटी का स्वर जैसे भर्रा ही गया।

"अरे, चल-चल, मैं तो भूल ही गई।" फिर डॉक्टर की ओर देखकर पूछा, "आज जो कपड़ों के बक्से आए वे कहाँ रखे हैं?"

एक कमरे में सारा सामान अस्त-व्यस्त ढंग से पड़ा है—बंटी के घर का सामान! बक्से-बिस्तरे, गठरी में बँधी हुई किताबें...टोकरी में भरे हुए बंटी के खिलौने...बंटी की पेंटिंग्स...और भी जाने क्या-क्या! लगा जैसे उसका सारा घर गठरियों, टोकरियों में बाँधकर यहाँ ठूँस दिया गया है।

ममी एक बक्से में से कपड़े निकाल रही हैं और बंटी उस सामान को देख रहा है। सामान का भी चेहरा होता है क्या? सारा सामान कैसा उदास-उदास लग रहा है।

बंटी का सिपाही टोकरी के किनारे सिर के बल ठुँसा हुआ है। बंटी जल्दी से गया और उसे निकालकर उसने सीधा कर दिया। पर भीतर तो सभी कुछ उलट-पुलट है। एक बार मन हुआ, अपने सारे खिलौने निकालकर...

"ले कपड़े बदल ले और बच्चों के साथ खेल। जोत है, अमि है, पीछे भी बड़ा-सा मैदान है। ख़ूब खेलो-कूदो, दौड़ो-भागो!"

पर बंटी है कि अपनी टोकरी में ही लगा हुआ है। जैसे उसने ममी की बात सुनी ही नहीं।

"कल सब ठीक कर दूँगी बेटे, अभी ऐसे ही रहने दे!" बंटी ने पलटकर ममी की ओर देखा। लगा जैसे पूछ रहा हो—क्या सब ठीक कर दोगी?

और उस कमरे से निकला तो एक बार फिर लगा जैसे अपने घर से निकल रहा हो।

जोत सब बता रही है, "यह जो नीम का पेड़ है न बंटी, यह जिस दिन पापा पैदा हुए थे उस दिल लगवाया था बाबा ने। पापा के जन्मदिन पर इसकी पूजा करती थीं चाची अम्मा।"

और एकाएक ही बंटी की आँखों के सामने आम का वह छोटा-सा पौधा घूम गया।

"चाची अम्मा कौन?" यह नाम तो बंटी ने कभी नहीं सुना।

"चाची अम्मा कौन, हमारी चाची अम्मा!" अमि ने कहा तो जोत हँसने लगी।

"पापा की चाचीजी! अभी तक वह ही तो रहती थीं हमारे पास...थोड़े दिन पहले ही तो गई हैं!"

"और वह जो बड़ा-सा जाली का पिंज़रा देख रहा है, उसमें खरगोश पाले थे बंसीलाल ने। पर एक बार जाने कैसे बिल्ली घुस गई और सब सफाचट..."

"बिल्ली नहीं बंटी भैया, बिलाव! ये मोटी झबरी पूँछ! देख लो तो डर लग जाए। सारे खरगोश चट कर गया।"

फिर बंसीलाल का घर, इमली का पेड़, जहाँ दोनों बीन-बीनकर कच्ची इमली खाते हैं। बड़ी स्वाद हैं इस पेड़ की इमलियाँ...

जोत और अमि बताए चले जा रहे हैं और बंटी केवल सुन रहा है। सुनने के सिवा वह कर ही क्या सकता है, बताने के लिए है ही क्या उसके पास?

बंटी अपने घर में घूम रहा है। पर अपने घर जैसा कुछ भी तो नहीं लग रहा उसे। सर्दी के दिनों में साँझ से ही तो चारों ओर अँधेरा घुसने लगता है। और जैसे-जैसे अँधेरा घुलता जा रहा है, सबकुछ और ज़्यादा-ज़्यादा अपरिचित होता जा रहा है। यहाँ तो आसमान भी पहचाना हुआ नहीं लगता, हवा भी पहचानी हुई नहीं लगती। अपने घर का आसमान और अपने घर की हवा कहीं ऐसी होती है?

ममी डॉक्टर साहब के साथ बाहर गई हैं और वह कमरे में अकेला बैठा है। चारों ओर बत्तियाँ जगमगा रही हैं, फिर भी बंटी के मन में न जाने कैसा डर समा रहा है। रात में वह कभी घर से बाहर नहीं सोया, अब कैसे सोएगा यहाँ? और आँखों के सामने वही नीले परदेवाला कमरा घूम गया। फिर भी डर है कि बढ़ता ही जा रहा है। अपने घर से आया है। तब से अब तक यही लग रहा था, वह केवल यहाँ आया है। तभी शायद उस समय उसे उतनी घबराहट नहीं हो रही थी। पर अब जैसे-जैसे रात बीतती जा रही है, यह एहसास कि वह केवल आया ही नहीं है, उसे यहाँ रहना भी है, केवल आज ही नहीं, हर दिन, हर रात। और इस बात के साथ ही मन है कि जैसे डूबता चला जा रहा है।

कैसे रहेगा वह इस घर में? यह उसका घर बिलकुल नहीं है। यह डॉक्टर साहब का घर है, जोत और अमि का घर है। वह किसी के घर में नहीं रहेगा, अपने घर जाएगा, अपने ही घर में सोएगा।

अपने घर में उसे कभी डर नहीं लगता था। ममी बाहर चली जाती थीं तब भी नहीं। एकदम अँधेरा हो तब भी नहीं। न हो ममी, न हो रोशनी, पर घर तो उसका अपना था, फूफी तो उसकी अपनी थी। अँधेरे में ही वह अकेला सारे घर का चक्कर लगाकर आ सकता था।

यहाँ तो न घर उसका है, न घरवाले उसके हैं। ममी के कहने से क्या होता है, क्या वह जानता नहीं? और जब कुछ भी उसका नहीं है तो डरेगा नहीं वह? लाख रोकने पर भी आँखें हैं कि छल-छल हो रही हैं।

"अरे बंटी, तू यहाँ बैठा है? कपड़े नहीं बदले? ममी तेरे कपड़े पलंग पर रख गई हैं।" जोत पहले तो ममी को आंटी जी कहती थी, अब ममी क्यों कहने लगी?

"हूहू—हूहू—सर्दी रेऽऽ"—दोनों बाँहों को कसकर छाती से चिपकाए अमि पंजों के बल उछलता हुआ आया और बिस्तर में दुबककर रजाई ओढ़ ली।

बंटी ने बाथरूम में जाकर मुँह धो लिया। पता नहीं क्या है, वह कहीं भी जाए उसका अपना घर साथ-साथ चलता है। बाथरूम, बाल्टी, नल...आँख मींचकर भी अपने घर में जिस तरह चल सकता था, यहाँ आँख खोलकर भी उस तरह नहीं चल पा रहा है।

"चल अब अपनी-अपनी रजाइयों में घुसकर कहानी कहेंगे। ममी बता रही थीं तुझे ख़ूब-ख़ूब कहानियाँ आती हैं।"

"मैं भी कहानी सुनूँगा बंटी भैया! राजा-रानीवाली, परियोंवाली।"

पर बंटी न बिस्तर में लेटा, न रजाई ओढ़ी और न ही उसने कहानी सुनाई। बस, कंबल लपेटकर बैठे-बैठे ममी की राह देखता रहा। अमि तो लेटते ही सो गया। जोत उससे स्कूल की बातें पूछती रही, चुटकुले सुनाती रही।

स्कूल की बातों पर वह चुप रहा और चुटकलों पर वह रोता रहा। थोड़ी देर में जोत भी लुढ़क गई।

बंटी है कि न उससे सोते बन रहा है, न जागते। बस, रह-रहकर आँखें छलछला आती हैं।

ममी के आते ही वह छिटककर पलंग के नीचे उतर आया।

"अरे, तू सोया नहीं बंटी बेटा? और यह क्या, कुछ भी गरम नहीं पहन रखा और बिस्तर में से निकल आया। सर्दी नहीं लग जाएगी?"

बंटी दौड़कर ममी के पैरों से लिपट गया। मैं अकेला कैसे सोता, मुझे डर नहीं लगता?"

उँगली में गाड़ी की चाबी नचाते हुए डॉक्टर साहब आए, "अरे, तुम सोए नहीं बंटी बेटे?"

"तुम चलो।" और ममी उसे अपने से चिपकाए-चिपकाए ही कमरे में ले आईं।

"डर क्यों लगता है? जोत और अमि नहीं सो रहे यहाँ? देख अमि तो तुझसे भी छोटा है, उसे डर नहीं लगता और तुझे डर लगता है?"

ममी ने पूरे जूड़े में माला लपेट रखी है और सुगंध है कि केवल माला में से ही नहीं, जैसे पूरे शरीर से फूटी पड़ रही है। ममी गई थीं तो दूसरी तरह की थीं और अब लौटी हैं तो एकदम ही दूसरी तरह की हो गईं।

"तू तो बहुत पगला है बेटे, सबके बीच में भी डरता है?"

"पर उस कमरे में तो कोई नहीं था। मैं कैसे सोता? अकेले मुझे डर नहीं लगता वहाँ?"

"ओऽह!" ममी एक क्षण रुकीं, फिर उसकी पीठ सहलाती हुई बोलीं, "नहीं

बेटा, बच्चे लोगों का तो यही कमरा है। बच्चे लोग सब एक साथ सोएँगे। देखो, ये लोग भी तो सो रहे हैं यहाँ! चल, मैं तुझे सुलाती हूँ।'' और ममी ने बहुत प्यार से पकड़कर उसे पलंग पर लिटा दिया, रजाई ओढ़ाई और उसके सिरहाने बैठकर उसका सिर सहलाने लगीं।

बंटी की आँखों में इतनी देर से तैयार हुआ वह नीले परदोंवाला कमरा, जिसमें बंटी ने मन ही मन अपना पलंग भी तय कर लिया था, जैसे ढहकर गिर पड़ा।

'बंटी बेटा, पसंद आया तुम्हें यह कमरा'—झूऽठ...झूऽठ—मन में जैसे एक ज्वार उठ रहा है दुख का, गुस्से का। मन हो रहा है जाए उस कमरे में और एक-एक चीज़ उठाकर फेंक दे—परदे फाड़ डाले, देखें कोई क्या कर लेता है उसका?

ममी ने झुककर उसके गाल को चूमा तो उसने ममी का चेहरा झटक दिया।

''क्यों पागलपन कर रहा है बेटे? देख, ये दोनों भी तो हैं? मुझे तंग करने में, सबके बीच शर्मिंदा करने में तुझे ख़ास ही सुख मिलने लगा है आजकल।''

हाँ, मिलता है सुख...ज़रूर करूँगा शर्मिंदा। तुम नहीं कर रही हो मुझे शर्मिंदा? यहाँ दूसरों के घर लाकर पटक दिया। 'अपना घर होगा', कोई नहीं है अपना घर? मैं नहीं रहता किसी के घर...पहले तो कमरा पसंद करो और फिर ...कितनी बातें हैं, जो फूटी पड़ रही हैं। बंटी चाहता भी है कि सब कह दे। कितने दिन तो हो गए उसने कुछ कहा ही नहीं। आजकल तो वह सिर्फ़ सुनता है और मान लेता है, पर आज नहीं।

लेकिन गला है कि बुरी तरह भिंचा हुआ है। लगता है, बोलना चाहेगा तो बस केवल हिचकी फूटकर रह जाएगी।

''नींद नहीं आ रही बंटी को? क्या बात है बेटे?'' डॉक्टर साहब तौलिया लटकाए दरवाज़े पर खड़े पूछ रहे हैं।

''अभी सो जाएगा। नई जगह है न, शायद इसलिए।'' ममी शायद उसके जागते रहने की सफ़ाई दे रही हैं।

''तुम जाओ, मैं सो जाऊँगा।'' रुँधे हुए गले से बंटी ने किसी तरह से शब्द ठेल दिए।

''ऐसे मत कर बेटे, ऐसा नहीं करते न! चल सो, मैं बैठी हूँ तेरे पास।''

ममी बैठी-बैठी उसका सिर सहलाती रहीं। धीरे-धीरे उसके गाल थपथपाती रहीं। बंटी आँखें मूँदे पड़ा रहा। थोड़ी देर बाद धीरे से ममी उठीं। एक बार चारों ओर से उसे अच्छी तरह ढका। खट! बत्ती बंद हुई तो बंद आँखों में फैला अँधेरा ख़ूब गाढ़ा हो गया। बंटी ने आँखें खोल दीं। सारी की सारी ममी अँधेरे में डूब गई थीं, बस धीरे-धीरे दूर होता उनका जूड़े का गज़रा चमक रहा था।

दरवाज़े पर पहुँचकर ममी ने धीरे-से आवाज़ दी, ''बंटी!''

बंटी चुप।

''सो गया?'' डॉक्टर साहब रात के कपड़े पहन आए थे।

“हूँ।” ममी ने धीरे-से कहा।

फिर दोनों उसी कमरे में चले गए और एक हलकी-सी आवाज़ हुई। शायद दरवाज़ा बंद होने की।

बंटी को लगा घर से चला था तो बीच रास्ते में आकर उसका अपना घर और बगीचा छूट गया था। यहाँ आकर ममी छूट गईं।

इतनी देर से दबा हुआ एक आवेग था जो दरवाज़े के बंद होते ही फूट पड़ा। थोड़ी देर बाद ही अचानक उस कमरे का दरवाज़ा खुला और डॉक्टर साहब ने निकलकर बाहर के बरामदे की बत्ती बंद कर दी।

सारा घर अँधेरे में डूब गया। बंटी के मन का दुख और गुस्सा धीरे-धीरे डर में बदलने लगा। केवल डर ही नहीं, एक आतंक, कैसी-कैसी शक्लें उभरने लगीं उस अँधेरे में। उसने कसकर आँखें मींच लीं। पर अजीब बात है, बंद आँखों के सामने शक्लें और भी साफ़ हो गईं—लपलपाती जीभ के राक्षस...उलटे पंजे और सींगोंवाला सफ़ेद भूत, तीन आँखोंवाली चुड़ैल, जादुई नगरी के नाचते हुए हड्डियों के ढाँचे, सब उसके चारों ओर नाच रहे हैं। धीरे-धीरे उसकी ओर बढ़ रहे हैं।

उसकी साँस जहाँ की तहाँ रुक गई।

“ममी, दरवाज़ा खोलो...दरवाज़ा खोलो ममी।” सारी ताकत से बंटी चीख रहा है और दोनों हाथों से दरवाज़ा भड़भड़ा रहा है।

“दरवाज़ा खोलो, ममी।” आधी रात के सन्नाटे में बंटी की भिंची हुई-सी आवाज़ भी सारे घर में गूँज उठी।

खटाक से दरवाज़ा खुला, “कौन, बंटी? क्या हुआ बेटे, क्या हुआ?”

सर्दी में अकड़ा हुआ बंटी थर-थर काँप रहा है। ममी ने जल्दी से उसे गोद में उठाकर छाती से चिपका लिया।

बंटी का सारा मुँह आँसू, लार और नाक से सन गया। हिचकियों के मारे साँस नहीं ली जा रही है। ममी ने उसके चारों ओर कसकर शॉल लपेट दिया।

“मैं हूँ बेटे—ममी—क्या हो गया? मैं तेरे पास हूँ।”

“क्या बात हो गई?” गले तक रजाई ओढ़े-ओढ़े ही डॉक्टर साहब ने पूछा।

“डर गया है शायद।” ममी ने कहा, पर उनकी आवाज़ ऐसी सहमी हुई थी जैसे वे ख़ुद डर गई हों।

ममी उसे वैसे ही छाती से चिपकाए-चिपकाए पलंग पर बैठ गईं। उसकी पीठ सहलाती रहीं। “मैं तेरे पास हूँ बेटे—ममी तेरे पास है।”

धीरे-धीरे बंटी अपने में लौटने लगा। ममी की आवाज़ ने, ममी की बाँहों ने उन सबको भगा दिया, जिनके बीच बंटी की साँसें रुकी हुई थीं।

और जब बंटी की हिचकियाँ थम गईं—उसके शरीर में फिर गरमाई आ गई तो ममी ने बंटी को धीरे से पलंग पर सुलाया।

''क्या हुआ बेटे, डर गया था?'' तो पहली बार बंटी ने आँखें खोलीं। उसकी मम्मी उस पर झुकी हुई पूछ रही थीं—उसकी अपनी मम्मी।

एक बार मन हुआ मम्मी के गले में बाँहें डालकर लिपट जाए—पर हाथ जहाँ के तहाँ जमे हुए हैं। हाथ ही नहीं, जैसे सारा शरीर जहाँ का तहाँ जम गया। केवल आँखें खुली हैं और वह टुकुर-टुकुर देख रहा है, मम्मी को...कमरे को...आसपास की चीज़ों को।

हलकी नीली रोशनी में डूबा हुआ कमरा, कमरे की हर चीज़...

''पहले भी कभी इस तरह डर जाया करता था?'' पता नहीं कहाँ से आ रही है डॉक्टर साहब की आवाज़।

''नहीं, कभी नहीं डरा। शायद नई जगह थी, शायद कोई सपना देख रहा हो। उलटी-सीधी कहानियाँ जो पढ़ता है दुनिया-भर की।'' मम्मी की आवाज़ में परेशानी थी, दुख था।

पहले जब बंटी दूसरी दुनिया में था तो मम्मी का चेहरा, मम्मी की आवाज़ बहुत अपनी-अपनी लग रही थी, अब वह पूरी तरह अपनी दुनिया में लौट आया तो नीली रोशनी में नहाई मम्मी, कमरा, कमरे की हर चीज़ जैसे दूसरी दुनिया के लगने लगे। दोपहरवाला कमरा जैसे कहीं से बिलकुल ही बदल गया है। सबकुछ फिर बड़ा जादुई-जादुई लगने लगा। फिर मन में डर समाने लगा, अजीब तरह का डर। बंटी ने आँखें मूँद लीं। पर दो-चार मिनट के लिए देखा हुआ वह नीला रंग आँखों में ही आकर चिपक गया है। नीलम देश क्या ऐसा ही होता है?

थोड़ी देर मम्मी की थपकियाँ और फिर जैसे कहीं दूर से आती हुई आवाज़!

''पर तुम जब समझते हो कहते हो तो मन ज़रूर थोड़ा हलका हो जाता है। पर मैं जानती हूँ कि यह...''

''कुछ नहीं, धीरे-धीरे सब ठीक हो जाएगा।'' डॉक्टर साहब की नींद में डूबी हुई आवाज़...

''सो गया?''

''हाँ, लगता तो है, सो गया।'' फिर चुप! बंटी का मन हो रहा है आँखें खोल दे। एक बार फिर मम्मी का चेहरा देखकर आश्वस्त हो ले। पर नहीं, नीली रोशनी में डूबी हुई...

''सुनो, तुम उठकर कपड़े पहन लो। पता नहीं, यह सवेरे जल्दी उठ जाए तो बड़ी अजीब स्थिति हो जाएगी।''

अचानक आँखों के सामने कुछ काला-काला तैर गया। मम्मी ने बत्ती बंद की है शायद। बंटी ने धीरे-से आँखें खोलकर देखा। नीली रोशनी गायब हो गई थी। खिड़की से छनकर आती हुई बहुत ही फीकी-फीकी रोशनी में फिर सबकुछ पहचाना-पहचाना लगने लगा—खासकर मम्मी का चेहरा। कहीं मम्मी उसे जागता हुआ न देख लें।

पलंग के एक सिरे से डॉक्टर साहब रजाई उतारकर उठे तो बंटी धम्! छी-छी—यह क्या? इतना बड़ा आदमी एकदम नंग-धड़ंग। बंटी की आँखें फटी पड़ रही हैं।

और ममी भी देख रही हैं। शरम नहीं आ रही है इन लोगों को? उसे जैसे मितली-सी आने लगी...पर आँखें हैं कि फिर भी बंद नहीं हो रहीं।

डॉक्टर साहब ने कपड़े पहन लिए, फिर भी जैसे दिमाग़ में वही सब घूम रहा है।

फिर ममी धीरे-से उतरीं और उसी रैक की ओर गईं। उन्होंने भी अपना हाउस-कोट उतारा तो...

बंटी भीतर ही भीतर भय से थर-थर काँपने लगा। ये उसी की ममी हैं? उसने आज तक कभी अपनी ममी को ऐसा नहीं देखा। उसकी ममी ऐसी हो ही नहीं सकतीं। यह क्या हो रहा है?

छी-छी—बेशरम-बेशरम—उसका मन हुआ रजाई उतार फेंके और ज़ोर से चीखे़। पर वह चीख़ नहीं रहा...

मन जाने कैसा-कैसा हो रहा है उसका। थ्रिल भी है उसके मन में—जुगुप्सा भी— ममी के इस व्यवहार की शरम भी, गुस्सा भी और जाने क्या-क्या!

सारे गुस्से, नाराज़गी और दुख के बावजूद अभी तक ममी उसकी ममी थीं, अब जाने क्या हो गईं? पता नहीं, उसे कुछ भी नाम देना नहीं आ रहा है। बस, इतना लग रहा है कि अभी तक की ममी एकाएक ही जैसे कहीं से टूट-फूट गईं...चकनाचूर हो गईं।

बारह

सवेरे देर तक की गहरी नींद भी बंटी के मन से ममी और डॉक्टर साहब का नंगापन न उतार सकी। आँख खुली तो ममी और डॉक्टर साहब जा चुके थे, पर नीम-अँधेरे में लिपटे हुए उनके नंगे शरीर जैसे वहीं लटके हुए थे।

जो कुछ उसने रात में देखा वह सच था? ऐसा हो सकता है? एकाएक उसकी नज़र ड्रेसिंग-टेबुल पर गई। वह शीशी...जादुई शीशी...और खट से ये शरीर उस शीशी से जाकर जुड़ गए। उसे अच्छी तरह याद है, कल तो यह शीशी यहाँ नहीं थी। फिर कैसे आ गई...कब आ गई और...

'और बंटी भय्या, उसने जो जादू की शीशी सुँघाई तो बस राजकुमार का तो मगज़ ही फिर गया। वह अपने बाप को नहीं पहचाने...माँ को नहीं पहचाने...और तो और वह अपने को ही नहीं पहचाने...'

बंटी उछलकर भागा।

बरामदा पार कर रहा था तो खाने के कमरे से ममी की आवाज़ आई, ''उठ गया बंटी? जल्दी कर बेटे, स्कूल को देर हो जाएगी।''

बंटी का मन हुआ दो मिनट के लिए ममी के पास चला जाए, पर नहीं, ममी उसे पहचानेंगी? कहीं चाँटा ही मार दें तो? रात में ममी अपने को नहीं भूल गई थीं?

अमि और जोत तैयार हो रहे थे। उन्हें देखकर ही जाने कैसी तसल्ली मिली। उसने जोत का हाथ पकड़ लिया। वह उससे बोलकर, उसे छूकर अपने मन का डर भगाना चाह रहा था। कभी अकेले में डर लगे तो ज़ोर-ज़ोर से बोलकर ही कैसी राहत मिलती है। अपनी आवाज़ ही कैसा सहारा देती है।

''तू इतनी देर से उठता है बंटी! देर नहीं हो जाएगी? जा बाथरूम में गरम पानी रखा है। जल्दी से हाथ-मुँह धोकर तैयार हो जा।''

जोत की बात, जोत की आवाज़, जोत का चेहरा, सबसे उसे बड़ी तसल्ली मिल रही है। कल से ही उसे ऐसा लग रहा है। जब-जब उसने जोत को देखा, जोत उसे हमेशा अच्छी लगी। जोत की तरफ़ देखते रहना भी उसे अच्छा लगता है।

वह जल्दी से बाथरूम में घुस गया। पर जैसे ही दरवाज़ा बंद किया, एक अजीब-सा डर मन में समाने लगा। उसने खाली सू-सू की। छिछू दबा गया और जल्दी से दरवाज़ा खोल दिया। कम से कम बाहरवालों के चेहरे दिखते रहें। चेहरों का भी कैसा आश्वासन होता है!

नाश्ते की मेज़ पर सब बैठे हैं। ममी टोस्ट में मक्खन लगाकर दे रही हैं। डॉक्टर साहब सफ़ेद बुर्राक कपड़ों में ऐसे लग रहे हैं जैसे अभी-अभी लांड्री में से निकलकर आए हों। वे खाते भी जाते हैं और बार-बार नेपकिन से हाथ और होंठ भी पोंछते जाते हैं। पर बंटी है कि ध्यान न खाने-पीने की चीज़ों पर है, न जोत और अमि की बातों पर। सामने बैठे टोस्ट कुतरते हुए डॉक्टर साहब एक क्षण को उसे कपड़ों में दिखाई देते हैं तो एक क्षण नंगे, एकदम नंग-धड़ंग।

मक्खन लगाते-लगाते चाय के घूँट लेती ममी के भी मिनट-मिनट में कपड़े उतर जाते हैं। एक बड़ा भारी-सा रहस्य था जो उसे एकाएक ही पता लग गया है जैसे! पहले बड़ा डर लगा था फिर अजीब-सी घिन छूटी और अब गुस्से और घिन के साथ-साथ इच्छा हो रही है कि बार-बार उसी दृश्य को देखे।

और फिर तो जैसे अजीब स्थिति हो गई उसकी। नहाने लगा तो अपने अंग को लेकर भी वैसी थ्रिल महसूस होने लगी। मन ही मन डॉक्टर साहब के साथ अपनी तुलना शुरू हो गई। बड़ा होकर वह भी ऐसा ही हो जाएगा। वह सोच रहा है, हाथ में लेकर देख रहा है और भीतर ही भीतर एक अजीब-सी सिहरन हो रही है। पहली बार उसे लग रहा है, जैसे वह है, उसके भी कुछ है।

क्लास में टेबुल के सामने खड़े होकर सर पढ़ा रहे हैं और एकाएक बंटी के सामने सर के कपड़े उतर जाते हैं। एक अनंत सिलसिला...जोत कभी अपने रूप में और कभी ममी के रूप में सामने आती है। वह उसके फ्रॉक में से झाँकने की कोशिश

करता है। ममी जैसा तो कहीं कुछ नहीं है, शायद बड़े होकर सबकुछ वैसा ही हो जाएगा!

और फिर सब जगह वही...वही...।

पर साँझ घिरने के साथ-साथ और सारी भावनाएँ तो गायब हो गईं, रह गई सिर्फ़ एक अपराध-भावना। कुछ बहुत ही गंदा काम करने की अपराध-भावना। क्यों आईं ममी यहाँ, क्यों लाईं उसे? आज एक मिनट भी पढ़ने में मन लगा है उसका स्कूल में? अब किस तरह पढ़ेगा वह? उसने कसकर उँगलियों का क्रॉस बनाया...नहीं-नहीं, वह अब कभी नहीं सोचेगा इन बातों को! कितना पाप चढ़ा होगा आज उस पर! क्या करे वह? जैसे अजीब-सी असहायता घिर आई उसके चारों ओर! और रात आते ही यह अपराध-भावना भय में बदलने लगी है। पता नहीं किसका भय, कैसा भय? पर कुछ है जो उसे दबोचे जा रहा है। खाने की मेज़ पर...'बंटी, यह पुलाव लो बेटे—सलाद नहीं खाते, अरे यह तो बहुत फ़ायदा करता है...तुम्हें क्या दें अमि...बंसीलाल, आलू की सब्जी...' ये सारे वाक्य, बरतनों की खड़-खड़, चम्मच- प्लेटों की टकराहट, आसपास बैठे लोग सब गड्डमड्ड होकर जैसे एक अँधेरे में डूबते जा रहे हैं, और अँधेरा है कि बढ़ता ही जा रहा है।

ममी बगल में बैठी बंटी का सिर सहला रही हैं, "सो जा बेटे, मैं तेरे पास हूँ। आज बंसीलाल से कह दिया है, वह दरवाज़े के पास बरामदे में ही सो जाएगा, बरामदे की बत्ती भी जली रहेगी। फिर अमि है, जोत है...राजा बेटा मेरा!"

बड़ी देर तक सिर सहलाने के बाद ममी गई हैं। बत्ती बंद करते ही कमरे का सारा अँधेरा बंटी के मन में भर गया, भर ही नहीं गया, जैसे जम गया है। मन में आकर अँधेरा जम जाए तो कैसा लगता है, कोई जान सकता है?

खट, ममी के कमरे का दरवाज़ा बंद हुआ और बंटी की आँख के सामने चारों ओर नीली रोशनी फैल गई और फिर वही...फिर उसकी उँगलियाँ कसकर एक-दूसरे से लिपट गईं...नहीं...नहीं।

रात-भर बंटी किन-किन लोगों के बीच भटकता रहा है...सब अनजाने-अपरिचित चेहरे...अनदेखी जगह! वह कैसे आ गया यहाँ पर? ढेर सारे नंगे लोग...बिलकुल नंग-धड़ंग। आ रहे हैं, जा रहे हैं...कहीं भी खड़े होकर सू-सू कर रहे हैं। वह भी नंगा होकर घूम रहा है। सू-सू आई तो वहीं खड़ा-खड़ा करने लगा। सू-सू है कि ख़त्म ही नहीं हो रही है, कितनी ढेर सारी सू-सू की है उसने।

यह क्या? सू-सू से सारा बिस्तर भीगा हुआ है। एक क्षण तो जैसे समझ में ही नहीं आया कि क्या हो गया! और जब समझ में आया तो एक दूसरी तरह के भय ने जैसे जकड़ लिया। भय नहीं, शरम...सबके बीच नंगे हो जाने जैसी शरम।

खिड़की के पार, सवेरा होने के पहलेवाली फीकी-फीकी रोशनी फैल रही है। अब वह क्या करे? हाथ फेरकर देखा, सारा बिस्तर गीला है, सारे कपड़े गीले हैं। उठकर कहाँ जाए, कैसे कपड़े बदले! और बिस्तर? सवेरा होते ही सबको मालूम हो जाएगा।

जोत, अमि, डॉक्टर साहब, बंसीलाल—क्या कहेंगे सब लोग? क्या सोचेंगे! शरम, दुख, गुस्सा और फिर आँसू—ढेर-ढेर आँसू!

अमि और जोत उठे हैं। जोत ने उसे आवाज़ भी दी, पर वह है कि साँस तक रोके पड़ा है। वे दोनों तो चले गए, पर वह कैसे उठे?

''बंटी, उठ बेटा, स्कूल नहीं जाना?'' पर बंटी ज्यों का त्यों पड़ा है। वह नहीं उठेगा। आज भी नहीं, कल भी नहीं...सारी ज़िंदगी नहीं उठेगा। जैसे वह सो नहीं रहा है, बस बिस्तर में जम गया है।

ममी ने पास आकर रजाई उठाई तो उसने और कसकर आँखें मूँद लीं। कोई ऐसा जादू नहीं हो सकता कि बिस्तर सहित गायब हो जाए?

''अरे यह क्या, ओह!''

''गुड मार्निंग किड्स!'' दरवाज़े पर डॉक्टर साहब की आवाज़ सारे कमरे में फैल गई। अमि-जोत तो चले भी गए, उसे देखने के लिए ही तो आए हैं।

ममी ने जल्दी से उस पर फिर रजाई डाल दी।

''तुम ज़रा उधर चलो।'' और फिर उसे गीले कपड़ों के साथ ही ऊपर से नीचे तक अपने शॉल में लपेट दिया और उसके गीले बिस्तर पर रजाई ढक दी। बंटी को कँपकँपी छूट रही है, पता नहीं सर्दी से या डर से। ममी बचाएँगी, पर आख़िर कितनी देर तक।

अपने कमरे में लाकर ममी जल्दी-जल्दी उसके कपड़े बदलवा रही हैं। चेहरे पर ढेर-ढेर परेशानी है।

''सू-सू करके नहीं सोया था बेटा? रात में आया था तो बंसीलाल को क्यों नहीं जगा लिया?''

पर बंटी से कुछ नहीं बोला जा रहा है। मन का सारा भय और आवेश केवल हिचकियों में फूटा पड़ रहा है।

''अब रो मत! रोता हुआ देखेंगे तो क्या कहेंगे सब लोग? मैं किसी को पता भी नहीं लगने दूँगी। चुप हो जा एकदम।''

और ड्रेसिंग-टेबुल के सामने लाकर उसके बाल बनाने लगीं तो फिर वही शीशी... वह भीतर तक काँप गया।

नाश्ते की मेज़ पर बैठा तो उसकी नज़र नहीं उठ रही है। सब जल्दी-जल्दी नाश्ता कर रहे हैं। सब कुछ न कुछ बोल भी रहे हैं, पर बंटी को लग रहा है कि जैसे सब चुप हैं और कुछ नहीं कर रहे हैं, केवल उसी की ओर देख रहे हैं। जैसे सबको मालूम हो गया है कि उसने बिस्तर में सू-सू कर दिया है। बिना देखे ही वह देख रहा है, ममी के चेहरे पर परेशानी है, डॉक्टर साहब के चेहरे पर उपेक्षा है, जोत के चेहरे पर दया और अमि के चेहरे पर शैतानी...चिढ़ानेवाला भाव। टोस्ट सेंक-सेंककर देता हुआ बंसीलाल मुसकरा रहा है कि देखो, इतना बड़ा बच्चा और...

बस, बंटी ही है कि बेहद-बेहद शर्मिंदा, अपनी ही नज़रों में गिरा, सबसे

तुच्छ बना, जैसे-तैसे दूध के घूँट निगल रहा है। दूध से ज़्यादा आँसू के घूँट निगल रहा है।

ममी परेशान हो-होकर पूछ रही हैं और हाथ में वही जादुई शीशी, जो बिलकुल खाली है।

"तुमने शीशी खोली थी जोत?"

"नहीं ममी, मैं तो आपके कमरे में गई ही नहीं।"

"अमि, तुमने तो नहीं गिराया बच्चे?"

"नहीं," बिना ममी की ओर देखे, बड़ी लापरवाही से उसने जवाब दिया।

"गिराया हो तो बता दो बेटे, गिराया नहीं हो, मान लो ग़लती से गिर गया हो तो बता दो। मैं कुछ नहीं कहूँगी।"

"नहीं, हमने खोली ही नहीं शीशी...हम क्या सेंट लगाते हैं?"

"बंटी, तुमसे गिरा बेटे?"

"नहीं," पर बंटी को ख़ुद लगा जैसे अमि की तरह दबंग ढंग से वह 'नहीं' नहीं कर सका। और ये ममी हैं कि उसे ही घूरे जा रही हैं! जोत और अमि को क्यों नहीं घूरतीं ऐसे? एक मैं ही तो हूँ फालतू!

पर गुस्सा है कि टिक नहीं पा रहा है। एक डर है...कहीं यह शीशी ही नहीं बोलने लगे—मैं बताती हूँ असली चोर!

कल जब पीछे के मैदान में उँडेलकर ढेर सारी मिट्टी ऊपर से डालकर हाँफता-हाँफता वह आया था तो ठीक सिनेमा में देखे कार्टून-फ़िल्म की तरह उस शीशी के हाथ-पैर, आँख-नाक निकल आए थे और वह बड़ी देर तक उसके आगे-पीछे नाचती रही थी।

"कमाल है! सारी की सारी शीशी उलट गई और कमरे में कहीं ख़ुशबू का नाम तक नहीं। तुम लोगों ने नहीं गिराई, बंसीलाल ने सफ़ाई करते समय नहीं गिराई। गिरती तो सारा कमरा गमक जाता। कहाँ गया सारा सेंट? यह तो जैसे कोई जादू हो गया।"

'जादू' शब्द से ही जैसे एक बार ऊपर से नीचे तक फिर से एक सुरसुरी-सी दौड़ गई। बंटी ने दोनों हाथों से कसकर कुर्सी पकड़ ली।

शेव करने के बाद तौलिए से मुँह को ख़ूब ज़ोर-ज़ोर से रगड़ते हुए डॉक्टर साहब बोले, "अरे छोड़ो अब! इतवार के दिन क्यों सवेरे-सवेरे यह पचड़ा लेकर बैठ गईं। जो हुआ सो हुआ और मँगवा लेंगे।"

"मँगवाने की बात नहीं है, पर आख़िर जा कहाँ सकती है?" ममी जैसे अपने से ही बोल रही हैं। स्वर में खीज और परेशानी है और चेहरे पर जैसे कोई गहरी चिंता उभर आई है।

"...कहा न, फारगेट अबाउट इट!" डॉक्टर साहब ने ममी का कंधा थपथपा

दिया। ''एक सेंट की शीशी ही तो उलट गई है न, कोई दुनिया-जहान तो नहीं उलट गया।''

''तुम्हारी दी हुई चीज़ थी—बुरा नहीं लगेगा? सवेरे-सवेरे मूड खराब हो गया।''

हुँह! तो इसलिए परेशान हो रही थीं ममी! और इसके साथ ही भय की जगह एक संतोष जागा और एकाएक नज़र ममी की जगमगाती हुई अँगूठी पर चली गई—यह भी डॉक्टर साहब ने ही पहनाई थी।

शादी का सारा का सारा दृश्य फिर आँखों के सामने घूम गया। मन में फिर कहीं कुछ कुलबुलाने लगा।

कोठी के दरवाज़े में घुसते ही बाईं ओर को दो कमरे और एक बरामदा है। सवेरे आठ बजे से साढ़े बारह बजे तक डॉक्टर साहब यहीं रोगियों को देखते हैं। बरामदे के खम्भे पर परिवार नियोजन का एक बड़ा-सा बोर्ड लगा है। डॉक्टर की सलाह मानिए—दो या तीन बच्चे बस—

बंटी बरामदे के एक कोने में बस्ते के ऊपर बैठा हुआ बस की राह देख रहा है। बरामदे की बेंचें रोगियों से भरी हैं, दो-एक ज़मीन पर भी बैठे हैं। बंटी बड़े कौतूहल से उन्हें देख रहा है। कमरे में डॉक्टर साहब बैठे हैं। यहाँ से बंटी को वे भी दिखाई दे रहे हैं। शायद रोगी बारी-बारी से अंदर जाते हैं। कैसे देखा जाता है रोगियों को? कैसे पता चल जाता है कि किसको क्या बीमारी है?

''नहीं है हालत तो बच्चे मत पैदा करो भाई! इस देश के लोगों को तो तीन भी नहीं, कुल दो बच्चे पैदा करने चाहिए। खाने की कमी—कपड़े की कमी—जगह की कमी—नौकरियों की कमी...''

पों...पों...बंटी बस्ता लेकर भागा।

''क्यों रे बंटी, तू गाड़ी में क्यों नहीं आता यार?''

''क्यों आऊँगा गाड़ी में? घर से निकलो और सीधे स्कूल पहुँच जाओ। न किसी से बोल सको न कुछ। बस में कितना मज़ा रहता है। गाड़ी में तो मैं शाम को घूमता हूँ।''

पर भीतर से कोई बोल रहा है। झूठ-झूठ! 'नहीं बेटे, बच्चे लोग यहाँ सोएँगे।' एक कमरा उभरता है और ढह जाता है। फिर एक कमरे में जैसे-तैसे ठूँसा हुआ सामान—अपने घर का सामान—उदास-उदास-सा—और उतना ही उदास-सा बंटी उसे उस सामान के बीच खड़ा दिखाई देता है...

कहीं कोई और कुछ न पूछे इसलिए बंटी बाहर सड़क की ओर देखने लगता है। अचानक फूफी की याद आ गई...झूठ बोलने से भगवान के घर बड़ी कड़ी सज़ा मिलती है, बंटी भय्या—चोरी करने से पाप लगता है।

वह कितना झूठ बोलने लगा है आजकल! सब गंदे-गंदे काम करता है, गंदी-गंदी बातें सोचता है। क्या होगा अब उसका?

ड्राइंग की क्लास हो रही है। सर ने बोर्ड पर एक बोतल और एक प्लेट-प्याला खींच दिया—बनाओ अपनी-अपनी कापियों में।

क्लास में शोर होने लगा। कोई किसी से रबड़ माँग रहा है, तो कोई किसी से शार्पनर। कुछ लड़कों के बीच क्रास-ज़ीरोवाला खेल शुरू हो गया। 'चुप-चुप करो!' थोड़ी-थोड़ी देर बाद सर सारे पीरियड तक इसी तरह चिल्लाएँगे।

''बताओ तुमने खोली शीशी—तुमने खोली शीशी—तुमने खोली...''

बोर्ड पर प्लेट-प्याले की जगह ममी का चेहरा घूमने लगता है। वह क्या समझता नहीं, ममी उसी पर शक कर रही हैं, करें, उसका क्या जाता है? उससे कहकर देखें!

फिर बोर्ड पर बनी बोतल एकाएक, डॉक्टर साहब की टाँगों के बीच में आकर उलटी लटक गई। छी-छी, फिर वही सब बातें। उसने मन ही मन प्रॉमिस किया था कि वह अब कभी ऐसी गंदी बात नहीं सोचेगा, पर बात है कि फिर भी मन में आ ही जाती है।

उसने उँगलियों का क्रॉस बनाया—अब कभी नहीं, अब कभी नहीं।

भूगोल की क्लास चल रही है। गंगा की यात्रा—'गंगा हिंदुओं की पवित्र और हिंदुस्तान की एक बहुत ही महत्त्वपूर्ण नदी है। यह हिमालय पर्वत के गंगोत्री नामक ग्लेशियर से निकलती है...''

सर स्केल से बोर्ड पर लटके मैप में गंगोत्री दिखा रहे हैं—''पहाड़ी मार्ग में ही इसमें अलकनंदा और मंदाकिनी नामक नदियाँ आकर मिलती हैं, तो इसकी धारा मोटी और गति तेज़ हो जाती है। हरिद्वार पर आकर इसका मैदानी मार्ग शुरू हो जाता है। हरिद्वार हिंदुओं का एक प्रमुख तीर्थस्थान है...''

और सर ने स्केल से नक्शे में हरिद्वार दिखा दिया। पर नक्शे के हरिद्वार से बंटी के मन में हरिद्वार की कोई तसवीर नहीं उभरती है।

गंगा तो आगे चली जाती है, पर बंटी के मन में हरिद्वार ही अटककर रह जाता है। नदी के किनारे कोई जगह है, पता नहीं कौन-सी। पर वहीं फूफी आँखें मूँदे माला फेर रही है। बंटी झपटकर माला छीन लेता है। फूफी चिल्ला रही है—अरे बंटी भय्या, पाप लगेगा। पूजा में विघन डालते हो, कइसे पापी हो!

और बंटी आँखें मूँदकर माला फेरने लगता है। ज़ोर-ज़ोर से बोलकर 'धरमी करे धरम, फल पापी के होय।' फूफी उसके पीछे दौड़ती है। वह माला पानी में फेंकने लगता है कि अचानक माला शीशी में बदल जाती है। वह खड़ा-खड़ा शीशी में से पानी में कुछ उलट रहा है...बताओ, तुमने खोली शीशी, तुमने खोली...

''लोगों का ऐसा विश्वास है कि संगम में नहाकर सारे पाप धुल जाते हैं।'' संगम कैसे जाया जाता होगा? वह भी एक बार ज़रूर जाएगा—बंटी का पाप भी ज़रूर धुल जाएगा।

''बंगाल में आकर इसका नाम हुगली हो जाता है। कलकत्ता इसके किनारे एक बहुत बड़ा बंदरगाह है।''

कलकत्ता...और ढेर सारे बंदरों के बीच उसे पापा का चेहरा दिखाई देने लगता है। पापा के तरह-तरह के चेहरे।

कितनी बार उसने सोचा, पर पापा को चिट्ठी नहीं लिखी। अच्छा, पापा ही लिख देते। उन्हें क्या मालूम नहीं कि ममी उसे लेकर दूसरे घर में आ गई हैं! वकील चाचा भी कितने दिनों से नहीं आए?

"अच्छा अरूप, बताओ गंगा कहाँ से निकली है?"

बंटी खड़ा हो गया। गंगा, नक्शा, हरिद्वार, फूफी, बंदर, पापा, संगम—जाने कितने नाम हैं, जाने कितने चेहरे हैं कि भीड़-सी लग जाती है और सब गड्डमड्ड हो जाते हैं, एक के ऊपर एक, और पता नहीं लगता कि गंगा कहाँ से निकली?

बंटी स्कूल से लौटा तो ममी घर में ही मिलीं। अमि-जोत नहीं लौटे थे और ममी अकेले ही थीं। बंटी को अच्छा लगा। अकेली ममी हों तो घर भी अपना लगने लगता है।

"तुम आज कॉलेज नहीं गईं ममी?"

"नहीं बेटे! सब सामान ज़माना था इसलिए दो दिन की छुट्टी ले ली।" ममी ने बंटी के हाथ से बस्ता ले लिया। कमरे में आया तो देखा जोत की और अमि की अलमारी के बगल में एक और लंबी-सी अलमारी खड़ी है।

"देख बंटी, तेरे लिए यह अलमारी लगवा दी है। दो खानों में तेरे कपड़े हैं और दो में तेरे खिलौने। अब ठीक से रखना अपनी अलमारी को।"

ममी इस समय कैसी लग रही हैं! टीटू की अम्मा काम करते हुए जैसी लगती थीं, वैसी ही।

बंटी ने अलमारी खोली। दवाइयों की बदबू का एक भभका-सा उड़कर आया।

"यह क्या, इनमें से कैसी दवाई-दवाई की-सी बदबू आ रही है?" बंटी छिटककर पीछे हट गया।

"कुछ नहीं बेटा, डॉक्टर साहब की दवाइयों की अलमारी मैंने तेरे लिए खाली करवा ली। दो-चार दिन में यह महक उड़ जाएगी।"

"नहीं चाहिए हमें ऐसी अलमारी! घर का सारा आलतू-फालतू सामान मेरे लिए! अपने लिए कैसा बढ़िया कमरा, कैसी बढ़िया अलमारी..."

ममी एकदम पलटकर खड़ी हो गईं, एक क्षण बंटी का चेहरा देखती रहीं फिर पास आकर दोनों हाथ पकड़े और खींचकर पलंग पर बैठ गईं—"क्या कह रहा है, यह आलतू-फालतू सामान है? पता है डॉक्टर साहब के कितने काम की थी यह अलमारी—मैंने ख़ासतौर से तेरे लिए खाली करवाई और तू है कि..."

"तो क्यों खाली करवाई? दे दो डॉक्टर साहब की अलमारी उन्हें..."

"बंटी!" और ममी एकटक उसका चेहरा देख रही हैं। क्या है उसके चेहरे पर जो ऐसे देख रही हैं।

"एक बात कहूँ बेटे, मानेगा?"

अब बंटी की आँखें ममी के चेहरे पर टिक गईं।

"तू डॉक्टर साहब को पापा क्यों नहीं कहता?"

बंटी चुप। आँखों के आगे कहीं अपने पापा की तसवीर तैर गई।

"बोल, कहेगा न अब से?"

"नहीं!"

"क्यों?"

"मेरे पापा तो कलकत्ते में हैं।"

ममी एक क्षण चुप। चेहरा कहीं हलके से सख़्त हो आया।

"ठीक है, हैं। पर जोत और अमि भी तो मुझे ममी कहते हैं।"

"उनकी ममी मर गई हैं इसलिए कहते हैं, मैं क्यों कहूँ?"

ममी उसे देखती रहीं और वह भी ममी को देखता रहा। एकटक, बिना नज़र हटाए, बिना झिझके।

इतने में पोर्टिको में कार के रुकने की आवाज़ आई तो ममी बंटी के हाथ छोड़कर उठ पड़ीं—"ठीक है बंटी, जो तेरी समझ में आए कर!" स्वर में सख़्ती नहीं थी, गुस्सा भी नहीं था। शायद दुख था।

जोत और अमि अपना-अपना बस्ता उठाए गाड़ी से उतरे।

'बंटी, तू गाड़ी में क्यों नहीं आता यार?' यह वाक्य कहीं से मन में कौंधा और डूब गया।

"आ गए तुम लोग? चलो, जल्दी से हाथ-मुँह धोकर कपड़े बदलो। मैं नाश्ता लगवाती हूँ। देखो, बंटी को भी रोक रखा था अभी तक!"

हाँ, बंटी तो है ही फालतू। अभी ये लोग घंटा-भर और नहीं आते तो तुम और रोके रखतीं बंटी को—बंटी को भूख थोड़े ही लगती है।

'अरे बंटी भैया, तुम पहले कुछ खा लो, सवेरे के गए हो, तुम्हें भूख नहीं लगती? हमारा तो यहाँ जी कलपता रहता है तुम्हारे मारे...' उसे फूफी याद आ जाती है।

ममी मेज़ लगाती हुई कैसी लग रही हैं? वहाँ तो बस, एकदम प्रिंसिपल बनी रहती थीं।

"यह लंबूतरी अलमारी बंटी भैया की है?" वही हनुमानवाले लाल कपड़े पहन आया है अमि। लंबूतरी-कबूतरी—बंदर कहीं का! ऐसी फालतू-सी चीज़ उसे दे दी है तो मज़ाक नहीं उड़ाएँगे सब लोग!

खाने की मेज़ पर बैठे कि कॉलेज का माली आ गया और ज़मीन तक झुककर सलाम किया।

"नमस्ते बंटी भैया, कैसे हो?" हाथ जोड़े-जोड़े ही उसने पूछा तो बंटी उछलकर माली के पास आ खड़ा हुआ।

"माली दादा, कैसा है मेरा बगीचा? तुम ठीक से पानी तो देते हो न? उस पीले

गुलाब की कलियाँ खिल गईं'', कितनी बातें उसे पूछनी हैं। माली क्या आया जैसे उसके साथ बंटी का घर चला आया, बंटी का बगीचा चला आया।

एक के बाद एक फूलों के नाम लिए जा रहा था बंटी और उत्साह है कि जैसे मन में समा नहीं रहा है।

''माली, अब उससे भी अच्छा बगीचा यहाँ लगाओ बंटी के लिए। पहले यहाँ की सफ़ाई करके खाद-वाद डाल दो। फिर जो गमले और पौधे ज्यों के त्यों आ सकें उन्हें वैसे ही ले आना, बाकी...''

''एकदम नहीं आएँगे पौधे। मेरे बगीचे को हाथ नहीं लगाएगा कोई। मैं अभी से कह देता हूँ। माली दादा, तुम बिलकुल नहीं छूना।'' स्वर में आवेश भी है, और आदेश भी। यह उसके अधिकार की सीमा है। तुमने कमरा नहीं दिया, लंबूतरी अलमारी लगा दी, बहुत चाहने पर भी वह जैसे कुछ बोल ही नहीं सका। पर उसका बगीचा...

माली की गिजगिजी आँखों में जैसे कुछ तैरने लगा।

''इसे बनाए न तू अपना बगीचा!'' ममी ने प्यार से उसके कंधे पर हाथ रखकर जैसे मनुहार की।

''नहीं, बिलकुल नहीं है यह मेरा बगीचा! बीज और कलम लगा-लगाकर बनाओ, अपना बगीचा तो पता लगेगा कैसे बनता है बगीचा!''

''ऐसा ही होता है बहूजी, ऐसा ही होता है। अपने बोए-सींचे पौधों से ऐसा ही मोह होता है, बिलकुल संतान-जैसा। जहाँ एक बार लगाओ वहाँ से उखाड़ा नहीं जाता।'' और फिर थरथराते गले से बोला, ''तुम एक बार आकर देख जाना बंटी भैया! तुम्हारे बगीचे को तो मैं जान से भी ज़्यादा रखता हूँ।''

बंटी माली के हाथ से झूम गया। माली के हाथ को छूकर लग रहा है, जैसे वह अपना बगीचा छू रहा है...उस पर हाथ फेर रहा है। कल-परसों वह किसी दिन ज़रूर जाएगा।

ममी जब तक बताती रहीं कि यहाँ क्या-क्या करना होगा, बंटी वैसे ही उसके हाथ पर झूलता रहा। जब माली जाने लगा तो उसे गेट तक छोड़ने गया।

''कल फिर आना माली दादा...रोज़ आया करना!'' और जब तक माली दिखता रहा, बंटी उधर ही देखता रहा।

बच्चे पढ़ाई करने बैठे तो एक महाभारत छिड़ गया। अमि अपनी मेज़ पर से बंटी की किताबें उठा-उठाकर फेंक रहा है और चिल्ला रहा है, ''किसने हटाई मेरी किताबें यहाँ से? यह मेरी मेज़ है, किसी को नहीं दूँगा मैं अपनी मेज़।''

''ऐ अमि, क्या पागलपन कर रहा है? ममी ने तेरी किताबें मेरी मेज़ पर रख दी हैं, यहाँ बैठकर पढ़ ले।'' पर जोत अमि को रोकती-रोकती इतने में बंटी घुसा और ''ले...ले और फेंक मेरी किताबें, और फेंक...'' और अमि की किताबें हवा में कलाबाज़ी खाती हुई ज़मीन पर लोट गईं, और फिर दोनों गुँथ गए...घूँसे-मुक्के। बंटी

ने खींचकर-खींचकर दो थप्पड़ जड़े तो अमि ज़ोर से चीखा और बंटी की बाँह पर दाँत भरकर काट लिया।

"मार डाला रेऽ..."

ममी दौड़ी हुई आईं..."यह क्या हो रहा है?" उन्होंने झपटकर दोनों को अलग किया।

बिना कुछ किए ही जोत एक ओर को अपराधी-सी खड़ी हो गई।

"मैं मारूँगा इसको...मारूँगा, देखो क्या किया है इसने!" और गुस्से से काँपते हुए बंटी ने अपनी बाँह आगे कर दी। दो दाँत माँस के भीतर तक गड़ गए थे और ख़ून छलक आया था।

"अमि, यह क्या किया है तूने? इस तरह काटते हैं बड़े भैया को?" ममी ने बहुत सख़्त आवाज़ में कहा।

अमि रोता जा रहा है और घूर-घूरकर बंटी को देखता जा रहा है।

बस, हो गया डाँटना? लगातीं न थप्पड़! अभी वह ऐसे काट लेता तो? बंसीलाल अमि को बाहर ले गया तो ममी ने बहुत प्यार से बंटी को बाँह में भर लिया, "चल टिंचर लगा देती हूँ।"

"नहीं लगाना मुझे टिंचर, मुझे कुछ नहीं करवाना।" पता नहीं उसकी आवाज़ में गुस्सा था या दुख कि ममी की आँखें छलछला आईं..."चल बेटे, शाम को डॉक्टर साहब से डाँट पड़वाऊँगी अमि को।"

हाँ, डॉक्टर साहब से डाँट पड़वाएँगी! जैसे ख़ुद नहीं डाँट सकती थीं न? और बंटी हाथ छुड़ाकर भाग गया। उसने टिंचर भी नहीं लगवाया। उस रात बंटी ने खाना भी नहीं खाया। डॉक्टर साहब ने अमि को डाँटा, कान खींचा। बंटी को प्यार किया, समझाया कि दो दिन बाद ही तुम्हारी मेज़ बनकर आ जाएगी—एकदम नई और इन सबसे बढ़िया। पर बंटी अपने पलंग पर से हिला तक नहीं।

"तुम तो बहुत ज़िद्दी हो यार!" डॉक्टर साहब लौट गए। और जाने कैसे पापा आकर बैठ गए—तुम हमारे साथ कलकत्ते चलोगे बंटी—ख़ूब घुमाएँगे-फिराएँगे।

वह कल ही पापा को चिट्ठी लिखेगा।

बंटी बस के लिए खड़ा है। रोज़ की तरह डॉक्टर साहब रोगियों को देख रहे हैं, पर वह किसी की भी तरफ़ नहीं देख रहा। रात वाला गुस्सा अभी भी भरा है मन में। सवेरे उसने किसी से बात नहीं की, अब वह किसी से नहीं बोलेगा, कभी नहीं बोलेगा। सामने लगे लाल तिकोन को घूर-घूरकर देख रहा है बंटी। डॉक्टर साहब के शब्द तैर जाते हैं—इस देश में तो तीन भी नहीं, दो, बस दो बच्चे पैदा करने चाहिए।

तीसरा बच्चा फालतू बच्चा—तीसरा बंटी, फालतू बंटी...

'अब तू कार में क्यों नहीं आता यार?'

अमि और जोत की अलमारियाँ—'यह लंबूतरी अलमारी बंटी भैया की है?' अमि और जोत की मेज़—'किसी को नहीं दूँगा मैं अपनी मेज़—यह मेरी है—।'

अपना-अपना बस्ता लिए, कार में बैठे हुए अमि और जोत सर्र से निकल जाते हैं, सर्र से घुस जाते हैं।

ड्राइवर, जाओ, डॉक्टर साहब को ले आओ।

ड्राइवर, जाओ, कॉलेज से मेम साहब को ले आओ।

बस, फालतू बंटी बस के लिए खड़ा है।

तेरह

अपने घर से उखड़कर बंटी जैसे सभी जगह से उखड़ गया, क्लास में बैठा रहता है तो मन में घर तैरता रहता है...ममी, अमि, ममी का कमरा, कमरे का जादू...और भी जाने क्या-क्या। सबके बीच होकर भी जैसे वह सबसे कटा-छँटा, अलग-थलग सबको देखता रहता है। और जब घर में होता है तो आँखों के आगे कभी स्कूल तैरता रहता है तो कभी अपना पुराना घर, अपना बगीचा, बगीचे का एक-एक पौधा और पौधे की एक-एक पत्ती, फूफी, माली दादा, ममी—वहाँवाली ममी।

रात में कहानी पढ़ता है और बड़ी मुश्किल से पाई हुई राजकुमार की जादू की दूरबीन उसकी आँखों पर लग जाती है। लो, नीली रोशनी में नहाया हुआ ममी का कमरा आँखों के सामने झिलमिलाने लगता है...कमरा, कमरे की हर चीज़ और वह सबकुछ जो उसने वहाँ देखा था। बस, जहाँ वह होता है वहीं नहीं रहता, और सब जगह रहता है, सबकुछ देखता रहता है।

''एक रेल एक सौ पच्चीस यात्रियों को लेकर जा रही है। एक स्टेशन पर उसमें से अड़तालीस यात्री उतर जाते हैं और छप्पन यात्री चढ़ जाते हैं तो बताओ...''

पापा रेल में बैठकर कब आएँगे? आज पापा को वह ज़रूर-ज़रूर चिट्ठी लिखेगा...सारी बात लिखेगा।

''पहले कुल यात्रियों में से उतरनेवाले यात्रियों को घटाओ, फिर बचे हुए यात्रियों में चढ़नेवाले यात्रियों को...''

फूफी को ठेलकर चपरासी ने चढ़ा दिया। पता नहीं और कितने यात्री चढ़े। बस, भीड़ ही भीड़ तो थी...ढेर-ढेर आदमी। कोई गिन सकता था। वह सारा शोर आसपास भनभनाने लगा। नहीं, शायद सब लड़के बातें करने लगे।

कुछ पता ही नहीं किसको घटा दिया, किसको जोड़ दिया। अच्छा हुआ सर ने एक बार भी उससे सवाल नहीं पूछा, नहीं तो क्या बताता वह? अब ममी से समझेगा। मन तो करता है, कुछ नहीं समझे। सब ग़लत करके ले जाए। फ़ेल हो

जाए। फिर ममी पूछें तो उससे कि क्यों हुआ फेल?

सचमुच फेल हो गया तो अमि और जोत क्या सोचेंगे...फेलू, फेलू। अमि सामने से दौड़ गया। डॉक्टर साहब क्या सोचेंगे? पर इस बार वह ज़रूर फेल हो जाएगा। उसके दिमाग़ में कुछ भी तो नहीं घुसता। पढ़ने में उसका बिलकुल-बिलकुल मन नहीं लगता। पापा को मालूम पड़ेगा तो?

बंटी स्कूल से लौटा तो घर में घुसते ही नज़र फिर उसी 'लाल तिकोन' पर गई। तीसरा बच्चा...

इस समय घर में कोई नहीं है। यह कोई नई बात नहीं है। उस घर में भी तो स्कूल से आकर वह अकेला ही रहता था, ममी तो उसके बाद आती थीं, पर इस घर में आकर पुरानी बात भी नई लगती है। नई और अजीब! यहाँ अकेले होकर वह कितना ज़्यादा अकेला हो जाता है। सब के आने तक बस गुमसुम बैठा रहता है।

भारी-भरकम बस्ता कमरे के एक कोने में रखा और फिर लाल हो आई अपनी उँगलियों को सहलाने लगा। तभी नज़र दीवार के सहारे रखी नई मेज़ पर गई। पुलककर वह मेज़ के पास आया। एकदम नई और चिकनी। हाथ फेरकर देखा तो अच्छा लगा। फिर पता नहीं क्या हुआ कि लौट आया। गड़े हुए दाँतों का दर्द जैसे फिर से कहीं उभर आया। नहीं, वह कोई मेज़-वेज़ नहीं लेगा। यहाँ का कुछ भी नहीं लेगा।

अमि और जोत अपनी-अपनी मेज़ पर बैठकर काम करेंगे। उसने तो एक कोने में ज़मीन पर ही अपना सबकुछ जमा लिया है। इन दोनों के साथ जब वह रोज़-रोज़ ज़मीन पर बैठकर पढ़ा करेगा तो ममी कितनी दुखी होंगी, कितना परेशान होंगी। अच्छा है, वह चाहता है कि ममी परेशान हों, दुखी हों।

यहाँ आकर जाने कैसे ममी की परेशानी और दुख के साथ उसका संतोष और सुख जुड़ गया है। एक बदला...

बदला! और एकाएक ख़याल आया, वह इस समय पापा को चिट्ठी क्यों नहीं लिख लेता। अगर आज पूरी नहीं हुई तो फिर कल इसी समय लिखेगा। दो-तीन दिन में तो पूरी हो ही जाएगी। किसी के सामने तो लिख भी नहीं सकता। प्राइवेटवाली जो है। अधूरी चिट्ठी अपने कपड़ों के नीचे छिपाकर रख देगा, बस। इस बार अगर पापा ने चलने को कहा तो वह चला जाएगा। ममी ख़ूब रोएँगी...रोती रहें।

किसी काम से बंसीलाल उधर आया...''आ गए बंटी भैया?'' और चला गया। खाने-नाश्ते की कोई बात नहीं हुई। उसे कौन भूख लगी है!

ममी के कमरे का दरवाज़ा उढ़का हुआ है बस। एक बार भीतर जाने की इच्छा हो आई। बंटी ने धीरे से दरवाज़ा खोला, कमरा साफ़ और जमा हुआ। वह भीतर घुसा तो मन में एक अजीब-सा भय समा गया। जैसे कोई चोरी कर रहा हो। और क्षण-भर को इच्छा कौंधी—कोई चीज़ यहाँ से उठाकर ले जाए और अपनी अलमारी में छिपा दे—लंबूतरी—

पलंग को देखते ही फिर गंदी-गंदी बातें दिमाग़ में आने लगीं। उँगलियों का क्रॉस कितना बेकार हो जाता है ऐसे मौकों पर।

फिर एक डर और डर से भी ज़्यादा कौतूहल। उसने धीरे से टेबुल की दराज़ खोली—पता नहीं क्या निकल आए। पर ज़्यादा उलटने-पलटने की हिम्मत नहीं हुई सो वापस बंद कर दी। रोज़ थोड़ा-थोड़ा करके देखेगा तो एक दिन ज़रूर पता लगेगा। पर क्या? उसे ख़ुद नहीं मालूम कि किस बात का पता लगाना है। वह तो इतना जानता है कि इस कमरे में बहुत-सी बातें हैं बड़ी अजीब-अजीब! रात में होनेवाली, छिपकर होनेवाली! उस दिन रात में डरकर जब आ गया था तो क्या मालूम था कि यहाँ क्या पता लग जाएगा। ऐसी और भी बहुत-सी बातें होंगी इस कमरे में और फिर कुछ वैसा ही देख-जान लेने को मन अकुलाने लगा।

अचानक बाहर कोई खटका हुआ तो बंटी भागकर अपने कमरे में आ गया। दरवाज़ा बंद करना भी भूल गया। अब तो ज़रूर पता लग जाएगा।

पापा की चिट्ठी कल शुरू करेगा। आज सोच ले कि क्या-क्या लिखना है। बंटी पोर्टिको की सीढ़ियों पर आ खड़ा हुआ। सामने के ऊबड़-खाबड़ मैदान के बीच ही कहीं अपना बगीचा लहलहा आया—गुलाब, डेलिया, मोर-पंखी की मीनारें—हवा में थिरकती हुई घास की फुनगियाँ—घास के बीच बल खाता पाइप।

आज भी माली दादा आएगा। उसकी पानी देने की छोटी-सी झारी, छोटी-सी कुदाली-फावड़ा सब लेकर। ये सब वहीं छूट गए थे।

गाड़ी फाटक में घुसी तो लगा जैसे वह इतनी देर तक अमि और जोत की प्रतीक्षा कर रहा था। गाड़ी भीतर आई तो देखा ममी भी इन्हीं लोगों के साथ आ गई हैं।

खट-खट फाटक खुले। आगे-आगे बस्ता लिए अमि और जोत, पीछे पर्स लिए ममी...लाल तिकोन...

"तू यहाँ खड़ा-खड़ा हमारी राह देख रहा था?" जोत ने उसके कंधे पर हाथ रख दिया।

"अपनी मेज़ देखी बेटे? पसंद आई? यह क्या, जमाई नहीं किताबें? हर काम मैं ही करूँगी तेरा?"

आठ बजे डॉक्टर साहब लौटे और साढ़े आठ पर सब लोग खाने की मेज़ पर आ गए।

"पापा, बंटी भैया की मेज़ आ गई, फिर भी इन्होंने अपनी किताबें उस पर नहीं रखीं। ममी ने ख़ूब समझाया पर..."

"आपको चावल दूँ या चपाती?"

पर डॉक्टर साहब ने इस बात का जवाब नहीं दिया। उनकी नज़रें बंटी के चेहरे पर जम गईं। नज़रें मिलते ही बंटी ने आँखें नीची कर लीं। अब कनखियों से ममी को देख रहा है। उनका परोसता हाथ जैसे रुक गया है।

"क्यों बंटी, मेज़ पसंद नहीं आई बेटे? हमने तो सबसे अच्छीवाली मेज़ पसंद

की थी तुम्हारे लिए।''

बंटी चुप। ममी भी चुप!

''बंटी भैया कहता है, वह ज़मीन पर ही पढ़ेगा, मेज़ पर कभी पढ़ेगा ही नहीं।''

'चुगलखोर, सुअर कहीं का।'

ममी बिना किसी से कुछ पूछे सबकी प्लेटों में कुछ-कुछ डालने लगी हैं।

''तुम इतनी ज़िद क्यों करते हो बेटे? कोई अच्छी बात है इस तरह ज़िद करना? अभी खाना खाकर अपनी किताबें मेज़ पर जमाओगे। हम देखने आएँगे, समझे?''

डॉक्टर साहब ने जैसे अंतिम फ़ैसला दे दिया और खाना खाने लगे। बंटी ने भी फ़ैसला सुन लिया और खाना खाने लगा। चुप और नज़रें नीची।

अमि लगातार बोले जा रहा है बेवकूफ़ की तरह। ममी माँगने पर सबको कुछ न कुछ दे देती हैं, अपनी ओर से भी पूछ लेती हैं। पर बंटी जानता है कि ममी भी उसकी तरह बिलकुल चुप हैं।

पर वे परोस कैसे रही हैं? उनकी आँखें तो बंटी की प्लेट में चिपकी हुई हैं। बंटी को देखे जा रही हैं...एकटक, घूर-घूरकर। और एकटक देखने से ही जैसे आँखों में तराइयाँ आ गई हैं। गीली-गीली आँखें।

खाने के बाद ममी ने जल्दी-जल्दी किताबें मेज़ पर जमा दीं।

''जमा ले बंटी, पापा गुस्सा होंगे।'' जोत समझा रही है। ममी भी होंठों ही होंठों में कुछ न कुछ बोले जा रही हैं। बस, बंटी चुपचाप खड़ा है। न बोल रहा है, न विरोध कर रहा है।

जब सबकुछ जम गया तो ममी गुस्से से बोलीं, ''बेकार की बातों पर ज़िद मत किया कर, समझा। सारे समय कुछ न कुछ उलटा-सीधा करते रहना।''

और ममी जब अपने कमरे में घुस गईं तो बंटी ने चुपचाप सारा सामान ज़मीन पर उतार दिया।

''पापा-ममी, बंटी भैया ने...'' अमि दौड़ गया।

डॉक्टर साहब खड़े हैं शायद गुस्से में। पीछे-पीछे ममी खड़ी हैं। शायद डरी हुईं। और बंटी खड़ा है जैसे पत्थर।

''बंटी, तुमने फिर वही किया? ठीक है, तुम्हारी मेज़ हम कल ही वापस भिजवा देंगे। तुम ज़मीन पर ही काम करोगे, समझे! और आगे से इस तरह की ज़िद करोगे बेटे, तो हम बिलकुल बर्दाश्त करने नहीं जा रहे हैं, समझे! ऐसे कैसे चलेगा।''

बंटी की आँखें एकदम ज़मीन में गड़ी हुई हैं। और वहाँ पहले से ही ममी की दो आँखें चिपकी हुई हैं। प्लेटवाली गीली आँखों के कोनों में गोल-गोल बूँदें उभर आईं।

टप-टप उसकी अपनी आँखों के आँसू ममी की आँखों में टपकने लगे और दोनों के आँसू मिल गए।

धूप ढल गई थी, पर उसकी गरमी और चौंधा अभी भी बाकी है। बंटी और जोत छत पर खड़े-खड़े मूँगफली खा रहे हैं। जोत बोले जा रही है, पता नहीं क्या-क्या।

बंटी चुप। यहाँ छत पर खड़े होने से शहर दिखाई देता है...घुचमुच बने हुए घर...गलियाँ...आते-जाते लोग...ताँगे...पहाड़ियों की सरहदों से घिरे मैदान देखे कितने दिन हो गए। बहुत दिनों से तो उन मैदानों की सैर भी नहीं की, पहाड़ की तलहटियों में झाँका भी नहीं। कोई धूनी रमाए साधु, कोढ़िन बनी राजकुमारी, पंख बाँटनेवाली नील परी...'

"तू बोलता क्यों नहीं बंटी? अभी भी गुस्सा है?"

"अरे! इतना गुस्सा करते रहोगे न बंटी तो तुम्हारा ही ख़ून जलेगा, हाँऽ! बाप का गुस्सा ले आए हो!"

लाल-लाल आँखें करते हुए पापा—'यू शट अप...'

"तुझे अपनी ममी की याद नहीं आती जोत? कैसी थीं तेरी ममी?" अचानक बंटी पूछता है।

"ऐऽ! आती है थोड़ी-थोड़ी। नहीं, अब नहीं आती, चाची अम्मा की आती है कभी-कभी। छुट्टियों में हम इलाहाबाद जाएँगे उनके पास, तू भी चलना।"

"मेरी ममी तुझे अच्छी लगती हैं?"

"हूँ! लगती हैं।"

"मेरे पापा को देखेगी न तो वे भी ख़ूब अच्छे लगेंगे। ख़ूब अच्छे हैं मेरे पापा। मैं उन्हें लिख रहा..." खट से जीभ काट ली। धत्तेरे की! वह कभी कुछ कर ही नहीं सकता। जो इतनी-सी बात भी छिपाकर नहीं रख सकता वह क्या करेगा?

"इस बार जब पापा आएँगे तो मैं तुझे भी अपने साथ ले चलूँगा। ख़ूब घुमाते हैं मुझे, फिर जो कहो सो ही दिलवाते हैं। तू चलेगी तो तुझे भी दिलवाएँगे।"

"तू मेरे पापा को पापा क्यों नहीं कहता? मेरे पापा भी तो बहुत अच्छे हैं।"

बंटी चुप।

"बंटी बेऽटा" और दो बाँहें लिपट आईं।

आज रात में जब सब सो जाएँगे तो वह चुपचाप उठकर पापा को चिट्ठी लिखेगा।

'आगे से इस तरह की ज़िद करोगे तो हम बिलकुल बर्दाश्त नहीं करेंगे, समझे!'—वह पापा के साथ चला जाएगा।

ममी-डॉक्टर साहब खाने की मेज़ पर बैठे हैं। बंटी पहुँचा तो ममी उसे देखते ही बोलती-बोलती बीच में ही रुक गईं। ज़रूर उसी के बारे में बात कर रहे होंगे। शिकायत और क्या?

खाना शुरू हुआ तो रोज़ की तरह हर कोई कुछ न कुछ बोल रहा है, चुप है तो केवल बंटी। बंटी ने अब बोलना ही बंद कर दिया है। खाने के समय खा लेता

है, सोने के समय सो लेता है, बाकी समय पढ़ता रहता है। कहानियाँ, हज़ार-हज़ार बार पढ़ी हुई कहानियाँ। या फिर ड्राइंग बनाता है।

डॉक्टर साहब लगातार उसकी तरफ़ क्यों देखे जा रहे हैं? क्या देख रहे हैं, उसके चेहरे पर कुछ लिखा हुआ है? कहीं पता तो नहीं लग गया कि वह छिपकर उनके कमरे में जाता है, चीज़ें उलट-पलटकर देखता है या कि वह पापा को चिट्ठी लिखने की बात सोच रहा है।

अजीब-सी बेचैनी होने लगी बंटी को। डॉक्टर साहब देख रहे हैं तो जैसे सभी उसकी ओर देख रहे हैं। मानो वह कोई तमाशा हो। उसने ममी की ओर देखा। ममी उसकी नहीं रह गई हैं, यह जानते हुए भी ऐसे मौक़ों पर नज़र ममी की ओर ही उठती है। पर ममी डॉक्टर साहब की ओर देख रही हैं। डॉक्टर साहब जब बंटी को देखते हैं तो पता नहीं क्यों ममी हमेशा डॉक्टर साहब की ओर ही देखती रहती हैं।

त्रिकोण में तीन भुजाएँ होती हैं, जैसे अ ब स एक त्रिकोण है...

''बंटी, कल घूमने चलोगे हमारे साथ?''

क्लास में पढ़ाते हुए सर खट से डॉक्टर साहब में बदल गए। बंटी समझने की कोशिश कर रहा है। अ ब स—घूमना—आजकल कुछ भी तो समझ में नहीं आता।

''चलो, कल तुम्हें घुमाकर लाएँ। ख़ूब दूर...लंबी ड्राइव पर।''

''हम भी चलेंगे पापा, लंबी ड्राइव पर। ख़ूब मज़ा आएगा, अहा जी!'' अमि अपनी कुर्सी पर ही फुदकने लगा।

''नो-नो, कल कोई नहीं जाएगा। तुम तो बिलकुल नहीं। तुमने मेज़ को लेकर बंटी भैया को नाराज़ कर दिया न, अब हम ले जाकर ख़ुश करेंगे।''

ये सब डॉक्टर साहब कह रहे हैं? उसने एक बार हिम्मत करके नज़र उठाई और डॉक्टर साहब को देखा। वे उसी की ओर देखकर मुसकरा रहे थे। बंटी को उनका मुसकराता हुआ चेहरा अच्छा लगा, बहुत अच्छा। फिर उस चेहरे में से जाने कैसे पापा का चेहरा उभर आया। जैसे चश्मा बदलकर पापा बैठे-बैठे मुसकरा रहे हैं। और फिर उस चेहरे की मुसकान उसके अपने चेहरे पर चिपक गई। केवल चेहरे पर ही नहीं, जैसे हाथ-पैरों में भी चिपक गई, मन में भी चिपक गई।

''चलूँगा।'' उसने धीरे से कहा।

''कैसे जाएगा बंटी अकेला, मैं भी जाऊँगा। मैं ज़रूर जाऊँगा। बंटी भैया कोई लाट साहब है जो अकेला जाएगा!'' और अमि ने गुस्से में आकर कुर्सी पर एक लात जमा दी।

''अमिऽ!'' डॉक्टर साहब गुस्से में दहाड़े तो बंटी का मुसकराता मन भी जैसे एक क्षण को सहम गया। कैसा डाँटते हैं...सब आदमी लोग शायद...

अमि की तों पेंऽ बोल गई। रोता-भन्नाता भीतर चला गया। अब बोलो न कि हमारी गाड़ी है, हमारी मेज़ है, बंटी भैया को घर भेज दो...

ममी अमि को गोद में उठा लाईं, ''चलो, तुम लोगों को मैं घुमाने ले जाऊँगी।

ख़ूब सारी चीज़ें दिलवाऊँगी...''

ले जाओ। गाड़ी तो हमारे पास रहेगी। पैदल-पैदल घुमा लाना। बहुत हुआ ताँगा कर लेना—खटर-खटर करता रहेगा।

रात में सोया तो ख़याल आया, आज पापा को चिट्ठी लिखनी थी। अब आज नहीं, कल लिख देगा या फिर कभी।

आँखें बंद करते ही कमरा सड़क पर निकल आया। लंबी-सीधी सड़क...उन्हीं मैदानों की ओर जाती हुई और उसकी मोटर दौड़ रही है। किसी तरह विभू और कैलाश देख लें। एक बार टीटू के यहाँ झाँकता चले।

अमि तुम नहीं, जोत तुम भी नहीं, शकुन तुम भी नहीं...केवल बंटी। बंटी नाराज़ है, बंटी को ख़ुश करना है।

एकाएक लाल तिकोन पर जैसे किसी ने ढेर सारी स्याही पोत दी।

डॉक्टर साहब ने छः बजे आने को कहा था। वैसे तो वह आठ बजे आते हैं। पर आज उसके लिए अपने मरीज़ भी छोड़कर आएँगे। बंटी साढ़े पाँच बजे से ही तैयार है। कितने दिनों से उसने कोई चीज़ ही नहीं ख़रीदी। आज ख़रीदेगा। जोत के लिए भी ख़रीदेगा और चलो, अमि के लिए भी ख़रीद देगा। वह तो है ही पाजी।

मन में सबकुछ लुटा देनेवाली उदारता समा रही है। थोड़ी-थोड़ी देर में जाकर घड़ी देख रहा है। पापा आते हैं तब भी वह इसी तरह पगलाया-पगलाया फिरता है। आज पापा और डॉक्टर साहब के चेहरे भी तो घुल-मिल जा रहे हैं। पापा की बात सोचो तो डॉक्टर साहब का चेहरा आ जाता है और डॉक्टर साहब की बात सोचो तो पापा का चेहरा। जैसे दोनों चेहरे एक ही हो गए, अलग-अलग रहे ही नहीं।

जादू से चेहरा बदल सकता है तो दो चेहरे एक जैसे नहीं हो सकते? ज़रूर हो सकते हैं, हो ही गए हैं। आज कहीं बात करते-करते वह डॉक्टर साहब को पापा ही न कहने लग जाए!

जोत और अमि को ममी ने पढ़ने बिठा दिया है। ज़रूर कुछ लालच दिया होगा। हो सकता है, ममी कल दोनों को घुमाने ले जाएँ। डॉक्टर साहब की डाँट के सामने अमिराम तो ठंडे!

छः बज गए। अब तो आते ही होंगे। बीमारों की भीड़ में आना भी तो आसान नहीं है। सवेरे तो वह ख़ुद अपनी आँखों से देखता है। सारी बेंचें और कुर्सियाँ तो भर जाती हैं, ज़मीन पर भी जैसे जगह नहीं रहती।

सबसे बड़े डॉक्टर हैं शहर के। पहली बार बंटी के मन में डॉक्टर साहब को लेकर गर्व जागा। जैसा ममी को लेकर अकसर जागा करता था। डॉक्टर साहब को लेकर भी वह गर्व कर सकता है। डॉक्टर साहब उसके भी कुछ...

कहीं हलके से पापा की तसवीर तैर गई। साढ़े छः! अब बंटी को बेचैनी होने लगी। ममी तो ऐसे आराम से बैठी हैं जैसे उन्हें मालूम ही नहीं कि आज छः बजे जाने का कोई प्रोग्राम भी है। और फिर समय के साथ-साथ बंटी की बेचैनी दुख और फिर

गुस्से में बदलने लगी। सात बजे के करीब कंपाउंडर ने आकर बताया—डॉक्टर साहब उठने ही वाले थे कि तभी वर्मा साहब के हार्ट-अटैक की ख़बर आ गई। मुझे यहाँ ख़बर करने को कहकर वे वहाँ चले गए। रोगियों के मारे मैं भी जल्दी नहीं आ सका।

बंटी ने खींच-खींचकर जूते-मोज़े उतार फेंके...झूठ...सब झूठ! खाली-खाली उसे बहकाने के लिए कह दिया। नहीं ले जाना था तो क्यों कहा था...

अमि अँगूठा छिपाकर टिलिलिलि करता हुआ निकल गया, तो मन हुआ गला पकड़कर दबा दे उसका! किसने कहा था कि उसे ले जाओ ड्राइव पर...वह क्या जानता नहीं कि यह घर उसका नहीं है, यहाँ की कोई चीज़ उसकी नहीं है, यहाँ का कोई आदमी उसका नहीं है।

वहाँ तो अपना घर होगा—अपने लोग होंगे बेटे—सब झूठ! यहाँ तो ममी भी उसकी नहीं रह गईं। मन हो रहा है, ममी के कमरे की एक-एक चीज़ उठाकर फेंक दे। घर की सारी चीज़ें चकनाचूर कर दे। गुस्से से भन्नाते हुए उसने अलमारी खोली। बस इसी पर तो उसका अधिकार है। एक-एक खिलौना निकालकर फेंक दिया, एक-एक कपड़ा कमरे में छितरा दिया।

''बंटी!'' झपटकर ममी ने बाँह पकड़ ली, ''यह क्या पागलपन मचा रखा है?''

बंटी ने पूरी ताकत लगाकर अपने को छुड़ा लिया और कपड़ों को पैरों तले रौंदने लगा—लो-लो और लो।

''कभी अक्ल भी आएगी तुझे या नहीं। जब देखो घर में किसी न किसी बात पर तूफ़ान मचाए रखता है। मैं जितना चुप रहती हूँ, उतना ही शेर हुआ जा रहा है।'' ममी ने उसे पलंग पर पटककर दोनों हाथों से दबोच दिया।

''कोई बात नहीं समझेगा। मौका-बेमौका कुछ नहीं देखेगा—बस!''

''चुप करो,'' बंटी पूरी ताकत से चीख़ा और फिर बेहद थका, पिटा-सा फूट-फूटकर रो पड़ा। आँसू हैं कि उफनते चले आ रहे हैं। ज़रा ममी की पकड़ ढीली हुई कि छिटककर उठा और रंगों की शीशियोंवाला डिब्बा उठाकर दे मारा खड़खड़ झन्नऽऽ...कुछ शीशियाँ साबुत लुढ़क गईं, कुछ चकनाचूर हो गईं।

तड़ाक! और शीशियों से बिखरे ढेर सारे लाल-पीले रंग एक-दूसरे में मिलकर तेज़ी से घूमे और जहाँ के तहाँ स्थिर हो गए।

''मारो, और मारो!'' बंटी ख़ुद ही पलंग में औंधा धँस गया।

अमि, जोत, बंसीलाल, ममी सब आगे-पीछे घूम रहे हैं, सबकी आवाज़ें भी...

फैले हुए रंग दलिए में बदल जाते हैं, 'मत चढ़ाओ बहूजी इतना माथे, देखना एक दिन आप ही...'

''बंटी, इस तरह करते हैं बेटे?'' एक प्यार-भरा, थरथराता हाथ। 'तड़ाक' एक थप्पड़...ढेर सारी शीशियाँ टूट जाती हैं। ढेर सारे रंग बिखर जाते हैं।

आवाज़ें कहीं बहुत दूर से आ रही हैं। पता नहीं कहाँ से?

"क्या कर दिया आज तुमने? इसने तो रो-रोकर प्राण दे दिए।"

"क्या? ओह! कैसी बात करती हो तुम? इतना सीवियर हार्ट-अटैक था, मुझे शायद रात में भी वहीं रहना पड़े। वर्मा तो बिलकुल..."

"बंसीलाल! गरम पानी रखो नहाने का। तब तक तुम एक प्याला चाय दो ज़रा..."

बस? और कुछ नहीं। बंटी के लिए एक शब्द भी नहीं, जैसे वह कहीं है ही नहीं?

"एक कार एक घंटे में चालीस किलोमीटर चलती है तो बताओ 360 किलोमीटर चलने में..."

कार एकदम चलते-चलते रुक जाती है। हार्ट-अटैक। अटैक यानी हमला। वर्मा साहब का लंबा-चौड़ा शरीर लेटा है और ढेर सारे सिपाही बंदूक ताने उन पर अटैक कर रहे हैं, ठाँय-ठाँय...

बहुत दिनों से उसने बंदूक नहीं चलाई, आज वह ज़रूर चलाएगा। वह भी अटैक करेगा—ठाँय-ठाँय...

वर्मा साहब की छाती पर घाव ही घाव हो गए हैं। कभी उसके हार्ट पर अटैक हो जाए तो उसके भी उतने ही घाव हो जाएँगे?

टन्...टन्...टन् घंटी बजती ही जा रही है। दूसरे सर आ गए। क्लास में बहुत शोर हो रहा है। सर ने स्केल को मेज़ पर पीटते हुए कहा, "चुप करो बच्चो, चुप!"

वह अब हमेशा चुप रहा करेगा। कभी किसी से नहीं बोलेगा, जोत से भी नहीं। ममी से तो बिलकुल नहीं।

जैसे-जैसे घर पास आ रहा है मन ही मन में जैसे एक अजीब-सी दहशत समा रही है। सवेरे तो किसी ने कुछ नहीं कहा, पर अब? घर के दरवाज़े पर उतरता है तो जैसे पैर आगे नहीं बढ़ रहे।

लाल तिकोन! वह खड़ा-खड़ा उसे ही घूरता रहता है। उसमें बना हुआ लड़का टिलिलिलि करता हुआ चारों ओर घूमने लगता है। माँ दोनों बच्चों को दोनों हाथों से पकड़कर चल पड़ती है—'चलो, मैं तुम्हें घुमा लाती हूँ।'

इस देश में तो दो बच्चे, बस कुल दो बच्चे। इस देश में ही नहीं इस घर में भी दो बच्चे, बस कुल दो बच्चे।

'वहाँ तो बच्चे भी होंगे भैनजी, चलो अच्छा हुआ! यहाँ अकेला-अकेला कैसा डाँव-डाँव डोले था...'

'नहीं, बस कुल दो बच्चे।'

बंटी ने बस्ता वहीं टिका दिया और खड़ा-खड़ा सड़क देखता रहा। भीतर जाने

की इच्छा नहीं हो रही। भीतर वह जाएगा भी नहीं। बस सड़क पर ही दौड़ता चला जाएगा—दौड़ता चला जाएगा। पर कहाँ? लेकिन इस बार यह 'कहाँ' भी उसे रोक नहीं सका और वह सचमुच दौड़ पड़ा। दौड़ते-दौड़ते जब वह अपने घर के फाटक पर पहुँचा तो उसकी साँस फूली हुई थी, पता नहीं दौड़ने से, पता नहीं डर से।

अपना घर, अपना बगीचा! पर फिर भी जैसे कुछ भी अपना नहीं लग रहा। घर की सारी खिड़कियाँ बंद हैं और दरवाज़े पर ताला लटक रहा है। वह भीतर जा ही नहीं सकता। अपने घर में कभी ऐसा हो सकता है कि चाहो तो भी अंदर नहीं जा सकते।

'वहाँ अपना घर होगा बेटा...'

हुँह! वहाँ भी नहीं जा सकता, जाएगा भी नहीं।

तभी सड़क पर से दो आदमी बातें करते हुए निकल गए। बंटी मेंहदी की आड़ में हो गया। कोई देख न ले उसे।

फिर अपने बगीचे का चक्कर लगाया। क्यारियाँ नम थीं सर्दियों में। माली दादा दोपहर में ही पानी दे देता है। वह एक-एक पौधा देखने लगा—एक-एक पत्ती छू-छूकर। सिरे पर आम का पौधा। कितनी नई पत्तियाँ आ गई हैं!

सारा बगीचा घूमकर देख लिया—अब? ममी, अमि और जोत लौट आए होंगे। उसे न देखकर ममी बंसीलाल से पूछ रही होंगी। पता नहीं बरामदे में रखा बस्ता देखा भी होगा या नहीं!

परेशान ममी, इधर-उधर देखती हुई ममी, आवाज़ देती हुई ममी...अच्छा किया, यहाँ चला आया, अब वह यहाँ से जाएगा ही नहीं, कब्भी-कब्भी नहीं।

'पापा, बंटी भैया घर में है ही नहीं, पता नहीं कहाँ चला गया...'

डॉक्टर साहब के माथे पर बल...ममी की गीली आँखें, पीला हो आया चेहरा। ममी प्रिंसिपल होकर भी डॉक्टर साहब से डरती हैं। यहाँ थीं तो बोलती ऐसे थीं, जैसे सबको डाँट रही हों, खाली उसे प्यार करती थीं। वहाँ उसे डाँटती हैं और सबको... अच्छा है, आज पता लगेगा। मन ही मन में एक संतोष है, कुछ ऐसा कर डालने का जो नहीं करना चाहिए...ममी को परेशान करने का।

कोई सड़क से गुज़रता तो बंटी छिप जाता। कहीं हीरालाल या माली दादा ही इधर से आ जाएँ और उसे देख लें तो? बस, सारा खेल ख़त्म।

पर यह तो सोचा ही नहीं था कि यहाँ आकर शाम का अँधेरा भी बढ़ेगा और धीरे-धीरे बढ़ता ही जाएगा। भूख भी लगेगी। सर्दी भी लगेगी।

अब? टीटू के घर की बत्तियाँ जल गईं। एक क्षण को उस रोशनी से जैसे राहत मिली। वहाँ चला जाए?

'अरे, हमने तो सोचा था बड़े ठाठ होंगे तुम्हारे वहाँ, यों डोले-डोले फिर रहे हो'— धत् वहाँ नहीं जाएगा?

बाहर का अँधेरा अब मन में उतरने लगा। डर, एक अजीब-सा डर। ममी उसे

देखने आईं क्यों नहीं? कहीं ऐसा तो नहीं कि उन्हें ख़याल ही नहीं आया हो कि बंटी घर में है ही नहीं।

या कि डॉक्टर साहब ने कह दिया हो कि यह सब यहाँ नहीं चलेगा और चलती-चलती ममी रुक गई हों।

अब? यदि ममी रात तक नहीं आईं तो? वह फाटक पर खड़ा होकर सड़क की ओर देखने लगा। अब तो इधर से कोई आ भी नहीं रहा। यह सड़क तो वैसे ही बहुत सुनसान हो जाती है। कोई आए और उसे देख ले या वही किसी को आते-जाते देखता रहे। पर कोई नहीं। बंटी पेड़ पर चढ़ गया—यहाँ से तो दूर तक दिखाई देता है। कोई मोटर, कोई पैदल, कोई...

पर कोई नहीं। गालों पर से आँसू बहने लगे। उपेक्षा...अपमान...मन हुआ ऊपर से कूद पड़े। ख़ूब घाव हो जाएँ, हार्ट-अटैक...उसके आँसू ममी के गालों से बहने लगे, 'बंटी-बंटी!'

नीचे उतरा तो एक गुस्सा, दहशत। अपने को ही मारे, हाथ-पैर तोड़ डाले। पेड़ की एक सूखी टहनी उठाई और शटाक-शटाक मेंहदी को सूड़ना शुरू किया।

अभी भी कोई नहीं आया?

फूल-पत्ते नोचने शुरू किए। कोई काला पाप-वाप नहीं लगता। तोड़-तोड़कर ढेर लगा दिया। अपने ही बोए फूल-पत्तों को तोड़कर, रौंदकर जैसे एक संतोष मिल रहा है।

अभी भी कोई नहीं आया?

और फिर ख़ुद ढेर होकर घास पर लोट गया। भूखा, ठिठुरता हुआ, रोता हुआ।

एकाएक लगा जैसे घर का दरवाज़ा खुला और फटी-फटी आवाज़ में गाती हुई फूफी आ रही है—मेरे तो गिरधर गोपाल...साँस जहाँ की तहाँ रुक गई। आँखें मिच गईं, पर फूफी है कि बढ़ती चली आ रही है। फूफी का भूत, फूफी मर गई?

और रानी मर गई। पर उसके प्राण तो अपनी बेटी में अटके रह गए। सो वह चिड़िया बनकर उसी के कमरे में...

फूफी के प्राण भी इसी कमरे में अटके रह गए?

मुँदी आँखों से ही दिखाई दे रहा है, एक सफ़ेद आकृति हवा में लटकी हुई कसरत कर रही है—वन, टू, थ्री, फोर—

बंटी साँस रोके कहीं डूबता चला जा रहा है। गहरे, ख़ूब गहरे में...छुन-छुन...यह सोनल रानी की पायल है। अब तक राजा के सारे बच्चे तो ख़त्म हो गए होंगे। वह भूखी तो मरेगी नहीं...आवाज़ पास आती जा रही है और बंटी और गहरे में डूबता जा रहा है।

घर्र-घर्र सोनल रानी की साँस ऐसी ही होती होगी। खट! अजीब-अजीब आवाज़ें आ रही हैं। और फिर एक हाथ छाती पर...अटैक।

'मुझे मत मारो' एक घुटी हुई चीख़, पता नहीं निकली भी या नहीं। पर हाथ

जैसे छाती में घुस ही गया।

बंटी-बंटी...किसी ने बाँहों से पकड़कर बिठा दिया। वह फटी-फटी-सी आँखों से देख रहा है—कौन है सामने—

"तू यहाँ...यहाँ पड़ा है तू जब से?" कोई उसके कंधे बुरी तरह झकझोर रहा है। धीरे-धीरे अँधेरे में एक चेहरा साफ़ होकर उभरता है। बदहवास-सा चेहरा, लाल आँखोंवाला चेहरा!

"बोल, बोल, तू क्यों यह सब करने पर तुला हुआ है? क्यों अपनी और मेरी ज़िंदगी में ज़हर घोलने पर तुला हुआ है? कौन-सा कष्ट है तुझे वहाँ पर? क्या तकलीफ़ है?" ओह! पर ममी को देखकर कोई तसल्ली नहीं हो रही। कोई डर भी नहीं लग रहा, कुछ भी तो नहीं लग रहा।

"रोज़ एक हंगामा खड़ा कर देता है। रोज़ एक तमाशा। कोई कब तक सहेगा और आख़िर क्यों सहेगा?" बाएँ गाल पर तड़-तड़ की आवाज़ हुई। ममी ने शायद मारा है।

"ठीक है, तेरे पापा तुझे अपने पास बुलाना चाहते हैं, मैं भेज दूँगी। वहीं रहो—" ममी उसे घसीटती हुई ले गईं और एक तरफ़ से उठाकर गाड़ी में पटक दिया।

वह न चला, न गाड़ी में चढ़ा। ममी अभी भी कुछ न कुछ बोले जा रही हैं—पता नहीं क्या-क्या। उसे कुछ समझ में नहीं आ रहा। उसे कुछ लग भी नहीं रहा। ममी को शायद पता ही नहीं कि सोनल रानी तो उसे...

ढर्ऽऽऽ...अब तो ममी की बात सुनाई भी नहीं दे रही।

चौदह

बंटी के बाहर का ही नहीं, भीतर का भी जैसे सबकुछ थम गया। थम नहीं गया जैसे सबकुछ सहम गया। ज़िद, गुस्सा, रोना-चिल्लाना।

स्कूल से लौटकर पोर्टिको में खड़ा-खड़ा वह अमि, जोत और ममी की राह देखता रहता है, पर जब वे लोग आ जाते हैं तो लगता है, नहीं, वह उनकी राह तो नहीं देख रहा था। तीनों एक साथ उतरते हैं, पर बुरा नहीं लगता।

"ऐ बंटी, चल रमी खेलें।" तो खेलने बैठ जाता है।

"स्कूल से आए नहीं कि तुम लोगों की ताश शुरू हो गई...आज होमवर्क नहीं करना है?" ममी झिड़कती है तो चुपचाप पढ़ने बैठ जाता है।

कई बार पेंटिंग करने को मन करता है। पर रंग की बहुत सारी शीशियाँ तो टूट गईं। सारे रंग बह गए। अब जो बचे-खुचे रंग हैं उनसे कुछ बनता ही नहीं।

ममी जब भी उसे अकेला पाती हैं, आकर कारण-अकारण प्यार करने लगती हैं।

उस समय ममी की आँखों में जाने क्या कुछ तैरता रहता है।

खाने की मेज़ पर बैठते समय नज़र नीची किए रहने पर भी अ ब स त्रिकोण उभर आता है और उसकी भुजाएँ एक सिरे से दूसरे तक दौड़ती रहती हैं। ममी की आँखें उसकी प्लेट में चिपकी हुई उसे घूरती रहती हैं। जब तक डॉक्टर साहब घर में रहते हैं, ममी कहीं भी रहें, कुछ भी करें, उनकी आँखें बंटी के आगे-पीछे ही घूमती रहती हैं, उसे ही देखती रहती हैं। वह पढ़ता है तब भी, वह खाता है तब भी, सोता है तब भी—सतर्क, चौकन्नी और घूरती हुई आँखें। पहले बंटी उन आँखों की एक तीखी-सी चुभन महसूस करता था, अब केवल आँखों का होना-भर महसूस करता है।

सवेरे डॉक्टर साहब के जाते ही ममी की आँखें लौटकर उनके अपने चेहरे पर चिपक जाती हैं और वे जल्दी-जल्दी कॉलेज जाने के लिए तैयार होने लगती हैं। उस समय तक वे आँखें बिलकुल बदल जाती हैं।

अच्छा, ममी बिना आँखों के देखती कैसे होंगी? पर देखती हैं। शायद वैसे ही जैसे वह आजकल आँखें होने पर भी कुछ नहीं देखता। या कि हो सकता है कि ममी के पास दो जोड़ी आँखें हों। चेहरे भी तो...

बंटी डॉक्टर साहब की बगल में बैठा हुआ जा रहा है—स्टेशन पापा को लेने के लिए।

पिछली बार माली के साथ गया था, ताँगे में बैठकर तो कितना प्रसन्न था। सारे रास्ते चहकता गया था। इस समय भी चाह रहा है कि ख़ुश हो, महसूस करे कि पापा आ रहे हैं। पर भीतर का सबकुछ गुमसुम हो गया है। कितनी-कितनी बातें तो वह सोचा करता था पापा से कहने के लिए, पापा को लिखने के लिए, पर इस समय तो जैसे एक अजीब-सा डर है, जो मन में समा रहा है। नहीं, डर भी नहीं। न ख़ुशी, न डर, बस कुछ नहीं। सचमुच पापा उसके लिए आ रहे हैं?

कल स्कूल से लौटा तो ममी घर में ही थीं। लपककर उसका बस्ता ले लिया, "आ गया बेटा?"

तो ममी आज कॉलेज नहीं गईं? पर कपड़ों और जूड़े से लग रहा है कि गई होंगी। हो सकता है जल्दी आ गई हों। पता नहीं क्यों?

"ले कपड़े बदल ले।" बहुत दिनों बाद ममी उसके लिए इस तरह कपड़े लेकर आई हैं। लग रहा है, ममी जैसे कुछ परेशान हैं, पर उसने तो कुछ नहीं किया। जाने क्यों यह बात कहीं बहुत गहरे मन में बैठ गई है कि ममी की परेशानी के बीच कहीं वही होता है।

कपड़े बदलते ही ममी उसे कंधे से थामकर अपने कमरे में ले गईं। उसका मन जैसे भीतर से और ज़्यादा सहमने लगा। सारे दिन की बात याद की। कहीं भी तो कुछ...

तभी नज़र पलंग पर बिखरे हुए काग़ज़ों पर पड़ी। बंटी ने पहचाना, पापा के नाम लिखे हुए उसके पत्र, जिन्हें वह कभी पूरा नहीं कर सका। जाने कितने पत्र उसने शुरू किए और बिना किसी को पूरा किए कपड़ों की अलमारी के नीचे दबाता गया।

ये सब ममी निकालकर लाई हैं? अपराध और संतोष की मिली-जुली भावना एक साथ ही तैर गई। उसने ममी की ओर देखा। वे एकटक उसकी ओर देख रही हैं।

''बंटी, तूने लिखी हैं ये चिट्ठियाँ?''

बंटी चुप। उसकी लिखाई ममी क्या पहचानती नहीं, फिर क्यों पूछ रही हैं?

''पापा के पास भी भेजी हैं?''

बंटी चुप। मन में अफ़सोस उभरता है कि क्यों नहीं पूरा करके इन चिट्ठियों को भेजा? भेज देता तो अभी तमककर कहता, हाँ भेजी हैं, और भी भेजूँगा।

''बोल बेटे, मैं गुस्सा नहीं हो रही। सिर्फ़ पूछ रही हूँ। भेजी हैं तूने चिट्ठियाँ? कैसे भेजीं, किसके हाथ भेजीं!''

बंटी चुप। क्या बोलने को कुछ है ही नहीं?

''मैं सोच रही थी, यह उनका अपना आग्रह है, अपनी ही ज़िद है। पर अगर तूने लिखा है तब तो...'' पता नहीं, ममी उससे बोल रही हैं या अपने-आपसे।

एकाएक ममी ने बंटी को खींचकर अपने से चिपका लिया। ''क्यों बंटी, क्या तेरा सचमुच ही मन नहीं लगता? तू पापा के पास जाना चाहता है, जाएगा?''

''ठीक है बेटे, तू वहीं चला जा। तेरे पापा तुझे लेने आ रहे हैं। अब मैं भी नहीं रोकूँगी। जब तू ही ख़ुश नहीं तो...आख़िर अपने पापा से कम ज़िद्दी तो तू भी नहीं।''

और ममी के हाथ की पकड़ ढीली हो गई।

बंटी तब भी कुछ नहीं समझा।

सारी बात तो सवेरे समझ में आई। नहीं, सारी बात तो अभी भी उसकी समझ में नहीं आई। बस, मालूम हुआ कि पापा आ रहे हैं। पर सारी बात कुछ इससे ज़्यादा है। पिछली बार भी पापा केवल उससे मिलने नहीं आए थे। और भी बहुत कुछ कर गए थे। उसे तो बाद में पता लगा था। उसके बाद ममी का रोना...

इस बार क्या करेंगे? उसने डॉक्टर साहब की ओर देखा। वे सामने सड़क पर नज़र गड़ाए हुए गाड़ी चला रहे हैं। पापा ने डॉक्टर साहब को देखा है कभी? बिना जान-पहचान के डॉक्टर साहब घर आने के लिए कैसे कहेंगे?

सवेरे ममी ने बंटी को अपने हाथ से तैयार किया और ख़ुद यों ही घूमती रहीं तो डॉक्टर साहब ने पूछा, ''तुम स्टेशन नहीं चलोगी?''

''नहीं।''

''क्यों?''

"बस यों ही। तुम और बंटी जाओ।"

डॉक्टर साहब एक क्षण देखते रहे। "हूँऽ! ठीक है।" फिर उनका चेहरा अख़बार में छिप गया।

"तुम कॉलेज तो नहीं जा रही हो न?" अख़बार एक ओर रखकर उन्होंने पूछा तो ममी ने ऐसे देखा मानो पूछ रही हों—क्या?

"भई किसी को तो घर में रहना चाहिए। मुझे तो दस बजे एक ज़रूरी मीटिंग में जाना है।"

"पर वे यहाँ आएँगे नहीं।"

"क्यों नहीं आएँगे? आइ विल इनसिस्ट। बंटी, तुम भी ज़ोर लगाना बेटे, समझे!"

और बंटी ने तभी सोच लिया कि वह एक बार भी नहीं कहेगा। पापा यहाँ आ गए तो वह बात कैसे करेगा? इस घर में तो वह बात कर ही नहीं सकता। कितनी-कितनी बातें करनी हैं उसे...और फिर जैसे एक सिरे से बातें उभरने लगीं इतनी-इतनी कि सबकुछ गड़बड़ होने लगा।

पापा घर आ गए तो? पापा आएँगे?

पर पापा नहीं आए।

स्टेशन पर बंटी ने ही पापा को पहचाना, देखते ही हमेशा की तरह पापा ने लपककर उसे बाँहों में भर लिया और गोद में उठाकर ढेर सारे किस्सू दे दिए। फिर ज़ोर से सीने से चिपका लिया। बंटी बेटाऽऽ...

बाँहों में भिंचे-भिंचे, सीने से चिपके-चिपके बंटी के मन में बहुत दिनों का जमा हुआ कुछ पिघलने लगा। अनायास ही आँखों में आँसू आ गए। उन्हें भीतर ही भीतर पीता हुआ वह गोद से नीचे उतर आया। इतना बड़ा होकर वह रोएगा भी नहीं, गोद में भी नहीं चढ़ेगा। पापा की पहलेवाली बात याद आ गई—लड़कियों की तरह रोते हो...

पापा दोनों कंधों से थामे उसे देख रहे हैं। पर जैसे पहले देखते थे वैसे नहीं, ख़ूब घूर-घूरकर देख रहे हैं। एकाएक लगा, ज़रूर कहीं आगे-पीछे से ममी की आँखें भी देख रही होंगी। सब लोग उसे इस तरह क्यों देखते हैं? उसे जाने कैसा-कैसा लगने लगता है, डर-सा।

पापा उसी तरह देखते हुए उससे कुछ पूछ रहे हैं, कुछ कह रहे हैं और डॉक्टर साहब एक तरफ़ खड़े हैं चुपचाप।

और अब डॉक्टर साहब हाथ मिलाकर घर चलने के लिए ज़िद कर रहे हैं। ख़ूब-ख़ूब, कुछ और भी कह-सुन रहे हैं और बंटी एक तरफ़ खड़ा है चुपचाप।

"बंटी, तुम घसीटकर ले चलो पापा को। देखो तो बात ही नहीं मानते!"

बंटी ने पापा की ओर देखा। पापा वैसे मुसकरा रहे हैं, पर बिलकुल नहीं मुसकरा रहे हैं। ऐसे कहीं मुसकराया जाता है? सारा चेहरा तो कैसा सख़्त-सख़्त हो रहा है।

पापा भी कहीं प्रिंसिपल हो गए क्या? अभी भी नज़रें बंटी के चेहरे पर ही टिकी हुई हैं।

"कहो बेटा, पापा से चलने के लिए।"

"चलिए न पापा!"

उसने सहमे-सहमे स्वर में कहा तो पापा की नज़रों की चुभन और तीखी हो गई। बंटी और भी ज़्यादा सहम गया।

"बात यह है..." पापा डॉक्टर साहब से कुछ कह रहे हैं।

एक क्षण को बंटी की आँखों के सामने धीरे-धीरे रात का अँधेरा फैल गया और उसकी छोटी-सी हथेली में से पापा का हाथ फिसलता ही चला गया। अपने घर के फाटक पर रह गए वह और ममी अकेले-अकेले!

वह और डॉक्टर साहब लौट रहे हैं। पापा सरकिट-हाउस उतर गए। उसे उतरने के लिए भी नहीं कहा, कितनी बातें करनी थीं उसे पापा से, अब? चार बजे घर आएँगे तो वह क्या बात कर पाएगा? बंटी की बात से भी ज़्यादा ज़रूरी पापा का काम है? पापा उसके लिए नहीं आए हैं, अपने काम के लिए आए हैं। और थोड़ी देर पहले बंटी के मन में जो कुछ पिघला था, वह जैसे फिर जमने लगा।

स्कूल भी नहीं गया और पापा भी नहीं ले गए। अब वह क्या करे? इस कमरे से उस कमरे में, भीतर से बाहर यों ही आ-जा रहा है। घर में वह और ममी रहें अकेले-अकेले, ऐसा बहुत कम होता है आजकल। पर जब भी होता है, उसे अच्छा लगता है। तब ममी उसे प्यार करती हैं और थोड़ी देर के लिए पुरानीवाली ममी हो जाती हैं।

आज भी तो दोनों ही हैं। वह कुछ न कुछ करता हुआ ममी के पास जाता भी है तो ममी बस एक बार उसकी ओर देखती ज़रूर हैं और फिर नज़रें हटाकर कुछ करने लगती हैं। जैसे कटी-कटी फिर रही हों।

वह पापा के पास से आया है, इसलिए ममी नाराज़ हैं, दुखी हैं। अच्छा है, हों नाराज़, हों दुखी! अभी क्या है, अभी तो वह यहीं घूमने गया था, जब उनके साथ कलकत्ता चला जाएगा, तब पता लगेगा! अब कहकर तो देखें उससे कि मत जा, तब वह बताएगा! पर ममी ने कुछ भी नहीं कहा।

साढ़े चार बजे के करीब पापा आए तो ममी ने ऐसे नमस्ते किया जैसे अजनबी को कर रही हों। जोत भी कैसे देख रही है पापा को? बंटी का मन हो रहा है कि पापा जोत से बातें करें, उसे प्यार करें, तभी तो जोत को अच्छे लगेंगे पापा। उसने कहा था कि मेरे पापा भी ख़ूब अच्छे लगेंगे, पर पापा तो...

चाय की मेज़ पर गए तो ढेर सारी खाने की चीज़ें फैली हुई थीं। वे लोग जिस दिन इस कोठी में आए थे ठीक उसी तरह। उस दिन डॉक्टर साहब ममी की ख़ातिर कर रहे थे। आज क्या ममी पापा की ख़ातिर कर रही हैं?

बार-बार लग रहा है कि कोई लंबा-सा आदमी आएगा और दहाड़ता हुआ कहेगा—वाह! आज खाने की मेज़, खाने की मेज़ लग रही है।

वह, ममी और पापा! अमि और जोत नए आदमी के सामने कैसे चुपचुप बैठे हैं, जैसे वह उस दिन बैठा था। पर आज भी तो वह चुप है। उसका बड़ा मन हो रहा है कि वह कुछ न कुछ बोलता ही रहे जैसे अमि और जोत उस दिन बोल रहे थे, जैसे हमेशा बोलते हैं, पर पापा की नज़रें इस तरह गड़ी हुई हैं उसके चेहरे पर कि कुछ कहा भी नहीं जाता। फिर ममी भी तो चुप हैं। मान लो वह कुछ कहे और पापा जवाब ही न दें तो जोत कहेगी नहीं—कैसे हैं तेरे पापा?

पापा ही उससे क्यों नहीं कुछ पूछते-बोलते! अपने ममी-पापा के साथ बैठकर भी खाने की मेज़, खाने की मेज़ लगी ही नहीं।

चाय के बाद ममी पापा को लेकर बैठने के कमरे में घुसीं तो वह भी पीछे-पीछे लगा चला गया। ममी गरदन घुमा-घुमाकर इस तरह कमरे को देख रही हैं जैसे पापा नहीं, वे ख़ुद बाहर से आई हैं। और पापा हैं कि कमरा देख ही नहीं रहे।

''मुझे ख़बर देर से मिली थी, इसलिए बधाई भी नहीं भेज सका।''

ममी चुप।

बंटी का मन हो रहा है कुछ बात करे, इधर-उधर की कुछ भी—ममी, पापा और उसने एक साथ नाश्ता किया है। एक साथ कमरे में बैठे हैं। और वह इस समय को, इस स्थिति को जैसे पूरी तरह महसूस करना चाहता है, भीतर तक। पर अपनी जगह ऐसा जम गया है कि न हिला-डुला जा रहा है, न कुछ बोला ही जा रहा है।

एकाएक इच्छा हुई कि पापा से कहे, चलिए पापा, हमें घुमा लाइए। यहाँ तो रात तक भी बैठा रहा तो कुछ नहीं कहा जाएगा। और ढेर सारी बातें...जोत देख तो ले कि पापा उसे ले जा रहे हैं, वह सारी चीज़ें लिए चला आ रहा है। अमि उछल-उछलकर, उसकी चीज़ें देख रहा है—अरे, यह भी है बंटी भैया।

''वैसे तो मैंने लिखा ही था...यों भी सवेरे से मुझे यह बहुत...'' बात अधूरी छोड़कर पापा बंटी की ओर देखने लगते हैं। ममी एक बार बंटी की ओर देखती हैं, फिर पापा की ओर। फिर उनकी नज़रें ज़मीन में गड़ जाती हैं। उनका चेहरा कैसा पीला-पीला हो रहा है!

अच्छा है, अब ममी को पता लगेगा। बता दे पापा को कि ममी यहाँ आने के बाद उसे मारने भी लगी हैं, कभी उसके साथ नहीं सोतीं, और-और—खट उँगलियों का क्रास बन जाता है।

''बंटी, तू अमि और जोत के साथ खेल बेटा!''

हुँह! उसे हटा देना चाहती हैं, डर रही होंगी न कि बंटी सब बता देगा। वह बिलकुल नहीं जाएगा और पापा को सारी बात बताएगा। पापा उसी के लिए तो आए हैं। ममी की तो पापा से कुट्टी है, फिर?

वह टस से मस नहीं हुआ।

पापा उसे देख रहे हैं पर जैसे उसका चेहरा नहीं देख रहे, चेहरे के भीतर और कुछ देख रहे हों। और ममी सहमी-सहमी पापा को देख रही हैं।

फिर अ-ब-स...

"जाओ बेटे, बाहर खेलो!" इस बार पापा ने कहा तो बंटी भन्नाता हुआ चला गया। स्टेशन पर गया तो—'बेटे, इस समय हमें कुछ ज़रूरी काम है, शाम को हम आएँगे।' अब की बार आए तो 'बेटे बाहर खेलो।' फिर आए किसलिए हैं यहाँ पर? कहीं अमि टिलिलिलि करता हुआ हवा में तैर गया।

पर गुस्सा पापा पर नहीं, ममी पर आ रहा है। पहले ममी नहीं थीं तो सारे दिन पापा ने उसे कितना घुमाया था। आज ज़रूर ममी ने कुछ...और फिर जैसे पुराना सारा गुस्सा भी एक साथ उभर आया। कुछ ऐसा करे कि ममी को पता लगे।

और जब थोड़ी देर बाद बुलाकर, पापा ने प्यार से अपनी गोद में बिठाकर पूछा, 'बेटा, हमारे साथ कलकत्ता चलोगे न? मैं तुम्हें लेने आया हूँ।' तो ममी की ओर देखते-देखते ही गुस्से में ऐसे बोला जैसे पापा को नहीं, ममी को जवाब दे रहा हो, "जरूर चलूँगा, मैं यहाँ बिलकुल नहीं रहूँगा।" यह बात उसने हज़ार- हज़ार बार ममी को ही तो कहनी चाही है। अच्छा है, ममी भी सुन लें।

पापा ने उसे अपनी बाँह में समेट लिया तो बंटी के मन में अभी का जमा हुआ गुस्सा जैसे बह आया। पापा से चिपका-चिपका ही वह रो पड़ा।

पापा ने कसकर उसे सीने से चिपका लिया, "रो मत बेटे, बंटी रो मत..." और उनकी अपनी आवाज़ भी भीग गई।

जाने कहाँ से देखती हुई ममी की आँखें बिलकुल सूख गईं। बिना आँसू की भीगी-भीगी आँखें। सफ़ेद चेहरा। अब पता लगेगा ममी को।

पापा उसे घुमा रहे हैं। कलकत्ते के बारे में बता रहे हैं। पर बंटी कुछ सुन ही नहीं रहा। वह सोच रहा है, सोच ही नहीं रहा, देख रहा है—ममी उसके पलंग पर बैठी रो-रोकर कह रही हैं, "मत जा बंटी, मत जा! मैं तेरे बिना रह नहीं सकूँगी। आज तक कभी..."

और मन ही मन में वे शर्तें तैरती हैं जो ममी के सामने वह रखेगा। ममी सब मानेंगी तो वह रहेगा। पक्कावाला प्रॉमिस, झूठ-झूठ का बहकावा अब नहीं चलेगा।

वह क्या जानता नहीं कि ममी उसके बिना रह नहीं सकतीं। डॉक्टर साहब, अमि, जोत, कोठी-वोठी सब ठीक है, पर बंटी...

"अच्छा बंटी, ये डॉक्टर साहब तुम्हें कैसे लगते हैं?" अचानक पापा ने पूछा, और नज़रें बंटी के चेहरे पर गड़ा दीं तो बंटी की समझ में ही नहीं आया कि क्या कहे। बस, कहीं हलके से डॉक्टर साहब का चेहरा उभर आया। फिर धीरे से बोला, "अच्छे हैं।"

"और उनके ये बच्चे?"

“जोत तो बहुत अच्छी है। मुझे बहुत प्यार करती है, मुझसे कभी झगड़ा भी नहीं करती...”

अरे, ये पापा ऐसे क्यों देख रहे हैं? लगा जैसे कहीं कोई ग़लती हो गई। पर उसने तो किसी के बारे में कोई भी बुरी बात नहीं की।

“अच्छा, कांजी पिओगे तुम?” पापा ने उसके बाद कुछ नहीं पूछा।

रात में बंटी अपने पलंग पर लेटा-लेटा बराबर राह देख रहा है कि कब ममी आती हैं और कब रो-रोकर उसके सामने गिड़गिड़ाती हैं। रास्ते में सोची हुई सारी शर्तों को उसने फिर एक बार मन ही मन दोहरा लिया।

जोत अपनी एक सहेली के यहाँ गई है। अमि साथ-साथ टँगा हुआ चला गया। अकेले लेटे-लेटे बंटी का समय ही नहीं कट रहा है। यों सामने एक किताब खोल रखी है, पर ध्यान तो सारा...

ममी अपने कमरे में हैं डॉक्टर साहब के साथ। ज़रूर रो रही होंगी। हो सकता है डॉक्टर साहब से कह रही हों कि वे समझाएँ। सोचती होंगी कि मैं उनसे डर जाऊँगा। अब तो पापा हैं। अब तो मैं कहूँगा—यह सब नहीं चलेगा। मैं बर्दाश्त नहीं करूँगा।

अगर कहीं डॉक्टर साहब समझाने आ ही गए तो? उनको क्या जवाब देगा? यह तो सोचा ही नहीं। नहीं, उन्हें कोई जवाब नहीं देगा।

पर कोई आ ही नहीं रहा। हिम्मत ही नहीं हो रही है आने की शायद! इतने में जोत और अमि आए और सीधे ममी के कमरे में घुस गए। ये लोग कैसे उनके कमरे में घुस जाते हैं। जाने क्यों वह इस तरह कभी उस कमरे में घुस ही नहीं पाता। या तो कभी ममी ले गई हैं तो गया है या फिर छिपकर।

थोड़ी देर बाद जोत आई और पूछा, “तू कल अपने पापा के साथ कलकत्ते जा रहा है?”

तो उस कमरे में यही सब बात हो रही है?

“हाँ, मेरे पापा लेने आए हैं, जाऊँगा नहीं मैं?” बंटी इतनी ज़ोर से बोला कि ममी अपने कमरे में भी सुन लें।

पता नहीं ममी ने सुना या नहीं पर जोत ने सुन लिया और कपड़े बदलने चली गई। कहाँ तो ममी की आँखें उसके आगे-पीछे घूमा करती थीं, उसके भीतर तक का जैसे सबकुछ देखती रहती थीं, अब आज क्या हो गया? उसकी आँखें भी इस तरह घूम-फिर सकतीं तो वह भी देखता कि ममी क्या कर रही हैं, क्या कह रही हैं?

थोड़ी देर बाद एकाएक ममी कमरे के दरवाज़े पर आकर खड़ी हो गईं। बंटी ने भरपूर नज़रों से ममी को देखा और फिर किताब पढ़ने लगा, जैसे उसे किसी का कोई इंतज़ार नहीं। धीरे-धीरे ममी पास आकर बैठ गईं। बंटी ने मन ही मन में जल्दी से

एक बार सब दुहरा लिया। कहीं ऐसा न हो कि ममी रोने लगें तो वह ख़ुद भी रो पड़े। नहीं, रोना-वोना बिलकुल नहीं है इस बार।

पर ममी कुछ नहीं बोलीं। बस, उसका सिर सहलाने लगीं। उसने एक बार फिर ममी की ओर देखा। नहीं, ममी रो तो नहीं रहीं। अब रोएँ शायद! पर जब नहीं रोईं तो बंटी ने कहा, ''मैं कल पापा के साथ कलकत्ते जा रहा हूँ।''

ममी एकटक उसकी ओर देखती रहीं। जैसे उसकी बात का अर्थ समझने की कोशिश कर रही हों, या कि जैसे उस पर विश्वास नहीं हो रहा हो। पर रो तो नहीं रहीं।

''मैं फिर कभी तुम्हारे पास आऊँगा भी नहीं। पापा के पास ही रहूँगा, हमेशा...'' ममी उसके बाल और गाल ही सहलाती रहीं। फिर धीरे से बोलीं, ''बंटी!''

बंटी जैसे अगले वाक्य के लिए तैयार! अब कहो कि मत जा!

''तेरे लिए क्या-क्या लाऊँ बेटे, तू अपनी पसंद की चीज़ें बता दे। वही सब...''

तो क्या ममी उसे रोक नहीं रही हैं? उसे सचमुच ही भेज रही हैं। उसके भीतर ही भीतर कुछ ऐंठने लगा।

''मुझे कुछ नहीं चाहिए, मैं तुम्हारी कोई चीज़ नहीं लूँगा।'' उसने जलती नज़रों से ममी को देखा, मानो कह रहा हो...अब, अब बोलो, अब रोओ!

पर इस पर भी ममी नहीं रोईं। सूखी आँखें और उससे भी ज़्यादा सूखा चेहरा।

डॉक्टर साहब हैं न घर में इसीलिए नहीं रो रहीं। डरती जो हैं। कल देखना। और नहीं रोईं तो क्या है, वह तो चला जाएगा। पापा के साथ ख़ूब घूमेगा कलकत्ते में, नई-नई चीज़ें देखेंगे। इतना बड़ा शहर। घूमते-घूमते मर भी जाओ तो ख़त्म ही न हो।

रात में वह पापा के साथ घूमता रहा अजीब-अजीब जगहों में। अचानक कहीं से ममी आ गईं और उसे गोद में उठाकर रोने लगीं, फूट-फूटकर। वह, ममी और पापा लौट रहे हैं...चले जा रहे हैं, चले जा रहे हैं और जैसे ही घर के दरवाज़े पर पहुँचते हैं, पापा डॉक्टर साहब में बदल जाते हैं। वह घर भी पता नहीं कौन-सा था। सवेरे आँख खुली तो वह अपने बिस्तर में था।

दूसरे दिन भी ममी नहीं रोईं। उससे एक बार भी नहीं कहा कि तू मत जा तो बंटी ख़ुद रो पड़ा। छिपकर, बाथरूम में।

नाश्ते की मेज़ पर सब चुप। जोत और अमि उसे ऐसे देख रहे हैं, जैसे जानते ही नहीं हों। डॉक्टर साहब और ममी मेज़ पर नज़रें गड़ाए हुए भी जैसे उसे ही देख रहे हों। सब देखो, पर कोई मत कहो कि मत जा, सब शायद यही चाहते हैं कि मैं चला जाऊँ। ममी भी?

और जैसे मन में कुछ उफनने लगा। गले में आकर कुछ ऐसा फँस गया कि खाते नहीं बना। बस, अँसुआई आँखों के सामने से एक बार फिर लाल तिकोन तैर गया।

न ममी कॉलेज गईं, न उसे स्कूल भेजा। बहुत मन हुआ कि कह दे वह स्कूल क्यों नहीं जाएगा? कल भी नहीं गया, आज भी नहीं? उसे पढ़ना नहीं? उसे पढ़ना नहीं है? पर कुछ भी नहीं कहा गया। गला जैसे किसी ने भींच दिया है। गला नहीं, कहीं कुछ और जैसे भिंच गया है।

ममी चुपचाप उसका सामान जमा रही हैं। उसके कपड़े, उसके खिलौने। मन हुआ भड़भड़ाता जाए और एक-एक कपड़ा बाहर निकाल डाले। नहीं जाएगा वह कलकत्ते, क्यों जाएगा, कैसे जाएगा? एक महीने बाद इम्तिहान नहीं हैं उसके? वह रहा है कभी ममी के बिना?

पर कुछ नहीं, कुछ भी नहीं कहा गया उससे। वह आँसू पीता हुआ इधर-उधर घूमता रहा। ममी सामान जमाती रहीं। जैसे-जैसे समय बीतता गया, आँसू भी जैसे भीतर जाकर जम गए।

और जब सबकुछ जम-जमा गया तो ममी उसके सामने आकर खड़ी हो गईं। उसके दोनों कंधों को पकड़कर पूछा, ''बंटी, वहाँ जाकर मुझे बिलकुल भूल तो नहीं जाएगा? चिट्ठी लिखेगा मुझे? और देख बेटे, यदि वहाँ...''

''मैं बिलकुल याद नहीं करूँगा, मैं कभी भी चिट्ठी नहीं लिखूँगा। तुम मेरी...'' बाकी शब्द जैसे भीतर ही घुटकर रह गए।

अब बोलो, अब रोओ...रोओ!

और ममी की आँखें सचमुच ही छलछला आईं। पर वे कुछ नहीं बोलीं। चुपचाप लौट गईं।

पापा को लेने के लिए कार गई हुई है। बंटी का सारा सामान तैयार है। सामान के ऊपर तीन-चार पैकेट रखे हुए हैं। ममी ने लाकर रखे हैं। वह बिलकुल नहीं ले जाएगा। ममी कहेंगी तब भी नहीं। डॉक्टर साहब भी आ गए हैं।

''बंटी तू गरमी की छुट्टियों में यहीं आ जाना। हम लोग फिर चाची अम्मा के पास चलेंगे!''

वह एक क्षण तक जोत का चेहरा देखता है। फिर कहता है, ''नहीं, मैं क्यों आऊँगा यहाँ, मुझे नहीं जाना कहीं। मैं तो वहीं घूमूँगा छुट्टियों में।''

और उसे लगता है, जैसे वह जोत से नहीं कह रहा है, अपने-आपसे कह रहा है। अब तो सचमुच-सचमुच वह कभी नहीं लौटेगा, कभी नहीं। क्या समझ रखा है ममी ने उसे!

''आपने तो बड़ी देर कर दी। हम तो कभी से राह देख रहे थे। आपके साथ बैठने का तो बिलकुल समय मिला ही नहीं।''

पापा भीतर नहीं आ रहे, ''आइ एम सो सॉरी। बस कुछ ऐसा ही हो गया कि...'' फिर कोट की बाँह सरकाकर घड़ी देखते हुए बोले, ''अब तो एकदम गाड़ी का समय हो गया। बंटी, तैयार हो न बेटे?''

तो बंटी दौड़कर पापा के पास जाकर खड़ा हो गया। भीतर ही भीतर सहमा

हुआ, पर ऊपर से जैसे सधा हुआ। सब देख लें कि उसे भी ख़ूब-ख़ूब प्यार करनेवाले पापा हैं, जो उसे ले जा रहे हैं अपने साथ! कोई मत रखो उसे यहाँ।

ममी अभी भी नहीं आ रहीं? पापा की नज़रें भी शायद उन्हीं को ढूँढ़ रही हैं। ममी क्या निकलेंगी ही नहीं?

बंसीलाल सामान जमाने लगा तो बंटी ने वे पैकेट निकालकर अलग कर दिए।

"अरे, ये तो तुम्हारे लिए ही लाए हैं बेटा, तुम ले जाओ।"

बंटी कुछ नहीं बोला, चुपचाप उन डिब्बों को सीढ़ियों के एक किनारे पर रख दिया। पापा ने एक बार घूरकर डॉक्टर साहब को देखा। डॉक्टर साहब का चेहरा जाने कैसा-कैसा हो आया।

तभी भीतर से ममी निकलकर आईं। उन्होंने एक बार पापा की ओर देखा, फिर बंटी की ओर और फिर पैकेट की ओर। फिर धीरे से आगे बढ़कर उन्होंने बंटी को पकड़कर अपनी ओर खींचा और प्यार किया, पर बोलीं कुछ नहीं।

बंटी छिटककर पापा के पास चला गया और उनकी बाँह पकड़कर खड़ा हो गया। जैसे वह पूरी तरह यह दिखा देना चाहता हो कि वह पापा का बंटी बन गया है और अब पापा के पास ही जा रहा है।

गाड़ी में सब बैठे। डॉक्टर साहब, अमि, जोत। बस ममी बाहर ही खड़ी रहीं। पापा ने डॉक्टर साहब की ओर देखा...

"अंऽऽ शी इज़ वेरी अपसेट।" और उन्होंने गाड़ी स्टार्ट कर दी।

न चाहते हुए भी बंटी की नज़र ममी की ओर चली ही गई। उनका एक हाथ हिल रहा था और वे शायद रो रही थीं।

रोती हुई ममी पीछे छूट गईं। कोठी, कोठी का उजड़ा हुआ अहाता, कोठी के बाहर लाल तिकोन, सब-सब पीछे छूट गए।

स्टेशन और स्टेशन की भीड़। गाड़ी में बैठा खिड़की से झाँकता बंटी। प्लेटफ़ार्म पर खड़े हुए डॉक्टर साहब, पापा, अमि, जोत! और भी ढेर सारे लोग।

डॉक्टर साहब के टूटे-टूटे वाक्य, "आप इसकी ख़बर देते रहिएगा...यू नो शी इज़...अगर बहुत परेशान हो तो..."

"बंटी भैया, हम भी कलकत्ता घूमने आएँगे!"

"बंटी, मुझे चिट्ठी लिखना।"

और इसके साथ ही बहुत सारा शोर, तरह-तरह का। और एकाएक ही सारे शोर के ऊपर उभरता है—बंटी, मत जा बेटे, मैं तेरे बिना नहीं रह सकूँगी। दौड़ती-दौड़ती ममी चली आ रही हैं, बदहवास, लाल आँखें। पर ममी जैसे उस तक पहुँच नहीं पा रही हैं, सिर्फ़ उनकी आवाज़ उसके इर्द-गिर्द घूम रही है।

तभी गाड़ी चल दी और जो लोग आए थे वे भी छूट गए। हाथ हिलाते हुए डॉक्टर साहब, अमि और जोत। धीरे-धीरे सबके चेहरे घुल-मिल गए और फिर एक बिंदु में बदलकर ओझल हो गए। फिर प्लेटफ़ार्म की भीड़ और शोर, शहर का हिस्सा,

जाना-पहचाना, सब-कुछ सरकता चला गया, छूटता चला गया। और थोड़ी ही देर में गाड़ी खेत-खलिहानों और मैदानों की अनंत सीमाओं के बीच दौड़ने लगी।

बंटी ने गरदन भीतर की ओर मोड़ ली—सब अपरिचित चेहरे। इतने अपरिचित चेहरों के बीच जाने कैसी दहशत बंटी को हुई कि वह उठकर पापा के पास चला गया और उनसे एकदम सट गया। पापा ने बहुत दुलार से उसकी पीठ सहलाई, "बंटी!"

तो अपने-आप ही जैसे आगे के शब्द तैर गए, "वहाँ अपना घर होगा, तुझे बहुत अच्छा लगेगा बेटा!"

पर पापा पूछ रहे थे, "बिस्तर लगा दें, तुम लेटोगे?"

इतने अपरिचितों के बीच जैसे वह अपने-आपसे अपरिचित हो आया। बस, बार-बार नज़र पापा की ओर उठ जाती है। इतने नए-नए चेहरों के बीच पापा का जाना-पहचाना, परिचित चेहरा ही जैसे आश्वस्त करता है। मन हो रहा है कि उन्हें ही कसकर पकड़ ले। कहीं ऐसा न हो कि पापा भी छूट जाएँ! थोड़ी-थोड़ी देर बाद कोई न कोई बहाना बनाकर वह उन्हे छू लेता है, कभी हाथ पकड़ लेता है।

लेकिन रात में बंटी फिर उन्हीं परिचित चेहरों और परिचित जगहों के बीच ही घूमता रहा। घूरती हुई ममी या उदास-उदास ममी, चिढ़ाता हुआ अमि, प्यार करती जोत, गंभीर-गंभीर डॉक्टर साहब। सवाल समझाते हुए सर...साइलेंस...साइलेंस ...विभू, कैलाश, टीटू...यार बंटी कहाँ चला गया? बंसीलाल...लाल तिकोन...माली दादा...आम का पौधा...सभी कुछ तो उसके आसपास, उसकी पहुँच के भीतर, रोज़ की तरह।

पर सवेरे आँख खुली तो फिर चारों ओर नए चेहरे। वह एकदम पापा के पास चला गया।

और दूसरे दिन जब हावड़ा पर उतरा तो लगा जैसे अपरिचितों के एक छोटे-से दायरे में से उठाकर किसी ने उसे अपरिचितों के एक बड़े-से समुद्र में ही फेंक दिया है।

कितनी भीड़ कितना शोर—सबकुछ कितना अनजाना, अनचीन्हा।

उसका मन एक अजीब-सी दहशत से भर गया। उसने कसकर पापा की उँगली पकड़ ली। धक्के-मुक्के के बीच में बराबर यही खटका लगा रहा कि अगर पापा की उँगली छूट गई तो फिर कहीं उसका पता नहीं लगेगा।

पापा टैक्सी के लिए क्यू में जाकर खड़े हो गए। बंटी की कुछ समझ में नहीं आ रहा है। बस, भकुवाई-सी आँखों से वह पापा को देखे जा रहा है।

"तुम यहाँ बैठ जाओ।" उसे शायद थका समझकर पापा ने उसे एक बॉक्स पर बिठा दिया। आसपास देखने को कितना कुछ है इस नई जगह में, पर वह तो जैसे सब ओर से सुन्न हो आया है। बस, नज़र इस तरह पापा पर टिकी हुई है, मानो उसे किसी ने वहाँ कील दिया हो। धूप में पापा की लंबी-सी परछाई लेटी है—ख़ूब

लंबी-सी। वह बैठा हुआ पापा को देख रहा है, पर मन हो रहा है कि जाकर हाथ ही पकड़ ले। पापा का हाथ छूटने से ही अजीब-सी घबराहट हो रही है।

आख़िर वह उठा। पापा की बग़ल में जाकर, उनसे एकदम सटकर उसने उनका हाथ पकड़ लिया।

और उसकी छोटी-सी परछाँई पापा की लंबी-सी परछाँई में ही घुल-मिल गई।

पंद्रह

जस्टिफ़िकेशन!

पर क्यों! किस बात के लिए? क्या किया है शकुन ने?

अजय बंटी को ले जाना चाहते थे और वह ख़ुद जाना चाहता था। उसे यहाँ अच्छा नहीं लगता था। इतनी कोशिश करने पर भी वह बंटी को इस घर में रचा-पचा नहीं सकी। वह इसे अपना घर समझ ही नहीं सका। पता नहीं, क्या चाहता था वह इस घर से? नहीं, शायद शकुन से।

अजय ने भी न जाने क्या चाहा था उससे। वह नहीं दे पाई तो अजय उसकी ज़िंदगी से निकल गया। अब बंटी भी कुछ चाहता था। पता नहीं बंटी ही चाहता था या कि अजय ही बंटी में उतरकर नए सिरे से फिर वही चाहने लगा था, जो तब वह उसे नहीं दे पाई थी। नहीं, यह उसका भ्रम है। अजय उससे कुछ नहीं चाहता। वह अपनी भरी-पूरी ज़िंदगी जी रहा है। उसने शकुन को काट दिया है, शायद कोई कसक भी बाकी नहीं है। पर जब शकुन ने अपने जीवन को भरा-पूरा करना चाहा, अजय की कसक को भी धो-पोंछना चाहा तो बंटी...

सब लोग केवल उससे चाहते ही हैं और वह उनकी चाहनाओं को पूरती रहे यही एकमात्र रास्ता है उसके लिए। बस, वह कुछ न चाहे। जहाँ चाहती है, वहीं ग़लत क्यों हो जाती है? ऐसा अनुचित-असंभव भी तो उसने कुछ नहीं चाहा। एक सहज सीधी ज़िंदगी, जिसमें रहकर वह कम से कम यह तो महसूस कर सके कि वह जिंदा है। केवल सूरज डूब-उगकर ही उसे रात होने और बीतने का एहसास न कराए, उसके अतिरिक्त भी 'कुछ' हो।

कितनी सहज-स्वाभाविक इच्छाएँ थीं उसकी! फिर भी सब ग़लत, केवल इसलिए कि वे उसकी थीं।

'जहाँ जस्टिफ़िकेशन है, समझ लो वहाँ गिल्ट है। आदमी अपने गिल्ट को जस्टिफ़ाई न करे तो...' शायद कभी किसी संदर्भ में यह डॉक्टर ने ही कहा था।

कहा होगा। शकुन को लग रहा है, उसके मन में इस समय कुछ नहीं है। न गिल्ट न जस्टिफ़िकेशन। कुछ है तो सिर्फ़ दुख कि बंटी चला गया, कि बंटी एक

दिन भी वहाँ ख़ुश नहीं रहेगा। न उस घर में, न हॉस्टल में। बिना शकुन के वह कहीं ख़ुश रह ही नहीं सकता। और इन दिनों तो शकुन के साथ भी।

वह समझ ही नहीं सका कि शकुन से बदला लेते-लेते कितना बड़ा बदला उसने अपने-आपसे ले लिया है। शकुन को कष्ट देने के लिए कितना बड़ा कष्ट उसने अपने-आपको दे डाला है।

वह नहीं समझ सका, पर शकुन तो सब समझ रही थी। फिर भी वह चुप रही। क्या वह यह नहीं महसूस करने लगी थी कि बंटी अब उसके जीवन की सहज गति में एक रुकावट बन गया है? जिस नई ज़िंदगी की शुरुआत का सारा आयोजन उसने कर डाला, वह शुरू होकर भी जैसे शुरू नहीं हो पा रही है कि बंटी उसमें जब-तब दरार डाल देता है।

कनफ़ेशंस!

नहीं, उसे कुछ कनफ़ेस नहीं करना। आदमी शायद कनफ़ेस इसलिए नहीं करता है कि दूसरों की नज़रों में गुनहगार बनकर अपनी नज़रों में बेगुनाह हो जाए। वह अपने गुनाहों को स्वीकार नहीं करता, बड़ी निरीहता के साथ उन्हें दूसरे के कंधे पर डालकर स्वयं उनसे मुक्त हो जाता है।

पर शकुन को ऐसा कुछ नहीं करना, वह कर ही नहीं सकती। बंटी उसके जीवन का अभिन्न अंश है, उसका अपना अंश। उसके जाने का दुख भी उसका अपना है और उसे भेजकर यदि उसने कुछ ग़लत किया तो वह ग़लती भी उतनी ही उसकी अपनी है। इस सबको न वह किसी के साथ शेयर कर सकती है, न किसी और के कंधों पर डालकर उस सबसे मुक्त हो सकती है।

अहं और गुस्से से भरे-भरे, शकुन की लाई हुई चीज़ों को बिना देखे, बिना छुए एक ओर सरका देने, उमड़ते आँसुओं को भीतर ही भीतर रोककर सूखी आँखों से मोटर में बैठकर विदा हो जाने की व्यथा बंटी से कहीं ज़्यादा शकुन की अपनी व्यथा है और ऐसी व्यथा जिसे कोई भी बाँट नहीं सकता...आज भी नहीं, आगे भी नहीं।

कार लौट आई। उसमें से डॉक्टर, अमि और जोत उतरे तो उसे एक बार फिर नए सिरे से धक्का-सा लगा। तो बंटी चला गया? और साथ ही ख़याल आया कि इतनी देर से वह ऊपर से चाहे कुछ भी सोचती रही हो, भीतर ही भीतर तो लगातार जाने कैसे-कैसे चित्र बनते-बिगड़ते रहे हैं। यहाँ के परिचित माहौल और शकुन की उपस्थिति में थमा हुआ आवेग, स्टेशन के अपरिचित माहौल में फूट पड़ा है—मैं नहीं जाऊँगा, मैं ममी के पास जाऊँगा—ममी के पास ही रहूँगा। अजय का कातर हो आया चेहरा, डॉक्टर का असमंजस—जोत से चिपककर खड़ा डरा-सहमा बंटी। ममीऽऽ...गाड़ी से उतरकर वह उससे लिपट गया है—दोनों की आँखों में आँसू... गलती हुई बर्फ़ की दीवार।

"उस समय जल्दी-जल्दी में चाय नहीं पी सके। जल्दी से चाय पिलवा दो तो मैं जाऊँ। आइ एम ऑलरेडी लेट!"

बस?

''गाड़ी भी आधा घंटे लेट थी।''

और?

''ममी, मैंने बंटी को कह दिया है कि वह मुझे चिट्ठी ज़रूर लिखेगा।''

''मिस्टर बत्रा को भी कह दिया है कि जाते ही चिट्ठी लिख देंगे और सारी बात यानी जो भी जैसा भी होगा लिख देंगे।''

और?

और सब चुप!

दो प्यालों में चाय ढल गई और दो गिलासों में दूध। बंटी की कुर्सी खाली है।

''पापा, हमारा ज्योमेट्री बॉक्स एकदम बेकार हो गया। हमें नया चाहिए, कल ही हमारा टेस्ट है। आप ड्राइवर के हाथ मँगवा लीजिए।''

जोत और अमि आज भी अपनी ज़रूरतों के लिए डॉक्टर से ही कहते हैं। बंटी होता तो? वहाँ बंटी किससे कहेगा?

''सर्दी तो ख़त्म हो ही गई। दस-पंद्रह दिनों में तो पसीने से नहाने का मौसम आ जाएगा। स्टेशन पर तो आज ही बाकायदा गरमी लग रही थी।''

''गाड़ियों में इतनी भीड़ क्यों जाती है पापा? रोज़-रोज़ जानेवाले इतने आदमी कहाँ से आ जाते हैं?''

गाड़ी लेट थी। स्टेशन पर गरमी थी। स्टेशन पर भीड़ थी। सबकुछ था, बस जैसे नहीं था तो बंटी। जैसे सब उसके आस-पास से कतराकर निकल रहे हैं। कोई उसके पास नहीं पहुँच रहा या कि पहुँचना नहीं चाहता।

''आज चाय कैसी है? शायद पानी पूरी तरह नहीं खौला।''

दूसरा पानी आ जाता है।

''लौटते हुए मैं वर्मा के यहाँ जाऊँगा। तुम भी चलो तो गाड़ी भेज दूँ? देख आएँगे, तीन-चार दिन से जा नहीं पाया।''

शकुन ने डॉक्टर की ओर देखा, फिर धीरे से बोली, ''आज रहने दो।''

''ऐं? अच्छा!'' डॉक्टर मुड़ गए।

''पापा, हमारे लिए भी कोई चीज़। अच्छी-सी!''

सायास ढंग से बोले हुए ये अनायास वाक्य! जैसे सबने तय कर लिया है कि कोई भी उस विषय पर कुछ नहीं बोलेगा। और ये वाक्य उस तक पहुँचकर भी नहीं पहुँच रहे हैं। सेतु नहीं बन रहे हैं।

सेतु! बंटी सेतु नहीं बन सका। इसीलिए शायद उसे भी कट जाना पड़ा।

डॉक्टर चले गए, अमि और जोत पढ़ने बैठ गए! सबकुछ कितना सहज-स्वाभाविक हो आया। कहीं कुछ नहीं। जैसे एक अनावश्यक प्रसंग था, ऊपर से थोपा हुआ। उसे एक न एक दिन समाप्त होना ही था। सब लोग जैसे इसी दिन की प्रतीक्षा कर रहे थे।

वह भी? सचमुच वह भी कहीं चाहने ही तो लगी थी। उसे ख़ुद लगने लगा था कि वह एक अनावश्यक तत्त्व...शायद वह हो ही गया था। शायद ऐसा ही होता है।

'यह बच्चा किसका है?' बंसीलाल की बहू खुसर-फुसर करके पूछ रही थी।

'इनके पहलेवाले आदमी का बच्चा।' दबा-दबा-सा जवाब।

'दहेज़ में यही लेकर आई हैं?' खी...खी...खी...

और उस हँसी ने उसे भीतर तक तिलमिला दिया था।

'यह बच्चा? ओह, हाँ! क्या नाम है बेटे तुम्हारा?' वर्मा का बुलंद प्रश्न!

'अरूप बत्रा!' उतना ही बुलंद जवाब।

सवाल और जवाब दोनों में ही तो कुछ था। न चाहते हुए टालते हुए भी ध्यान एक क्षण को उस ओर गया था।

और फिर रात में सर्दी से अकड़ा, डर से सहमा बंटी उसकी छाती से चिपका था। साँस जैसे हिचकियों में बँध गई थी।

'यह अकसर इस तरह डर जाया करता है क्या?' पता नहीं स्वर में नींद की खुमारी थी या कि एक रूखापन। व्याघात पड़ जाने की खीज। कम से कम शकुन को ऐसा ही लगा था। और वह बंटी को लेकर हलके से चौकन्नी हो आई थी।

'यह तो बहुत ही ज़िद्दी बच्चा है भाई! लगता है, तुमने इसे बहुत ज़्यादा लाड़ में स्पॉइल कर दिया है!' एक हलका-सा आक्रोश था स्वर में।

'मत इतना सिर चढ़ाओ बहूजी! नहीं, एक दिन आप ही दुखी होंगी।'

एक-सी ही तो बातें थीं, पर अर्थ बदल गए थे क्योंकि शायद संदर्भ बदल गए थे।

और तब पहले दिन का वह चौकन्नापन अनायास ही एक हलकी-सी अपराध-भावना में बदल गया। जैसे ज़िद बंटी ने नहीं की, उसने ख़ुद की है। एक ग़लत और अनुचित ज़िद।

पता नहीं, मन का भाव शायद चेहरे पर अंकित हो आया था। डॉक्टर ने कंधे पर हाथ रखकर पूछा, "बुरा मान गईं?" उसने झूठ बोला था और साथ ही लगा था कि अब पता नहीं कितनी बार उसे झूठ बोलना पड़ेगा।

डॉक्टर मुसकरा रहे थे। मानो बंटी ने जो कुछ किया, उसने कतई परेशान नहीं किया है उन्हें।

वह भी मुसकराई। मानो उसने डॉक्टर की बात का बिलकुल बुरा नहीं माना है। असली बात पर नकाब डालने का सिलसिला उसी दिन से शुरू हुआ था। कम से कम बंटी को लेकर।

और फिर एक नक़ली-सा व्यवहार। या कि असली व्यवहार में भी नक़लीपन का एहसास! या तो इस विषय पर बात होती ही नहीं या होती तो बहुत ही सँभल-सँभलकर।

पर बंटी था कि हर दिन एक नया हंगामा। कुछ भी होता और मन ही मन शकुन

अपने को सफ़ाई देने के लिए तैयार करती थी। पर डॉक्टर देख-जानकर भी चुप रह जाते तो उनकी चुप्पी, बंटी की ज़िद, बंटी के हंगामे से भी ज़्यादा बड़ा बोझ बनकर शकुन के मन पर छा जाती।

अपनी हर समस्या, अपने हर बोझ को बड़े निर्द्वंद्व भाव से डॉक्टर के कंधों पर डालकर निश्चिंत हो जानेवाली शकुन के मन में एक कोना उभर आया था, जिसकी बात वहीं घुमड़ती रहती थी और शकुन थोड़ी-सी भयभीत रहती थी कि कहीं यहाँ की बात बाहर न आ जाए। साथ ही आशंकित भी कि कहीं यह कोना अपनी सीमा तोड़कर फैलना न शुरू कर दे और फिर फैलता ही चला जाए, फैलता ही चला जाए।

वह जानती थी कि ये कोने जब होते हैं तो कितने पैने होते हैं। कैसे इनसे सबकुछ कटता चलता है, विश्वास, सद्भावना, अपनत्व! सारी की सारी ज़िंदगी बँट जाती है खंडों में, टुकड़ों में कि इसके बाद एक पूरी ज़िंदगी जीना...नहीं, वह अब और उस सबसे गुज़रना भी नहीं चाहती। बड़ी से बड़ी क़ीमत भी चुकानी होगी तो चुका देगी।

क़ीमत चुका दी और लग रहा है कि वह जैसे एकदम ख़ाली और खोखली हो गई है।

''मम्मी, हमें ग्रामर समझा दो!''

लेटे-लेटे ही शकुन ने पास खड़ी जोत को देखा। स्वर में कैसा आग्रह है याचना-जैसा। हमेशा क्या वह इसी तरह कुछ कहती-माँगती है? कभी ध्यान ही नहीं गया।

अब शायद नए सिरे से अमि और जोत से परिचित होना पड़ेगा। अभी तक तो ये लोग भी बंटी के साथ इस तरह जुड़े हुए थे कि कभी अलगाव महसूस ही नहीं हुआ, बंटी के साथ-साथ इन दोनों का काम भी होता ही चलता था। अब?

''देखो तो जोत! अमि क्या कर रहा है? उसे भी यहीं बुला लो। दोनों यहीं पढ़ो।''

''अमिऽऽ'' जोत दौड़ती हुई चली गई।

बंटी को उसने कभी इस कमरे में बैठकर नहीं पढ़ाया। वह कभी आता भी नहीं था। जाने कैसा एक सहमा-सहमापन उसके मन में घर कर गया था। आज उस कमरे में जाते हुए वह सहम रही है। वह मेज़...वह कोना।

''मम्मी, मैंने चार सम्स कर लिए, पाँचवाँ कर रहा हूँ। कुल दस करने हैं। बस होमवर्क ख़त्म, होमवर्क फ़िनिश।''

दोनों बच्चे अपना-अपना काम करने बैठ गए तो ख़याल आया, बिना बंटी के वह इन लोगों को उसी तरह प्यार कर सकेगी जैसे बंटी को करती थी? इन्हें उतना ही अपना समझ सकेगी? शायद नहीं।

मीरा भी बंटी के लिए ऐसे ही सोचेगी? वह भी उससे कभी जुड़ा हुआ महसूस नहीं करेगी। उसे कभी अपने बच्चे की तरह प्यार नहीं करेगी।

एकाएक शकुन ने कापी पर झुके हुए अमि को खींचकर अपनी गोद में भर लिया, उसके दोनों गालों पर प्यार किया। अमि सकपका-सा गया और फिर अलग हो गया। जोत अजीब-सी नज़रों से देखने लगी।

ऐसा करने पर बंटी कभी उसके गले में बाँहें डाल दिया करता था। अकसर वह उसकी गोद में लेटकर ही पाठ याद किया करता था। ज़ोर-ज़ोर से बोलकर और जब तक बंटी पढ़ता था, शकुन कुछ नहीं कर सकती थी।

समय के साथ सबकुछ कैसे बह जाता है!

अजय का पत्र बीच में पड़ा था। शकुन और डॉक्टर आमने-सामने बैठे थे। दोनों के बीच एक मौन घिर आया था—एक तनावपूर्ण मौन! कम से कम शकुन को ऐसा ही लगा था।

अजय ने बहुत संयत ढंग से लिखा था, लिखा ही नहीं, एक तरह से आग्रह किया था कि अब बंटी को वह अपने पास ही रखना चाहता है। फिर भी इस विषय में उन दोनों की राय के बिना वह कुछ नहीं करेगा।

डॉक्टर ने पत्र पढ़ लिया था और चुप हो आए थे और शकुन के मन में हज़ार-हज़ार बातें एक साथ आ-जा रही थीं। वह बंटी को भेज दे और अपने घर के इस तनाव से मुक्त हो जाए। वह बंटी को क्यों भेजे, अजय किस अधिकार से उसे अपने साथ रखना चाहते हैं? उसने शादी कर ली है इसीलिए उसका बंटी पर से अधिकार समाप्त हो जाता है, तो अजय ने भी तो शादी कर ली है।

डॉक्टर जान लें कि इस घर के लिए बंटी अनावश्यक हो, फालतू हो, पर कोई है, एक ऐसा भी घर है जहाँ बंटी की आवश्यकता है, बंटी की प्रतीक्षा है। यहाँ बंटी एक ज़िद्दी, एबनॉर्मल बच्चा हो सकता है, पर वहाँ...कि अजय का शकुन से चाहे कोई संबंध न रहा हो, पर बंटी से उसका संबंध है, आत्मीयता का, अपनत्व का, रक्त का, अब बंटी को लेकर वह इतना अपराधी महसूस नहीं करेगी।

डॉक्टर चाहें तब भी वह नहीं भेजेगी। शकुन के साथ उन्हें बंटी को भी स्वीकार करना ही होगा। बंटी उसके साथ था और हमेशा रहेगा।

बातें हैं कि एक के बाद एक फिसलती चली जा रही हैं।

"तुमने कुछ कहा नहीं पत्र पढ़कर?" और शकुन ने बहुत ही भेदती-सी नज़रों से डॉक्टर को देखा मानो उसे केवल शब्दों पर ही विश्वास नहीं करना है, उन्हें ही अंतिम नहीं मानना है, उसके भीतर छिपे अर्थों को भी देखना है। वह भीतर ही भीतर कहीं बहुत चौकन्नी हो आई।

असमंजस और दुविधा में लिपटे डॉक्टर चुप। और वह चुप्पी ही हज़ार-हज़ार अर्थ प्रकट करने लगी।

"बताओ न क्या जवाब दूँ अजय को?" शकुन को जैसे जवाब चाहिए ही, वह भी डॉक्टर से ही!

"मैं मिस्टर बत्रा को बिलकुल नहीं जानता। उन्होंने यह क्यों लिखा है, यह भी नहीं समझ सका। क्या जवाब हो सकता है इसका? मैं क्या बताऊँ?"

वही तटस्थता—वही उपेक्षा। बोलकर भी चुप रहना क्या इसी को नहीं कहते? शकुन क्या जानती नहीं कि डॉक्टर इसी तरह चुप रहेंगे, पर क्यों?

"क्यों? अभी चाची अम्मा लिखें कि अमि को शुरू से मैंने पाला है, उसे मेरे पास भेज दो तो तुम जवाब नहीं दोगे? कुछ नहीं बताओगे?" आवेश से जैसे उसका स्वर काँपने लगा।

"वह बात बिलकुल दूसरी होगी।" डॉक्टर का स्वर कभी भी, कहीं से भी विचलित क्यों नहीं होता? कैसी आस्था है! कौन-सा विश्वास है यह अपने ऊपर, जो कहीं भी डिगने नहीं देता। डॉक्टर के सधाव के सामने शकुन जैसे और ज़्यादा-ज़्यादा बिखरा महसूस कर रही है।

"बात दूसरी नहीं है, बस, यह कहो कि बच्चा दूसरा है। अमि तुम्हारा बच्चा है, तुम उसके बारे में निर्णय ले सकते हो। बंटी तुम्हारा..."

"शकुन!" और डॉक्टर की दोनों हथेलियाँ शकुन के कंधों पर आ टिकीं।

बात बीच में ही टूट गई। शकुन एकटक डॉक्टर का चेहरा देखती रही। क्या था डॉक्टर के स्वर में, डॉक्टर के चेहरे में कि मन का आवेग जैसे अपने-आप ही धीरे-धीरे उतरने लगा।

"पागल हो गई हो? लगता है, इस पत्र ने परेशान कर दिया है। पर इस तरह परेशान होने से तो कोई चीज़ हल नहीं होती।"

शकुन को लगा जैसे उसके कंधे डॉक्टर की हथेलियों पर टिक गए हैं।

"तुम लोग अपने को, अपने ईगो को ऊपर न रखकर बंटी को ऊपर रखो। आई मीन उसकी दृष्टि से सारी बात सोचो तो ज़्यादा सही होगा।"

वही सधा हुआ स्वर, सुलझी हुई दृष्टि। संशय और संदेह के उभरे हुए सारे काँटे जैसे उलटकर उसे ही बेधने लगे।

उसका अपना कुंठित मन बातों को, व्यक्तियों को कभी सही रूप में नहीं ले सकेगा।

"तुमसे कुछ नहीं होगा। मैं ही बंटी को अपने साथ लंबी ड्राइव पर ले जाऊँगा। बहुत प्यार से, विश्वास में लेकर उससे पूछूँगा, उसकी मनःस्थिति जानने की कोशिश करूँगा, क्यों वह यहाँ एडजस्ट नहीं कर पा रहा है...क्या बताऊँ शकुन, मुझे समय नहीं मिलता।"

यह सब डॉक्टर कह रहे हैं! एक बार भी यह नहीं कहा कि तुम्हें मुझ पर विश्वास हो तो मैं बंटी को ले जाऊँ? एक बार भी क्या इनको यह ख़याल नहीं आता कि बंटी को लेकर वह डॉक्टर की ओर से उतनी आश्वस्त नहीं हो पाती, कोशिश करके भी नहीं हो पाती; कि वह इस प्रसंग को लेकर अपने और डॉक्टर के बीच में एक हलकी, नामालूम-सी दरार महसूस करने लगी है और हमेशा आशंकित रहती

है कि वह दरार धीरे-धीरे कहीं खाई न बन जाए। फिर एक और खाई!

"मैं तुम्हें भी नहीं ले जाऊँगा, समझीं। जवाब उसके बाद हो जाएगा। ओ.के.?" और एक बार ज़ोर से उसके कंधे थपथपाकर उन्होंने हाथ हटा लिए।

उनके इस अतिरिक्त विश्वास के सामने शकुन का अविश्वासी मन जैसे हार गया। वह अपनी ही नज़रों में बहुत अपराधी हो उठी। अपराधी और छोटी, क्यों वह चीज़ों को ग़लत रूप में लेती है? क्यों नहीं सही ढंग से देख पाती?

पर शायद चीज़ें ही ग़लत थीं और इसीलिए देखने का हर सही ढंग भी घूम-फिरकर आख़िर में ग़लत ही हो जाया करता था।

शकुन जानती थी कि अजय घर नहीं आएगा। पर डॉक्टर का घर आने के लिए आग्रह करने स्टेशन तक जाना उसे अच्छा लगा।

लेकिन जब अजय ने चार बजे आने को कहा तो डॉक्टर ने बताया कि वह उस समय तक मीटिंग में रहेगा। शायद वह चाहते हों कि यह बात शकुन और अजय आपस में ही तय करें, कि डॉक्टर एक बाहरी आदमी की तरह क्यों रहे? डॉक्टर की उस समय अनुपस्थित रहने की बात उसे कहीं अच्छी भी लगी थी और बुरी भी। उसे ख़ुद नहीं मालूम कि उसे कैसा लगा था।

पता नहीं उसे क्या हो गया है कि एक ही बात एक ही समय में उसे अच्छी भी लगती है और बुरी भी। शायद कुछ और भी लगता है। हर बात कितने-कितने स्तरों पर चलती है, उसके मन में! वह ख़ुद कुछ नहीं समझ पाती। हर बात उसके लिए जैसे एक पहेली बन जाती है। या फिर वह ख़ुद अपने लिए एक पहेली बन जाती है।

डॉक्टर कैसे एक ही स्तर पर जी लेते हैं। एक सुलझी हुई सहज ज़िंदगी। उसे डॉक्टर से ईर्ष्या भी होती है, डॉक्टर पर ग़ुस्सा भी आता है। क्यों नहीं वह शकुन के मन में होनेवाले द्वंद्वों को समझ पाते? उसके हर पहलू, हर स्तर को देख पाते?

पर क्या वह उन सबको देख-समझ पाती है? या कि कोई भी उसे समझ पाएगा? टुकड़ों में बँटी यह ज़िंदगी और हर टुकड़ा जैसे अलग ढंग से सोचता है, अलग ढंग से धड़कता है।

अजय चार बजे घर आ रहा है। यह बात उसे अच्छी भी लग रही है और बुरी भी।

मन में कहीं एक संतोष है, एक इच्छा है कि एक बार अजय को अपना सुख, अपना वैभव ही दिखा दे।

एक कचोट है कि बंटी ने पत्र लिखकर उन सारे सुखों के अस्तित्व को धूल में मिला दिया। अब सबकुछ कितना बेमानी हो उठेगा।

साथ ही एक आशा भी है कि आवेश में आकर बंटी ने लिख चाहे जो कुछ दिया हो, वह जाएगा नहीं। वह यहाँ रोए या तूफ़ान मचाए, शकुन से चाहे कितना ही कटा-कटा फिरे पर शकुन के बिना वह कहीं नहीं रह सकता। एक रात को वह सरकिट हाउस रह नहीं सका था, अब हमेशा रह सकेगा!

बच्चों का गुस्सा, बच्चों का मान, बच्चों का अहं...कितना छोटा और कितना निरीह होता है सबकुछ! फिर बंटी, जो छाया की तरह चिपककर रहा है उसके साथ!

''अकेला तो मैं कब्भी जा ही नहीं सकता...'' इस वाक्य को जैसे वह पकड़े बैठी है। भूल ही गई कि इसके बीच से नौ-दस महीने का समय बीत चुका है। परिवर्तनों से भरा हुआ समय!

दिन-भर शकुन तैयारी करती रही थी। हर चीज़ लक-दक! और मन ही मन अपने को साधती भी रही थी कि इस बार बहुत सहज होकर ही वह अजय से मिलेगी। इस असहज प्रसंग को वह अपने व्यवहार से इतना सहज बना देगी कि अजय खाली हाथ लौटें तो भी कचोट लेकर न लौटें। यहाँ का सबकुछ देखकर बंटी को ले जाने की बात उन्हें ख़ुद बेतुकी-सी लगे, कि वे ख़ुद आश्वस्त हो जाएँ।

पत्र भी तो उसने बहुत सहज ढंग से ही लिखा था।

पर चाय की मेज़ पर घिर आए मौन के नीचे उसकी सहजता अपने-आप ही गलने लगी। मेज़ पर ढेरों चीज़ें फैली पड़ी थीं। उसने ख़ुद सबकुछ बड़े जतन से बनाया-सजाया था। पर अजय का ध्यान उधर नहीं था। एक बार उसने अमि और जोत से ज़रूर बात की थी, प्यार से ही कुछ कहा-पूछा और फिर नज़र बंटी के चेहरे पर टिक गई। और बस फिर वहीं टिकी रही।

तब नए सिरे से उसका अपना ध्यान बंटी की ओर गया। वह उसे देखने लगी। अपनी नज़रों से नहीं, जैसे अजय की नज़रों से।

और भीतर सबकुछ गड़बड़ाने लगा।

कितने दिनों बाद अजय और शकुन आमने-सामने एक कमरे में बैठे हुए हैं। घर के एक कमरे में। कमरा बहुत कोजी है, पर मन शायद उतना कोजी नहीं है। कम से कम शकुन को ऐसा ही लगने लगा है। एक घबराहट, इम्तिहान में बैठने के पहले जैसी।

''बंटी के बारे में कुछ सोचा?'' शकुन की नज़रें अजय के चेहरे पर टिक गईं। किसी भी तरह का कोई तनाव नहीं है वहाँ। प्रश्न भी ऐसा कि कोई ज़िद और दुराग्रह नहीं। बस, जैसे साथ बैठकर सोचने की बात ही हो।

तो आज भी ऐसा कुछ है जिस पर साथ बैठकर सोचा जाए। और क्षणांश को फिर जैसे नए सिरे से लगा कि वे साथ बैठे हैं।

''यह सही है कि बंटी को अब मैं अपने साथ ही रखना चाहता हूँ। फिर भी यह निर्णय मैं अकेला नहीं ले सकता—मेरा मतलब...''

''पर इस समय तो बंटी वैसे भी नहीं जा सकता। अगले महीने उसकी परीक्षाएँ हैं। एक साल खराब नहीं हो जाएगा?''

अजय कुछ इस नज़र से देखने लगा मानो पूछ रहा हो—बस? यही आपत्ति है? तो शकुन को लगा जैसे उससे ग़लती हो गई। आपत्ति उसे कहीं और से शुरू करनी थी। वह जैसे अगली बात सोचने लगी।

''कलकत्ते में सेशन जनवरी से शुरू होता है और अप्रैल तक एडमीशन हो जाते हैं। मेरा परिचय है।''

''नए लोगों के बीच यह बहुत सहम जाता है। यों भी इस उम्र में ही बहुत इंट्रोवर्ट होता जा रहा है। मुझे लगता है...''

''हूँऽ! सो तो मैंने भी देखा। सवेरे बिलकुल बोला ही नहीं। अभी भी एकदम सहमा हुआ, चुपचाप।'' और अजय ख़ुद चुप हो गया। जैसे कहीं गहरी चिंता में पड़ गया हो, जैसे कहीं से दुखी हो आया हो।

शकुन का वार जैसे उलटकर उसी पर आ गया। और अनायास ही मन के भीतर की परतें, और एक-एक परत पर उठनेवाली अनेक-अनेक बातें कुलबुलाने लगीं। मन हुआ कि कहे यह एक तलाकशुदा माँ-बाप का बच्चा है, इसलिए कहीं एबनॉर्मल है; कि वहाँ जाकर ही इसे कौन परिचित मिल जाएगा? कहने-भर को तुम चाहे इसके पापा हो, पर कितना जानते हो तुम इसे, और कितना जानता है यह तुम्हें? तुम इसके कपड़ों को देखो तो पहचान सकते हो? जानते हो इसके कितने नंबर का जूता आता है?

''अगर बंटी राजी हो जाए और मैं इसे अभी अपने साथ ले जाऊँ तो तुम्हें कोई एतराज़ होगा? बार-बार आना ज़रा...''

मुझे कोई एतराज़ नहीं होगा। सच पूछो तो मैं ख़ुद अब यही चाहने लगी थी कि इसे तुम्हारे पास ही भेज दूँ। बहुत रख लिया। अब कम से कम मैं अपनी ज़िंदगी जिऊँ—एक परत पर उभरा और उससे भी भीतर की परत पर उभरा—अच्छा है, तुम्हारे और मीरा के बीच में भी दरार पड़े, हर दिन एक परेशानी, हर दिन एक तूफ़ान...

पर ऊपर उसने बहुत संयत ढंग से केवल इतना ही कहा, ''आप बंटी से ही पूछ लीजिए। हम लोग अपनी-अपनी इच्छाएँ क्यों थोपें उस पर?'' और उसे ख़ुद ही लगा कि कहनेवाली और सोचनेवाली शकुन एक ही है।

बंटी आया तो उसने जैसे अपने को कठघरे में खड़ा पाया—फ़ैसले की प्रतीक्षा करते हुए।

''जाऊँगा, ज़रूर जाऊँगा।''

और कमरे का सारा सामान, झूलते हुए परदे, झिलमिलाता झाड़-फानूस—सब एकाएक धूमिल हो उठे। चारों ओर बिखरा वैभव जैसे एक बिंदु में सिमट आया। मन में कुछ बुरी तरह सुलगने लगा। मन हुआ कि हाथ पकड़कर बंटी को भीतर ले जाए और कहे कि बैठकर पढ़ो। या एकदम निकाल दे कि जाओ, अभी जाओ! पर नहीं, वह कुछ नहीं कर सकती। यहाँ आने के बाद से ही वह बंटी पर धीरे-धीरे अधिकार खोती रही है। आज तो चाहकर भी वह कुछ नहीं कह सकती या कि वह कुछ भी क्यों कहे?

अजय अकेले बंटी को लेकर घूमने निकला तो ख़याल आया—उस दिन डॉक्टर अकेले बंटी को लेकर लंबी ड्राइव पर जानेवाले थे—उसे समझने और समझाने के

लिए। प्यार से उसके मन में एक नया विश्वास जगाने, एक अपनापन...

उस दिन वह नहीं हो सका और इसीलिए आज यह हो रहा है।

और इस समय छत पर अकेले खड़े-खड़े उसे ख़याल आ रहा है—कुछ नहीं, सब बेकार की बातें हैं। शकुन ने शादी कर ली और इससे अजय के अहं को कहीं चोट लगी है। बंटी को ले जाकर वह केवल अपने उस आहत अहं को सहलाना चाहता है। वह शकुन को टॉरचर करना चाहता है।

जब अजय ने शादी की थी तो कभी उसने भी ऐसे ही सोचा था कि बंटी को वह कभी अजय के पास नहीं भेजेगी—यहाँ तक कि अब बंटी से उसका मिलना-जुलना भी बंद करवा देगी। बंटी को लेकर वह अजय को टॉरचर कर सकती है, करेगी।

सच, हम लोग शायद बंटी को मात्र एक साधन ही समझते रहे! अपने-अपने अहं, अपनी-अपनी महत्त्वाकांक्षाओं और अपनी-अपनी कुंठाओं के संदर्भ में ही सोचते रहे। बंटी के संदर्भ में कभी सोचा ही नहीं।

दो घंटे से खड़ी-खड़ी वह बंटी के नाम पर अपने, डॉक्टर और अजय से जुड़ने-कटने की बातें ही तो सोचती रही है।

एकाएक ही बंटी का टुकुर-टुकुर देखता हुआ चेहरा आँखों के सामने उभर आया। बिना बोले, मुँह फेरे-फेरे ही मानो कह रहा हो—मुझे रोक लो ममी, मुझे रोक लो। और फिर तो जैसे हज़ार-हज़ार चेहरे उसके आगे-पीछे घूमने लगे—उसे प्यार करते हुए, उसके गले में बाँहें डाले हुए, उसकी बगल में लेटे हुए...नन्हे-नन्हे हाथों से क्यारियाँ खोदते हुए...

और उन चेहरों के साथ ही साथ वह कहीं बहुत गहरे में उतर आई, उतरती ही चली गई। उसने तो अब अपने भीतर झाँकना ही छोड़ दिया था। अजय से कटकर वह अतीत में डूब गई थी, डॉक्टर से जुड़कर वह फिर वर्तमान में लौट आई और भविष्य में झाँकने लगी।

पर आज! कितनी बातें हैं, कितने चित्र हैं कि उभरते ही चले आ रहे हैं, अपने सारे रगो-रेशे के साथ।

'उन्होंने जो किया तो आपकी मट्टी पलीद हुई और अब जो आप करने जा रही हैं तो इस बच्चे की मट्टी पलीद होगी। कैसा चेहरा निकल आया है!'

वह उस निकले हुए चेहरे को क्यों नहीं कभी देख पाई? कहाँ होगी फूफी?

'ये पौधे तो सूख रहे हैं माली?'

''नहीं बहूजी साहब, सूख नहीं रहे, अब तो जड़ें पकड़ ली हैं।'

''कहाँ? ये पत्तियाँ तो सूख रही हैं।'

माली की हँसी—ये तो सूखेंगी ही। उस ज़मीन के खाद-पानी की पत्तियाँ हैं, ये तो सूखकर झड़ जाएँगी। फिर नई पत्तियाँ फूटेंगी। जड़ पकड़ने के बाद कोई डर

नहीं। और उसने ख़ुद उन मरी-मुरझाई पत्तियों को झाड़ दिया था।

'आप बाग़वानी की बात नहीं समझतीं। बंटी भैया से पूछ लीजिए—सब बता देंगे। बड़ी कम उमिर में सब सीख लिया है हमारे भैया ने।'

एक ही बात इतने-इतने अर्थ भी लपेटे रह सकती है अपने में?

'शकुन, तुम्हारा बेटा तो कलाकार बनेगा!'

खड़-खड़ झन्नऽऽ...शीशियाँ टूटी पड़ी हैं और सारे रंग फैले पड़े हैं, वह रंग की शीशियाँ और ब्रश भी लेकर आई थी। वहाँ और कुछ नहीं तो कम से कम अपनी पेंटिंग ही किया करेगा।

पर अपने सब रंग यहीं छोड़ गया।

क्यों नहीं उसने बंटी को रोक लिया?

एकाएक शकुन फूट-फूटकर रो पड़ी। यह आवेग एक या दो दिन का नहीं था, कई दिनों का आवेग था, जिसे वह साधे-साधे घूमती थी, कभी भय से तो कभी अपराध से। अब उसे किसी के सामने डरना नहीं है, किसी के सामने अपराधी चेहरा लिए नहीं घूमना है। पर मन है कि इस बात से हलका और आश्वस्त नहीं हो रहा, सिर्फ़ रो रहा है, बिसूर-बिसूरकर। अपने को कोस रहा है।

'मत रोओ ममी—रोओ मत।' दो छोटी-छोटी बाँहें लिपट आती हैं। टुकड़ों में बँटी शकुन जैसे अपने को समेटने की कोशिश कर रही है और शकुन है कि और... और टूटती चली जा रही है, बिखरती चली जा रही है। वे बाँहें जैसे उसे अपने में समेट नहीं पा रही हैं।

''शकुन!'' डॉक्टर का स्वर छत के सन्नाटे में यहाँ से वहाँ तक फैल गया।

''तुम यहाँ हो और नीचे किसी को पता तक नहीं। अरे, यह क्या, तुम रो रही हो? शकुन!'' और दो सबल बाँहें उसके चारों ओर घिर आईं और धीरे-धीरे पूरी की पूरी शकुन उनमें अपने-आप ही बँधती चली गई, सिमटती चली गई।

बस, दो नन्ही-नन्ही बाँहें उन सबल बाँहों के नीचे अनदेखे अनजाने ही शायद मसल गईं।

सोलह

एक और यात्रा!

वैसा ही रेल का डिब्बा है, पापा हैं और बंटी है। ढेर सारे नए-नए लोग हैं। बंटी बैठा-बैठा टुकुर-टुकुर सबको देख रहा है, फिर भी जैसे उसे कुछ नहीं दिखाई दे रहा है।

पता नहीं कैसे क्या हुआ कि उसके भीतर दो आँखें और उग आईं और उसके

बाद से ही सब कुछ गड़बड़ हो गया। बाहर की आँखों से वह एक चीज़ देखता है तो भीतर की आँखें दूसरी चीज़ देखने लगती हैं। कभी भीतर की चीज़ें बाहर की चीज़ों को दबोच लेती हैं तो कभी बाहर की भीतर की चीज़ों को। कभी-कभी दोनों एक-दूसरी में ऐसी गड्डमड्ड हो जाती हैं कि फिर तो कुछ भी समझ में नहीं आता। बस, सबकुछ गोलमोल अंडा।

भीतर ही भीतर कई कान भी उग आए हैं। तभी तो एक बात को ठेलकर दूसरी बात आ जाती है। आवाज़ के ऊपर आवाज़ तैरने लगती है और सारी आवाज़ें मिलकर बस एक शोर।

यह सब बंगाल के जादू से हुआ है। और क्या, पहले तो ऐसा कभी नहीं था। उसने कई बार अपने शरीर को छू-छूकर देखा है। कहाँ हैं वे आँखें, कहाँ हैं वे कान? पर दिखते नहीं, जादू की चीज़ें कहीं दिखती हैं? वे आँखें कभी नहीं दिखतीं, पर उन आँखों से देखे हुए दृश्य बार-बार दिखते हैं और दिखते ही चले जाते हैं; ठीक ऐसे जैसे सबकुछ सामने ही हो रहा हो। और जो सामने होता है, सब गायब हो जाता है। बाहर की आँखें खुले-खुले ही बंद हो जाती हैं।

यह भी तो जादू ही है। पर किसने किया जादू? कब किया? यही सब पता लग जाए तो फिर जादू ही क्या?

उसने तो पी.सी. सरकार का जादू भी नहीं देखा। बोटेनिकल गार्डेन का बड़ा पेड़, जू, दक्षिणेश्वर, वैलूर मठ—केवल नाम सुने थे। आज भी बस नाम ही जानता है।

''जब तुम सर्दी की छुट्टियों में आओगे तब सारी चीज़ें दिखाएँगे बंटी बेटे तुमको। उस समय कलकत्ते का मौसम भी बस, वाह! क्रिसमस की छुट्टियाँ भी रहेंगी।'' सामान बाँधते हुए पापा कह रहे हैं और पापा के भीतर से एक और पापा उभर रहे हैं।

कलकत्ते में तुम्हें वो घुमाएँगे बेटे कि बस! हर इतवार को पिकनिक पर और रोज़ शाम को सेटरडे क्लब। जाते ही तैरना सिखा देंगे, बस फिर रोज़ तैरना। सीखोगे तो? अब लड़कियोंवाले खेल नहीं....

और शाम को बालकनी में बैठे-बैठे उसकी आँखों के सामने दूर-दूर तक फैली हुई कोलतार की सड़कें एकाएक लहराने लगतीं और उन पर दौड़ती हुई ट्रामें, बसें, दौड़ते-भागते ढेर-ढेर आदमी मछलियों में बदल जाते, पानी को चीरते हुए तीर की तरह इधर से उधर तैरते रहते।

''अरे, तुम इतना चुपचाप क्यों रहते हो बच्चे? ऐसे गुमसुम रहकर मन कैसे लगेगा? आओ, मेरे साथ भीतर आओ, चीनू के साथ खेलो, उसे प्यार करो, तभी तो वह तुम्हें भैया कहेगा।''

और तभी इस आवाज़ को तैरती हुई एक और आवाज़ तैर जाती है, ''बंटी भैया, मैं भी कहानी सुनूँगा...''

''तुम लेटो तो बिस्तर लगा दें?'' शायद पापा पूछ रहे हैं।

एक क्षण बंटी ने पापा की ओर ऐसे देखा, मानो कुछ समझ में नहीं आ रहा हो। सचमुच आजकल इतनी चीज़ें एक साथ घुल-मिल जाती हैं कि कुछ भी समझ में नहीं आता।

"तुम लेटोगे?" शायद उसे गुमसुम देखकर पापा ने फिर पूछा।

बंटी ने धीरे से नकारात्मक सिर हिला दिया और सरककर खिड़की पर दोनों हथेलियाँ रखीं और उस पर अपनी ठोड़ी टिका ली। आँखों के सामने दूर-दूर तक फैले हुए हरे-भरे मैदान बिखर गए। बड़े-बड़े पेड़ और छोटी-छोटी झाड़ियाँ, बिजली के खंभे और उनमें बँधे हुए तार। कभी लगता जैसे सबके सब उसके साथ-साथ दौड़ रहे हैं, दौड़े चले आ रहे हैं। कभी लगता बस, वह दौड़ रहा है, बाकी सब छूटते चले जा रहे हैं। उसने गरदन निकालकर देखा, सचमुच सभी तो पीछे छूट गए, कोई साथ नहीं दौड़ रहा, सब जहाँ के तहाँ खड़े हैं, बस, वही आगे-आगे जा रहा है। फिर ऐसा लगता क्यों है कि साथ-साथ दौड़ रहे हैं? मन हुआ पापा से पूछ ले।

ज़रा-सी गरदन घुमाकर देखा, पापा किताब पढ़ रहे हैं। हुँह! शायद ऐसा ही होता होगा।

देखते ही देखते झाड़ियों और पेड़ों से भरे हुए उन मैदानों में सड़कें उभर आईं—लंबी-चौड़ी, भीड़-भरी, एक-दूसरे को काटती हुई सड़कें। बंटी की टैक्सी दौड़ी चली जा रही है। बंटी कसकर पापा की उँगली पकड़े चारों ओर देख रहा है। नई जगह आने का डर और नई-नई जगह देखने की ख़ुशी।

"देखा, इतने ऊँचे-ऊँचे मकान होते हैं यहाँ!" बंटी गरदन ऊँची करके देखता।

"यह डबल-डेकर बस है, दो तल्ले की।" वह जब बैठेगा तो ऊपर जाकर बैठेगा। ऊपर की बस कैसे चलती होगी?

"यह ट्राम है, रेल की पटरी पर चलती है। यह मैदान है"—इतना बड़ा, इतना बड़ा...

"यह अपना घर है।" सीढ़ी चढ़कर एक गलियारे में खड़े पापा बटन दबा रहे हैं। बंटी दरवाज़े पर लगी नेम-प्लेट देख रहा है। इस समय उसके और पापा के अलावा वहाँ कोई नहीं है, फिर भी उसने पापा की उँगली पकड़ रखी है, उतनी ही कसकर। इस नई जगह में पापा को छूकर, पापा को पकड़कर कैसा भरोसा-भरोसा लगता है, जैसे...

'खट' दरवाज़ा खुला और बंटी की नज़रें नीची हो गईं।

"अरे आ गए तुम? मैं सोच रही थी शायद एकाध दिन की देर हो जाए इस बार।" एक औरत की आवाज़। नीची नज़रों से सिर्फ़ पंजों का थोड़ा-सा हिस्सा, चप्पल और साड़ी का बॉर्डर दिखाई दे रहा है।

पहली बात मन में उभरी—यह ममी नहीं हैं। ममी के पैरों को वह ख़ूब पहचानता है। उनकी चप्पलों को भी और उनकी साड़ियों के बॉर्डर को भी।

"ओहो! ये हैं बंटी साहब! तुम तो बहुत प्यारे-प्यारे हो भाई!" और एक बाँह

पूरी पीठ को घेरती हुई उसके कंधे पर आ टिकी।

नए सिरे से फिर उभरा—नहीं, ये ममी नहीं हैं। ममी की बाँहें, ममी का छूना... और एकाएक ही बड़ी ज़ोर से ममी की याद आने लगी। पापा की उँगली की पकड़ और ज़्यादा कस गई।

''हमारे पास आओ बच्चे! इतना शरमा क्यों रहे हो?''

बच्चे! झट से बंटी की नज़रें ऊपर उठीं। सामने जो चेहरा था उसमें दीपा आंटी का चेहरा घुल-मिल गया, पर फिर धीरे-धीरे सामनेवाला चेहरा ख़ूब साफ़ होकर उभर आया। मुसकराता हुआ चेहरा, पर दीपा आंटी से भी अलग, ममी से भी अलग।

नज़रें फिर झुक गईं। वह पापा से और ज़्यादा सट गया। पापा रास्ते में जिस मीरा की बात कर रहे थे वह यही हैं शायद। बंटी को अब इन्हीं के साथ रहना होगा।

''बहादुर! चीनू को इधर लाओ!'' एक लड़का गोद में एक गोरे गुदगुदे-से बच्चे को लेकर भीतर आया।

''चीनू बेटा!'' पापा ने हुमसकर बाँहें फैलाईं और उस बच्चे को गोद में ले लिया। 'बंटी बेऽटाऽ' पापा क्या सबको इसी तरह गोद में लेते हैं?

''बंटी, यह तुम्हारा छोटा भाई है चीनू! खेलोगे इसके साथ, ख़ूब हँसेगा!'' तो बंटी को एक बार फिर फूले-फूले गालवाला चेहरा देखने की इच्छा हो आई। उसने आँखें उठाकर देखा तो उस चेहरे के पीछे कहीं अमि का चेहरा भी उभर आया—यह अमि है, तुम्हारा छोटा भाई। और साथ ही ख़याल आया—जोत क्या कर रही होगी इस समय?

''आओ, तुम्हें घर दिखा दें! यह तो बैठने और खाने का कमरा हो गया न और यह देखो सोने का कमरा।'' तब उस नीले कमरे से अलग करके ही इस कमरे को देखना पड़ा। डॉक्टर साहब पापा से लंबे हैं।

''सोने के कमरे से जुड़ा हुआ यह छोटा-सा कमरा—अब से यह तुम्हारा कमरा होगा। बंटी छोटा तो बंटी का कमरा भी छोटा। और यह बालकनी, यहाँ खड़े होकर कलकत्ते का शोर-शराबा देखो।'' और घूमकर वह फिर बैठनेवाले कमरे में आ गए।

बस, हो गया घर! इतने-से घर में रहते हैं सब लोग? कोई खुली जगह भी नहीं? और इतने दिनों से मन में बसा हुआ लंबा-चौड़ा कलकत्ता, कलकत्ते के ऊँचे-ऊँचे मकान, सब जैसे एक क्षण में ही अ ड़ ड़ ड़ धम हो गए।

खाने की मेज़ पर बैठे हैं सब। बंटी वैसे ही चुपचाप, नज़रें नीची किए हुए।

''आज तो तुम्हारे पापा को ऑफ़िस जाना था, सो जल्दी-जल्दी में कुछ भी बना दिया। अब तुम हमें बता दो बच्चा, तुम्हें क्या-क्या पसंद है, क्या-क्या खाते हो? फिर वही सब बनाया करेंगे।'' 'वे' बोल रही हैं।

बंटी चुप!

''बता दो बेटे, शरमाते नहीं! यह तो अपना घर है, अपने घर में कैसा शरमाना?''

'अरे ये अपना घर छोड़कर दूसरों के घर खेलने जाएँगे कइसे? अपने घर जइसी लाटसाहबी करने को मिलती कहाँ है?...कइसी मार खाकर आए हो बंटी भय्या, तुम तो बस अपने घर के ही शेर हो...'

और वह चार कमरे का बँगलानुमा घर अपने लहलहाते बगीचे के साथ आँखों के सामने तैर गया। पीछे के आँगन में तुलसी के चबूतरे पर टिमटिमाता हुआ दीया, फूफी के हनुमान जी...

'वहाँ अपना घर होगा बेटा, अपने लोग' तो वह लहलहाता बगीचा एक सूखे बंजर अहाते में बदल गया और छोटा-सा घर फैलता ही चला गया, फैलता ही चला गया।

'यह नीम का पेड़ बाबा ने पापा के जन्म के साथ लगाया था।' और दोनों घर एक-दूसरे में डूबने-उतराने लगे और फिर धीरे-धीरे सब गायब। बस, काले-काले धब्बे, गोलमोल अंडा!

''बंटी, कुछ खाओगे बेटे? निकाल दें तुम्हें?'' बंटी चौंका। पता नहीं पापा कब से उसके पास खड़े-खड़े उसका कंधा झकझोर रहे हैं। गरदन भीतर की तो देखा बैठे हुए लोग किसी बात पर ज़ोर-ज़ोर से बहस कर रहे हैं। वह तो सुन ही नहीं रहा था। बाहर के कान बंद थे शायद!

''भूख लगी है?''

''नहीं।''

पापा उसी के पास बैठ गए। बाँह में समेटकर उसे अपने से सटा लिया।

''बंटी, तुम इतने सुस्त-सुस्त क्यों हो बेटे? तुम इस तरह उदास होते हो तो हमें अच्छा नहीं लगता है।''

बंटी ने पापा की ओर देखा। पता नहीं उसकी आँखों में आँसू हैं या पापा की।

''बंटी बेटा पढ़ने जा रहा है हॉस्टल में। बहुत होशियार बनकर आएगा वहाँ से। कितनी-कितनी तो चीज़ें सिखाते हैं वहाँ पर। तुम तो...''

क्या-क्या बोले चले जा रहे हैं पापा। बस, वह सुन रहा है। पर समझ कुछ नहीं रहा। पता नहीं क्या हो गया है उसे आजकल, कुछ समझ में ही नहीं आता।

उस दिन भी पापा की कोई बात समझ में नहीं आई थी शायद, तभी तो सब गड़बड़ हो गया। उसे एडमिशन के लिए इम्तिहान देने जाना था और पापा कह रहे थे, ''देखो घबराना नहीं। जो लिखने को दें लिख देना और जो कुछ पूछें जवाब दे देना। झेंपना, शरमाना नहीं, बोल्डली एंड स्मार्टली।''

पापा के चेहरे पर रह-रहकर ममी का चेहरा उग आता था और पापा की आवाज़ के ऊपर ममी की आवाज़—'देख बेटे, ख़ूब सोच-सोचकर करना और सवालों के उत्तर पेपर पर लिख लाना।' फिर तैयार करते हुए—'एक का दाम दिया हो और ज़्यादा का पूछे तो गुणा करना और ज़्यादा का देकर एक का पूछे तो भाग।'

खाना खिलाते हुए भी—'जिस भूमि-खंड के चारों ओर पानी हो उसे द्वीप कहते हैं।' बस के लिए खड़े-खड़े भी—'अकबर दूसरे धर्मों का आदर करता था। उसने राजपूतों...'

इस घर में पापा ममी बन गए?

नहीं, ममी नहीं बने बल्कि पापा, पापा भी नहीं रहे। दूर रहते थे तो लगता था पापा बहुत पास हैं। पापा की हर चीज़ वह जानता है। पर पास रहकर लगता है, पापा को वह जानता ही नहीं। दूर रहकर भी कई बार उसने पापा को फ़ाइलों में डूबे हुए देखा है, ललाट पर तीन सल और ख़ूब गंभीर चेहरा लिए हुए। कई बार वाश-बेसिन पर शेव करते और नाश्ते की मेज़ पर अख़बार पढ़ते हुए पापा उसकी आँखों के सामने उभरे हैं पर यहाँ जब पापा को मेज़ पर शेव करते हुए और दीवान पर लेटकर अख़बार पढ़ते हुए देखता है, तो ख़याल आता है—वे शायद टीटू के पापा थे। वह शायद डॉक्टर साहब थे। इन पापा को तो...

भीड़-भरी ट्राम! पापा ने उसे बिठा दिया और ख़ुद डंडा पकड़कर खड़े हो गए। बंटी की आँखें ही नहीं बल्कि रोम-रोम जैसे पापा पर अटका है। वह सड़क की ओर भी नहीं देख रहा। कहीं पापा उतर जाएँ और वह भीतर ही रह जाए तो? ट्राम तो रुकती है और खट से चल देती है। हर बार ट्राम जब चलती है तो उसे लगता है जैसे वह पीछे छूट गया है और डर के मारे उसकी साँस रुकने लगती है। मन हो रहा है, उठकर पापा को पकड़ ले। पर अपनी जगह से हिला तक नहीं गया।

पापा का हाथ पकड़कर उतर गया, फिर भी दहशत जैसी की तैसी बनी हुई है। कितनी भीड़ है सड़क पर! पर यहाँ के लोग क्या घरों में नहीं रहते, सड़कों पर ही घूमते रहते हैं। पापा को कसकर पकड़े रहने के बावजूद बराबर यही भय बना हुआ है कि पापा का हाथ छूट गया कि वह इस भीड़ में खो गया। इतने नए-नए चेहरे, नए-नए लोगों की भीड़। इतने सारे लोगों में पापा को ढूँढ़ा जा सकता है? उसने पापा का कोट देखा। वह तो पापा के कपड़ों को भी नहीं पहचानता। हलके सलेटी पर काले रंग का चारखाना। उसने कोट से गहरी पहचान कर ली।

"हरी बत्ती हो गई, चलो! याद रखना, लाल बत्ती पर कभी सड़क मत पार करना।" वह उँगली पकड़े-पकड़े ही सड़क पार कर गया।

"वह देखो, वह रहा तुम्हारा स्कूल।"

पता नहीं, पापा किधर इशारा कर रहे हैं। बंटी के सामने तो अपना स्कूल तैर गया। आज कौन-सा दिन है? शायद बुधवार! इस समय ज्योग्राफी की क्लास हो रही होगी। कौन पाठ पढ़ा रहे होंगे सर? महाराष्ट्र, बंगाल? वह तो बंगाल में ही घूम रहा है।

"देखो बेटे, डरना नहीं, अंग्रेज़ी बोल लोगे न? ख़ूब सोचकर लिखना।"

सर पूछ रहे हैं, "व्हाट्स योर नेम डियर?"

"अरूप बत्रा!" बंटी को लग रहा है, जैसे उसकी आवाज़ काँप रही है।

"यू हेव कम विद योर फ़ादर?"

बंटी सिर्फ़ धीरे से सिर हिला देता है।

"व्हाट्स योर फ़ादर?"

बंटी एक क्षण सर की तरफ़ देखता है, फिर नीचे देखने लगता है। समझ ही नहीं आता कि क्या कहे।

"टेल मी अरूप!"

पर जवाब तो नहीं आता। उसे मालूम ही नहीं।

"माइ ममी इज़ प्रिंसिपल!"

जाने कैसे उसके मुँह से निकल जाता है। और कहने के साथ ही वह ख़ुद रुआँसा हो आता है।

सर हँस रहे हैं। बंटी को लग रहा है कि सर और ज़्यादा हँसे तो वह रो देगा।

काग़ज़-पेंसिल देकर सर ने उसे बिठा दिया, "राइट ए स्टोरी इन योर ओन वर्ड्स। एनी स्टोरी यू लाइक।"

बंटी के सामने ढेर सारी कहानियाँ तैर रही हैं—ममी की कहानियाँ, फूफी की कहानियाँ, पर उन सबको कैसे लिखा जा सकता है? वह तो जवाब ही नहीं दे सका। सर ने क्या समझा होगा? पापा क्या कहेंगे? सामने फैले काग़ज़ पर आँसू टपक पड़ते हैं।

शाम को वकील चाचा को आया देखकर एकाएक इच्छा हुई कि दौड़कर उनकी बाँह में झूम जाए, जैसे पहले झूम जाया करता था। पर अपनी जगह से हिला तक नहीं गया। बस, एक बार चाचा की तरफ देखा और नज़रें ज़मीन में गड़ गईं।

"अरे, यह क्या, बंटी चुपचाप खड़ा है। देखो, मैं तो तुमसे मिलने आया हूँ।" चाचा ने पास आकर उसे गोद में उठा लिया और फिर जाने क्यों एकटक उसका चेहरा ही देखते रहे। चाचा की गोद में आकर बंटी को लगा जैसे चाचा अकेले नहीं आए हैं। चाचा के साथ बंटी का अपना पुराना घर भी आ गया है, बंटी की ममी भी आ गई हैं। और तभी ख़याल आया—पहले चाचा आते थे तो पापा की ख़बर लाकर देते थे, पापा की भेजी हुई चीज़ें लाकर देते थे। अब? उसने बड़ी उम्मीद से चाचा की ओर देखा।

"अरे वकील चाचा, आप!" 'वे' भीतर से आ गईं।

"क्या हुआ, दे आया टेस्ट, हो गया एडमिशन?" चाचा ने बंटी को एकदम अपने से सटाकर बिठा लिया। पर उसका मन हो रहा है, उठकर यहाँ से भाग जाए। नज़रें हैं कि ज़मीन में धँसती चली जा रही हैं। "कहाँ हुआ एडमिशन! कुछ किया ही नहीं, शायद नर्वस हो गया था कि..." 'वे' बोल रही हैं।

और तभी कहीं से उभरकर आया—

'फूफी! आज हलवा बनाओ। बंटी बेटा सेकंड आया है। तीनों सेक्शन में!'

"लगता है वहाँ के स्टैंडर्ड और यहाँ के स्टैंडर्ड में बहुत फ़रक है। ये तो बताते थे कि हमेशा क्लास में...पता नहीं अंग्रेज़ी की वजह से हो।" वे ही बोले जा रही हैं और चाचा चुप हैं!

चाचा चुप रहें और कोई और बोले, मतलब कुछ गड़बड़ है। बंटी का मन हो रहा है कि कहीं चला जाए।

"इस स्कूल में तो थोड़ी जान-पहचान भी थी, अब आप ही इनसे बात करिए चाचा। मेरी बात तो ये सुनते ही नहीं। यों भी मेरा बोलना..."

बंटी को लग रहा है कि चाचा की नज़रें जैसे उसी पर गड़ी हुई हैं।

"मैंने इतना समझाया कि देखो अभी मत लाओ। पहले उसके एक्ज़ाम्स होने दो। छुट्टियों में लाकर यहाँ रखना, यदि हिल जाए, उसका मन लग जाए तो यहाँ भर्ती करा देना। वरना बच्चे के साथ भी तो कितनी ज़्यादती है। पर इनको तो जैसे झख सवार हो गई। रात-रात भर नींद नहीं आती थी।"

चाचा क्यों नहीं कुछ बोल रहे?

"...पता नहीं वहाँ से भेज भी कैसे दिया इस तरह? मैं तो बाबा..." और कसकर चीनू को उन्होंने छाती से लगा लिया। चाचा शायद बोलेंगे ही नहीं। बंटी झटके से उठा और बाहर बालकनी में आ गया। किसी ने उसे रोका नहीं, किसी ने उसे बुलाया भी नहीं...वह पापा से कहेगा कि पापा उसे वापस ममी के पास भेज दें। वह यहाँ रहेगा भी नहीं, यहाँ पढ़ेगा भी नहीं, वह अपने स्कूल में ही पढ़ेगा। पर बाहर के ढेर-ढेर शोर में जैसे उसका अपना सोचना भी दब गया। धुआँ उड़ाती हुई बसों का शोर, ट्रामों की टनटन, मोटरों की पीं-पीं, आदमियों का शोर, शाम का अख़बार बेचनेवालों का शोर, तरह-तरह की चीज़ें बेचनेवालों का शोर...कितना शोर हो रहा है चारों ओर।

अरे! यह तो स्टेशन आ गया।

"थोड़ी देर नीचे उतरोगे बेटे?" पापा पूछ रहे हैं।

बंटी ने सिर हिला दिया। पर पापा उतर गए तो लगा जैसे वह अकेला छूट गया है। नज़रें पापा के साथ लगी-लगी चलने लगीं। पापा हाथ में दोने लिए चले जा रहे हैं।

"लो खाओ!" सामने समोसे और नमकीन सेब रखे हैं।

बंटी खाने लगा।

"मिर्च तो नहीं लग रही न?"

बंटी ने सिर हिला दिया। पानी दिया तो पी लिया।

सीटी, हरी झंडी, फिर सीटी। गाड़ी धीरे-धीरे सरकने लगी। प्लेटफ़ार्म, प्लेटफ़ार्म की सारी भीड़, सारा शोर पीछे छूटता चला गया। पापा फिर उसके पास आकर बैठ गए। उनका एक हाथ उसके कंधे पर आ टिका है।

"अब बिलकुल डरने की बात नहीं है बेटा, वहाँ कोई इम्तिहान नहीं होगा। मैंने

सारी लिखा-पढ़ी कर ली है। बस, अब तो सीधे क्लास में।'' पता नहीं, कितनी बार पापा यह बात कह चुके हैं। और हर बार मन ही मन उसने दोहराया है—माइ फ़ादर इज़ डिविज़िनल मैनेजर—पापा की एक-एक बात उसने रट ली है। पर हो सका...

बंटी ने खिड़की पर ठोड़ी टिका ली और बाहर का तो कुछ भी नहीं दिखाई दे रहा। शायद भीतर की आँखें खुल गई हैं।

अपने पास लिटाकर पापा समझा रहे हैं—''यहाँ नहीं हुआ तो कोई बात नहीं, मैंने हॉस्टल के लिए चिट्ठी लिख दी है।''

बंटी बहुत हिम्मत जुटा रहा है कि कह दे कि वह हॉस्टल नहीं जाना चाहता। रात-भर वह जो सोचता रहा है, सब कह दे, पर कुछ भी तो नहीं कहा जाता।

''हॉस्टल में तुम्हें अच्छा लगेगा। तुम्हारी उम्र के बच्चों को तो हॉस्टल में ही रहना चाहिए। अपने बराबरी के बच्चों के साथ पढ़ो, उन्हीं के साथ खेलो, उन्हीं के साथ रहो...''

'वहाँ तुम्हें अच्छा लगेगा बंटी। वहाँ जोत है, अमि है, उनका साथ रहेगा। यहाँ अकेला-अकेला कितना बोर होता है।'

''प्रिंसिपल मेरे दोस्त हैं। लोकल गार्जियन रहेंगे। इतवार को अपने घर ले जाएँगे। उन्हें पापा ही समझना।''

तैरता हुआ डॉक्टर जोशी का चेहरा सामने से निकल गया—तू इन्हें पापा क्यों नहीं कहता रे?

हॉस्टल की कितनी बातें पापा बता रहे हैं। बंटी दिमाग़ पर बहुत ज़ोर लगाता है पर फिर भी हॉस्टल की कोई तसवीर उसके सामने नहीं उभरती।

पहले पापा जब कलकत्ते की बातें बताया करते थे तो कलकत्ते की कितनी तसवीरें उभरती थीं उसके मन में। एक-एक जगह की अनेक-अनेक तसवीरें।

''बंटी, तुम अपनी बनाई हुई तसवीरें नहीं लाए बेटे? मीरा, जानती हो, यह बहुत बढ़िया पेंटिंग करता है। वकील चाचा को बनाकर देगा कि नहीं एक?''

''तुम हॉबी की तरह बाग़बानी ले सकते हो, पेंटिंग ले सकते हो। कलकत्ते में तो बाग़बानी के लिए कोई गुंजाइश ही नहीं है। सारा शौक़ ही मर जाएगा। हॉस्टल में तो...''

हॉबी, तसवीरें, बाग़वानी, कलकत्ता, हॉस्टल, सब एक-दूसरे पर चढ़ते चले आ रहे हैं, एक-दूसरे में घुलते जा रहे हैं। पापा और भी जाने क्या-क्या बताते-समझाते रहे। दुलारते और थपकते रहे। और जब उसने आँखें मूँद लीं तो उठकर अपने कमरे में चले गए।

नींद में उसने देखा कि वह पापा की उँगली पकड़े-पकड़े स्कूल से निकल रहा है और पापा डाँट रहे हैं, गुस्सा हो रहे हैं। जोड़-बाक़ी के मामूली से सवाल तक नहीं आए? सारे समय उँगली पकड़े-पकड़े रहते हो, चिपकू कहीं के। तभी तो किसी के सामने बोला नहीं जाता। या तो लड़कियों की तरह रोओगे, शरमाओगे या...और

उन्होंने उँगली छुड़ाकर उसे अलग कर दिया है। अलग होते ही बंटी जैसे भीड़ में खो गया है। बदहवास-सा वह चारों ओर देख रहा है, दौड़-दौड़कर लोगों को पकड़ रहा है, पर जिसे भी पकड़ता है वही धीरे-से हाथ छुड़ाकर आगे चला जाता है। नए-नए चेहरे, नए-नए लोग, नई-नई जगह। वह ज़ोर से चीख पड़ा—''पापाऽऽ!''

''बंटी, बंटी बेटा!'' किसी ने जैसे उसे गोद में उठा लिया है। उसका नाम कौन जानता है? चेहरा नहीं दिख रहा, सिर्फ़ आवाज़...

''डर गए बेटा? सपना देखा था? देखो मैं पापा...''

वह आँखें फाड़-फाड़कर देख रहा है। सामने पापा का चेहरा दिखाई देता है। यह क्या, वह रो रहा है? नहीं, उसकी आँखों में नहीं, पापा की आँखों में आँसू हैं शायद!

पापा ने उसे फिर से सुला दिया। कमरे में फिर से अँधेरा हो गया है। सिर्फ़ आवाज़ें तैर रही हैं। अँधेरे की आवाज़ें भी कितनी अलग तरह की होती हैं!

''क्या हाल हो गया है बच्चे का? कितना सहमा-सहमा, डरा-डरा रहता है। कैसे नहीं भेजूँ इसे हॉस्टल? यह जब सबसे कटकर रहेगा, अपने बराबरी के बच्चों के बीच में ही रहेगा तभी नार्मल होगा। हो खर्चा, जैसे भी हो—जो भी हो।''

''आप मेरी बात ठीक ढंग से समझ ही नहीं रहे हैं। ठीक है, मैं अब इस बारे में कुछ बोलूँगी ही नहीं।'' और फिर आवाज़ें भी अँधेरे में डूब जाती हैं।

''अब तुम सो जाओ। बाहर भी तो अँधेरा हो चला है।'' तो पहली बार ख़याल आया कि सचमुच बाहर तो बिलकुल अँधेरा हो गया है। इतनी देर से खिड़की पर ठोड़ी टिकाए वह देख क्या रहा है? पापा ने खेस बिछाकर तकिया लगा दिया तो बंटी बिना एक शब्द भी बोले चुपचाप लेट गया।

''नींद नहीं आ रही हो तो किताब दें? पढ़ोगे लेटे-लेटे?''

''नहीं।'' बंटी को नींद नहीं आ रही थी, फिर भी उसने आँखें बंद कर लीं। आँखें बंद करते ही चारों ओर अँधेरा ही अँधेरा फैल गया और डिब्बे में बैठे नए-नए लोग, पापा—सब उसमें घुल-मिल गए। रंग-बिरंगे, तरह-तरह के आकार के छोटे-बड़े धब्बे उसके चारों ओर तैरते चले जा रहे हैं, अलग-अलग, एक-दूसरे में मिलकर।

फिर दृश्य...फिर तसवीरें...एक-दूसरी को काटती हुईं, एक-दूसरी को धकेलती हुईं...

पापा जल्दी-जल्दी खाना खाकर ऑफ़िस चले गए हैं और बंटी अकेला रह गया है। यों घर में 'वे' हैं, बहादुर है, उसकी गोद में लटका हुआ गुदगुदा चीनू है, फिर भी उसे लग रहा है, जैसे पापा उसे अकेला छोड़ गए हैं। और यह नया घर और भी ज़्यादा नया हो गया है। बंटी कहाँ जाए, कहाँ बैठे, क्या करे? जहाँ जाता है; जहाँ बैठता है वही जगह जैसे उसे अपने से परे धकेलती है।

पापा क्या रोज़ इसी तरह छोड़कर चले जाया करेंगे? वह तो सोचता था, वह होगा, पापा होंगे और रोज़ घूमना होगा।

"बच्चा! तुम्हारे खिलौने, किताबें वगैरह निकाल दें? खेलो-पढ़ो! वहाँ छुट्टी के दिन अपनी ममी के साथ क्या किया करते थे?"

जाने क्यों हर बार दीपा आंटी याद आ जाती हैं। 'वे' ममी की, उस घर की बातें पूछती जा रही हैं और उसके सामने ममी, जोत, अमि, डॉक्टर साहब, कोठी घूमते चले जा रहे हैं। क्या बताए, कहाँ से शुरू करे? उससे कुछ नहीं बोला जाता।

"चलो, तुम हमसे बात नहीं करते तो खेलो!"

खिलौने, बंदूक, किताबें—सब बंटी के सामने रखे हैं। पर बंटी बैठा है, वैसे ही चुप। इस नए घर में आकर उसकी अपनी चीज़ें भी जैसे नई हो गई हैं।

"आओ हम खेलें तुम्हारे साथ।" 'वे' चीनू को लेकर पास आ बैठी हैं। चीनू प्रसन्न हो-होकर खिलौनों को इधर-उधर उठा-पटक रहा है। ख़याल आया—वह अमि को अपने खिलौने नहीं लेने देता था।

चाबी की मोटर जूँऽऽ करती हुई निकल गई। फ्लाइंग-प्लेट लाल-पीली रोशनी दिखा-दिखाकर घूम रही है। चीनू किलकारी मार रहा है।

"चीनू देख, वो गिरा! चीनू देख..." और चीनू के साथ-साथ 'वे' भी हँस रही हैं। एक-एक खिलौना चीनू को चला-चलाकर दिखा रही हैं।

बंटी बालकनी में खड़ा है, सामने की भीड़-भाड़, शोर-शराबे में डूबा हुआ। ढेर-ढेर आवाज़ें हैं, पर कुछ समझ में नहीं आ रहा है, ढेर-ढेर शक्लें हैं, पर कोई पहचानने में नहीं आ रहा और सबके ऊपर है यह बात कि पापा शाम को आएँगे।

शाम को पापा आए हैं, "कैसे रहे बंटी, क्या किया सारे दिन बेटे?" जवाब 'वे' दे रही हैं—"सारे समय बालकनी में बैठा रहा, बिलकुल नहीं बोलता। मैं तो खेलने भी बैठी पर...सच मुझे तो तरस आने लगा। और इस चीनू को देखो, पाँच बजे से ही आँखें फाड़-फाड़कर चारों तरफ़ ऐसे देखता है जैसे कुछ ढूँढ़ रहा है। बस, तुम्हें ढूँढ़ता है। यह तो अब तुम्हें बहुत मिस करने लगा है..."

उन्होंने चीनू को पापा की गोद में लाद दिया। वह हँस रहा है, पापा के बाल नोंच रहा है।

"ले भैया के गाल नोंच।" पापा ने चीनू को बंटी की ओर मोड़ दिया तो चीनू बंटी के गाल नोंचने लगा।

"लो प्यार करो इसे, इससे खेलो, इससे दोस्ती करो बेटे!" तो बंटी ने उँगलियाँ उसके गुदगुदे गालों पर फिरा दीं।

चीनू ने पापा की गोद में खड़े होकर पापा के कान पकड़ लिए। चीनू हँस रहा है, 'वे' हँस रही हैं, "यह तुम्हारे कान खींचकर तुम्हें ठीक करेगा।" पापा भी हँस रहे हैं।

बंटी चुपचाप उठकर बालकनी में चला गया। जगमगाती बत्तियाँ, लाल-नीली-पीली नियॉन लाइट्स। रात में जैसे सड़क बिलकुल बदली हुई लग रही है। चीज़ें इतनी बदल कैसे जाती हैं?

फिर वही प्रश्न!

''अकेले में डरोगे तो नहीं, सो जाओगे न?''

बंटी का मन हो रहा है कि कह दे—वह बहुत-बहुत डरेगा। इस घर में तो वह अकेला सो ही नहीं सकता। वहाँ तो फिर भी अमि और जोत थे, यहाँ तो...वह सारे दिन भी एक तरह से डरता ही रहा है। पता नहीं कैसा-कैसा डर।

''अरे बंटी अपना बहादुर बच्चा है, कोई लड़की है जो डरेगा?''

''न हो तो बहादुर भी यहीं सो जाएगा। क्यों बच्चा ठीक है न?''

''और बीच का दरवाज़ा खुला रहेगा बेटे, हम लोग तो उधर हैं ही।''

'वे' और पापा ही बोले चले जा रहे हैं। बंटी तो कुछ बोल ही नहीं पाता।

''सो जाओगे न?''

बंटी ने एक बार पापा की ओर देखा। पापा के साथ 'उनका' चेहरा भी था। और बंटी ने धीरे से कह दिया, ''हाँ!''

बहादुर तो पड़ते ही सो गया पर बंटी जैसे कंबल के नीचे भी काँप रहा है। अपने-अपने पलंग पर सोते हुए अमि और जोत, उस कमरे से आया हुआ रोशनी का टुकड़ा, बातों के टुकड़े—सबको जैसे पकड़ने की कोशिश कर रहा है।

'खट' उधर की बत्ती बंद हो गई तो जैसे हाथ से वह रोशनी का टुकड़ा भी फिसल गया। जोत और अमि के पलंग भी जैसे कहीं अँधेरे में डूब से गए। सिर्फ़ आवाज़ें। और फिर बंटी जैसे बिलकुल अकेला हो गया।

गंदी बात। क्या पापा और ये भी...इच्छा हो रही है कि उठकर देखे। वही दृश्य अँधेरे में से जैसे चारों ओर लटक गया। जाने कैसी हिम्मत आ गई।

दबे पैरों बंटी दरवाज़े पर आ खड़ा हुआ। झाँककर देखा—अँधेरा घुप्प! कहीं कुछ दिखाई नहीं दे रहा। तभी एक ओर एक छोटा-सा लाल तारे जैसा कुछ चमक उठा, लाल सुर्ख़ क्या है ये?

''कौन, बंटी?''

दौड़कर अपने बिस्तर में दुबक गया, पर बिस्तर में लेटकर भी बंटी का दिल धक-धक कर रहा है। वह लाल-लाल क्या चमक रहा था, पापा ने देखा तो नहीं।

फिर वही बात।

पापा अपने पास बिठाकर पूछ रहे हैं, ''एक बात कहें बेटा, मानोगे?''

बंटी नज़रें पापा के चेहरे पर टिका देता है।

''तुम मीरा को क्या कहते हो?''

बंटी चुप।

''ममी कहोगे?''

''बंटी, डॉक्टर साहब को पापा कहा कर बेटे''...और तड़ाक से दिया हुआ

अपना जवाब ही कानों में गूँज गया—मेरे पापा तो कलकत्ते में हैं।

पर अब? अब जैसे कोई जवाब ही नहीं सूझ रहा। वह सिर्फ़ पापा की ओर देखता रहता है।

"छोटी ममी! ठीक है?"

तो आँखों के सामने जैसे ममी आकर खड़ी हो गईं। बंटी की नज़रें झुक गईं।

"शरम आती है? शरम की क्या बात, ममी ही तो हैं। वहाँ की ममी वे, यहाँ की ममी ये। कहोगे न?"

बंटी ने धीरे से 'हाँ' कह दिया और कहने के साथ ही जैसे भीतर की आँखें रो पड़ीं। पापा पीठ थपथपा रहे हैं। उन्होंने कहीं देख तो नहीं लिया—लड़की की तरह रोते हो...

"बच्चे, उठो बच्चे, बहुत दिन उग आया।"

बंद आँखों से ही बंटी सुन रहा है और भीतर ही भीतर सिकुड़ा चला जा रहा है— शरम से, डर से, दुख से...

"अरे यह क्या पिस्सी कर दी..."

उसके बाद कुछ पता नहीं, शायद बहादुर कपड़े बदलवा रहा है। कमरे में सिर्फ़ आवाज़ें तैर रही हैं—उनकी आवाज़ें, पापा की आवाज़ें, बहादुर की आवाज़ें। और सारी आवाज़ों को चीरते हुए कहीं से दो हाथ आकर बिस्तरे को रजाई से ढक देते हैं। उसके चारों ओर शॉल लिपट जाता है—सब गुपचुप!

"बहादुर, ये चद्दर धुलने डाल और गद्दे के उतने हिस्से को धोकर बाहर फैला दे। गद्दा बाहर फैल गया है और सड़क पर चलते हर आदमी को भी जैसे मालूम पड़ता जा रहा है कि...अब बंटी कहाँ खड़ा हुआ करेगा? अपने घर में तो कब्भी-कब्भी बिस्तर में सू-सू नहीं की उसने, पर अब...

शाम को सब जैसे के तैसे हो गए। बस, पापा का चेहरा जाने कैसे एकदम ममी के चेहरे की तरह हो गया है। खाने की मेज़ पर बैठे बंटी को बराबर लगता रहा कि जैसे पापा की आँखें भी उसकी प्लेट पर चिपककर उसे घूरेंगी। उससे प्लेट की तरफ नहीं देखा जा रहा। 'उनकी' और पापा की ओर भी नहीं देखा जा रहा है। अपने में ही सिमटा-सिकुड़ा वह बैठा है।

और बिना कहीं देखे ही लग रहा है जैसे अ...ब...स...

एकाएक ही लगा जैसे उसे बहुत ज़ोर से सू-सू आ रही है। ओह! पता लग गया, अभी कहीं भीतर ही हो जाती तो रेल में बैठे इतने आदमियों को भी मालूम पड़ जाता। कहीं हॉस्टल में भी हो गई तो...वह झटके से उठा।

बाहर सारा डिब्बा रोशनी से भरा हुआ है। सामने बैठे हुए पापा किताब पढ़ रहे हैं। "क्या बात है बेटे?" पापा पूछ रहे हैं। पापा को देखकर, पापा की आवाज़ सुनकर लगा जैसे वह पता नहीं कहाँ से...

"बाथरूम जाऊँगा!"

पापा उसके साथ बाथरूम तक चलते हैं। भीतर कोई है। वे दोनों बाहर ही खड़े हो गए। पापा ने एक सिगरेट लगा ली और खिड़की की तरफ़ सरक गए। बाहर ख़ूब अँधेरा। पापा ने सिगरेट का एक कश खींचा तो सिरा दमक उठा।

लाल तारा। बाहर के गाढ़े अँधेरे में जाकर वह तारा टँक गया। एक रहस्य था जो खुल गया। बंटी जैसे कहीं से हलका हो आया।

हिलती ट्रेन में बाथरूम जाने में उसे थोड़ा डर लगता है पर हिम्मत करके घुस गया।

''अब खाना खाकर ही सोना।'' पापा टोकरी में से डिब्बे निकालने लगे।

बंटी खिड़की में से झाँकने लगा। स्याह अँधेरे में जुड़े हुए रोशनी के छोटे-छोटे चौखटों की पूरी की पूरी कतारें उसके साथ-साथ दौड़ी चली जा रही हैं, एक क्षण को बंटी का मन कहीं से पुलक आया। मन हुआ हाथ निकालकर, एक चौखटे को पकड़ ले। सिर आगे किया तो?

सामनेवाले चौखटे पर ही एक काला-सा धब्बा उभर आया। बंटी सिर हिला-हिलाकर, हाथ हिला-हिलाकर उसमें तरह-तरह की आकृतियाँ बनाने लगा। जोत और अमि होते तो उन्हें दिखाते। मन हुआ पापा को बुलाकर दिखाए।

''बेटे, इधर ही आ जाओ।''

और खाते हुए बंटी ने पहली बार डिब्बे में बैठे हुए लोगों को देखा, डिब्बे को पूरी तरह देखा। लगा जैसे वह अभी-अभी डिब्बे में घुसा है। यह मूँछवाला आदमी उसके सर जैसा नहीं है?

उसने एक पूरी और ली। सब्ज़ी उसे अच्छी लगी। खाना खाकर वह पापा को भी रोशनी के चौखटे दिखाएगा।

''क्यों साहब, हॉस्टल का खर्चा कितना पड़ जाता होगा?'' तो इस आदमी को मालूम है कि...

''यही करीब...ढाई सौ के करीब। लेकिन...'' और पापा ने बात बीच में ही छोड़ दी।

हॉस्टल!

और रोशनी के चौखटों पर जैसे कहीं से एक धुंध की परत छा गई। लेटा तो साथ-साथ दौड़ते हुए रोशनी के सारे के सारे चौखटे स्याह अँधेरे में ही घुल गए। वह चमकता हुआ लाल तारा भी डूबा। और बंटी उस अँधेरे में डूबता ही चला गया। फिर उस अँधेरे में से ही एक और अँधेरा उभरा...

सारा हॉल अँधेरा घुप्प? केवल आवाज़ तैर रही है। बंटी को अजीब-सी धुकधुकी हो रही है। कैसा जादू होगा? देखते ही देखते एक बड़ा फीका, हलका-सा प्रकाश फैला और सिर पर नीला आसमान तन गया। झिलमिल-झिलमिल सितारे चमकने लगे।

बंटी चकित, जादू में बँधा हुआ। अलग-अलग तारों के नाम और भी जाने

क्या-क्या और धीरे-धीरे वह भूल ही गया कि वह प्लेनेटोरियम में बैठा हुआ है।

बंगाल का जादू! दिन में ही रात, छत में सितारे। सिनेमावाले नहीं सच्ची-मुच्ची के। बंटी पुलकित, उसने जादू देखा।

प्लेनेटोरियम से विक्टोरिया-मेमोरियल तक बंटी पापा के साथ छलाँग लगा-लगाकर चलता रहा। वहाँ 'वे' बहादुर और चीनू के साथ बैठी हुई हैं। चारों तरफ़ ढेर-ढेर लोग। यहाँ के लोग घरों में कभी बैठते ही नहीं क्या?

'उन्होंने' चीनू को पापा की गोद में बिठा दिया।

मोशला मूड़ी...चीना बदाम।

मुरमुरे और मूँगफली! धत्तेरे की, यह भी कोई नाम हुए। बड़ी देर तक बंटी को जैसे हँसी आती रही।

पास ही उगी हुई कदली की क्यारियों में कितनी घास-फूस उग आई। बंटी गया और क्यारी की सफ़ाई करने लगा। छी-छी, इतनी गंदी क्यारी।

''अरे बच्चा! वहाँ मिट्टी क्यों खोदा-खादी कर रहे हो, हाथ गंदे हो जाएँगे।'' झट से बंटी ने हाथ खींच लिए।

''क्यारी बहुत गंदी थी पापा, पौधे खराब नहीं हो जाएँगे।'' उसने पापा को जैसे सफ़ाई दी।

पापा एक क्षण उसकी ओर देखते रहे, फिर उनका चेहरा जाने कैसा-कैसा हो गया। बंटी ने कुछ ग़लत कर दिया? नहीं, पापा ने तो उसे गोद में बिठाकर प्यार किया।

रात में सोया तो छत पर फिर तारे झिलमिलाने लगे। ज़मीन पर चाबीवाली मोटर दौड़ने लगी। फ्लाइंग प्लेट घूमने लगी। दो पहलवान बॉक्सिंग करने लगे। चीनू की किलकारियाँ गूँजने लगीं। हम भी चलाएगा शाब, हम भी चलाएगा। अपनी मिचमिची आँखों को झपकते-खोलते बहादुर हर चीज़ को बड़े कौतुक से देखने लगा। हवा के बीच में ही कहीं मोगरा खिल आया तो कहीं डहेलिया।

''तुम बहस मत करो मीरा, इस बात पर कुछ भी मत कहो।'' एकाएक सारे तारे बुझ गए। मोगरा और डहेलिया गायब हो गए। सारा दृश्य जहाँ का तहाँ स्थिर हो गया। सिर्फ़ पापा की आवाज़ यहाँ से वहाँ तक गूँजती रही, गुस्से से भरी हुई आवाज़।

''मुझे किसी और स्कूल में कोशिश नहीं करनी, उसे हॉस्टल ही भेजना है। यहाँ घर में रखने के लिए मैं उसे नहीं लाया हूँ। मैं क्या जानता नहीं कि इस घर में...''

और फिर बातों के टुकड़े-टुकड़े—एबनॉर्मल...महीना कैसे चलेगा...तुम्हारी ज़िद... मेरा तो कुछ कहना ही ग़लत...

और फिर केवल आवाज़ें, बिना शब्दों की आवाज़ें—कभी ज़ोर-ज़ोर की, कभी दबी-दबी, फुसफुसाती हुईं।

और फिर सन्नाटा।

तो पापा उसे सचमुच हॉस्टल भेज देंगे? हॉस्टल भेजने के लिए ही यहाँ लाए हैं?

सन्नाटा और ज़्यादा गहरा हो गया!

बंटी ने अपने दोनों पैर सिकोड़कर पेट से सटा लिए और दोनों हथेलियों को जाँघों के बीच दबोचकर अपने को पूरी तरह समेट लिया।

न्यू मार्केट की भीड़-भाड़, चहल-पहल! बाज़ार नहीं, जैसे कोई प्रदर्शनी हो। पापा के हाथ में लिस्ट है और चीज़ें खरीदी जा रही हैं। बंडल हैं कि बढ़ते ही जा रहे हैं।

बंटी कभी दर्जी के यहाँ खड़ा नाप दे रहा है, कभी जूतेवाले के यहाँ जूते पहनकर देख रहा है।

"एक साइज़ बड़ा ही दो, बच्चों को बढ़ते देर नहीं लगती..."

जूते, मोज़े, बनियान, पैंट्स, शर्ट्स, जाने कितनी चीज़ें हैं!

बंटी को सिर्फ़ पापा के साथ रहना है, अपना नाप देना है। चुनने का तो कोई प्रश्न ही नहीं। कपड़ा, रंग, डिज़ाइन, संख्या, सबकुछ पहले से ही तय है...

ये वाला नहीं वो वाला। नीला नहीं ब्राऊन, बटन नहीं जिप। एक नहीं दो.. .ममी को तो वह परेशान कर देता था।

लिस्ट पर टिक मार्क लगता जा रहा है। सूटकेस, अटैची, एयर-बैग, होल्डॉल—सब पर बंटी का नाम, पता! पता देखकर ही बंटी को मालूम हुआ कि पापा आजकल चौरंगी रोड पर रहते हैं। वह तो इसे अब तक एलगिन रोड ही समझे था।

बाहर की भीड़-भाड़ से लौटते तो घर बड़ा सुनसान-सा लगता है। एक अजीब-सा सन्नाटा! जहाँ कहीं भी 'वे', पापा और बंटी बैठते, जाने कहाँ से बंटी के मन में अ-ब-स उभर आता। उसके बाद बराबर लगता कि पापा की आँखें भी सब तरफ़ से बस उसे ही देख रही हैं। पर ममी की तरह पापा की आँखों को उसने कभी नहीं देखा—न प्लेट में, न इधर-उधर।

ममी की आँखों को देखे भी कितने दिन हो गए।

"बंटी की सारी चीज़ों पर नाम टँक गए?"

"आज रात को टाँक दूँगी।"

"आज रात को ज़रूर टाँक देना। इट इज़ ए मस्ट।"

"मुझे मालूम है।"

और रात में बंटी बाथरूम जाने के लिए उठा तो देखा अपने चारों ओर ढेर सारे कपड़े फैलाए 'वे' नाम टाँक रही हैं। बंटी एक क्षण ठिठककर देखता रहा...

'जा बेटे, तू जाकर खाना खा ले और सो जा। मैं सब कवर चढ़ा दूँगी।' क्षण-भर को दोनों चेहरे, दोनों दृश्य एक-दूसरे में घुल-मिल गए।

सामान बँध रहा है। उसके पुराने कपड़े, उसके खिलौने, उसका बक्सा सब अलग करके रख दिए गए हैं।

बंटी चुपचाप बैठा बस देख रहा है और कहीं उभर रहा है—ये सब खिलौने इस टोकरी में जमा दो बंसीलाल, ये सब बंटी की पसंद के खिलौने हैं। बंदूक नहीं आ रही तो हाथ में ले जाएगा। यह तो उसकी ख़ास चीज़ है।

बहादुर और चीनू उन खिलौनों पर जुटे हुए हैं।

टैक्सी नीचे खड़ी है। बहादुर सामान उतार रहा है। सारा नया-नया सामान। उसका नाम न हो तो वह इनमें से एक भी चीज़ को पहचान भी न पाए।

'वे' नीचे खड़ी हैं। बहादुर चीनू को लिए खड़ा है। पापा पीछे सामान जमा रहे हैं। प्यार करवाकर और नमस्ते करके बंटी टैक्सी में बैठ गया।

जाने कैसे ममी का चेहरा रह-रहकर 'उनके' चेहरे पर चिपक जाता है। पूरा का पूरा दृश्य किसी और दृश्य के साथ घुल-मिल जाता है। कभी 'वे' ममी बन जाती हैं, कभी वे 'वे' रह जाती हैं।

टैक्सी चली तो 'उन्होंने' हाथ ज़रा-सा ऊपर उठाकर हिला दिया। 'वे', बहादुर, चीनू—सब पीछे छूट गए। एक क्षण को आँखों के सामने वह कमरा उभर आया जिसमें अभी-अभी वह अपना सारा सामान और सारे खिलौने छोड़कर आया है। अब शायद वह कभी अपनी बंदूक नहीं चला पाएगा।

बार-बार उसे लग रहा है, जैसे पापा उसे बाँहों में समेटकर अपने पास खींच लेंगे, कुछ कहेंगे। नहीं, ऐसा तो ममी करती थीं। पता नहीं क्यों पापा का, ममी का, 'उनका'—सबके चेहरे एक-दूसरे से गड़बड़ होते जा रहे हैं...

'हरे कृष्ण। हरे कृष्ण। कृष्णा-कृष्णा हरे-हरे'...ज़ोर-ज़ोर से कहीं गाने की आवाज़ आ रही है।

बंटी की आँख खुल गई—ओह! वह गाड़ी में है। गाड़ी शायद खड़ी है। डिब्बे में ही कोई गा रहा है। बंटी उठकर बैठ गया।

दो लड़के लकड़ी की टिकटी बजा-बजाकर गा रहे हैं—झूम-झूमकर।

"पानी पिओगे बेटा?" उसे उठा देखकर पापा ने पूछा। पापा के पूछने से ही लगा कि उसे प्यास लग रही है, शायद बहुत देर से प्यास लग रही है।

पानी पीकर बंटी फिर सो गया। वे लड़के उतर गए पर हरे-हरे की आवाज़ जैसे सारे डिब्बे में भर गई है, हर तरफ़ से जैसे वही आवाज़ आ रही है। संगीत की लय, गाड़ी के हिचकोलों के साथ-साथ बंटी जैसे कहीं गहरे में डूबता जा रहा है।

गाने की आवाज़ में ढेर-ढेर आवाज़ें मिलती जा रही हैं। आवाज़ें आकार ले रही हैं...चॉलबे ना, चॉलबे ना, हॉबे ना, हॉबे ना...इंकलाब ज़िंदाबाद। क़तार बाँधकर हवा में मुट्ठियाँ उछालते हुए लोग चले जा रहे हैं, लाल झंडियाँ लिए।

"यह कम्युनिस्टों का जुलूस है। कलकत्ता जुलूसों का शहर है।" पापा बता रहे हैं।

बंटी रोज़ जुलूस देखता है और लोगों के साथ-साथ ख़ुद भी चिल्लाता है। उसने चॉलबे ना, हॉबे ना सीख लिया है। पर बस मन ही मन में। रोज़ सोचता कि वह भी ज़ोर से चिल्लाएगा, हवा में मुट्ठी उछालकर...चॉलबे ना...चॉलबे ना। पर एक दिन भी चिल्ला नहीं पाया।

'बोलो हरि, हरि बोऽल...बोलो हरि, हरि बोऽल' साथ में घंटी टुनटुना रही है।

''मरे हुए आदमी को यहाँ इसी तरह से ले जाते हैं।'' पापा ने बताया तो बंटी एक क्षण को सकते में आ गया। अनायास ही दोनों उँगलियाँ जुड़ गईं। स्काउट मास्टर ने बताया था कि डेड-बॉडी को देखकर सेल्यूट करना चाहिए।

मुँह भी खुला हुआ! मरा हुआ आदमी क्या ज़िंदा आदमी की तरह ही होता है? कहीं ज़िंदा आदमी को ही तो नहीं ले जा रहे?

दो-तीन दिन तक उठते-बैठते, सोते-जागते 'हरि बोल' ही गूँजता रहा। साथ ही एक अजीब-सा डर।

धीरे-धीरे सारी आवाज़ें भी गायब हो गईं।

वह पापा के साथ चला जा रहा है। एकदम नई और सुनसान जगह है।

''वह सामने तुम्हारा हॉस्टल है।'' पापा ने कहा तो बंटी की आँखें ऊपर उठ गईं। कहीं भी तो कुछ नहीं।

''तुम्हें प्रिंसिपल से मिलवाकर, सबसे जान-पहचान करवाकर शाम को हम चले जाएँगे।'' और पता नहीं बंटी को क्या हुआ कि पापा जाएँ उसके पहले वही पापा को छोड़कर दौड़ पड़ा है। वह दौड़ता जा रहा है, बिना पीछे मुड़े—बस आगे ही आगे। नदी-नाले, पहाड़-मैदान—सब पार करता जा रहा है और फिर पता नहीं कहाँ गिर जाता है।

सफ़ेद दाढ़ी, सफ़ेद जटा, खड़ाऊँ, कमंडल...एक साधु उसके पास खड़े हैं। वह डर नहीं रहा है। इन साधु को तो उसने कई बार देखा है, पर याद नहीं आ रहा, कहाँ-कब...

''तुम कौन हो बेटा? कहाँ से आए हो?''

बंटी याद करने की कोशिश कर रहा है, पर जैसे उसे कुछ याद भी नहीं आ रहा।

''बोलो बेटा, बताओ!''

वह बहुत ज़ोर लगा रहा है...वह कहाँ से आया है, कहाँ से...और उसके मन में एक अजीब-सी दहशत भरने लगी है।

''डरो नहीं, बताओ बेटा।'' वे उसका कंधा थपथपा रहे हैं। ''बंटी, उठो बेटा, अब उतरना है।'' कोई उसे कंधों से पकड़े हुए है और वह याद करने की कोशिश कर रहा है कि वह कुछ जवाब दे सके...

उसे गोद में उठाकर किसी ने खड़ा कर दिया। सफ़ेद दाढ़ीवाले चेहरे में से एक और चेहरा उभर आया—पापा!

''जल्दी से मुँह धो लो, नींद उड़ जाएगी। पाँच-सात मिनट में ही स्टेशन आनेवाला है।''

तो बंटी धीरे-धीरे जैसे अपने में लौट आया। रेल का डिब्बा, डिब्बे में बैठे हुए लोग, सामान बाँधते हुए पापा। सवेरे का उजास चारों ओर फैल गया था।

पता नहीं क्या हुआ कि इतनी देर में मन पर रखा हुआ पत्थर जैसे एकाएक ही दरक गया। और ढेर-ढेर आँसू उफन आए। भीतर की आँखों में ही नहीं बाहर की आँखों में भी।

आँसू-भरी आँखों के सामने डिब्बे की हर चीज़, बैठे हुए अजनबी लोगों के चेहरे पहले धुँधले हुए, और धुँधले हुए और फिर एक-दूसरे में मिल गए। पापा का चेहरा भी उन्हीं में मिल गया और फिर धीरे-धीरे सारे चेहरे एक-दूसरे में गड्डमड्ड हो गए।

महाभोज

इस उपन्यास में वर्णित घटनाएँ, चरित्र और पात्र काल्पनिक हैं। यदि किसी को अपना बिंब अथवा रूप इसमें दिखाई दे जाए तो संयोगवश है।

दुर्निवार सम्मोहन-भरी उस ख़तरनाक
लपकती अग्नि-लीक के लिए जो बिसू
और बिंदा तक ही नहीं रुकी रहती...

अपने व्यक्तिगत दुख-दर्द, अंतर्द्वंद्व या आंतरिक 'नाटक' को देखना बहुत महत्त्वपूर्ण, सुखद और आश्वस्तिदायक तो मुझे भी लगता है, मगर जब घर में आग लगी हो तो सिर्फ़ अपने अंतर्जगत में बने रहना या उसी का प्रकाशन करना क्या खुद ही अप्रासंगिक, हास्यास्पद और किसी हद तक अश्लील नहीं लगने लगता? संभवतः इस उपन्यास की रचना के पीछे यही प्रश्न रहा हो। इसे मैं अपने व्यक्तित्व और नियति को निर्धारित करनेवाले परिवेश के प्रति ऋण-शोध के रूप में ही देखती हूँ। बाक़ी प्रत्याशाएँ और आरोप तो आपके अपने हैं।

—मन्नू भंडारी

लावारिस लाश को गिद्ध नोच-नोचकर खा जाते हैं।

पर बिसेसर लावारिस नहीं। उसकी लाश सड़क के किनारे पुलिस को पड़ी मिली, शायद इसीलिए लावारिस लाश का ख़याल आ गया। वरना उसके तो माँ भी है, बाप भी। ग़रीब भले ही हों, पर हैं तो। विश्वास नहीं होता था कि वह मरा हुआ पड़ा है। लगता था जैसे चलते-चलते थक गया हो और आराम करने के लिए लेट गया हो। मरे आदमी और सोए आदमी में अंतर ही कितना होता है भला! बस, एक साँस की डोरी! वह टूटी और आदमी गया! देखते-ही-देखते सारा गाँव जमा हो गया।

गाँव सरोहा शहर से ज़्यादा दूर नहीं है। मुश्किल से बीस मील। लेकिन कुछ सालों पहले तक यही दूरी बहुत ज़्यादा थी। इतनी कि गाँव में जो कुछ भी घटता, गाँव का ही होकर रह जाता। शहर उससे एकदम बेअसर रहता—बेअसर और अछूता! पर अब यह दूरी एकदम सिमट गई और यही कारण है कि आज गाँव में जो कुछ भी घटता है, उसको लेकर अच्छे-ख़ासे पैमाने पर खलबली शहर में ही मचती है। महीने- भर पहले की ही तो बात है—गाँव की सरहद से ज़रा परे हटकर जो हरिजन-टोला है, वहाँ कुछ झोंपड़ियों में आग लगा दी गई थी, आदमियों सहित। दूसरे दिन लोगों ने देखा तो झोंपड़ियाँ राख में बदल चुकी थीं और आदमी क़बाब में। लोग दौड़े-दौड़े थाने पहुँचे, पर थानेदार साहब उस दिन छुट्टी पर थे; और जो दो लोग वहाँ ड्यूटी पर थे उन्होंने यह कहकर बात टाल दी कि थानेदार साहब के आने पर ही मौक़े पर आएँगे और तहक़ीक़ात होगी। इसके बाद पता नहीं गाँववालों को कौन-सा ज़हरीला साँप सूँघ गया कि सबके मुँह सिल गए। बस, सबकी साँसों के साथ निकला हुआ एक गुस्सा, एक नफ़रत—भारी तनाव बनकर हवा में यहाँ से वहाँ तक सनसनाता रहा!

लेकिन जैसे ही ख़बर शहर में पहुँची, वहाँ से मंत्रियों, नेताओं और अख़बारनवीसों की गाड़ियों का ताँता लग गया। आग से उठनेवाले धुएँ के बादल तो एक ही दिन में छँट गए, पर शहरी गाड़ियों से उठनेवाली धूल के बादल कई दिन तक मँडराते रहे। नेताओं ने गीली आँखों और रुँधे हुए गले से क्षोभ प्रकट किया और बड़े-बड़े आश्वासन दिए। अख़बारनवीस आए तो दनादन उस राख के ढेर की ही फ़ोटो खींचकर ले गए। दूसरे दिन अख़बार में छापकर घर-घर पहुँचा भी दिया—इस घटना का सचित्र ब्यौरा। किसी ने सवेरे खुमारी में अँगड़ाई लेते हुए, तो किसी ने चाय की

चुस्की के साथ पढ़ा, देखा। देखते ही चेहरे पर विषाद की गहरी छाया पुत गई। चाय का घूँट भी कड़वा हो गया शायद। ढेर सारी सहानुभूति और दुख में लिपटकर निकला—'ओह, हॉरिबल...सिम्पली इनह्यूमन! कब तक यह सब और चलता रहेगा? तृ...तृ...तृ!' और पन्ना पलट गया। थोड़ी देर बाद गाँववालों की ज़िंदगियों की तरह ही अख़बार भी रद्दी के ढेर में जा पड़ा।

पर बात इतने पर ही ख़तम नहीं हुई। इस दर्दनाक हादसे से विरोधी दल के नेताओं के हृदय तो चकनाचूर हो गए। विधानसभा में उनके फटे गले से निकली चीख-पुकार वास्तव में उनके फटे हृदय की अनुगूँज ही थी जिसने सारे सदन में धरती-फाड़ हंगामा मचा दिया। मंत्रियों ने आत्मग्लानि में डूबकर रुँधे गले से खेद प्रकट किया और भविष्य के लिए आश्वासन दिए! उधर सत्तारूढ़ दल के असंतुष्ट विधायक अलग बिलबिलाने लगे! ऐसी अमानुषिक घटना! पार्टी के माथे इतना बड़ा कलंक! अब तो मुख्यमंत्री भी त्यागपत्र देकर ही इस पाप का प्रायश्चित कर सकते हैं। लेकिन मुख्यमंत्री को लगा कि जब तक वे असली मुजरिम का पता लगवाकर सज़ा नहीं दिलवा देते, उनकी आत्मा बोझमुक्त नहीं होगी और पता तो सत्ता पर बैठकर ही लगवाया जा सकता है। क्या करते, वे आत्मा के आगे मजबूर थे और उन्होंने सारा मामला गहरी जाँच-पड़ताल के लिए बड़े अफसरों के हाथ में सौंप दिया। बड़े अफ़सरों ने अपना बड़प्पन और मुस्तैदी दिखाने के लिए तुरत-फुरत दोनों कांस्टेबलों को संस्पैंड कर दिया। गेहूँ के साथ घुन पिसने का मुहावरा पुराना हुआ, पुरानी स्थितियों पर ही लागू भी होता रहा होगा। आज तो स्थिति यह है कि गेहूँ सुरक्षित और घुन चकनाचूर! ऊपर से नीचे तक सब लोग अपनी-अपनी जगह सुरक्षित—मारे गए बेचारे कांस्टेबल!

अभी पहलेवाली घटना से बिगड़ी हुई स्थिति पूरी तरह सम पर आई भी नहीं थी कि यह घटना घट गई। बिसेसर कोई ऐसी बड़ी हस्ती नहीं, न उसका मरना ही कोई ऐसी बड़ी घटना है कि बात तुरत-फुरत शहर पहुँचे। वैसे तो जो चमार जलकर मर गए थे और उनके भाई-बंधु जो आँसू बहाने के लिए बच गए, वे ही कौन बड़ी तोपें थीं? पर हंगामा तो खूब मचा ही। बिसू की लाश को लेकर भी मचेगा। आसार दिख रहे हैं। इस बार थानेदार ने ज़रा भी ढील नहीं की। तुरंत मौक़े पर हाज़िर। कल से कितने बयान लिए हैं...लोगों के पेट से कितना कुछ उगलवाया है। सबकी उगलन को काग़ज़ों पर पोतकर ले गए हैं। इधर लाश चीर-फाड़ के लिए शहर गई। उधर घटना की चीर-फाड़ का सिलसिला शुरू हो गया।

सच पूछा जाए तो बड़ा न आदमी होता है, न घटना। यह तो बस, मौक़े-मौक़े की बात होती है। मौक़ा ही ऐसा आ पड़ा है। इस समय तो सरोहा में पत्ते का हिलना भी एक घटना की अहमियत रखता है। डेढ़ महीने बाद ही तो चुनाव है। यों

उप-चुनाव विधानसभा की एक सीट-भर का, फिर भी है बहुत महत्त्वपूर्ण। इस सीट के लिए भूतपूर्व मुख्यमंत्री सुकुल बाबू खुद खड़े हो रहे हैं। सुकुल बाबू क्या खड़े हो रहे हैं, समझ लीजिए पिछले चुनाव में हारी हुई पूरी-की-पूरी पार्टी खड़ी हो रही है, खम ठोंककर...ललकारती हुई—सत्तारूढ़ पार्टी के पूरे अस्तित्व को चुनौती देती हुई! वैसे पिछले चुनाव में हारने के बाद सुकुल बाबू ने बाक़ायदा ऐलान कर दिया था कि वे अब सक्रिय राजनीति से संन्यास ले लेंगे और जीवन के बचे हुए दिन जनता की सेवा में ही बिताएँगे। पर पहला अवसर आते ही वे फिर लपक लिए। क्या करते, पद से उतरने के तुरंत बाद उन्होंने यह महसूस किया कि जनता की सच्ची सेवा उच्च पद पर बैठकर ही की जा सकती है, और जनता की सेवा का संकल्प उन्होंने अपनी उस कच्ची उम्र में लिया था, जिस उम्र के संकल्प-विकल्प अनचाहे ही आदमी के जीवन का अभिन्न अंग बन जाते हैं।

सुकुल बाबू ने खड़े होकर ही इस चुनाव को इतना महत्त्वपूर्ण बना दिया है। सीट केवल एक, पर पूरे मंत्रिमंडल के लिए जैसे एकदम निर्णायक! यही कारण है कि आज हर घटना को इस सीट से जोड़कर ही देखा-परखा जा रहा है। वरना और दिन होते तो क्या बिसू और क्या बिसू की मौत!

पर आज स्थिति यह है कि इधर बिसू की लाश जली और उधर शहर के कोने-कोने में खलबली!

शहर के सबसे महत्त्वपूर्ण व्यक्ति दा साहब अपने निजी कमरे के एक कोने में अकेले बैठे हैं—मौन, गंभीर। कुछ-कुछ चिंतित और परेशान भी। पर चिंता है कि उसके कोई आसार बाहर नहीं हैं! चेहरे की सौम्यता ने उसे भीतर ही ठेल रखा है। फिर भी इतना ज़रूर लग रहा है कि गहरे में डूबे हुए हैं। हाँ, बीच-बीच में फ़ोन की घंटी बजती है तो कुछ क्षणों को उबर आते हैं। पर बातों में कहीं कोई हड़बड़ी या परेशानी नहीं। वही उनका अपना ख़ास अंदाज़—कम शब्द, सधी आवाज़! बात को अपने से, अपने मन में होनेवाली उथल-पुथल से काटकर भी किया जा सकता है—यह गुर कोई दा साहब से सीखे। सीखना चाहे तो इतनी विशेषताएँ हैं दा साहब में कि सीखनेवाला मजे में पूरी ज़िंदगी खपा सकता है। पर आज के इस हाय-हाय वाले ज़माने में किसके पास रखा है इतना धैर्य! तभी तो कोई छाया तक नहीं छू सकता है उनकी!

दा साहब का पूरा व्यक्तित्व ही जैसे भव्यता के फ्रेम में मढ़ा हुआ है। गौर वर्ण, सुता हुआ शरीर! कहीं भी एक इंच फ़ालतू चरबी नहीं दिखाई देती शरीर पर। दीखती

है तो केवल गरिमा। जीवन में संयम और आहार-व्यवहार में नियम—यही असली राज़ है उनकी गठी हुई देह और गरिमामय व्यक्तित्व का। बोलते भी हैं तो आवाज़ में अधिक उतार-चढ़ाव नहीं आता। एक ही स्वर में बोलते हैं—धीरे-धीरे! शब्द मात्र जीभ से फिसले नहीं लगते। लगता है, हर शब्द जैसे किसी गहरे सोच-विचार की उपज है। हलकी बात कभी किसी ने नहीं सुनी होगी दा साहब के मुँह से—अपने विरोधियों के लिए भी नहीं। व्यवहार में ऐसा संतुलन-संयम बड़ी साधना से ही आता है और दा साहब का जीवन—साधना का इतिहास! साधना की आग में तपकर ही कुंदन-सा निखर आया है उनका व्यक्तित्व।

उनका निजी कमरा भी बहुत सादा है। तड़क-भड़क, ताम-झाम—कहीं कुछ भी नहीं। यह सादगी उनके पद के अनुरूप क़तई नहीं, पर उनके व्यक्तित्व के अनुरूप ज़रूर है। कमरे में क़ालीन नहीं, मोटी दरी है, जिसके एक सिरे पर दीवार में सटा मोटा-सा गद्दा बिछा है। ऊपर झकझक चादर और गाव-तकिए पड़े हैं। एकदम देशी पद्धति। दा साहब को जितना देश प्रिय है, उतनी ही देशी पद्धति भी। लड़के-बच्चे ज़रूर अँगरेज़ियत में सन गए हैं। इम्पोर्टिड वस्तुएँ और इम्पोर्टिड भाषा का ही इस्तेमाल करते हैं। पर यह बच्चों की अपनी रुचि और चुनाव है, और किसी की स्वतंत्रता पर अपने को आरोपित नहीं करते दा साहब। बच्चे छोटे थे और साथ रहते थे तब भी नहीं...अब तो वैसे भी बड़े होकर सब अपने-अपने घरों में चले गए। सजावट के नाम पर केवल दो बड़ी-बड़ी तस्वीरें टँगी हैं दीवार पर—गाँधी और नेहरू की। इन्हें अपना पथ-प्रदर्शक और अपनी प्रेरणा मानते हैं दा साहब। गीता का उपदेश उनके जीवन का मूल मंत्र है। घर के हर कोने में गीता की एक प्रति मिल जाएगी। वैसे वे कभी किसी को उपहार देते नहीं—व्यर्थ के ढकोसलों में क़तई विश्वास नहीं है उनका। पर फिर भी कभी उपहार देना ही पड़ गया तो सदा गीता की प्रति ही दी है।

चिंतन-मनन के क्षणों में अपने कमरे में ही बैठते हैं दा साहब। यहाँ सबका प्रवेश संभव नहीं। हाँ, जो अपने ख़ास आदमी हैं, वे आ सकते हैं। इसीलिए लखनसिंह बिना किसी रोक-टोक के सीधा भीतर चला आया। दा साहब का अपना आदमी है लखनसिंह। बहुत भरोसे का और उनका स्नेह-भाजन! दसवीं पास करने के बाद से ही लखन दा साहब की सेवा में नियुक्त हो गया था। उनका थैला उठाए-उठाए उनके पीछे चलता था हर समय, और आज उसे ही दा साहब ने सरोहा के चुनाव-क्षेत्र से खड़ा किया है। अपने साथ काम करनेवाले छोटे-से-छोटे आदमी को भी तरक़्क़ी का पूरा मौक़ा देते हैं दा साहब—बल्कि उसकी तरक़्क़ी में भरसक सहायक होते हैं। उसूल है दा साहब का कि जिसे सहारा दो उसे मंज़िल तक पहुँचा भी दो। पर आज जहाँ उसूल टके सेर बिकते हों, वहाँ कौन क़दर करता है दा साहब के उसूलों की!

सब एक स्वर से विरोध करने लगे हैं लखन का। एक ही तर्क था सबका—सुकुल बाबू के मुक़ाबले खड़ा होनेवाला व्यक्ति उनकी ही टक्कर का होना चाहिए। आख़िर दस वर्ष तक मुख्यमंत्री रहे हैं सुकुल बाबू इस प्रांत के। हारने के बाद भी रुतबा है उनका। उनके सामने लखन की औक़ात ही क्या भला! मुँह की खाएगी पार्टी! तर्क बिलकुल ठीक था विरोध करनेवालों का—एकदम ठोस और वज़नदार। पर दा साहब की भेदक-दृष्टि तर्क पर ही नहीं अटकती—मंशा तक पहुँचती है सीधी। सब अपने-अपने आदमियों को घुसाने की तिकड़म में लगे हुए थे। मन बहुत क्षुब्ध हुआ था दा साहब का। लोगों में दिनों-दिन बढ़ती यह पद-लोलुपता कहाँ ले जाकर पटकेगी देश को? काम करने को कोई तैयार नहीं, पर पद के लिए सभी उत्सुक-उतावले। लखनसिंह को जैसे-तैसे टिकट तो दिलवा दिया, पर इतने से ही निश्चिंत होकर नहीं बैठा जा सकता है। विरोधियों के साथ-साथ अपनी पार्टी के असंतुष्ट लोगों को भी सँभालकर रखना पड़ता है। वरना कोई आश्चर्य नहीं कि पार्टी के झंडे के नीचे-ही-नीचे उनकी जड़ें काटने का काम भी चालू रहे। आजकल चुनाव में दोहरी लड़ाई लड़नी पड़ती है। एक क्षण को भी आदमी चैन से नहीं बैठ सकता। हमेशा सतर्क-सावधान। अपनों से, परायों से—सभी से सचेत! एकदम चौकस।

लखन को देखकर दा साहब ने स्नेह से स्वागत किया, 'आओ लखन, क्या समाचार है?' पर लखन के तमतमाए चेहरे पर नज़र पड़ी तो पूछा, 'क्या बात है, बाहर बहुत गर्मी है क्या?'

'बाहर क्या, गर्मी तो मेरे भेजे में घुसी हुई है। यह जोरावर बाज़ नहीं आएगा अपनी हरकतों से। खुद तो मरेगा ही, हमको भी ले डूबेगा।'

गुस्से से लखन की कनपटियों की उभरी हुई नसें तक फड़क रही हैं। कोई विश्वास करेगा कि यह दा साहब के संरक्षण में पला हुआ आदमी है? एकदम उनके विपरीत। केवल रंग और क़द-काठी में ही नहीं, स्वभाव और आदतों में भी। छोटी-छोटी बातें उसे बेहद उत्तेजित कर देती हैं। बोलता है तो इतने आवेश में कि हकलाने लगता है। दा साहब कभी नाराज़ नहीं होते उसकी इस बदमिज़ाजी पर। हँसकर इतना ही कहते हैं, 'तुम मेरे पूरक हो, भाई।' यों भी दूसरों को उनकी कमज़ोरियों के साथ स्वीकार करना स्वभाव है दा साहब का! कहना चाहिए, उदारता है उनकी। इसी उदारता ने लखन को एक हद तक ढीठ बना दिया है—बस, फनफनाता रहता है।

'अभी तो कुछ नहीं हुआ, बहुत मामूली-सी बात हुई है। सरोहा में बसेसर नाम के एक आदमी को मरवा दिया गया है। लाश पुलिया पर पड़ी मिली। असली बात तो तब होगी जब हरिजनों के सारे वोट सुकुल बाबू के नाम पड़ जाएँगे। सब लोगों का अनुमान है कि जोरावर का है यह काम!'

'हूँऽऽ!' चेहरे पर किसी तरह का कोई विकार नहीं आया दा साहब के।

'मालूम है आपको?'

'अभी थोड़ी देर पहले ही सुना।' स्वर इतना सहज और सपाट, जैसे कहीं कुछ हुआ ही नहीं हो!

'और यह भी सुना कि सारे गाँव में भारी तनाव है जोरावर को लेकर। उसके सिवाय कोई नहीं करवा सकता यह काम। आगजनीवाली घटना पर किसी तरह लीपा-पोती करके गाँववालों को सँभाले हुए थे—ऊँचे स्तर पर तहक़ीक़ात हो रही है...प्रमाण जुटाए जा रहे हैं...असली मुजरिम का पता लगते ही कड़ी-से-कड़ी सज़ा दी जाएगी। घरेलू उद्योगों के लिए आर्थिक सहायता की योजना के मरहम ने घावों को काफ़ी कुछ भर दिया था...इसी स्थिति में चुनाव हो जाता तो ठीक था...।'

'कैसी बातें करते हो?' दा साहब ने वाक्य पूरा नहीं करने दिया—'घरेलू उद्योग की इस योजना से उनकी ग़रीबी पर ज़रूर मरहम लगाया जा सकता है, पर प्रियजनों के बिछुड़ने के दुख पर नहीं। आदमी का दुख जिस दिन पैसे से दूर होने लगेगा—इंसानियत उठ जाएगी दुनिया से।'

पर लखन तो अपनी ही रौ में बोलता चला गया, 'ऐन मौक़े पर इस बेवक़ूफ़ ने बिसू को मरवा दिया। अब कुछ नहीं होने का।'

आवेश के मारे मुँह से थूक की छोटी-छोटी फुहारें छूटने लगीं लखन के, और साँवला चेहरा एकदम बैंगनी हो उठा। पर इतना सब सुनकर भी दा साहब के चेहरे पर किसी तरह का कोई भाव-परिवर्तन नहीं हुआ। उतने ही सहज स्वर में बोले, 'पुलिस तो अभी बयान ही ले रही है और तुम नतीजे पर भी पहुँच गए? इतनी अधीरता अच्छी नहीं। थोड़ा...।'

पर लखनसिंह में तो पूरी बात तक सुनने का धीरज नहीं। बीच में ही तमककर बोला, 'मैं नहीं नतीजे पर पहुँचा। सारा गाँव कह रहा है!'

'क़ानून अनुमान पर नहीं, प्रमाण पर चलता है और पुलिस प्रमाण जुटा रही है। क़ानून के सामने मेरी-तुम्हारी हस्ती ही क्या है भला?'

'जुट जाएँगे इस बार प्रमाण भी। आख़िर कब तक ख़ैर मनाएगा जोरावर?'

'प्रमाण जुट जाएँगे तो अवश्य ही सज़ा भी पाएगा अपने जुर्म की।'

'वह तो सज़ा पाएगा अपने जुर्म की, पर उससे भी बड़ी सज़ा तो हम पाएँगे... वह भी बिना कोई जुर्म किए।' स्वर एकदम रुआँसा हो आया लखन का।

'होता है कभी-कभी ऐसा भी। एक की मूर्खता का फल दूसरे को भुगतना पड़ता है।'

'और आप हैं कि इसी मूर्ख का पल्ला पकड़े हुए हैं। मारा है ग़रीबों को तो भुगतने दीजिए सज़ा। नहीं चाहिए हमें जोरावर के वोट। अब इसके वोटों के चक्कर में हरिजनों के सारे वोट तो गए ही...गाँव के दूसरे लोगों के वोट भी नहीं मिलेंगे। सारा हिसाब लगाकर देख लिया है मैंने, ले डूबेगा जोरावर का साथ। माथे पर कलंक और आत्मा पर बोझ, सो अलग।'

आत्मग्लानि और अपने ही प्रति उभरे हुए धिक्कार-भाव से लखन का सारा चेहरा ही विकृत हो उठा। लगा जैसे भारी बोझ के नीचे कसमसाकर आत्मा बोलने लगी है उसकी आज। और आत्मा की आवाज़ में बड़ा ज़ोर होता है। ज़ोर भी और तेज भी।

पर दा साहब में ऐसा ज़ोर और ऐसी तेज़ी सहज भाव से झेल जाने का अनंत धैर्य है। वे तनिक हँसे! हँसे क्या, बस होंठों का बायाँ कोना ज़रा-सा फैल गया। ऐसा ही होता है उनका हँसना। खिलखिलाकर हँसते तो उन्हें शायद ही कभी किसी ने देखा हो।

'तुमने तो सारा हिसाब भी लगाकर देख लिया। पर क्या करूँ, मेरा तो स्वभाव इतना हिसाबी-किताबी है नहीं। मन हिसाब के आँकड़ों में रमता ही नहीं। बस, सही-ग़लत में ही उलझा रहता है।'

'तो सही किया है जोरावर ने? किसी को मरवा देने को सही कहेंगे आप?' गुस्से के मारे लखन ने पीठ-पीछे का तकिया खींचकर गोद में रख लिया और उसी पर हाथ फटकारने लगा।

'बहुत आवेश में हो। दोष तुम्हारा नहीं, उम्र का है।' ज़रा भी विचलित हुए बिना दा साहब ने कहा और चुप हो गए! लखन टुकुर-टुकुर उनका चेहरा ताक रहा है। इस समय वह स्थिति का विश्लेषण चाहता है, अपनी उम्र और आवेश का नहीं।

'आवेश राजनीति का दुश्मन है। राजनीति में विवेक चाहिए। विवेक और धीरज!' प्रवचनीय मुद्रा में दा साहब ने जीवन के अनुभवों से निचुड़ा हुआ वाक्य उछाला। फिर कुछ क्षण रुककर हौसला बँधाते हुए बोले, 'आएगा, पद पर बैठोगे तो पद की ज़िम्मेदारी स्वयं सब सिखा देगी।'

'कहाँ रखा है पद-वद! भूल जाइए अब सब। विरोधी दल के नेता इस घटना को ऐसा भुनाएँगे कि हम सब टापते ही रह जाएँगे। यह बिसू की नहीं, समझ लीजिए एक तरह से मेरी हत्या हुई है, मेरी।' लखन ने खुले पंजे से छाती पीटकर अपनी हत्या की घोषणा करके दा साहब को दहला देना चाहा।

'हूँऽ!' दा साहब ने कुछ इस भाव से हुंकार भरी जैसे स्थिति का नए सिरे से पूरा-पूरा जायज़ा ले रहे हों।

'नौ तारीख़ को यानी तीन दिन बाद ही मीटिंग का ऐलान हो गया है उनकी तरफ़ से। सुकुल जी खुद आ रहे हैं, भाषण देने। जानते तो हैं सुकुल जी के भाषण का करिश्मा। आग उगलते हैं, आग! गाँव वैसे ही सन्नाया बैठा है; एक ही भाषण में बहाकर ले जाएँगे सारे गाँव को अपने साथ।' लखन ने भी जैसे कमर कस ली है कि आज दा साहब की इस संतई-मुद्रा को तोड़कर ही रहेगा।

'एक इन 'मशाल' वालों को छूट मिली हुई है, उल्टा-सीधा जो मरजी आए छापने की। इमरज़ेंसी में बंद हो गया था, ठीक था। ऐसे अख़बार पर तो आपको भी...।'

'ग़लत बात है।' दा साहब ने अंकुश लगा दिया एकदम। 'यह तुम नहीं,

तुम्हारा स्वार्थ बोल रहा है। स्वार्थ को इतनी छूट देना ठीक नहीं कि वह विवेक को ही खा जाए। अख़बारों को तो आज़ाद रहना ही चाहिए। वे ही तो हमारे कामों का, हमारी बातों का असली दर्पण होते हैं। मेरा तो उसूल है कि दर्पण को धुँधला मत होने दो। हाँ, अपनी छवि देखने का साहस होना चाहिए आदमी में। बड़ी हिम्मत और बूता चाहिए उसके लिए। इससे जो कतराता है, वह दूसरे को नहीं, अपने को ही छलता है।'

'कैसे-कैसे संपादकीय छापे थे, कैसी-कैसी तस्वीरें छापी थीं उस आगजनी की घटना की! और अब क्या चुप रह जाएँगे? आने दीजिए उनका अगला अंक। देखिए, क्या सनसनीखेज़ बनकर आती है सारी बात!'

'हूँऽऽ!' आवेश का एक क़तरा तक कहीं नहीं दिखाई दे रहा है—न दा साहब के चेहरे पर, न स्वर में।

और लखन है कि भीतर-ही-भीतर झल्ला रहा है बुरी तरह। इस घटना की सारी खतरनाक संभावनाओं को सामने रखकर वह विचलित कर देना चाहता है दा साहब को, हिला देना चाहता है उन्हें। एक और तुरप का पत्ता चला उसने—

'जानते तो हैं, लोचन भैया कितने दिनों से अपनी खिचड़ी अलग पका रहे हैं। देखिए, इस घटना से कैसा उफान आता है उनकी खिचड़ी में। जोड़-तोड़ करके अविश्वास का प्रस्ताव ले आए तो आपको भी लेने-के-देने पड़ जाएँगे...मैं कहे देता हूँ...।'

'लखन!' आवाज की हल्की-सी सख़्ती ने ज़बान की लगाम खींच दी लखन की, 'जिस दिन अपने लोगों का विश्वास खो दूँगा...उस दिन कुर्सी पर नहीं बैठूँगा। सबके विश्वास पर ही टिकी हुई है मेरी कुर्सी। सबके सद्भाव पर ही ज़िंदा हूँ मैं। विश्वास-सद्भाव ही नहीं रहा तो मेरे रहने का क्या मतलब?'

'ठीक है, सबके विश्वास पर आप अपनी कुर्सी जमाइए...सुकुल बाबू अपनी मीटिंग जमाएँ...दत्ता बाबू अपना अख़बार जमाएँ...बस, हम ही अपनी क़बर खोद देते हैं!' हथियार डालने के अंदाज़ में लखन बोला। उसके आवेश पर दुख, निराशा और पराजय की गहरी परत चढ़ आई थी।

तभी फ़ोन की घंटी बजी। दा साहब ने बग़ल से चोंगा उठाकर कान पर रख लिया और बदन को तकिए पर ज़रा-सा ढीला छोड़कर पसर-से गए। दूसरे हाथ से अपना अधगंजा सिर सहलाते हुए बड़े इत्मीनान से फुनियाते रहे। दा साहब की इस आश्वस्ति पर लखनसिंह भीतर-ही-भीतर कुढ़ता-तिलमिलाता रहा। जैसे ही बात ख़त्म हुई, लखनसिंह फिर झपट पड़ा...।

'माफ़ करिए दा साहब, इस बार आप न जोरावर को दबा पाएँगे और न ही यह सीट जीत पाएँगे। इस बार आपका दाँव...।' बात अधूरी छोड़ दी लखन ने।

दा साहब का दाँव खाली गया या नहीं, पर दा साहब को भड़काने के लिए फेंका गया लखनसिंह का हर वार खाली हो गया। वे मौन साधक की तरह स्थिर बैठे रहे—शांत, अविचलित और निर्विकार। ऐसा नहीं कि लखन के भीतर की खीझ और परेशानी को वे समझ नहीं रहे, पर वे उसे क़तई बढ़ावा नहीं देना चाहते। उन्होंने हलके-से अपना आसन बदला और शरीर को ढीला करके तकिए के हवाले किया।

'कुछ ठंडा पिओगे? फालसे का शरबत? पिओ, इसकी तासीर बड़ी ठंडी होती है।'

जवाब की प्रतीक्षा वे नहीं करते। अपनी कही बात ही उनके लिए अंतिम होती है। शरबत का आदेश फ़ोन के तार पर चढ़कर भीतर चला गया तो उन्होंने नज़रें शून्य में टाँग दीं। गरदन ज़रूर उनकी बड़े नामालूम-से झटकों से आगे-पीछे झूलने लगी। नज़रें उनकी शून्य में ही एक अनदेखा-सा नक़्शा तैयार करने लगीं। नक़्शे की एक हलकी-सी रूपरेखा उभरी तो चेहरे पर क्षण-भर के लिए चमक-सी आ गई, पर उसे बखूबी ज़ब्त कर गए दा साहब।

लखन अच्छी तरह जानता है कि दा साहब की नज़रें जब शून्य में गड़ जाएँ तो समझ लो, वे खुद समस्या में गहरे धँस गए। और जब धँसे हैं तो कोई-न-कोई सिर-पैर तो खोजकर लाएँगे ही। दा साहब की सूझ-बूझ का वह शुरू से ही बड़ा क़ायल है... बड़े-बड़े संकट और घातक स्थितियों से उन्हें उभरते हुए देखा है उसने ख़ुद अपनी आँखों से। केवल देखा ही नहीं, एक हद तक साझीदार रहा है उनका; पर बस, एक यही साधुई-मुद्रा खिझा देती है उसे। नौकर आया तो बिना ज़रा भी आवाज़ किए उसने अपना गिलास ले लिया। किसी तरह का व्यवधान नहीं डालना चाहता था वह इस समय।

थोड़ी देर बाद दा साहब ने अपनी नज़रें शून्य में से खींचकर लखनसिंह के चेहरे पर गड़ा दीं। भीतर तक उतरती नज़रों के पैनेपन से असहज-सा होने लगा लखनसिंह। इतनी देर से बैठा-बैठा मन-ही-मन कोसे जा रहा था दा साहब को। कहीं वे भाँप न लें। यह तो लखनसिंह भी जानता है कि अपनी योग्यता से नहीं, दा साहब की कृपा से ही उसे इस चुनाव के लिए टिकट मिला है। बहुत उठा-पटक करनी पड़ी है दा साहब को उसके लिए। सुकुल बाबू के मुक़ाबले तो उसकी कोई हस्ती नहीं; अपनी पार्टी के और लोगों के सामने भी बहुत हलका पड़ रहा था। पर दा साहब ने बाँह थामी तो सारे विरोधियों को चित्त करते हुए ला पटका किनारे पर। वरना उसकी अपनी लियाक़त तो पार्टी-दफ़्तर में कुर्सियाँ उठाने-बिछाने तक की ही है। यही उसका इतिहास भी रहा है। और यदि वह चुनाव जीता तो वह दा साहब की सूझ-बूझ और प्रयत्न से ही होगा। पर अब तो कोई उम्मीद ही नहीं। फिर भी...।

'क्या नाम है इस लड़के का जो मरा?' समाधि से उबरते हुए दा साहब ने पूछा।

'बिसेसर। बिसू कहते हैं गाँववाले।' ठंडी तासीरवाला शरबत पीकर भी लखनसिंह की आवाज़ में घुली खीझ और निराशा कम नहीं हुई। जाने क्यों, उसे बार-बार लग रहा था कि खेलने से पहले ही वह बाज़ी हार गया। कितना तो सीधा- सा हिसाब था...पता नहीं, दा साहब कैसे चूक गए?

चंद क्षणों के लिए फिर मौन, और दा साहब की नज़रें शून्य में।

'यह लड़का आठ महीने पहले ही तो जेल से छूटकर आया था न? चार साल तक काटी है इसने जेल?'

'आपको कैसे मालूम?' लखन हैरान हो आया। तो दा साहब सक्रिय हो चुके हैं इस दिशा में!

'मालूम तो करना ही होता है, भाई। न मालूम करने से जिस पद पर बैठा हूँ, उसके साथ न्याय कर सकता हूँ भला?'

पर इतना सुनकर भी लखन के चेहरे पर अटका सवालिया निशान जैसा-का-तैसा बना रहा तो दा साहब बोले, 'डी.आई.जी. ने फ़ोन किया था सवेरे।'

'क्या बताया?' सब-कुछ जान लेने की उत्सुकता ने एकदम अधीर कर दिया लखन को।

'किस बारे में?'

'यही बिसू की मौत के बारे में। मालूम हुआ है, इस केस के सारे कागज़ात डी.आई.जी. के पास पहुँच गए हैं।'

दा साहब ने केवल गरदन हिला दी।

'आपने कोई आदेश नहीं दिया...मेरा मतलब है कोई संकेत कि रिपोर्ट तैयार करते समय...।'

दा साहब से नज़र मिलते ही लखन का वाक्य अधूरा ही रह गया।

'कैसी बात करते हो, लखन?' थोड़ी सख़्त आवाज़ में दा साहब ने कहा, 'पुलिसवालों का काम है कि बयानों और प्रमाणों के आधार पर रिपोर्ट तैयार करें और ईमानदारी से करें। इसी बात की तनख़्वाह दी जाती है उन्हें। ऊपर से आदेश थोपा जाएगा तो न्याय कैसे करेंगे? इन्हीं स्थितियों के ख़िलाफ़ लड़ने के लिए तो इतनी बड़ी क्रांति की हमने! और तुम...।' फिर एक क्षण रुककर चुभती-सी नज़र से उन्होंने लखन को देखा और सख़्त आवाज़ में बोले, 'अपनी आकांक्षाओं को थोड़ी लगाम दो लखन, वरना मेरे साथ चलना मुश्किल होगा।'

लखन एक क्षण को सिटपिटा गया। दा साहब खुद ही बता दें कि इस सारे मामले को कैसे निबटाने जा रहे हैं तो वह इतना सब कहे-पूछे ही क्यों? पर दा साहब ने फ़ोन उठा लिया और वित्तमंत्री से किसी योजना के बारे में बात करने लगे। लखन बैठा भीतर-ही-भीतर कुढ़ता-तिलमिलाता रहा। उसे तो इस समय दुनिया की सबसे महत्त्वपूर्ण बात बिसू की मौत ही लग रही है। उसके प्रति कोई उदासीन कैसे रह

सकता है भला? या फिर उसे इतने सहज-सामान्य ढंग से कैसे ले सकता है? जैसे बिसू की मौत कोई मामूली बात हो—सिर्फ़ एक आदमी का मरना-भर। फ़ोन ख़तम हुआ तो फिर हिम्मत करके पूछा—

'डी.आई.जी. का फ़ोन आया किसलिए था?'

'स ऽ ऽ ब अपने-अपने को लेकर परेशान हैं। वह भी प्रमोशन के लिए छटपटा रहा है। स्वभाव है आदमी का। जो जहाँ है, वहाँ से संतुष्ट नहीं। और चाहिए...और चाहिए...।'

'पर आई.जी. का तबादला तो रुक गया था, तब इसका प्रमोशन कैसे होगा?'

लखन की हर बात में शंका-लिपटी जिज्ञासा क़ायम है बदस्तूर।

पर उस ओर से एकदम लापरवाह हो, दा साहब सहज ढंग से ही बात कर रहे हैं, 'मैं ही रोके हुए था अब तक। माना, थोड़ी-बहुत ज़्यादतियाँ कीं उसने, पर क्या करता, मजबूर था बेचारा। ऊपर से हुकुम आता, उसे बजाना पड़ता। गुलामी आत्मा का क्षय तो करती ही है!'

'वैसे आदमी तो अच्छा ही था...आगजनीवाले मामले में...।' वाक्य पूरा नहीं करने दिया दा साहब ने। बीच में ही बोले—

'क्या करें, हमारे पास भी ऊपर से आदेश आया कि तबादला करो। यह ऊपर का चक्कर ही बुरा होता है।'

'तो प्रमोट हो रहे हैं डी.आई.जी.?' लखन के मन में एक क्षण को कुछ कौंधा। वह भूल ही गया कि अभी-अभी दा साहब से फटकार खा चुका है। उमगकर बोला, 'तब तो आप बुलाकर इशारा...।'

'लखन!' एक सर्द, सख़्त-सी आवाज़ निकली और लखन की जीभ जैसे तालू से चिपक गई। एक क्षण रुककर फिर सहज हो आए दा साहब।

'पद के प्रलोभन से इतने अविवेकी मत बनो। कर्मचारियों को इस तरह के आदेश देना उनके अधिकार में हस्तक्षेप करना है। मुझसे यह सब होगा नहीं, भाई! मैं तो चाहता हूँ, सबको अपने-अपने अधिकार सौंपकर अपने अधिकारों को शून्य में बदल दूँ।'

'तब कुछ नहीं होने का।' लखन का स्वर गहरी हताशा में डूबा हुआ था, 'ठीक है, फँसे जोरावर। मैंने तो पिछली बार ही कहा था कि इसको बचाना बहुत बड़ी ग़लती होगी।'

'तुम तो बहुत बड़े मूर्ख हो, भाई। जब से एक ही बात पीसे जा रहे हो। भला बताओ, मैं कौन होता हूँ बचानेवाला? वह क़ानून का मामला था। लोगों ने गवाही नहीं दी...पुलिस प्रमाण नहीं जुटा सकी तो कैसे कुछ होगा?'

आज पहली बार लखनसिंह को लग रहा है कि दा साहब को पूरी तरह जानना मुश्किल है। जितना वह जानता है उस हिसाब से वे इतने निर्लिप्त नहीं रह सकते सारी घटना से...जैसे वे इस समय दिखाई दे रहे हैं। और यदि नहीं हैं तो उसे कुछ

बताते क्यों नहीं? उनके चुनाव के दिनों में कैसे जान झोंककर काम किया था उसने। आज उसका मौक़ा आया तो गाँधी बाबा बनकर बैठ गए!

'बहुत जल्दी हौसला पस्त हो जाता है तुम्हारा। अच्छी बात नहीं है यह।' लखन के भीतर की बेचैनी और घबराहट को भाँपकर स्नेहिल नज़रों से उसे सहलाया दा साहब ने।

क्या जवाब दे लखनसिंह इस बात का? भीतर-ही-भीतर मन सुलग रहा है उसका गुस्से से। दा साहब की कुर्सी अभी सुरक्षित है, इसलिए आदर्श और उपदेश सूझ रहे हैं। जब इनकी कुर्सी पर बनेगी तब हौसले का हाल पूछेगा। यदि यह चुनाव हार गए...और जो इसी तरह गाँधी बाबा बनकर बैठे रहे तो निश्चय ही हार भी जाएँगे...तब देखूँगा। उलट जाएगा सारा मंत्रिमंडल। सुकुल बाबू को कौन नहीं जानता? जब तक इनका पटड़ा नहीं बिठा देंगे...न खुद एक दिन चैन से रहेंगे, न इन्हें ही रहने देंगे। दा साहब को क्यों नहीं यह ख़तरा नज़र आ रहा?

'मेरा हारना चाहे अहमियत न रखता हो, सुकुल बाबू का जीतना ज़रूर अहमियत रखता है और इस बार पिछले चुनाव में खोए हुए हरिजनों के सारे वोट बड़ी आसानी से ले जाएँगे सुकुल बाबू। आप खुद सोच लीजिए।'

पर इस ख़तरे से भी विचलित नहीं हुए दा साहब!

'अगर जनता को विश्वास है सुकुल बाबू पर और वह उन्हें अपना वोट देती है तो सबसे पहले मैं उनका स्वागत करूँगा। यह सुकुल बाबू का नहीं, जनता की राय का स्वागत होगा। और जनता तो हमारे लिए...।'

'ठीक है तब फिर...।' लखनसिंह ने अधीरता और आवेश में दा साहब के वाक्य को बीच में ही काटा, पर अपना वाक्य भी अधूरा ही छोड़ दिया।

दा साहब एक क्षण लखन का चेहरा देखते रहे, फिर आवाज़ को स्नेह से सींचकर समझाते हुए बोले, 'देखो भाई! मेरे लिए राजनीति धर्मनीति से कम नहीं। इस राह पर मेरे साथ चलना है तो गीता का उपदेश गाँठ बाँध लो—निष्ठा से अपना कर्त्तव्य किए जाओ, बस। फल पर दृष्टि ही मत रखो।' फिर एक क्षण ठहरकर पूछा, 'पढ़ते हो गीता या नहीं? पढ़ा करो। चित्त को बड़ी शांति मिलती है।'

लखनसिंह का मन हुआ कि उठाकर कोई ऐसा वज़नी जवाब दे कि पन्ने-पन्ने बिखर जाएँ गीता के। अपने चुनाव के दिनों में कैसी हाय-तोबा मचा रखी थी। जीत गए तो अब गीता सूझ रही है। पर ज़ब्त कर गया। ढिठाई भले ही कर ले, अशिष्टता करने की हिम्मत आज भी नहीं है।

एकाएक उसने देखा, दा साहब की नज़रें उसी के चेहरे पर टिकी हुई हैं। भीतर-

ही-भीतर सहम गया वह इस नज़र से। कई बार उसने महसूस किया है कि उनके चश्मे के भीतर कोई खास लेंस लगा है—आदमी के भीतर तक का सब-कुछ देख-समझ लेते हैं।

एक लंबी हुंकार के साथ दा साहब ने अपनी नज़र फिर शून्य में गड़ा दी और फिर जैसे वहीं से कोई मुद्दा खींचकर लाए हों...

'सुकुल बाबू की मीटिंग नौ तारीख़ को है? तो ऐसा करो कि चार-पाँच दिन बाद अपनी भी एक मीटिंग रख लो। बात करेंगे गाँववालों से। वैसे भी एक हादसा हुआ है—जाना तो चाहिए ही। बिसू के माँ-बाप को भी तो तसल्ली देनीचाहिए। बेचारे...।'

'आप जाएँगे? ज़रूर जाइए...बहुत असर होगा आपके जाने का। यों भी चुनाव के बाद एक बार भी जाना नहीं हो सका आपका।' एकाएक बहुत उत्साह में आ गया लखनसिंह। लेकिन दूसरे ही क्षण जैसे कुछ याद आ गया हो, ठंडे स्वर में बोला, 'बस एक ही डर है। सुकुल बाबू के बाद वहाँ जमना मुश्किल होगा। मैं खुद देखकर आया हूँ...बहुत तनाव है गाँव में। यों भी अब गाँववाले इतने मूर्ख नहीं रह गए।'

'यह तो बड़ी खुशी की बात है। कितने बरसों की साधना का परिणाम है यह कि हमारे गाँववाले चेते। यही तो सपना था बापू का!' और आँखें मूँदकर दा साहब बापू के सपनों की दुनिया में डूब गए।

खिसियाया हुआ-सा लखन टुकुर-टुकुर मुँह ताकता रहा दा साहब का कि कब दा साहब की समाधि टूटे और कब आगे के लिए आदेश मिले। जो भी है, निर्भर तो अंत तक उन्हीं पर करना है।

आँख खोलकर दा साहब ने घड़ी देखी—नौ बज गए।

'अच्छा तो तुम पांडे को बोल दो, मीटिंग की तैयारी करवाएँ। होशियार आदमी है, स्थिति सँभालना जानता है।'

फिर उठते हुए बोले, जैसे अचानक याद आ गया हो, 'और हाँ, जाओ तो ज़रा 'मशाल' के दफ्तर होते जाना। दत्ता बाबू ही नाम है न संपादक का? कोई तीन-चार महीने पहले इंटरव्यू लेने के लिए समय माँगा था।...पर कहाँ था उन दिनों समय? कहना, अब समय लेकर मिल लें किसी दिन मुझसे।'

फिर पास आए और बड़े स्नेह से लखन की पीठ पर हाथ रखकर बोले, 'लखन, आज का तुम्हारा आवेश देखकर अच्छा नहीं लगा मुझे। मेरे साथ चलना है तो भाई, ज़बान पर लगाम और व्यवहार में ठहराव चाहिए...समझे?'

दा साहब यह बात केवल कहते ही नहीं, अमल में भी लाते हैं। उनके पूरे व्यक्तित्व में, उनकी हर बात और हर काम में ज़बरदस्त ठहराव है। और इस ठहराव की वजह से ही वे शायद कुर्सी पर भी ठहरे हुए हैं। वरना पिछले दस महीनों में विरोधियों ने और उनके अपने दल के असंतुष्ट लोगों ने जैसी-जैसी तिकड़में की हैं, कभी की कलामुंडी खा गए होते!

शहर का दूसरा महत्त्वपूर्ण कोना—सुकुल बाबू का निवास-स्थान। दस वर्ष तक मुख्यमंत्री रहे हैं सुकुल बाबू इस प्रांत के। बिना किसी बाधा-व्यवधान के। एकछत्र राज था उनका। कभी सोचा ही नहीं था कि दस वर्ष की लंबी अवधि ने जिस राज की नींव को एकदम पुख़्ता कर दिया था वह एक झटके से ऐसे उखड़ जाएगा जैसे कोई जड़ें ही न हों उसकी। पर होनी बड़ी बलवान। यों सुकुल बाबू भी कम बलवान नहीं। सचमुच ऊँची चीज़ हैं। प्रांत के लोग दा साहब के पासंग पर रखते हैं सुकुल बाबू को। वैसे दा साहब की किसी भी बात से कोई समानता नहीं है सुकुल बाबू की। साँवला रंग, नाटा क़द। थोड़ा थुलथुल शरीर। दा साहब की तरह सौम्य-संयत भी नहीं। सुरा-सुंदरी से किसी तरह का कोई परहेज़ नहीं, बल्कि कहना चाहिए अनुरागी हैं दोनों के। जग के 'सकल पदारथ' न पानेवाले करम-हीनों में अपने को वे शुमार नहीं करवाना चाहते। मस्त-फक्कड़ हैं एकदम। निजी दोस्तों के बीच फूहड़ भाषा का प्रयोग करते हैं धड़ल्ले से। गाली-गलौज से भी कोई परहेज़ नहीं। उनका ख़याल है कि वाक्य में गाली का बंद लगा कि बात में धार आई। पर बाहर के लोगों के बीच अपने को काफ़ी साधकर चलते हैं।

ज्योतिष पर अनंत विश्वास है सुकुल बाबू को। तरह-तरह के नग-जड़ी हुई चार बड़ी अँगूठियाँ पहन रखी हैं। गले और बाजू में गंडे-तावीज़ भी बँधे हुए मिल जाएँगे। नीलम तो अभी पिछले महीने ही पहना। पहले भी किसी ने पहनकर आज़माने को कहा था, पर हिम्मत ही नहीं पड़ी। बड़े तेज़ मिज़ाजवाला पत्थर है नीलम। माफ़िक़ न आए तो एकदम पटड़ा ही बिठा दे। लेकिन पटड़ा बैठा न पहनने से, तो पहन लिया। और देखो, रंग लाया। बिसू की मौत...लगता है जैसे थाली में परसकर मौक़ा आ गया है उनके सामने। अपनी हार को जीत में बदलना है उन्हें इस मौक़े का फ़ायदा उठाकर। मौक़ा तो पहले भी आया था, इससे भी कहीं ज़्यादा अच्छा और मौज़ूँ—पर उस समय तो अपनी पार्टी का महाभारत सुलटाने में लगे हुए थे। बासठ वर्ष की उमर में क्या कुछ नहीं झेला है सुकुल बाबू ने राजनीति में! पर इस बार का अनुभव...तौबा! एक गड़रिए के डंडे के नीचे कैसे सारी भेड़ें रिरियाती-मिमियाती एक झुंड बनाकर चल रही थीं। पर जैसे ही डंडा टूटा, आपस में ही वो मार-काट मची कि विश्वास करना मुश्किल हो गया कि ये एक झुंड की ही भेड़ें थीं। कैसी-कैसी मशक़्क़त झेली है उन्होंने इस बार। कोई ऐसा-वैसा होता तो दम तोड़ गया होता अभी तक। यह तो सुकुल बाबू ही हैं कि टिके हुए हैं। केवल टिके हुए ही नहीं, सबको ठिकाने लेकर टिके हुए हैं। पर मन बेहद क्षुब्ध हो गया है उनका। उन्हें खुद लगने लगा कि राजनीति गुंडागर्दी के निकट चली गई है। जिस देश में देव-तुल्य राजनेताओं की परंपरा रही हो, वहाँ राजनीति का ऐसा पतन! कभी-कभी मन में एकदम वैराग्य जाग जाता है, पर राजनीति में जहाँ तक अपने को धँसा लिया, वहाँ से निकल भी तो नहीं सकते। निकलने का सीधा अर्थ है—हार मान लेना। और जीवन में एक यही तो बात है जिसे वो कभी नहीं मान सकते। पिछले चुनाव में हारकर भी मन

से वे उस हार को एक दिन के लिए भी स्वीकार नहीं कर सके। उस हार को जीत में बदलना ही है—जो भी हो...जैसे भी हो। कृतसंकल्प हैं उसके लिए!

आज सारे दिन सुकुल बाबू अपनी गोटियाँ ही बिठाते रहे। शाम के भाषण में कौन-कौन-से मुद्‌दे उठाने हैं...कितने वोट खोने हैं और कितने पाने हैं? अभी तक हरिजनों के बूते पर ही चुनाव जीतते आए थे। पिछली बार इन लोगों ने आँख फेरी तो मुँह की खानी पड़ी। पर इस बार कैसे आँख फेरेंगे? और आख़िर क्यों फेरेंगे? बिसू सारी ज़िंदगी इन्हीं लोगों के लिए तो लड़ता रहा था। वे बिसू की मौत का हिसाब ही तो माँगेंगे सरकार से...इस पर भी लोग उनके सुर-में-सुर नहीं मिलाएँगे? ज़रूर मिलाएँगे। और हरिजनों का सुर मिल गया तो फिर से सुगम-संगीत बजने लगेगा—कम-से-कम उनकी अपनी ज़िंदगी में तो।

एकाएक उनका मन बिसू के प्रति कृतज्ञता से भर गया। बस, एक ही डर है अब! जोरावर हुड़दंग न मचवा दे! एकदम उजड्ड आदमी है—बीहड़। पर पूरे गाँव और पंचायत में दबदबा है उसका! सारा गाँव थर्राता है उससे। सरपंच भी तो उसका चाचा ही है। बस, एक बार किसी तरह बिना किसी गड़बड़झाले के रंग जमाने को मिल जाए तो लोगों को पूरी तरह अपने साथ बहाकर ले जाएँगे। बहाकर ले जाने का मतलब अब वे खूब अच्छी तरह समझ गए हैं, और बहाव की ताक़त भी! कुछ अरसे पहले जो आया था, वह बहाव ही तो था। बहाव नहीं, बवंडर! एक ज़ोरदार बवंडर! कुर्सियों पर बैठे सारे लोग धड़ाधड़ नीचे जा गिरे। बड़ी-बड़ी हस्तियाँ तक नहीं टिक पाईं। उसके बाद से तो जैसे देश में बवंडरों का सिलसिला ही शुरू हो गया...आन्ध्र में बवंडर, दिल्ली में बवंडर...उड़ीसा में बवंडर! उस बवंडर ने इतिहास बदला तो ये बवंडर भूगोल बदलने में लगे हैं। और यदि वे बवंडर ले आए तो? वह शायद उनकी क़िस्मत बदल देगा। एक बार जीतकर किसी तरह विधानसभा में पहुँच जाएँ तो फिर वहाँ बवंडर का सिलसिला शुरू करेंगे! जोड़-तोड़ करने की अपनी क्षमता पर काफी भरोसा है सुकुल बाबू को। फिर सत्तर दरारवाली खोखली नींव पर खड़े इस मंत्रि-मंडल को गिराना यों भी कोई मुश्किल बात नहीं। अपने लोग ज़रा-सा साथ दें तो बाएँ हाथ का खेल है यह उनके लिए!

सुकुल बाबू के भाषण की सूचना से गाँव में तनाव-भरा सन्नाटा तो टूटा! वरना अजीब मायूसी छाई हुई थी गाँव में।

जब तक बिसू की लाश गाँव में रही, बड़ी खलबली मची रही वहाँ। भीड़... बातें...और भीड़, और बातें! जितने मुँह उतने अनुमान। किसने मारा बिसू को, और कैसे मारा? शरीर पर कहीं भी तो चोट या प्रहार का कोई निशान नहीं। रात में अच्छा-भला घर में सोया था और सवेरे पुलिया पर लाश मिली। जहाँ लाठी-फावड़े या सीधे बंदूक से मरने-मारने का रिवाज़ हो, वहाँ ऐसी रहस्यमय मृत्यु बेहद सनसनी पैदा कर रही थी सबके मन में।

पुलिसवालों की ऐसी चुस्ती तो गाँववालों ने पहले कभी नहीं देखी। शायद

पिछली घटना का सबक़ भूले नहीं थे—अभी तक। इधर ख़बर पहुँची और तुरंत ही थानेदार साहब अपने कांस्टेबलों को लेकर मौक़े पर हाज़िर। जाने कितने लोगों के बयान हुए। लाश सबसे पहले किसने देखी...किस हालत में देखी? बिसू की पूरी जन्म-पत्री खुली। कब इसने क्या कहा...क्या किया? इसकी दोस्ती...इसकी दुश्मनी... इसके मिलने-जुलनेवाले—ज़िंदगी की पूरी डायरी, जो शायद बिसू कभी नहीं लिखता, पुलिस लिखकर ले गई।

लेकिन लाश के जाते ही एक अजीब तरह का सन्नाटा छा गया वहाँ। तनाव-भरा सन्नाटा। गाँव के पूरब में एक बड़ा-सा अखाड़ा है जुम्मन पहलवान का जिसमें तीस-चालीस पट्ठे लाल लँगोटे बाँधकर वर्ज़िश करते रहते हैं रात-दिन। दंड पेलना, लाठी भाँजना, मुग़दर घुमाना, कुश्ती लड़ना...कुछ-न-कुछ चलता ही रहता है। शाम के समय काम से लौटते हुए लोग कुछ देर खड़े होकर तमाशा ज़रूर देखते। यह अखाड़ा गाँववालों के मनोरंजन का केंद्र भी है, और आतंक का स्रोत भी। इसी अखाड़े की आबादी जब अपनी तेल-पिलाई हुई लाठियाँ लेकर गाँव के गली-बाज़ारों में उतर आती है तो सारे गाँववालों को साँप सूँघ जाता है और सबकी जीभ तालू से चिपक जाती है। जैसे ही बिसू की लाश चीर-फाड़ के लिए शहर गई, अखाड़े के ये लठैत गश्त लगाने लगे गाँव में। उसके बाद लोगों के मुँह से आहें भले ही निकलती रही हों, बात नहीं निकली। बिसू के मारने का तरीक़ा चाहे न समझ में आ रहा हो, पर मरवानेवाले का नाम शायद सबके मन में बहुत साफ़ था। नाम भी, कारण भी। पर केवल मन में। बयान के समय भी ज़बान पर कोई नहीं लाया। बिसू का बाप भी नहीं।

लेकिन आज दोपहर से ही गाँव एक नई चहल-पहल से भर गया है। भोंपू-लगी जीप गली-गली गुहारती फिर रही है—'आज शाम छह बजे हरिजन भाइयों के हमदर्द दोस्त श्री सुकुल बाबू आप लोगों से बातचीत करने आएँगे। बिसेसर की मौत सरासर जुलुम है, इसे बरदाश्त नहीं किया जाएगा। आइए और सुकुल बाबू की आवाज़ में आवाज़ मिलाकर बिसू की मौत का जवाब तलब कीजिए। शाम छह बजे।'

लग रहा था जैसे बिसू हीरा का बेटा नहीं, सुकुल बाबू का अपना बेटा है और उसकी मौत का दुख, उनका अपना दुख है—जिसे बँटाने के लिए वे गाँववालों से याचना कर रहे हैं।

चार बजे तक गाँव एक अच्छे-ख़ासे आयोजन के लिए तैयार हो गया। मैदान में दो तख़त जोड़कर मंच बना दिया गया। मंच पर गद्दा बिछ गया, गाव-तकिए लग

गए। बस, उस पर बिराजने के लिए सुकुल बाबू की काया की प्रतीक्षा है। कोई सौ-डेढ़ सौ नए चेहरे भी गाँव में उतर आए हैं। जोरावर की ओर से कोई गड़बड़ी हो तो बचाव करेंगे...नहीं तो मज़मे की संख्या ही बढ़ाएँगे। कल के अख़बारों में यह तो छप सकेगा कि सुकुल बाबू का भाषण सुनने के लिए जनता उमड़ पड़ी। आज कुर्सी पर नहीं हैं तो इससे क्या...कोई मामूली हस्ती तो नहीं सुकुल बाबू।

गाँव की मायूसी से मुरझाए बच्चों के चेहरे खिल उठे हैं। उन्हें मेले जैसा मज़ा आ गया है। पहले जीप के पीछे-पीछे दौड़ते रहे, अब काग़ज़ के भोंपू बनाकर खुद चिल्लाते फिर रहे हैं। यह मौक़ा ग़मी की वजह से आया है या ख़ुशी की वजह से, उन्हें कोई मतलब नहीं—उनके लिए तो एक शग़ल हो गया।

ठीक छह बजे सुकुल बाबू की एंबेसेडर गाँव में प्रवेश कर गई। समय के पाबंद हैं सुकुल बाबू। दो गाड़ियाँ और भी आई हैं। और तीन जीप। सब लोग धड़ाधड़ उतरे। पार्टी की ओर से स्वागत करने के लिए पहले से ही तैयार हैं कुछ लोग। पर स्वागत सूखे अभिवादनों से ही हुआ है। मालाबाज़ी एकदम नहीं। मौक़ा ग़म का जो है। इन छोटी-छोटी बातों का बड़ा ध्यान रखना पड़ता है। सब लोग मंच पर चढ़े। सुकुल बाबू की चाल विशेष रूप से धीमी है। कुछ तो उनके शरीर का भारीपन आड़े आता है, कुछ आज का यह मातमी मौक़ा!

ऊपर चढ़कर अभिवादन की मुद्रा में उन्होंने हाथ जोड़े। नज़रों ने संख्या का अनुमान लगाते हुए भीड़ के विस्तार को अपने में समेटा। 'मज़मा ठीक ही जुड़ गया' का भाव चेहरे पर संतोष की हलकी-सी परत पोत गया। बस सारा आयोजन शांति से हो जाए और उनकी बात लोगों तक पहुँच जाए। इस घटना से लोगों के दिमाग़ ज़रूर उस ज़मीन जैसे हो रहे होंगे जो वर्षा के स्पर्श मात्र से फूट पड़ने को तैयार रहती है। आज वे ऐसी वर्षा करके जाएँगे कि फ़सल उनके हिस्से ही पड़े। मन-ही-मन उन्होंने उँगली में पड़े नीलम को नमस्कार किया और 'मत चूके चौहान' के भाव से माइक सँभाल लिया।

बोलते अच्छा हैं सुकुल बाबू! विरोधी को काटने में माहिर। गला साफ़ करके आवाज़ को साधकर उन्होंने बोलना शुरू किया—

'प्यारे भाइयो और दोस्तो,

'आपके दुख में शामिल होने के लिए आज मैं यहाँ आया हूँ। दुख तो आप लोगों पर इससे पहले भी पड़ा था और इससे कहीं अधिक बड़ा दुख था वह। दुख शब्द तो बड़ा हलका है उसके लिए। सरेआम इतना जुलुम—ऐसा अमानुषिक अत्याचार!

सुना था तो तिलमिला गया था भीतर-ही-भीतर, और आज तक किसी को कोई सज़ा नहीं हुई!'

क्षणिक विराम!

'क्या दोष था इन हरिजनों का? यही न कि सरकारी रेट पर मज़दूरी माँग रहे थे? गुनाह था यह? पर शायद था—तभी तो ज़िंदा जला दिए गए और जिन्होंने जलाया, उन पर कोई उँगली उठानेवाला तक नहीं। बेचारे बिसू ने उँगली उठाने की कोशिश की तो हमेशा के लिए चुप कर दिया गया उसे। अब होगी किसी की हिम्मत जो चूँ भी कर जाए! हो ही नहीं सकती। पुलिस गवाही लेने आई। तब भी किसी की हिम्मत नहीं हुई कि सच बात कह दे। जानते हैं, सच बोलते ही गला दबा दिया जाएगा और जहाँ सच का ही गला दबता हो, वहाँ न्याय की उम्मीद की जा सकती है? भूल जाइए कि आपको कभी न्याय मिलेगा।'

अपनी बात की प्रतिक्रिया जानने के लिए सुकुल बाबू ने मज़मे की ओर देखा, पर मज़मा चुप बैठा था—सूने-सपाट चेहरे लिए। सुकुल बाबू ने बात आगे बढ़ाई—

'बयान लेने का नाटक तो हो ही गया और इस बार बहुत मुस्तैदी से भी हुआ! अब मामला गहरी छानबीन के लिए ऊँचे अफ़सरों के हाथ में सौंप दिया जाएगा जो कभी किसी नतीजे पर पहुँचेंगे ही नहीं। कम-से-कम चुनाव तक तो नहीं पहुँचेंगे। आप लोग मरें या जिएँ, इन्हें तो चुनाव जीतना है—हर हालत में। और चुनाव जीतने के लिए गाँव के धनी किसानों के वोट भी चाहिए और पैसा भी। इसलिए अभी उनकी हर ज़्यादती पर, हर अन्याय पर परदा डाला जाएगा...उन्हें बचाया जाएगा। इसलिए अच्छी तरह जान लीजिए कि इस हत्या के लिए कुछ नहीं होने जा रहा है। कौन करेगा? पंचायत इनकी...पुलिस इनकी, और अब तो विश्वास हो गया होगा आपको कि सरकार भी इन्हीं की है। तब कौन लड़ेगा आपकी लड़ाई?...आपको न्याय दिलाने के लिए...आपका हक़ दिलाने के लिए कौन आएगा?'

सुकुल बाबू ने तैश में लिपटा हुआ प्रश्न मज़मे के बीच उछाल दिया, इस उम्मीद से कि भारी प्रतिक्रिया होगी उनकी बात की या कि उनके नाम के नारे ही लग जाएँ, पर वैसा कुछ हुआ नहीं। बस, एक कोने से बड़ी रिरियाती-सी आवाज़ आई—

'का बताई...हमार दुख मुला कोई नहीं जानता...' कि तभी बग़ल में खड़े आदमी ने हाथ की लाठी को ज़मीन पर ठोंका तो वह रिरियाती आवाज़ भी डूब गई।

तब सुकुल बाबू ने आवाज़ को और भी ऊँचा चढ़ाकर चेतावनी देते हुए कहा, 'गाँठ

बाँध लीजिए कि यह सरकार आप लोगों के लिए कुछ नहीं करने जा रही। इसे लगाव आपसे नहीं, अपनी कुर्सियों से है और कुर्सियों का तक़ाज़ा यही है कि अभी ऐसी बातों को गोलमोल करके ही छोड़ दो। कुर्सी और इंसानियत में बैर है। इंसानियत की खाद पर ही कुर्सी के पाए अच्छी तरह जमते हैं।'

मज़मे में एक सिरे पर जहाँ नए-नए चेहरेवाले लोग बैठे थे, तालियाँ बजने लगीं।

'शांत रहिए...शांत रहिए...!' उस ज़रा-से शोर के लिए सुकुल बाबू ने ऐसे कहा जैसे भारी शोर मच रहा हो। फिर अपनी बात जारी रखते हुए कहा—

'चुनाव जीतने के लिए सारा ज़ोर लगा दिया है सरकार ने। पर मैं पूछता हूँ कि क्यों? मैं तो हारा हुआ आदमी हूँ—मुझसे भला कैसा डर? अरे जनता ने भरोसा करके आपको कुर्सी पर बिठाया और कुर्सी पर बैठकर आपने जो कुछ किया, जनता के हित में ही किया होगा...फिर डर काहे का? काहे सफ़ेद को काला और काले को सफ़ेद करने में लगे हो?'

क्षणिक विराम।

'इस हारे हुए सुकुलवा से डरने की ज़रूरत नहीं, पर भगवान से ज़रूर डरो। इन बेज़बान, बेगुनाहों पर इतना ज़ोर-जुलुम मत करो!'

मज़मे में हलकी-सी सुरसुराहट होने लगी तो सुकुल बाबू के चेहरे पर चमक और आवाज़ में तेज़ी आ गई—'मैं मानता हूँ कि हमसे ग़लतियाँ हुईं। आपने दिखा दीं और हमने मान लीं! क्योंकि जनता कभी ग़लती नहीं करती। इस सरकार ने आपकी सुख-शांति, उन्नति-समृद्धि के लिए बड़े-बड़े आश्वासन दिए...हम आश्वस्त हुए, क्योंकि जनता के कल्याण में ही हमारा सुख है!'

सभा एकदम स्तब्ध।

'सच मानिए, यदि मुझे लगता कि इस सरकार के हाथों आपका भला-ही-भला होना है तो आज आप लोग मुझे यहाँ कभी नहीं पाते। इस सत्कार्य में दा साहब का सहयोगी न बनकर विरोधी बनूँ, इतना नीच नहीं हूँ। पर बातें कुछ, और काम कुछ! दिन-दहाड़े के इस जुलुम को चुपचाप बरदाश्त कर लूँ, इतना गया-गुज़रा भी नहीं हूँ।'

क्षणिक विराम।

'यह मत सोचिए कि मैं यहाँ आपसे वोट माँगने आया हूँ। एक बार हारने के बाद अब हार-जीत का अंतर ही मिट गया मेरे लिए।'

हाथ में लाठी लिए कोई पच्चीस-तीस आदमी मज़मे में इधर-उधर बिखरे हुए थे, उन्हीं में से एक बोला—

'तो कउन हकीम बोले रहा खड़े होने को?'

सुकुल बाबू सिटपिटाए नहीं। तुरंत ही जवाब पकड़ाया, तैश के साथ—'खड़ा

हुआ हूँ आप लोगों के हक़ की लड़ाई लड़ने के लिए। बिसू की मौत का हिसाब पूछने के लिए। बात केवल बिसू की मौत की नहीं है...यह आप सब लोगों के ज़िंदा रहने का सवाल है...अपने पूरे हक़ के साथ ज़िंदा रहने का। यह मौत कुछ हरिजनों की या एक बिसू की नहीं...आपके ज़िंदा रहने के हक़ की मौत है। आपका यह हक़ ज़रा-से स्वार्थ के लिए गाँव के धनी किसानों के हाथ बेच दिया गया है...और यही हक़ मुझे आपको वापस दिलवाना है। जुलुम ने आप लोगों के हौसले तोड़ दिए हैं, इसलिए मैं लड़ूँगा आपकी यह लड़ाई।...आखिरी दम तक लड़ूँगा। आप लोग साथ देंगे तो भी...नहीं देंगे तो भी...।'

'सुकुल बाबू, जिंदाबाद!...हरिजनों के हमदर्द, जिंदाबाद!'

उसी कोने में नारे लगने लगे। बाक़ी लोग नारे लगाने के बजाए नारे लगानेवालों को देखते रहे और लट्ठधारी अपनी-अपनी लाठियाँ ज़मीन पर ठकठकाते रहे। पर मज़मे में अब काफ़ी सरगर्मी फैल गई और लोगों के चेहरे पहले की तरह सूने और सपाट नहीं रह गए।

सुकुल बाबू ने आवाज़ और अदा बदलकर बड़ी नाटकीय मुद्रा में कहा, 'आप लोग मुझसे नाराज़ हुए...हक़ था आपका। पर बदले में मैं भी नाराज़गी दिखाता तो गुनाह होता मेरा। कैसे भूल सकता हूँ कि दस साल तक आप लोगों का होकर रहा हूँ...आप लोगों के लिए रहा हूँ...हक है आप लोगों का मुझ पर और अब हक-अदायगी का अवसर आया है तो यह सुकुलवा चूकेगा नहीं। चूके तो जूते मारिए उसके मुँह पर।'

क्षणिक विराम।

'मुझे दा साहब से न्याय माँगना है। बातें और आश्वासन नहीं, नौ-नौ आदमियों को मारनेवाला मुजरिम चाहिए। बिसू को मारनेवाला हत्यारा चाहिए!'

तभी एक कोने में कुछ गोलमाल होने लगा। बात कुछ ठीक से समझ में नहीं आई, उससे पहले ही दूसरे कोने से फिर नारे लगने लगे।

'और धाँधली—नहीं चलेगी, नहीं चलेगी।'

'सुकुल बाबू—जिंदाबाद!'

और तय हुआ कि अगले सप्ताह ही कोई दिन तय करके एक जुलूस दा साहब के यहाँ जाएगा, जिसका नेतृत्व सुकुल बाबू करेंगे। मज़मा उखड़ने तक लोगों में काफ़ी उत्तेजना आ गई थी और सुकुल बाबू को लगा कि उनका तालमेल लोगों के साथ बैठ गया।

बड़े संतुष्ट और गद्गद से सुकुल बाबू गाड़ी में बैठे। उनके सहयोगी बिहारी भाई ने कहा—

'आख़िर आपने रंग जमा ही दिया, सुकुल बाबू!'

'हूँऽऽ।' सुकुल बाबू का मन फिर आँकड़ों में उलझ गया! जोरावरवाले दल के वोट तो गए। क़रीब पैंतालीस प्रतिशत वोट हैं जोरावर के—एकदम बँधे-बँधाए। एक नहीं फूटने का उनमें से। अब बचे हुए सारे वोट अपने पक्ष में करने पड़ेंगे—तब बात बनेगी। पर इन नीची जातवालों का कुछ भरोसा नहीं। घेर-घारकर लाने पर भी कुछ तो वोट देने आएँगे ही नहीं और जो आएँगे उनका कब रुख़ बदल जाए और वे फूट लें, कुछ ठीक नहीं ससुरों का। अब सारे हरिजन और बिसू की जातवाले एकजुट होकर सुकुल बाबू के साथ नहीं आए तो बहुत महँगा पड़ जाएगा यह भाषण।

और सुकुल बाबू को लगने लगा कि गाँववालों की ओर से जैसी प्रतिक्रिया होनी चाहिए वैसी हुई नहीं। उनकी पार्टी के लोग ही थे जो थोड़ी गर्माहट फैलाए हुए थे। बाक़ी लोग तो दबे-सहमे-से ही बैठे रहे। लाठियाँ लिए दस-बीस लोग जो दिखाई दे रहे थे, ज़रूर जोरावर के आदमी रहे होंगे। उन्होंने अपनी ओर से कोई गड़बड़ नहीं की, पर माहौल को गर्म भी नहीं होने दिया। इससे तो साले कुछ कर देते। खलबली भी मचती और मज़मे का रुख़ अपने-आप उनकी तरफ़ हो जाता! लगता है आतंक तगड़ा है जोरावर का, वरना अपने हित की बात पर भी ऐसे बेजान-से होकर बैठे रहें, इतने बौड़म तो अब नहीं रहे गाँववाले...बल्कि कहना चाहिए, शहरियों के भी कान काटनेवाली चतुराई आ रही है उनमें आजकल। पिछले साल इन्हीं ने कान काटकर रख ही दिए थे उनके, उनकी अपनी हथेली पर।

एकाएक कुछ ख़याल आया सुकुल बाबू को—ड्राइवर से बोले—'गाड़ी वापस घुमाओ।'

गाड़ी रुकी तो ड्राइवर ने पूछा—'किधर चलें?'

'बिसू के घर तो गए ही नहीं। उसका बाप तो सभा में नहीं आया होगा शायद, और आया भी हो तो घर जाकर मिलने और दिलासा देने का और ही असर होता है। गाँववाले तो इन छोटी-छोटी बातों पर बिक जाते हैं बेचारे।'

गाड़ी वापस आई देखकर बिखरे मज़मे के कुछ लोग फिर सुकुल बाबू के इर्द-गिर्द जमा हो गए। दो लठैत भी मज़मे के साथ आ खड़े हुए, वैसे चुपचाप, पर उनके तेवर

पर एक प्रश्न बहुत साफ़ लिखा हुआ था—'घंटे-भर बकवास कर ली, अब और क्या बाक़ी रह गया है जो फिर पलट आए?'

लेकिन जब सुकुल बाबू की मंशा मालूम हुई तो दल-का-दल सुकुल बाबू के साथ चल पड़ा। गाड़ी जाने का सवाल ही नहीं था उस रास्ते पर सो पद-यात्रा करनी पड़ी। जुलूस के रूप में सब हीरा के घर पहुँचे, पर बेकार हो गया जाना। घर पर केवल दो बच्चे ही मिले।

पूछने पर बोले—'दद्दा और माँ शहर गए हैं दोपहर से ही। रात में लौटेंगे।'

'शहर? किसके साथ...क्यों?' एकाएक ढेर सारी शंकाएँ उभर आईं सुकुल बाबू के मन में। कहीं दा साहब ने ही न बुलवा लिया हो! वे इधर भाषण ही देते रह गए हों और उधर उन्होंने दूसरी ही घुट्टी पिला दी हो!

'क्या जाने? बिंदा जीजा ले गया है।'

'कौन बिंदा जीजा?'

'रुक्मा जीजी वाला।'

ख़ैर पूछताछ करने पर मालूम हुआ कि बिंदेसरी बिसू का ख़ास दोस्त है। आदमी पढ़ा-लिखा ज़रूर है, पर है बेहद बदमिज़ाज और बदज़बान!

सुकुल बाबू थोड़ा ठनकते माथे से ही गाड़ी पर लौटे। बिसू के बाप को घर पर मिलना चाहिए था। वे आख़िर बिसू की ग़मी में ही तो आए थे। कल से ऐलान करवा दिया था। उसके बावजूद कम्बख़्त शहर चला गया। इन देहातियों का कोई भरोसा नहीं—किस करवट बैठें। आज उसे सुकुल बाबू की बातें सुननी चाहिए थीं। बातें न भी सुनता तो कम-से-कम उन्हें अपने घर आया तो देखता। ख़ैर, गाँववालों ने तो देखा ही है—कैसे इतनी दूर पैदल चलकर वे गए। गाँववालों पर तो ज़रूर इसका असर हुआ होगा।

लेकिन खा-पीकर लेटे तो दिमाग़ के एक कोने में टँगा हुआ यह प्रश्न फिर कुरेदने लगा। बिसू के माँ-बाप शहर क्यों गए? वह भी ख़ास उस दिन जब उनका भाषण था। ज़रूर दा साहब ने ही कोई चाल चली होगी। इस बार दा साहब की हर चाल की जवाबी चाल उन्हें चलनी है और वह भी सवाई चाल। यह मौक़ा गया तो फिर चार साल तक कोई उम्मीद नहीं। और चार साल! आज तो सब तरफ़ जैसी हालत हो गई है उसमें चार दिन का भरोसा नहीं!

उँगली आँखों के सामने लाकर सुकुल बाबू मुग्ध भाव से नीलम को देखते रहे—'बस, अब तेरा ही भरोसा है...तू ही पार लगाना!' फिर उठे और सीधे बैठकर ज़ोर-ज़ोर से एक मंत्र का जाप करने लगे। नींद अच्छी आती है इस जाप से।

जिस समय गाँव में पूरे जोश-खरोश के साथ सुकुल बाबू अपना भाषण दे रहे थे, दा साहब सचिवालय से लौटकर घर में अपना ऑफ़िस खोले बैठे थे। नियम है उनका। सात से नौ बजे तक वे ज़रूर अपने घरेलू-ऑफ़िस के कमरे में बैठते हैं। क़ाबिले-ग़ौर फ़ाइलों को वे यहीं देखते हैं। फ़ाइलें निपटाने की अपनी मुस्तैदी के लिए बड़ा यश है दा साहब का। उनका विश्वास है कि काम वही अच्छा जो अपने हाथों से हो, और अपनी नज़रों के नीचे हो। दफ़्तरों और अलग-अलग महकमों में फैली काहिली और ग़ैरज़िम्मेदारी पर मन बड़ा क्षुब्ध रहता है दा साहब का, और चाहते हैं कि केवल उपदेश न देकर वरन् अपना उदाहरण सामने रखकर नसीहत दें लोगों को। बापू यों ही इतने बड़े देश को अपने साथ त्याग के रास्ते पर चलाकर नहीं ले गए थे...पहले खुद चले थे उस रास्ते पर। 'आस्था से कही बात और आस्था से किया काम दूसरे तक न पहुँचे, यह हो ही नहीं सकता। नहीं पहुँचता है तो समझो, कहीं तुम्हारी अपनी आस्था में कमी है।' बापू की हर बात, हर आदर्श को गाँठ बाँधकर रखा है दा साहब ने।

तभी चपरासी ने आकर सूचना दी, 'दत्ता बाबू आए हैं 'मशाल' वाले, और बड़े अदब से दत्ता बाबू का कार्ड पेश कर दिया।

कुछ क्षणों के लिए कोई प्रतिक्रिया नहीं हुई दा साहब के चेहरे पर। लगा जैसे चेहरा तो ऊपर उठा लिया है, पर दिमाग़ कहीं फ़ाइलों में ही अटका रह गया है!

चपरासी हुक्म की प्रतीक्षा में बुत बना खड़ा रहा।

'हूँऽ!' कुछ सोच में पड़ गए दा साहब! सामान्यतः वे इस समय 'विशेष प्रकार' के लोगों से ही मिलते हैं। पर दा साहब ने ही तो बुलवाया था दत्ता बाबू को!

'ठीक है, ले आओ अंदर!' सोच में से उबरे तो आदेश दिया। फिर एकाएक जैसे कुछ याद आया हो, बोले, 'और सुनो, रत्ती से कहना कि पाँच-सात मिनट में डी.आई.जी. से फ़ोन पर बात करवा देगा!'

चपरासी बाहर निकला तो दा साहब ने फ़ाइल बंद करके एक ओर सरका दी। फ़ाइल मेज़ पर से ही नहीं सरकी—दिमाग़ और चेहरे पर से भी सरक गई। उसूल है दा साहब का कि जिससे भी मिलो, पूरी तरह से मिलो। यह नहीं कि दिमाग़ तो कहीं और अटका है और आनेवाले को 'हाँ-हूँ' करके टरका रहे हैं। नहीं समय है तो साफ़ मना कर दो। साफ़गोई में वे विश्वास रखते हैं और दूसरे से भी उसकी अपेक्षा करते हैं।

दत्ता बाबू घुसे तो एक ही मुसकराहट में उनका स्वागत भी कर दिया और अभिवादन का जवाब भी दे दिया। फिर बड़े हलके-फुलके ढंग से कहा, 'आइए दत्ता बाबू, आइए! पर इस समय कैसे?'

दत्ता बाबू हलके-से सकपका गए। उनका बढ़ता क़दम एक क्षण को वहीं थम

गया। तब लगा जैसे ग़लत समय पर आ गए हों। थोड़ा हकलाते हुए बोले, 'जी, वो आपने याद फ़रमाया था...कल लखन बाबू ने...।'

दत्ता बाबू की सकपकाहट भाँप गए दा साहब। उन्हें सहज बनाने के लिए बोले, 'हाँ भाई, हाँ! मैंने ही मिलने के लिए बुलवाया था। आप लोग भले ही भूल जाएँ, पर मुझको तो सबका ही ख़याल रखना पड़ता है...सबकी ही ख़ैर-ख़बर लेनी पड़ती है।'

'नहीं...नहीं, कैसी बात फ़रमा रहे हैं...भला ऐसा कभी...आप हुक्म करते...।' शब्द नहीं सूझ रहे हैं दत्ता बाबू को।

दा साहब ने ही उबारा उन्हें, 'कोई पाँच-छः महीने हुए इंटरव्यू के लिए समय माँगा था आपने, नहीं दे सका था। समय के अभाव की बात तो अपनी जगह थी ही...पर मैं चाहता ही नहीं था।'

'जीऽऽ?' भौंचक भाव से दत्ता बाबू चेहरा देखने लगे दा साहब का। योजनाएँ हैं...मैं ये करूँगा, वो करूँगा...मेरे शासन काल में ये होगा, वो होगा...यही सब। पर यह गा-गे-गी वाली भाषा मुझसे बोली नहीं जाती। अरे भाई, पहले कुछ कर दो, फिर उस पर बात करो, दूसरों से भी बात करने को कहो...आलोचना करने को कहो...।'

'जी, वो बात ऐसी है कि मैं आना तो...अब क्या बताऊँ...।'

'मैं उलाहना नहीं दे रहा। जानता हूँ, काम बढ़ गया है आप लोगों का अब। बीच में तो यह स्थिति थी कि बनी-बनाई ख़बर आ गई ऊपर से और छाप दी। आप लोगों के लिए तो कुछ काम ही नहीं रह गया था। फिर ज़रा ठहरकर बोले, 'प्रजातंत्र में अख़बार पर पाबंदी हो, अशोभनीय स्थिति लगती है यह।'

दत्ता बाबू को तो जैसे बढ़ावा मिल गया। अख़बार बंद हो जाने की भड़ास निकालने का मौक़ा आ गया। भभककर बोले, 'अशोभनीय? मैं कहता हूँ, काले अक्षरों में लिखा जाएगा उन शर्मनाक ज़्यादतियों का इतिहास...गला घोंटकर रख दिया था सबका! मैं तो...।'

'न...न...दत्ता बाबू!' अंकुश लगा दिया दा साहब ने, 'आपका इस तरह टिप्पणी करना भी कोई ख़ास शोभनीय नहीं है। आप लोगों ने जो भूमिका अदा की, उसे किन अक्षरों में लिखेंगे आप? चापलूसी और जी-हुजूरी की भूमिका तो नहीं है अख़बारनवीसों की!'

दत्ता बाबू की साँस भीतर ही खिंची रह गई। दा साहब ने पैनी नज़र से देखते हुए कहा, 'फिर आपका अख़बार तो अश्लीलता के आरोप पर बंद हुआ था। सो भाई...।' बात अधूरी ही छोड़ दी दा साहब ने।

दत्ता बाबू की नज़रें ज़मीन पर और मन गड्ढे में। फिर भी किसी तरह साहस बटोरकर बोले, 'जी, वो झूठा आरोप था...असल में हमारे अख़बार ने...अब मैं...।'

'ख़ैर, छोड़िए। जो कुछ हुआ उस पर टीका-टिप्पणी करना अच्छा लग सकता है, पर उचित नहीं है। उस सबके लिए मैंने बुलाया भी नहीं है आपको। बेहतर यह है कि अब मौक़ा मिला है...लोगों ने भरोसा करके कुछ ज़िम्मेदारियाँ सौंपी हैं तो उन्हें

अच्छी तरह निभाएँ। पूरी लगन और निष्ठा के साथ। हम लोग भी...।' क्षणांश का विराम देकर, एक-एक अक्षर पर ज़ोर देते हुए वाक्य पूरा किया, 'आप लोग भी।'

शब्दों में तो ऐसा कुछ नहीं था, पर पता नहीं दा साहब के लहजे में कुछ था या उनकी नज़रों में कि एकदम सकते में आ गए दत्ता बाबू। मन-ही-मन याद करने की कोशिश करने लगे कि कहाँ क्या गुनाह हो गया! पर दा साहब ने तुरंत ही उबार लिया। बड़े सहज भाव से पूछा, 'अब तो गला घुटने का अहसास नहीं होता है आपको? किसी तरह का कोई अंकुश तो नहीं महसूस होता अपनी बात कहते समय?'

'जी नहीं...बिलकुल नहीं।' पर इतनी-सी बात कहते समय भी आवाज़ घुटी-घुटी ही निकल रही थी दत्ता बाबू की! सहज नहीं हो पा रहे थे।

'खुलकर टिप्पणी कीजिए। हम ग़लती करें तो खुलकर निंदा कीजिए हमारी भी।'

दत्ता बाबू टुकर-टुकर दा साहब का मुँह ही ताकते रहे।

'मैं तो भाई, कबीर के दोहे का क़ायल हूँ कि 'निन्दक नियरे राखिए'। प्रशंसक से निन्दक ज़्यादा हितैषी होता है हमेशा। आपको सत्पथ पर रखता है। आदमी एक बार इस गुर को समझ ले तो हमेशा के लिए भटकने से बच जाए। पर स्वभाव है आदमी का—प्रशंसा ही अच्छी लगती है उसे।' हँस पड़े दा साहब, तो दत्ता बाबू ने भी राहत की साँस ली। नहीं, ऐसी कोई ख़ास बात नहीं, बेकार ही इतना सिटपिटा गए थे वे।

तभी फ़ोन की घंटी बज उठी। दा साहब ने चोंगा उठा लिया, 'हूँ? कौन सिन्हा? हाँ बोलो...।'

'हूँ...हूँ...अच्छा!' चेहरा कुछ तनने लगा दा साहब का। 'देखो, भाई, तुम मामले की तह तक जाओ और दूध को दूध और पानी को पानी करो! यह काम है तुम्हारा। समझे?'

'हूँ...हूँ...!'

'देखो सिन्हा, मैं चाहता हूँ कि घटना की सही-सही तहक़ीक़ात हो। कोई क्या कहता है, इसकी चिंता मत करो। मेरे कहने की भी चिंता मत करो। बस अपना फ़र्ज़ निभाओ, ईमानदारी और सच्चाई के साथ!'

'हूँ...हूँ...!'

'सो तो होगा, इसे कौन रोक सकता है? और देखो, किसी अफ़सर को भेजकर फिर से बयान लेने को कहो। सुना है, लोगों ने डर के मारे सही बयान नहीं दिए।'

फिर आवाज़ में हल्की-सी सख़्ती लाकर कहा, 'पुलिस के सामने जनता को अधिक सुरक्षित महसूस करना चाहिए...आतंकित नहीं! जनता यदि डरती है तो कलंक है यह पुलिसवालों के लिए। मेरे अपने लिए भी। यह मैं बरदाश्त नहीं करूँगा।' फिर आदेश देते-से बोले, 'जाइए, जैसे भी हो उन्हें भरोसा दीजिए...निडर

बनाइए कि वे सच बात कहें।'

'...'

'ऐसी घटनाएँ घटें और पुलिस ठीक-ठीक पता न लगा पाए तो मतलब क्या हुआ पुलिस का? इससे तो बेहतर है कि आप और हम इस्तीफ़ा देकर बैठ जाएँ।

'...'

'नहीं...नहीं! अपना दोष दूसरों पर मढ़ने से काम नहीं चलेगा। जनता बयान नहीं देती तो क्यों? कौन ज़िम्मेदार है इसके लिए?...नहीं...नहीं, मैं बहाने नहीं, काम चाहता हूँ। पिछली बार की बात बरदाश्त कर गया, पर इस बार यदि मुजरिम नहीं पकड़ा गया तो मैं सज़ा आपको दूँगा, अपने को दूँगा, समझे?'

'...'

'हाँ, यह हुई न कुछ बात!...अच्छा, तुम एक काम करो। कल शाम को फ़ाइल लेकर मेरे पास आओ, मैं खुद देखूँगा। इन छोटी-छोटी बातों को लेकर गाँववालों में तनाव हो, यह ठीक नहीं। तीन-चार दिन में मैं भी जा रहा हूँ वहाँ...बात करूँगा लोगों से! पर जाने से पहले पूरी जानकारी होनी चाहिए वाक़िये की।'

दा साहब ने फ़ोन रख दिया। और दोनों हथेलियों में अपना सिर थाम लिया। लगा जैसे किसी गहरी चिंता में डूब गए हों।

दत्ता बाबू बेचारे इस दौरान अजीब-से पशोपेश में बैठे रहे। समझ ही नहीं पा रहे थे कि उनका यहाँ बैठे रहना सही भी है या नहीं? और नहीं है, तो जाएँ भी कैसे?

पर कुछ ही क्षणों में दा साहब ने अपना चेहरा उठाया। क्षण-भर पहले के तनाव, परेशानी और सख़्ती का कहीं नामोनिशान भी नहीं था। वही सहज-संयत भाव। शांत-गंभीर मुद्रा।

'डी.आई.जी. सिन्हा का फ़ोन था,' बड़ी लापरवाही से दा साहब ने कहा।

दत्ता बाबू के चेहरे पर असमंजस का जो भाव पुता हुआ था उसमें कौतूहल और आ मिला।

'जी, कोई ख़ास बात?' बातचीत से अनुमान तो लगा लिया था दत्ता बाबू ने, फिर भी पूछा, पर पूछते ही एक विचित्र-से संकोच में भी पड़ गए। पता नहीं, यहाँ बैठकर यह पूछना उनके अधिकार की सीमा में है भी या नहीं?

दा साहब की नज़रें जाकर शून्य में टँग गईं और दत्ता बाबू असमंजस में बैठे रहे। थोड़ी देर में दा साहब अपने में लौटे और दत्ता बाबू के प्रश्न का सूत्र पकड़कर ही बोले, 'ख़ास क्या...वही सरोहावाली वारदात...मालूम होगा आपको तो?'

'जी हाँ, जी हाँ, वो बिसेसर नाम के किसी नौजवान की हत्या का मामला...।'

'हत्या का मामला?' चुभती-सी नज़र से देखा दा साहब ने तो दत्ता बाबू बीच से ही थम गए।

‘हत्या के प्रमाण मिल गए आपको?’ सख़्त-सी आवाज़ में पूछा दा साहब ने।

‘नहीं, वो वहाँ के लोग...।’

‘लोग नहीं, विरोधी पार्टी के लोग। यही तो कह रहे हैं डी.आई.जी. कि घटनावाले दिन के सारे बयानों से नतीजा कुछ ऐसा निकल रहा है कि लड़के ने आत्महत्या की है और सुकुल बाबू के लोग दूसरे दिन से ही वहाँ चिल्लाते फिर रहे हैं कि हमें इस हत्या का जवाब चाहिए। अभी कोई घंटा-भर पहले सभा करके धुआँधार भाषण दे दिया सुकुल बाबू ने। पुलिस की रिपोर्ट आई नहीं, उनकी रिपोर्ट आ गई!’

दत्ता बाबू थोड़े असहज हो चले। फिर भी ख़ैर मनाते रहे कि ‘मशाल’ का अंक अभी नहीं निकला। कल निकलनेवाला है और उसमें भी हत्या की ही बात लिखी हुई है। बल्कि हेडलाइन ही है वह।

‘ठीक है भाई, तुमको चुनाव जीतना है...पर लोगों की शांति और आपसी सद्भावना पर तो मत जीतो। होगा क्या, गाँव में पहले ही तनाव है, और बढ़ जाएगा। आपस में ही मार-काट मचेगी। और इस सबका परिणाम? पिसेगा बेचारे ग़रीबों का तबका। संपन्न लोग तो जैसे-तैसे बच ही जाते हैं—पैसे के ज़ोर से, ताक़त के ज़ोर से। मरता तो ग़रीब ही है न? नहीं...नहीं...।’

दा साहब की आत्मा जैसे चीत्कार कर उठी, ‘यह तो ग़रीबों की क़ब्र पर अपना महल खड़ा करने की बात हो गई।’

दा साहब की आवाज़ दुख और क्षोभ में भीग उठी। चेहरे पर भी विषाद की हलकी-सी छाया पुत गई। दत्ता बाबू ने भी प्रत्युत्तर में दा साहब के चेहरे से थोड़ा-सा विषाद लेकर अपने चेहरे पर पोत लिया और ‘तू...तू...’ करके अपनी चिंता प्रकट कर दी।

‘दुहाई ग़रीबों की सब देते हैं, पर उनके हित की बात कोई नहीं सोचता। जनता को बाँटकर रखो...कभी जात की दीवारें खींचकर, तो कभी वर्ग की दीवारें खींचकर! जनता का बँटा-बिखरापन ही तो स्वार्थी राजनेताओं की शक्ति का स्रोत है। कुछ ग़लत कह रहा हूँ मैं?’

दत्ता बाबू ने बड़ी मुश्किल से थूक निगला। बेचारे समझ ही नहीं पाए कि किन शब्दों में दा साहब की इन ऊँची-ऊँची बातों का समर्थन करें!

पर दा साहब को उनके समर्थन की अपेक्षा भी नहीं थी। गहरी निष्ठा से उपजी हुई बातें बाहरी समर्थन की मोहताज नहीं होतीं। कभी-कभी पराकाष्ठा में दा साहब कुछ-कुछ दार्शनिक हो जाते हैं।

‘लेकिन मैं क्यों किसी के विवेक-अविवेक पर टिप्पणी करूँ? बस, अपने कर्त्तव्य पर चल सकूँ और अपनी आत्मा की आवाज़ को कभी अनसुना न करूँ, यही बहुत

है मेरे लिए। गीता से एक यही तो सीख ली है मैंने।'

और आँख मूँदकर मन-ही-मन जैसे गीता को नमस्कार किया दा साहब ने। दुबारा जब आँख खुली तो न चेहरे पर परेशानी थी, न विषाद, न आरोप। लगा, जैसे गीता ने क्षण-भर में ही सब-कुछ पोंछकर उनकी अपनी गरिमा लौटा दी उन्हें। वही सौम्य, शांत, संयत चेहरा।

सारे प्रसंग को स्थगित करके उन्होंने नए सिरे से दत्ता बाबू के साथ जोड़ा अपने को।

'ख़ैर, छोड़िए। आप से तो मैं पूछ रहा था कि अब तो किसी तरह की कोई पाबंदी... कोई अंकुश तो नहीं महसूस होता आप लोगों को? होता हो तो साफ़ कहिए। साफ़गोई का आदर करता हूँ मैं।'

दत्ता बाबू कुछ कहते, उसके पहले ही दा साहब फिर चालू हो गए, 'पिछली सरकार ने कुछ अख़बारों को विज्ञापन न देने का आदेश दे रखा था सरकारी महकमों में। सही बात कहने का साहस दिखलाया था इन अख़बारों ने। उसी की सज़ा थी यह शायद। पर भाई मेरे, साहस को तो पुरस्कृत होना चाहिए। मैंने वे सारी पाबंदियाँ हटा दी हैं। अख़बारों पर किसी तरह की भी पाबंदी हो, प्रजातंत्र की हत्या है यह।'

दा साहब एक क्षण रुके। अपनी बात की प्रतिक्रिया देखने के लिए दत्ता बाबू की ओर देखा। दत्ता बाबू चेहरे पर अनंत श्रद्धा-संभ्रम लपेटे बैठे थे। उसी भाव से लिपटा एक वाक्य निकला, 'जी, इस बात को कौन नहीं जानता? हम लोग तो बहुत-बहुत शुक्रगुज़ार हैं आपके...।'

'नहीं...नहीं, शुक्रिया की कोई बात नहीं। यह तो कर्त्तव्य था मेरा। इसे तो करना ही था।' फिर ज़रा चेतावनी के स्वर में बोले, 'आपके अख़बारों को पूरे हक़ मिल गए, अब आप लोगों को पूरा कर्त्तव्य भी निभाना चाहिए अपना—देश के प्रति, समाज के प्रति और ख़ास करके इस देश की ग़रीब जनता के प्रति। बहुत भारी ज़िम्मेदारी होती है अख़बारनवीसों के कंधों पर। और मैं चाहता हूँ कि उसके प्रति पूरी तरह सचेत हों...आप...।'

और 'आप' कहने के साथ ही दा साहब ने गरदन को हल्का-सा आगे करके ऐसी नज़रों से देखा कि दत्ता बाबू को लगा, जैसे नज़रों से ही ज़िम्मेदारी की पोटली सरकी और दत्ता बाबू के कंधों पर लद गई।

'जी...सही फ़रमाया है आपने।' फिर ज़िम्मेदारी के बोझ के नीचे दबे-दबे ही पूछा, 'जी, मेरे लायक कोई हुक्म?'

'क्या?' कुछ इस तरह पूछा दा साहब ने जैसे कोई बहुत ही अपरिचित और अनसुना-सा शब्द सुन लिया हो—हलकी-सी सख़्ती के साथ बोले, 'दूसरों के हुकुम पर चलकर अपना वजूद रख सकेंगे आप? मैंने हुकुम देने के लिए नहीं, केवल

आपका कर्त्तव्य बताने के लिए बुलाया था आपको यहाँ।' फिर आवाज़ को थोड़ा मुलायम बनाकर कहा, 'चाहता हूँ, कम-से-कम इस भाषा को भूल जाएँ आप लोग।'

दत्ता बाबू खिसियाकर रह गए। मन में कहा, यह आदमी तो हाथ ही नहीं रखने देता कहीं। अब कहें तो क्या?

'सरकारी विज्ञापन मिलने लगे...काग़ज़ का कोटा मिल रहा है...?'

'जी, उसी में थोड़ी दिक़्क़त पड़ रही है। बात यह...।'

'तो बताइए न अपनी दिक़्क़त। दिक़्क़त दूर करने के लिए ही तो मैं यहाँ बैठा हूँ।'

एकदम कृतज्ञ हो गए दत्ता बाबू। मुख्यमंत्री खुद बुलाकर उनसे दिक़्क़तों की बात पूछ रहे हैं।

'जी, अगर आप कोटा बढ़वा दें तो...।'

'हो जाएगा...हो जाएगा। उसके लिए जो खानापूरी करनी है कर दीजिए। और कुछ परेशानी हो तो बताइए।' और दा साहब ने बग़ल में रखी फ़ाइल उठाकर सामने कर ली।

दत्ता बाबू ने संकेत समझ लिया और बड़े अदब से उठते हुए पूछा, 'तो अब आज्ञा है?'

'हूँ...!' फ़ाइल के पन्ने पलटते हुए दा साहब ने कहा, 'जा सकते हैं अब आप, पर ध्यान रखिए, काम बहुत ज़िम्मेदारी से हो अब?' फिर नज़रों को दत्ता बाबू के चेहरे पर टिकाकर और आवाज़ में हलकी-सी सख़्ती लाकर बोले, 'आपके साप्ताहिक के कुछ अंक देखे हैं मैंने! बात की असलियत पर उतना ध्यान नहीं रहता आपका। जासूसी क़िस्से-कहानियों की तरह बहुत चटपटा और सनसनीखेज़ बनाकर छापते हैं आप बातों को। आगे से ऐसा न हो।'

खड़े होने के साथ ही पड़ी इस दुलत्ती ने लड़खड़ा दिया दत्ता बाबू को। हकलाकर बोले, 'जी, वो बात...।'

'जो हुआ उसकी सफ़ाई नहीं माँग रहा। आगे सावधानी बरतिए।'

और दा साहब ने अपना सिर फ़ाइल में गड़ा दिया।

दत्ता बाबू दा साहब के यहाँ से निकले तो भय और प्रसन्नता के बोझ से दबे जा रहे थे। उन्होंने सीधे प्रेस का रास्ता लिया।

अंक क़रीब-क़रीब छप ही गया होगा। हत्या की बात तो उन्होंने भी लिखी है और काफ़ी सनसनीख़ेज बनाकर ही लिखी है। दा साहब की अंतिम बात और उनका उस समय का तेवर याद आते ही भीतर तक थरथरा गए। अभी जाकर रुकवाते हैं। जैसे भी होगा, रात-भर में दुबारा छपवा लेंगे। सरोहा से सुकुल बाबू के भाषण की रिपोर्ट तो अभी तक आई नहीं होगी। यह भी मालूम नहीं कि भवानी ने भेजा किसे

हैं वहाँ? वैसे तो अगले ही अंक में देते उसे, पर यदि रात में आ जाती है तो इसी अंक में दे देंगे। ऐसा निकालना है इस अंक को कि दा साहब भी मान जाएँ। एक बार नज़रों में चढ़ जाए 'मशाल' तो पौ-बारह!

प्रेस पहुँचकर देखा, भवानी आख़िरी फ़र्मे का मैटर ओ. के. करके मशीन पर चढ़वा चुका था और घर जाने की तैयारी में था। वैसे ऐसा कभी हो नहीं पाता। जिस दिन अंक निकलनेवाला होता है, उसके पहलेवाली रात प्रेस में ही गुज़ारनी पड़ती है भवानी को। उसे बाहर जाने को तैयार देख दत्ता बाबू ने पूछा, 'यह अभी से कहाँ चले?'

भवानी ने तुरंत जेब से सिनेमा के तीन पास निकालकर मेज़ पर फैला दिए और हँसकर कहा, 'आज नौ बजे के बाद का समय भवानी की भवानी ने अपने नाम कर लिया है। वैसे आख़िरी फ़र्मा मशीन पर चढ़वा दिया है...सवेरे अंक तैयार।'

'ऐसी की तैसी तुम्हारी और तुम्हारी भवानी की! आज जाना नहीं हो सकता, मालूम भी है मैं कहाँ से आ रहा हूँ?' दत्ता बाबू ने कंधा दबाकर खड़े हुए भवानी को फिर कुर्सी में धाँस दिया।

'तुम कहीं से भी आ रहे हो, मेरा जाना नहीं रुक सकता। नहीं गया तो आज क़त्ले-आम हो जाएगा।' दत्ता बाबू की गिरफ़्त से छूटने की कोशिश करते हुए भवानी ने कहा।

'क़त्ले-आम तो तुम्हारा होना ही है। यह अंक फिर से छपेगा।'

'क्याऽऽ?' बात का कुछ सिर-पैर नहीं समझ आया भवानी के।

और तब दत्ता बाबू ने पहले मशीन रुकवाई और बाद में बैठकर भवानी को अपने और दा साहब के बीच हुए वार्तालाप का ब्यौरा बताया।

'दा साहब ने खुद बुलाकर कहा, यह सब तुमसे? दा साहब की कृपा हो जाए तो देर नहीं लगेगी 'मशाल' की रोशनी को देश के कोने-कोने में फैलने में!' जाने को उत्सुक भवानी पसरकर बैठ गया और जूते खोलकर पैर भी ऊपर चढ़ा लिए।

'सच यार, मैं तो सोच रहा था कि 'मशाल' के बंद होने को आपातकाल के मत्थे मढ़कर मैं भी कोई लंबा हाथ मार लूँगा। पर बुढ़ऊ है तेज़ चीज़। उसे मालूम था असली कारण...। मुझ पर ही उलट आया। एक मिनट को तो सचमुच ही हवा खिसक गई मेरी। लेने-के-देने पड़ने लगे। पर बात को ज़्यादा तूल नहीं दिया।'

'तुम तो सबसे पहले जाकर काग़ज़ का अपना कोटा डबल करवा लो।'

'ख़ैर, यह सब बाद में होगा...सबसे पहले नए अंक की तैयारी करो। सरोहा किसे भेजा था? कोई रिपोर्ट आई सुकुल बाबू के भाषण की?'

'अभी कहाँ से आएगी? इसी अंक में तो जाना भी नहीं था उसे। नरोत्तम लौट भी आया होगा तो भी सवेरे ही संपर्क होगा उससे तो।'

'नहीं, यह रिपोर्ट भी इसी अंक में जाएगी। नहीं हुआ तो अंक शाम तक निकालेंगे। पर अंक ऐसा निकले कि बस धाक जाम जाए।'

'हाँ, कम-से-कम दा साहब पर तो धाक जम ही जाए।'

अंक निकालकर देखा कि पहला और अंतिम पेज बदल देने से बात बन जाएगी।

भवानी के घर आदमी भेजकर ख़बर करवा दी गई। दो कंपोज़िटरों को वापस बुलवाया गया। दत्ता बाबू काग़ज़-कलम लेकर बैठ गए। रोज़ ही काग़ज़ रँगनेवाले के लिए भी लिखना इतने संकट का काम हो सकता है, यह पहली बार महसूस किया दत्ता बाबू ने। बाएँ हाथ से कुछ भी घसीट देनेवाले दत्ता बाबू ज़िम्मेदारी के बोझ के नीचे कुछ ऐसे दबे कि क़लम ही कुंठित हो गई उनकी। दो लाइनें लिखते और चार लाइने काटते।

इस समय अपने लिखे को अपनी नज़रों से नहीं, वरन दा साहब की नज़रों से देखकर तौल-परख रहे थे दत्ता बाबू!

दत्ता बाबू लिख-लिखकर दे रहे थे...कंपोज़िटर कंपोज़ करता जा रहा था। रात में ही भवानी ने जाकर नरोत्तम को जगाया। नरोत्तम की रिपोर्ट तैयार नहीं थी सो नरोत्तम को ही पकड़ लाया भवानी। वहीं बैठकर रिपोर्ट तैयार की जाएगी...दत्ता बाबू के सहयोग से।

और इस तरह बिसू की मौत को लेकर शहर का यह तीसरा कोना जो बहुत साधारण और निष्क्रिय था—एकाएक महत्त्वपूर्ण और सक्रिय हो उठा। रात-भर एक अजीब-सी खलबली मची रही इस कोने में भी—एक उत्तेजनापूर्ण खलबली।

दूसरे दिन 'मशाल' का अंक आया—बिलकुल नए तेवर के साथ। हेडलाइन बिसेसर की मौत की ख़बर की ही थी। साथ लंबा वक्तव्य दिया गया था, जिससे पुलिस की अभी तक की तहक़ीक़ात के आधार पर यह संकेत दिया गया था कि यह हादसा हत्या का नहीं, आत्महत्या का है। साथ ही दा साहब के सख़्ती से दिए गए उस आदेश का हवाला भी था, जिसमें उन्होंने पुलिस को गहरी छानबीन करके एक बेबाक रिपोर्ट तैयार करने की ताक़ीद की थी।

अंत में सुकुल बाबू के भाषण को एक ज़िम्मेदार व्यक्ति की निहायत ग़ैर-ज़िम्मेदाराना हरकत बताते हुए यह आरोप लगाया था कि उन्होंने एक छोटी-सी घटना को महज़ अपने राजनीतिक स्वार्थ के लिए मनमाने ढंग से विकृत करके लोगों में बिला वजह तनाव बढ़ाने का निंदनीय काम किया है।

संपादकीय में, संक्षेप में पर अधिक तीखी भाषा में इन्हीं सब बातों को समेटते हुए जनता को आगाह किया था कि और अधिक समय तक वह इस तरह की राजनीतिक चालों और चुनाव जीतने के हथकंडों का शिकार न बने।

यानी मि. बिसू की मौत ने एकाएक 'मशाल' को प्रजातंत्र की ज़िम्मेदारियों से लैस करके एक महत्त्वपूर्ण अख़बार बना दिया और दत्ता बाबू को एक ज़िम्मेदार संपादक।

शिक्षा-मंत्री त्रिलोचनसिंह रावत की कोठी। पर इस नाम से कम ही लोग जानते हैं इन्हें। सबके बीच तो लोचन भैया के नाम से जाने-पहचाने जाते हैं। केवल नाम से ही लोचन नहीं, कुछ समय पहले सचमुच ही जनता के प्रिय-लोचन हो गए थे। बात कोई बहुत पुरानी भी नहीं, मुश्किल से चार साल पहले की है। उस समय सुकुल बाबू भी विधान सभा के सदस्य थे। तभी राजनीति में एक ऐसी मारक हवा चली जिसने बड़े-बड़े राजनेताओं की रीढ़ को नीचे खींचकर दुम में बदल दिया था, जो अपने से ऊपर वाले के सामने केवल हिलती रहती थी। ढोल पीटने और दुहाई देने के लिए तो ज़रूर प्रजातंत्र था, पर उसकी असलियत यह कि प्रजा बिलकुल बेमानी और तंत्र मुट्ठी-भर लोगों की मनमानी। ऐसे समय में लोचन बाबू सुकुल बाबू के विरोध में खम ठोंककर खड़े हो गए—अपनी रीढ़ पर। खड़े होने की क़ीमत तो चुकानी ही थी—चुकाई भी। पर उस दिन से वे जनता के प्रिय लोचन भैया बन गए। मुक़द्दर के ऐसे सिकंदर निकले कि चुकाई क़ीमत को भरपूर वसूलने का मौक़ा भी आ खड़ा हुआ—तुरत-फुरत। मौक़ा आते ही जनता ने प्रिय लोचन भैया को भारी बहुमत से जिताकर वापस विधान सभा में बिठाया—बाइज़्ज़त। अपने प्यार को सबूत दे दिया जनता ने, तो अब लोचन भैया को वफ़ादारी निभानी है। बहुत बड़ी-बड़ी बातें की थीं—लम्बे-चौड़े आश्वासन दिए थे और अब अपना ही कहा हर शब्द चुनौती बनकर खड़ा है उनके अपने सामने। कतराना क़तई नहीं चाहते इस चुनौती से, पर डटकर सामना कर सकें, इस स्थिति में भी अपने को नहीं पा रहे।

जिस दिन हरिजन बस्ती में आग लगी उस दिन से यह कोठी भी एक तरह से सुलग ही रही है। कोठी नहीं, कहना चाहिए लोचन भैया का मन सुलग रहा है। सरोहा-चुनाव के लिए सुकुल बाबू के वज़न के जितने भी नाम प्रस्तावित हुए, उन सबको धराशायी करके जिस बेशर्मी और ढिठाई के साथ दो कौड़ी की औक़ातवाले लखन को खड़ा किया गया, उसने उस आग को और भड़का दिया। लेकिन बिसू की मौत से तो एकदम लपटें उठने लगी हैं उनके मन में। आत्मा के साथ बलात्कार करने की व्यथा क्या होती है, यह इन दिनों में ही जाना है लोचन भैया ने! देश की ग़रीब जनता के प्रति पूरी तरह समर्पित उनका व्यक्तित्व उनके अपने लिए एक भारी समस्या बन गया है। 'बहुत बरदाश्त कर लिया, अब तिल-भर भी और नहीं' वाली मुद्रा अपनाए घूम रहे हैं पिछले हफ़्ते से।

केवल लोचन भैया ही नहीं, दा साहब के मंत्रिमंडल से और भी अनेक विधायक असंतुष्ट हैं और असंतोष के अपने-अपने कारण भी हैं। वैसे ईमानदारी की बात तो यह है कि असंतोष का सिलसिला तो मंत्रिमंडल बनने के पहले दिन से शुरू हो गया था, पर उस समय परिस्थिति की माँग कुछ ऐसी थी कि सबने अपने-अपने चेहरों पर स्नेह, सद्भावना, संतोष और एकता के मुखौटे चढ़ा लिए थे कसकर, और आदर्शों के लबादे ओढ़ लिए थे। असंतोष भीतर—अपने लिए, और बाक़ी सब बातें बाहर—दूसरों के लिए। पर घटनाएँ कुछ इस तरह घटती रहीं कि मुखौटों पर दरार-पर-दरारें पड़ने लगीं और लबादों के चिथड़े बिखरने लगे। बिसू की मौत ने तो जैसे चकनाचूर ही कर दिया इन मुखौटों को। इतने दिनों से भीतर-ही-भीतर कसमसाते सबके असली चेहरे निकल आए हैं, अपने पूरे नंगेपन के साथ—असंतोष से पुते हुए और कुछ भी कर गुज़रने को तत्पर। कल रात को दो बजे तक इन्हीं नंगे-असंतुष्ट चेहरों की ऐसी आवाज़ाही मची रही है इस कोठी में कि लगा कुछ बहुत ही महत्त्वपूर्ण घटने जा रहा है। और अब सचमुच घटाकर ही रहेंगे लोचन भैया! उनके भीतर पाँच साल पुराना लोचन जाग उठा है इस समय।

रात-भर जागने की थकान ज़रूर है चेहरे पर—पर शरीर में शिथिलता कहीं नहीं। अंग-प्रत्यंग चुस्त-दुरुस्त—मोर्चा लेने को तैयार। पार्टी-अध्यक्ष सदाशिव अत्रे की—जिन्हें लोग अप्पा साहब कहते हैं—प्रतीक्षा में बैठे हैं। सवेरे लोचन बाबू ने मिलने के लिए समय माँगा तो अप्पा साहब ने बताया कि वे इधर ही आ रहे हैं किसी काम से, और ठीक नौ बजे खुद ही पहुँच जाएँगे। कहा है तो ज़रूर पहुँचेंगे और नौ बजे ही पहुँचेंगे। कुछ ऐसी विपरीत स्थितियों में जीवन जिया है अप्पा साहब ने कि बात के पाबंद तो हो नहीं सके चाहकर भी, पर समय की पाबंदी का यह हाल कि लोग चाहें तो घड़ी मिला लें उनके आने-जाने से।

ठीक नौ बजे प्रकट हुए अप्पा साहब। क़लफ़-इस्त्री से चुस्त-दुरुस्त शुभ्र-वर्णी खादी की पोशाक और गाँधी टोपी। शरीर के एक अविच्छिन्न अंग की तरह हमेशा सिर से ही चिपकी रहती है यह टोपी। शायद ही कभी किसी ने नंगे सिर देखा हो अप्पा साहब को। छड़ी लेकर चलते हैं—उम्र के कारण नहीं—बाएँ पैर में हलकी-सी लँगड़ाहट है। 'बयालीस के आंदोलन में मिला हुआ तमगा'—बड़े गर्व से परिचय देते हैं अपनी इस टाँग का और एकाएक अपनी पीढ़ी की प्रशस्ति में दो-एक वाक्य उछाल देते हैं—'हमारी पीढ़ी ने तो केवल त्याग करना ही जाना था—आकांक्षा-अपेक्षा तो कुछ रखी ही नहीं कभी। और आज की पीढ़ी—त्याग करेंगे कन-भर और बदले में चाहेंगे मन-भर।' बात ठीक भी है। अप्पा साहब की पीढ़ी के उन लोगों के लिए तो शत-प्रतिशत ठीक है जो त्याग करते-करते ही एक दिन चोला समेटकर शहीद हो गए। जो बच गए वे बेचारे क्या करें...इस कलजुगी

हवा के आगे मजबूर!

लोचन बाबू ने बढ़कर बिना ज़रूरत के हाथ का हल्का-सा सहारा देकर सोफ़े पर बिठाया अप्पा साहब को—शायद आदर-भरी आत्मीयता दिखाने के लिए।

'रात बड़ी देर तक बैठक होती रही तुम्हारे यहाँ, बहुत उखाड़-पछाड़वाली बैठक!' एक पैर उठाकर सोफ़े पर रखते हुए कुछ इस तरह कहा अप्पा साहब ने कि पता नहीं लग सका कि यह प्रश्न था या आरोप? पर बात सीधे ही शुरू की उन्होंने। फ़ालतू की भूमिका में ज़ाया करने के लिए न समय है उनके पास, न शायद धैर्य!

'हाँ, उसी सिलसिले में मैं मिलना चाह रहा था आपसे।' फिर एक क्षण रुके लोचन बाबू। मानो अगला वाक्य कहने से पहले उसे तौल रहे हों, 'कल अंतिम रूप से यह निर्णय लिया गया है कि अब हम लोग एक दिन के लिए भी इस मंत्रिमंडल का हिस्सा बनकर नहीं रहेंगे। स्थितियों को और अधिक बरदाश्त करना अब संभव नहीं।' अपनी बात की प्रतिक्रिया देखने के लिए अप्पा साहब के चेहरे को ग़ौर से देखा, फिर अपनी बात पूरी कर दी, 'और अब दा साहब का मंत्रिमंडल भी नहीं रह सकेगा।'

'हम लोग कौन?' चेहरे पर बिना किसी तरह का विकार लाए सीधा-सा प्रश्न पूछा अप्पा साहब ने।

'जैसे आप जानते ही न हों? ख़ैर, नाम तो बाद में भी मालूम होते रहेंगे...अभी संख्या जानना काफ़ी होगा आपके लिए। पार्टी के एक सौ चालीस सदस्यों में से पिचासी सदस्य हैं हमारे साथ—स्पष्ट बहुमत।'

'और तुम नेतृत्व कर रहे हो उनका?' इस बार स्वर में सीधा आरोप था और आरोप में अध्यक्ष-पद के रौब की अनुगूँज।

'उससे कोई फ़रक नहीं पड़ता। सरेआम जिस तरह के ज़ुल्म और ज़्यादतियाँ हो रही हैं...उन सबके साझीदार हों हम भी...लानत है हम पर...।'

आवेश के मारे लोचन बाबू का चेहरा तमतमाने लगा।

'अत्याचारी को संरक्षण दो और पीड़ितों को कुचलो। यही थे हमारे आदर्श—हमारे सिद्धांत, जिन्हें लेकर चले थे हम?' स्वर में जैसे चुनौती भरी हुई है लोचन बाबू के।

'सिद्धांतों और आदर्शों में तो यह भी नहीं था कि हम अपने व्यक्तिगत स्वार्थ और हित को पार्टी की एकता और उसके हित से ऊपर रखेंगे।'

बात बेहद ठंडे लहज़े में ही कही गई थी, पर लोचन बाबू एकदम भुन गए। तमककर पूछा, 'कौन देख रहा है अपना स्वार्थ? ग़रीब तबक़ों के हित की बात करना अपने हित की बात करना है? जातिवाद का विरोध करना अपना स्वार्थ है?'

'मुख्यमंत्री बनने का आश्वासन मिला है?' स्वर में आक्रोश नहीं, पर चीर देने वाले व्यंग्य का पैनापन ज़रूर है।

क्षण-भर को तिलमिला गए लोचन बाबू। लेकिन तुरंत ही अपने पर ज़ब्त कर लिया उन्होंने। यह अतिरिक्त आवेश कहीं उनकी अपनी कमज़ोरी का प्रमाण न बन जाए! भरसक अपने को तनाव-मुक्त करके सहज बनाया लोचन बाबू ने, फिर चेहरे पर एक बहुत ही महीन क़िस्म की, अभिजात्य में लिपटी व्यंग्यात्मक मुसकान पोती और बोले, 'अधिकतर समय दा साहब के साथ उठने-बैठने के कारण इस नतीजे पर पहुँचे आप तो कोई आश्चर्य नहीं।'

तभी लोचन बाबू की बिटिया चाय लेकर आ गई। कप थामने के बाद बिटिया को बड़े स्नेह से बाँह से थामकर अपने पास बिठाया अप्पा साहब ने।

'अरे, तू तो बहुत जल्दी-जल्दी बड़ी हो रही है, सोना। अच्छा है, जल्दी से बड़ी हो जा और अपने बाबूजी को कंट्रोल में रखना शुरू कर दे। बहुत फनफनाते रहते हैं।' और एक बुज़ुर्गाना हँसी!

सोना बिना कुछ जवाब दिए अप्पा साहब की गिरफ़्त में से छूटकर भागी और भीतर ग़ायब हो गई। इस वाक्य से बातचीत में जो एक हलका-फुलकापन आया था, सोना के साथ ही वह भी ग़ायब हो गया।

अपने-अपने कपों से चाय की चुस्कियाँ लेते हुए दोनों एक-दूसरे के बोलने की प्रतीक्षा करते रहे। चाय का अंतिम घूँट समाप्त करके कप एक ओर सरकाया अप्पा साहब ने और रूमाल निकालकर हलके-से ओठों से छुआकर उसे वापस जेब के हवाले किया। इसके बाद बात को बिलकुल दूसरे सिरे से पकड़ा। बात का केवल सिरा ही नहीं बदला था...अप्पा साहब का स्वर, तेवर और लहजा भी एकदम बदला हुआ था, 'देखो लोचन, तुम सब लोगों के असंतोष की बात तो उठती ही रहती है...बल्कि कहूँ कि हर दूसरे-तीसरे दिन ही उठती रहती है। बहुत ग़लत भी नहीं कहता मैं तुम लोगों को। तुम क्या सोचते हो, मेरे अपने मन में असंतोष नहीं है? जो कुछ हो रहा है, जिस तरह हो रहा है—बहुत खुश हूँ मैं उससे?'

और सचमुच ही असंतोष और दुख की हलकी-सी छाया उभर आई अप्पा साहब के चेहरे पर।

'ग़लत बातें हुई हैं और ग़लत बातें सभी को असंतुष्ट करती हैं। पर यह मत भूलो कि हम एक ऐसे चौराहे पर खड़े हैं, जहाँ से बिना दुविधा के कोई एक रास्ता चुन पाना संभव नहीं।'

एक क्षण चुप रहकर फिर अप्पा साहब ने अपनी बात आगे बढ़ाई, 'जानते हो, इस समय तुम लोगों के आपसी मतभेद उभरकर सामने आएँ या कि मंत्रिमंडल गिराया जाए तो सरोहा-चुनाव पर क्या असर पड़ेगा उसका? बात केवल एक सीट की नहीं...सुकुल बाबू के आने की है। उनकी जीत हमारी नालायकी का डंका-पीट ऐलान होगा कि नहीं? पार्टी के लिए अच्छा होगा यह, या उसके हित में होगा? क्या

इमेज बनेगी उसकी? ज़रा ठंडे दिमाग़ से सोचकर देखो!'

लेकिन ठंडे दिमाग़ से सोचते कैसे, लोचन बाबू का दिमाग़ तो इस समय भट्ठी बना हुआ था, सो अप्पा साहब की इतनी महत्त्वपूर्ण बात भी उसमें भुनकर राख हो गई। उनके उठाए प्रश्नों को मन में उतारने की बजाए लोचन बाबू ने अपनी तरफ़ से उसी तर्ज़ का एक प्रश्न जड़ दिया, 'मज़दूरों को सरकारी-रेट पर मज़दूरी न मिलना...आदमियों को ज़िंदा जला दिया जाना...दिन-ब-दिन बढ़ते अत्याचार... असुरक्षा...बिसू की मौत...इन सबसे तो चार चाँद लग रहे हैं न पार्टी की इमेज पर? पार्टी का ध्यान ही किसे रह गया है आज?'

आवेश है कि रह-रहकर उभर ही आता है लोचन बाबू के स्वर में। क्या करें, उनके व्यक्तित्व की बनावट ही ऐसी है।

तनिक भी आहत नहीं हुए अप्पा साहब इस आवेश से। पार्टी की सुरक्षा और सुनाम दोनों को बनाए रखना उनका दायित्व है, और वे काफ़ी सचेत भी हैं अपने इस दायित्व के प्रति।

'हाँ, प्रतिष्ठा पर ठेस तो लगी ही है इन सब बातों से और अब जो थोड़ी-बहुत प्रतिष्ठा बची है, उसे तुम मटियामेट कर दो।'

एक बड़ी ही असहाय-सी कातरता उभर आई उनके चेहरे पर, 'जनता के अनंत विश्वास, प्यार और सद्भावनापूर्ण समर्थन के मज़बूत पायों पर खड़े होकर भी हमारी पार्टी की उम्र—जुम्मा-जुम्मा आठ दिन—बस!' और इस विडंबना पर उन्होंने कंधे उचकाकर हाथ झटक दिए।

'लगता है, आप लोग इस बात को तो शायद बिलकुल भूल ही गए हैं कि दा साहब के व्यक्तित्व से परे भी पार्टी का कोई अस्तित्व है?'

लोचन बाबू के स्वर में आरोप स्पष्ट था और क्षण-भर को सकपका भी गए अप्पा साहब। पर फिर बात को सँभालते हुए बोले, 'तुम ग़लत समझ रहे हो। मेरा मतलब केवल इतना ही था कि सुकुल बाबू का आना पूरी पार्टी के लिए ख़तरनाक साबित हो सकता है, इसे मत भूलो।'

'पार्टी...पार्टी...पार्टी! जैसे पार्टी के अस्तित्व को बनाए रखना ही हमारा लक्ष्य हो गया है। इस पार्टी के माध्यम से हमने कुछ बहुत बड़ी-बड़ी बातें करने के दावे भी तो किए थे। क्या हुआ उन सबका?'

अपनी कही बातें न कर पाने का क्षोभ साफ़ झलक रहा है लोचन बाबू के चेहरे पर भी, उनके स्वर में भी। पर अप्पा साहब पर कोई ख़ास असर नहीं हुआ उस क्षोभ का! बड़े सहज स्वर में बोले, 'होता है कभी-कभी ऐसा भी। मंज़िल तक पहुँचने के

लिए हम सड़क बनाते हैं...पर जब सड़क बन रही होती है, उस समय वही हमारा लक्ष्य होती है, वही हमारा केंद्र। मंज़िल पर पहुँचने का माध्यम तो वह बनने के बाद ही बनती है।'

अपनी इस उपमा की सटीकता पर वे खुद ही गद्गद हो गए। लगा जैसे अपने भीतर उठते हुए सारे प्रश्नों का समाधान भी उन्हें मिल गया। पर लोचन बाबू ने एक वाक्य में ही चाक कर दिया उनके सारे सोच को।

'जो सड़क रोज़ एक गज़ बनती है और दो गज़ खुदती है, उसके पूरी होने की बात पर क्या आप सचमुच विश्वास करते हैं? आप भ्रम में रहना चाहते हैं, ज़रूर रहें, पर अब यह दोहरी ज़िंदगी जीना मेरे बस का नहीं।'

मानो अंतिम फ़ैसला सुना दिया लोचन बाबू ने! अप्पा साहब बोले कुछ नहीं। बस, एकटक लोचन बाबू का चेहरा देखते रहे, मानो अपनी नज़रों से ही लोचन बाबू के निर्णय का वज़न तौल रहे हों।

तभी फ़ोन की घंटी बजी। लोचन बाबू ने ज़रा-सा झुककर रिसीवर उठाया और बिना पूरी तरह यह सुने कि फ़ोन किसका है, घंटे-भर बाद फ़ोन करने का आदेश देकर रिसीवर रख दिया।

'हम चाहते हैं कि विधायक दल की बैठक बुलाकर जल्दी-से-जल्दी शक्ति-परीक्षण की तारीख़ तय कर दें आप!'

यह अनुरोध था, आग्रह था या आदेश—समझ पाना मुश्किल था!

'हूँऽऽ! दा साहब भी विधायक दल की बैठक बुलाने का आग्रह कर रहे हैं! कुछ मंत्रियों को बर्ख़ास्त करना चाहते हैं। इतने विरोध के साथ काम करना मुश्किल हो रहा है उनके लिए।' अपनी बात की प्रतिक्रिया देखने के लिए एक उड़ती-सी नज़र डाली उन्होंने लोचन के चेहरे पर।

'मैं ही रोके हुए हूँ। कम-से-कम चुनाव तक ये आपसी मतभेद दूर ही रखे जाएँ तो बेहतर होगा। अध्यक्ष के नाते अभी मैं केवल यही कह सकता हूँ कि इस समय एकजुट होकर हमें चुनाव-अभियान में लग जाना चाहिए।'

'लखन के लिए?' होंठों पर व्यंग्य और विद्रूप-भरी मुसकान उभर आई लोचन बाबू के।

'नहीं, पार्टी के लिए।'

'भीतरी मतभेद और आपसी कटुता को अब आप इन बाहरी कारणों से दबा नहीं पाएँगे। दबाना उचित भी नहीं है। हम पाँच मंत्री अपना त्यागपत्र देने जा रहे हैं, और इस बार पार्टी और एकता की आड़ लेकर आप हमें निर्णय से डिगा नहीं पाएँगे।'

सारी बात का उपसंहार करते हुए अंतिम बात कह दी लोचन बाबू ने। अप्पा साहब लोचन के चेहरे को देखते रहे, फिर उन्होंने झुककर अपनी छड़ी उठाई और दोनों हाथों से पकड़कर उसे यों ही ज़मीन पर ठोंकते हुए बोले, 'तुम जिन लोगों के भरोसे त्यागपत्र देने जा रहे हो, उन पर विश्वास कर सकते हो इतना कि और ज्यादा

बड़ा प्रलोभन मिलने पर भी वे तुम्हारा साथ नहीं छोड़ेंगे? फ़ेन्स पर बैठकर हर दिन अपना मोल-भाव करनेवाले लोगों के बूते पर तुम यह निर्णय ले रहे हो...मुझे डर है, तुम्हें कहीं मुँह की न खानी पड़े!'

अप्पा साहब ने जैसे अपने अनुभव के निचोड़ से लोचन बाबू को एक बार और आगाह करना चाहा!

'मैंने न किसी को प्रलोभन दिया है, न ख़रीदा है। अपने सिद्धांतों के प्रति जिनके मन में ज़रा-सी भी निष्ठा बाक़ी बची रह गई है, वे खुद-ब-खुद एक होकर आ गए हैं हमारी तरफ़!'

'सिद्धांत!' हलके-से हँसे अप्पा साहब। फिर समझाते हुए बोले, 'देखो, विरोधी पार्टी के लोग बिसू की मौत को एक राजनीतिक हथकंडा बनाएँ, यह तो समझ में आता है, पर... ।' बात अधूरी छोड़ दी अप्पा साहब ने और छड़ी पर अपने शरीर का सारा वज़न डालकर उठ खड़े हुए।

लोचन बाबू भी खड़े हो गए तो अप्पा साहब ने खुद अपना एक हाथ बढ़ाकर उनके कंधे पर टिका दिया।

'तुम्हारी रातवाली मीटिंग को लेकर सवेरे दिल्ली से बात हुई थी। इस महत्त्वपूर्ण चुनाव के मौक़े पर तुम्हारे इस आचरण पर काफ़ी रोष है वहाँ। न चाहते हुए भी मुझे कोई सख़्त क़दम उठाने को मज़बूर किया गया तो?' धीरे-धीरे चलते हुए ही उन्होंने यह संकेत दे दिया लोचन बाबू को।

क़तई विचलित नहीं हुए लोचन बाबू! केवल इतना ही कहा, 'बहुत महँगा पड़ेगा।'

बढ़ता हुआ क़दम थम गया अप्पा साहब का। बहुत ही पैनी नज़र डाली उन्होंने लोचन बाबू के चेहरे पर, मानो भीतर तक डूबकर इस बात का असली मतलब जानना चाहते हों। लेकिन लोचन बाबू के चेहरे पर किसी तरह का कोई भाव नहीं था।

अपनी नज़र के पैनेपन को बरक़रार रखते हुए आखिर वह प्रश्न पूछ ही डाला अप्पा साहब ने, जिसे वे इतनी देर से टालते आ रहे थे, 'सुकुल बाबू के साथ ही कोई समझौता हो रहा है न? सुना है, चुनाव में गुप्त रूप से तुम सुकुल बाबू का काम कर रहे हो?'

इस बार ठहाका लगाकर हँसे लोचन बाबू। हँसी थमी तो केवल इतना ही कहा, 'लगता है, सारा ध्यान अपने गुप्तचर विभाग पर ही केंद्रित कर रखा है दा साहब ने! शायद इसीलिए गृह-मंत्रालय भी खुद ही दबाकर बैठे हैं—किसी और को नहीं देते! ख़ैर, कम-से-कम इस विभाग की अतिरिक्त सजगता-सक्रियता के लिए तो बधाई देनी ही चाहिए उन्हें।'

ड्राइवर ने तपाक से फाटक खोला तो हाथ का सहारा देकर लोचन बाबू ने भीतर बैठाया अप्पा साहब को।

लोचन बाबू की इस अप्रत्याशित हँसी और उनके कहे हुए वाक्य ने पश्चात्ताप-मिला असमंजस बिखेर दिया अप्पा साहब के चेहरे पर। शायद यह बात उन्हें नहीं कहनी चाहिए थी। वे खुद भी कभी विश्वास नहीं कर पाए थे इस बात पर।

लोचन बाबू गाड़ी का फाटक बंद करने लगे तो अप्पा साहब ने बीच में ही रोक दिया। बड़े आग्रह से हाथ पकड़कर भीतर की ओर खींचते हुए कहा, 'दो मिनट के लिए बैठो ज़रा!'

बैठे नहीं लोचन बाबू। खड़े-खड़े ही पूछा, 'कहिए?'

लोचन के हाथ को अपने हाथ से सहलाते हुए बड़े स्नेह और याचना-भरे स्वर में कहा अप्पा साहब ने, 'देखो, इस पार्टी को बनाने में तुम्हारा बहुत सहयोग रहा है और मैं जानता हूँ कि इस पार्टी में आस्था है तुम्हारी...बल्कि कहूँ कि मोह है तुम्हें। अपनी बनाई चीज़ से होता ही है। इसलिए कह रहा हूँ कि अपने इस निर्णय को थोड़े समय के लिए स्थगित ही रखो। चुनाव के बाद जैसा चाहोगे, वैसा ही होगा। निश्चय ही दा साहब को नए सिरे से अपने विधायकों का विश्वास प्राप्त करना होगा।'

रुके अप्पा साहब! सोच रहे थे कि तुरंत ही उलटकर जवाब थमाएगा लोचन, पर लोचन बाबू कुछ नहीं बोले। सामने गाड़ी के शीशे के पार ही कुछ देखते रहे। थोड़ा और हौसला बढ़ा अप्पा साहब का। 'बात केवल मंत्रिमंडल के टूटने तक की ही होती तो मैं कभी इतना आग्रह करने नहीं आता तुम्हारे पास। लेकिन इस समय नासमझी में उठाया गया तुम्हारा क़दम पूरी पार्टी को ही ले डूबेगा। मुझे विश्वास है कि कम-से-कम तुम पार्टी के साथ ऐसा...।' बात अधूरी छोड़ दी अप्पा साहब ने।

लोचन बाबू ने नज़र घुमाकर अप्पा साहब के चेहरे की ओर देखा और देखते ही रहे। फिर बहुत ही सहज स्वर में पूछा, 'अपने प्रति आपके इस विश्वास को सच मानूँ या कि दो मिनट पहले ही व्यक्त किए गए अविश्वास को?'

'केवल इतना सच मानो कि आज हम सब बहुत-बहुत अवश हो उठे हैं—अपने आपसे—अपने आसपास से—अपने ऊपर से!'

और एकाएक अप्पा साहब का स्वर किसी गहरी मजबूरी के कारण भीग-सा उठा। उन्होंने जल्दी से लोचन बाबू का हाथ छोड़ा और फाटक बंद करके गाड़ी चलाने का आदेश दे दिया।

गाड़ी की घरघराहट के बीच एक वाक्य और कहा, 'फ़ोन करूँगा।'

गाड़ी चली गई और निष्प्रभ-से लोचन बाबू जहाँ-के-तहाँ खड़े रह गए। अप्पा साहब के अनेक तेवर उन्होंने देखे हैं—आक्रोश के, आरोप के, व्यंग्य के, काँइयाँपन के पर यह तेवर! एकाएक इसे नाम नहीं देते बना कुछ।

पर इतना ज़रूर महसूस किया कि किसी गहरी असहायता में भीगा अप्पा साहब का यह स्वर उनकी अपनी ही किसी दुखती रग को छू गया। पिछले तीन महीनों से क्या वे खुद अपने को किसी ऐसी ही मजबूरी में घिरा हुआ नहीं पा रहे? चाहते कुछ हैं, करते कुछ। एक दोहरी ज़िंदगी जीने की लाचारी! लेकिन नहीं, अब और नहीं।

स्वास्थ्य-मंत्री राव और विकास-मंत्री चौधरी ने बड़े ध्यान से अप्पा साहब और लोचन बाबू के बीच हुई बातचीत का एक-एक शब्द सुना! 'मंत्रिमंडल गिराओ' अभियान में दोनों दाएँ-बाएँ हाथ बने हुए हैं लोचन बाबू के। व्यक्तित्व में चाहे कोई साम्य नहीं है, पर इस समय एक ही ज़मीन पर खड़े हैं, इसलिए कहीं बहुत निकट हैं। अंतिम बात सुनने के बाद सीधे ही पूछा राव ने, ''तो आपका इरादा कुछ डगमगा तो नहीं रहा, लोचन भैया?'

'नहीं, नहीं।'

'हाँऽऽ! अब ज्यादा सोच-विचार में मत पड़िए। आगजनी वाली घटना के बाद ही हम लोग अड़ गए होते तो सरोहा-चुनाव में आज हमारा आदमी खड़ा होता। पर हर बार हमें दबा दिया गया और हम दब गए। कभी अनुशासन के नाम पर, तो कभी पार्टी की एकता के नाम पर। कभी अप्पा साहब के घुटने के नीचे, तो कभी दिल्ली के अँगूठे के नीचे। लेकिन इस बार...।'

'इस बार चूके तो बस चूके!' बीच में ही बात लपक ली चौधरी ने।

'यही सही मौक़ा है। जिस तरह की घटनाएँ घटी हैं, उससे साख तो गिरी है दा साहब की सबकी नज़रों में। अभी हम अपने असंतोष की बात करते हैं, तो उसे वज़न मिलेगा। कल को सरोहा-चुनाव जीत गए तो साख फिर बुलंदी पर और हमारा असंतोष बेबुनियाद। जहाँ पल में तोला, पल में माशा वाली स्थिति हो, वहाँ ज़्यादा सोच-विचार में पड़ना ही नहीं चाहिए। आप ज्ञापन का मसविदा तैयार कीजिए!'

इन दोनों की बातों से लोचन बाबू के मन में उभर आए दुविधा-द्वंद्व अपने-आप बह गए। उत्साह में भरकर ही उन्होंने कहा, 'ठीक है, मसविदा तैयार कर लेते हैं हम, और अधिक-से-अधिक लोगों के हस्ताक्षर करवाकर दे देते हैं अप्पा साहब को।'

'हूँऽऽ!' इस बार सोच का पुट राव के स्वर में था। लेकिन बहुत प्रतीक्षा नहीं करनी पड़ी उसे बाहर आने में। सीधे ही पूछा राव ने, 'ज्ञापन देने से पहले हम लोग आपस में भी कुछ बातचीत कर लें तो क्या ज़्यादा अच्छा नहीं होगा? बहुत साफ़ बातचीत बिना किसी लाग-लपेट के।' और उसकी मँजरी आँखों में एक स्पष्ट-सी

धूर्तता उभर आई।

राव का मतलब समझने में देर नहीं लगी, और न ही उन्होंने नासमझ बनने की कोशिश की। केवल इतना ही कहा, 'ये सब बातें तो बाद में ही हो सकती हैं, पहले बहुमत तो प्राप्त कर लो।'

लोचन बाबू की आवाज़ की सख़्ती और सर्दी का कोई ख़ास असर नहीं पड़ा राव पर। बेझिझक हो कहा उसने, 'बहुमत प्राप्त कहाँ से होगा? हवा में तलवार भाँजने को कौन तैयार होगा भला? पाँच मंत्री त्यागपत्र देने को तैयार हुए हैं...आख़िर किस आधार पर?'

'क्यों? दा साहब की नीतियों से असहमति के कारण।'

ज़ोर से हँसा राव, मानो कोई बहुत ही मज़ेदार बात कह दी हो लोचन बाबू ने। जब हँसी थमी तो अपनी मँजरी आँखों को लोचन बाबू के चेहरे पर टिकाकर बोला, 'यहाँ आप जनता के सामने नहीं बोल रहे लोचन भैया, बलि चढ़ाए जाने वाले दो बकरों के सामने बोल रहे हैं। घास-पात की कुछ व्यवस्था तो करेंगे या नहीं?'

अनायास ही लोचन भैया के मन में अप्पा साहब का कहा हुआ वाक्य कौंध गया, 'हर दिन अपना मोल-भाव करनेवाले लोगों के बूते पर तुम यह निर्णय ले रहे हो...' और क्षण-भर पहले उमड़े जोश पर फिर ठंडे छींटे पड़ गए।

'लगता है आप लोग तो सारा हिसाब-किताब करके ही आए हैं। तो फिर अपनी क़ीमत भी बता दीजिए।'

बात में नहीं, पर कहने के लहजे में भीतर तक काट देनेवाली व्यंग्य की धार ज़रूर थी। मगर राजनीति में रहकर जिनकी खाल गैंडे की तरह हो गई हो, वे कटते नहीं इतनी आसानी से।

'करके तो नहीं आए, पर करने ज़रूर आए हैं।' स्वर में न कहीं संकोच था, न दुविधा। राव की हर बात पर चौधरी की गरदन जिस तरह हिल रही थी, उससे साफ़ लग रहा था कि दोनों अपनी-अपनी गोटियाँ बिठा चुके हैं।

'मैं कौन होता हूँ घास-पात डालनेवाला?' क्षोभ-भरी कातरता उभर आई लोचन बाबू के स्वर में।

'बस, आपकी इस तरह की बातें ही मन में शंका जगा देती हैं, लोचन भैया। अब कौन नहीं जानता कि असंतुष्टों में आपके समर्थकों की संख्या ही सबसे अधिक है? बागडोर आपके हाथ में रहेगी...घास-पात कोई दूसरा आएगा डालने?'

राव की इस बात से मन एकदम खिंच आया लोचन बाबू का, फिर भी अपने को ज़ब्त करके इतना ही कहा, 'शाम को तो सब लोग मिल ही रहे हैं। आप लोग जो चाहें, जैसा चाहें, तय कर लीजिए...मुझे बहुत बड़ी बाधा नहीं पाएँगे उसमें।'

आवाज़ में कुछ ऐसी उदासीनता थी सारे प्रसंग के प्रति कि राव और चौधरी असमंजस

में पड़े टुकुर-टुकुर मुँह ही देखते रहे एक-दूसरे का। फिर सारी बात को निहायत ही हलके-फुलके स्तर पर ले जाकर कहा राव ने, 'ठीक है, हम आपके हुकुम के ग़ुलाम हैं, लोचन भैया। आप ज्ञापन तैयार कीजिए...हम हस्ताक्षर करेंगे और करवाएँगे।'

और अंत में चलने से पहले राव ने विजेता की मुद्रा में कहा, 'राव या तो किसी काम को हाथ में लेता नहीं और लेता है तो फिर किनारे लगाकर ही छोड़ता है। समझ लीजिए कि बिसू की यह मौत दा साहब के मंत्रिमंडल की मौत बनकर ही रहेगी अब।'

अपनी इस घोषणा से लोचन बाबू के मन में अपने क़ीमती होने का पूरा-पूरा अहसास जगाकर चले गए वे दोनों।

पर लोचन बाबू हैं कि मंत्रिमंडल की मृत्यु की घोषणा से पुलकित हो रहे हैं, न राव-चौधरी की क़ीमत से चमत्कृत। एक ही प्रश्न है जो उन्हें तरह-तरह से मथ रहा है—यह सब वे किसलिए कर रहे हैं—क्यों कर रहे हैं?

क्या इसी परिवर्तन के लिए सुकुल बाबू की पार्टी और विधानसभा छोड़ी थी उन्होंने? इसी क्रांति का सपना देखा था? और क्या इसी टुच्चेपन की सौदेबाज़ी के लिए मंत्रिमंडल गिराने की बात सोच रहे हैं वे? नाम, चेहरे, लेबुल भले ही अलग-अलग हों—पर अलगाव है कहाँ—सुकुल बाबू...दा साहब...राव...चौधरी...।

तब?

पौ अभी पूरी तरह फटी भी नहीं! वातावरण में धुँधलका शेष है। दा साहब नंगे पैर हरी दूब पर चहलक़दमी कर रहे हैं। ओस-भीगी दूब पर घूमने से केवल नेत्रों की ज्योति ही नहीं बढ़ती, मन-मस्तिष्क में भी ऐसी तरावट आती है कि सारा दिन आदमी तनाव-मुक्त होकर काम कर सकता है। मन शांत, चित्त प्रफुल्लित!

पांडेजी भी साथ हैं दा साहब के। भोर का सुहाना समाँ, ठंडी बयार और सुकून देने वाला दा साहब का साथ—फिर भी चिंता और परेशानी की लकीरें हैं कि पांडेजी के चेहरे पर मिट नहीं रहीं!

लोचन बाबू के घर रात दो बजे तक होनेवाली बैठक का पूरा ब्यौरा सुनाने के बाद भी जैसे बोझ हलका नहीं हुआ पांडेजी का।

आज ही अप्पा साहब से मिलनेवाले हैं लोचन बाबू और लगता है, इस बार पहले की तरह माननेवाले भी नहीं हैं ये लोग! सुकुल बाबू के कारण यह चुनाव ही काफी बड़ा सिरदर्द बना हुआ है—ज़रूरत तो इस समय यह है कि सब लोग एकजुट होकर काम करें।...सो मदद तो दूर, ऐन इसी मौक़े पर...।' स्वर में क्षोभ इतना गहरा हो गया कि बाक़ी शब्द उसी में डूब गए।

बात बहुत ध्यान से ही सुन रहे हैं दा साहब और मन में कहीं गहरे उतर भी रही है, पर चेहरे पर किसी तरह का कोई विकार नहीं, कोई प्रतिक्रिया भी नहीं।

'पिचासी लोग समर्थन करने जा रहे हैं लोचन बाबू का।'

'बहुत आशावादी है लोचन! अच्छा है, इस उम्र में आशावादी होना चाहिए व्यक्ति को! मात्र उम्मीद की डोर से बँधा हुआ आदमी भी बहुत कुछ कर गुज़रता है कभी-कभी!'

पांडेजी इस समय इस तरह की प्रतिक्रियाओं की अपेक्षा नहीं कर रहे! सीधे ही पूछा, 'लोचन बाबू से मिलेंगे आप? समय तय करूँ? अप्पा साहब से शायद इस बार..।'

'पांडे?' बात बीच में ही तोड़ दी दा साहब ने, 'तुम्हें सरोहा चुनाव-क्षेत्र की ज़िम्मेवारी दी है, तुम उसे ही सँभालो! इधर की चिंता से अपने को परेशान करने की ज़रूरत नहीं!'

बहुत चौकस रहते हैं दा साहब कि हर व्यक्ति अपनी ज़िम्मेदारी और अधिकार की सीमा के भीतर ही रहे! उसमें जहाँ तक संभव हो दा साहब हस्तक्षेप नहीं करते, पर दूसरे भी अपनी सीमाओं का अतिक्रमण करें, इसकी छूट क़तई नहीं देते।

पांडेजी का यह काम ज़रूर है कि शहर के हर कोने में होनेवाली गतिविधि की सूचना दा साहब को दें, पर मात्र सूचना दें। उनसे दा साहब पर होनेवाली प्रतिक्रिया जानना या दा साहब की योजनाओं को जानना उनके अधिकार की सीमा में नहीं आता! हाँ, सरोहा का काम उन्होंने खुद पांडेजी को सौंपा है पूरे विश्वास के साथ, और पूरे अधिकार देकर। सो बात को उसी प्रसंग में लाकर उन्होंने पूछा, 'सरोहा में भाषण पंद्रह तारीख़ को है न—यानी परसों?'

'जी हाँ!'

'तैयारी?'

'घरेलू-उद्योग-योजना का प्रचार पूरे ज़ोर-शोर के साथ हो रहा है। हमारे लोग घर-घर जाकर समझा रहे हैं और फ़ार्म भरवा रहे हैं।'

'लोगों की प्रतिक्रिया?'

'कुछ लोगों के मन में बहुत उत्साह है—कुछ के मन में अविश्वास भी कि बातें तो कब से सुन रहे हैं, कुछ होएगा-जाएगा भी या यों ही!'

'काग़ज़ी योजनाएँ अविश्वासी तो बना ही देती हैं लोगों को!'

पांडेजी को लगा जैसे योजना के काग़ज़ तक रह जाने के लिए वे ही ज़िम्मेदार ठहराए जा रहे हैं। सफ़ाई देते-से बोले, 'पर इस मद के लिए...!'

'ख़ैर छोड़ो!' बीती बातों पर व्यर्थ ही समय नष्ट नहीं करते दा साहब! 'दो बातों

का ध्यान रखा गया है न? इस योजना में पंचायत कहीं नहीं आए। असंतुष्ट हैं लोग पंचायत से।'

'जी नहीं, एक अलग दफ़्तर की व्यवस्था की गई है। सरकार का सीधा नियंत्रण रहेगा उस पर।'

'उस योजना का अधिक-से-अधिक लाभ हरिजनों और खेत मज़दूरों को ही मिले।'

'आप निश्चिंत रहें।'

'तुम्हें काम सौंपने के बाद मैं निश्चिंत ही रहता हूँ। जितना सोचता हूँ उससे अधिक ही संतोषजनक मिलता है तुम्हारा काम।'

और दा साहब ने स्नेह और प्रशंसा में भीगी हुई एक ऐसी नज़र डाली कि पांडेजी भीतर तक पुलकित हो गए।

काम करनेवाले को भरपूर श्रेय तो देते ही हैं, मौक़ा आने पर यथासंभव पारिश्रमिक देने में भी नहीं चूकते दा साहब!

सुकुल बाबू की मीटिंग बर्ख़ास्त होने का धूल-धक्कड़ अभी बैठा भी नहीं था कि गाँव में नई चहल-पहल शुरू हो गई। दूसरे दिन सवेरे से ही गली-गली और घर-घर की दीवारों पर घरेलू-उद्योग-योजना के पोस्टर चिपकने लगे और शाम तक यह स्थिति हो गई कि जिधर नज़र उठाओ, मुस्कराते हुए दा साहब और नीचे योजना की रूपरेखा—मानो उनकी मुसकान से ही बहकर निकल रही है योजना! पाँच-सात स्वयंसेवक क़िस्म के लोग घर-घर जाकर विस्तार से इस योजना के बारे में समझा रहे हैं, फ़ार्म भरवा रहे हैं और साथ ही यह बताना भी नहीं भूलते कि 15 तारीख़ को मुख्यमंत्री स्वयं आ रहे हैं इस योजना का उद्घाटन करने। दो कमरों के एक छोटे-से घर में जो अस्थायी दफ़्तर बना है—वहाँ सवेरे से शाम तक ताँता लग रहा है लोगों का! जिस मुस्तैदी से काम हो रहा है उससे तो लगता है कि हफ़्ता बीतते-न-बीतते हर घर में छोटा-मोटा उद्योग खुल जाएगा और देखते-देखते यह गाँव सदियों के दलिद्दर से मुक्ति पा जाएगा।

चंद दिनों में ही गाँव का सारा माहौल बदल दिया है इस योजना ने। लोगों की बातचीत का भी विषय यही, सोच का विषय भी यही।

हाँ, गाँव में एक दल ऐसे लोगों का भी आया है जो सरेआम इस योजना की चिंदियाँ बिखेरकर लोगों को आगाह कर रहा है और बिसू की मौत को भरसक ज़िंदा रखने की कोशिश कर रहा है। बिसू मर गया, कोई बात नहीं, पर बिसू की मौत का प्रसंग मर गया और इस समय, तो वे कैसे ज़िंदा रहेंगे? अजीब रस्साकशी हुई है गाँव में।

और आज तो यह रस्साकशी अपनी पराकाष्ठा पर पहुँच गई। मुख्यमंत्री दा साहब आ

रहे हैं गाँव में। एक तरफ़ उनके स्वागत की तैयारियाँ हो रही हैं ज़ोर-शोर से। सादगी-पसंद दा साहब की सख़्त हिदायत के कारण किसी तरह का कोई ताम-झाम तो नहीं है, पर हाँ, उत्साह भरपूर है और चारों ओर उत्साह फैलाने का प्रयत्न भी भरपूर है। गाँव में नए चेहरों की बाढ़-सी आ गई है। काफ़ी संख्या में पुलिस भी उतर आई है—कुछ सरकारी वर्दी में, कुछ सादा वर्दी में। सुकुल बाबू के भाषण वाले दिन से दुगुनी गहमागहमी है आज। स्वाभाविक भी है। कुर्सी से उतरे हुए मंत्री और कुर्सी पर बैठे हुए मंत्री में कितना अंतर होता है! दूसरी तरफ़ काली झंडियों और बड़े-बड़े पोस्टरों का अंबार लगा हुआ है, जिनमें आगजनी और बिसू की मौत का जवाब माँगते हुए बड़े तेज़ और तीखे नारे लिखे हुए हैं। गाँव के अधिकतर लोगों के लिए यह सारा तमाशा जुम्मन पहलवान के अखाड़े में होनेवाली कबड्डी से कम दिलचस्प नहीं।

ठीक समय से कुछ पहले ही दा साहब की गाड़ी आ पहुँची। आगे-पीछे और गाड़ियाँ भी हैं। पर सीधे मंच की तरफ़ नहीं बढ़ी दा साहब की गाड़ी, पहले पहुँची बिसू के घर। साथ आए लोग अजीब असमंजस में। निर्धारित कार्यक्रम में तो यह सब था ही नहीं। पर जो उन्हें निकट से जानते हैं उन्हें कोई आश्चर्य नहीं होता ऐसी बातों से। वे जानते हैं कि दा साहब का इंसानियती तक़ाज़ा हमेशा निर्धारित कार्यक्रमों को इसी तरह तोड़ता-मरोड़ता रहता है। गाड़ी नहीं जा सकती घर तक, इसीलिए कहा गया कि हीरा को यहीं ले आते हैं, पर दा साहब ने बात अनसुनी कर दी। गाड़ी से उतरे और सीधे क़दमों से आगे बढ़ लिए। साथ आया अमला और कुछ वहीं के लोगों की अच्छी-ख़ासी भीड़ भी साथ हो ली।

दा साहब पहुँचें उसके पहले ही लोग जाकर हीरा को निकाल लाए। बेचारा एकदम भौंचक-सा। समझ नहीं पा रहा था कि क्या कहे, क्या करे! दा साहब ने सहानुभूति से पीठ पर हाथ रखा तो बस, दो बूँद आँसू आँखों से चू कर झुर्रियों में समा गए।

'बहुत अफ़सोस हुआ बिसेसर का, पर अब हौसला रखो।' दा साहब ने बहुत धीमे-से कहा और हीरा को उसी तरह कंधे से थामे गाड़ी की ओर ले चले।

गाड़ी तक आकर हीरा बेचारा हाथ जोड़कर खड़ा हो गया। कहा उसने कुछ नहीं, पर बेतरह कातर, बेहद कृतज्ञ हो आया था वह। दा साहब खुद उसके घर आएँ ऐसा मान तो न उसे जीवन में कभी मिला, न आगे ही कभी मिलेगा। लेकिन जब दा साहब ने उसे गाड़ी में बैठने को कहा तो एकदम हकबका गया। ज़िंदगी में कब नसीब हुआ है उसे गाड़ी में बैठना और वह भी दा साहब की गाड़ी में! न ना करते बन रहा था, न बैठते बन रहा था। पर दा साहब ने कंधा पकड़े-पकड़े एक तरह से

भीतर की ओर ठेल ही दिया। बेहद सकुचाते हुए, सिमटकर एक कोने में बैठ गया बेचारा—बग़ल में दा साहब।

गाँव की भीड़ बड़ी हुलसकर देख रही है यह सब दृश्य। दा साहब के इस बड़प्पन के आगे सभी नतमस्तक हो आए हैं। बड़े-बूढ़ों को तो शबरी और निषाद की कथाएँ याद हो आईं। किसी-किसी को ईर्ष्या भी हो रही है हीरा से। बेटे तो जाने कितनों के मरते हैं—पर ऐसा मान?

मंच पर भी हीरा को अपने साथ ही ले गए दा साहब। पांडेजी खुद बड़े असमंजस में पड़े हुए हैं इस सबसे। दा साहब ने खुद हिदायत दी थी कि गाँव में उनके आगमन और भाषण का प्रचार घरेलू-उद्योग-योजना के साथ जोड़कर ही किया जाए। बिसू की मौत और चुनाव की बात को इतनी अहमियत न दी जाए। लेकिन अब?

इधर दर्शकों की भीड़ में काली झंडियाँ और पोस्टर लिए जो लोग बैठे हैं, वे लोग भी बिसू का नाम लेकर ही नारे लगा रहे हैं। नारों से विरोध का माहौल तो ख़ास नहीं बन रहा, पर बिसू का नाम रह-रहकर हवा में ज़रूर गूँज रहा है। पिछले पाँच दिनों से पांडेजी ने रात-दिन एक करके एक ही काम किया था—सुकुल बाबू के सारे पोस्टरों के ऊपर दा साहब के पोस्टर चिपकवा दिए और घर-घर में बिसू की मौत की जगह घरेलू-उद्योग-योजना की चर्चा चलवा दी। लेकिन इस बदले माहौल में वे अपनी बात कहाँ से और किससे शुरू करें? पांडेजी का संकट शायद समझ गए दा साहब और उबार भी दिया उन्हें तुरंत! आरंभिक औपचारिकताओं को पूरा करने का मौक़ा दिए बिना ही उन्होंने माइक सँभाल लिया और सीधे श्रोताओं को संबोधित किया—

'मेरे भाइयो,

'आज एक बहुत ही खेदजनक मौक़े पर...एक दुख के मौक़े पर आया हूँ मैं आप लोगों के बीच। चलने लगा तो लोगों ने सलाह दी कि सुरक्षा का विशेष प्रबंध करके चलूँ। बात मैं कुछ समझा नहीं। अपने भाई-बंदों के बीच आकर तो आदमी वैसे ही सुरक्षित रहता है...यह अतिरिक्त सुरक्षा कैसी? क्यों?'

दा साहब एक क्षण रुके और भीड़ पर एक सरसरी नज़र डाली।

'बताया गया कि आप लोग बहुत नाराज़ हैं। सुना तो लगा कि तब तो और भी ज़रूरी है कि अकेले ही जाऊँ। आप लोगों की नाराज़गी मुझ पर है तो मुझे ही झेलनी चाहिए और अकेले ही झेलनी चाहिए। दूसरों को इसमें साझीदार बनाना तो दूसरों के साथ अन्याय होगा। कुछ समय पहले आप लोगों ने अपना प्यार और विश्वास दिया था मुझे। मैंने सिर-आँखों पर ही लिया था उसे। आज यदि आप अपनी नाराज़गी देंगे तो उसे भी सिर-आँखों पर ही लूँगा। मेरी ग़लती पर नाराज़ होना आपका

अधिकार है और उसे झेलना मेरा कर्त्तव्य।'

दा साहब चुप और सारा मज़मा शांत! हाँ, सामने की ओर बैठे कुछ नौजवानों के बीच थोड़ी-सी सुरसुराहट हुई और वहीं डूब गई।

'मालूम हुआ कि बिसेसर की मौत को लेकर बड़ा तनाव है आप लोगों में। होता तो मुझे ताज्जुब नहीं होता, पर देख रहा हूँ कि ऐसा कुछ है नहीं। तनाव गाँव में नहीं है, काली झंडियों पर सवार कराके बाहर से लाया गया है। पर मेरी प्रार्थना है आपसे, मत ओढ़िए इस बाहरी तनाव को। मैं जानता हूँ कि बिसू की मौत को लेकर तरह-तरह के संदेह उठे हैं आपके मन में। स्वाभाविक भी है। और इसीलिए मैंने डी. आई.जी. को सख़्त हिदायत दी थी कि वे खुद सारे बयानों को देखें और खूब ग़ौर से देखें। देखा उन्होंने, और उनके हिसाब से बात बहुत साफ़ है।'

एक क्षण रुके दा साहब, मानो अगला वाक्य तौल रहे हैं। फिर बड़े सहज ढंग से बोले, 'जितने भी संकेत मिले हैं इस घटना के, सब यही बता रहे हैं कि बिसेसर ने आत्महत्या की है।' दा साहब का लहजा रहस्योद्घाटन की तर्ज़ का नहीं था, पर भीड़ में इसकी प्रतिक्रिया कुछ इस तरह की हुई।

'झूठ है...झूठ है...यह सरासर हत्या है।' सामने बैठे नौजवानों में से एक खड़ा होकर चिल्लाया। बाक़ी लोगों में भी खलबली-सी मच गई।

सादी वर्दी में पास खड़े पुलिस के कुछ लोग हवा में हाथ भाँज-भाँजकर उन्हें चुप कराने लगे।

'नहीं, नहीं, कोई रोके नहीं। बोलने दो।' दा साहब ने माइक के डंडे को हाथ में थामकर आवाज़ में बुलंदी और थोड़ी कड़क घोलकर आदेश दिया। 'बोलने का, और खुलकर बोलने का हक़ सबको है। जिस हक़ को दिलाने के लिए हमने इतना संघर्ष किया...जेलें काटीं...उसे अब हम ही छीन लें? बहुत बड़ा अन्याय होगा यह।' फिर उन्हीं नौजवानों को संबोधित करके कहा, 'आप लोग इस गाँव के तो नहीं लगते। फिर भी बोलिए, आपके मन में जो कुछ है, खुलकर कहिए।'

एक क्षण को ज़रूर सन्नाटा रहा, फिर एक नौजवान ने कहा, 'बिसेसर को मारा गया है...हत्या हुई है उसकी।'

'प्रमाण है आपके पास?'

दा साहब ने पूछा तो नौजवान चुप। मुसकराए दा साहब, 'नहीं है न! ख़ैर, फिर भी मैं चाहता हूँ अगर हत्या हुई है तो सामने आएगी बात। असलियत छिप नहीं सकती। और अब तो मैं भी नज़र गड़ाए बैठा हूँ। मैंने डी.आई.जी. से कह दिया है कि किसी बड़े अफ़सर को भेजकर फिर से बयान लें आप लोगों के। भेजेंगे वे किसी को। इस बार आप खुलकर अपनी बात कहिए...प्रमाण जुटाने में मदद कीजिए पुलिस की।'

अभी कुछ देर पहले ही आया एक नौजवान...जो मज़मे के किनारे अलग-थलग-सा ही खड़ा था, एकाएक सामने आया और दा साहब को संबोधित करके ज़ोर

से बोला, 'अरे दा साहब, काहे यह नौटंकी कर रहे हो यहाँ? हरिजनों को ज़िंदा जला दिया गया और आपकी सरकार और आपकी पुलिस तमाशा देखती रही और महीने-भर से खुद तमाशा कर रही है। हुआ आज तक कुछ?'

मंच पर बैठे लोगों की गरदनें आगे को निकल आईं। 'बिंदा आ गया...बिंदा आ गया' और 'निकालो इसे यहाँ से, हरामख़ोर कहीं का' की मिली-जुली आवाज़ों ने माहौल में थोड़ी-सी हरारत पैदा कर दी। काली झंडियाँ थामे लोगों ने भी दो-चार नारे हवा में उछाल दिए। पर दा साहब की बुलंद आवाज़ ने सारे शोर को चाक कर दिया। 'ग़लत नहीं कहते हो, मेरे भाई। आपके मन में जो गुस्सा है, बहुत सही है। अन्याय के लिए क्रोध होगा तभी तो अन्याय मिटेगा, पर बात केवल गुस्सा करने से नहीं बनती...उसके लिए हिम्मत जुटानी पड़ती है। एक आदमी नहीं मिला गाँव में गवाही देने या शिनाख़्त करने के लिए!'

'कौन देगा...गवाही...मरना है किसी को शिनाख़्त करके? चार दिन यहाँ आकर रह लीजिए...पता चल जाएगा कि कैसा आतंक है!'

दा साहब ने बात बीच में ही से तोड़कर अपने ज़िम्मे कर ली, 'ठीक कहते हैं आप। केवल गाँव की ही नहीं, पूरे देश की यही हालत हो गई थी। आतंक ने गले दबा रखे थे सबके...कोई भी चूँ नहीं कर सकता था। हम लोग शुरू से यही तो कोशिश कर रहे हैं कि लोग दहशत से मुक्त हों...निडर बनें...खुलकर अपनी बात कहें। पर अभी भी जैसे लोगों में डर है। सही बात कहने का साहस नहीं जुटा पाते।'

क्षणिक विराम।

'और अब प्रमाण के बिना पुलिस भी करे तो क्या करे?'

'प्रमाण की ऐसी की तैसी। कौन नहीं जानता कि आग किसने लगवाई? आप नहीं जानते? फिर पकड़वाते क्यों नहीं...अभी किसी ग़रीब का मामला होता तो पीसकर रख दिया जाता बेचारे को।'

बिंदा की तैश-भरी बात से मंच और मज़मे—दोनों में फिर खलबली मच गई। पर दा साहब इस बार भी बड़ी सौम्यता और धैर्य से झेल गए वार को। आवाज़ में लेशमात्र भी आवेश लाए बिना, समझाने के लहजे में बोले, 'नहीं भाई, नहीं। यह ग़रीब-अमीर का मामला नहीं, क़ानून का मामला है। और क़ानून हाथ में लेने का लालच मत दो। क़ानून हाथ में लेते ही आदमी बेताज का बादशाह हो जाता है। आप लोगों ने तो भोगा है उस बादशाह को। जब जिसकी मर्ज़ी आई उठाया और जेल में। कोई मुक़दमा नहीं, कोई सुनवाई नहीं, कोई फ़ैसला नहीं....कोई सज़ा नहीं। क़ानून क़ब्ज़े में, पुलिस चंगुल में, जिसको चाहो उठाओ—जिसको चाहो पटको।'

'पुरानी बातों से बहकाइए मत। बिसू की मौत का हिसाब लेकर ही रहूँगा मैं आपसे... पाई-पाई का हिसाब। बिंदा डरेगा भी नहीं...चुप भी नहीं रहेगा और बिकेगा

भी नहीं इन टुकड़ों से, जो आप डालने आए हैं।'

सादी वर्दी वाली पुलिस और दो-तीन लठैत बिलकुल सिमट आए बिंदा के पास। पर इसके पहले कि उसे पकड़कर बिठाने की कोशिश करते, दा साहब ने अपनी बात से ही बरज दिया।

'बहुत अच्छा लग रहा है आपका यह जोश और मैं क़दर करता हूँ ऐसे जोश की। लेकिन मैं बहका नहीं रहा। दूर क्यों जाते हैं? जिस बिसेसर को लेकर आपके मन में इतना रोष है, उसे क्या इसी तरह जेल में नहीं डाला गया था? एक-दो दिन के लिए भी नहीं, पूरे चार साल के लिए। और केवल डाला ही नहीं, भयंकर यातनाएँ भी दी गई थीं। इस बात को मुझसे ज़्यादा अच्छी तरह तो आप लोग जानते हैं।'

भीड़ में यहाँ से वहाँ तक चुप्पी। बिंदा दा साहब का मुँह देख रहा था और भीड़ बिंदा का मुँह देख रही थी। यह माहौल टूटे उसके पहले ही दा साहब ने अपनी बात शुरू कर दी, 'सुकुल बाबू आप लोगों के पास हमदर्दी जताने और बिसू की मौत का बदला लेने आए थे। पूछा नहीं आप लोगों ने कि क्यों साहब, आपके राज में बिना कोई कारण बताए...बिना मुक़दमा चलाए इस बिसेसर को जेल में क्यों डाल दिया गया था? पूछना चाहिए था। बिसेसर तो बड़ा नेक और भला आदमी था।'

चुप्पी स्तब्धता में बदलने लगी।

'बात एक अकेले बिसेसर की नहीं। ऐसे हज़ारों नेक और भले बिसेसर जेलों में ठूँस दिए गए थे। हम लोगों ने जब उन्हें छोड़ा तो एकदम पस्त? सारी जीवनी-शक्ति ही निचुड़ गई हो जैसे। कुछ भी झेलने-सहने लायक़ नहीं छोड़ा उन्हें। इसकी आत्महत्या के पीछे यह भी एक कारण है।'

दा साहब थोड़ा रुके। मज़मे को अपनी मुट्ठी में कर लेने का श्रम और संतोष—दोनों एक साथ उनके चेहरे में झलक रहे थे। अब बात को हलका-सा मोड़ दिया उन्होंने।

'समझदार आदमी हैं सुकुल बाबू...मैं उनका आदर करता हूँ। पर उनका यह रवैया आपस में द्वेष फैलानेवाला है। मैं ठीक नहीं समझता इसे। लेकिन स्वार्थ कभी-कभी आदमी को ऐसी अविवेकी बात करने के लिए उकसाता है।'

क्षणिक विराम।

'इस बार तो देख लिया सबने कि जनता की एकता में बड़ा ज़ोर है। तूफ़ानी ज़ोर। तूफ़ान आता है तो बड़े-बड़े पेड़ों को जड़ सहित उखाड़ फेंकता है। जनता एक होती है तो बड़े-बड़े राज्य उलट देती है। फिंका हुआ आदमी ही इस बात को सबसे ज़्यादा महसूस करता है। कुर्सी पर बैठना है तो जनता में फूट डालो...कुर्सी बचानी है तो जनता में फूट डालो। जनता की एकता—कुर्सी के लिए सबसे बड़ा ख़तरा है। समझ रहे हैं न आप लोग मेरी बात? आप लोग खुद...।'

अचानक दा साहब की बात को बीच में ही काटकर बिंदा चिल्लाया, 'तीस साल से आप लोगों की बातें ही तो सुनते-समझते आ रहे हैं। क्या हुआ आज तक? पेट भरने के लिए अन्न नहीं, आपकी बातें...ख़ाली...बातें! जैसे सुकुल बाबू, तैसे आप।'

तड़ाक् से उसने एक ओर थूका और मज़मे की स्तब्धता को चीरकर दनदनाता हुआ एक ओर चला गया। चारों ओर खलबली मच गई। काली झंडीवाले लोग मौक़ा देखकर नारे लगाने लगे। पांडेजी ने माइक सँभाला और लोगों को शांत करने लगे। थोड़ी-सी स्थिति सँभली तो दा साहब ने माइक सँभाला।

'बहुत क्रोध और साहस है इस नौजवान में। मुझे बहुत अच्छा लगा है इसका यह तेवर। जिस गाँव के नौजवानों में यह गुण हो...वहाँ किसी तरह का ज़ोर-जुलुम और अन्याय नहीं चल सकता। अपने ग़रीब भाइयों का हमदर्द लगता है। मुझे तो ऐसे निर्भीक और उत्साही नवयुवकों की आवश्यकता है इस योजना के लिए। चाहता हूँ कि घरेलू-उद्योग-योजना को आप लोग ही सँभालें, आप लोग ही चलाएँ। कितना बड़ा सपना था बापू का कि हमारा हर गाँव और हर ग्रामीण आर्थिक रूप से स्वतंत्र बने... समर्थ बने। आज इस सपने की दिशा में पहला क़दम बढ़ाया है, पर पूरा तो यह आप लोगों की मदद...आप लोगों के सहयोग से ही होगा। मैंने पहल कर दी...पूरा आप कीजिए।'

फिर हीरा की ओर देखकर बोले, 'इस योजना के उद्घाटन के लिए बिसेसर के बाबा से अधिक सही आदमी और कौन हो सकता है भला?'

पांडेजी बेचारे फिर भौंचक। उद्घाटन तो दा साहब को करना था। पर साथ ही दा साहब की सूझ-बूझ पर मुग्ध भी। बात पूरी की दा साहब ने, 'ग़रीबों का हितैषी था बिसेसर। उसकी आत्मा को बड़ी शांति मिलेगी इससे।'

'शांति तो तब मिलेगी जब असली हत्यारे को पकड़वाएँगे आप...आगजनी के असली मुजरिम को सूली पर चढ़वाएँगे।'

क्षोभ और क्रोध में डूबा हुआ एक स्वर भीड़ में से आया। बोलनेवाला साफ़ दिखाई तो नहीं दिया, पर जिधर से आवाज़ आई थी उसी दिशा को संबोधित करके कहा दा साहब ने, 'मैंने कहा न कि आप मदद कीजिए पकड़वाने में। जाते ही मैं किसी बड़े अफ़सर को भेजूँगा बयान लेने के लिए। चूकिए मत इस बार...नहीं तो दोषी मैं नहीं, आप खुद होंगे।'

पहली बार हलके-से क्रोध का पुट उभर आया था दा साहब के स्वर में। पांडेजी

ने जल्दी से माइक थामकर सभा-समाप्ति की घोषणा कर दी।

सभा बर्ख़ास्त हुई। काली झंडीवाले लोग फिर नारे लगाने लगे, 'झूठे आश्वासन नहीं चाहिए...नहीं चाहिए। बिसू की मौत का जवाब चाहिए।' पर नारों की आवाज़ चारों ओर के कोलाहल में डूब-सी गई। पांडेजी, दा साहब और हीरा एक ट्रैक्टर में बैठकर जुलूस की शक्ल में घरेलू-उद्योग-योजना के दफ़्तर तक गए। मुख्यमंत्री के फंड से निकाले हुए पचास हज़ार रुपए का एक चैक हीरा के हाथों से अस्थायी दफ़्तर के एक अस्थायी अधिकारी को दिलवाया गया। पांडेजी ने अपने छोटे-से भाषण में यह बात साफ़ कर दी कि विधान सभा में इस योजना के लिए बजट जब पास होगा, होगा। अभी तो दा साहब ने अपने फंड में से रुपया निकालकर योजना का शुभारंभ कर दिया है।

तालियाँ बजीं...हर्षध्वनि हुई और 'दा साहब ज़िंदाबाद' के नारों से सारा माहौल गूँज उठा।

बिसू की मौत के जिस प्रसंग को सुकुल बाबू घर-घर में फैला गए थे, वह फिर चार-छः घरों में सिमट गया और बाक़ी घरों में इस योजना के तहत मिलनेवाले रुपयों का हिसाब-किताब होने लगा।

तीसरे दिन ही 'मशाल' का अंक निकला। उसके प्रथम पृष्ठ पर बड़े-बड़े अक्षरों पर शीर्ष-पंक्ति थी—'खेत-मज़दूरों और हरिजनों की आर्थिक स्थिति सुधारने की दिशा में दा साहब की सरकार का ठोस और क्रांतिकारी क़दम!'

दा साहब के भाषण की विस्तृत रिपोर्ट देते हुए बड़े विस्तार से इस योजना के हर पहलू पर प्रकाश डाला गया था, साथ ही इस योजना को अन्य प्रांतों के लिए अनुकरणीय बताया गया था।

अधिकारी को चैक देते हीरा की एक बड़ी-सी तसवीर छपी थी। बग़ल में दा साहब खड़े हैं। चेहरे पर बापू का सपना पूरा करने का सुख-संतोष झलक रहा है।

पांडेजी ने गाँव के घर-घर में इस अंक की प्रतियाँ बँटवा दीं—मुफ़्त।

वैसे तो दा साहब के भाषण की रिपोर्ट कल सवेरे ही सुकुल बाबू को मिल गई थी और उनका सारा दिन काफ़ी बेचैनी में ही बीता था, पर आज सवेरे जब से 'मशाल' का यह अंक देखा है तब से तो उनके थुलथुल शरीर में उत्तेजना की लहरें थरथरा रही हैं। उन्हें तो पूरी उम्मीद थी कि इस सभा में ऐसा हुड़दंग मचेगा कि अपनी लाई सारी गोटें अपनी ही धोती में समेटकर वापस ले जानी पड़ेंगी दा साहब को। बिहारी भाई के साथ बैठकर पूरी योजना बनाई थी सुकुल बाबू ने और पिछले पाँच दिनों से लोगों को भड़काने और तनाव फैलाने में किसी तरह की कसर नहीं रखी गई थी। बिहारी भाई ने ज़िम्मा लिया था इस काम का कि ऐसा माहौल तैयार कर देंगे गाँव में कि दा साहब की सभा हो ही न पाए! थोड़ी मार-पीट और ख़ून-खराबा होने का डर ज़रूर

था...पर यह कोई ख़ास बात नहीं—यह सब तो चुनाव-अभियान का ज़रूरी हिस्सा हो गया है। बल्कि इस तरह की घटनाओं से सरगर्मी और बढ़ती है—जोश और उत्तेजना फैलती है लोगों में। बस, इतना ज़रूर है कि इस जोश-खरोश को अपने पक्ष में मोड़ लिया जाए किसी तरह। और यही आश्वासन बिहारी भाई देकर गए थे। काशी तो उनका भाषण होने के बाद से लौटे ही नहीं। सरोहा में ही डटे हुए हैं। ज़मीन तैयार कर रहे हैं सुकुल बाबू के लिए! तेज़ आदमी हैं दोनों, और बिहारी भाई को तो इस तरह के कामों में कमाल ही हासिल है। सबसे बड़ी बात तो यह है कि भरोसे के आदमी हैं दोनों। आँख मूँदकर विश्वास किया जा सकता है दोनों पर! सुकुल बाबू के अच्छे-बुरे सब समय में साथ दिया है इन लोगों ने और पूरी ईमानदारी और लगन के साथ दिया है। वैसे सुकुल बाबू के मुख्यमंत्रित्वकाल में फ़ायदा भी बहुत उठाया है दोनों ने...ख़ासकर बिहारी भाई ने...पर नमक खाकर नमकहरामी क़तई नहीं की, बल्कि उसकी अदायगी ही कर रहे हैं संकट के दिनों में।

अपना भाषण ख़त्म करके लौटते हुए जब बिसू के घर गए थे सुकुल बाबू और पता लगा था कि बिसू के माँ-बाप को बिंदा नाम का कोई आदमी शहर ले गया है तो उनका माथा ठनका था। पता नहीं, कहीं दा साहब ने ही तो नहीं बुलवाया... उलटा-सीधा कुछ पढ़ाकर...कुछ दे-दिलाकर चुप करा दें। इन ग़रीब लोगों का क्या है...पैसा ज़ेब में पड़ते ही आधा दुख-दर्द तो दूर हो जाता है इनका। और यदि मुख्यमंत्री खुद बुला लें तो फिर बस...बिछ जाएँगे। लगेगा जैसे जनम सफल हो गया। और दा साहब ने जब बुलाया होगा तो केवल ज़ेब में ही कुछ डालकर तो रहेंगे नहीं...मुँह में भी ज़रूर कुछ डाला होगा। अब वही गाते फिरेंगे ससुरे सारे में। बिसू की मौत का हादसा हवा का रुख़ बदलने में बहुत कारगर हो सकता है; पर निर्भर करता है बस इस बात पर कि कौन कितनी चतुराई से इसे अपने पक्ष में मोड़ ले। कहीं ऐसा न हो कि उनकी थाली में परसा यह भोजन भी दा साहब ही गटक लें! सुकुल बाबू ने मन की यह कचोट बिहारी भाई को बताई तो दूसरे दिन दोपहर तक ही सारी ख़बर ले आए।

बिंदा बिसू का ख़ास दोस्त है...बेहद गुस्सैल और बेधड़क। डरता नहीं किसी से और न किसी का लिहाज़ करता है। उसकी बीवी रुक्मा भी बड़ी बदमिज़ाज और बदज़बान औरत है। शादी से पहले बिसू के स्कूल में पढ़ती थी और बहुत मानती थी बिसू को। बिसू की मौत से दोनों बौखलाए फिर रहे हैं और क़ानूनी सलाह-मशवरा करने के लिए वकीलों के पास गए थे। दा साहब के हाथों बिकनेवाला जीव नहीं है वह! सरेआम गालियाँ देता फिरता है सबको? सुकुल बाबू ने सुना तो काफ़ी-कुछ निश्चिंत हो गए। केवल निश्चिंत ही नहीं, बल्कि बहुत-कुछ आश्वस्त भी कि बिंदा अकेला ही जुलूस निकालकर रख देगा दा साहब का। और यह एक

तरह से ज़्यादा अच्छा होगा! गाँव के लोगों में से ही कोई खड़ा होकर धज्जियाँ बिखेरे तो बात ही दूसरी होती है उसकी। पर वह साला उस दिन भी शहर में ही धकियाता रहा...सभा के बीच में आया भी तो दो-चार फ़िक़रे कसे और चलता बना! चाहता तो मज़े से हुड़दंग मचाकर सभा में धूल उड़वा सकता था। पर इन गाँव वालों के साथ यही मुसीबत है। बस, तरंग में काम करते हैं ससुरे! और उस दिन तो बिसू के माँ-बाप को भी साथ बाँधकर ले गया। सुकुल बाबू का तो उसके घर तक जाना ही बेकार हो गया। दा साहब मज़े से हीरा को अपनी गाड़ी में बिठाकर लाए, अपने साथ मंच पर बिठाया, उद्घाटन करवाया और आज फ़ोटो भी छप गई। मरनेवालों के मन में तो ठुक गई मोहर। मारनेवाले को शह दो और मरनेवाले को हमदर्दी—दोनों हाथों में लड्डू!

लगता है, बिहारी भाई कल लौटे ही नहीं...वरना आते ज़रूर! असली ख़बर तो उन्हीं से लगेगी। रेडियो साला कल से दा साहब का भाषण ही गुहार रहा है, जैसे और कोई ख़बर ही नहीं रह गई दुनिया में! जन-संचार के साधनों को अपना भोंपू बनाकर रख दिया। लगता है कि 'मशाल' के दत्ता बाबू को भी अच्छी डोज़ दे दी गई है, अब दा साहब का कीर्तन ही हुआ करेगा उसमें भी।

सुकुलजी ने बड़ी हसरत-भरी नज़र से उँगली में पड़े नीलम को देखा। पता नहीं, यह भी सुकुलवा की क़िस्मत बदलेगा या नहीं? लगा था जैसे बिसू ने मरकर हरिजनों के खोए वोट फिर से उनकी झोली में ला पटके हैं...पर अब कल से यही लग रहा है कि वे भी दा साहब ही झटककर ले गए!

तभी बिहारी भाई प्रकट हुए। उनके चेहरे पर दो दिन की भाग-दौड़ की पस्ती स्पष्ट उभरी है—साथ ही दा साहब की सभा की कचोट भी। परसों एक तरह से सभा न होने देने का बीड़ा ही उठाकर गए थे यहाँ से। बीड़ा मुँह का मुँह में ही रह गया!

'क्या समाचार है?' सोफ़े पर एक ओर सरककर सुकुल बाबू ने अपने पास ही जगह बना दी बिहारी भाई के लिए और पूछा, 'काशी नहीं आया?'

'पान बनवाने रुक गया है मोड़ पर। आता ही होगा अभी।'

सुकुल बाबू उम्मीद कर रहे थे कि बिहारी भाई खुद ही शुरू करेंगे, पर बिहारी भाई तो एकदम गुम्म होकर बैठ गए। सुकुल बाबू जानते हैं कि बिहारी भाई की नाराज़गी की अदा है यह। सो खुद ही पूछा, 'सुना बहुत जमकर हुई दा साहब की सभा! क्या करते रहे तुम लोग?'

'झख मार रहे थे...धूल फाँक रहे थे! गाँव में ख़ाक के सिवाय और रखा भी क्या है?' बिहारी भाई के मन में दो दिन से जो गुस्सा बलबला रहा था, सुकुल बाबू के इस प्रश्न को सुनते ही फूट पड़ा जैसे!

'गाँववालों की ओर से विरोध नहीं हुआ? उस समय तो लग रहा था कि बड़ा

तनाव है लोगों में?'

'ख़ाक विरोध हुआ! अजीब अहमक हैं ये स्साले देहाती भी। परसों सवेरे से कितना समझाया...किस-किस तरह तैयार किया, पर दा साहब हीरा के घर चले गए, उसे अपनी गाड़ी में बिठा लिया तो बस निहाल! जुलूस बनाकर गाड़ी के पीछे-पीछे ऐसे जा रहे थे जैसे रामचंद्र जी की सवारी जा रही हो!'

'अपने आदमियों से वहीं नारे लगवाने शुरू कर देते—कुछ तो माहौल गड़बड़ाता।'

'सो सब वहाँ नहीं हो सकता था। पाँच दिन से काशी यही तो समझा रहे थे कि वहाँ कोई किसी तरह की गड़बड़ी नहीं करेगा...हुड़दंग नहीं मचाएगा। काली झंडियाँ लेकर मौन विरोध प्रकट करेंगे...बिलकुल अहिंसात्मक ढंग से।'

काशी की हू-ब-हू नक़ल करते हुए बिहारी भाई ने दोहराया और फिर भभक पड़े, 'गाँधीजी के बाद सिर छिपाने को काशी की धोती में ही तो जगह मिली है बेचारी अहिंसा को! हूँ...!' और उन्होंने गुस्से से सिर झटक दिया।

सुकुल बाबू कुछ नहीं बोले। समझ गए कि इस गुस्से का असली कारण ज़रूर बिहारी और काशी के बीच हुई झड़प है।

'फिर क्या मालूम था कि दा साहब गाड़ी से उतरते ही सीधे हीरा के घर जाएँगे! हीरा का घर न हुआ स्साला, कोई देव-स्थान हो गया, जहाँ माथा टेके बिना कोई काम ही न शुरू होता हो। जैसे-तैसे कुछ आदमियों को मैंने तैयार किया था...सो मंच के सामने बिठा दिया था जमाकर, वे ही कुछ बोल-बाल लिए।'

तभी मुँह में पान का बीड़ा दबाए और एक हाथ से धोती की लाँग उठाए...पसीने में सराबोर काशी प्रकट हुए।

मुँह को ऊपर उठाए, पीक को भीतर-ही-भीतर साधे हुए उन्होंने सुकुल बाबू से पूछा, 'जान लिए हो सब हाल? बहुत भिनभिना रहे हैं बिहारी भाई...इन्हें थोड़ा शीतल करो!'

और वे पीक थूकने भीतर चले गए। कुछ देर में रूमाल से मुँह पोंछते हुए लौटे। शायद वे मुँह धोकर आए थे। कुछ तरोताज़ा लग रहा था उनका चेहरा! सामने की कुर्सी पर बैठते हुए बोले, 'हरिजनों के बीच क्रांति करने चले थे सो तो 'मशाल' वालों के हिसाब से दा साहब ने कर दी। अब अपने लिए कोई और उपाय सोचो।'

काशी के चेहरे पर न तनाव है, न तमतमाहट। बहुत हलके-फुलके ढंग से बात कर रहे हैं वे, और उनका यह रवैया ही बिहारी भाई को जलाकर ख़ाक किए दे रहा है। बिहारी भाई के मुक़ाबले काशी का दाँव बहुत नगण्य है इस चुनाव में। शुरू से ही सुकुल बाबू का साथ दिया है—सो देते रहेंगे...पर बदले में बहुत अपेक्षाएँ न

पहले कभी थीं, न अब हैं! मस्त-फक्कड़ आदमी हैं...एकदम मौजी! सुकुल बाबू मुख्यमंत्री थे तो खूब मौज़-मजा करने को मिलता था—चार आदमियों के बीच चौधराहट चलती थी। बस, इसी में खुश थे वे। पर बिहारी भाई के तो अनेक प्रपंच जुड़े हुए हैं सुकुल बाबू के भविष्य के साथ। कहना चाहिए कि सारे परिवार का भविष्य ही जुड़ा हुआ है एक तरह से! इसीलिए यह चुनाव सुकुल बाबू का कम और उनका अपना ज़्यादा हो गया है। और यह काशी है कि तमाशा बना रखा है इसको। पर करें क्या, होल्ड तो काशी का ही है सरोहा पर!

'सुकुल बाबू, भोजन में तो अभी देर होगी...इस बीच कुछ चा-चू तो पिलवा दीजिए। बिहारी भाई को न हो तो कुछ ठंडा पिलवा दीजिए।'

'अरे हाँ...हाँ!' सुकुल बाबू को जैसे अपनी ग़लती का अहसास हुआ और उन्होंने बग़ल में रखी घंटी बजाई तो नौकर चाय की ट्रे के साथ ही प्रकट हुआ।

'देखो, किशन जानता है कि यह काशी आया है तो चाय तो माँगेगा ही। सुकुल बाबू भूल जाएँ, किशन नहीं भूलता।'

मंद-मंद मुसकराते हुए किशन ने चाय प्यालों में ढाली और एक-एक सबको पकड़ा दिया।

काशी ने दोनों टाँगें ऊपर चढ़ाकर कुर्सी पर ही आलथी-पालथी मार ली और चम्मच से चीनी हिलाते हुए बोले, 'देखो बिहारी भाई, अब इन गाँववालों को बहुत कोसने-गलियाने से तो कुछ होगा नहीं। जैसे हैं...हैं!' फिर एक घूँट चाय का सुड़ककर बोले, 'तुमने तो उनके लिए कभी कुछ किया भी नहीं, पर बिसू ने तो जब से होश सँभाला, इन्हीं के लिए मरता-खपता रहा था। लेकिन पाँच साल पहले जब बिना वजह पकड़कर उसे जेल में डाल दिया था तो सब साँस खींचकर बैठ गए। तब तो इमरजेंसी भी नहीं थी, फिर भी किसी ने चूँ तक नहीं की!'

फिर दूसरा घूँट सुड़ककर बात जारी रखी, 'इस आगजनी की घटना के बाद एक हफ़्ते तक बिसू से कतराते रहे थे हरिजन टोला के लोग। अपने यहाँ आने को मना कर दिया था। डरते थे कि ज़ियादा मिलेंगे-जुलेंगे बिसू से तो कौन जाने उन्हें ही जलवा-मरवा दिया जाए। मेरी तो देखी-जानी है सारी बात!'

'तो फिर क्यों सारे दिन आप बखान करते रहते हैं कि क्रांति गाँव से आएगी... गाँव से आएगी...ग़रीबों के तबक़े से आएगी?'

'सो तो ठीक है। जब सही माहौल बनेगा...स्थितियाँ ठीक ढंग से आकार लेंगी तो आएगी वहीं से क्रांति...! यह जमा-खातिर रखो तुम!'

'हुँह!' गरदन झटककर बात को परे झिड़क दिया बिहारी भाई ने।

'अरे तुम्हारी हुँ-हुँ से बात नहीं उड़ेगी, समझे? क्रांति जब भी आएगी वहीं से आएगी। हमारे-तुम्हारे किए नहीं होने की क्रांति! और इन किराये के जुटाए हुए लौंडे-लपाड़ों से तो कभी भी नहीं!' अंतिम फ़ैसला दे दिया काशी ने।

'रहने दीजिए! इन लोगों को आज एक पैसे का फ़ायदा दिखाई दे तो कल के

लिए पूरी ज़िंदगी गिरवी रख देंगे अपनी। ये करेंगे क्रांति!'

बिहारी भाई का तैश और आक्रोश तिल-भर भी नहीं घट रहा है।

'सो तो है ही!' काशी ने चाय का दूसरा कप भरते हुए कहा, 'तुम्हारी तरह सास्तर भी नहीं पड़े और ज़ेबें भी नहीं भरी हुई हैं बेचारों की! जो कौड़ी-कौड़ी को मुहताज हो—उसे जहाँ भी दो पैसे दिखेंगे, उधर लपकेगा तो सही।'

'तो फिर ठीक है! जोरावर के वोट हैं ही दा साहब के, हरिजनों के वोट भी उधर ही जाते हैं तो फिर यहाँ क्यों मगजपच्ची करने बैठे हैं? अपने-अपने घर चलकर सोइए मज़े से...चार साल बाद आँख खोल लेना!' सारी बात का उपसंहार करते हुए बिहारी भाई ने कहा और शरीर को एकदम ढीला छोड़कर पीठ को सोफ़े पर टिका दिया।

इतनी देर से सुकुल बाबू चुपचाप ही इन दोनों की बहस सुन रहे थे, अब एकदम भड़क गए, 'क्यों बेकार की छोटी-छोटी बातों पर समय बरबाद कर रहे हो? यह बताओ कि रैली की तैयारी कैसी हो रही है? चार दिन चाहे और ज़्यादा ले लो, पर बस यह रैली ऐसी होनी चाहिए कि तहलका मच जाए। सारे हरिजन और खेत-मज़दूर मौजूद हों उसमें—औरत-बच्चों के साथ। बहुत ज़रूरी हो गया है यह अब!'

'काशी से कहिए आप...वे ही करेंगे इंतज़ाम!' एक रूठे हुए बच्चे की तरह बिहारी भाई ने कहा तो ज़ोर से हँस पड़े काशी। हँसते हुए बोले, 'भारी कोप है हम पर बिहारी भाई का!' फिर ज़रा ठहरकर बोले, 'देखो, सुकुल बाबू, राजनीति हमारी विचार-सून्य तो थी ही...इधर कुछ सालों से आचार-सून्य हो गई है। पर राजनीति के नाम पर यह मारपीट और हुड़दंग मचानेवाली गुंडागर्दी हमारे बस की नहीं है! साफ़ कहे देते हैं हम!' दोनों हाथ झटककर अपनी स्थिति साफ़ कर दी काशी ने। 'पिछले चुनाव में तो यही सब किए रहे बिहारी भाई...क्या मिला? हार और बदनामी! फिर?'

'आप तो हफ़्ते-भर से वहाँ जमे हुए थे...और कौन-सी आचारवाली राजनीति की, बताइए तो सुकुल बाबू को! दा साहब की सभा का इंतज़ाम करवाते रहे?'

आहत नहीं हो रहे काशी, बल्कि आनंद ले रहे हैं बिहारी भाई की इन व्यंग्योक्तियों का। हँसकर बोले, 'अरे, दा साहब की सभा में तो आनेवाले लोग कम और इंतज़ाम करनेवाले लोग ही ज़्यादा थे...हम क्या इंतज़ाम करते! पर वहाँ बैठे थे तो किया कुछ ज़रूर है हमने भी, और ठोस ही किया है!'

सुकुल बाबू के चेहरे पर स्पष्ट कौतूहल उभर आया और बिहारी भाई चाहकर भी उदासीन नहीं रह सके। पूछा किसी ने कुछ नहीं, पर दोनों की उत्सुक नज़रें काशी के चेहरे पर टिक गईं।

'देखो, जोरावर वाले वोट ही सबसे बड़ी ताक़त हैं दा साहब की। पैंतीस प्रतिशत सालिड वोट! एक नहीं टूटता इनमें से।'

'और क्या, सो तो है ही। इन्हीं के चक्कर में तो इंसानियत को सूली पर चढ़ा रखा है उस गीता के भक्त और बापू की औलाद ने! पर तुम उसमें क्या कर लोगे? बचे हुए पैंसठ प्रतिशत वोट दिलवा दोगे अपनी आचारवाली राजनीति से या मूक-विरोध से?' खीझ और कुढ़न ज़रा भी कम नहीं हुई बिहारी भाई के स्वर में से।

'नऽहीं, उसमें से भी बीस-पच्चीस प्रतिशत तो ले ही जाएँगे दा साहब इस योजना-वोजना के चक्कर में। पर हाँ, इससे ज़ियादा वोट नहीं ले जा पाएँगे इस तबक़े के, जमा-खातिर रखो तुम...। सो भी बहुत ज़ोर मारा तो। वो इंतज़ाम हम कर दिए हैं!'

और अपने इंतज़ाम से बेहद संतुष्ट होकर उन्होंने डिबिया में से दो पान निकाले और बाएँ गाल में दबा लिए...उँगली से ज़रा-सा चूना भी चाटा।

पैंतीस जमा पच्चीसवाले सीधे-से हिसाब के बाद जमा-खातिर रखने के लिए बचा ही क्या था, सो बिहारी भाई ने शरीर फिर सोफ़े की पीठ के हवाले किया। लेकिन सुकुल बाबू समझ गए कि काशी के पास है ज़रूर कुछ कहने के लिए, पर अपनी आदत के अनुसार कहेगा टँगा-टुँगाकर ही! उन्होंने स्वर में आदेश का पुट घोलते हुए इतना ही कहा, 'काशी!'

'हमने जोरावर को तैयार कर लिया है खड़ा होने के लिए आख़िरी दिन अपना नामांकन-पत्र भरेगा।'

एक धमाका-सा करके पीक थूकने के लिए काशी भीतर चले गए। सुकुल बाबू और बिहारी भाई अवाक्! काशी की इस बात पर विश्वास किया जा सकता है भला? दा साहब के बूते पर जोरावर मनमानी करता है और जोरावर के बूते पर ही दा साहब अपने पाँव के नीचे ज़मीन महसूस करते हैं। जोरावर विरोध में क्या खड़ा होगा भला? काशी लौटकर आए तो सुकुल बाबू ने पूछा, 'तुमने तैयार किया खड़ा होने के लिए और हो गया?'

'हो गया!...हम खुद नहीं गए उसके पास...हमने तैयार करवाया!'

'उसे मालूम नहीं कि इन दो घटनाओं के बाद जान फँसी हुई है उसकी दा साहब की मुट्ठी में!'

'यही तो समझाया उसे कि यहीं रहा तो ज़िंदगी-भर गुलामी करनी पड़ेगी उसे दा साहब की। पैसा भी दो और अँगूठे के नीचे भी रहो। एक बार जीतकर विधानसभा में पहुँच जा, फिर दा साहब को मुट्ठी में रखना। बऽस, बात गले उतर गई उसके।' फिर थोड़ा रुककर बोले, 'जाट आदमी है, ऊपर से पैसे ने भेजे में गरमी भर रखी है बुरी तरह। गुलामी करना तो दूर, गुलामी की बात भी रास नहीं आती उसे। फिर दा

साहब की इस घरेलूवाली योजना से बहुत भड़का हुआ है। समझवा दिया उसे कि दा साहब जड़ काटने पर लगे हैं। जितना फ़ायदा उठाना था, उठा लिया तेरा।'

'हूँ ऽऽ!' पूरी तरह विश्वास न होने पर भी दिमाग़ आँकड़ों में उलझ गया सुकुल बाबू का। स्थिति का नया नक़्शा उभरने लगा मन में! पर बिहारी भाई बिलकुल तटस्थ ही है सारी स्थिति से। न विश्वास जम रहा है, न कोई नक़्शा उभर रहा है।

'बस, अब खेत-मज़दूरों और हरिजनों को अपनी तरफ़ करने का काम ज़ोर-शोर से करो। योजना का पैसा सरकार से लें और वोट हमको दें। पिछले चुनाव में जैसा हमारे साथ हुआ, ठीक वैसा ही दा साहब के साथ करवा दो इस बार! हो भी जाएगा। यह योजना-वोजना ठीक है—बाक़ी बड़ी निराशा है लोगों में बड़े दुखी हैं लोग इस सरकार से!'

लोगों में फैली निराशा की बात से बड़ी आशा जागी सुकुल बाबू के मन में। उत्साहित होकर बोले, 'अब एक ऐसी रैली करवा दो जैसी इस प्रांत के इतिहास में न हुई हो। देखते रह जाएँ दा साहब भी। पैसा पानी की तरह भी बहाना पड़े तो कोई चिंता नहीं।'

'सो काम बिहारी भाई का। पैसा दे-देकर लोग जुटा देंगे ढेरों। आपके समय में इस काम की ट्रेनिंग बहुत अच्छी हुई है इनकी! किराए के लोगों की सभा-रैलियाँ करवाने में माहिर हैं।'

पहली बार काशी ने भी जमाया बिहारी भाई को तो डपट दिया सुकुल बाबू ने। वे नहीं चाहते कि इन छोटी-छोटी-सी बातों को लेकर किसी तरह का मन-मुटाव हो इस समय। ज़रूरत है इस समय एक होकर और मिलकर काम करने की। बिहारी भाई को बढ़ावा देते हुए बोले, 'हाँ, तो इसमें तो कोई शक नहीं। बिहारी भाई ने वो-वो रैलियाँ और सभाएँ करवाई हैं कि मैं खुद दंग रह गया। आज शाम को पार्टी-मीटिंग है। सबके साथ मिलकर योजना बना डालो और जुट जाओ। वैसे प्रचार तो हो ही रहा है रैली का भी।'

'बिंदा को फोड़ सको तो काम और आसान हो जाए। सुना है, बिसू ने जो प्रमाण जुटाए थे आगजनी की घटना के, वे अब बिंदा के पास हैं। पर हाथ नहीं रखने देता ससुरा किसी को। खुदै भाग-दौड़ कर रहा है इस केस को फिर से खुलवाने की।'

सुकुल बाबू सुन चुके हैं यह सब बात और कोशिश भी करवा चुके हैं भरपूर। बिंदा को तो बहुत आश्वासन भी दिया कि प्रमाण दे दे, वे सब तरह की मदद करवाएँगे...पैसे से भी और दूसरी तरह से भी। विधानसभा में धज्जियाँ बिखरवा देंगे और दिल्ली तक तहलका मचवा देंगे। पर वह तो किसी से सीधे-मुँह बात ही नहीं करता। इसलिए काशी की बात सुनकर इतना ही कहा, 'मूर्ख है...अपना हित-अहित नहीं मालूम उसको।'

'मूर्ख नहीं है।' हँसे काशी—'हाँ, आपका हित ज़रूर नहीं जानता।'

तभी नौकर ने आकर सूचना दी कि खाना तैयार है। सबसे पहले काशी उठे और

बिहारी भाई के पीछे जाकर उनके कंधे दबाकर बोले, 'चलो, अब गरमा-गरम भोजन के साथ रैली की बातचीत करते हैं। और कुछ चाहे हमसे न हो...हाँ, एक पोस्टर लेकर जरूर बैठ जाएँगे ट्रक में और रास्ते-भर नारा गुहारते रहेंगे।'

बिहारी भाई की उदासीनता गरम भोजन से टूटी या कि बड़ी गर्मजोशी से हुई रैली की तैयारी की बातचीत से, पर वहाँ से निकलते समय वे भी अपनी पूरी फ़ॉर्म में आ गए थे।

आज सवेरे से ही थाने की बड़े ज़ोर-शोर से सफ़ाई हो रही है। टीन की कुर्सियाँ हटाकर लकड़ी की कुर्सियाँ लगाई गई हैं। उन पर गद्दियाँ भी बिछी हुई हैं। दो बेंचें और डाली गई हैं। सजावट के नाम पर दीवार पर दो कैलेंडर टाँगे गए हैं—एक शिव-पार्वती का और दूसरा भारतमाता का। भारतमाता के एक ओर चरखा कातते हुए गाँधीजी हैं और दूसरी ओर तिरंगा लिए जवाहरलाल। गाँधी-नेहरू को देश एक क्षण के लिए भी नहीं भूलता! चप्पे-चप्पे में वे आपको विराजमान मिलेंगे, चाहे निर्जीव तसवीरों के रूप में ही सही। थानेदार से लेकर चौकीदार तक—सबकी कलफ़ लगी वर्दियाँ निकल आई हैं। वर्दी में लगे पीतल के बटन और बकसुए ब्रासो लगाकर चमकाए गए हैं। सब एकदम लक़दक़, चुस्त-दुरुस्त।

वैसे तो थाने के नाम पर है ही क्या? एक बरामदा, कोठरीनुमा दो छोटे-छोटे कमरे। पीछे कच्चा आँगन है, जिसके दूसरे सिरे पर सुरंगनुमा एक पतली लंबी-सी कोठरी है—अँधेरे, सीलन और बदबू से भरी हुई। तीस गाँवों की शांति-सुरक्षा का भार इसी थाने पर है। तीसों गाँवों में अमन-चैन रहे, इसलिए गड़बड़ फैलाने वाले तत्त्व बीस-पच्चीस की संख्या में हमेशा इस सुरंग में बंद रहते हैं। वे भीतर गाने गाते हैं... गाली-गलौज करते हैं...जुआ खेलते समय झगड़ा हो जाने पर खुलकर मार-पीट भी करते हैं। पर आज सबको सख़्त हिदायत कर दी गई है कि किसी तरह का कोई शोर नहीं होगा। जो भी बोलेगा, रात को बेंत से उसकी धुनाई होगी।

थाने के सामने जो कच्चा अहाता है, वहाँ बाल्टी भर-भरकर पानी का छिड़काव कर दिया गया है, जिससे धूल जम जाए, वरना जून की इस गर्मी में सारे दिन धूल-धक्कड़ ही तो उड़ता रहता है। यहाँ के लोगों को तो आदत है, पर शहर के लोगों को तो परेशानी हो ही सकती है। दा साहब के ख़ास आदेश पर एस.पी. सक्सेना आ रहे हैं। ख़ास कचहरी बैठेगी। शायद दो-तीन दिन लग जाएँ। सबके बयान होंगे फिर से। गाँव में ख़ासी चर्चा है इस बात की। दा साहब कहकर गए थे कि वे बयान लेने के लिए किसी बड़े अफ़सर को भेजेंगे। अब जिसको जो कहना हो कहे, डरने की कोई बात नहीं। सबकी बात सुनी जाएगी और उस पर ग़ौर किया जाएगा! एस.

पी. कोई मामूली आदमी नहीं, बहुत-बहुत बड़ा अफ़सर होता है पुलिस का। बड़े अफ़सर की नज़र भी बड़ी पैनी ही होती होगी...सब भाँप लेगा। अब बिसू की मौत की असलियत का पता लगेगा! पहले की तरह बात गोल-मोल होकर नहीं रहेगी। पहले ऐसी ख़ास कचहरी बैठी ही कब थी? इस बार तो दा साहब ने खुद आदेश दिया है। बात के सच्चे निकले दा साहब। यह नहीं कि कहने को तो कह दिया और बात आई-गई हो गई। कहा तो करके भी दिखा दिया। लोगों के मन में बड़ा आदर जाग रहा है दा साहब के लिए। वरना ग़रीब के लिए कौन इतना सोचता है?

आज जिन लोगों के बयान होने हैं, उनके पास थानेदार ने पहले से ही सूचना भिजवा दी है। जोगेसर साहू, महेश बाबू, हीरा और बिंदा के बयान होंगे आज। महेश बाबू तो पढ़े-लिखे आदमी हैं...बात को और बात की अहमियत को समझते हैं। वैसे बयानबाज़ी के इस झमेले में वे बिलकुल नहीं पड़ना चाहते थे, पर बिसू रोज़ उनके यहाँ बैठता था, घंटों उनसे बतियाता था, सो पूछताछ तो उनसे होनी ही थी। थानेदार को भरोसा है कि चाहे अनखाते हुए ही आएँ, पर वे समय पर पहुँच ज़रूर जाएँगे। बाक़ी तीनों को ठोंक-बजाकर कह दिया है कि आठ बजे ही थाने पर पहुँच जाएँ! इस ख़ास कचहरी में गाँववालों की बेशुमार दिलचस्पी देखकर सख़्त हिदायत कर दी गई थी सबको, कि भीड़ नहीं लगनी है थाने के पास। यह कोई नौटंकी का तमाशा नहीं कि जिसे देखो मुँह उठाए देखने चला आ रहा है। पर इन गाँववालों को लाख समझाओ, भेजे में घुसती ही नहीं कोई बात! आठ बजते-बजते हीरा और जोगेसर के साथ बीस-पच्चीस लोग आ ही गए। थानेदार ने झिड़का तो बोले, 'यहाँ दूर बैठे रहेंगे, सरकार...बैठने दो।' और वे थाने से दूर खुले मैदान में एक घने पेड़ की छाया में झुंड बनाकर बैठ गए।

कोई और मौक़ा होता तो धकिया देता थानेदार, पर आज ग़म खा गया। ऊपर से आदेश आया हुआ है...किसी के साथ किसी तरह की कोई सख़्ती न बरती जाए। ठीक है, उसका क्या है...वह कुछ भी करेगा-कहेगा नहीं। इन देहातियों से पाला पड़ेगा तो एक ही दिन में पता लग जाएगा। शहरी लोग भले ही नरमी से काबू में आ जाते हों—पर ये देहाती भुच्च? डंडे के बिना कोई रास्ते पर ला सकता है इन्हें भला? अब इस बिंदा को ही देखो—अभी तक पता नहीं है साले का। अजीब सिरफिरा है यह आदमी। देहात का आदमी जब एक बार शहर की हवा खा लेता है तो फिर बिलकुल लाटसाहब ही समझने लगता है अपने को। मेरी तो किरकिरी करवाकर रख देगा। थानेदार के हुकुम पर आदमी आए नहीं...थानेदार हुआ या स्साला...ख़ैर छोड़ो, मेरा क्या है? सख़्ती का हुकुम होता तो मुश्कें बँधवाकर ले आता उस हरामी को। अब नरमी से बुलाएँ एस.पी. साहब खुद।

दो बार आए हुए लोगों को आगाह कर चुका है थानेदार, पर जैसे भरोसा नहीं हो रहा। तसल्ली नहीं हो रही तो एक बार फिर गया और सख़्त हिदायत कर दी—'जैसे ही एस.पी. साहब की जीप अहाते में घुसे बतकही एकदम बंद। बिलकुल चुप। जिसका बयान होना है, वही भीतर आएगा और एकदम इकल्ला। बाक़ी लोग यहाँ से हिलोगे भी नहीं, समझे? यह नहीं कि भीतर तो बयान हो रहा है और बरामदे में झुंड बनाकर, मुंडियाँ निकाल-निकालकर ताक-झाँक कर रहे हैं। सऊर तुम लोगों को ज़िंदगी-भर नहीं आने का! पर समझ लो, एस.पी. साहब के सामने देहाती मामला नहीं चलने का है। जो पूछें उसी का जवाब देना...इधर-उधर की फ़ालतू बात एकदम नहीं।'

एस.पी. के सामने फिर से बयान देना होगा, जब से यह सुना, जोगेसर साहू का दिल तो तभी से धकधक कर रहा था। थानेदार की बार-बार की हिदायतों से उसे लगने लगा जैसे उसके दिल की धड़कन ही बंद हो जाएगी। ज़िंदगी में कभी तो थाना-पुलिस का काम नहीं पड़ा और आज सीधे एस.पी. के सामने ही खड़ा होना पड़ रहा है। बैठे-बिठाए कहाँ की मुसीबत गले आ पड़ी! पता नहीं किस बुरी साइत में बिसू की लाश देख ली!

तभी जीप की आवाज़ सुनाई दी। थानेदार एकदम अटेंशन की मुद्रा में खड़ा हो गया। एस.पी. साहब के उतरते ही एक कड़कदार थानेदारी सैल्यूट मारा। एस. पी. के साथ तीन कांस्टेबल भी आए हैं। सक्सेना ने माहौल को भाँपते हुए चारों ओर एक नज़र दौड़ाई। नहीं, किसी तरह के तनाव या सरगर्मी की गंध तो नहीं है हवा में। दूर बैठी भीड़ को देखकर पूछा, 'क्या इतने लोगों के बयान होने हैं आज?'

'नहीं सर, बयान तो केवल चार लोगों के ही होने हैं।' फिर ज़रा हिचकिचाते हुए कहा, 'तमाशबीनों को जुटने के लिए सख़्ती से मना कर दिया था, पर ये देहाती लोग हैं न सर...।'

'हूँऽ।' सक्सेना ने वाक्य पूरा नहीं करने दिया थानेदार को।

सक्सेना के साथ आए कांस्टेबल ने जीप से फ़ाइलें निकालकर अंदर मेज़ पर जमा दीं और थानेदार बहुत अदब के साथ सक्सेना को भीतर ले आया। भीतर एक कोने में चाय का सारा इंतज़ाम था। बहुत क़ायदेवाला टी-सेट, साथ में बिस्कुट और नमकीन तथा मिठाई। सक्सेना जब बैठ गए तो थानेदार ने झुककर बहुत अदब से पूछा, 'पहले थोड़ा चाय-पानी हो जाए, सर?'

'इस समय? यह काम का समय है या चाय-पानी का?' सक्सेना के तेवर से भीतर-ही-भीतर सकपका गया थानेदार।

'जिनके बयान होने हैं, वे लोग आ गए सब? तब काम शुरू किया जाए!'

'सर, और सब तो आ गए पर वो बिंदा है न...,' थोड़ा हकलाने-सा लगा थानेदार, 'वो...वो...क्या बताऊँ सर, बहुत ही सिरफिरा आदमी है। दो बार आदमी भेजकर कहलवा दिया था, पर नहीं आया।'

'हूँऽ।'

'आप हुकुम करें तो पकड़वाकर मँगवा लें। खेत पर मिल जाएगा अपने। वो तो सख़्ती न करने का हुकुम था वरना...।'

'किसी के साथ किसी भी तरह की सख़्ती नहीं बरती जाएगी...समझे?' सक्सेना ने बहुत ही ठंडे लहजे में आदेश को एक बार फिर दोहरा दिया। उनके अपने भेजे में दा साहब का आदेश चिपका हुआ था—'देखो सक्सेना, किसी के साथ ज़ोर-ज़बरदस्ती या सख़्ती न हो। मिठास से पेश आओ...लोगों में हिम्मत और हौसला जगे और वे अपनी बात कहें...बिना डर के कहें...खुलकर कहें। गाँववालों को लगना चाहिए कि उन्हें बोलने का पूरा मौक़ा मिला है। बहुत तसल्ली होती है अगर बात कहने का मौक़ा मिले तो। और हमें लोगों का विश्वास जीतना है।'

और सक्सेना ने भी तय कर लिया है कि मिठास से पेश आएगा और विश्वास जीतकर ही जाएगा।

'जोगेसर साहू को बुलाओ।' आदेश के साथ ही चौकीदार नाम गुहारता हुआ बुलाने चला गया।

थोड़ी देर में जोगेसर साहू थरथराता हुआ भीतर घुसा और काँपते हाथों से ही उसने नमस्कार किया।

सक्सेना ने एक बार ऊपर से नीचे तक उसका मुआयना किया और फिर अपनी कार्रवाई शुरू की। नाम, उम्र और पेशे की ख़ानापूरी करने के बाद पहला प्रश्न आया, 'तुमने बिसेसर की लाश किस समय देखी?'

'जी यही कोई भोर साढ़े चार-पाँच का समय रहा होगा।'

'उस समय तुम क्या करने गए थे उधर?'

'जी, दिशा-फरागत के लिए उसी रास्ते से जाना पड़ता है।'

'हूँ ऽ...तुम्हें दूर से कैसे पता लग गया कि पुलिया पर लेटा हुआ आदमी मरा हुआ है?'

'नहीं, बिलकुल पता नहीं लगा, साहब! लग रहा था जैसे कोई सो रहा है। पुलिया के नीचे नाला है ना...मुझे लगा कि इस आदमी ने कहीं करवट ली तो गिर पड़ेगा नाले में...जाकर चेता दूँ। पास जाकर देखा कि अरे यह तो बिसू है। बिलकुल ही नहीं लग रहा था कि मरा हुआ है। मरने की बात तो तब पता लगी जब जगाने के लिए मैंने उसे छुआ।'

'हूँऽऽ।' क़लम चल रही है सक्सेना की। खुद ही लिखेंगे सारे बयान बिलकुल अपने हाथ से।

'मैं तो भला करने गया था सरकार, और मैं ही फँस गया। पर सच कहता हूँ साहब, इस सारे मामले में मेरा कोई क़सूर नहीं। मुझे तो न बिसू से कुछ लेना-देना, न बिसू की मौत से।'

'जितनी बात पूछी जाए, उसी का जवाब दो,' लिखते-लिखते ही सक्सेना ने कहा।

'हाँ, ज़्यादा बकवास की ज़रूरत नहीं।' थानेदार ने घुड़का तो सक्सेना ने डंडे के हलके-से इशारे से उसे चुप करा दिया। संकेत पाते ही थानेदार सहमकर अपने में सिमट गया।

'बिसू को जानते थे तुम?'

'जी, गाँव में सभी तो एक-दूसरे को जानते हैं।' बड़ी कातरता और बेबसी से जोगेसर ने कहा, मानो बिसू को जानना भी कोई अपराध हो।

'किस तरह का लड़का था वह?'

'अरे एकदम सिरफिरा, साहब। हम तो कहें कि सारे गाँव के लिए बला था ससुरा।' सक्सेना ने 'सिरफिरा' को रेखांकित किया।

'सिरफिरा से तुम्हारा क्या मतलब? पागल था?' सक्सेना ने नज़रें जोगेसर के चेहरे पर गड़ाकर पूछा। नज़रों के पैनेपन से ही हकबका गया जोगेसर। गले से आवाज़ ही नहीं निकली।

'बोलो, बोलो।' सक्सेना ने हौसला बँधाते हुए पूछा, 'पागल लगता था तुमको वह? पागलपन के आसार नज़र आते थे तुमको उसमें?'

'और क्या पागल तो था ही, सरकार। आप ही सोचिए, जिसका दिमाग़ ठीक होगा वह कुछ काम-धाम नहीं करेगा...धंधा-रोज़गार नहीं करेगा? सो सब कुछ नहीं। वहाँ हरिजन-टोला में घूमा करता था आवारों की तरह। यह किसी समझदार और अच्छे आदमी का काम है भला?'

'पागल' और 'आवारा' रेखांकित।

'जब तुमने लाश देखी तो आसपास किसी आदमी को भी देखा था...घूमते-टहलते या और कुछ करते हुए?'

'नहीं साहब, किसी को नहीं देखा! निपट सन्नाटा था वहाँ।'

'कोई चीज़ देखी वहाँ! जैसे कोई डंडा, चाकू, पिस्तौल या ऐसी कोई चीज़ जिससे कि मारा जा सके आदमी को।'

'नहीं साहब, हमने कुछ नहीं देखा। हम क्यों छानबीन करेंगे इतनी?'

'अच्छा, लाश को देखने के बाद तुमने क्या किया?'

'क्या करता साहब, मैं तो एकदम डर गया। उलटे पैरों लौटकर उसके बाप को खबर दी।' फिर जैसे अपने को ही कोसते हुए बोला, 'बेकार ही अपने को फँसाया, चुपचाप आगे बढ़ जाना चाहिए था। पर डर के मारे...'

थानेदार ने आँखों से ही घूरा तो वाक्य अधूरा ही छूट गया।

'उसके बाप के घर जाते समय रास्ते में तुम्हें कोई नहीं मिला?'

'नहीं साहब, कोई नहीं मिला। वह रास्ता थोड़ा सुनसान ही रहता है।'

'हूँऽऽ!' कुछ सोच में पड़ गए सक्सेना। दो क्षण चुप रहकर वे केवल जोगेसर को घूरते रहे। नज़र के इस पैनेपन से जोगेसर को भीतर-ही-भीतर कँपकँपी छूटने लगी। उसने अपनी नज़रें ज़मीन पर गाड़ दीं, पर उसके बावजूद वह अपने चेहरे पर सक्सेना की नज़र की चुभन महसूस करता रहा और उसके पैर थरथराते रहे।

'अच्छा यह बताओ, तुम्हारी जानकारी में गाँव में उसकी दुश्मनी थी किसी से?'

जोगेसर के मन में तो आया कि कह दे, 'आधा गाँव तो दुश्मन बना रखा था ससुरे ने...इसको उससे लड़ाना, उसको इससे लड़ाना, और काम ही क्या था उसका? अच्छा-भला काम करते मज़दूरों को भड़काया करता था सारे दिन।' पर जैसे ही नज़र सक्सेना की नज़रों से मिली, आवाज़ जैसे भीतर ही भिंच गई। बोला ही नहीं गया कुछ।

'सच-सच बोलो और साफ़-साफ़ बोलो। डरने की कोई बात नहीं। गाँव में किसी से दुश्मनी थी उसकी?'

सक्सेना की तरफ़ से आश्वासन मिलते ही जोगेसर के मन में एक क्षण को जोरावर का नाम कौंधा ज़रूर, पर अदृश्य लाठियों ने टिकने नहीं दिया इस नाम को। हिम्मत बाँधकर इतना ही कहा, 'हमने कहा न साहब, हमें उसके बारे में नहीं मालूम। ऐसे आवारा लोगों से हम तो दूर ही रहते हैं, साहब...बहुत दूर!'

'हूँऽऽ! तो तुम्हारी जानकारी में गाँव में उसका कोई दुश्मन नहीं था?'

'हाँ, साहब, हमें नहीं मालूम। मैं तो वैसे भी दूसरों के मामले में पड़ता ही नहीं। परचून की छोटी-सी दुकान है। बस घर से दुकान—दुकान से घर, यही कुल जमा ज़िंदगी है और अपन खुश हैं अपनी ज़िंदगी से। चैन से खाता और चैन से सोता हूँ। मैं तो कहता हूँ साहब, लोग अपने-अपने धंधों से लगे रहें तो कैसा अमन-चैन हो जाए सब तरफ़! सब अपनी-अपनी सुलटो भाई! पागल कुत्ते ने काटा है, जो दूसरों की बात में टाँग...।'

कुछ नोट करते-करते सक्सेना का डंडा हवा में हिला और जोगेसर की ज़बान की लगाम खिंच गई।

एक मिनट सक्सेना यों ही शून्य में देखता रहा, फिर कहा, 'अच्छा, अब तुम जा सकते हो।'

पर गया नहीं जोगेसर। हाथ जोड़कर रिरियाता हुआ बोला, 'हम आपसे फिर कहते हैं सरकार, इस मामले से हमारा कोई लेना-देना नहीं। आप तो हमारे माई-बाप हैं, आपसे झूठ नहीं बोलेंगे। हम एकदम बेक़सूर हैं। अब आप ही सोचिए साहब, हम नियम से पूजा-पाठ करनेवाले आदमी...आप हमारा विश्वास करिए...।'

संकेत पाते ही थानेदार ने धीरे से बाँह पकड़कर जोगेसर को बाहर किया। पर बाहर जाते-जाते भी उसने बड़ी ही कातर और याचना-भरी नज़रों से सक्सेना को देखा!

थोड़ी देर तक सक्सेना कुछ लिखते रहे। जैसे ही उन्होंने फ़ाइल पर से नज़र ऊपर उठाई, थानेदार ने चेहरे पर ढाई-इंची मुस्कान लपेटकर बरफ़ का ठंडा पानी पेश किया! पानी पीकर गिलास वापस थमाते हुए उन्होंने पूछा, 'कैसा आदमी है ये जोगेसर?'

'एकदम गऊ, सर! बहुत भला और शरीफ़ आदमी है। लड़ाई-झगड़ा, दंगा-फ़साद सबसे दूर। थोड़ा डरपोक ज़रूर है! जब से सुना...।'

'हूँ ऽऽ!' सक्सेना ने अंकुश लगा दिया।

'महेश शर्मा को बुलाओ।'

थोड़ी देर बाद महेश शर्मा हाजिर हुए। शहरी लिबास, शहरी अदा! सक्सेना ने पहले ऊपर से नीचे तक महेश शर्मा को अपनी नज़र में समेटा, फिर पूछा, 'आप यहाँ के तो नहीं मालूम पड़ते, मिस्टर शर्मा?'

'जी नहीं, मैं दिल्ली से आया हूँ।'

'किस सिलसिले में?' सक्सेना के चेहरे पर आश्चर्य-मिश्रित कौतूहल उभर आया।

'अपने रिसर्च-प्रोजेक्ट के सिलसिले में। गाँव में क्लास-स्ट्रगल और कास्ट-स्ट्रगल!'

सक्सेना की क़तई दिलचस्पी नहीं है इस विषय में। बात बीच में ही तोड़कर पूछा, 'कब से हैं आप यहाँ?'

'कोई डेढ़ महीना हुआ।'

'बिसेसर से कैसे परिचय हुआ आपका?'

'अपने काम के सिलसिले में हम गाँव के अलग-अलग लोगों से मिलते थे—तभी हुआ!'

'हम लोग कौन? क्या और लोग भी आपके साथ हैं?'

'जी हाँ, एक और साथी भी है—अखिलन रामचंद्रन!'

'वो कहाँ हैं?'

'माँ की बीमारी का तार पाकर वह घर चला गया।'

'हूँ! सुनते हैं, बिसू आपके घर रोज़ आया करता था। शामें उसकी आपके घर ही गुज़रती थीं।' अपनी नज़रें महेश के चेहरे पर गड़ा दी सक्सेना ने!

'जी, रोज़ तो नहीं, पर हाँ, अकसर आया करता था।' नज़रों के पैनेपन से थोड़ा असहज हो आया महेश।

'किस तरह की बातें किया करता था वह आप लोगों से?'

थोड़ा असमंजस में पड़ गया महेश। समझ ही नहीं पाया कि बिसू की बातचीत के विषयों को दो पंक्तियों में समेटकर कैसे बताए।

'मैं पूछ रहा हूँ, क्या बातचीत होती थी आप लोगों के बीच?'

'जी, बात यह है कि वह बहुत सेन्सिटिव था..एक्स्ट्रा सेन्सिटिव! और बहुत सोचता था! यहाँ इस तरह के किसी आदमी से मुलाक़ात होगी, यह तो हम सोच भी नहीं सकते थे। इट वाज़ रियली... ।'

'मिस्टर महेश, यह मेरा प्रश्न नहीं है और मैं अपने प्रश्न का जवाब चाहता हूँ।' आवाज़ में थोड़ी सख़्ती घोलकर सक्सेना ने कहा तो एक क्षण को सिटपिटा-सा गया महेश! फिर अपने को सँभालकर कहा, 'कोई एक विषय तो होता नहीं था उसकी बातचीत का। असल में वह बहुत परेशान रहता था...बहुत दुखी और अकसर उसी की बात किया करता था।'

'क्या थी उसकी परेशानी...उसका दुख? वही तो जानना चाहता हूँ मैं? कोई निजी कारण था उसके दुख का...आई मीन पर्सनल?'

'पर्सनल?' कुछ इस भाव से पूछा महेश ने मानो इस शब्द का अर्थ ही न समझ पाया हो!

'हाँ-हाँ, पर्सनल! आपने बताया न कि वह एक्स्ट्रा सेन्सिटिव था...और वह बेकार भी था।' फिर एक क्षण रुककर अपनी बात पूरी की, 'वह जवान था और उसकी शादी नहीं हुई थी। हो सकता है, कभी किसी लड़की...'

'अरे, नहीं-नहीं सर, एकदम नहीं!' तपाक से बातचीत बीच में ही काट दी महेश ने! फिर आवाज़ को बहुत धीमी करके पर दृढ़ता के साथ बोला, 'इस तरह का लड़का वह था ही नहीं, सर!'

इस बार सक्सेना ज़रा मुसकराए, 'लड़कियों से प्रेम करनेवाले लड़के किसी ख़ास तरह के होते हैं क्या?'

महेश केवल नकारात्मक भाव से सिर हिलाता रहा।

'किस तरह का लड़का था वह?'

बड़ी असहाय-सी नज़रों से महेश ने सक्सेना को देखा जैसे समझ ही नहीं पा रहा हो कि क्या बताए? फिर धीरे से बोला, 'कहने को तो कोई ख़ास बात नहीं। नथिंग वेरी स्पेशल...नथिंग रोमांटिक अबाउट हिम! बहुत ही मामूली आदमी! गाँव का एक ग़रीब लड़का जो दो जून की रोटी भी माँ-बाप या दोस्तों के माथे ही खाता था।'

सक्सेना बहुत ग़ौर से महेश का चेहरा देखते रहे—एकटक! उनके चेहरे की प्रश्नवाचक मुद्रा वैसी ही बनी हुई थी मानो बिसू के बारे में जो असली बात जानना चाहते हैं, वह तो आ ही नहीं रही है।

'फिर भी कहीं कुछ था, साहब...आप यदि एक बार मिलते—उससे बात करते न... ।'

'नहीं मिला हूँ, तभी तो पूछ रहा हूँ कि क्या था वह कुछ?'

महेश एक क्षण चुप रहा, फिर एकदम सर झुकाकर बोला, 'नहीं साहब, शब्दों

में मैं नहीं बाँध पाऊँगा! बहुत मुश्किल है...।'

'कमाल है! आप रिसर्च करने आए हैं...थीसिस लिखकर देंगे और साथ उठने-बैठने वाले एक आदमी के बारे में दो लाइन भी नहीं कह सकते!'

फिर आवाज़ को बहुत सख़्त और सर्द बनाकर पूछा, 'आपके इस तरह कतराने का कोई ख़ास अर्थ लगाया जाए तो? आप समझ रहे हैं न मेरी बात?'

एक बड़ी ही दयनीय-सी कातरता उभर आई महेश के चेहरे पर, जिसमें भय से अधिक अपनी बात न कह पा सकने की असमर्थता छिपी हुई थी।

'मेरा प्रश्न अभी भी वहीं है, मिस्टर महेश! किस बात को लेकर परेशान रहता था बिसू?' और उन्होंने अपनी नज़रें महेश के चेहरे पर गड़ा दीं!

'वैसे तो इस पूरे सेट-अप को लेकर ही वह परेशान रहता था, पर पिछले महीने आगजनी की जो घटना घटी, उसने तो उसे बिलकुल ही बौखला दिया। ही वाज़ नॉट इन हिज़ प्रापर सैन्सिज़!'

'हूँऽऽ।' एक लंबी हुंकार के साथ अंतिम वाक्य रेखांकित हो गया था!

'उसका कहना था कि पूरे-का-पूरा मामला जान-बूझकर दबा दिया गया है। झूठी तसल्ली देने के लिए बेचारे कांस्टेबल को सस्पेंड कर दिया गया। मामूली जुर्म करनेवाला सज़ा पा गया और असली मुजरिम के ख़िलाफ़ कुछ नहीं...कभी कुछ होगा भी नहीं।'

एक क्षण ठहरकर बात पूरी की महेश ने, 'बस, इसी को लेकर वह तिलमिलाता रहता था। उसका कहना था—यह थोड़े-से आदमियों के मरने-भर की ही बात नहीं है, महेश बाबू...समझ लीजिए कि पूरी-की-पूरी बस्ती का हौसला ही मर गया। आठ महीनों तक रात-दिन समझा-समझाकर इस लायक बनाया था कि छाती ठोंककर अपना हक़ माँग सकें...अब बहुत दिनों तक ये लोग अपने हक़ के लिए लड़ने का हौसला नहीं जुटा पाएँगे!'

'हूँऽ!' फिर एक दूसरा प्रश्न दागा—

'लड़का नक्सली था?'

'नहीं, नक्सलियों की तो आलोचना करता था।'

'आलोचना?' इसमें प्रश्न से अधिक अविश्वास की ध्वनि थी।

'उनके काम करने के तरीक़े को वह ग़लत मानता था।'

'उसका अपना काम करने का तरीक़ा क्या था?'

'काम! काम तो शायद वह कुछ करता ही नहीं था!'

'क्यों, सुना है हरिजनों और खेत-मज़दूरों को मालिकों के ख़िलाफ़ भड़काया करता था। नक्सली भी तो यही सब करते हैं।'

'भड़काया नहीं करता था, सर...उन्हें केवल अवेयर करता था अपने अधिकारों के लिए। जैसे सरकार ने जो मज़दूरी तय कर दी है वह ज़रूर लो...नहीं दें तो काम मत करो। पर झगड़ा-फ़साद या मार-पीट के लिए वह कभी नहीं कहता था।' फिर

एक क्षण रुककर बोला, 'इसी बात में वह शायद नक्सलियों से अलग भी था।'

'हूँऽऽ!' सक्सेना एक क्षण चुप रहे। फिर बात को दूसरी ओर से घुमाकर पूछा, 'अच्छा, यह बताइए कि जब वह अपनी परेशानी की बात आप लोगों को बताया करता था तो आप लोग क्या कहते थे उसे?'

'हम?' थोड़ा रुका महेश। फिर हिचकिचाते हुए बोला, 'देखिए सर, बात यह है कि हम लोगों को गाँव की समस्याओं, घटनाओं और गाँव के लोगों के साथ इन्वॉल्व होने की अनुमति नहीं है। हमारे काम की पहली शर्त ही यह होती है कि हम सारी बातों से एकदम तटस्थ रहेंगे।'

सक्सेना के चेहरे पर हल्की-सी शिकन उभरी। बात को साफ़ करते हुए महेश ने फिर कहा, 'मैं ठीक कह रहा हूँ। हमें फ़ार्म में भरकर देना होता है यह सब! इसी बात को लेकर तो बिसू बहुत नाराज़ रहता था हमसे!'

'नाराज़ क्यों?'

'केवल नाराज़ ही नहीं, लड़ता था बाक़ायदा हमसे कि आप जैसे पढ़े-लिखे लोग खाली तमाशबीन ही बनकर बैठे रहेंगे तो इन ग़रीबों की लड़ाई कौन लड़ेगा? जहाँ दिन-दहाड़े इतना ज़ुलुम होता हो वहाँ कोई कैसे अलग-थलग बैठकर ख़ाली काग़ज़ पोतता रह सकता है?' एकाएक महेश की आवाज़ भर्रा गई। पर जल्दी ही अपने को साधकर उसने बात पूरी की, 'अपनी मजबूरी हम उसे कभी नहीं समझा सके।'

'हूँ!' थोड़ी देर तक कुछ सोचते रहे सक्सेना! फिर असली मुद्दे पर आए, 'सुना है, जिस रात को वह मरा उस दिन शाम को वह आपके पास आया था। ठीक बात है यह?'

'उस दिन नहीं, उसके एक दिन पहले आया था। उस दिन शाम को तो मैं अखिलन को गाड़ी पर बिठाने के लिए स्टेशन गया था और लौटने में ही मुझे रात हो गई थी।'

'क्या बातें की थीं उसने उस दिन?'

'बहुत उत्साहित था उस दिन। कह रहा था कि बहुत भाग-दौड़ करके, जैसे-तैसे उसने बहुत सारे प्रमाण जुटा लिए हैं उस आगजनी की घटना के। यहाँ पुलिसवालों के हवाले बिलकुल नहीं करेगा, बल्कि दिल्ली जाकर जैसे भी होगा, जहाँ से भी होगा, फिर से खुलवाएगा मामले को।' एक क्षण ठहरकर महेश ने फिर कहा, 'दोनों बाँहें झिंझोड़कर याचना करता रहा हमसे कि कम-से-कम इस मामले में तो हम उसकी मदद करें, उसके साथ दिल्ली जाएँ। पर हम...।' होंठ काटकर आँसू पी लिए महेश ने।

'क्या प्रमाण जुटाए थे?'

थोड़ी देर में अपने को साधकर जैसे-तैसे जवाब दिया, 'वह सब हमने नहीं पूछा, सर! बताया न आपको...।'

'आपने न पूछा हो, पर उसने अपनी तरफ़ से कुछ बताया हो!'

'नहीं!' स्वर भीग आया महेश का।

सक्सेना एकटक देखते रहे महेश के चेहरे को। फिर पूछा, 'माना कि एक स्टूडेंट की हैसियत से ऐसे वाक़यात से अपने-आपको बिलकुल अलग रखना है, फिर भी एक व्यक्ति की हैसियत से तो आप कुछ कह सकते हैं। आपकी राय में बिसू की मौत का कारण क्या हो सकता है?'

'नहीं सर, बहुत मुश्किल है कुछ भी कहना।' फिर एक क्षण रुककर बोला, 'बस इतना ही कह सकता हूँ कि बहुत सदमा लगा उसकी मौत से...एक भीतर तक हिला देनेवाला सदमा! समझ लीजिए सर कि हम सब लोगों के ज़िंदा रहने पर एक बड़ा-सा प्रश्नचिह्न लगाकर वह मर गया', और एकाएक महेश की आँखों में आँसू छलछला आए। फूट पड़ा वह।

'बी काम, मिस्टर महेश...बी काम।' सक्सेना ने तसल्ली दी।

कमीज़ की बाँहों से आँखों की कोरों को पोंछते हुए महेश ने कहा, 'एक्सक्यूज़ मी सर, इस विषय में मैं और कोई बात नहीं कर सकूँगा।'

'ठीक है मिस्टर महेश, इस समय आप जा सकते हैं। ज़रूरत होने पर बुलवा लिया जाएगा।'

झटके से महेश पलटा और बरामदे से उतरकर अहाता पार करता हुआ पगडंडी पर चला गया। सक्सेना एकटक दूर होती हुई महेश की आकृति को ही देखते रहे और थानेदार अगले आदेश की प्रतीक्षा में बुत बना खड़ा रहा।

थोड़ी देर बाद सक्सेना ने जैसे ही थानेदार की ओर देखा—बड़े अदब से झुककर उसने पूछा, 'अब थोड़ा रेस्ट हो जाए, सर? चाय का एक राउंड?'

'अभी नहीं!' और सक्सेना फिर जैसे अपने में ही डूब गए।

महेश की बातों से फैली ग़मगीनी को दूर करने के लिए थानेदार ने कहा, 'सर, ये शहर से आए लोग न गाँव को समझें, न गाँव की बात समझें। इनकी बात को अहमियत मत दीजिए। ख़ानापूरी होनी थी, हो गई। जुमा-जुमा आठ दिन तो हुए आए। इनकी बात का क्या?'

'हीरा को बुलवाओ।' सक्सेना के आदेश ने थानेदार की बात को बीच में ही काट दिया।

थानेदार ने आँख से ही चौकीदार को इशारा किया तो वह बाहर को लपक लिया। थोड़ी देर में हीरा लाठी टेकता हुआ धीरे-धीरे कमरे तक आया। छोटा भाई गनेसी उसे थामे हुए साथ चल रहा था। पर जैसे ही ये लोग बरामदे पर चढ़े, थानेदार ने रोका, 'बस, सिर्फ़ हीरा अंदर आएगा। कित्ती बार समझाया था...।'

'आने दो सरकार! बिसुआ की मौत ने बहुत थका दिया है दद्दा को। मेरे रहते थोड़ा हौसला रहेगा।'

'हौसले को क्या करना है? यहाँ कोई...।'

'आने दो उसे भी!' सक्सेना ने थानेदार की कड़क आवाज़ को वहीं रोक दिया। सिटपिटाकर चुप तो हो गया थानेदार, पर भीतर-ही-भीतर एक वज़नी गाली भी उभरी सक्सेना के लिए। 'स्साला, गाँव में ही बेइज़्ज़ती कर रहा है मेरी जब से। यह तो दो दिन में चलता बनेगा...थानेदारी तो मुझे ही करनी है इनके सर पर।' लेकिन ज़हर का यह घूँट भीतर ही ठेलकर आवाज़ में शहद घोला और बहुत नरमी से बोला, 'आओ... आओ, तुम भी आओ! देखा, सर कितना ख़याल रखते हैं सब लोगों का!'

दोनों भीतर आकर हाथ जोड़कर खड़े हो गए। सक्सेना कुछ देर तक हीरा के भाव-शून्य चेहरे को देखते रहे, फिर बोले, 'बैठ जाओ बाबा, तुम बैठकर ही बयान दो।' और फिर बड़ा दिलासा देते हुए बोले, 'देखो, जो कुछ पूछा जाए, साफ़-साफ़ कहना। डरने की कोई बात नहीं है—सब बात सच-सच कहो!'

'हम झूठ काहे बोली, सरकार? जो कहब सच ही कहब!'

'हाँ, सच कहने से ही तो सारी बात का पता लगेगा न!'

'अब पता लगाकर भी का हुई सरकार! हमार बिसुआ तो चला गवा।'

और हीरा ने अपनी पनीली आँखें ज़मीन में गाड़ दीं। सक्सेना दो मिनट ख़ामोश रहे। थोड़ा सहज हो ले हीरा! फिर उन्होंने बयान लेना शुरू किया। आरंभिक ख़ानापूरी करने के बाद पूछा, 'बिसेसर तुम्हारा बेटा था?'

'जी सरकार, सबसे बड़ा बेटा!'

'उसकी उम्र?'

'एक बीसी और आठ बरस! भादों का ही तो जनम रहा, सरकार!'

'कुछ पढ़ा हुआ था?'

'कुछ! अरे बहुत पढ़े रहा, सरकार! चौदह किलास पास। सहर भेजिके पढ़ावा रहा। मेहनत-मजूरी कीन...रूखी-सूखी खाई पर अपने बिसू को बहुत पढ़ावा रहा, साहेब!'

एक क्षण रुककर वह फिर बोला, 'बिसू का बारे मा बहुत सोच रहा सरकार... न जाने कउन-कउन सपना देखा रहा...बड़ा आदमी बनिहै...कुर्सी पर बइठ के काम करिहै पर...।' आवाज़ भर्रा गई हीरा की। गरदन झटककर बड़े हताश भाव से बोला, 'सब धरा रहिगा।'

'क्या काम करता था?'

'कुछौ नहीं!'

'कुछ नहीं? अट्ठाइस साल का जवान आदमी और काम-धाम कुछ नहीं करता था?' सक्सेना के ललाट पर सलवटें उभरीं और आवाज़ में हलकी-सी जिज्ञासा।

'पहिले तो हियें गाँव में आपन इसकूल खोले रहा। लरिकन, बड़न सबका पढ़ावत रहा...अउर न जाने का-का समझावत रहा।'

'क्या समझाया करता था?' नज़र में हलका-सा पैनापन उतर आया सक्सेना की।

'अब हम उई सब बातें का समझीं, सरकार! हम तो खुरपा अउर फरुहा वाले

मजूर ठहरे। चौदह किलास पास वाले की बातें हमारी समझ में का आय सकी?'

'हूँ ऽ! कौन-कौन आता था उसके स्कूल में?'

'बतावा न सरकार, गाँव का सबै लरिका-लरिकिनी आवत रहैं। बड़ा लोगवा आवत रहैं। हरिजन-टोला मा तो खुदै जायके पढ़ावत रहा। बहुतै सौक रहा पढ़ावै का...पर बाद मा तो सब छुटिगा।'

'क्यों?'

'जेहल चला गवा रहै न! चार साल मा सब मटियामेट होइगा! लौटे के बाद फिर पहिले जस इसकूल जमवे नहीं भा।'

'जेल क्यों गया था?'

'का जानी सरकार! बऽस एक दिन अइसे ही पकरि लै गए।'

'अरे कुछ तो किया होगा।...लड़ाई-झगड़ा, दंगा...मार-पीट...?'

'नहीं, नहीं!' एकदम उछलकर हीरा बीच में ही बोला, 'ऊ सब-कुछ नहीं। हमार बिसू कौनौ दिन काहू से मारपीट नहीं किहिस! झूठ नाहीं बोलत सरकार आपसे... गुस्सा तो ओहिका बहुत आवत रहा...आँख लाल हुइ जात रही अंगारा जस...पर हाथ तो आज तक काहू पर नहीं उठाइस रहा, सरकार!'

'तो फिर किसलिए हुई जेल?'

'सो तो आप लोग जानौ, सरकार! आपै लोग तो पकरि लै गए रहो।'

सक्सेना ने थानेदार की तरफ़ देखा। थानेदार ने ज़रा-सा आगे झुककर धीरे-से कहा, 'नक्सली था, सर!'

सक्सेना, थानेदार की ओर ही देखते रहे, कुछ इस भाव से मानो थानेदार की बात से महेश की इस बात, 'नक्सलियों की तो वह आलोचना करता था' का तालमेल बैठाने की कोशिश कर रहे हों! थोड़ी देर बाद एक लंबी हुंकार के साथ नज़र फिर हीरा के चेहरे पर टिका दी, 'कितने दिन की सज़ा हुई थी?'

'सजा तो कौनौ भई नहीं, सरकार? कौनौ मुकदमऔ नहीं चला। बस, एक दिन भिनसारे आए अउर बाँधि लै गए। दुई महीना तक तो हमका पतौ ही नहीं लगा सरकार कि कहाँ है हमार बिसुआ। बड़ै जी कलपा हमार...बहुत छटपटाएन हम। ओकर महतारी तो खानौ-पीना तक छोड़ दिहिस रहै!'

सक्सेना को पूरी तरह विश्वास हो जाए कि बिसू एकदम बेगुनाह था, हीरा ने भर्राई आवाज़ में एक बार फिर दोहराया, 'सच कही सरकार, हमार बिसू कौनौ दिन जुलुम नाहीं कीन्हा रहा, कौनौ गलत कामौ नाहीं कीन्हा रहा।' फिर एकाएक याचना-भरे स्वर में उसने पूछा, 'आपै बताओ सरकार...काहे लै गवा रहै हमार बिसुआ को? बेगुनाह का जेहल भैजै काऔ कौनौ कानून होत है का?'

'कितने दिन रहा जेल में?' सक्सेना खट्-से बात को वापस लाइन पर लाए।

'पूरा चार बरस रहा, सरकार! जैसे एक दिन बाँध के लै गए रहै, वही तरै एक दिन छोड़ौ दिहिन!'

'नई सरकार ने छोड़ा न?'

'हाँ सरकार, तबै छुटमल रहा! हम तो बड़ा जस गाइत हैं नई सरकार का। हमार बिसू घर तो आवा! अउर दा साहब तो देवता आदमी हैं, सरकार! हम गरीबन का कइसा मान दिहिन! ऊ दिन हमार घरै आ...हमका अपने सँग लिवाय लै गए...नहीं तो को पूछत है गरीबन का दुख-दर्द...'

हीरा का गला भर्रा गया, कुछ दुख से पर उससे अधिक कृतज्ञता से। सक्सेना भी कुछ क्षण चुप रहे। हीरा को दा साहब की गरिमा में पूरी तरह डूबने का मौक़ा दिया!

'जेल से छूटने के बाद क्या करता था बिसू?'

'का करत, सरकार? एक-दुई महीना तो पड़ा रहा। न काहू से बोलब न चालब? न कहूँ आउब न जाब। बस, गोड़न में मुँह दिए बइठा रहत...जो खटिया पे लेटिगा तो लेटिके आसमानै ताकत रहत!...जो खाय का कहौ तो खाय लै...न कहौ तो भूखै...'

थानेदार ने चुप रहने का इशारा किया तो सक्सेना ने रोक दिया, 'नहीं-नहीं, बोलने दो।' एक-एक शब्द लिखते जा रहे थे हीरा की बात का वह।

'हमका तो लगतै नहीं रहा कि ये हमार वही बिसुआ है। अरे का बताई सरकार, बड़ी चुस्ती-फुर्ती रही वाहिके सरीर मा! मुला सब निचुड़ गई?'

हीरा चुप हो गया। सक्सेना कुछ देर हीरा के बोलने की प्रतीक्षा करते रहे, फिर पूछा, 'पर कुछ तो करता होगा...आख़िर दिन कैसे गुज़ारता था।'

'का करता, सरकार? बस बहुत बेचैन रहता रहा! रात-रात भर टहरा करता। जाने कउन दुख लागि गवा रहै?'

तुरंत रेखांकित।

'इसका मतलब कमाता-धमाता कुछ नहीं था! कोई काम-धंधा, रोज़गार?'

'पहिले तो इसकूलै मा लरिका लोग कुछ दइ देत रहे—जितना जेहिका परि जाए पर इधर तो हरिजन टोलै माँ जियादह जात रहा...ऊ बिचारे का देइहैं, सरकार। उनका तो अपनै पेट भरब मुसकिल!'

'तुम लोग कुछ कहते नहीं थे। जवान आदमी निकम्मा बैठा रहे और बूढ़े माँ-बाप मज़दूरी करें।'

'का कहत, सरकार! हाँ, महतारी लड़त रही! छोटे-छोटे लरिकन का पेट काटि के पढ़ावा अउर अब न कछू करै न धरै। तब हिम्मत रही साहब...अब हाथ-पाँव नाहीं चलत एही से महतारी बकत रही...कोसत रही।' फिर भर्राये गले और रुँधी हुई आवाज़ में कहा, 'पर जबसे गवा है, आँखिन से आँसू नहीं टूटत। रोए-रोए के आधी होइ गई है। सब दिन अपने को कोसत है—दैया रे! हमहिन लड़ि-लड़ि के अपने बिसू को मारि डाला। दुइ-दुइ रोटीन का तरसाय दीन। बहुत कलपती है, सरकार! वाहिकेर दुख नाहीं देखा जात।'

गला भिंच गया हीरा का और आँखों की कोरों से दो बूँदें ढुलककर झुर्रियों में ही बिला गईं।

सक्सेना ने बड़ी मुस्तैदी से एक-एक शब्द लिखा और फिर सबको रेखांकित किया। दो क्षण रुककर अगला प्रश्न पूछा, 'माँ जब लड़ती थी तो बिसू क्या कहता था? कभी घर छोड़ने की बात...भाग जाने की बात...या कोई ऐसी...?'

'नाहीं सरकार, भागत काहे? ई गाँव तो बहुतै पियारा रहा ओकर। ऊ तो हमेस कहत रहा, थोड़े दिनौ अउर रुकि जाव अम्मा...फिर तुमको कौनो बात की सिकायत न हुई! का जानी सरकार, वाहिके मन में का रहै? मन की मनै मा लैके चला गवा!'

हीरा का गला फिर भर्रा आया। सक्सेना साहब कुछ देर तक चुभती-सी निगाहों से हीरा को देखते रहे, फिर अगला प्रश्न फेंका, 'तुम कहते हो, बिसू ने कभी किसी से मार-पीट नहीं की कहीं बाहर। उसकी बेकारी को लेकर क्या कभी घर में कोई ऐसा झगड़ा हुआ, जिसमें मारपीट हुई हो...?'

पूछने के साथ ही सक्सेना ने अपनी नज़र में और अधिक पैनापन घोल लिया, पर इस नज़र से एकदम बेख़बर हीरा बीच में ही बोल पड़ा, 'अरे नाहीं-नाहीं साहेब कब्बो नाहीं...एकौ बार नाहीं। आज तलक घर मा कब्बो मारपीट नहीं भई। घर मा तो कोऊ छुइसि तक नाहीं वहिका? दुइनौ छोटे भाई बहुतै प्यार करत रहैं...बहुतै मानत रहैं बिसू दादा का?'

'हूँऽऽ!' जैसे कुछ विचार में पड़ गए सक्सेना साहब! फिर हीरा के चेहरे पर उसी तरह आँखें गड़ाकर पूछा, 'जानते हो, जब उसकी डॉक्टरी जाँच हुई तो उसके शरीर पर कई जगह मार-पीट के निशान थे! कलाइयों और टखनों में तो ऐसे निशान कि जैसे कभी गहरे घाव लगे हों। और तुम कहते हो कि उसकी कभी किसी से मार-पीट ही नहीं हुई...तब शरीर के वे निशान?'

कुछ इस भाव से पूछा सक्सेना ने मानो बहुत मासूमियत में लपेटकर कही गई हीरा की बातों से धोखा नहीं खाएँगे वह। पर हीरा का ध्यान न सक्सेना की नज़रों के पैनेपन पर था, न बात की तह तक पहुँचने वाले लहजे में। वह तो जैसे अपनी ही रौ में बोले चला जा रहा था।

'ऊ निसान तो सरकार जेहल से छूटि के जब आबा, तबै के हैं। जब आवा रहै न साहब, तब कलाई और टखनन पर घाव रहै...उनसे खून और मवादौ आवत रहा। घी अउर हरदी के फाहे रखि-रखि के बड़ी मुसकिल से घाव ठीक किहिस वहिकी महतारी। चार साल तक जेहल मा हथकड़ी-बेड़ी नहीं खोली गई रहै हमरे बिसू के हाथन-पावन से। सरीर पर बहुतै मार लगाई रही सायद...सारे सरीर पर जखमै-जखम रहे—बाहर-भीतर सब जगह।' एक क्षण रुककर फिर उसी तरह काँपते हुए स्वर में बोला, 'बहुतै मुलायम रही खाल हमरे बिसू की साहब...बहुतै मुलायम!'

और घुटनों में सिर देकर हीरा फूट-फूटकर रोने लगा। गनेसी ने भाई को दिलासा देने के लिए पीठ पर हाथ रखा और सक्सेना साहब ने पास खड़े कांस्टेबल को इशारा किया कि पानी पिलाए।

बिजली की फुर्ती से कांस्टेबल पानी का गिलास लाया और बड़े अदब के साथ उसने सक्सेना के सामने पेश किया।

'मुझे नहीं, हीरा को पिलाओ।' गिलास गनेसी ने लिया और इंतज़ार करने लगा कि दद्दा थमें तो पानी दे। इसी बीच थानेदार ने झुककर झिझकते हुए पूछा, 'अब थोड़ा रेस्ट हो जाए, सर? एक-एक चाय? यह भी इस बीच चाय-पानी कर लेगा।'

थानेदार को यही लग रहा था कि कितनी भाग-दौड़ करके तो उसने गरमागरम इमरतियों का इंतज़ाम किया था और यह एस.पी. साला ऐसा काम का सगा बना हुआ है मानो इसने काम रोका तो दुनिया रुक जाएगी। सऽऽब ठंडी हो गई होंगी? एक गाली उभरी उसके मन में।

'ठीक है, ले आओ!' फिर हीरा को संबोधित करके, 'तुम्हारे पास भी कुछ खाने-पीने को है या नहीं?'

जवाब दिया गनेसी ने, 'है सरकार, बाँध के लाए रहे।'

'नहीं है तो एक दुकान है वहाँ बाहर चाय की। ले लेना वहाँ से कुछ। जाओ, बाहर जाओ। कुछ चा-वा पी लो, मन थोड़ा थिर हो जाएगा।'

बात ख़त्म करते ही सक्सेना की घूरती हुई नज़र से थानेदार की नज़र मिली तो अपनी आवाज़ की सख़्ती से खुद ही थोड़ा सकपका गया। तुरंत चेहरे पर मुलायमित घोलकर कहा, 'देहात के लोग थाना-कचहरी आते हैं सर, तो खाना तो बाँधकर लाते ही हैं। देर-अवेर तो हो ही जाती है इन कामों में।'

थानेदार को यह डर लग रहा था कि कहीं हीरा और गनेसी को भी यहीं चाय पीने के लिए न कह दें। इन गाँववालों के लिए मन में बड़ा प्रेम फूट रहा है न एस. पी. साहब के! ज़रूर यह भी कोई चक्कर होगा ससुरा—वरना पुलिसवाला आदमी इतना लिजलिजा नहीं होता...गाँव का हो, चाहे शहर का। आया है तब से लगा रखी है—इन्हें रोको मत, इन्हें घुड़को मत...सख़्ती से पेश मत आओ, जितनी बकवास करें करने दो! ज़रा-सा बोलते ही कैसा नज़रों से दाग़ देता है कि जीभ तालू से ही चिपककर रह जाती है। लगता है जैसे यहाँ बयान लेने नहीं, आरती उतारने बुलाया है सबको! ये तो अपने चल देंगे, गाँव में कैसी-कैसी गालियाँ उछलेंगी उसके नाम, वही जानता है! आगे तो उसे ही सँभालना है। सबेरे बिंदा के न आने से जो एक घबराहट हो रही थी, वह अब खुशी में बदलने लगी। ठीक कर देगा बिंदा, दो-चार गाली बक देगा तो धरी रह जाएगी यह नरमी और यह शहरातीपन। तब देखूँगा, कैसे नहीं करते हैं सख़्ती!

'देखो, मैं चीनी नहीं लेता।' किनारे की मेज़ पर चाय ढालते हुए कांस्टेबल को आदेश दिया सक्सेना ने। प्लेट में इमरतियाँ जमाते थानेदार के हाथ वहीं रुक गए!

'अरे सर, यह क्या? मैंने तो आपके लिए स्पेशल मिठाई का इंतज़ाम किया था। इधर गाँव में कहाँ मिलती है मिठाई? वो तो सरपंच साहब ने आपके...।'

'डाइबिटीज़ का मरीज़ हूँ न...मना है चीनी!' सक्सेना ने कोई ख़ास तवज्जह नहीं दी—न स्पेशल इंतज़ाम को, न सरपंच को। ज़ेब से स्वीटेक्स की छोटी-सी डिबिया निकाल ली। साथ ही एक सिगरेट सुलगाने के बाद सिगरेट-केस थानेदार की ओर बढ़ाया। बढ़िया ब्रांड की सिगरेट देखकर मन लपलपाया तो बहुत, पर अदब ने हाथ नहीं बढ़ाने दिया।

'नहीं सर, बस आप ही पीजिए।' कृतज्ञता में आकंठ डूबकर कहा थानेदार ने।

'क्या बात है, सिगरेट नहीं पीते! अच्छा चाय तो लो अपनी।' और खट्-से सिगरेट-केस बंद करके सक्सेना ने वापिस रख लिया।

एक बार और तो कहता, एकदम समेट ही लिया—मन में उभरा, पर 'जी सर' कहकर अदब से चाय का प्याला उठा लिया और बड़े संकोच से घूँट भरने लगा।

चाय की चुस्कियाँ और सिगरेट के कश खींचते हुए सक्सेना कुछ सोचने लगे। सिगरेट से निकले हुए धुएँ के गोरख-धंधे में उनका मन ऐसा उलझ गया कि मानो वे कमरे से ऊपर उठ गए हों।

थानेदार की इच्छा हो रही है कि एस.पी. साहब उससे कुछ बातें करें। गाँववालों के बारे में ही कुछ पूछें—इस केस के बारे में ही उसकी राय जानें—आख़िर पहली बार तो उसने ही लिए हैं सारे बयान।

'गरम कुछ ज़्यादा ही है यह जगह।'

लो, ये तो मौसम पर चालू हो गए! ख़ैर किसी पर बात करें, उसे तो जवाब देना ही है।

'जी, वो बात यह है सर, कि चारों तरफ़ खुले मैदान-ही-मैदान हैं। पेड़-वेड़ तो हैं नहीं ज़्यादा; सो बस, लू के सपाटे चलते रहते हैं।'

'हूँऽ ।' सक्सेना फिर चुप! आख़िर थानेदार ने ही हिम्मत करके अपनी ओर से बात चलाई।

'सर, हीरा के बाद जिसका बयान होना है न—बिंदा, वो तो आया नहीं! आएगा भी नहीं। मैंने आपसे अर्ज किया न, एक ही सिरफिरा आदमी है वह। बहुत ही ख़तरनाक!'

'ख़तरनाक?' बहुत ही पैनी नज़रों से देखा सक्सेना ने, मानो इस शब्द का अर्थ जानना चाहता हो। इस नज़र से एक क्षण को हकबकाया थानेदार, पर फिर इतनी देर से घुमड़ती हुई बात सरका ही दी—

'जी, गाँव में जितने झगड़े-फसाद होते हैं न, सब इन्हीं लोगों की वजह से। सच पूछें तो बिसू भी ऐसा ही था, सर! खुद तो कुछ करना-धरना नहीं, बस काम करनेवालों को भड़काना सारे दिन। उलटी-सीधी बातें...।'

'हूँऽऽ!' बात बीच में ही तोड़ दी सक्सेना ने एक छोटी-सी हुंकार उछालकर। थोड़ी देर चुप रहा थानेदार, फिर धीरे से पूछा, 'उसका फिर कैसे होगा, सर? आप कहें तो...।'

'देखते हैं अभी।' सक्सेना कोई परेशानी ही महसूस नहीं कर रहे।

अजब आदमी है यह भी। इसमें देखने को क्या रखा है? कोई तमाशा है यह भी! कहें तो अभी पकड़वाकर बुला लें उसे। वैसे कोई आसान काम नहीं है उसे लाना। पर ऐसे टेढ़े आदमियों को ठीक करना वह खूब जानता है। एक बार मौक़ा तो दें उसे भी अपना कमाल दिखाने का। पर ये हैं कि अपनी ही धुन में बैठे हैं। बयान तो उसे भी आए दिन लेने ही पड़ते हैं...देहात-गाँव में कुछ-न-कुछ लगा ही रहता है... पर ऐसा बेतुकापन तो उसने न देखा, न जाना। कहीं कोई कड़क ही नहीं! वर्दी के साथ-साथ शरीर में थोड़ा कलफ़ लगाकर आ जाते तो ठीक था।

'काम शुरू किया जाए,' कप एक तरफ़ सरकाकर सक्सेना ने कहा, 'बुलवाओ हीरा को!'

'यस्सर!' तपाक से आदेश को सरकाया थानेदार ने, पर मन में कहीं उभरा—घिस्सू कहीं का!

थोड़ी ही देर में हीरा और गनेसी फिर हाज़िर। दोनों आकर पहले की जगह बैठ गए।

सक्सेना थोड़ी देर तक दोनों को देखते रहे एकटक। फिर बात को बिलकुल नए सिरे से शुरू किया—

'अच्छा, यह बताओ, गाँव में उसकी दोस्ती किस-किससे थी! किन लोगों के बीच उठता-बैठता था बिसू?'

'अइसे तो सबहीं के साथ उठत-बइठत रहा, सरकार! पर हाँ, खास दोस्त तो बिंदै रहा। भइयन मा भी अइसा पिरेम न मिलि है आपको।'

'कौन है यह बिंदा?' थानेदार से इतनी गाथा सुनने के बाद भी सक्सेना ने इस तरह पूछा जैसे पहली बार सुन रहे हों यह नाम।

'रुक्मा का घरवाला, पहिले शहर मा रहत रहा।'

'इस गाँव का रहनेवाला नहीं है?' सक्सेना के ललाट पर हलकी-सी शिकन उभर आई। कहीं जेल-वेल का साथी तो नहीं? थानेदार उसके ख़तरनाक होने की बात कह ही चुका है अभी।

''नाहीं। सहर मा रहत रहा...हुँवै नौकरी करत रहा। लेकिन जब रुक्मा का बाप

मरिगा तो रुक्मा लै आई बाप की खेती सम्हारे के खातिर। अउर कोई बाल-बच्चा तो नहीं रहा उहिके। रुक्मे अकेले बिटिया रही अउर बीस बीघा की खेती रही। कुआँ, गाय, बैल, भैंस...अमराई...।'

'यह रुक्मा कौन है!'

'अरे वहिकेर घरवाली, सरकार! एही गाँव केर लड़की...बिटिया जस।'

हीरा ने कुछ इस भाव से कहा, मानो इतनी जगत-विख्यात बात भी नहीं जानते सक्सेना साहब।

'बहुतै अच्छी लड़की है, सरकार! बिसू का तो बहुतै मानत रही। पिरान देती रही वहि पर तो।'

'हूँऽऽ!' एक लंबी हुंकार के साथ सक्सेना ने यह वाक्य अपने भीतर उतार लिया।

'उहै के इसकूल मा पढ़ती रही न सरकार, बस तबै से...।'

'बिसू के स्कूल में पढ़ती थी?'

'हाँ-हाँ, तब सादी कहाँ भई रहै...तउन पढ़त रही। बहुत हुसियार रही पढ़ै मा। बिसवो बहुत मान रहा...बहुत नेह रहा वहि पर बिसू का।'

'हूँऽ!' बात कुछ और गहरे उतरी।

'जब बिसू का जेहल लइगे...बहुत रोई। बिसू की माई की तरह कलपत रही साहब रुक्मा...खाब-पियब सब छोड़ दिहिस रहै।'

'हूँऽऽ!' बात ताल में जाकर जम गई और बयान की हर पंक्ति रेखांकित होती चली गई।

'शादी कब हुई रुक्मा की?'

'बस यही कौने तीन बरस।'

'बहुत रो-धोकर की शादी या खुशी-खुशी कर ली?'

'अरे सरकार...रोउती तो है ही बिटिवै सादी के समै। महतारी का घर छोड़त करेजवा बहुत कसकत है बिटियन का। फिर यहिके तो महतारिउ नाहीं रही, सरकार! बाप का घर वही देखत रही...मोह तो होतै है।'

'शादी करके शहर में चली गई या गाँव में ही रही?'

'सादी के बाद कउन गाँव में छोड़त, सरकार? गई तो सहर ही, पर उहाँ एको दिन मन लागे नहीं सरकार उहिका।'

'तो गाँव चली आई?'

'अउर का! बाप की बीमारी मा आई तो फिरकै गइवै नहीं। साफ कहि दिहिस बिंदा से...मैं अब सहर न अइहौं। आवै का होइ तो बिंदा आवै, नहीं तो रहै अपना सहर मा...ऊ अब बाप की खेती देखिहै। बस, फिर बाप के मरे पै बिंदाऔ गाँव आइ रहा।'

तल में बैठी बात पर मुहर लग गई।

'तो बिसू की जान-पहचान कैसे हुई बिंदा से? वह तो जेल में रहा होगा उस समय?'

'जेहल से छूट के जब आवा तब भई, सरकार! जब बिसू छुटिके आवा तो बहुतै खुस भई रहै रुक्मा।'

रुक्मा की खुशी की याद क्षण-भर के लिए हीरा के चेहरे को भी हुलसा गई।

'फिर?'

'फिर का सरकार, जेहल से छूटै के बाद जौन बहुत गुमसुम, बहुत चुप रहता रहा हमार बिसुआ, तौन रुक्मा रोजै बिंदा के लेइके आवत रही बिसुआ से बोले-बतियावै। वही ठीकौ किहिस बिसुआ का।'

'हूँऽ।' लिखना ख़त्म हुआ तो एक क्षण पेन को मेज़ पर टकोरते रहे सक्सेना—जैसे कुछ सोचने लगे हों। फिर पूछा—

'तो इसका मतलब यह हुआ कि बहुत पुरानी दोस्ती नहीं थी बिंदा और बिसू की...जैसे बचपन की दोस्ती होती है!'

'नहीं, ऊ तो रुक्मा से रही। बिंदा से तो यहै छ-सात महीने केर आय। मुदा गर आप देखत सरकार तो जान परत जानो बचपन की नहीं, पिछले जनम की दोस्ती आए। जरूर पिछले जनमै का संजोग रहा होई सरकार...नहीं तो अइसा पिरेम...?'

'अच्छा, कभी लड़ते भी दोनों आपस में?'

'अरे खूब लड़त रहै, सरकार। मार जोर-जोर से लड़त रहै।'

एकाएक हीरा के झुर्रियों-भरे चेहरे पर वात्सल्य की तरलता झलकने लगी मानो सामने ही बिसू-बिंदा लड़ रहे हों।

'किस-किस बात पर लड़ते थे?' प्रश्न पूछने के साथ ही सक्सेना ने अपनी निगाह पैनी और सूँघने की शक्ति को तेज़ कर लिया।

'न जाने कउनी-कउनी बातन पर! अइसी बतकही—अइसी बतकही कि बस्स। बिंदा पढ़ै-लिखै है न सरकार...फिर सहर का रहवैया...अब हम का उनकी बातन का समझ सकति हैं, सरकार बतियात-बतियात जो लड़ परै तो लड़तै रहत...।'

'अच्छा, यह बताओ, रुक्मा अपने आदमी के साथ खुश है?'

'बहुत खुस्स है, सरकार! एक बेटवौ है डेढ़ बरस का।'

'हूँऽऽ!' दो मिनट चुप रहकर कुछ सोचते रहे सक्सेना। फिर उन्होंने कुछ लिखना शुरू किया और हीरा जैसे बिसू की उन पुरानी यादों में खोया रहा।

कोई पाँच मिनट तक कुछ लिखते रहे सक्सेना। फिर बात को दूसरी ओर घुमाते हुए पूछा—

'अच्छा, अब यह बताओ, गाँव में दुश्मनी थी उसकी किसी से?'

हीरा चुप!

'किसी से लड़ाई या दुश्मनी थी उसकी? डरो नहीं...बोलो।'

इस प्रश्न के साथ ही थानेदार ने कुर्सी पर बैठे-बैठे अपना धड़ थोड़ा आगे को निकाल लिया। अब ज़रूर कोई-न-कोई नाम टेप देगा यह बुड्ढा। डर तो किसी का रह नहीं गया है!

'का बताई, सरकार...दुश्मनी तो नाहीं मुदा'...फिर हिचकिचाने लगा हीरा, पर सक्सेना की सच कहने को उकसाती हुई मुद्रा से हौसला पाकर कह दिया, 'जोरावर सिंह और मालिक लोग वहि से बहुत नाराज़ रहत रहे।'

'मालिक लोग कौन?'

'अरे येई, सरकार...जेहिके बड़े-बड़े खेत हैं। सरपंच साहबो बहुत नाराज रहत रहे।'

'क्यों रहते थे नाराज़?'

'अरे अब का बताई, सरकार...बस बचपना रहा हमार बिसुआ का। ऊ सरकार, खेत पै काम करै वाले मजूरन से कहत रहा कि इत्ती कम मजूरी पै काम ना करौ। मजूरी बढ़ावै की खातिर लड़ौ। बेगारी न करो—उधारी पै इत्ता-इत्ता सूदौ न देव। येई सब ऊ लोगन का बुरा लगत रहा, सरकार!' फिर एक क्षण रुककर बोला, 'अउर ठीकौ है सरकार, मजूरन का भड़क जाए से...खेतन मा नुकसान जउन हो रहा, ओकर कौन सहिहै? बिना मजूरन कहीं खेती हुई सकै है, सरकार?'

थानेदार के शरीर में जैसे लहरें उठने लगीं—यह बताने के लिए कि बिसू मज़दूरों को उपद्रव करने के लिए कैसे-कैसे भड़काया करता था और कितना नुक़सान होता था खेत मालिकों का! न तुम्हारे पास ज़मीन, न तुम्हें मज़दूरी करनी...फिर मालिक- मज़दूरों के बीच आने की ज़रूरत? पर हिम्मत नहीं पड़ी कुछ भी कहने की।

'हूँ ऽऽ। कभी मार-पीट भी हुई इन लोगों से इस बात को लेकर? कोई धमकी-वमकी दी गई उसे?'

'नाहीं सरकार...मारपीट कबौ नहीं भै। हम तो बहुत समझावत रहे बिसुआ का, पर हमारी एकौ नाहीं मानत रहा। जोरावरौ समझावत रहा...धमकातौ रहा कि देख रे बिसुआ...तू जो हमरे मजूरन का हड़काइ है तो जेल भिजवाय देब। बिसुऔ खूब बहस करत रहा...खूब झगड़ा करत रहा जोरावर से...पर मार पीट तो कबौ नाहीं भइल, सरकार! हम सच कहित है आपसे। बिसुआ को कोऊ हाथौ नाहीं लगावत रहा, सरकार...कौनौ दिन नाहीं...।'

अंतिम वाक्य पर थानेदार के तनाव एकाएक ढीले हो गए—समर्थन के-से स्वर में।

'जी सर...कभी कोई मार-पीट नहीं हुई।'

'हूँऽऽ,' और थानेदार की मुहर लगे हीरा के वाक्य को रेखांकित कर दिया सक्सेना ने। फिर पूछा, 'अच्छा, यह बताओ कि जिस दिन उसकी लाश मिली, उससे एक दिन पहले उसका किसी से झगड़ा हुआ था या कोई कहा-सुनी हुई थी...घर में...बाहर या जोरावर से?'

'नाहीं सरकार, काहू से नाहीं। इधर तो ऊ लड़बै छोड़ दिहिस रहै। जब से हरिजन टोला मा आगजनी भई न सरकार...तब से ऊकाहू से लड़बौ नाहीं करा। बऽस, भीतरै-भीतर कलपत रहा। बहुत रोवा रहा उइ दिन सरकार, बहुत रोवा रहा।

कबौ-कबौ तो रात-भर छटपट-छटपट करै, सरकार! अब का बताई, बहुत रिसियावत रहा कि उत्ता बड़ा कांड हुई गवा और कौनौ के नाहीं धरा पुलिस!'

फिर एक क्षण रुककर बोला, 'बहुत दरद रहा ऊका मन में।'

'हूँ...! अच्छा, क्या करता रहा था उस दिन वह? कहाँ-कहाँ गया...किस-किससे मिला?'

'दुपहर तई तो बिंदा कने रहा, सरकार! वहि के खेत पर। फिर बिंदा तो शहर चला गया और ऊ घरै आवा। संझा का फिर निकरिगा तौन रात कै आवा। न जानी कहाँ गवा रहा, सरकार? हम तो कबौ पूछतै नाहीं रहे, सरकार!'

'रात में जब लौटा तो उसकी तबीयत ठीक थी?'

'ठीक रही, सरकार!'

'खाना खाया था?'

'खाना तो ऊ संझा का खातै नाहीं रहा, सरकार! जेहल से छूटें के बाद से पेट बहुत खराब रहत रहा...दुइ टैम का खानौ नाहीं हजम होत रहा।'

'तुम्हारे सामने सोया था घर में?'

'हाँ सरकार, बाहर खुलन मा तो सोवा रहा।'

'रात में उसे बाहर जाते या घर में किसी को आते देखा?'

'नाहीं सरकार!'

'किसी तरह की कोई आवाज़, बातचीत या शोरगुल कुछ सुना, जैसे कोई बिसू को उठाकर ले जा रहा हो या कि...?'

'नाहीं सरकार, कुच्छौ नाहीं देखा-सुना हम तो। हमरे आगे तो अच्छी तरा सोवा अउर भोरै आई के जोगेसर साहू बताइन कि पुलिया पर लहास परी है। कब गवा... कइसे गवा—कुच्छौ पता नाहीं। इ मुदा नींद...।'

गला भर्रा गया और हीरा की आवाज़ रुँध गई।

एक क्षण सक्सेना रुके, फिर पूछा—

'तुमको क्या लगता है...कैसे मौत हुई बिसू की?' पूछने के साथ ही नज़रें हीरा के चेहरे पर गड़ा दीं सक्सेना ने। थानेदार ने भी उचककर गरदन ज़रा-सी आगे को निकाल ली।

थरथराते गले से ही बोला हीरा, 'हम का बताई सरकार...पर अपन मौत नहीं मरा हमार बिसू। जरूरै कोऊ मरवाइस है हमार बचवा का।'

बोल तो कुछ नहीं पाया, पर तनाव से चेहरा बुरी तरह खिंच गया थानेदार का।

'किसी पर शक है तुम्हें?' बिना किसी लाग-लपेट के सीधा प्रश्न दागा सक्सेना ने।

थानेदार की गरदन थोड़ी और आगे निकल आई।

'बोलो, डरो नहीं...किसी पर शक है तो नाम बताओ उसका।'

'हम का बताई सरकार...पर सारा गाँव...।' एक क्षण के लिए फिर रुका हीरा।

'बोलो-बोलो...बताओ...।' हिम्मत बँधाई सक्सेना ने।

'सारा गाँव जोरावर सिंह का नाम लेई रहा है, सरकार!'

इस बार चुप नहीं रहा थानेदार। इतनी देर की कुलबुलाहट निकल ही आई आख़िर। पर सक्सेना साहब पर नज़र पड़ते ही अपने को साधा और समझाने के लहज़े में बोला, 'अपनी बात बोलो, बाबा अपनी बात। गाँववालों की बात गाँववाले कहेंगे। तुमको...'

हाथ के एक हलके-से झटके से थानेदार की लगाम खींच दी सक्सेना ने। थानेदार भीतर-ही-भीतर ऐंठकर रह गया और मन-ही-मन सक्सेना की सात पुश्तों का तर्पण कर डाला।

'तुम्हें भी शक है जोरावर पर?'

'हम का सक कर सकें, सरकार! आँखिन से देखे बिना कइसे केहिका नाम लइलें? अउर अब नाम लेइके होइवे का, सरकार? हमार बिसू तो चला गवा...हमार पाला-पोसा जवान लड़िका...अरे हमार बचवा...' और घुटनों में सिर देकर फूट-फूटकर रोने लगा हीरा। गनेसी ने फिर पीठ सहलाई और कांस्टेबल ने सक्सेना के इशारे पर फिर पानी का गिलास थमा दिया।

सक्सेना कुछ लिखने लगा और थानेदार मन-ही-मन भुनभुनाने लगा—बयान के नाम पर बुड्ढे से पुरान बँचवा रहा है पिछले चार घंटे से और उसने एक वाक्य बोल दिया तो इशारे से ऐसी लंगी लगाई कि आधी बात मुँह में ही घुटकर रह गई। अपने ही हलके में गीदड़ बनाकर रख दिया इस ससुरे एस.पी. ने! ऐसे पुचकार-पुचकारकर बयान लोगे तो कही-अनकही सब कहेंगे ही ये लोग। गाँववालों से पाला नहीं पड़ा लगता है इनका कभी। जानते नहीं कि ज़रा-सी शह मिलते ही सीधे खोपड़ी पर सवार होते हैं ये लोग। जूते की नोंक पर ही ठीक रहते हैं। अभी तो बिंदा जाने और क्या गुल खिलाएगा!

फ़ाइल से सिर उठाकर सक्सेना ने कहा, 'अच्छा बाबा, अब तुम जाओ।' फिर जैसे उसे सांत्वना देते हुए बोले, 'देखो, हम अपनी तरफ़ से पूरी कोशिश करेंगे...खूब अच्छी तरह छानबीन करेंगे...बस, थोड़ा धीरज रखो। ज़रूर पता लगाएँगे कि आख़िर मौत कैसे हुई बिसू की?'

सक्सेना के इस आश्वासन से ही थानेदार के गले में जैसे कुछ फँसने लगा।

उठते हुए हीरा उखड़े-उखड़े स्वर में बोला, 'बड़ी मेहरबानी सरकार आपकी।' फिर एक गहरा निःश्वास छोड़कर बोला, 'मुदा अब पता लगाइन के का होई? हमार बिसू तौ लौट के आवे से रहा। अब न आवै का बिसू...अब तो बस चले गवा...' और

कुर्ते की बाँह से आँखें पोंछता, गनेसी के हाथों में थमा धीरे-धीरे हीरा बाहर हो गया।

हीरा के जाते ही सक्सेना ने अपना सिर कुर्सी की पीठ पर टिका दिया और आँखें मूँद लीं। लगा जैसे वे एकाएक बहुत थक गए हैं। थानेदार उनके अगले आदेश की प्रतीक्षा करता रहा। थोड़ी देर बाद सक्सेना सचेत हुए, कलाई उठाकर घड़ी देखी, फिर सोचते हुए बोले, 'बिंदा का बयान अब कल के लिए ही रख लेते हैं। आया भी नहीं है वह, और...।'

'वह तो कल भी नहीं आएगा, सर! आदमी तो मैं आज फिर भेज दूँगा आप कहेंगे तो, पर वह आएगा नहीं। बुलाने पर न आए तो हथकड़ी डालकर ला सकते हैं, पर उसे डर नहीं किसी बात का। मैंने कहा न सर—बहुत ख़तरनाक...।'

'ठीक है, कल ही देखेंगे।' बिंदा के ख़तरनाकपने से तनिक भी विचलित हुए बिना सक्सेना ने कहा और फिर अपने साथ आए कांस्टेबल को आदेश दिया कि काग़ज़-फ़ाइल समेटे, और एकदम उठ खड़े हुए।

'यह क्या सर, खाना?'

'खाना यहाँ नहीं।'

'यह कैसे हो सकता है, सर...? खाने का पूरा इंतज़ाम किया है आपके लिए। वैसे भी शहर पहुँचते-पहुँचते बहुत अबेर हो जाएगी। गर्मी भी तो कितनी है, सर... तबीयत-वबियत...।'

'नहीं, कोई ख़ास देर नहीं होगी...चालीस मिनट में पहुँच जाएँगे। खाने के बाद निकलना तो और भी मुश्किल होगा।'

'तो थोड़ा आराम कर लीजिए, सर! खाने का इंतज़ाम तो पंचायतघर में है...सोने का सरपंच साहब के यहाँ हो जाएगा! बहुत खुश होंगे सरपंच साहब, सर!'

सक्सेना एक क्षण चुप होकर कुछ सोचने लगे। थानेदार और उत्साह में आ गया—'चलिए सर, पाँच मिनट में पहुँच जाते हैं। दो-ढाई मील तो है कुल। सर, बहुत खुशी होगी हम सबको, और गाँववालों को भी, यदि आप भोजन यहीं करेंगे तो। बयान लेने के लिए आप खुद आ रहे हैं, इससे कैसी खुशी की लहर फैली है गाँव में... आप अपनी आँखों से एक बार देख भी लेंगे तो...।'

ढेर सारा आग्रह सँजोकर एक तरह से गिड़गिड़ा ही रहा है थानेदार।

'नहीं भाई, आज तो नहीं हो सकेगा। कुछ ज़रूरी काम भी है।' फिर उसे जैसे तसल्ली देते हुए कहा, 'अभी तो दो-तीन दिन तक रोज़ ही आना है। एक दिन खाना भी हो जाएगा।'

काग़ज़-फ़ाइल सिमट गए तो सक्सेना बरामदे में आए। उन्होंने वहीं से देखा—दूर पेड़ के नीचे छितराया हुआ लोगों का समूह इस समय हीरा-गनेसी के इर्द-गिर्द सिमट आया है। एक हलकी-सी मुसकान उनके होंठों पर फैल गई...। फिर धीरे-धीरे दो सीढ़ियाँ उतरकर वे अहाते में आए। थानेदार भी ताबेदारी-मुद्रा में लेफ़्ट-राइट करता हुआ साथ चला। जीप में बैठकर सक्सेना ने कहा, 'देखो, बिंदा के पास आदमी

भेजने की ज़रूरत नहीं। मैं अपना आदमी भेजूँगा उसके पास।'

और थानेदार इस बात को पूरी तरह समझे न समझे तब तक एक और आदेश मिला—अफ़सरी-मुद्रा और सख़्त आवाज़ में लिपटा हुआ, 'बिंदा के बयान के समय कमरे में कोई नहीं रहेगा...सिर्फ़ मैं और वह!' और खटाक-से जीप स्टार्ट हो गई।

भीतर उभरी एक वज़नी गाली को वापस ठेलकर मशीनी ढंग से एक ज़ोरदार सैल्यूट मारा थानेदार ने और जब तक जीप सरक नहीं ली, उसी पोज़ में खड़ा रहा।

धूल उड़ाती हुई जीप जैसे अहाते के बाहर हुई तो सारे शरीर को एकदम ढीला छोड़कर, बगल के डंडे को पूरी ताक़त के साथ दो-तीन बार हवा में भाँजा, फिर मुड़ा और सामने पड़े ढेले को ज़ोर की लात जमाई—'बिंदा के साथ अकेले में बयान लेगा...सूअर की औलाद।'

कल जब से सरोहा से लौटे हैं सक्सेना, एक अजीब-सी ऊहापोह में पा रहे हैं अपने को। डी.आई.जी. ने बुलाकर जब यह काम सौंपा था तो थोड़ा आश्चर्य हुआ था सक्सेना को। वैसे किसी गाँव में जाकर बयान लेना कोई इतना महत्त्वपूर्ण काम नहीं है। साधारणतः एस.पी. जाते भी नहीं ऐसी वारदातों के लिए—गाँव का थानेदार ही निपट लेता है। पर इस समय सरोहा साधारण गाँव नहीं है, इसलिए वह काम भी बहुत महत्त्वपूर्ण हो उठा है! इतना महत्त्वपूर्ण कि गृहमंत्री दा साहब ने खुद बुलाकर हिदायत दी।

'सुना है, आतंक जगानेवाला पुलिसी रवैया नहीं है तुम्हारा! बहुत अच्छी बात है, मैं क़दर करता हूँ इसकी। इसलिए तुम्हें सौंपा भी गया है यह काम। एक बार फिर से बयान लो लोगों के और इस तरह पेश आओ कि हिम्मत और हौसला जागे लोगों का और वे अपनी बात कहें...बिना झिझक और डर के कहें। हमें लोगों का विश्वास जीतना है।'

रोम-रोम पुलकित हो उठा था सक्सेना का और कृतज्ञता में डूबा हुआ 'यस सर' बड़ी तपाक से निकला था।

'सख़्ती किसी के साथ नहीं हो और किसी तरह की भी नहीं हो।' इस आदेश के साथ अपनी बात का समापन किया था दा साहब ने तो सक्सेना के अपने मन में बड़ी हिम्मत और हौसला जागने लगा। लौटे तो वह बेहद खुश! बस दा साहब का एक ही वाक्य रह-रहकर मन में गूँजता रहा। आज तक अपने इस अपुलिसी रवैये की क़ीमत ही चुकाते आए हैं बेचारे, पर आज कोई क़दर करनेवाला तो मिला! और मिला है तो अपने को इस लायक़ सिद्ध करके ही दिखाएँगे!

आज की इस चूहा-दौड़ में इतने पीछे पड़ गए हैं सक्सेना कि अब तो अपने लिए किसी तरह की उम्मीद करना भी छोड़ दिया है। अभी-अभी सरकारी नौकरी की सारी सुविधा-सुरक्षा को चुनौती देते आई.जी. के तबादले की ख़बर ने पुलिस- विभाग में

खलबली मचा दी। यों सबको ही अपनी-अपनी नौकरी अधर में लटकी हुई दिखने लगी है आजकल, पर मौक़ा मिलते ही एक सीढ़ी ऊपर चढ़ जाने की जी-तोड़ कोशिश करने से कोई नहीं चूकता। एक सक्सेना ही हैं, जिन्होंने अपने मन को समझा रखा है कि वे एस.पी. हैं और रिटायर होने तक भी शायद एस.पी. ही बन रहें। क्या करें, मजबूरी है उनकी, या कहना चाहिए कि यह सीमा है उनकी कि सबको प्रसन्न करनेवाला लोच है ही नहीं उनके व्यक्तित्व में। इसीलिए दा साहब के इस वाक्य ने अतिरिक्त रूप से पुलकित ही नहीं किया था, बल्कि मन में एक उम्मीद भी जगा दी थी सक्सेना के!

लौटकर डी.आई.जी. को बताईं सारी बातें तो बिना कोई ख़ास प्रतिक्रिया ज़ाहिर किए इतना ही कहा—

'बहुत ग़ौर से सारे केस को देख चुका हूँ मैं, और रिपोर्ट भी क़रीब-क़रीब तैयार ही है—इट्स ए क्लीयर केस ऑफ़ सुसाइड। आप यह रिपोर्ट देख लीजिए, कोई छोटा-मोटा चेंज करना हो तो कर दीजिए। वैसे ख़ास ज़रूरत नहीं पड़ेगी। लेकिन बयान सबके लीजिए और पूरे लीजिए। गाँववालों को पूरी तरह तसल्ली हो जानी चाहिए कि कोई बात अनकही नहीं रही।' तो सारा उत्साह बुझ गया था सक्सेना का! जब रिपोर्ट तैयार ही है तो फिर जाकर उन्हें करना ही क्या है! मात्र ब्लॉटिंग-पेपर की तरह लोगों की कही बातें सोखकर ले आना है। वह भी इस तरह कि निष्कर्ष निकले—'इट्स ए क्लीयर केस ऑफ़ सुसाइड!'

चेहरे का बुझापन छिपा नहीं रह सका डी.आई.जी. से। अपने आदेश में हलका-सा संशोधन करते हुए कहा, 'अगर कोई नई बात निकलती है...समथिंग वेरी इम्पॉर्टेंट, दैन वी विल कन्सिडर!'

आदेश और उसका संशोधन—दोनों का मतलब समझते हैं सक्सेना! ठीक है, इस बार यही करके आएँगे वे। हमेशा अगर-मगर में फँसा उनका मन सामने आए अवसरों को इसी तरह ठुकराता आया है। पर उस सबसे हुआ क्या, यही न कि वे खुद ही सबकी ठोकरों में पड़े हैं आज। लेकिन इस बार वे वही करेंगे जो उनसे कहा है दा साहब ने, डी.आई.जी. ने। शाम को अकेले में बैठकर दो पैग चढ़ाए सक्सेना ने और मन में उग आए सारे मलाल की ऐसी-की-तैसी कर दी। बात को कहीं से घुमा दो, कैसे भी मोड़ दो और जो चाहे निष्कर्ष निकाल लो...बाएँ हाथ के खेल हैं ये सब पुलिसवालों के लिए। मन को सब ओर से निर्द्वंद्व बनाकर ही कल वे सरोहा के लिए चले थे। लेकिन हीरा का बयान लेकर लौटे तो भीतर जाने कैसा ममत्व जागने लगा! महेश का यह वाक्य—'बस समझ लीजिए सर, हम सब लोगों के ज़िंदा

रहने पर प्रश्नचिह्न लगाकर वह मर गया'—उसके अपने सामने जाने कितने प्रश्नचिह्न लगाकर खड़ा हो गया। हीरा के इस वाक्य ने—''बहुतै मुलायम रही हमार बिसुआ की चमड़ी...बहुतै मुलायम'—चमड़ी पर दो दिन पहले चढ़ाए गए पलस्तर को झाड़कर फेंक दिया। नहीं, बिसू ने आत्महत्या नहीं की। आत्महत्या वह कर ही नहीं सकता था, इसीलिए शायद उसकी हत्या की गई। जो भी हो, अब वे इस मामले की तह तक पहुँचेंगे, बाद में जो भी हो, जैसा भी हो। लेकिन सवेरे-सवेरे सरोहा के लिए रवाना होने से पहले डी.आई.जी. का फ़ोन आया—

'आई मस्ट कांग्रेच्यूलेट यू, सक्सेना! कल के तुम्हारे काम का, तुम्हारे व्यवहार का बड़ा अच्छा रिएक्शन हुआ है गाँववालों पर। लोग बहुत खुश हैं।'

फिर एक क्षण ठहरकर आवाज़ को थोड़ा धीमा करके कहा, 'और दा साहब भी! गो अहेड!'

'थैंक्यू सर!' लाइन काटी और साथ ही थोड़ी देर पहले का संकल्प भी जैसे कहीं से कटने लगा। तो दा साहब के पास उनके काम की और गाँववालों की प्रतिक्रिया की रिपोर्ट पहुँच गई! वे अच्छी तरह जानते हैं कि बहुत चुस्त है दा साहब का विभाग। प्रांत के किस कोने में कहाँ क्या हो रहा है, इसकी विस्तृत जानकारी रहती है उन्हें। दा साहब खुश हैं और यदि वे खुश ही बने रहे तो उनकी अपनी ज़िंदगी में खुशियाँ आने में देर नहीं लगेगी। पर तभी उनके सामने हीरा का कातर चेहरा उभर आया—महेश की नम आँखें उभर आईं। 'ओ गॉड', और उन्होंने सायास सारी बातों को परे सरकाया और उठकर तैयार होने लगे।

रास्ते में वे बिंदा की बात ही सोचते रहे। वह आज भी नहीं आया होगा तो? सख़्ती नहीं करनी है, पर उसे लाना तो है ही। थानेदार के हिसाब से वह ख़तरनाक आदमी है और हीरा के कहे अनुसार बिसू का ख़ास दोस्त। अच्छा किया जो कल उन्होंने थानेदार को फिर से बुलाने के लिए मना कर दिया।

वे आज अपना आदमी भेजेंगे।

पर ऐसा कुछ भी नहीं करना पड़ा। जैसे ही उनकी जीप थाने के अहाते में घुसी, थानेदार ने एक कड़कदार सैल्यूट ठोंका और होंठों पर ढाई-इंची मुस्कान फैलाकर सूचना दी, 'बिंदा आ गया है, सर! कल मैं खुद गया था उसके पास और वो डाँट पिलाई कि सिर के बल चला आया आज। आप भी ज़रा सख़्ती से पेश आइए। वैसे मेरी डाँट से काफ़ी सीधा हो गया है सर, फिर भी कुछ भरोसा नहीं इसका...।' फिर ज़रा हिचकते हुए कहा, 'मैं सोचता हूँ बयान के समय मेरा रहना ठीक ही होगा, सर...थोड़ा काबू में रहेगा।'

सक्सेना ने जवाब कुछ नहीं दिया, केवल एक बार चुभती-सी निगाह से थानेदार को देखा और फिर दूर बैठे झुंड की ओर नज़रें घुमा लीं। कल की तरह आज भी काफ़ी लोग थे और सब जैसे इसी ओर देख रहे थे। सक्सेना ने वातावरण में कुछ भाँपने की कोशिश की, पर ऐसा विशेष कुछ लगा नहीं। आश्वस्त हुए सक्सेना और भीतर आकर कुर्सी पर जम गए। आज जिन लोगों के बयान होने थे—उनके नामों पर एक सरसरी-सी नज़र डाली और आँख के इशारे से आदेश दिया कि कार्रवाई शुरू की जाए। चौकीदार बिंदा के नाम की गुहार लगाता हुआ बाहर दौड़ गया तो सक्सेना ने कहा, 'आप सब लोग बाहर बैठेंगे, बिंदा का बयान मैं अकेले में लूँगा।' दोनों कांस्टेबल तपाक से हुक्म-अदायगी की मुद्रा में खड़े हो गए, पर थानेदार ने हिम्मत करके फिर कहा, 'सर, देख लीजिए वो—बहुत टेढ़ा...।'

'टेढ़े आदमियों को सीधा करना जानता है सक्सेना, आप जाइए!' आवाज़ में कोई ख़ास सख़्ती नहीं थी, फिर भी भीतर-ही-भीतर तिलमिला उठा थानेदार। उसे समझ क्या रखा है एस.पी. ने...थानेदार है गाँव का आख़िर, और उसे इस तरह दुत्कारा जा रहा है, जैसे भीड़ में जुट आए लौंडों-लपाड़ों को दुत्कारा जाता है! कमरा छोड़ते समय एक झूठी मुसकान तक वह अपने होंठों पर नहीं खिला सका; बस गुस्से के मारे उसकी मूँछ का बायाँ कोना फड़कता रहा।

चौकीदार के साथ बिंदा आया। साथ में बाईस-चौबीस साल की एक औरत भी। दुआ-सलाम कुछ नहीं, पत्थर की तरह सख़्त चेहरा लिए दरवाज़े पर खड़ा है बिंदा। सक्सेना कुछ क्षण तक एकटक देखते रहे बिंदा को—साँवला चेहरा, तीखे नाक-नक्श और गठी हुई देह। चेहरे पर न किसी तरह का भय, न क्रोध...सिर्फ़ एक अनासक्ति। सक्सेना से नज़र मिलते ही थड़ाक-से थूक दिया बिंदा ने, तो चौकीदार ने हड़काया, 'ऐ क्या करता है साहब के सामने?'

'क्यों, थूकना मना है क्या?'

चौकीदार कुछ और कहता या करता उससे पहले ही सक्सेना ने कहा, 'भीतर आओ', और हाथ के डंडे से ही चौकीदार को बाहर जाने का इशारा किया।

'यह भी आएगी! छोड़ नहीं रही है मुझे एक मिनट के लिए अकेला!' फिर मन-ही-मन में भुनभुनाते हुए बोला—खा जाएगा जैसे मुझे कोई।

'औरत है तुम्हारी?'

इस बार औरत ने स्वीकृति में सिर हिलाया और चेहरे पर एक याचना-भरी कातरता उभर आई उसके। थोड़ा-सा सरककर वह बिंदा से एकदम सट-सी गई।

'ठीक है, आने दो इसे भी!'

'बिंदा ही नाम है तुम्हारा?'

'बिंदेश्वरी प्रसाद!' आवाज़ में कड़क और एक-एक अक्षर पर ज़ोर।

पता नहीं क्यों, सक्सेना को बिंदा का यह लहजा अच्छा लगा—अपने लिए चुनौती-सा!

'कल तुम्हारा बयान होना था और तुम नहीं आए, क्यों?'

बिंदा कुछ कहता उसके पहले ही रुक्मा बोली, 'सरीर ठीक नहीं था इनका। ताप चढ़ा था, कैसे आते...?'

'मत झूठ बोल! डर पड़ा है किसी का?' डपट दिया बिंदा ने, फिर सीधे सक्सेना की ओर देखकर कहा, 'हाँ, नहीं आया। क्या होगा बयान लेकर? क्या रखा है इस नाटकबाज़ी में? निकलेगा तो वही जो दा साहब कह गए हैं।'

'फिर आज क्यों आए?' थोड़ा-सा व्यंग्य घुल गया सक्सेना की आवाज़ में तो एकदम भड़क उठा बिंदा, 'आज भी नहीं आता अगर काका ने सौगंध न दिलवाई होती तो।'

'कौन काका?'

'हीरा काका! नहीं जानते? आप सब लोगों के तो समधी बने हुए हैं आजकल! जिसे देखो वही धोती की लाँग उठाए चला जा रहा है उनके पास।' सामने वाले को तिलमिला देनेवाली नफ़रत भरी है बिंदा के स्वर में, पर सक्सेना पर जैसे कोई प्रतिक्रिया ही नहीं हुई। बड़े ही सहज भाव से पूछा, 'जानते हो कि सरकारी बुलावे पर न आना जुर्म है?'

'जुर्म!' एकाएक लपट-सी कौंधी बिंदा की आँखों में, 'जुर्म की पहचान रह गई है आप लोगों को? बड़े-बड़े जुर्म आप लोगों को जुर्म नहीं लगते। ज़िंदा आदमियों को जला दो...मार दो...यह सब जुर्म नहीं है न आपकी नज़रों में?' आँखों के डोरे सुर्ख़ हो आए और कनपटी की नसें फड़कनें लगीं बिंदा की। रुक्मा ने उसके आवेश पर अंकुश लगाने के लिए कसकर उसकी बाँह पकड़ ली। भय से उसका चेहरा ज़र्द पड़ने लगा! पर सक्सेना के चेहरे पर फिर भी कोई विकार नहीं आया।

'है! इसीलिए तो यहाँ बैठकर तहक़ीक़ात कर रहा हूँ।'

'तहक़ीक़ात क्यों कहते हैं, कहिए बेवकूफ़ बना रहे हैं सबको!' और बिंदा का चेहरा और स्वर बुझ-सा गया। याचना-भरे स्वर में उसने कहा, 'क्यों झूठमूठ गाँववालों के साथ मज़ाक़ कर रहे हैं? दा साहब से लेकर आप तक की शतरंज में आज बिसू की मौत का मोहरा फ़िट बैठ रहा है; इसीलिए इतने ज़ोर-ज़ोर से तहक़ीक़ात हो रही है—बड़े प्यार से बुला-बुलाकर बयान लिए जा रहे हैं! पर होना- जाना कुछ नहीं है।' फिर एकाएक आवाज़ को सप्तम स्वर पर ले जाकर चिल्लाया, 'क्या हो गया है आप सब लोगों को...कोई ईमान-धरम नहीं रह गया है किसी का भी...लानत है सब पर!'

'बिंदा!' सख़्ती और कठोरता में लिपटी एक अफ़सरी आवाज़ गूँजी, 'याद रखो यह थाना है, पागलख़ाना नहीं।'

'दोनों में कोई भेद रहने दिया है आप लोगों ने? थाने में जो कुछ होता है, उसका

सिर-पैर या कोई तुक समझ में आता है आप लोगों को?' आवेश के मारे सारा बदन थरथरा गया बिंदा का।

सक्सेना के चेहरे की नसें तन गईं, ललाट पर गहरी सलवटें उभर आईं। सख़्त आवाज़ में कहा, 'यह बकवास बंद करो और होश में आकर जवाब दो।'

सक्सेना की इस फटकार से रुक्मा धाड़ मारकर रो पड़ी और उसने कसकर बिंदा की बाँह पकड़ ली—'न बोलो...न बोलो!'

एक झटके से उसे परे धकेला बिंदा ने और उसी पर बरस पड़ा, 'मत टसुए बहा, हरामज़ादी! मेरे भीतर सुलगती आग इन आँसुओं से ठंडी हो गई तो सबकी तरह ज़नख़ा हो जाऊँगा मैं भी। अभी तो मुझे इन सबसे निपटना है...एक-एक से।'

भीतर इतना शोर-शराबा सुनकर थानेदार अपने को रोक नहीं पाया। बड़ी मुस्तैदी से भीतर घुसा। सुलगती आँखों से बिंदा को देखा और फिर बड़ी विनम्रता से बोला, 'सर, मैंने आपसे पहले ही कहा था न...।'

'कोई ख़ास बात नहीं, आप बाहर बैठिए!'

भीतर-ही-भीतर तिलमिला गया थानेदार। बिंदा के चीखने-चिल्लाने से मन में खुशी की जो लहर दौड़ी थी, इस आदेश से वह ठंडी पड़ गई। मन-ही-मन उभरा...स्साला, सचमुच का ही ज़नख़ा लगता है यह तो! देहातियों की गालियाँ खा रहा है बैठा-बैठा! मेरे सामने इतनी बकवास करता तो टाँगें चीर कर रख देता इस हरामख़ोर की!

रुक्मा ने कसकर अपने होंठ भींच लिए और सक्सेना एकटक बिंदा के चेहरे को देखता रहा...उसकी कनपटियों की फड़कती हुई नसों को देखता रहा! दो मिनट तक एक अजीब-सा सन्नाटा छाया रहा कमरे में!

'बिंदा, मैं तुम्हारे साथ शराफ़त से पेश आ रहा हूँ और उम्मीद करता हूँ कि तुम भी शराफ़त से ही पेश आओगे।' अफ़सरी रौब और गरिमा में लिपटे इस वाक्य में ऐसा कुछ था कि बिंदा ने नज़रें उठाकर सक्सेना के चेहरे पर टिका दीं, पर बोला वह कुछ नहीं!

'बिसू तुम्हारा दोस्त था न, ख़ास दोस्त?'

'नहीं, दुश्मन था!'

'दुश्मन?'

'और नहीं तो क्या, जो आदमी बीच में ही दग़ा दे जाए उसे दोस्त कहेंगे आप?' यह वाक्य कहते-कहते चेहरे का तनाव और आक्रोश जाने कहाँ धुल गया और एक

अजीब-सी मायूसी पुत गई बिंदा के चेहरे पर।

'ओह!' एक नामालूम-सी मुस्कान फैल गई सक्सेना के चेहरे पर।

'तुम चाहते हो कि बिसू की मौत का असली कारण पता लगे?'

'मेरे चाहने से क्या होता है—जोरावर की रखैल इस थानेदार ने रिपोर्ट तैयार करके दे ही दी है। भरी सभा में दा साहब भी कह गए कि बिसू ने आत्महत्या की है। 'मशाल'वालों ने छाप भी दिया। बस, आप लोगों के लिए तो बात ख़त्म हो गई! पर मैं नहीं मान सकता...मरते दम तक नहीं मान सकता कि बिसू...।' बात को अधूरा छोड़कर नकारात्मक भाव से सिर हिलाने लगा बिंदा।

'कारण?'

'कारण?' एकटक सक्सेना के चेहरे की तरफ़ देखते हुए बिंदा ने कहा, 'जो ज़िंदगी को इतना प्यार करता हो...अपनी ही नहीं, हर किसी की ज़िंदगी को...वह आत्महत्या करेगा? नहीं साहब, नहीं...नहीं! उसे मारा गया है!'

'पर किसने मारा? क्यों मारा?'

बिंदा की आँखों में फिर कुछ दहकने लगा और कनपटी की नसें फड़कने लगीं, 'क्योंकि वह ज़िंदा था! ज़िंदा रहने का मतलब समझते हैं न आप? लोग भूल गए हैं ज़िंदा रहने का मतलब, इसीलिए पूछ रहा हूँ।'

एक क्षण रुका बिंदा। सक्सेना एकटक उसका चेहरा देखते रहे, उसके आवेश को देखते रहे और बिंदा उसी रौ में कहता रहा—

'और जो ज़िंदा हैं, वे अब जी नहीं सकते अपने इस देश में। मार दिए जाते हैं, कुत्ते की मौत! जैसे बिसू को मार दिया गया! सोच-सोचकर ही दिमाग़ की नसें फटने लगती हैं।' और सचमुच ही बिंदा ने दोनों हाथों से कसकर अपना माथा पकड़ लिया।

रुक्मा बिंदा की पीठ सहलाने लगी और बड़ी याचना-भरी दृष्टि से उसने सक्सेना की ओर देखा। भीतर-ही-भीतर उभर आई खीझ पर जैसे-तैसे नियंत्रण पाकर सक्सेना ने कहा—

'देखो बिंदा, कहने-सुनने में ये बातें बहुत अच्छी लग सकती हैं, सुननेवालों के जज़्बात भी उभार सकती हैं, पर मैं पुलिस का आदमी हूँ। मेरे लिए इनका कोई मतलब नहीं... क़ानून के सामने यह निरी बकवास है, समझे! हमें ठोस प्रमाण चाहिए, उसके बिना हम कुछ नहीं कर सकते। बिना प्रमाण के कोई बेगुनाह और निर्दोष आदमी पकड़ लिया जाए तो?' लेकिन अंत तक आते-आते उनकी खीझ उभर ही आई।

'तो क्या पकड़े नहीं जाते निर्दोष आदमी? पाँच साल पहले बिसू को किस गुनाह पर पकड़ा गया था?' सक्सेना की आँखों में आँखें डालकर बिंदा ने पूछा।

'ज़रूर कोई कारण रहा होगा।' कहने को सक्सेना ने कह दिया, पर उन्हें खुद लगा जैसे उनकी आवाज़ से कड़क ग़ायब हो गई है।

'कारण तो सबका ही निकल आता है, साहब! बेगुनाहों को पकड़ने का भी और

गुनहगारों को छोड़ने का भी। यही तो न्याय है आप लोगों का। इसीलिए तो कहता हूँ कि यह सब...।'

'बहुत कह लिया, अब कहो मत, बल्कि कुछ मदद करो हमारी।' और मात्र इस वाक्य से उन्होंने सचमुच ही बिंदा के बोलने पर अंकुश लगा दिया।

कोई दो मिनट ख़ामोश रहने के बाद स्वर को बिलकुल बदलकर और आँखों को बिंदा के चेहरे पर गड़ाकर सक्सेना ने पूछा, 'जिस रात बिसू की मौत हुई, उस दिन दोपहर को वह तुम्हारे घर गया था?'

'हाँ।'

'तुम्हें मालूम है कि उसके बाद कहाँ गया था?'

'हाँ, वह अपने घर गया था और मैं शहर।'

'शहर तुम किसलिए गए थे?'

'बीज और खाद ख़रीदना था। मंडी में कुछ वसूली भी करनी थी।'

'खाना उसने तुम्हारे यहाँ खाया था?'

'हाँ, दिन का खाना वह अकसर मेरे साथ ही खाता था। बदले में वह घंटे-दो-घंटे मेरे खेत पर काम भी कर दिया करता था। मेरे मना करने पर भी मानता नहीं था।'

'हूँऽ। खाना तुमने भी उसके साथ खाया था, या अकेले उसने ही खाया था?'

'मेरे बिना उसके गले से कौर ही कहाँ उतरता था, साहब!'

'अच्छा, यह बताओ कि तुम्हारी और उसकी दोस्ती तो बहुत पुरानी नहीं थी। हीरा ने बताया कि आठ महीने पहले वह जेल से छूटकर आया, तभी तुम्हारा परिचय हुआ उससे, फिर इतनी निकटता...इतनी आत्मीयता...?' नज़रों में एक ख़ास तरह का पैनापन उभर आया सक्सेना की। पर उससे एकदम बेख़बर बिंदा ने कहा—

'महीनों से क्या होता है साहब, यह तो मन मिलने की बात है। हमको तो ख़रा आदमी मिल जाए तो एक दिन में उसके गुलाम हो जाएँ। देखने को भी मिलता कहाँ है आजकल ख़रा आदमी?' फिर रुक्मा की ओर देखकर बोला—

'यह जो औरत है न साहब, बेहद बदज़बान और बदमिज़ाज है। कोई आदमी बरदाश्त नहीं कर सकता ऐसी औरत को। पर मैं करता हूँ। बरदाश्त ही नहीं, आदर करता हूँ, साहब! बाहर से भीतर तक कुंदन की तरह खरी। बिसू की असली चेली है। पर कैसी सहम गई है बिसू की मौत के बाद से!'

इन सब बातों में ख़ास दिलचस्पी नहीं है सक्सेना की। बात को दूसरी ओर मोड़ते हुए उन्होंने पूछा, 'उस दिन जब तुम्हारे यहाँ आया था, क्या बातें की थीं उसने? वह दुखी या परेशान था? किसी से कुछ कहा-सुनी या झगड़ा हुआ था उसका?'

'मुझसे झगड़ा किया था।'

'तुमसे? किस बात पर?' ललाट पर सलवटें उभर आईं सक्सेना के।

'दिल्ली चलने के लिए। जब से उसने आगजनी के घटना के प्रमाण जुटाए, वह पागलों की तरह पीछे पड़ा हुआ था दिल्ली चलने के लिए। मैं यही कहता था कि अब कुछ नहीं होने का...जब सरकार ही सारी बात को दाब-ढाँक रही है तो मेरे-तेरे भाग-दौड़ करने से क्या होगा? जैसी यहाँ की सरकार, वैसी दिल्ली की सरकार। हमने तो सबको देख लिया साहब, एक वह शराबी सरकार थी, एक यह पिशाबी सरकार... ससुरे सब एक से...।'

'बिंदा!' सक्सेना ने अंकुश लगाया इस अनर्गल प्रलाप पर। वापस लाइन पर आते हुए बिंदा बोला, 'कहा न साहब, बस एक ही धुन थी उसको—'जब तक असली मुजरिम को नहीं पकड़वा दूँगा मैं चैन से नहीं सो सकूँगा, बिंदा—पर किसी ने ऐसा सुलाया उसे साहब कि अब तो वह चाहकर भी नहीं उठ सकता।'

फिर एक गहरी निःश्वास छोड़कर बोला, 'वह तो सो गया साहब, पर अपनी सारी बेचैनी मुझे दे गया। अब जब तक असली मुजरिम को पकड़वाने की उसकी आख़िरी इच्छा को पूरी नहीं कर देता, मैं चैन से नहीं सो पाऊँगा...।' पहली बार स्वर भीग गया बिंदा का।

'क्या प्रमाण जुटाए थे उसने? अगर ऐसे प्रमाण हैं तो पुलिस को दो। वह नए सिरे से सारे मामले को...।'

'नहीं, कुछ नहीं करेगी यहाँ की पुलिस...कभी कुछ नहीं करेगी। करना होता तो पहले ही नहीं करती?'

'कैसी बातें करते हो, बिना प्रमाण के कर ही क्या सकती है पुलिस?'

'क्यों, क़ानून और पुलिस के हाथ तो बहुत लंबे होते हैं! केवल ग़रीबों को पकड़ने के लिए?'

'क़ानून के लिए अमीर-ग़रीब कुछ नहीं होता,' डपटते हुए सक्सेना ने कहा।

'झूठ बात है यह, सरासर झूठ।' एकदम चीख पड़ा बिंदा और उसकी आँखों के डोरों में फिर सुर्ख़ी उभर आई, 'सीने पर हाथ रखकर पूछिए अपने-आपसे कि कितनी सच्चाई है आपकी बात में!'

इस प्रश्न से भीतर-ही-भीतर क्षण-भर को असहज हो आए सक्सेना, पर मन का भाव चेहरे पर नहीं आने दिया। निहायत अफ़सरी लहजे में इतना ही कहा, 'बिसू के मामले में तुम कोई ऐसा प्रमाण या संकेत दे सकते हो, जो हमें आगे बढ़ने में मदद दे सके?'

बिंदा एकटक सक्सेना के चेहरे को देखता रहा मानो समझने की कोशिश कर रहा हो कि जो कुछ सक्सेना कह रहे हैं वे मात्र शब्द हैं या उनका कोई अर्थ भी है? फिर धीरे से बोला—

'उस दिन शाम को आठ बजे पुत्तन की दुकान पर चाय पी थी बिसू ने। कोई दो लोग उसके साथ थे। पुत्तन कहता है, उसने उन आदमियों को कभी गाँव में नहीं देखा! कौन थे वे आदमी...कहाँ से आए थे...क्यों आए थे? थानेदार ने बयान तक

नहीं लिया है पुत्तन का और आप कहते हैं कि असलियत का पता...!'

'मत बोलो...मत बोलो...!' एकाएक बिंदा की बाँह झकझोर-झकझोर कर रुक्मा रोने लगी, 'नहीं साहेब, इन्हें कुछ नहीं मालूम! ये तो उस दिन यहाँ थे ही नहीं। बस, आप अब इन्हें छोड़ दो। इन्हें किसी ने कुछ कर-करा दिया तो मैं कहाँ...?'

'चुप कर! बुक्का मत फाड़।' बाँह छुड़ाने की कोशिश करते हुए बिंदा ने फटकारा।

'नहीं, मैं चुप नहीं करूँगी...मैं नहीं बोलने दूँगी...कुछ भी...साहेब, हम पर रहम करो...।'

थानेदार हिम्मत करके फिर भीतर घुस आया, 'सर!'

'पानी पिलाओ इन लोगों को और मुझे भी।'

रुक्मा ने पानी भी नहीं पिया। हाथ जोड़-जोड़कर यही रिरियाती रही, 'इनसे कुछ मत पूछो, साहेब...इन्हें...अब छोड़ दो। हमें कुछ नहीं मालूम!'

'जानते हैं साहब, बिसू इसके लिए भगवान था बिलकुल। वह मरा है तो ऐसे रोई है जैसे यह भी ज़िंदा नहीं रहेगी अब! और बिसू की मौत के बारे में आज मुझे कुछ सोचने नहीं दे रही है।'

रुक्मा के आँसुओं ने जैसे बिंदा के सारे तैश और आवेश को धो दिया। बहुत ही कातर स्वर में बोला, 'ऐसा आतंक आपने कहीं देखा नहीं होगा, साहब! लोगों के घर, ज़मीन और गाय-बैल ही रेहन नहीं रखे हुए हैं जोरावर और सरपंच के यहाँ, उनकी आवाज़ और जबान तक बंधक रखी हुई है। कोई चूँ तक नहीं कर सकता है।' उसकी आवाज़ में फिर आक्रोश घुलने लगा और कनपटी की नसें फड़कने लगीं। गुस्से में वह कह उठा—'मन करता है, फावड़ा लेकर दो टुकड़े कर दूँ जोरावर के, फिर चाहे फाँसी पर ही लटक जाऊँ!'

'मत बोलो ऐसी बात...भगवान के वास्ते मत बोलो। इन्हें जाने दो, साहेब!' और रुक्मा सचमुच ही बिंदा की बाँह खींचकर उसे दरवाज़े की ओर घसीटने लगी।

थानेदार उम्मीद कर रहा था कि कम-से-कम इस बेहूदगी पर तो सक्सेना भड़केंगे ही, या उसे ही कुछ करतब दिखाने का आदेश मिलेगा। पर ऐसा कुछ नहीं हुआ। उन्होंने बिंदा से केवल इतना ही कहा, 'ठीक है, आज तुम जाओ! पर तुम्हें कल फिर आना होगा। और हो सके तो अकेले ही आना।'

'और क्या, यह थाना है कोई सैरगाह नहीं कि कोई भाई को लिए चला आ रहा है तो कोई लुगाई को।' और फिर बड़े अदब से सक्सेना के सामने पानी पेश करके पूछा, 'चाय अभी लेंगे सरकार या एक बयान और हो जाए उसके बाद?'

'दूसरा बयान ज़रा ठहरकर लूँगा। आप तब तक बाहर बैठिए, ज़रूरत होने पर बुला लूँगा।'

थानेदार के जाते ही सक्सेना ने शरीर को इस तरह ढीला छोड़कर कुर्सी के हवाले किया मानो बड़ी देर से वे एक भयंकर तनाव के बीच में रहे हों।

जिन लोगों के बयान होने थे उस सूची में पुत्तन का नाम कहीं नहीं था। उन्होंने वह नाम जोड़ा, कुछ और बातें नोट कीं और फिर कुर्सी की पीठ पर सिर टिकाकर आँखें मूँद लीं। बिंदा और रुक्मा चले गए हैं, लेकिन फिर भी उसकी आवाज़, उसका चेहरा, उसका तेवर जैसे वे अपने आसपास ही महसूस कर रहे हैं।

इसके बाद तीन बयान और हुए, पर बयान के नाम पर मात्र ख़ानापूरी। बने-बनाए प्रश्न और उनके बने-बनाए उत्तर जो इस मामले को न आगे ले जा सकते हैं न पीछे... केवल मामले की फ़ाइल को थोड़ा और भारी-भरकम बनाने में सहायक हो सकते हैं। मन कहीं से उखड़ गया था सक्सेना का और वे कोशिश करके भी उसे जमा नहीं पा रहे थे।

आख़िर अपनी कचहरी बर्ख़ास्त की सक्सेना ने। आज चाय भी नहीं पी और समय से कुछ पहले ही चल दिए। चलने से पहले सक्सेना ने आदेश दिया थानेदार को, 'कल चाय की दुकानवाले पुत्तन को भी बयान के लिए बुला लेना।'

'पुत्तन को?' इस तरह पूछा थानेदार ने मानो इस नाम का कोई तुक नहीं समझ में आ रहा हो उसके, 'वह तो चाय की दुकान करता है, सर!'

'मैंने भी तो यही कहा है—चाय की दुकानवाला पुत्तन। बहुत ज़रूरी है।' और खट्-से वे उठ खड़े हुए।

'ठीक है सर,' और वह सक्सेना के पीछे-पीछे जीप तक चला आया। आज जब चाय भी नहीं पी तो खाने के लिए कहने की हिम्मत भी नहीं हुई थानेदार की। इस बिंदा ससुरे ने मिज़ाज बिगाड़ ही दिया साहब का आख़िर।

व्हील पर नहीं बैठे सक्सेना, बग़लवाली सीट पर बैठे और जब जीप स्टार्ट होकर अहाते के बाहर निकल आई तो अपना सिर सीट की पीठ पर टिका दिया उन्होंने।

पैंतालीस मिनट की वह ड्राइव अजीब-सी बेचैनी में ही काटी उन्होंने। पर बेचैनी किस बात को लेकर है, वे खुद नहीं समझ पाए। बिंदा की इन भावुकता-भरी बातों से बेचैन होनेवाली उम्र और मानसिकता वे बरसों पीछे छोड़ आए हैं। पुलिसवालों के लिए वैसे भी इस तरह की बातें मात्र लफ़्फ़ाज़ी के और कोई अहमियत नहीं रखतीं। बहुत बार, बहुतों से सुने हैं इस तरह के अनर्गल प्रलाप उन्होंने। बातों में नहीं, पर उसके चेहरे में ज़रूर कुछ ऐसा है जो सक्सेना को बेचैन बनाए हुए है। बिंदा का चेहरा फिर उनकी आँखों में उभर आया और एकाएक ही बरसों पुराना

दिनेश उनके सामने आ खड़ा हुआ। सचमुच दिनेश से कितना मिलता है इसका चेहरा और इतनी देर से बिंदा नहीं...बिंदा की बातें नहीं, वरन् अतीत की असंख्य परतों के नीचे दबा हुआ दिनेश ही उन्हें परेशान कर रहा था शायद।

बयालीस के दिन आँखों के आगे उभर आए। क्या उमंग, क्या जोश था उन दिनों में! हड़तालें, जुलूस और नारों के बीच ही दिन गुज़रते थे और रात को नींद में भी भुजाएँ फड़कती रहती थीं और मुट्ठियाँ हवा में उछल जाती थीं। एक बार वे और दिनेश सेक्रेटेरियेट पर तिरंगा लगाने का संकल्प लेकर निकले थे। दूसरी मंज़िल तक पहुँच भी गए थे कि अचानक गोली चलने की आवाज़ सुनकर वे भाग आए... बिना इस बात की परवाह किए कि पीछे दिनेश अकेला रह जाएगा। पुलिस का डर था या प्राणों का मोह, जिसने सोचने ही नहीं दिया कि दोनों साथ निकले हैं, साथ क़दम बढ़ाया है, तो अंत तक साथ ही रहना चाहिए। दिनेश पकड़ा गया था और इतनी पिटाई हुई थी उसकी कि सारी पसलियाँ चकनाचूर हो गई थीं। एक सप्ताह तक अस्पताल में रहकर वह मर गया था। दीवार से सिर फोड़-फोड़कर कितना रोए थे वे...कितना कोसा था अपने को...कैसी-कैसी धिक्कार और लानत भेजी थी अपने खुद के नाम! कितने दिनों तक एक भयंकर अपराध-बोध के नीचे घुटा-घुटा और मरा-मरा महसूस करते रहे थे! लेकिन तब से लेकर आज तक—उनके भय और उनके मोह का दायरा बढ़ता ही गया और हर बार वे भीतरी उमंग और जोश में आकर आगे बढ़ते हैं, पर ऐन मौक़े पर कभी भय से तो कभी मोह से मैदान छोड़कर भाग खड़े होते हैं—लंबे समय तक पश्चात्ताप की आग में झुलसने के लिए।

जीप शहर में घुसी तो उन्होंने कहा, 'ऑफ़िस नहीं, सीधे घर ही चलो।' ड्राइवर ने गाड़ी बाईं तरफ़ मोड़ दी।

असमय घर आया देख सक्सेना की पत्नी घबरा गईं। कुछ हो-हवा तो नहीं गया? इन गाँववालों का कुछ भरोसा नहीं, आए दिन तो ऐसी वारदातें सुनने को मिलती रहती हैं। झपटकर वे बाहर निकलीं—सामने सक्सेना को सही-सलामत देखा तो आश्वस्त हुईं—'आज इतनी जल्दी कैसे आ गए?'

'ऑफ़िस नहीं गया, सरोहा से सीधा यहीं आ गया।'

सिर्फ़ शरबत पिया और अपने ठंडे-अँधेरे बेडरूम में पहुँचे। पत्नी से बिना विशेष कुछ बातचीत किए आँखें मूँदकर चुपचाप लेट गए।

दो दिन के बयानों से बाहर की दुविधा एकदम समाप्त हो गई थी। यह आत्महत्या का नहीं, हत्या का मामला है। ए क्लीयर केस ऑफ़ मर्डर। पर सारी दुविधा भीतर सिमट आई थी। उन्हें डी.आई.जी. के आदेश पर चलना है, या अपनी रिपोर्ट खुद तैयार करनी है? बिंदा की जिन बातों को भावुकता-भरी बातें समझकर वे टालते रहे थे वे ही बातें हथौड़े की तरह उनके भेजे पर ठुकने लगीं।

काफ़ी देर तक अपने को ही कुरेदते रहने के बाद उन्होंने भीतर-ही-भीतर निर्णय कर लिया—निर्णय नहीं संकल्प किया कि जो भी हो, जैसा भी हो, वे इस मामले की तह तक जाएँगे और इस वारदात का रेशा-रेशा उधेड़कर रख देंगे। केवल यही नहीं, बिंदा के पास जो प्रमाण हैं उनमें कुछ दम हुआ तो पुलिस की फ़ाइलों में गड़ी उस घटना को भी खोद निकालेंगे।

शाम को उन्होंने डी.आई.जी. को फ़ोन पर बताया कि गर्मी के मारे भयंकर सिर-दर्द होने की वजह से सरोहा से वे सीधे घर आ गए। साथ ही यह भी कि पहली रिपोर्ट तो उन्हें बदलनी ही पड़ेगी, शायद शुरू से आख़िर तक। मामला बिलकुल दूसरी दिशा में जा रहा है।

'अच्छा?' आश्चर्य में लिपटा बेहद ठंडा-सा स्वर सुनाई दिया और फिर एक आदेश कि 'जाने के पहले कल ज़रूर मिल लेना और बयान की फ़ाइल रात तक किसी के हाथ भिजवा दो...आई वान्ट टु गो थ्रू इट।'

पर डी.आई.जी. की इस सख़्त और ठंडी आवाज़ ने सक्सेना के थोड़ी देर पहले किए संकल्प को कहीं से भी ठंडा नहीं होने दिया। नहीं, इस बार वे दिनेश को अकेला नहीं छोड़ेंगे। साथ देंगे अंत तक!

आज इतवार है, पर दा साहब के दैनिक कार्यक्रम में कोई फ़र्क नहीं पड़ता। रोज़ की तरह पौ फटने से पहले ही वे गीली दूब पर निकल आए हैं। इसी समय पांडेजी आते हैं उनके पास। इधर पिछले कुछ दिनों से तो नियम-सा बन गया है यह। अलग-अलग मोर्चे पर होनेवाली गतिविधियों से परिचित करवाते हैं पांडेजी, और अगले दिन का कार्यक्रम तय होता है। अपनी सजगता और व्यवहार-कुशलता से पांडेजी एकदम दाहिने हाथ बन गए हैं दा साहब के। लगन और निष्ठा से आदमी कहाँ-से-कहाँ पहुँच जाता है, यह देखना हो तो पांडेजी को देखे कोई। दा साहब खुद उदाहरण की तरह पेश करते हैं इनका नाम सबके सामने। कहने को कोई भी पद-ओहदा नहीं पर बड़े-बड़े ओहदों पर विराजमान तोपनुमा हस्तियाँ पांडेजी की कृपा-दृष्टि के लिए आगे-पीछे घूमती रहती हैं। अपने इस महत्त्व के प्रति पूरी तरह सजग रहने के बावजूद किसी तरह का गर्व या व्यवहार में अक्खड़ता नहीं है इनके, इसीलिए बहुत लोकप्रिय हैं सबके बीच!

आजकल दा साहब के दिन का सबसे महत्त्वपूर्ण हिस्सा सवेरे का यह आधा घंटा ही होता है, जिसमें वे पांडेजी के साथ विचार-विमर्श करते हैं। यह समय

सोच-समझकर ही तय किया है, दा साहब ने! सवेरे मन-मस्तिष्क एकदम तरोताज़ा रहते हैं और गंभीर-जटिल बातें भी सहज होकर ही मन में उतरती हैं। पर इसके बावजूद दा साहब ने एक आदेश दे रखा है पांडेजी को कि कभी तीन-चार मसलों पर एक साथ बातचीत करनी हो तो हमेशा पहले हलके-फुलके मसले से ही बात शुरू करें। गंभीर बातें ऐसा जकड़ लेती हैं दिमाग़ को कि फिर मामूली बातों में भी काम नहीं करता कभी-कभी। और आजकल तो दस-दस मोर्चे एक साथ सँभालने पड़ रहे हैं। कभी सोचा भी नहीं था कि चुनाव की यह मामूली-सी लड़ाई इतने मोर्चों पर लड़नी पड़ेगी उन्हें। वैसे शायद स्थिति इतनी विकट नहीं होती, पर बिसू की मौत को मोहरा बनाकर अनेक अवांछित तत्त्व उभर आए हैं। आज तो जिसे देखो वही बिसू के नाम का हथियार भाँजता चला आ रहा है—वे फिर अपनी ही पार्टी के लोचन और राव हों या विरोधी पार्टी के सुकुल बाबू! उन्हें तो सभी से निपटना होता है। वैसे एकाएक परेशान नहीं होते दा साहब, फिर भी हर समय सजग और चौकन्ना तो रहना ही पड़ता है और हर क्षण की यह अतिरिक्त सजगता थका देती है आदमी को।

पौ फटने से काफ़ी देर बाद तक भी जब पांडेजी नहीं आए तो दा साहब भीतर आ गए। ज़रूर कहीं फँस गया होगा, या यह भी हो सकता है कि रात को लौट ही नहीं पाया हो सरोहा से। प्रतीक्षा में समय बरबाद करने से लाभ? सो वे नहाने घुस गए। पर नहाकर निकले तो पांडेजी को प्रतीक्षा करते पाया! आश्वस्त हुए दा साहब। स्नेह से पूछा, 'चाय के लिए बोल दिया या कहूँ?'

पर पांडेजी जवाब देते उसके पहले ही नौकर एक ट्रे में चाय और एक गिलास दूध लेकर घुसा तो दा साहब ने मुस्कराकर कहा—

'वाह, पांडे का छोटे-से-छोटा काम भी बिलकुल चुस्त-दुरुस्त। ढील नहीं रहती कहीं भी।' आजकल पांडेजी की प्रशंसा का कोई भी मौक़ा छोड़ते नहीं दा साहब।

तहमद की तरह लिपटी हुई धोती को ठीक से पहनकर मसनद पर टिककर बैठते हुए दा साहब ने पूछा, 'हाँ, तो अब सुनाओ!'

दा साहब की ओर दूध का गिलास बढ़ाकर अपने कप में चाय डालते हुए पांडेजी ने सबसे पहले सूचना दी, 'अगले सप्ताह होनेवाली सुकुलजी की रैली बहुत ज़ोरदार होने जा रही है। समझ लीजिए, पचहत्तर-अस्सी हज़ार आदमी इकट्ठा हो जाएँगे।'

'हूँ!' कुछ सोचने लगे दा साहब।

'आप कहें तो दो दिन के लिए बसों और ट्रकों के आने पर पाबंदी लगा दी जाए?'

'नहीं!' तत्काल गरदन हिलाई दा साहब ने, 'अनुचित होगा यह। मात्र रैली के लिए ऐसी पाबंदी लगाना अनैतिक है, बल्कि कहूँगा ग़ैरक़ानूनी है।' फिर एक क्षण रुककर बोले, 'पुलिस का पूरा प्रबंध होना चाहिए और सख़्त हिदायत के साथ कि किसी तरह की भी अशोभनीय घटना न घटे। प्रजातंत्र में प्रदर्शन पर रोक नहीं लगा

सकते।' ऐसी बातों में किसी तरह की कोई दुविधा नहीं रहती दा साहब के मन में।

'सोच लीजिए?' चुनाव के क़रीब इतनी बड़ी रैली होने का मतलब क्या होता है? असर तो पड़ता ही है हवा का रुख़ बदलने में?'

'सुकुल बाबू का अनुमान कुछ...।'

'सुकुल बाबू का नहीं, यह मेरा अनुमान है, जिसे कम करके ही रखा है मैंने। देखिएगा, एक लाख आदमी ही जुटेगा उस दिन!'

'अच्छा?'

'दो समय का खाना और पाँच रुपया प्रति व्यक्ति तय हुआ है। बच्चों के लिए भी दो-दो रुपए दिए जाएँगे। लोगों का क्या है, मज़दूरी नहीं की और मौज कर ली पूरे कुनबे ने—बच्चों के पैसे और खाना मुफ़्त!'

'राजनीतिक स्वर और आदमी के वोट की क़ीमत को पाँच रुपए पर उतार दिया जाए, बड़ी शोचनीय स्थिति है यह। पर किया क्या जा सकता है?'

'मैं मौजूदा संकट की बात कर रहा हूँ। क्या इस रैली को रोका जा सकता है किसी तरह, या रोका जाना चाहिए?'

'तुम चाहते हो, हम भी उनके स्तर पर उतर आएँ? मेरे लिए यह संभव नहीं। पर इसमें परेशान होने की क्या बात है? किराए की रैलियाँ और प्रदर्शन तो सुकुल बाबू ने पिछले चुनाव में भी बहुत करवाए थे, उन सबसे हुआ क्या? हम तो अपने ठोस कार्यक्रमों को पूरी निष्ठा और मुस्तैदी से चलाएँगे। मात्र चुनाव जीतना नहीं, इस वर्ग की स्थिति सुधारना हमारा लक्ष्य है। घरेलू-उद्योग-योजना की पहली किश्त पहुँच गई लोगों के पास? जिनके पास नहीं पहुँची है, उनके पास पहुँचा दो।'

इस काम की रिपोर्ट तो रोज़ ही देते हैं पांडेजी, सो उसे दोहराने की ज़रूरत नहीं समझी उन्होंने। दा साहब की बात से अपने लिए जो निष्कर्ष निकाला, सिर्फ़ उसे दोहरा दिया, 'तो रैली में किसी तरह की कोई बाधा या अड़चन डालने की कोशिश न की जाए?'

'नहीं!' इस तरह के अपने निर्णयों पर हमेशा अडिग ही रहते हैं दा साहब! तब दूसरी बात उठाई पांडेजी ने—

'राव और चौधरी कोई महत्त्वपूर्ण मंत्रालय चाहते हैं अपने लिए। वित्त-मंत्रालय और उद्योग-मंत्रालय पर नज़र है उनकी! दे सकेंगे आप? दे दें तो आने को तैयार ही बैठे हैं।'

'क्या ऽ?' दा साहब को जैसे अपने कानों पर विश्वास न हुआ तो पांडेजी ने अपनी बात दोहरा दी।

'आदमी जब अपनी सीमा और सामर्थ्य को भूलकर कामना करने लगे तो समझ लो, पतन की दिशा में उसका क़दम बढ़ गया। मूर्ख हैं दोनों! और चौधरी, उसकी क्या औक़ात भला! जो मिला है उसके लायक़ भी नहीं है वह तो।'

'मैंने उन्हें नौ बजे आपसे मिलने के लिए कह दिया है।' फिर एक क्षण

रुककर बोले, 'लेकिन राव को ज़रूर कुछ-न-कुछ देना होगा! मैंने खूब बारीकी से सारी स्थिति देख ली। बापट और मेहता के आ जाने के बाद भी हमारी स्थिति बहुत मज़बूत नहीं होती, डावाँडोल-सी रहती है। लोचन तो अपनी जगह अडिग है ही, उससे तो कोई बात ही नहीं हो सकती। हाँ, राव निकल आता है तो फिर लोचन के पाँव तले भी ज़मीन नहीं रहेगी।' स्थिति शीशे की तरह साफ़ कर दी पांडेजी ने।

'हूँ ऽ! बात करके देखते हैं!'

'वैसे इनमें और लोचन में भी कुछ खींचतान-सी चल रही है। कल पहलेवाला-सा तेवर नहीं था राव की बात में। इसलिए बहुत मुश्किल नहीं होगा और बहुत झुकना भी नहीं पड़ेगा।'

'सौदेबाज़ी पर टिके संबंधों में कहीं स्थायित्व हो सकता है भला? और इन बातों पर नाजायज़ तरीक़े से झुकना मेरा उसूल नहीं। तुम चिंता मत करो, इस मामले से मैं निपट लूँगा।' आश्वस्त किया दा साहब ने।

'आपके रहते किसी को भी चिंता करने की ज़रूरत रहती है भला?'

'यह भाषा मुसाहिबों को शोभाती है, तुम्हें नहीं, और मुसाहिबगिरी का ज़माना अब गया।' तुरंत टोक दिया दा साहब ने तो हलके-से खिसिया गए पांडेजी!

इन दो हलके-फुलके मामलों को निपटाने के बाद थोड़ा गंभीर मसला रखा पांडेजी ने, 'यह सक्सेनावाली बयानबाज़ी बहुत महँगी पड़ गई हमको। सारे गाँव का वातावरण ख़राब कर दिया है इसने। बिसू के सीधे-सपाट केस में भी जाने क्या-क्या तिकड़म निकालकर रोज़ गाँव जाते रहे हैं सक्सेना। बिला वजह की सनसनी और असंतोष! एक वह बिंदा, वैसे ही करेला...ऊपर से चढ़ने को नीम मिल गया। पिछले तीन दिनों में चार तो वारदातें हो गई हैं मारपीट की...सबमें बिंदा।'

बहुत ग़ौर से सुन रहे हैं दा साहब सारी बातचीत!

'सुना है, कुछ प्रमाण-व्रमाण लेकर दिल्ली जा रहा है बिंदा, और सक्सेना ही दिशा दिखा रहे हैं उसे। चुनाव के समय इन सारी बातों का उठना...! सुकुल बाबू के लोग हैं कि इस बात का ज़ोर-शोर से प्रचार करने में लगे हैं।'

बिंदा का नाम मन में उतर गया दा साहब के और अपने भाषणवाले दिन का व्यवहार भी याद आया। पर उस पर कोई टिप्पणी नहीं की। केवल इतना ही कहा, 'सुना है। मैंने खुद फ़ाइल मँगवा ली है सक्सेना की, और डी.आई.जी. से कह दिया है कि वे मामला अपने हाथों में ले लें।'

'बात केवल इतनी ही नहीं है। जोरावर बहुत बिगड़ा हुआ है इस सबसे। सक्सेना ने सरपंच और जोरावर के बयान बड़ी सख़्ती से लिए और व्यवहार भी अच्छा नहीं रहा इन लोगों के साथ। सक्सेना को भेजने का निर्णय ही ग़लत रहा।'

'हो जाता है कभी-कभी ऐसा भी। डी.आई.जी. ने कहा था कि सक्सेना का रवैया...।'

'अब स्थिति यह हो गई है कि...।' दा साहब की बात को बीच में ही काटकर आज के सबसे महत्त्वपूर्ण मसले को रहस्योद्घाटन की तरह पेश किया—

'जोरावर खुद खड़ा हो रहा है।'

'क्या?' सचमुच चौंके दा साहब! वैसे साधारणतः पांडेजी जो ख़बरें लाते हैं, उनमें से क़रीब अस्सी प्रतिशत ख़बरें दा साहब के पास किसी-न-किसी रूप में पहले ही पहुँच चुकी होती हैं। पर इस बात का तो कहीं से भी आभास तक नहीं मिला। विश्वास नहीं हो रहा दा साहब को।

'यह कैसे हो सकता है? इतना बड़ा निर्णय ले लिया बिना मुझे बताए, बिना मुझसे पूछे? आश्चर्य!'

'कल रात दो घंटे तक सिर खपाया है उसके साथ बैठकर,' अपनी बात की सच्चाई का प्रमाण दे दिया पांडेजी ने, 'आज शाम को मिलने आ रहा है आपके पास। रात यहीं रहेगा और कल अपना नामांकन-पत्र भरेगा। परसों अंतिम तारीख़ है फ़ार्म भरने की।'

दा साहब सचमुच विचलित हो गए इस बात से। पर जल्दी ही साध लिया अपने को।

'यह सब काशी का करिश्मा है। जो थोड़ी-बहुत कसर रही होगी, वह सक्सेना ने पूरी कर दी। यों इस घरेलू-उद्योग-योजना से भी बहुत नाराज़ है जोरावर।'

'हूँऽऽ!' और मन उनका काशी के करिश्मे में उलझ गया।

'लेकिन जोरावर अपने पैंतीस प्रतिशत वोटों को लेकर जीतने से तो रहा। हरिजन या पिछड़ी जातियों का तो एक वोट भी उसे नहीं मिलता, फिर तुक क्या रहा खड़े होने में? कुछ समझ नहीं आता।'

बात सचमुच दा साहब के भी कुछ समझ में नहीं आ रही। जोरावर भी कोई मोल-भाव करना चाहता है क्या उनसे? पर किस तरह का? उसकी जान बचाने के लिए जो कुछ किया है दा साहब ने, उसकी क़ीमत तो उसे चुकानी ही चाहिए। सो यह क़ीमत चुका रहा है वह? पर आज किसको क्या कहो, नैतिकता किसी में रह भी गई है?

'उसके खड़े होने का सीधा फ़ायदा होगा सुकुल बाबू को।'

दो और चार वाले इस सीधे-से हिसाब पर टिप्पणी करना बेकार लगा दा साहब को। उन्होंने केवल इतना ही पूछा, 'तुमसे क्या बात हुई उसकी?'

'यही सब उसे बाक़ायदा समझाया। पर उस जाट आदमी के कुछ समझ में आए तब न! एक ही रट लगाए हुए है...खेती-बाड़ी बहुत कर ली, अब हम राजनीति करेंगे थोड़ी।'

'हूँऽऽ!' एक लंबी हुंकार के साथ समस्या को भीतर उतार लिया दा साहब ने। थोड़ी देर बाद अपने भीतर से उबरे तो काफ़ी सजग हो चले थे। चेहरे पर छायी परेशानी की हलकी-सी झलक भी दूर हो चुकी थी। बड़े सहज-स्वाभाविक स्वर में

पूछा, 'और कोई बात?'

'नहीं।'

'लखन के क्या समाचार हैं? उसे सँभालते रहना। घबराता बहुत जल्दी है। दो दिन से आया भी नहीं।'

'काफ़ी उत्साह में है। भाषण-वाषण अच्छा दे देता है आजकल। अब चुनाव तक के लिए सरोहा में जमा दिया है उसे। लोगों में कुछ-कुछ जगह भी बना रहा है अपनी।'

'अच्छी बात है यह तो। लोगों के बीच ही नहीं, लोगों के मन में जगह बनाना ही असली उद्‌देश्य है हमारा।'

'तो अब चलूँ!' घड़ी देखते ही पांडेजी ने उठने की मुद्रा बनाई।

दा साहब ने हलके से सिर हिलाकर स्वीकृति दी और पांडेजी के जाने के बाद योगासन करने के लिए वे अपने शयन-कक्ष में चले गए।

ठीक नौ बजे अपने घरेलू-दफ़्तर में ही राव और चौधरी का स्वागत किया दा साहब ने, 'आओ, आओ!' और जब दोनों बैठ गए तो बिना किसी भूमिका के एकदम सीधे ही बात शुरू की—

'आप पाँच मंत्रियों ने त्यागपत्र देने का फ़ैसला किया था। उनमें से दो ने तो अपना विचार छोड़ दिया। लिखित पत्र भी भेज दिया है मेरे पास!' सामने पेपरवेट के नीचे फड़फड़ाते काग़ज़ की ओर इशारा किया दा साहब ने। आवाज़ में मुख्यमंत्री वाली गरिमा भी है और कड़क भी। फिर अपनी नज़रें राव के चेहरे पर गड़ाते हुए पूछा, 'अब आप लोगों का क्या इरादा है?'

दा साहब की बात की कोई विशेष प्रतिक्रिया नहीं हुई राव के चेहरे पर। कल ही उन्हें सूचना मिल चुकी थी कि बापट और मेहता ने अपना क़दम वापस खींच लिया है। लेकिन क्या समझौता हुआ है, यह नहीं जान सके थे इसलिए पूछा, 'क्या दिया है आपने उन लोगों को?'

'लेन-देन की बात तो शायद आप लोग करने आए हैं। कीजिए!' दा साहब को कुपित होते हुए कम ही लोगों ने देखा होगा, पर जब होते हैं तो उनका स्वर और तेवर सामनेवाले को भीतर तक थरथरा देने की क्षमता रखते हैं। स्वर में आवेश क़तई नहीं होता, पर इस हद तक का ठंडापन कि सुननेवाला जम जाए पूरी तरह। राव की कंजी आँखों की चमक बुझने-सी लगी और चौधरी राव का मुँह देखने लगा! आख़िर राव ने हिम्मत करके कहा—

'देखिए दा साहब, इधर पिछले कुछ महीनों से जिस तरह की स्थितियाँ चल रही हैं, मंत्रिमंडल का सदस्य होने के नाते उसकी जिम्मेदारी तो हम पर भी आती ही है। मगर उन सब बातों को हम अपना समर्थन क़तई नहीं दे सकते—बल्कि

विरोध करते हैं। आख़िर हमारे भी तो कुछ...।'

'सिद्धांत हैं।' बड़ी नाटकीय मुद्रा में दा साहब ने राव का वाक्य पूरा किया। फिर थोड़े सख़्त लहजे में कहा—'यह लोचन की भाषा उसी के लिए रहने दो। तुम्हारे मुँह पर ज़रा भी नहीं सोहती।'

भीतर-ही-भीतर कट गया राव। लोचन बाबू के अति-आदर्शवादी रवैये से थोड़ी परेशानी तो हो ही रही थी, फिर भी उन्हें जैसे-तैसे साधकर रख रहे थे, पर बापट और मेहता तो एकदम लंगी लगाकर ही चल दिए। औंधे मुँह तो अभी भी नहीं गिरे हैं, पर थोड़ा लड़खड़ा तो गए ही। वरना आज से एक सप्ताह पहलेवाली स्थिति होती तो दा साहब वाली कड़क उनकी अपनी आवाज़ में होती और दा साहब सामने बैठकर रिरियाते होते। यह लोचन बाबू का आदर्शवाद ले डूबा हम सबको। इसी वजह से बापट-मेहता गए, और ज़रा लचक नहीं रखी अपने भीतर तो हम भी कहीं नहीं रहेंगे। फिर भी अपने को भरसक नियंत्रित करके राव ने कहा, 'यह तो आप मानेंगे कि जब मंत्रिमंडल बना था तो हमारे साथ पूरा न्याय नहीं हुआ था। लेकिन उस समय स्थिति की माँग ऐसी थी कि हम चुप कर गए। अब आप मंत्रिमंडल को रि-शफ़ल करने की बात सोच ही रहे हैं तो कम-से-कम इस समय तो हमें हमारा ड्यू मिल ही जाना चाहिए।'

'क्या है आपका ड्यू?' सीधा-सा प्रश्न रखा दा साहब ने।

राव की कंजी आँखों में फिर चमक कौंध गई। पता नहीं, कितने पर पटाया है दा साहब ने बापट और मेहता को! अपने लिए क्या माँगे, एकाएक कुछ समझ नहीं पाए राव। एक क्षण सोचकर जवाब दिया—

'लोचन भैया, मेरे और चौधरी के समर्थक आज भी आपके मंत्रिमंडल के सामने संकट खड़ा कर सकते हैं। बापट और मेहता से कोई ख़ास फ़र्क नहीं हुआ है, सारी स्थिति में। उनके समर्थकों की संख्या ही कितनी थी भला?'

काँइयाँपन उभरने लगा राव की आँखों में।

'भाव बढ़ा रहे हो अपना?' दा साहब ने भी उतने ही काँइयाँपन से पूछा। वैसे स्वभाव में दूर-दूर तक काँइयाँपन नहीं है दा साहब के। उनके भव्य और गरिमामय व्यक्तित्व को शोभा ही नहीं देती है यह अदा। पर कभी-कभी अपनानी पड़ती है मजबूरी में।

'नहीं, केवल अपनी स्थिति साफ़ कर रहा हूँ।' संक्षिप्त-सा उत्तर राव ने भी दिया।

'स्थिति नहीं, अपनी माँग साफ़ करो तो ज़्यादा बेहतर होगा।'

फिर पशोपेश में पड़ गए राव। दा साहब का रुख़ भी बहुत अनुकूल नहीं लग रहा था और स्थिति भी पहले जैसी पुख़्ता नहीं रही, इसलिए सीधे-सीधे अपनी माँग रखने की हिम्मत नहीं हो रही है। बात को लाइन से उतारकर थोड़ा-सा घुमाया राव ने—

'सुकुल बाबू की रैली बहुत ज़ोरदार होने जा रही है। इस दिशा में हम लोगों को कुछ करना चाहिए, वरना चुनाव पर इसका...कुछ सोचा है आपने?'

व्यंग्य-भरी एक हलकी-सी मुस्कराहट दा साहब के होंठों पर फैल गई।

'ओढ़े हुए सिद्धांत ही इतनी जल्दी साथ छोड़ देते हैं।' फिर एक क्षण रुके और राव के खिसियाहट-भरे चेहरे पर नज़र गड़ाए-गड़ाए बात पूरी की—

'चाहूँ तो इन्क्वायरी भी बिठा सकता हूँ कि रैली के नाम पर पानी की तरह बहाया जानेवाला यह रुपया कहाँ से आया? पर नहीं, यह घटियापन मैं करूँगा नहीं। राजनीति मेरे लिए स्वार्थनीति नहीं है और चाहता हूँ कि मेरे साथ काम करनेवाले लोग भी इस बात को अच्छी तरह समझ लें।'

राव का चेहरा बुझने लगा। पाँव के नीचे पुख़्ता ज़मीन हुए बिना ऐसी धार नहीं आ सकती थी दा साहब की आवाज़ में। लगता है, अपना पक्ष पूरी तरह मज़बूत कर लिया है दा साहब ने। तब क्या कहें वह?

'तुमने अपनी माँग नहीं रखी?' बात को वापस लाइन पर ले आए दा साहब, पर राव सचमुच ही लाइन से उखड़ा हुआ महसूस कर रहे हैं। झिझकते हुए कहा, 'आप हमें हमारा ड्यू ज़रूर दीजिए।'

'ड्यू? हूँऽ,' अब दा साहब ने बात का सिरा अपने हाथ में लिया, 'लोचन से क्या आश्वासन मिला था?' प्रश्न पूछने के साथ ही उनकी आँखों में एक ख़ास पैनापन उभर आया, जिसके सामने आदमी आसानी से झूठ नहीं बोल सकता।

'लोचन भैया ने ब्लैंक चेक दे दिया है हमें। समझ लीजिए, गृह और वित्त सुरक्षित ही हैं हमारे लिए।'

दा साहब हँसे और थोड़ी देर तक हँसते ही रहे। उस हँसी में उपहास था, विनोद था, या व्यंग्य—समझ नहीं पाए राव।

'जिसके एकाउंट में कुछ हो ही नहीं, वही बड़े खुले हाथ से बाँट सकता है इस तरह के ब्लैंक चैक!' फिर एकदम गंभीर होकर समझाने के लहजे में बोले—

'देखो राव और चौधरी, राजनीति में तुम लोग बच्चे हो अभी। आदमी की पूरी पहचान भी नहीं तुमको।' फिर एक क्षण रुककर बोले, 'उम्र में लोचन भी कोई ज़्यादा नहीं है तुमसे, पर आदर्श और सिद्धांतों की आड़ में राजनीतिक दाँव-पेंच खेलना खूब जानता है। इसीलिए कभी सम्मान नहीं जगा पाया मैं उसके लिए अपने मन में।'

अपनी बात की प्रतिक्रिया जानने के लिए उन्होंने राव के चेहरे पर नज़रें गड़ा दीं। पर वहाँ कोई ख़ास प्रतिक्रिया थी नहीं—था तो हलका-सा अविश्वास का भाव। उसे ही मिटाने के लिए दा साहब ने बात आगे बढ़ाई—

'सुकुल बाबू की विधान सभा में जब विधायक था तो उसने हवा का रुख़ भाँप लिया था और समझ लिया कि जल्दी ही दिन पूरे होनेवाले हैं अब सुकुल बाबू के। झट से त्यागपत्र दिया और विद्रोह की मुद्रा अपनाकर खड़ा हो गया। बाद में विद्रोह की क़ीमत वसूल की और यहाँ शिक्षा-मंत्री बन गया। अब सुकुल बाबू से मोल-भाव और हमसे विरोध चल रहा है उसका। जिसके सारे सिद्धांत और आदर्श—सारा विरोध और विद्रोह मात्र अपना भाव बढ़ाने के लिए हो, उसके लिए किसी तरह का

सम्मान या सद्भाव नहीं रहता मेरे मन में।'

'सुकुल बाबू के साथ वे क्यों जाएँ? इस पार्टी में रहकर वे ज़रा-सी होशियारी बरतें और चाहें तो मुख्यमंत्री बन सकते हैं।' लोचन की आदर्शवादिता को लेकर चाहे जितना भी मलाल हो राव के मन में, पर दा साहब के इस आरोप ने सचमुच कहीं बुरी तरह आहत किया उनको; चुप नहीं रह सके वह।

क़तई बुरा नहीं माना दा साहब ने राव की इस बात का, बल्कि हँसे। महज़ विनोद में लिपटी हँसी...'अपने साथ रखकर हवा में खूब ऊँचे तक उड़ना सिखा दिया है लोचन ने तुम लोगों को भी। देखो भाई, मैं बहुत ऊँचे तक तो नहीं ले जा सकता, पर जहाँ तक ले जाता हूँ, वहाँ खड़े होने के लिए कम-से-कम पाँव के नीचे ज़मीन ज़रूर देता हूँ। मेरे साथ चलनेवालों के सामने औंधे मुँह गिरने का ख़तरा क़तई नहीं रहता। अब तुम सोच लो।'

एक तरह से समझौते का हाथ बढ़ा दिया दा साहब ने तो अपनी तरफ़ से अब राव की बारी है।

पर राव और चौधरी, दोनों चुप।

'देखो, अनुशासन मेरे मंत्रिमंडल की पहली और अनिवार्य शर्त है। लोचन के रवैये से मैं ही नहीं, अप्पा साहब तक बहुत दुखी और परेशान हैं। आख़िर हमें उसे बर्ख़ास्त करने का निर्णय लेना ही पड़ा। कल पत्र चला जाएगा।' एक क्षण रुके दा साहब और फिर बात का समापन करते हुए कहा—

'शिक्षा-मंत्री का पद ख़ाली हो रहा है। राव, तुम सँभालो इस भार को। लोचन ने वैसे भी कोई संतोषजनक काम किया नहीं इस क्षेत्र में। मेरे हिसाब में सबसे महत्त्वपूर्ण है यह पद—भावी पीढ़ी का निर्माण करने का सारा दायित्व इसी मंत्रालय पर है। स्वीकारो इस चुनौती को।'

भावी पीढ़ी का निर्माण करने की दिशा में राव का कोई विशेष उत्साह नहीं। उसका ध्यान तो अपनी पीढ़ी पर भी नहीं, केवल अपने पर टिका हुआ है। फिर भी इस प्रस्ताव पर बिना किसी तरह की प्रतिक्रिया जाहिर किए अपनी कंजी आँखों को गोल-गोल घुमाते हुए राव ने पूछा, 'और चौधरी के लिए?'

'वे जहाँ हैं, फ़िलहाल वहीं रहें...करना चाहें तो वहीं बहुत कुछ है करने को। वैसे भी मैं चुनाव के पहले तो कोई परिवर्तन नहीं कर रहा।'

अंतिम वाक्य दा साहब ने कुछ इस तरह कहा कि उसमें बात का समापन भी था और उन दोनों के लिए उठने का संकेत भी।

चौधरी का चेहरा एकदम ही बुझ गया। जब से आया, एक शब्द भी वह नहीं बोला था और दा साहब की इस बात से तो उसकी आवाज़ भी कुंद हो गई। उठते-उठते राव ने हिम्मत करके पूछ ही लिया, 'बापट और मेहता को आख़िर आप...?'

'अभी कुछ नहीं दिया।' बात को पूरा भी कर दिया और जवाब भी दे दिया दा साहब ने और फिर हलके-से मुसकराकर कहा, 'कुछ बच्चे ऐसे होते हैं जो केवल

समझाने-भर से समझ जाते हैं। पर कुछ ज़िद्दी बच्चे ऐसे भी होते हैं जो मनचाही चीज़ लिए बिना मानते ही नहीं।'

राव हलके-से खिसिया गए। मन तो हुआ कहें, 'मनचाही चीज़ कहाँ मिल रही है,' पर चुप ही रहे। बापट और मेहता केवल बातों से मान जाएँ, विश्वास नहीं होता इस पर। हाँ, यह हो सकता है कि भविष्य के लिए कोई आश्वासन मिला हो। पर वह खुद क्या करे? केवल इतना ही कहा, 'कल तक सोचकर जवाब दूँगा।'

'प्रशासनिक लोगों में तुरंत निर्णय लेने की क्षमता होनी चाहिए। यही तो विशेषता होती है उनकी। ख़ैर, देख लो।'

राव और चौधरी के जाने के बाद दा साहब ने अप्पा साहब को फ़ोन किया, 'लोचन की बर्ख़ास्तगी के लिए राज्यपाल को पत्र भेज रहा हूँ। मंत्रिमंडल में अब वह नहीं रहेगा, पार्टी के बारे में आप तय करें। राव से भी अभी बात हो गई...सब ठीक ही है।'

'लोचन के बारे में भी यदि एक बार फिर से सोच लेते।' कुछ झिझकता-सा स्वर सुनाई दिया अप्पा साहब का।

'नहीं अप्पा साहब, अनुशासन भंग करनेवाले को साथ लेकर चलना मुश्किल होगा मेरे लिए।' अंतिम निर्णय सुना दिया दा साहब ने। उधर से भी फिर कोई आग्रह नहीं हुआ। केवल इतना ही सुनाई दिया, 'बधाई।' पर दा साहब को लगा कि शब्द ही बधाई का है, स्वर और भाव तो शायद बिलकुल विपरीत ही थे।

जोरावर। उम्र चालीस साल। छः फुटा गठीला शरीर। घनी-नुकीली मूँछों और अपेक्षाकृत मोटे-गदराए होंठों ने एक ख़ास ही तेवर दे रखा है उसके व्यक्तित्व को। टेरीकॉट या रॉ-सिल्क का ढीला-ढाला कुर्ता और पाजामा स्थायी वेशभूषा है उसकी। गले में काले धागे में बँधा तावीज और सोने की मोटी-सी जंजीर। दोनों हाथों की उँगलियों में चाँदी में जड़े रंग-बिरंगे नगीनों की अँगूठियाँ। आधे से ज़्यादा सरोहा जोरावर का ही है और वह पूरे सरोहा का बेताज बादशाह। लेकिन व्यक्तित्व में आभिजात्य की बू तक नहीं है कहीं भी, है तो केवल एक दर्प-भरा उद्धत अहंकार। पिता की बड़ी इच्छा थी कि शहर जाकर ऊँची पढ़ाई करे जोरावर, पर गाँव के मिडिल स्कूल से आगे बढ़ा ही नहीं। स्कूल में भी वह इस तरह जाता था मानो विद्यार्थी नहीं, मालिक हो वहाँ का। और सच पूछो तो मालिक था भी। बाप की मिल्कियत उसके सिर चढ़कर ही बोलती थी।

जब दा साहब की कोठी में घुसा जोरावर तो रत्ती ने उठकर स्वागत किया, 'आइए—आइए जोरावरजी!'

'दा साहब?'

'अप्पा साहब से मिलने गए हैं, आ जाएँगे पाँच तक।'

'जमना बहन तो होंगी?'

'वे अस्पताल गई हैं किसी बीमार को देखने के लिए। दोनों साथ ही लौटेंगे। पर आप बैठिए न...साढ़े चार बज ही गए हैं।'

और रत्ती ने पारिवारिक लोगों के लिए बैठने का ड्राइंग-रूम खोल दिया। पंखा और कूलर चला दिए। इस घर में परिवार के सदस्य की तरह ही समझा जाता रहा है जोरावर।

दा साहब आए तो कुछ इस भाव से स्वागत किया जोरावर का, मानो उसके अप्रत्याशित आगमन से आश्वस्त हो आए हों कहीं, 'बड़ा अच्छा किया कि तुम आ गए...वरना मैं बुलाने ही वाला था। आज पांडे आया ही नहीं, वरना उसी के हाथ संदेश भेजता।' थोड़ा-सा झूठ बोल गए दा साहब। बोलना पड़ता है कभी-कभी परिस्थिति के दबाव से। जोरावर कुछ कहता उसके पहले ही उन्होंने पूछा, 'शरबत-वरबत कुछ पिया या नहीं?' फिर पत्नी की ओर देखकर बोले, 'आम और शरबत भिजवाओ जोरावर के लिए।'

अभी पांडेजी से मुलाक़ात नहीं हुई है इसलिए...वरना आज इस तरह के आत्मीयता-भरे स्वागत की कोई उम्मीद नहीं थी जोरावर को।

बाहर रत्ती को कुछ आदेश देकर भीतर आए दा साहब और जोरावर की बगल में बैठ गए।

'आज सवेरे से तुम्हारी ही बात सोचता रहा मैं।'

'क्यों?'

'कल रात सक्सेनावाली फ़ाइल मँगाकर देखी थी। परेशानी तो पैदा हो गई।'

कान खड़े हुए जोरावर के, लेकिन निहायत लापरवाही से अपने जोरावरी अंदाज में ही पूछा, 'क्या लिख दिया है उस हरामख़ोर ने अपनी फैल में?'

इस बार दा साहब ने बड़ी चुभती-सी नज़र से देखा जोरावर को, मानो कह रहे हों कि यह भाषा और तेवर अब नहीं चल सकेगा। पर कहा इतना ही, 'तुमने यह अच्छा नहीं किया। एक परेशानी से जैसे-तैसे उबरने की कोशिश कर रहे थे कि...'

'क्या किया हमने?' ललाट पर तीन सलवटें डालकर कड़क आवाज़ में पूछा उसने।

'मैं बिसू की बात कह रहा हूँ।'

'सो हम भी समझ रहे हैं। पर हमारा उससे क्या लेना-देना?'

दा साहब एकटक देखते रहे जोरावर को अपनी उसी सधी हुई पैनी नज़र से, जो सामनेवाले को चीरकर उसके आर-पार देख लेती है। फिर बहुत ही सख़्त आवाज़ में बोले, 'यह मत भूलो कि पुलिस और क़ानून के हाथ बहुत लंबे होते हैं और आँखें

काफ़ी तेज़। न देखें तो हाथी तक को न देखें, पर उतर आएँ तो फिर चीटीं तक भी नहीं बच सकती—नज़र से, न गिरफ़्त से।'

'और आपने उस सक्सेना को उतार दिया हमारे पीछे। पर उससे क्या, क्या कर लेगा हमारा वह?'

कोई और होता तो एकदम भड़क जाता, इस बेबुनियाद इल्ज़ाम पर। पर दा साहब के लिए क़तई कोई अहमियत नहीं रखतीं ये बातें।

तभी रत्ती एक फ़ाइल लेकर घुसा और दा साहब के सामने पेश कर दी। दा साहब ने उसे लेकर बगल में रख लिया और उसे ही सहलाते हुए समझाने के लहजे में बोले, 'देखो जोरावर, जब आदमी अपने को ही धोखा देने लगता है तो मार खाता है निश्चय ही।'

ये महीन बातें नहीं समझता जोरावर, इसलिए सीधे ही पूछा, 'आप साफ बताओ, क्या लिखा है उस सक्सेना ने हमारे खिलाफ अपनी फैल में?'

दा साहब भी बात साफ़ बताना चाह रहे हैं, पर उठाकर सीधा पत्थर ही मारें, यह स्वभाव नहीं उनका।

'पुत्तन की दुकान पर दो लड़कों के साथ चाय पी थी उस शाम को बिसू ने और वही आख़िरी चीज़ थी तो उसके पेट में गई थी।'

'लौंडे-लपाड़ों के साथ चाय-बीड़ी तो वह पीता ही रहता था।' बिना ज़रा भी परेशान हुए बात ऊपर से ही उड़ा दी जोरावर ने।

'लड़के सरोहा के नहीं, टिटहरी गाँव के थे।' दा साहब की सतर्क नज़र एक क्षण को भी नहीं हट रही है जोरावर के चेहरे से।

'आस-पास के गाँवों में तो भटकता रहता था वह बिसुआ। कुछ काम-धाम तो था नहीं उस हरामख़ोर के पास करने को।'

'उन लड़कों के बयान हैं इस फ़ाइल में।'

'सक्सेना ने जिनके बयान लिए हैं, हमें मालूम है वो सब। कोई लड़कों-वड़कों के बयान नहीं लिए हैं सक्सेना ने।' पर अब रंग उड़ने लगा है जोरावर के चेहरे का और बड़ी परवाह से ओढ़ी गई यह लापरवाही ढँक नहीं पा रही है उसके बदरंग होते चेहरे को।

'पुलिस के सब काम सबको मालूम होने लगें तो फिर पुलिस ही क्या हुई वह? उन्होंने क़बूल किया है कि...उनके पास एक मोटी रक़म भी मिली है जो उन्हें...,' बात अधूरी छोड़ दी दा साहब ने और फिर हाथ से फ़ाइल सहलाने लगे।

इस बार जोरावर चुप। एक निहायत ही नामालूम-सा निःश्वास छोड़ा दा साहब ने।

तभी भीतर से आम और शरबत आया। दा साहब ने सख़्ती को स्नेह में बदलकर कहा, 'लो खाओ, लखनऊ से आया है दशहरी का टोकरा।'

नौकर के चले जाने के बाद उन्होंने बात फिर से शुरू की, पर स्वर और तेवर

पहले वाला नहीं था।

'यह सही है कि मैं जब किसी का हाथ पकड़ता हूँ तो बीच में नहीं छोड़ता। स्वभाव है मेरा। पर कोई इसे दुर्बलता समझकर नाजायज़ फ़ायदा उठाना चाहे तो...।' अधूरे वाक्य को उन्होंने शब्दों से नहीं, नज़रों से पूरा कर दिया।

पर नज़रों की भाषा समझने का माद्‌दा नहीं जोरावर का। उसने तो शब्दों को ही पकड़ा, 'नाजायज़ फैदा तो आप उठा रहे हैं हमारी दोस्ती का आजकल।'

'मैं?' इस उलटे आरोप का कोई तुक समझ में नहीं आया दा साहब की!

'और क्या? अब ये जो हरिजनों को माथे चढ़ाने के सारे धंधे आपने शुरू किए हैं—जड़ खोदना ही हुआ हमारी एक तरह से यह।'

हलके-से मुस्कराये दा साहब! समझाने के लहजे में बोले, 'ज़माना बदल रहा है जोरावर, ज़माने के साथ बदलना सीखो! जो चीज़ें आज से तीस साल पहले होनी चाहिए थीं—वे आज भी पूरी तरह नहीं हो रहीं। दुर्भाग्य है इस देश का यह।'

'बदल रहा होगा जहाँ बदल रहा होगा जमाना। हमारे रहते सरोहा में नहीं बदल सकता जमाना।'

'तुम्हारी यह ज़िद और जाटपना एक दिन ले डूबेगा तुम्हें।'

'इसमें जिद्‌द की क्या बात हुई, दा साहब? इन हरिजनों के बाप-दादे हमारे बाप-दादों के सामने सिर झुकाकर रहते थे। झुके-झुके पीठ कमान की तरह टेढ़ी हो जाती थी। और ये ससुरे सीना तानकर आँख-में-आँख गाड़कर बात करते हैं—बरदास्त नहीं होता यह सब हमसे।'

दा साहब इस पुश्तैनी बड़प्पन से घसीटकर जोरावर को फिर नीचे लाए—'खैर, यह सब बाद की बातें हैं, चिंता मुझे इस समय इस फ़ाइल की है। बात ज़बानी रहे, तब तक कुछ नहीं; पर एक बार फ़ाइल में आ जाए तो बहुत मुश्किल हो जाता है।'

जोरावर सचमुच ज़मीन पर आ गया। दा साहब के स्वर से इतना तो समझ गया कि बात चिंता की है।

'अब जो भी है आपको ही सुलटना है। हमारे साथ कुछ उलटा-सीधा नहीं होना चाहिए, बस...आपकी जिम्मेदारी है यह!'

दा साहब कुछ बोले नहीं। लगा, किसी गहरे सोच में डूबे हैं जैसे। जोरावर ने ही कहा, 'हम क्या सोचकर चले थे और क्या हो गया?'

दा साहब ने नज़रों से ही प्रश्न पूछ लिया।

'इस बार हमने भी सोचा कि चुनाव लड़ लें। फारम भरने को आए थे...आप कहें तो भर दें।'

'क्या?' दा साहब ने आश्चर्य से पूछा जैसे उन्हें अपने कानों पर विश्वास न हो रहा हो।

बिना किसी झिझक के जोरावर ने अपनी बात दोहरा दी। दा साहब एकटक चेहरा देखते रहे उसका और उनके अपने चेहरे पर सख़्ती की परत चढ़ने लगी। बहुत

ठंडी और सख़्त आवाज़ में उन्होंने कहा—

'उधर बिसू ने आगजनी के जो प्रमाण जुटाए थे, उन्हें लेकर बिंदा दिल्ली जानेवाला है, इधर सक्सेना ने सारे प्रमाण जुटा लिए हैं और तुम्हें चुनाव लड़ने की सूझ रही है। विधानसभा की जगह मुझे तो डर है कि कहीं तुम्हें जेल...'

'हम आपसे पूछने तो आए हैं दा साहब, फारम अभी भरा तो नहीं!'

'नहीं, भरना हो तो ज़रूर भरो। मैं कभी मना नहीं करूँगा। बल्कि एक तरह से मुक्त होउँगा...।'

'आप तो नाराज़ होने लगे, दा साहब! कहा न, मन में आया सो पूछने को चले आए। कौन अभी खड़े हो गए हैं!'

इतने में जमना बहन ने आकर कहा, 'खाना यहीं खाकर जाना, जोरावर! इस बार तो पंद्रह दिन बाद ही आए होओगे शायद।'

'खाना तो खाएँगे ही, इसमें कहना क्या?'

खाने पर भी बातचीत के विषय को दा साहब ने फ़ाइल से ज़्यादा इधर-उधर नहीं सरकने दिया; बल्कि स्थिति की सारी भयंकरता को उसके नंगेपन के साथ पेश कर दिया।

खाना खाकर चलने से पहले एक बार जोरावर ने फिर कहा, 'आप देख लीजिए दा साहब, यह फैल-फूल का मामला हम नहीं जानते। बस, हमारे साथ ऐसा-वैसा कुछ नहीं होना चाहिए, यह आपकी जिम्मेदारी है।' फिर एक क्षण रुककर बोला—

'और ससुरे उस बिंदा को भी ठीक करवाओ। क्या फैल मचा रखे हैं उसने?'

'तुम कुछ मत करना।' सख़्त हिदायत दी दा साहब ने और जब वह चला गया तो फ़ाइल को लेकर अपने निजी कमरे में गए और कुछ देर तक फ़ाइल को उलटते-पलटते रहे। थोड़ी देर बाद फ़ोन पर रत्ती को आदेश दिया कि डी.आई.जी. सिन्हा को कह दो कि कल आठ बजे घर पर ही मिल लें।

सामान्यतः सवेरे अपने घरेलू-दफ़्तर में नहीं बैठते दा साहब, पर आज डी.आई.जी. से मिलने के लिए पौने आठ बजे ही यहाँ बैठे हैं। सामने दो फ़ाइलें हैं और एक काग़ज़ में उन्होंने कुछ नोट कर रखा है।

ठीक आठ बजे डी.आई.जी. ने सेल्यूट ठोंका तो गरदन के हलके-से झटके से प्रत्युत्तर दिया दा साहब ने।

'आओ!' और सामने रखी फ़ाइल पर अपना पूरा पंजा फैलाकर बोले, 'मैंने यह फ़ाइल देख ली है, खूब अच्छी तरह। सक्सेना के लिए हुए बयान भी और आपकी रिपोर्ट भी।'

सिन्हा एकटक चेहरा देख रहे हैं दा साहब का। इस उम्मीद में हैं कि शायद कोई प्रशंसात्मक टिप्पणी सुनने को मिलेगी अपनी रिपोर्ट पर।

'सक्सेना के बारे में क्या राय है?' बात रिपोर्ट से नहीं, सक्सेना से शुरू की दा साहब ने।

'सर, आदमी तो बहुत भला है। आई मीन...,' समझ नहीं आया कि वाक्य कैसे पूरा करें?

'हूँऽ! ज़रूर होगा। पर यह ज़रूरी नहीं कि भला आदमी योग्य भी हो। मैं योग्यता की बात पूछ रहा हूँ!'

'वैसे सर, गाँववालों का विश्वास जीतने के लिए...मुझे लगा था बहुत सही आदमी होंगे। इसलिए मैंने... ।' सिन्हा ने सक्सेना का नाम सुझाया था, और इसीलिए अब अपने को थोड़ा अपराधी-सा महसूस कर रहे हैं।

'तुम्हें उलाहना क़तई नहीं दे रहा।' सिन्हा को एक प्रकार से आश्वस्त किया दा साहब ने। फिर बोले, 'पुलिसवालों में जैसी अंतर्दृष्टि, व्यवहार-कुशलता और व्यक्तित्व का ओज होना चाहिए वैसा कुछ है नहीं सक्सेना में।' फिर सक्सेना की सी.आर.[1] को ज़रा-सा खींचकर बोले—'इसे भी देखा है मैंने। मेरी धारणा की पुष्टि ही करती हैं इसकी रिपोर्ट्स! जब-जब महत्त्वपूर्ण काम सौंपा गया...परिणाम असंतोषजनक ही रहा। इसीलिए प्रमोशन के हर मौक़े पर तबादला करके इधर-उधर भेज दिया गया है इन्हें।'

दो मिनट को रुके दा साहब। सिन्हा समझ ही नहीं पा रहे हैं कि इस बात पर क्या प्रतिक्रिया व्यक्त करें अपनी!

'पुलिसवालों की दृष्टि बहुत निष्पक्ष और तटस्थ होनी चाहिए—कुछ के साथ सीमातीत सद्व्यवहार और कुछ के साथ अकारण ही दुर्व्यवहार! असंतोष फैलता है ऐसी बातों से। मैंने उन्हें वहाँ असंतोष दूर करने के लिए भेजा था, फैलाने के लिए नहीं।'

सिन्हा मन-ही-मन सोच रहे हैं, यह तो बिसमिल्ला ही ग़लत हो गया, पता नहीं, उनकी अपनी रिपोर्ट पर क्या सुनने को मिलेगा।

'उस पूत्तन चायवाले के बयान का तुक? बिला वजह चीजों को उलझाना! अपनी महत्ता दिखाने के लिए आदमी करता है कभी-कभी यह सब भी। पर मुझे पसंद नहीं। महत्ता हो आदमी में तो दिखानी नहीं पड़ती, अपने-आप दिख जाती है।'

चेहरे पर गहरा असंतोष व्याप गया दा साहब के और सिन्हा का अपराध-बोध और गहरा गया।

'प्रांत की राजधानी में एस.पी. का पद कम महत्त्व का तो नहीं होता...तुम देख लेना', और सक्सेना की सी.आर. सिन्हा के सामने सरका दी दा साहब ने। फिर बिसूवाली फ़ाइल के पन्ने पलटने लगे।

'तुम्हारी रिपोर्ट भी देखी है मैंने! मेहनत से तैयार की गई लगती है।'

कृतज्ञ हो आए सिन्हा, पर दा साहब ने ज़्यादा देर टिकने नहीं दिया यह भाव।

'मैंने भी सारे केस का अध्ययन किया है...बहुत ग़ौर से।' कुछ देर को रुके दा साहब...'ऐसा लगता है कि निष्कर्ष तुम्हारे मन में पहले से था और रिपोर्ट बाद

---

1. कांफिडेन्शियल रिपोर्ट।

में तैयार की। होता है कभी-कभी ऐसा भी कि दिमाग़ में एक बात बैठ जाती है तो फिर सारे निष्कर्ष उसी दिशा में निकले चले जाते हैं।'

थोड़े असमंजस में पड़ गए सिन्हा। कुछ समझ नहीं पाए कि दा साहब का संकेत किस ओर है! कुछ सकुचाते हुए बोले, 'लेकिन सर, ये तो बहुत साफ़ मामला है आत्महत्या का। मैंने...।'

'और अगर मैं न मानूँ तो?' अपनी सूझ-बूझ और गहरी अंतर्दृष्टि से पुलिसवालों के निर्णय को चुनौती देते हुए दा साहब ने कहा, 'मुझे खुद आश्चर्य हुआ, लेकिन खुले दिमाग़ और तटस्थ दृष्टि से देखा तो पाया कि मैं तो बिलकुल दूसरे नतीजे पर खड़ा हूँ।'

अजीब-सी परेशानी घिर आई सिन्हा के चेहरे पर। दा साहब ने अपनी बात जारी रखी—

'क्रिमिनल साइकॉलॉजी पर गहरी पकड़ और गहन अध्ययन तो नहीं है मेरा, फिर भी थोड़ा अधिकार ज़रूर है! तुम लोग तो मास्टर हो इस लाइन के...।' और अपनी नज़रें सीधे सिन्हा के चेहरे पर गड़ा दीं।

सिन्हा दा साहब के असली मुद्दे तक पहुँचने में ऐसे डूबे कि कुछ भी नहीं कहा गया उत्तर में। पर दा साहब को अपेक्षा भी नहीं थी शायद। उन्होंने अपनी बात जारी रखी—

'चतुर अपराधी ही सबसे अधिक आक्रामक मुद्रा अपनाता है कभी-कभी।' दा साहब एक क्षण को रुके और सीधे ही कहा—

'घटनावाले दिन बिंदा का गाँव से अनुपस्थित होना और घटना के बाद उसका अतिरिक्त रूप से आक्रामक रवैया? संदेह के लिए बहुत गुंजाइश नहीं रह जाती।' क़तई चौंके नहीं सिन्हा। क्षण-भर पहले ही वे समझ गए थे कि दा साहब यही नाम लेने जा रहे हैं। इस बार उन्होंने ग़ौर से दा साहब को देखा और बेझिझक देखते ही रहे। उस दृष्टि में न स्वीकार था, न नकार! था तो एक विस्मय! पर दा साहब विचलित नहीं हुए इस दृष्टि से। बल्कि अपनी दृष्टि से थोड़ा-सा आक्रोश घोलकर उन्होंने कहा—

'आश्चर्य है, सक्सेना या आपको यह बात सूझी तक नहीं। ख़ैर, एक बार फिर सारे मामले पर नज़र डालिए—खुले दिमाग़ और पैनी नज़र से! मुझे बिसू के हत्यारे को पकड़ना है...वचन दिया है मैंने गाँववालों को और अब आप पर छोड़ रहा हूँ यह काम...।'

बिना किसी जवाब का मौक़ा दिए ही दा साहब उठे और भीतर का दरवाज़ा खोलकर अंदर चले गए।

दा साहब की अंतर्दृष्टि से उपजा यह निष्कर्ष, यह तेवर, यह तैश, यह स्वर उनके जाने के बाद भी जैसे वहीं बना रहा और सिन्हा कुछ देर तक जहाँ-के-तहाँ खड़े रहे—जड़वत्, अवाक् और पूरी तरह विस्मय में डूबे!

आज एक घंटे तक तेल की मालिश करवाकर भाप-स्नान किया है दा साहब ने, इसलिए शरीर फूल-सा हलका हो रहा है और अंग-प्रत्यंग में एक प्रकार की कांति छाई हुई है। बड़े तुष्ट भाव से 'मशाल' का ताज़ा अंक देख रहे हैं दा साहब। पिछले सप्ताह की सारी प्रमुख घटनाएँ दी हैं और और बड़े सलीक़े और ज़िम्मेदाराना ढंग से। मुखपृष्ठ पर असंतुष्टों द्वारा मंत्रिमंडल गिराने के प्रयास की घोर असफलता की बात ही नहीं, वरन् उन लोगों की स्वार्थपरता और पदलोलुपता की कड़ी आलोचना भी है! लोचन बाबू की बर्ख़ास्तगी को दा साहब का एक सही और साहसिक क़दम बताया है और इस बात की प्रशंसा की है कि पार्टी के अनुशासन और एकता के लिए अपनी ही पार्टी के एक मंत्री को निकाल देने का निर्द्वंद्व भाव से लिया गया निर्णय निश्चय ही अभिनंदनीय है।

बीच के पृष्ठ पर सुकुल बाबू की रैली का समाचार है। तसवीर कोई नहीं है, पर यह स्वीकार किया है कि इस प्रांत के इतिहास में इतनी बड़ी रैली शायद ही कभी हुई हो। विरोधियों की इतनी बड़ी रैली बिना किसी बाधा-व्यवधान के शांतिपूर्ण ढंग से हो गई, इसके लिए गृह-मंत्रालय और डी.आई.जी. पुलिस के प्रति आभार व्यक्त किया है।

इसके बाद तीसरी प्रमुख ख़बर : दोस्ती की आड़ में बिसू की हत्या करनेवाला बिंदा गिरफ़्तार! फिर बड़े सनसनीख़ेज और रोचक ढंग से विस्तृत वर्णन दिया गया था कि किस प्रकार नए सिरे से बयान लेने और गहरी छानबीन करने पर कुछ ऐसे विस्मयकारी तथ्य सामने आए जिन्होंने सारी घटना की दिशा ही बदल दी। डी.आई.जी. ने जिस सूझ-बूझ का प्रमाण दिया इस सारे मामले में—उसकी भूरि-भूरि प्रशंसा थी। साथ ही एक छोटे-से बॉक्स में बधाई देते हुए यह सूचना भी थी कि आई.जी. के रिक्त स्थान को डी.आई.जी. सिन्हा ने सँभाल लिया है।

उसके बाद सरोहा चुनाव-क्षेत्र में बढ़ती हुई सरगर्मियों के अनेक रोचक विवरण। और अंतिम पृष्ठ पर तीन तसवीरों के साथ घरेलू-उद्योग-योजना की तेज़ी से बढ़ती हुई गतिविधियों के उल्लेख के साथ आशा व्यक्त की गई थी कि इसी सक्रियता और कर्मठता के साथ योजना चलती रही तो साल-भर के भीतर-भीतर गाँव के ग़रीब तबक़े की आर्थिक स्थिति में आमूल परिवर्तन आ जाएगा।

इस पृष्ठ के एक-एक शब्द को पढ़कर दा साहब के चेहरे पर एक दिव्य आभा छा गई। बापू के सपनों का गाँव उनकी आँखों के आगे साकार हो उठा और मन कुछ बहुत ही महत्त्वपूर्ण, बहुत ही सार्थक कर डालने के तोष में डूब गया।

तभी जमना बहन खुद ही नाश्ते की ट्रे लेकर पहुँचीं। बड़ी सफ़ाई और सलीक़े

से कटा हुआ लँगड़ा आम, तले हुए मखाने, केसरिया संदेश और शहद-पानी।

'आओ!' बड़ी आत्मीयता से स्वागत किया दा साहब ने तो ट्रे दा साहब के सामने रखकर बगल में बैठ गईं जमना बहन। सचमुच पति के साथ बैठने का समय ही नहीं मिलता कभी उनको। पर किसी तरह का गिला या शिकायत नहीं है उन्हें। पति का बड़प्पन ही सबसे बड़ा संतोष है उनका। यों दा साहब खुद राजनीति की बात नहीं करते उनसे, पर वे हैं कि एक-एक बात की ख़बर रखती हैं—चाहे पांडेजी से, चाहे लखन से या कहीं और से। जब कोई संकट की स्थिति आती है तो दा साहब से अधिक चिंतित होती हैं और जब संकट टल जाता है तो प्रसन्नता भी दा साहब से अधिक जमना बहन को ही होती है।

'मशाल, मशाल का यह अंक देखा?' अख़बार की ओर इशारा करके पूछा दा साहब ने।

'सवेरे उठते ही पढ़ लिया। पहले से कितना अच्छा निकलने लगा है यह अख़बार!' दा साहब से संबंधित घटनाओं से ही अख़बार का स्तर तय करती हैं जमना बहन। विरोधी पार्टी के अख़बार 'समय के स्वर' से इतनी दुखी, बल्कि कहना चाहिए इतनी कुपित हैं जमना बहन कि घर के भीतर आने ही नहीं देतीं उसे।

'हूँऽऽ!' मुसकराए दा साहब। पत्नी की समझ पर थोड़ा प्रसन्न भी हुए, 'कोई एक महीने पहले ही बुलाकर समझाया होगा इसके संपादक को, और अख़बार का रंग ही बदल गया। कमी नहीं है समझदार लोगों की, बस सही ढंग से दिशा-निर्देश करनेवाला कोई नहीं।' और इस वाक्य के साथ ही मन अख़बार से छिटककर एकाएक देश के साथ जुड़ गया—'देश की दुरवस्था का सबसे बड़ा कारण ही है—सही नेतृत्व का अभाव। छात्रों को देखो—युवकों को देखो—किसान-मज़दूरों को देखो, सब-के-सब दिशाहीन से भटक रहे हैं—कोई दिशा दिखानेवाला ही नहीं।' लोगों की भटकन का ज़रा-सा दुख दा साहब के स्वर में भी उभर आया। उस दुख से उन्हें मुक्त करने के लिए जमना बहन ने तुरंत कहा—

'शुक्र है भगवान का कि सब बातें सलट गईं! आजकल राजनीति में घटिया तरह की जो घालमेल चलती है, उसे देखकर लगता है कि तुम जैसे संत आदमी को तो संन्यास ले लेना चाहिए। तुम्हारे बस का है यह सब करना?'

हलके-से मुसकराए दा साहब, 'गीता पढ़कर भी तुम ऐसी बात करती हो? स्थितियों की चुनौती स्वीकारना तो कर्मयोगी का सबसे पहला धर्म होता है। अर्जुन भी ऐसे ही हताश हो रहा था जब भगवान कृष्ण ने कहा...।'

हज़ार बार पढ़े और सुने भगवान कृष्ण के कथन में विशेष दिलचस्पी नहीं है ज़मना बहन की, इसलिए बीच में ही बोलीं, 'लो, यह आम तो खा लो।'

'लज़्ज़त बड़ी अच्छी होती है लँगड़े की।' आम की अंतिम फाँक मुँह में डालते

हुए कहा दा साहब ने तो तुरंत जमना बहन उठीं और 'थोड़ा और लाती हूँ' कहकर भीतर चली गईं। लौटीं तो आम ही नहीं, केसरिया संदेश भी थे, 'तुम्हें वैसे भी बहुत पसंद हैं ये संदेश; फिर मैंने अपने हाथ से बनाए हैं। समझ लो सारे संकट टले, इसी खुशी में।'

'अच्छा, तब तो तुम भी खाओ,' प्लेट जमना बहन की ओर बढ़ाते हुए आँखों-ही-आँखों से स्नेह में नहला दिया दा साहब ने। इस उम्र में भी सुर्ख़ी फैल गई जमना बहन के गालों पर। गद्‌गदाती-सी बोलीं, 'मेरा मन कहता है, चुनाव भी तुम ही जीतोगे। सौ फ़ीसदी!'

'लो, जब गृह-लक्ष्मी ने कह दिया तो बस जीत गए। अब संदेह कैसा?'

और फिर दोनों परम तृप्त और प्रसन्न भाव से बनारस का लँगड़ा और केसरिया संदेश खाते रहे।

आज हरिजन-टोला से हरिजनों के एक दल के मुखिया ने आकर पांडेजी को आश्वासन दिया है कि उनके वोट लखन को ही मिलेंगे, तभी से सभी लोग पीछे पड़े हुए हैं लखन के कि इसी बात पर कुछ हो जाए। लेकिन लखन है कि साँस ही नहीं ले रहा इस पर। जोरावर ने धिक्कारते हुए कहा—

'अरे यह सूम कुछ नहीं करेगा। ठीक है, हमारी चौपाल में होगा आज का खाना-पीना।' बिंदा की गिरफ़्तारी और सक्सेना के तबादले की ख़बर ने निश्चिंत ही नहीं, बेहद उत्साहित कर दिया है जोरावर को।

'भेजे में गरमी भर दी झूठ-मूठ की, वरना हम क्या दा साहब का साथ छोड़ सकते हैं कभी?' अपनी कही बात का विश्वास दिलाने के लिए ही तरह-तरह की फ़ितरत में रहता है आजकल।

शाम को दस-बारह लोगों का जमावड़ा जम गया चौपाल में। स्कॉच की बोतल खुली है। शहर से स्पेशल सींक कबाब और पनीर के पकौड़े आए हैं। दा साहब के संरक्षण में पला लखनसिंह पीने का शौक़ नहीं रखता। कभी-कभी चोरी-छिपे एक-आध पैग चढ़ा ले तो यह दूसरी बात है, पर पांडेजी की तो यह दैनिक आवश्यकता है। शाम को दो पैग के बिना न सारे दिन की थकान मिटती है, न ही अगले दिन के लिए चुस्ती आती है। और जोरावर, विलायती चाहे कितनी ही पी ले...जब तक थोड़ी देशी नहीं ले लेता, तृप्ति नहीं होती!

लखन की सुस्ती और ढीला-ढालापन देखकर फटकारा पांडेजी ने, 'तुम्हारी तरफ़ की दावत जोरावर कर रहा है, अब क्या है जो मुँह लटका रखा है?' लेकिन लखन की उदासी है कि छँट नहीं रही। इधर बहुत उत्साह से काम कर रहा था लखन,

लेकिन जिस दिन से बिंदा पकड़ा गया, उस दिन से पता नहीं क्या हो गया है उसे! गिरफ़्तारी के समय वह स्वयं उपस्थित था, और शहर के थाने तक भी साथ गया था। बिंदा का बेशुमार चिल्लाना और अंगारे की तरह धधकती हुई उसकी आँखें! भूल ही नहीं पा रहा है वह उन आँखों को, बल्कि अब तो हालत यह हो गई है कि शहर के हर आदमी के चेहरे पर उसे वे ही आँखें दिखाई देने लगी हैं। एक अजीब-सी दहशत समा गई है उसके मन में। शुरू से दा साहब के साथ रहने के बावजूद राजनीति में इतना पगा नहीं है कि ऐसी बातों का कोई असर ही न हो।

जोरावर ने जब सुना तो बड़ी ज़ोर से हँसा, 'बड़ा पिद्दी का दिल है इस लखन का जो बिंदा जैसे थर्ड-रेट गुंडे से डर गया। अगर किसी खाँटी से पाला पड़ गया तो ये ससुरा तो हगने-मूतने लगेगा।'

पांडेजी विषय को खींचकर असली मुद्दे पर ले आए, 'बिंदा की गिरफ़्तारी से पाँच प्रतिशत वोट तो कटे ही समझो। विरोधी लोग खूब प्रचार कर रहे हैं इसका भी। यह अच्छा हुआ कि रैली के एक दिन बाद हुई गिरफ़्तारी। फिर भी पाँच प्रतिशत तो गए।'

'तुम फिकर नहीं करो पांडेजी, जोरावर के रहते। हमें मालूम है, सुकुल बाबू को वोट देनेवाले कौन हैं? तुम क्या सोचते हो, हमारे रहते बूथ पर पहुँच पाएँगे वे लोग? जोरावर के राज में वे ही वोट दे पाएँगे जिन्हें जोरावर चाहेगा।'

'अब यह तो चुनाव का परिणाम बताएगा।' इन बातों से पूरी तरह आश्वस्त नहीं हो पाते पांडेजी।

'चुनाव का परिणाम क्या बताएगा, हम बताते हैं। समझ लो, जीत गए चुनाव।' और हाथ के एक ज़ोरदार झटके से उसने विजय की घोषणा कर दी।

'इस जशन को जीत का जशन ही समझो।' और जोरावर ने फिर सबके गिलास भर दिए।

रात एक बजे खाना लगा, उसके पहले तक लोग जशन के मूड में पीते ही रहे।

लॉन में कनात और शामियाना लगा है और पेड़ों और पौधों पर रंग-बिरंगे फूल खिले हैं। श्री और श्रीमती सिन्हा बड़े उत्साह और आत्मीयता से स्वागत कर रहे हैं आनेवालों का। बड़े-बड़े सरकारी अफ़सर, व्यापारी, वकील, डॉक्टर—कहना चाहिए—क्रीम ऑफ़ द टाउन—जुटा हुआ है इस समय सिन्हा साहब के लॉन में। वर्दीधारी बैरे ट्रे में साफ़्ट ड्रिंक्स लेकर घूम रहे हैं। यहाँ से वहाँ तक फैली, सजी-सँवरी मोटी-छरहरी महिलाएँ ही उपकृत कर रही हैं इन लोगों को। पुरुषों की भीड़ तो टुकड़ों-टुकड़ों में ऊपर-नीचे आ-जा रही है। यों महिलाओं के लिए भी वह क्षेत्र वर्जित क़तई नहीं, पर कम ही है उनकी संख्या वहाँ। ऊपर के कमरे में बाक़ायदा बार बना हुआ है। शीवाज़-रीगल, ब्लैक-डॉग से लेकर देशी रम तक कम-से-कम पच्चीस क़िस्म की शराबें रखी हुई हैं वहाँ और सिन्हा साहब के दोनों पुत्र बड़ी शालीनता और मुस्तैदी

के साथ सबको अपनी-अपनी पसंद का ड्रिंक ढाल-ढालकर दे रहे हैं। सिन्हा साहब शिष्टता के नाते हर किसी के पास दो-दो मिनट जाकर बधाई के बोझ से बोझिल होते जा रहे हैं। श्रीमती सिन्हा बिना किसी काम के ही अपने भारी-भरकम शरीर को बड़ी फुर्ती से इधर-उधर घुमाकर ऐसी व्यस्तता का आभास दे रही हैं कि लगता है जैसे इनके चलने से ही पार्टी चल रही है।

तभी इन्कम टैक्स कमिश्नर वर्मा—जो उम्र में कुछ बड़े होने के बावजूद अपने को सिन्हा का लँगोटिया यार कहते हैं—गेट से ही गुहारते हुए घुसे, 'अरे सिन्हा, मुबारक हो भाई,' और बड़ी गर्मजोशी से सिन्हा के गले मिले। फिर बड़ी शराफ़त-भरी मुसकान के साथ कहा, 'यार, बड़ी रौनक़ें लगा रखी हैं? लगता है, बिना डिज़र्व किए प्रमोशन मिल गया है तुझे...वरना रूटीन में ऐसा क्या रखा है?'

'कैसी बात करते हैं भाई साहब, यह पार्टी खाली प्रमोशन की थोड़े है कोई!' कुछ थिरकते हुए श्रीमती सिन्हा ने कहा तो चेहरे पर अपार विस्मय लाकर वर्मा बोले, 'तो और क्या हो गया तुम्हारे घर में? दस दिन को मैं बाहर गया, इस बीच भाई लोगों ने पार्टी का मौक़ा भी पैदा कर लिया!' फिर बड़े नाटकीय अंदाज़ में पूछा, 'बात क्या हो गई?'

'अपनी क़ैद की पच्चीसवीं वर्षगाँठ मना रहे हैं।' लाला दीनदयाल ने अपनी तरफ़ से भारी मज़ाक़ किया।

'ओ हो, यह बात है क्या...तब तो ईनाम के तौर पर महीने-दो महीने की छुट्टी दिलवा देनी चाहिए सिन्हा को इस कैद से। क्यों, भाभीजी?'

'कमाल करते हैं आप भी, भाई साहब,' ठुमकते हुए मिसिज़ सिन्हा बोलीं, 'क़ैद तो मैंने पच्चीस साल तक काटी है। पुलिसवाले के साथ रहना किसी सज़ा से कम होता है? ईनाम तो मुझे मिलना चाहिए।'

'ठीक है तो ईनाम के तौर पर आप छुट्टी ले लीजिए, सिन्हा को मैं अपने साथ ले जाता हूँ।'

एक सम्मिलित ठहाका!

इसके बाद छोटे-छोटे दलों में बँटकर लोग आपस में बातचीत करने लगे। हाथों में क़ीमती गिलास थामे हुए कोई दल देश में बढ़ते भ्रष्टाचार पर चिंता कर रहा था, तो कोई फैलती हुई अव्यवस्था पर। किसी के सोच और रोष का विषय था—देश का तेज़ी से गिरता हुआ नैतिक स्तर, तो किसी को दिन-ब-दिन बढ़ते हुए मूल्य परेशान कर रहे थे। रोग़न-पॉलिश से चमकती हुईं, लक़दक़ कपड़ों में लिपटी स्त्रियाँ पुरुषों की हाँ में हाँ मिला रही थीं।

लेकिन किसी के दिमाग़ में एक क्षण के लिए भी यह बात न आई कि डी. आई.जी. की हैसियत का आदमी इतनी क़ीमती शराबें कहाँ से पिला सकता है, कैसे पिला सकता है? किसी बड़े जौहरी की दुकान के शो-केस की शोभा बढ़ानेवाला कम-से-कम बीस-पच्चीस हजार का हीरों का सेट श्रीमती सिन्हा के शरीर की शोभा

बढ़ाने कैसे आ पहुँचा? कहाँ से आ पहुँचा?

नहीं, ये बातें गिने-चुने मूर्खों को छोड़कर, अब किसी को परेशान नहीं करतीं। परेशान करना तो दूर, क्षण-भर के लिए भी किसी के दिमाग़ में नहीं आतीं। कुछ बातें, कुछ तथ्य, कुछ स्थितियाँ प्रचलित होते-होते सबके बीच इस तरह स्वीकृति पा लेती हैं कि वे फिर लोगों की सोच की सीमा में रहती ही नहीं।

खाने की पुकार के साथ ही लोग दो टेबलों में बँट गए—सामिष, निरामिष। गरमा-गरम खाने की महक, प्लेटों-चम्मचों की खनखनाहट, बातों...क़हक़हों...और ठहाकों से सारा लॉन गुलज़ार हो उठा। हलक़ से उतरकर पेट में गई हुई शराब अब दिमाग़ों पर छा गई थी और सारी दुनिया बड़ी हसीन...बड़ी रंगीन...बड़ी खुशगवार हो उठी थी।

दत्ता बाबू के मन में दा साहब की शाबाशी से खुशी और ज़ेब में काग़ज़ के डबल कोटे का परमिट पड़ा हुआ है और वे ज़मीन से डेढ़ इंच ऊपर महसूस कर रहे हैं अपने को। हलवाई के यहाँ से दस सेर ताज़ा बूँदी के लड्डू बँधवाए। आज प्रेस में मिठाई बाँटेंगे सबको और अगर हो सका तो पंद्रह-पंद्रह दिन के बोनस की घोषणा भी कर देंगे।

प्रेस पहुँचकर भवानी के सामने काग़ज़ का परमिट रखते हुए कहा, 'लो, अब तो हुआ विश्वास। कहते थे न कि इन मिनिस्टरों की ज़बानी तारीफ़ का कोई मतलब नहीं! अब बोलो, है मतलब या नहीं?'

'मिल गया परमिट?' एकदम उछल पड़ा भवानी, 'वाह, काग़ज़-संकट के इस समय में कोटा डबल हो जाए तो समझो कि पौ-बारह।'

'पिछले पंद्रह दिनों में नौ विज्ञापन लाकर दिए तुम्हें, आज चार की बात और पक्की करके आया हूँ। रत्ती ने फ़ोन कर दिया था विकास एडवर्टाइज़िंग कंपनी को, बस चार विज्ञापनों की जगह रिज़र्व करवा ली। आइटम बदलते रहेंगे हर महीने। कल नरोत्तम को भेजकर इस महीने के ब्लॉक्स मँगवा लेना।'

'जियो...जियो!' पूरे उत्साह में चिल्लाया भवानी।

'...यह तो हो गया, अब देश में क्रांति लाओ 'मशाल' के ज़रिए, नहीं तो यह जीना मरने में बदल जाएगा।' दत्ता बाबू ने कहा।

'तुम फ़िकर मत करो,' और भवानी ने कुछ ऐसी तत्परता से दराज़ खोली, मानो दराज़ से ही क्रांति निकाल लाएँगे! पर निकाला केवल एक सफ़ेद काग़ज़ और उसे सामने फैलाकर क़लम खोलते हुए बोले, 'देश में क्रांति जब आएगी तब आएगी...और कमबख़्त कभी आएगी भी या नहीं, भगवान जाने, पर 'मशाल' के दफ़्तर और मशाल के संपादक, सह-संपादक की ज़िंदगी में तो क्रांति दरवाज़े पर आकर खड़ी हो गई समझो। अभी सारा हिसाब समझाकर तुम्हें क्रांति की झलक भी दिखा देता हूँ।'

'ऐसी की तैसी तुम्हारे हिसाब की।' काग़ज़ सरकाकर एक ओर कर दिया दत्ता

बाबू ने, और बोले—

'पहले मिठाई बाँटो। लड्डू लाया हूँ मैं, और सोचता हूँ कि पंद्रह-पंद्रह दिन के बोनस की घोषणा भी कर दूँ।'

'अभी केवल मिठाई बाँट दो। बोनस की बात अगले महीने के लिए रहने दो—स्टेप बाई स्टेप। क्रांति को ऐसी रफ़्तार से चलने दो कि हमारे लिए करना संभव हो और बाक़ी लोगों के लिए पचाना। समझे?'

थोड़ी ही देर में प्रेस के सारे लोग दफ़्तर के बाहरवाले बरामदे में जमा हो गए। सबको लड्डू दिए गए और फिर चाय और गरम समोसे खिलाए गए। निहायत ही अनौपचारिक-से इस जश्न में दत्ता बाबू ने एक छोटा-सा औपचारिक भाषण दिया— सबके परिश्रम और सहयोग की प्रशंसा करते हुए अख़बार के दिनों-दिन बढ़ते महत्त्व और बढ़ती हुई ज़िम्मेदारी की बात बताई।

सब लोग चले गए तो भवानी ने चुटकी लेते हुए कहा, 'यार दत्ता, तुझे मालूम नहीं शायद, पर इस तरह की भाषणबाज़ी करते हुए तुम काफ़ी बड़े चुग़द लगते हो। दा साहब के पास से आने के बाद दो-चार दिनों तक यह चुग़दपना छाया रहता है तुम पर।' और खुद ही खी...खी करके हँसने लगा।

शाम को भवानी बोला, 'अब ज़रा अपने रोज़मर्रा के रूटीन में भी क्रांति आ जाए आज। नरोत्तम को भी बुलवा लेते। लेकिन घर में चलकर बिलकुल नहीं बैठेंगे—किसी बढ़िया जगह!'

और जब वे प्रेस से निकले तो बिना पिए हुए ही हलका-हलका सुरूर छाया हुआ था उन पर।

सुकुल बाबू की शानदार रैली के उपलक्ष्य में आयोजित एक जश्न।

निःसंदेह नया कीर्तिमान स्थापित किया है इस रैली ने। पिछले महीने से केवल दा साहब का स्तुतिगान करनेवाले 'मशाल' ने भी स्वीकार किया कि इस प्रांत के इतिहास में आज तक तो ऐसी रैली कभी हुई नहीं। एक लाख से ऊपर ही आदमी जुटे थे वहाँ। देखनेवाला दृश्य था—बिसू की मौत और हरिजनों पर होनेवाले अत्याचारों के विरोध में सैकड़ों पोस्टर लिए थे हज़ारों लोग। सुकुल बाबू का कहना था कि एकदम बयालीसवाला समाँ उपस्थित हो गया था। सत्तारूढ़ पार्टी के लोग तो दीदे फाड़-फाड़कर देखते ही रह गए। सबको जैसे अपनी असली तसवीर दीखने लगी थी उसमें। सहमते मन से सब अपनी-अपनी कुर्सियों के पाए सहलाने लगे!

रैली की इस अभूतपूर्व सफलता पर गद्गद और भीतर तक कृतज्ञ होकर बिहारी

भाई को बाँहों में भर लिया था सुकुल बाबू ने। इसमें संदेह नहीं कि इसका सारा श्रेय बिहारी भाई को ही है। पिछले दस-बारह दिन से तो रात-दिन एक कर दिया था बिहारी भाई ने। कुछ घंटों को भी मुश्किल से सोए होंगे वह। पैसा तो ज़रूर पानी की तरह बहाया, पर अपने कार्यकर्त्ताओं का दूर-दूर तक और कोने-कोने में ऐसा जाल बिछाया कि रैली वाले दिन खेत-मज़दूर और हरिजनों के किसी भी घर में आदमी तो दूर, चिड़िया का बच्चा तक नहीं रहने पाया था।

'इस रैली को तो ज़ोरदार ढंग से सेलिब्रेट करना पड़ेगा, सुकुल बाबू!' हर समय सेलिब्रेशन का मौक़ा ढूँढ़ते रहनेवाले लालता बाबू बोले तो काशी ने अपने उसी व्यंग्यात्मक लहजे में कहा—

'क्यों नहीं, क्यों नहीं, बिसू की मौत और हरिजनों पर होनेवाले जुलुम तो सेलिब्रेट होने चाहिए। इससे मौजूँ मौक़ा और कब मिलेगा?'

बेमौक़े उछाला गया यह फूहड़ व्यंग्य अच्छा नहीं लगा सुकुल बाबू को। केवल नज़रों से ही काशी को फटकार दिया उन्होंने और लालता बाबू को सौंप दिया यह काम। लेकिन रैली के ठीक दूसरे दिन बिंदा की गिरफ़्तारी ने बिहारी को सरोहा में इतना व्यस्त बना दिया कि उस दिन तो कुछ हो नहीं सका। आज भी सब लोग क़रीब दो-दो पैग चढ़ा चुके तब जाकर प्रकट हुए बिहारी भाई।

'बिना दूल्हे के ही दावत शुरू कर दी हमने तो, क्या करते?'

'कोई बात नहीं।' अपने इस महत्त्व पर भीतर-ही-भीतर पुलकित हैं बिहारी भाई। बातचीत का एक ही विषय है—सरोहा चुनाव।

'बिंदा की गिरफ्तारी ने तो हमारा पक्ष और भी मज़बूत कर दिया। बड़े ही माकूल मौक़े पर हुई गिरफ़्तारी।'

एक उल्लसित स्वर।

'दो दिन पहले हो गई होती तो रैली में दस-बीस पोस्टर बिंदा के नाम के भी उठवा देते। वैसे घर-घर जाकर गुस्सा तो खूब भड़का दिया है सबका। मीटिंग भी खूब धुआँधार हुई थी उस दिन। देखना, नहीं-नहीं करके भी दस प्रतिशत वोट तो फूट ही जाएँगे हमारी तरफ़।'

एक सुखद सूचना!

'बिंदा ससुरा तो हाथ नहीं रखने देता था, अब उसकी बीवी से वे सारे प्रमाण निकलवाओ जो बिसू ने जुटाए थे, वह दे देगी। कहो कि हम केस लड़ेंगे बिंदा का।'

एक विवेकपूर्ण सुझाव।

'हाँ! चुनाव हार गए तो ज़रूर केस लड़ोगे। जीत गए तो कितनी बड़ी-बड़ी बातें आ जाएँगी करने के लिए! उनके सामने इस केस की भला क्या अहमियत?'

एक व्यंग्योक्ति।

'दा साहब की यह चाल उलटी कैसे पड़ गई? इतनी आसानी से उलटी चाल चलनेवाले तो हैं नहीं दा साहब। ज़रूर कुछ होगा उनके दिमाग़ में।'

एक शंका।

'भूलो मत, चतुर कौवा ही विष्ठा पर बैठता है। खेत-मज़दूरों और हरिजनों के सारे वोट गए इस बार...पक्की बात।'

शंका का समाधान।

'बहुत ऊँचे क़िस्म की घाघ और घुन्नी चीज हैं दा साहब।'

शंका जारी।

'सुकुल बाबू जब कुर्सी पर थे तो वे भी कुछ कम नहीं थे। और आज कुर्सी मिल जाए तो फिर कल ही देखना। यह कुर्सी साली सबको... ।'

विषयान्तर।

'अरे यों तो धोती के नीचे सभी नंगे और ससुरी इस राजनीति में तो धोती के बाहर भी नंगे। पर दा साहब एकदम अपवाद? धोती के नीचे भी धोती ही निकलेगी इस गीता बाँचनेवाले के। खाल खींचने पर ही सामने आ सकता है इनका नंगापन।'

सारे बदन को थरथरा देनेवाला एक सम्मिलित ठहाका।

'चुनाव जीत गए तो बहुत शानदार पार्टी लेंगे आपकी गुलाबी बाग़वाली कोठी में।'

'धत्तेरे की, तुम जैसा आदमी अपनी औक़ात से ऊपर उठ ही नहीं सकता। माँगी भी तो पार्टी!'

'जीतने के छः महीने के अंदर-अंदर अपना मंत्रिमंडल बनाना होगा—सुकुल बाबू यह चुनौती है आपके लिए।'

'पोर्टफ़ोलियोवाले मुख्यमंत्री आप और बिना पोर्टफ़ोलियोवाले बिहारी भाई।'

और फिर धीरे-धीरे तरंग में आकर सब लोग अपनी-अपनी संभावित उपलब्धियों के ख़्वाब देखने लगे।

शहर के अलग-अलग भागों में, अलग-अलग ढंग से जश्न मनाती मौज-मस्ती में डूबी इस विशाल बिरादरी से कटे हुए तीन लोग—सक्सेना, लोचन बाबू और बिंदा—पूरी तरह उपेक्षित, परित्यक्त और एक तरफ़ फेंके हुए!

अपने सस्पेंशन का ऑर्डर पढ़ने के बाद भी जैसे कोई प्रतिक्रिया नहीं हुई सक्सेना के मन में—न दुख की, न पश्चात्ताप की! सामने बच्चों को खाना परोसती हुई पत्नी पर नज़र पड़ी। क्या कहेंगे उससे और कैसे लेगी वह इस ख़बर को? क्षण-भर के लिए जाने कैसी करुणा उमड़ आई पत्नी के लिए मन में, पर थोड़ी देर में ही रुक्मा का चेहरा उभर आया! तीन दिन तक वह बिंदा को लिए-लिए हरिजन-टोला और टिटहरी गाँव में घूमते रहे थे तो रुक्मा ने हाथ जोड़कर कहा था—

''इन्हें अपने साथ इतना मत रखो साहेबजी, इन्हें ज़रूर कोई कुछ कर-करा देगा!

फिर क्या होगा...इस बच्चे का क्या होगा?'

और इस पर बिंदा की दहाड़ती हुई घुड़की—'चुप कर! तू सोचती है, तेरे पीछे मैं ज़नखा होकर बैठ जाऊँगा?'

'बिंदा इज़ द रियल कल्प्रिट।'

'ओह, नो सर! यह हो नहीं सकता। यह सरासर ग़लत है। मैंने इस केस का रेशा-रेशा उधेड़कर देखा है। मैं...।'

पर डी.आई.जी. के पास पूरी रिपोर्ट तैयार है। अकाट्य तर्कों से लैस, ठोस प्रमाणों से पुष्ट।

'बिसू के जेल से आने के पहले बिंदा का पूरा व्यवहार एक सीधे- सरल सामान्य आदमी का व्यवहार था, पर बिसू से परिचय के बाद एक ख़ास तरह की तुर्शी और तेज़ी आ गई उसके मिज़ाज में। अपनी पत्नी के प्रेमी को देखकर होता ही है ऐसा। कोई बरदाश्त नहीं कर सकता; बिंदा जैसा आदमी तो कभी नहीं।

'मरने वाले दिन बिसू ने अपना अंतिम भोजन बिंदा के घर किया। हीरा के बयान से यह साफ़ है कि शाम का खाना उसने नहीं खाया। डॉक्टरी रिपोर्ट में जिस ज़हर की बात है, यह दस-बारह घंटे बाद असर करनेवाला है। वह ज़हर इस खाने के साथ ही पहुँचा है बिसू के पेट में। खाना खिलाते ही बिंदा शहर चला गया और दूसरे दिन लौटा। जाने से पहले बिंदा ने झगड़े की बात खुद स्वीकार की। बिंदा ने समझ लिया कि अभी जैसा माहौल है उसमें आसानी से...।'

और फिर सक्सेना के लिए शब्दों के अर्थ ही ग़ायब हो गए! सिर-पैर, अर्थ, तुक—सभी!

'पागलख़ाने और थाने में कोई फ़र्क रहने दिया है आप लोगों ने? यहाँ जो कुछ भी होता है उसका कोई सिर-पैर, तुक...!' बिंदा की आवाज़ और उसको चीरती हुई डी. आई.जी. की आवाज़, 'बिंदा ने ही मारा है बिसू को।'

'बिसू मरा नहीं है, साहब! सबके लिए वह मर चुका है, पर मैं तो अपने भीतर उसे महसूस करता हूँ। मर तो वह सकता ही नहीं है, साहब! आप देखिए, आगजनी के असली मुजरिम को जब तक...।'

''और आप इस बिंदा के साथ पार्टी बनाकर आगजनी की घटना के प्रमाण जुटा रहे थे? बिसू के हत्यारे से ध्यान हटाने के लिए वह आगजनी की बात उछाल रहा था और आप...एक सीनियर एस.पी. होकर उसके हाथ का मोहरा बन गए? सिम्पली...।'

'सरासर झूठ है यह।' ऑफ़िस की मर्यादा और अनुशासन की सारी सीमाओं को तोड़कर एक तरह से चीख पड़े थे सक्सेना। उसके बाद उन्होंने क्या-क्या कहा, उन्हें कुछ याद नहीं। सिर्फ़ एक अहसास था कि जैसे वे नहीं, उनके भीतर से कोई और बोले चला जा रहा था।

लेकिन अब?

आज तक वे भीतरी उबाल और बाहरी दबाव के बीच टुकड़े-टुकड़े होकर हमेशा घुटने ही टेकते आए हैं। हर बार दिनेश को लड़ाई के मैदान में ले तो ज़रूर गए हैं, पर जैसे ही गोलियाँ चली हैं, उसे वहीं छोड़कर भाग आए हैं—अकेला, निहत्था। वह गोलियों की बौछार से लहूलुहान होता रहा है और ये खुद एक असह्य अपराध-बोध से।

'नहीं, और नहीं।' अब तो वे चाहें, तो भी शायद ऐसा नहीं कर सकते...

मंत्रिमंडल से बर्ख़ास्त कर दिए गए लोचन भैया ने पार्टी से भी त्यागपत्र दे दिया—स्वेच्छा से। लेकिन हज़ार-हज़ार प्रश्नों के सलीब पर टँगा हुआ उनका मन हर पल उन्हें मथता रहता है। अपने आस-पास और चारों तरफ़ जो कुछ हो रहा है, उसे आँख मूँदकर स्वीकारते रहें—एकदम उदासीन और तटस्थ होकर? रह सकता है कोई भी जीवित आदमी इस तरह? नहीं रह सकते थे, तभी तो एक बहुत बड़ी क्रांति के एक छोटे-से वाहक बने थे। पर कैसी हुई यह क्रांति? कहीं से कुछ भी तो नहीं बदला! अब कहाँ से होगी दूसरी क्रांति और कौन करेगा उस क्रांति को जो सब कुछ बदल दे? आज तो परिवर्तन का नाम लेनवाले की आवाज़ घोंट दी जाती है—उसे काटकर फेंक दिया जाता है। एक तरफ़ फिंके गिने-चुने आदमियों के घुटे गले और रुँधी आवाज़ों से क्रांति का स्वर फूट सकेगा अब कभी?

'एकला चलो रे' गीत कितने क़दम चला पाएगा किसी को भी?

बिसू के जिस नाम को लेकर एक महीने पहले यहाँ से वहाँ तक तूफ़ान मच गया था, अब वही नाम सिमटकर या तो हीरा की आँखों से बहते हुए आँसुओं में रह गया है या बिंदा की आँखों से बरसते हुए अंगारों में।

पुलिस की बेंतों और ठोकरों की बौछार के बीच बिंदा कह रहा है, 'मैंने बिसू को नहीं मारा...मैं बिसू को मार ही नहीं सकता। मुझे तो उसकी आख़िरी इच्छा पूरी करनी है। मैं उसे पूरी करके ही रहूँगा...चाहे जैसे भी हो, जो भी हो...।'

'आख़िरी इच्छा पूरी करेगा? ले कर...ले कर...!' और पुलिसवालों की मार की रफ़्तार और बढ़ जाती है। लेकिन बिंदा का चिल्लाना बंद नहीं होता। आवेश में थरथराता हुआ चीखता है—'मार डालो, मार डालो। तुमने बिसू को मार डाला, मुझे भी मार डालो, लेकिन देखना बिसू की इच्छा को कोई नहीं मार सकता।'

'नहीं मार सकता...ले देख!' और फिर बिंदा के शरीर को रुई की तरह धुनकर वे उसे बे-दम कर देते हैं। आवेश उसका सिसकियों में बदल जाता है और गर्जना कराह में।

रेल के सेकंड-क्लास के डिब्बे में सक्सेना की बग़ल में बैठी हुई रुक्मा घुटनों में सिर दिए सिसक रही है और सक्सेना के अपने मन में जैसे धीरे-धीरे कोई कराह रहा है। गोदी में रखे ब्रीफकेस में आगजनी के, बिसू की मौत के प्रमाणों से भरी फ़ाइलें रखी हैं।

इतना समझाने के बाद भी मुसाफ़िरों से भरे डिब्बे में रुक्मा का इस तरह रोना उन्हें अच्छा नहीं लग रहा था। थोड़ी सख़्त आवाज़ में कहा, 'चुप करो, रुक्मा!'

चौंककर रुक्मा ने झटके से सिर उठाया और बड़ी अबूझ-सी नज़रों से सक्सेना को देखती रही—इतना परिचित स्वर!

मगर वह यहाँ कहाँ? वह तो जेल में है।

स्वामी

सारे आसमान को सिन्दूरी रंग में रँगता हुआ सूरज धीरे से ढुलक गया। मिनी मुग्ध भाव से डूबते हुए सूरज को देखती रही। सूर्यास्त का यह समय हमेशा मिनी के मन को अपनी ओर खींचता है, अपने में बाँधता है। छत पर खड़े-खड़े थोड़ी देर वह यों ही चारों ओर देखती रही। फिर उसने तार पर फैले हुए कपड़े समेटे और नीचे उतरने लगी। अन्तिम सीढ़ी पर पहुँचते ही देखा—हाथ में किताबें लिये सामने बरामदे में नरेन दा खड़े हैं। पुलककर स्वागत करते हुए बोली, ''अरे, आप यहाँ क्यों खड़े हैं नरेन दा, मामा तो भीतर बैठे हैं।'' फिर गुहार लगाती हुई बोली, ''मामाऽऽ देखो नरेन दा आए हैं।''

किताब में डूबे हुए मणि बाबू ने चौंककर ऊपर देखा और सामने मुस्कुराते हुए नरेन्द्र को देखकर ही वे जैसे अपने में लौटे, कुर्सी पर टिकी हुई पीठ को सीधा करते हुए उन्होंने स्वागत की मुद्रा बनाई और स्वर में अपार स्नेह भरकर बोले, ''आओ, आओ नरेन। इस बार तो बहुत दिनों में आए हो तुम।''

''और क्या, पिछले मंगल को आए थे, कल पूरा एक सप्ताह हो जाएगा,'' उलाहना देती हुई मिनी बोली, ''जानते हैं, मामा रोज शाम को आपका कितना इन्तजार करते थे।''

नरेन्द्र ने हाथ की किताबों का गट्ठर मणि बाबू की मेज पर टिकाया और पासवाली कुर्सी पर बैठता हुआ बोला, ''पिताजी की तबीयत कुछ खराब हो गई थी, सो अधिकतर समय उन्हीं के पास रहता था।''

''ऐं ऽऽ! क्या हो गया जमींदार बाबू को?'' फिर उन्होंने अपनी ललचाई नजरें किताबों पर टिका दीं और एक किताब खोलकर खींचने ही वाले थे कि मिनी ने आकर उनसे किताब छीन ली, ''मामा, फिर वही बात। किताब जो एक बार खोल ली तो फिर यह भी भूल जाओगे कि इसको लानेवाला तुम्हारे अगले वाक्य की प्रतीक्षा में बैठा है।''

''देखते हो नरेन! इसका बस चले तो मेरे साँस लेने तक पर यह नियन्त्रण रखे।'' और फिर आँखों ही आँखों में उन्होंने मिनी को दुलार दिया, ''हाँ, तो बेटा, क्या हुआ जमींदार बाबू को?'' अपनी बात का सूत्र जोड़ते हुए उन्होंने पूछा।

नरेन्द्र हल्के से हँसा। मामा-भानजी के इस अनोखे सम्बन्ध से वह खूब परिचित है।

बोला, "कुछ खास नहीं। फ्लू हो गया था, अब ठीक हैं। पर आपकी तबीयत कैसी है?"

"मेरी तबीयत! क्यों मुझे क्या हुआ?" फिर एकाएक कुछ याद करते से बोले, "ओह, मुझे तो याद भी नहीं रहता कि मुझे दिल का दौरा पड़ा था। चार महीने पुरानी बात हो गई।"

"सो तो मैं जानता हूँ, पर दूसरे लोग तो नहीं भूल सकते न! मेरा कहना मानिए मामा, और एक बार कलकत्ता चलकर अच्छी तरह चेक-अप करवा लीजिए। मैं वहाँ सब इन्तजाम करवाकर रखूँगा। आप बस आ जाइए।"

"नरेन दा, आप मामा को समझाइए तो। ये किसी की बात मानते हैं भला? कितनी चिन्ता रहती है..."

बीच में ही बात काटते हुए मणि बाबू बोले, "अच्छा चल-चल, तू चाय की चिन्ता कर अभी तो।" फिर हँसकर बोले, "एकदम पागल लड़की है। जानते हो, इसका होल-टाइम जॉब क्या है? मामा की चिन्ता।"

"हुँ!" गर्दन झटककर मिनी ने जैसे प्रतिवाद किया और जल्दी से रसोई में आकर चाय का पानी चढ़ा दिया। माँ के पूजाघर से घंटी की टुनटुनाहट सुनाई दे रही थी। अच्छा है माँ अभी दो घंटे पूजा में लगी रहें। आजकल माँ को एक नई सनक सवार हुई है। मामा के पास तरह-तरह के लोग आते हैं, चर्चा-बहस करते हैं, करें। पर सबके बीच मिनी जाकर क्यों बैठे? और मिनी का तर्क है कि वह क्यों न जाए, जरूर जाएगी। सोचो तो भला, यह भी कोई बात हुई? बड़ी हो गई है इसलिए घर के अन्दर बन्द होकर बैठ जाए। उसने जल्दी-जल्दी चाय के बर्तन सजाए, दो प्लेटों में नाश्ता रखा और कमरे में घुसी तो देखा कि बहस शुरू हो चुकी थी। सन्दर्भ उसे नहीं मालूम, पर नरेन्द्र कह रहा था, "कुछ नहीं, हम बेसिकली हैं ही हिप्पोक्रेट्स। बातें बड़ी-बड़ी करेंगे—समाज-सुधार की, स्त्रियों की स्वतन्त्रता की, पर जिन्दगी जिएँगे उसी दकियानूसी पैटर्न पर।"

मामा ने गम्भीर मुद्रा में कुछ सोचते हुए से कहा, "ठीक, मैं इसे हिप्पोक्रेसी तो नहीं कहूँगा..."

"तो क्या कहेंगे?" तमककर नरेन्द्र ने पूछा।

"मजबूरी भी तो हो सकती है," बहस की बागडोर अपने हाथ में लेकर मिनी बोली।

"मजबूरी! कैसी मजबूरी!" मिनी जानती है बहस करते समय नरेन्द्र हमेशा तैश में आ जाता है।

"अनेक अन्तर्विरोधों में जीने की मजबूरी। जीवन इतना सीधा और सपाट तो नहीं नरेन दा, कि गणित के दो और दो चारवाले नियम से उसे समझा जा सके।"

"यह है हमारा दूसरा ऐब, समझीं! अपनी कमी को हम न जानना चाहते हैं, न कबूल करना चाहते हैं, बल्कि बड़ी खूबसूरत बातों से उसे जस्टीफाई करते हैं, ढँकने की कोशिश करते हैं। हिप्पोक्रेसी नहीं, अन्तर्विरोधों में जीने की मजबूरी। वाऽऽह!

क्या खूबसूरत बात है!" नरेन्द्र ने बात कुछ इस ढंग से कही कि मिनी को हँसी आ गई। उसकी आवाज की तेजी को लक्ष्य करके ही वह बोली, "आवाज के जोर से अगर बातों का वजन भी बढ़ जाता हो तो हमारी चौका-बरतन करनेवाली से ज्यादा जोरदार बात दुनिया में शायद ही किसी के पास हो।"

एक क्षण को अपने आवेश और चिल्लाने पर नरेन्द्र शर्मिन्दा हो आया। मिनी ने फिर कहा, "नाराज मत होइए, आप मेरी बात समझने की कोशिश करिए।" फिर चाय का प्याला मामा के और उसके हाथ में थमाकर बोली :

"देखिए, हमलोग पढ़-लिख, सोच-विचारकर बौद्धिक रूप से तो बहुत आगे बढ़ जाते हैं...बहुत बड़ी-बड़ी बातें सोच डालते हैं और केवल सोचते ही नहीं, उन्हें करने के लिए कदम भी बढ़ाते हैं, पर उतना सब कर नहीं पाते। सदियों पुराने संस्कार हमें पीछे खींचते हैं और यह द्वन्द्व बराबर चलता ही रहता है। कुछ संस्कारों को हम तोड़ पाते हैं, कुछ के आगे हम खुद टूट जाते हैं।"

"ठीक...ठीक यही बात मैं कहना चाहता था," गर्व में गद्‌गदाए हुए से मणि बाबू बोले। नरेन्द्र को इस बार तैश नहीं आया, एक विचित्र-सा मुग्ध भाव उसके चेहरे पर फैल गया। सामने बैठी इस लड़की की बात ने उसे एक पुलकमय विस्मय से भर दिया। वह बोला नहीं, बस मिनी को ही देखता रहा।

"मैं दूसरे की बात नहीं करती, आपसे ही एक बात पूछती हूँ। मान लीजिए, आपकी बहन किसी दूसरी जाति के एक बहुत ही मामूली से परिवार के लड़के से शादी करने लगे तो?"

"तो क्या, जरूर करे। मैं उसका साथ दूँगा। घरवाले विरोध करेंगे तो घरवालों से लड़ूँगा। मैं उसकी शादी करवाऊँगा।" नरेन्द्र के स्वर से लगा जैसे मिनी के इस प्रश्न पर उसने अपने को बेहद अपमानित महसूस किया। मिनी समझती क्या है उसे? उसका चेहरा फिर तमतमा आया।

पर मिनी न स्वर से विचलित हुई, न चेहरे से। वैसे ही मुस्कुराती हुई बोली, "और अगर आपकी भाभी किसी से प्रेम करने लगे तो?" नजरें उसने नरेन्द्र के चेहरे पर टिका दीं।

"क्या?" कुछ चौंककर नरेन्द्र ने पछा।

"चौंके क्यों? क्या आप भी यही मानते हैं कि शादी के बाद औरत का प्रेम करने का अधिकार समाप्त हो जाता है? यह सौभाग्य केवल पुरुषों को ही प्राप्त है?"

"नहीं, नहीं, यह बात नहीं। पर यह तो बात ही बिलकुल दूसरी है।" असमंजस में पड़े हुए नरेन्द्र का स्वर एकाएक जैसे बुझ गया। मिनी हँसी।

"धक्का लगा न? दूसरी बात नहीं नरेन दा, असल बात यही है। आप जात-पाँत, ऊँच-नीच के संस्कारों से मुक्त हो गए हैं इसलिए आपको आज इन सीमाओं में बँधे लोग हिप्पोक्रेट लगते हैं। हो सकता है जो लोग विवाह की पवित्रता को बकवास मानते हैं उन्हें आपका यों चौंकना, धक्का लगना हिप्पोक्रेसी लगे।"

"वाह, क्या बात है, कितने सुन्दर ढंग से रखी है अपनी बात!" अभी तक श्रोता का पार्ट अदा करनेवाले मणि बाबू की आँखों में प्रसन्नता और गर्व की चमक कौंध गई।

"बोलो नरेन, जवाब दो।"

पर नरेन्द्र ने बात का जवाब नहीं दिया। बेहद आश्चर्य से बोला, "अरे, वाह! मिनी तो पंडित हो गई। पिछले साल तक तो गुड़िया से खेलती फिरती थी और आज ऐसा ज्ञान फूट रहा है।"

मिनी एकाएक प्रशंसा की इस बौछार से संकुचित हो उठी फिर भी हँसते हुए बोली, "इसी को कहते हैं विरोध में जीना। अभी जिस बात को काटने के लिए तीर-तलवार लिए तने बैठे थे, अब उसी की तारीफ कर रहे हैं। इसी से कहती हूँ कि नरेन दा, मन में दो विरोधी बातें कैसे एक साथ चलती रहती हैं, इसे इतनी आसानी से नहीं समझा जा सकता।"

बहस विषय से हटकर मिनी की प्रशंसा पर आ गई है और मामा अब उसे वहीं टिकाए रखेंगे, इस बात को मिनी खूब अच्छी तरह जानती थी और उस स्थिति से बचने के लिए ही जल्दी से चाय के बरतन समेटकर वह कमरे से बाहर हो गई।

बाहर जाती मिनी को देखकर गर्व से मणि बाबू बोले, "माई क्रिएशन!" और उनके चेहरे पर वैसा ही सन्तोष, सुख और उपलब्धि का भाव फैल गया जैसा किसी कलाकार के चेहरे पर अपनी किसी अनोखी, अद्वितीय कलाकृति को देखकर फैलता है।

तभी "कौन आया है?" कहती हुई गिरि कमरे में घुसी।

"अरे नरेन बेटा, तुम! कब आए? तभी मैं सोच रही थी कि यह गरमागरम बहस किससे हो रही है।"

"तुम पूजा में यह बहस सुन रही थीं?" मणि बाबू घोर नास्तिक हैं। बहन के पूजा-पाठ की खिल्ली उड़ाने का कोई मौका नहीं छोड़ते।

"हाँ, सुन रही थी। पूजा करने से कोई कान बन्द हो जाते हैं?" फिर नरेन्द्र की ओर देखकर बोली, "तुम किताबें-विताबें तो इतनी दे जाते हो मिनी को पढ़ने के लिए, मगर यह गजभर की जबान भी काबू में रखना सिखा दो तो भला हो इसका। कैसी कैंची की तरह..."

"माँ...!" आँखों से ही मिनी ने माँ को झिड़का।

नरेन्द्र खड़ा हुआ तो फिर बैठा नहीं। खड़े-खड़े ही बोला, "अब चलूँ। परसों कलकत्ते के लिए रवाना होना है, कल पता नहीं इधर आ भी पाऊँ या नहीं, इसलिए आप दवाइयों के नाम दे दीजिए।"

मिनी ने दराज खोलकर दवाइयों का पर्चा थमाते हुए कहा, "जाते ही भेज दीजिए और फाइनल इयर की किताबें भी। इस बार जमकर पढ़ाई करनी है...डिवीजन लाना है।"

नरेन्द्र ने कुछ कहा नहीं, केवल एक बार फिर बड़ी मुग्ध प्रशंसात्मक नजर से

मिनी को देखा, मानो कह रहा हो—तुम्हें डिवीजन में कोई सन्देह है क्या? और फिर सबसे विदा लेकर चला गया।

मणि बाबू आरामकुर्सी पर लेटे हुए किताब पढ़ रहे हैं। बीच-बीच में पेंसिल से कहीं-कहीं निशान भी लगाते जा रहे हैं। गिरि चाय का प्याला लिये हुए आई और पास की तिपाई पर रखती हुई बोली, "मिनी की बुआ की चिट्ठी आए तीन दिन हो गए। क्या जवाब दूँ?"

"जवाब? अ ऽ..." और वे फिर निशान लगाने लगे। खीजकर गिरि ने किताब छीन ली।

"पूछती हूँ, मेरी बात भी सुनी? जाने किन लोगों के बीच आ फँसी हूँ मैं।"

"बात? हाँ, हाँ, सुनी। बोलो, क्या बात है?" उन्होंने चाय का प्याला उठा लिया।

"बात है मेरा सिर," और झल्लाकर गिरि ने बात दोहरा दी।

"लिख दो—अभी मिनी की एक साल की पढ़ाई बाकी है।"

"लड़का क्या एक साल तक बैठा रहेगा तुम्हारी लड़की के लिए?"

"नहीं बैठा रहेगा तो कर ले कोई दूसरी शादी। मिनी के लिए लड़कों की कोई कमी न होगी। उसे शान्ति से बी.ए. कर लेने दो।"

"मुझे नहीं कराना बी.ए.। मुझे मिनी का ब्याह करना है। हाथ आए इतने अच्छे पात्र को मैं छोड़ नहीं सकती, दादा!" बहुत दृढ़ता के साथ गिरि ने कहा।

"लो, छोड़ नहीं सकती। कैसी बात करती हो, गिरि! और मिनी से तो पूछ लो कम से कम।"

"क्या पूछना है मिनी से। अब लड़की खुद बोलेगी?"

"हाँ, और क्या? यही तो कह रहा हूँ।"

"अपनी शादी के बारे गें खुद बोलेगी?" गिरि का गुस्सा है कि बढ़ता ही जा रहा है, फिर भी स्वर को भरसक संयत बनाकर ही उसने पूछा।

"हाँ, अपनी शादी के बारे में ही तो बोल सकती है।"

गिरि एकाएक उबल पड़ी, "कुछ शर्म-हया भी इस घर में रहेगी या नहीं। अब लड़की खुद अपनी शादी के बारे में बोलेगी। हाय रे कपाल!" और सचमुच ही गिरि ने माथा ठोंक लिया।

मणि बाबू भौचक। गिरि का क्रोध ही उनकी समझ में नहीं आ रहा। पूछा, "अच्छा गिरि, लड़की शादी करती है इसमें शर्म की बात नहीं?"

गिरि प्रश्न का कुछ तुक नहीं समझी। विस्मय से बोली, "शादी तो करनी ही होती है, इसमें शर्म की क्या बात! शर्म की बात तो यह है कि अभी तक शादी नहीं हुई है। और फिर लड़की क्या करती है, शादी माँ-बाप करते हैं?"

"शादी माँ-बाप करते हैं? फेरे माँ-बाप खाते हैं?"

"माँ-बाप क्यों खाएँगे फेरे?" गिरि का धैर्य अब जवाब देने लगा।

"तो फिर बात भी माँ-बाप क्यों करेंगे? जिसे शादी करनी है उसे बात करने का हक तो दो, उसकी इच्छा-अनिच्छा तो जान लो।"

गिरि आगबबूला हो एकदम फट पड़ी, "अपनी किताबों की बातें अपने ही पास रखो, दादा। रात-दिन किताबें पढ़-पढ़कर तुम इस दुनिया के मतलब के नहीं रह गए अब।"

गिरि और मणि बाबू अपनी बात में इतने उलझे हुए थे कि मिनी कब बगीचे से लौटकर आँगन में आ खड़ी हुई, दोनों को पता ही नहीं चला। माँ की बात सुनकर उसने आगे बढ़कर कहा, "माँ, मैं बुआ के बताए और तुम्हारे पसन्द किए निताई-निमाई से तो शादी करने से रही। क्यों बेकार बहस कर रही हो?"

"तू चूप रह बेशरम! ब्याह नहीं करना है तुझे?"

"करूँगी, पर मामा जिससे कहेंगे उससे करूँगी," हँसते हुए मिनी ने कहा। मिनी की हँसी से ही गिरि के जैसे आग लग गई। एकदम भभककर बोली, "न मामा कभी कहेंगे, न जिन्दगी भर तेरा ब्याह होगा। बस बैठकर किताबें पढ़ना, किताबों से जिन्दगी चल जाएगी।" फिर एकदम रुआँसी होकर बोली, "दादा, तुम मुझे काशी भेज दो। फिर जो तुम दोनों के मन में आए, करना। तुम लोगों के साथ अब और नहीं रहा जाएगा मुझसे।"

मणि बाबू ने मिनी की तरफ आँख मारी। यह मामा-भानजी का एक समझौता है। गिरि की नाराजगी का कारण अगर मिनी होती है तो मामा उसे तुरन्त वहाँ से हट जाने का संकेत कर देते हैं। माँ की सारी नाराजगी वे खुद उठाते हैं, मिनी पर आँच तक नहीं आने देते। मिनी दुष्टता से मुस्कुराती हुई भीतर चली गई। भर्राए गले से ही गिरी बोली :

"तुम भगवान को नहीं मानते, सो वे भगवान ठहरे, कुछ कहने नहीं आएँगे। पर समाज को नहीं मानोगे तो डंडा मारकर वह तुमसे अपने को मनवाएगा। जिस ढंग से तुम इस लड़की को चला रहे हो, देख लेना अगर इसकी मिट्टी पलीद न हो तो।" आँचल से आँखें पोंछते हुई गिरि भीतर चली गई।

बड़ी असहाय-सी नजरों से कुछ देर मणि बाबू उसी ओर देखते रहे जिधर से गिरि गई थी, फिर धीरे से मुस्कुराए, "पागल है। एकदम पागल! आज रो रही है, एक दिन इसी मिनी पर गर्व करेगी।" और वे फिर अपनी किताब में डूब गए।

कल की बात से नाराज होकर गिरि ने जो बोलना बन्द किया तो दूसरे दिन तक वह किसी से नहीं बोली। घर में एक बोझिल-सा सन्नाटा छाया रहा। मणि बाबू तो उस सबसे निर्लिप्त अपनी किताब में डूबे रहे, पर मिनी एक खीज-भरी बेचैनी से परेशान

हो गई, उस तनावपूर्ण स्थिति में। सारे दिन कुछ-न-कुछ बोलती रहनेवाली, टोकती रहनेवाली माँ एकाएक चुप हो जाए, तो सब कुछ कितना घुटन भरा हो जाता है। माँ की डाँट-फटकार मिनी को कभी बुरी नहीं लगती, पर उनका मौन उसके लिए असह्य हो जाता है। डाँट-फटकार के पीछे उसे हमेशा माँ के प्यार का आभास मिलता रहता है।...लगता है माँ है, उसके बहुत निकट है, उसकी अपनी है...पर यह मौन माँ के और उसके बीच जाने कैसी खाई खोद देता है कि वह चाहकर भी माँ के पास नहीं आ पाती और दूर-दूर कटी-कटी छटपटाती रहती है। कैसी विचित्र स्थिति है। मिनी जानती है माँ के मन में सबसे अधिक आदर, श्रद्धा या प्यार किसी के लिए है तो वह मामा के लिए है...पर रात-दिन उन्हें जाने कितना कुछ सुनाती रहती है, कहनी-अनकहनी कहती रहती है। कोई बाहर का सुने तो जाने क्या सोचे? कैसी है यह बहन, जो जीवन भर के लिए आश्रय देनेवाले अपने भाई के प्रति ऐसी दुर्भावना रखती है, और ठीक आश्रय भी तो नहीं कहा जा सकता। आश्रय में तो कैसी करुणा, दयनीयता और बेचारगी छिपी रहती है। पर माँ के पास तो यह सब फटक भी न पाए। कितने अधिकार के साथ वे शासन करती हैं, घर पर भी और मिनी और मामा पर भी। पता नहीं, बाबा के राज में भी उन्हें इतना अधिकार मिल पाता था या नहीं। लेकिन क्या माँ इस बात को नहीं जानतीं? जानती हैं, खूब जानती हैं। पर वे भी क्या करें। उनका सारा आदर और प्यार, झाड़-फटकार और कटु वचनों की धारा के बीच ही बहना जानता है। कौन जाने इसके पीछे उनके मन में कोई गहरा अन्धविश्वास ही बैठा हो कि इस प्रकार की निरन्तर झाड़-फटकार से वे अपने देवता जैसे दादा और लक्ष्मी रूपा बेटी को नजर न लगने देंगी...उनका किसी प्रकार का भी अहित न होने देंगी।

आज शाम को माँ की बड़ी पूजा है। पर सवेरे से सारे काम उन्होंने खुद किए हैं, एक काम भी उसे करने को नहीं कहा। यों साधारणतः जब वे कभी उससे कुछ करने को कहती भी हैं, तो वह नहीं करती। हमेशा यही कहती है, 'मैं तो बिगड़ी हुई लड़की हूँ माँ, अपने ठाकुरजी का काम करवाओगी तो उनका भी बेड़ा गरक हो जाएगा...' या ऐसा ही कुछ और। पर आज माँ जब कुछ करने को ही नहीं कह रही हैं तो वह उन्हीं के इर्द-गिर्द घूम रही है। पर नहीं, आज माँ नहीं ही बोलेंगी। उन्हें खुश करने का कोई तरीका समझ में नहीं आ रहा। तभी एक खयाल आया। माँ के ठाकुरजी का पालना सजाने के लिए वह खूब सुन्दर-सुन्दर मालाएँ बनाकर ले आएगी। उसके हाथ की गूँथी हुई माला माँ को विशेष रूप से प्रिय है। शीशे के सामने खड़ी होकर उसने साड़ी ठीक की, बालों का जूड़ा बनाया और बगीचे की ओर चल पड़ी, जाते समय माँ को बताया भी नहीं। बस, मालाएँ लाकर माँ को चकित कर देगी—चकित और प्रसन्न।

जल्दी-जल्दी उसने ढेर सारे फूल तोड़े, और एक पत्थर की बेंच पर बैठकर बड़े मनोयोग से माला गूँथने लगी। इतना डूबकर वह माला गूँथ रही थी कि कब नरेन्द्र

आ खड़ा हुआ, उसे पता ही नहीं लगा।

अपना नाम सुनकर वह चौंकी। हँसता हुआ नरेन्द्र सामने आ खड़ा हुआ तो पुलक भरे स्वर में बोली, "अरे, आप! आप इधर कैसे?" सामने बिखरे हुए फूलों को एक ओर सरकाते हुए उसने नरेन्द्र के बैठने के लिए जगह बना दी, "बैठिए न!" कुछ फूल उसकी गोदी में भी पड़े थे, इसीलिए वह खड़ी नहीं हो सकी। बैठे-बैठे ही उसने आग्रह किया।

"अच्छा, बताओ तो मिनी, इतना मन लगाकर किसके लिये माला गूँथ रही हो?" और कहने के साथ ही अपनी नजरें उसने मिनी के चेहरे पर गड़ा दीं।

उन नजरों की चुभन से मिनी ने एक क्षण के लिए अपने भीतर तक कुछ थरथराता हुआ महसूस किया। पर तुरन्त ही अपने को साधकर वह सहज हो गई। हँसकर बहुत लापरवाही से बोली, "भगवान के लिए?"

"भगवान के लिए!" नरेन्द्र हँस पड़ा "तुम तो अपने नास्तिक मामा की चेली हो। तुम मानती हो भगवान को?"

"पता नहीं, मानती हूँ या नहीं। कभी सोचा नहीं इस पर। पर माँ को मानती हूँ, उन्हीं के लिए बना रही हूँ माला," और वह फिर माला गूँथने लगी। नजरें अँगुलियों पर टिकाए-टिकाए भी उसने जान लिया कि नरेन्द्र उसी को देख रहा है...कलवाली उसी मुग्ध दृष्टि से, जिसे याद कर-करके कल से लेकर आज तक वह भीतर ही भीतर कई बार सिहर उठी है। कल से वह उसे बराबर भुलाने की कोशिश करती रही है और मन है कि बार-बार उसे याद करके पुलकित होता रहा है। दोनों के बीच घिर आए इस मौन ने जैसे स्थिति को और असहज बना दिया। उसने बात शुरू करने के लिए ही कहा, "नरेन दा, किसी के हाथों अपना पूरा विश्वास सौंपकर, अपनी पूरी आस्था सौंपकर, आदमी अपने भीतर बहुत बड़ी शक्ति नहीं जुटा लेता।"

नरेन्द्र कुछ बोला नहीं, बस मिनी को देखता रहा—कुछ इस भाव से मानो बात का सन्दर्भ, बात का आशय समझने की कोशिश कर रहा हो। मिनी ने ही बात आगे बढ़ाई :

"माँ को देखकर मुझे ऐसा ही लगता है। उन्नीस साल की उम्र में विधवा होकर जैसा सहज जीवन उन्होंने जिया है वह क्या यों ही? भगवान में मेरी आस्था हो या नहीं, पर माँ की इस अनन्त अटूट आस्था में जरूर गहरी आस्था है," मिनी के स्वर में माँ के प्रति गहरी श्रद्धा छलक आई।

नरेन्द्र बस एकटक मिनी को ही देखे जा रहा है। नरेन्द्र हर साल छुट्टियों में करीब-करीब रोज ही मणि बाबू के घर जाता रहा है...पढ़ने-लिखने में कुछ अतिरिक्त रुचि रखनेवाली लड़की की तरह मिनी को देखता-समझता रहा है। उसके लिए हमेशा किताबें भेजता रहा है, पर इस बार जब से आया है, मिनी उसे बहुत बदली हुई लग रही है—बहुत बड़ी और समझदार, बहुत सुन्दर भी! उसकी प्रखर बुद्धि का परिचय भी इस बार ही सबसे अधिक मिला है। जब से आया है, एक अनसमझा-सा आकर्षण

वह मिनी के प्रति महसूस कर रहा है। मन में एक साथ न जाने कितनी भावनाएँ उमड़-घुमड़ रही हैं। उन सब पर अंकुश लगाते हुए उसने पूछा, ''अच्छा मिनी, तुमने भी क्या अपना सारा विश्वास किसी को सौंप रखा है?''

एक क्षण रुककर बिना किसी दुविधा-संकोच के मिनी ने कहा, ''मामा को। मामा की कही हर बात में, उनके किए हर काम में कभी एक क्षण के लिए भी तो मेरे मन में दुविधा या सन्देह नहीं जागा। बस, लगता है जैसे उनका कहा, उनका किया ही अन्तिम है, इसके इधर-उधर तो कुछ हो ही नहीं सकता।'' एक क्षण को मिनी अपने मामा की गरिमा में ही खो गई फिर हँसकर बोली :

''जो लोग मामा को ठीक से नहीं जानते वे इस बात को नहीं समझ सकते और मामा को ठीक से कोई जानता ही नहीं।''

नरेन्द्र का बहुत मन हुआ कि कहे, 'और कोई जानता हो, चाहे न जानता हो, पर वह मामा को जानता है, केवल जानता ही नहीं, उन पर श्रद्धा भी करता है। और केवल मामा को ही क्यों, मामा की बनाई सामने बैठी इस मिनी को भी जानता है और केवल जानता ही नहीं...' आगे की बात खुद उसके मन में बहुत स्पष्ट होकर न उभर सकी।

''अब चलूँगी, नरेन दा...'' उठते हुए मिनी बोली। गूँथी हुई मालाओं को बड़े जतन से उसने अपने आँचल में समेटा। नरेन्द्र का बड़ा मन हुआ कि उन मालाओं में से एक माला लेकर अपने हाथ से मिनी के जूड़े में बाँध दे। मन की इस आकांक्षा पर अँगुलियाँ मसलकर ही वह काबू पाता रहा।

''कल तो आप चले ही जाएँगे न? देखिए, आज जब मुलाकात हो ही गई तो याद दिला दूँ—जाते ही मामा की दवाइयाँ और मेरी किताबें जरूर भेज दीजिएगा।''

''और कुछ?'' नरेन्द्र ने बड़े मनुहार-भरे स्वर में पूछा।

''और क्या भेजिएगा?'' हँसते हुए मिनी ने कहा, ''हाँ, जब भी कोई अच्छी किताब देखें या पढ़ें तो उसे जरूर भेज दीजिएगा,'' फिर एकाएक जैसे खयाल आया हो, ''घर चलिए न, मामा से मिल लीजिए। कल तो फिर चले ही जाएँगे।''

''नहीं, अब आज नहीं।''

''तो मैं चलूँ?'' और हाथ जोड़कर मिनी मुड़ गई। नरेन्द्र एकटक जाती हुई मिनी को देखता रहा।

मिनी की बनाई हुई मालाओं और खुशामद ने माँ का गुस्सा तो शान्त कर दिया, पर वह प्रसंग शान्त न हो सका जिस पर वे नाराज हुई थीं। कोई न कोई बहाना बनाकर वे मामा के इर्द-गिर्द घूमती रहतीं और उनका अनवरत भाषण चालू रहता।

"पिछले दो साल में कम से कम एक दर्जन लड़के बताए हैं इसकी बुआ ने, पर तुम्हारी नाक के नीचे ही नहीं टिकता कोई।" किताब में डूबे मामा हाँ-हूँ करते रहे।

"लेकिन यह लड़का छोड़ने जैसा नहीं है। घर का सबसे बड़ा लड़का है। मिनी बड़ी बहू बनकर रहेगी। छोटी बनकर तो यह रह नहीं सकती। ठीक है, माँ सौतेली है। पर उससे क्या? सारा घर तो उसकी कमाई से चलता है सो कर्ता भी वही, भर्ता भी वही। फिर सुना है कि सीधा और सहनशील इतना कि जहर भी पचा जाए..."

"तो बस, फिर जहर ही पचाए। मिनी का क्या करेगा?"

माँ एकदम भभक पड़तीं, "ममता ने इतना अन्धा नहीं कर दिया कि अपनी लड़की का ऐब ही न देख सकूँ। इसका मिजाज नहीं देखा, इसकी जबान नहीं सुनी।"

"देखी...सुनी...एकदम अपनी माँ पर गई है।"

माँ के सब्र का बाँध टूट जाता, "जो तुम लोगों की समझ में आता है, करो। मैं बेकार ही पागलों की तरह रोज बक-बक करने आ जाती हूँ।"

दोपहर से ही आसमान पर बादल छाए हुए थे और हर समय लग रहा था कि बस, पानी बरसना ही चाहता है। लेकिन शाम तक एक बूँद भी पानी नहीं बरसा। मिनी तीन बार पहले भी छत पर जाकर बादलों का रुख देख आई थी। हर क्षण लगा कि किसी क्षण भी बारिश हो सकती है। और होगी तो ऐसी-वैसी नहीं, एकदम आसमान ही फट पड़ेगा। इस बार भी आसार वैसे ही थे, पर मिनी नीचे उतरी तो निश्चय करके कि जल्दी से वह एक चक्कर बगीचे में लगाकर ही आएगी। पहले ही निकल गई होती तो अब तक लौट भी आती। थोड़े से फूल ही तोड़ लाएगी। उसने जल्दी से अपने खुले बालों पर दो-तीन कंघे मारे, फिर हथेली पर लपेटकर एक ढीला-सा जूड़ा बनाया। साड़ी को इधर-उधर से ठीक किया और बरामदे में आई तो गिरि ने टोका :

"यह क्या, तू ऐसे में बाहर निकल रही है? देखती नहीं, सिर पर कैसी घटा छाई हुई है?"

"सो तो दोपहर से ही छाई हुई है। एक बूँद पानी तक तो बरसा नहीं अभी तक, बादल तो झूठमूठ डरा रहे हैं। और मैं वहाँ ठहरूँगी नहीं, जल्दी से थोड़े से फूल लेकर आ जाऊँगी।" लापरवाही से मिनी ने कहा और आगे बढ़ गई।

"बादलों का कोई भरोसा नहीं। भीग गई तो सिर का यह बोझा दो दिन तक

नहीं सूखेगा, बीमार पड़ेगी सो अलग।''

''नहीं भीगूँगी...,'' और वह दरवाजे से बाहर हो गई।

''मिनी और माँ का कहना मान ले!'' भुनभुनाती हुई गिरि अपने काम में लग गई।

तेज-तेज कदम रखती हुई मिनी नाला पार करके बगीचे में आ गई। उसने जल्दी-जल्दी फूल तोड़ने शुरू किए। फूलों को आँचल की बनाई झोली में डालती जा रही थी और रह-रहकर आसमान देख लेती थी। तभी अचानक बड़ी-बड़ी बूँदें बरसने लगीं। दो-तीन मिनट तो वह बूँदों के बीच भी फूल तोड़ती रही पर जब बारिश का जोर बढ़ गया तो दौड़कर मालियों के छप्पर के नीचे खड़ी हो गई। देखते ही देखते मूसलाधार बारिश होने लगी। आसमान का घना काला रंग मिनी की अपनी आँखों में उतर आया...ऐसे में वह घर कैसे जाएगी? वह जानती है, उसके घने लम्बे बाल एक बार यदि गीले हो जाएँ तो आसानी से सूखते नहीं और गीले बालों से उसे कितनी जल्दी नजला हो जाता है। वैसे नजला तो घर जाते ही माँ की डाँट से ही हो जाएगा। उसने छप्पर के नीचे खड़े-खड़े ही साड़ी को कसकर सिर के चारों ओर लपेट लिया। थोड़ी देर तक वह आसमान को देखती रही, पर पानी के रुकने के कोई आसार नजर नहीं आ रहे थे। अब सचमुच ही वह डरने लगी...वह घर कैसे जाएगी?

''मिनी!'' अचानक अपना नाम सुनकर वह चौंक पड़ी। घूमकर पीछे देखा तो पानी में सराबोर नरेन्द्र खड़ा था। गीले बालों की लटें उसके चेहरे पर इधर-उधर छितरा गई थीं।

अपार आश्चर्य से मिनी ने कहा, ''नरेन दा, तुम?'' उसे जैसे अपनी आँखों पर विश्वास नहीं हो रहा था। ''तुम क्या कलकत्ता नहीं गए?''

''गया तो था, लेकिन आज दिन की गाड़ी से ही वापस आ गया। दोपहर से ही तुम्हारी तरफ आने की सोच रहा था पर बादलों का रुख देखकर निकलने की हिम्मत नहीं हुई। शाम को सोचा कि निकल ही लिया जाए, पर बीच में ही बारिश शुरू हो गई। पहले उधर पेड़ों के नीचे शरण ली, पर पेड़ों की घनी पत्तियाँ भी जब मुझे बचाने में हिम्मत हारने लगीं तो किसी तरह भीगता-भागता यहाँ आया। पर ऐसी बारिश में तुम...''

मिनी जैसे अपने विस्मय पर ही काबू नहीं पा रही थी। नरेन्द्र लौट क्यों आया? पर वह कुछ पूछती, उसके पहले ही नरेन्द्र ने उसकी झोली की ओर देखकर हँसते हुए कहा, ''ओह! फूल चुराने आई थी?''

''क्याऽऽ? चुराने क्यों आई, तोड़ने आई थी,'' तुनककर मिनी ने कहा।

''अच्छा, बिना पूछे किसी के बगीचे से फूल तोड़ना चोरी नहीं कहलाएगा?'' कौतुक-भरे स्वर में नरेन्द्र ने पूछा और थोड़ा पास सरक आया।

''नहीं, बिलकुल नहीं। मैंने मेहनत करके फूल तोड़े हैं, उसे चोरी कहोगे तुम?''

हँसता हुआ नरेन्द्र एकदम मिनी के करीब आ गया और उसके आँचल में से एक मुट्ठी फूल लेकर बोला, ''अच्छा, बताओ तो, इसे तुम क्या कहोगी?''

मिनी ने खूब गुस्से से एक बार नरेन्द्र की ओर देखा और फिर झट से अपनी झोली उलट दी, "लो सँभालो अपने बगीचे के फूल।" फूल चारों ओर छितरा गए और अपमान से मिनी का चेहरा सुर्ख हो उठा।

"अरे-रेऽ-रे-ऽ...यह क्या किया? मजाक में कही हुई इतनी-सी बात का बुरा मान गईं?" जल्दी-जल्दी नरेन्द्र ने जमीन से फूल उठाए और एक तरह से जबरदस्ती करते हुए उसके आँचल की झोली बनाकर उसमें फूल डाल दिए, "पागल कहीं की!"

मिनी बिना हिले-डुले जैसी की तैसी खड़ी रही। बारिश नहीं हो रही होती तो शायद वह तमककर घर लौट पड़ी होती।

"अभी एक सप्ताह पहले तो तुम इतनी बड़ी और समझदार होकर व्यवहार कर रही थीं और आज एकाएक यह बचपना?" फिर एक क्षण रुककर बोला, "तुम क्या एक बार भी यह नहीं पूछोगी कि जाने के छह दिन बाद ही मैं यों अचानक लौट क्यों आया?"

और तब एकाएक मिनी जैसे अपने होश में लौट आई। सचमुच नरेन्द्र लौट क्यों आया? जमींदार बाबू को तो कुछ नहीं हो गया? उसने अपनी बड़ी-बड़ी आँखें नरेन्द्र के चेहरे पर टिका दीं जिसमें यही प्रश्न झूल उठा।

आगे बढ़कर नरेन्द्र ने निस्संकोच भाव से मिनी के कन्धे पर हाथ रखकर कहा, "यहाँ इस तरह खड़ी कब तक रहोगी? आओ, उधर चलकर उस खाट पर बैठें।"

मिनी एक क्षण को भीतर ही भीतर थरथरा उठी। उसकी आँखों का प्रश्नवाचक भाव और भी गहरा गया। वह एकाएक नरेन्द्र के इस आचरण को जैसे समझ नहीं पाई, न सहज भाव से ही ले पाई। पर विरोध करते भी नहीं बना। विरोध करना तो दूर, विरोध करने की हल्की सी इच्छा भी मन में नहीं जागी। बस, यही लगा जैसे नरेन्द्र का यह व्यवहार कहीं से भी तो अप्रत्याशित नहीं है। और नरेन्द्र उसे वैसे ही पीठ से घेरे-घेरे खाट के समीप ले आया।

खाट पर बैठकर इस बार मिनी ने बिना किसी संकोच के भरपूर नजरों से नरेन्द्र को देखा—मानो सामने बैठे इस व्यक्ति को एक बार फिर नए सिरे से वह जानना चाहती हो। फिर बहुत ही सधे हुए स्वर में पूछा, "हाँ, बताया नहीं, तुम जल्दी कैसे लौट आए? बाबा तो ठीक हैं न?" स्वर में न आक्रोश था, न किसी तरह का आवेग-उद्वेग ही।

"हाँ, वे तो ठीक हैं।" बरसते हुए पानी की ओर देखते हुए नरेन्द्र ने जवाब दिया।

"तुम भी ठीक-ठाक लग रहे हो, तो फिर हुआ क्या?" मिनी की आँखों में विस्मय और कौतूहल उभर आया।

इस बार नरेन्द्र ने अपनी नजरें मिनी के चेहरे पर गड़ा दीं। लगा जैसे वह निर्णय नहीं कर पा रहा हो कि अपनी बात मिनी से कहे या नहीं और कहे तो किस प्रकार कहे? सामने बैठी इस मिनी पर उसकी क्या प्रतिक्रिया होगी? अनुकूल या प्रतिकूल?

"क्या हुआ, बोलो न?" मिनी का विस्मय अब परेशानी में बदलने लगा। यूनिवर्सिटी खुलने पर नरेन्द्र गया और एक सप्ताह में ही लौट आया, आखिर क्यों?

"इस बार जाने के बाद एक दिन के लिए भी मन नहीं लगा वहाँ।"

"...कलकत्ते में मन नहीं लगा?" और वह फिर हँस पड़ी, "तुम तो बच्चों जैसी बातें करने लगे कि पढ़ने गए और घर की याद आई तो भाग आए। ऐसा करोगे तो पढ़ाई-लिखाई कैसे होगी भला?" मिनी का कौतुक लौट आया।

"घर की नहीं, पर हाँ, याद बहुत आई। इतनी कि एक दिन भी वहाँ मन नहीं लगा। दो दिन बाद ही कलकत्ता से पुरी चला गया..."

बात काटकर बीच में ही मिनी बोली, "तभी परसों ही मामा कह रहे थे कि नरेन्द्र ने दवाइयाँ नहीं भेजीं।" ऊपर से बहुत सहज स्वाभाविक बने रहने के बाद भी मिनी को लग रहा है जैसे उसके कान सुर्ख होते जा रहे हैं, उसके दिल की धड़कन बढ़ती जा रही है।

पर नरेन्द्र ने न उसके कानों की सुर्खी देखी, न ही उसके दिल की धड़कन। वह तो अपनी ही रौ में कहता गया, "लेकिन, वहाँ भी मन नहीं लगा। बराबर लगता रहा जैसे कोई है जो मुझे बराबर यहाँ घसीट रहा है," फिर बड़े ही कातर स्वर में पूछा, "तुम्हें भी मेरी याद आती थी, मिनी?" उसके हाथ एक क्षण आगे बढ़े पर फिर असमंजस में वहीं थरथराकर रह गए।

मिनी आवाक्-सी उसका चेहरा देखती रही। फिर उसकी घनी-लम्बी पलकें नीचे को झुक गईं, चेहरा सुर्ख हो गया। नरेन्द्र मुग्ध-सा उसे देखता रहा।

वर्षा कुछ थमी-सी थी। एकदम हड़बड़ाती-सी मिनी उठी और बोली, "पानी थोड़ा सा रुका है, निकल जाती हूँ। फिर कहीं शुरू हो गया तो पता नहीं कब रुकेगा।"

नरेन्द्र उसके पीछे-पीछे चलता हुआ बोला, "तुमने मेरी बात का जवाब नहीं दिया?"

मिनी एक क्षण चुप रही, फिर धीरे से बोली, "तुम्हारी दी हुई किताबें ही तो पढ़ती रहती हूँ सारा दिन।"

सामने नाले में तो जैसे बाढ़ आई हुई थी। हरहराता हुआ पानी बड़े वेग से बह रहा था। मिनी का चेहरा भय से विवर्ण हो गया।

"हाय राम! अब घर कैसे जाऊँगी।"

"सचमुच, यह नाला तो पार करने जैसा तो रहा नहीं।"

"माँ तो चिन्ता के मारे मरी जा रही होंगी। आने के लिए मना भी किया था, अब क्या होगा?"

"अब तो कोई पार करवाए तभी बात बन सकती है।"

"तुम पार करवा सकते हो? करवा दो न, नरेन दा।" बड़ी असहाय सी मिनी बोली। स्वर में याचना जैसी झलकी पड़ रही थी। नरेन्द्र मुस्कुराया। पास आकर उसने

डरी हुई मिनी का हाथ पकड़ा और एक प्रकार से खींचता हुआ उसे नाले के किनारे-किनारे ले चला।

"आओ, मौका मिला है तो एक बार तुम्हारा कर्णधार बनकर ही देख लूँ," फिर एक क्षण रुककर बोला, "उधर एक पेड़ गिर पड़ा था जिसे नाले पर पुल की तरह लगा दिया है।"

और देखते ही देखते वे दोनों पुल के सामने जा खड़े हुए। पुल था जरूर, पर उस पर भी पानी टखनों-टखनों तक चढ़ा हुआ था और बहाव में तेजी और जोर था। मिनी ने एक बार पेड़ की ओर देखा और फिर नरेन्द्र की ओर। असहायता, भय और बेबसी ने उसके चेहरे को एकदम कातर बना दिया था।

"कसकर मेरा हाथ पकड़ लो और खूब सँभालकर कदम रखो।" नरेन्द्र ने मिनी का हाथ पकड़ा और पेड़ पर बहुत साधकर कदम बढ़ाया। उसका हाथ थामे-थामे ही मिनी ने भी पैर रखा, पर पता नहीं डर या पानी के बहाव से उसका सन्तुलन बिगड़ गया। छिटककर वह फिर किनारे पर जा खड़ी हुई।

"मुझसे नहीं चला जाता, पैर फिसलता है," एकदम रुआँसी-सी होकर उसने कहा।

इस बार न नरेन्द्र ने जवाब दिया, न मिनी को कुछ सोचने-समझने का मौका। झट से उसे गोदी में उठाया और बड़े सधाव के साथ पुल पर पैर जमा दिया। बिना तनिक भी विरोध किए एक आज्ञाकारी बच्चे की तरह मिनी उसकी गोद में समा गई। पर जैसे ही उसकी नजर नाले के बहाव की ओर गई—एक चीख भीतर ही भीतर घुटकर रह गई। उसने आँखें बन्द कर लीं और दोनों बाँहें नरेन्द्र के गले में डालकर चिपट गई।

उसे कुछ नहीं मालूम कि कैसे नरेन्द्र ने सँभल-सँभलकर दस-बारह कदम पार किए और कैसे वह इस किनारे आई। उसका दिल बुरी तरह धड़क रहा था, पता नहीं डर से या पता नहीं...

अचानक उसने अपने अधरों पर किसी के अधरों का दबाव महसूस किया और उसके साथ ही हवा में लटकते हुए उसके पैर जमीन पर आ टिके। वह सचमुच ही जमीन पर लौट आई...उसके होशोहवास लौट आए और तब लज्जा, संकोच, पुलक—न जाने कितनी भावनाएँ एक साथ उसे मथने लगीं। पर न उससे आँख उठाते बन रहा था, न ही पैर। भीतर न जाने कितना कुछ हिलोरें ले रहा था, पर बाहर से सब कुछ जैसे जम गया।

"अब तो तुम्हारा कर्णधार बनने का अधिकार भी पा गया न?" उसके कन्धे को हल्के से दबाते हुए नरेन्द्र ने कहा। स्वर में विजय का उल्लास और कुछ अनोखा-अद्भुत पा जाने की पुलक थी।

मिनी ने एक उड़ती-सी सलज्ज दृष्टि नरेन्द्र पर डाली और पलक झपकते दौड़ पड़ी। एकाएक उसके पैरों में जैसे पंख लग गए। उसने हवा में तैरती हुई नरेन्द्र की

आवाज सुनी, "कल शाम को यहीं मिलना, मैं अब घर नहीं आऊँगा।"

एक विचित्र-सी मादकता उसके रोम-रोम को पुलकित करने लगी। न तन बस में था, न मन। पर घर के फाटक पर आते ही उसे लगा जैसे एक बोझिल-सा सन्नाटा चारों ओर छाया हुआ है। उसके पैर जहाँ के तहाँ ठिठक गए। माँ की खुशी और माँ का गम, उनकी हँसी और उनका गुस्सा कैसे घर के कण-कण में समा जाता है, इसे वह खूब अच्छी तरह जानती है। इस आँधी-मेह में माँ ने बाहर निकलने के लिए कितना मना किया था, पर वह जल्दी ही लौट आने का आश्वासन देकर निकल पड़ी थी। और अब इतनी देर! पर वह डरी नहीं। एक दुष्ट-सी, मुस्कुराहट उसके होंठों पर फैल गई। वह कर ही क्या सकती थी? ऐसी तेज बारिश में सही-सलामत लौट आई, यही क्या कम बात है। माँ को तो नाराज होने के लिए कोई न कोई बहाना चाहिए। बस जैसे इसी की ताक में बैठी रहती हैं। हुँह! उसने चेहरे पर लापरवाही की मुद्रा ओढ़ी, गीली साड़ी को अच्छी तरह शरीर के चारों ओर लपेटा और भीतर घुस गई।

बाहर बरामदे में ही अखबार में सिर गड़ाए मणि बाबू बैठे थे। उस पर नजर पड़ते ही पुलककर बोले, "आ गई बिटिया। अरे गिरि, देखो मिनी आ गई।"

"आ गई तो सिर पर बिठाओ," कहती हुई माँ झपटकर रसोई से बाहर निकली और सामने मिनी को जीता-जागता देखकर बजाय आश्वस्त होने के गुस्से से भभक उठी। कमर पर दोनों हाथ रखकर वह कुछ इस मुद्रा में तनकर खड़ी हो गई मानो आज मामा-भानजी दोनों को पछाड़कर ही मानेगी। पलक मारते ही मामा-मिनी की आँखों ही आँखों में एक मौन वार्तालाप हो गया। मामा ने सिर फिर अखबार में गड़ा लिया और होंठों पर आई मुस्कुराहट को भरसक दबाकर मिनी ने अपराधिनी की भाँति नजरें नीचे झुका लीं।

"कहाँ गई थी और कहाँ थी अब तक?"

"वहीं थी, नाले पार वाले बगीचे में। और आती कैसे, बारिश जो होने लगी जोर से," स्वर में बेबसी भरकर उसने कहा।

"नाले पार वाले बगीचे में? तो आई कैसे? उसे पार कैसे किया?" भय और विस्मय से गिरि एकटक उसे देखने लगी।

"नाला पार कैसे किया?" इस प्रश्न पर मिनी के मन में क्षणांश के लिए बहुत ही मधुर-सा कुछ कौंध गया। अनायास ही उसके होंठों पर मुस्कुराहट आ गई। उसने धीमे से कहा, "वहाँ आगे जाकर एक पेड़ गिरकर पुल की तरह पड़ा हुआ है न, उसी से।"

"दैया रे!" माथा ठोंककर गिरी बोली, "हिम्मत तो देखो इस लड़की की! डूबती तो प्राण बचते उस बहाव में? मना नहीं किया था आज मैंने? पर माँ की बात सुनने की तो कसम जो खा रखी है। अब कभी गई इस तरह आँधी-मेह में बाहर, तो समझ लेना घर में पाँव नहीं रखने दूँगी," दुख और गुस्से के मारे गिरि का स्वर जैसे लड़खड़ा गया।

मामा ने सिर अखबार में गड़ाए-गड़ाए ही कहा, "नाले के बहाव में तो न डूबी, न प्राण गए, पर तुम्हारे गुस्से के बहाव में प्राण बचा पाए तो..."

"नहीं गए तो एक दिन चले भी जाएँगे।" एकाएक गिरि का स्वर भर्रा आया, "क्यों तुम दोनों रात-दिन मुझे सताने में लगे रहते हो?" फिर पास आकर मिनी के सिर पर हाथ रखकर बोली, सिर का यह बोझा आसानी से सूखेगा अब? ऊपर से नीचे तक तर-बतर हो रही है। होंठ देखो, कैसे नीले पड़ गए हैं। जा, कपड़े बदल और बाल खोलकर फैला।"

मिनी का हाथ अनायास ही होंठों पर गया और फिर मुस्कुराहट फूल पड़ी। माँ की डाँट भी आज उसे खीज नहीं, वरन् पुलक में ही डूबो रही है। वह जल्दी से अपने कमरे में दौड़ गई। जाते-जाते एक बार अपने मामा को आँख मारना नहीं भूली। उसके जाते ही मणि बाबू ने अखबार समेटा और गिरि की ओर देखकर बोले, "जब तक लड़की नहीं आई तब तक तो पागलों की तरह—'हाय मिनी,' 'हाय मिनी' करके घर सिर पर उठा लिया। यहाँ जा, वहाँ जा। लगता था कि बस, एक बार मिनी किसी तरह सही-सलामत आ जाए तो उसे छाती में दुबकाकर रख लोगी। पर जब वह आ गई तो डाँट-डाँटकर दुखी कर दिया बेचारी को। यह तो नहीं कि..."

"दुखी!" बीच में ही बात काटकर गिरि बोली, "तुम्हारे रहते कोई इसे दुखी कर सकता है भला! दोनों बाँहें फैलाकर रात-दिन जिस तरह तुम उसकी रक्षा करते रहते हो, उसे क्या मैं जानती नहीं?"

और एकाएक उसका स्वर बेहद कातर हो आया। भीगे से स्वर में बोली, "पर जान लो दादा, तुम्हारा यह अतिरिक्त लाड़ ही किसी दिन इसके लिए दुख का सबसे बड़ा कारण बनेगा। उस दिन चाहकर भी शायद तुम इसके लिए कुछ नहीं कर पाओगे।" फिर जैसे अपने-आप ही बोलने लगी, "यह मनमानी, यह जिद, यह गुस्सा, बात-बात पर तुनकना...लड़की होकर जनम लिया है। इन गुणों को लेकर कितने दिन जीवन चलेगा? पराए घर जाएगी तो एक दिन के लिए भी यह सब कोई बर्दाश्त नहीं करेगा।"

लड़की के भविष्य की आशंका से ही गिरि की वाणी जैसे रुँध-सी गई। वह चली गई, पर मणि बाबू केवल मुस्कुराते रहे। वे गिरी का दुख भी जानते हैं, उसकी चिन्ता भी और उसका स्नेह भी।

माँ की फटकार से बचकर मिनी कमरे में भागी और उसने दरवाजा बन्द कर लिया। दरवाजा बन्द करते ही वह माँ और मामा की दुनिया से कटकर अपनी ही दुनिया में लौट आई। सामने आदमकद शीशे में अपना प्रतिबिम्ब देखा तो बस देखती ही रह

गई—आत्म-मुग्ध-सी। अनायास ही अँगुलियाँ फिर होंठों पर जा टिकीं...रोम-रोम को सिहरा देनेवाली प्रथम चुम्बन की अनुभूति फिर सजग हो आई और एक सलज्ज-सी मुस्कुराहट उसके होंठों पर फैल गई। मन का उल्लास बन्द कमरे में जैसे समा नहीं पा रहा था, उसने खिड़की खोल दी। बारिश में नहाए-धोए पेड़-पौधे दूर-दूर तक फैले थे। उसकी नजरें उन्हीं में अटककर रह गईं। वह भूल ही गई कि उसे कपड़े बदलने हैं।

थोड़ी ही देर बाद हाथ में चाय का प्याला लिये हुए दरवाजा धकेलकर माँ भीतर घुसी तो आवाक्..."ए माँऽ, यह क्या? तू ज्यों की त्यों गीली खड़ी है!" फिर उसे सन्दिग्ध-सी नजरों से देखती हुई बोली, "तुझे क्या हुआ है री, बीमार पड़ना है?"

मिनी ने चाय का कप लेकर खिड़की पर टिका दिया और माँ के गले में दोनों बाँहें डालकर झूमते हुए कहा, "देखो तो माँ, बारिश में भीगकर बाहर का सब कुछ कितना सुन्दर हो गया है...और वह देखो..."

"मैं तो सब कुछ देख लूँगी, पर बुखार खड़ा-खड़ा तुझे देख रहा है—इसका भी कुछ होश है?" बेटी का यह असमय का लाड़ उसे बेहद खिजा रहा था। अपने को मिनी की पकड़ से छुड़ाकर उसने उसे तौलिया और सूखे कपड़े थमाए।

मिनी ने जल्दी-जल्दी कपड़े बदले। माँ तौलिए से उसका सिर पोंछने लगी। मिनी का मन हुआ फिर माँ के गले में वैसे ही बाँहें डालकर कहे, "कहाँ-कहाँ पोंछोगी माँ, मैं तो आज भीतर तक गीली हुई हूँ...एकदम सराबोर।"

"बिना धूप के यह घोंसला सूखेगा?" मिनी जानती है, माँ को उसके काले, घने और बेहद लम्बे बालों पर बड़ा नाज है, पर नजर न लग जाए इसलिए वे हमेशा उन्हें सिर का बोझा, घोंसला ही कहती है।

रात में सोई तो फिर वे ही दृश्य आँखों के सामने तैरने लगे...वही पुलक वही सिहरन। यौवन कब आ गया, उसे नहीं मालूम। पर आज नरेन्द्र की छाती से लगकर, उसके अधरों का स्पर्श पाकर एकाएक लगा, वह युवती हो गई। उस समय नाले का वह वेग, वह बहाव इस समय मिनी के अपने मन में बहने लगा और उसने निर्द्वन्द्व होकर अपने को उसमें छोड़ दिया।

अजीब सी कशमकश थी वह। एक ओर लग रहा था जैसे समय काटे नहीं कट रहा है और दूसरी ओर सरकता हुआ हर क्षण उसकी धड़कन को बढ़ा देता था। सन्ध्या की उत्कट प्रतीक्षा और सन्ध्या के आने की आशंका मात्र से एक विचित्र-सी दहशत। सवेरे से ही तरह-तरह के कामों में मिनी अपने को व्यस्त रख रही थी जिससे उस तनावपूर्ण स्थिति से अपने को मुक्त रख सके। और कुछ समझ में नहीं आया तो

जाकर मामा के कमरे को साफ करने लगी।

तभी हाथ में एक चिट्ठी लिये माँ घुसी। मिनी को वहाँ देख एक क्षण ठिठकी, फिर बोली, ''दादा, मिनी की बुआ की चिट्ठी आई है। उन्होंने सारी बात कर ली है। तुम एक बार जाकर देख आओ, नहीं तो मैं अपनी ओर से 'हाँ' लिख देती हूँ। फिर मुझे दोष न देना। लिखा है—लड़का क्या है, साक्षात् देवता है...''

मिनी का हाथ जहाँ का तहाँ थम गया। बिना किसी झिझक के माँ के चेहरे पर नजर टिकाकर बोली, ''देवता से शादी करके क्या होगा माँ, वह तो पूजा के लिए ही ठीक है,'' स्वर में न व्यंग्य था, न परिहास—बस विचित्र सी दृढ़ता थी।

''पूजा करने जैसा स्वामी मिल जाए इससे बढ़कर औरत का और क्या भाग्य हो सकता है!''

कहने के साथ ही गिरि अपने में ही खो गई। मिनी को लगा, यह बात माँ ने उससे नहीं, जैसे अपने-आप से ही कही है। वह जानती है, बाबा देवपुरुष ही थे। मात्र पाँच साल के विवाहित जीवन में उनके साथ से माँ ने जो पूँजी सहेजी थी उसी से वे आज तक अपने को कितना भरा-पूरा समझती हैं। चाहते हुए भी मिनी से इस समय माँ की बात का प्रतिवाद नहीं किया गया।

''दादा, एक बार जाकर देख तो आओ लड़के को।''

किताब में सिर गड़ाए-गड़ाए ही मणि बाबू बोले, ''ये मिनी की बुआ शादी-ब्याह की दलाली करती हैं क्या? दो-तीन महीने से एक ही बात की रट...'' लेकिन माँ के चेहरे पर नजर पड़ते ही उनकी बात बीच में ही टूट गई। एक क्षण वे आवाक् से गिरि का तमतमाया चेहरा देखते रहे, फिर सँभलकर बोले, ''हाँ-हाँ, जाऊँगा क्यों नहीं, जरूर जाऊँगा, जल्दी ही जाऊँगा। उन्होंने लिखा है कि अच्छा लड़का है तो जरूर अच्छा होगा—मैं खुद देखकर आऊँगा। ठीक तो है, आखिर अब मिनी की बात सोचनी ही होगी।''

माँ चिट्ठी लिये हुए जैसी आई थीं, वैसी ही चली गईं।

मामा की बात का असली आशय समझकर मिनी ने राहत की साँस ली।

मणि बाबू ने फिर उसी तल्लीन भाव से अपने को किताब में डुबो दिया।

मिनी और नरेन्द्र नाले के किनारे-किनारे चलते हुए ठीक उसी जगह आ खड़े हुए जहाँ पेड़ का पुल बना हुआ था। दोनों ठिठके, आँखें मिलीं और फिर हँस पड़े। एक क्षण में ही कल के उन मधुर क्षणों को दोनों ने जैसे फिर से जीत लिया। बिना शब्दों का एक मौन समझौता दोनों के बीच हो गया।

''आओ, उधर चलकर बैठें,'' कहता हुआ नरेन्द्र आगे बढ़ गया। थोड़ी दूर पर जाकर मिनी ने देखा—घने पेड़ों के झुरमुट के बीच एक खुली जगह में थोड़ी-थोड़ी

दूर पर पत्थर की दो बेंचे रखी हैं।

मुग्ध भाव से चारों ओर देखते हुए मिनी बोली, ''अरे वाह! इसे तो मैंने कभी देखा ही नहीं।''

''इसे मैंने खास-तौर पर अपने लिए तैयार करवाया है। जानती हो, अपनी अधिकतर किताबें मैंने यहीं बैठकर पढ़ी हैं,'' फिर हल्के से उसके कन्धे पर हाथ रखकर बिठाते हुए कहा, ''बैठो।''

मिनी जहाँ की तहाँ बैठ गई। बगल में बैठते हुए उसने पूछा, ''अच्छा बताओ, माँ कल क्या बहुत नाराज हुईं?''

''नहीं होतीं क्या?'' एक तो इतनी देर से लौटी और फिर एकदम तर-बतर होकर,'' भवें चढ़ाकर मिनी बोली।

''और तुम क्या करती रहीं रात-भर?''

''बाल सुखाती रही,'' एक दुष्ट-सी मुस्कुराहट उसके होंठों पर फैल गई। वह जानती है कि नरेन्द्र क्या सुनना चाहता है। पर रात-भर जो सोचती रही, वह सब तो उसका इतना अपना है कि उसे किसी के साथ भी शेयर नहीं कर सकती—नरेन्द्र के साथ भी नहीं। पर हाँ, नरेन्द्र के मुँह से वैसी ही बात सुनने के लिए उसका मन अधीर होने लगा।

''जानती हो, मैं क्या सोचता रहा?''

मिनी की पलकें उठीं और नजर नरेन्द्र के चेहरे पर टिक गईं।

''रात-भर यही सोचता रहा कि कल जो कुछ घटा, वह मात्र संयोग है या किसी बात का संकेत?''

मिनी वैसे ही अपलक नरेन्द्र को देखती रही।

''तुम सोच भी नहीं सकतीं कि जिस क्षण मैंने निर्णय लिया कि एक बार फिर मुझे यहाँ लौटकर आना होगा, तुमसे अपने मन की बात कहनी होगी—तब से लेकर यहाँ आने तक कल्पना ही में मैंने कितनी तरह से अपनी बात तुमसे कही है। सुनोगी तो हँसोगी, पर मैंने बाकायदा अपनी बात कहने के रिहर्सल किए हैं...और हर बात तुम्हारी तरह-तरह की प्रतिक्रियाओं की कल्पना की है।

मिनी चुप। बस हृदय की धड़कन जैसे कुछ और बढ़ गई।

''पर कैसा विचित्र संयोग था कल का। सब कुछ जैसे मेरे लिए ही सँजोकर रखा गया था। कुछ भी तो नहीं कहना पड़ा।''

मिनी चुप। चेहरे की सुर्खी बढ़ती ही जा रही है।

एकाएक नरेन्द्र ने भाव-विह्वल होकर दोनों हाथ मिनी के कन्धे पर रख दिए और बहुत लाड़ भरे स्वर से मनुहार करते हुए कहा :

''तुम भी तो कुछ कहो मिनी!''

मिनी की घनी-लम्बी पलकें नीचे झुक गईं। मन हुआ, कल की तरह फिर वह दोनों बाँहें नरेन्द्र के गले में डालकर उससे चिपट जाए, पर मन के इस दुर्दमनीय

आवेग को पैर से मिट्टी खोद-खोद के जैसे-तैसे थामे रही। 'मुझसे कुछ मत पूछो, नरेन...निकटता के इन क्षणों को अनकहा ही रहने दो।' पर यह बात भी मन में ही उभरी। होंठों से तो कुछ भी नहीं कहा गया।

कुछ क्षणों को एक मधुर-सा मौन दोनों के बीच छा गया। इस समय दोनों के मन में जो कुछ था, वह शब्दों का मोहताज था भी नहीं, शब्द शायद उस सबको बाँध भी नहीं पाते।

"मिनी, देखो यह क्या है?"

पलकें उठाकर मिनी ने देखा—नरेन्द्र की हथेली पर छोटी-छोटी शंखों की माला फैली हुई थी।

"पुरी से इसे तुम्हारे लिए ही खरीदा था। शंख तो बहुत शुभ होते हैं न। लाओ, इसे तुम्हें पहना दूँ।"

भावुकता में बहती हुई मिनी को एकाएक जैसे होश आ गया। यह सब जो कुछ हो गया या हो रहा है उसका मतलब, उसका परिणाम? वह जानती है या कम से कम समझ तो सकती है कि जीवन में कभी-कभी कुछ ऐसे क्षण आ सकते हैं, आ जाते हैं जब आदमी सोच-विचार, तर्क-कुतर्क से परे हो जाता है—अपनी भावनाओं के आगे बहुत-बहुत मजबूर, बहुत-बहुत विवश हो जाता है, पर केवल कुछ क्षणों के लिए ही तो। वह भी जैसे सजग हो आई। बहुत धीमे से उसने पूछा, "तुम जो कुछ भी कर रहे हो उसका मतलब जानते हो, परिणाम जानते हो नरेन दा?" कहते-कहते वह रुक गई।

नरेन्द्र की नजर में एक हल्की-सी चुभन उभर आई। जैसे मिनी की बात से वह कहीं अपमानित हो आया हो।

"कम से कम तुमसे नहीं समझना होगा," फिर कुछ रुककर पूछा, "तुम्हें मुझ पर विश्वास नहीं है?"

मिनी हल्के से सकपका गई। नरेन्द्र के चेहरे के भाव, उसके चेहरे पर अंकित संकल्प में अविश्वास की गुंजाइश ही कहाँ है। फिर भी जाने कैसे उसके मुँह से यही निकला :

"विश्वास-अविश्वास की बात नहीं है, पर यह भी सच है कि आदमी को कभी-कभी भावनाओं में बहना अच्छा लगता है। इस तरह की बातें कहना-सुनना उसके मन की एक बहुत बड़ी आवश्यकता बन जाता है, पर इन सबको सच बनाने के लिए...।"

मिनी चुप हो गई।

"चुप क्यों हो गईं, बोलो!" एकटक उसके चेहरे की ओर देखते हुए नरेन्द्र ने कहा।

"बहुत सी बाधाएँ आ जाती है।" बात समाप्त करते हुए मिनी ने कहा।

"बऽस।" एकाएक हल्का होकर नरेन्द्र हँसा, "आती होंगी जिनके लिए आती

होंगी।" स्वर में बेहद लापरवाही का पुट देकर नरेन्द्र बोला और आगे बढ़कर मिनी के गले में माला पहनाते हुए कहा, "बचपन का ही जिद्दी और हठी नरेन्द्र तो केवल इतना जानता है कि एक बार जिसकी वह कामना करता है, उसे पाकर ही रहता है। दुनिया की कोई बाधा उसे रोक नहीं सकती।"

मिनी की पलकें फिर झुक गईं। मन ही मन कहा, 'मैं क्या जानती नहीं, नरेन... पर क्या करूँ, मन बार-बार सुनना जो चाहता है कि तुम मेरी कामना करते हो, मैं तुम्हारी काम्य हूँ।'

दोनों हथेलियों में मिनी का चेहरा उठाकर नरेन्द्र ने कहा, "डर तो मुझे तुम्हारा है। मैं वहाँ फाइनल इयर की तैयारी करता रहूँ और पता लगे कि तुम्हारी माँ और बुआ ने तुम्हारा ठिकाना कहीं और कर दिया।"

मिनी ने नकारात्मक सिर हिला दिया, "मामा तो हैं।"

"हाँ, मामा का ही मुझे भी भरोसा है," फिर कुछ रुककर बोला, "इस माला को कभी उतारना नहीं मिनी। जिस दिन तुम इसे उतार दोगी, उस दिन मैं समझूँगा, तुमने मुझे अपने से अलग कर दिया, मेरे अधिकार को ठुकरा दिया।"

मिनी चुप।

"जानती हो, कभी ऐसा हुआ तो नरेन्द्र उसे अनहुआ कर देगा," और हथेलियों में थमे हुए चेहरे पर जरा-सा झुककर उसने हल्के से मिनी के माथे को चूमा और छोड़ दिया।

मिनी के लिए अपने आसपास का, बाहर का सभी कुछ लुप्त होने लगा और भीतर ही भीतर एक नई दुनिया खुलती चली गई—बहुत मधुर, बहुत रंगीन, बहुत भरी-पूरी। वहाँ न माँ की डाँट पहुँच पाती, न मामा की बहस। किताबों के शब्द भी जैसे बाहर-बाहर ही फिसल जाते। माँ कभी डाँटती तो माँ के गले में हाथ डालकर झूम जाती, "अच्छा माँ, मैं सचमुच बहुत बुरी हूँ, तुम मुझे प्यार नहीं करतीं?" या कि मामा बहस करते तो उनसे उलझती नहीं, मुस्कुराकर कहती, "तुम जो कहते हो, वही ठीक होगा मामा।" किताब खोलती तो पन्ना खुला ही रहता और सामने शब्द नहीं, दृश्य उभरने लगते और वह उन्हीं में खो जाती। शाम को अकेले छत पर बादलों को निहारना उसे अच्छा लगता। मन होता, रेशमी बादलों के टुकड़ों पर सवार होकर वह भी चली जाए, कहीं दूर—अनदेखी, अनजानी जगहों में। माँ कभी-कभी टोकती, "आजकल तुझे हो क्या गया है, मिनी?" तो मिनी एकाएक सजग हो जाती। मामा टोकते नहीं, पर उनकी पैनी नजरों के सामने मिनी और अधिक चौकन्नी हो जाती। कई बार मन होता सब कुछ मामा को जाकर कह दे। बचपन में मामा को घोड़ा बनाकर सवारी करने से लेकर आज तक वह अपनी हर अच्छी-बुरी बात मामा को ही बताती आई है। पर जाने

कैसा संकोच है कि चाहकर भी कह नहीं पाती। नहीं जानती यह मात्र संकोच है या कि अपनी इस निहायत निजी दुनिया में किसी को भी न आने देने की इच्छा। अब पहले से 'इतना अपना' उसका कुछ था ही कहाँ?

''नरेन का पत्र है शायद, देखो तो दवाइयों के लिए कुछ लिखा है।'' मामा का स्वर सहज था, फिर भी पत्र लेते हुए मिनी का हाथ क्षण-भर को थरथरा गया। नरेन्द्र का पहला पत्र...मन में ही कहीं से उभरा 'प्रेम-पत्र।' पर मन की सारी धड़कनों पर अंकुश लगाते हुए उसने पत्र वहीं खोला और सरसरी नजर से पढ़कर बड़ी लापरवाही से बोली, ''लो, नरेन दा तो यहाँ से जाकर अपने मित्रों के साथ पुरी चले गए, अब लौटकर आए हैं। क्षमायाचना करते हुए लिखा है कि अब तुरन्त ही दवाइयाँ और किताबें भेजने की व्यवस्था कर रहे हैं।''

और फिर जैसे सबकी शंकाओं और सन्देहों पर विरामचिह्न-सा लगाती हुई वह इस तरह अपने कमरे में गई मानो नरेन्द्र का पत्र आना बड़ी ही साधारण-सी बात है। कम-से-कम मिनी के लिए उसका कोई महत्त्व नहीं। पर इतने अभिनय के बाद भी उसने मामा की पैनी दृष्टि को अपनी पीठ पर चुभता हुआ महसूस किया।

घर की हर छोटी-बड़ी बात से जुड़ी मिनी अपने-आप में लिप्त होकर बाहर से एकाएक इतना कट गई कि उसे पता ही नहीं लगा कि कब माँ ने मामा को लड़का देखने जाने के लिए राजी कर लिया। उस दिन जब सवेरे उठकर मिनी अपने कमरे से बाहर आई तो देखा, माँ रसोई में पूड़ियाँ तल रही हैं। उसे आश्चर्य हुआ।

''यह सवेरे-सवेरे पूड़ियाँ किसलिए तल रही हो माँ, कोई आ रहा है क्या?''

''तू उठ गई? चल, जाकर हाथ-मुँह धो, मैं अभी चाय बनाकर लाती हूँ।''

''मेरी बात का जवाब नहीं दिया तुमने,'' मिनी वहाँ से हिली भी नहीं।

''कोई जरूरी है कि तेरी हर बात का जवाब ही दिया जाए,'' व्यस्त भाव से माँ बोलीं।

''पर आ कौन रहा है? कुछ मालूम तो हो।''

''कोई नहीं आ रहा, मामा जा रहे हैं।''

मिनी एक क्षण को जैसे सकते में आ गई। मन हुआ दौड़कर जाए और मामा को बता दे कि किसी को कहीं जाने की जरूरत नहीं है, उसने अपने बारे में खुद फैसला कर लिया है। उसी आवेश में वह मामा के पास पहुँची :

''मामा, तुम क्या जा रहे हो?''

मामा ने नजरें मिनी के चेहरे पर टिका दीं। मिनी को लगा—ये नजरें उसे आर-पार भेदकर उसके भीतर का सब कुछ जान लेंगी। पर वह एक क्षण को भी सकुचाई नहीं। अच्छा है, मामा खुद ही सब कुछ जान लें तो।

''गिरि का बहुत आग्रह है कि एक बार कम से कम मैं वहाँ हो जरूर आऊँ।

आज तक हम इसे अपनी हर बात मानने के लिए मजबूर करते रहे हैं। आज एक बात उसकी भी मान लेते हैं।''

इस बार मिनी ने मामा को चुभती नजरों से देखा...यह मात्र मजबूरी ही है या कि कुछ और। फिर साहस करके बोली, ''पर मामा...'' शब्द उसके गले में अटकने लगे।

''मैं जानता हूँ मिनी...मैं जानता हूँ। मेरे रहते तुझे चिन्ता करने की आवश्यकता नहीं। गिरि को तसल्ली हो जाएगी, वैसे होगा तो वही, जो तू चाहती है।''

मिनी हल्की हो गई। फिर भी जैसे एक काँटा-सा कहीं गड़ा जरूर रह गया।

मणि बाबू चले गए। गिरि का उत्साह अपने चरम पर पहुँचा हुआ है। दो घंटे की जगह उन्होंने चार घंटे तक पूजा की। चलते-फिरते, उठते-बैठते वे अपने अदृश्य ईश्वर के आगे हाथ जोड़कर कामना कर रही हैं कि दादा उनकी मनोकामना पूरी करके ही लौटें और मिनी है कि मामा के कहे अन्तिम वाक्य की पकड़-पकड़ अपने को बार-बार आश्वस्त और निश्चित करना चाह रही थी, पर जाने क्या है कि एक अजीब-सा उचाटपन मन पर छाया हुआ है।

विचित्र-सी स्थिति थी। अनजाने और अनकहे ही गिरि का सुख मिनी के दुःख के साथ जाकर जुड़ गया था।

दूसरे दिन मामा को आना था। गाड़ी का समय बीत गया, फिर भी मामा नहीं आए तो इतनी देर की भरी हुई मिनी माँ पर ही बरस पड़ी, ''जरूर उनकी तबीयत खराब हो गई होगी। अभी इस लायक कहाँ हुए थे सफर करते। 'जाओ-जाओ...' करके नाक में दम कर दिया उनकी!'' दनदनाती मिनी ऊपर छत पर चली गई।

मिनी की झुँझलाहट से अनभिज्ञ गिरि एक क्षण उसका जाना देखती रही। फिर मुस्कुराकर बोली, ''मामा के बिना एक दिन में ही कैसी पगला गई...ससुराल जाकर कैसे रहेगी?''

तीसरे दिन मामा लौट आए—स्वस्थ और प्रसन्न।

''आने में एक दिन की देरी क्यों कर दी, दादा?'' हाथ का काम छोड़कर गिरि बाहर आ गई।

''उन लोगों ने रोक लिया, तो ठहर गया।''

गिरि ने पुलकित हो बैग लेते हुए पूछा, ''रिश्ता तय कर आए?''

''रिश्ता!'' मामा हँसे। ''कैसी बात करती हो गिरि! अरे यह भी कोई साग-भाजी है कि गए और खरीद लाए।''

इसके बाद कुछ भी सुनना मिनी ने आवश्यक नहीं समझा। दौड़कर अपने कमरे में गई तो गहरा निःश्वास निकल गया। दो दिन से जिस बोझ के नीचे दबी जा रही थी, इस एक ही वाक्य ने उसे जैसे मुक्त कर दिया। अपने दोनों कान पकड़कर उसने अपने को ही धिक्कारा, 'खबरदार जो आगे से कभी मामा को लेकर मन में संशय पाला तो...।' फिर गले में पड़ी हुई उस शंख की माला को चूम लिया और मुस्कुरा उठी।

पिछले तीन-चार महीने से जो आशा गिरि मन में पाले हुए थी, वह जैसे बुझ गई। दो दिन पहले वाला उनका उत्साह ठंडा पड़ गया और वही चिर-परिचित खीज और चिन्ता उसके चेहरे पर छा गई। मिनी माँ का कष्ट समझती जरूर है, पर कभी उसे स्वीकार नहीं पाती। माँ अपनी जिन्दगी कभी नहीं जिएँगी। दूसरे लोग क्या कहेंगे, यही तो उनकी सबसे बड़ी चिन्ता है। वह अच्छी तरह जानती है कि माँ के लिए वह कभी बोझ नहीं बनी, पर दूसरों ने उसे बोझ बता-बताकर माँ के लिए उसे असह्य बना दिया है। लेकिन मामा को क्या हुआ है? जब से आए हैं तब से बस आरामकुर्सी पर बैठे-बैठे चुरुट पीते रहते हैं। कभी-कभी बड़ी देर तक शून्य में ही ताकते रहते हैं, तो कभी-कभी आँखें मूँदकर कहीं गहरे में डूब गए लगते हैं। किताबें मामा के साथ कुछ इस तरह जुड़ी हुई हैं कि उनके बिना मामा की कल्पना तक नहीं की जा सकती। पर उन्हें आए तीन दिन हो गए, उन्होंने शायद एक शब्द भी नहीं पढ़ा। कोई दुविधा है तो मामा उसे बताते क्यों नहीं? वह क्या जानती नहीं कि वह मामा की भानजी ही नहीं, निकटतम मित्र भी है। कई बार वह आगे होकर बात करने के इरादे से मामा के पास गई, पर वे कुछ ऐसी नजरों से उसे देखते हैं, मानो तौल-परख रहे हों। वह भीतर तक बेचैन हो उठती है और बात का सिलसिला जम नहीं पाता। वह केवल इतना ही कह पाती है, "...मामा, इतना चुरुट मत पीजिए, नुकसान करेगा!"

मामा की उदासी ने सारे घर को उदास बना दिया। मिनी के अपने मन पर उदासी की परतें जमने लगतीं, पर रात में जब सोती तो छाती पर पड़ी हुई वह माला उसकी अँगुलियों से खेलने लगती और वह सब कुछ भूलकर नरेन्द्र के खयालों में खो जाती।

रात के सन्नाटे को चीरती हुई गिरि की चीख ने मिनी को गहरी नींद में भी झकझोर दिया। वह झपटकर बाहर भागी और देखा—मामा बेहोश से जमीन पर पड़े हैं और भयातुर-सी माँ उन्हें उठाने का उपक्रम कर रही हैं। दिल का दूसरा दौरा...और क्षणांश को जैसे चेतना-शून्य हो गई। पर होश आते ही वह उपचार में जुट गई। उसे खुद नहीं मालूम कैसे उसने आसपास के लोगों को बुलाया, डॉक्टर को बुलाया। ऐसी स्थिति में माँ हमेशा दहशत के मारे अपंग हो जाती हैं। और वह यन्त्रवत् काम में जुट जाती है। आज भी यही हुआ। जब होश आया उस समय सवेरे के पाँच बजे थे। डॉक्टर इंजेक्शन लगाकर और न जाने कितने आदेश देकर चला गया था। माँ सहमी-सी मामा के सिरहाने बैठी थीं। शायद अब तक कई बार रो चुकी थीं। मामा सो रहे थे। चेहरा एकदम निर्जीव हो गया था।

शाम तक डॉक्टर दो बार आकर देख गया था। हालत कुछ सँभली थी। रात में मामा ने आँखें खोलीं...अपने काँपते हुए हाथ से मिनी का हाथ थामा। "आप एकदम हिलिए मत।" पर वे धीरे-धीरे उसकी हथेली सहलाते रहे। फिर बहुत धीमी फुसफुसाती आवाज में बोले, "मिनी, तू घनश्याम से शादी करना, वही तेरे लिए सही पात्र है।"

"आप बोलिए मत," मिनी ने केवल शब्द सुने, उनका अर्थ तो एकाएक समझ भी नहीं पाई। पर मामा रुके नहीं, "तेरे मन की बात मैं जानता हूँ। तू नरेन्द्र...वह तुझे प्यार कर सकता है, पर निभा घनश्याम ही सकेगा।" मामा ने तोड़-तोड़कर कहा। उनकी बात सुनने के लिए माँ भी उन पर झुक आई थीं। "...तुम अपनी मंजूरी भेज देना, गिरि...वह सचमुच देव पुरुष ही है।" मामा शायद थक गए और उन्होंने आँखें मूँद लीं।

रात में मणि बाबू को दिल का तीसरा दौरा पड़ा और सारा खेल खत्म। प्राण केवल मणि बाबू के ही नहीं निकले, मिनी खुद निर्जीव होकर अपने कमरे में आ पड़ी। फिर उसे कुछ नहीं मालूम कि कैसे मातमपुर्सी करनेवालों से घर भरा; शोक की क्या-क्या रस्में अदा की गईं...श्राद्ध में क्या हुआ और कितनों ने भोजन किया। जिस मिनी के जीवन का एक-एक क्षण मामा के साथ जुड़ा हुआ था, उसकी आँखों के सामने न मामा का कोई चित्र उभरता है और न कोई शब्द। आँखों के सामने कुछ फैला हुआ है तो सिर्फ घना अन्धकार—एक अनन्त शून्य।

मातम मनाने के लिए आए हुए लोग एक-एक करके लौट गए। रह गई केवल बुआ और उनके बालक-बच्चे। उन्होंने बड़े कौशल से गम के वातावरण को धीरे-धीरे शादी में बदल दिया। जिसके घर में ऐसी जवान बेटी बैठी हो जो शादी की उम्र को बहुत पीछे छोड़ आई हो, उस घर में बहुत अलसाए ढंग से मातम मनाने की गुंजाइश कहाँ रहती? उनके कहने से चले होते तो चार महीने पहले ही ब्याह हो गया होता। मणि बाबू अपने हाथों ही सब करके जाते उन्होंने क्या कोई ऐसा-वैसा लड़का बताया था जो इतने दिन पसोपेश में गुजारे...उन्हें क्या मिनी कम प्यारी है...इकलौते भाई की एक मात्र निशानी। उन्होंने माँ की कमर भी कसी और देखते-देखते घर में खाने-पीने की चीजें जुटने लगीं। तब होश आया मिनी को। बुआ मिनी को लेकर प्यार-दुलार की बातें चाहे जितनी करें, उसके रंग-ढंग उन्हें फूटी आँखों नहीं सुहाए थे। घर में कितने लोग आए-गए कितना कामकाज हुआ और जवान लड़की यों आसन-पाटी लेकर पड़ी रहे? यही सिखाया है पढ़ाई-लिखाई और भारी विद्वान मामा ने?

"अब मिनी वह पलँग भी छोड़ेगी या फेरे भी वहीं खाएगी?" उन्होंने तलखी से गिरि से कहा। गिरि की आँखों में आँसू आ गए। धीरे से बोली, "तुम नहीं समझोगी दीदी, मामा में ही तो उसके प्राण बसते थे, उनके बिना वह जी कैसे रही है, मुझे तो यही सोच है।"

"मुझे तो यह सब समझने की जरूरत भी नहीं है भाभी, न शादी के घर में इन

बेकार की बातों को सोचने की फुर्सत है। यही सोच क्या कम नहीं है कि इस काम को पार कैसे पा सकूँ?'' और पार पटकने की बागडोर उन्होंने अपने हाथ में ले ली।

गिरि मिनी के पास आई। सिरहाने बैठकर बहुत कोमल स्वर में बोली, ''मिनी, उठ बिटिया। ऐसे कितने दिन रहेगी? चेहरा तो देख अपना, ऐसा ही चेहरा लेकर पराए घर जाएगी?''

एक क्षण को मिनी ने बड़ी उदास और सूनी-सी नजर से माँ को देखा और फिर एकाएक माँ के गले से लिपटकर फूट पड़ी। इतने दिनों का आवेग जैसे बाँध तोड़कर बह निकला। गिरि की अपनी आँखों में आँसू बहने लगे, फिर भी मिनी को दिलासा देती हुई बोली, ''सहना होता है बेटी, बहुत कुछ सहना होता है।''

मिनी का मन हुआ कि कहे—'जो हो गया उसे तो किसी तरह सहने की हिम्मत जुटाऊँगी, पर जो होने जा रहा है उसे किस तरह सहूँगी माँ?' पर कहा केवल इतना ही गया, ''नहीं सहा जाएगा माँ...मुझसे किसी तरह भी नहीं सहा जाएगा।''

लेकिन सहना मिनी को यह भी था। मामा क्या गए, उसकी प्रतिवाद करने की सारी शक्ति ही चली गई। फिर प्रतिवाद करें भी किसका, मामा की अन्तिम इच्छा का? और तब माँ का कहा हुआ एक वाक्य उसे रह-रहकर याद आता—'तुम्हारा यह अतिरिक्त लाड़ ही एक दिन इसके लिए दुःख का सबसे बड़ा कारण बनेगा।' यन्त्रचालित-सी वह सब करने लगी जो उससे करवाया जाता। सामान्य स्थिति में तो शायद वह बुआ नाम-धारी जीव को एक क्षण के लिए भी बर्दाश्त नहीं करती, पर इस समय तो सहनशीलता की प्रतिमूर्ति बनी हुई उनकी हर आज्ञा का पालन करती जाती। पर भीतर ही भीतर एक दृढ़-संकल्प उसके भीतर उभरने लगा। आखिर एक रात उसने नरेन्द्र को पत्र लिखा। सारी बातें समझाते हुए अन्त में लिखा—'मामा ही मेरी शक्ति थे, नरेन। उनके बिना मैं कितनी असहाय, कितनी बेबस हो उठी हूँ, तुम कल्पना नहीं कर सकोगे! पर तुम आ जाओ तो फिर जी उठूँगी। कहोगे तो तुम्हारे साथ चल दूँगी। मामा की अन्तिम इच्छा की उपेक्षा करना आसान नहीं है। पर जानती हूँ जिस तरह आज तक वे मेरी हर छोटी-बड़ी जिद को पूरा करते आए हैं—मेरी हर गलती को माफ करते आए हैं, इसे भी कर देंगे। तुमने कहा था यदि ऐसा कुछ हुआ तो तुम उसे अनहुआ कर दोगे।...तुम्हारी माला मेरे गले में है और यह विश्वास मन में है कि तुम यह सब होने ही नहीं दोगे। मैं तुम्हारी प्रतीक्षा करूँगी, आखिरी क्षण तक तुम्हारी प्रतीक्षा करूँगी!'

और उसके बाद से उसने हर दिन नरेन्द्र की प्रतीक्षा की। पर नरेन्द्र नहीं आया और शादी का दिन आ गया। मेहमानों के बीच जमींदार-परिवार की बड़ी बहू ने बताया, ''माँ यहाँ है कहाँ, जो आतीं? कलकत्ता में नरेन मामा को बड़ावाला टाइफाइड जो हुआ है।'' सब ओर से हताश मिनी रात-भर तरह-तरह के दुःस्वप्न ही देखती रही। कभी दिखता, वह कुएँ में डूब रही है; कभी दिखता, विवाह-मंडप में बैठते ही उसके मुँह से ढेर सारा रक्त बहा जा रहा है और लोग उसे मंडप से उठाकर ले आए

हैं। पर दूसरे दिन कहीं कुछ भी तो नहीं हुआ और वह सजी-सजाई मंडप के नीचे आ बैठी। न उमंग, न उल्लास! थी तो केवल एक गहरी वितृष्णा—उस अनदेखे-अनजाने व्यक्ति के प्रति, नरेन्द्र के स्थान पर जिसका अब उस पर अधिकार होने जा रहा है। शुभ दृष्टि के समय उसने आँखें मूँद लीं...जिस व्यक्ति से उसे कोई सरोकार नहीं रखना, उसे देखने का लोभ ही क्यों?

विदा के समय जब उस कुंज के सामने से गुजरी जहाँ नरेन्द्र ने उसे माला पहनाई थी तो एक क्षण के आगे वह सब कुछ ज्यों का त्यों तैर गया और आँखों में झर-झर करके आँसू झर पड़े। उसने मुट्ठी में माला को कसकर पकड़ लिया।

नया घर, नए लोग और नया जीवन।

पर मन में कोई उत्साह नहीं, केवल उदासीनता। कहीं से भी किसी से भी न जुड़ने की एक जिद। लेकिन मिनी ने देखा कि घरवालों के मन में भी इस विवाह का कोई उत्साह नहीं। बहुत ही सादगी से की गई दो-चार रस्मों के बीच उसने सास को कहते सुना, "हमारे घनश्याम को तो धूम-धाम पसन्द नहीं, सो मैंने तो कुछ किया ही नहीं।" पर दो घंटे बाद ही उन्होंने देवरानी और ननद को आदेश दिया, "यह दहेज का सामान कमरे में लगा दो। कुछ करो या नहीं, आसपास की औरतें तो आए बिना और दहेज देखे बिना मानेंगी नहीं।"

और वे खुद बक्से में से निकालकर कई बार देखी हुई चीजों को एक बार फिर से देख-देखकर पकड़ाने लगीं। सबसे कटी-छटी मिनी गुमसुम एक ओर बैठी थी। न चाहते हुए भी सास ननद की आलोचना-प्रत्यालोचना के वाक्य टुकड़ों-टुकड़ों में उसके कानों से टकरा रहे थे।

"यह सब क्या हो रहा है माँ, यह नुमाइश किसलिए लग रही है? नहीं-नहीं, यह सब कुछ नहीं होगा। टुकी, सामान समेटकर वापस रखो।"

क्षणांश को मिनी का मन हो आया कि आनेवाले और इस बेहूदी प्रथा का विरोध करनेवाले इस व्यक्ति को एक बार आँख उठाकर देख ही ले, पर नजरें उसने और नीचे झुका लीं।

"नुमाइश कैसी बेटा, पास-पड़ोस की चार औरतें आकर पूछेंगी कि क्या-क्या मिला। मुझे क्या, तुम्हें नहीं पसन्द तो उठवा देती हूँ...यों भी दिखाने जैसा है ही क्या? टुकी, समेटकर रख दे सब," और भुनभुनाती हुई माँ बाहर चली गईं।

सब ओर से निर्लिप्त मिनी का मन भी सास के अन्तिम वाक्य से बुरी तरह तिलमिला गया।

दिन-भर अपने को पत्थर-सा बनाए मिनी बैठी रही पर रात में जब उसे

सुहागरात के कमरे में अकेला छोड़ा गया तो उसका मन एक विचित्र-सी दहशत से भर गया। नहीं-नहीं, वह किसी की भी पत्नी बनकर नहीं रह सकेगी, नहीं रहेगी। लाख देवपुरुष हो, जो ब्याहकर लाया है, वह अपना अधिकार छोड़ेगा भला? वह उसे पकड़ेगा, उसे बाँहों में लेगा...इस कल्पना मात्र से उसका मन घृणा से भर आया। नहीं, नहीं, वह साफ शब्दों में कह देगी। पर क्या कहेगी, यह वह समझ नहीं पाई। एकाएक एक विचार उसके मन में कौंधा। उसने कमरे के कोने में चटाई बिछाई और दीवाल की ओर मुँह करके लेट गई। समझदार व्यक्ति के लिए यही क्या काफी नहीं है।

जिस व्यक्ति के प्रति सबसे अधिक उपेक्षा-भाव उसके मन में भरा हुआ है, उसकी पदचाप सुनने के लिए ही इस समय उसका रोम-रोम सजग हो रहा है। पर वह खूब अच्छी तरह जानती है कि यह आकुल प्रतीक्षा नहीं—मात्र आशंका है, केवल भय।

तभी लगा, कमरे में कोई घुसा है। दीवार की ओर मुँह किए हुए ही मिनी ने जान लिया कि खाली शय्या और कोने में पड़ी मिनी को देखकर उसके चेहरे पर विस्मय और असमंजस पुत गया है। मिनी के हृदय की धड़कन तक रुक गई। उसने कसकर अपनी माला पकड़ ली—मानो अब यही उसकी रक्षा करेगी। लेकिन कोई आहट नहीं, निकट आती कोई पदचाप नहीं।

"तुम जमीन पर सोना पसन्द करती हो तो कम से कम गद्दा तो बिछा लो, शरीर दर्द करने लगेगा न।" एक बहुत ही मुलायम-सा स्वर सन्नाटे को चीरता हुआ कमरे में बिखर गया। मन में जमी सारी घृणा के बावजूद एक बार मिनी का मन हुआ, उसके शरीर की चिन्ता करनेवाले का कम से कम एक बार चेहरा तो देख ले। पर वह टस से मस नहीं हुई।

जोर-जबरदस्ती की बात तो दूर, एक हल्का सा आग्रह तक नहीं। एक गहरा निःश्वास उसके कलेजे से निकल गया। लगा जैसे एक बहुत बड़ा बोझ था जिससे मुक्त हो गई। पर यह क्या? अपमान-बोध की कौन सी चुभन उसके मन को वेध रही है? इतनी उपेक्षा! अभी तक मन में केवल घृणा थी। अब क्रोध भी उफनने लगा। मन की सारी भावनाएँ, मन का सारा आवेग आँसुओं में फूट पड़ा। आज नरेन्द्र के साथ उसकी सुहागरात होती तो...जाने कितने मधुर चित्र आँखों के सामने उभरने लगे...किसी की हथेलियों में थमे हुए अपने चेहरे के बहुत-बहुत निकट उसने किसी का चेहरा महसूस किया और मन पुकार उठा, "तुम कहाँ हो नरेन...मुझे यहाँ से ले जाओ। इस हुए को अनहुआ कर दो।"

रोते-रोते शायद पिछली रात को ही उसकी आँख लगी। उठी तो कमरे में धूप के आड़े-टेढ़े टुकड़े बिखरे पड़े थे। पति की शय्या खाली थी। एक क्षण के लिए रात का सब कुछ मन में कौंध गया और मन सवेरे की ताजगी में भी अवसाद से भर गया। उसने चटाई उठाई और भारी मन से बाहर निकल आई।

रसोई के बाहर ही सास, ननद और देवरानी में खुसुर-पुसर कुछ चल रहा था। उसे देखते ही तीनों एकाएक चुप हो गईं और तीनों की नजरें एक साथ ही उस पर

जम गईं। क्षण-भर को मिनी सिटपिटा गई। उसे लगा, उसके अलग सोने की बात उन तीनों चेहरों पर बहुत साफ रूप से अंकित है। उसे देखते ही सास कुछ व्यस्त भाव से उठती हुई बोलीं, "देखो कितनी बेला हो गई...अभी तक दो घड़ी माला फेरने का समय तक नहीं निकाल पाई। यह गृहस्थी का जंजाल। हरे राम...हरे राम..." और वे पूजाघर में चली गईं।

"तुम बैठो दीदी, मैं चाय लेकर आती हूँ।" और शुभा ने चाय का प्याला लाकर रख दिया।

"तुम लोग क्या पी चुके?" अकेले चाय पीने में मिनी को बड़ा संकोच मालूम हो रहा था।

"और नहीं तो क्या," फिर मुस्कुराते हुए बोली, "तुम शायद बहुत देर से सोईं सो नींद भी देर से ही खुली। आँखें तो अभी तक लाल हैं।"

इस बात को अनसुना करते हुए मिनी ने कहा, "आओ टुकी, तुम पियो चाय।"

"नहीं, मैं दूध पीती हूँ, पी लिया," अक्खड़ ढंग से दिया हुआ जवाब।

"टुकी, देखो तो छोटे दादा की मालिश हो गई हो तो पानी रखवा दो।" शुभा ने कहा और जब टुकी चली गई तो जरा पास सरककर बड़े रहस्यात्मक ढंग से बोली, "रात कैसी कटी? पास नहीं सुलाया? दीदी, जेठजी तो ठहरे संन्यासी आदमी। न हो तो तुम्हीं पहल कर लेना।" और हँस दी। अपमान और क्रोध से मिनी का मन सुलग उठा। उसने जिस प्रकार चुभती नजरों से देवरानी को देखा, वही उसे चुप करवाने को काफी था। मिनी उठकर अपने कमरे में आ गई। उस समय भरसक रोके हुए आँसू कमरे में आते ही छलछला आते। उसने गले में पड़ी माला को कसकर मुट्ठी में बन्द कर लिया।

दो तीन दिनों में ही एक-दूसरे को देखने-परखने और अपनी-अपनी स्थिति को अच्छी तरह समझने का काम खत्म हो गया। मिनी ने समझ लिया कि पति को लेकर उसके अपने मन में ही विरक्ति नहीं है, सारा परिवार ही उस व्यक्ति के प्रति विरक्त और उदासीन है। वह एक तरह से निश्चिन्त हो गई। कम से कम पति की सेवा करने या उससे अनुरक्त होने का आग्रह या प्रयत्न इधर से कोई नहीं करने जा रहा है। उसके पति से अलग रहने की बात से परिवार में परेशानी या चिन्ता किसी को नहीं है...अगर कुछ है तो सन्तोष और प्रसन्नता।

मिनी क्या करे? न वह इस घर से जुड़ पा रही है, न घरवालों से। मन करता है, चुपचाप इस कमरे में ही बैठी रहे। अपने अतीत से चिपकी-चिपकी ही अपना वर्तमान काट दे। पर भरे घर में वह अलगाव कितने दिन चल सकता था भला? एक दिन सास ने ही आकर कहा, "बड़ी बहू, यों कमरे में सारे दिन बैठे-बैठे तुम्हारा जी नहीं घबराता? बाहर आकर बैठा करो। फिर यों भी अब इस घर का काम-धाम समझो-सँभालो।" दूसरे दिन वह बाहर जाकर जरूर बैठ गई, पर घर का काम समझने-सँभालने की कोई इच्छा उसके मन में नहीं थी। माँ पूजाघर में थीं और शुभा

सरौता लेकर सुपारी काट रही थी। टुकी एक भगोने में मसाला-मूड़ी तैयार कर रही थी। एक मसाला डालती फिर चखती तब दूसरा डालती। इतने में देबू बाहर से चिल्लाता हुआ आया, ''माँ...ओ माँ...यह सौदा-सुलुफ सँभालो।'' और उसने दो-तीन भरे हुए थैले अपने सिर और कन्धे पर से उतारे।

''हे राम, मुझे कोई दो घड़ी भी पूजा न करने देगा इस घर में।'' हाथ में माला लिये-लिये ही माँ पूजाघर से निकलीं, ''क्यों रे देबू, तुझे भी यही समय मिला है आने का। थोड़ी देर से नहीं आ सकता था।''

''देर से कैसे आता? दूकान पर नहीं बैठना है! बड़े बाबू को तो वसूली के लिए जाना है आज।''

''अच्छा बाबा ला, क्या-क्या लाया है?''

''मेरा महावर ले आए न देबू!'' मसाला-मूड़ी चबाते-चबाते टुकी ने पूछा।

''ले आया...ले आया। तुम्हारी चीज भूलकर मुझे मरना था, दीदी!'' खी-खी करके टुकी हँस पड़ी।

''मेरे पान और किमाम?'' शुभा ने पूछा।

''हाँ, वह भी ले आया। पर किमाम बहुत तेज हो गया। बहुत जास्ती दाम लिया। पर है बढ़िया, असली, लखनऊ का।''

माँ एक-एक चीज देख-परखकर रखती जा रही थीं। कुछ सामान घर का था, कुछ निजी फर्माइशों का। न चाहते हुए भी मिनी का ध्यान गया कि अगर किसी के लिए कोई भी चीज नहीं है तो सिर्फ घनश्याम के लिए। शायद उसकी कोई फर्माइश ही नहीं रहती, या कि उसकी जरूरत का किसी को ध्यान ही नहीं रहता।

''यह क्या, अखिल का बादाम रोगन नहीं लाया?''

''ओ माँ!'' दोनों कानों पर हाथ रखकर देबू बोला, ''वह तो मैं एकदम भूल ही गया।''

''जरूरी चीज तुझे कभी याद रही है? अब बोल तो, शाम को उसके सिर की मालिश किससे होगी? दिन-भर आदमी दिमागी काम करके आए तो शाम को दो बूँद बादाम रोगन नहीं जरूरी होता सिर के लिए? पर नहीं...किसी को चिन्ता नहीं...''

''शाम तक मैं जरूर भिजवा दूँगा। जैसे भी होगा, भिजवा दूँगा,'' और उसने धोती की अटी से कुछ नोट और पैसे माँ के हाथ में थमाए। वह चलने लगा तो माँ ने याद दिलाया, ''घनश्याम से कह देना, ढिलाई नहीं करे वसूली में।'' फिर शुभा की ओर देखकर बोलीं :

''तुम लोग सामान साफ-सूफ करो। मैं जरा अपनी पूजा खत्म कर लूँ, माँ पूजाघर में घुस गईं। टुकी पैरों में महावर लगाने बैठ गई। दस मिनट भी नहीं हुए थे कि सिर पर घास की बोरी रखे ग्वाला आ खड़ा हुआ।

''ये चारे की कुट्टी लाया हूँ।''

मिनी ने शुभा से कहा, ''माँ पूजा कर रही हैं तो इसे बाद में आने को कह दो,''

पर वह वाक्य भी पूरा नहीं कर पाई कि माँ निकल आईं, ''कौन आया रे...? कुट्टी लाया है? कितनी बोरी हुई?''

''दो बोरी लाया हूँ।''

''क्यों, बाकी चारा क्या हुआ?'' माँ की त्यौरियाँ चढ़ गईं।

''...वो बड़े बाबू ने जमादार को दिलवा दिया। उसके जानवर भूखे मर रहे थे।''

''तो हमने क्या ठेका ले रखा है सबके जानवरों का? कितनी बार कहा घनश्याम से कि यों दोनों हाथ से घर न लुटाया करो। और तेरी अक्ल क्या चरने गई थी? बड़े बाबू ने कहा तो सुन लेता...देने की क्या जरूरत थी? जाकर अपना चारा वापस ले आना। कहना, माँ ने मना किया है देने को।'' और एकाएक नजर मिनी पर पड़ते ही लहजा बदलकर बोलीं, ''देखती हो बहू, मेरे इस भोले शंकर को। ऐसे में कोई गृहस्थी चला सकता है भला? नहीं...नहीं, बहुत हो गया, अब यह सब मेरे बस का नहीं। इतनी बड़ी उमर की बहू घर आ रही है, यह जानकर ही मैंने तो चैन की साँस ली...अब तुम्हीं अपना घर सँभालो, तो मुझे भी अपने भजन-पूजन के लिए छुट्टी मिले। हरे राम... हरे राम...'' करती हुई वे बड़े खिन्न मन से फिर पूजाघर में चली गईं।

उनकी खिन्नता दो बोरी चारे को लेकर थी या गृहस्थी के जंजाल में फँसे रहने को लेकर, मिनी जान नहीं पाई।

पर इतना मिनी जान गई कि बात-बात में घर सँभालने की धमकी देनेवाली माँ इस घर में एक तिनका भर अधिकार भी किसी को नहीं दे सकतीं। यों तो उसने निश्चय ही कर लिया है कि इस घर से, और घरवालों से वह एकदम विरक्त होकर ही रहेगी। पर वह क्या करे? उसके आँखें हैं सो सबकुछ दिखाई देता है, कान हैं सो सब कुछ सुनाई भी देता और सबसे ऊपर है एक तीक्ष्ण बुद्धि जो बातों और स्थितियों को भीतरी अर्थ तक सहज ही चली जाती है। न चाहते हुए भी जैसे उसने जान लिया कि उसका पति इस घर का भर्ता चाहे हो, कर्ता कतई नहीं है। पल्ले में चाबियों का बड़ा-सा गुच्छा बाँधे, अपनी अँगुलियों के इशारे पर सारे घर को नचानेवाली सास ही असली कर्ता हैं—गृहस्वामिनी, उनकी इच्छा और आदेश के बिना इस घर में एक पत्ता भी नहीं हिल सकता। और घर का सबसे अधिक उपेक्षित और तिरस्कृत पात्र है उसका अपना पति। उस दिन पहली बार उसका मन उस अनदेखे, अनचाहे पति के प्रति करुणा से भर उठा।

दिन तो मिनी जैसे-तैसे काट लेती, पर शाम होते ही उसका सिर भारी होने लगता। पता नहीं पीड़ा सिर में होती थी या मन में। उसकी छत, उसका बगीचा, हरसिंगार के पेड़...कितना कुछ है जो मन में कौंधने लगता और रात तक तो सिर का दर्द इतना

बढ़ जाता कि वह अपने कमरे में जाकर आँखें मूँदकर लेट जाती। उस दिन गर्मी काफी थी। बड़ी देर तक करवटें बदलते-बदलते कब उसकी झपकी लग गई, उसे पता नहीं। अचानक शरीर से किसी चीज के टकराने से उसकी आँख खुल गई। देखा, पति सिरहाने बैठकर पंखा झल रहे हैं। पलक झपकते ही वह उठ बैठी। अचानक मुँह से निकल गया, ''यह क्या कर रहे हो।'' मन में कहीं कौंधा, पति से प्रथम सम्भाषण।

''उठो नहीं, लेटी रहो। नींद उचट जाएगी तो फिर सिर दर्द करने लगेगा।'' मिनी की आँखें उठीं और पति के चेहरे पर टिक गईं। पहली बार उसने पति का चेहरा इतने निकट से देखा...कैसी सौम्य आभा और निर्मल हँसी। आक्षेप, आरोप, उलाहना या व्यंग्य, कहीं भी तो कुछ नहीं। न चाहते हुए भी मिनी पूछ बैठी :

''पर तुमको कैसे मालूम कि मेरे सिर में दर्द है?''

घनश्याम हँसे, ''तुम्हारी तकलीफ की बात मैं नहीं जानूँगा भला!'' कोशिश करके भी मिनी अपनी नजरें वहाँ से हटा नहीं सकी।

''जब तुम्हारी नींद उचट गई तो लाओ सिर पर बाम लगा दूँ।'' और बाम लगाकर घनश्याम ने सहारा देकर उसे लिटा दिया और हल्के-हल्के बाम मलने लगा। मिनी न तो मुक्त मन से इस दुलार को स्वीकार ही कर पाई और न ही इसका प्रतिवाद कर सकी। सवेरे उठी तो रात का सब कुछ एक क्षण को आँखों के सामने से गुजर गया। सचमुच क्या वह सब उसी के साथ हुआ? पर मेज पर रखी बाम की शीशी के सामने अविश्वास की कोई गुंजाइश नहीं थी। हाथ-मुँह धोकर वह ड्रेसिंग टेबल के सामने खड़ी हुई तो नजर गले में पड़ी मोतियों की माला के साथ गुँथ गई। और साथ ही मन की किसी परत पर नरेन्द्र का चेहरा तैर गया। पर आश्चर्य, उसी के साथ एक हल्की-सी आकृति और भी उभरी और मिट गई। मिनी ड्रेसिंग टेबल पर से हट गई।

शाम को पतिदेव की आवाज सुनकर बाहर बरामदे में बैठी मिनी जरा ओट में सरक गई। बाहर से आकर वे नौकर को आवाज दे रहे थे, ''बंकू, जरा हाथ-पैर धोने का पानी तो ले आ।''

''आया,'' घर के किसी कोने में से नौकर की आवाज तो आई, पर बंकू नहीं आया। उन्होंने खटिया पर सिलाई करती बहन को कहा, ''टुकी, जरा तू ही पानी दे दे।''

''देख नहीं रहे दादा, जो हाथ जरा भी खाली हो।''

तभी दरवाजे से ही शोर मचाता देवर अखिल घुसा। घर के किस अदृश्य कोने से बंकू एकाएक प्रकट होकर अखिल के जूते-मोजे उतारने लगा कि मिनी हैरत में पड़ गई। भंडारघर से ही माँ की आवाज गूँजी, ''टुकी, अखिल की चाय का पानी चढ़ा दे...ये सिलाई-कढ़ाई बाद में करती रहना।'' और टुकी यन्त्रचालित-सी रसोई में पहुँच गई। घनश्याम जहाँ खड़ा था वहीं खड़ा रह गया। माँ हाथ में नाश्ते की प्लेट लिये निकली तो बोला, ''माँ, किसी से कहकर पानी रखवा दो, जरा हाथ-मुँह धो लूँ,'' स्वर में क्रोध का कहीं लेश भी नहीं।

''वह जो बाल्टी भरी खरी है, उधर जाकर ही धो लो बेटा। किसी का भी हाथ

खाली दिखे तो तुम्ही कह दो न।'' फिर स्वर में जाने कैसा व्यंग्य घोलकर बोलीं, ''अपने इन छोटे-मोटे कामों के लिए तो तुम बहू से भी कह सकते हो, बेटा। आखिर अब और कितने दिन तक नई बहू बनकर बैठी रहेगी?''

इतनी ज्यादती, इतना अन्याय, ऐसा अपमान। गुस्से के मारे मिनी का रोम-रोम सुलगने लगा। तमककर वह उठी और बाल्टी उठाकर पति की ओर चली, पर घनश्याम ने आकर बीच में बाल्टी थाम ली, ''अरे-रे...तुम क्यों बाल्टी उठाती हो, मैं खुद उधर जाकर ही धो लूँगा।''

एक क्षण को फिर दोनों की आँखें मिल गईं। पर जल्दी से पलटकर मिनी जैसे आई थी, वैसे ही लौट गई। स्वभाव से ही मुँहफट और हर छोटे-बड़े अन्याय का विरोध करनेवाली मिनी का मन किसी पर भी बुरी तरह बरस पड़ने के लिए अकुलाने लगा। उसने मन ही मन तय कर लिया कि वह एक दिन के लिए भी न अन्याय बर्दाश्त करेगी, न अपमान।

कोई घंटे-भर बाद ही शुभा कहीं बाहर से लौटकर आई और माँ के हाथ में अपने सोने के कड़े थमाते हुए बोली, ''माँ, इसे अपनी अलमारी में रख लो।'' कड़े लेते हुए माँ ने मिनी से कहा, ''बड़ी बहू, तुम तो कुछ पहनती ही नहीं। उमर तो नहीं है नई बहू की, फिर भी ब्याह तो अभी ही हुआ है...कुछ दिन तो पहन लो जेवर।''

मिनी भीतर तक कट गई, फिर भी अपने को भरसक संयत रखकर बोली, ''मुझे शौक नहीं जेवर पहनने का।''

''अच्छा-अच्छा! देखो बेटी, वैसे तो ज्यादा कुछ नहीं है तुम्हारे पास, पर फिर भी जो दो-चार चीजें हैं उन्हें मेरी अलमारी में रखवा दो तो ज्यादा अच्छा है। नौकर-चाकर भी हैं और भरे घर में चार जनों का आना-जाना लगा ही रहता है।'' माँ की हर बात में एक डंका रहता ही है—उसकी उम्र को लेकर या लेने-देने को लेकर। मिनी तिलमिला गई। उतने ही उपेक्षा-भाव से बोली, ''माँ, तुम तो सारी गृहस्थी सँभलवाना चाहती हो, कम से कम दो-चार चीजें तो सँभालना सीख लूँ।'' और मिनी सास पर हुई प्रतिक्रिया देखने तक के लिए भी नहीं रुकी। सीधा अपने कमरे में आ गई। हाँ, देवरानी का एक वाक्य जरूर उसके कानों से टकराया, 'माँ बूढ़ा तोता राम-राम नहीं सीखेगा।'

मिनी की बात और उसके व्यवहार से हतप्रभ हो आई माँ एकटक उधर ही देखती रहीं।

युद्ध ठन गया था और दोनों ने जैसे अपने-अपने मोर्चे सँभाल लिये थे।

पर कमरे में आकर मिनी का मन बेहद खिन्न हो आया। कैसे इस घर में वह जिन्दगी काटेगी? उसे अपना घर याद आने लगा, माँ से मिलने के लिए मन छटपटाने लगा। और रात में पति सोने के लिए आए, तब तक वह अपने अतीत से इस तरह जुड़ गई कि पति का कल का स्नेहपूर्ण व्यवहार तक याद न रहा। आँख खोलकर पति की ओर देखने तक की इच्छा भी उसकी नहीं हुई। आँखें मूँदे ही वह जमीन पर पड़ी रही।

''तुमको अलग सोने की आदत है तो कमरे में एक पलँग की व्यवस्था भी तो की जा सकती है। नीचे सोकर तो जरूर किसी दिन बीमार पड़ोगी।'' वही कल वाला कोमल स्वर।

मिनी उठी, एक क्षण पति के चेहरे की ओर देखती रही। फिर बड़े याचना-भरे स्वर में बोली, ''तुम मेरे लिए एक अलग कमरे की व्यवस्था नहीं करवा सकते?''

''छी-छी, कैसी बातें करती हो? सारे घर के लोग क्या कहेंगे?''

मिनी चुप।

''लगता है छाती पर कोई बहुत बड़ा बोझ लिये हो। कह दो, कहने से ही मन हल्का होता है।''

मिनी क्या कहे? कौन समझेगा उसके बोझ को, कौन हल्का करेगा? बस, भीतर ही भीतर जाने कैसा आवेग-सा उमड़ने लगा कि आँखें छलछला आईं। उसने आँखें मूँद लीं और चुपचाप लेट गई। थोड़ी देर बाद उसने सुना।

''नीचे सोने की जिद है तो आओ, इधर मैंने तुम्हारे लिए बिस्तर बिछा दिया है। कम से कम जमीन पर तो मत सोओ।'' पर मिनी न हिली, न डुली। तभी अपने कन्धे पर मिनी ने घनश्याम का स्नेहिल स्पर्श महसूस किया। वह भीतर तक सिहर उठी।

''चलो उठो, नहीं तो उठाकर उधर लिटा दूँगा।''

खट् से दृश्य बदल गया और इतनी देर के थमे आँसू बाँध तोड़कर बह चले। मन हुआ कहे, 'तुम मत इतना लाड़-दुलार दिखलाओ। मुझे अपने में ही सिकुड़ी रहने दो।' पर इसके साथ ही उसका मन ही जैसे उससे पूछने लगा, 'इस निरीह व्यक्ति ने क्या किया है? किस अपराध की सजा तुम इसे दे रही हो?'

सवेरे अखिल जब तक ऑफिस नहीं चला जाता, घर में एक हंगामा-सा मचा रहता है। किसी गीत की पंक्तियाँ जोर-जोर से गाकर अखिल उस एक से शोर-शराबे को और ज्यादा बढ़ा देता। उस दिन भी मधु (छोटा नौकर) उसकी मालिश कर रहा था। शुभा ऑफिस में ले जाने के लिए उसकी पान की डिबिया तैयार कर रही थी। माँ कोई नाश्ता बना रही थीं। टुकी हथेली में चूरण चाट रही थी। अखिल ने पूछा, ''टुकी मेरे कपड़े तैयार हो गए?''

''नहीं।''

''कपड़े प्रेस नहीं किए अभी तक तो मैं पहनकर क्या जाऊँगा? जब देखो तब कुछ न कुछ खाती रहती है। तभी तो यह मुटापा कम नहीं होता।''

''मुझसे नहीं प्रेस होते तुम्हारे कपड़े। करवा दो छोटी भाभी से। हाँ नहीं तो,'' चिढ़कर टुकी बोली।

"देख रही हो माँ, कैसी जबान चलने लगी है इस टुकी की। तुम इसे कुछ कहती ही नहीं।"

पर माँ ने उस समय टुकी को कुछ नहीं कहा। कहा घनश्याम को, "बेटा घनश्याम, तुम्हारी तो अब शादी हो गई, पर टुकी की शादी की भी कुछ चिन्ता कर रहे हो या नहीं?"

"चाचाजी को चिट्ठी तो लिखी है। देखो क्या जवाब आता है।"

"नहीं-नहीं, ऐसे हाथ पर हाथ धरकर बैठने से तो काम नहीं चलेगा बेटा, कुछ भाग-दौड़ करनी पड़ेगी। मेरी तो समझ में नहीं आता कि इतनी बड़ी कुँवारी बहन के रहते तुम्हे नींद कैसे आती है। मैं तो रात-रात-भर सो नहीं पाती। तुम्हीं बड़े हो, यह जिम्मेदारी तो तुम्हें ही निभानी पड़ेगी।"

और जब घनश्याम चला गया तो माँ ने मिनी से कहा, "बड़ी बहू, तुम्हारे गाँव में नहीं है कोई लड़का, जिससे टुकी की बात चलाई जा सके? आखिर दो-चार अच्छे लड़के तो वहाँ भी होंगे ही।"

"मैं तो किसी को जानती नहीं माँ," और फिर एक क्षण रुककर बोली, "जब तक शादी नहीं होती तब तक इन्हें पढ़ने के लिए क्यों नहीं डाल देतीं? सारे दिन खाली बैठे-बैठे..."

"कैसी बात करती हो बहू? अब पढ़ाकर क्या करना है। पन्द्रह साल पूरे हुए। इन सर्दियों में जैसे भी हो, इसकी शादी का जुगाड़ करना है।"

मिनी चुप रह गई। लेकिन दोपहर में टुकी को अपने कमरे में बुलाकर उसने कहा, "टुकी, तुम पढ़ोगी?"

"नहीं।"

"क्यों? पढ़ने से तो बहुत सी बातें आती हैं...।"

"मेरा मन नहीं लगता। स्कूल भी मुझे अच्छा नहीं लगता था।"

"अच्छा, मेरे पास पढ़ोगी? कहानी की किताबें...मेरे पास बहुत सी किताबें हैं, अच्छी-अच्छी...।"

"नहीं।"

"क्यों, कहानी की किताब पढ़ना भी तुम्हें अच्छा नहीं लगता?"

"नहीं!" और टुकी भाग गई।

दूसरे दिन मिनी खाना-पीना खत्म करके अपने कमरे में ही आकर बैठ गई। उसने एक किताब निकाली और पढ़ने लगी। यहाँ आने के बाद उसका पढ़ना तो बिल्कुल ही छूट गया। उसने तय कर लिया कि वह घर के प्रपंच में पड़ेगी ही नहीं। पर तभी

शुभा आई और एक उड़ती-सी नजर उसके कमरे में डालकर बोली :

"यहाँ बैठी क्या कर रही हो दीदी, मेरे कमरे में चलो न!"

मिनी इस आकस्मिक निमन्त्रण का कारण नहीं समझ सकी। किताब बन्द करती हुई बोली, "यहीं बैठो न।"

"नहीं, नहीं। मेरे कमरे में चलो, वहाँ पंखा भी है," और हाथ पकड़कर एक तरह से खींचती हुई वह मिनी को अपने कमरे में ले गई।

पर्दा डालकर मिनी को भीतर लेते हुए शुभा ने खुद अपने कमरे को चारों ओर से इस प्रकार देखा जैसे पहली बार देख रही हो। मिनी ने भी एक उड़ती-सी नजर कमरे पर डाली—साज-सामान से लक-दक कमरा। रुचि चाहे न हो, पर वैभव का प्रदर्शन...क्षणांश के लिए उसकी नजरों में अपना कमरा घूम गया—एक पुरानी-सी दरी, एक पुरानी-सी मेज। दीवार में बनी बिना दरवाजों की अलमारी में रखे घनश्याम के चार-छह जोड़ी कपड़े। उस सबके बीच निहायत ही बेमेल-सा लगनेवाला दहेज में मिला पलँग और अलमारी।

"दीदी, ये तो इतने शौकीन हैं कि पूछो ही मत। रहने का शौक, कपड़े का शौक, खाने का शौक और क्या बताऊँ...।" और बड़ी ही रहस्यात्मक सी हँसी उसके चेहरे पर फैल गई। "बड़े सेंट-सूंट ला रखे हैं। रात में न लगाऊँ तो बस, परेशान कर डालते हैं।" सन्तोष और गर्व से शुभा का चेहरा चमकने लगा।

पर मिनी चुप। एक विचित्र-सी वितृष्णा उसके मन में उभरने लगी। "और बड़े दादा एकदम उलटे। तुम्हें तो संन्यासिनी बनकर ही रहना होगा उनके साथ..."

मिनी चुप।

"दादा भी क्या करें? कभी शहर में तो रहे नहीं। ये तो कलकत्ता रहकर पढ़े हैं। हॉस्टल में थे। शहर में रहकर तो आदमी का रख-रखाव ही बदल जाता है।"

मिनी को लगा, शुभा के पास उसे पराजित करने के जितने भी अस्त्र हैं, आज वह उन सभी का प्रयोग करके रहेगी। उसे यहाँ खींचकर लाए जाने का रहस्य भी उसकी समझ में आ गया। पर वह न उसके वैभव से चकित हुई और न उसके पति की महानता से पराजित। बस निहायत ही भाव-शून्य-सा चेहरा लिये मिनी शुभा के हाथ में बँधे गंडे-तावीज देखती रही।

"यह हाथ में तुमने इतना सब क्या बाँध रखा है?" मिनी ने पूछा।

शुभा एकाएक झेंप गई। फिर कुछ सकुचाते हुए बोली, "माँ ने बँधवाए हैं। शादी को तीन साल हो गए पर...," कहते हुए शुभा का कुछ देर पहलेवाला विजयोल्लसित स्वर बुझ-सा गया। पर फिर एकाएक पास आकर बोली, "तुम कहो तो बड़े दादा को बस में करने का एक मन्त्र माँ से कहकर तुम्हारे लिए भी बनवा दूँ।" और फिर वह ऐसे व्यंग्यात्मक ढंग से मुस्कुराई कि मिनी भीतर तक अपमानित हो उठी।

"तुमने क्या गंडे-तावीज के जोर से ही अखिल बाबू को बस में कर रखा है?" और एकाएक ही उठते हुए बोली, "अच्छा अब चलूँगी।" और 'थोड़ी देर तो रुकिए

न' के आग्रह को अनसुना करती हुई वह अपने कमरे में लौट आई।

कमरे में घुसते ही कमरे की दयनीयता और दरिद्रता नए सिरे से उसके मन में चुभी। पर इससे भी अधिक तीखी और गहरी चुभन मिनी को भीतर ही भीतर तिलमिलाए दे रही थी। घनश्याम के प्रति घरवालों का इतना अन्याय।

एक ही घर में दो भाई। एक की हाजिरी बजाने और उसके लिए सुख-सुविधाएँ जुटाने को सारा घर लगा हुआ है तो दूसरा कब खाता है, क्या खाता है—यह देखने की भी किसी को फुर्सत नहीं। वह रात-दिन इस घर के लिए खटता है, पर उसके लिए दो क्षण भी खटने को कोई तैयार नहीं। और मिनी ने आकर ही क्या किया? घनश्याम के प्रति अपनी बेरुखी और उदासीनता से सास-ननद को सब कुछ करने की छूट नहीं दे दी। एकाएक उसे लगा जैसे रात-दिन होनेवाले इस अन्याय में उसका भी कहीं हाथ है। और यह खयाल आते ही उसका अपना मन ही उसे धिक्कारने लगा। अनायास ही उसकी आँखों में आँसू आ गए। नहीं, घरवालों के इस अन्याय को वह अब एक दिन भी बर्दाश्त नहीं करेगी।

उस दिन सवेरे-सवेरे मिनी तरकारी काट रही थी और सास अखिल के लिए चाय बना रही थी। तभी पतिदेव की आवाज सुनाई दी :

"माँ, कुछ खाने को दे सको तो अच्छा हो। आज मुझे अभी ही जाना है और लौटने में शायद रात हो जाए।"

सास का हाथ जहाँ का तहाँ रुक गया। स्वर में बड़ी बेबसी-सी घोलकर बोलीं, "इस समय खाने को क्या दूँगी बेटा? जल्दी जाना था तो पहले से बोलकर रखना था न?"

"अच्छा-अच्छा माँ, ठीक है। कोई बात नहीं, मैं वैसे ही चला जाता हूँ," और वह जैसे आया था वैसे ही लौट पड़ा। पर मिनी के लिए बैठा रहना असम्भव हो गया। तरकारी जहाँ की तहाँ छोड़कर सास के पास आकर उसने पूछा, "माँ कलवाले रसगुल्ले क्या हुए?"

चेहरे पर अपार विस्मय पोतकर सास बोलीं, "कैसे रसगुल्ले...कौन लाया था रसगुल्ले भला?" मिनी आज चुप रहनेवाली नहीं थी, "क्यों, कल बोस परिवार के यहाँ से प्लेट भरकर रसगुल्ले आए थे, उसमें से क्या दो-चार भी नहीं बचे?"

"कैसी बातें करती हो बहू,...वे थे ही कितने? कल ही सब खत्म नहीं हो गए?"

"पर मैंने तो कल भी इनकी थाली में एक रसगुल्ला तक नहीं देखा।"

"इतनी ही खोज-बीन रखनी है बहू, तो घनश्याम का खाना-पीना तुम अपने ही हाथों क्यों नहीं करतीं? वह बेचारा भी तो जाने कि उसकी बहू आई है।"

तरकारी छुरी जहाँ की तहाँ छोड़कर मिनी दनदनाती हुई कमरे में आ गई। अपमान से उसका चेहरा स्याह हो गया।

दोपहर में ननद ने आकर कहा, "भाभी, चलकर खाना खा लो।"

"मुझे भूख नहीं है, तुम लोग खा लो," किताब पढ़ते-पढ़ते ही मिनी ने जवाब दिया। थोड़ी देर में ननद फिर आई, बोली, "माँ तुम्हें उधर बुला रही हैं।" बड़े अनमने

ढंग से मिनी उठी और भीतर गई। देखा, सास-देवरानी उसकी प्रतीक्षा में बैठी हैं।

''तुम खा क्यों नहीं रहीं बहू, क्या हुआ?'' त्यौरी पर तीन-चार बल डालकर सास ने पूछा, ''कहा न, मुझे भूख नहीं है। आप लोग खा लीजिए।''

''आखिर भूख न होने का कारण?''

''तुम समझती क्यों नहीं माँ, आज जेठजी बिना खाए गए हैं, दीदी कैसे खा लेंगी भला?'' व्यंग्य-सना परिहास करते हुए देवरानी बोली।

''यह तुमने कौन सा नया ढंग निकाला है, बहू?'' जाती हुई मिनी पलटकर खड़ी हो गई। तीखी नजर से उसने उन सबकी ओर देखा। बहुत सह लिया। अब और एक बात भी वह नहीं सहेगी। इन लोगों ने उसे घनश्याम समझ लिया है जो उलटा-सीधा सब कुछ कहती चलेंगी?

''इसमें नए ढंग की क्या बात है माँ...तुम क्या पिताजी से पहले ही खा लिया करती थीं?'' और दनदनाती हुई मिनी अपने कमरे में आ गई।

आज पहली बार मिनी का मन हुआ कि पति भी इस बात को जान लें कि वह सवेरे से भूखी-प्यासी बैठी है—केवल इसलिए कि वह सवेरे घर से भूखा गया था।

हमेशा की तरह काफी रात गए जब घनश्याम आया तो मिनी को जगता हुआ देख उसे आश्चर्य हुआ।

''यह क्या, तुम सोईं नहीं?''

''ऐंऽ'' उसने चौंककर किताब बन्द करते हुए इस तरह कहा जैसे उसे समय का ध्यान ही नहीं रहा हो, ''तुमने क्या आज माँ से झगड़ा किया था।''

कुछ और सुनने को आतुर उसका मन पूछ बैठा, ''जिसने झगड़े की बात कही, उसने मेरे खिलाफ और जो कुछ कहा हो वह सब भी बता दो। मैं भी जान तो लूँ।''

''खिलाफ कौन कहेगा?'' चेहरे पर वही निर्मल मुस्कान। फिर बहुत लाड़ भरे स्वर में बोले, ''पर इन छोटी-छोटी बातों को लेकर झगड़ते नहीं मिनी! तुम तो बहुत पढ़ी-लिखी हो, समझदार भी।''

''यही बात तुम अपनी माँ से कहो तो क्या ज्यादा अच्छा न होगा?'' गुस्से से मिनी ने कहा।

घनश्याम मुस्कुराया। नजरें मिनी के चेहरे पर टिकाकर बोला, ''जिस पर अपना सबसे अधिक जोर होता है, उसी से तो कुछ कहा जा सकता है, मिनी!''

पता नहीं पति के मुँह से पहली बार अपना नाम सुनकर या कि उस बात में ही अपनत्व की ऐसी गन्ध थी कि मिनी के मन का पत्थर बना हुआ एक हिस्सा अचानक ही कहीं से दरक गया। उसका मन बहने-बहने को हो आया।

रात में सोई तो मन बार-बार पूछने लगा, 'अपना जोर जताने क्या एक बार भी घनश्याम उसके पास नहीं आएगा? पर घनश्याम चैतन्य महाप्रभु की मूर्ति में ही डूबा बैठा रहा। बत्ती बुझाने के बाद भी जब नहीं आया तो जाने कैसी अव्यक्त-सी तिलमिलाहट से उसका मन अकुलाने लगा।

दूसरे दिन से मिनी ने घनश्याम के छोटे-मोटे कामों का जिम्मा खुद ले लिया। उसके नहाने का समय हुआ तो अलमारी में से उसके कपड़े निकाल दिए, देख लिया कि बंकू ने पानी-साबुन रख दिया है?

रात में घनश्याम ने बताया कि सवेरे उसे जल्दी ही बाहर निकल जाना है तो उसके चाय-नाश्ते की व्यवस्था करने के लिए मिनी खुद ही रसोईघर में चली गई। जाकर उसने चूल्हे में आग लगाई ही थी कि सास की आवाज सुनाई दी, ''अरे कौन है सवेरे-सवेरे रसोई में?'' मिनी कुछ जवाब देती, उसके पहले ही वे दरवाजे पर आ पहुँचीं और मिनी को अपने चूल्हे में आग जलाते देखकर एकदम चिल्ला उठीं :

''हाय-हाय, यह क्या किया बहू तुमने? मेरा चूल्हा छू लिया।''

मिनी हतप्रभ!

''हे भगवान्! अब इस घर में छूत-छात का कोई विचार ही नहीं रहेगा क्या? यह आस्तिकों का घर है बहू, यहाँ इष्ट-भिष्ट नहीं चलेगा।''

''इनको जल्दी जाना था इसलिए...'' मिनी अपनी सफाई देना चाह रही थी, पर वे बीच में चिल्ला पड़ीं, ''तो तुम मुझसे कहतीं न। अभी तो मैं मरी नहीं हूँ, बहू! अभी से इतनी मनमानी। पति-सेवा करो सो ठीक है, पर दूसरों के धरम-करम का भी तो खयाल रखो।'' आवाज को सप्तम स्वर पर चढ़ाकर माँ चिल्लाए जा रही थीं।

''क्या बात है?'' शोर सुनकर नहाने जाता हुआ घनश्याम मुड़कर इधर चला आया। मिनी को माँ के चूल्हे के पास देखकर ही वह सब समझ गया।

''देखो बेटा, कुछ आचार-विचार...''

''ओह, इसे शायद मालूम नहीं था कि...''

''क्यों? रोज देखती नहीं कि छोटी बहू, टुकी, जिसको भी काम करना होता है, दूसरे चूल्हे पर करती हैं। नहीं...नहीं, अब इस घर में निबाह बड़ा मुश्किल है।''

''अनजान में हुई गलती को तो भगवान भी माफ कर देते हैं माँ। इसे सब समझा दो तो आगे से खयाल रखेगी,'' और वह नहाने चला गया।

इतनी बड़ी बात को घनश्याम ने इतने हल्के-फुल्के ढंग से लिया और नहाने चला गया—माँ का क्रोध आसमान पर। जोर-जोर से चिल्लाकर वे रोने लगीं। चारु, मधु, सब आकर इकट्ठे हो गए।...

तभी उधर से जम्हाई लेता हुआ अखिल आया। पीछे-पीछे शुभा भी थी। ''क्या बात है माँ, क्यों सवेरे-सवेरे शोर मचा रखा है?''

''अब इस घर में जैसा अन्धेर होने लगा है उसमें मेरा रहना तो नहीं हो सकेगा बेटा। अब इस बुढ़ापे में हर किसी के हाथ का छुआ खाऊँगी मैं, नहीं, नहीं,'' और

वे रोने लगीं।

सबके बीच अपराधिनी-सी मिनी खड़ी थी—सहमी हुई। उसकी समझ में ही नहीं आ रहा था कि वह क्या करे?

"ओ हो! चूल्हा छू लिया तुम्हारा? तो एक लोटा गंगाजल डालकर पवित्र कर लो। सारा घर सिर पर क्यों उठा रखा है?" उसने बड़ी लापरवाही से कहा।

"खाली एक लोटा गंगाजल से छूत थोड़े ही मिटेगी?" आँखें मलते-मलते टुकी भी आकर खड़ी हो गई थी। पुरखन की तरह बोली, "ग्यारह बाल्टी पानी डालना होगा, फिर गो-मूत्र से लीपना होगा..."

"इन बेकार की बातों में तेरा दिमाग खूब चलता है, क्यों टुकी।"

"कैसी बातें करते हो? माँ जी वैसे ही दुखी हो रही हैं।" शुभा ने पति को झिड़का।

"जी तो दुख ही रहा है, बोल-बोलकर जीभ और क्यों दुखा रही हैं।"

"तुम चलो यहाँ से।" शुभा ने पति को वहाँ से हटा दिया।

दोनों बेटों को गया देख माँ का प्रलाप कुछ थमा। धरती में नजरें गड़ाए मिनी की ओर देखकर बोलीं, "क्यों बहू, सुनते हैं तुम्हारी माँ तो खुद बड़ी भक्तन हैं, भजन-पूजन करनेवाली हैं, पर तुममें तो कोई ऐसा संस्कार नहीं देखा। और तो और, मैंने तो कभी तुम्हें ठाकुरजी के आगे हाथ जोड़ते भी नहीं देखा। माँ ने क्या तुम्हें कुछ भी नहीं सिखाया? मेरी तो टुकी तक में छूतछात का इतना विचार है कि बस। पर इस घर में तो ऐसे सब चलेगा नहीं..."

मिनी से अनजाने एक गलती हो गई थी और इसीलिए वह चुपचाप इतना सब सुन भी रही थी। छूने से अपवित्र हुए चूल्हे को पवित्र करने के उपाय करने को भी तैयार थी, पर अपनी माँ के नाम पर आरोप! उसके भीतर की विद्रोहिनी मिनी जाग गई। सास की ओर सीधे देखकर बोली, "मैं यह सब वहाँ भी नहीं करती थी। माँ भक्तन जरूर हैं, पूजा-पाठ भी करती हैं, पर मामा ने छुआछूत का यह ढकोसला एक दिन भी नहीं करने दिया उन्हें।" और सबको अपनी बात से आहत और आवाक् छोड़कर वह अपने कमरे में आ गई।

माँ के आक्रोश और शुभा तथा टुकी की भर्त्सना का मिलाजुला स्वर एक शोर-सा बनकर कमरे में आता रहा। तभी कन्धे पर तौलिया डाले घनश्याम घुसा।

"मिनी!"

आवाज की सख्ती और दृढ़ता से मिनी चौंक गई।

"देखो, अनजाने में गलती हो जाए, यह बात समझ में आ सकती है, लेकिन जान-बूझकर तुम माँ का अपमान करो..."

"पर माँ ने..." मिनी बात काटकर ही कुछ कहना चाहती थी, पर घनश्याम ने कहने नहीं दिया।

"मैं इस पर विवाद नहीं करना चाहता। किसी की आस्था को ढकोसला कहो, यह तुम्हें शोभा नहीं देता। तुमने निश्चय ही माँ का अपमान किया है और तुम्हें माँ

से माफी माँगनी होगी।''

स्वर में आग्रह या मनुहार जैसा कुछ नहीं था। था तो सिर्फ एक निर्णय और उसके पालन करने का आदेश।

घर में सबके उचित-अनुचित व्यवहार को चुपचाप सहनेवाले घनश्याम का यह रूप भी नया था और स्वर भी। मिनी आवाक्-सी उसे देखती रही। पहली बार उसे लगा कि उसका पति उतना पौरुषहीन और लिजलिजा नहीं है जितना वह समझे थी।

आदेश उसे ही दिया गया था। और मन ही मन में कहीं उसे यह भी लग रहा था कि यह उसके साथ ज्यादती है फिर भी घनश्याम का यह रूप उसे अच्छा लगा। वह चुप रही, उसने प्रतिवाद नहीं किया।

घनश्याम उस दिन भूखा ही गया। मिनी ने भी सारे दिन कुछ नहीं खाया। शोर-शराबे के साथ रसोई में भर-भरकर बाल्टियों पानी डलता रहा। गंगाजल डाला गया। गोबर से लिपाई-पुताई हुई।

और मिनी सोचती रही—इन आडम्बरों के बीच ही उसे सारी जिन्दगी काटनी है। कैसे रहेगी वह, क्या करेगी?

पर रात में जब घनश्याम ने उसके दोनों कन्धों पर हाथ रखकर उसकी आँखों में आँखें डालकर बहुत लाड़ भरे स्वर में कहा, ''तुमने माँ से माफी माँग ली मिनी, बहुत अच्छा किया। अपनी ही नहीं, मेरी भी लाज रख ली।'' तो दिन-भर से मन पर छाया अवसाद अपने-आप छँट गया। मन हुआ अपना सिर घनश्याम की छाती पर रख दे और वह उसे बाँहों में समेट ले।

पर घनश्याम ने उसके कन्धे छोड़ते हुए कहा, ''हम वैष्णव हैं। अपने किसी भी काम से या अपनी बात से किसी का दिल दुखाना हमें शोभा नहीं देता।''

काश! उस समय क्षण-भर के लिए भी घनश्याम मिनी के दुखते दिल की बात ही समझ पाता।

शायद गर्मी के कारण ही मिनी की नींद अचानक खुल गई। उमस काफी थी और उसका बदन पसीने में नहाया हुआ था। वह बेचैनी से उठ बैठी। देखा—घनश्याम आँखें मूँद लेटा है और धीरे-धीरे हाथ के पंखे से हवा करता जा रहा है। गर्मी के कारण शायद उसे नींद नहीं आई थी।

मिनी ने अपनी दोनों हथेलियों को पंखे की तरह डुलाते हुए कहा, ''सुनो, तुम भी इस कमरे में एक बिजली का पंखा क्यों नहीं लगवा लेते? बैठे-बैठे हाथ से पंखा डुलाते रहने में ज्यादा सुख मिलता है क्या?''

''तुम जाग गईं? शायद बहुत गर्मी लग रही है। ठीक है, माँ से इस कमरे में

भी एक पंखा लगवाने के लिए कहूँगा। मुझे तो शुरू से ऐसे ही रहने की आदत है, पर तुम्हें तो तकलीफ होती होगी।''

और दूसरे दिन खाना खाते समय घनश्याम ने माँ से कहा, ''माँ एक बिजली का पंखा मेरे कमरे में भी लगवा दो। उमस इस बार कुछ ज्यादा है।''

इस माँग पर ही माँ के कान एकदम खड़े हुए। पूछा, ''बहू ने लगवाने के लिए कहा है?''

''मुझे ही खयाल आया। मेरी तो आदत है, पर उसे तकलीफ होती होगी। सारे दिन हाथ का पंखा डुलाती रहती है।''

''तो लगवा लो बेटा, मुझसे क्या पूछते हो? उसके ऐश-आराम का सामान जुटाना तुम्हारा काम है या मेरा?'' बात के डंक को घनश्याम ने महसूस किया या नहीं, पर मिनी को वह भीतर ही भीतर ऐसे लगा जैसे कि वे पंखा नहीं लगवाएँगी।

पर बात वहीं समाप्त नहीं हुई। उसे उलटकर आड़े-टेढ़े व्यंग्य के रूप में मिनी तक तो आना ही था, सो आई।

शुभा और टुकी चौधरियों के यहाँ रामायण-पाठ सुनने गई हुई थीं। लौटीं तो शुभा बिल्कुल गद्गद, ''माँ, पंडितजी रामायण ऐसी पढ़ते हैं कि बस। रात को तुम जरूर जाना।''

''पर प्रसाद बिल्कुल अच्छा नहीं दिया, माँ!'' टुकी ठुनकती हुई बोली।

''देखूँ, क्या दिया?'' माँ ने दोनों हाथों में प्रसाद लेते हुए पूछा।

''खाली बताशे। मैं तो लड्डू सोचकर गई थी।''

''बताशे भी बहुत थोड़े-थोड़े दिए।'' दोनों के बताशे को खूब गौर से देखते हुए माँ बोलीं, ''क्या जमाना आ गया है, भगवान के काम में भी कंजूसी। राम...राम।''

''पर माँ! पंडितजी की वाणी में तो बस अमृत है। राम वनगमन का प्रसंग था। सीता मैया कैसे सारे कपड़े-गहने उतार, महलों का सुख-वैभव छोड़कर, वनवासिनी होकर पति के साथ चल पड़ती हैं।...बस आँसू आ गए,'' शुभा भाव-विभोर हो रही थी।

''अरे बेटी, गए वो सीता-सावित्री के जमाने जब औरतें पति के लिए नरक का दुख भी हँसते-हँसते झेल जाती थीं। आजकल की औरतों को तो बस अपना सुख चाहिए। पति के आचार-विचार की कौन चिन्ता करता है।'' और कलियुग के अनाचार पर माँ के कलेजे से एक ठंडी साँस निकल गई।

मिनी ने मन ही मन निश्चय किया कि वह जरूर पंखा लगवाएगी।

घर में एक अजीब-सा तनाव छा गया। मिनी के मन की घुटन है कि रोज की इस खिच-खिच से बढ़ती जा रही है। न इस सबसे वह पूरी तरह कट पाती है, न जुड़

पाती है। मन का अवसाद बहुत बढ़ जाता है तो कभी-कभी अनायास ही आँसू छलक आते हैं...माँ की याद आने लगती है, अपना घर याद आने लगता है।

"सुनती हो, यह तुम्हारा पत्र आया है।" बड़े व्यस्त भाव से आकर घनश्याम ने मिनी के हाथ में एक लिफाफा थमा दिया। और उसी व्यस्त भाव से वह बाहर भी निकल गया। माँ की लिखाई देखकर उसने बड़ी अधीरता से पत्र खोला और पढ़ने लगी। पर पत्र के अन्तिम हिस्से तक आते-आते उसका मन गहरे अवसाद में डूब गया। दो-एक क्षण वह पत्र लिये यों ही खड़ी रही। फिर उसने पत्र का अन्तिम हिस्सा दोबारा पढ़ा।

'नरेन्द्र आया था। टाइफाइड से उठकर बहुत कमजोर हो गया है, एकाएक पहचाना भी नहीं जाता। दादा के कमरे में बैठ घंटों रोता रहा, बिलख-बिलखकर। तुम्हारे बारे में भी पूछ रहा था। तबीयत पूरी तरह सँभलने पर जब कलकत्ता लौटेगा तब शायद रास्ते में तुमसे मिलने आए...' और मिनी की अपनी आँखों से झर-झर करके आँसू बहने लगे..., 'उनके रोने का भेद तुम कभी नहीं जान सकोगी माँ, कभी नहीं।'

पलँग पर पड़कर वह कब तक रोती रही, उसे खुद नहीं मालूम। पर मन इस घर की चहारदीवारी को तोड़कर अपने गाँव पहुँच गया। उसी बगीचे में, उन्हीं पेड़ों के झुरमुट में उसने अपने को नरेन्द्र की बाँहों में सौंप दिया। उसके आवेग-भरे आलिंगन और चुम्बनों के बीच यह भूल ही गई कि वह विवाहिता है, कि उसका एक पति भी है, कि यहाँ रात-दिन किसी से मोर्चा लेते रहना है। उसकी दी हुई माला को मुट्ठी में भींचकर वह उसी के खयालों में डूबी रही।

रात को घनश्याम आया तो उसकी धुली-धुली आँखों और उदास चेहरे को देखकर पूछा, "क्या बात है, माँ के यहाँ सब कुशल तो है?" मिनी की आँखें फिर छलछला आईं।

"तुम्हारे यहाँ आ जाने से वे शायद बहुत अकेली रह गई हैं?"

मिनी जाने कहाँ शून्य में देख रही थी। वहीं देखते-देखते बोली, "बहुत-बहुत अकेली।" स्वर उसका आँसुओं से डूबा हुआ था। फिर एकाएक घनश्याम की तरफ देखकर बोली, "तुम मुझे कुछ दिनों के लिए माँ के पास भेज सकते हो? मैं एक बार वहाँ जाना चाहती हूँ।" मिनी के स्वर में कुछ ऐसी याचना थी कि घनश्याम एक क्षण को जैसे असमंजस में पड़ गया। पास आकर बहुत ही लाड़ भरे स्वर में बोला, "जानती तो हो, अगले महीने पूजा है। माँ क्या इस समय जाने देंगी? हाँ, पूजा के बाद जरूर माँ से कहकर जाने की व्यवस्था करवा दूँगा।"

मिनी कुछ भी नहीं बोली। चुपचाप जाकर सो गई। दूसरे दिन उठी तो लगा, रात-भर की नींद ने मन को कहीं से भी हल्का नहीं किया, बल्कि अवसाद का बोझ और अधिक गहरा हो गया है। मन की उदासी ने शरीर को भी अलस बना दिया है कि उठकर कुछ भी करने की इच्छा नहीं हुई।

घनश्याम ने खुद ही अपने कपड़े निकाले और नहाने के लिए निकल गया। थोड़ी देर में ही माँ का स्वर बाहर से सुनाई दिया, "अरे, यह क्या, बहूरानी का सेवा का शौक पूरा हो गया क्या?" फिर गले को सप्तम स्वर में चढ़ाकर बोलीं, "बंकू! बड़े बाबू का नहाने का पानी तो रख। दो दिन किसी ने रख दिया तो तूने सोचा कि चलो छुट्टी हुई।"

मिनी ने जैसे-तैसे अपने को समेटा और बाहर निकलकर आई, पर घनश्याम अपना पानी खुद रख चुका था। सास ने उसे ही सुनाते हुए कहा, "बहू, तुम अपनी किताबें ही पढ़ा करो। बेकार ही दो दिन को इन कामों में हाथ डालकर नौकरों की आदतें और बिगाड़ दोगी।" ननद फिस्स से हँस दी, जैसे माँ ने कोई बड़ा भारी मजाक किया हो और देवरानी के होंठों पर वैसी ही व्यंग्य-भरी मुस्कुराहट खेल गई। बस विकाररहित किसी का चेहरा रहा तो घनश्याम का। वह वैसे ही मुस्कुराता हुआ नहाने घुस गया।

आहत-सी मिनी अपने कमरे में लौट आई। शाम को रसोई के बाहर बैठी हुई वह चावल बीन रही थी कि पति का स्वर सुनाई दिया। बिजली की फुर्ती से सास भंडार घर से निकलीं और टुकी को आदेश दिया, "बड़े दादा के हाथ-मुँह धोने का पानी रखकर जल्दी से चाय बना। थोड़ा अपने से भी देख लिया कर टुकी, हर काम आँख में अँगुली डालकर ही न दिखाना पड़े।" और परम आलसी टुकी, जिस तत्परता से दादा की सेवा में लग गई उसने मिनी को हैरत में डाल दिया। पर वह बच्ची नहीं, खूब समझती है कि उसे नीचा दिखाने के लिए रचे गए इस नाटक में घनश्याम की हित-चिन्ता कितनी है। पर टुकी के हाथ से छीनकर काम लेना उसे अशोभनीय लगा। वह बिना कुछ बोले चावल बीनती रही। यों भी आज किसी का प्रतिवाद करने का उसका मन नहीं हो रहा था।

रात में ही घनश्याम को ज्वर हो गया। मिनी को मालूम तक नहीं। सवेरे सोकर उठी तो देखा पति पलँग पर ही सोए पड़े हैं। ऐसा तो आज तक कभी हुआ नहीं।

"यह क्या, तुम उठे नहीं!"

"रात ज्वर हो आया, अभी भी आँखें जल रही हैं और सिर भारी है।"

मिनी उठकर पास आई। माथा छूकर देखा, "बुखार तो तेज लगता है। तुमने मुझे जगाया नहीं?"

"जगाकर क्या करता भला?"

मिनी जानती है, घनश्याम से बहस करना बेकार है। उसने माँ को जाकर सूचना दे दी। घर की कर्ता-धर्ता वही हैं, जो करना होगा वही करेंगी। पर नौ बजे तक भी जब सास घनश्याम को देखने तक नहीं आईं तो फिर गुस्से से वह सुलगने लगी। मन हुआ, वह भी जाकर उसी तरह पूछे कि बस, हो गई सेवा-चाकरी बेटे की? पर वह जानती है कि उस स्तर पर उससे कभी नहीं उतरा जाएगा।

वह चुपचाप जाकर पति के लिए साबूदाना बनाने लगी। सास ने उसे रसोई में

त देखा तो बड़े सन्दिग्ध भाव से टटोलती हुई आ पहुँचीं। वे कुछ पूछतीं ने उसके पहले ही कह दिया, "उनके लिए साबूदाना बना रही हूँ।"

हाँ, हाँ, तुम्हीं बना लो बहू। देखती नहीं, सवेरे तो मुझे मरने तक की फुर्सत नहीं रहती," पर एक बार भी उन्होंने यह नहीं पूछा कि ज्वर कैसा है? मिनी का मन जाने कैसा हो आया। रात-दिन जो आदमी इस घर के लिए खटता है, अपनी कमाई का पैसा-पैसा तक जो माँ के हाथ में सौंप देता है, अपने ऊपर जो चार पैसे भी खर्च नहीं करता, उसी निरीह व्यक्ति की ऐसी उपेक्षा।

अखिल के दफ्तर जाने का समय हुआ तो वह फिर सास के पास गई, "अखिल भैया से कह दीजिए माँ, कि शाम को लौटते समय कोई दवाई लेते आएँगे। ज्वर के साथ बदन में दर्द भी है।"

माँ बड़े मनोयोग से अखिल की थाली सजा रही थीं। बोलीं, "तुम खुद ही जो कह दो, अखिल से पर्दा तो करती नहीं।" मिनी ने होंठों तक आई कड़वी बात को भीतर ही भीतर घोंट लिया। वह जानती है, घनश्याम को घर में होनेवाले इन क्लेशों से बड़ा आत्मिक कष्ट होता है, उसका अपना मन ही कौन खुश होता है? सुनकर वह जितनी दुखी होती है, सुनाकर उससे अधिक खिन्न होती है। वह अखिल को बोल आई।

घनश्याम ने सुना तो यही कहा, "दवाई के लिए क्यों कहा। तुलसी की चाय दे देना दो-तीन बार। महाप्रभु की कृपा हुई तो बुखार शाम तक उतर जाएगा।"

"चाय तो दे दूँगी, पर बुखार प्रभु की कृपा से नहीं, दवाई से ही उतरेगा!"

घनश्याम की यह अतिरिक्त सहनशीलता उसे जलाकर राख कर देती है। अभी कहीं प्रभु की कृपा पर भाषण न शुरू हो जाए, इसलिए वह उठकर बाहर चली गई।

बुखार शाम तक भी नहीं उतरा। माँ बड़े व्यस्त भाव से एक बार कमरे में झाँकने आईं और 'बहू तो है ही देखभाल करने को' कहती हुई निकल गईं। बात में आश्वस्ति भाव कहीं नहीं था...गिला ही था।

शाम को अखिल की आवाज सुनकर मिनी ने पूछा, "दवाई ले आए, अखिल भैया।" अखिल ने पहले तो उसे कुछ इस भाव से देखा मानो इस प्रश्न का मतलब ही न समझ पा रहा हो, फिर एकाएक जैसे कुछ याद करता-सा बोला, "ओहो...भाभी, बात यह है भाभी कि आज ऑफिस में इतनी खिट-खिट रही कि दिमाग एकदम भूसा हो गया। एकदम भूल ही गया। कल जरूर लेता आऊँगा।"

बात और उससे भी ज्यादा कहने के लापरवाह ढंग से मिनी ऊपर से नीचे तक सुलग उठी। फिर भी उसने अपने को भरसक संयत रखकर कहा, "कल तक तो उन्हें बुखार में इस तरह मैं पड़ा नहीं रहने दूँगी। न होगा तो मैं खुद जाकर दवाई ले आऊँगी।"

अखिल के लिये नाश्ता लिए सास पीछे आ खड़ी हुई थीं। मिनी की बात सुनी तो तमककर बोलीं, "ऑफिस के सत्तर झंझटों में अगर आदमी भूल ही गया तो इतना

गरजने-बरसने की क्या बात हो गई बहू? लड़के को दो घड़ी साँस तो लेने देती। फिर तुमने क्या घनश्याम के सारे कायदे-कानून तुड़वाने की कसम ही खा ली है? वह तो दवाई-दारू कभी पीता नहीं।''

मिनी ने जलती-सी नजरों से सास की ओर देखा, फिर, बड़े दृढ़ स्वर में आदेश देती सी बोली, ''खा-पीकर अभी दवाई ला सको तो अच्छा है, अखिल भैया। नहीं तो मुझे ही कोई उपाय करना होगा।'' और फिर बिना एक क्षण रुके वह चली गई—अखिल को विस्मित और सास को कुपित-सा छोड़कर।

घनश्याम के सिरहाने बैठकर उसने पूछा, ''अच्छा बताओ तो, घरवाले तुम्हारी इतनी उपेक्षा, तुम्हारा इतना अपमान क्यों करते हैं? तुम्हें कभी गुस्सा नहीं आता?''

अपार विस्मय से घनश्याम ने कहा, ''किस पर गुस्सा करूँ? घरवालों के कहने-सुनने पर कहीं अपमान होता है भला?''

''होता है, खूब होता है,'' घरवालों से ज्यादा गुस्सा तो मिनी को घनश्याम की सहनशीलता पर आता है।

घनश्याम हँसा, ''पर मैं तो वैष्णव हूँ। सहन करना, क्षमा करना, यह तो हमारे महाप्रभु का आदेश है।''

''होगा,'' उपेक्षा से मिनी ने कहा, ''जिस सहन करने से सामनेवाले को अन्याय करने की पूरी छूट मिल जाए, मेरी नजर में तो वह भी उतना ही बड़ा अन्याय है।''

घनश्याम उसी तरह हँसता रहा।

''एक बार तुम सच्चे मन से अपने-आपको महाप्रभु के चरणों में सौंप दो, फिर तुम्हारा दुःख, क्रोध सब हमेशा के लिए समाप्त हो जाएगा।''

पर मिनी का मन न अपने को भगवान के चरणों में समर्पित करने का हो रहा है, न ही वह अपने पति की इस मुद्रा को बर्दाश्त कर पा रही है। इस घर में आने के बाद उसने जो-जो अन्याय होते देखा है, उस सबको वह पति की आँख में अँगुली डालकर दिखा देना चाहती है। पति के पास बैठकर यों फुर्सत से बात करने का मौका भी तो आज उसे पहली बार ही मिला है। वरना तो रात में इतनी देर से आता है कि मिनी या तो सो चुकी होती है या नींद उस पर छाई रहती है। सम्बन्धों का जो रूप उन दोनों के बीच बन गया है, उसमें उसे जागते रहने की कभी आवश्यकता नहीं हुई। उस तरह के सम्बन्धों से वह शुरू से ही अपने को बचाती आई है और पति को न उस सबका आग्रह है, न ही अपेक्षा।

लेकिन अब वह चुप नहीं रहेगी।

''अच्छा, तुम रात-दिन खटते हो, सारा घर चलाते हो, अपनी कमाई को पाई-पाई माँ के हाथ में रख देते हो, फिर भी तुम्हारी आवश्यकता, तुम्हारा सुख-दुख देखने की न किसी को जरूरत है, न अवकाश। अखिल बाबू का कमरा देखा है? क्या नहीं है उसमें—कालीन, सोफा, पंखा और दुनिया-भर का ताम-झाम। और तुम्हारे कमरे में?''

अपार विस्मय से घनश्याम मिनी का चेहरा देखने लगा। फिर धीरे-धीरे उसके सदा निर्मल चेहरे पर एक मलिन-सी छाया उभर आई, ''यह सब तुम क्या कह रही हो? साधारण घरेलू औरतों की तरह तुम भी क्या सारे दिन यही सब सोचती रहती हो?''

''तुमसे किसने कह दिया कि मैं कुछ विशिष्ट हूँ?''

''कहेगा कौन? मैं क्या जानता नहीं?''

''अगर विशिष्ट होकर यों अपना सबकुछ छोड़ना पड़ता है तो मैं साधारण ही अच्छी।''

घनश्याम चुप हो गया। उसने आँखें मूँद लीं। उसके चेहरे पर एक गहरी वेदना का भाव घिर आया। ऐसा भाव मिनी ने कभी उसके मुख पर देखा नहीं था। हमेशा एक निर्मल हँसी...एक मृदु, कोमल भाव ही उसने वहाँ देखा था। वह भीतर ही भीतर सहम उठी। उसे लगा जैसे उसने घनश्याम की किसी दुखती रग को छेड़ दिया है। और कुछ समझ में नहीं आया तो उसने धीरे से घनश्याम के माथे पर हाथ रख दिया। शब्दों से नहीं, इस स्पर्श से ही वह जता दे कि पति को यों आहत करने का उसका दूर-दूर तक कोई इरादा नहीं था।

स्पर्श में सचमुच कुछ था कि घनश्याम ने आँखें खोलीं। फिर जैसे सारी शक्ति को बटोरकर उसने कहा, ''तुम एक वैष्णव की पत्नी हो, मिनी। तुम्हें इन छोटी-छोटी बातों से ऊपर उठना होगा। तुम आई तो इन सबसे ऊपर ही थीं, अब क्यों व्यर्थ ही अपने को नीचे घसीट रही हो?'' वह चुप हो गया, जैसे बहुत थक गया है। उसने आँखें मूँद लीं। मिनी अपलक उस चेहरे को देखती रही।

अलमारी से कपड़े निकालते-निकालते मिनी ने कहा, ''तुम्हारे पास एक कुर्ता साबुत नहीं है। एक-दो सिलवा क्यों नहीं लेते?''

''अच्छा, माँ से कहूँगा।''

खाना खाने बैठा तो उसने माँ से कहा, ''माँ, मेरे सभी कुर्ते फट गए हैं, दो-तीन नए कुर्ते सिलवा दो तो...।''

माँ ने आँखें कपाल पर चढ़ाकर कहा, ''कैसी बात करते हो, बेटा! इस बार तुमने पूरा रुपया तक तो दिया नहीं। आठ सौ-हजार का खर्च और अभी कुछ छह सौ रुपए दिए हैं। वसूली कुछ हो ही नहीं रही है, या कि...'' बाकी बात उन्होंने अधूरी छोड़ दी।

''हाँ-हाँ, असल में रुपया कुछ दुकानों में अटक गया है।''

''रुपया भले ही अटक जाए, बेटा। घर का खर्चा तो एक दिन को भी नहीं अटकता। निखिल की फीस की दूसरी चिट्ठी आ गई है, उसने फीस नहीं भरी है अभी तक। सामने पूजा का खर्चा है।''

''ओ हो, ठीक तो है...पूजा पर ही बन जाएँगे। मैं तो भूल ही गया। आज एक दुकानदार का रुपए देने का वायदा है, मिल गए तो कल निखिल की फीस भी भेज दूँगा।''

"आज तक तो तुमने कभी अपने लिए कोई चीज माँगी नहीं बेटा, मैं ही तो देखभाल करके सब कुछ करती रही हूँ। अब तुम भी इतना अन्धेर..."

बीच में ही बात काटकर घनश्याम बोला, "नहीं-नहीं, ऐसी कोई बात नहीं है।" और फुर्ती से हाथ धोकर चला गया।

ओट में बैठी मिनी ने गुस्से से होंठ काट लिया, "हुँह, ऊपर उठकर रहना है!..."

दो दिन से घर में एक ही प्रसंग चल रहा है—नीम तले के बाबाजी। उठते-बैठते उनकी यश-गाथा गाई जा रही है। कैसे सिद्ध पुरुष हैं, कैसे-कैसे चमत्कार उनके हाथों हुए हैं। भविष्य तो ऐसे बताते हैं जैसे उन्हें सामने दिखाई दे रहा हो। उनके दिए हुए तावीज आज तक अकारथ नहीं गए। वे शहर में आए हुए हैं और माँ चारु के पीछे पड़ी हुई हैं, "चारु, जैसे भी हो, उन्हें एक बार ले आ न। मुझे और कुछ नहीं चाहिए, बस टुकी का काम किसी तरह पार पड़ जाए तो गंगा नहाऊँ।"

तीसरे पहर मिनी टुकी की साड़ी में एक बेल टाँक रही थी। तभी अपना पोथा-पत्रा बाँधे पंडितजी हाजिर हुए। घर में जैसे प्रसन्नता की लहर दौड़ गई। उन्हें ऊँची चौकी पर आदर से बिठाया गया। टुकी को सामने करके, माथे तक घूँघट खींचकर माँ ने कहा, "बस पंडितजी, इस कन्या के लिए कुछ कर दीजिए। इसके क्या ब्याह का योग कब है?" टुकी फिस्स करके हँस दी।

पंडितजी ने डेढ़ कमानी के चश्मे में से पहले टुकी का हाथ देखा फिर उसकी जन्म-पत्री। स्लेट पर कुछ लिखते जाते थे, अँगुलियों से कुछ गणना करते। फिर गम्भीर मुद्रा बनाकर गर्दन हिलाते हुए बोले, "ओ हो, विवाह के घर में तो मंगल है। मंगल है तो दंगल। उत्पात कराएगा।"

माँ के चेहरे पर चिन्ता की छाया घिर आई। अनुनय करती सी बोलीं, "शान्ति का कोई उपाय तो होगा, पंडितजी?"

"भोला शंकर पंडित के पास किस बात का उपाय नहीं? पर जरा शान्ति रखो, माँ। सारे ग्रहों की स्थिति तो देख लूँ," वे फिर कुछ गिनने लगे।

"योग बुरा नहीं है, पर थोड़ा, विलम्ब अवश्य है।"

"पन्द्रह तो पूरे कर लिये, पंडितजी, और कितना विलम्ब है?"

"आप मंगल की शान्ति का जाप कराइए और कन्या से मंगल का व्रत रखवाइए। विलम्ब की बाधा भी कटेगी।"

"मैं भूखी कैसे रहूँगी?" ठुनकते हुए टुकी बोली।

"तू चुपकर," माँ ने झिड़का, "तो आप करिए न जाप।"

"हाँ, जाप शुरू कर दीजिए...कल से ही शुरू कर दीजिए," टुकी बोली तो

"बहुत बचपना है" कहकर माँ ने जैसे उसके फूहड़पन की सफाई दी।

"करूँगा, करूँगा। जब काम हाथ में लिया है तो करना ही होगा। आप दो सेर गुड़, एक सेर घी, पाँच सेर आटा और इक्कीस रुपए का इन्तजाम करवा दीजिए। सात दिन तक जाप होगा, फिर मन्त्र बनाकर दूँगा सो कन्या के हाथ में बँधवा देना। देखना, तुरन्त योग उपस्थित होगा।"

फिर शुभा की बारी आई। सन्तान के लिए एक तावीज की व्यवस्था उसके लिए भी कर दी गई। ग्यारह रुपए और थोड़ा-बहुत सामान।

मिनी चुपचाप यह तमाशा देखती रही...बस मन में केवल एक कौतुक जाग रहा था।

"दीदी, तुम भी चाहो तो अपना हाथ दिखा लो," पास आकर शुभा ने कहा, "सचमुच बड़े सिद्ध पुरुष हैं।" पंडितजी की नजर शायद उधर ही थी। बोले, "आओ बेटी, आओ।"

मिनी ने नकारात्मक गर्दन हिला दी तो पंडितजी अवाक् से उसका मुँह देखते रहे।

शुभा और टुकी रसगुल्ले और सन्देश से पंडितजी की आवभगत करते रहे और माँ भीतर जाकर सामान जुटाने लगीं।

बड़ी श्रद्धा से प्रणाम हुए और पंडितजी अपना पोथी-पत्रा लेकर चले। चारु सामान के थैली लिये हुए साथ-साथ गई।

एक क्षण को मिनी के मन में आए बिना नहीं रहा कि घनश्याम के कुर्तों के लिए माँ के पास पैसे नहीं थे और इन सबके लिए! माँ की चिन्ता के मुख्य विषय हैं—टुकी की शादी, शुभा का बच्चा या फिर अखिल की सुख-सुविधा या उसका भविष्य। घनश्याम नाम का कोई प्राणी भी इस घर में है या कि उसका भी कोई अस्तित्व है—यह बात भी उनकी चिन्ता के दायरे में नहीं आती। पर छोड़ो, क्या करना है उसे इन सब बातों से? क्यों बेकार वह अपना मन दुखाती है?

और मिनी ने सचमुच ही आसपास से आँखें मूँद लीं। जो हो, जैसा हो उसे क्या! वह अब ऊपर उठकर ही दिखा देगी। जो मिलेगा, खा लेगी। जैसा रखा जाएगा, रह लेगी। पर अजीब स्थिति थी उसकी भी। जैसे ही वह अपने आसपास से कटने की कोशिश करती, अनजाने ही वह घनश्याम से भी कटने लगती। यह बाहर का ही तो सब कुछ था जिसने उसे घनश्याम से जोड़ रखा था। बाहर से आँख मूँदते ही वह अपने भीतर डूब जाती और भीतर तो उसके एक दूसरी ही दुनिया थी, जिसका सामना करने में वह खुद आजकल बहुत घबराने लगी थी; जिसे वह भरसक दबाए ही रखना चाहती थी। अपनी भीतरी दुनिया को भूलने के लिए ही तो वह बाहर की दुनिया से बहुत घने रूप से जुड़ जाना चाहती थी। लेकिन अब? मन है कि फिर दौड़-दौड़कर उन्हीं दृश्यों में भरमाने लगता है। कैसे दो विरोधी व्यक्तियों के बीच बँटा है उसका मन भी तो।

नरेन्द्र का एक वाक्य याद आता—'बचपन का ही जिद्दी नरेन्द्र जिसकी कामना करता है उसे पाकर ही रहता है।' और घनश्याम? उसने तो अपनी सब कामनाएँ ही खत्म कर दीं।

और इन दोनों के बीच बँटी मिनी न कामनाओं को खत्म कर पाती है, न कामनाओं को पूरा करने का साहस ही जुटा पाती है।

उस दिन दोपहर में ही घनश्याम की आवाज सुनकर मिनी चौंकी। यह समय तो है नहीं पति के आने का। पर वह कमरे से बाहर नहीं निकली। आजकल न वह कुछ जानने की जिज्ञासा दिखाती है, न कुछ करने की आतुरता। उसके इस परिवर्तन पर घर के लोग प्रसन्न ही नजर आते हैं। पहले घरवालों का यह क्रूर सन्तोष ही उसके लिए सबसे बड़ी चुनौती बना हुआ था, पर अब ऐसा भी कोई भाव मन में नहीं आता।

"मिनी!" पति ही कमरे में चले आए थे तो पुस्तक रखकर वह खड़ी हो गई। घनश्याम के हाथ में कागज का लिपटा हुआ एक बंडल था। मिनी ने अपनी नजरें पति के चेहरे पर गड़ा दीं।

"देखो, तुम्हें यह पसन्द है," कहकर घनश्याम ने बंडल खोला। एक नीली डार्क साड़ी। मिनी की नजरों में प्रसन्नता से अधिक कौतूहल उभर आया। वह जैसे कुछ समझ नहीं पाई।

"आज वसूली के लिए एक कपड़े की दुकान पर गया था। वहाँ पर नीली साड़ी देखी तो ले ली। तुम्हें नीला रंग पसन्द है न?"

मिनी के तो विस्मय का ओर, न छोर। समझ नहीं पा रही है कि जो कुछ सामने देख रही है, सुन रही है उस पर विश्वास करे या नहीं? बिना माँ से पूछे जो अपने लिए एक कुर्ता सिलवा सकने तक का साहस नहीं जुटा पाता, वह उसके लिए साड़ी ले आया!

"पसन्द तो है न?"

"पर तुम्हें किसने कहा कि मुझे नीला रंग पसन्द है?" आश्चर्य से उसने पूछा।

"फिर वही बात। तुम्हारी हर बात क्या मुझे किसी और से सुनकर ही जाननी होगी?"

मिनी को लगा, सामने खड़े इस व्यक्ति को वह कभी समझ ही नहीं पाएगी। किताबों से पाया ज्ञान इसे जानने के लिए हमेशा ओछा पड़ गया है।

"उस दिन बताया नहीं कि तुम्हारे पास एक भी साबुत कुर्ता नहीं है, फिर यह क्यों ले आए?" भीतर से पुलकित, फिर भी बाहर से उलाहना देती सी वह बोली।

"जिसे अपना सब कुछ दे दिया हो, उसे और कुछ भी देकर पाने का सुख ही तो होता है," और अपने को एकदम व्यस्त बनाकर घनश्याम बाहर निकल गया।

मिनी आवाक् अचल। फिर अनायास ही होंठों पर मुस्कान थिरक गई। मन में केवल एक ही बात आई—जितने ये खुद विचित्र, प्रेम करने का इनका तरीका भी उतना ही विचित्र।

रसोईघर और भंडारघर में माँ का एकछत्र राज्य है। भंडार में तो घर के और सदस्यों का प्रवेश भी निषिद्ध है। पर हाँ, रसोई में वक्त-जरूरत पर बहुओं को बुला लिया जाता है। वैसे सबको खाना परोसने का काम माँ खुद ही करती हैं और अपनी निगरानी में ही सबको खिलाती-पिलाती हैं। किसको कितने दूध-घी, मक्खन की जरूरत है? इस बात को उनसे अधिक अच्छी तरह और कौन जान सकता है भला। जाने कैसे उनके मन में यह धारणा घर कर गई है कि उनका विरागी बेटा खाने-पीने की अच्छी चीजों की ओर से भी विरक्त है और उसकी इस विरक्ति में किसी प्रकार की बाधा न पहुँचे, इसका वे विशेष ध्यान रखती हैं। मिनी जानती है कि घनश्याम मांस-मछली तो नहीं खाता, पर अच्छे निरामिष भोजन का उसे बहुत शौक है। और इसीलिए पति के भोजन करते समय वह रसोई में चाहे न जाए पर आसपास जरूर कहीं मँडराती रहती है।

आज उसने देखा कि घनश्याम जब भोजन करने गया तो ननद सास से सटकर और देवरानी क़ुछ हटकर रसोई में ही बैठी हैं। सबके चेहरों पर एक विचित्र-सी उत्सुकता है।

थाली सामने रखकर ही सास ने पूछा, "बहू को साड़ी पसन्द आ गई?" बाहर बैठी मिनी ही सकते में नहीं आई, कौर उठाए हुए घनश्याम का हाथ भी एक क्षण के लिए जहाँ का तहाँ रह गया। इतने बड़े रहस्योद्घाटन पर घनश्याम के चेहरे की प्रतिक्रिया देखने के लिए देवरानी और ननद बेहद सतर्क हो आई थीं। पर घनश्याम ने इस चर्चा में किसी को अधिक रस लेने का अवसर दिया नहीं। बहुत सहज स्वर में बोला, "आई ही होगी, उसकी पसन्द का ही तो रंग था" और फिर ऐसे भोजन करने लगा जैसे कुछ हुआ ही न हो। न आश्चर्य, न तिलमिलाहट और न ही पकड़े जाने की खिसियाहट। पर मिनी के तन-मन में जैसे आग लगी हुई थी। सिर्फ तीन घंटे पहले उसके कमरे के भीतर जो बात हुई थी, उसका पता बाहर कैसे लगा? सारे दिन ताक-झाँक, जासूसगीरी—यह कोई सभ्य लोगों के तरीके हैं? वह जानती है कि उसके और उसके पति के बीच जो कुछ होता है उसका राई-रत्ती हिसाब घरवालों के पास है। कड़वाहट से उसका मन भर गया और एक बार तो इच्छा हुई कि जाए और

साड़ी लाकर सबके बीच में पटक दे कि लो देखो और कुढ़ो। लेकिन वह जड़ होकर जहाँ की तहाँ बैठी रही।

पर इतनी जल्दी दाँव हारनेवाला तो वहाँ कोई भी नहीं था। माँ ने स्वर में अपार परेशानी भरकर कहा, "कल फिर निखिल की चिट्ठी आई है, न हो तो तुम ही जवाब दे दो बेटा, मैं क्या जवाब दूँ अब?"

"ठीक है, ठीक है। वह इन्ताजम भी हो गया। आज एक हुंडी मिली है कल भुनाकर निखिल की फीस भेज दूँगा।"

यह वार भी खाली गया तो फिर उन्हें सीधे-सीधे ही चोट करनी पड़ी, "अगले महीने ही तो पूजा है...मैं सभी के लिए तो कपड़े मँगवाती, बेटा! तुमने अब इस घर में यह नई चलन कौन सी निकाली?"

इन औरताना दाँव-पेचों से नितान्त अनभिज्ञ घनश्याम ने हाथ धोते-धोते विस्मय से पूछा, "कैसी नई चलन?"

सामने बैठा व्यक्ति यों रँगे हाथों पकड़ा जाकर भी न संकुचित होता है, न भयभीत—माँ का धैर्य जवाब दे गया। तमककर बोलीं, "बहू के लिए साड़ी लाने की। पहले तो ऐसा इस घर में कभी नहीं हुआ।" इतना सुनकर भी घनश्याम को अपनी गलती का अहसास हो जाता और लज्जित होकर वह साड़ी माँ के हाथ में लाकर सौंप देता तो सारा विवाद ही समाप्त हो जाता। तीन घंटों से चल रही मन्त्रणा सार्थक हो जाती। पति का जैसा सीधा-सरल स्वभाव है उसमें मिनी को इसी बात का अन्देशा भी था पर बड़े सीधेपन से घनश्याम ने हँसकर इतना ही कहा, "पहले बहू थी ही कहाँ?" और चला गया।

उस क्षण से लेकर रात सोने तक मिनी एक नशे में डूबी रही। आज सचमुच ही उसने अपने पति के एक नए रूप के दर्शन किए। साड़ी लाकर देना और माँ के किए गए सारे वारों को व्यर्थ करके अपने किए को एक क्षण के लिए गलत सिद्ध न होने देना...और मिनी है कि मन उमड़-उमड़कर आ रहा है। कल्पना को जैसे पंख लग गए हैं। आँख मूँदते ही पति सामने आ खड़े होते हैं, मनुहार करते हुए, "वह साड़ी पहनकर नहीं दिखाओगी?" और फिर वह केवल साड़ी ही नहीं पहनती, सारा शृंगार करती है। पति की मुग्ध नजरों के सामने लज्जित, संकुचित-सी उसकी देह कैसे अवश होकर पति की बाँहों में समा जाती है और इतने दिनों की खिंची हुई यह अभेद्य दीवार ढह जाती है। चटाई पर लेटे-लेटे कितनी ही बार उसकी समूची देह रोमांचित हो आई है। पर पति अपने समय से ही आए। "अरे, तुम आ गए," कहकर उसने यह भी जता दिया कि वह जाग रही है। लेकिन कहीं भी तो कुछ नहीं। बिना देखे ही उसने जान लिया है कि पति ने अपने को चैतन्य महाप्रभु की मूर्ति में ही डुबो दिया है।

जो कल्पनाएँ कुछ देर पहले उसके तन-मन को पुलकित कर रही थीं वे ही अब सौ-सौ दंश बनकर उसका मन छलनी किए दे रही हैं। अपने ही हाथों खिंची हुई दीवारों के बीच उसका मन बुरी तरह छटपटाने लगा। उसकी असली सुहागरात भी

आँसुओं के बीच ही बीती थी, आज जिस सुहागरात की कल्पना की, उसकी परिणति भी आँसुओं में ही हुई। पर उस दिन विरक्ति और वितृष्णा से उसका मन भरा हुआ था और आज आकांक्षा और अपेक्षा से।

चाचाजी का पत्र क्या आया, घर में जैसे उत्साह की एक लहर आ गई। कल टुकी को देखने के लिए लड़के के बाप और मामा आ रहे हैं। घर उनके स्वागत की तैयारी में जुटा हुआ है। घर की सफाई हो रही है। चादरें और पर्दे बदले जा रहे हैं। अखिल का कमरा पूरी तरह सजा दिया गया है। माँ का एक पैर बाहर तो एक पैर भीतर। दिन में दस बार वे मिनी को सुनाकर कह देती हैं, ''देख लिया पंडितजी के तावीज का चमत्कार! तुरन्त ही कैसा योग ला खड़ा किया। बड़ा चमत्कार होता है इन तावीजों में। नहीं तो दुनिया क्या पागल है जो इन पंडितों को पूजती है? बस, सर्दी शुरू होते-होते ही शादी कर दूँगी।''

टुकी अलग थिरकती फिर रही है, ''मुझे अच्छी तरह सजाना भाभी! कल मैं तुम्हारी साड़ी पहनूँगी।''

अखिल को माँ ने जबर्दस्ती छुट्टी दिलवा दी, ''बेटा, शहर के लोग हैं, खूब जमाकर बात करनेवाला चाहिए न। अंग्रेजी भी तो बोलनी पड़ सकती है। तुम छुट्टी ही ले लो।''

''बड़ी बहू, टुकी को तुम ही तैयार करना...आजकल की चलन से कर देना।''

सबके लिए माँ के पास आदेश है, पर जब घनश्याम ने कहा, ''माँ, मैं तो शायद खाने के समय तक ही पहुँच सकूँगा'' तो माँ ने कहा, ''देख लेना। बेटा, ऐसा भी क्या है, अखिल तो है ही। तुम अपने काम का क्यों हर्जा करते हो! पूजा के पास का समय ही तो तुम्हारे काम-कमाई का समय होता है।''

पता नहीं घनश्याम को बुरा लगा या नहीं, पर मिनी कटकर रह गई। होंठों तक आई कड़वी बात को जैसे-तैसे उसने पी लिया। इस अवसर पर भी बड़े बेटे की उपस्थिति अनावश्यक? शायद माँ नहीं चाहतीं कि घनश्याम, जो कॉलेज में रहकर नहीं पढ़ा और जो दुकानों का काम करता है, आनेवाले शहरी लोगों के सामने आए। इतना अपमान! मन तो हुआ वह भी अपने कमरे में चली जाए—हैं तो छोटे बेटे-बहू करने के लिए। पर फिर उसने मन को समझा लिया। सुनना उसका कर्तव्य है, वह चुपचाप ही सुनेगी। न परेशान होगी, न बुरा मानेगी।

उसने टुकी को तैयार कर दिया, साथ ही उसे समझाया भी, ''देखो टुकी, वहाँ बोलना नहीं, हाँ। चुप करके ही बैठी रहना। टुकी का फूहड़पना कैसे बर्दाश्त करेंगे शहरी लोग?''

''क्यों नहीं बोलूँगी? वे मुझे गूँगी नहीं समझ लेंगे!''

''जितना पूछें उतना ही बोलना, ज्यादा नहीं। और देखो, धीरे बोलना, समझीं।''

''समझ ले बेटी, समझ ले। और दो-चार बातें अक्ल की समझा दो बहू, तुम तो पढ़ी-लिखी हो,'' आज मिनी के प्रति भी माँ अतिरिक्त रूप से उदार हो रही हैं।

पहले खाने-पीने का दौर चला। फिर अखिल टुकी को बुलाने भीतर आया। चाँदी की तश्तरी में पान सजाकर टुकी भाई के साथ भीतर गई। माँ और शुभा दरवाजे के दोनों ओर जैसे चिपक ही गईं। कोई बीस मिनट बाद टुकी निकली तो दोनों ''क्या पूछा, क्या पूछा'' करके उस पर झपटीं।

तभी घनश्याम आया, ''खाना-पीना हो गया माँ?'' और सीधा अखिल के कमरे में चला गया। थोड़ी देर बाद ही कमरे से गरमा गरम बहस के टुकड़े उछल-उछलकर बाहर आने लगे। माँ फिर दीवार से चिपक गईं।

और देखते ही देखते थोड़ी देर पहले का उत्साह रंज में बदल गया। माँ कपाल पीट-पीटकर कहने लगीं, ''माँगे हैं पच्चीस हजार तो देने ही पड़ेंगे। जैसे भी हो, करो इन्तजाम। रुपयों के पीछे क्या मेरी लड़की अनब्याही ही रह जाएगी? हे भगवान्! आज टुकी के बाबा होते तो क्या यों घर आए लोगों को लौट देते? पर यहाँ किसे चिन्ता है...टुकी का दर्द ही किसे है?''

टुकी अलग भूँ-भूँ करके गला फाड़ने लगी। मनमौजी अखिल, जो इस सारे प्रसंग से शायद काफी ऊब-सा गया था, उसे डाँटते हुए बोला, ''क्यों रो रही है इस तरह? जब कहते हैं कि कम खाया कर...थोड़ा अपने ऊपर काबू रख, तब तो सुनती ही नहीं। सारे दिन चरती रहती है...''

''बेकार की बात मत कर अखिल। मैं क्या समझती नहीं? बात रुपए पर तोड़ी है। भीतर की बात मैं खूब समझती हूँ...दूध पीती बच्ची नहीं हूँ...'' बात घनश्याम को सुनाकर ही कही गई थी।

''माँ, हमें टुकी की शादी करनी है, सौदा नहीं।'' वही दृढ़ और सधा हुआ स्वर जो माँ पर भी अंकुश लगा देता था, पर आज माँ कोई अंकुश मानने को तैयार नहीं थी। चीखकर बोली, ''तो करो न शादी। किसी ने मना किया है तुम्हें। पन्द्रह साल पूरे कर गई। क्यों नहीं की शादी। बेच दो दुकानें और करो रुपए का इन्तजाम।''

''तुम बात को समझती क्यों नहीं, माँ,'' घनश्याम के स्वर में न आवेश है, न क्रोध। सिर्फ माँ को शान्त करने का प्रयास है। समझाने का भाव।

''टुकी उन्हें पसन्द होती तो मैं जैसे भी होता, जहाँ से होता, रुपए का प्रबन्ध करता। दुकानें बेचता, अपने को बेचता, पर रुपए का प्रबन्ध करता। पर वे कहते हैं कि लड़की हमें बिलकुल पसन्द नहीं है। मोटी है। सोचो माँ, कोई तरीका है यह बोलने का फिर ऊपर से कहते हैं, पच्चीस हजार रुपया दे दो तो हम लड़के को राजी करने की कोशिश कर सकते हैं। छी-छी-छी, ऐसी सौदेबाजी...इतना घटियापन!''

''कोई सौदेबाजी नहीं, सब लेते हैं। लड़के के ब्याह में कौन रुपया नहीं लेता?

तुम खाली हाथ बहू ले आए तो सारी दुनिया तो नहीं लाएगी। दो पच्चीस हजार और करो सम्बन्ध।''

''माँ, तुम जानती नहीं, हमारे बंगाली परिवारों में कितने लोग ऐसी शादियाँ करते हैं और शादी के महीने दो महीने बाद लड़की को वापस उसके घर छोड़ जाते हैं। जान-बूझकर टुकी को कुएँ में धकेला जा सकता है भला!''

पर माँ का प्रलाप चलता ही रहा। सारी बात को समाप्त-सा करते हुए घनश्याम ने फिर अपना निर्णय दोहरा दिया—एक-एक शब्द पर खूब जोर दे-देकर, ''मैं लड़की का सौदा नहीं करूँगा।'' और वह चला गया।

उत्साह की यह लपट बुझी तो जैसे अपने पीछे ढेर सारा जहरीला धुआँ छोड़ गई। माँ ने खुलेआम कहना शुरू कर दिया, ''मैंने तो कभी सगा-सौतेला नहीं समझा। पेट के लड़के से ज्यादा ही समझा घनश्याम को, पर अपने अपने ही होते हैं और पराए पराए ही। आज अपनी बहन होती तो...।'' कभी क्रोध का बहाव मिनी की ओर हो जाता, ''...पहले तो घनश्याम ऐसा नहीं था। उसने तो कभी छोटे भाई-बहनों को गैर समझा ही नहीं, पर कोई रात-दिन बैठकर यही पट्टी पढ़ाए...अपना ही स्वार्थ सुझाए...अपनी ही फरमाइशें पूरी करवाए तो आदमी भी बिचारा क्या करे...''

माँ का यह क्रोध केवल बातों तक ही सीमित नहीं रहा, उनके व्यवहार में भी दिखाई देने लगा। घनश्याम की उपेक्षा और ज्यादा बढ़ गई। यहाँ तक कि उसका दूध भी बन्द कर दिया।

और मिनी। जिस दिन दृढ़ स्वर में घनश्याम ने कहा, ''मैं शादी करूँगा, सौदा नहीं।'' उस दिन उसे लगा जैसे घनश्याम के रूप में मामा बोल रहे हों। उसका मन एक अव्यक्त श्रद्धा से भर उठा। वह अपने प्रति हुए बड़े से बड़े अन्याय को हँसते हुए सह जाएगा...पर गलत बात का विरोध करने की दृढ़ता उसमें है और खूब है। उस जगह वह अडिग है। माँ के व्यंग्य-बाण हों या दुर्व्यवहार या कि मिनी का दुखी होना...कुछ भी तो घनश्याम को विचलित नहीं करता।

और भीतर ही भीतर उसने संकल्प किया—घनश्याम के प्रति माँ के इस दुर्व्यवहार पर वह अब और चुप नहीं रहेगी। उनकी दिन ब दिन बढ़ती ज्यादतियों के सामने वह पति को अकेला नहीं छोड़ेगी।

सप्ताह भर के बाद ही ऐसा अवसर आ उपस्थित हुआ कि उसे केवल बोलना ही नहीं पड़ा, वरन् शिष्टता की सब सीमाओं को भी लाँघ जाना पड़ा। अखिल के चार-पाँच दफ्तरी मित्र भोजन के लिए आनेवाले हैं। एक दिन पहले से ही सारा घर तैनात है। किसको क्या काम करना है, खूब ठोक-ठाककर बता दिया गया है। ''बड़े-बड़े अफसरों का मामला ठहरा, ढील करने से काम नहीं चलेगा।'' माँ कई बार

दोहरा चुकी हैं। सब्जी लाने का काम बंकू पर नहीं छोड़ा जा सकता था, इसलिए घनश्याम खुद जाकर सब्जी लाया है। कुछ लोग कमरा ठीक करने में लगे हैं, तो कुछ रसोई में। मांस-मछली की तरह-तरह की डिशें बन रही हैं। मिनी को एकाएक खयाल आया...निरामिष तो कुछ बना ही नहीं, पति क्या खाएँगे? एक बार मन हुआ चुपकर जाए, पर चुप करने का मतलब है घनश्याम को सारे दिन भूखा ही रहना पड़ेगा। पूछ ही लिया, ''माँ, निरामिष तो कुछ है ही नहीं, ये क्या खाएँगे?''

''तुम कैसी बात करती हो, बहू?'' आज समय ही कहाँ है अलग पकाने का? आनेवाले सब अफसर लोग ठहरे—उन्हें ठीक समय से तो खाना देना ही होगा। रात के आलू और करेले रखे हैं, भात के साथ वही दे दूँगी, साथ में दूध।''

काबू रखते हुए भी मिनी का गुस्सा उबल उठा, ''भात के साथ बासी आलू और करैला! कोई खा सकता है इस खाने को? क्या दाल भी नहीं बनाई जा सकती?''

''मुझे तुम्हारे साथ बहस करने की फुर्सत नहीं है बहू, बहुत काम हैं। देख तो रही हो, सवेरे पाँच बजे से तो सब लोग लगे हैं। आखिर काम करनेवालों के भी तो जान है।''

''बेजान तो बस एक व्यक्ति है इस घर में। किसी के पास समय नहीं है तो मैं खुद ही बना लूँगी।'' मिनी ने बहुत तीखे ढंग से कहा और हाथ का काम जैसा का तैसा छोड़कर वह मछली तलती महाराजिन से बोली, ''इनके लिए दाल-सब्जी और चटनी बना सको तो ठीक है वरना एक चूल्हा मेरे लिए खाली कर दो, मैं खुद बना लूँगी।'' और वह सब्जी की डलिया में से घनश्याम की पसन्द की सब्जी निकालने लगी। तभी सास गरजीं, ''अब इस घर में कुछ लाज-शरम, छोटे-बड़े की मर्यादा भी रहेगी या नहीं? घनश्याम को कोई जहर नहीं दिया जा रहा है जो तुम इधर से उधर गला फाड़ चिल्लाती फिर रही हो।''

मिनी ने सुलगती आँखों से सास को देखा और जैसे बेकाबू-सी होकर उसके मुँह से निकल गया, ''ये किसी दफ्तर में सौ रुपल्ली की क्लर्की नहीं करते इसीलिए क्या नौकरों-चाकरों से भी गए-बीते हैं? लेकिन मैं भी इतना अन्याय नहीं होने दूँगी।'' और वह थाली में सब्जी डालकर अपने कमरे में आ गई। सब्जी काटने के लिए वहाँ बैठे रहना भी उसके लिए असम्भव हो गया।

पर कमरे में आते ही ग्लानि से उसका मन फटने लगा। छिः, क्या हो गया है उसे जो इस तरह औरताना ढंग के टुच्चेपन पर उतर आई है! यह सब उसे शोभा देता है? लेकिन रात में जब घनश्याम ने आकर जरा कठोर-से स्वर में पूछा, ''तुमने माँ से फिर झगड़ा किया? मैंने कहा था न कि इन छोटी-छोटी बातों को लेकर उनसे नहीं उलझोगी।'' तो मिनी फिर झनझना उठी, ''मैं अन्याय नहीं बर्दाश्त कर सकती।''

''न्याय-अन्याय की बात मैं नहीं जानता, जाकर माँ से माफी माँग आओ,'' स्वर की दृढ़ता ने मिनी को बुरी तरह चौंका दिया। पर आज उसे अपनी गलती दिखाई नहीं दे रही थी, सो उसने तुनककर जवाब दिया, ''अन्याय करें वे और माँफी माँगूँ

मैं? वाह रे तुम्हारा न्याय!''

''मैंने कहा न कि हम वैष्णव हैं, अपने प्रति किए गए अन्याय को हमें बर्दाश्त करना ही है।''

''तुम्हारे वैष्णव धर्म में डंडा मार-मारकर दूसरे से वैष्णवगीरी करवाने का आदेश भी है क्या?'' मिनी ने व्यंग्य से पूछा।

घनश्याम एकटक मिनी का चेहरा देखता रहा। लगा कि मिनी की बात से वह जैसे भीतर तक आहत हो आया है। पर उसने अपने को नियन्त्रित करके कहा, ''दूसरे? तुम क्या दूसरी हो?''

मिनी भी एक क्षण रुकी फिर बोली, ''ठीक दूसरी हूँ, ऐसा तो नहीं कह सकती, पर तुम्हारी बहुत अपनी भी नहीं हूँ।'' और कहने के साथ ही अपनी बात के नीचे छिपे अर्थ का ध्यान आते ही जैसे वह स्वयं संकुचित हो आई। बात को बदलने के लिए जल्दी से बोली, ''यहाँ कदम-कदम पर जिस तरह का अन्याय होता है, उसमें चुप रहना मेरे लिए सम्भव नहीं। न हो तो तुम मुझे माँ के यहाँ भेज दो।''

''ठीक है, तुम माँ के यहाँ चली जाओ। मैं माँ से कहकर तुम्हारे जाने की व्यवस्था करवा दूँगा।'' अपने स्वर की दृढ़ता और उससे भी अधिक अपनी बात से मिनी को हतप्रभ करके घनश्याम चला गया। मिनी जहाँ खड़ी थी धम्म से वहीं बैठ गई। इतना अपमान! और सबसे बड़ी विडम्बना यह कि जिसके लिए चोरी करे वही चोर कहे!

अपमान की इस ज्वाला में सुलगते हुए ही उसकी सारी शाम बीती। माँ से जब घनश्याम ने उसे भेजने को कहा होगा तो कैसा विजयोल्लास उनके चेहरे पर छा गया होगा...ननद फिस्स करके हँसी होगी...देवरानी होंठ टेढ़ा करके मुस्कुराई होगी। इसकी कल्पना कर-करके ही उसकी आँखों से आँसू उमड़ने लगे।

नहीं, अब वह माँ के यहाँ चली ही जाएगी। यहाँ जिस तरह की जिन्दगी यह जीने को मजबूर है, वह सब यों भी उसके बस का नहीं। रात-दिन छोटी-छोटी बातों पर झगड़ा करो। निहायत टुच्चेपन पर उतरकर विवाद करो। इसी सबके लिए इतना पढ़ा-लिखा था? जिन्दगी के इसी रूप की कल्पना की थी? और उसका यहाँ है भी क्या? सवेरे से रात तक घनश्याम को अपने कमरे से अवकाश नहीं, रात में चैतन्य महाप्रभु का ध्यान और फिर अपने-अपने कोनों में सिमटकर सो जाना। वह यहाँ रहे न रहे, कितना अन्तर पड़ता है घनश्याम की जिन्दगी में। और फिर नए सिरे से उसे अपनी निरर्थकता का बोध हुआ। साथ ही वह अव्यक्त-सी पीड़ा भी हरी हो आई, जिसे वह शायद अपने भीतर ही भीतर दबाए हुए थी। शाम से लेकर रात तक वह अपने कमरे के बाहर भी नहीं निकली। अपना यह अपमानित चेहरा वह किसी को नहीं दिखाएगी।

उसके कमरे के बाहर ही एक तखत रखा है और पास में एक अलमारी। घनश्याम की हिसाब-किताब की बहियाँ उसी में रहती हैं। रात में आठ-साढ़े आठ बजे

लौटकर वह उसी तखत पर बैठकर हिसाब-किताब देखता है। चिट्ठी-पत्री लिखता है। उसके बाद खा-पीकर भीतर आता है। मिनी अपने कमरे में किताब पढ़ती हुई या कुछ और करती हुई भी उसका ध्यान रखती है। कुछ जरूरत होने पर कमरे की खिड़की में से ही उसे पकड़ा देती है।

अलमारी खुलने की आवाज से ही वह समझ गई कि घनश्याम आ गया है। ''अब और मुझसे सहा नहीं जाएगा बेटा, आज फैसला हो ही जाए।'' माँ शायद साथ ही लगी-लगी आई थीं।

मिनी एकदम सजग होकर बैठ गई। सुने तो सही, पति क्या कहकर उसके जाने की व्यवस्था करवाते हैं। कितना जलील और अपमानित करते हैं उसे माँ के सामने।

''तुमने सब सुना तो होगा ही बेटा। तुम्हीं बोलो, ऐसे मैं कैसे गृहस्थी चलाऊँगी?''

''हाँ, सुना तो,'' घनश्याम का संक्षिप्त-सा उत्तर।

''मैं तो पहले ही इतनी बड़ी बहू लाने के बिल्कुल पक्ष में नहीं थी। जो जबान कैंची की तरह चले, वह सारी गृहस्थी को तितर-बितर नहीं कर देगी? न...न मुझसे अब एक दिन भी बर्दाश्त नहीं होने का।''

''पर उपाय क्या है, माँ? घर की बड़ी बहू को कहीं भेजा भी तो नहीं जा सकता न!'' मिनी आवाक्। तो माँ से इन्होंने अभी तक उसे भेजने के लिए नहीं कहा?

''उपाय तो है और खूब है। पर इतना जान लो कि इसके साथ मैं गृहस्थी नहीं चला सकती। इसे यहाँ रहना है तो फिर यही घर चलाए...कोई दूध पीती बच्ची भी नहीं।'' और उन्होंने झन्न से चाबियों का गुच्छा आँगन में फेंक दिया।

अपार विस्मय से घनश्याम ने कहा, ''इसने गुनाह किया तो इसे ही सजा दो, माँ! इसे यहाँ से भेजकर तो तुम मुझे ही सजा दे डालोगी। और फिर इसमें भेजने और ताले-चाबी की बात आती ही कहाँ है? वह केवल इतना ही तो चाहती है कि मुझे अच्छा खाना-पीना मिले...सो तुम उसी की व्यवस्था क्यों नहीं करती? सीधा-सा उपाय है।'' माँ तो एकदम आगबबूला हो गईं। जिस बेटे को वे अपनी मुट्ठी में समझती थीं जिससे अपनी हर उचित-अनुचित बात को मनवा लेना उनकी आदत बन गई थी, उसी बेटे का यह व्यवहार! एकदम भभककर बोलीं, ''घनश्याम, तुमने तो हद कर दी, बेटा। आज तक क्या मैं तुम्हें खिलाती-पिलाती नहीं आई हूँ जो आज मुझे यह सिखाएगी? अरे बेटा, अभी तो मेरे हाथों से तुम्हारे गू-मूत की गन्ध भी नहीं गई है। चार दिन की आई यह...'' और वे फूट-फूटकर रो पड़ीं। ''तुम इसी से अपनी घर-गृहस्थी करवाओ, मुझसे तो रोज-रोज लड़ा भी नहीं जाता।'' वे हिचकियाँ लेने लगीं।

''लड़कर नहीं माँ, प्यार से उसे समझाओ, समझ जाएगी। मैं भी कहूँगा।''

आगे की बात मिनी ने नहीं सुनी, न सुनने की जरूरत ही समझी। अपने ही आवेग से उसकी छाती फूलने लगी। उसका मान रख लिया, तिल-भर भी तो अपमानित नहीं होने दिया उसे सबके सामने। बल्कि जैसे दोनों हाथों से उसकी रक्षा

ही तो की। उसकी आँखों में अनायास ही आँसू छलक आए। कितना कुछ उचित-अनुचित सोच डाला उसने शाम से अब तक। अपना एक विवेक है घनश्याम के पास, जिससे वह दोनों को ही अपनी-अपनी सीमाओं में रखने की कोशिश करता है। पहली बार मिनी का मन गर्व से भर उठा।

रात को जब घनश्याम आया तो उसने पूछा, ''अच्छा एक बात बताओ, तुम क्या किसी के बड़े से बड़े अपराध को भी क्षमा कर सकते हो?''

''क्यों नहीं, अगर कोई सच्चे मन से क्षमा माँगे तो जरूर कर सकता हूँ,'' मिनी बड़ी गहरी नजरों से पति को देखती रही। मानो इस बात की सच्चाई को तोल लेना चाहती हो। मामा की बात याद आई—'नरेन्द्र प्यार कर सकता है, निभा घनश्याम ही सकेगा।' और तब भीतर ही भीतर एक विचित्र-सा संकल्प उसके मन में आकार लेने लगा।

सारे दिन उसके मन में एक विचित्र-सी पुल कसमाई रही। उसका इस घर से हटना किसी के लिए सजा के समान कष्टकर है।—यह कल्पना ही उसे ऊपर से नीचे तक सिहरा रही है। मन का यह आवेग शरीर की रग-रग में समाकर उसकी नसों को चटखा रहा है। किसी की बाँहों में अपने को पूरी तरह समर्पित करके, किसी के सीने में सिर छिपाकर ही इस ज्वर से मुक्त होना होगा। पर कैसे? देवरानी की कही एक बात याद आई—'दादा तो संन्यासी आदमी हैं, न हो तो तुम्हीं पहल करना, दीदी।' उस दिन की बात ने मिनी को ऊपर से नीचे तक सुलगा दिया था। पर आज क्रोध से नहीं, लज्जा और संकोच से उसका चेहरा सुर्ख हो उठा। सच है, अपनी खींची हुई दीवार उसे खुद तोड़नी होगी। आज वह पूरी तरह अपने-आपको पति के हाथों समर्पित कर देगी। केवल तन से ही नहीं, मन से भी। कोई दुराव, छिपाव, अलगाव वह बाकी नहीं रहने देगी।

रात में मिनी ने पति की दी हुई साड़ी पहनी—लगा जैसे मात्र साड़ी ही नहीं पहनी, पति का दिया सम्पूर्ण स्नेह और समर्पण अपने चारों ओर ओढ़ लिया है। हल्का-सा प्रसाधन करके जब वह शीशे के सामने खड़ी हुई तो मुग्ध भाव से अपने को ही निहारती रही।

अपना सारा साहस समेटकर वह पति के पलँग पर ही सो गई। सिरहाने ही खुली किताब उलटी करके इस तरह रख दी मानो पढ़ते-पढ़ते अचानक ही नींद लग गई हो। वह यह सारा नाटक भी कर रही थी और भीतर ही भीतर इस सबके लिए अपने को धिक्कारती भी जा रही थी, कैसे संकट में उसने अपने आपको डाल लिया कि आज यह सब करना पड़ रहा है।

न जाने कितने चित्र आँखों के सामने बन-बिगड़ रहे हैं—पति उसे पलँग पर देखकर मुस्कुरा रहे हैं और फिर जैसे ही उन्होंने बाँह में भरकर उसे अपने पास खींचा, उसने अपने-आपको पति के हवाले कर दिया। चुम्बन, आलिंगन और आनन्दाश्रुओं के बीच ही उसने नरेन्द्र की सारी बात बता दी है। पति के चेहरे पर कोई विकार नहीं, वैसा ही निर्मल चेहरा, वैसी ही मृदु मुस्कान। वे उतने ही स्नेह से उसके बाल सहला रहे हैं और उनकी बाँहों पर सिर रखे-रखे ही वह बेहद-बेहद हल्की और निर्द्वन्द्व हो आई है। कितनी सहजता से पति ने उसके मन के सारे बोझ, सारी दुविधा को अपने भीतर समेट लिया है। उसके गुण-दोष सबको अपने भीतर समा लिया है। तभी घनश्याम की पदचाप सुनकर उसकी साँस जहाँ की तहाँ रुक गई। रोम-रोम एक स्नेहिल स्पर्श के लिए अकुलाने लगा।

"अरे!" उसने घनश्याम की आवाज सुनी। एक क्षण कमरे में सन्नाटा छाया रहा और फिर लौटते हुए पदचाप।

मिनी को लगा जैसे किसी ने एकाएक उसके पैरों के नीचे से जमीन खींच ली। घनश्याम लौट गया? इतना अपमान! ऐसी उपेक्षा! यह सारा नाटक, सारा आयोजन उसे ही छील-छीलकर छलनी करने लगा। उसका अपना मन ही उसे बुरी तरह धिक्कारने लगा—डूब मर बेहया, निर्लज्जा! मन हुआ, साड़ी उतारकर तार-तार कर दे—इस प्रसाधन को नोच-नोचकर फेंक दे। पर उससे हिला भी नहीं गया। शरीर में समाया हुआ कुछ देर पहले का आवेग, मन में उठा हुआ तूफान सब आँसुओं की बाढ़ में डूबने लगा।

मन हुआ, किसी तरह यह पृथ्वी फट जाए और वह उसी में समा जाए। कल कैसे वह अपना मुँह दिखाएगी? नहीं, नहीं, अब वह यहाँ रह भी नहीं सकेगी। उसे रहना भी नहीं चाहिए। क्यों रहे? किसके लिए रहे? क्या जन्म-भर के लिए उसकी नियति इस चटाई और इस कोने के साथ ही बँध गई? मन में उठनेवाले इन आवेगों का वह क्या करे? किस दीवार के साथ सिर फोड़े?

रात-भर की घोर मानसिक यातना दूसरे दिन चेहरे पर बहुत स्पष्ट होकर उभर आई थी। घनश्याम ने देखा तो बहुत स्नेह भरे स्वर में पूछा, "क्या बात है, मिनी? तबीयत तो ठीक है?"

मिनी चुप।

"चेहरा इतना उतरा हुआ क्यों है?"

मिनी चुप। यह स्नेह भी इस समय उसके मन में एक गहरी वितृष्णा जगा रहा है, "माँ की बात पर अभी तक गुस्सा हो?" फिर हँसकर बोला, "मैंने कहा न कि वैष्णव की पत्नी हो, थोड़ा-बहुत सहन तो करना ही होगा।"

मिनी ने सुलगती आँखों से घनश्याम को देखा। मन हुआ पूछे 'वैष्णव की पत्नी को और क्या-क्या सहना होता है—वह सब भी बता दो।' पर इस समय कुछ बोलने तक की भी उसकी इच्छा नहीं हो रही थी। यही लग रहा था कि जल्दी से जल्दी

घनश्याम यहाँ से चला जाए।

''आज शाम को मुझे रायगंज जाना है, वसूली के लिए। कोशिश करूँगा, कल शाम को ही आ जाऊँ, नहीं तो परसों सवेरे जरूर आ जाऊँगा, दो जोड़ी कपड़े ठीक करके रख दोगी?'' और वह बाहर निकल गया।

मिनी ने एक गहरा निःश्वास छोड़ा।

एक घंटे बाद ही घनश्याम ने आकर कहा, ''अरे मिनी, देखो, तुम्हारे गाँव के नरेन्द्र बाबू आए हैं।'' मिनी आवाक्। उसका चेहरा ऐसा भावशून्य हो गया जैसे वह घनश्याम की बात का अर्थ ही न समझी हो।

''मैं तो अभी चला जाऊँगा, पर तुम उनकी देख-भाल और खातिर में कोई कमी मत रखना।''

'नरेन दा!' अपने में डूबी-डूबी ही मिनी बोली। फिर एकाएक जैसे सचेत हो आई हो।

''तुम अखिल भैया को बोल दो, वे ही देख-भाल कर लें। यहाँ मुझसे यह सब नहीं हो पाएगा।''

''क्या नहीं हो पाएगा?'' विस्मय से घनश्याम बोला, ''मैं माँ को भी बोल देता हूँ। वैसे रात में उनकी गठिया की शिकायत फिर बढ़ गई है, फिर भी...''

पर मिनी दोपहर तक नरेन्द्र के सामने नहीं हुई। खाने के समय भी वह आड़ में ही रही। नरेन्द्र ने ही नौकरानी से पूछा, ''मिनी कहाँ है, दिखाई नहीं दे रही।''

''दिखेंगी कैसे? आड़ में जो बैठी हैं।''

''मिनी सामने तो आ, देखूँ जरा शादी के बाद तू दिखती कैसी है? मुझसे रात-दिन झगड़ा करते-करते तो बड़ी हुई है, अब क्या शरमाएगी?''

यह नरेन की ही आवाज है? इतनी सहज, जैसे कहीं कुछ है ही नहीं। कितनी बार मन ललका है कि कम से कम एक बार देख ही ले नरेन को। पर उसने झाँका तक नहीं।

''दीदी, गाँव-घर के आदमी हैं, उनके सामने कैसी शरम? हम बेपढ़े-लिखे लोग भी गाँववालों को सामने जाते ही हैं।'' पर मिनी टस से मस नहीं हुई। मन में उठनेवाले सारे आवेगों को बाँधे हुए जहाँ की तहाँ बैठी रही।

लेकिन खाना-पीना समाप्त करने के बाद जब देवरानी ने पान का बीड़ा थमाते हुए कहा, ''पान तो कम से कम अपने हाथ से दे आओ। तुमने तो हद ही कर दी।'' तो मिनी बिना कुछ कहे एक आज्ञाकारी बच्चे की तरह नरेन्द्र के कमरे में चली गई।

आँखें चार होते ही एक क्षण को शब्द जैसे दोनों के ही गले में अटककर रह गए। ''कैसी हो, मिनी?'' एक संक्षिप्त-सा प्रश्न।

''अच्छी ही हूँ,'' निर्विकार भाव से दिया हुआ उतना ही संक्षिप्त सा उत्तर।

एकाएक नरेन्द्र की आँखें मिनी के गले में पड़ी हुई माला पर जा पड़ीं। वह असमंजस में पड़ा उसे देखता रहा, मानो उस माला का अब वहाँ होना उसकी समझ

में नहीं आ रहा है। उसकी नजरों का अनुसरण करते हुए मिनी की अपनी नजरें भी उसी माला पर टिक गईं। और मन ही मन में एक तूफान गुजर गया। एक बार इच्छा हुई कहे, 'देखो नरेन, यह माला आज भी यहीं पड़ी है, पर तुम शायद कल्पना भी नहीं कर सकोगे कि किन-किन कष्टों से गुजरना पड़ा है, गुजरना पड़ेगा—शायद सारी जिन्दगी।' बरबस ही आँखें छलछला आईं। अपने को भरसक संयत बनाकर बोली, "माँ कैसी हैं? मिलकर आए थे?"

"नहीं, वहाँ जा नहीं सका। पर तुम्हारे बिना वे बहुत-बहुत अकेली हो गई हैं।"

"आप बहुत कमजोर हो गए हैं, बहुत बीमार रहे न इस बार? अब ठीक हैं?"

"ठीक? कह नहीं सकता।"

"पढ़ाई का तो बहुत नुकसान हुआ होगा?"

"नुकसान? इतना कि उसकी पूर्ति कभी नहीं हो सकेगी।"

शब्दों के परे जो अर्थ था वह दोनों ही समझ रहे थे। मिनी को लगा, वह अब और खड़ी नहीं रह सकेगी। एक क्षण उसने भरपूर नजरों से नरेन्द्र को देखा... कृशकाय, मलिन मुख। दुनिया भर की हताशा और निराशा जैसे वहाँ पुती हुई हो। उमड़ते हुए आँसुओं को पलकों में ही सँभाले हुए किसी तरह उसने कहा, "अब चलूँ, नरेन दा," और बिना उत्तर की प्रतीक्षा किए उलटे पैरों लौट आई।

आँसू...आँसू, केवल आँसू। कल उसका मन किस आवेग से उमड़ रहा था और आज किस आवेग से? कल किन कल्पना-चित्रों में उलझी हुई थी और आज? पर चित्र तो वही थे, सिर्फ पात्र बदल गया। कैसा है यह मन, कैसी है इसकी विडम्बना? नहीं, अब वह नरेन के सामने नहीं आएगी। अपने संयम की कितनी-कितनी और कैसी-कैसी परीक्षाएँ देनी हैं उसे!

अच्छा हुआ घनश्याम आज ही चला गया। एकान्त में रोकर वह अपना मन हल्का तो कर सकेगी...कुछ स्थिर तो हो सकेगी। कल की घटना ने मानसिक पीड़ा के जिस बिन्दु पर उसे पहुँचा दिया था वहीं पर नरेन्द्र को भी आना था—उसके पूरे अस्तित्व को झकझोर देने के लिए; उसे जड़ से उखाड़ देने के लिए। 'नहीं...नहीं, नरेन, तुम चले जाओ। इस घर से नहीं, मेरे जीवन से भी। इससे अधिक मैं तुमसे कुछ नहीं चाहती, चाह भी नहीं सकती। तुम्हें लेकर जो दो-चार स्मृतियाँ मेरे मन में हैं, बस वही मेरी धरोहर हैं, उन्हीं के सहारे मैं जिन्दगी काट दूँगी।'

रात में सोई तो अनायास ही माला मुट्ठी में भिंच गई और आँसुओं की बाढ़ आ गई। उस शान्त-निस्तब्ध रात्रि में बराबर उसे लगता रहा कि इसी घर में, उससे थोड़ी दूर पर इतनी ही बेचैनी में छटपटाता हुआ नरेन्द्र भी रात गुजार रहा होगा। उसके मन-मस्तिष्क पर भी इस समय मिनी ही छाई होगी। अतीत के मधुर क्षण ही छाए होंगे। तब मन के किसी कोने ने जैसे कहा—'तू क्या आज तक इसी दिन की प्रतीक्षा नहीं करती रही थी? नरेन्द्र की...नरेन्द्र के आगमन की?'

सवेरे का नाश्ता नरेन्द्र ने अखिल बाबू के साथ ही किया।

"आप तो शाम को ऑफिस से पाँच बजे तक आते होंगे, अखिल बाबू! मैं चार बजे की गाड़ी से ही निकल जाऊँगा," नरेन्द्र ने कहा।

"अरे वाह, यह कैसे हो सकता है? दादा मेरी खबर नहीं ले लेंगे? वे आपको मुझे ही तो सौंपकर गए हैं। रात तक वे जरूर आ जाएँगे। आपको उनके हवाले कर दूँ फिर जो जी में आए करिएगा," उतनी ही मस्ती और लापरवाही से भरा हुआ अखिल का आग्रह।

"नहीं, यहाँ से कोई पन्द्रह मील दूर मेरी मौसी रहती हैं। वे आज मेरा इन्तजार करेंगी। जाना तो आज ही होगा।"

"और दादा?"

"चार दिन बाद फिर मुझे इधर से ही तो कलकत्ता जाना है। तब मैं एक दिन ठहरकर घनश्याम बाबू से मिल लूँगा। आज के लिए आप मेरी ओर से क्षमा माँग लीजिएगा।"

"लौटने का वायदा करते हैं तो आपको जाने दिया जाएगा," दोनों हँस पड़े। मिनी समझ नहीं पाई कि इस खबर से वह सुखी थी या दुखी।

कोई घंटे-भर बाद ही माँ हड़बड़ाती-सी आईं, "अरे बड़ी बहू! तुमने तो हद्द ही कर दी, बेटी।"

मिनी धक्! भीतर का चोर जैसे सजग हो आया।

"नहीं...नहीं, सच बात तो यह है कि तुम लोगों को चिन्ता ही नहीं है।" मिनी की जिज्ञासा अपने चरम तक पहुँचे, उससे पहले ही बोलीं, "मुझे तो अखिल ने अभी बताया कि नरेन्द्र बाबू कुँआरे हैं। लो, देखो तो, बगल में छोरा और गाँव में ढिंढोरा..."

मिनी जैसे आसमान से गिर पड़ी।

"पढ़ा-लिखा, सुदर्शन और अच्छे, परिवार का लड़का। और हमें चाहिए ही क्या टुकी के लिए? मैंने तो तुमसे पहले ही पूछा था, पर तुमने नाम तक नहीं लिया। यहाँ आ गए तब भी तुम्हें नहीं सूझा। नहीं, नहीं, तुम लोगों को असल में चिन्ता ही नहीं है।" पर यह समय आरोप-उलाहने का नहीं था सो स्वर में शहद घोलकर बोलीं, "जाओ बेटी, तुम जाकर बात तो करो..."

मिनी का तो जैसे खोया हुआ होश ही नहीं लौट पा रहा था। किसी तरह हिम्मत करके बोली, "लेकिन माँ..."

"अब लेकिन-वेकिन मत करो बेटी। हमें इससे अच्छा लड़का और कहाँ मिलेगा भला? जिस गाँव से लड़की लाए हैं उस गाँव में कुछ अधिकार तो हमारा भी है ही आखिर। घनश्याम आएगा तो जाकर घरवालों से मिल आएगा। न हो तो तुम भी चली जाना। अपनी माँ से मिल आना। उनका भी जी जुड़ा जाएगा।"

मिनी तो जड़ हो गई। भावहीन चेहरा लिये वह केवल माँ की तरफ देखती रही। "वे जमींदार हैं तो हम भी कुछ कम नहीं। खूब दान-दहेज देकर शादी करूँगी...अब

घनश्याम की बातों में नहीं आने की। फिर हमारी टुकी में कमी ही क्या है? थोड़ी-सी सेहत अच्छी है सो जहाँ गृहस्थी का बोझ पड़ा कि चार दिन में झटक जाएगी। माँ-बाप के घर में लड़की जहाँ लाड़ से पलती है तो शरीर बन ही जाता है। वे शाम को जाएँ उससे पहले तुम..."

"पर माँ, वे तो पढ़ी-लिखी लड़की से शादी करना चाहते हैं।" माँ के तेवर एकदम आसमान तक।

"क्यों? क्या बहू से नौकरी करवाएँगे?"

"वे खुद ऊँची पढ़ाई कर रहे हैं..."

"तो इससे क्या हुआ? हमारे अखिल ने क्या नहीं की ऊँची पढ़ाई? कलकत्ता रहकर ही तो पढ़ा है, पर यह तो नहीं कहा कि बहू पढ़ी-लिखी चाहिए।"

मिनी चुप। उसकी चुप्पी और सारे प्रसंग के प्रति उदासीनता ने माँ को भीतर तक जैसे सुलगा दिया। फिर अवसर का तकाजा समझकर अपने पर काबू रखती-सी बोलीं :

"घर में और लोग भी तो होंगे। निभा लेंगे पढ़ी-लिखी बहू को? बड़ा कलेजा चाहिए।" मिनी को बेधने के लिए छोड़ा गया बाण उसे बेध गया। स्वर में थोड़ी लापरवाही और उपेक्षा-भाव भरकर बोलीं, "पर शादी वे अपने लिए करेंगे, घरवालों के लिए नहीं।"

"तुम क्यों बेकार बहस में पड़ी हो माँ। तीन दिन बाद जब नरेन बाबू आएँ तो इनसे कहना, ये खूब जमकर बात कर लेंगे। वैसे भी ये बातें आदमियों के बीच ही होनी चाहिए।"

दिन का खाना नरेन्द्र को टुकी ने खिलाया। खूब सजा-धजाकर समझा-बुझाकर उसे थाली लेकर भेजा। चारु साथ थी।

"ये हमारी दीदी हैं...काम-काज में खूब होशियार। आज की सारी रसोई इन्होंने ही बनाई है।"

"अच्छा!" नरेन्द्र का स्वर तो भीतर सुनाई दिया, पर नरेन्द्र ने आँख उठाकर भी टुकी को देखा या नहीं—मिनी नहीं जान सकी।

माँ पुलकित। टुकी उससे भी ज्यादा पुलकित।

मिनी बाहर नहीं निकली तो नहीं ही निकली। वह जाएगी भी नहीं, बस नरेन्द्र ही चला जाए। चार दिन बाद भी नहीं लौटे तो ही अच्छा है। व्यर्थ का एक कांड...तनाव और बदमगजी बढ़ाने का बहाना। सब काम-काज और खाने-पीने से छुट्टी पाकर वह अपने कमरे की खिड़की पर आकर बैठ गई। कुछ देर तक यों ही निरुद्‌देश्य भाव से बाहर बगीचे को ताकती रही। फिर एक किताब उठा लीं। आँखों के नीचे से गुजरनेवाले शब्द इतने निरर्थक भी हो सकते हैं यह उसने पहली बार जाना।

अचानक हाथ पर किसी के स्पर्श से मिनी चौंक उठी। खिड़की के उस पार नरेन्द्र

खड़ा था। भय और सिहरन की मिली-जुली भावना से उसकी वाणी कुंठित हो गई। एक शब्द भी उससे नहीं कहा गया। बोलना तो दूर, वह अपना हाथ भी नहीं खींच सकी। उसका मन हो रहा था कि अपना हाथ खींच ले और नरेन्द्र से कहे, 'यहाँ से चले जाओ नरेन,' पर उससे भी अधिक तीव्रता से उसका मन हो रहा था कि नरेन्द्र यहीं खड़ा रहे, इसी तरह उसका हाथ पकड़े रहे और वह कभी इस स्पर्श से वंचित न हो। एक ही मन में इतनी विरोधी भावनाएँ एक साथ कैसे उठती हैं, यह खुद उसकी समझ में नहीं आ रहा था।

''मिनी, एक दिन के लिए भी तो इस विश्वास से मुक्त नहीं हो पाया कि तुम मेरी हो। इस माला ने मेरे अविश्वास की रक्षा कर ली। मैं तुम्हें लेने ही आया हूँ मिनी।''

मिनी चुप। केवल उसका हाथ थरथरा गया।

''मैंने तुमसे कहा था कि यदि कुछ भी ऐसा-वैसा हुआ तो उसे अनहुआ कर दूँगा। दुनिया के किसी भी कोने से तुम्हें ले आऊँगा। मैं यहाँ तुमसे मिलने नहीं, तुम्हें लेने आया हूँ।''

मिनी चुप। केवल एक बूँद आँसू नरेन्द्र के हाथ पर टपक पड़ा।

''तुम जानती हो, मैं रस्म-रिवाज, समाज किसी को नहीं मानता। विवाह से पहले लिखा हुआ तुम्हारा पत्र पाकर कलकत्ता में जो मकान लिया था, वह आज भी तुम्हारी प्रतीक्षा में वैसे ही बन्द पड़ा है।'' नरेन्द्र का अपना स्वर आँसुओं में डूब गया। मिनी ने आँसू-भरी आँखों से ही उसके कातर चेहरे को देखा। नरेन्द्र की यह याचना-भरी दृष्टि उसे भीतर ही भीतर आरे की तरह चीरती हुई चली गई।

''इतना दुस्साहस मुझसे नहीं हो सकेगा, नरेन।''

''होगा खूब होगा,'' और उसने मिनी की अँगुलियों को अपने होंठों पर दबा दिया। मिनी का मन हुआ कि खिड़की की ये सलाखें टूट जाएँ और वह अपने को नरेन्द्र की बाँहों में सौंप दे। मन हुआ कहे, 'तुम मुझे यहाँ से ले चलो, नरेन! आज तक मैं तुम्हारी ही तो प्रतीक्षा करती रही थी!' पर कहा यही, ''तुम यहाँ से चले जाओ, नरेन!''

''दो घंटे बाद ही चला जाऊँगा। पर चार दिन बाद आऊँगा तब तुम्हें लेकर ही जाऊँगा। तैयार रहना।'' उसने फिर उसके हाथों को चूमा और लौट गया।

सुन्न हो आई मिनी। वहाँ जैसी की तैसी बैठी रही, जैसे उसकी सम्पूर्ण चेतना ही किसी ने हर ली हो। वह समझ नहीं पाई कि जो कुछ अभी-अभी घट गया वह सच है या स्वप्न।

एकाएक बाहर से टुकी के जोर-जोर से रोने और माँ के चीखने-चिल्लाने की आवाज से मिनी की चेतना लौटी तो घबराई-सी बस बाहर निकल आई। उसे देखते ही सास फूट पड़ीं, ''हे भगवान्! इस घर से धरम-करम तो उठने ही लगा था। अब तो इज्जत-मर्यादा भी गई। दिन-दहाड़े ऐसी बेहयाई...उन्हें तो पढ़ी-लिखी लड़की चाहिए।'' नकल निकालते हुए माँ ने कहा, ''अरे सीधे-सीधे कहो न, कि तुम खुद

लगी बैठी हो उससे। छीः-छीः तू रो मत बेटी...''

एक बार वज्र गिरने पर भी मिनी इतनी आहत न होती जितनी इस वाक्य से, ''मैं भी कहूँ, आखिर ऐसी क्या बात है जो ब्याहकर भी मेरा बेटा...''

बिना पूरी बात सुने किसी तरह अपने को सँभालकर मिनी कमरे में लौट गई और कटे पेड़ की तरह बिस्तर पर गिर पड़ी। सौ-सौ धिक्कार उसके मन में फूट रहे थे, पर उसके अपने लिए या सास के लिए, वह खुद नहीं समझ पा रही थी। तीन महीने से जो जहर घरवालों के मन में भर रहा था उसे एक साथ ही उगलने के लिए कितना अच्छा अवसर हाथ लग गया है। जिस सिर को उसने आज तक नीचा नहीं होने दिया था, उसे अब कैसे उठाएगी? कैसे एक दिन भी अब यहाँ रहेगी? जो पति आज तक उसे सब तरह के वारों से बचाता आया है, आज वह खुद कितना बड़ा वार उस पर करेगा, इसकी कल्पना तक उससे नहीं की जा रही है। क्षमाशीलता, खाने-कपड़े में किए गए अन्याय के प्रति आदमी सहनशील हो सकता है, पर किसी के पूरे अस्तित्व को ही जलील कर दिया जाए तब? नहीं, नहीं, अब उसे कोई क्षमा नहीं करेगा।

'नरेन! तुम तो चले गए, अब इस नरक की यातना को कौन भोगेगा। एक बार प्रेम दिखाकर तो मुझे किसी लायक नहीं रखा और इस बार आए तो जीने के सारे रास्ते बन्द करते गए। शाम को वे आएँगे, उसके पहले ही किस तरह सारी बातें उन तक पहुँचा दी जाएँगी, कितना तोड़-मरोड़कर, कितना जहर भरकर और उसके बाद?'

शाम को पति की आवाज सुनते ही उसे लगा जैसे उसके हृदय की धड़कन रुक गई। सारी बात सुनते ही, बिना एक क्षण भी रुके वे दनदनाते हुए कमरे में आएँगे और कहनी-अनकहनी सब कहेंगे। हो सकता है हाथ पकड़कर कमरे से बाहर कर दें। ठीक है आने दो। मैं भी साफ-साफ कह दूँगी, 'हाँ-हाँ, मैं नरेन से प्रेम करती हूँ। वह मुझे लेने ही आया था और मैं अब जा रही हूँ। सँभालो अपना यह घर। तीन महीने में क्या मिला है मुझे रोज-रोज के लड़ाई-झगड़े, रोज-रोज का अपमान। मैं उन सती-साध्वियों में से नहीं हूँ जो...'

''मिनी!'' घनश्याम खड़ा था। सुलगती-सी आँखों से ही उसने एक बार घनश्याम की ओर देखा। युद्ध के लिए तैयार...हर चुनौती के लिए तत्पर।

''नरेन बाबू चले गए। इतना मैं खुद कहकर गया था, अखिल को कह गया था फिर भी रुके नहीं?''

मन हुआ पूछे 'क्यों, जूते मारने थे?'

''मैं तो जैसे-तैसे काम समाप्त करके आज ही लौटा।'' न चेहरे पर कोई विकार न स्वर में। जो सामने दिखाई दे रहा है, वह उस पर विश्वास करे या नहीं? उसने ऐसी चुभती हुई नजरों से घनश्याम को देखा मानो आज वह उसकी सज्जनता के सारे आवरण चीरकर रख देगी। इस ढोंग और नाटक का रेशा-रेशा उधेड़कर रख देगी। इतना वह भी जानती है कि पति को सजा देने का, भर्त्सना करने का तरीका और

लोगों की तरह फूहड़ और भद्दा नहीं होगा, वह शायद बहुत मीठी मार करेंगे...ऐसी कि मिनी लहूलुहान भी हो जाए और उफ तक भी न कर पाए। ''बहुत भाग-दौड़ की, पर अच्छी वसूली नहीं हो सकी। इस बार बाजार में बड़ी मन्दी चल रही है। चाहता था अच्छा पैसा हाथ में आता तो इस बार पूजा धूमधाम से करवाते। तुम्हारी तो इस घर में पहली पूजा है।''

''क्यों बेकार की बातें कर रहे हो। अपने असली मुद्दे पर आओ। जितना लांछित करना है एक साथ ही कर लो...यों धीरे-धीरे हलाल करने से क्या लाभ...''

पर वे जैसे आए थे, वैसे ही चले गए। मिनी हतप्रभ। उसकी नसों का तनाव अब जैसे उसे ही तोड़ने लगा। आज उसे लगा, शायद फाँसी की वास्तविक यातना उतनी भयंकर नहीं होती जितनी उसकी प्रतीक्षा की यातना, उस क्षण तक पहुँचने की यातना। रात में अपनी चटाई पर दीवार की ओर मुँह करके वह सो गई। शाम को जो नहीं हुआ वह अब होगा। घनश्याम की सारी क्षमाशीलता और विनम्रता के नीचे जो एक खास तरह की दृढ़ता है उसे वह जानती है। बहुत शान्त, संयत किन्तु दृढ़ स्वर में वह कहेगा, 'अब इस घर में तुम्हारा रहना नहीं हो सकता। तुम जहाँ चाहो वहाँ भेजने की व्यवस्था कर दी जाएगी।' इसके जवाब में वह क्या-क्या कहेगी, वह सब भी उसने कई बार मन ही मन दोहरा लिया। पति की ओर से हर सम्भावित आरोप और उसका हर सम्भावित उत्तर। पर अपने सोचे हुए ये उत्तर खुद ही उसे व्यथामुक्त नहीं कर पा रहे हैं। अपराध का जो असह्य बोझ उसकी छाती पर लदा है, उसे किंचित् मात्र भी कम नहीं कर पा रहे हैं।

घनश्याम के आने की आहट से ही उसकी विचारधारा टूटी। वह नए सिरे से अपने को तैयार करने लगी। अभी-अभी एक बेहद सधी हुई और दृढ़ आवाज चीरती हुई यहाँ से बाहर तक फैल जाएगी। पर कहीं कुछ नहीं। सरकता हुआ हर क्षण उसे निश्चिन्त बनाने की बजाय और अधिक अधीर बनाने लगा। कोई बातचीत नहीं, यह नाराजगी ही है, इस स्थिति में कोई औरत सो सकती है भला? इतनी बात तो यह भी जानते ही होंगे।

मिनी ने पूरी रात करवटें बदलते हुए ही बिताई। भीतर से वह चाहे जितनी भी त्रस्त हो, ऊपर से अपने को बहुत सहज स्वाभाविक बनाकर ही सवेरे वह बाहर निकली। उसके चेहरे की दयनीयता और कातरता घरवालों को कितना प्रसन्न करेगी और उसकी लापरवाही और उपेक्षाभाव उन्हें कितना त्रस्त करेगा, वह अब खूब अच्छी तरह जानती है और इस तरह की प्रसन्नता तो वह उन्हें कभी होने नहीं देगी।

रसोई में घुसते ही देवरानी ने एकदम गरजते हुए कहा, ''तुम रहने दो दीदी, रसोई का काम। आज मैं ही देख लूँगी।''

''क्यों?'' वहीं ठिठककर मिनी ने पूछा।

''मैं क्या जानूँ, माँ से ही जाकर पूछ लो। वे अपने कमरे में ही तो हैं।'' और उसके होंठों पर यही व्यंग्य-भरी मुस्कान उभर आई। टुकी ने उसकी तरफ देखकर

गुस्से और घृणा से मुँह फेर लिया।

मिनी के तन-बदन में आग लग गई। इतना अपमान। तो अब वह अस्पृश्या हो गई? वह दनदनाती हुई कमरे में आई। भड़ाक से दरवाजा बन्द कर दिया। ठीक है, वह जब तक यहाँ है अपनी छाया भी किसी पर नहीं पड़ने देगी। लेकिन एक असह्य घुटन से उसका मन छटपटाने लगा। उसने खिड़की खोली—दूर तक फैला हुआ नीला स्वच्छ, मुक्त आसमान। वह सींखचे पकड़कर खड़ी रही।

घरवालों की, की हुई व्यवस्था तो उसने जान ली। इससे अधिक की वह उनसे अपेक्षा भी नहीं करती थी। पर घरवालों की हर ज्यादती और अन्याय के सामने कवच की तरह रक्षा करनेवाले पति ने उसके लिए कौन सी व्यवस्था सोची है, यह जानने के लिए ही उसका मन हर क्षण विकल हो रहा था।

खट्-खट्। दरवाजे पर दस्तक सुनकर उसने दरवाजा खोला। घनश्याम था, "दरवाजा बन्द क्यों किया? आज क्या नहाना-धोना नहीं करना है?"

एक बहुत ही तीखी-कड़वी बात मिनी के मन में उभरी, पर आवेग के मारे कंठ जैसे भिंच गया। मेज की दराज में से कुछ कागज-पत्र लेकर जैसे वह आया था वैसे ही चला गया। न चेहरे पर किसी तरह की मलिनता या विकार, न स्वर में। हमेशा की तरह वही स्निग्ध निर्मलता।

पर यह निर्मलता मिनी को कहीं से भी न आश्वस्त कर रही है, न हल्का, बल्कि उसका बोझ है कि बढ़ता ही जा रहा है। दो दिन से मन ही मन वह जिस वाक्‌युद्ध की तैयारी कर रही है, जो गुबार उसके भीतर ही भीतर उफनता आ रहा है, बिना बाहर निकले वह उसे ही तोड़े डाल रहा है। घनश्याम उसकी जितनी भी भर्त्सना करता, जो भी सजा देता उसको वह सह लेती। कम से कम यह तो लगता कि अपराध की सजा पाकर अपराध से मुक्त हो गई। पर यह क्षमाशीलता...इसने तो उसके अपराध बोध को हजार-हजार गुना बढ़ा दिया है। कैसी विचित्र स्थिति है—एक ओर घरवालों की असीम घृणा और दूसरी ओर पति की सीमातीत क्षमाशीलता और दोनों ही उसे दो पाटों की तरह पीसती चली जा रही है। सारी स्थिति उसकी सहनशीलता की सीमा के पार होती जा रही है।

कैसा विचित्र है यह मन, और कितनी विचित्र है, इसकी लीला। अपने को दोषमुक्त करने के लिए कैसे यह दूसरों को दोषी बना डालता है। न बनाए तो करे भी क्या? गुरुतर अपराधों का असह्य बोझ शायद इसी तरह बाँट-बाँटकर ही मनुष्य झेलता होगा—वरना तो जिन्दा रहना भी असम्भव हो जाए। और एकाएक ही मिनी की विचारधारा दूसरी ओर बह चली। कौन पति होगा जो अपनी पत्नी के इतने बड़े दोष से भी उदासीन रहेगा! शायद वही पति इस अपराध को नजर-अन्दाज कर सकता है जिसे पत्नी से कोई लगाव ही न हो। सचमुच घनश्याम और उसका सम्बन्ध है ही क्या? तभी तो उसे न मिनी का प्रलोभन है, न मिनी के शरीर का। मिनी किसी से प्रेम करे, किसी की बाँहों में जाए, उसका बनता-बिगड़ता ही क्या है? पत्नी जिनके

जीवन का अभिन्न हिस्सा बन चुकी होती है, वे पति तो इतना भी बर्दाश्त नहीं कर सकते कि उसे कोई देख तक ले। मिनी को घनश्याम ने इतना अपना समझा ही कब है? कैसी है उसकी बुद्धि? क्षमाशीलता की आड़ में छिपी इस उदासीनता को वह देख ही नहीं पाई। और जब वह दिख गई तो एक दूसरे ही प्रकार की व्यथा से उसका मन बिंधने लगा। दो दिन से वह घनश्याम से कुछ बहुत ही कटु, कठोर और भर्त्सनापूर्ण सुनने के लिए अकुला रही थी और अब ठीक उतना ही कटु, कठोर और भर्त्सनापूर्ण उसे सुनाने के लिए अकुलाने लगी।

शाम को अवसर भी आ गया। वह जेबें सँभालकर धोबी को कपड़े दे रही थी कि घनश्याम के कुर्ते से एक पोस्टकार्ड निकला। पढ़ा तो आवाक्। माँ की चिट्ठी थी कि आग लग जाने से रसोई को छोड़कर पूरा का पूरा घर जल गया। वे बेहद संकट में हैं। दुःख और क्रोध के मारे उसकी आँखें छलछला आईं। एक ओर माँ का दुःख, दूसरी ओर चिट्ठी छिपा लेने की नीचता। माँ पर आए इतने बड़े संकट की बात भी उसे नहीं बताई?

रात को घनश्याम आया तो उसके मुँह पर एक तरह से चिट्ठी फेंकते हुए ही उसने पूछा, ''यह क्या है?''

''हाँ, माँ की चिट्ठी आई थी। मैं कुछ ऐसी उलझन में रहा कि बताना भूल गया।''

''तुम्हारी उलझन माँ के संकट से भी बड़ी थी, क्यों?'' बेहद कठोर स्वर में उसने पूछा।

''नहीं...नहीं। बात यह थी कि मैं...''

''बात जो थी वह मैं खूब जानती हूँ। मिनी की हस्ती ही क्या है इस घर में? कुछ उसे अस्पृश्य मानते हैं, रसोई में घुसना तक वर्जित कर दिया है उसका। और किसी के लिए उसका होना न होना दोनों बराबर है।''

''कैसी बात कर रही हो, मिनी? कौन तुम्हें रसोई में नहीं घुसने देता?''

''तुम्हारी माँ का आदेश है। मैं पतिता हूँ न,'' स्वर में जहर की मात्रा बढ़ती ही जा रही थी। दो दिन का यह उद्धत आवेग जैसे किसी भी नियन्त्रण में बँधने को तैयार नहीं था।

''ओह...'' उसके चेहरे पर परेशानी का भाव झलक आया। फिर स्वर में बेहद क्षमा-याचना भरकर बोला, ''लेकिन मैंने तो इसीलिए नहीं बताया था कि तुम परेशान होतीं। सोचा, हो सके तो पहले कुछ...''

पर मिनी पर तो जैसे पागलपन सवार था। उतनी ही कठोर आवाज में बोली, ''परेशान मैं क्या होती, परेशानी तो तुम्हारे लिए पैदा हो जाती। डर लग रहा होगा, कहीं मैं माँ के पास रुपया भेजने को न कह दूँ। सो इतना जान लो, जरूरत पड़ी तो माँ के लिए भीख माँग लूँगी पर तुमसे कुछ नहीं लूँगी। माँ गरीब हो सकती हैं, पर आत्म-सम्मान तो उनका भी है। मैं कल ही माँ के पास जाऊँगी। अब एक दिन भी नहीं रुकूँगी।''

''घर जलने की बात सुनकर तुम शायद बहुत विचलित हो गई हो। मन थोड़ा शान्त कर लो, फिर बात करेंगे,'' और हल्के से मिनी का कन्धा थपथपाकर घनश्याम कमरे से बाहर हो गया।

अपने अपराध को छोटा करने का कितना अच्छा तरीका है कि दूसरे के अपराध को अपने से भी बड़ा साबित कर दो।

रात में दोनों के बीच एक बोझिल-सा मौन छाया रहा। पर मिनी ने यह जरूर महसूस किया कि उसकी तरह घनश्याम भी शायद रात-भर सो नहीं सका है। सवेरे जल्दी ही वह कमरे से बाहर चला गया। थोड़ी देर बाद ही नौकरानी ढूँढ़ती हुई आई, ''दादा बाबू क्या सवेरे-सवेरे कहीं बाहर गए हैं?''

''मुझे नहीं मालूम,'' लेकिन मन में प्रश्न जरूर उठा—'इतने सवेरे-सवेरे कहाँ गए? कहीं उसके भेजने की व्यवस्था करने तो नहीं गए?' और इस कल्पना से ही उसे आघात लगा। उसने जाने के लिए कहा, ठीक है। पर क्या घनश्याम उसे एकदम भेज देगा।

कोई दस बजे घनश्याम आया। मिनी ने पहली बार उसके चेहरे पर हल्की सी परेशानी देखी। और सच कहें तो परेशानी के इस भाव ने उसे सन्तोष ही दिया—तीर निशाने पर लगने जैसा सन्तोष।

''मिनी! मुझे तुम्हारे कुछ जेवर चाहिए, निकाल दो।''

स्वर में आदेश नहीं था, पर याचना जैसा भी कुछ नहीं था। मिनी पल-भर घनश्याम का चेहरा देखती रही, मानो इस निहायत ही अप्रत्याशित माँग का सिर-पैर समझना चाहती हो। पर पलक झपकते ही बात बिजली की तरह उसके दिमाग में कौंध गई और वह ऊपर से नीचे तक तिलमिला उठी—'इतना अविश्वास!'

उसने अलमारी खोली। एक-एक गहना उठा-उठाकर वह पलँग पर फेंकने लगी, ''लो...लो...लो।'' फिर उसने अपनी जरी की साड़ियाँ भी निकालकर फेंक दीं, ''इन्हें भी सँभालो। तुमको डर लगा कि मैं तुम्हारा जेवर और कपड़ा लेकर माँ के घर चली जाऊँगी, पर इतनी भूखी और नीच नहीं है मिनी।''

अपने आवेश से वह खुद ही काँपने लगी। घनश्याम ने केवल इतना ही कहा, ''तुम मुझे गलत समझ रही हो मिनी'' और तीन-चार चीजें उठाकर बाहर चला गया। पलँग पर पड़ी बची हुई चीजें उसके मन में जैसे सौ-सौ डंक चुभाने लगीं।

सास-देवरानी के किए हुए आज तक के सारे अपमान उसे इस अपमान के सामने बड़े हल्के लगने लगे। उसकी नीयत पर शक। इतना अपमान, और वह भी और किसी से नहीं, अपने ही पति से।

वह अब यहाँ नहीं रहेगी, उसने जैसे मन ही मन फैसला कर लिया।

घनश्याम आएगा तो साफ शब्दों में अपना फैसला सुना देगी। अपने कहने और घनश्याम की प्रतिक्रिया का अनेक चित्र उसकी आँखों के सामने बनते-बिगड़ते रहे। कभी लगता घनश्याम बहुत कुपित हो आया है तो कभी लगता है जैसे वह बहुत आहत हो आया। उसके चेहरे पर मिनी को रोक लेने का एक बड़ा ही कातर-सा

आग्रह उभर आया। कभी उसके सारे संकल्पों पर अंकुश-सा लगाता उसका वही दृढ़ निर्णयात्मक स्वर गूँज जाता, 'तुम्हें कहीं नहीं जाना है मिनी...तुम यहीं रहोगी—बस', और उसे लगा जैसे यही सुनने के लिए इतनी देर से वह संकल्प-विकल्प के जाल में उलझ रही है। मन तो जैसे बराबर यही चाह रहा है कि घनश्याम उसे रोक ले...उसका मान रह जाए। घरवालों के सामने वह सिर उठाकर चलने लायक हो जाए।

पर सारा दिन बीत गया, घनश्याम नहीं आया। बस जब-तब उसको सुनाने के लिए कहे गए सास के व्यंग्य-बाण ही उसके कानों में पड़ते रहे। रात में भी घनश्याम नहीं आया। एक अव्यक्त से भय और आशंका से मिनी का मन थरथराता रहा। बिना कुछ भी कहे आखिर कहाँ चला गया घनश्याम?

दूसरे दिन अखिल जब ऑफिस जाने लगा तो आवाज को सप्तम स्वर पर चढ़ाकर माँ ने मिनी को सुनाते हुए कहा, "बेटा अखिल, घनश्याम तो हो गया है मिट्टी का माधो। कल से जाने कहाँ मुँह छिपाए-छिपाए फिर रहा है। उससे कुछ होगा भी नहीं, अब तुम ही कुछ करो।"

अखिल ने कुछ कहा भी या नहीं—कुछ सुनाई नहीं दिया। फिर माँ का ही स्वर सुनाई दिया, "इस घर में तो अब एक दिन भी नहीं रहा जाएगा। हमारी अपनी भी तो कोई इज्जत है...घर में जवान लड़की बैठी है। नहीं, नहीं बहुत हुआ। अब तुम अपनी दुकानें भी अलग करो और अपना घर भी। मैं तो इस पाप की गठरी को एक दिन भी बर्दाश्त नहीं करूँगी।"

सब ओर से जड़ हो आई मिनी को यह सुनना था, उसने सुना। अखिल ने कोई व्यवस्था की या सुझाई—मिनी को नहीं मालूम। पर उसके जाने के बाद दो घंटे बाद ही चारु के मुँह से यह सुनकर कि नरेन्द्र बाबू आए हैं और बाहर बैठक में बैठे हैं उसने खुद अपनी व्यवस्था कर ली। यन्त्रचालित सी वह बाहर के कमरे में गई और कहा, "नरेन, मैं तुम्हारे साथ चलूँगी।" स्वर में न आवेश था, न उद्विग्नता। था तो केवल एक दृढ़ संकल्प।

नरेन्द्र अवाक्। जैसे मिनी की बात पर विश्वास न हो रहा हो।

"तुम इसी समय स्टेशन चले जाओ, मैं तुम्हें वहीं मिलूँगी।"

"तुम सच कह रही हो मिनी?" बड़ी अधीरता से नरेन्द्र ने पूछा।

"जो कह रही हूँ वही करो," और मिनी लौट पड़ी।

"तुम आ गईं! मैं जानता था, तुम आओगी..." आवेग में नरेन्द्र जाने क्या-क्या बोलता चला जा रहा था। पर वे सारे शब्द मिनी को मात्र अर्थहीन ध्वनियाँ लग रहे थे, जो न उसकी समझ में आ रहे थे न उसे कहीं से छू रहे थे। वह बस जड़ प्रतिमा

की तरह उसके सामने खड़ी थी।

नरेन्द्र ने उसे बाँह से पकड़कर बेंच पर बिठाया, "यह क्या! तुम तो एकदम ठंडी हो रही हो।"

मिनी चुप।

"लगता है, तुम बहुत सहम गई हो। देखो, गाड़ी आने में तो अभी पाँच-छह घंटे की देर है। मैंने पास की धरमशाला में एक कमरा ठीक कर लिया है। चलो, वहीं चलकर तुम आराम करो," और बाँह का सहारा देकर ही उसने मिनी को उठाया।

"तुम इस खटिया पर आराम करो, मैं कुछ खाने की व्यवस्था करके आता हूँ। लगता है, भूखी-प्यासी ही निकल आई हो।"

मिनी एक आज्ञाकारी बच्चे की तरह खाट पर लेट गई और उसने आँखें मूँद लीं। पर मन उसका जैसे किसी अतल गहराई में डूबता जा रहा है। घर से भाग आने की कोई थ्रिल भी नहीं है, कोई आ न जाए—वह पकड़ी न जाए, इस बात का भय भी नहीं है। नरेन्द्र के साथ जीवन की, अपने मनचाहे जीवन की कोई तस्वीर उसके सामने नहीं उभर रही। बस, मन दौड़-दौड़कर अतीत में ही लौट रहा है। जिस अतीत को वह स्वेच्छा से छोड़ आई, वही जैसे बराबर खींच-खींचकर उसे अपने में बाँध रहा है—

वह उछाल-उछालकर जेवर फेंक रही है, पलँग पर नहीं, घनश्याम के मुँह पर—लो-लो,...अचानक हाथ का एक नुकीली बनावट वाला कंगन उसके ललाट को काटकर नीचे जा गिरा और घनश्याम के चेहरे से खून बह रहा है...सारे दिन की भाग-दौड़ के बाद घनश्याम थका-माँदा घर आया है, पर कोई उसे हाथ-मुँह धोने के लिए पानी देनेवाला नहीं है...वह खड़ा है तो खड़ा है...रात के आलू और करेले से वह किसी तरह सूखा भात खा रहा है...बीच-बीच में पानी का सहारा ले लेता है। वह बुखार में पड़ा है। दवाई तो दूर, कोई उसे पानी को पूछने के लिए भी नहीं आ रहा...

लौटकर घनश्याम ने मिनी की लिखी एक पंक्ति पढ़ी है और हमेशा निर्मल और प्रसन्न रहनेवाले उसके चेहरे पर विषाद और अवसाद की छाया घिर आई है। वह नजरें नीची किए बीच आँगन में खड़ा है...ननद फिस्स-फिस्स करके हँसे जा रही है, देवरानी मुँह टेढ़ा करके किसी तरह अपनी हँसी रोक रही है और सास है कि हाथ नचा-नचाकर उसे ही धिक्कार रही है, उसी की भर्त्सना कर रही है। और वह सब कुछ इसी तरह सुन-सह रहा है जैसे दोष मिनी का नहीं, उसका ही है...घर से मिनी नहीं, वह खुद भागा है। सहानुभूति का एक शब्द नहीं...स्नेह का एक स्पर्श नहीं...मिनी को परिवारवालों के अन्याय और अपमान से बचाने के लिए किस तरह घनश्याम कवच की तरह उसके आगे-पीछे रहता था, अपनी सारी विनम्रता के बावजूद जिसने कभी घरवालों को मिनी के आत्म-सम्मान पर ठेस नहीं पहुँचाने दी, आज उसी को वह घरवालों का निर्मम उपहास सहने के लिए छोड़ आई...घरवालों द्वारा किए हुए अपमान की ज्वाला में झुलसने के लिए छोड़ आई है। घनश्याम का निरीह और कातर

चेहरा कई-कई रूपों में उसे दिखाई देने लगा—असंख्य चित्र हैं जो बनते-बिगड़ते जा रहे हैं।

और मिनी की आँखों में झर-झर करके आँसू झरने लगे। उसका अपना ही मन उसे धिक्कारने लगा, 'यह क्या कर डाला उसने? यह किसके साथ बदला लिया है उसने...घनश्याम के साथ या खुद अपने साथ? लौट चल...लौट चल।' मन जैसे भीतर से ठेलने लगा।

कमरे का दरवाजा खुला और फिर बन्द हो गया। बन्द आँखों से ही उसने जान लिया कि नरेन्द्र बाहर गया है। थोड़ी देर बाद ही उसे नरेन्द्र का स्वर सुनाई दिया, ''मिनी, उठो, चाय पी लो।'' दीवार की ओर मुँह किए-किए ही उसने इनकार कर दिया, ''नहीं मन नहीं है।''

एक बहुत ही कोमल स्नेहिल स्पर्श, ''उठो मिनी, चाय पी लो। ऐसे घबराओगी तो कैसे चलेगा?'' कैसे चलेगा? प्रश्न जाने कितने अर्थ अपने में लपेटकर उसके कानों में गूँजने लगा—वह जो कर आई है उसके बाद कुछ भी तो चलने लायक नहीं रह गया।

नरेन्द्र ने उसे जबरदस्ती पकड़कर बिठा दिया, आँचल से उसके आँसू पोंछ दिए, ''तुम इतनी हिम्मती होकर इस तरह परेशान हो रही हो।'' और उसने प्याला उसके होंठों से लगा दिया।

मिनी को नहीं मालूम चाय का स्वाद कैसा था।

''मैं दो-चार जरूरी चीजें खरीदकर लाता हूँ। दरवाजा बन्द कर दूँगा, डरना नहीं,'' नरेन्द्र चला गया और मिनी फिर डूबने लगी।

कोई घंटे भर बाद नरेन्द्र लौटा, ''लो देखो, यह तुम्हारे लिए है।''

मिनी ने आँखें खोलकर देखा—नरेन्द्र हाथ में साड़ी लिये खड़ा था। ''जल्दी से नहाकर इसे पहन लो। तुम्हारी साड़ी बहुत मुसमुसा गई है।''

''तुम साड़ी लाए हो मेरे लिए?'' पता नहीं किस दृश्य में खोए-खोए मिनी ने पूछा।

''अरे मैं नहीं लाऊँगा तो और कौन लाएगा? अब से तुम्हारा सारा दायित्व मुझ पर ही तो है।'' कानों में ये शब्द टकराए और साथ ही मन में कोई और ही वाक्य तैर गया—

'जिसे अपना सब कुछ दे दिया है उसको कुछ भी देकर पाने का-सा ही तो सुख होता है।' यह अधिकार और वह समर्पण। मामा ने कहा था—'नरेन्द्र प्यार कर सकता है, निभा घनश्याम ही सकेगा।'

''नरेन, मैं लौटकर जाऊँगी,'' एकाएक मिनी के मुँह से निकला। बात बिना किसी प्रसंग-भूमिका के ही निकली थी, पर न उसमें किसी तरह का आवेग था, न अस्थिरता। बड़े सधे हुए दृढ़ स्वर में ही उसने कहा था।

नरेन्द्र अवाक्, ''पागल हो गई हो?''

''हो ही गई थी शायद।''

''तुम सोचती हो, तुम्हें वहाँ कोई घुसने देगा? घर से भागी हुई स्त्री के लिए कोई भी कोना बचा रह जाता है घर का? लांछित और अपमानित करके निकाल बाहर करेंगे तुम्हें।''

मिनी चुप। इस बात की सच्चाई को खुद भी जानती थी शायद। थोड़ी देर बाद बोली, ''तो फिर माँ के यहाँ चली जाऊँगी। तुम्हारे साथ जाना शायद होगा नहीं मुझसे...''

नरेन्द्र एकाएक जैसे कुछ समझ नहीं पाया। आखिर बात क्या है। अधीर होकर बोला, ''माँ के यहाँ जाने से ही तुम सोचती हो कि घर से भाग जाने का तुम्हारा अपराध कम हो जाएगा? तुम्हें फिर से अपने घर में आश्रय मिल जाएगा? तुम्हारे पतिदेव तुम्हें क्षमा कर देंगे?'' उसके स्वर की उत्तेजना बढ़ती ही जा रही थी। वह मिनी को अच्छी तरह समझा देना चाहता था कि घर लौटने के सारे मार्ग तो वह खुद अपने हाथों ही बन्द करके आई है।

पर मिनी के चेहरे पर जाने कैसा पथराया भाव था जो इतनी सारी आशंकाओं से भी विचलित नहीं हुआ। उसने केवल इतना ही कहा, ''वे शायद कर देंगे।''

नरेन्द्र भीतर ही भीतर कुछ अपमानित भी हुआ और सामने बैठी स्त्री की मूर्खता पर क्षुब्ध भी।

''हुँ! घर से भागी हुई स्त्री को शरण देनेवाले देव पुरुष मैंने अपने देश में तो कभी देखे नहीं। राम तक तो सीता को नहीं पचा पाए थे।''

मिनी एकटक नरेन्द्र का चेहरा देखती रही, फिर धीरे से बोली, ''ठीक ही कहते हो, राम नहीं कर पाए थे, पर ये कर देंगे। उदारता, क्षमा ये सब मेरे लिए केवल किताबी शब्द थे। इनका अर्थ तो मैंने इनके सम्पर्क में आकर ही जाना-समझा।''

नरेन्द्र इस बार ईर्ष्या से तिलमिला गया। व्यंग्य से बोला, ''तब फिर ऐसे महापुरुष को छोड़कर आने की जरूरत क्या थी?'' अपमान से जैसे उसका चेहरा स्याह हो गया।

''नरेन, मेरे मन में तुम्हारे लिए जो कुछ है, इस तरह की बातें करके उस सबको समाप्त मत करो। मेरी मजबूरी समझने की कोशिश करो।''

नरेन्द्र चुप।

''माँ के यहाँवाली गाड़ी कितने बजे जाती है, मुझे उसी में चढ़ा दो।''

नरेन्द्र चुप।

''एक कष्ट तुम्हें इस मिनी के लिए और करना होगा।''

नरेन्द्र ने केवल अपनी आँखें मिनी के चेहरे पर टिका दीं।

''मुझे गाड़ी में बिठाकर एक बार घर जाकर इनको सारी बात बता देना—राई-रत्ती। फिर ये जैसा चाहेंगे मेरी वैसी ही व्यवस्था कर देंगे।''

''हो सकता है, किसी आश्रम में भिजवा दें।'' चाहकर भी नरेन्द्र न अपने मन

की ईर्ष्या छिपा पा रहा है, न आक्रोश।

"हो सकता है अपने ही आश्रय में रखें।" किसी गहरी निष्ठा और भीतरी आस्था से निकला हुआ यह वाक्य नरेन्द्र को चकित कर गया। फिर भी उसने कहा, "तुम मेरे साथ नहीं जाना चाहतीं, मत चलो! पर वहाँ भेजकर अपमानित क्यों करवाना चाहती हो?"

मिनी एकटक नरेन्द्र के चेहरे को देखती रही—अपमान और ईर्ष्या से मलिन हो आया चेहरा, और तभी उसके सामने घनश्याम का चेहरा घूम गया...निर्मल, निर्विकार। मन में कहीं मामा के शब्द तैर गए—'...निभा घनश्याम ही सकेगा।' उसने बड़ी दृढ़ता से कहा, "नरेन, जिस व्यक्ति ने इस सबको सहकर भी अपने को अपमानित महसूस नहीं किया, वह इस बात को कहनेवाले को कभी अपमानित नहीं करेगा। तुम अपने मान को इतना छोटा करके मत आँको।" एक क्षण रुककर बोली, "इसके बाद तुमसे कभी कुछ नहीं माँगूँगी।"

नरेन्द्र चुप। सामने बैठी मिनी की निष्ठा के सामने उसकी ईर्ष्या, आवेश, क्रोध सब कुछ धीरे-धीरे बह गया। रह गया तो केवल सब कुछ हार जाने का विषाद।

खाली हाथ और अकेले मिनी को देखकर गिरि आश्चर्य के मारे एक क्षण को अवाक् हो गई।

"मिनी तू! यों अकेली कैसे चली आई, बिटिया?"

नीम बेहोशी की हालत में मिनी चारों ओर देख रही थी—जली हुई दीवारें, काली-काली ईंटों का ढेर।

"सारा का सारा घर जल गया, माँ?" और वह माँ के गले से लगकर फूट पड़ी। कई दिनों का आवेग जो बाहर न निकल पाने के कारण भीतर ही भीतर मिनी को तोड़ता आया था, माँ के गले लगते ही फूट पड़ा।

"परसों जमाई बाबू ने आदमी भेजा था, तू उसी के साथ क्यों नहीं आ गई? लगता है वहाँ जाकर भी तू उतनी ही मनमौजी है।"

"आदमी भेजा था?"

"भेजा तो था, रुपया लेकर। मैं लेना नहीं चाहती थी तो बोला, 'बड़ी बहू ने जेवर गिरवी रखकर भिजवाए हैं। मैं जानती थी, माँ की मुसीबत की बात सुनकर मिनी जेवर तो क्या, अपने-आपको भी गिरवी रख देगी।'

मिनी हतप्रभ!

"खुद शायद वसूली के लिए गए हैं। आदमी बोल गया है कि थोड़ा रुपया हाथ में आते ही मकान ठीक करवाने आएँगे।...पर तू उन्हीं के साथ आती न, इस तरह

अकेले चले आना क्या ठीक लगता है?''

मिनी की आँखों से झर-झर आँसू बह चले। कितना अन्याय कर बैठी है वह, कैसा घोर अन्याय!

''अरे! तू रो क्यों रही है, बेटी? घनश्याम के हाथों सब ठीक हो जाएगा, चिन्ता किस बात की।''

''ये सब कुछ ठीक कर देंगे न माँ?'' अपने में ही डूबी-डूबी मिनी बोली!

''हाँ-हाँ, कर देंगे, तू चलकर नहा-खा!'' फिर बहुत ही लाड़ भरे स्वर में बोली, ''देखो तो ऐसे उठकर चली आई जैसे पड़ोसी के घर जा रही हो। सास ने कुछ कहा नहीं? तेरी इन आदतों को देखकर ही तो घनश्याम को सौंपा था तुझे।'' और ब्याह के बाद पहली बार आई अपनी लाड़ली बेटी के लिए जाने क्या-क्या व्यंजन पकाने बैठ गई।

पूजा-घर जल गया था इसलिए गिरि ने रसोई में ही एक ओर ठाकुरजी को सजा रखे थे। मिनी एकटक ठाकुरजी को ही देखती रही। माँ ने मिनी को इस रूप में देखा तो चेहरे पर मुस्कान फैल गई।

''माँ, सारा घर जल गया, तुम्हें चिन्ता नहीं होती कि अब क्या होगा?''

एकटक अपने ठाकुरजी की ओर देखते हुए गिरि बोली, ''कैसी चिन्ता बेटी? जिसने अपना सुख-दुःख, भूत-भविष्य सब कुछ स्वामी के हाथों में सौंप दिया, उसे कैसी चिन्ता? मेरी बिगड़ी वे ही बनाएँगे।''

मिनी कभी ठाकुरजी को देखती, कभी माँ को—माँ की निष्ठा को।

पूरा दिन और पूरी रात मिनी ने एक विचित्र-से संशय में काटी। लेकिन दूसरे दिन दोपहर को जब माँ का पुलकित स्वर सुनाई दिया, ''ले मिनी, जमाई बाबू तो आ ही गए तुझे लेने...'' तो उसे लगा—नहीं, संशय तो एक क्षण के लिए भी उसके मन में नहीं था। यह विश्वास कितनी गहरी जड़ जमाए बैठा था मन में कि एक बार इस गुरुतर अपराध के लिए भी क्षमा माँगने का अवसर देने के लिए स्वामी आएँगे, जरूर आएँगे!

''मिनी, मैं तुम्हें लेने के लिए आया हूँ...घर ले जाने के लिए,'' तो उसकी आँखें छलछला आईं। भावावेग के कारण पत्ते की तरह थरथराती हुई उसकी देह अवश होकर स्वामी की बाँहों में जा गिरी और दो भुजाओं की जकड़ में उसे लगा, सारी भटकन समाप्त हो गई है, सारे द्वन्द्व समाप्त हो गए। निश्चिन्त और पूरी तरह आश्वस्त हो आए उसके मन में माँ का यह वाक्य ही गूँजता रहा—'जिसने अपना सुख-दुःख, भूत-भविष्य सब कुछ स्वामी के हाथों में सौप दिया, उसे कैसी चिन्ता?...'

●●●